Großkommentare der Praxis

Handelsgesetzbuch

Großkommentar

Begründet von Hermann Staub

4., neubearbeitete Auflage

herausgegeben von

Claus-Wilhelm Canaris
Wolfgang Schilling †
Peter Ulmer

Siebenter Band, 2. Teilband

Anhang VI nach § 452: CMR

2002

Walter de Gruyter · Berlin · New York

Zitiervorschlag z. B.: *Helm* in Großkomm. HGB Anh. VI nach § 452: CMR Art. 9 Rdn. 10

Die Deutsche Bibliothek – CIP-Einheitsaufnahme

Handelsgesetzbuch : Großkommentar / begr. von Hermann Staub. Hrsg. von Claus-Wilhelm Canaris ... – Berlin ; New York : de Gruyter
(Großkommentare der Praxis)
Bis 2. Aufl. u.d.T.: Kommentar zum Handelsgesetzbuch

Bd. 7.
Teilbd. 2, Anhang VI nach § 452: CMR. – 4., neubearb. Aufl. – 2002
ISBN 3-11-016811-1

Printed in Germany

Datenkonvertierung/Satz: WERKSATZ Schmidt & Schulz, Gräfenhainichen
Druck: H. Heenemann GmbH & Co., Berlin
Bindearbeiten: Lüderitz & Bauer GmbH, Berlin

Vorwort

Mit dem vorliegenden Werk wird die zweite Auflage der Kommentierung Johann Georg Helms vollendet, die er im Jahre 1986 mit dem Speditionsrecht der §§ 407–415 HGB begonnen und mit dem Band zum nationalen Frachtrecht der §§ 425–452 HGB im Jahre 1994 fortgesetzt hatte, beide sind als Lieferungen zum Großkommentar HGB und eigenständige Sonderausgaben erschienen. Diese Kommentierung behandelt die CMR, das Übereinkommen über den Beförderungsvertrag im internationalen Straßengüterverkehr. Der CMR kommt insoweit eine besondere, gesteigerte Bedeutung zu, als sie zugleich Grundlage des neuen deutschen Transportrechts im Gesetz zur Neuregelung des Fracht-, Speditions- und Lagerrechts vom 25. Juni 1998, dem Transportrechtsreformgesetz, war. Diese Bearbeitung enthält neben der Kommentierung des internationalen Einheitsrechts der CMR unter Berücksichtigung der deutschen und ausländischen Rechtsprechung auch weiterführende Erläuterungen zum aktuellen, nationalen deutschen Transportrecht.

Johann Georg Helm hat die Veröffentlichung nicht mehr erlebt. Am 17. Mai 2000 erlag er überraschend den Folgen eines Schlaganfalls, der ihn mitten aus dem Leben und den abschließenden Arbeiten am Manuskript riß. Als Sohn übernahm ich die Verantwortung für die Fertigstellung des Werkes, das ihn in den letzten sechs Jahren vor allen anderen Aufgaben beschäftigt hatte, und in das er die Essenz seines wissenschaftlichen Schaffens legte. Im Sommer 2000 wollte er die Arbeit abgeschlossen haben. Der weit fortgeschrittene Stand des Manuskriptes hat uns, seine Familie und den Verlag, bewogen, es auf dem damaligen Stand abzuschließen und zu veröffentlichen. Dabei haben wir entschieden, den Text in seiner Substanz unangetastet und so authentisch wie möglich zu belassen. Den Grad an Perfektion, den Johann Georg Helm seinen Arbeiten abverlangte, kann er freilich nicht ganz erreichen. Als Jurist, der sich nur am Rande mit dem Transportrecht beschäftigt hatte, fehlte mir das umfassende Wissen meines Vaters, um auch die letzten verbleibenden Arbeiten in der von ihm gewohnten Qualität zu beenden. Zum Nutzen des Werkes konnte ich aber immerhin die vielen Gespräche einbringen, die ich mit ihm über das Transportrecht und insbesondere über die CMR geführt hatte. Von Vorteil war außerdem, daß ich mit der Technik, den Arbeitsmaterialien meines Vaters und seiner umfangreichen Datenbank seit Jahren vertraut war.

Dennoch wäre das Werk nicht ohne die Hilfe von Menschen gelungen, die meinem Vater beruflich und persönlich nahe standen. Danken möchte ich vor allem Herrn Professor Dr. Edgar Ruhwedel, der mich in allen inhaltlichen Fragen beraten hat, selbst eine Reihe aktueller Ergänzungen beisteuerte und damit das Werk auf den Stand des Jahres 2001 brachte. Ebenfalls ein besonderer Dank gilt Frau Brigitte Henrich und Frau Maria Zimmering, die meinem Vater über viele Jahre in Nürnberg bei der Arbeit hilfreich zur Hand gingen und die auch mir eine große Hilfe waren. Auch aus der Familie erhielt ich wertvolle Unterstützung. Mein Bruder Sebastian hatte schon meinem Vater wichtige technische Hilfe gegeben, und war auch für mich unentbehrlich. Meine Mutter, die meinem Vater über Jahre die wichtigste Stütze war, hat die Voraussetzungen für eine Weiterarbeit geschaffen und mir den Mut zugesprochen, diese Aufgabe zu übernehmen und zu vollenden. Herrn Andreas Müller-Lohnsdorf danke ich für seine Unterstützung beim Korrekturlesen. Frau Dr. Dorothee Walther vom Verlag Walter de Gruyter gilt mein Dank nicht nur für ihre Geduld, sondern auch für ihre Ermutigung, das Werk abzuschließen.

Ich hoffe, daß es uns so gelungen ist, nicht nur ein bleibendes Stück Erinnerung an meinen Vater zu schaffen, sondern auch der Wissenschaft und der Praxis ein Werk zu erhalten, das in seiner Relevanz durch den vorzeitigen Tod Johann Georg Helms nicht beeinträchtigt wurde und das sich als umfassendes Kompendium in der schwierigen Materie des internationalen Transportrechts bewähren kann.

Königstein, im März 2001 *Leonhard Helm*

Inhaltsübersicht

Präambel

DIE VERTRAGSPARTEIEN HABEN

IN DER ERKENNTNIS, daß es sich empfiehlt, die Bedingungen für den Beförderungsvertrag im internationalen Straßengüterverkehr, insbesondere hinsichtlich der in diesem Verkehr verwendeten Urkunden und der Haftung des Frachtführers, einheitlich zu regeln,

FOLGENDES VEREINBART:

KAPITEL I

Geltungsbereich

Artikel 1

1. [1]Dieses Übereinkommen gilt für jeden Vertrag über die entgeltliche Beförderung von Gütern auf der Straße mittels Fahrzeugen, wenn der Ort der Übernahme des Gutes und der für die Ablieferung vorgesehene Ort, wie sie im Vertrage angegeben sind, in zwei verschiedenen Staaten liegen, von denen mindestens einer ein Vertragstaat ist. [2]Dies gilt ohne Rücksicht auf den Wohnsitz und die Staatsangehörigkeit der Parteien.

2. Im Sinne dieses Übereinkommens bedeuten „Fahrzeuge" Kraftfahrzeuge, Sattelkraftfahrzeuge, Anhänger und Sattelanhänger, wie sie in Artikel 4 des Abkommens über den Straßenverkehr vom 19. September 1949 umschrieben sind.

3. Dieses Übereinkommen gilt auch dann, wenn in seinen Geltungsbereich fallende Beförderungen von Staaten oder von staatlichen Einrichtungen oder Organisationen durchgeführt werden.

4. Dieses Übereinkommen gilt nicht

a) für Beförderungen, die nach den Bestimmungen internationaler Postübereinkommen durchgeführt werden;

b) für die Beförderung von Leichen;

c) für die Beförderung von Umzugsgut.

5. Die Vertragsparteien werden untereinander keine zwei- oder mehrseitigen Sondervereinbarungen schließen, die Abweichungen von den Bestimmungen dieses Übereinkommens enthalten; ausgenommen sind Sondervereinbarungen unter Vertragsparteien, nach denen dieses Übereinkommen nicht für ihren kleinen Grenzverkehr gilt, oder durch die für Beförderungen, die ausschließlich auf ihrem Staatsgebiet durchgeführt werden, die Verwendung eines das Gut vertretenden Frachtbriefes zugelassen wird.

Préambule

LES PARTIES CONTRACTANTES,

AYANT RECONNU l'utilité de régler d'une manière uniforme les conditions du contrat de transport international de marchandises par route, particulièrement en ce qui concerne les documents utilisés pour ce transport et la responsabilité du transporteur,

SONT CONVENUES DE CE QUI SUIT:

CHAPITRE PREMIER

Champ d'Application

Article premier

1. La présente Convention s'applique à tout contrat de transport de marchandises par route à titre onéreux au moyen de véhicules, lorsque le lieu de la prise en charge de la marchandise et le lieu prévu pour la livraison, tels qu'ils sont indiqués au contrat, sont situés dans deux pays différents dont l'un au moins est un pays contractant. Il en est ainsi quels que soient le domicile et la nationalité des parties.

2. Pour l'application de la présente Convention, il faut entendre par „véhicules" les automobiles, les véhicules articulés, les remorque et les semi-remorques, tels qu'ils sont définis par l'article 4 de la Convention sur la circulation routière en date du 19 septembre 1949.

3. La présente Convention s'applique même si les transports rentrant dans son champ d'application sont effectués par des Etats ou par des institutions ou organisations gouvernementales.

4. La présente Convention ne s'applique pas:
a) Aux transports effectués sous l'empire de conventions postales internationales;
b) Aux transports funéraires;
c) Aux transports de déménagement.

5. Les parties contractantes s'interdisent d'apporter par voie d'accord particuliers conclus entre deux ou plusieurs d'entre elles toute modification à la présente Convention, sauf pour soustraire à son empire leur trafic frontalier ou pour autoriser dans les transports empruntant exclusivement leur territoire l'emploi de la lettre de voiture représentative de la marchandise.

Preamble

THE CONTRACTING PARTIES,

HAVING RECOGNISED the desirability of standardising the conditions governing the contract for the international carriage of goods by road, particularly with respect to the documents used for such carriage and to the carriers liability,

HAVE AGREED AS FOLLOWS:

CHAPTER I

Scope of application

Article 1

1. This Convention shall apply to every contract for the carriage of goods by road in vehicles for reward, when the place of taking over of the goods and the place designated for delivery, as specified in the contract, are situated in two different countries, of which at least one is a contracting country, irrespective of the place of residence and the nationality of the parties.

2. For the purposes of this Convention, "vehicles" means motor vehicles, articulated vehicles, trailers and semi-trailers as defined in article 4 of the Convention on Road Traffic dated 19 September 1949.

3. This Convention shall apply also where carriage coming within its scope is carried out by States or by governmental institutions or organisations.

4. This Convention shall not apply:

(a) To carriage performed under the terms of any international postal convention;

(b) To funeral consignments;

(c) To furniture removal.

5. The Contracting Parties agree not to vary any of the provisions of this Convention by special agreements between two or more of them, except to make it inapplicable to their frontier traffic or to authorise the use in transport operations entirely confined to their territory of consignment notes representing a title to the goods.

Übersicht

Alphabetische Übersicht

Schrifttum und Abkürzungen

1. Gesamtdarstellungen zur CMR und zum Transportrecht

Aisslinger Die Haftung des Straßenfrachtführers und die Frachtführerhaftpflichtversicherung, Zürcher Beiträge zur Rechtswissenschaft, Band 484 (Zürich 1975), zit. „*Aisslinger*"; *Aplenc* Die Haftung des Frachtführers nach der CMR (Dissertation Wien 1993); *Basedow* Der Transportvertrag (Tübingen 1987), zit. „*Basedow*"; *Brown* A Manager's Guide to International Road Freighting (London 1986); *Brown* Law for the Haulier (London 1987); *Clarke* International Carriage of Goods by Road: CMR, Second Edition (London 1991), zit. „*Clarke*[2]"; *Costanzo* Il Contratto di Trasporto Internazionale nella CMR (Milano 1971), zit. „*Costanzo*"; *Csoklich* Einführung in das Transportrecht (Wien 1990), zit. „*Csoklich*"; *Donald*, The CMR (London 1981), zit. *Donald*; *Dorrestein* Het Recht van het internationale wegvervoer (Zwolle 1977), zit. „*Dorrestein*"; *Dubischar* Grundriß des gesamten Gütertransportrechts (Frankfurt am Main 1987); *Franz* Die Haftung des Frachtführers nach französischem Recht (Neuwied/Kriftel/Berlin 1993); zit. „*Franz*"; *Gass* Das neue Transport- und Speditionsrecht (München 1999); *Haak* The Liability of the Carrier under the CMR (Den Haag 1986), zit. „*Haak*"; *Haak/Swart* Road Carrier's Liability in Europe, Part 1 (Den Haag 1994) und Part 2 (Den Haag 1995); *Helm* Haftung für Schäden an Frachtgütern (Karlsruhe 1966), zit. „*Helm* Haftung"; *Heuer* Die Haftung des Frachtführers nach der CMR (Hamburg 1975), zit. „*Heuer*"; *Hill* Freight Forwarders (mit Darstellung der CMR) (London 1972), zit. „*Hill*"; *Hill & Messent* CMR: Contracts for the International Carriage of Goods by Road, Second Edition by *Andrew Messent* with *David A. Glass* (London 1995), zit. „*Hill/Messent/Glass*[2]"; *Jesser* Frachtführerhaftung nach der CMR (Wien 1992), zit. „*Jesser*"; *Kerguelen-Neyrolles* (Hrsg.) siehe Lamy Transport, zit. „*Lamy* Jahrgang", z. B. „*Lamy 98*"; *Lamy* Transport (Hrsg. von *Kerguelen-Neyrolles*), Tome 1 (Route), (Paris 1991–1999), zit. „*Lamy* Jahrgang", z. B. „*Lamy 98*"; *Lenz* Straßengütertransportrecht (Köln/Berlin/Bonn/München 1988), zit. „*Lenz*"; *Mercadal* Droit des Transports terrestres et aériens (Paris 1996), zit. „*Mercadal*"; *Nickel-Lanz* La Convention relative au contrat de transport international de marchandises par route (CMR), Thèse (Hamburg 1976), zit. „*Nickel-Lanz*"; *Pesce* Il Contratto di Trasporto Internazionale di Merci su Strada (Padova 1984), zit. „*Pesce*"; *Piloñeta Alonso* Las Agencias de Transporte.de Mercancías (Barcelona 1997), zit. „*Piloñeta Alonso*"; *Ponet* De overeenkomst van internationaal wegvervoer (CMR) (Antwerpen 1979); zit.: „*Ponet*"; *Putzeys* Le Contrat de Transport Routier de Marchandises (Bruxelles 1981), zit. „*Putzeys*"; *Regnarsen* Lov om fragtaftaler ved international vejtransport (CMR-Loven) (Viborg 1985), zit. „*Regnarsen*"; *Rémond-Gouilloud* Le contrat de transport (Paris 1993); *Rodière* Le Contrat de Transport, 2e edition (Paris 1977), zit. „*Rodière* Droit des transports[2]"; *Rodière/Mercadal* Droit des transports terrestres et aériens, Cinquième édition (Paris 1990), zit. „*Rodière/Mercadal* Droit des transports terrestres et aériens[5]"; *Sánchez-Gamborino* El contrato de transporte international. CMR (Madrid 1996); zit. „*Sánchez-Gamborino*"; *Schwanke* Speditions-, Lager- und Frachtrecht (Köln/Berlin/Bonn/München 1988); *Seltmann* Die CMR in der österreichischen Praxis (Wien 1988); *Silingardi* La disciplina uniforme del contratto di Trasporto di cose su strada (Turin 1994), zit. „*Silingardi*"; *Theunis* International carriage of goods by road (CMR) (London 1987), zit. „*Theunis*"; *Valérie* IDIT (Rouen 1993).

2. Einzeldarstellungen und Monografien zur CMR und zum Transportrecht

Becker Die Haftung der Eisenbahn nach nationalem und internationalem Frachtrecht (Berlin 1968), zit. „*Becker* Haftung der Eisenbahn"; *Brown* A Manager's Guide to International Road Freighting (London 1986); Deutsche Gesellschaft für Transportrecht (Hrsg.) Aktuelle Fragen des Deutschen und internationalen Landtransportrechts (Neuwied/Kriftel/Berlin 1995); Deutsche Gesellschaft für Transportrecht (Hrsg.) Gütertransport und Versicherungen (Frankfurt am Main 1990); Deutsche Gesellschaft für Transportrecht (Hrsg.) Transportrecht und Gesetz über Allgemeine Geschäftsbedingungen (Frankfurt am Main 1988); *Froeb* Die Haftung für Beschaffenheitsschäden im Transportrecht (Heidelberg 1991), zit. „*Froeb* Beschaffenheitsschäden"; *Herber* Seehandelsrecht (Berlin/New York 1999), zit. „*Herber* Seehandelsrecht"; *Hübsch* Haftung des Güterbeförderers und seiner selbständigen und unselbständigen Hilfspersonen für Güterschäden (Neuwied/Kriftel/Berlin 1997); *Jaegers* Probleme der Beförderer- und Spediteurhaftung im Container- und Trägerschiffsleichterverkehr (Diss. Erlangen-Nürnberg 1986), zit. „*Jaegers*"; *Knöfel* Die Haftung des Güterbeförderers für Hilfspersonen (Neuwied/Kriftel/Berlin 1995); *Lieser* Ergänzung der CMR durch unvereinheitlichtes deutsches Recht (Neuwied/Kriftel/Berlin 1991), zit. „*Lieser*"; *Modjaz* Die unbeschränkte Haftung des Beförderers bei schwerem Verschulden im internationalen Luft- und Straßentransport (Dissertation Frankfurt am Main 1967), zit. „*Modjaz* Die unbeschränkte Haftung"; *Nánássy/Wick* Das internationale Eisenbahnfrachtrecht (Wien 1974), zit. „*Nánássy/Wick*"; *Protsch* Der Gerichtsstand und die Vollstreckung im internationalen Speditions- und Frachtrecht (Frankfurt/Bern/New York/Paris 1989), zit. „*Protsch*"; *Rühle von Lilienstern/Stabenau* RKW-Handbuch Transport, Loseblattsammlung (Berlin/Bielefeld/München), zit. „*Bearbeiter* in RKW-Handbuch Transport"; *Ruhwedel* Der Luftbeförderungsvertrag, 3. Auflage (Neuwied/Kriftel/Berlin 1998), zit. „*Ruhwedel* Luftbeförderungsvertrag³"; *Schobel* Die Haftungsbegrenzung des Luftfrachtführers nach dem Warschauer Abkommen (Frankfurt am Main 1993), zit. „*Schobel* Haftungsbegrenzung des Luftfrachtführers"; *Siegrist* Vorschläge zur Regelung der Haftung, Versicherung und Dokumentation im multimodalen Transport (Neuwied/Kriftel/Berlin 1993); *Stachow* Schweres Verschulden und Durchbrechung der beschränkten Haftung in modernen Transportrechtsabkommen, Schriften zum Seehandelsrecht, Bd. VIII (1998), zit. „*Stachow* Schweres Verschulden".

3. Kommentare

Alff Fracht-, Lager- und Speditionsrecht, 2. Auflage (Neuwied/Kriftel/Berlin 1991), zit. „*Alff*²"; *Andresen/Pollnow* Kraftverkehrsordnung, 6. Auflage (Berlin 1996), zit. „*Andresen/Pollnow*⁶"; *Baumbach/Hopt* Handelsgesetzbuch mit GmbH & Co., Handelsklauseln, Bank- und Börsenrecht, Transportrecht (ohne Seerecht), 29. Auflage, zit. „*Baumbach/Hopt*"; *Baumbach/Lauterbach* Zivilprozessordnung, 58. Auflage (München 1999), zit. „*Baumbach/Lauterbach/Bearbeiter* ZPO⁵⁸"; *Decker* Das Übereinkommen über den Beförderungsvertrag im Internationalen Straßengüterverkehr (CMR), (Düsseldorf 1985), zit. „*Decker*"; *Fremuth/Thume* Frachtrecht (Heidelberg 1997), zit. „*Bearbeiter* in *Fremuth/Thume*"; *Glöckner* Leitfaden zur CMR, 7. Auflage (Berlin 1991), zit. „*Glöckner*⁷"; *Goltermann/Konow* Eisenbahnverkehrsordnung (EVO), Loseblattsammlung (Stand 1997), zit. „*Goltermann/Konow*"; *Helm* Speditionsrecht, 2. Auflage (Berlin/New York 1986) = *Helm* in *Staub* Großkommentar HGB, 4. Auflage (Berlin/New York 1986–1994); *Helm* Frachtrecht I, 2. Auflage (Berlin/New York 1994) = *Helm* in *Staub* Großkommentar HGB 4. Auflage (Berlin/New York 1986–1994); *Herber/Piper* CMR, Internationales Straßentransportrecht (München 1996), zit. „*Herber/Piper*"; *Heymann* Handelsgesetzbuch Band 1 und 2, 2. Auflage (Berlin/New York 1995 und 1996), Band 3 und 4, 1. Auflage (Berlin/New York 1989 und 1990), zit. „*Heymann/Bearbeiter*"; *Koller/Roth/Morck* Handelsgesetzbuch (München 1996); *Koller* Transportrecht, 4. Auflage (München 2000), zit. „*Koller*⁴"; *Kropholler* Europäisches Zivilprozeßrecht, Kommentar zu EuGVVÜ und Lugano-Übereinkommen, 4. Auflage (Heidelberg 1993), zit. „*Kropholler* EuGVÜ⁴"; *Loewe* Erläuterungen zur CMR, ETR 1976 503–597 (= ECE/TRANS/14), zit. „*Loewe*"; Münchener Kommentar zum Bürgerlichen Gesetzbuch (Hrsg. *Rebmann/Säcker*), Band 7, Einführungsgesetz zum Bürgerlichen Gesetzbuch, 2. Auflage (München 1990), zit. „MüKo/*Bearbeiter*"; Münchener Kommentar zum Handelsgesetzbuch (Hrsg. *K. Schmidt*), Band 7, Viertes Buch. Handelsgeschäfte, §§ 407–457, Transportrecht (München 1997), zit. „MüKo/*Bearbeiter*"; *Muth* Leitfaden zur CMR, 3. Auflage (Berlin 1974), zit. „*Muth*³"; *Nieuwenhuis/Stolker/Valk* Burgerlijk Wetboek, Twede druk (Kluwer 1994) zit. „*Bearbeiter* in *Nieuwenhuis* Kommentar zum BW"; *Palandt*

Bürgerliches Gesetzbuch, 56. Auflage (München 1997), zit. *„Palandt/Bearbeiter"*; *Precht/Endrigkeit* CMR-Handbuch, 3. Auflage (Hamburg 1972), zit. *„Precht/Endrigkeit*³"; *Prölss/Martin* Versicherungsvertragsgesetz, 26. Auflage (1998), zit. *„Prölss/Martin/Bearbeiter* VVG²⁶"; *Rabe* (bisher *Prüßmann/Rabe*) Seehandelsrecht, 4. Auflage (München 2000) zit. *„Rabe*⁴"; *Schaps/Abraham*, Das deutsche Seerecht, Band II, 4. Auflage (Berlin/New York 1978), zit. *„Schaps/Abraham* Seerecht II⁴"; *Schleicher/Reymann/Abraham* Das Recht der Luftfahrt, 3. Auflage (Köln/Berlin 1960), zit. *„Schleicher/Reymann/Abraham*³"; *Schmidt, Karsten* (Hrsg.) siehe: Münchener Kommentar zum Handelsgesetzbuch, zit. „MüKo/*Bearbeiter*"; *Staudinger* Kommentar zum Bürgerlichen Gesetzbuch mit Einführungsgesetz und Nebengesetzen, 12. Auflage (Berlin 1987), zit. *„Staudinger/Bearbeiter"*; *Thume* (Hrsg.) Kommentar zur CMR (Heidelberg 1994), zit. *„Thume/Bearbeiter"*; *Widmann* Übereinkommen über den Beförderungsvertrag im internationalen Straßengüterverkehr (CMR), (Neuwied/Kriftel/Berlin 1993), zit. *„Widmann"*; *Wiesbauer/Zetter* Transporthaftung – Nationales und internationales Recht unter Berücksichtigung der Rechtslage des gesamten Sprachraumes (Wien 1989), zit. *„Wiesbauer/Zetter"*; *Willenberg* Kraftverkehrsordnung, 4. Auflage (Münster 1991), zit. *„Willenberg* KVO⁴".

4. Fest- und Gedenkschriften

Festschrift für *Hans Erich Brandner* zum 70. Geburtstag (Köln 1996); Transport- und Vertriebrecht 2000, Transport – Wirtschaft – Recht, Gedächtnisschrift für *Johann Georg Helm*, Berlin 2001; Festgabe für Professor Dr. *Rolf Herber* (Neuwied/Kriftel 1999); Festschrift für *Harald de la Motte* zum 70. Geburtstag (München/Nürnberg/Köln 1994); Festschrift für *Henning Piper* zum 65. Geburtstag (München 1996), zit. „FS *Piper*".

5. Entscheidungssammlungen und Rechtsprechungsübersichten

Alff Neuere höchstrichterliche Rechtsprechung zum Speditions- und Frachtrecht (Neuwied/Darmstadt 1980); *Greiter* CMR-Gerichtsurteile (Eisenstadt 1985), zit. *„Greiter"*; *Groth*, Übersicht über die internationale Rechtsprechung zur CMR (1981), zit. *„Groth"*; *Kirchner* Leitsätze aus der Rechtsprechung zum Güterverkehr, (Hamburg 1981); *Piper* Höchstrichterliche Rechtsprechung zum Speditions- und Frachtrecht, 7. Auflage (Köln 1994) zit. *„Piper"*; *Seltmann* Die CMR in der österreichischen Praxis (Wien 1988), zit. *„Seltmann* CMR".

6. Literatur zu anderen Rechtsgebieten

Baumgärtl Handbuch der Beweislast im Privatrecht (Köln/Berlin/Bonn/München 1988), zit. *„Baumgärtel/Bearbeiter"*; *Esser/Schmidt* Schuldrecht, Band 1, Allgemeiner Teil, Teilband 1, 8. Auflage (Heidelberg 1995), zit. *„Esser/Schmidt* SchR I/1⁸"; *Esser/Schmidt* Schuldrecht, Band 1, Allgemeiner Teil, 6. Auflage (Heidelberg 1984), zit. *„Esser/Schmidt* SchR I⁶"; *Esser/Weyers* Schuldrecht, Band II, Besonderer Teil, 7. Auflage (Heidelberg 1991), zit. *„Esser/Weyers* SchR II⁷"; *Ferid/Sonnenberger* Das französische Zivilrecht, Band 1/1, 2. Auflage (Heidelberg 1994), Band 2, 2. Auflage (Heidelberg 1986), zit. *„Ferid/Sonnenberger*²"; *Guhl/Merz/Kummer* Das Schweizerische Obligationenrecht, 6. Auflage (Zürich 1972), zit. *„Guhl/Merz/Kummer* OR⁶"; *Koziol/Welser* Grundriß des bürgerlichen Rechts I, 9. Auflage (Wien 1992), zit. *„Koziol/Welser* Bürgerliches Recht I⁹"; *Kropholler* Internationales Einheitsrecht (1975), zit. *„Kropholler* Internationales Einheitsrecht"; *Kropholler* Internationales Privatrecht (Tübingen 1990), zit. *„Kropholler* IPR"; *Larenz* Allgemeiner Teil des Bürgerlichen Rechts, 7. Auflage (München 1989), zit. *„Larenz* AT BGB⁷"; *Larenz* Lehrbuch des Schuldrechts, Band I, Allgemeiner Teil, 14. Auflage (München 1987), zit. *„Larenz* SchR I¹⁴"; *Mountford (Hrsg)* International Monetary Fund (Washington D.C. 1972), zit. „IMF Survey"; *Reithmann/Martini* Internationales Vertragsrecht, 4. Auflage (Köln 1988); *Schack* Internationales Zivilverfahrensrecht, 2. Auflage (München 1996), zit. *„Schack*²"; *Schlechtriem* Good Faith in German Law and in International Uniform Law (Rom 1997); *Schlechtriem* Schuldrecht, Allgemeiner Teil (Tübingen 1992), zit. *„Schlechtriem* SchR AT"; *Schneider* Verkehrshaftungsversicherungen, Wiesbaden 1992.

7. Fremdsprachen-Wörterbücher

von Beseler/Jacobs-Wüstefeld Law dictionary, 4. Auflage (Berlin/New York 1986) zit. „*Beseler/Jacobs-Wüstefeld* Law dictionary[4]“; *Dietl/Moss/Lorenz*, Wörterbuch für Recht, Wirtschaft und Politik, 4. Auflage (München 1987); zit: „*Dietl/Moss/Lorenz*, Wörterbuch[4]“; *Doucet/Fleck* Wörterbuch der Rechts- und Wirtschaftssprache französisch-deutsch, 4. Auflage (München 1988), zit. „*Doucet/Fleck* Wörterbuch der Rechts- und Wirtschaftssprache[4]“; *Muret/Sanders* Langenscheidts Encyklopädisches Wörterbuch der englischen und deutschen Sprache, 4. Auflage (Berlin/München 1974), zit. „*Muret/Sanders* Encyklopädisches Wörterbuch[4]“; *Renner/Tooth* Rechtssprache Teil I Englisch-Deutsch (München 1971), zit. „*Renner/Tooth* Rechtssprache“; *Sachs/Villate* Langenscheidts Großwörterbuch Französisch, 7. Auflage (Berlin/München 1991), zit. „*Sachs/Villate* Großwörterbuch[7]“.

8. Aufsätze zur CMR und zum Transportrecht

Arens Risiko in der Kalkulation angemessen berücksichtigen, DVZ Nr. 126 v. 22. 10. 1988, 34–36; *Bailey* FIATA Working Group proposes major revision of CMR road transport Convention, DVZ Nr. 1 v. 23. 1. 1984, 9; *Bartels* Die zwingende Frachtführerhaftung des Spediteurs, VersR **1975** 598–600; *Bayer* Zur Verjährung des Frachterstattungsanspruchs im innerstaatlichen und grenzüberschreitenden Güterfernverkehr, TranspR **1985** 409–412; *Blasche* CMR: Verjährungsfristen, Verkehr (Wien) **1987** 24–25; *BMV* Verordnung über die Aufhebung der Tarifverordnungen für den Güterkraftverkehr zwischen der Bundesrepublik Deutschland und anderen Mitgliedstaaten der Europäischen Gemeinschaften – vom 29. 11. 1988, BAnz Nr. 226 v. 3. 12. 88, 5081; *Bojahr* Das Recht des Güterverkehrs auf der Straße – eine Übersicht, AnwBl 1/**1986** 7–11; *Bombeeck/Hamer/Verhaegen* La responsabilité du transporteur routier dans le transport par car-ferries, ETR **1990** 110–167; *Borgmann* Die Geltendmachung von Ansprüchen gegen Spediteure und Frachtführer, AnwBl. **1979** 45–49; *Bracker* Aktuelle Entwicklungen im Recht des internationalen Straßengütertransports, TranspR **1999** 7–16; *Braun* Ansprüche aus positiver Vertragsverletzung und Haftungsbegrenzung der CMR, Münchner CMR-Colloquium 1987; *Capotosti* Die Versicherung für internationale Transporte, VersR **1985** 524–530; *Claussen* Prämienerhöhungen allein kein Heilmittel für Verkehrshaftungsversicherung, VW **1980** 1034–1037; *Czapski* Responsabilité du transporteur routier lors du transroulage et du ferroutage, ETR **1990** 172–193; *de la Motte* Versicherungsfragen bei CMR-Transporten, Schriften zum Transportrecht, Heft 12 (1995), 143–152; *de la Motte* Goldfrankenumrechnung – Höchsthaftung im internationalen Gütertransport, VW **1979** 548–550; *de la Motte* Haftungsfrage schwierig zu lösen?, Sonderausgabe DVZ, 107–111 (Transport 78); *de la Motte* Nationales Frachtrecht an die CMR angleichen, DVZ Nr. 122 v. 13. 10. 1992, 9–9; *de la Motte* Transportversicherung im COMECON-Verkehr, DVZ Sonderausgabe „Fiata ’79“, 103–104; *de la Motte* Schadensbegriff Schadensfeststellung Fragen der Versicherung, Münchner CMR-Colloquium 1987; *Decker* Wie die CMR-Höchsthaftung konkret zu berechnen ist, DVZ Nr. 62 v. 24. 5. 1986, 8 f; *Ehlers* Die Verfahrensregeln des Warschauer Abkommens, TranspR **1996** 183–187; *Endrigkeit* Nochmals: Unterfrachtführer und Teilfrachtführer in der CMR, VersR **1969** 587–589; *FIATA* Der CMR-Vorschlag der FIATA, TranspR **1984** 115–120; *Fischer* Ergänzung der CMR durch schweizerisches Recht, TranspR **1995** 424–434; *Fischer* Haftung bei Nukleartransporten, TranspR **1989** 4–9; *Fusswinkel* Sendungsbegriff nicht verwässern, DVZ Nr. 1 v. 5. 1. 1982, 3; *Glöckner* Die Vorschläge der FIATA zur Reform der CMR, TranspR **1984** 113–114; *Gröhe* Der Transportvertrag als Vertrag zugunsten Dritter, ZEuP **1993** 141–150; *Groth* Neuere Entscheidungen zur CMR 1974–1976, RIW/AWD **1977** 265–268; *Groth* Neuere Rechtsprechung zur CMR 1980–1982, VersR **1983** 1104–1108; *Haberstroh* Das Augenblicksversagen – kein Fall grober Fahrlässigkeit, VersR **1998** 943–947; *Hector* Einrede der „goldenen“ Haftung, DVZ Nr. 26 v. 1. 3. 1979, 9; *Helm* Ansprüche aus Leistungsstörungen nach deutschem Recht neben der CMR, Aktuelle Fragen des deutschen und internationalen Landtransportsrechts, Schriften zum Transportrecht, Heft 12 (1995), 80–95; *Helm* Combined Transport by Road and Rail, ETR **1975** 700–711; *Helm* Das Übereinkommen über den Beförderungsvertrag im internationalen Straßengüterverkehr (CMR) und seine Anwendung auf den grenzüberschreitenden Speditionsvertrag, IPRax **1982** 225–226; *Helm* Ergänzung der CMR durch deutsches Recht nach Aufhebung von § 1 Abs. 2 KVO,

TranspR **1989** 389–402; *Helm* Probleme der CMR: Geltungsbereich – ergänzendes Recht – Frachtbrief – Weisungsbefugnis – aufeinanderfolgende Frachtführer, VersR **1988** 548–556; *Helm* Übereinkommen über den Beförderungsvertrag im internationalen Straßengüterverkehr (CMR) – Direkte Inanspruchnahme des Haftpflichtversicherers – Wertersatz bei Beschädigung von Gütern, IPRax **1981** 46–47; *Helm* Zwingende ergänzende Anwendung von HGB und BGB zur CMR?, TranspR **1990** 14–15; *Herber* CMR und RoRo-Verkehr, Münchner CMR-Colloquium 1987; *Herber* Die Zukunftsaussichten der CMR an ihrem 30. Geburtstag, Zu einem Kolloquium in Antwerpen, TranspR **1987** 55–59; *Herber* Gedanken zum Inkrafttreten der Hamburg-Regeln, TranspR **1992** 381–390; *Herber* Probleme des Durchfrachtvertrages und des Speditionsrechts – Prüfsteine des deutschen Frachtrechts, VersR **1981** 993–1000; *Herzog* GüKUMT ist zwingende Rechtsnorm, nicht AGB! TranspR **1988** 8–10; *Heuer* Haftung, Münchner CMR-Colloquium 1987; *Heuer* Verkehrshaftungsversicherungen, Schriften zum Transportrecht, Heft 2, Gütertransport und Versicherungen, 31–67; *Hole* Recht der Gefahrguttransporte, Münchner CMR-Colloquium 1987; *Klingsporn* Die Umrechnung des Goldfranken in haftungsrechtlichen Bestimmungen, WM **1978** 918–922; *Knorre* Zur Frachtführerhaftung im grenzüberschreitenden Straßengüterverkehr, VersR **1980** 1005–1006; *Knorre* Zur Haftung des Fixkosten- und des Sammelladungsspediteurs im grenzüberschreitenden Straßengüterverkehr, VersR **1985** 222–223; *Koller* CMR und Speditionsrecht, VersR **1988** 556–563; *Koller* Die Haftung beim Transport mit vertragswidrigen Beförderungsmitteln, VersR **1988** 432–439; *Koller* Die Schadensberechnung im Recht der CMR, Schriften zum Transportrecht, Heft 12 (1995), 96–116; *Koller* Die Verweisung der §§ 412, 413 HGB auf die CMR, VersR **1987** 1058–1065; *Koller* Im Labyrinth des Speditions- und Rollfuhrversicherungsschein (SVS/RVS), TranspR **1992** 201–210; *Koller* Reform des Transportrechts, VersR **1996** 1441–1448; *Koller* Zum Begriff des Schadens und zur Kausalität im Recht der CMR, VersR **1994** 384–388; *Koller/Jachmann* Zur Verfassungskonformität des § 1 Abs. 2 KVO, TranspR **1988** 177–182; *Konow* Die Erstattung von Zöllen, die in Transitverkehren wegen Diebstahls des Transportgutes gezahlt werden müssen, IZ **1987** 112–119; *Konow* Schadensersatz wegen positiver Forderungsverletzung im Rahmen von Frachtverträgen – Zur Abgrenzung von den Entschädigungsansprüchen, TranspR **1987** 14–17; *Lau, Emil* Nautisches Verschulden beim seegehenden Fährverkehr, VersR **1987** 425–429; *Libouton* International Road Transport (Review of court decicions) 1965–1971, ETR **1973** 2–73; *Loewe* Der IMCO/ECE-Entwurf eines Übereinkommens über die gemischte Beförderung im internationalen Güterverkehr, ETR **1972** 650–679; *Loewe* Aktuelle Probleme des internationalen Straßentransportrechts (CMR), Schriften zum Transportrecht, Heft 12 (1995), 40–47; *Loewe* Hat sich die CMR bewährt? Münchner CMR-Colloquium 1987; *Lutz* Anmerkungen zur französischen Rechtsprechung zur CMR, TranspR **1991** 6–8; *Mankowski* Kollisionsrechtsanwendung bei Güterbeförderungsverträgen, TranspR **1993** 213–227; *Mann/Kurth* Haftungsgrenzen und Zinsansprüche in internationalen Übereinkommen, RIW **1988** 251–253; *Müller/Hök* Die Zuständigkeit deutscher Gerichte und die Vollstreckbarkeit inländischer Urteile im Ausland nach der CMR, RIW **1988** 773–776; *Müller* An die Frachtführer werden strenge Anforderungen gestellt, DVZ Nr. 56 v. 12. 5. 1992, 13–13; *Muth* Die Güterversicherung nach der CMR, Zeitschrift für Versicherungswesen (ZfV) **1974** 47–48; *Muth* Güterversicherung nach der CMR, Der Güterverkehr **1974** 144–145; *o. V.* (ohne Verfasser) Bei Raubüberfällen haftet kein Frachtführer für den Schaden, Handelsblatt Nr. 29 v. 11. 2. 82, 16; *o. V.* Bonn: Sonderziehungsrechte als CMR-Haftungsbasis, DVZ Nr. 16 v. 6. 2. 1979, 8; *o. V.* BSL: Referenztarife müssen vereinbart werden, DVZ Nr. 8 v. 19. 1. 89, 9; *o. V.* CMR-Frachtbrief – für viele ein unbeschriebenes Blatt, DVZ Nr. 149 v. 14. 12. 85, 17–18; *o. V.* CMR-Haftung löst ADSp-Haftung ab, DVZ Nr. 125 v. 20. 10. 1992, 49–51; *o. V.* Der CMR-Vorschlag der FIATA, TranspR **1984** 115–120; *o. V.* Einführung bilateraler Referenztarife, Spediteur **1989** 11–13; *o. V.* Empfangsbestätigung sollte nicht übereilt erteilt werden, DVZ Nr. 11 v. 27. 1. 83, 8; *o. V.* In 23 Staaten in Kraft, DVZ Nr. 49 v. 27. 4. 82, 8; *o. V.* Liability in Trans-European Road Transport (5 Beiträge), 1980; *o. V.* Neue Ermittlung der Sonderziehungsrechte, DVZ Nr. 2 v. 6. 1. 1981, 1; *o. V.* Neue Gefahrgutregelungen für gesamten Bahngüterverkehr, DVZ Nr. 96 v. 11. 8. 1979, 4; *o. V.* Urteil des Gerichtshofes erzwingt Novellierung, DVZ Nr. 99 v. 4. 8. 1984, 14; *o. V.* Versender haftet für richtige Angaben, DVZ Nr. 36 v. 26. 3. 81, 2; *o. V.* Vorschriften sollen geändert werden, DVZ Nr. 109 v. 12. 9. 81, 1; *o. V.* Bonn zieht erste Konsequenzen, DVZ Nr. 44 v. 15. 4. 82, 1; *o. V.* Nur wenige wollen noch für den „Lohn der Angst" fahren,

DVZ Nr. 8 v. 21.1.82, 14; *o.V.* Vorschriften werden verschärft, DVZ Nr. 34 v. 22.3.1983, 2; *Oeynhausen* Prof. Herber: Rechtsprechung ist im Kern richtig – Haftung des Spediteurs I, DVZ Nr. 74 v. 23.6.81, 3; *Oldenburg* Exakte Kältekontrolle wird jetzt allgemein zur Pflicht, DVZ Nr. 62 v. 27.5.1993, 39–39; *Piper* Aktivlegitimation, Passivlegitimation, Münchner CMR-Colloquium 1987; *Piper* Probleme der CMR unter Berücksichtigung der Rechtsprechung des Bundesgerichtshofes, insbesondere zur Ersatzverpflichtung des CMR-Frachtführers, TranspR **1990** 357–362; *Rabe* Rezension OLG M vom 4.6.87, 23 U 1698/87, EWiR **1987** 985 ff; *Rapp* Entwicklung der französischen Rechtsprechung zur CMR, Schriften zum Transportrecht, Heft 12 (1995), 153–167; *Rasch* Spediteur hat Interessen des Auftraggebers zu wahren, DVZ Nr. 41/42 v. 8.10.4.82, 19; *Rodière* The Convention of Road Transport, ETR **1970** 620–636; *Roesch* Abschluß des Beförderungsvertrages, Lieferfristbeginn und Lieferfristhaftung im Landfrachtrecht, VersR **1982** 828–835; *Roesch* Abschluß des Frachtvertrags und Nebenvereinbarungen im Anwendungsbereich der CMR, VP **1983** 56–58; *Roesch* KVO und CMR: Haftung für Güterschäden während einer Bahnbeförderung, VP **1982** 101–103; *Roesch* Welchen Anspruch hat der Frachtführer nach der CMR bei Rückgabe des unbeladenen Lastzuges?, VP **1980** 19–21; *Rokas* Carriage of goods by Road and civil liability, Athen 1984; *Roltsch* Der Direktanspruch des Verfügungsberechtigten gegen den Straßentransport-Haftpflichtversicherer, VersR **1985** 317–322; *Roltsch* Gerichtsstandsvereinbarung nach ADSp zulässig, DVZ Nr. 41 v. 7.4.1987, 9; *Roth* Zur Kontrolle allgemeiner Versicherungsbedingungen nach VVG und AGBG in der CMR-Haftpflichtversicherung, IPRax **1986** 16–19; *Runge* Die Vertragsbedingungen im Straßengütertransport, TranspR **1982** 25–27; *Schlechtriem* Good Faith in German Law and in International Uniform Laws, Centro di studi e ricerche di diritto comparato e straniero Saggi, conferenze e seminari 24, Roma 1997; *Schmalz* Am Brenner haben die Trucker die Geduld verloren, Handelsblatt Nr. 47 v. 23.2.1984, 3; *Schmid/Kehl* Die Haftung des CMR-Frachtführers nach den Grundsätzen culpa in contrahendeo, TranspR **1996** 89–92; *Schmidt* Kann Schweigen auf eine Gerichtsstandsklausel in AGB einen Gerichtsstand nach Art. 17 EuGVÜ/LuganoÜ begründen, RiW **1992** 173–179; *Schneider* Münchner CMR-Colloquium 1987 TranspR **1988** 56–60; *Thonfeld* Haftung im Expreß-, Kurier- und Paketdienst Individuelle Leistung – maßgeschneiderte Bedingungen, DVZ Nr. 61 v. 22.5.1990, 30–31; *Thume* Keine zwingende CMR-Haftung des Fixkosten- und Sammelladungsspediteurs im grenzüberschreitenden Straßengüterverkehr?, TranspR **1992** 355–356; *Thume* Vergleich der Haftungsregeln des Warschauer Abkommens mit denen der CMR, TranspR **1996** 143–148; *Thume* Die Haftung des CMR-Frachtführers für Verspätungsschäden, RIW **1992** 966–970; *Thume* Die Haftung des CMR Frachtführers für Fahrzeugmängel, RIW **1994** 357–360; *Thume* Die Haftung des CMR-Frachtführers wegen positiver Vertragsverletzung, TranspR **1995** 1–7; *Tuma* Können deliktische Ansprüche nicht am Frachtvertrag Beteiligter durch vertragliche Bestimmungen eingeschränkt werden?, VersR **1983** 408–411; *Tunn* Rechtsstellung des Empfängers im Frachtrecht, TranspR **1996** 401–406; *Voigt* Besteht Versicherungspflicht auch für der CMR unterliegende Güterbeförderung?, VP **1962** 157–160; *Willenberg* Der internationale Straßengüterverkehr nach dem Inkrafttreten der CMR, NJW **1968** 1020–1025; *Willenberg/Lucas* Der Luftfrachtverkehr auf der Straße oder das Trucking und seine haftungsrechtlichen Folgen, TranspR **1989** 201–207; *Willenberg* Fragen aus der KVO-CMR-Versicherung, ZfVerkWiss **1974** 179–189; *Willenberg* Probleme aus der Sicht des deutschen Straßenbeförderungsrechts, Haftung beim kombinierten Verkehr (1986), 61–72; *Willenberg* Rechtsfragen des Palettenverkehrs auf der Straße, TranspR **1985** 161–170; *Willenberg* Sonderprobleme bei der Beförderung fabrikneuer Personenkraftwagen auf PKW-Straßentransporten, TranspR **1983** 57–63; *Wulfmeyer* Die Elemente des Transportvertrages im niederländischen Recht, TranspR **1993** 405–421; *Zocher* Entwicklung der Haftung und der Versicherung im gewerblichen Güterverkehr, (9 Folgen), Der Güterverkehr **1986** H. 1, 40–42 H. 2, 32–35 H. 3, 29–34 H. 4, 29–32 H. 5, 36–39 H. 6, 41–45 H. 7, 34–38 H. 8, 45–50 H. 9, 34–41; *Züchner* Abgrenzung der Frachtführerhaftung beim Kühlgutverkehr nach der KVO und der CMR, DB **1971** 513–516; *Züchner* Ersatzpflicht bei Lieferfristüberschreitung nach der CMR, VersR **1970** 701–704; *Züchner* Rechtsfragen zur CMR-Haftung und CMR-Versicherung, VersR **1969** 682–688; *Züchner* Verpflichtung zum Verladen und Entladen sowie Haftung für Verladefehler und Entladeschäden nach der CMR, VersR **1968** 723–726; *Züchner* Zur Frachtführerhaftung für Verluste an Schüttgütern nach der CMR, VersR **1967** 430–432.

9. Fachzeitschriften

All E. R.	All England Law Reports
AnwBl	Anwaltsblatt
AWD	Außenwirtschaftsdienst des Betriebs-Beraters, heute RIW
BB	Betriebsberater
DB	Der Betrieb
DVZ	Deutsche Verkehrszeitung
ETR	Europäisches Transportrecht = European Transport Law (ETL)
EwiR	Entscheidungen zum Wirtschaftsrecht
IPRax	Praxis des internationalen Privat- und Verfahrensrechts
IZ	Zeitschrift für den Internationalen Eisenbahnverkehr
JZ	Juristenzeitung
LLoyd's Rep.	Lloyd's Law Reports
NJW	Neue Juristische Wochenschrift
RDU	Revue de droit uniforme (= Uniform Law Review)
RIW	Recht der Internationalen Wirtschaft, früher AWD
Spediteur	Der Spediteur, Mitteilungsblatt des Bundesverbands Spedition und Lagerei
TranspR	Transportrecht
VersR	Versicherungsrecht
VP	Versicherungspraxis
VW	Versicherungswirtschaft
WM	Wertpapier-Mitteilungen
ZfV	Zeitschrift für Versicherungswesen
ZfVerkWiss	Zeitschrift für Verkehrswissenschaft

10. Abkürzungen

Abkürzungsverzeichnis internationaler Übereinkommen

ADR	Europäisches Übereinkommen über die Beförderung gefährlicher Güter auf der Straße
CIM	Internationales Übereinkommen über den Eisenbahnfrachtverkehr (COTIF/R CIM)
CIM 1999	Anlage B zum Übereinkommen über den internationalen Eisenbahnverkehr (COTIF 1999), IZ **1999** 324°ff.
EuGVÜ	Europäisches Übereinkommen vom 29.7.1968 über die gerichtliche Zuständigkeit und die Vollstreckung gerichtlicher Entscheidungen in Zivil und Handelssachen (BGBl **1972 II** 773 ff)
LugÜ	Luganer Übereinkommen über die gerichtliche Zuständigkeit und die Vollstreckung gerichtlicher Entscheidungen in Zivil und Handelssachen vom 16.9.1988 (BGBl **1994 II 2658** ff)
WA	Warschauer Abkommen zur Vereinheitlichung von Regeln über die Beförderung im Internationalen Luftverkehr

Abkürzungsverzeichnis ausländischer Gerichte

Für die Bezeichnung ausländischer Gerichte die folgenden Abkürzungen verwendet:

A	Österreich
B	Belgien
CH	Schweiz
DK	Dänemark
E	Spanien
F	Frankreich
GB	Großbritannien

GR	Griechenland
I	Italien
NL	Niederlande
CA	Cour d'Appel (Frankreich, Belgien, Appellationsgericht), Court of Appeals (Großbritannien, Appellationsgericht) Corte di Appello
Cass	Cour de Cassation (Frankreich, Belgien, Kassationsgericht), Corte di Cassazione (Italien, Kassationsgericht)
Hof	Hof van Beroep (Niederlande, Berufungsgericht)
OGH	Oberster Gerichtshof (Österreich)
Rb	Rechtbank (Niederlande, Gericht erster Instanz)
TGI	Tribunal de Grande Instance (Frankreich)
Trib	Tribunal (Belgien, erstinstanzliches Zivilgericht)
TribCom	Tribunal de Commerce (Frankreich, Belgien, Handelsgericht)

11. Literatur zu Artikel 1

Arnade Der Frachtführerbegriff der CMR als Problem der internationalen Zuständigkeit, Transportrecht, 342–345; *Basedow* Auslegungsgrenzen im Internationalen Einheitsrecht, TranspR **1994** 338–339; *Braun* Prozessuale Probleme im Bereich der CMR, Teil I VersR **1988** 648–653, Teil II VersR **1988** 878–885; *Brautlacht* Die Anwendbarkeit des Warschauer Abkommens bei der Luftersatzbeförderung, TranspR **1988** 187–190; *Fischer* Der „Güter"-Begriff der CMR, TranspR **1995** 326–337; *Fischer* Die CMR auf dem Vormarsch in Europa, Überlegungen aus Anlaß des bevorstehenden Beitritts der Türkei zur CMR, TranspR **1994** 365–375; *Fischer* Ergänzung der CMR durch unvereinheitlichtes deutsches Recht nach der Transportrechtsreform, TranspR **1999** 261–291; *Fischer* Internationale Umzugstransporte auf der Straße, TranspR **1996** 407–418; *Hector* Abenteuer mit Strukturwandel, DVZ Nr. 89 v. 28.7.1987, 27; *Jung* The Convention on the Contract for the International Carriage of Goods (CMR): Survey, Analysis and Trends of Recent German Case Law, RDU **1997** 148–167; *Koller* Die Ergänzung der CMR durch die KVO, TranspR **1987** 318–321; *Koller* Die Ergänzungen der CMR durch unvereinheitlichtes nationales Recht – Zur Änderung der KVO, TranspR **1989** 260–262; *Müller* CMR für Transport zwischen dem UK und Jersey ungültig, DVZ Nr. 14 v. 1.2.1990, 12; *o. V.* Überführung auf eigener Achse – Belebung im Nahost-Geschäft, DVZ Nr. 140 v. 24.11.1988, 29; *Pesce* Exposé zur Anwendbarkeit der CMR, Beilage 6 a Prot. IV/81 (unveröffentlicht); *Piper* Einige ausgewählte Probleme des Schadensersatzrechts der CMR, VersR **1988** 201–209; *Sadikov* USSR Accession to the 1956 Convention on the Contract for International Carriage of Goods by Road, Foreign Trade **1984** Nr. 4, 37–40; *Schiller* Das Warschauer Abkommen beim Wort genommen, TranspR **1996** 173–183; *Seltmann* Neuregelung des österreichischen Frachtrechtes durch das Binnen-Güterbeförderungsgesetz, TranspR **1990** 405–407.

A. Allgemeines

I. Die CMR als internationales und innerstaatliches materielles Recht

1. Rechtsnatur

1 Die CMR ist zugleich völkerrechtlicher Vertrag wie materielles und formelles Privatrecht.[1] Durch die Ratifikation ist die 1956 als völkerrechtlicher Vertrag abgeschlossene CMR deutsches materielles Recht geworden.[2] Da sie in Art. 1 und 2 ihre Anwen-

[1] Siehe hierzu *Heuer* 2 mit weiteren Angaben; grundlegend *Kropholler*, Internationales Einheitsrecht; zur Entstehungsgeschichte *Heuer* 11 ff.

[2] Gesetz vom 19. Mai 1956 zu dem Übereinkommen über den Beförderungsvertrag im internationalen Straßengüterverkehr (CMR) vom 16.8. 1961, BGBl II **1961**, 119 mit dreisprachigem Abdruck des Abkommenstextes, abgedruckt als Anh. I nach Art. 1 CMR, im folgenden zitiert als „RatifizierungsG zur CMR". Aus dieser Rechtslage lassen sich auch für die Praxis bedeutsame Folgerungen ziehen: siehe z.B. Art. 32 Rdn. 153. (Unterbrechung der Verjährung)

dung selbst bestimmt, bedarf es, soweit ihre Vorschriften reichen und anwendbar sind, keiner Festlegung des anwendbaren nationalen Rechts nach den üblichen Grundsätzen des internationalen Privatrechts.[3] Gerichte der Bundesrepublik Deutschland und der anderen Mitgliedsstaaten haben vielmehr die CMR auf den betreffenden Frachtvertrag unmittelbar anzuwenden.[4] Art. 1 und 2 enthalten Spezialregeln des Kollisionsrechts, die für Gerichte der Bundesrepublik Deutschland und der anderen Mitgliedsstaaten gelten.[5]

2. Geltungsgrund der CMR

a) Unmittelbare Geltung

Als innerstaatliche materielle Rechtsnormen gelten die Bestimmungen der CMR ipso jure, soweit sich aus der CMR ihre Anwendbarkeit ergibt.[6] Eine besondere Vereinbarung ihrer Anwendbarkeit ist entgegen der Rechtsprechung des italienischen Kassationshofes[7] nicht Voraussetzung der Geltung. Diese Rechtsprechung ist daher völkerrechtswidrig; siehe Rdn. 63. **2**

b) Erweiterung des Geltungsbereichs durch nationales Recht

Der nationale Gesetzgeber ist durch den Rechtscharakter der CMR als völkerrechtliches Abkommen nicht daran gehindert, ihre materiellen Bestimmungen in einem erweiterten Rahmen für anwendbar zu erklären, so z. B. auf nicht grenzüberschreitende Beförderungen oder auf Speditionsverträge. Das letztere ist durch den deutschen Gesetzgeber und die Rechtsprechung aufgrund der §§ 412, 413 HGBaF in einem beachtlichen Umfang erfolgt.[8] Das TRG[9] hat diese Anwendungserweiterung der CMR aufgrund nationalen Rechts in Deutschland mit dem HGBnF aufrechterhalten. Dieses Verhalten verstößt nicht gegen die völkerrechtliche Bindung der Bundesrepublik Deutschland aus dem CMR-Übereinkommen. Denn es widerspricht nicht dem rechtsvereinheitlichenden Zweck der CMR, wenn ihr Anwendungsbereich erweitert wird. OLG München vom 23.7.1996, TranspR **1997** 33, 34 vertritt sogar mit beachtlichen Gründen, für ein deutsches Gericht (bei Anwendung italienischen Rechts) lasse sich der Grundsatz der Anwendung der CMR auf Fixkostenspediteure durch autonome Auslegung der CMR herleiten. Dafür bezieht sich das Urteil neben der deut- **3**

---

[3] Zutreffend *Kropholler* AWD/RIW **1973** 402 gegen OLG Düsseldorf vom 18.11.1971, VersR **1973** 177, 178.

[4] So sind z. B. über Art. 6 Abs. 3 EuGVÜ die Gerichtsstände des Art. 31 Abs. 1 auch auf Widerklagen anzuwenden; siehe dort Rdn. 44.

[5] *Kropholler*, Internationales Einheitsrecht 18 ff und *Heuer* 21 ff.

[6] *Thume* in *Fremuth/Thume* Frachtrecht, Vor Art. 1 CMR, Rdn. 3; *Herber/Piper* vor Art. 1 Rdn. 1; *Glöckner*[7] Rdn. 3; *Hügel*, JBl **1984**, 57, 59; MüKo/*Basedow* Rdn. 1; *Koller*[4] Rdn. 3 und Art. 6 Rdn. 12; *Hill/Messent/Glass*[2] S. 72; *Clarke*[2] Nr. 24 Fn. 26; CMR-Geltung auch bei Nichtausstellung des Frachtbriefs oder Fehlen des Frachtbrief-Hinweises: So schon NL Rb Breda vom 23.2.1965, SS **1965** 223 f, B CA Brüssel vom 19.12.1968, ETR **1969** 948, 950; F Cass vom 17.2.1970, ETR **1970** 439, 445 = BT **1970** 158; F CA Aix-en-Provence vom 22.3.1990, BT **1990** 796 f.

[7] Ständige Rechtsprechung; I Corte di Cassazione vom 28.11.1975, Trasporti **1976** 96 ff = Foro pad. **1975** I 265; vom 26.11.1980, ETR **1983** 70, 73 ff; I Corte di Appello Florenz v. 2.2.1981, Foro pad. **1981** I 106; **a. A.** mit zutreffender Begründung I LG Mailand vom 11.7.1983, TranspR **1984** 133 ff; Nähere Hinweise und kritische Stellungnahme *Pesce* S. 55 ff und TranspR **1984** 135; gegen diese Rechtsprechung *Valaperta* Trasporti **1976** 100 ff; *Basedow* Transportvertrag S. 263 f; *Thume/Teutsch* Rdn. Art. 6 Rdn. 23; *Glöckner*[7] Art. 6 Rdn. 13 *Fischer* TranspR **1994** 165 Fn. 5; *Haak* S. 43 Fn. 22.

[8] Siehe Rdn. 23; §§ 412, 413 HGBaF Rdn. 9, 24.

[9] Gesetz zur Neuregelung des Fracht-, Speditions- und Lagerrechts Transportrechtsreformgesetz (TRG) vom 25. Juni 1998, BGBl. **1998** I, 1588–1605.

schen auf englische, belgische und österreichische Rechtsprechung.[10] Inwieweit eine solche Auslegung, die letztlich auf die lex fori zurückführen wird, international zu einheitlichen Anwendungsgrundsätzen führen kann, erscheint wegen der doch bestehenden nationalen Unterschiede dieser an sich sinnvollen Regel noch zweifelhaft. Auf Grenzen stößt die Erweiterung jedenfalls, soweit in die Geltungsbereiche anderer rechtsvereinheitlichender Übereinkommen eingegriffen wird. Problematisch ist die Verweisung des deutschen Rechts vor allem im Hinblick auf die Anwendung von Art. 31, da bei Verträgen, die nur vom nationalen Recht der CMR unterstellt werden, an sich das EuGVÜ bzw. das LugÜ zwingend anzuwenden ist, siehe Art. 31 Rdn. 26.

c) Geltung der CMR kraft vertraglicher Vereinbarung

4 Die CMR kann im Rahmen der Vertragsfreiheit grundsätzlich außerhalb ihres Geltungsbereichs, insbesondere auch in Fällen der Ausnahmen nach Art. 1 Abs. 4, und im Verkehr mit nicht der CMR angehörenden Ländern[11] sowie zwischen Spediteuren als Vertragsordnung vereinbart werden.[12] Sie wird damit nach deutschem Recht Inhalt des Beförderungsvertrags,[13] die Regeln der CMR können aber abbedungen werden.[14] Daher haftet der multimodale Beförderer, der Haftung nach CMR für den gesamten Transport zugesagt hat, für die Seestrecke nach der CMR, auch wenn er den Container vom Trailer auf das Schiff umladen läßt, obwohl in diesem Falle Art. 2 CMR nicht eingreift.[15] Die Vereinbarung der CMR kann freilich die gesetzliche Vorrangwirkung der prozeßrechtlichen Bestimmungen in Art. 31 CMR gegenüber EuGVÜ und des LugÜ nicht ersetzen.[16]

5 Mit der **Vereinbarung der CMR als Vertragsordnung** außerhalb ihres sachlichen Geltungsbereichs[17] (z. B. für innerstaatliche Transporte, für Transporte zwischen Nicht-CMR-Ländern, für Transporte mit anderen Verkehrsmitteln oder für multimodale Transporte oder zwischen Frachtführern und Spediteuren) gewinnt sie die Rechtsnatur Allgemeiner Geschäftsbedingungen und kann sich gegenüber zwingenden Rechtsnormen der nach Kollisionsrecht anzuwendenden Rechtsordnung nicht durchsetzen, muß also gegenüber zwingendem nationalem Frachtrecht zurücktreten. Ferner unterliegt dann ihre Vereinbarung, grundsätzlich aber auch ihr Inhalt, dem AGB-Gesetz. Dies kann für die Verwendung der CMR bei multimodalen Transporten zu Problemen führen. Wird die Geltung der CMR für die vertraglichen Beziehungen vereinbart, unterliegen außervertragliche Ansprüche nicht der CMR, insbesondere wird damit auch keine CMR-Gerichtsstand für diese begründet.[18] Grundsätzlich ist dies jedoch eine Auslegungsfrage, also fallabhängig.

---

[10] Siehe Rdn. 23 ff, 28. Das italienische Recht kennt diesen Grundsatz jedoch nicht; siehe Rdn. 27.

[11] Für die Vereinbarung genügt schon ein Frachtbrief mit dem Vermerk nach Art. 6 Abs. 1 – unter Vorbehalt der jeweiligen dortigen Rechtsprechung. Siehe Art. 6 Rdn. 22; MüKo/*Basedow* Rdn. 1

[12] Siehe z. B. F Cass vom 21. 6. 1982, BT **1982** 513 = ETR **1983** 207 (Vertrag zwischen drei Spediteuren über Schäden); F CA Paris vom 15. 6. 1978, BT **1978** 420–422 (Vertrag zwischen deutschem und französischem Spediteur); F CA Poitiers vom 31. 3. 1971, BT **1971** 168 f (in Vertrag zwischen verschiedenen Beteiligten über Schadensregulierung); F CA Aix-en-Provence vom 22. 2. 1979, BT **1979** 387–389; F CA Versailles vom 13. 11. 1985, BT **1986** 42 f (Türkei, Frachtbrief unerheblich).

[13] OLG Hamburg vom 9. 2. 1989, TranspR **1990** 191 ff (Transport Türkei–Iran); LG Krefeld vom 15. 12. 1987, VersR **1988** 1021 f; grundsätzlich bejahend auch OLG Düsseldorf vom 2. 12. 1982, VersR **1982** 1055; OLG Hamburg vom 12. 1. 1984, TranspR **1984** 158, 160 = VersR **1984** 1090 f.

[14] F CA Poitiers vom 31. 3. 1971, BT **1971** 168, 169.

[15] LG Krefeld vom 15. 12. 1987, VersR **1988** 1021 f; siehe Rdn. 42 und Art. 2 Rdn. 7.

[16] Siehe hierzu Art. 31 Rdn. 3.

[17] Siehe Art. 6 Rdn. 22.

[18] F Cass vom 21. 6. 1982, BT **1982** 513 = ETR **1983** 207.

Von besonderer praktischer Bedeutung ist die Vereinbarung der CMR in Verträgen zwischen CMR-Hauptfrachtführern und Unterfrachtführern, die nur mit einer innerstaatlichen Teilstreckenbeförderung beauftragt werden. In diesen Fällen ist gesetzlich der Regreß des Hauptfrachtführers gegen den Unterfrachtführer nicht der CMR unterworfen. Hier kann, insbesondere auch durch Rahmenverträge, die CMR für das Unterfrachtverhältnis vereinbart werden. Der NL Hoge Raad vom 26. 5. 1989, ETR **1990** 717 ff hat in einem solchen Fall die Abweichung von zwingendem innerstaatlichem Recht durch Vereinbarung der CMR in einem Rahmenvertrag zugelassen. Dies soll aber nicht gelten, wenn es sich insgesamt nicht um eine internationale Beförderung handelt. In Deutschland war eine Abdingung der KVO wegen deren tarifrechtlicher Einbindung in solchen Fällen nicht möglich. In der Regel blieb damit zwar der Regreß des der CMR unterworfenen Hauptfrachtführers gesichert. Der Hauptfrachtführer, der dem Absender selbst nur nach CMR haftet, konnte insoweit Regreß gegen den KVO-Unterfrachtführer nehmen, weil die Haftung nach der KVO weiter ging als nach der CMR. Jedoch bestand umgekehrt die Möglichkeit, daß er den Unterfrachtführer im Wege der Drittschadensliquidation auf weiteren nach der CMR zu ersetzenden Schaden in Anspruch nahm. Mit der Aufhebung der KVO durch das TRG[19] hat sich die Situation geändert. Auch für den Unterfrachtvertrag gelten nunmehr die §§ 407 ff HGBnF. Diese Vorschriften lehnen sich inhaltlich indessen ohnehin an die CMR an und machen insoweit auch deren besondere vertragliche Einbeziehung in den jeweiligen Frachtvertrag entbehrlich. Die zwingende Geltung der §§ 407 ff HGBnF wiederum bestimmt sich dabei im einzelnen nach § 449 HGBnF. Danach sind verschiedene Vorschriften der neuen frachtrechtlichen Bestimmungen der §§ 407 ff HGBnF, die in § 449 Abs. 1 HGBnF des näheren aufgezählt sind, keiner Abänderung durch vorformulierte Vertragsbedingungen zugänglich. Sie sind „AGB-fest". Doch bleibt dem CMR-Hauptfrachtführer und dem Unterfrachtführer auf der anderen Seite dann immer noch die in § 449 Abs. 2 HGBnF aufgeführte Möglichkeit offen, von den genannten zwingenden Bestimmungen durch eine Vereinbarung abzuweichen, „die im einzelnen ausgehandelt ist" (§ 449 Abs. 2 HGBnF). Da beide Frachtführer regelmäßig keine „Verbraucher" i. S. v. § 449 Abs. 1, § 414 Abs. 4 HGBnF sind, liegt diese Wahl in ihrem freien Belieben. 6

Wird nur allgemein die Anwendung deutschen Rechts auf einen multimodalen grenzüberschreitenden Vertrag (z. B. Deutschland – Afghanistan) **vereinbart**, so gilt damit die CMR nicht über ihren eigentlichen Anwendungsbereich hinaus, sondern nur für die Beförderungsstrecken, für die ihre gesetzlichen Anwendungsvoraussetzungen vorliegen. Darüber hinaus kann ohne besondere Vereinbarung die CMR nicht als Bestandteil deutschen Rechts ipso jure gelten, insbesondere auch nicht als zwingendes Recht; siehe dazu OLG Hamburg vom 12. 1. 1984, TranspR **1984** 158, 160 = VersR **1984** 1090 f. 7

Eine solche **Vereinbarung ist für die Anwendbarkeit der CMR** durch ein Gericht in einem Vertragsstaat bei einem der CMR unterliegenden Beförderungsvertrag **nicht erforderlich.** Die Rechtsprechung des italienischen Kassationshofes (siehe Rdn. 2 und 63) ist daher völkerrechtswidrig. 8

[19] Gesetz zur Neuregelung des Fracht-, Speditions- und Lagerrechts Transportrechtsreformgesetz (TRG) vom 25. Juni 1998, BGBl. 1998 I, 1588–1605.

II. Wirkungsweise der CMR

1. Zwingende Wirkung von Art. 1 CMR für Mitgliedsstaaten

9 Die Vereinbarung der Rechtsordnung eines Nichtmitgliedsstaats durch die Parteien ist vor Gerichten der Vertragsstaaten unwirksam. Art. 41 Abs. 1 erklärt die gesamte CMR und damit auch die Kollisionsnormen des Art. 1 für zwingend. Der Grundsatz der Rechtswahlfreiheit der Partei ist damit aufgehoben; zweifelnd *Precht/Endrigkeit* 48. Freilich ist der Umfang der Geltung jeder CMR-Regelung gründlich zu prüfen. Immerhin ist die Einschränkung der Vertragsfreiheit wohl auf die klaren Geltungsbereiche zu beschränken.[20]

2. Anwendung der CMR durch Gerichte in Nichtmitgliedsländern

10 Gerichte in Staaten, die der CMR nicht angehören, brauchen deren Bestimmungen nicht anzuwenden, auch wenn nach Art. 1 an sich die Anwendungsvoraussetzungen vorliegen. Denn sie sind durch die Rechtsanwendungsregeln der Art. 1, 2 CMR nicht gebunden. Für diese ausländischen Gerichte gelten zunächst die Normen ihres eigenen Kollisionsrechts. Soweit diese auf die CMR verweisen sollten, ist sie anwendbar. Soweit dem Partner nach dem betreffenden ausländischen Kollisionsrecht die Rechtswahl gestattet ist, führt der in Art. 6 Abs. 1 k CMR für den Frachtbrief vorgesehene Hinweis auf die CMR zur Anwendung des Abkommens als Teil der wirksam vereinbarten Rechtsordnung; siehe dazu *Heuer* 28. Dieser Frachtbriefhinweis enthält eine Verweisung, die als kollisionsrechtliche oder materiellrechtliche gesehen werden kann. Vorausgesetzt ist allerdings, daß im betreffenden Recht die Verweisung durch Frachtbriefaufdruck als ausreichend anerkannt ist und daß zwingendes nationales Recht nicht die Verweisung hindert.[21]

III. Fassungen der CMR

11 Die CMR gestattet in ihren Schlußbestimmungen, anders als z. B. das Brüsseler Konnossementabkommen von 1924 (sog. Haager Regeln), nicht die textlich abweichende Inkorporation in die nationalen Rechte; siehe zu dieser Möglichkeit *Kropholler*, Internationales Einheitsrecht 110 ff. Daher gilt in allen Mitgliedsländern die einheitliche englische oder französische Fassung unmittelbar; Art. 51 und die dortige Erläuterung.

1. Änderung durch das Goldfrankenprotokoll von 1978

12 Durch das Protokoll zum Übereinkommen über den Beförderungsvertrag im internationalen Straßengüterverkehr (CMR) vom 5. 7. 1978 (BGBl. 1980 II 721, 733 ff) ist der für die Haftungsbegrenzung maßgebliche Goldfrankenstandard durch das Sonderziehungsrecht des Internationalen Währungsfonds ersetzt worden. Siehe Art. 23 Abs. 7 CMR. Das Protokoll ist für die Bundesrepublik Deutschland am 28. 12. 1980 in Kraft getreten; BGBl. 1980 II 1443. Es ändert den Wortlaut der CMR. Jedoch ist die Änderung gem. seinem Art. 4 Abs. 2 nur wirksam für die Staaten, die das Änderungsprotokoll ratifiziert haben.[22] Siehe auch Art. 23 Abs. 8 CMR in der

---

[20] Siehe dazu Art. 41 Rdn. 1.

[21] Siehe zu diesem Problemkreis *Kropholler*, Internationales Einheitsrecht, S. 219 ff; *Thume/Teutsch* Art. 7 Rdn. 16; zur Vereinbarung der CIM durch Frachtbrief siehe F Cass vom 16. 5. 1977, DVZ **1978** Nr. 48, S. 4.

[22] Siehe zum jeweiligen Stand Rdn. 15.

Neufassung; dort Rdn. 45 ff. Für deutsche Gerichte ist ausschließlich die neue Fassung maßgeblich. Zur Übergangsregelung vor Inkrafttreten des Protokolls siehe Art. 23 Rdn. 51.

2. Revisionsbestrebungen

Der Internationale Spediteurverband FIATA (siehe §§ 407–409 HGBaF Rdn. 3) hat im Jahre 1984 Vorschläge zur Änderung der CMR vorgelegt.[23] Diese sehen neben Präzisierungen und Modernisierungen vor allem eine fast vollständige Abschaffung der Haftung durch Reduzierung der Höchstbeträge auf ein Viertel der bisherigen Haftungsgrenze und durch Eröffnung der völligen Freizeichnung bei entsprechender Versicherung vor. Die dafür gegebene Begründung, weite Kreise empfänden die gegenwärtige Haftungsgrenze als zu hoch (Glöckner aaO), kann nur als völlig einseitige Interessenvertretung der Spediteure gesehen werden. Gleiches gilt für den Versuch, durch eine uferlose Ausweitung der Begriffe „Absender“ und „Frachtführer“ die Spediteure weitestgehend aus der Verantwortlichkeit herauszuhalten. 13

3. Abweichende nationale Fassungen

Einige Staaten haben die CMR durch besonderes Gesetz (mit abweichenden Artikelnummern) in Kraft gesetzt; so z. B. Dänemark, obwohl dies in der CMR nicht vorgesehen ist. Auch in diesen Fällen ist der englische und französische Text völkerrechtlich verbindlich und von deutschen Gerichten ausschließlich anzuwenden. 14

IV. Mitgliederstand

1. CMR in der Fassung von 1956

Die CMR in der ursprünglichen Fassung ist außer von der Bundesrepublik Deutschland von folgenden Staaten mit Wirkung zum angegebenen Datum ratifiziert worden: 15

Belarus (4. 7. 1993)
Belgien (17. 12. 1962)
Bosnien-Herzegowina (ehemals Teil Jugoslawiens, Weiteranwendung: 6. 3. 1992)
Bulgarien (18. 1. 1978)
Dänemark (26. 9. 1965)
Estland (1. 8. 1993),
Finnland (25. 9. 1973)
Frankreich (2. 7. 1961)
Georgien (2. 11. 1999)
Griechenland (22. 8. 1977)
Iran (16. 12. 1998)
Irland (1. 5. 1991)
Italien (2. 7. 1961)
Jugoslawien, ehemaliges (2. 7. 1961)
Kasachstan (15. 10. 1995)

[23] Text in englischer Originalfassung in TranspR **1984** 115 ff; zu diesem Vorschlag *Glöckner*, ebenda S. 113.

Kirgisistan (1. 7. 1998)
Kroatien (ehemals Teil Jugoslawiens, Weiteranwendung: 8. 10. 1991)
Lettland (14. 4. 1994)
Litauen (15. 6. 1993)
Luxemburg (19. 7. 1964)
Marokko (24. 5. 1995)
Mazedonien (ehemals Teil Jugoslawiens, Weiteranwendung: 17. 9. 1991)
Republik Moldau (24. 8. 1993)
Niederlande (2. 7. 1961)
Norwegen (29. 9. 1969)
Österreich (2. 7. 1961)
Polen (11. 9. 1962)
Portugal (21. 12. 1969)
Rumänien (23. 4. 1973)
Russische Föderation (früher Sowjetunion, 1. 12. 1983)
Schweden (1. 7. 1969)
Schweiz (28. 5. 1970)
Slowakei (ehemals Teil der Tschechoslowakei, Weiteranwendung: 1. 1. 1993)
Slowenien (ehemals Teil Jugoslawiens, Weiteranwendung: 25. 6. 1991)
Sowjetunion, ehemalige (1. 12. 1983)
Spanien (13. 5. 1974)
Tadschikistan (10. 12. 1996)
Tschechische Republik (ehemals Teil der Tschechoslowakei, Weiteranwendung: 1. 1. 1993)
Tschechoslowakei, ehemalige (3. 12. 1974)
Tunesien (24. 4. 1994)
Türkei (31. 10. 1995)
Turkmenistan (17. 12. 1996)
Ungarn (28. 7. 1970)
Usbekistan (27. 12. 1995)
Vereinigtes Königreich (Großbritannien, 19. 10. 1967)

Der jeweils neueste Mitgliederstand ist aus der Bekanntmachung im BGBl. II ersichtlich, zuletzt zum Stand vom 31.12.2000, und wird jeweils im Fundstellenverzeichnis B zum Stand des Jahresendes zusammengefaßt.[24] Zur Eingrenzung der Hoheitsbereiche, für die die CMR gelten soll, siehe auch Art. 46. Insbesondere das Vereinigte Königreich hat hier eine Reihe von Sonderregelungen getroffen, so für die Kanalinsel Guernsey und die Insel Man sowie für Nordirland, dazu BGBl II **1970** 793, BGBl II **1972** 684, BGBl II **1982** 639, BGBl II **1987** 187.

[24] Fundstellennachweis B zum 31. 12. 2000, BGBl II **2001** vom 31. 1. 2001, 357 f. Bekanntmachung über den Geltungsbereich des Übereinkommens über den Beförderungsvertrag im internationalen Straßengüterverkehr (CMR) sowie des Protokolls hierzu vom 2. 11. 1999, BGBl. II **1999** 822. Zur Frage, inwieweit die CMR für die Nachfolgestaaten der Tschecheslowakei, der Sowjetunion und Jugoslawiens gilt, bei denen jeweils unterschiedliche Regelungen gtroffen worden sind, MüKo/*Basedow* Art. 42 Rdn. 2.

2. Goldfrankenprotokoll

Das Goldfrankenprotokoll ist inzwischen von den meisten Mitgliedstaaten ratifiziert worden. Es gilt auch für die Vertragsstaaten nur nach Ratifizierung, die die CMR erst nach 1978 unterzeichnet haben. Die Änderung der CMR ist daher seit dem jeweils angegebenen Datum wirksam für die Gerichte dieser Staaten:[25] 16

Belgien (4. 9. 1983)
Dänemark (28. 12. 1980)
Estland (17. 3. 1994),
Finnland (28. 12. 1980)
Frankreich (13. 7. 1982)
Georgien (2. 11. 1999)
Griechenland (14. 8. 1985)
Iran (16. 12. 1998)
Irland (1. 5. 1991)
Italien (16. 12. 1982)
Kirgisistan (1. 7. 1998)
Lettland (14. 4. 1994)
Litauen (15. 6. 1993)
Luxemburg (28. 12. 1980)
Mazedonien (ehemals Teil Jugoslawiens, Weiteranwendung: 18. 9. 1997)
Niederlande (28. 4. 1986)
Norwegen (29. 11. 1984)
Österreich (20. 5. 1981)
Portugal (20. 11. 1989)
Rumänien (2. 8. 1981)
Schweden (29. 7. 1985)
Schweiz (8. 1. 1984)
Spanien (9. 1. 1983)
Tunesien (24. 4. 1994)
Türkei (31. 10. 1995)
Turkmenistan (17. 12. 1996)
Ungarn (16. 9. 1990)
Usbekistan (25. 2. 1997)
Vereinigtes Königreich (Großbritannien, 28. 12. 1980) einschließlich Insel Man (18. 7. 1982) und Guernsey (7. 1. 1987)

Mangels Ratifikation des Protokolls gilt die alte Fassung der CMR noch für folgende Staaten: Belarus, Bosnien-Herzegowina, Bulgarien, ehemaliges Jugoslawien, Kasachstan, Kroatien, Marokko, Republik Moldau, Polen, Russische Föderation (ehemalige Sowjetunion), Slowakei, Slowenien, ehemalige Sowjetunion, Tadschikistan, Tschechische Republik, ehemalige Tschechoslowakei. Für die Gerichte dieser Länder ist daher ausschließlich die alte Fassung maßgeblich.

[25] Fundstellennachweis B und Bekanntmachung über den Geltungsbereich siehe Fn. 24.

B. Geltungsbereich (Art. 1 Absätze 1–3)

I. Sachliche Anwendungsvoraussetzungen

1. Vertrag über entgeltliche Beförderung auf der Straße durch Kraftfahrzeuge

17 Art. 1 Abs. 1 S. 1 CMR setzt einen Vertrag über die entgeltliche Beförderung von **Gütern** voraus. Danach ist ein **Frachtvertrag** für die Anwendung der CMR erforderlich.[26] Für den Nachweis der Rechtsnatur als Frachtvertrag bietet nach § 9 der Frachtbrief eine Hilfe. Denn zu seinem Inhalt gehören auch dafür entscheidende Tatsachen, vor allem die Beförderungspflicht, deren Anfang und Ende durch Frachtbriefangaben bestimmt wird;[27] die Kostenangabe und vor allem der Hinweis auf die CMR.[28]

a) Frachtvertrag

aa) Vertrag

18 Die Wirksamkeit des Vertrages richtet sich grundsätzlich nach dem Vertragsstatut.[29] Der CMR-Frachtvertrag ist Konsensualvertrag;[30] insbesondere kann er formfrei, insbesondere auch mündlich oder telefonisch abgeschlossen werden;[31] ein Frachtbrief ist kein Wirkungserfordernis.[32] Nichtige Verträge und Verschulden bei Vertragsschluß genügen für die Anwendbarkeit der CMR nicht.[33]

bb) Beförderung

19 Inhalt des Vertrags muß die Verpflichtung zur Ausführung einer Beförderung (Ortsveränderung) sein. Andere Verträge unterliegen nicht der CMR,[34] auch wenn sie Beförderungen als Nebenpflichten begründen, z. B. Kaufverträge mit Bringpflicht. Ob ein CMR-Frachtbrief vorliegt, ist nur insoweit von Bedeutung, als dieser eine Vermutung für den Abschluß eines Frachtvertrags begründet[35] oder hierfür ein Indiz sein kann,[36] im übrigen aber bedeutungslos; siehe Art. 4 Rdn. 3 f. Der Begriff der Beförderung bzw. des Beförderers kann nicht nach dem ergänzend anzuwendenden nationalen Recht, sondern muß autonom aus der CMR bestimmt werden. In der Praxis legen aber die Gerichte in aller Regel die Vorstellungen des ihnen geläufigen Rechts zu Grunde. Praktischer Ausgangspunkt muß daher das Vertragsstatut sein. Soweit irgend möglich ist aber zu versuchen, die Begriffe der einzelnen Länder einander anzugleichen.[37]

---

[26] Zum Begriff des Frachtvertrags siehe § 425 HGBaF Rdn. 63 f; zur Abgrenzung gegenüber dem Speditionsvertrag §§ 412, 413 HGBaF Rdn. 2 ff, NL Hof's Gravenhage vom 17. 5. 1988, ETR **1968** 1227, 1232 f = SS **1968** 215 f; zur primären Qualifikation Rdn. 61 ff. Fehlt es nach dem für den Abschluß maßgeblichen nationalen Recht (§ 425aF Rdn. 58) an einem wirksamen Vertrag, sind Ansprüche wegen Güterschadens nach § 823 BGB möglich; OLG Düsseldorf vom 5. 11. 1992, TranspR **1993** 186, 188.

[27] Siehe Art. 9 Rdn. 13, 15; MüKo/*Basedow* Art. 9 Rdn. 3

[28] Art. 6 Rdn. 19 und Rdn. 22.

[29] *Koller*[4] vor Art. 1 Rdn. 7; MüKo/*Basedow* Einl CMR Rdn. 36.

[30] Siehe Art. 4 Rdn. 3.

[31] *Sánchez-Gamborino* Nr. 229.

[32] Siehe Art. 4 Rdn. 3.

[33] OLG Hamburg vom 9. 2. 1984, TranspR **1985** 38; LG Lübeck vom 25. 1. 2000, TranspR **2000** 222 (Gibt der Absender dem Frachtführer einen zu niedrigen Ladungswert an, um Eingangsabgaben in Rußland zu hinterziehen, kommt eine Nichtigkeit des Frachtvertrags gemäß §§ 134, 138 BGB nicht in Betracht); MüKo/*Basedow* Rdn. 2; *Koller*[4] Art. 1 Rdn. 3; *Thume/Demuth* Art. 32 Rdn. 4. Eingehende Begründung bei *Arnade* TranspR **1992** 341 f.

[34] Zweifelnd A OGH vom 26. 5. 1983, SZ **56** 83, S 373, 376. Keine Anwendung z. B. auf den Wagenstellungsvertrag; siehe Art. 4 Rdn. 8.

[35] Siehe Art. 9 Abs. 1 und dort Rdn. 8, 14.

[36] Siehe §§ 412, 413 HGBaF Rdn. 65; Beispiel F CA Lyon vom 21. 10. 1976, BT **1976** 534–535 = BT **1977** 111 ff.

[37] Siehe Rdn. 65.

Die Rückbeförderung von Gütern, insbesondere bei Transportschäden und bei Ablieferungshindernissen unterfällt der CMR und gehört auch haftungsrechtlich in den Obhutszeitraum. Freilich ergeben sich für sie Sonderprobleme bei Anwendung bestimmter Artikel.[38] 20

cc) Güter

Nur die Beförderung von Gütern[39] („marchandises", „goods") unterliegt der CMR. Darunter fallen nicht nur Handelsgüter, sondern alle (transportablen) körperlichen Gegenstände,[40] auch Abfall,[41] Wertsachen, Geld, Schwergut, Gefahrgut, Tiere, Fahrzeuge, auch im Huckepackverkehr,[42] volle und leere Container und Ladehilfsmittel,[43] nicht dagegen Trailer, die auf eigenen Rädern fahren.[44] Für Post, Leichen und Umzugsgut schließt Art. 1 Abs. 4 die Anwendung der CMR ausdrücklich aus.[45] 21

dd) Speditionsvertrag

(1) Grundsätzliches

Nicht ipso jure unterliegen nach deutscher[46] und wohl international überwiegender Auffassung **Speditionsverträge**[47] und selbständige Zoll- oder Grenzspeditionsverträge[48] der CMR; auf frachtrechtliche Bestandteile gemischter Verträge ist sie jedoch anzuwenden.[49] 22

Die F CA de Paris hat im Urteil vom 9. 6. 1967, ETR **1969** 911, 914 f die Verjährung nach Art. 32 CMR auf die Beziehung zwischen Speditionsversender und Frachtführer

---

[38] Siehe Art. 30 Rdn. 3 und Art. 32 Rdn. 51 ff, 63, 74 ff.

[39] Zum Güterbegriff der CMR eingehend *Fischer*, TranspR **1995** 326 ff.

[40] *Fischer* aaO; Zum deutschen Recht siehe § 425 HGBaF Rdn. 81

[41] Zum deutschen Recht siehe § 407 HGBnF; § 425 HGBaF Rdn. 76. Zur CMR *Fischer* aaO.

[42] Zu diesem siehe Art. 2 CMR

[43] Zu diesen siehe § 425 HGBa F Rdn. 152a; *Fischer*, TranspR **1995** 326, 332 ff.

[44] B TribCom Antwerpen vom 27. 10. 1971, ETR **1972** 1054–1057.

[45] Siehe Abs. 4, Rdn. 46 ff.

[46] *Koller*[4] Art. 1 Rdn. 2; *Thume/Demuth* Art. 32 Rdn. 5. Wäre die CMR auf Speditionsverträge anzuwenden, wäre die gesamte Rechtsprechung zur Anwendung der §§ 412, 413 HGBaF im CMR-Bereich überflüssig; siehe §§ 412, 413 HGBaF Rdn. 9 Fn. 11. Aus der neuesten Rechtsprechung siehe: OLG Hamm vom 14. 6. 1999, TranspR **2000** 29 (Der Fixkostenspediteur ist unabhängig von der Anwendbarkeit deutschen Rechts kraft autonomer Auslegung der CMR als Frachtführer nach der CMR anzusehen); OLG Düsseldorf vom 11. 10. 1990, TranspR **1990** 440, 441.

[47] A OGH vom 9. 9. 1982, TranspR **1984** 42 f = *Greiter* 170, 173; A OGH vom 28. 6. 1988, TranspR **1989** 222, 224 = VersR **1989** 980 f; ebenso GB Queen's Bench Division vom 12. 10. 1979, ETR **1984** 411, 417; B TribCom Antwerpen vom 3. 4. 1977, ETR **1977** 411, 416; F Cass vom 13. 2. 1987, BT **1968** 210 f; F CA Paris vom 12. 6. 1970, BT **1970** 228, 229; F CA Paris vom 7. 5. 1973, BT **1973** 231 f; F CA Paris vom 7. 11. 1975, BT **1975** 515; F CA Paris vom 23. 6. 1976, BT **1976** 332 (daher Art. 32 CMR nicht anwendbar); F CA Lyon vom 21. 10. 1976, BT **1976** 534–535; B TribCom Verviers vom 7. 4. 1979, ETR **1979** 664, 670 f; NL Hof's Gravenhage vom 17. 5. 1968, ETR **1968** 1227, 1232 f; zutreffend aus internationaler Sicht *Loewe* ETR **1976** 510 f; F Cass vom 25. 6. 1979, ETR **1980** 79, 82; F TribCom Paris vom 5. 12. 1973, BT **1974** 157, 158; **a. A.** F CA Amiens vom 19. 6. 1980, BT **1980** 490, 491 (Anwendung auf das Verhältnis des Absenders zu Spediteuren bzw. zwischen Spediteuren). Nicht ganz eindeutig GR Berufungsgericht Athen, ETR **1987** 65, 67.

[48] Siehe Rdn. 31.

[49] OLG Düsseldorf vom 2. 12. 1982, VersR **1983** 749, 750 (zu einem CMR-Vertrag mit Montageverpflichtung).
Siehe zur Abgrenzung zwischen Fracht- und Speditionsvertrag §§ 412, 413 HGBaF Rdn. 1 ff; ferner § 425 HGBaF Rdn. 90; speziell zur CMR Art. 41 Rdn. 27 ff.

angewandt. Die zur Begründung der rechtlichen Bindung vorgenommene rein wirtschaftliche Betrachtungsweise läßt sich auf das deutsche Recht kaum übertragen. Gegenstand des CMR-Frachtvertrags muß grundsätzlich die Beförderung, nicht die Besorgung der Versendung sein.

(2) Nach deutschem und österreichischem Recht

23 Bei Selbsteintritt, Festkosten- und Sammelladungsspedition legte §§ 412, 413 HGBaF für Deutschland und Österreich bis 1998 einheitlich die Ausdehnung des Frachtrechts auf Speditionsverträge fest.[50] § 1 Abs. 5 KVO war nicht entsprechend anzuwenden.[51] In Deutschland wird nach §§ 458–460 HGBnF die Anwendungserweiterung der CMR aufgrund nationalen Rechts aufrechterhalten. Nach langjähriger Rechtsprechung hatte die Verweisung auf zwingendes Frachtrecht, also auch auf die CMR, zur Folge, daß auch § 413 nicht zwischen Spediteur und Versender abbedungen werden konnte.[52] Diese Rechtsprechung ist nunmehr gesetzlich festgelegt worden, § 466 Abs. 3 HGB. Mit Ausnahme des Regreßfalls nach Art. 40 CMR kann sich daher der Spediteur nicht auf die ADSp berufen.[53] Probleme bestehen freilich wegen der Anwendung des in Art. 31 CMR geregelten internationalen Prozeßrechts, weil dessen Anwendung mit dem EuGVÜ bzw. LugÜ nicht vereinbar ist.[54]

24 In **Österreich**, wo die alte Fassung des HGB weiter gilt, hat sich an der bisherigen Rechtslage nichts geändert.

---

[50] Einheitliche deutsche Rechtsprechung in über 120 veröffentlichten Urteilen, darunter 16 des BGH: vom 18.2.1972, VersR **1972** 873, 874 = NJW **1972** 1003f; BGH vom 9.2.1979, NJW **1979** 2470f = VersR **1979** 445 vom 13.7.1979, VersR **1979** 1154 (Deutschland–Italien); vom 5.6.1981, TranspR **1981** 130 f = VersR **1981** 1030f; vom 27.1.1982, NJW **1982** 1944f = TranspR **1982** 105 f = VersR **1982** 669 f (Deutschland–Belgien); BGH vom 10.2.1982, BGHZ **83** 96, 99 f = NJW **1982** 1946 f =TranspR **1982** 74 f = VersR **1982** 544 f (Deutschland–Belgien); vom 20.10.1983, TranspR **1984** 100, 101 f und 212 ff = VersR **1984** 262f = ETR **1985** 160ff; vom 25.10.1984, NJW **1985** 555 f = TranspR **1985** 48, 49 = VersR **1985** 134 ff; vom 29.11.1984, TranspR **1985** 182, 184 = VersR **1985** 258 f; vom 7.3.1985, BGHZ **94** 71, 73 = TranspR **1986** 68 ff = VersR **1985** 684ff; BGH vom 24.6.1987, BGHZ **101** 172, 177f = TranspR **1987** 447, 449 = NJW **1988** 640ff (multimodale Beförderung); vom 24.9.1987, TranspR **1988** 108, 111 = VersR **1988** 244 ff; vom 14.12.1988, TranspR **1990** 141, 143 = VersR **1989** 309ff (Deutschland–Malta); vom 15.10.1992, TranspR **1993** 137 = VersR **1993** 636 f; vom 27.1.1994, TranspR **1994** 387, 389 = VersR **1994** 1090 f = NJW-RR **1994** 994 f; vom 25.10.1995, TranspR **1996** 118, 119 = VersR **1996** 736 ff. Aus der neueren Rechtsprechung der Oberlandesgerichte siehe OLG Düsseldorf vom 11.11.1993, TranspR **1994** 441 f = VersR **1994** 1497 f; OLG Köln vom 7.5.1996, VersR **1997** 106, 109; OLG Hamburg vom 18.5.1989, TranspR **1990** 188, 190 (keine Anwendung, wenn Fixkostenvereinbarung nur für Inlandsstrecke geschlossen ist); OLG Hamm vom 30.3.1998, TranspR **1998** 463, 464. Siehe ferner Art. 41 Rdn. 27 ff. Siehe auch §§ 412, 413 HGBaF, insbesondere Rdn. 9; ebenso nicht bei Lagerschäden im Speditionslager vor Bewirkung der Sammelversendung; BGH vom 13.1.1978, VersR **1978** 318, 319 = ETR **1978** 402, 406.
Ebenso einheitlich die Rechtsprechung in Österreich: A OGH vom 4.11.1981, TranspR **1982** 80 = SZ **54** 160; A OGH vom 20.1.1981, *Greiter* 122, 124; A OGH vom 2.4.1982, TranspR **1984** 43 = SZ **55** 49 S. 246 ff = *Greiter* 148 ff; A OGH vom 9.9.1982, TranspR **1984** 42 f = *Greiter* 170, 173; A OGH vom 18.12.1984, TranspR **1986** 372, 373 = SZ **57** Nr. 205 S. 1031; A OGH vom 16.1.1985, TranspR **1986** 20 = SZ **58** 26 S. 28 = *Greiter* 275 ff; A OGH vom 10.7.1985, SZ **58** 122, S. 586 = TranspR **1986** 377 ff; A OGH vom 4.6.1987, TranspR **1988** 273, 276 = ETR **1988** 714 ff; A OGH vom 28.6.1988, TranspR **1989** 222, 224 = VersR **1989** 980 f; A OGH vom 14.7.1993, TranspR **1994** 189, 190; A OLG Wien vom 22.10.1982, TranspR **1984** 18; A OLG Salzburg vom 1.9.1993, TranspR **1994** 120.

[51] Siehe § 1 KVO, Anh. II nach § 452 HGBaF Rdn. 14; §§ 412, 413 HGBaF Rdn. 24; zuletzt OLG Hamm vom 19.11.1992, TranspR **1993** 99f; BGH vom 25.10.1995, TranspR **1996** 118, 119 = VersR **1996** 736 ff.

[52] Siehe §§ 412, 413 HGBaF Rdn. 5.

[53] Siehe zum Regreß Art. 39 Rdn. 5, im übrigen *Fremuth* TranspR **1983** 35, 42 ff.

[54] Siehe Art. 31 Rdn. 8.

(3) Nach französischem und belgischen Recht

Ähnlich ist dies im Ergebnis auch in den wichtigsten anderen Mitgliedsländern der CMR. In **Frankreich und Belgien** und in den Niederlanden sind die Rechtsbeziehungen zwischen dem „commissionnaire de transport" und seinem Auftraggeber grundsätzlich nicht der CMR unterworfen.[55] Insbesondere regelt sich die Verjährung nach Art. 108 Ccom; in wichtigen Einzelheiten von Art. 32 CMR abweichend.[56] Auch die internationale Zuständigkeit bestimmt sich nicht nach der CMR.[57] Soweit der Spediteur ohnehin als Garant der zwingenden Haftung nach Frachtrecht unterworfen ist,[58] findet auf ihn die CMR-Haftung Anwendung,[59] nicht jedoch in anderen Fragen des Speditionsrechts.[60] Dem commissionaire steht jedoch der Typus des sozusagen „reinen" Spediteurs mit lokal begrenzten Aufgaben gegenüber (in Frankreich *transitaire*, in Belgien *commissionaire expéditeur*; *Basedow* 50). Dieser entspricht sachlich etwa dem deutschen Grundtypus des Spediteurs nach § 407 HGBaF; siehe §§ 412, 413 HGBaF Rdn. 3 f. Auf ihn findet die CMR keine Anwendung;[61] der Empfangsspedi- 25

[55] **Keine Anwendung der CMR** (Art. 32) auf Ansprüche des Versenders gegen den Spediteur, F Cass vom 8. 1. 1974, BT **1974** 200 ff; F Cass vom 16. 2. 1970, ETR **1970** 435–438 = BT **1970** 144 (Frachtrecht, CMR, da kein Nachweis für Spediteureigenschaft); F Cass vom 16. 4. 1985, BT **1985** 314 ff; F CA Paris vom 22. 6. 1966, BT **1966** 330; F CA Paris vom 2. 3. 1972, BT **1972** 182 f; F CA Rouen vom 16. 6. 1972, BT **1972** 379 f = ETR **1972** 1040 ff; F CA Paris vom 23. 12. 1975, BT **1976** 48, 49; F CA Paris vom 9. 2. 1976, BT **1976** 200, 201; F CA Paris vom 10. 5. 1978, BT **1979** 157 f (zur Hemmung der Verjährung nach Art. 32, Kl. trat in 1. Instanz als Spediteur, in 2. als Frachtführer auf); F CA Paris vom 28. 9. 1981, BT **1981** 526 f; observation zu F CA Paris vom 24. 11. 1978, BT **1979** 137, 139; F CA Paris vom 12. 1. 1978, BT **1978** 144–145; F TGI Valence vom 18. 11. 1981, BT **1982** 211–212; F CA Paris vom 27. 6. 1979, BT **1979** 440 f zu Art. 31; F CA Metz vom 28. 10. 1987, BT **1988** 168 ff; B CA Lüttich vom 18. 12. 1967, ETR **1969** 965 ff.

[56] Z. B. ist die Verjährungsfrist durch Art. 32 Abs. 1 S. 3 c um drei Monate länger; F CA Paris vom 11. 6. 1982, BT **1981** 420 f. Siehe Art. 32 Rdn. 64.

[57] Siehe Art. 31 Rdn. 10; MüKo/*Basedow* Art. 31 Rdn. 6.

[58] Für Anwendung der CMR im Bereich der Garantiehaftung nach Art. 98, 99:
Zur **Verjährung** dieser Ansprüche F Cass vom 21. 6. 1982, BT **1982** 418 = ETR **1983** 805–808.
Zur **Reklamation** nach Art. 30 siehe F CA Paris vom 22. 6. 1966, BT **1966** 330; F TribCom Seine vom 20. 5. 1965, BT **1966** 98, 99 f; F CA Nîmes vom 5. 11. 1980, BT **1980** 600, 601.

[59] „Action en garantie" Art. 98, 99 Ccom. Sehr komplizierte Regelung; zum Überblick *Mercadal* 1996 Rdn. 45 ff, 49 ff; *Lamy 91* I Nr. 803. Auch die einengende Regreßvorschrift des Art. 108 Ccom wird nicht auf den Regreß des garantierenden Spediteurs angewendet; *Mercadal* 1996 Rdn. 50; F Cass vom 21. 6. 1982, BT **1982** 416 = ETR **1993** 805–808 (Verjährung); F CA Paris vom 8. 1. 1974, BT **1974** 201 ff; vom 9. 6. 1967, ETR **1969** 911, 914 f (Verjährung nach Art. 32 CMR für die Beziehung zwischen Speditionsversender und Frachtführer); ebenso F CA Lyon vom 27. 6. 1980, BT **1980** 504, 505; F CA Nîmes vom 5. 11. 1980, BT **1980** 600, 601. Anderer Ansicht noch F CA Paris vom 12. 11. 1982, BT **1983** 83 f.
Zur Nichtanwendung zwischen Spediteuren in einem der CMR unterstehenden Fall siehe F CA Rouen vom 16. 6. 1972, BT **1972** 379 f = ETR **1972** 1040 ff und dazu kritisch die observation BT **1972** 380; dazu auch Rdn. 17.
Zur Rechtskraftwirkung eines Vorprozesses nach Art. 31 Abs. 2 CMR siehe B CA Antwerpen vom 10. 11. 1981, JPA **1983/84** 177 ff und allgemein Art. 31 Rdn. 48 ff.
Für Anwendung F Cass vom 21. 6. 1981, ETR **1983** 216, 223; F CA de Paris vom 9. 6. 1967, ETR **1969** 911, 914 f = BT **1968** 110 ff (Verjährung nach Art. 32 CMR für die **Beziehung zwischen Speditionsversender und Frachtführer**); F TribCom Corbeil-Essones vom 18. 4. 1969, ETR **1969** 988, 994 f; F CA Paris vom 16. 5. 1969, ETR **1969** 986, 902 f; B Cass vom 17. 9. 1987, ETR **1988** 201, 204; B CA Brüssel vom 26. 1. 1969, ETR **1969** 943, 946; B CA Brüssel vom 19. 10. 1972, ETR **1973** 503, 507 f = **1974** 608, 613 f. Wer laufend Haus-zu-Haus-Transporte von Paris nach Antwerpen übernimmt und Fracht berechnet, handelt damit als Frachtführer; die CMR gilt für seine Verträge, B CA Brüssel vom 24. 1. 1969, ETR **1969** 937, 940; B TribCom Brüssel vom 12. 2. 1977, ETR **1978** 285, 289 f; B TribCom Verviers vom 7. 4. 1979, ETR **1979** 664, 670; B TribCom Lüttich vom 27. 6. 1985, ETR **1985** 572, 575 f.

[60] Z. B. überwiegend nicht Art. 31; siehe Art. 31 Rdn. 10.

[61] *Basedow* 49 ff; *Franz* S. 144 ff mit weiteren Nachweisen; *Arnade* TranspR **1992** 342 f. **Anwendung der CMR auf die Garantiehaftung** des Spedi-

teur ist nur transitaire;[62] insbesondere wenn der Spediteur kein Recht zur Auswahl des Frachtführers hat.[63] Die Abgrenzung zwischen den Untertypen des Speditionsvertrags bietet ähnliche Schwierigkeiten wie in Deutschland.[64] Insbesondere ist die Vereinbarung fester Kosten[65] und die Sammelversendung ein starkes Indiz für die Frachtführerstellung.[66] Die unmittelbare Anwendung der CMR auf einen Spediteur kann aber auch schon daraus folgen, daß er dem Auftraggeber nicht mitteilt, daß er als Spediteur handeln will[67] oder daß er mit dem „Transport" beauftragt worden ist.[68] Ob der Spediteur eigene Fahrzeuge besitzt, spielt dabei keine Rolle.[69]

(4) Nach englischem Recht

26 In der Sache ähnlich auch das **englische Recht**: danach wird jedenfalls der Fixkostenspediteur der CMR unterworfen; GB Queen's Bench Division vom 12. 10. 1979, ETR **1984** 411, 417–427.

(5) Nach dem Recht weiterer Mitgliedsstaaten

27 Sehr einschränkend in der Qualifikation des Fixkosten- und Sammelladungsspediteurs als Frachtführer dagegen das **italienische Recht**: *Basedow* 52. Das **schweizerische Recht** enthält keine den § 412, 413 HGBaF ähnlichen Vorschriften. Soweit der Vertrag als Speditionsvertrag zu qualifizieren ist, kann daher die CMR nicht angewendet werden und besteht weitgehende Freizeichnungsfreiheit. Allerdings können für die Auslegung des Vertrages zugunsten des Typus Frachtvertrag die Argumente der Sammelversendung, des Selbsteintritts und der Fixkostenberechnung (keine Provisionsberechnung) herangezogen werden. Damit kann ein ähnliches Ergebnis erreicht werden wie in der deutschen Rechtsprechung; Zivilgericht Basel-Stadt vom 14. 2. 1989, TranspR **1989** 428, 430 f. Entsprechendes gilt auch für die Niederlande.[70]

28 Aus der CMR selbst oder aus der Rechtsprechung der Mitgliedsländer läßt sich der **autonome Grundsatz** herleiten, daß die CMR stets auf Speditionsverträge im Selbsteintritt, zu festen Kosten oder über Sammelladung anzuwenden ist.[71] Dies erscheint sinnvoll – vor allem auch wegen Art. 31 CMR.[72] Diese atypischen Speditionsvarianten kann man durchaus als Beförderungsverträge im Sinne der CMR sehen. Zwar hat sie der deutsche Gesetzgeber 1998 in §§ 457, 458, 459, 466 Abs. 3 HGBnF erneut grundsätzlich dem Speditionsrecht unterstellt, dem Spediteur jedoch die Rechte und

---

teurs F Cass vom 21. 6. 1982, BT **1982** 418 = ETR **1983** 805 ff; F CA Paris vom 9. 2. 1976, BT **1976** 200–202; B TribCom Brüssel vom 12. 2. 1977, ETR **1978** 285, 289 f; B TribCom Verviers vom 7. 4. 1979, ETR **1979** 664, 670 f; B TribCom Antwerpen vom 16. 4. 1975, ETR **1975** 548 ff.

62 F TribCom Paris vom 2. 4. 1973, BT **1973** 354 ff.

63 F CA Paris vom 29. 2. 1972, BT **1972** 269.

64 Siehe z. B. die Untersuchung der komplizierten Vertragsverhältnisse durch die F Cass vom 21. 6. 1981, ETR **1983** 216, 222 f; ferner F CA Nîmes vom 25. 5. 1982, BT **1982** 407 f.

65 B CA Brüssel vom 26. 4. 1983, ETR **1983** 511, 516.

66 Zum Überblick siehe *Basedow* 51 f; *Franz* S. 146; bei Sammelladung geht die CMR-Anwendung nicht über die Ankunft im Sammeldepot hinaus, ist daher der Spediteur nicht der Verjährung nach Art. 32 unterworfen, F Cass vom 22. 11. 1988, RDU **1988** 744 ff.

67 B CA Brüssel vom 26. 4. 1983, ETR **1983** 511, 516; B CA Antwerpen vom 8. 11. 1989, ETR **1990** 83, 85.

68 Beispiele: F Cass vom 13. 2. 1987, BT **1968** 210 f; B TribCom Verviers vom 7. 4. 1979, ETR **1979** 664, 760.

69 B TribCom Verviers vom 7. 4. 1979, ETR **1979** 664, 760.

70 Siehe z. B. Gerechtshof Amsterdam vom 6. 1. 1966, ETR **1966** 151 ff; NL Hof'-Gravenhage vom 17. 5. 1968, ETR **1968** 1227, 1233 (Spediteurbedingungen „FENEX" verstoßen gegen Art. 41 CMR).

71 Siehe OLG München vom 23. 7. 1996, TranspR **1997** 33, 34; dazu auch oben Rdn. 3.

72 Siehe Art. 31 Rdn. 8.

Pflichten eines Frachtführers auferlegt und ihn damit materiell als Beförderer behandelt. Der Grund für die weitgehende Aufrechterhaltung der bisherigen Regelung der §§ 412, 413 HGBaF lag darin, daß in diesen Grenzfällen die speditionsrechtlichen Geschäftsführungspflichten erhalten bleiben sollten. Bei Selbsteintritt übernimmt der Spediteur freiwillig die Beförderungspflicht. Auch bei der Fixkosten- und Sammelladungsspedition liegt jedoch wirtschaftlich bereits ein Frachtgeschäft vor. Diese Fälle wären schon in den Beratungen zum ADHGB (1857) beinahe als Frachtverträge behandelt worden. Wegen Stimmengleichheit für und gegen die Zuweisung zum Frachtrecht mußte der Vorsitzende der Kommission die Entscheidung für das Speditionsrecht treffen, mit einer dem heutigen Recht ähnlichen (damals dispositiven) Regelung. Die Denkschrift zum HGB bemerkte dann 1896 zum künftigen HGB: „Nach dem Entwurfe soll ... die Vereinbarung der bezeichneten Art nicht mehr als Spedition, sondern als Frachtgeschäft gelten ...“.[73] Die neuere Rechtsprechung des BGH spricht vom Spediteur-Frachtführer.[74] Und behandelt ihn als CMR-Frachtführer. Mit deutschen Auffassungen ist daher die autonome Auslegung, nach der Selbsteintritt, Festkosten- und Sammelladungsspedition Frachtgeschäfte i. S. der CMR sind, durchaus zu vereinbaren. Die fortbestehenden speditionellen Rechte und Pflichten stören dabei nicht, denn die Beförderung ist in diesen Fällen Hauptleistungspflicht; siehe Rdn. 40.

ee) Kraftfahrzeug-Mietverträge

Kraftfahrzeug-Mietverträge für eine grenzüberschreitende Beförderung unterstehen nicht der CMR.[75] Auf einen solchen Vertrag, der als Scheingeschäft i. S. d. § 5 GüKG zur Umgehung des GüKG geschlossen worden war, konnte die CMR angewendet werden; OLG Hamm vom 12. 2. 1987, TranspR **1988** 65. Ein Mietvertrag, bei dem der Vermieter nach außen zum Zwecke der Dokumentenausstellung als Frachtführer auftritt, untersteht nicht der CMR – jedenfalls für Streitigkeiten zwischen den Partnern des Vertrags und ihren Rechtsnachfolgern; A OGH vom 30. 5. 1985, TranspR **1986** 225 f. Dagegen untersteht ein Frachtvertrag, der von einem gemieteten Fahrzeug ausgeführt wird, der CMR; der Vermieter und Fahrer des Fahrzeugs ist Gehilfe nach Art. 3 CMR.[76] Im Falle der Vermietung eines Fahrzeugs mit Dienstverschaffung des Fahrers unterliegen die mit dem Fahrzeug ausgeführten Frachtverträge der CMR.[77] **29**

ff) Gemischte Verträge, Beförderung als Nebenleistung

Die CMR verlangt nicht, daß die Beförderung einziger Inhalt des Vertrags ist. Daher fallen gemischte Verträge, die eine grenzüberschreitende Beförderung durch Kraftfahrzeuge zum Inhalt haben, ebenfalls unter die CMR, soweit die Beförderung Hauptpflicht ist[78] – etwa bei einem Vertrag über die Verbringung und Aufstellung von Maschinen oder Industrieanlagen.[79] Auf frachtrechtliche Bestandteile gemischter Verträge ist die CMR, auf andere Bestandteile des Vertrags das entsprechende Recht anzu- **30**

---

[73] Zu diesen historischen Vorgängen siehe *Helm* in FS der Wirtschafts- und Sozialwiss. Fakultät Erlangen-Nürnberg (1995) S. 414 f.

[74] Leiturteil: BGH vom 24. 6. 1987, BGHZ **101** 172, 177 ff = TranspR **1987** 447, 449 = NJW **1988** 640 ff.

[75] F Cass vom 5. 1. 1988, Rev. dr. univ. **1988** 732 f.

[76] F CA Paris vom 17. 6. 1974, BT **1974** 321 f.

[77] F TGI Nancy vom 15. 1. 1987, BT **1987** 521.

[78] OLG Düsseldorf vom 2. 12. 1982, VersR **1983** 749, 750 (zu einem CMR-Vertrag mit Montageverpflichtung).
Siehe zur Abgrenzung zwischen Fracht- und Speditionsvertrag §§ 412, 413 HGBaF Rdn. 1 ff; ferner § 425 HGBaF Rdn. 90; speziell zur CMR Art. 41 Rdn. 27 ff.

[79] Siehe Rdn. 22; OLG Düsseldorf vom 2. 12. 1982, VersR **1983** 749, 750 *Thume/Demuth* Art. 32 Rdn. 7.

wenden. Der Zweck der CMR, eine weitgehende Rechtsvereinheitlichung zu erreichen, erfordert, daß von ihrer zwingenden Regelung nicht durch eine kombinatorische Vertragsgestaltung Ausnahmen geschaffen werden können.[80] Wird allerdings ein Unternehmer sowohl als Zollbeauftragter wie als Beförderer hinsichtlich des gleichen Gutes tätig, ist es wohl angemessen, von jeweils selbständigen Verpflichtungen auszugehen,[81] so daß nur für Teile die CMR zur Anwendung kommt.

gg) Selbständige Verträge

31 Selbständige Verträge zwischen Frachtführer und Absender oder Empfänger unterliegen nicht der CMR. Z. B. fallen die Rechtsbeziehungen zwischen einem selbständigen Unternehmer und dem Absender über Verpackungsarbeiten nicht unter die CMR, auch wenn sie der Erfüllung von Absenderpflichten oder -obliegenheiten dienen. Der Vorrang der CMR vor Verträgen nationalen Rechts setzt sich aber durch, soweit in diesen Verträgen von Absender oder Frachtführer zum CMR-Transportvorgang gehörige Pflichten übernommen werden. Art. 41 CMR verhindert in solchen Fällen die Wirksamkeit von Abreden, die bestimmte Tätigkeiten als selbständige Verträge definieren wollen oder in ihrer Wirkung dazu führen, CMR-Recht mittelbar abzubedingen.[82] Rechtlich selbständige Verträge unterfallen dagegen nicht der CMR. So unterstehen z. B. Geschäftsbesorgungsverträge über Verzollung[83] aber auch Garantieverträge über Zollbehandlungen innerdeutschem Recht;[84] die Erstattung von Zollkosten verjährt nicht nach Art. 32 CMR.[85] Ebenso sind die Kosten einer wegen Nicht-Bereitstellung der Rückladung erforderlich gewordenen Leerfahrt dem Frachtführer vom Absender nach positiver Vertragsverletzung zu erstatten.[86]

hh) Ansprüche des Frachtführers gegen Absender oder Empfänger

32 Die CMR regelt auch in einer Reihe von Artikeln Ansprüche des Frachtführers; etwa in Art. 7, 22. Soweit diese nicht eingreifen, kommt auch in dieser Richtung die Anwendung von allgemeinem Leistungsstörungsrecht in Betracht. Daher kann eine Verletzung der Hinweispflicht des Absenders auf transporterschwerende Eigenschaften des Gutes in Betracht kommen.[87] Die Kosten einer wegen Nicht-Bereitstellung der Rückladung erforderlich gewordenen Leerfahrt sind dem Frachtführer vom Absender nach positiver Vertragsverletzung zu erstatten.[88]

ii) Multimodale Beförderung, Umladung

33 Ebensowenig ist erforderlich, daß alle Teile eines Beförderungsvertrags den Voraussetzungen der CMR entsprechen. Wird z. B. vereinbart, daß der Transport von Deutschland nach Antwerpen mit dem LKW erfolgt und dort auf ein Schiff umge-

---

80 Zutreffend *Thume/Demuth* Art. 32 Rdn. 7.

81 Siehe Rdn. 31.

82 So etwa die Vereinbarung einer Vertragsstrafe für Verspätung (siehe Art. 23 Rdn. 64).

83 BGH vom 23. 3. 1959, VersR **1995** 940; F CA Orléans vom 24. 3. 1987, BT **1987** 662 ff; Beispiel für einen selbständigen Verzollungsauftrag: OLG Hamm vom 27. 6. 1996, TranspR **1998** 295 ff.

84 OLG München vom 8. 11. 1991, TranspR **1992** 60, 62; zu einem ähnlichen Fall ohne besonderen Vertrag OLG Saarbrücken vom 31. 1. 1992, TranspR **1992** 371 ff.

85 So jedenfalls F CA Paris vom 4. 1. 1978, BT **1978** 117–119

86 AG Köln vom 6. 2. 1985, TranspR **1985** 179, 181.

87 OLG Düsseldorf vom 23. 1. 1992, TranspR **1992** 218 f (bei Kälte wegen Zähflüssigkeit nicht abpumpbare Petroleum-Additive, kein Anspruch bei fehlendem Verschulden des Absenders und vorausgesetzter Sachkunde des Frachtführers).

88 AG Köln vom 6. 2. 1985, TranspR **1985** 179, 181.

laden und nach Irland weiterbefördert wird, so ist die CMR nur auf den grenzüberschreitenden Straßentransport anzuwenden. Für den weiteren Verlauf gilt dann Seerecht und etwa das für die anschließende Inlandsbeförderung maßgebliche irische Recht; siehe Rdn. 7, 4, 41, § 452 HGBaF Anh. V Rdn. 10, 19 ff.

jj) Beförderung gegen nicht-geldliche Gegenleistung

Besteht die Gegenleistung für die Beförderung nicht in Geld, steht ebenfalls der **34** Anwendung der CMR nichts im Wege. Art. 1 CMR fordert nur entgeltliche Tätigkeit; darunter fallen auch geldwerte Gegenleistung, so etwa in Form von ausgetauschten Transportleistungen oder Kompensationsgeschäften; schließlich auch bei gesellschaftsrechtlicher Einbringung von Transportleistungen als Einlagen.[89]

b) Mittels Fahrzeugen, nicht auf eigenen Rädern

Fahrzeuge i. S. von Art. 1 Abs. 1 sind gem. Art. 1 Abs. 2 Kraftfahrzeuge. Als solche **35** kommen nicht nur Lastkraftwagen, Anhänger und Sattelanhänger (Sattelauflieger, (Trailer[90]), sondern auch andere Kraftfahrzeuge in Betracht, insbesondere auch Personen- und Kombiwagen sowie PKW-Anhänger. Zur Abgrenzung des Kraftfahrzeugbegriffs siehe *Loewe* ETR **1976** 514 f; zum Beweis der Kfz-Beförderung OLG Frankfurt vom 21. 2. 1984, TranspR **1984** 97, 98.

Beförderung **„mittels Fahrzeugen"** ist die deutsche Übersetzung des maßgeb- **36** lichen französischen Textes „au moyen de véhicules", der jedoch keinen sicheren Schluß zuläßt, ob es auf die Verladung in (auf) dem Fahrzeug ankommen soll. Eindeutig ist demgegenüber die englische Fassung „**in** vehicles". Nur diese entspricht auch im übrigen dem Grundkonzept der CMR, das vom Modell des Ver- und Ausladens in das Fahrzeug ausgeht.[91] Die Gegenauffassung müßte z. B. durch Analogie ermitteln, durch was anstelle die Stelle des „Ausladens" („décharger") in Art. 16 Abs. 2 S. 1 die Beendigung der Beförderung einträte; ebenso, was nach Art. 17 Abs. 4 c als Haftungsausschluß an die Stelle von Verladen (chargement, loading) und Entladen (déchargement, unloading) zu setzen wäre. Ungeklärt bliebe auch, wie auf den gezogenen Trailer Art. 2 anzuwenden wäre. Im übrigen sollte die Anwendung einer internationalen Konvention nach Möglichkeit vermeiden, sich durch Auslegung in Widerspruch mit dem eindeutigen Text auch nur einer verbindlichen Fassung zu setzen. Daher ist es erforderlich, den engeren, aber auch klareren, nicht mehr auslegungsfähigen englischen Begriff anzuwenden.

Die **Überführung von Kraftfahrzeugen** und Anhängern[92] **auf eigenen Rädern**[93] **37** fällt nicht unter die CMR, da sie nicht „mittels Fahrzeugen" erfolgt,[94] wohl aber die gleichzeitige entgeltliche[95] Beförderung von Gütern des LKW-Eigentümers auf dem zu überführenden Fahrzeug.[96] Denn es kommt nicht darauf an, wem das für den Transport verwendete Fahrzeug gehört;[97] zutreffend OLG Düsseldorf aaO. Nicht

---

[89] Zutreffend *Thume/Demuth* Rdn. 8.

[90] F Cass vom 17. 2. 1970, ETR **1970** 439, 445 = BT **1970** 158.

[91] A. A. *Fischer*, TranspR **1995** 326, 336.

[92] Auch Sattelaufliegern; § 429 HGBaF Rdn. 38; *Fischer*, TranspR **1995** 326, 335.

[93] § 425 HGBaF Rdn. 84; *Fischer*, TranspR **1995** 326, 334 m. w. H.

[94] Zutreffend OLG Düsseldorf vom 14. 7. 1986, TranspR **1987** 24, 26; OLG Schleswig vom 25. 5. 1987, NJW-RR **1988** 283, 284; *Fischer*, TranspR **1995** 326, 334 f; siehe auch § 425 HGBaF Rdn. 84.

[95] Auch durch die Einbeziehung des Beförderungspreises in die Berechnung des Überführungspreises, OLG Düsseldorf aaO.

[96] OLG Düsseldorf aaO; *Fischer*, TranspR **1995** 326, 334 f m. w. H.; *Koller*[4] Rdn. 5; unzutreffend aber insoweit OLG Schleswig aaO.

[97] OLG Düsseldorf aaO.

gefolgt werden kann der Auffassung, die beim Überführen eines beladenen Trailers die CMR-Anwendung auch auf den geschleppten Trailer erstrecken will.[98] Die dafür angebrachten, angeblich für Gut und Fahrzeug „transportmitteltechnologischen Gegebenheiten" sind keineswegs, wie *Fischer* annimmt, für den gezogenen Wagen und die in ihm verladenen Güter gleich oder austauschbar.

c) Auf der Straße

38 Die Beförderung muß durch Kraftfahrzeuge auf der Straße vorgesehen sein. Zur Beförderung beladener Kraftfahrzeuge auf Trägerbeförderungsmitteln siehe Art. 2 CMR.

d) Einheitlicher Vertrag

39 Die Beförderung muß aufgrund eines einheitlichen Vertrages erfolgen. Sie darf nicht an der Grenze „gebrochen" sein.[99] Der Transport muß jedoch nicht auf demselben Fahrzeug ohne Umladung erfolgen.[100] Eine Umladung auf ein anderes Straßenfahrzeug betrifft nur die Ausführung, nicht aber den Rechtscharakter des Vertrags.[101]

e) Entgeltlich

40 Die Beförderung muß zwar entgeltlich, aber nicht gewerbsmäßig sein; siehe § 425 HGBaF Rdn. 89. Zur Rechtsnatur des CMR-Beförderungsvertrags als formlosen Konsensualvertrags siehe Art. 4 Rdn. 3.[102]

f) Maßgeblich: der Vertrag, nicht die Ausführung

41 Ob die Anwendungsvoraussetzungen der CMR nach Art. 1 vorliegen, bestimmt sich somit nicht nach der tatsächlichen Ausführung der Beförderung, sondern nur nach der übernommenen Verpflichtung.[103] Die CMR muß daher auch dann angewandt werden, wenn es zur Grenzüberschreitung nicht mehr kommt; zutreffend *Heuer* 30.

42 Konsequenterweise muß Entsprechendes auch gelten, wenn vereinbarungswidrig die Beförderung tatsächlich nicht oder nur teilweise durch Kraftfahrzeuge erfolgt.[104] Dies ist jedoch in der Literatur zur CMR bisher nicht klar anerkannt. *Heuer* scheint auf S. 33 vom Gegenteil auszugehen. *Loewe* ETR **1976** 512–524 will in diesem Fall die CMR zwar nur auf die auf der Straße ausgeführten internationalen Streckenabschnitte anwenden. Jedoch kommt er zu einer Haftung des Frachtführers mindestens im Umfang der CMR durch Anwendung der für den Vertragsbruch des Frachtführers gelten-

---

[98] So aber *Fischer*, TranspR **1995** 326, 335 f mit Hinweisen auf vereinzelte Auffassungen; zur Auslegung durch *Fischer* siehe Rdn. 36.

[99] Z.B. Weiterführung aufgrund eines neuen Kfz-Vertrags; durch Umladen auf ein Binnenschiff von Afghanistan nach der Sowjetunion; OLG Hamburg vom 20. 11. 1986, VersR **1987** 504 ff; siehe auch Art. 2 Rdn. 7. Ebenso fallen Ansprüche des Eigentümers eines Anhängers gegen den Eigentümer des schleppenden Motorwagens nicht unter die CMR; B Trib Antwerpen vom 27. 10. 1971, ETR **1972** 1054, 1056.

[100] Mißverständlich F Cass vom 21. 6. 1981, ETR **1983** 216, 223, die jedoch wohl damit meint, daß es sich nicht um einen durch Umladung auf ein Seeschiff gebrochenen Transport (von Nimes nach Hull) handeln darf.

[101] Ein Umladeverbot kann auch ohne Frachtbriefeintragung vereinbart werden, muß aber dann voll bewiesen werden; F CA Grenoble vom 13. 3. 1980, BT **1981** 306. Siehe auch Art. 6 Rdn. 24.

[102] Siehe auch *Thume/Teutsch* Rdn. Art. 4 Rdn. 13.

[103] Zutreffend *Heuer* 29 f; Beispiele: B CA Antwerpen vom 23. 3. 1983, ETR **1983** 518, 525. Siehe auch § 425 HGBaF Anh. V Rdn. 68 ff.

[104] So z. B. B CA Antwerpen vom 23. 3. 1983, ETR **1983** 518, 525 für eine vertragswidrige Unterbeförderung mit der Eisenbahn.

den nationalen Bestimmungen. Es erscheint jedoch richtiger und auch sachlich angebracht, entsprechend dem Wortlaut des Art. 1 Abs. 1 S. 1 CMR nur auf den Inhalt der Vertragsvereinbarung, nicht dagegen auf die tatsächliche Ausführung abzustellen. Mit dem Abschluß des CMR-Vertrags kauft sich der Absender in eine eindeutig umrissene Vertragsposition ein. Es ist nicht einzusehen, wieso diese sich durch die willkürliche Abweichung des Frachtführers vom Vertrag ändern sollte. Richtig daher auch LG Krefeld vom 15.12.1987, TranspR **1988** 1021 f: Sagt der multimodale Beförderer Haftung nach CMR für den gesamten Transport zu, dann haftet er, auch wenn er den Container vom Trailer auf das Schiff umladen läßt, für die Seebeförderung nach Maßgabe der CMR.

Zweifelhaft kann sein, ob die CMR auch dann gilt, wenn im Frachtvertrag die Beförderung mit einem anderen Beförderungsmittel vorgesehen war, dann aber grenzüberschreitend auf der Straße ausgeführt wurde. Diese Frage stellt sich insbesondere bei den häufig anzutreffenden Fällen der Beförderung von Luftfrachtgütern auf dem Landweg (sogenanntes Trucking). Hier wurde die Ansicht vertreten,[105] daß der Luftfrachtführer bei einer vertragswidrigen Wahl dieses Beförderungsweges nach den Grundsätzen der positiven Vertragsverletzung und insoweit zugleich auch unbeschränkt zu haften habe. Den diesbezüglichen Meinungsstreit hat der BGH[106] zwischenzeitlich dahin entschieden, daß für Transportschäden an Luftfrachtgut anläßlich einer – auftragswidrigen oder vom Auftrag gedeckten – Beförderung im Straßengüterverkehr nach den für den Straßengüterverkehr geltenden Vorschriften (CMR) gehaftet wird; siehe Anh. V nach § 452 HGBaF Rdn. 68 ff. **43**

Ist ein **Frachtvertrag ohne Benennung der Art des einzusetzenden Beförderungsmittels** geschlossen und wird dann die Beförderung grenzüberschreitend auf der Straße ausgeführt, ist gem. § 315 BGB die CMR anzuwenden.[107] Auf solche Verträge will OLG Köln vom 4.4.1986, TranspR **1986** 432 f nicht die CMR anwenden. Dem ist in dieser allgemeinen Form nicht zuzustimmen, da auch durch § 315 die für die CMR-Anwendung erforderlichen Voraussetzungen in den Inhalt des Vertrags eingebracht werden können. Unzutreffend wohl auch OLG Düsseldorf vom 13.7.1978, VersR **1978** 1016, das auf einen abgebrochenen Transport, der möglicherweise Umladung von der Bahn auf LKW an der Grenze vorsah, gem. § 413 HGBaF Abs. 1 die CMR anwendet. **44**

2. Beförderung durch die öffentliche Hand

Auch soweit Staaten oder staatliche Einrichtungen und Organisationen entgeltliche Beförderungen vornehmen, ist die CMR nach Art. 1 Abs. 3 anzuwenden. Daher ist sie auch für grenzüberschreitende LKW-Transporte der Deutschen Bundesbahn maßgeblich; ebenso für Beförderungen durch staatliche und volkseigene Betriebe. **45**

3. Sachliche Ausnahmen von der Anwendbarkeit, Abs. 4

Folgende Gegenstände von Transporten sind von der Anwendung der CMR ausgeschlossen:[108] **46**

---

105 LG Frankfurt vom 26.2.1981 und OLG Frankfurt vom 11.11.1981, VersR **1982** 697; *Willenberg/Lucas*, TranspR **1989** 201 ff und eingehender: Anh. V nach § 452 HGBaF Rdn. 85.

106 BGH vom 17.5.1989, TranspR **1990** 19. Siehe insoweit ergänzend: OLG Hamburg vom 24.10.1991, TranspR **1992** 66.

107 Siehe dazu BGH vom 13.4.1989, TranspR **1989** 328; § 425 HGBaF Rdn. 8 f und Anh. V nach § 452 HGBaF Rdn. 4.

108 Ob sie Güter im Sinne des CMR-Frachtrechts sind, ist daher belanglos; *Fischer*, TranspR **1995** 326, 328.

a) Postbeförderung

47 Nach Art. 1 Abs. 4 a gilt die CMR nicht für die Beförderung von Post. Auslandsbeförderungen durch die Deutsche Bundespost werden trotz ihrer privatrechtlichen Grundlage nach den Bestimmungen internationaler Postübereinkommen durchgeführt. Siehe dazu § 452 HGBaF Rdn. 4. Das Transportrechtsreformgesetz hat die Vorschrift des § 452 HGBaF, welche die Postbeförderung von dem Frachtrecht der §§ 425 ff HGBaF ausdrücklich ausgenommen hatte, ersatzlos gestrichen. Infolgedessen gelten die frachtrechtlichen Bestimmungen der §§ 407 ff HGBnF nunmehr ebenso auch für Postbeförderungsgeschäfte, so daß nach neuem Recht jedes Postgut zugleich auch „Gut" i. S. des § 407 HGBnF ist. Doch war hier gesetzgeberisch andererseits den mit der massenhaften Abwicklung solcher Transporte verbundenen besonderen Haftungsrisiken Rechnung zu tragen. Deshalb kann der Frachtführer sich bei der Beförderung von Briefen und briefähnlichen Sendungen von seiner Haftung der §§ 425 ff HGBnF bereits dem Grunde nach, ansonsten auch in der Höhe ganz oder teilweise freizeichnen, wobei ihm nicht nur der Weg einer Individualvereinbarung, sondern bemerkenswerterweise sogar auch der von AGB eröffnet ist, §§ 449, 466 HGBnF.[109]

b) Beförderung von Leichen

48 Die Beförderung von Leichen (Art. 1 Abs. 4 b) unterfällt nicht der CMR und unterfiel auch im innerstaatlichen Bereich nicht dem GüKG und der KVO, sie unterfiel und unterfällt innerstaatlich ausschließlich den Regelungen des HGB. Siehe § 425 HGBaF Rdn. 20.

c) Beförderung von Umzugsgut

49 Die Beförderung von Umzugsgut[110] unterliegt nach Art. 1 Abs. 4 c ebenfalls nicht der CMR. Welches Recht anstelle der CMR gilt, bestimmt sich nach den allgemeinen Grundsätze des Kollisionsrechts; siehe § 425 HGBaF Rdn. 58 ff und Art. 1 Rdn. 79 ff. Ist danach deutsches Rechts anzuwenden, unterliegen diese Beförderungen den §§ 450–450 h HGB.

50 **Umzugsgut i. S. von Art. 1 Abs. 4 c CMR setzt voraus**, daß die transportierten Gegenstände einer einheitlichen Einrichtung von Räumen sind und nunmehr dem gleichen Zweck in anderen Räumen dienen sollen.[111] B TribCom Antwerpen vom 1. 4. 1980, ETR **1980** 461, 469 f will die reine Beförderung von Möbeln ohne Auseinandernehmen, Ein- und Auspacken der Möbel der CMR unterwerfen. Ist ein Teil der

---

[109] *Koller*[4] § 449 HGB Rdn. 1.

[110] Bis zu seiner Aufhebung durch das TRG zum 1. 7. 1998 unterlagen diese Transporte zwingend den Bedingungen des GüKUMT, Anh. IV nach § 452 HGBaF, auch wenn sie nicht in besonderen Möbeltransportfahrzeugen erfolgten, BGH vom 30. 4. 1997, TranspR **1998** 153, 155 (zuletzt GüKUMB). Die KVO war seit der Aufhebung von § 1 Abs. 2 KVO nicht mehr anzuwenden (OLG Hamburg aaO), siehe Rdn. 90 ff; GüKUMT und GüKUMB galten als Verbraucherschutzrecht auch für grenzüberschreitende Umzugstransporte, jedenfalls, soweit ausländisches Recht nicht entgegenstand; BGH vom 10. 3. 1994, VersR **1994** 837, 838; LG Bonn vom 24. 7. 1990, TranspR **1991** 25, 26. Inwieweit dies auch für nach dem 1. 1. 1994 abgeschlossene Verträge gelten konnte, ließ der BGH offen. Die Frage war grundsätzlich zu bejahen; jedoch konnten zuletzt mit dem Absender günstigere Bedingungen vereinbart werden; siehe vor § 1 GüKUMT, Anh. IV nach § 452 HGBaF Rdn. 3, 11 f. Besondere Umzugsbedingungen wie die AGB für Umzugstransporte von und nach Übersee (BAnz **1988** 188 f, siehe vor § 1 GüKUMT, Anh. IV nach § 452 HGBaF Rdn. 12), konnten daher mit der CMR nicht in Konflikt geraten, soweit sie wirklich für Umzugsgut vereinbart wurden.

[111] OLG Hamburg vom 28. 2. 1985, TranspR **1985** 188 f.

Sendung Umzugsgut, so unterliegt der andere Teil der CMR; OLG Hamburg vom 3.7.1980, VersR **1980** 1075, 1076 m. krit. Anm. von *Bischof* VersR **1981** 708 ff.

Für die grenzüberschreitende Beförderung von **Handelsmöbeln** (die nicht Umzugsgut sind) gilt die CMR. **51**

d) Erweiterte Haftung bei Vorsatz und gleichstehender Fahrlässigkeit (Art. 29 CMR)

In diesen Fällen schließt die CMR die Anwendung ihrer haftungsmildernden Bestimmungen aus und eröffnet daher dem ergänzend anzuwendenden nationalen Recht ausnahmsweise eine breitere Anwendungsmöglichkeit. **52**

4. Sachliche Erweiterungen über den Frachtvertrag hinaus

Während die generelle Anwendbarkeit der CMR stets von einem Frachtvertrag abhängt und sich gemäß den Grundsätzen des Schuldrechts auf die Parteien dieses Vertrages beschränkt, (siehe Rdn. 17 ff), ist in einzelnen Bestimmungen der CMR und in den Regeln des ergänzend anzuwendenden Rechts eine Erweiterung des Anwendungsbereichs vorgesehen. **53**

a) Anwendungserweiterungen durch die CMR selbst

Die CMR sieht in Art. 28, 31 und 32 erhebliche **Erweiterungen des Anwendungsbereichs** vor. In Art. 28 Abs. 1 wird für die Haftungseinschränkungen eine Anwendung auch auf nichtvertragliche Ansprüche angeordnet und diese in Abs. 2 auch auf Gehilfen ausgedehnt. Art. 32 setzt für seine Anwendung nur eine der CMR unterstehende „Beförderung" voraus, gleich auf welcher Rechtsgrundlage die Ansprüche beruhen und erweitert damit den Geltungsbereich der Spezialverjährung auf außervertragliche Ansprüche aus einer solchen Beförderung. Damit greift diese Regelung erheblich über Art. 1 hinaus.[112] **54**

b) Anwendungserweiterungen aufgrund nationalen Rechts

Siehe zu dem gerade im Bereich des deutschen Rechts sehr breit eröffneten Anwendungsfeld der CMR Rdn. 3–8, 22 ff. **55**

II. Örtliche Anwendungsvoraussetzungen

Für die Anwendung der CMR haben die Gerichte der Mitgliedstaaten (siehe Rdn. 15) nur zu prüfen, ob **entweder der Ort der Übernahme** des auf der Straße zu befördernden Gutes **oder der vertraglich vorgesehene Ablieferungsort in einem Mitgliedsstaat** liegt.[113] Die Bestimmung dieser Orte wird bei Frachtbriefeintragung durch Art. 9 Abs. 1 (widerleglich) bewiesen.[114] Dabei wird ein durchgehender Beförderungsvertrag vorausgesetzt, der eine Grenzüberschreitung auf der Straße vorsieht. Wird das Gut an der Grenze[115] abgeliefert und neu aufgegeben, liegt kein grenzüber- **56**

---

112 Siehe hierzu Art. 28 Rdn. 1, 31 Rdn. 7 ff und Art. 32 Rdn. 6 ff.

113 Daher Anwendung etwa auf einen Transport von Griechenland nach Frankreich; F CA Paris vom 22.6.1977, BT **1977** 468 f; auf den tatsächlichen Ablieferungsort kommt es nicht an: so schon B CA Brüssel vom 19.12.1968, ETR **1969** 948, 951.

114 Siehe Art. 9 Rdn. 13; Art. 6 Rdn. 14.

115 Keine CMR-Anwendung, wenn Umladung und Neuaufgabe 250 m vor der Grenze erfolgt sind; NL Rb Amsterdam vom 9.11.1975, SS **1976** 135 f (zu Art. 32 CMR).

schreitender Frachtvertrag vor.[116] Gleiches gilt, wenn aufgrund eines durchgehenden Frachtvertrags das Gut die Grenze nicht auf dem LKW, sondern auf einem anderen Beförderungsmittel, z. B. auf einem Binnenschiff überschreitet; OLG Hamburg vom 20. 11. 1986, VersR **1987** 504. Hat der Frachtführer die Beförderungspflicht für einen grenzüberschreitenden Transport übernommen, so spielt demgegenüber die Frage der tatsächlichen Umladung weder eine Rolle, wenn nach Grenzüberschreitung umgeladen wird (B CA Brüssel vom 19. 12. 1968, ETR **1969** 948, 951), noch wenn dies an der Grenze erfolgt.[117] Anhalten im Ausgangsland zum Zuladen anderer Güter hat keinen Einfluß auf den Ablieferungsort.[118]

57 Wird bei einem Frachtvertrag, der auf eine grenzüberschreitende Beförderung gerichtet ist, **aufgrund des Verfügungsrechts des Absenders das Gut nicht über die Grenze hinweg befördert** (siehe Art. 12 CMR), so findet – entsprechend der ursprünglichen Vereinbarung – dennoch die CMR Anwendung. Umgekehrt gilt die CMR nicht, wenn bei einem zunächst auf innerstaatliche Beförderung gerichteten Frachtvertrag aufgrund einer Weisung des Verfügungsberechtigten die Grenze überschritten wird. Soll durch eine derartige Handhabung innerstaatliches Recht umgangen werden, so ist der tatsächlich beabsichtigte Verlauf der Beförderung maßgeblich; siehe *Loewe* ETR **1976** 543 f.

58 Auf **Wohnsitz und Staatsangehörigkeit der Parteien** kommt es nach Art. 1 Abs. 1 S. 2 ausdrücklich nicht an.[119] Daher ist die CMR zwingende Vertragsordnung für den gesamten aus- und eingehenden Straßengüterverkehr der Bundesrepublik Deutschland[120] – wie auch aller Mitgliedsstaaten.[121] Das OLG Düsseldorf stellte daher in einem frühen Urteil zu Unrecht zusätzliche Überlegungen darüber an, ob bei einem Transport von der Türkei nach Deutschland die CMR evtl. als vereinbartes Recht gelten sollte.[122]

59 Der Verkehr **zwischen Großbritannien und der Kanalinsel Jersey**, für die die CMR nicht in Kraft gesetzt wurde, soll nicht der CMR unterliegen, da es sich hierbei nicht um einen internationalen Transport handelt.[123]

60 Die CMR ist nicht anzuwenden, wenn **Deutschland nur Transitland** ist, Übernahme- und Ablieferungsort dagegen im gleichen Staat liegen (z. B. von Österreich nach Österreich durch Deutschland oder umgekehrt beim nationalen Transport, der von Freiburg i. Br. nach Aachen durch Frankreich führt); zutreffend *Precht/Endrigkeit*³ 45.

---

116 Eine durch bloße Auslegung des Vertrags bewirkte Aufteilung in zwei nationale Beförderungen entsprechend dem Kaufvertrag ohne Zwischenablieferung und Neuaufgabe ist nicht möglich, allein schon, weil sonst die Umgehung der CMR zu leicht eröffnet würde; unrichtig daher F CA Paris vom 9. 3. 1974, BT **1974** 213 ff; zutreffend dort die observation S. 215. Aufspaltung von Frachtführern siehe im einzelnen MüKo/*Basedow* Rdn. 36.

117 Zutreffend *Precht/Endrigkeit*³ 45 f. Der Ablieferungsort ändert sich erst recht nicht, wenn während der Fahrt noch andere Güter zugeladen werden; D KG vom 11. 1. 1995, TranspR **1995** 342, 344.

118 D KG vom 11. 1. 1995, TranspR **1995** 342, 344; siehe auch Art. 6 Rdn. 14.

119 Zutreffend OLG Nürnberg vom 14. 6. 1965, ETR **1971** 247 = RIW/AWD **1965** 339; NL Rb Rotterdam vom 27. 4. 1971, ETR **1971** 830, 834 ff.

120 Für den Verkehr nach der DDR einschließlich Ost-Berlin (KG vom 13. 3. 1980, TranspR **1980** 948 f) und durch die DDR in Drittländer galt die CMR, nicht aber für den Transitverkehr von Westdeutschland nach Westberlin und zurück, weil Übernahme- und Ablieferungsort nicht in zwei verschiedenen Staaten lagen. Für Beförderung zwischen der Bundesrepublik Deutschland und Ostberlin galt die CMR.

121 Siehe z. B. F CA Paris vom 22. 6. 1977, BT **1977** 468 f.

122 Vom 18. 11. 1971, VersR **1973** 177 = RIW/AWD **1973** 401; zutreffend Kropholler RIW/AWD 1973 402; ähnliches Urteil F CA Paris vom 22. 6. 1977, BT **1977** 468 f.

123 MüKo/*Basedow* Rdn. 32 m. w. N.; *Müller*, DVZ Nr. 14 vom 1. 2. **1990** 12.

Deutsche Gerichte haben die CMR **auch auf Transporte anzuwenden, die mindestens von oder nach einem außerdeutschen Mitgliedsland ausgeführt werden.**[124] 61

C. Völkerrechtliche Verbindlichkeit der CMR (Art. 1 Abs. 5)

Die CMR legt in Art. 1 Abs. 5 ausdrücklich die Unzulässigkeit entgegenstehender völkerrechtlicher Vereinbarungen fest. Ausnahmen gelten nur für den Fall des kleinen Grenzverkehrs und für die Zulassung eines Frachtbriefs als Traditionspapier für rein innerstaatliche Transporte. Beide Arten von Sonderabkommen sind, zumindest durch die Bundesrepublik Deutschland, bisher nicht abgeschlossen worden; siehe auch *Loewe* ETR **1976** 521. Probleme mit der Abgrenzung zu anderen internationalen Übereinkommen bestehen insbesondere im Hinblick auf die noch nicht in Kraft getretene UN-Konvention über die internationale multimodale Güterbeförderung, die in Art. 30 Abs. 4 eine Kollisionsregelung vorsieht; siehe § 425 HGBaF Rdn. 52. 62

Die völkerrechtliche Verbindlichkeit der CMR hat auch zum Inhalt, daß die **Mitgliedstaaten verpflichtet sind, die Anwendung der materiellen Regeln der CMR durch ihre Gerichte durchzusetzen**. In der Bundesrepublik Deutschland geschieht dies durch Art. 25 GG. Die Rspr. des italienischen Kassationshofs zu den Anwendungsvoraussetzungen der CMR (siehe oben Rdn. 2) verletzt daher die völkerrechtlichen Pflichten des Mitgliedstaates Italien. 63

D. Inhalt der CMR

Die CMR regelt nur einzelne Fragenbereiche des Frachtvertrags, läßt also zahlreiche Sachfragen außerhalb ihrer Regelungskompetenz.[125] Vor allem betrifft dies die Preise für die Transportleistung. Grundsätzlich können vor allem alle Entgelte ohne Einengung durch Art. 41 frei vereinbart (oder durch verbindliche Tarife festgelegt) werden. Mit der völligen Aufhebung aller Tarife in der EU sind dort also alle Preisvorschriften entfallen.[126] In einer großen Zahlung von Anwendungsfällen ist nationales Recht anzuwenden; siehe Rdn. 75 ff. Die Ausstellung eines Frachtbriefs ist nicht zwingend vorgeschrieben.[127] 64

Weiter ist zu nennen:

der Schadensersatz wegen Nichterfüllung;
die Pfand- oder Zurückbehaltungsrechte;
die Fragen der Gültigkeit des Vertrags.

Aufschluß im einzelnen gibt die (unvollständige) Aufzählung der durch ergänzendes nationales Recht zu regelnden Fragenkreis in Rdn. 80.

---

124 Z.B. von der DDR nach Frankreich: OLG Koblenz vom 2.7.1976, VersR **1976** 1151; von Holland nach Kuwait: OLG Hamburg vom 14.12.1978, VersR **1980** 584 f.

125 Siehe dazu schon eingehend *Loewe* ETR 1976 503 ff, Nr. 9 S. 507 („Beförderungspreis" und „Vertragserfüllung").

126 Siehe Art. 4 Rdn. 13.

127 Art. 4 Rdn. 13.

E. Auslegung und ergänzende Anwendung nationalen Sachrechts

I. Auslegung und Selbstergänzung der CMR aus sich heraus

1. Auslegung und Selbstergänzung

65 Als internationales Einheitsrecht soll die CMR zur Rechtsangleichung beitragen. Sie kann diese Aufgabe am besten erfüllen, wenn sie von den Gerichten der beteiligten Staaten möglichst einheitlich interpretiert und ergänzt wird, unter Zugrundelegung der nach Art. 51 Abs. 3 maßgeblichen englischen und französischen Originalfassungen. Diese sind möglichst so zu interpretieren, daß sie den gleichen Sinn ergeben.[128] Soweit irgend möglich, sollte die CMR daher aus sich heraus ohne Rückgriff auf nationale Rechte ausgelegt oder durch Analogie aus ihren eigenen Vorschriften ergänzt werden.[129] *Kropholler* S. 293 (Fn. 129) fordert mit Recht, ein Gericht müsse sich vor jeder weitgehenden Rechtsfortbildung fragen, ob sie überhaupt so begründet werden kann, daß die Gerichte der ausländischen Partner ihr folgen werden. Es bedürfe einer Abwägung, ob eine rechtsvergleichende Fortbildung im internationalen Geist gewagt oder der Rückzug in das autonome staatliche Zivilrecht angetreten werden solle.[130]

66 In zahlreichen Einzelfeldern hat sich dieser Grundsatz auch in der internationalen Praxis weitgehend durchgesetzt; siehe etwa zur Schriftlichkeit § 32 Abs. 2 S. 1 (dort Rdn. 110 und Rdn. 136); Art. 20 Rdn. 10, Art. 27 Rdn. 10. Vielfach läuft die Entwicklung auf diese Auslegung zu; siehe etwa Rdn. 19 f zum Begriff der Beförderung. Freilich sind alle zweifelhaften Interpretationen der CMR und Zugrundelegung allgemeiner Rechtsgrundlagen nicht hilfreich. Denn Regeln, die nur von einzelnen Personen und Ländern als allgemein proklamiert werden, schaden der Rechtsvereinheitlichung durch die damit entzündeten Konflikte zwischen den Gerichten der Mitgliedsländer, die in jedem Land Rechtskulturen (insbesondere Rechtsregeln) aufgebaut haben und ständig von ihnen Gebrauch machen. Es ist daher in vielen Fällen besser, die Entscheidungen dem ergänzend anzuwendenden Recht zu überlassen.[131]

67 Andererseits ist das **Beharrungsvermögen nationaler Rechtsordnungen** noch immer sehr stark. So erhält z. B. die französische Rechtsprechung an wichtigen Stellen internrechtliche Ergebnisse mehr oder weniger stillschweigend entgegen eindeutiger Regelung der CMR aufrecht.[132] Da die einzelnen Rechtsordnungen unterschiedliche Systeme zur Lösung ähnlicher Probleme entwickelt haben, kann es besser sein, diesen Systemen die richtige Fallentscheidung als Aufgabe zuzuweisen.[133]

---

[128] BGH vom 10. 10. 1991, TranspR **1992** 100, 101 f = VersR **1992** 383 ff = BGHZ **115** 299 ff.

[129] BGH vom 28. 2. 1975, NJW **1975** 1597, 1598; vom 6. 7. 1979, BGHZ **75** 92, 94; vom 6. 5. 1981, TranspR **1982** 41 ff = VersR **1982** 929, 930; vom 14. 7. 1983 BGHZ **88** 157, 161 ff = NJW **1984** 565 ff = TranspR **1984** 68–73 = VersR **1984** 134 ff; vom 7. 3. 1985, BGHZ **94** 71 ff (zum Aufrechnungsverbot); vom 25. 10. 1985, NJW **1985** 555 ff = TranspR **1985** 48 ff (unter bestätigender Heranziehung deutschen Rechts); OLG Düsseldorf vom 27. 3. 1980, VersR **1980** 826 f; OLG Hamburg vom 28. 2. 1985, TranspR **1985** 188; vom 27. 10. 1988, VersR **1989** 719, 720; zum WA BGH vom 27. 10. 1978, VersR **1978** 83, 85; A OGH vom 16. 3. 1977, ÖJZ **1978** 101; mit eindrucksvoller Begründung auch A OGH vom 27. 4. 1987, SZ **60** 70, S. 363, 366 ff = TranspR **1987** 372 ff = ETR **1988** 193 ff; GB Queen's Bench Division vom 17. 2. 1988, (ITT Schaub-Lorenz v. Birkart), RDU **1988** 762, 766 = Lloyd's Rep **1988** I 487–495.
Zur Auslegung internationalen Einheitsrechts siehe in diesem Sinne *Kropholler* Internationales Einheitsrecht, S. 358 ff; zur Rechtsfortbildung S. 293 ff; zur CMR grundsätzlich MüKo/*Basedow* Einl. Rdn. 19; *Fischer*, TranspR **1995** 326. Anwendungsfälle siehe Art. 17 Rdn. 52; Art. 11 Rdn. 9.

[130] S. 303 f; entsprechend siehe auch EuGH vom 21. 6. 1978, RIW 1978 685 zum EKG.

[131] Siehe z. B. zum Mitverschulden Art. 10 Rdn. 16; zum allgemeinen deutschen Schadensrecht Art. 11 Rdn. 5 f.

[132] Siehe z. B. Art. 30 Rdn. 40.

[133] Siehe z. B. Art. 10 Rdn. 16.

Dem Wortlaut des Übereinkommenstextes kommt zur Sicherstellung der Rechtsvereinheitlichungsfunktion eine hohe Bedeutung zu.[134] Gerade dies wird freilich in vielen Fällen nicht beachtet.[135] Maßgeblich sind ausschließlich die französische und die englische Fassung. Diese beiden Versionen sind inhaltlich in Einzelheiten nicht voll entsprechend formuliert. Es bedarf dann einer (in allen Mitgliedsländern möglichst einheitlichen) gemeinsamen Auslegung durch alle Staaten. Diese ist in der Praxis nicht durchzusetzen; zumindest die Staaten englischer oder französischer Sprache wenden meist ohne nähere Überlegungen ihre Version an.[136] Der deutsche Text ist nur eine Übersetzung der deutschsprachigen Staaten und kann daher keine vom Originaltext abweichende Auslegung begründen.[137] Bringt der Wortlaut einer Vorschrift einen in sich eindeutigen Sinn, kann aus in Einzelheiten etwas anderen Formulierung eines anderen Artikels kein einschränkendes Argument hergeleitet werden.[138] Die Auslegung „aus sich heraus“ ist in solchen Fällen die einzige international vertretbare Lösung. Vielfach wird eine solche Auslegung jedoch nach theoretisch-begrifflichen Grundsätzen versucht, was zur Verzerrung der eher sachbezogenen Regeln der CMR führen kann. Ein Beispiel für unangebrachte Begrifflichkeit ist etwa die Deklaration, eine Regelung sei **„abschließend geregelt“**.[139] Dieser Ausdruck will nicht sagen, daß betreffende Regelung zwingend ist; dies ist nach Art. 41 ohnehin generell festgelegt. Sie zielt meist darauf hin, daß neben ihr kein nationales Recht angewendet werden kann. Auch dieser Grundsatz ist mit ihrer zwingenden Natur bereits begründet. Es kann sich also dabei nur um den Versuch handeln, Aussagen unter die zwingende Regelung zu bringen, die aus ihrem Wortlaut nicht erfaßt sind. Beispielsweise ist Standgeld in der CMR nicht erwähnt. Es als „abschließenden“ Regelung zwingend unter den Begriff der Kosten zu ziehen, obwohl es auch Entgelt und daher frei bestimmbar sein kann, ist nicht akzeptabel. Vielmehr sind rein sachliche, soweit wie möglich international gleiche Gründe für solche Entscheidungen zu finden. Lassen sich diese nicht finden, bleibt nur der Rückgriff auf ergänzendes nationales Recht offen. **68**

Die Auslegung aus sich heraus verspricht auf der anderen Seite nur Erfolg, wenn sie sich von Rechtsanwendern anderer Mitgliedstaaten nachvollziehen und übernehmen läßt. Die Erwartungen an die Wirkung der Rechtsvereinheitlichung dürfen daher nicht zu hoch gesetzt werden.[140] **69**

Die **deutsche Rechtsprechung zur CMR hat jedoch bisher eine deutliche Neigung zur Flucht in das deutsche Recht gezeigt** und zwar überdies in die speziellst geregelten Normen – in die KVO. **70**

2. Heranziehung ausländischer Rechtsprechung und Literatur

Als Möglichkeit der Auslegung und Selbstergänzung kommt vor allem die Heranziehung ausländischer Rspr. und Literatur in Betracht. Deutsche Gerichte machen von ihr aber nicht allzu oft Gebrauch.[141] Umgekehrt werden deutsche Urteile – selbst **71**

---

[134] BGH vom 21. 11. 1996, TranspR **1997** 164, 165 = NJW **1997** 729–730; *Fischer*, TranspR **1995** 326, 327.

[135] Siehe z. B. Art. 30 Rdn. 42; Art. 11 Rdn. 7.

[136] Siehe hierzu Art. 17 Rdn. 11ff, Art. 51 Rdn. 3.

[137] Siehe Art. 51 Rdn. 4.

[138] Beispiel Auslegung des globalen Schadensbegriffs in Art. 11 Abs. 2 S. 2 durch reine Wortauslegungen; siehe Art. 11 Rdn. 7.

[139] Siehe z. B. Rdn. 79.

[140] So wenn *Koller*[4] Art. 30 Rdn. 9 den Rückgriff auf ergänzendes nationales Recht als „unzulässig“ verwirft; richtig aber vor Art. 1 Rdn. 7. Siehe auch Art. 30 Rdn. 42, 47.

[141] Z.B. BGH vom 7. 3. 1985, BGHZ **94** 71, 74 (Heranziehung des österr. OHG); BGH vom 14. 7. 1983, BGHZ **88** 157 ff = NJW **1984** 565 ff = TranspR **1984** 68–73 = VersR **1984** 134 ff (um-

wenn die Sprachbarriere überwunden werden kann – von ausländischen (außer österreichischen) Gerichten selten zitiert, weil sie häufig stark mit sehr speziellem innerdeutschem Sonderrecht (KVO, ADSp) verflochten sind. In vielen Ländern fehlen den Urteilen fast alle Bezugnahmen auf Literatur und Rechtsprechung.[142] In anderen Ländern werden ausländische Rechtsprechung und Theorie jedoch gelegentlich sehr intensiv verarbeitet.[143]

72 Inwieweit die **Rechtsprechung anderer Mitgliedstaaten als Auslegungsgrundlage** herangezogen werden kann, ist problematisch. Hat sich eine ganz überwiegende Auslegung innerhalb der Staatengemeinschaft der CMR durchgesetzt, so kann diese selbstverständlich zugrundegelegt werden.[144] Doch handelt es sich dabei um eine Entscheidung, von der nach deutschem Recht das Gericht jederzeit in späteren Entscheidungen abweichen kann.

73 Die Verbindlichkeit **englischen und französischen Fassungen** (Art. 51 CMR) **beschränkt sich auf den Text der CMR**. Bei Entscheidungen und Rechtsmeinungen sind diese Fassungen nicht verbindlich. Die CMR hat es soweit wie möglich vermieden, irgendein nationales Rechtssystem zu ihrem Inhalt zu erklären. Verbindlich ist dies aber nur bei sprachlich feststehenden, also kaum auslegungsbedürftigen Begriffen und Formulierungen. Wenn aber ein Begriff sprachlich keinen eindeutigen Inhalt hat und daher selbst noch auslegungsbedürftig ist, kann die in einem Land getroffene Auslegung keine bindende Wirkung gegenüber Gerichten anderer Länder beanspruchen.[145] Dies ist etwa am Begriff „total loss" in der englischen Rechtsprechung deutlich zu sehen. Das Urteil GB Queen's Bench Division im Falle ICI vs. MAT.[146] geht davon aus, daß wirtschaftlicher Totalschaden im Sinne des Marine Insurance Act 1906 nach Art. 32 CMR nur einen Fall schwerer Beschädigung darstellt.[147] Im gegebenen Fall nimmt GB Queen's Bench Division aber dennoch Verlust an und begründet dies mit Besonderheiten des CMR-Falles.[148] Daher gab es offensichtlich zwei Auslegungsmöglichkeiten für diesen Begriff. Ein englisches Urteil kann in einem solchen Fall eine Änderung der deutschen und österreichischen, an wirtschaftlichen Überlegungen orientierten Rechtsprechung nicht zwingend begründen – abgesehen davon, daß die französische Rechtsprechung diesen Begriff wieder anders, nämlich nach strikt formalen Gesichtspunkten auslegt.[149] Die Festlegung von zwei europäischen Sprachen als verbindlich ist jedenfalls nicht dazu bestimmt, der Gemeinschaft der Mitglieder deren Recht aufzuzwingen. Dies gilt besonders deshalb, weil eine **jederzeit mögliche Änderung der englischen oder französischen Rechtsprechung** dann Auswirkungen auf die anderen Mitgliedsländer hätte. Statt dessen ist in allen Mitgliedsländern um eine sinnvolle Auslegung der CMR-Begriffe zu kämpfen.

---

fangreiche Heranziehung ausländischer Literatur).

142 Siehe aber NL Hoge Raad vom 29. 6. 1990, ETR **1990** 589 ff als Beispiel eingehender rechtsvergleichender Begründung.

143 So z. B. GB CA London vom 2. 12. 1976, ETR **1977** 760 ff; GB House of Lords vom 9. 11. 1977, ETR **1978** 75 ff.

144 So etwa OLG München vom 23. 7. 1996, TranspR **1997** 33–34 mit allerdings unvollständiger Begründung (zum italienischen Recht); siehe Rdn. 3, 28.

145 Zutreffend *Fischer*, TranspR **1995** 326, 327.

146 Vom 27. 10. 1986, Lloyd's Rep **1987** I 354, 358 ff = RDU **1988** 747 ff mit Hinweisen zur englischen Rechtsprechung.

147 S. 755 f. Im Gegensatz zur deutschen Auffassung; zu dieser § 429 HGBaF Rdn. 21 ff.

148 Dazu ebenfalls Art. 32 Rdn. 49 ff, 74 ff.

149 Dazu im einzelnen Art. 32 Rdn. 44.

II. Internationale allgemeine Grundsätze

Allgemeine internationale Rechtsgrundsätze sind oft schwer beweisbar. Es gibt aber Ansätze zu ihrer Anerkennung. Ihre Anwendung ist dem Rückgriff auf ergänzendes nationales Recht vielfach vorzuziehen, weil dieses die Gefahr bringt, der Rechtsvereinheitlichung eher entgegenzuwirken. Soweit jedoch in den meisten Ländern Mindeststandard für allgemeine Grundsätze anerkannt ist, läßt sich auf diesen Teil des nationalen Rechts ohne die Gefahr der Verwässerung des internationalen Einheitsrechts zurückgreifen. Dies gilt vor allem für den Grundsatz von Treu und Glauben und den damit verbundenen Rechtsmißbrauch.[150] **74**

III. Ergänzende Heranziehung nationalen Sachrechts

1. Allgemeines

Die CMR regelt nicht alle regelungsbedürftigen Fragen des internationalen Kraftwagenfrachtrechts. Zur Ergänzung der CMR-Normen bedarf es der Anwendung materieller nationaler Rechtsnormen. Dabei ist unbestritten, daß die CMR – soweit sie eine Rechtsfrage löst – dem entgegenstehenden nationalen, insbesondere dem innerdeutschen Recht vorgeht.[151] Das ergänzend anwendbare nationale Recht ist nicht deshalb zwingend, weil es die CMR ergänzt. Art. 41 sieht dies nicht vor; siehe dort Rdn. 17. **75**

Die mehr oder weniger selbstverständliche Anwendung nationaler Rechtsgedanken auf CMR-Fälle kann zu erheblichen Abweichungen vom Text und Sinn der CMR führen; etwa hinsichtlich der Tragweite von Art. 30 CMR.[152] **76**

2. Kollisionsnormen in der CMR

Die CMR selbst verweist in einigen Artikeln auf die ergänzende Anwendung nationalen Rechts, so z. B. in Art. 16 Abs. 5 auf die lex rei sitae, in Art. 29 Abs. 1, 32 Abs. 1 S. 2 und Abs. 3 auf die lex fori und in Art. 5 Abs. 1 Satz 2 auf das Recht des Landes der Ausstellung des Frachtbriefs. Eine solche Verweisung enthält i. E. auch Art. 11 Abs. 3; siehe dort Rdn. 13. Soweit die CMR auf die lex fori verweist, muß man davon ausgehen, daß unmittelbar das materielle Recht des Gerichtsstaats anzuwenden ist,[153] und zwar als zwingendes Recht i. S. von Art. 41.[154] Dies liegt näher als die insbesondere von *Basedow* vertretene Auffassung, daß die Verweisungen auf die lex fori als Gesamtverweisung (also zunächst auf das Kollisionsrecht der lex fori, nach dem sich dann das **77**

---

[150] Siehe dazu *Schlechtriem* Good Faith in German Law and in International Uniform Laws, Centro di studie richerch di diritto comparativo comparato e streniero, Saggi, Conferenze e Seminari 24, Rom 1997; zur Vereitelung der Verjährung nach Art. 32 CMR als Folge von Regreßunterlassung durch den Einwand des Rechtsmißbrauchs siehe auch F CA Paris vom 6.7.1988, BT **1989** 270, 271.

[151] Siehe als Beispiele: BGH vom 14.7.1993, TranspR **1993** 426, 428 = VersR **1993** 1296, 1298 (Art. 23 vor positiver Vertragsverletzung); OLG Karlsruhe vom 18.10.1967, DB **1967** 2022 (Art. 30 CMR vor KVO und HGBaF); BGH vom 18.2.1972, VersR **1972** 873, 874 = NJW **1972** 1003 f (Art. 32 CMR vor § 40 KVO); LG Hamburg vom 25.2.1985, TranspR **1985** 188 (Art. 23 Abs. 4 CMR vor § 33 Abs. 2 KVO); *Koller*[4] vor Art. 1 CMR Rdn. 3.

[152] So die französische Rechtsprechung zu Art. 30 in Zusammenhang Art. 8, 9, siehe F Cass vom 2.2.1982, ETR **1983** 47, 50 = BT **1982** 152 f; Dazu Art. 30 Rdn. 40; Art. 8 Rdn. 1; Art. 9 Rdn. 3.

[153] Die internationale Rechtsprechung wendet fraglos das materielle Recht der lex fori an, beispielsweise zu Art. 32 Abs. 1 S. 2 schon F CA Paris vom 28.10.1969, BT **1970** 7–8.

[154] Siehe Art. 41 Rdn. 30, Art. 11 Rdn. 13; MüKo/*Basedow* Art. 11 Rdn. 13.

Schuldstatut bestimmt) zu verstehen seien.[155] Anders wären diese Spezialregelungen überflüssig. Bei Art. 32 Abs. 3 werden durch die unmittelbare Anwendung des materiellen Rechts des Gerichtsstaats auch alle Fragen der Einordnung der Verjährung in das materielle oder prozessuale Recht[156] vermieden.[157] Art. 29 reißt bei schwerem Verschulden eine Lücke in das Haftungsrecht der CMR, die nur durch das nationale Recht des Schuldstatuts gefüllt werden kann.[158] Auch wegen der leichten Handhabung liegt aber jedenfalls vor deutschen Gerichten die unmittelbare Anwendung deutschen Rechts nahe, die ohnehin die gleichen Ergebnisse bringt. Enthält die CMR keine ausdrücklichen Kollisionsnormen, ist grundsätzlich das Vertragsstatut des Frachtvertrags maßgeblich.[159]

3. Nationale Kollisionsnormen

a) Grundsätzliches

78 Soweit es an einer CMR-Regelung fehlt, muß zur Bestimmung des ergänzend anwendbaren national-materiellen[160] Rechts auf das allgemeine **Kollisionsrecht** des angerufenen Gerichts zurückgegriffen werden. In allen Ländern wird jedoch gegebenenfalls auch das Recht anderer Mitgliedsländer angewendet.[161] Die Ermittlung des anwendbaren Rechtes erfolgt nach Maßgabe des EGBGB, vor allem der Art. 27 ff für Vertragswirkungen. Das dadurch festgelegte Schuldstatut (Vertragsstatut) ist aber auch maßgeblich für den Vertragsschluß und die materielle Wirksamkeit (Art. 31),[162] Willensmängel, (insbesondere auch Anfechtung), Auslegung, Erlöschen von Schuldverhältnissen, Folgen der Nichtigkeit, Schadensbemessung[163] (Art. 32), Übertragung von Forderungen und Forderungsübergang (Art. 33).

79 **Ob ein Gegenstand in der CMR abschließend geregelt ist,** so daß es zur ergänzenden Anwendung nationalen Rechts nicht kommt, muß nach materiellen Gesichtspunkten entschieden werden; unrichtig daher LG Essen vom 3.7.1984, TranspR **1984** 277, 278, das eine Vertragsstrafe für Lieferfristüberschreitungen nach ergänzendem deutschem Recht beurteilt, weil die CMR zur Vertragsstrafe keine Regelung treffe. Zutreffend dagegen OLG München vom 26.7.1985, TranspR **1985** 395, 396 f, das in der Vertragsstrafe eine Umgehung der Art. 41, 23 Abs. 5 CMR sieht und ihre Vereinbarung daher als nichtig behandelt.

b) Anwendungsfälle der Ergänzung

80 Nach ergänzendem nationalen Recht sind u. a. folgende Fragenkreise zu beantworten:[164]

---

155 Für diese Auslegung MüKo/*Basedow* Art. 32 Rdn. 4 und 47.

156 Siehe dazu Art. 32 Rdn. 20 ff.

157 Nach der von *Basedow* vertretenen Auffassung wäre dann Art. 32 Abs. 3 überflüssig; in den Staaten, in denen die Verjährung prozeßrechtlich gesehen wird, würde ohnehin kein IPR einzuschalten sein.

158 Siehe Art. 29 Rdn. 1.

159 Siehe dazu Rdn. 82 ff; MüKo/*Basedow* Rdn. 39, 41 ff, die Anwendungsfälle auflistend dort Rdn. 39; ferner zu Art. 30 Rdn. 2, Art. 11 Rdn. 13 ff.

160 Die von *Koller* TranspR **1987** 317 Fn. 3 vorgeschlagene Sprachregelung, statt von nationalem Recht von nicht vereinheitlichtem deutschem Recht zu sprechen, ist als überflüssig abzulehnen; siehe *Helm* TranspR **1989** 389 Fn. 6.

161 F CA Metz vom 28. 10. 1987, BT **1988** 168, 169 (deutsches Recht).

162 MüKo/*Basedow* Einl. Rdn. 41ff, Art. 4 Rdn. 3. Siehe auch § 425 HGBaF Rdn. 102 ff. Zum Abschluß nach ausländischen Recht siehe MüKo/*Basedow* Art. 4 Rdn. 4.

163 So die Begrenzung der Absenderhaftung nach § 414 Abs. 1 Nr. 4 und S. 1 HGBnF; siehe Art. 7 Rdn. 8a.

164 Siehe hierzu auch den Überblick bei *Clarke*[2] Nr. 66 ff; *Thume* in *Fremuth/Thume* Frachtrecht, Vor Art. 1 CMR, Rdn. 17 ff.

- Allgemeine Fragen der Rechtsgeschäfte, (z. B. des Vertragsabschlusses, der Vertretung, Botenschaft, Anfechtung).[165]
- Für Formfragen beim Frachtbrief[166] gilt das im Ausstellungsland geltende Recht;[167] besonders aber das Statut für die Wirksamkeit der Stellvertretung.[168]
- Ob und in welchen Fällen der Frachtführer ein gesetzliches Pfandrecht besitzt.[169]
- Welche Regeln für den Schuldnerverzug bei noch nicht ausgeführtem Vertrag zu gelten haben; BGH vom 9. 2. 1979, NJW **1979** 2470 f = VersR **1979** 445; LG Bremen vom 6. 5. 1965, ETR **1966** 691, 697; ebenso fraglich für positive Vertragsverletzung; dazu Art. 17 Rdn. 285 ff.
- Für wessen Verschulden der Absender oder Verfügungsberechtigte einzustehen hat, muß nach dem allgemeinen Vertragsstatut beantwortet werden; siehe Art. 17 Rdn. 59.
- Die Frage der Ladepflicht[170] ist ebenfalls nach ergänzend anzuwendendem nationalem Recht zu beantworten.
- Ebenso, nach welchen Regeln der Absender dem Frachtführer für Schäden am Fahrzeug haftet.[171]
- Wie der Umfang der Haftung nach Art. 29 und Art. 26[172] zu bestimmen ist.
- Wie der Umfang der besonderen Absenderhaftung nach Art. 7 (siehe Art. 7 Rdn. 8, Art. 10 Rdn. 15 ff; Art. 11 Rdn. 5, Art. 22 Rdn. 13 f) zu bestimmen ist.
- Welche Regeln für die schadensausfüllende Kausalität gelten; siehe Art. 23 Rdn. 61.
- Nach welchen Regeln Mitverschulden zu berücksichtigen ist; siehe Art. 7 Rdn. 8; Art. 10 Rdn. 17; Art. 11 Rdn. 10; Art. 17 Rdn. 231 f, 240 und Art. 23 Rdn. 73 f.
- Durch welches Recht die Regeln über den Schadensvorbehalt des Empfängers und die gemeinsame Schadensfeststellung ergänzt werden; siehe Art. 30 Rdn. 1, Rdn. 42, 45; ferner MüKo/*Basedow* Art. 30 Rdn. 24. Für die Fristenberechnung ist das Recht des vertragsgemäßen Ablieferungsorts maßgeblich; siehe hierzu Art. 30 Rdn. 12.
- Nach welchem Recht sich die Kontrollpflicht des Frachtführers bei fehlendem Frachtbrief bestimmt; siehe Art. 8 Rdn. 1.
- Welches Recht ergänzend anzuwenden ist, soweit die Verjährungsbestimmungen des Art. 32 nicht ausreichend sind (Wirkung der Verjährung, Berechnung der Fristen); siehe Art. 32 Rdn. 21 ff, 80, 85 ff (für die Hemmung und Unterbrechung der Verjährung verweist Art. 32 Abs. 3 auf die lex fori.
- Nach welchem Recht die Gültigkeit eines Aufrechnungsverbots im CMR-Vertrag zu beurteilen ist; OLG München vom 5. 7. 1989, TranspR **1990** 16 = NJW-RR **1989** 1434, 1435 (Niederländische Spediteurbedingungen nach deutschem Recht).
- Das aufgrund des nationalen Kollisionsrechts anwendbare Sachrecht entscheidet auch über die Wirksamkeit einer Vereinbarung des Gerichtsstands durch Allgemeine Geschäftsbedingungen; OLG Hamburg vom 20. 11. 1986, VersR **1986** 304 (englisches Recht).

---

165 Siehe MüKo/*Basedow* Einl. 1 CMR Rdn. 36; *Thume/de la Motte* vor Art. 1 Rdn. 24. Siehe zum Frachtbrief Art. 5 Rdn. 6 f.

166 Siehe Art. 5 Rdn. 6.

167 Siehe Art. 5 Rdn. 9 ff.

168 Siehe Art. 5 Rdn. 10 ff.

169 BGH vom 5. 2. 1987, NJW **1987** 1885 f = TranspR **1987** 180, 182 = VersR **1987** 678, 680; OLG Düsseldorf vom 25. 11. 1976, VersR **1977** 1047, 1048; OLG Hamm vom 25. 9. 1984, TranspR **1985** 100, 101; siehe § 440 HGBaF Rdn. 2 ff. Aus der Literatur *Braun* VersR **1988** 881 f.

170 A OGH vom 18. 12. 1984, TranspR **1986** 372, 373 = *Greiter* 270 ff.

171 A OGH vom 18. 12. 1984, TranspR **1986** 372, 373 = *Greiter* 270 ff; insbesondere für wessen Verschulden der Absender oder Verfügungsberechtigte einzustehen hat (LG Bremen vom 6. 5. 1965, ETR **1966** 691, 697).

172 Art. 26 Rdn. 5.

– Nach dem Recht des angerufenen Gerichts (lex fori) richtet sich die in Art. 29 vorgesehen Voraussetzung der gleichstehenden Fahrlässigkeit, nach dem Statut des Frachtvertrags bestimmen sich dann die erhobenen Ansprüche.[173]

c) Ausländisches Kollisionsrecht

81 Das Kollisionsrecht der Sowjetunion erklärte für sowjetische Straßenbeförderer das Recht der Sowjetunion für anwendbar, was wohl zugleich für CMR-Verträge ausländischer Frachtführer die Anerkennung ergänzender Anwendung von deren Heimatrecht bedeuten würde; *Sadikov*, Foreign Trade **1984**, Nr. 4 S. 37, 40.

Der österr. OGH wendet auf einen in England durch einen englischen Frachtführer verschuldeten Schaden ergänzend englisches Recht an.[174]

d) Insbesondere: Deutsches Kollisionsrecht

82 Hierfür sind vor deutschen Gerichten die Regeln des deutschen internationalen Schuldrechts maßgeblich;[175] seit dem 1. 9. 1986 Art. 27ff EGBGB (IPR-Gesetz). Danach gilt grundsätzlich das Prinzip der freien Rechtswahl; Art. 27 EGBGB.[176] Mangels besonderer Vereinbarung ist gem. Art. 28 Abs. 1 EGBGB das Recht des Staates anzuwenden, mit dem der Vertrag die engsten Verbindungen aufweist. Bei Güterbeförderungsverträgen wird gem. Art. 28 Abs. 4 EGBGB vermutet, daß sie mit dem Staat die engsten Verbindungen aufweisen, in dem der Beförderer im Zeitpunkt des Vertragsabschlusses seine Hauptniederlassung hat, sofern sich in diesem Staat auch der Verladeort oder der Entladeort oder die Hauptniederlassung des Absenders befindet.[177]

83 Handelt es sich um Transporte, bei denen der Beförderer seine **Hauptniederlassung in der Bundesrepublik Deutschland** hat, und liegt entweder der Verladeort oder der Entladeort in der Bundesrepublik Deutschland, so ist mangels anderer überwiegender Anknüpfungspunkte davon auszugehen, daß das Recht der Bundesrepublik Deutschland ergänzend anzuwenden ist. Auch nach früherem Recht ergab sich in diesen Fällen, insbesondere wenn die Fracht in deutscher Währung zu zahlen war, bereits ein überwiegender Sachzusammenhang mit dem deutschen Recht.[178]

84 **Werden die ADSp zwischen Absender und CMR-Frachtführer vereinbart**, so kann insbesondere Ziffer 30.3 (früher § 65 c) ADSp die Geltung deutschen Rechts begründen; siehe Art. 27 Abs. 1 EGBGB und § 65 ADSp Anh. I nach § 415 HGBaF Rdn. 10. Insoweit werden die ADSp nach richtiger Auffassung nicht durch zwingendes Recht verdrängt. Möglich ist auch die nachträgliche Vereinbarung der ergänzenden Anwendung deutschen Rechts durch Prozeßverhalten.[179]

---

173 Siehe Art. 29 Rdn. 6; 27.

174 A OGH vom 1. 7. 1982, TranspR **1984** 193 = *Greiter* 168, 170.

175 Eingehend MüKo/*Basedow* Rdn. 35 ff; *Herber/Piper* vor Art. 18 ff.

176 Die privatautonome Wahl deutschen Rechts durch Bezugnahme beider Parteien auf das deutsche Recht nimmt das OLG Düsseldorf vom 11. 11. 1993 an, TranspR **1994 441** f = VersR **1994** 1497 f.

177 Siehe hierzu im einzelnen § 425 HGBaF Rdn. 60. Zur Rechtslage vor der Neuregelung des internationalen Schuldrechts siehe §§ 407–409 HGBaF Rdn. 54 ff. Greift die Vermutung nicht ein, ist das anzuwendende Recht nach Abs. 1 zu bestimmen; neuerer Anwendungsfall OLG Düsseldorf vom 21. 4. 1994, TranspR **1995** 350, 351.

178 Vgl. z. B. BGH vom 10. 4. 1974, VersR **1974** 796, 797 = NJW **1974** 1615; OLG Hamm vom 25. 9. 1984, TranspR **1985** 100, 101; OLG Karlsruhe vom 5. 12. 1986, TranspR **1987** 184.

179 Siehe statt vieler *Palandt/Heldrich*[56] Art. 27 EGBGB Rdn. 7; zur Art. 32 CMR OLG Saarbrücken vom 24. 2. 1995, TranspR **1995** 291; zu § 65 c ADSp OLG Düsseldorf vom 4. 3. 1982, VersR **1982** 1202.

IV. Ergänzende Anwendung deutschen Rechts

1. Anzuwendendes deutsches Sachrecht (insbesondere HGB)

Soweit die CMR keine oder keine ausreichende Regelung enthält und auch der Rückgriff auf die ergänzende Auslegung aus dem Übereinkommen selbst ausscheidet,[180] ist das HGBnF, ergänzt durch das bürgerliche Recht,[181] anzuwenden.[182] Auch die Ansprüche aufgrund dieser Vorschriften werden teilweise durch die CMR beeinflußt.[183] Das HGB umfaßt in der neuen Fassung des TRG[184] nunmehr alle Sparten des Landfrachtrechts einschließlich der Eisenbahnbeförderung, des Luftrechts, Binnenschiffahrtsrechts, des multimodalen Transportrechts, des Speditionsrechts und des Lagerrechts. Seine Bestimmungen sind am 1. Juli 1998 in Kraft getreten.[185] Außer dem Seefrachtrecht gibt es daher keine Sonderregungen im innerstaatlichen Recht dieser Gebiete mehr. Die durch internationale Übereinkommen festgelegten Regeln des internationalen Einheitsrechts gelten für die von ihnen erfaßten Anwendungsbereiche unverändert weiter, insbesondere das Internationale Luftfrachtrecht des WA und das Recht der internationalen Eisenbahnbeförderung.[186] **85**

2. Allgemeine Geschäftsbedingungen

AGB können die Regeln der CMR (mit Ausnahme der Fälle des Art. 40 CMR) nicht ausschließen oder verändern. Jedoch können sie nicht geregelte Fragen im Rahmen des anzuwendenden Sachrechts regeln. Dies ist etwa der Fall mit § 1 Abs. 2 der „Vertragsbedingungen für den Güterkraftverkehrs- und Logistikunternehmer" (VGBl) des Bundesverbands Güterverkehr und Logistik (BGL) von 1998. Die neugefaßten Allgemeinen Spediteurbedingungen (ADSp) von 1998 (hier zitiert ADSp98) sind anwendbar auf „Verkehrsverträge über alle Arten von Tätigkeiten, gleichgültig ob sie Speditions-, Fracht-, Lager- oder sonstige üblicherweise zum Speditionsgewerbe gehörende Geschäfte betreffen", Nr. 2.1. S. 1 ADSp 98. Sie sollen also auch ergänzend zur CMR gelten, wenn auch auf diese kein Bezug genommen wird. **86**

---

180 Siehe Rdn. 60 ff.

181 So z. B. § 440 HGBnF für die Begründung eines Frachtführerpfandrechts.
Zu § 440 HGBaF siehe BGH vom 5.2.1987, VersR **1987** 678, 680; OLG Düsseldorf vom 25.11.1976, VersR **1977** 1047, 1048; OLG Hamm vom 25.9.1984, TranspR **1985** 100, 101; *Braun* VersR **1988** *Braun* VersR **1988** 878, 881 f; ferner für die ergänzende Anwendung von § 326 BGB auf Schuldnerverzug außerhalb der CMR-Lieferfristhaftung BGH vom 9.2.1979, VersR **1979** 445, 446 = NJW **1979** 2470 f.

182 Siehe hierzu: *Demuth*, Ausführender Frachtführer auch im CMR-Bereich?, TranspR **1999** 100; *Fischer*, Ergänzung der CMR durch unvereinheitlichtes deutsches Recht nach der Transportrechtsreform, TranspR **1999** 261; *Thume* in *Fremuth/Thume* Frachtrecht, Vor Art. 1 CMR, Rdn. 16. Dabei ist allerdings zu berücksichtigen, daß das am 1.7.1998 in Kraft getretene Transportrechtsreformgesetz mangels ausdrücklicher Anordnung des Gesetzgebers keine Rückwirkung entfaltet: OLG Frankfurt a.M. vom 22.9.1999, TranspR 2000 120. Der ergänzenden Anwendung der KVO kam bisher eine (begrenzte) praktische Bedeutung zu.

183 Siehe vor allem Art. 28; Art. 13 für die Aktivlegitimation entgegen *Piper* VersR **1988** 208; für die Verjährung siehe Art. 32.

184 Gesetz zur Neuregelung des Fracht-, Speditions- und Lagerrechts Transportrechtsreformgesetz (TRG) vom 25. Juni 1998, BGBl. 1998 I, 1588–1605.

185 Art. 12 TRG; nur bestimmte lagerrechtliche Bestimmungen Art. 8 erst am 1. Januar 2000.

186 Siehe daher § 425 HGBaF Rdn. 56 ff, 48, 54, ferner zum multimodalen Vertrag § 452 HGBaF Anh. V Rdn. 15 ff. Hierzu im einzelnen: *Ruhwedel*, Transportrechtsreformgesetz und Frachtgutbeförderung auf dem Luftweg, TranspR **1999** 369; *Freise*, Das neue internationale Eisenbahnfrachtrecht (CIM), TranspR **1999** 417.

3. Altes Recht

87 Die ergänzende Anwendung des Rechts aus der Zeit vor der HGB-Reform spielte und spielt für Altfälle auch bisher nur eine begrenzte Rolle. Sie bezieht sich auf die KVO[187] und die Bedingungen GüKUMT (GüKUMB).

a) Ergänzende Anwendung der KVO

88 Die KVO wurde trotz dem Lippenbekenntnis des BGH zur Ergänzung der CMR aus sich heraus[188] in erheblichem Umfang ergänzend angewendet. Die **Literatur** hat sich teilweise entschieden dagegen gewandt.[189] Die Bedenken konnten sich aber in der Literatur bisher nicht durchsetzen.[190] Ihnen gegenüber hat vor allem *Koller* in verschiedenen Beiträgen die ergänzende Anwendbarkeit der KVO mit beachtlichen Argumenten zu begründen versucht.[191]

89 In der **Rechtsprechung** hat es zunächst Ansätze gegeben, die CMR aus sich heraus auszulegen und zu ergänzen[192] oder eine Lücke in der CMR unter Anwendung allgemeiner frachtrechtlicher Grundsätze zu schließen. Wenig später entschied der gleiche Senat die gleiche Frage doch unter Heranziehung der (ebenfalls unklaren) Regeln der KVO und des HGBaF und lehnte entgegenstehende Vorschläge hierzu ab.[193] Die Rechtsprechung hat bis heute grundsätzlich die KVO ergänzend herangezogen,[194] wenn sich auch neuere Entscheidungen zu dieser Gerichtspraxis nicht mehr finden.[195]

---

187 Siehe § 452 HGBaF Anh. II und Anh. IV.

188 BGH vom 21.12.1973, VersR **1974** 325ff = NJW **1974** 412; das Urteil betraf möglicherweise einen Transport, dessen deutscher Streckenanteil in der Nahzone lag („von Schleswig-Holstein nach Schweden").

189 Gegenstimmen in der Literatur: *Heuer* 36 mit weiteren Hinweisen in Fn. 78 (KVO nur eine der CMR parallele Spezialregelung, daher nur HGBaF und BGB als leges speciales ergänzend); siehe auch § 1 KVO, Anh. II nach § 452 HGBaF Rdn. 10ff; *Helm* VersR **1988** 459f; *Groth* RIW/AWD **1977** 267; *Voigt*, VP **1966** 20.

190 Für ergänzende Anwendung insbes. *Precht/Endrigkeit*³ S. 42 f; *Glöckner*⁷ Einl. Rdn. 11 ff.

191 *Koller* Die Ergänzung der CMR durch die KVO, TranspR **1987** 317 f, 318 und *Koller/Jachmann* Die Verfassungskonformität des Art. 1 Abs. 2 KVO, TranspR **1988** 177; *Lieser*, Ergänzung der CMR durch unvereinheitlichtes deutsches Recht (1991).

192 OLG Hamm vom 4.11.1971, VersR **1973** 911, 912.

193 Urteil vom 10.4.1974, VersR **1974** 796, 797f = NJW **1974** 1614, 1615 f.

194 BGH vom 10.4.1974, VersR **1974** 796 ff = NJW **1974** 1614; im U. vom 7.3.1985, BGHZ **94** 71, 73 (zu § 32 ADSp) ließ der BGH die Frage der Anwendbarkeit der KVO wieder offen; in st. Rspr. im übrigen für Anwendung der KVO BGH vom 21.11.1975, BGHZ **65** 340, 344 = VersR **1976** 1029f (zu § 32 ADSp); vom 9.2.1979, VersR **1979** 445 (§ 6 KVO, außerdem über § 26 GüKG auch §§ 429 ff HGBaF mit § 278 BGB); vom 20.1.1983, NJW **1983** 1266 (zu § 32 ADSp); vom 24.9.1987, TranspR **1988** = VersR **1988** 244 ff (§ 17 Abs. 1 KVO ergänzend). OLG Düsseldorf vom 6.9.1973, VersR **1975** 232, 233 (§§ 31 c, 35 KVO ergänzend anzuwenden); vom 25.11.1976, VersR **1977** 1047, 1048 (obiter dictum, da die KVO zum Pfandrecht keine Regelung enthält); vom 26.10.1978, MDR **1979** 405 (§ 33 KVO); vom 29.9.1988, TranspR **1989** 10, 11 f (Entladepflicht unter Anwendung von § 11 Abs. 2 f KVO abgelehnt); OLG Frankfurt vom 4.7.1978, VersR **1979** 286 (§ 14 KVO wegen Fehlens des Wagenstellungsvertrags nicht angewendet); OLG Koblenz vom 6.10.1989, TranspR **1991** 93, 96 = RIW **1990** 931, 932 (zur Aktivlegitimation); OLG München vom 30.10.1974, VersR **1975** 129, 130 (obiter dictum, da im Ergebnis weder CMR noch KVO angewandt wurden); vom 28.6.1983, TranspR **1984** 186ff (Umwegkosten nach § 28 KVO); OLG München vom 4.6.1987, TranspR **1987** 384 ff = VersR **1987** 932, 933 (Standgeld nach § 28 KVO); OLG Saarbrücken vom 29.10.1982, TranspR **1984** 148, 150 (obiter dictum, da nach Auffassung des Gerichts die Anwendung der KVO durch § 1 Abs. 5 KVO ausgeschlossen). OLG Stuttgart vom 23.3.1971, Abdruck bei *Heuer* S. 201ff (S. 203) (obiter dictum).
Siehe dazu *Herber/Piper* vor Art. 1 Rdn. 21 ff.

195 OLG Düsseldorf vom 23.12.1996, TranspR **1998** 113f lehnte die KVO-Anwendung ab, betrifft aber bereits die Zeit um 1993–1994; zu dieser unten Rdn. 90.

Ob die KVO für grenzüberschreitende Straßentransporte überhaupt galt und damit als ergänzend anwendbares Recht in Betracht kam, wurde nie eingehend begründet. Erst wenn das Kollisionsrecht auf sie führte[196] oder das deutsche Recht keine brauchbare Lösung bot[197] oder die KVO ganz offensichtlich keine Anwendung finden konnte,[198] griff die Rechtsprechung auf die Auslegung der CMR zurück. Diese Haltung widersprach den Erfordernissen der Rechtsvereinheitlichung und war daher abzulehnen.[199] Entgegenlaufende Tendenz gab es aber kaum.[200] Der **Rückgriff auf die KVO hatte Ausnahmen.**[201] Bisher hat sich auch noch kein deutsches Gericht in einer veröffentlichten Entscheidung zur Formalvertragstheorie bekannt; siehe Art. 4 Rdn. 2 f. Ein Rückgriff auf § 15 KVO hätte zur Übernahme der Formalvertragstheorie und des Wagenstellungsvertrags (§ 14 KVO) führen müssen.[202] Das OLG Hamm hat im Urteil vom 4.11.1971, VersR **1973** 911, 912 die Frage der Ersatzberechtigung nach Art. 17 allein durch Auslegung der CMR entschieden, das OLG Düsseldorf vom 30.6.1984, TranspR **1984** 130, 132 durch alleinige Anwendung der CMR ein der KVO-Anwendung entsprechendes (allerdings unzutreffendes) Ergebnis erzielt. Das OLG Hamburg vom 30.4.1981, TranspR **1984** 132, 133 hat zur Gültigkeit von § 32 ADSp im CMR-Frachtvertrag ohne Rückgriff auf die KVO – wenn auch unrichtig – entschieden.

Vor seiner Aufhebung bot **§ 1 Abs. 2 KVO** ein wesentliches Argument für die **90**
ergänzende Anwendung der KVO. Diese Bestimmung, die bis dahin die KVO „auch bei Beförderungsleistungen des Güterfernverkehrs von und nach dem Auslande" grundsätzlich für anwendbar erklärte, ist jedoch zum 15. Mai 1989 aufgehoben worden.[203] Aus der Aufhebung konnte man bereits schließen, daß der Bundesverkehrsminister als Verordnungsgeber selbst ihre Anwendung auf Auslandsstrecken nicht aufrechterhalten wollte. Die KVO – gem. § 106 Abs. 2 GüKG Rechtsverordnung als Bestandteil[204] des Güterfernverkehrstarifs (GFT), also des früheren Reichskraftwagentarifs (RKT)[205] – schloß sich damit selbst von der Anwendung auf den

---

[196] Deutlich in den Urteilen BGH vom 6.7.1979, BGHZ **75** 92, 94 (Flucht vor der Anwendung bulgarischen Rechts); vom 6.5.1981, TranspR **1982** 41, 42f = VersR **1982** 929 (griechisches Recht).
Für vorrangige Lösung aus der CMR demgegenüber schon OLG Hamm vom 4.11.1971, VersR **1973** 911 f.

[197] BGH vom 7.3.1985, BGHZ **94** 71, 74 = TranspR **1986** 68 ff.

[198] BGH vom 27.10.1978, TranspR **1982** 276ff (Transport ohne Berührung Deutschlands.

[199] *Kropholler* Internationales Einheitsrecht, S. 293, 303 f; EuGH vom 21.6.1978, RIW **1978** 685 (zum EKG); siehe auch die offiziellen Bekenntnisse der deutschen Rspr. oben Fn. 1.

[200] BGH vom 28.5.1975 lehnte ebenfalls für die Auslegung des Art. 17 Abs. 2 (unabwendbares Ereignis) den Rückgriff auf §34a KVO ab. Grundsätzlich für eine Ergänzung der CMR aus sich heraus auch OLG Düsseldorf vom 18.10. 1973, VersR **1974** 1095, 1097, im Ergebnis allerdings zweifelhaft; siehe auch BayObLG vom 22.7.1966, IPR-Rspr. **1966/67** Nr. 39 (gegen Wirksamkeit von § 1 Abs. 2 KVO).

[201] Generell abgelehnt von OLG München vom 27.11.1968, ETR **1971** 115, 124.

[202] Siehe hierzu § 15 KVO, Anh. II nach § 452 HGBaF Rdn. 1ff und § 14 KVO, Anh. II nach § 452 HGBaF Rdn. 1ff; wie hier schon *Heuer* S. 40 Fn 91. Die Anwendung von § 14 KVO scheiterte ohnehin am Fehlen des Wagenstellungsvertrags; OLG Frankfurt vom 4.7.1978, VersR **1979** 286.

[203] Durch Art. 1 Nr. 1 Buchst. b der VO TSF Nr. 2/89 vom 10.4.1989, BAnz S. 1957; Abdruck auch in TranspR **1989** 241 f. § 1 Abs. 2 KVO lautete: „Sie gilt für diese Unternehmer auch bei Beförderungsleistungen des Güterfernverkehrs von und nach dem Auslande, soweit nicht zwingende ausländische Rechtsvorschriften entgegenstehen". Siehe auch § 1 KVO, Anh. II nach § 452 HGBaF Rdn. 10 f.

[204] Unstr, BVerfG vom 27.6.1962, VRS **23** 321; eingehend *Willenberg* KVO⁴ § 1 Rdn. 7, 8; *Alff*² Vorbem 2 vor § 1 KVO; *Koller/Jachmann*, TranspR **1988** 177 ff.

[205] Zum 15.5.1989 umbenannt in „Güterfernverkehrstarif – GFT" durch § 1 der VO TSF 3/89 vom 12.4.1989, BAnz S. 1373, aufgehoben zum 1.1.1994 durch das Tarifaufhebungsgesetz; siehe vor § 1 GüKG, Anh. I nach § 452 HGBaF Rdn. 1 ff.

Auslandsanteil eines grenzüberschreitenden Straßengütertransports aus. Sie konnte nach richtiger Auffassung daher auf Auslandsstrecken auch nicht mehr ergänzend zur CMR angewendet werden. Damit war klargestellt, daß deutsches Tarifrecht einschließlich der verordneten Beförderungsbedingungen zumindest für die Auslandsanteile – entsprechend dem international wie auch durch die Bundesrepublik Deutschland anerkannten Territorialitätsprinzip und dem EG-Tarifrecht – nicht gelten konnte. Dies war zwar in der gründlichen Untersuchung von *Lieser*[206] aufgrund kollisionsrechtlicher Ableitungen und tarifrechtlicher Behauptungen noch bestritten und jedenfalls eine lückenfüllende Anwendung befürwortet worden. Die zu § 1 Abs. 2 KVO bestehenden Meinungsverschiedenheiten brauchen nicht mehr entschieden zu werden, da die Vorschrift auch für Altfälle keine Bedeutung mehr hat.[207] Durch die **VO vom 4. 3. 1991**[208] und das **Tarifaufhebungsgesetz**[209] wurde der ergänzenden Anwendung der KVO jede Grundlage entzogen: Durch § 1 der VO sollten die §§ 20 bis 23, 32 bis 36 und 84 bis 84 h GüKG ab 1. 4. 1991 für grenzüberschreitende Beförderungen[210] keine Anwendung mehr finden. Diese VO wollte wohl vor allem die internationale Wirkung der KVO aufheben. Für Aufhebung der Entgelttarife des GFT für den grenzüberschreitenden Straßengütertransport hätte damals eine Änderung des GFT genügt. Daß die gesamte Grundlage der Verordnungstätigkeit für unanwendbar erklärt wurde, macht deutlich, daß bereits 1991 mit §§ 20, 20 a GüKG auch die auf diesen beruhende KVO (vgl. § 106 Abs. 2 GüKG und oben Rdn. 6) auf grenzüberschreitende Beförderungen nicht mehr anzuwenden war. Mit dem Tarifaufhebungsgesetz ist der GFT ab 1994 auch für den Inlandsverkehr gänzlich aufgehoben war.[211] Damit war der KVO insoweit die Ermächtigungsgrundlage endgültig entzogen; siehe § 20 GüKG Anh. I nach § 452 HGBaF. Die weiteren Bemühungen um die KVO, die nach einer „versehentlichen" Zwischenpause von 10 Monaten noch einmal gesetzlich zur eigenen RechtsVO erklärt wurde,[212] dienten nur der vorübergehenden Stabilisierung der Rechtslage dem Durchsetzungsbedürfnis des Bundesverkehrsministers. Als **ergänzendes bzw. lückenfüllendes deutsches Sachrecht kam somit nur noch das HGBaF, das BGB und das übrige Zivilrecht** in Frage.[213] Das ergänzend zur CMR anzuwendende Zivilrecht hatte damit wieder seinen dispositiven Charakter erlangt. Mit der Aufhebung der KVO durch das TRG[214] entfiel die ergänzende Anwendung der KVO endgültig.

b) Ergänzende Anwendung der Bedingungen GüKUMT

91 Die Beförderung von **Erbgut und Heiratsgut** und die Beförderung von **Handelsmöbeln**[215] in besonders für die Möbelbeförderung eingerichteten Fahrzeugen im Güterfern- und Güternahverkehr[216] unterstand nicht der KVO, sondern den tarif-

---

[206] Ergänzung der CMR durch unvereinheitlichtes deutsches Recht (1991).

[207] Siehe dazu schon *Helm* TranspR **1989** 391; *Koller* TranspR **1989** 260; *Willenberg* KVO[4] § 1 Rdn. 98. Zur Frage, ob statt dessen HGB- und BGB-Vorschriften zwingend als Ergänzungsnormen gelten, siehe Rdn. 91.

[208] Vom 4. 3. 1991, BGBl I 616.

[209] Vom 13. 8. 1993, in Kraft ab 1. 1. 1994. Dazu § 452 HGBaF Anh. I Vorbemerkung.

[210] „Beförderung von Gütern, bei der nur der Beladeort oder der Entladeort innerhalb des Geltungsbereichs des GüKG liegt, sowie im Durchgangsverkehr". Anwendungsfall zur CMR: LG Bielefeld vom 11. 11. 1986, TranspR **1987** 338, 339.

[211] Dazu auch OLG Düsseldorf vom 23. 12. 1996, TranspR **1998** 113 f.

[212] Gesetz vom 23. 11. 1994, BGBl **1994** I 349; siehe *Herber/Piper* Rdn. vor Art. 1 Rdn. 21.

[213] *Koller*[4] vor Art. 1 CMR Rdn. 6.

[214] Gesetz zur Neuregelung des Fracht-, Speditions- und Lagerrechts Transportrechtsreformgesetz (TRG) vom 25. Juni 1998, BGBl. **1998** I, 1588–1605.

[215] Siehe dazu Rdn. 51.

[216] Der Umzugsverkehr wird nach Art. 1 Abs. 4 c CMR von dieser nicht erfaßt; siehe Rdn. 49 f.

lichen Bedingungen GüKUMT.[217] Für diese gelten die hier zur KVO entwickelten Grundsätze entsprechend. Die Nichtanwendung von §§ 20 ff, 84–84h und 26 GüKG nahm auch für diese Transporte im Fern- und Nahverkehr dem GüKUMT seine Ermächtigungsgrundlage. Auf die genannten Beförderungen ist ergänzend (und grundsätzlich abdingbar) nur HGB, BGB und anderes deutsches Zivilrecht anzuwenden. Damit ist der Gegenmeinung auch im Ergebnis zu widersprechen.[218] Insbesondere würde die Aufsplitterung der CMR-Fälle hinsichtlich der ergänzenden Anwendung unterschiedlichen deutschen Verordnungsrechts der Rechtsvereinheitlichung nicht dienlich sein. Mit dem TRG[219] hat sich auch diese Diskussion für die Zukunft ohnehin erledigt.

4. Anzuwendendes Prozeßrecht

Die CMR enthält nur wenig Prozeßrecht, am wichtigsten darunter Art. 31. Maß- **92**
geblich ist im übrigen das Prozeßrecht des angerufenen Gerichts.[220] Ob eine Gerichtsstandvereinbarung (Art. 31 Abs. 1) wirksam zustande gekommen ist, entscheidet sich nach dem von den Parteien vereinbarten Sachrecht.[221] Die Gerichtsstandsbestimmung durch § 65 ADSp ist wirksam.[222]

Artikel 1 – Anhang

Gesetz zu dem Übereinkommen vom 19. Mai 1956 über den Beförderungsvertrag im internationalen Straßengüterverkehr (CMR)[1]

Artikel 1

Dem in Genf am 19. Mai 1956 unterzeichneten Übereinkommen über den Beförderungsvertrag im internationalen Straßengüterverkehr (CMR) nebst Unterzeichnungsprotokoll vom gleichen Tage wird zugestimmt. Das Übereinkommen nebst Unterzeichnungsprotokoll wird nachstehend veröffentlicht.

---

217 Verordnung TSU Nr. 3/83 (GüKUMT) vom 3.8.1983, BAnz **1983** Nr. 181.

218 Auch *Koller* TranspR **1989** 262 betrachtet des entgegenstehende Ergebnis seiner aus der Auslegung von § 26 GüKG begründeten Gegenmeinung selbst für mißlich und auch sachlich nicht für einleuchtend.

219 Siehe Fn. 214.

220 Zur örtlichen Zuständigkeit siehe BGH vom 6.2.1981, BGHZ **79** 332 ff; vom 9.12.1982, VersR **1983** 282 f; vom 16.10.1984, NJW **1985** 561 f; zur gewillkürten Prozeßstandschaft BGH vom 6.5.1981, VersR **1981** 929, 930.

221 OLG Hamburg vom 20.11.1986, VersR **1987** 304 (Gerichtsstandsklausel in Konnossement unter Wahl materiellen Rechts).

222 Im Hinblick auf die frühere Fassung des Art 17. EuGVÜ bei stillschweigender Vereinbarung der ADSp nur über § 65 a. Zu diesem Fragenkomplex siehe 65 ADSp, Anh. I nach § 415 HGBaF Rdn. 5 ff. Aus der neueren Rspr. siehe OLG Hamburg vom 30.4.1981, TranspR **1984** 132 ff; vom 31.10.1985, TranspR **1986** 440 ff = VersR **1986** 808 f; OLG Hamm vom 11.7.1983, BB **1983** 1814 ff.

1 „Ratifizierungsgesetz", Gesetz vom 16. August 1961, BGBl **1961** II 1119 ff, geändert durch Gesetz vom 5. Juli 1989, BGBl **1989** II 586 f.

Artikel 1 a

Für Rechtsstreitigkeiten aus einer dem Übereinkommen unterliegenden Beförderung ist auch das Gericht zuständig, in dessen Bezirk der Ort der Übernahme des Gutes oder der für die Ablieferung des Gutes vorgesehene Ort liegt.

Artikel 2

Dieses Gesetz gilt auch für das Land Berlin, sofern das Land Berlin die Anwendung dieses Gesetzes feststellt.

Artikel 3

(1) Dieses Gesetz tritt am Tage nach seiner Verkündung in Kraft.

(2) Der Tag, an dem das Übereinkommen und das Unterzeichnungsprotokoll für die Bundesrepublik Deutschland in Kraft treten, ist im Bundesgesetzblatt bekanntzugeben.

Die verfassungsmäßigen Rechte des Bundesrates sind gewahrt.

Das vorstehende Gesetz wir hiermit verkündet.

Bonn, den 16. August 1961

Anmerkung: Im Gesetz folgen die Unterschriften, der zweisprachige Text der CMR mit der deutschen Übersetzung, der im Zusammenhang mit der jeweiligen Kommentierung wiedergegeben ist, und auf dessen Abdruck hier daher verzichtet wird, sowie das folgende Unterzeichnungsprotokoll mit den ebenfalls nicht abgedruckten Unterschriften.

Unterzeichnungsprotokoll

BEI DER UNTERZEICHNUNG des Übereinkommens über den Beförderungsvertrag im internationalen Straßengüterverkehr haben sich die gehörig bevollmächtigten Unterzeichneten auf folgende Feststellung und Erklärung geeinigt:

1. Dieses Übereinkommen gilt nicht für Beförderungen zwischen dem Vereinigten Königreich von Großbritannien und Nordirland einerseits und der Republik Irland andererseits.

2. Zu Artikel 1 Absatz 4

Die Unterzeichneten verpflichten sich, über ein Übereinkommen über den Beförderungsvertrag für Umzugsgut und ein Übereinkommen über den Beförderungsvertrag für den kombinierten Verkehr zu verhandeln.

ZU URKUND DESSEN haben die hierzu gehörig bevollmächtigten Unterzeichneten dieses Protokoll unterschrieben.

GESCHEHEN zu Genf am neunzehnten Mai neunzehnhundertsechsundfünfzig in einer einzigen Urschrift in englischer und französischer Sprache, wobei jeder Wortlaut gleichermaßen verbindlich ist.

Protocole de Signature

AU MOMENT DE PROCEDER A LA SIGNATURE de la Convention relative au contrat de transport international de marchandises par route, lés soussignés, dûment autorisés, sont convenus des déclaration et précision suivantes:

1. La présente Convention ne s'applique pas aux transports entre le Royaume-Uni de Grande-Bretagne et d'Irlande du Nord et la République d'Irlande.

2. Ad article premier, paragraphe 4

Les soussignés s'engagent à négocier des conventions sur le contrat de déménagement et le contrat de transport combiné.

EN FOI DE QUOI, les soussignés, à ce dûment autorisés, ont signé le présent Protocole.

FAIT à Genève, le dix-neuf mai mil neuf cent cinquante-six, en un seul exemplaire, en langues anglaise et française, les deux textes faisant également foi.

Protocol of Signature

ON PROCEEDING TO SIGN the Convention on the Contract for the International Carriage of Goods by Road, the undersigned, being duly authorized, have agreed on the following statement and explanation:

1. This Convention shall not apply to traffic between the United Kingdom of Great Britain and Northern Ireland and the Republic of Ireland.

2. Ad article 1, paragraph 4

The undersigned undertake to negotiate conventions governing contracts for furniture removals and combined transport.

IN WITNESS WHEREOF, the undersigned, being duly authorized thereto, have signed this Protocol.

DONE at Geneva, this nineteenth day of May one thousand ninehundred and fifty-six, in a single copy in the English and French languages, each text being equally authentic.

Artikel 1a

In der Rechtsprechung wird gelegentlich ein „Art. 1a CMR" zitiert, der rechtlich nicht existiert. Die fehlerhafte Bezeichnung entspricht der vereinfachenden Gerichtspraxis.[1] Gemeint ist damit Art. 1a RatifizierungsG zur CMR,[2] der lediglich einen dem Art. 31 Abs. 1 S. 1 Buchst. a CMR entsprechenden nationalen örtlichen Gerichtsstand begründet. Hierzu Art. 31 Rdn. 17, 39.

Artikel 2

1. [1]Wird das mit dem Gut beladene Fahrzeug auf einem Teil der Strecke zur See, mit der Eisenbahn, auf Binnenwasserstraßen oder auf dem Luftwege befördert und wird das Gut – abgesehen von Fällen des Artikels 14 – nicht umgeladen, so gilt dieses Übereinkommen trotzdem für die gesamte Beförderung. [2]Soweit jedoch

[1] OLG Düsseldorf vom 21.6.1990, RIW **1990** 752; LG Hannover vom 4.9.1991, TranspR **1992** 327 ff; LG Freiburg vom 20.10.1994, TranspR **1995** 113 f; LG München vom 19.7.1994, TranspR **1995** 118, 117; LG Hamburg vom 20.10.1993, TranspR **1995** 114 f; OLG Hamburg vom 7.4.1994, TranspR **1994** 444 f = **1995** 115–116 gekürzt; OLG Karlsruhe vom 20.12.1995, TranspR **1996** 203 f. Dazu *Herber* TranspR **1995** 117 f; *Thume/Demuth* Rdn. 39; zutreffend auch *Jung* RDU **1997** 150 f, aber mißverständlich die Formulierung „inserted ... into the German text of the Convention as „Article 1a".

[2] Gesetz zu dem Übereinkommen vom 19.5.1956 über den Beförderungsvertrag im internationalen Straßengüterverkehr (CMR), geändert durch Gesetz vom 5.7.1989, abgedruckt in Anh. I nach Art. 1 CMR.

bewiesen wird, daß während der Beförderung durch das andere Verkehrsmittel eingetretene Verluste, Beschädigungen oder Überschreitungen der Lieferfrist nicht durch eine Handlung oder Unterlassung des Straßenfrachtführers, sondern durch ein Ereignis verursacht worden sind, das nur während und wegen der Beförderung durch das andere Beförderungsmittel eingetreten sein kann, bestimmt sich die Haftung des Straßenfrachtführers nicht nach diesem Übereinkommen, sondern danach, wie der Frachtführer des anderen Verkehrsmittels gehaftet hätte, wenn ein lediglich das Gut betreffender Beförderungsvertrag zwischen dem Absender und dem Frachtführer des anderen Verkehrsmittels nach den zwingenden Vorschriften des für die Beförderung durch das andere Verkehrsmittel geltenden Rechts geschlossen worden wäre. [3]Bestehen jedoch keine solchen Vorschriften, so bestimmt sich die Haftung des Straßenfrachtführers nach diesem Übereinkommen.

2. Ist der Straßenfrachtführer zugleich der Frachtführer des anderen Verkehrsmittels, so haftet er ebenfalls nach Absatz 1, jedoch so, als ob seine Tätigkeit als Straßenfrachtführer und seine Tätigkeit als Frachtführer des anderen Verkehrsmittels von zwei verschiedenen Personen ausgeübt würden.

Article 2

1. Si le véhicule contenant les marchandises est transporté par mer, chemin de fer, voie navigable intérieure ou air sur une partie du parcours, sans rupture de charge sauf, éventuellement, pour l'application des dispositions de l'article 14, la présente Convention s'applique, néanmoins, pour l'ensemble du transport. Cependant, dans la mesure où il est prouvé qu'une perte, une avarie ou un retard à la livraison de la marchandise qui est survenu au cours du transport autre que la route n'a pas été causé par un acte ou une omission de transporteur routier et qu'il provient d'un fait qui n'a pu se produire qu'au cours et en raison du transport non routier, la responsabilité du transporteur non routier pour le seul transport de la marchandise conformément aux dispositions impératives de la loi concernant le transport de marchandises par le mode de transport autre que la route. Toutefois, en l'absence de telles dispositions, la responsabilité du transporteur par route sera déterminée par la présente Convention.

2. Si le transporteur routier est en même temps le transporteur non routier, sa responsabilité est également déterminée par le paragraphe 1 comme si sa fonction de transporteur routier et sa fonction de transporteur non routier étaient exercées par deux personnes différentes.

Article 2

1. Where the vehicle containing the goods is carried over part of the journey by sea, rail, inland waterways or air, and, except where the provisions of article 14 are applicable, the goods are not unloaded from the vehicle, this Convention shall nevertheless apply to the whole of the carriage. Provided that to the extent that it is proved that any loss, damage or delay in delivery of the goods which occurs during the carriage by the other means of transport was not caused by an act or omission of the carrier by road, but by some event which could only have occurred in the course of and by reason of the carriage by that other means of transport, the liability of the carrier by road shall be determined not by this Convention but in the manner in which the liability of the carrier by the other means of transport would have been determined if a contract for the carriage of the goods alone had been made by the sender with the carrier by the other means of transport in accordance with the conditions prescribed by law for the carriage of goods by that means of transport. If, however, there are no such prescribed conditions, the liability of the carrier by road shall be determined by this Convention.

2. If the carrier by road is also himself the carrier by the other means of transport, his liability shall also be determined in accordance with the provisions of paragraph 1 of this article, but as if, in his capacities as carrier by road and as carrier by the other means of transport, he were two separate persons.

Übersicht

Schrifttum

Fischer Die CMR auf dem Vormarsch in Europa, Überlegungen aus Anlaß des bevorstehenden Beitritts der Türkei zur CMR, TranspR **1994** 365–375; *Herber* Besprechung zu BGH v. 24. 6. 1987, TranspR **1987** 453; *Herber* Die CMR und der Roll-on/Roll-off-Verkehr, VersR **1988** 645–648; *Herber* Haftung beim Ro/Ro-Verkehr, Bemerkungen zu einer ungelösten Auslegungsfrage zur CMR, TranspR **1994** 375–382; *Kuckels* Für den Shuttle-Dienst von Eurotunnel gilt das CMR, DVZ Nr. 44 v. 14. 4. 1994, 11; *Oeynhausen* Haftung beim Ro/Ro-Verkehr äußerst kompliziert, DVZ Nr. 56 v. 10. 5. 1990, 8; *Thonfeld* Huckepackverkehr jetzt mit unterschiedlicher

Haftung, DVZ Nr. 146 v. 6.12.1990, 3 und 6; *van Beelen* De aansprakelijkheid va de wegvervoerder bij stapelvervoer conform art. 2 CMR, ETR **1991** 743–761; *Voigt* CMR-Haftung auch im kombinierten Verkehr, VP **1975** 3–5; *Züchner* Zur Rechtsnatur des Beförderungsvertrages beim Huckepackverkehr, VersR **1966** 900–905.

I. Allgemeines

1 Art. 2 CMR trifft Sonderregelungen für bestimmte Fälle des multimodalen (kombinierten) Transports.[1] Für den grenzüberschreitenden sogenannten Huckepackverkehr gilt grundsätzlich die CMR. Teilweise werden jedoch Haftungsbestimmungen für andere Transportmittel für anwendbar erklärt. Dies kann von Fall zu Fall für den Frachtführer günstiger oder ungünstiger sein; siehe Rdn. 30f. Praktisch häufigster Anwendungsfall für Art. 2 ist die Beförderung ganzer beladener Kraftfahrzeuge und Anhänger auf Schiffen, vor allem auf Seeschiffen (Ro/Ro-Verkehr). Der Huckepackverkehr der Eisenbahnen scheint dagegen keine den Art. 2 betreffenden Probleme aufzuweisen.[2]

II. Anwendungsvoraussetzungen des Art. 2 Abs. 1 CMR

1. Huckepackverkehr

2 Art. 2 Abs. 1 S. 1 CMR bestimmt den Anwendungsbereich des Art. 2 im Sinne des Huckepackverkehrs: Die Sonderregelung ist nur anwendbar, wenn nach der vertraglichen Vereinbarung das Straßenfahrzeug auf einem Teil der Strecke mit Ladung auf einem Trägerbeförderungsmittel (Seeschiff, Eisenbahn, Binnenschiff, Luftfahrzeug) befördert wird. Sollten später neu entwickelte Beförderungsmittel als Träger in Betracht kommen, so müßte Art. 2 analog angewandt werden; *Loewe* ETR **1976** 523. Auf das Schwergewicht der Straßenbeförderung im Rahmen des Gesamttransports kommt es dagegen nicht an.[3]

3 Grundsätzlich hängt die Anwendbarkeit der CMR nur von der vertraglich übernommenen Verpflichtung ab; siehe Art. 1 Rdn. 42 ff. Ist diese Verpflichtung auf eine Straßenbeförderung gerichtet und setzt der Frachtführer ganz oder teilweise ein anderes Beförderungsmittel ein, so ist dies eine Vertragsverletzung, die in keinem Fall zu einer haftungsrechtlichen Besserstellung des Frachtführers führen darf. Daher ist die CMR auch in diesen Fällen für die Strecken, auf denen das Gut mit einem anderen Verkehrsmittel als dem Kraftfahrzeug befördert wird, anzuwenden; siehe Art. 1 Rdn. 42. Die CMR ist daher anwendbar, wenn der Fixkostenspediteur (siehe Art. 1 Rdn. 42 und §§ 412, 413 HGBaF Rdn. 9) mit dem Absender vertraglich Trailerbeförderung von Deutschland nach Großbritannien vereinbart hatte, das Gut tatsächlich aber umgeladen wurde.[4]

4 **Voraussetzung ist die Vereinbarung eines Transports von** Übernahme bis Ablieferung, *Lamy 98* I Nr. 467.

[1] Zu diesem siehe § 452 HGBaF Anh. V.

[2] Bisher einziges Urteil: OLG Hamburg vom 18.10.1990, TranspR **1991** 70 f.

[3] *Lamy 98* I Nr. 467; F CA Orléans vom 20.1.1982, BT **1982** 233 f. Siehe auch: OLG Düsseldorf vom 26.10.1995, TranspR **1996** 152 (Bei internationalem Transport im „Huckepack" (Lkw und Lkw) haftet der Frachtführer für Schäden an dem transportierten Fahrzeug nach den Normen der CMR, auch wenn das transportierende Fahrzeug zum Empfänger überführt wird. Einen Schaden an dem transportierenden Fahrzeug hat der Frachtführer nach der nationalen Haftungsregelung (hier: HGB) zu ersetzen).

[4] OLG Düsseldorf vom 30.6.1983, TranspR **1984** 130, 131.

Wird von Anfang an Umladung vom Straßenfahrzeug auf das andere Verkehrsmittel **vereinbart**, so unterliegt die Beförderung mit diesem nicht der CMR; siehe Art. 1 Rdn. 34. Wird dagegen eine Umladung auf ein anderes Verkehrsmittel offengelassen, wie dies im multimodalen Transport weitgehend üblich ist (siehe § 425 HGBaF Rdn. 8 f und § 452 HGBaF Anh. V), dann ist die tatsächliche Ausführung maßgeblich. In ihr liegt eine nachträgliche Leistungsbestimmung im Sinne von § 315 BGB durch den Frachtführer. Daher wird hier die übernommene Verpflichtung erst durch die konkrete Ausführung bestimmt. Zur Zusicherung durchgehender CMR-Haftung beim multimodalen Transport siehe Art. 1 Rdn. 4 ff.

Art. 2 setzt voraus, daß **Straßenfahrzeuge mit der Ladung** auf ein Trägerbeförderungsmittel verladen werden. Hierzu gehören auch Sattelauflieger (Trailer),[5] nicht dagegen Container und Paletten.[6] Für Wechselaufbauten[7] ist die Frage streitig. **5**

Art. 2 CMR ist gem. Art. 41 **unabdingbar**. Eine durchgehende Haftung unter Ausschluß der Berufung auf Haftungsbeschränkungen des Art. 2 CMR kann daher nicht wirksam vereinbart werden; LG Köln vom 28. 5. 1985, VersR **1985** 985. **6**

2. Umladungsverkehr

Nicht der CMR unterliegen Transporte, wenn die Güter, sei es auch im Container oder auf einer Palette, vom LKW auf ein anderes Transportmittel, z. B. Schiff oder Bahn, vertragsgemäß verladen werden; unstreitig, siehe *Loewe* ETR **1976** 523. Verträge über die Beförderung von Containern zwischen Großbritannien und dem Kontinent unterliegen also nicht der CMR-Regelung, wenn die Container vom Kraftfahrzeug auf das Schiff und von dort wieder auf einen LKW verladen werden.[8] Nur wenn die verbleibende Beförderung auf dem Kontinent noch immer grenzüberschreitend ist, kann auf diese Reststrecke die CMR anzuwenden sein;[9] In der Praxis kommt dies vor allem bei der Straßenbeförderung zwischen außerdeutschen Hafenstädten und der Bundesrepublik Deutschland vor (z. B. von Triest oder Antwerpen nach Deutschland). Erfolgt die Umladung vom LKW auf ein anderes Beförderungsmittel vertragswidrig, so bleibt die CMR anwendbar.[10] **7**

---

[5] Zum Trailer siehe Art. 1 Rdn. 36. Beispiele für Trailerbeförderung: BGH vom 14. 12. 1988, TranspR **1990** 141–144 = VersR **1989** 309 ff (Fixkostenspedition Deutschland–Livorno–Malta); OLG Celle vom 4. 7. 1986, TranspR **1987** 275 ff; OLG Düsseldorf vom 27. 2. 1986, TranspR **1986** 226 ff (Deutschland–London); OLG Hamburg vom 15. 8. 1985, TranspR **1985** 341, 343 (Deutschland–Algerien); vom 16. 1. 1986, TranspR **1986** 229 ff; OLG Hamm vom 23. 9. 1985, TranspR **1986** 18 (Deutschland–Libyen); OLG München vom 28. 6. 1983, TranspR **1984** 186 (Deutschland–Syrien–Irak); LG Düsseldorf vom 29. 11. 1985, TranspR **1987** 340, 341 (England–Deutschland); LG Köln vom 28. 5. 1985, VersR **1985** 985 (Großbritannien–Deutschland).

[6] Unstr.: BGH vom 24. 6. 1987, TranspR **1987** 447, 448 f; OLG Düsseldorf vom 11. 2. 1982, insoweit in VersR **1983** 483 nicht mit abgedruckt; *Hill* ETR **1976** 183 f.

[7] Für Anwendung von Art. 2 OLG Hamburg vom 13. 3. 1993, TranspR **1994** 193, 194. Dagegen LG Regensburg vom 28. 11. 1989, TranspR **1990** 194, weil sie keine eigenen Achsen mit Rädern haben. Dagegen jetzt auch *Koller*[4] Art. 2 Rdn. 3 unter Aufgabe seiner bisher vertretenen Auffassung (2. Auflage Rdn. 3).

[8] Zum Kollisionsrecht, das dann über das auf die gesamte Beförderung oder einzelne Teilbeförderungen anzuwendende Recht entscheidet, siehe § 425 HGBaF Rdn. 58 ff.

[9] Zutreffend OLG Karlsruhe vom 5. 12. 1986, TranspR **1987** 184.

[10] OLG Düsseldorf vom 30. 6. 1983, TranspR **1984** 130, 131; LG Krefeld, v 15. 12. 1987, VersR **1988** 1021 f, anders jedoch bei Zusage durchgehender CMR-Haftung, siehe Art. 1 Rdn. 4, 42 und § 452 HGBaF Anh. V Rdn. 65 ff; B TribCom Antwerpen vom 9. 12. 1977, ETR **1978** 110, 116 ff.

3. Umladung nach Art. 14 CMR

8 Die in Art. 2 Abs. 1 S. 1 vorgesehene Ausnahmeregelung für eine Umladung im Falle eines Beförderungshindernisses nach Art. 14 wirft viele Fragen auf.[11] Wird das Gut in diesem Falle auf ein anderes Beförderungsmittel umgeladen, bleibt nach Art. 2 Abs. 1 S. 1 die CMR wohl voll anwendbar, da es auf die ursprüngliche (nunmehr durch das Beförderungshindernis unausführbar gewordene) Vereinbarung nicht mehr ankommt. Jedenfalls im Falle des Art. 14 Abs. 2 wird bei Ausbleiben von Weisungen der CMR-Frachtführer ermächtigt, die ihm im Interesse der Verfügungsberechtigten am besten erscheinenden Maßnahmen zu treffen. MüKo/*Basedow*[12] geht wohl davon aus, daß dann auch bei Abladung vom LKW und Weiterbeförderung etwa durch ein Schiff für diesen Transport die CMR gilt. Am klarsten spricht dies wohl *Clarke*[2] Nr. 16 b S. 70 f aus, auch wenn er auf andere Auslegungsmöglichkeiten hinweist. Ein Anwendungsfall liegt vor im Falle **1979** I 175 Moto Vespa S. P. A. v. MAT Ltd., Lloyd's Rep. **1979** I 175, 180.[13] Siehe dazu Art. 14 Rdn. 24.

Art. 2 Abs. 1 S. 1 erklärt jedoch offensichtlich die besondere Regelung des Art. 2, also auch der etwaigen Anwendung des Rechts des Trägerbeförderungsmittels (Rdn. 23) für anwendbar. Offenbar muß die Voraussetzung der Beförderung des Gutes per Kraftfahrzeug auf dem Trägertransportmittel auch in diesem Fall vorliegen. Damit könnte strenggenommen nur der Fall unter die Sonderregelungen des Art. 2 fallen, daß die Umladung auf ein anderes Kraftfahrzeug erfolgt und dieses seinerseits auf ein Trägerbeförderungsmittel verladen wird. Es ist jedoch anzunehmen, daß die Bestimmung wohl auch den häufigeren Fall erfassen soll, daß ein beschädigtes Kraftfahrzeug mit Ladung auf einem anderen Beförderungsmittel weiterbefördert wird,[14] und damit diese Ersatzbeförderung der CMR unterliegt.

III. Folgenregelung von Art. 2 Abs. 1 CMR

1. Struktur der Rechtsbeziehungen zwischen den Beteiligten

a) Huckepack-Beförderung als Form multimodalen Transports

9 Der Huckepacktransport (Beförderung eines beladenen Transportmittels auf einem anderen, z. B. LKW auf Eisenbahn oder Schiff) und seine Variante „Känguruh-Transport" (Leichter an Bord eines Trägerschiffs) gehören als Sonderformen in den Bereich des multimodalen (kombinierten) Transports; siehe zu den Grundfragen dieser Transporte Anh. V nach § 452 HGBaF Rdn. 2, 28, 50. Beteiligt an diesen Transportvorgängen sind mindestens drei Personen: (1) Absender; (2) CMR-Frachtführer und (3) Frachtführer des Trägerbeförderungsmittels (Verfrachter eines Seeschiffs, Frachtführer eines Binnenschiffs, Luftfrachtführer, Eisenbahn).

---

[11] Nebelhaft daher auch die sybillinischen Ausführungen zur Parenthese in Art. 2 Abs. 1 bezüglich der Ausnahme vom Umladeverbot bei *Loewe* ETR **1976** 503 ff, Nr. 51 (S. 522 und Nr. 57 S. 524.

[12] Rdn. 9 und Art. 14 Rdn. 19; wohl auch *Koller*[4] Rdn. 5 und *Herber/Piper* Rdn. 14.

[13] **1979** I 175: Lloyd's Reports **1979** I 175: Richter *Mocatta* in GB Queen's Bench Division im Falle Moto Vespa vs. (nach Haak S. 298) zu 32 CMR, zitiert auch bei GB Queen's Bench Division vom 27. 10. 1986, RDU **1988** 747; siehe auch *Clarke*[2] Nr. 16 b S. 70 f
Das Urteil B CA Brüssel vom 19. 12. 1968, ETR **1969** 948, 951 betrifft die Umladung auf ein Inlands-Kraftfahrzeug im Bestimmungsland.

[14] *Thume* in *Fremuth/Thume* Frachtrecht, Rdn. 87; *Koller*[4] Rdn. 5; MüKo/*Basedow* Rdn. 9; *Herber/Piper* Rdn. 4.

b) Rechtsbeziehungen zwischen den Beteiligten

aa) Zwischen Absender und CMR-Frachtführer

Zwischen Absender und CMR-Frachtführer besteht nach Art. 2 Abs. 1 S. 1 ein 10
CMR-Frachtvertrag, der nach Art. 2 Abs. 1 S. 2 jedoch haftungsrechtlich den zwingenden Normen für das Trägerbeförderungsmittel unterworfen sein kann; siehe Rdn. 23 ff. Der Absender muß die Verpackung und Verladung so gestalten, daß sie auch den Risiken des Trägerbeförderungsmittels entspricht.[15]

bb) Zwischen CMR-Frachtführer und Trägerfrachtführer

Zwischen CMR-Frachtführer und Trägerfrachtführer besteht ein Frachtvertrag 11
nach Maßgabe des betreffenden Beförderungsrechts für das Trägertransportmittel (See-, Binnenschifffahrts-, Eisenbahn- oder Luftfrachtrecht). Die CMR findet auf diese Rechtsbeziehungen keine Anwendung.[16] Hinsichtlich des Frachtgutes ist der Trägerfrachtführer Unterfrachtführer des CMR-Frachtführers. Dieser ist seinerseits Absender (oder Befrachter). Hinsichtlich des Straßenbeförderungsmittels (LKW, Lastzug, Trailer) ist er nicht Unterfrachtführer, sondern einfacher Frachtführer.

Verträge über die **Beförderung von beladenen LKW auf Seefähren** unterstehen 12
dem Seerecht in der jeweils maßgeblichen Ausprägung der anzuwendenden nationalen Rechts. Hierfür gilt insbesondere in der Regel das Seefrachtrecht der Haager Regeln; siehe Rdn. 34.

Die Verträge zwischen dem LKW-Unternehmer und dem Eisenbahnbeförderer 13
über die **Beförderung beladener LKW im Kanaltunnel** unterliegen nicht der CMR, weil es sich um Schienenbeförderungen handelt. Übernimmt die englische oder französische Staatsbahn die Beförderung, unterliegt der Vertrag den ER/CIM, weil diese Strecken in die Streckenliste des internationalen Eisenbahnzentralamt aufgenommen sind. Die von der privaten Betreibergesellschaft „Le Shuttle“ ausgeführten Beförderungen fallen nicht darunter. Die von dieser zugrundegelegten AGB lehnen sich eng an die CMR an, enthalten aber auch beachtliche Abweichungen von dieser, vor allem die Beschränkung der Haftung auf 70 000 SZR je Fahrzeug einschließlich Anhängern. Wieweit diese wirksam sind, hängt von dem anzuwendenden englischen oder französischen Recht ab.[17]

cc) Trägerfrachtführer als Unterfrachtführer des CMR-Frachtführers

Für den Trägerfrachtführer und seine Leute haftet der CMR-Frachtführer dem 14
Absender nach Art. 3 CMR. Mit Recht enthält daher z. B. das Urteil des OLG Hamburg vom 15. 9. 1983, TranspR **1983** 157, 158 keine Ausführungen über die Verlade- und Staupflicht hinsichtlich eines Trailers an Bord eines Seeschiffs, da im Rahmen des Art. 17 Abs. 2 der CMR-Frachtführer entlastungspflichtig nicht nur für sein Verhalten und das seiner Leute, sondern auch des von ihm beauftragten Verfrachters ist. Bei der

---

15 OLG Düsseldorf vom 25. 3. 1993, TranspR **1994** 439 ff.

16 A. A. jedoch B TribCom Antwerpen vom 11. 2. 1977, ETR **1978** 110–120; *Ponet/Williams* Rev. dr. com. belge **1992** 753 zu Art. 2 CMR, dagegen NL Rb Rotterdam vom 22. 4. 1994, SS **1994** Nr. 126, 422 ff.

17 Zur Anwendung der CMR auf die Verträge zwischen dem Straßenfrachtführer und seinem Auftraggeber (Absender) siehe Rdn. 19 ff. Zur Haftung bei Benutzung des Kanaltunnels siehe Rdn. 21.

Stauung sind die Richtlinien für Sicherungsvorkehrungen bei der Beförderung von Straßenfahrzeugen mit Ro/Ro-Schiffen der IMCO[18] zu beachten, die zur Durchführung der Schiffssicherheitsverordnung dienen.

dd) Regreß des CMR-Frachtführers gegen den Trägerfrachtführer

15 Der Frachtvertrag über die Beförderung auf dem Trägerbeförderungsmittel ist Grundlage des Regresses des CMR-Frachtführers gegen den Trägerfrachtführer. Haftung des CMR-Frachtführers und Regreßansprüche gegen den Trägerfrachtführer decken sich nur dann, wenn die Haftung des CMR-Frachtführers nach Art. 2 Abs. 1 S. 1 dem für die Trägerbeförderung geltenden zwingenden Recht unterliegt. Zur Nichtübereinstimmung zwischen Ersthaftung des Frachtführers und seinem Regreß oder dem seines Versicherers siehe grundsätzlich, § 429 HGBaF Rdn. 57 ff, 253, § 429 HGBaF Anh. I Rdn. 86 ff.

ee) Kein Vertrag zwischen Absender und Trägerfrachtführer

16 Zwischen Absender und Trägerfrachtführer bestehen keine vertraglichen Beziehungen. Von einem Vertrag zugunsten Dritter oder mit Schutzwirkung für Dritte kann im Regelfall nicht ausgegangen werden; bei Einschaltung ausländischer Partner kann ein solcher nach deren Recht auch rechtlich unzulässig sein. Zu eventuellen außervertraglichen Ansprüchen siehe Art. 28.

ff) Beziehungen zwischen nicht befördernden Spediteuren

17 Findet Art. 2 auf einen CMR-Frachtvertrag mit Seebeteiligung Anwendung, bereiteten die Ausgleichsansprüche von beteiligten Spediteuren hinsichtlich dieses Vertrags Schwierigkeiten. Das Urteil des F CA Rouen vom 16. 10. 1972 verneint in einem solchen Fall die Anwendbarkeit; dazu aber zu Recht kritisch die observation, die auf den materiellen Gegenstand der Spediteurrechte hinweist und damit die CMR-Anwendung begründet sieht.[19]

c) Verhältnis von Art. 2 CMR zum Recht des multimodalen Transports

18 Da für multimodale Transporte bisher weder nationale noch internationale gesetzliche Bestimmungen in Kraft sind (siehe § 452 HGBaF Anh. V Rdn. 18 ff), die mit Art. 2 CMR kollidieren könnten, steht Art. 2 CMR gegenwärtig in keinem Konkurrenzverhältnis zu anderen Normen. Sollte die Multimodalkonvention für Deutschland in Kraft treten, behielte Art. 2 CMR nach Art. 30 Abs. 4 dieser Konvention seine Geltung. Unzutreffend gehen *Muth/Glöckner*[6] Rdn. 1 davon aus, daß diese Konvention Art. 2 CMR verdrängen könnte. Siehe im übrigen zu den Problemen einer solchen Kollision aus einer nicht unbestrittenen internationalisierten Sicht eingehend *Richter-Hannes*, Die UN-Konvention über die internationale multimodale Güterbeförderung (Wien 1982) 55 ff.

---

[18] BAnz Nr. 189 vom 7. 10. 1988, S. 4439 f; zu den wirtschaftlichen und technischen Umständen der Ro/Ro-Beförderung siehe DVZ vom 4. 6. 1988 S. 17.

[19] BT **1972** 379 f mit observation S. 380 = ETR **1972** 1040 ff; dazu siehe auch Art. 1 Rdn. 26.

2. Rechtsverhältnis zwischen Absender und CMR-Beförderer

a) Grundsatzregelung nach Art. 2 Abs. 1 CMR

Liegen die Voraussetzungen von Art. 2 Abs. 1 S. 1 vor, so gilt die CMR grundsätzlich für die gesamte Beförderung. Insbesondere auch die Fragen der Schadensrüge,[20] der Beförderungspapiere, der aufeinanderfolgenden Frachtführer[21] regeln sich ausschließlich nach der CMR. Für die Haftung trifft jedoch Art. 2 Abs. 1 S. 2, 3 eine dem Network-System im multimodalen Transport (siehe Anh. V nach § 452 HGBaF Rdn. 19 ff) teilweise entsprechende Regelung. Die Haftung für Transportgefahren des Trägerbeförderungsmittels richtet sich nach dem für dieses Beförderungsmittel geltenden zwingenden Recht; zu den Einzelheiten siehe Rdn. 28 f. Die betreffende Sonderordnung ist anwendbar, soweit ein Schaden durch ein Ereignis, das nur während und wegen der Beförderung durch das andere Beförderungsmittel eingetreten sein kann, verursacht worden ist. **19**

Ist die Beförderung auf dem Trägertransportmittel, z. B. im **Fährtransport auf Ro/Ro-Schiffen** nur zu einschränkenden Beförderungsbedingungen praktisch möglich, so kann dies nicht zur Anwendung von deren Klauseln auf den CMR-Frachtvertrag führen. Diese Klauseln sind möglicherweise wirtschaftlich unvermeidbar, aber kein zwingendes Recht mit einem garantierten Mindestinhalt. Nicht überzeugend daher LG Köln vom 28. 5. 1985, VersR **1985** 985 f. Andernfalls würden Haftungsbeschränkungen unvermeidlicher AGB in den CMR-Frachtvertrag hineinwirken. Eine derartige Aufweichung der Haftung sieht Art. 2 CMR nicht vor. In solchen Fällen bleibt es daher bei der Anwendung der CMR. Dies kann eine Härte für den CMR-Frachtführer bedeuten, der dann seinem Auftraggeber gegenüber strenger haftet als der Trägerbeförderer ihm gegenüber. Diese Regreßsituation wird jedoch durch den Abschluß einer CMR-Haftpflichtversicherung[22] auf den Versicherer überwälzt; zutreffend *Muth/Glöckner*[6] Rdn. 4. **20**

Beförderungen auf LKW im **Kanaltunnel** durch den „Shuttle" nach und von England[23] unterliegen hinsichtlich der auf den Kraftfahrzeugen verladenen Transportgüter der CMR. Abweichungen von der CMR sind unwirksam gem. Art. 41. Dies gilt vor allem für die Beschränkung der Haftung auf 70 000 SZR je Fahrzeug einschließlich Anhängern bei einem Ladungsgewicht von mehr als 8,4 to, weil sie die zwingende Grenze nach Art. 23 Abs. 3 CMR unterschreiten würde. Unter Umständen können jedoch besondere Haftungsgrenzen nach dem für den Kanaltunnel anwendbaren Eisenbahnrecht im Rahmen des Art. 2 anwendbar sein. Siehe auch Rdn. 13. **21**

Ob die jeweils zugrundegelegten AGB überhaupt **für das Verhältnis zwischen dem Straßenfrachtführer und seinem Auftraggeber (CMR-Absender)** anzuwenden sind, ist zweifelhaft. **22**

[20] Art. 30 CMR; siehe etwa F CA Orléans vom 20. 1. 1982, BT **1982** 233 f.

[21] Siehe zu Art. 34 dort Rdn. 7; GB Queen's Bench Division vom 6. 11. 1990, (Dresser v. Falcongate), RDU **1991 I** 354, 357 = ETR **1999** 798 ff.

[22] Hierzu siehe § 429 HGBaF Rdn. Anh. I, Rdn. 45–50.

[23] Siehe dazu *Kuckels* DVZ Nr. 44 vom 14. 4. 1994 11, z. T. rechtlich unzutreffend; ferner Rdn. 13.

b) Sonder-Haftungsregelung des Art. 2 Abs. 1 S. 2, 3 CMR, Anwendungsvoraussetzungen

aa) Kein eigenes Verschulden des CMR-Frachtführers

23 Art. 2 Abs. 1 S. 2 CMR erklärt die Haftungsordnung des Trägerbeförderungsmittels nur dann für anwendbar, wenn der Verlust, die Beschädigung oder die Überschreitung der Lieferfrist nicht durch eine Handlung oder Unterlassung des Straßenfrachtführers verursacht worden ist. Hierbei ist dem CMR-Frachtführer das Verschulden des Frachtführers des Trägerbeförderungsmittels und seiner Leute nicht zuzurechnen, weil dies vielfach Art. 2 Abs. 1 S. 2 leerlaufen lassen würde.[24] Art. 3 CMR ist insoweit nicht anzuwenden. Allerdings ist dem CMR-Frachtführer Verschulden seiner übrigen Leute und Gehilfen anzurechnen.

bb) Schadenseintritt: während Beförderung auf Trägerbeförderungsmittel

24 Der Schaden muß während der Beförderung durch das Trägerbeförderungsmittel eingetreten sein. Das bedeutet, daß die Schadensursache in den Haftungszeitraum dieser Beförderung fallen muß. Dies ist z. B. während des Stauens des Trailers auf einer Fähre der Fall.[25]

cc) Schadensursache: für Trägerbeförderungsmittel typisches Ereignis

25 Verlust, Beschädigung oder Überschreitung der Lieferfrist müssen durch ein Ereignis verursacht worden sein, das nur während und wegen der Beförderung durch das andere Beförderungsmittel eingetreten sein kann. Es ist demnach ein für die Trägerbeförderung typisches Schadensereignis zu fordern.

26 **Fälle der Bejahung eines typischen Ereignisses:** Zusammenbruch und Wiederaufrichten eines Trailers beim Verladen auf ein Seeschiff würde unter § 606 HGB fallen und ist daher seeschiffahrtstypisches Ereignis;[26] Umstürzen eines Trailers bei starkem Swell beim Einlaufen in den Hafen ist typisches Ereignis.[27] Schaden durch Einfahren eines überhohen Trailers in ein besonders niedriges Deck einer Fähre.[28]

dd) Beweislast

27 Die Beweislast für das Vorliegen eines für das Trägerbeförderungsmittel typischen Ereignisses trägt der Geschädigte; ausdrücklich Art. 2 Abs. 1 S. 2 CMR.

c) Folgen der Verweisung auf das Recht des Trägerbeförderungsmittels

aa) Anwendbar nur zwingendes Recht des Trägerbeförderungsmittels

28 Die Verweisung in Art. 2 Abs. 1 S. 2 CMR ist in ihrem Inhalt international umstritten.[29] Sie beschränkt sich auf die Vorschriften des für das Trägerbeförderungsmittel geltenden Rechts. Die deutsche Übersetzung wirft Auslegungsprobleme auf, die

---

[24] GB Queen's Bench Division vom 22.9.1980, (Thermo Engineers v. Ferrymasters) ETR **1990** 194 ff = **(1981)** 1 Lloyd's Rep. 200 = **(1981)** 1 All E. R. 1142; *Herber*, VersR **1988** 646.

[25] GB Queen's Bench Division vom 22.9.1980, (Thermo Engineers v. Ferrymasters), ETR **1990** 194 ff, 201 f = **(1981)** 1 Lloyd's Rep. 200 = **(1981)** 1 All E. R.1142.

[26] LG Köln vom 28.5.1985, VersR **1985** 985.

[27] OLG Hamburg vom 15.9.1983, TranspR **1983** 157, 158; OLG Celle vom 4.7.1986, TranspR **1987** 275 ff. Dies bedeutet aber noch nicht das Vorliegen einer Gefahr der See nach § 608 Abs. 1 Nr. 1 HGB; zutr. OLG Celle aaO; siehe auch *Herber*, VersR **1988** 646.

[28] GB Queen's Bench Division vom 22.9.1980, (Thermo Engineers v. Ferrymasters), ETR **1990** 194, 201 f = **(1981)** 1 Lloyd's Rep. 200 = **(1981)** 1 All E.R.1142.

[29] *Haak* 99 ff; *Herber/Piper* Rdn. 22.

allerdings teilweise aus den Unterschieden zwischen der englischen und französischen Originalfassung herrühren. Die französische Fassung verwendet hier die Formulierung „dispositions impératives" und entspricht damit wohl der deutschen Übersetzung. Der englische Text dagegen drückt sich mit den Worten „conditions prescribed by law" unbestimmter aus. Mit Recht geht jedoch die deutsche Übersetzung davon aus, daß **nur zwingendes Recht** als Haftungsmaßstab in Betracht kommen kann,[30] da dispositives Recht (vgl. das deutsche Binnenschiffahrtsrecht) in der Praxis durch vielfach in ihrer Gültigkeit zweifelhafte AGB verdrängt ist.

Fraglich ist, ob das für die Trägerbeförderung geltende Recht **beiderseits oder nur einseitig zugunsten des Absenders** (hier des CMR-Frachtführers) **zwingend** gestaltet sein[31] und von welchen Voraussetzungen es abhängig sein muß. Es sollte ausreichen, wenn das Recht nur zum Schutz des Absenders zwingend wirkt, weil sich auch aus der Anordnung einseitig zwingender Wirkung schon ergibt, daß der Gesetzgeber eine bindende Ordnung aufstellen wollte, die eine nach seiner Auffassung ausgewogene Verteilung der Risiken des Transports mit dem Trägerbeförderungsmittel darstellt.[32] Letztlich maßgeblich ist die sichere Feststellbarkeit der gültigen Regelung und die gesetzlich verbürgte Anwendung; wie hier *Herber*, VersR **1988** 647. Offen ist auch, ob die im Konnossement für die Trailerbeförderung enthaltenen Haftungsbedingungen maßgeblich sind, wenn sie günstiger als die einseitig zwingenden Haager Regeln sind.[33] **29**

bb) Auswirkungen der Haftungsregelung des Trägerbeförderungsmittels

Die Lösung des Art. 2 Abs. 1 S. 2 ist **für den Frachtführer dann günstiger, wenn die anstelle der CMR anwendbaren Regeln weniger scharf sind.** Dies kann z. B. in Betracht kommen wegen der Entlastungsmöglichkeit nach § 608 Abs. 1 Nr. 1 HGB.[34] Die Haftungsbeschränkung in § 660 HGB bedeutet aber nicht, daß der Trailer als Packung anzusehen ist; OLG Celle aaO. Der Trailer ist nicht Verpackung für das auf Paletten zusammengefaßte Gut, sondern nur Beförderungsmittel i. S. der CMR. Dagegen sind die Paletten eindeutig Packungen nach § 660 HGB. Nach § 660 Abs. 1 HGB gilt die Haftungsbegrenzung pro Stück, also gem. Abs. 2 regelmäßig pro Palette, wenn nicht die Kilogramm-Begrenzung zu einer höheren Haftung führt. Soweit keine zwingende Wirkung besteht, bleibt es dagegen bei der schärferen Haftung nach der CMR. **30**

Umgekehrt kann Art. 2 CMR auch zu verschärfter Haftung des CMR-Frachtführers führen, z. B. bei innerdeutschem Huckepackverkehr mit der Eisenbahn wegen der hohen Haftungsgrenzen des § 85 Abs. 1 EVO. In diesem Fall hat jedoch der CMR-Frachtführer in aller Regel einen entsprechenden Regreßanspruch gegen den Huckepackbeförderer. **31**

---

[30] Mit eingehender Begründung ungefähr in diesem Sinne NL Hoge Raad vom 29. 6. 1990, deutsche Übersetzung TranspR **1991** 132, 133 f = ETR **1990** 589 ff; französische Übersetzung S. 600; Stellungnahme von *Haak* 606 ff; Rezension von *Putzeys* 631 ff; a. A. *Herber/Piper* Rdn. 22.

[31] Offenlassend OLG Hamburg vom 5. 9. 1983, TranspR **1983** 157, 159; siehe auch LG Köln vom 28. 5. 1985, VersR **1985** 985, 986.

[32] NL Hoge Raad vom 29. 6. 1990, deutsche Übersetzung TranspR **1991** 132 ff = ETR **1990** 589 ff.

[33] GB Queen's Bench Division vom 22. 9. 1980, (Thermo Engineers v. Ferrymasters), ETR **1990** 194, 202 f = **(1981)** 1 Lloyd's Rep. 200 = **(1981)** 1 All E. R.1142.

[34] Zutreffend OLG Celle vom 4. 7. 1986, TranspR **1987** 275, 276.

d) Recht des Trägerbeförderungsmittels (Art. 2 Abs. 1 Satz 2) im einzelnen

aa) In Betracht kommende Regelungen

32 Anzuwenden ist danach möglicherweise Seerecht, Binnenschiffahrtsrecht, Eisenbahnrecht oder Luftrecht. Zur Bestimmung des anwendbaren Rechts wird zunächst festgestellt, welches Recht im Falle eines unmittelbaren Frachtvertrags zwischen CMR-Absender und Trägerbeförderer zwingend gelten würde.[35] Soweit für diesen Fall kein internationales Abkommen anzuwenden sein würde, muß nach den allgemeinen Grundsätzen des Kollisionsrechts (§ 425 HGBaF Rdn. 28 ff) zunächst fiktiv[36] die anwendbare nationale Rechtsordnung ermittelt und überprüft werden, ob sie für diesen Fall zwingende Haftungsregeln vorsieht (z. B. in Deutschland zwingendes Seerecht, §§ 662, 663 HGB; Luftrecht, §§ 44 ff LuftVG oder im Falle der Beförderung mit dem Binnenschiff etwa anwendbares schweizerisches Binnenschiffahrtsrecht; siehe zur Übersicht *Vreede* ETR **1975** 669 ff). Ergibt sich nach dieser Prüfung nicht die Anwendbarkeit zwingender Normen, dann ist gem. Art. 2 Abs. 1 S. 3 wiederum die CMR auch für die Haftung zwingend maßgeblich. Haftungsfreizeichnungen sind demnach unwirksam; zutreffend *Heuer* 175 f. Ergibt sich aus den zur ergänzenden Anwendung in Frage kommenden nationalen Rechtsordnungen übereinstimmend, daß kein zwingendes Recht für das Trägerbeförderungsmittel gilt, dann kann die kollisionsrechtliche Bestimmung der ergänzend anzuwendenden Rechtsordnung unterbleiben, z. B. beim Seetransport ohne Konnossementsausstellung nach norwegischem oder deutschem Recht; OLG Hamburg vom 15. 9. 1983, TranspR 1983 157, 158 = VersR 1984 534.

bb) Typische Fallgruppen

33 Soweit deutsches **Binnenschiffahrtsrecht** anzuwenden ist, bestehen keine zwingenden Normen. Der CMR-Frachtführer haftet daher auch bei typisch schiffahrtsbedingten Schadensereignissen nach der CMR.

34 Praktisch wichtigster Fall ist die **Beförderung von Gütern auf Trailern, insbesondere im Ro/Ro-Transport auf Seeschiffen.** Ist in solchen Fällen auf die Beförderung durch das Trägerschiff deutsches Seefrachtrecht anwendbar, ist die Haftung nur zwingend, wenn die Voraussetzungen von §§ 662, 663 HGB vorliegen. Dies setzt zumindest die Ausstellung eines Konnossements voraus. Ob diese bei dem nur hypothetischen (unterstellten) Seefrachtvertrag zwischen Absender und CMR-Frachtführer über das im Trailer beförderte Gut erfolgt wäre, kann aber nicht ohne weiteres beurteilt werden. *Herber* schlägt daher vor, darauf abzustellen, ob für den konkreten Vertrag zwischen dem Verfrachter und dem CMR-Frachtführer ein Konnossement ausgestellt worden ist.[37] Ähnlich verfährt der BGH[38] im (nicht der CMR unterliegenden) Fall der Haftung des Spediteurs im multimodalen Transport für eine Seestreckenbeförderung durch einen Verfrachter als Unterfrachtführer. Diese Lösung führt zur

---

[35] Zutreffend *Herber*, VersR **1988** 647; *Heuer* 176, *Precht/Endrigkeit*[3] S. 52; zu den anwendbaren Normen des deutschen Rechts siehe § 425 HGBaF Rdn. 169 ff und § 429 HGBaF Rdn. 169 ff.

[36] Zum fiktiv-objektiven Charakter dieser Feststellungen eingehend NL Hoge Raad vom 29. 6. 1990, deutsche Übersetzung TranspR **1991** 132 ff = ETR **1990** 589 ff.

[37] *Herber*, VersR **1988** 647 f; ebenso i. E. OLG Hamburg vom 15. 9. 1983, TranspR **1983** 151, 158 = VersR **1984** 534; a. A. LG Köln vom 28. 5. 1985, VersR **1985** 985, 986; unklar OLG Celle vom 4. 7. 1986, TranspR **1987** 275, 276. Grundsätzlich gegen die Konnossementsausstellung als Voraussetzung NL Hoge Raad vom 29. 6. 1990, deutsche Übersetzung TranspR **1991** 132, 134 f = ETR **1990** 589 ff; französische Übersetzung S. 604 ff; Stellungnahme von *Haak* 606 ff; *Putzeys* ebendort 631 ff.

[38] Vom 24. 6. 1987, BGHZ **101** 172, 177 f = TranspR **1987** 447, 449 f = NJW **1988** 640 ff.

härteren CMR- Haftung anstelle der seerechtlichen Haftung (siehe § 452 HGBaF Anh. V Rdn. 20 f), wenn kein Konnossement ausgestellt ist; *Herber* VersR **1988** 648. Der Straßenfrachtführer muß daher bei Verladung des Kraftfahrzeugs auf Konnossementsausstellung bestehen. Der NL Hoge Raad[39] entscheidet dagegen die Frage, ob der fiktive Seetransport der Güter zwingendem Recht unterliegt, ohne Rücksicht auf den konkreten Vertrag über die Trailerbeförderung. Danach sind die Haager Regeln/ Visby Rules als grundsätzlich zwingendes Recht auf die Haftung für Güterschäden anzuwenden, auch wenn sie für den konkreten Vertrag über die Trailerbeförderung mangels Konnossementsausstellung (§§ 662, 663a HGB) oder wegen Deckverladung nicht zwingend gelten würden. Dieser wohl begründeten Auffassung ist zuzustimmen, da sie die Entscheidung über die anzuwendenden Rechtsnormen nicht von Umständen abhängig macht, die außerhalb des Kenntnis- oder Einflußbereichs des CMR-Absenders liegen.

In Betracht kommt auch die Anwendung von **Eisenbahnfrachtrecht** auf die **35** Frachtverträge zwischen dem LKW-Frachtführer und seinem Absender bei Huckepackbeförderung durch die Eisenbahn. Besondere Gefahren des Schienenverkehrs sind zwar nicht gerade ausgeprägt, könnten aber dennoch vorkommen, vor allem, soweit neue Techniken angewendet werden; etwa bei Steuerungsfehlern im Falle der **Beförderung von LKW im Kanaltunnel**; siehe zum darauf anwendbaren Recht Rdn. 13, 21.

IV. Beförderung mit eigenem Träger-Beförderungsmittel gem. Art. 2 Abs. 2 CMR

Eine besondere Lage besteht, wenn die Huckepack-Beförderung auf einem eigenen **36** Trägerbeförderungsmittel des CMR-Frachtführers ausgeführt wird, z. B. bei Huckepack-Beförderung von beladenen Straßengüterfahrzeugen der deutschen Bundesbahn auf der Eisenbahn. Für diesen Fall sieht Art. 2 Abs. 2 eine Doppelfiktion vor, die allerdings nur klarstellt, daß nicht notwendig ein Frachtvertrag über die Benutzung des Trägerbeförderungsmittels abgeschlossen sein muß. Die anwendbare Schadenersatzregelung ist im Ergebnis die gleiche wie nach Abs. 1 S. 1.[40]

---

39 Vom 29. 6. 1990, deutsche Übersetzung TranspR **1991** 132 ff = ETR **1990** 589 ff.

40 *Loewe* ETR **1976** 524; *Precht/Endrigkeit*[3] S. 54; *Heuer* 177.

KAPITEL II

Haftung des Frachtführers für andere Personen

Artikel 3

Der Frachtführer haftet, soweit dieses Übereinkommen anzuwenden ist, für Handlungen und Unterlassungen seiner Bediensteten und aller anderen Personen, deren er sich bei Ausführung der Beförderung bedient, wie für eigene Handlungen und Unterlassungen, wenn diese Bediensteten oder anderen Personen in Ausübung ihrer Verrichtungen handeln.

CHAPITRE II

Personnes dont répond le transporteur

Article 3

Pour l'application de la présente Convention, le transporteur répond, comme de ses propres actes et omissions, des actes et omissions de ses préposés et de toutes autres personnes aux services desquelles il recourt pour l'exécution du transport lorsque ces préposés ou ces personnes agissent dans l'exercice de leurs fonctions.

CHAPTER II

Persons for whom the carrier is responsible

Article 3

For the purposes of this Convention the carrier shall be responsible for the acts and omissions of his agents and servants and of any other persons of whose services he makes use for the performance of the carriage, when such agents, servants or other persons are acting within the scope of their employment, as if such acts or omissions were his own.

Übersicht

Schrifttum

Glöckner Die Haftungsbeschränkungen und die Versicherung nach den Art. 3, 23–29 CMR, TranspR **1988** 327–334; *Hügel* Drei OGH-Entscheidungen zur Frachtführerhaftung nach der CMR und den AÖSp, Juristische Blätter 3/4 **1984** v. 11. 2. 84, 57–61; *Roltsch* Die Zurechnung des Verhaltens Dritter im Straßengüterverkehr unter besonderer Berücksichtigung versicherungsrechtlicher Aspekte, VP **1984** Heft 10, 157–161.

I. Allgemeines

1 Art. 3 CMR entspricht weitgehend sachlich § 431 HGBaF. Die sprachlichen Unterschiede spielen keine entscheidende Rolle. Siehe daher zum Überblick und zu ergänzend anwendbarer Rechtsprechung die dortige Erläuterung. Die Haftung und das Mitverschulden von Absender oder Empfänger für Erfüllungsgehilfen richtet sich nach § 278 BGB, was offensichtlich in der Rechtsprechung gelegentlich übersehen wurde.[1] Für die Haftung des Gehilfen[2] selbst ist Art. 3 ohne Bedeutung.[3] Soweit der Gehilfe selbst bei Ausführung seiner Gehilfentätigkeit als selbständiger Subunternehmer der CMR untersteht, haftet er jedoch für seine Gehilfen wiederum nach Art. 3 CMR.[4]

2 **Art. 3 CMR ist gem. Art. 41** zwingendes Recht.[5]

3 Art. 3 bezieht sich auf alle **Ansprüche gegen den Frachtführer, die sich aus der CMR ergeben**, insbesondere für die Haftung nach Art. 17 Abs. 1, 2;[6] auch für die Zurechnung von Gehilfenverschulden nach Art. 29 CMR;[7] ebenso für die Zurechnung von Verschulden als Ausnahme vom Kostenanspruch des Frachtführers in Art. 16 Abs. 1.[8] Er ist jedoch nicht auf Ansprüche nach ergänzend anzuwendendem nationalen Recht anzuwenden,[9] z. B. nicht auf die Haftung des CMR-Frachtführers nach § 326 BGB oder auf Inkassovorschriften, deren Nichtbefolgung nicht unter Art. 21 CMR, sondern nur unter nationales Recht fällt.[10] Dies ergibt sich aus der Formulierung des Art. 3, soweit dieses Übereinkommen anzuwenden ist. Welche Bestimmung des deutschen Rechts dann ergänzend anzuwenden ist, kann nach § 437 HGBnF zweifelhaft sein.[11] Die dann noch offene Frage, ob § 431 HGBaF oder § 278 BGB maßgeblich ist, überspielt das Urteil durch Zitieren beider Vorschriften; siehe dazu § 431 HGBaF Rdn. 7.

4 Auf die Haftung des Absenders oder Empfängers und dritter Personen ist Art. 3 nicht anzuwenden, sondern ergänzendes nationales Recht des Vertragsstatuts, mangels besonderer Vorschriften z. B. § 278 BGB.[12] Dies entspricht nicht nur dem Text, sondern auch dem Sinn der besonderen Abgrenzung; siehe z. B. Art. 17 Rdn. 153.

---

1 Z. B. OLG Hamburg vom 19. 12. 1985, TranspR **1986** 146, 147 = VersR **1986** 261, 262; vom 18. 12. 1986, TranspR **1987** 434, 435 = VersR **1987** 1132 f.

2 Dazu Art. 28 Abs. 2 und dort Rdn. 12 ff.

3 A OGH vom 25. 9. 1968, ETR **1973** 309, 316 f.

4 OLG Hamburg vom 13. 3. 1993, TranspR **1994** 193, 195; OLG Hamm vom 30. 3. 1998, TranspR **1998** 463, 464.

5 OLG Hamm vom 14. 11. 1985, TranspR **1986** 77, 79.

6 Siehe Art. 17 Abs. 2 Rdn. 31.

7 Siehe dazu Art. 29 Rdn. 30.

8 Siehe dort Art. 16 Rdn. 5.

9 BGH vom 9. 2. 1979, NJW **1979** 2470 = VersR **1979** 445 f; ebenso grundsätzlich A OGH vom 5. 5. 1983, TranspR **1984** 42; vom 26. 5. 1983, SZ **1983** 373, 376 f. *Demuth*, Ausführender Frachtführer auch im CMR-Bereich?, TranspR **1999** 100.

10 A OGH vom 5. 5. 1983, SZ **56** Nr. 73 S. 322, 325 = *Greiter* 185 = TranspR **1984** 42.

11 Siehe dazu § 437 HGBnF. § 6 KVO konnte ohnehin wegen des vorrangigen Art. 3 CMR nicht angewendet werden, selbst wenn man mit dem BGH die ergänzende Anwendung der KVO für richtig hielt; siehe Art. 1 Rdn. 87 ff.

12 Siehe MüKo/*Basedow* Rdn. 9. Zu Art. 3 bei *Koller*[4], *Herber/Piper* und *Thume/Temme* nichts gefunden. Anwendungsfälle: Art. 10 Rdn. 14.

5 Soweit nach §§ 458 bis 461 HGBnF[13] die CMR auf die Rechtsbeziehungen **zwischen versendendem Spediteur und Versender** anzuwenden ist, wird der **Spediteur** als Hauptfrachtführer behandelt[14] und haftet für die Frachtführer zwingend nach Art. 3, 41. Er kann sich daher nicht mit dem Nachweis sorgfältiger Auswahl des CMR-Frachtführers entlasten.[15]

6 Innerhalb der CMR ist Art. 3 in breitem Umfang anzuwenden, **soweit ein Handeln des Frachtführers erfordert wird**. Vor allem sind dies die Fälle der Zurechnung von Verschulden,[16] so vor allem bei den Haftungsausschlüssen des Art. 17 Abs. 2,[17] Abs. 4 c[18] und Abs. 5,[19] Art. 11 Abs. 2, aber auch zahlreiche Fälle der Zurechnung schuldloser Handlungen, so in Art. 16 Abs. 1, Art. 21 CMR (Nachnahmefehler).[20] Auch im Rahmen des Art. 29 gilt das Zurechnungsprinzip des Art. 3, wird aber dort in Abs. 2 nochmals speziell formuliert.[21]

II. Einzelne Merkmale der Zurechnung

1. Bedienstete

7 Der Begriff des „Bediensteten" entspricht dem der „Leute" in § 428 HGBnF und in § 431 HGBaF.[22] Die französische und englische Originalformulierung („préposés", „agents and servants") hätte man auch mit „Leute" übersetzen können, wie dies im Seerecht in § 607 Abs. 1 HGB und im ähnlichen Text der Haager Regeln, sowie in Art. 20 WA geschehen ist.[23]

8 **Anwendungsfälle:** Der vom Frachtführer angestellte Fahrer ist stets dessen Gehilfe. Hat ein Unternehmer die Ausführung der Beförderung unternommen, ist auch sein Fahrer Gehilfe des Hauptfrachtführers.[24]

2. Andere Personen, deren er sich bei Ausführung der Beförderung bedient

9 Art. 3 CMR entspricht sachlich § 431 HGBaF.[25] Von besonderer praktischer Bedeutung sind die vom Frachtführer eingesetzten Unterfrachtführer[26] und ihr Perso-

---

13 Bisher 412, 413 HGBaF.

14 Siehe §§ 412, 413 HGBaF Rdn. 41.

15 Unrichtig daher LG Frankfurt vom 9.7.1984 TranspR **1985** 110, 112.

16 A OGH vom 25.4.1984, *Greiter* 223, 228, 231 = TranspR **1985** 265.

17 OLG Saarbrücken vom 10.2.1971, VersR **1972** 757, 758; vom 28.2.1985, TranspR **1985** 188, 189.

18 Siehe z. B. OLG München vom 27.11.1968, ETR **1971** 115, 127; A OGH vom 21.2.1985, VersR **1985** 559 f = SZ **58** 28 S. 141.

19 BGH vom 24.9.1987, TranspR **1988** 108 = VersR **1988** 244 ff; BGH vom 28.3.1985, NJW **1985** 2092 f = TranspR **1985** 261, 264 = VersR **1985** 754, 756 = ETR **1986** 174 ff, allenfalls über Art. 17 Abs. 5: OLG Köln vom 2.2.1972, VersR **1972** 778; allerdings kann ein Fehler des Frachtführers hinsichtlich vom Absender verladener Güter normalerweise nicht zu dessen Haftung führen; OLG Hamm vom 15.3.1990, VersR **1991** 360; OLG München vom 5.7.1989, TranspR **1990** 16 = NJW-RR **1989** 1434, 1435.

20 BGH vom 10.2.1982, NJW **1982** 1946 f = TranspR **1982** 74 f; in BGHZ **83** 96 weggekürzt.

21 Siehe dort Rdn. 30.

22 Siehe dort Rdn. 12 ff.

23 Siehe zum Seerecht *Schaps/Abraham* Seerecht II[4] § 607 Anm. 1; *Rabe*[4] § 607 Rdn. 1; zum Luftrecht (§ 45 LuftVG) BGH vom 14.2.1989, TranspR **1989** 275, 276 f = VersR **1989** 522 ff. MüKo/*Kronke*, Art. 20 WA 1955, Rdn. 31 ff. Siehe auch: *Thume* in *Fremuth/Thume* Frachtrecht, Rdn. 4 ff.

24 NL Rb Rotterdam vom 3.9.1976, SS **1977** S. 142 ff (Nr. 56) (geschleppter Trailer).

25 Siehe dort Rdn. 16 ff.

26 Beiläufig BGH vom 24.10.1991, BGHZ **116** 15, 19 = TranspR **1992** 177, 178 = VersR **1992** 640, 641; Beispiele aus der Praxis: OLG Schleswig vom 30.8.1978, VersR **1979** 141, 142; OLG Düsseldorf vom 12.12.1985, TranspR **1986** 56, 57 (Unter-Unter-Frachtführer); vom 23.11.1989, TranspR **1990** 63, 65; OLG Frankfurt vom 8.6.1982, VersR **1983** 141, 142 mit abl. Anm. von *Reiß*; vom 31.5.1983, TranspR **1983** 155, 156;

nal.[27] Zu aufeinanderfolgenden Frachtführern siehe Art. 34 Rdn. 26 f. Der Vermieter und Fahrer des Fahrzeugs eines gemieteten Fahrzeugs ist Gehilfe nach Art. 3 CMR.[28] Zollbeamte sind keine Bediensteten des Frachtführers, aber auch keine Personen, deren sich der Frachtführer bedient.[29] Im innerdeutschen Recht ist durch § 437 HGB die Rechtsstellung des Unterfrachtführers auf das neue Konzept des „ausführenden Frachtführers" umgestellt. Für dessen Haftung kommt es nicht mehr auf das Unterfrachtverhältnis an. Die Begriffe des Hauptfrachtführers und des Unterfrachtführers sind im HGB wie bisher nicht enthalten, jedoch ist auch das Vertragsverhältnis zwischen dem Frachtführer und nachfolgenden Frachtführern – anders als bisher in § 432 HGBaF – nirgends mehr geregelt. Dennoch besteht zwischen dem Frachtführer und einem von ihm unterbeauftragten Unternehmer ein Untervertrag, wie es ihn auch beim Mietvertrag gibt. Es ist deshalb für deren Vertrag auch weiter die bisherige Terminologie verwendbar.

Zur Zurechnung der Handlungen der Versender oder anderer Absender siehe Art. 11 Rdn. 9.

3. Handeln in Ausübung ihrer Verrichtungen

Art. 3 (wie auch wortgleich Art. 29 Abs. 2) CMR fordert für die Zurechnung von **10**
Gehilfenhandeln, daß die Gehilfen in Ausübung ihrer Verrichtungen gehandelt haben. Diese Formulierung wird von der deutschen Rspr. durch Rückgriff auf die Gerichtspraxis zu anderen Normen der Gehilfenhaftung ausgefüllt. Es kommt danach darauf an, daß ein innerer sachlicher Zusammenhang zwischen der übertragenen Verrichtung nach ihrer Art und ihrem Zweck und der schädigenden Handlung besteht; die Handlung muß noch zum allgemeinen Umkreis des zugewiesenen Aufgabenbereichs gehören und darf nicht nur bei Gelegenheit begangen worden sein.[30] Diese Auslegung

---

OLG Hamburg vom 3.6.1982, TranspR **1985** 266, 268; vom 29.11.1984, TranspR **1985** 130, 131; vom 28.2.1985, TranspR **1985** 188, 189; vom 30.3.1989, TranspR **1989** 321; OLG Hamm vom 14.11.1985, TranspR **1986** 77, 79; vom 15.3.1990, VersR **1991** 360; OLG München vom 5.7.1989, TranspR **1990** 16 = NJW-RR **1989** 1434, 1435; OLG Schleswig vom 30.8.1978, VersR **1979** 141, 142; OLG Nürnberg vom 22.3.1995, TranspR **1996** 381 ff; OLG Hamm vom 30.3.1998, TranspR **1998** 463, 464; LG Frankfurt vom 11.8.1980, VersR **1986** 384. Zum Verhältnis des Art. 3 zu Art. 34 CMR s. dort Rdn. 1, 20 ff. Allgemein siehe zu § 432 HGBaF Rdn. 40.

A OGH vom 25.4.1984, *Greiter* 223, 228, 231 = TranspR **1985** 265; vom 10.7.1985, SZ **58** 122, S. 583 ff = TranspR **1986** 377 ff.

F CA Paris vom 18.12.1968, BT **1969** 98, 99; F Trib Paris vom 14.3.1978, ETR **1978** 742, 747; NL Hof 's Gravenhage vom 17.5.1968, ETR **1968** 1227, 1234 f; B CA Antwerpen vom 9.6.1981, JPA **1981/82** 242, 247 GB Queen's Bench Division vom 22.9.1980, (Thermo Engineers vom Ferrymasters), ETR **1990** 194, 201 = **(1981)** 1 Lloyd's Rep. 200 = **(1981)** 1 All E. R. 1142.

Vergl. mit § 432 HGBaF Rdn. 9.

[27] Haftung auch für Leute des Unterfrachtführers unstreitig, siehe auch Fn. 26; speziell OLG Nürnberg vom 22.3.1995, TranspR **1996** 381 ff. A OGH vom 20.1.1982, *Greiter* 122, 124 f = ÖJZ **1982** 212 f; vom 17.2.1982, SZ **55** 20 = *Greiter* 127, 136; OLG Wien vom 22.10.1982, TranspR **1984** 180 GB Queen's Bench Division vom 22.9.1980 (Thermo Engineers vom Ferrymasters), ETR **1990** 194, 201 = **(1981)** 1 Lloyd's Rep. 200 = **(1981)** 1 All E. R. 1142.

[28] F CA Paris vom 17.6.1974, BT **1974** 321 f. Zur Vollmacht des Fahrers für den Vermieter siehe in diesem Fall Art. 5 Rdn. 11.

[29] LG Hamburg vom 19.1.1983, TranspR **1983** 47 f.

[30] BGH vom 27.6.1985, TranspR **1985** 338, 339 = VersR **1985** 1060, 1061; ähnlich OLG Karlsruhe vom 8.5.1981, 14 U 204/79, unveröff.

Beispiele für den inneren Zusammenhang: Alkoholschmuggel durch den Fahrer während des Transports und unter Verwendung des Transportfahrzeugs, weil dieses Verhalten sich damit als Verletzung der transportrechtlichen Obhutspflicht darstellt; BGH vom 27.6.1985, TranspR **1985** 338, 339 = VersR **1985** 1060, 1061 (eigenmächtiger Alkoholschmuggel des Fahrers nach Jordanien); OLG Karlsruhe vom 8.5.1981 (unveröff., unerlaubte Zuladung von 1 000 Flaschen Cognac, durch die die Ladung geschädigt worden ist); bei geringfügiger Abweichung von der Fahrtroute bei Einnehmen einer Mahlzeit; BGH vom entspricht nicht nur dem Wortlaut der deutschen Übersetzung, sondern auch der französischen und englischen Fassung. Letztlich kommt es auf den der betreffenden Person organisatorisch übertragenen Tätigkeitsbereich an.[31] Nur ganz ausnahmsweise wird eine Haftung für Anscheinsgehilfen zu bejahen sein.[32] Gehaftet wird auch für die Folgen einer unerlaubten Eigennutzung des Fahrzeugs durch den Fahrer, z. B. Alkoholschmuggel nach Saudiarabien.[33] oder das Befördern von „Republikflüchtlingen" aus der DDR.[34] Da in solchen Fällen das Frachtgut mitgefährdet wird, handelt es sich um eine Pflichtverletzung des Fahrers.

11 Auch das **Unterlassen von Handlungen** ist in Art. 3 ausdrücklich erwähnt. Dazu gehört vor allem fehlende Kontrolle und Information und die Nichtbeachtung von Weisungen des Absenders. Ein Unterlassen liegt auch vor, wenn der Fahrer am Steuer einschläft; er hätte seine Fahrfähigkeit selbst überprüfen müssen; NL Gerechtshof Dordrecht vom 18. 5. 1966, ETR **1968** 417, 421.

III. Haftung der Gehilfen

12 Die Haftung der Gehilfen selbst wird in Art. 3 nicht geregelt. Sie richtet sich nach außervertraglichen Anspruchsgrundlagen, z. B. dem Deliktsrecht. Die vom Frachtführer eingesetzten Gehilfen können sich aber, solange sie in Ausführung ihrer Verrichtungen gehandelt haben,[35] nach Art. 28 Abs. 2 im Rahmen der außervertraglichen Haftung gegenüber dem Absender auf die Haftungseinschränkungen der CMR berufen;[36] siehe auch Art. 28 Rdn. 12. Dieses Privileg wird jedoch gemäß Art. 29 Abs. 2 S. 2 im Falle von Vorsatz oder gleichgestellter Fahrlässigkeit der betreffenden Person ausgeschlossen;[37] Art. 29 Rdn. 31 ff.

---

16. 2. 1984, TranspR **1984** 182, 183 f = VersR **1984** 551 f = NJW **1984** 2033 f. Wegen der Haftungsregelung von Art. 34 ff hält NL Kantongerecht Rotterdam vom 21. 11. 1969, ETR **1970** 79, 84 für nicht anwendbar auf Unterfrachtführer.

[31] So zutreffend verneint, wenn der Fahrer vom Empfänger mit typischer Organisationsarbeit im Silolager betraut wird, LG Köln vom 24. 9. 1993, TranspR **1994** 114, 116.

[32] Siehe zu § 45 LuftVG BGH vom 14. 2. 1989, TranspR **1989** 275, 276 f = VersR **1989** 522 ff.

[33] BGH vom 27. 6. 1985, TranspR **1985** 338, 339 = VersR **1985** 1060, 1061; OLG München vom 12. 4. 1990 TranspR **1990** 280 ff (volle Haftung nach Art. 29 CMR); siehe dort Rdn. 30; A OGH vom 12. 12. 1984, SZ **57** 196 S. 978, 981 ff = TranspR **1986** 426 ff.

[34] A OGH vom 22. 11. 1977, TranspR **1980** 31 f.

[35] Siehe Art. 29 Rdn. 30, eingehend zum österreichischen Recht *Thume/Seltmann* Rdn. A 24.

[36] Siehe MüKo/*Basedow* Rdn. 37; *Thume/Thume* Rdn. 47.

[37] MüKo/*Basedow* Rdn. 29.

KAPITEL III

Abschluß und Ausführung des Beförderungsvertrags

Artikel 4

[1]Der Beförderungsvertrag wird in einem Frachtbrief festgehalten. [2]Das Fehlen, die Mangelhaftigkeit oder der Verlust des Frachtbriefes berührt weder den Bestand noch die Gültigkeit des Beförderungsvertrages, der den Bestimmungen dieses Übereinkommens unterworfen bleibt.

CHAPITRE III

Conclusion et exécution du contrat de transport

Article 4

Le contrat de transport est constaté par une lettre de voiture. L'absence, l'irrégularité ou la perte de la lettre de voiture n'affectent ni l'existence ni la validité du contrat de transport qui reste soumis aux dispositions de la présente Convention.

CHAPTER III

Conclusion and performance of the contract of carriage

Article 4

The contract of carriage shall be confirmed by the making out of consignment note. The absence, irregularity or loss of the consignment note shall not affect the existence or the validity of the contract of carriage which shall remain subject to the provisions of this Convention.

Übersicht

Schrifttum

Züchner Zum Frachtvertrag nach der CMR, VersR **1964** 220–224.

I. Rechtsnatur und Wirkungen des CMR-Frachtbriefs

1 Der Frachtbrief ist international wie innerdeutsch das den Frachtvertrag[1] dokumentierende Papier.[2] Seit dem 1.7.1998 gilt subsidiär die in der Grundstruktur und zahlreichen Einzelheiten damit übereinstimmende Neuregelung der §§ 408, 409 HGBnF. Die Funktionen des Frachtbriefs sind vielfältig:[3] Vor allem als Beweispapier,[4] als Voraussetzung für Empfängerrechte,[5] als Sperrpapier,[6] als Träger rechtsbegründender (konstitutiver) Eintragungen;[7] für Gefahrgutfragen.[8] Stark zurückgetreten ist in den EU-Staaten die Bedeutung im Verwaltungs- und Steuerrecht. Mit der Aufhebung der Frachttarife ist die tarifliche Bedeutung des Frachtbriefs in der EG weggefallen.[9]

1. Bedeutung des CMR-Frachtbriefs für den Vertragsabschluß

2 Rechtsnatur und Rechtswirkungen des CMR-Frachtbriefs entsprechen allgemeinen frachtrechtlichen Grundsätzen.[10] Da die CMR auch im Frachtbriefrecht keine lückenlosen Regelungen trifft, ist an verschiedenen Stellen nationales Recht ergänzend anzuwenden.[11] Daher gilt, wenn das Vertragsstatut nach IPR das deutsche Recht ist, nach Aufhebung aller innerstaatlichen Spezialnormen seit 1998 vor allem das HGB.[12] Neben dem Frachtbrief sind für die Beförderung oft weitere Dokumente verschiedener Art erforderlich, z. B. Zolldokumente, Warenbegleitpapiere,[13] Veterinärzeugnisse.[14]

2. Der Frachtvertrag als Konsensualvertrag; Entbehrlichkeit des Frachtbriefs

3 Nach Art. 4 Satz 2 haben Fehlen, Mangelhaftigkeit und Verlust des Frachtbriefs keinen Einfluß auf die Gültigkeit des Frachtvertrags. Der CMR-Frachtvertrag ist daher **kein Formalvertrag,**[15] sondern als formfreier Konsensualvertrag in Literatur und Rechtsprechung anerkannt.[16] Er unterliegt der CMR auch ohne Ausstellung eines gül-

---

[1] Mit Ausnahme des Seerechts, wo das (handelbare) Konnossement nach wie vor im Vordergrund steht; zum Konnossement siehe *Herber* Seehandelsrecht S. 281 ff.

[2] Dazu § 426 HGBaF Rdn. 1 ff.

[3] Siehe § 426 HGBaF Rdn. 27–71.

[4] Siehe grundsätzlich § 426 HGBaF Rdn. 29; *Loewe* ETR **1976** 503 ff, Nr. 106; Die Beweiswirkung ist durchweg widerleglich; unstr.; Siehe z. B. *Thume/Teutsch* Rdn. 28. Von überragender Bedeutung ist dies insbesondere für Art. 9. Siehe dort insbesondere Art. 9 Rdn. 1 f und zahlreiche Anwendungsfälle.

[5] Siehe Art. 13 Rdn. 26 f; § 426 HGBaF Rdn. 69.

[6] Art. 4 Rdn. 6; Art. 5 Rdn. 1; Art. 12 Rdn. 28, 39, 41, 56, § 426 HGBaF Rdn. 62.

[7] Siehe Rdn. 5; § 426 HGBaF Rdn. 28.

[8] Siehe Art. 6 Rdn. 13; Art. 22 Rdn. 1 ff.

[9] Siehe Rdn. 13.

[10] Siehe dazu die Erläuterungen zu § 426 HGBaF Rdn. 1 ff, 72; zur CMR vor allem Art. 5–9 CMR.

[11] Dazu grundsätzlich Art. 1 Rdn. 79.

[12] Siehe zu den seinerzeit streitigen Fragen der ergänzenden KVO-Anwendung Art. 1 Rdn. 87 ff. Ferner *Thume/Teutsch* Rdn. 3.

[13] Siehe Art. 11 Rdn. 2; guter, aber teilweise veralteter Überblick bei *Lenz* Rdn. 230 ff.

[14] Siehe Art. 11 Rdn. 8.

[15] Zur überholten Formalvertragstheorie siehe den zum 1.7.1998 aufgehobenen § 15 KVO, Anh. II nach § 452 HGBaF Rdn. 2 ff.

[16] **Rechtsprechung:** BGH vom 9.2.1979, NJW **1979** 2471 f = VersR **1979** 466; vom 27.1.1982, VersR **1982** 669, 670; vom 10.2.1982, BGHZ **83** 96, 100 = NJW **1982** 1946 f = TranspR **1982** 74 f = VersR **1982** 544 f; vom 16.10.1986, TranspR **1987** 96, 97 = VersR **1987** 304; vom 30.9.1993, TranspR **1994** 16, 17 = VersR **1994** 119, 120; vom 17.4.1997, TranspR **1998** 21, 23 = VersR **1998** 79, 80–82; OLG Köln vom 27.11.1974, RIW **1975** 162; OLG Düsseldorf vom 30.12.1982, VersR **1983** 1029; vom 30.5.1988, TranspR **1988** 423, 424; F Cass vom 17.2.1970, ETR **1969** 439, 445; F CA Paris vom 4.12.1970, BT **1970** 407 f; F CA Paris vom 23.3.1978, BT **1978** 265, 266; F CA Paris vom 27.6.1979, BT **1979** 440 f; B CA Brüssel vom 16.11.1977, ETR **1980** 319, 325; A OGH vom 6.9.1967, *Greiter* 15, 18; A OGH vom 22.5.1978, TranspR **1980** 142; vom 4.10.1983, *Greiter* 210, 213. In Deutschland wurde trotz der aus dem Eisenbahnrecht übernommenen Tradition des Formalvertrags bereits der frühere KVO-Frachtvertrag im innerdeutschen Güterfernverkehr auf der Straße als Konsensualvertrag behandelt; siehe dazu § 15 KVO, Anh. II nach 452 HGBaF Rdn. 4.

tigen Frachtbriefs,[17] auch bei Nichteintrag des Hinweises auf die CMR (Art. 6 Abs. 1 Buchst. k),[18] bei CMR-Anwendung aufgrund von § 458–460 HGB (§ 413 HGBaF)[19] und sogar bei bloßer Geltung der CMR kraft Vereinbarung.[20]

4 Der Frachtbrief ist in erster Linie **Beweisurkunde.**[21] Die Angaben über die Parteien und den Inhalt des Frachtvertrags begründen nur widerlegliche Vermutungen; auch eine im Frachtvertrag nicht eingetragene Person kann Frachtführer, Absender oder Empfänger sein.[22] Die umfangreichen, vor allem beweisrechtlichen Funktionen[23] sprechen auch heute noch in vielen Fällen für die Ausstellung.[24]

5 Die grundsätzliche Entbehrlichkeit des Frachtbriefs hat Bedeutung insbesondere bei **Anwendung der CMR auf Speditionsverträge** aufgrund der Verweisungen in §§ 458–460 HGB (§§ 412, 413 HGBaF). In diesen Fällen stellt der Spediteur üblicherweise keinen CMR-Frachtbrief aus; dies hat auf die Anwendung der CMR zwischen ihm und dem Versender keinen Einfluß.[25] Vielfach hängen in der CMR geregelte Einzelheiten von der Ausstellung eines Frachtbriefs ab, so daß dieser die Rechtsgrundlage bildet bzw. konstitutiv wirkt.[26]

3. Der Frachtbrief als Sperrpapier

6 Nach Art. 12 Abs. 5 dient der Frachtbrief auch dazu, weitere Verfügung über das Gut zu verhindern: seine Vorlage ist für wirksame neue Verfügungen erforderlich.[27] Fehlt er gänzlich, entfallen diese Möglichkeiten. Ohne Frachtbrief gibt es die Sperrwirkung für Absenderverfügungen daher nicht.[28]

Literatur: *Thume* in *Fremuth/Thume* Frachtrecht, Rdn. 3; *Loewe* ETR **1976** 503 ff, Nr. 19; MüKo/*Basedow* Rdn. 1, 5; *Koller*[4] Rdn. 1; *Herber/Piper* Rdn. 2; *Thume/Teutsch* Art. 4 Rdn. 1 und 11, 27; *Precht/Endrigkeit*[3] Art. 4 Anm. 1; *Glöckner*[7] Rdn. 2 f, Art. 5 Rdn. 1; *Baumgärtel/Giemulla* Rdn. 1; *Heuer* S. 39 f mit zahlreichen weiteren Literaturnachweisen; *Loewe* ETR **1976** 509 f; *Züchner* VersR **1964** 221 f; *Hill* ETR **1976** 186 f; *Hill/Messent/Glass*[2] S. 65 f; zum österreichischen Recht *Thume/Seltmann* Rdn. A 1 und A 11; *Jesser* S. 32; zum französischen *Lamy 99* I Nr. 472; zum spanischen *Sánchez-Gamborino* Nr. 226 ff mit Rechtsprechungsangaben.

[17] Siehe die Angaben in vorhergehender Fn.; insbesondere BGH vom 9. 2. 1979, NJW **1979** 2471 f = VersR **1979** 466, 467; F Cass vom 17. 2. 1970, ETR **1970** 439, 443 = BT **1970** 158; F CA Rouen vom 16. 10. 1972, BT **1972** 379 f = ETR **1972** 1040 ff; B CA Brüssel vom 19. 12. 1968, ETR **1969** 948, 949 f; B TribCom Tournai vom 2. 11. 1972, JPA **1972** 446, 451 f; NL Hof Leeuwarden vom 20. 2. 1974 SS **1976** S. 71 ff Nr. 31 (fehlende Unterschrift des Absenders). **A. A.** nur die Rechtsprechung des italienischen Kassationshofs, die sich durch Art. 4 nicht gehindert sieht, das Fehlen des Hinweises nach Art. 6 Abs. 1 Buchst. k als Grund gegen die Anwendbarkeit der CMR aufzufassen. Siehe dazu Art. 1 Rdn. 2 und Art. 6 Rdn. 19; *Thume/Teutsch* § 426 HGBaF Rdn. 62 ff.

[18] F CA Aix-en-Provence vom 22. 3. 1990, BT **1990** 796 f.

[19] Siehe z. B. zu §§ 412, 413 HGBaF: BGH vom 27. 1. 1982; vom 10. 2. 1982; OLG Köln vom 7. 5. 1996.

[20] F CA Versailles vom 13. 11. 1985, BT **1986** 42 f; siehe Art. 1 Rdn. 4.

[21] *Loewe* ETR **1976** 503 ff, Nr. 65; *Thume/Teutsch* Rdn. 28; MüKo/*Basedow* Rdn. 13.

[22] Siehe Rdn. 14; Art. 9 Rdn. 1 f, 10 ff. Zum Absender als Vertragspartner siehe Art. 6 Rdn. 6.

[23] Zu den einzelnen Beweiswirkungen Art. 9 dort Rdn. 1 ff; für den Vertragsinhalt Rdn. 15 f; für die Übernahme des Guts Rdn. 19 f; über das Gut Rdn. 22 ff; zur Übersicht über die (teilweise überholten) Funktionen § 426 HGBaF Rdn. 27–58.

[24] BGH vom 27. 1. 1982, VersR **1982** 669, 670; *Herber/Piper* Rdn. 4; *Thume/Teutsch* Art. 28; *Thume/Seltmann* Rdn. A 28; siehe im einzelnen Rdn. 8 ff; *Sánchez-Gamborino* Nr. 230 ff.

[25] Siehe die Angaben zu §§ 412, 413 HGBaF Rdn. 9 Fn. 11; Art. 41 Rdn. 27; zum französischen Recht F CA Paris vom 27. 2. 1980, BT **1980** 384, 386.

[26] Siehe Art. 6 Rdn. 8 f und passim.

[27] Siehe dazu § 426 HGBaF Rdn. 62 ff; Art. 5 Rdn. 2; Art. 12 Rdn. 28, 39, 41, 56; MüKo/*Basedow* Rdn. 6.

[28] BGH vom 27. 1. 1982, NJW **1982** 1944, 1945 = TranspR **1982** 105 ff = VersR **1982** 669 f; A OGH vom 6. 9. 1967, *Greiter* 15, 18; *Thume/Teutsch* Rdn. 15; *Thume/Temme* Art. 12 Rdn. 12.

4. Üblichkeit des Frachtbriefs

7 Der Frachtbrief ist teilweise noch international üblich; insbesondere in Frankreich[29] (wo ihm über die CMR-Regelungen hinausreichende Bedeutung gegeben wird), in England[30] und Spanien.[31] In Italien empfiehlt es sich, einen Frachtvertrag durch den Frachtbrief mit Verweisung auf die CMR (Art. 6 Abs. 1k) zu dokumentieren, weil nach der Rechtsprechung des Kassationshofs eine besondere Vereinbarung der Anwendung der CMR erforderlich ist.[32] Jedenfalls ist es international noch sicherer, Frachtbriefe auszustellen, auch wenn andere Dokumentationen im Vordringen sind, vor allem Ersetzungen des Frachtbriefes durch EDV.[33]

5. Wagenstellungsvertrag

8 Die Eigenschaft des CMR-Frachtvertrags als Konsensualvertrag schließt spätestens seit dem TRG aus, daß ihm ein Wagenstellungsvertrag im Sinne des aufgehobenen § 14 KVO[34] zwingend vorausging.[35] Bei „Bestellung" des Kraftfahrzeugs kommt sofort der Frachtvertrag zustande, wenn die Vereinbarung der Parteien eine Beförderungspflicht vorsieht. Die Pflicht zur Fahrzeugstellung ist im Leistungsumfang des Frachtvertrags enthalten.[36] Da es dabei auf die Übernahme des Gutes nicht ankommt, ist der CMR-Frachtvertrag auch kein Realvertrag.[37] Stellt der Frachtführer das Fahrzeug nicht, so ist die daraus folgende Haftung nach dem Vertragsstatut zu bestimmen; nach deutschem Recht gelten hierfür die §§ 325, 326 BGB.[38] § 433 HGBnF ist zu beachten. Sieht ein Vertrag keine Beförderungspflicht, sondern nur die **Stellung eines Kraftfahrzeugs**[39] vor, ist er kein Frachtvertrag, die CMR ist nicht anwendbar.[40] Aufgrund der Vertragsfreiheit kann es sich dann um einen Wagenstellungsvertrag handeln, dessen Wirksamkeit und das für ihn anwendbare Recht nach kollisionsrechtlichen Regeln zu bestimmen ist. Die Nichterfüllung der Wagenstellungspflicht ist bei Anwendbarkeit deutschen Rechts nach dem Recht der Leistungsstörungen zu beurteilen.[41]

II. Folgen der Nichtausstellung

9 Wird kein Frachtbrief ausgestellt, hat dies bedeutsame Folgen:[42] Vor allem entfallen zahlreiche Beweisvorteile des Art. 9.[43] Für viele CMR-Vorschriften ist die Frachtbriefeintragung aber auch eine Wirkungsvoraussetzung: Gibt es keinen Frachtbrief, entfällt deren Anwendung.[44] Auf den Haftungsbefreiungsgrund der Beförderung im offenen Fahrzeug (Art. 17 Abs. 4 Buchst. a) kann sich der Frachtführer nur berufen, wenn

---

29 Dazu etwa Art. 9 Rdn. 3; Art. 8 Rdn. 3; Art. 30 Rdn. 40. Daher ist die Ausstellung eines Frachtbriefs immer noch empfehlenswert. Allgemein *Lamy 99* I Nr. 472; siehe auch F CA Paris vom 21.10.1970, BT **1970** 367 f.

30 *Clarke*[2] Nr. 22 f.

31 *Sánchez-Gamborino* Nr. 230 ff.

32 Siehe dazu Art. 1 Rdn. 2 und 63. Der Wagenstellungsvertrag erklärte sich aus dem Tarifsystem und fügte sich ein in die verwaltungsmäßig-kollektive Bewirtschaftung des Güterfernverkehrs durch den Reichs-Kraftwagen-Betriebsverband; dazu Anh. II nach § 452 HGBaF, § 1 KVO Rdn. 1; § 14 Rdn. 4.

33 Siehe § 426 HGBaF Rdn. 1 ff.

34 Siehe Art. 1 Rdn. 89.

35 Siehe MüKo/*Basedow* Rdn. 7; *Koller*[4] Rdn. 1.

36 Dazu *Glöckner*[7] Rdn. 4.

37 Zur Realvertragstheorie siehe § 15 KVO, Anh. II nach § 452 HGBaF Rdn. 8 ff; zum spanischen Recht *Sánchez-Gamborino* Nr. 228.

38 LG Bremen vom 6. 5. 1965, ETR **1966** 692, 696 f; *Züchner* VersR **1964** 222.

39 Zulässig nach Vertragsfreiheit; MüKo/*Basedow* Rdn. 7; *Koller*[4] Rdn. 1.

40 Siehe Art. 1 Rdn. 19.

41 MüKo/*Basedow* Rdn. 7.

42 Siehe Rdn. 8, 7.

43 BGH vom 9. 2. 1979, NJW **1979** 2471 f = VersR **1979** 466, 467; ferner Art. 9 Rdn. 1 f, 6; Art. 17 Rdn. 45; Art. 30 Rdn. 14.

44 *Thume/Teutsch* Rdn. 29.

diese Beförderungsart im Frachtbrief vereinbart ist;[45] nach Art. 22 Abs. 1 wird Kenntnis des Frachtführers von der Gefährlichkeit der Gütern nur vermutet, wenn die entsprechende Mitteilung im Frachtbrief erfolgt ist;[46] Art. 34–39 CMR können ohne Frachtbriefausstellung nicht angewendet werden.[47] Haftungserhöhende Vereinbarungen gem. Art. 24 und 26 CMR sind ohne Frachtbrief nicht wirksam.[48] Auch im Rahmen des Art. 30 entfaltet Art. 9 Abs. 2 ohne Frachtbrief keine Wirkung.[49] Die Pflicht des Empfängers zur Zahlung der aus dem Frachtbrief hervorgehenden Kosten nach Art. 13 Abs. 2 CMR setzt dessen Wirksamkeit voraus.[50] Soweit Eintragungen im Frachtbrief konstitutiv wirken, können keine formfreien Vereinbarungen über den betreffenden Gegenstand getroffen werden.[51] Daß bestimmte Sonderabreden zur Wirksamkeit nicht der Eintragung in den Frachtbrief bedürfen, wird häufig mit Art. 4 begründet, so etwa für die Lieferfristvereinbarung[52] und die Nachnahmevereinbarung.[53] Auf das Weisungsrecht des Absenders hat das Fehlen des Frachtbriefs Einfluß, schließt es aber nicht aus;[54] ebenso die Vereinbarung einer Nachnahme. Frachtvertragliche Abreden können auch ohne Eintragung maßgeblich sein,[55] etwa andere Anweisungen zur Zahlungssicherung.[56] Die Wirksamkeit von Vorbehalten, deren Eintragung nicht einmal im Frachtbriefrecht ausdrücklich vorgesehen ist (etwa in Art. 10), kann nicht mit dem Hinweis auf die Eintragung bestritten werden.[57]

Soweit Folgen der Nichtausstellung sich aus der CMR nicht ergeben, gilt allgemeines Beweisrecht; insbesondere kann eine Vermutung für unbeschädigte Übernahme des Gutes weder durch Art. 9, noch durch Art. 30 begründet werden.[58] **10**

Zur Frage der **Wirksamkeit nicht eingetragener Sonderabreden** siehe Art. 6 Rdn. 9 ff. **11**

III. Pflicht zur Ausstellung des Frachtbriefs

Die CMR sieht in Art. 4 Abs. 1 zwar die Ausstellung des Frachtbriefs[59] als Regelfall an, begründet aber für keine bestimmte Partei eine entsprechende Pflicht.[60] Vorbereitung und Vorlage eines unterschriftsfähigen Dokuments können jedenfalls wirksam vereinbart[61] werden, aber auch aus ergänzend anzuwendendem nationalen, etwa **12**

---

[45] Siehe Art. 17 Rdn. 115.
[46] Siehe Art. 22 Rdn. 11.
[47] Siehe zum durchgehenden Frachtbrief als Anwendungsvoraussetzung von Art. 34 Rdn. 11 ff (im einzelnen Rdn. 14 ff, 2, 23).
[48] A OGH vom 30. 8. 1990, TranspR **1992** 406, 408.
[49] Siehe Art. 30 Rdn. 35.
[50] Siehe Art. 13 Rdn. 19.
[51] Siehe Art. 6 Rdn. 33.
[52] BGH vom 30. 9. 1993, TranspR **1994** 16, 17–18 = VersR **1994** 119–121; OLG Saarbrücken vom 10. 2. 1971, VersR **1972** 757, 758 = OLGZ **1972** 27; OLG Köln vom 27. 11. 1974, RIW **1975** 162; OLG Hamburg vom 6. 12. 1979, VersR **1980** 290, 291; OLG Düsseldorf vom 30. 12. 1982, TranspR **1984** 13, 14.
[53] BGH vom 10. 2. 1982, BGHZ **83** 96, 100 = NJW **1982** 1946 f =TranspR **1982** 74 f = VersR **1982** 544 f; OLG Düsseldorf vom 13. 12. 1990, TranspR **1991** 91, 92 = VersR **1991** 1394.
[54] Siehe Art. 12 Rdn. 2; BGH vom 27. 1. 1982, VersR **1982** 669, 670.
[55] Etwa bei Beförderungshindernissen; siehe Art. 14 Rdn. 13 f.
[56] Siehe z. B. NL Hof's Hertogenbosch vom 13. 1. 1970, ETR **1971** 817–824 = SS **1971** 27–30 (Ablieferung nur gegen Zahlungsnachweis); dazu Art. 7 Rdn. 5, Art. 21 Rdn. 13.
[57] Siehe Art. 10 Rdn. 22.
[58] Siehe Art. 9 Rdn. 1, 21, Art. 30 Rdn. 35.
[59] Sie wird erst durch die Unterzeichnung wirksam; siehe Art. 5 Rdn. 9 ff.
[60] *Herber/Piper* Rdn. 7 f; *Hill/Messent/Glass*² S. 69; *Putzeys* Nr. 325; *Koller*⁴ Rdn. 2. Eine grundsätzliche Ausstellungspflicht ohne Benennung der Verpflichteten leitet MüKo/*Basedow* Rdn. 8 aus Art. 4 Abs. 1 her; dort auch Hinweise auf entsprechende theoretische Begründungen.
[61] *Koller*⁴ Rdn. 3, der eine Lücke in der CMR sieht; **a. A.** *Loewe* ETR **1976** 503 ff, Nr. 68, der sie ablehnt, aber aus der CMR nur eine vage Lösung entwickelt und die Folgen ebenfalls nach nationalem Recht behandeln will.

deutschem Recht begründet werden.[62] Ob die Parteien danach gegenseitig verpflichtet werden, bei der Ausstellung mitzuwirken, und ob eine solche Pflicht als Grundlage von Ansprüchen aus positiver Vertragsverletzung in Betracht kommt, ist zweifelhaft.[63] Zwar kann der Frachtführer nach § 408 Abs. 1 HGB die Ausstellung verlangen, die ihm (auch) rechtliche Vorteile bringen würde.[64] Der Partner kann aber die Konsequenz ziehen, den Vertragsschluß, unter seltenen Umständen auch die Beförderung übernommenen Gutes, zu verweigern.[65] Macht er von diesen Möglichkeiten keinen Gebrauch, sondern befördert das Gut ohne Frachtbrief, ist die Begründung von Schadenersatzansprüchen oder Leistungsverweigerungsrechten wegen Nichtmitwirkung an der Ausstellung kaum möglich.[66] Eine Klage auf Mitwirkung ist praktisch sinnlos.[67] Man wird dann von einem Verzicht auf die Ausstellung ausgehen müssen; Ansprüche wegen Nichtausstellung entfallen.[68] Angesichts des starken Gewichts wirtschaftlich-technischer Argumente ist es in der Regel dem Frachtführer auch kaum möglich, auf der Ausstellung zu bestehen, selbst wenn die AGB von Beförderern einen Frachtbrief vorsehen.[69] Die über die Ausstellungspflicht geführte Diskussion in der Literatur hat für das deutsche Recht offensichtlich keine praktische Bedeutung.[70]

13 **Tarifrechtlich** war die Ausstellung des Frachtbriefs zumindest im Verhältnis zu Frankreich, Italien und den Benelux-Staaten zeitweise vorgeschrieben. Mit der völligen Aufhebung aller Tarife ist auch diese Pflicht entfallen.[71] Jedenfalls nach der Aufhebung alles zwingenden innerdeutschen Rechts zu dieser Frage ist die auch stillschweigende Entscheidung der Parteien für die Nichtausstellung in aller Regel verbindlich.

IV. Ladeschein

14 §§ 444 ff HGB sehen auch nach dem Transportrechtsreformgesetz wie bisher den allenfalls in der Binnenschiffahrt noch gebräuchlichen Ladeschein vor.[72] Die CMR äußert sich zum Ladeschein nicht. Sinnvoll könnte seine Ausstellung im multimodalen Transport sein. Er kann nach deutschem Recht als Traditionspapier (§ 448 ff HGBnF) die Übertragung des Eigentums an der Ladung vereinfachen. Er bindet die Legitimation und das frachtrechtliche Verfügungsrecht an das Papier, so daß er die Abwicklung des Frachtvertrags in kontrollierter Weise an eine bestimmte Person als Inhaber (Empfänger) bindet; §§ 444 Abs. 3 und 4, 445–447 HGBnF. Seine Ausstellung ist freiwillig. Sie richtet sich nach ergänzend anzuwendendem Recht.[73] Das damit bestimmte Statut des Frachtvertrags gilt allerdings nicht für die spezifisch wertpapierrechtlichen Fragen (handelbare Papiere); Art. 37 Nr. 1 EGBGB. Die Bestimmung des anwendbaren Ladescheinrechts richtet sich, soweit nicht die Fragen der Handelbarkeit betroffen sind, nach den Grundsätzen des Art. 28. Für die spezifisch wertpapierrechtlichen Fragen ist die Bestimmung des Schuldstatuts international nicht einheitlich geregelt; die Ver-

---

[62] Als Pflicht des Absenders vorgesehen in § 408. Die Wirkung setzt aber dort ebenfalls die Unterschrift beider Parteien voraus (präziser gegenüber § 432 HGBaF).

[63] Nicht entscheidungstragende vorsichtige Überlegungen dazu bei BGH vom 9. 2. 1979, NJW **1979** 2471 f = VersR **1979** 466, 467; siehe auch *Herber/Piper* Rdn. 8 f.

[64] Siehe Rdn. 8.

[65] *Clarke*[2] Nr. 23; *Herber/Piper* Rdn. 8 f.

[66] Für solche Ansprüche jedoch *Koller*[4] Rdn. 3.

[67] *Loewe* ETR **1976** 503 ff Nr. 69.

[68] *Herber/Piper* Rdn. 9. Die CMR regelt aber keine unmittelbaren Sanktionen, MüKo/*Basedow* Rdn. 10.

[69] So etwa § 4 VBGl; siehe Art. 1 Rdn. 86.

[70] Zu § 426 HGBaF dort Rdn. 74, 76.

[71] Zur alten Rechtslage siehe § 426 HGBaF dort Rdn. 75.

[72] Dazu die Erläuterungen zu §§ 444–450 HGBaF.

[73] Gem. Art. 28 EGBGB, insbesondere dort Abs. 4; *Herber/Piper* Rdn. 12.

weisung auf die lex cartae sitae (Belegenheit)[74] führt nicht weiter, weil sie keinen sicheren Hinweis bietet, welches nationale Recht für die Ladescheinfunktionen effektiv maßgeblich ist.

Artikel 5

1. [1]Der Frachtbrief wird in drei Originalausfertigungen ausgestellt, die vom Absender und vom Frachtführer unterzeichnet werden. [2]Die Unterschriften können gedruckt oder durch den Stempel des Absenders oder des Frachtführers ersetzt werden, wenn dies nach dem Recht des Staates, in dem der Frachtbrief ausgestellt wird, zulässig ist. [3]Die erste Ausfertigung erhält der Absender, die zweite begleitet das Gut, die dritte behält der Frachtführer.

2. Ist das zu befördernde Gut auf mehrere Fahrzeuge zu verladen oder handelt es sich um verschiedenartige oder um in verschiedene Posten aufgeteilte Güter, können sowohl der Absender als auch der Frachtführer verlangen, daß so viele Frachtbriefe ausgestellt werden, als Fahrzeuge zu verwenden oder Güterarten oder -posten vorhanden sind.

Article 5

1. La lettre de voiture est établie en trois exemplaires originaux signés par l'expéditeur et par le transporteur, ces signatures pouvant être imprimées ou remplacées par les timbres de l'expéditeur et du transporteur si la législation du pays où la lettre de voiture est établie le permet. Le premier exemplaire est remis à l'expéditeur, le deuxième accompagne la marchandise et le troisième est retenu par le transporteur.

2. Lorsque la marchandise à transporter doit être chargée dans des véhicules différents, ou lorsqu'il s'agit de différentes espèces de marchandises ou de lots distincts, l'expéditeur ou le transporteur a le droit d'exiger établissement d'autant de lettres de voiture qu'il doit être utilisé de véhicules ou qu'il y a d'espèces ou de lots de marchandises.

Article 5

1. The consignment note shall be made out in three original copies signed by the sender and by the carrier. These signatures may be printed or replaced by the stamps of the sender and the carrier if the law of the country in which the consignment note has been made out so permits. The first copy shall be handed to the sender, the second shall accompany the goods and the third shall be retained by the carrier.

2. When the goods which are to be carried have to be loaded in different vehicles, or are of different kinds or are divided into different lots, the sender or the carrier shall have the right to require a separate consignment note to be made out for each vehicle used, or for each kind or lot of goods.

---

74 Z.B. *Herber/Piper* Rdn. 12, der zwar Hinweise, aber keine effektiven Lösungen anbietet.

Übersicht

Schrifttum

Jung The Convention on the Contract for the International Carriage of Goods (CMR): Survey, Analysis and Trends of Recent German Case Law, RDU **1997** 148–167.

I. Ausfertigungen

1. Frachtbrief für die gesamte Sendung

1 Die CMR sieht drei gleichwertige[1] Ausfertigungen vor: die **erste** für den Absender (Absenderausfertigung), die **zweite** für den Empfänger (Empfängerausfertigung, das Gut begleitende Ausfertigung);[2] die **dritte** für den Frachtführer bestimmte (Frachtführerausfertigung). Durchschreibesätze sind üblich, aber national unterschiedlich, insbesondere in verschiedenen Sprachen gestaltet, wohl durchweg nach dem IRU-Muster.[3] Kopien sind wirksame Originale, wenn unterzeichnet.[4] Jedes unterschriebene Exemplar hat die gleiche Wirkung.[5] Werden mehr Ausfertigungen verwendet, führt dies nicht zur Nichtigkeit des Frachtvertrags oder der einzelnen Frachtbriefausfertigungen.[6] In Deutschland wurde vor dem Tarifaufhebungsgesetz[7] ein viertes Exemplar für die Frachtenprüfung durch die Bundesanstalt für den Güterfernverkehr benötigt.[8] Die in Abs. 2 vorgesehene Ordnung, nach der die Exemplare zu verwenden sind, geht sicherlich auf das 1956 bereits bestehende Formularwesen zurück, ist aber entsprechend der grundsätzlichen Gleichwertigkeit nicht verbindlich.[9] Es kommt daher nicht darauf an, welche wie gefärbte Ausfertigung für welchen dieser Zwecke

[1] *Thume/Teutsch* Rdn. 7; *Herber/Piper* Rdn. 7, 9; *Koller*[4] Rdn. 2.

[2] Siehe dazu § 426 HGBaF Rdn. 62 ff; Art. 4 Rdn. 6; Art. 12 Rdn. 28, 39, 41, 56.

[3] Dazu Art. 6 Rdn. 22; zum deutschen Recht MüKo/*Basedow* Rdn. 5; *Glöckner*[7] Art. 4 Rdn. 1; *Herber/Piper* Rdn. 8; *Thume/Teutsch* Rdn. 3, Abdruck dort Anh. VII S. 1088; zum französischen; *Lamy 99* I Nr. 470 Abdruck S. 222; Hinweis auf andere Formulare; zum englischen *Donald* The CMR Nr. 198, Abdruck S. 212; *Clarke*[2] Nr. 23; *Hill/Messent/Glass*[2] S. 67 f; zum belgischen *Putzeys* S. 440 f, Abdruck S. 440; zum spanischen *Sánchez-Gamborino* Nr. 248 und 380–386; für Österreich *Jesser* S. 36 und *Thume/Seltmann* Rdn. A 5.

[4] *Herber/Piper* Rdn. 7; *Glöckner*[7] Rdn. 6.

[5] *Thume/Teutsch* Rdn. 2; ETR **1976** 503 ff, Nr. 71 sieht die Ausstellung von mehr als drei Originalen als unzulässig an, jedoch ohne Sanktionen; *Herber/Piper* Rdn. 9.

[6] *Thume/Teutsch* Rdn. 7; *Herber/Piper* Rdn. 10. Bei unredlicher Verwendung kann eine deliktische Haftung in Betracht kommen. *Putzeys* Nr. 335 hält die Ausstellung weiterer Exemplare für einen Verstoß des zwingenden Art. 5, kann aber keine näheren Folgen bestimmen.

[7] Siehe § 452 HGBaF Anh. I, Rdn. 1 ff.

[8] Die bisher verwendeten Sätze bestanden aus (mindestens) vier Blättern, von denen das Deckblatt (weiß) für die Frachtenprüfung, der erste Durchschlag (rosa) für den Absender, der zweite (blau) für den Empfänger, der dritte (grün) für den Frachtführer bestimmt war; *Herber/Piper* Rdn. 9.

[9] *Koller*[4] Rdn. 2; *Thume/Teutsch* Rdn. 5; *Glöckner*[7] Rdn. 5.

verwendet wird; eine Abweichung von der in Durchschreibesätzen vorgesehenen Farbe ist zwar möglicherweise für die Routinebearbeitung störend, aber rechtlich belanglos. Die CMR spricht allerdings speziell zum Verfügungsrecht von der ersten Ausfertigung[10] („premier exemplaire", „first copy"); ebenso als Voraussetzung der Geltendmachung der Empfängeransprüche von der zweiten[11] („deuxième exemplaire", „second copy"); die dritte wird nicht speziell erwähnt. Sachlich ist damit geklärt, daß es gelegentlich auf eine Unterscheidung der Ausfertigungen ankommen kann.[12] Dann muß bestimmt werden, welche Ausfertigung vorliegt. Dies muß nach funktionellen Gesichtspunkten – dem Verwendungszweck – erfolgen: Das Exemplar, das der Absender erhält, ist die erste Ausfertigung; das, welches der Frachtführer behält, ist die dritte; das, welches zwar zunächst ebenfalls der Frachtführer behält, aber mit dem Gut auf die Reise schickt, ist die zweite.[13]

Die verschiedenen Ausfertigungen haben **unterschiedliche Bedeutung**. Alle drei **2**
können Beweisfunktionen übernehmen.[14] Die Absenderausfertigung kann als Sperrpapier[15] nach Art. 12 Abs. 5 a CMR dienen, die zweite vor allem zur Begründung von Ansprüchen gegen den Empfänger, dem sie normalerweise übergeben werden muß.[16] Die dritte ist Beweisurkunde des Frachtführers, insbesondere für seine Rechte.

2. Mehrere Teil-Frachtbriefe für eine Sendung

Die Möglichkeit besteht, nach **Art. 5 Abs. 2** für Transporte mit mehreren Fahr- **3**
zeugen oder Güterarten und -posten mehrere Frachtbriefe, d. h. für die vom Frachtvertrag umfaßte Sendung, mehrere **Teil-Frachtbriefe** für Sendungsteile auszustellen. Durch diese Möglichkeit können diese Teile für Handelszwecke gesondert dokumentiert werden.[17] Der Teilfrachtbrief ist auch von Bedeutung für die Beförderung in Ländern, in denen noch Tarife bestehen.[18] Für die Haftungsbeschränkung nach Art. 23 Abs. 3 ist die Sendung als solche nicht entscheidend.[19] Die zusätzliche Dokumentation führt nicht zur Nichtigkeit des den ganzen Frachtvertrag dokumentierenden Frachtbriefs.[20]

II. Grundsätzliche Voraussetzungen und Wirkungen

1. Aussteller

Der CMR-Frachtbrief wird durch die Parteien gemeinsam ausgestellt. Daher gibt es **4**
keinen einzelnen Aussteller.[21] Von dritten Personen ausgefüllte Papiere (wenn vollständig vorbereitet, als Blankette bezeichnet), werden erst durch mindestens durchgeschriebene Unterschriften zu Frachtbriefen.[22] Wer den Frachtbrief ausfüllt, ist belanglos.[23]

---

[10] In Art. 12 Abs. 5a, Abs. 7; Art. 12 Abs. 2, 15 Abs. 1 S. 2.
[11] In Art. 12 Abs. 2; Art. 13 Abs. 1, Art. 35 Abs. 1.
[12] **A. A.** *Glöckner*[7] Rdn. 5.
[13] Ebenso *Loewe* ETR **1976** 503 ff, Nr. 74; MüKo/*Basedow* Rdn. 4.
[14] Siehe überblicksweise § 426 HGBaF Rdn. 29 ff; Art. 8 Rdn. 18.
[15] Siehe dazu § 426 HGBaF Rdn. 62 ff; Art. 4 Rdn. 8; Art. 12 Rdn. 28, 39 ff, 56.
[16] A OGH vom 3. 10. 1973, SZ **46** 95 S. 429 = TranspR **1978** 78 f = *Greiter* 28 ff; siehe dazu Art. 13 Rdn. 19.
[17] *Hill/Messent/Glass*[2] S. 70.
[18] MüKo/*Basedow* Rdn. 13.
[19] Siehe Art. 23 Rdn. 43.
[20] *Loewe* ETR **1976** 503 ff, Nr. 75; *Thume/Teutsch* Rdn. 9; *Herber/Piper* Rdn. 10.
[21] Eine Pflicht, die Ausstellung unterschriftsfähig vorzubereiten, kann selbstverständlich vereinbart werden.
[22] Dazu *Thume/Teutsch* Rdn. 6, 14.
[23] *Glöckner*[7] Rdn. 4.

2. Mindestinhalt

5 Der Mindestinhalt ist in der CMR nicht vollständig festgelegt. Er ergibt sich aber aus den Aufgaben, die der Frachtbrief zu erfüllen hat. Die in der CMR vorgesehenen Inhalte sind eher deskriptiv als definitorisch aufzufassen.[24]

3. Zeitpunkt der Ausstellung

6 Der Zeitpunkt der Ausstellung wird durch die Eintragung in Feld 22 oder 23 festgelegt.[25] Der Frachtbrief kann während, vor oder nach der Übernahme des Guts wirksam ausgestellt werden.[26]

4. Wirkungen

7 Zu den vielfachen Wirkungen des Frachtbriefs siehe Art. 4 Rdn. 3 ff. Für das Bestehen des Frachtvertrags ist er jedoch nicht erforderlich.[27]

III. Voll gültiger Frachtbrief

1. Voraussetzungen

8 Die in der CMR gesetzlich geregelten Wirkungen kann nur ein voll gültiger Frachtbrief erbringen.[28] Wann überhaupt ein Frachtbrief gegeben ist, wird von der CMR nicht definitiv geregelt. Jedenfalls muß ein Schriftstück bestehen, das die erforderlichen Grundeigenschaften hat (Urkunde).[29] Die erforderlichen Willenserklärungen sind als Unterschriften abzugeben.[30] Formulare sind rechtlich nicht erforderlich; es genügt jede schriftliche Niederlegung, wenn sie die einzelnen Erfordernisse erfüllt. Der Inhalt unterliegt daher der freien Bestimmung durch die Parteien, muß jedoch der CMR entsprechen. Praktisch ausschließlich werden in der Praxis die national übersetzten IRU-Frachtbriefmuster[31] verwendet. Als allgemeine Voraussetzungen für einen Frachtbrief sind anerkannt: Das Dokument muß als warenbegleitendes Papier gedacht sein. Andernfalls kann eine bloße Quittung oder auch ein Wertpapier (Ladeschein, Durchkonnossement, Combined Transport B/L, FBL)[32] vorliegen, dem ebenfalls Beweisfunktionen zukommen können. Das Dokument muß als CMR-Frachtbrief zumindest auch eine der CMR unterliegende Beförderung betreffen. Das Fehlen von Unterschriften schließt die volle Wirkung als Frachtbrief aus, nicht aber eine Beweiswirkung nach allgemeinem Urkundenrecht.[33]

a) Unterzeichnung

9 Nach Art. 5 Abs. 1 sind grundsätzlich alle drei Ausfertigungen vom Frachtführer und vom Absender[34] zu unterzeichnen.[35] Erst durch die Unterschriften werden sie zu Originalen.[36] Fehlt eine Unterschrift, liegt kein wirksamer Frachtbrief vor.[37] Die CMR

---

24 Siehe dazu Art. 6 Rdn. 1.
25 Art. 6 Rdn. 5.
26 *Loewe* ETR **1976** 503 ff, Nr. 72; *Herber/Piper* Rdn. 3.
27 Siehe Art. 4 Rdn. 5.
28 Siehe zu Art. 9 dort Rdn. 1, 12 ff; Art. 7 Rdn. 1.
29 Dazu § 426 HGBaF Rdn. 2.
30 Siehe Rdn. 9 ff.
31 Siehe Rdn. 1.
32 Siehe Art. 4 Rdn. 14.
33 Siehe Rdn. 5, 7, 6, 7 ff; Art. 22 Rdn. 10.
34 Zum Begriff Art. 6 Rdn. 6.
35 Zum innerdeutschen Recht siehe § 414 Abs. 2 HGB.
36 *Glöckner*[7] Rdn. 2.
37 BGH vom 16. 10. 1986, TranspR **1987** 93, 97; vom 8. 6. 1988, TranspR **1988** 370 ff = VersR **1988** 952 f; vom 9. 2. 1979, NJW **1979** 2471 f = VersR

verweist hier auf das Recht des Ausstellungsortes.[38] Neben der eigenhändigen Unterschrift erlaubt die CMR Surrogate.[39] Üblicherweise werden in den Durchschreibesätzen der Frachtbriefformulare die Durchschläge nicht besonders unterzeichnet. Soweit ersichtlich gibt es aber keinerlei Rechtsprechung zur Unwirksamkeit nicht unterzeichneter Ausfertigungen. Angesicht der ohnehin großzügigen Haltung der CMR (Zulassung von Unterschriftssurrogaten) kann man annehmen, daß eine (in die anderen technisch übertragene) Unterzeichnung ausreicht.[40]

Gedruckte Unterschriften oder ihr Ersatz durch einen **Stempel** reichen aus, wenn **10** das Recht des Staates, in dem der Frachtbrief ausgestellt ist, dies zuläßt. Ein Land, in dem der Frachtbrief ausgestellt ist, kann aus der CMR nicht sicher ermittelt werden, wenn ausnahmsweise die Unterschriften in verschiedenen Ländern erfolgt sind.[41] Die formale Eintragung des Ausstellungsortes im Frachtbrief kann jedoch zunächst den Nachweis des Unterschriftslandes erbringen.[42] Wohl die meisten Mitgliedsländer der CMR lassen weitreichende Unterschriftssurrogate zu.[43] Nach deutschem Recht genügen „Nachbildungen der eigenhändigen Unterschrift durch Druck oder Stempel"; § 408 Abs. 2 S. 3 HGB (leicht abweichend von § 426 Abs. 2 Nr. 9 HGBaF).[44] Wird die Unterschrift durch einen handschriftlichen Eintrag nur der Firma des Absenders[45] oder durch Schreibmaschineneintrag[46] ersetzt, genügt dies nach altem deutschem Recht ebensowenig wie nach neuem. Fraglich könnte sein, ob Eindruck oder Einstempelung der bloßen Firmenanschrift ausreicht. Dies muß richtigerweise verneint werden. Zwar kann aus Art. 5 Abs. 1. S. 1 CMR – nach dem deutschen Text wie nach der französischen und englischen Originalfassung – nicht ausgeschlossen werden, daß ein reiner Firmenstempel ausreichen könnte. Jedoch muß dies jedenfalls durch das im Ausstellungsland geltende Recht zugelassen werden. Nach französischer Rechtsprechung genügen Unterschrift oder der Firmenstempel;[47] beides zusammen ist nicht

---

1979 466, 467; vom 17.4.1997, TranspR **1998** 21–25 = VersR **1998** 79–82; OLG Hamm vom 30.3.1998, TranspR **1998** 463, 464; OLG München vom 27.11.1992, TranspR **1993** 190, 191; NL Hof Leeuwarden vom 20.2.1974 SS **1976** S. 71 ff Nr. 31; *Koller*[4] Rdn. 1 aE; *Glöckner*[7] Rdn. 1; *Baumgärtel/Giemulla* Rdn. 1; *Herber/Piper* Rdn. 2, mißverständlich Rdn. 4; der Sache nach auch MüKo/*Basedow* Rdn. 9; *Clarke*[2] Nr. 25; nicht eindeutig *Lamy 99* I Nr. 473; *Herber/Piper* Rdn. 4 gehen davon aus, daß der nur von einer Person unterzeichnete Frachtbrief bereits gesetzliche Wirkungen entfaltet und berufen sich dafür auf *Baumgärtel/Giemulla* Rdn. 1. Dort ist jedoch klargestellt, daß bei Fehlen nur einer Unterschrift auf einer Ausfertigung diese keine Beweiswirkung nach der CMR entfaltet; offener auch *Dorrestein* Nr. 142 f. Gegen die Erforderlichkeit beider Unterschriften OLG Hamburg vom 30.3.1989, TranspR **1989** 321, 323. Siehe auch Rdn. 15 ff, Art. 9 Rdn. 3, 6.

[38] Siehe MüKo/*Spellenberg* Art. 11 EGBGB Rdn. 8; *Thume/Teutsch* Rdn. 10.

[39] Siehe hierzu auch das neue „Gesetz über die Rahmenbedingungen für elektronische Signaturen", das am 15.2.2001 vom Bundestag beschlossen wurde und das im Mai 2001 inkraftgetreten ist.

[40] Die Unterschrift im Durchschreibeverfahren genügt MüKo/*Basedow* Rdn. 3; dazu **a. A.** *Glöckner*[7] Rdn. 2.

[41] Siehe Art. 1 Rdn. 82. Zu dieser „vereinheitlichten Kollisionsnorm" MüKo/*Basedow* Rdn. 10.

[42] Siehe Art. 6 Rdn. 5.

[43] MüKo/*Basedow* Rdn. 12.

[44] § 426 HGBaF gestattete nur die Ersetzung der Unterschrift durch Faksimile, nicht durch die eingedruckte oder -gestempelte Adresse, siehe § 426 HGBaF Rdn. 13 f. Zu dieser Vorschrift BGH vom 16.10.1986, TranspR **1987** 96, 97 = VersR **1987** 304; OLG Düsseldorf vom 12.2.1981, VersR **1982** 302; OLG Düsseldorf vom 28.10.1982, VersR **1983** 749 (unklar blieb jedoch, ob es sich um die faksimilierte Unterschrift handelte). § 15 Abs. 1 S. 2, 3 KVO war auf die CMR nicht ergänzend anzuwenden; *Glöckner*[7] Rdn. 3; siehe allgemein Art. 1 Rdn. 89 ff; *Thume/Teutsch* Rdn. 13.

[45] BGH vom 16.10.1986, TranspR **1987** 96, 97 = VersR **1987** 304.

[46] OLG Düsseldorf vom 12.2.1981, VersR **1982** 302.

[47] *Lamy 99* I Nr. 472; F Cass vom 15.5.1984, BT **1984** 526 (observation); F CA Paris vom 20.10.1970, BT **1970** 367 f. Siehe auch *Thume/Teutsch* Rdn. 12; *Herber/Piper* Rdn. 5.

erforderlich.[48] Die Verwendung des IRU-Frachtbrief-Formulars, das sicherheitshalber in Feld 24 Unterschrift und Stempel vorsieht, wird von Literatur und Rechtsprechung empfohlen.[49] Auch nach englischem Recht genügt Unterstempelung,[50] ebenso nach spanischem Recht.[51]

b) Stellvertretung

11 Stellvertretung ist zulässig.[52] Häufig ist die Unterschrift des Fahrers, der oft bevollmächtigt sein dürfte,[53] wobei die Annahme von stillschweigenden Vollmachten im internationalen Transport sich nach den praktischen Notwendigkeiten richtet.[54] Bei Frachtbriefeintragungen ist der Zusatz „pour x" unzureichend; die Eintragung ist dann auf den Unterzeichnenden zu beziehen.[55] Ist aber „x" im Frachtführer- oder Absenderfeld ausdrücklich eingetragen, kann man annehmen, daß der Unterzeichnende nicht für sich selbst, sondern für die Person handeln wollte, die dort als noch offen mit „x" eingetragen ist.[56] Die schnelle Erweiterung der Kommunikationsmöglichkeiten macht weitreichende Vollmachten des im Ausland tätigen Fahrers weniger notwendig. Im übrigen kommt nach ergänzend anzuwendendem deutschem Recht oft eine Duldungs-, Anscheins- oder Rechtsscheinvollmacht in Betracht.[57] Dem Fahrer überlassene unterzeichnete Blankettformulare können von diesem jedenfalls im Rahmen seiner Tätigkeit wirksam verwendet werden.[58]

12 **Welches Recht** maßgeblich dafür ist, ob eine Vollmacht vorliegt,[59] ist weitgehend ungeklärt. An sich muß zwischen dem Statut der **Vollmachtserteilung** und dem ihres Gebrauchs (in unserem Falle der **Unterschriftserklärung**) unterschieden werden. Da die Vollmacht meist einen über die Unterschriftserklärung hinausgehenden Umfang hat, die Unterschrift aber nur im Rahmen von Abschluß und Ausführung des Frachtvertrags Bedeutung erlangt, ist ihre einheitliche Zuordnung zu einem Statut sachlich problematisch.[60]

13 Nach welchem Recht die Wirksamkeit der **Vollmachtserteilung** zu beurteilen ist, wird unterschiedlich beurteilt.[61] In Betracht kommt das Land, in dem der Vollmachtgeber sie erklärt,[62] aber auch der Gebrauchsort[63] oder das Statut des Frachtvertrags.[64] Zumindest zweckmäßig ist, beide Statuten zu akzeptieren.

---

48 F Cass vom 15. 5. 1984, BT **1984** 526.

49 *Lamy* 99 I Nr. 470; F Cass vom 15. 5. 1984, BT **1984** 526.

50 *Clarke*² Nr. 23 S. 95 f.

51 *Sánchez-Gamborino* Nr. 245.

52 BGH vom 8. 6. 1988, TranspR **1988** 370 = VersR **1988** 952 f = ETR **1988** 705, 706 ff; *Herber/Piper* Rdn. 4; MüKo/*Basedow* Rdn. 7; *Koller*⁴ Rdn. 3; *Thume/Teutsch* Rdn. 14.

53 Siehe z. B. zu Art. 24, 26 (mit konstitutiver Wirkung): OLG Düsseldorf vom 7. 7. 1988, TranspR **1988** 425, 429; NL Hof Leeuwarden vom 20. 2. 1974, SS **1976** S. 71 ff Nr. 31 sieht die Ausstellung eines Frachtbriefs durch den Fahrer als unwirksam an.

54 Ob eine Vollmacht des Fahrers anzunehmen ist, muß aus dem jeweiligen Fall entschieden werden. Siehe dazu *Koller*³ § 425 HGB Rdn. 12; offenlassend OLG Nürnberg vom 23. 2. 1994, TranspR **1994** 288.

55 OLG Hamburg vom 6. 11. 1980, VersR **1982** 556: Er gilt also bei Eintragung im betreffenden Feld als Frachtführer.

56 Zutreffend MüKo/*Basedow* Rdn. 8.

57 OLG Düsseldorf vom 28. 10. 1982, VersR **1983** 749; OLG Nürnberg vom 23. 2. 1994, TranspR **1994** 288 (aber nicht wenn Fahrzeug mit Fahrer auf längere Zeit einem Dritten überlassen ist).

58 OLG Düsseldorf vom 28. 10. 1982, VersR **1983** 749; MüKo/*Basedow* Rdn. 8; *Thume/Teutsch* Rdn. 14.

59 Allgemein zum Statut ergänzenden Rechts siehe Art. 1 Rdn. 82.

60 Zum Gesamtkomplex MüKo/*Spellenberg* vor Art. 11 Rdn. 262 ff.

61 Zur zunächst wechselnden Rechtsprechung des BGH MüKo/*Spellenberg* vor Art. 11 Rdn. 263 Fn. 694–699, der sich letztlich für das Geschäftsstatut, also das Statut des Anwendungsgeschäfts ausspricht, Rdn. 266 ff, 275 ff; MüKo/*Basedow* Rdn. 7.

62 MüKo/*Spellenberg* vor Art. 11 Rdn. 277; (zusätzlich zum Geschäftsstatut, Rdn. 265 f).

63 MüKo/*Basedow* Rdn. 7; bei kaufmännischen Vertretern das Recht der Niederlassung.

64 Dies meint wohl *Koller*⁴ Rdn. 3 mit der ungenauen Angabe „ob eine Vertretung vorliegt".

Das Statut für die **Anwendung der Vollmacht** ist ebenfalls umstritten. Für die Unterschrift auf dem Frachtbrief wird der „Gebrauchsort“[65] (der Ort, an dem die Unterschrift erfolgt), bei kaufmännischen Vertretern das Recht der Geschäftsniederlassung[66] vorgeschlagen. Wegen der Verknüpfung von Frachtbrief und Frachtvertrag ist aber das allgemeine Statut des Frachtvertrags allen anderen Anknüpfungen vorzuziehen.[67] Dies setzt freilich die analoge Anwendung von Art. 22 Abs. 2 EGBGB voraus, weil die Unterzeichnung des Frachtbriefs nicht den Abschluß des Frachtvertrags bedeutet.[68] 14

2. Fehlende Unterschriften

a) Fehlen einer Unterschrift

Fehlt auch nur eine der Unterschriften, können die ausgefüllten Formulare keine Frachtbriefwirkung entfalten.[69] Der Frachtbrief kann aber nach ergänzend anzuwendendem nationalem, z. B. deutschem,[70] französischem[71] und englischem[72] Beweisrecht dennoch beweiserheblich sein, insbesondere gem. §§ 286 Abs. 2, 416 ZPO Beweise gegen den ermöglichen, der unterschrieben hat.[73] Fehlt eine Unterschrift, liegt nach Auffassung der Rechtsprechung kein vollgültiger Frachtbrief vor.[74] Damit entfallen die wichtigsten Funktionen des Papiers,[75] z. B.: 15

- zahlreiche in der CMR vorgesehenen Beweiswirkungen. Hat z. B. nur der Absender unterzeichnet, erbringt die Eintragung keinen Beweis gem. Art. 9 Abs. 1, daß die in der Absenderspalte eingetragene Person wirklich der Absender ist;[76] ohne Unterschrift entfällt auch die Vermutung nach Art. 30 für den dem Frachtbrief entsprechenden Zustand bei Ablieferung;[77]
- die haftungserhöhenden Deklarationen nach Art. 24, 26;
- die Beweislastumkehr nach Art. 30 Abs. 1;[78]
- Die Begründung der Ansprüche gegen den Empfänger nach Art. 13 Abs. 2;[79]
- die mögliche Wirkung als Sperrpapier.[80]

Für die Gültigkeit ist ohne Bedeutung, wer den Frachtbrief ausgefüllt hat; nur die Unterzeichnung ist maßgeblich.[81] Für die Nichtunterzeichnung enthält die CMR keine Haftungsregelung; es gelten die Bestimmungen des ergänzend anzuwendenden Rechts, insbesondere positive Vertragsverletzung und Verschulden bei Vertragsschluß; deutsches Deliktsrecht wird kaum zum Ersatz der Vermögensschäden führen.[82]

---

[65] Art. 11 Abs. 3 EGBGB; MüKo/*Spellenberg* Art. 11 EGBGB² Rdn. 70 und dort vor Art. 11 Rdn. 225 f; 255, 265 ff.

[66] MüKo/*Basedow* Rdn. 7.

[67] Überzeugend MüKo/*Spellenberg* vor Art. 11 Rdn. 275.

[68] MüKo/*Basedow* Rdn. 7.

[69] MüKo/*Basedow* Rdn. 9; *Koller*⁴ Rdn. 3; *Herber/Piper* Rdn. 3; *Thume/Teutsch* Rdn. 16. Siehe Rdn. 9 ff; Art. 9 Rdn. 6.

[70] BGH vom 17. 4. 1997, TranspR **1998** 21, 23 = VersR **1998** 79, 80; BGH vom 15. 10. 1998, TranspR **1999** 102, 103; siehe im Überblick § 426 HGBaF Rdn. 29, 31.

[71] F CA Paris vom 11. 6. 1974, BT **1974** 319, 320; zu dieser Frage eingehend F Cass vom 5. 10. 1983, ETR **1984** 307 f; zweifelhaft, ob dann Art. 9 insoweit anzuwenden ist; so aber *Herber/Piper* Rdn. 6.

[72] *Clarke*² Nr. 23 S. 96.

[73] BGH vom 17. 4. 1997, TranspR **1998** 21, 23 = VersR **1998** 79, 80; siehe § 426 HGBaF Rdn. 29; *Koller*⁴ Rdn. 3.

[74] Siehe Art. 9 Rdn. 6.

[75] *Herber/Piper* Rdn. 3; *Thume/Teutsch* Rdn. 15 ff.

[76] OLG Düsseldorf vom 12. 2. 1981, VersR **1982** 302.

[77] BGH vom 8. 6. 1988, TranspR **1988** 370 = VersR **1988** 952 f = ETR **1988** 705, 706 ff.

[78] Siehe Art. 30 Rdn. 35 f.

[79] Siehe Art. 13 Rdn. 19.

[80] Siehe Art. 12 Rdn. 28 ff; Art. 4 Rdn. 8.

[81] *Herber/Piper* Rdn. 3.

[82] Siehe dazu *Koller*⁴ Rdn. 3 a. E.

16 **Fehlt die Unterschrift des Frachtführers,** kann der Frachtbrief jedenfalls keinen Beweis nach Art. 9 Abs. 1 gegen diesen erbringen,[83] jedoch ebensowenig zu seinen Gunsten,[84] insbesondere auch nicht gem. Art. 9 Abs. 2 CMR über die übernommenen Güter[85] oder für eine Lieferfrist. Auch die Frachtführereigenschaft des Eingetragenen kann nicht durch einen von diesem nicht unterzeichneten Frachtbrief bewiesen werden.[86]

17 **Fehlt die Unterschrift des Absenders** (des im Frachtbrief als Absender Bezeichneten), entfällt auf jeden Fall die zu seinen Lasten wirkende Beweiswirkung,[87] so z. B. gegenüber dem Frachtführer hinsichtlich einer Lieferfrist,[88] von Gefahrgutangaben gem. Art. 22 Abs. 1 CMR.[89] Der Absender kann jedoch auch keine Beweiswirkung der Frachtbriefeintragung des Art. 9 Abs. 2 zu seinen Gunsten nutzen;[90] ebensowenig die Vermutung nach Art. 30 Abs. 1 S. 1 CMR.[91] Die Beweiswirkung setzt einen wirksamen Frachtbrief voraus, der ohne Unterschrift des Absenders nicht vorliegt.[92] Die Vorschriften über aufeinanderfolgende Frachtführer der Art. 34–39 CMR sind nicht anzuwenden, wenn der Frachtbrief nur vom letzten Frachtführer, nicht aber von den anderen Beteiligten unterschrieben ist.[93]

b) Fehlen beider Unterschriften

18 Auch ohne jede Unterschrift entfallen nicht alle Wirkungen des Papiers. Der nicht unterschriebene, aber beweisbar von Absender oder Empfänger ausgestellte oder ausgefüllte Frachtbrief kann ein Indiz sein. Der Hauptfrachtführer mußte schon bisher einen Frachtbrief nach den Grundsätzen der Anscheinsvollmacht gegen sich gelten lassen, wenn er dem Unterfrachtführer Blankofrachtbriefe mit Namenseindruck überließ und dieser sie verwendete.[94]

3. Fehlen des Frachtbriefs

19 Fehlt der Frachtbrief völlig, kommt die Anwendung der Vorschriften, die ihn voraussetzen, nicht in Betracht; so etwa seine geregelte Beweiswirkung nach Art. 9 oder Sperrwirkung nach Art. 12 Abs. 2 und 3.[95]

---

83 BGH vom 17.4.1997, TranspR **1998** 21, 23 = VersR **1998** 79, 80; KG vom 24.11.1975, VRS **51 (1976)** 184, 188 f; OLG Hamm vom 18.10.1984, TranspR **1985** 107.

84 F CA Paris, vom 6.1.1971, BT **1971** 40.

85 OLG Hamm vom 18.10.1984, TranspR **1985** 107, 110 unter Bezugnahme auf die unklare Entscheidung BGH vom 9.2.1979, VersR **1979** 466 f = NJW **1979** 2471.

86 OLG Düsseldorf vom 12.2.1981, VersR **1982** 302; *Thume/Teutsch* Rdn. 16.

87 F CA Paris vom 6.1.1971, BT **1971** 40; F CA Paris vom 11.6.1974, BT **1974** 319, 320; siehe auch *Lamy 99* I Nr. 473, 1530 Jur. 2.

88 OLG Hamburg vom 3.5.1984, TranspR **1985** 37 f; F CA Paris vom 11.6.1974, BT **1974** 319 f.

89 BGH vom 16.10.1986, TranspR **1987** 96, 97 = VersR **1987** 304 hinsichtlich der Passivlegitimation als haftender Absender und Eintragung der Gefahrguteigenschaft nach Art. 22 Abs. 1 CMR (keine Unterschrift im dafür vorgesehenen Feld des Frachtbriefs).

90 Ohne seine Unterschrift kann er seine Absendereigenschaft durch den Frachtbrief nicht nachweisen; F CA Paris vom 6.1.1971, BT **1971** 40.

91 BGH vom 8.6.1988, TranspR **1988** 370 = VersR **1988** 952 f = ETR **1988** 705, 706 ff (eventuelle Vorbehalte in nicht unterzeichnetem Frachtbrief).

92 BGH vom 8.6.1988, TranspR **1988** 370 = VersR **1988** 952 f = ETR **1988** 705, 706 ff; entsprechend bereits BGH vom 16.10.1986, TranspR **1987** 96, 97 = VersR **1987** 304; OLG Hamburg vom 30.3.1989, TranspR **1989** 321, 323; noch offenlassend OLG Düsseldorf vom 4.3.1982, VersR **1982** 1202; *Thume/Demuth* Art. 30 Rdn. 28.

93 OLG Düsseldorf vom 18.10.1984, TranspR **1984** 276. Schon das Fehlen der Absenderunterschrift macht die Anwendung der Art. 34 ff CMR unmöglich; OLG Innsbruck 26.1.1990, TranspR **1991** 12, 17 f.

94 OLG Düsseldorf vom 28.10.1982, VersR **1983** 749.

95 Siehe Art. 9 Rdn. 1; Art. 12 Rdn. 30, 32.

Artikel 6

1. Der Frachtbrief muß folgende Angaben enthalten:
a) Ort und Tag der Ausstellung;
b) Name und Anschrift des Absenders;
c) Name und Anschrift des Frachtführers;
d) Stelle und Tag der Übernahme des Gutes sowie die für die Ablieferung vorgesehene Stelle;
e) Name und Anschrift des Empfängers;
f) die übliche Bezeichnung der Art des Gutes und die Art der Verpackung, bei gefährlichen Gütern ihre allgemein anerkannte Bezeichnung;
g) Anzahl, Zeichen und Nummern der Frachtstücke;
h) Rohgewicht oder die anders angegebene Menge des Gutes;
i) die mit der Beförderung verbundenen Kosten (Fracht, Nebengebühren, Zölle und andere Kosten, die vom Vertragsabschluß bis zur Ablieferung anfallen);
j) Weisungen für die Zoll- und sonstige amtliche Behandlung;
k) die Angabe, daß die Beförderung trotz einer gegenteiligen Abmachung den Bestimmungen dieses Übereinkommens unterliegt.

2. Zutreffendenfalls muß der Frachtbrief ferner folgende Angaben enthalten:
a) das Verbot umzuladen;
b) die Kosten, die der Absender übernimmt;
c) den Betrag einer bei der Ablieferung des Gutes einzuziehenden Nachnahme;
d) die Angabe des Wertes des Gutes und des Betrages des besonderen Interesses an der Lieferung;
e) Weisungen des Absenders an den Frachtführer über die Versicherung des Gutes;
f) die vereinbarte Frist, in der die Beförderung beendet sein muß;
g) ein Verzeichnis der dem Frachtführer übergebenen Urkunden.

3. Die Parteien dürfen in den Frachtbrief noch andere Angaben eintragen, die sie für zweckmäßig halten.

Article 6

1. La lettre de voiture doit contenir les indications suivantes:
a) Le lieu et la date de son établissement;
b) Le nom et l'adresse de l'expéditeur;
c) Le nom et l'adresse du transporteur;
d) Le lieu et la date de la prise en charge de la marchandise et le lieu prévu pour la livraison;
e) Le nom et l'adresse du destinataire;
f) La dénomination courante de la nature de la marchandise et le mode d'emballage, et, pour les marchandises dangereuses, leur dénomination généralement reconnue;
g) Le nombre des colis, leurs marques particulières et leurs numéros;
h) Le poids brut ou la quantité autrement exprimée de la marchandise;
i) Les frais afférents au transport (prix de transport, frais accessoires, droits de douane et autres frais survenant à partir de la conclusion du contrat jusqu'à la livraison);
j) Les instructions requises pour les formalités de douane et autres;
k) L'indication que le transport est soumis, nonobstant toute clause contraire, au régime établi par la présente Convention.

2. Le cas échéant, la lettre de voiture doit contenir, en outre, les indications suivantes:

a) L'interdiction de transbordement;

b) Les frais que l'expéditeur prend à sa charge;

c) Le montant du remboursement à percevoir lors de la livraison de la marchandise;

d) La valeur déclarée de la marchandise et la somme représentant l'intérêt spécial à la livraison;

e) Les instructions de l'expéditeur au transporteur en ce qui concerne l'assurance de la marchandise;

f) Le délai convenu dans lequel le transport doit être effectué;

g) La liste des documents remis au transporteur.

3. Les parties peuvent porter sur la lettre de voiture toute autre indication qu'elles jugent utile.

Article 6

1. The consignment note shall contain the following particulars:

a) The date of the consignment note and the place at which it is made out;

b) The name and address of the sender;

c) The name and address of the carrier;

d) The place and the date of taking over of the goods and the place designated for delivery;

e) The name and address of the consignee;

f) The description in common use of the nature of the goods and the method of packing, and, in the case of dangerous goods, their generally recognized description;

g) The number of packages and their special marks and numbers;

h) The gross weight of the goods or their quantity otherwise expressed;

i) Charges relating to the carriage (carriage charges, supplementary charges, customs duties and other charges incurred from the making of the contract to the time of delivery);

j) The requisite instructions for Customs and other formalities;

k) A statement that the carriage is subject, notwithstanding any clause to the contrary, to the provisions of this Convention.

2. Where applicable, the consignment note shall also contain the following particulars;

a) A statement that trans-shipment is not allowed;

b) The charges which the sender undertakes to pay;

c) The amount of "cash on delivery" charges;

d) A declaration of the value of the goods and the amount representing special interest in delivery;

e) The sender's instructions to the carrier regarding insurance of the goods;

f) The agreed time-limit within which the carriage is to be carried out;

g) A list of the documents handed to the carrier.

3. The parties may enter in the consignment note any other particulars which they may deem useful.

Übersicht

Schrifttum

Jung The Convention on the Contract for the International Carriage of Goods (CMR): Survey, Analysis and Trends of Recent German Case Law, RDU **1997** 148–167; *Voigt* Das Ladegeschäft beim CMR-Vertrag, VP **1965** 148–149; *Voigt* Der Beginn der Lieferfrist beim CMR-Vertrag, VersR **1973** 501–504.

I. Pflicht zu Eintragungen in den Frachtbrief

1 Art. 6 legt den Regelinhalt des Frachtbriefs fest,[1] läßt aber auch zusätzliche Eintragungen zu (Abs. 3). Nach Abs. 1 und 2 „muß" der Frachtbrief die dort aufgezählten Angaben enthalten. Die nach Art. 51 allein maßgeblichen englischen und französischen Fassungen sind unterschiedlich: „shall contain" und „doit contenir". Danach ist schon fraglich, ob Art. 6 CMR überhaupt als „Mußvorschrift" qualifiziert werden kann,[2] d. h. ob die Parteien eine erzwingbare Pflicht haben, die Angaben in den Frachtbrief einzutragen.[3] Die Begriffe der Muß- oder Sollvorschrift sind im Privatrecht unzureichend in ihren Auswirkungen definiert.[4] Insbesondere im Rechtsvergleich ist die Beurteilung nach allgemeinen Begriffen ungeeignet. Besser ist es, die Vorschriften hinsichtlich ihrer Auswirkungen unmittelbar nach den für einen Verstoß festgelegten

[1] Weitgehend entsprechend seit 1. 7. 1998 dem jetzt § 408 HGB.

[2] *Herber/Piper* Rdn. 3; *Loewe* ETR **1976** 503 ff, Nr. 76; *Glöckner*[7] Rdn. 4; *Koller*[4] Rdn. 1. Unreflektiert im Hinblick auf die Folgen für „Mußvorschrift" MüKo/*Basedow* Rdn. 2.

[3] Dafür *Loewe* ETR **1976** 529 Rdn. 76; *Herber/Piper* Rdn. 3.

[4] Siehe die Erklärungsansätze für ein begrenztes Feld bei *Larenz* AT BGB[7] S. 430.

Sanktionen zu beurteilen; dazu auch Art. 8 Rdn. 5. Kritisch dazu unter besonderer Berücksichtigung der früheren Rechtslage im deutschen Frachtrecht *Thume/Teutsch* Rdn. 1 ff; Verstöße gegen diese Obliegenheit oder Pflicht haben nur teilweise in der CMR geregelte Folgen.[5] Auf den Bestand des Frachtvertrags haben sie gem. Art. 4 S. 2 CMR keinen Einfluß.[6] Bei Fehlen einzelner Angaben entfällt die Beweislastregelung des Art. 9 für diesen Bereich,[7] der Frachtbrief ist aber nicht ungültig.[8] Die CMR legt nicht fest, wen die Pflicht zur Ausstellung des Frachtbriefs treffen soll.[9] Daher muß die Verpflichtung, Angaben in den Frachtbrief einzutragen, jeweils nach der Funktion der betreffenden Angabe beurteilt werden. Insbesondere Angaben über die Güter müssen, weil sie zur Information des Frachtführers dienen sollen, vom Absender kommen. Fehlen über einen vereinbarten Gegenstand Angaben im Frachtbrief, sind auch die Abreden selbst nicht ungültig, siehe Rdn. 3. Eine Pflicht der Parteien zur Mitwirkung bei der Ausstellung des Frachtbriefs ist grundsätzlich zu bejahen, aber in der Praxis kaum erzwingbar. Die Weigerung, eine bestimmte Eintragung vorzunehmen, soll für die andere Partei ein Leistungsverweigerungsrecht nach § 273 BGB und eventuell sogar ein Rücktrittsrecht begründen.[10] Dies erscheint bei Angaben, die nur von der anderen Partei eingetragen werden können, vertretbar. Vielfach kann aber jeder die Eintragungen eintragen. Mit der Unterzeichnung des Frachtbriefs durch den Partner werden solche einseitig eingeführten Vertragsinhalte für beide verbindlich. Allenfalls von Bedeutung ist daher die Frage, ob ein Partner vom anderen die Unterzeichnung, also die Mitwirkung an der Ausstellung eines wirksamen Frachtbriefs verlangen kann.[11]

2 In den meisten Fällen ist die Eintragung im Frachtbrief zumindest **Obliegenheit** des Betroffenen. Ihm gereicht das Fehlen selbst zum Nachteil. So verliert z. B. der Absender ohne entsprechende Eintragung im Frachtbrief die Beweisvorteile der Art. 9 Abs. 1 und 2.[12] Zahlungsansprüche gegen den Empfänger richten sich nach den Eintragungen.[13]

II. Fehlen oder Unvollständigkeit oder Unrichtigkeit einzelner Angaben

3 Welche weiteren Konsequenzen das Fehlen oder die Unvollständigkeit von Frachtbriefangaben hat, ist in der CMR nicht in allgemeiner Form geregelt.[14] Auch die Reform des innerdeutschen Frachtrechts bringt dazu in § 408 HGB keine allgemein wirkenden Bestimmungen. Im einzelnen sind die Folgen des Fehlens und der Unrichtigkeit je nach Art des Eintrags unterschiedlich. Die Rechtslage entspricht weitgehend der nach HGBaF und KVO bisher bestehenden.[15] Bei Fehlen einzelner Angaben liegt

[5] Z.B. bei unrichtigen oder unvollständigen Angaben Haftung nach Art. 7; Verlust des Beweisvorteils nach Art. 9 Abs. 1; *Heuer* S. 134; kein Schadenersatzanspruch und kein Leistungsverweigerungsrecht bei Nichteintragung; siehe Art. 4 Rdn. 14.

[6] Art. 4 S. 2; siehe dort Rdn. 5.

[7] Siehe Art. 9 Rdn. 2.

[8] *Koller*[4] Rdn. 6; *Baumgärtel/Giemulla* Rdn. 1 spricht dann von mangelhaftem Frachtbrief, ohne die Auswirkungen zu erläutern; näher aber dort Art. 9 Rdn. 1.

[9] Im Gegensatz zu anderen frachtrechtlichen Regelungen (siehe § 408 HGBnF, § 426 HGBaF Rdn. 74 ff).

[10] MüKo/*Basedow* Rdn. 3; *Koller*[4] Rdn. 1.

[11] Siehe Art. 4 Rdn. 12.

[12] MüKo/*Basedow* Rdn. 27; BGH vom 9.2.1979, NJW **1979** 2471 f = VersR **1979** 466, 467.

[13] Siehe Art. 13 Abs. 2 und Art. 13 Rdn. 22.

[14] Siehe zur Absenderhaftung Art. 7 Rdn. 4; zur Nichtausstellung Art. 4 Rdn. 7 und 11f; *Herber/Piper* Rdn. 2.

[15] Dazu § 426 HGBaF Rdn. 80 ff und § 11 KVO, Anh. II nach § 452 HGBaF Rdn. 5.

meist noch immer ein Frachtbrief vor, die Auswirkungen der Nichteintragung sind aber sehr unterschiedlich. Insbesondere kann seine Beweiswirkung vermindert[16] sein. Unrichtige Angaben im Frachtbrief sind grundsätzlich widerlegbar.[17] Falsche Angaben können zur Haftung aus Verschulden bei Vertragsschluß oder aus § 826 BGB führen.[18]

III. Die einzelnen Angaben

1. Die Regelangaben nach Art. 6 Abs. 1

Hinsichtlich der einzelnen in Abs. 1 vorgesehenen Angaben kann auf § 408 Abs. 1 HGB[19] verwiesen werden. Besonderheiten ergeben sich zu einzelnen Angaben. Der Tag der Ausstellung kann wohl keine besondere sachliche Funktion wahrnehmen. Er ist nicht mit dem Tage des Abschlusses des Beförderungsvertrags identisch und daher für den Beginn der Verjährungsfrist nach Art. 32 Abs. 1 S. 2 Buchst. b auch nicht maßgeblich.[20] 4

a) Art. 6 Abs. 1 a: Ort und Tag der Ausstellung

Ort und Tag der Ausstellung[21] spielen z. B. eine Rolle für die Bestimmung des nach Art. 5 Abs. 1 S. 2 ergänzend anzuwenden innerstaatlichen Rechts; der Frachtbrief erbringt nach Art. 9 dafür Beweis. Ort und Tag der Ausstellung können allerdings nicht von Unterschriftsorten und -daten abgeleitet, also an die Wirksamkeit des Frachtbriefs angeknüpft werden.[22] Diese müssen nämlich nicht einheitlich, sondern können für jeden Partner unterschiedlich sein.[23] Wirksamkeit und Ausstellung des Frachtbriefs sind daher zu unterscheiden.[24] Die Eintragungen sind nicht konstitutiv, sondern erbringen nur widerleglichen Beweis.[25] Wirksam wird der Frachtbrief erst, wenn er beide Unterzeichnungen durch Absender und Frachtführer erhalten hat.[26] Das Ausfertigungsdatum wird jedoch in Feld 21 des üblichen IRU-Frachtbrief-Formulars eingetragen.[27] Diese Angabe wird durch die Unterschriften Inhalt des Frachtvertrags. Sie bestimmt damit auch den Inhalt der entsprechenden Beweisvermutung nach Art. 9 Abs. 2,[28] die sinnvollerweise eher an ein formales Datum als an die schwer feststellbaren Wirksamkeitsdaten von Unterschriften anknüpft.[29] 5

b) Art. 6 Abs. 1 b: Name und Anschrift des Absenders

Absender ist der Vertragspartner des Frachtführers.[30] Art. 6 Abs. 1 b bestimmt nicht materiell, wer dies ist. In Verbindung mit der Beweisvermutung nach Art. 9 Abs. 1[31] 6

---

16 Siehe Rdn. 30 ff; zum Fehlen einzelner Angaben siehe z. B. Rdn. 1 f, 7, 9 f, 19, 23, 28, 30 ff; zum Fehlen von Unterschriften Art. 5 Rdn. 7.

17 Siehe Art. 9 Rdn. 1 f, Art. 13 Abs. 2 CMR und dort Art. 13; ferner § 414 Abs. 1 Nr. 2 HGB, § 426 HGBaF Rdn. 23 ff, 36 ff, Art. 9 Rdn. 4.

18 Siehe *Koller*[4] Art. 6 Rdn. 1.

19 Für das bis 1998 geltende Recht siehe § 426 HGBaF Rdn. 80 und § 11 KVO, Anh. II nach § 452 HGBaF Rdn. 4 ff.

20 Siehe Art. 32 Rdn. 65.

21 Entsprechend § 408 Abs. 1 S. 1 HGB.

22 Zur Wirksamkeit siehe Art. 5 Rdn. 5. Auf die Selbständigkeit der Eintragungen weist auch *Sánchez-Gamborino* Nr. 265 hin.

23 Grundsätzlich zutreffend MüKo/*Basedow* Rdn. 4 f. Das IRU-Frachtbrief-Formular sieht eine entsprechende Eintragung in den Unterschriftsfeldern 22 und 23 vor.

24 MüKo/*Basedow* Rdn. 6.

25 MüKo/*Basedow* Rdn. 7.

26 Siehe Art. 5 Rdn. 7.

27 Das IRU-Frachtbrief-Formular hält in Feld 4 durch Eintragung von Land, Ort und Datum die weit wichtigere Übernahme des Gutes fest.

28 Siehe Art. 9 Rdn. 1.

29 Siehe z. B. zur Bestimmung der zulässigen Unterschriftssurrogate Art. 5 Rdn. 6.

30 Siehe § 425 HGBaF Rdn. 68 f; ferner Art. 4 Rdn. 4 f; Art. 5 Rdn. 9 ff; Art. 7 Rdn. 1; Art. 10 Rdn. 4; Art. 11 Rdn. 1; F CA Douai vom 11. 3. 1982, BT **1982** 199 f.

31 Dazu Art. 9 Rdn. 11.

werden aber wichtige Fragen durch die Eintragung erleichtert. Die Namensangabe im Frachtbrief erbringt widerleglichen Beweis dafür, welche konkrete Person[32] Absender, also als Vertragspartner des Frachtführers für die Geltendmachung von Ansprüchen aus dem Frachtvertrag aktiv legitimiert ist. Gleiches gilt für die Bestimmung, wem grundsätzlich die Ersatzansprüche und Weisungsrechte zustehen,[33] aber auch gegen wen sich die Ansprüche aus Art. 7[34] oder Art. 11 Abs. 2 S. 2[35] richten. Unterzeichnet der Frachtführer den Frachtbrief für den Absender, wird sein Handeln für den Absender vermutet.[36] Die Anschriftsangabe trägt zur Identifizierung des Absenders bei, ist aber auch bei allen Rückfrage- und Informationsfragen wichtig.

c) Art. 6 Abs. 1c: Name und Anschrift des Frachtführers

7 Durch diese Eintragung[37] wird in Verbindung mit Art. 9 Abs. 1 die Feststellung der Rechte und Pflichten beweisrechtlich erleichtert. Durch die Angaben wird widerleglich festgelegt, welche konkrete Person die Pflichten aus der Frachtführerstellung treffen, vor allem, wer in Güter- und Verspätungsschadensfällen der richtige Beklagte ist;[38] ebenso, wem die Rechte aus Frachtvertrag zustehen. Ist nicht der Frachtführer, sondern eine andere Person eingetragen, bleibt der eigentliche Vertragspartner Frachtführer, der Frachtbrief begründet nach Art. 9 eine widerlegliche Vermutung für den Eingetragenen. Die Eintragung des KFZ-Kennzeichens eines einem Dritten gehörenden Fahrzeugs in Feld 16 des IRU-Frachtbrief-Formulars ändert nichts an der Wirkung der Namensangabe des Frachtführers.[39] Das Fehlen der Frachtführer-Eintragung führt nicht zur Unwirksamkeit des Frachtvertrags; siehe Art. 4 Rdn. 5. Auch die Gültigkeit des Frachtvertrags ist damit nicht ausgeschlossen, wenn er unterschrieben ist; in diesem Fall entfällt nur die Beweisfunktion dieser Eintragung.[40]

d) Art. 6 Abs. 1d: Übernahmestelle und -tag, vorgesehene Ablieferungsstelle

8 Stelle und Tag der Ablieferung entscheiden über die Anwendbarkeit der CMR,[41] darüber, ob richtig abgeliefert ist und damit über das Ende der Haftungszeit,[42] sie sind aber vor allem auch für Art. 31 von Bedeutung.[43] Mit „Stelle"[44] ist nicht die Gemeinde[45] gemeint, sondern der genaue geographische Ort.[46] Dieser wird praktisch durch die Postanschrift bestimmt, durch Ort, Straße, Hausnummer.[47] Diese Verengung in der

32 Zu Personenmehrheiten siehe Rdn. 11. Zu Problemfällen in der englischen Rechtsprechung Nachweise bei *Clarke*[2] Nr. 24 Fn. 1.

33 Dazu Art. 17 Rdn. 245 ff; Art. 12 Rdn. 23.

34 Siehe Art. 7 Rdn. 2.

35 Siehe Art. 11 Rdn. 4.

36 Siehe Art. 7 Rdn. 7.

37 Gleichlautend § 408 Abs. 1 S. 3 HGB.

38 Siehe Art. 9 Rdn. 10.

39 OLG Hamburg vom 6. 11. 1980, VersR **1982** 556.

40 *Koller*[4] Rdn. 4; siehe auch F Cass vom 11. 12. 1990, BT **1991** 83 und F CA Paris vom 28. 6. 1990, BT **1991** 83.

41 Mit bestimmend für den Nachweis der CMR-Anwendung; Art. 1 Rdn. 17; *Herber/Piper* Rdn. 9.

42 Siehe Art. 17 Rdn. 16 ff; zum Beweisvorteil durch Frachtbrief NL Rb Rotterdam vom 3. 5. 1974, SS **1974** 171, 172.

43 *Hill/Messent/Glass*[2] S. 69; *Sánchez-Gamborino* Nr. 279. Allerdings kommt es auf den tatsächlichen Übernahmeort (siehe Art. 31 Rdn. 38), für den Ablieferungsort aber auf den vereinbarten Ort an; siehe Art. 31 Rdn. 41. Für diesen kann daher die Beweiserleichterung nach Art. 9 Abs. 1 genutzt werden; dazu Art. 9 Rdn. 13.

44 Durch die Reform von 1998 wurde diese Formulierung für das innerdeutsche Recht bewußt in § 408 HGBnF festgelegt; siehe TRG-Entwurf, BRDrucks. 368/97 S. 34 f; KommEntw, BAnz **1996** Nr. 228a S. 49 und RefEntw S. 42.

45 Im System der KVO war aus tariflichen Gründen der vorgeschriebene Gemeindetarifbereich anzugeben. Für die CMR war diese innerdeutsche Besonderheit (siehe *Willenberg* KVO[4] § 11 Rdn. 14 f; *Andresen/Pollnow*[6] § 11 KVO) nie maßgeblich.

46 *Herber/Piper* Rdn. 9; *Thume/Teutsch* Rdn. 7.

47 Zutreffend *Thume/Teutsch* Rdn. 7; *Herber/Piper* Rdn. 9; *Koller*[4] Rdn. 5 (das Zitat BGH vom 15. 1. 1987, TranspR **1987** 344, 347 = VersR **1987** 980, 981 enthält aber die Aussage nicht), MüKo/*Basedow* Rdn. 11.

Übersetzung von „lieu“ bzw. „place“ weicht von der sonst üblichen Übersetzung mit „Ort“ ab.[48] Im Hauptanwendungsbereich der Feststellung, wo das Gut abgeliefert werden soll und wo es als abgeliefert zu gelten hat (Art. 17 Abs. 1), ist diese Präzisierung nützlich und vielfach auch nötig.[49] Wohl ebenso bewußt ist in Art. 13 Abs. 1 dieselbe Formulierung mit „Ort“ übersetzt, so daß die Empfängerrechte bei Ankunft am Ablieferungsort, aber bereits vor Erreichen der Ablieferungsstelle bestehen können.[50] Noch genauer sieht innerdeutsch § 408 Abs. 1 Nr. 4 sogar die Eintragung einer Meldeadresse vor. Allgemein genügt aber jede Angabe, die den Empfänger nachvollziehbar bezeichnet. Für Art. 31 Abs. 1, Art. 6 Abs. 1 Buchst. b bedarf es jedenfalls nicht der Angabe der genauen Stelle.[51] Wie bei allen anderen Frachtbriefangaben können die Angaben über die vorgesehene Ablieferung durch Beweise widerlegt werden.[52]

Der einzutragende tatsächliche **Übernahmetag** spielt vor allem eine Rolle für die Wertberechung nach Art. 23 Abs. 1[53] und für den Verjährungsbeginn nach Art. 32 Abs. 1, Art. 6 Abs. 1 Buchst. b.[54] Für den Beginn der Obhutszeit nach Art. 17 Abs. 1 ist regelmäßig die Angabe des Tages nicht ausreichend genau, kann also nur Anhaltspunkte für den Haftungsanfang geben; gleiches gilt für die gesetzliche Bestimmung der Lieferfrist nach Art. 19.[55] Die ebenfalls einzutragende **Übernahmestelle** ist der genaue geographische Ort nach Straße und Hausnummer, nicht nur der Gemeindebezeichnung.[56] Sie konkretisiert den Ort der Übernahme. Fehlt die Angabe über den Übernahmezeitpunkt, kann der Tag der Frachtbriefausstellung allenfalls Indiz sein, wenn bewiesen wird, daß der Frachtbrief bei Übernahme ausgestellt wurde.[57] 9

Die Eintragung von **Tag und Stelle der Ablieferung** bezieht sich auf die vereinbarte Ablieferung. Sie ist daher bei Ausstellung nur eine Beschreibung der Vertragsleistung, keine Tatsachenfeststellung.[58] Bedeutend ist in diesem Fall aber auch die Meldeadresse,[59] die einen besonderen Ablieferungsplatz oder eine Stelle zum Einholen von Weisungen bezeichnet. 10

e) Art. 6 Abs. 1 e: Name und Anschrift des Empfängers

Für die Bestimmung des aus dem Frachtvertrag als Empfänger Berechtigten und eventuell Verpflichteten gilt grundsätzlich das in Rdn. 6 f Gesagte. Die Stellung als frachtrechtlicher Empfänger entscheidet vor allem mit über die Aktivlegitimation für Güterschadensansprüche;[60] über die Zahlungspflichten entsprechend dem Frachtbrief;[61] über die Verfügungsberechtigung[62] und für Ablieferungshindernisse nach Art. 15.[63] Damit keine Unklarheit entsteht, muß als Empfänger stets eine bestimmte 11

48 Siehe Art. 1 Abs. 1; Art. 6 Abs. 1 Buchst. a; Art. 15 Abs. 1; Art. 13 Abs. 1; Art. 14 Abs. 1; Art. 31 Abs. 1 Buchst. b; dazu besonders MüKo/*Basedow* Rdn. 11.

49 *Thume/Teutsch* Rdn. 8; *Sánchez-Gamborino* Nr. 280; leider bezieht sich die CMR in Art. 12 bis 15 aber gerade nicht auf die genaue Stelle der vorgesehenen Ablieferung.

50 Siehe Art. 13 Rdn. 5.

51 MüKo/*Basedow* Rdn. 12. Siehe Art. 31 Rdn. 41.

52 So im Fall B Trib Antwerpen vom 3.4.1977 ETR **1977** 411, 416 (für vorgesehenen Weitertransport nach Berchem); *Thume/Teutsch* Rdn. 9. Siehe auch Art. 9 Rdn. 15.

53 Siehe Art. 9 Rdn. 19; *Thume/Teutsch* Rdn. 8.

54 Siehe Art. 32 Rdn. 42.

55 Siehe z. B. *Sánchez-Gamborino* Nr. 278.

56 *Koller*[4] Rdn. 5; *Thume/Teutsch* Rdn. 7; BR-Drucks. 368/97 S. 34.

57 Aus F TribCom Paris vom 14.3.1978, ETR **1978** 742, 746 läßt sich kein allgemeiner Schluß ziehen, weil das Urteil nur die im gegebenen Fall (en occurrence) bestehende Identität der Daten erwähnt; unzutreffend daher *Thume/Teutsch* Rdn. 9.

58 MüKo/*Basedow* Rdn. 10.

59 Im innerdeutschen Recht § 408 Abs. 1 Nr. 5 HGB.

60 Siehe Art. 17 Rdn. 249 f.

61 Siehe Art. 13 Rdn. 1 ff.

62 Art. 12 Rdn. 10 f.

63 Siehe Art. 15 Rdn. 5 f, 11, 15, 19 f und Art. 14 Rdn. 5.

Person eingetragen werden. Nur bei Personengesellschaften können mehrere Personen aufgeführt werden.[64] Entscheiden sich die Parteien dennoch für die Eintragung mehrerer Empfänger, sind damit weder Frachtvertrag noch Frachtbrief unwirksam. Der Frachtbrief kann dann aber keine Beweiswirkung zugunsten einer einzelnen bestimmten Person haben.[65] Wieweit durch nachträgliche Bevollmächtigung oder Ermächtigung Abhilfe möglich ist, kann nur nach Landesrecht des Empfängerlandes entschieden werden. Ist kein wirksamer Frachtbrief ausgestellt, muß die Empfängereigenschaft einer Person mit anderen Beweismitteln bewiesen werden. Dies ist vor allem für Art. 13 von Bedeutung.[66] Noch genauer sieht innerdeutsch § 408 Abs. 1 Nr. 5 HGBnF sogar nunmehr die Eintragung einer Meldeadresse (notify address) vor,[67] für deren Eintragung als Zusatzangabe in Feld 2 und 13 des IRU-Frachtbrief-Formulars[68] Gelegenheit besteht. Die Nichteintragung des Empfängers ist im Rahmen der Vertragsfreiheit gem. Art. 4 zulässig und ohne Einfluß auf die Rechtswirksamkeit des Frachtvertrags.[69] Von dieser Möglichkeit wird nicht selten Gebrauch gemacht, vor allem um den Transport flexibler zu gestalten. In der Regel bietet sich aber auch die nachträgliche Verfügung gem. Art. 12 Abs. 1 an.[70] Ein Inhaber- oder Orderfrachtbrief scheitert in Deutschland am numerus clausus der Wertpapiere, ist aber trotz der grundsätzlichen Möglichkeit in anderen Ländern[71] nicht üblich.

f) Art. 6 Abs. 1f: Bezeichnung von Art und Verpackung des Gutes

12 Die Bezeichnung der Art des Gutes und der Verpackung[72] ist in der CMR nicht näher geregelt.[73] Die deutsche Übersetzung der CMR ist 1998 wörtlich in das innerdeutsche Transportrecht übernommen worden, und zwar in § 408 Abs. 1 S. 1 Nr. 6 HGBnF für den Frachtbrief, in § 444 Abs. 1 für den Ladeschein und durch § 475c Abs. 1 Nr. 5 für den Lagerschein. Der damit einheitlich erfaßte Komplex ist sowohl für den Frachtführer als auch den Ladungsberechtigten wegen der sachgerechten Behandlung des Gutes wichtig; siehe Art. 10 Rdn. 7 ff, 20. Die Bezeichnung seiner Art und der Verpackung soll alle Beteiligten ausreichend über die besonderen Gefahren und Notwendigkeiten bei Beförderung und Lagerung informieren. Sie kann auch auf die Haftung des Frachtführers Einfluß haben, da dieser sich grundsätzlich auf den Frachtbrief verlassen wird. Jedenfalls ist die Behandlung des Gutes von seiner dem Frachtführer erkennbaren Art („nature") abhängig, die Angabe innerhalb Deutschlands durch die einheitliche Sprache und Rechtslage erleichtert. Im grenzüberschreitenden Güterverkehr erschweren die in den einzelnen Mitgliedsländern unterschiedlichen Üblichkeiten,[74] vor allem aber bereits die sprachlichen Unterschiede die Information. Jedenfalls bei Gütern, bei denen Probleme erwartet werden können, sollten die Bezeichnungen vorsichtshalber auch in der Sprache des Empfängerlandes, eventuell auch der Transitländer hinzugesetzt werden. Grundsätzlich

---

64 *Herber/Piper* Rdn. 10; weniger entschieden *Thume/Teutsch* Rdn. 10.

65 So wohl *Koller*[4] Rdn. 6; siehe hiezu auch die Urteile der F Cass vom 11. 12. 1990, BT **1991** 83 und der F CA Paris vom 28. 6. 1990, BT **1991** 83.

66 Siehe z. B. NL Hof Leeuwarden vom 20. 2. 1974, SS **1976** S. 71 ff Nr. 31. Siehe auch Art. 13 Rdn. 1.

67 Siehe auch Art. 13 Rdn. 4.

68 Siehe Art. 5 Rdn. 1, Art. 13 Rdn. 4.

69 Siehe Art. 4 Rdn. 5; *Thume/Teutsch* Rdn. 10.

70 Siehe Art. 12 Rdn. 13.

71 *Thume/Teutsch* Rdn. 10.

72 „La dénomination courante de la nature de la marchandise", „the description in common use of the nature of the goods and the method of packing". Siehe hinsichtlich der Rechtsfolgen z. B. Art. 22 Rdn. 1, 8.

73 Zur unzulänglichen spanischen Übersetzung siehe *Sánchez-Gamborino* Nr. 287.

74 Siehe z. B. für Spanien das zuständige Institut bei *Sánchez-Gamborino* Nr. 290.

muß aber verlangt werden, daß jeder, der mit dem Gut zu tun hat, sich die Angaben des Absenders übersetzt oder übersetzen läßt. Die Ortsüblichkeit der Güter- und Verpackungsbezeichnung richtet sich zunächst nach dem Abgangsort, ist aber unter Berücksichtigung des im Zielort Üblichen zu wählen. Güter mit einem Frachtbrief, den man nicht versteht, zu befördern oder zu behandeln, verletzt die Sorgfaltspflichten der mit dem Gut umgehenden Personen. Die Bezeichnung der Verpackungsarten wie Sack, Tonne, Kiste, Karton, Palette sind innerhalb des CMR-Anwendungsbereichs nicht einheitlich, lassen sich aber recht leicht übersetzen. Sie werden alle von den Begriffen „Art der Verpackung" „method of packing", „mode d'emballage" erfaßt. Insgesamt wird das „Packstück"[75] auch mit dem Ausdruck „Kollo" gleichgesetzt;[76] das Seerecht spricht von „Stück".[77] Ob zwischen Packstück und Frachtstück überhaupt ein begrifflicher Unterschied besteht, z. B., ob ein unverpackter Gegenstand innerhalb einer Sendung ein Packstück oder Stück sein kann, ist zweifelhaft, z. B. für einen Container;[78] zu Verpackungsmängeln Art. 17 Rdn. 118 ff, 127.

Bei gefährlichen Gütern ist ihre allgemein anerkannte Bezeichnung anzugeben. Diese muß im Absendestaat allgemein bekannt sein und verstanden werden.[79] Nicht ausreichend ist die rein chemische Bezeichnung eines Gutes.[80] Meist wird aber die in den Anhängen des ADR[81] aufgelistete passende Bezeichnung genügen.[82] Dies wurde bezweifelt wegen der schnellen Änderungen dieser Bezeichnungen, die den Beteiligten im neuesten Text oft noch nicht bekannt seien.[83] Die Bedenken überzeugen nicht mehr, weil die neuere Informationstechnologie (Computer, Internet, Funktelefon) inzwischen den Beteiligten viel besseren Zugang zu den Änderungen ermöglicht. Sollte ein als gefährlich anzusehendes Gut keine solche Bezeichnung haben, kann freilich der Absender nicht von der Angabe befreit werden.[84] Er muß dann selbst das Gut und die Gefahr im Frachtbrief beschreiben,[85] besonders bei Rücktransporten durch den Fahrer ein Problem.[86] Fehlt die Angabe gänzlich, kann nach Art. 7 Abs. 1 Buchst. a nicht gehaftet werden,[87] ist die Beweiserleichterung zugunsten des Absenders nach Art. 22 Abs. 1 S. 2 und Abs. 2, 2. Hs. ausgeschlossen.[88] Hierfür ist die Prüfungsobliegenheit des Frachtführers hinsichtlich der Güter nach Art. 8 von Bedeutung.[89] Siehe auch Art. 8 Rdn. 1. Unrichtige oder unvollständige Angaben können zur Haftung aus Art. 7, 11, 22 führen.[90] 13

---

75 Dieser Ausdruck bezeichnet das in einer Verpackung zusammengefaßte „Frachtstück"; so für das Lagerrecht in § 475c Abs. 1 Nr. 6 HGBnF, in den ADSp offenbar inhaltsgleich mit dem gesetzlichen Begriff „Frachtstück" verwendet. Siehe auch Art. 6 Rdn. 14.

76 *Thume/Teutsch* Rdn. 11; *Herber* Seehandelsrecht S. 329 ff.

77 Dazu *Rabe*[4] § 660 HGB Anm. B 3.

78 Positiv geregelt in § 660 Abs. 2 HGB.

79 *Herber/Piper* Rdn. 11; *Thume/Teutsch* Rdn. 12; MüKo/*Basedow* Rdn. 25; *Koller*[4] Rdn. 7.

80 Weil von den Beteiligten, insbesondere vom Fahrer, keine Kenntnisse über die Gefährlichkeit hergeleitet werden können; *de Gottrau* TranspR **1988** 320, 321 mit veraltetem seerechtlichem Zitat von B CA Antwerpen vom 28.2.1975, JPA **1975–76**, 9 ff.

81 Siehe Art. 22 Rdn. 2; § 425 HGBaF Rdn. 16; *Thume/Teutsch* Rdn. 12; *Hill/Messent/Glass*[2] S. 71.

82 *Herber/Piper* Rdn. 11; *Thume/Teutsch* Rdn. 12; MüKo/*Basedow* Rdn. 25; *Koller*[4] Rdn. 7; *Sánchez-Gamborino* Nr. 296 f.

83 *Loewe* ETR **1976** 503 ff Nr. 77; MüKo/*Basedow* Rdn. 25; *Thume/Teutsch* Rdn. 12.

84 *Hill/Messent/Glass*[2] S. 176 mit Hinweisen auf Rechtsprechung; siehe auch Art. 22 Rdn. 5.

85 Siehe Art. 22 Rdn. 7 und 11.

86 *Thume/Teutsch* Rdn. 12.

87 Siehe Art. 7 Rdn. 5. Unklar *Thume/Teutsch* Rdn. 13.

88 Siehe Art. 22 Rdn. 8; BGH vom 16.10.1986, TranspR **1987** 96, 97 = VersR **1987** 304. Siehe auch Art. 7 Rdn. 5.

89 *Koller*[4] Art. 6 Rdn. 7; *Herber/Piper* Rdn. 11; *Thume/Teutsch* Rdn. 13; MüKo/*Basedow* Rdn. 15 f.

90 Art. 7 Rdn. 4 f, 11; Art. 11 Rdn. 2; Art. 22 Rdn. 1 ff.

g) Art. 6 Abs. 1g: Anzahl, Zeichen, Nummern

14 Die fehlerhafte[91] oder lückenhafte Eintragung von **Anzahl, Zeichen und Nummern** der Frachtstücke[92] kann zu Fehlbehandlungen und Verwechslungen und zur Absenderhaftung nach Art. 7 und 11 führen.[93] Auch Falschauslieferung kann darin ihren Grund haben.[94] Das „Frachtstück" entspricht dem „Packstück" in §§ 475c Abs. 1 Nr. 6, 475d Abs. 2 HGBnF.[95] Die Überprüfungspflicht des Frachtführers nach Art. 8 Abs. 1 Buchst. a bezieht sich auf die Frachtstücke.[96]

h) Art. 6 Abs. 1h: Rohgewicht oder anders angegebene Menge

15 Das Rohgewicht ist vor allem wegen der Haftungsgrenze des Art. 23 Abs. 3 wichtig.[97] Die Eintragungspflicht[98] trägt zur Beweiserleichterung bei.[99] Der Frachtführer ist nicht von sich aus zur Überprüfung des Gewichts[100] verpflichtet. Die anders als durch Gewichtsangabe angegebene Menge[101] des Gutes ist für die Beschränkung des Ersatzes nicht von Bedeutung, wohl aber für die Berechnung des Schadens. Die Frachtbriefeintragung kann aber zum Beweis von Fehlmengen beitragen.[102] Die richtige Angabe des Gewichts schützt vor Überladung.[103]

i) Art. 6 Abs. 1i: Kosten

16 Die einzutragenden Angaben zu den mit der Beförderung verbundenen Kosten („Fracht, Nebengebühren, Zölle und andere Kosten, die vom Vertragsabschluß bis zur Ablieferung anfallen")[104] lassen Schlüsse auf die Rechtsnatur des Vertrags zu[105] und ihre Richtigkeit wird widerleglich vermutet durch Art. 9.[106] Sie dienen der Information aller Beteiligten; vor allem sind die Eintragungen für die gesetzlich bestimmte Zahlungspflicht des Empfängers[107] nach Art. 13 Abs. 2 alleine maßgeblich.[108] Zu den Zöllen gehören auch zollähnliche Steuern, etwa die frühere Einfuhrumsatzsteuer.[109] Die eingetragenen Kosten müssen nicht beziffert sein. Es genügt für Art. 13 Abs. 2, wenn der Frachtbrief den Umfang der Zahlungspflicht erkennen läßt.[110] Da Art. 7 Abs. 1 Buchst. a nicht auf Art. 6 Abs. 1 Buchst. i Bezug nimmt, können die Kosten-

---

91 Siehe zu dieser Bezeichnung von Art und Verpackung des Gutes Art. 17 Rdn. 110.

92 Für das innerdeutsche Recht gleiche Formulierung in § 408 Abs. 1 Nr. 7 und § 409 Abs. 2 S. 1 HGBnF. Siehe auch § 427 Abs. 1 Nr. 5 HGBnF; ferner Art. 6 Rdn. 12.

93 *Herber/Piper* Rdn. 12.

94 Siehe Art. 17 Rdn. 231, zur Überprüfung dieser Angaben siehe Art. 8 Rdn. 5.

95 Siehe zur Haftungsfreiheit des Frachtführers bei fehlerhafter Bezeichnung der Güter durch den Frachtführer Art. 17 Abs. 4 Buchst. e und dort Rdn. 231. Siehe auch *Sánchez-Gamborino* Nr. 302.

96 Siehe dort Art. 8 Rdn. 10.

97 Siehe Art. 23 Rdn. 42; *Thume/Teutsch* Rdn. 15; *Sánchez-Gamborino* Nr. 306.

98 In § 408 Abs. 1 Nr. 8 HGBnF gleichlautend übernommen.

99 Siehe zur Überprüfung des Guts Art. 8 Abs. 3 und dort Rdn. 27; zur Haftung für falsche Angaben Art. 7 Rdn. 11.

100 F CA Colmar vom 16. 6. 1972, BT **1972** 320 f; OLG Köln vom 16. 9. 1988, TranspR **1989** 271 f.

101 Z. B. die Angabe in Feld 12 des IRU-Frachtbrief-Formulars.

102 Siehe Art. 30 Rdn. 7 f. Zum Beweis für die Mengen Art. 9 Rdn. 27.

103 *Koller*⁴ Rdn. 9; MüKo/*Basedow* Rdn. 18; *Hill/Messent/Glass*² S. 71.

104 Etwas abweichend § 408 Abs. 1 Nr. 9 HGBnF.

105 Sie enthalten Tatsachen für den Nachweis der CMR-Anwendung; Art. 1 Rdn. 17.

106 *Koller*⁴ Rdn. 10.

107 Siehe auch Art. 21 Rdn. 4.

108 Siehe Art. 13 Rdn. 22; A OGH vom 3. 10. 1973, SZ **46** 95 S. 429, 434 = TranspR **1978** 78 f = *Greiter* 28 ff.

109 OLG Düsseldorf vom 11. 12. 1980, NJW **1981** 1910 = TranspR **1982** 13, 16. Siehe auch Rdn. 18; *Thume/Teutsch* Rdn. 18; MüKo/*Basedow* Rdn. 21. Zum Erfordernis der Eintragung zur Begründung von Ansprüchen gegen den Empfänger siehe OLG Hamm vom 5. 7. 1982, RIW **1982** 838, 839 = Spediteur **1983** 14 f.

110 Siehe Art. 13 Rdn. 22.

angaben nicht zur Ersatzpflicht nach Art. 7 führen.[111] Ansprüche des Frachtführers gegen den Empfänger können sich aber aus frachtvertraglicher Vereinbarung außerhalb des Frachtbriefs ergeben.[112]

j) Art. 6 Abs. 1 j: Weisungen für Zoll- und sonstige amtliche Behandlung

Zum Betreiben der **Verzollung** fehlt in der CMR eine umfassende frachtrechtliche **17**
Bestimmung.[113] Der Absender hat nach Art. 11 Abs. 1 die für die Zollbehandlung erforderlichen Papiere zur Verfügung zu stellen. Die Zollbehandlung ist nach deutscher Rechtsprechung grundsätzlich Sache des CMR-Frachtführers.[114] Das innerdeutsche Frachtrecht enthielt bisher[115] und enthält auch nunmehr keine genauere Bestimmung.[116] Zu den Pflichten des Spediteurs, die bei CMR-Anwendung auch im Falle seines Selbsteintritts und der Fixkostenspedition gelten, gehört gem. § 454 Abs. 2 HGB die Zollbehandlung nur, wenn sie vereinbart ist. Dies kann bei der Anwendung der CMR auf Fixkostenspediteure von praktischer Bedeutung sein.[117] Weisungen für die Zollbehandlung sind nach Buchst. j im Frachtbrief einzutragen. Daraus werden allgemeine Argumente, aber keine konkreten Rechtsfolgen abgeleitet.[118] Die Zahlung nicht im Frachtbrief eingetragener Zollkosten kann nicht nach Art. 13 Abs. 2 unmittelbar gegenüber dem Empfänger durchgesetzt werden. Gegenüber dem Frachtführer bleibt jedoch der Absender nach allgemeinen Regeln und eventuell nach Art. 7 haftbar.[119]

Die CMR spricht von „erforderlichen" Weisungen für die Zoll- und sonstige amt- **18**
liche Behandlung der Sendung.[120] Einzutragen sind nur Weisungen.[121] Welche das sind, ist nicht ersichtlich. Man kann wohl davon ausgehen, daß außer den Verzollungsweisungen alle weiteren gemeint sind, deren Eintragung in den Frachtbrief gesetzlich oder behördlich vorgeschrieben sind. Weisungen für die amtliche Behandlung außer Zollbehandlung scheinen als Eintragungsgegenstand in der Praxis keine Bedeutung zu haben. Veröffentlichte Rechtsprechung gibt es wohl nur zur Zollbehandlung. Die Zollauslagen hat der Frachtführer auszulegen; er kann nach deutschem Recht einen Vorschuß verlangen.[122] Siehe aber auch Art. 11.

---

111 Siehe Art. 7 Rdn. 4; allgemein § 436 HGBaF Rdn. 1 ff.

112 *Koller*[4] Rdn. 13.

113 Dies wirkte sich u. a. darauf aus, welcher Grenzspediteur von wem mit dieser Tätigkeit betraut werden konnte; siehe hierzu den Wettbewerbsfall BGH vom 15.1.1987, TranspR **1987** 343, 347 = WM **1987** 911, 913; zur Rechtsnatur des Verzollungsauftrags Art. 1 Rdn. 32.

114 BGH vom 15.1.1987, TranspR **1987** 343, 347 = WM **1987** 911, 913 (arg. e Art. 12 Abs. 9); OLG München vom 26.11.1997, TranspR **1998** 254–256; vom 26.11.1997, TranspR **1998** 254, 255; siehe auch Art. 17 Rdn. 178. Zum österreichischen Recht siehe A HG Wien vom 5.5. 1998, TranspR **1999** 249 f mit unbefriedigender Anm. der Redaktion.

115 Vor dem TRG (1998) war auch die KVO-Regelung nur noch stückweise wirksam; siehe § 12 Abs. 5, 7 KVO, Anh. II nach § 452 HGBaF, § 12 Rdn. 14 ff.

116 Im deutschen Recht § 408 Abs. 1 Nr. 11 HGB und § 413 zu den Begleitpapieren; zum Umzugsvertrag § 451 b Abs. 3 HGB.

117 Da in diesem Fall Speditionsrecht zusätzlich zur CMR anzuwenden ist, § 461 Abs. 2 HGBnF.

118 OLG Düsseldorf vom 11.12.1980, NJW **1981** 1910 ff = TranspR **1982** 13, 16; OLG Saarbrücken vom 31.1.1992, TranspR **1992** 371 f (beide beiläufig zur Einfuhrumsatzsteuer); OLG München vom 26.11.1997, TranspR **1998** 254–256.

119 *Thume/Teutsch* Rdn. 28; *Hill/Messent/Glass*[2] S. 73; die verkürzten Zitate bei *Herber/Piper* Rdn. 20, *Koller*[4] Rdn. 14 sind irreführend. Siehe auch § 436 HGBaF Rdn. 1 ff.

120 Ebenso in § 408 Abs. 1 S. 1 HGBnF.

121 Die deutsche Übersetzung unterschlägt diese Einschränkungen („instructions requises", „requisite instructions").

122 *Koller*[4] Rdn. 11; *Thume/Teutsch* Rdn. 19.

k) Art. 6 Abs. 1 k: Hinweis auf die CMR-Geltung

19 Die Angabe, daß die Beförderung der CMR unterliegt,[123] ist für ihre Anwendung in Vertragsstaaten wegen ihrer außer in Italien[124] unbestrittenen Geltung ipso jure[125] überflüssig und in Nicht-Vertragsstaaten[126] offenbar ohne erkennbare Bedeutung.[127] Der Hinweis ist übrigens in den üblichen Formularen (IRU-Frachtbrief-Formular) ohnehin bereits eingedruckt.[128] Fehlt der Hinweisvermerk, haftet der Frachtführer dem Verfügungsberechtigten nach Art. 7 Abs. 3.[129] Die Eintragung gibt also in der Praxis allenfalls die Information, daß die CMR für den Vertrag gilt[130] und für seine Rechtsnatur als Frachtvertrag.[131] Sie kann vor allem ermöglichen, die CMR auch vor Gerichten, die durch die Rechtsanwendungsregeln der CMR nicht gebunden sind, als vereinbartes Recht zu behandeln.[132] Die häufige Bezeichnung dieser Bestimmung als „Paramountklausel"[133] sollte vermieden werden. Diese Klausel ist aus dem Seerecht begründet und betrifft dort die Wahl des in einzelnen Staaten unterschiedlich ausgeführten Rechts des internationalen Brüsseler Konnossementsabkommens von 1924 sog. „Haager Regeln", also eine besondere Form von Rechtswahl,[134] wie sie nach der zwingend geltenden CMR weder möglich noch erforderlich ist. Art. 6 Abs. 1 Buchst. k will nur bewirken, daß die Anwendung der CMR in Nicht-Vertragsstaaten gesichert wird.[135] Mit der Mißdeutung der Vorschrift wird u. a. die nach der Rechtsprechung des italienischen Kassationshofs angeblich erforderliche besondere Einbeziehung der CMR in den Vertrag begründet; damit die ipso-iure-Wirkung der CMR beseitigt.[136] In der deutschen Rechtsprechung spielt der Hinweis im Bereich der Mitgliedsländer der CMR keine Rolle.[137] Die Meinung von *Herber/Piper*, ohne den Hinweis nach Buchst. k könne der Frachtbrief keine Wirkung nach Art. 9 Abs. 2 entfalten, geht fehl; das zitierte Urteil vom 8. 6. 1988 erwähnt den Umstand nur beiläufig als Indiz für den fehlenden Charakter einer Urkunde als Frachtbrief.

2. Eventuell erforderliche Angaben nach Art. 6 Abs. 2 CMR

20 Die Nichteintragung der meisten in Abs. 2 aufgeführten Angaben im Frachtbrief schließt nur dessen Beweiswirkung, nicht dagegen anderweitige Nachweise entsprechend der Vereinbarung aus; siehe Rdn. 30 ff.

---

123 Siehe Art. 7 Rdn. 4.
124 Siehe Art. 1 Rdn. 2.
125 Siehe Art. 1 Rdn. 2.
126 Wo der Vermerk keine konstitutive Wirkung entfaltet; MüKo/*Basedow* Rdn. 26.
127 Keine praktischen Anwendungsfälle in der deutschen Rechtsprechung; allgemein *Jesser* S. 81.
128 Siehe generell zu den Formularen Art. 5 Rdn. 1.
129 Siehe Art. 7 Rdn. 12; Art. 6 Rdn. 24.
130 *Thume/Teutsch* Rdn. 21.
131 Als Voraussetzung der CMR-Anwendung; Art. 1 Rdn. 17.
132 Siehe Art. 1 Rdn. 4 f; *Loewe* ETR **1976** 503 ff, Nr. 78 ff; *Thume/Teutsch* Rdn. 21; *Hill/Messent/Glass*² S. 72. Zweifel an der Wirksamkeit von Buchst. k gegenüber Nichtmitgliedsstaaten begründet *Mankowski* TranspR **1993** 413, 417; *Thume/Teutsch* Art. 6 Rdn. 18; kritisch zur Anwendung des (in der Praxis kaum angewandten) Art. 7 Rdn. 15 ff.
133 *Loewe* ETR **1976** 503 ff, Nr. 81; *Herber/Piper* Rdn. 16; *Hill/Messent/Glass*² S. 72; *Clarke*² Nr. 24 S. 97.
134 Siehe *Rabe*⁴ Vor § 556 HGB Anm. G.
135 So schon NL Rb Breda vom 23. 2. 1965, SS **1965** 223 f; dazu *Clarke*² Nr. 24 Fn. 26.
136 Grundsatzentscheidung des I Corte di Cassazione vom 28. 11. 1975, Trasporti **1976** 96 ff = Foro pad. **1975** 265. Siehe Art. 1 Rdn. 2 f, 8, 65. *Hügel*, JBl **1984**, 57, 59.
137 BGH vom 8. 6. 1988, TranspR **1988** 370 = VersR **1988** 952 f = ETR **1988** 705, 707. Der Hinweis bei *Herber/Piper* Rdn. 16 auf diese Entscheidung rückt sie gefährlich in die Nähe der italienischen Rechtsprechung.

a) Art. 6 Abs. 2a: Umladung

Zur Umladung auf ein anderes Straßenfahrzeug siehe Art. 1 Rdn. 4, 34, 40, 42, 45, 57; Art. 10 Rdn. 12. Eine solche Umladung ist grundsätzlich zulässig, solange nicht zum Ausschluß eines zusätzlichen Umladerisikos ein Verbot vereinbart ist.[138] Die Nichteintragung des Verbots zwingt den Geschädigten zu seinem vollen Beweis.[139] Die Umladung auf ein anderes Transportmittel ist grundsätzlich Vertragsbruch.[140] Ist sie vertraglich zugelassen, kann sie die Anwendbarkeit der CMR ausschließen.[141] **21**

b) Art. 6 Abs. 2b: Kostenübernahme

Hierzu siehe Art. 13 Abs. 2 Rdn. 19. **22**

c) Art. 6 Abs. 2c: Nachnahmeerhebung

Auch eine im Frachtbrief nicht eingetragene Nachnahmevereinbarung ist gültig.[142] Auch die Haftungsvorschrift des Art. 21 setzt keine Frachtbriefeintragung voraus.[143] Ohne Frachtbriefeintragung entfällt jedoch der Beweislastvorteil durch Art. 9 Abs. 1.[144] **23**

d) Art. 6 Abs. 2d: Wert und Lieferinteresse

Zur Angabe des Werts der Sendung und des besonderen Lieferinteresses siehe Art. 24 und 26; bei diesen Angaben ist die Eintragung konstitutiv.[145] **24**

e) Art. 6 Abs. 2e: Versicherungsweisungen

Die Eintragung der Absenderweisung über Versicherung unterliegt keinem Formzwang.[146] Davon geht wohl auch das Urteil des BGH vom 28. 2. 1975, NJW **1975** 1597 aus. Der beklagte Spediteur hatte als CMR-Frachtführer die Verpflichtung zur Versicherung der transportierten Güter übernommen. Offenbar lagen keine Eintragungen im Frachtbrief hierüber vor, denn in der Vorinstanz wurde darüber gestritten, in welcher Weise – evtl. nachträglich durch Anerkenntnis in Gestalt eines Fernschreibens – der Frachtführer die Pflicht zur Deckung der Versicherung übernommen haben könnte. Die Feststellung der Vorinstanzen, der Frachtführer habe die Pflicht zur Versicherung übernommen, wurde vom BGH nicht beanstandet. Zur Haftung für Nicht- oder Falschbefolgung einer Versicherungsweisung siehe Art. 12 Rdn. 49. Die Eintragung ist vor allem für den Empfänger von Bedeutung.[147] **25**

f) Art. 6 Abs. 2f: Lieferfristvereinbarung

Dazu siehe Rdn. 30f und Art. 19 Rdn. 4 ff. **26**

---

138 Gem. Art. 4 S. 2 formlos wirksam *Thume/Teutsch* Rdn. 26; *Koller*[4] Rdn. 13; *Hill/Messent/Glass*[2] S. 73; *Sánchez-Gamborino* Nr. 333.

139 F CA Grenoble vom 13. 3. 1980, BT **1981** 306.

140 *Hill/Messent/Glass*[2] S. 73.

141 Siehe Art. 1 Rdn. 4, 34, 40, 42, 57; MüKo/*Basedow* Rdn. 30.

142 Siehe Rdn. 30 f.

143 Siehe Art. 21 Rdn. 10.

144 Siehe Art. 9 Rdn. 17.

145 Siehe Rdn. 33 m. w. H.

146 Siehe Art. 12 Rdn. 3 f, 49, 59 ff; Art. 41 Rdn. 1. *Thume/Teutsch* Rdn. 33.

147 *Sánchez-Gamborino* Nr. 356.

g) Art. 6 Abs. 2 g: Urkunden-Verzeichnis

27 Das Urkunden-Verzeichnis erbringt Beweis für die Übergabe der Urkunden.[148] Es hat Bedeutung insbesondere für die Begleitpapiere.[149] Eine Pflicht, die Urkunden dem Frachtbrief beizugeben, ist nicht anzunehmen.[150] Werden sie aber mit dem Frachtbrief übergeben, ist das Urkundenverzeichnis im Frachtbrief einzutragen.[151] Daß notwendige Urkunden jedenfalls rechtzeitig an den Absender bzw. Frachtführer übergeben werden müssen, ergibt sich aus Art. 11 Abs. 1.

3. Weitere Angaben nach Art. 6 Abs. 3 CMR

28 Die Eintragung weiterer den Frachtvertrag oder die Güter betreffender Angaben ist ohne Einschränkung zulässig nach Art. 6 Abs. 3.[152] Hierfür kommt insbesondere auch die Rückseite der Frachtbriefformulare in Betracht. Die Angaben nach Abs. 3 nehmen an der Beweiskraft des Frachtbriefs nach Art. 9 Abs. 1 teil.[153] Vorbehalte, durch welche die Beweisvermutung nach Art. 9 Abs. 2 verhindert werden kann,[154] sind ebenfalls nach Art. 6 Abs. 3 einzutragen.[155] Auch Vorbehalte aller Art, die nicht speziell in der CMR vorgesehen sind, unterliegen keiner Einschränkung; sie unterliegen aber der freien Beweiswürdigung.[156]

29 Nach Abs. 3 werden auch Anweisungen und Vereinbarungen eingetragen, die in der CMR besonders erwähnt bzw. als **Wirksamkeitsvoraussetzung** genannt sind. Hierzu gehören z. B. die Begründung eines anfänglichen Empfängerverfügungsrechts nach Art. 12 Abs. 3[157] und die Vereinbarung über die Verwendung offener Fahrzeuge als Voraussetzung des Haftungsausschlusses des Art. 17 Abs. 4a.[158] Siehe zur Haftung des Absenders für fehlerhafte Angaben zum Frachtbrief Art. 7 Rdn. 4.

4. Nicht eingetragene Sonderabreden nach Art. 6 Abs. 2 CMR

a) Grundsatz: Eintragung keine Wirksamkeitsvoraussetzung

30 In der Literatur, kaum auch in der Rechtsprechung, wurde die Auffassung vertreten, in Art. 6 Abs. 2 zur Eintragung erwähnte Sonderabreden[159] seien ohne Eintragung im Frachtbrief ungültig.[160] Nach absolut herrschender Auffassung – vor allem auch

---

148 Siehe Art. 9 Rdn. 16.

149 Siehe Art. 11 Rdn. 1 ff, 15; *Thume/Teutsch* Rdn. 35 mit Beispielen.

150 *Koller*[4] Art. 11 Rdn. 2; *Herber/Piper* Art. 11 Rdn. 2; *Jesser* S. 170. Auch die Anwendung von Art. 11 Abs. 3 setzt keine Eintragung voraus.

151 *Koller*[4] Art. 11 Rdn. 2.

152 *Koller*[4] Rdn. 20; *Thume/Teutsch* Rdn. 36 mit zahlreichen Beispielen; ebenso *Sánchez-Gamborino* Nr. 375 ff.

153 Siehe Art. 9 Rdn. 15.

154 Siehe Art. 9 Rdn. 27.

155 BGH vom 9. 2. 1979, NJW **1979** 2471 f = VersR **1979** 466, 467.

156 Siehe beispielsweise zu Art. 9 Abs. 1 dort Rdn. 2.

157 *Herber/Piper* Rdn. 26; *Thume/Teutsch* Rdn. 36. Siehe auch Art. 9 Rdn. 16.

158 Zuletzt OLG Düsseldorf vom 30. 5. 1988, TranspR **1988** 423, 424; OLG Düsseldorf vom 8. 5. 1969, ETR **1970** 446, 467 f; vom 15. 12. 1983, TranspR **1984**, 38 = VersR **1984** 686 f; OLG Frankfurt vom 25. 10. 1977, VersR **1978** 535, 536; OLG Hamburg vom 22. 9. 1983, VersR **1984** 235; *Herber/Piper* Rdn. 26; *Jesser* S. 107. Siehe Rdn. 33; siehe auch bei Art. 17 Rdn. 125.

159 Der oft dafür verwendete Begriff der „Nebenabrede" gehört wohl eher in das Güterkraftverkehrsrecht, siehe zu § 11 Abs. 2 KVO: siehe § 452 HGBaF Rdn. 10 ff; *Willenberg* KVO[4] § 11 Rdn. 5; *Koller*[4] § 11 KVO Rdn. 1; BGH vom 23. 5. 1990, TranspR **1990** 328, 330.

160 *Muth*[3] S. 53 zu Art. 6 für den Fall der Lieferfristvereinbarung (anders jetzt *Glöckner*[7] Rdn. 5); *Precht/Endrigkeit*[3] Art. 6 Anm. 5; *Züchner* VersR **1969** 682, 685 f (auch wenn kein Frachtbrief ausgestellt ist); wohl auch *Voigt* VersR **1953** 501 ff; LG Kleve, VersR **1978** 761 f. Das Urteil des OLG Stuttgart vom 24. 1. 1967, NJW **1967** 1054 stand nur nach dem (irreführenden) Leitsatz auf diesem Standpunkt; siehe schon *Heuer* 134 Fn. 447 und OLG Düsseldorf vom 18. 1. 1979, VersR **1979** 356, 357.

der Rechtsprechung – sind dagegen freiwillige besondere Abreden über Einzelheiten des Transports (Sonderabreden) i. S. v. Art. 6 Abs. 2 CMR grundsätzlich auch ohne Eintragung im Frachtbrief gültig:[161] insbesondere Lieferfristabreden,[162] Nachnahmeanweisungen,[163] Kostenvereinbarungen,[164] Versicherungsweisungen.[165] Auch in der Literatur wird trotz bestehender Pflicht oder Obliegenheit zur Eintragung[166] die Formfreiheit von solchen Sonderabreden befürwortet.[167] Sie sind, wenn in der CMR nichts anderes geregelt ist, nach dem Grundsatz der schuldrechtlichen Vertragsfreiheit und dem in S. 4 ausdrücklich klargestellten Prinzip des Konsensualvertrags formlos gültig. Dies entspricht auch der weitgehenden Liberalisierung im gegenwärtigen Frachtrecht. Allerdings verliert der durch die Sonderabreden Begünstigte den Beweisvorteil aus Art. 9.[168]

Der **Formzwang** für frachtvertragliche Abreden ist abzulehnen, soweit nicht das Abkommen die Eintragung im Frachtbrief zum Wirksamkeitserfordernis macht.[169] Da der Frachtvertrag selbst formfrei ist, können die in Art. 6 Abs. 2 erwähnten Einzelheiten ohne Ausstellung eines Frachtbriefs im voraus vereinbart werden. Es wäre absurd, die Verbindlichkeit von später etwa durch Telex gegebenen Lieferfristzusagen oder auch nachweislichen telefonischen oder mündlichen Verabredungen zu verneinen, weil ihre Eintragung im Frachtbrief versäumt worden ist. Außerdem würde jede nachträgliche Vereinbarung, z. B. über Nachnahmeerhebung, Lieferfristen oder Versicherung, nach Ausstellung des Frachtbriefs durch den Formzwang weitgehend unmöglich gemacht werden.[170] Freilich verlieren die Parteien bei Nichteintragung der Sonderabrede die Beweisvorteile aus dem Frachtbrief.[171] Eine Haftung aus Art. 7 kann nicht bei Fehlen, sondern nur bei Unrichtigkeit oder Unvollständigkeit von Eintragungen begründet sein.[172] **31**

In Betracht kommen **formfreie Sonderabreden unterschiedlicher Art**, insbesondere mündliche,[173] schriftliche[174] und durch Telex[175] oder Telefon[176] oder E-Mail getroffene. Auch konkludentes Handeln und Schweigen auf kaufmännisches Bestätigungsschreiben kann genügen. **32**

---

[161] *Heuer* S. 134 mit zahlreichen Hinweisen in Fn. 447; MüKo/*Basedow* Rdn. 28; *Koller*[4] Rdn. 13 ff; *Herber/Piper* Rdn. 17; GR Berufungsgericht Athen, ETR **1987** 65, 67.

[162] BGH vom 30. 9. 1993, TranspR **1994** 16, 17 = VersR **1994** 119, 120; OLG Saarbrücken vom 10. 2. 1971, VersR **1972** 757, 758; OLG Düsseldorf vom 18. 1. 1979, VersR **1979** 356, 357; vom 30. 12. 1982, TranspR **1984** 13 und vom 12. 12. 1985, TranspR **1986** 56, 57; OLG Hamburg vom 6. 12. 1979, VersR **1980** 290, 291; OLG Hamm vom 14. 11. 1985, TranspR **1986** 78, 80 (für Liefer- und Ladefrist); OLG Köln vom 7. 12. 1993, TranspR **1994** 197; siehe auch (offenlassend) OLG Hamburg vom 3. 5. 1984, TranspR **1985** 37, 38; LG Osnabrück vom 27. 9. 1978, VersR **1979** 42 f (durch Fernschreiben); LG Offenburg VersR **1980** 294. **A. A.** noch OLG Stuttgart vom 24. 1. 1967, NJW **1968** 1054 f; LG Kleve vom 8. 7. 1976, VersR **1978** 761; bei Fehlen der Unterschrift des Frachtführers ist der Frachtbrief unwirksam und daher kein Beweismittel, OLG Hamm vom 18. 10. 1984, TranspR **1985** 107. Siehe zur Literatur Art. 19 Rdn. 4.

[163] Siehe Art. 21 Rdn. 10 f.

[164] Siehe Rdn. 2, 17.

[165] Siehe Rdn. 25.

[166] *Herber/Piper* Rdn. 17; *Loewe* ETR **1976** 503 ff, Nr. 76.

[167] Siehe Art. 19 Rdn. 5.

[168] Siehe Art. 9 Rdn. 17.

[169] Wie in Art. 24 und 26, siehe Rdn. 33; Art. 24 Rdn. 3; Art. 26 Rdn. 4.

[170] Zum früheren § 11 Abs. 2 KVO siehe dort Anh. II nach § 452 HGBaF Rdn. 10 ff.

[171] *Herber/Piper* Rdn. 18.

[172] Siehe dort Rdn. 5.

[173] OLG Saarbrücken vom 10. 2. 1971, VersR **1972** 757, 758.

[174] OLG Hamm vom 16. 8. 1984, TranspR **1985** 97.

[175] OLG Düsseldorf vom 18. 1. 1979, VersR **1979** 356, 357; OLG Hamm vom 28. 4. 1983, TranspR **1983** 151. Siehe auch OLG Hamburg vom 3. 5. 1984, TranspR **1985** 37, 38 (einseitiger Hinweis durch Telex).

[176] OLG Hamburg vom 6. 12. 1979, VersR **1980** 290, 291.

b) Ausnahmen: konstitutive Wirkung der Eintragung

33 Zu der damit grundsätzlich bestehenden **Formfreiheit** gibt es **Ausnahmen**. Eine Vereinbarung außerhalb des Frachtbriefs ist wirkungslos, soweit die Eintragung in besonderen Vorschriften zur Voraussetzung einer bestimmten Rechtswirkung gemacht wird,[177] so bei erhöhten Warenwerten Art. 24 CMR[178] oder bei besonderem Interesse Art. 26 und Art. 6 Abs. 2 d CMR.[179] Die Haftungserleichterung für Beförderung im offenen Fahrzeug nach Art. 17 Abs. 4 a CMR setzt ebenfalls die Eintragung der betreffenden Vereinbarung im Frachtbrief voraus.[180] Für das anfängliche Verfügungsrecht des Empfängers nach Art. 12 Abs. 3 ist die Eintragung erforderlich.[181] Diese ist auch Voraussetzung der Beweiserleichterungen nach Art. 9 Abs. 2;[182] ebenso aber auch ihrer Durchbrechung durch Vorbehalte.[183] Entscheidend für die Anwendbarkeit der Art. 34 ff CMR ist nicht nur die Ausstellung eines Frachtbriefs, sondern auch sein Inhalt, aus dem sich seine Bestimmung zur durchgehenden Verwendung bei der Beförderung durch aufeinanderfolgende Frachtführer ergeben muß; siehe Art. 34 Rdn. 7 f, 9 ff, 14.

34 Zwingend regelt Art. 13 Abs. 2, daß **dem Empfänger gegenüber** nur in den Frachtbrief eingetragene Sonderabreden anspruchsbegründend sind. Dessen Verpflichtung zur Tragung der Einfuhrumsatzsteuer war grundsätzlich z. B. nach Art. 6 Abs. 1 i von der Eintragung im Frachtbrief abhängig. Allerdings kann sich eine Empfängerverpflichtung auch aus anderen Gründen des ergänzend anzuwendenden Schuldrechts ergeben.[184]

Artikel 7

1. Der Absender haftet für alle Kosten und Schäden, die dem Frachtführer dadurch entstehen, daß folgende Angaben unrichtig oder unvollständig sind:

a) die in Artikel 6 Absatz 1 Buchstabe b, d, e, f, g, h und j bezeichneten Angaben;

b) die in Artikel 6 Abs. 2 bezeichneten Angaben;

c) alle anderen Angaben oder Weisungen des Absenders für die Ausstellung des Frachtbriefes oder zum Zwecke der Eintragung in diesen.

2. Trägt der Frachtführer auf Verlangen des Absenders die in Absatz 1 bezeichneten Angaben in den Frachtbrief ein, wird bis zum Beweise des Gegenteils vermutet, daß der Frachtführer hierbei im Namen des Absenders gehandelt hat.

---

177 Überwiegende Auffassung für Formzwang: MüKo/*Basedow* Rdn. 28; *Loewe* ETR **1976** 503 ff, Nr. 83; *Glöckner*[7] Rdn. 6; *Herber/Piper* Rdn. 17; *Thume/Teutsch* Rdn. 30; *Putzeys* Nr. 351 („mentions substantielles"); *Clarke*[2] Nr. 106 S. 496; **a. A.** *Lamy 99* I Nr. 528 c gegen das wenig aussagekräftige Urteil F CA Reims vom 13. 7. 1977, BT **1977** 406, 408.

178 Siehe Art. 24 Rdn. 3.

179 Siehe Art. 26 Rdn. 4. F CA Paris vom 19. 9. 1979, BT **1979** 481, 483.

180 So wohl bereits OLG Düsseldorf vom 8. 5. 1969, ETR **1970** 446, 466 f (nur Leitsatz); OLG Hamburg vom 22. 9. 1983, VersR **1984** 235; OLG Düsseldorf vom 15. 12. 1983, TranspR **1983** 38 und vom 30. 5. 1988, TranspR **1988** 423, 425; GR Berufungsgericht Athen, ETR **1987** 65, 67. B TribCom Brüssel vom 4. 2. 1972, ETR **1972** 573, 583 verlangt ausdrückliche Vereinbarung.

181 Siehe Art. 12 Rdn. 28, 30 ff; zur konstitutiven Wirkung des Frachtbriefs dort Rdn. 30 f.

182 Siehe Art. 9 Rdn. 1 ff, 22 ff; BGH vom 9. 2. 1979, NJW **1979** 2471 f = VersR **1979** 466, 467; *Heuer* S. 134.

183 Siehe Art. 9 Rdn. 26; BGH vom 9. 2. 1979, NJW **1979** 2471 f = VersR **1979** 466, 467.

184 Siehe Art. 13 Rdn. 24; OLG Hamm vom 5. 7. 1982, RIW **1982** 838, 839 = Spediteur **1983** 14 f (Geschäftsführung ohne Auftrag); **a. A.** OLG Düsseldorf vom 11. 12. 1980, NJW **1981** 1910 f = TranspR **1982** 13, 16.

3. Enthält der Frachtbrief die in Artikel 6 Absatz 1 Buchstabe k bezeichnete Angabe nicht, so haftet der Frachtführer für alle Kosten und Schäden, die dem über das Gut Verfügungsberechtigten infolge dieser Unterlassung entstehen.

Article 7

1. L'expéditeur répond de tous frais et dommages que supporterait le transporteur en raison de l'inexactitude ou de l'insuffisance:

a) Des indications mentionnées à l'article 6, paragraphe 1, b, d, e, f, g, h et j;

b) Des indications mentionnées à l'article 6, paragraphe 2;

c) De toutes autres indications ou instructions qu'il donne pour l'établissement de la lettre de voiture ou pour y être reportées.

2. Si, à la demande de l'expéditeur, le transporteur inscrit sur la lettre de voiture les mentions visées au paragraphe 1 du présent article, il est considéré, jusqu'à preuve du contraire, comme agissant pour le compte de l'expéditeur.

3. Si la lettre de voiture ne contient pas la mention prévue à l'article 6, paragraphe 1, k, le transporteur est responsable de tous frais et dommages que subirait l'ayant droit à la marchandise en raison de cette omission.

Article 7

1. The sender shall be responsible for all expenses, loss and damage sustained by the carrier by reason of the inaccuracy or inadequacy of:

(a) The particulars specified in article 6, paragraph 1, (b), (d), (e), (f), (g), (h) and (j);

(b) The particulars specified in article 6, paragraph 2;

(c) Any other particulars or instructions given by him to enable the consignment note to be made out or for the purpose of their being entered therein.

2. If, at the request of the sender, the carrier enters in the consignment note the particulars referred to in paragraph 1 of this article, he shall be deemed, unless the contrary is proved, to have done so on behalf of the sender.

3. If the consignment note does not contain the statement specified in article 6, paragraph 1 (k), the carrier shall be liable for all expenses, loss and damage sustained through such omission by the person entitled to dispose of the goods.

Übersicht

I. Absenderhaftung für unrichtige oder unvollständige Angaben im Frachtbrief

1. Rechtsnatur der Haftung

1 Die in Art. 7 Abs. 1 vorgesehene Haftung des Absenders[1] für fehlerhafte Angaben im oder zum Frachtbrief[2] setzt nach deutscher Auffassung unstreitig kein Verschulden voraus;[3] auch wenn dies nicht eindeutig in der Vorschrift vorgesehen ist. Sie entspricht insoweit sehr weitgehend § 414 Abs. 1 Buchst. 2 HGB.[4] Die veröffentlichte Rechtsprechung zu Art. 7 ist insgesamt äußerst dürftig, wohl weil diese Absenderhaftung keine besondere Bedeutung hat. Art. 7 entlastet aber immerhin den Frachtführer teilweise von der Last der Überprüfung der Frachtbriefangaben.[5] Die zu kasuistische Formulierung des Gesetzes hat sich bisher kaum ausgewirkt. Auch Art. 22 Abs. 2, 2. Halbsatz sieht speziell für mangelnde oder fehlerhafte Gefahrgutangaben eine ähnlich strukturierte Haftung vor; siehe dort Rdn. 13. Die Kasuistik der Haftungsfälle verbietet die Erweiterung der Kausalhaftung durch Analogie.[6] Neben Art. 7 kann u. U. auch ergänzend anzuwendendes nationales Recht eine Haftung begründen, insbesondere aus positiver Vertragsverletzung.[7]

2 **Haftungsschuldner** ist stets der Absender, vielfach selbst als Hauptfrachtführer oder versendender Spediteur. Der Empfänger haftet nicht.

3 Wer **Anspruchsberechtigter** ist, wird in der CMR nicht geregelt. Da es sich um eine vertragsrechtliche Regelung handelt, ist jedenfalls jeder Geschädigte gemeint, der in den Frachtvertrag eingebunden ist, etwa wenn vom „Verfügungsberechtigten“ gesprochen wird.[8] Denn dieser Ausdruck meint nach der deutschen Übersetzung den jeweils Aktivlegitimierten.[9] Der Mieter eines LKW ist danach jedenfalls Berechtigter aus den mit dem Fahrzeug ausgeführten Frachtverträgen.[10]

2. Gründe der Haftung (Art. 7 Abs. 1)

4 Der Absender haftet nach Art. 7 Abs. 1 für die unrichtigen oder unvollständigen[11] Angaben, die der Frachtbrief enthält oder die für die Eintragung bestimmt sind.[12] Eine konkrete Eintragung ist nicht zur generellen Voraussetzung gemacht.[13] Den

---

[1] Absender ist der Vertragspartner des Frachtführers; Art. 6 Rdn. 6. Zum Beweis, wer Absender ist und zur entsprechenden Bedeutung des Frachtbriefs siehe allgemein zu Art. 6 Abs. 1 Buchst. k und Art. 7 Abs. 3; siehe auch Art. 6 Rdn. 6.

[2] Die Ausstellung des Frachtbriefs ist Voraussetzung: OLG Düsseldorf vom 13. 12. 1990, TranspR **1991** 91, 92 = VersR **1991** 1394; NL Rb 's Hertogenbosch vom 13. 1. 1970, ETR **1971** 817, 823 f; *Herber/Piper* Rdn. 2; *Thume/Teutsch* Rdn. 7; *Koller*[4] Rdn. 1; *Glöckner*[7] Rdn. 3; *Jesser* 167; MüKo/*Basedow* Rdn. 2 verlangt offenbar nur, daß er ausgestellt werden soll; teilweise gegen das Frachtbrieferfordernis *Thume* in *Fremuth/Thume* Frachtrecht, Rdn. 3. Siehe aber unten Rdn. 4. Zu seiner Wirksamkeit siehe Art. 5 Rdn. 9 ff.

[3] BGH vom 28. 9. 1978, BGHZ **72** 174, 181; MüKo/*Basedow* Rdn. 3; *Thume/Teutsch* Rdn. 1; *Herber/Piper* Rdn. 8; *Jesser* 167; *Koller*[4] Rdn. 1; *Csoklich* S. 313; *Glöckner*[7] Rdn. 3.

[4] Wo die Haftung ohne Verschulden ausdrücklich bestimmt ist. Entsprechend der Anwendung von § 426 Abs. 3 HGBaF und der Spezialbestimmungen anderer Bereiche des Frachtrechts; siehe dazu § 426 HGBaF Rdn. 81 und § 13 KVO Anh. II nach § 452 HGBaF Rdn. 2; BGH vom 28. 9. 1978, BGHZ **72** 174–182.

[5] *Hill/Messent/Glass*[2] S. 71 f.

[6] *Koller*[4] Rdn. 1; *Herber/Piper* Rdn. 3 f.

[7] *Herber/Piper* Rdn. 20.

[8] Z. B. *Herber/Piper* Rdn. 1.

[9] Zu diesem Begriff siehe Art. 12 Rdn. 10 f.

[10] Beispiel: F TGI Nancy vom 15. 1. 1987, BT **1987** 521.

[11] Siehe Art. 6 Rdn. 3 ff.

[12] Die Ausstellung des Frachtbriefs ist Voraussetzung: siehe aber Rdn. 4.

[13] Die in Deutschland übliche Überschrift „Haftung für Frachtbriefeintragungen“ ist nicht Bestandteil des Gesetzes. Der Zusammenhang ist jedoch vorausgesetzt oder jedenfalls in die Auslegung einzubringen. Zutreffend beschreibt daher MüKo/*Basedow* Rdn. 1 Bedeutung und Zweck der Vorschrift; ebenso *Thume* in *Fremuth/Thume* Frachtrecht, Rdn. 3.

Angabenfehler hat der Frachtführer zu beweisen.[14] Die Haftung kann auch einredeweise gegen Absenderansprüche geltend gemacht werden.[15] Die einzelnen Haftungsfälle sind:

(1) Gemäß Art. 7 Abs. 1 Buchst. a die **Pflichtangaben nach Art. 6 Abs. 1**. Ausgenommen sind Angaben nach Buchst. a (Ort und Tag der Ausstellung), c (Name des Frachtführers), i (Fracht- und Kostenangaben), und k (Hinweis auf die CMR-Anwendung).[16] Diese Angaben sind entweder vom Frachtführer einzutragen oder von ihm zu kontrollieren. Eine zu niedrige Gewichtsangabe im Frachtbrief kann hinsichtlich der daraus folgenden erhöhten Kosten die Haftung des absendenden Spediteurs begründen. Der Frachtführer ist auch bei 30 % Übergewicht nicht von sich aus zur Überprüfung des Frachtbriefs (Art. 11 Abs. 2) oder des Gutes (Art. 8 Abs. 3) verpflichtet.[17]

(2) Gemäß Art. 7 Abs. 1 Buchst. b **alle Angaben nach Art. 6 Abs. 2**, die sämtlich aus dem Bereich des Absenders kommen.

(3) Gemäß Art. 7 Abs. 1 Buchst. c **alle anderen Angaben**.[18] Dabei kann es sich um Angaben vor Ausstellung des Frachtbriefs, aber auch um nachträgliche Eintragungen handeln.[19] Die Haftung in diesen Fällen setzt nicht voraus, daß die vom Gesetz nicht vorgeschriebenen Angaben im Frachtbrief eingetragen worden sind.[20] Hier führt also die fehlerhafte Information des Frachtführers selbständig zur Haftung. Diese weite Umschreibung des Tatbestands bedarf einer gewissen Einschränkung: Sie ist nur unter der Prämisse zu verstehen, daß den Absender eine Pflicht zur richtigen Information trifft[21] und der Frachtführer eine ordnungsgemäße Information erwarten konnte.[22] Fehlt der Bezug zur Eintragung, etwa weil kein Frachtbrief ausgestellt wurde, kommt nur eine Haftung aus ergänzendem nationalem Recht, also etwa aus positiver Vertragsverletzung oder aus Verschulden bei Vertragsschluß in Betracht.[23] Gleiches gilt, wenn der Frachtbrief ausgestellt, der Frachtführer aber durch das völlige Fehlen jeder Angabe geschädigt wurde.[24]

Die kompliziert formulierte Regelung berücksichtigt zumindest in Buchst. a und b die Verantwortungsbereiche, aus denen die Angaben gewöhnlich kommen, ohne ein allgemeines Prinzip zu formulieren. Im einzelnen muß über die Absenderhaftung jedoch nach der sich aus der Pflichtenlage ergebenden Beurteilung des Einzelfalls entschieden werden.

Fehlen die Angaben nach Art. 7 Abs. 1 völlig, so haftet der Absender nicht;[25] fehlen die Angaben in einzelnen Feldern, gilt das gleiche.[26] Denn die Vorschrift dient nur 5

14 *Herber/Piper* Rdn. 4.
15 *Piper*[7] Rdn. 9, allerdings unter Verweisung auf das dazu nicht aussagefähige Urteil LG Köln vom 16. 9. 1988, TranspR **1989** 271.
16 Siehe Art. 6 Rdn. 19. Aus Art. 7 Abs. 1 Buchst. a (zu Art. 6 Abs. 1 Buchst. k) leitet die italienische Rechtsprechung Gründe gegen die ipso-jure-Geltung der CMR ab; siehe Art. 1 Rdn. 2.
17 F CA Colmar vom 16. 6. 1972, BT **1972** 320 f; LG Köln vom 16. 9. 1988, TranspR **1989** 271 f.
18 Siehe Art. 6 Abs. 3 und dort Art. 6 Rdn. 28.
19 *Herber/Piper* Rdn. 2.
20 MüKo/*Basedow* Rdn. 5. Fraglich ist ob die Haftung gegenüber dem Frachtführer einen voll wirksamen Frachtbrief mit beiden Unterschriften voraussetzt, wie offenbar *Koller*[4] Rdn. 1 und Art. 5 Rdn. 3 annimmt. Fälle dazu sind nicht bekannt.
21 *Loewe* ETR **1976** 503 ff, Nr. 88.
22 Ähnlich *Herber/Piper* Rdn. 6; die zitierten Autoren *Loewe* ETR **1976** 503 f, 534 und *Thume/Thume* Art. 6 Rdn. 37 sprechen die Frage nicht an.
23 MüKo/*Basedow* Rdn. 2; *Herber/Piper* Rdn. 2.
24 MüKo/*Basedow* Rdn. 2.
25 *Koller*[4] Rdn. 1; *Thume/Teutsch* Art. 7 Rdn. 7; *Herber/Piper* Rdn. 3; MüKo/*Basedow* Rdn. 1. Auch in § 414 Abs. 1 S. 1 Buchst. 2 HGBnF ist das vollständige Fehlen von Angaben nicht mit Haftungsfolgen sanktioniert. Siehe auch Art. 6 Rdn. 13.
26 In diesen Fällen will wohl nur *Thume/Teutsch* jeweils die Haftung bejahen: z. B. Art. 6 Rdn. 5, 9, 13, 14, 16.

dem Schutz des Frachtführers vor unkorrekten Eintragungen.[27] Der Frachtführer hat dann die Möglichkeit, die Eintragung der Angaben vom Absender nach Art. 6 zu verlangen, soweit dessen Kenntnisse hierfür erforderlich sind. Er kann bis dahin die Ausführung der Beförderung verweigern. Auch wenn kein Frachtbrief ausgestellt ist, kann Art. 7 nicht angewendet werden.[28] Insbesondere kann ein Frachtführer, der eine schriftliche Anweisung nicht befolgt, sich gegen einen Schadenersatzanspruch wegen Vertragsverletzung nicht darauf berufen, die Anweisung sei wegen Nichteintragung im Frachtbrief unwirksam gewesen; Art. 4 S. 2.[29]

6 Die **Haftung** nach Art. 7 Abs. 1 und 2 setzt die Eintragung im Frachtbrief[30] voraus, da durch Art. 7 nur das besondere Vertrauen auf die richtige Eintragung in den Frachtbrief geschützt wird.[31] Werden die Angaben des Absenders unrichtig oder unvollständig oder nicht in den Frachtbrief eingetragen, kommt seine Haftung aus Art. 22 Abs. 1 und S. 2 und Abs. 2[32] in Betracht. Sind Frachtführer und Absender identisch (vor allem bei Unterwerfung des absendenden Spediteurs unter die CMR), kann die erforderliche Vertrauenslage nicht entstehen.[33]

3. Eintragungen des Frachtführers für den Absender (Art. 7 Abs. 2)

7 **Die deutsche Übersetzung** der nach Art. 51 CMR ausschließlich maßgeblichen englischen und französischen Texte des Art. 7 Abs. 2 **ist unpräzise**. Nach den Originaltexten wird vermutet, daß der Frachtführer mit der Eintragung „on behalf of" bzw. „comme agissant pour le compte de l'expéditeur" gehandelt hat. Eine Stellvertretung des Frachtführers ist damit nicht verlangt, sondern es reicht das bloße Handeln[34] im Rahmen des Auftrags. Daher ist die Frage, in wessen Namen der Frachtführer die Eintragung vornimmt, ohne Interesse.[35] Die Vorschrift soll vielmehr eine Vermutung dafür begründen, daß der Frachtführer als Gehilfe des Absenders gehandelt hat. Im Ergebnis bedeutet danach Art. 7 Abs. 2: Hat der Frachtführer den Frachtbrief „auf Verlangen" des Absenders[36] ausgefüllt,[37] so werden diese Angaben grundsätzlich so behandelt, als hätte sie der Absender selbst eingetragen und als hätte der Frachtführer als Gehilfe des Absenders in Erfüllung der Absenderpflichten gegenüber sich selbst ordnungsgemäß gehandelt.[38] Zur Widerlegung dieser Vermutung genügt Fahrlässigkeit des Frachtführers,[39] aber auch ein schuldloser, anderweitig begründeter Irrtum des Frachtführers. Ansprüche des Absenders gegen den Frachtführer können wegen schuldhaft schlechter Geschäftsführung begründet sein.[40]

---

27 *Thume/Teutsch* Art. 7 Rdn. 7; *Herber/Piper* Rdn. 3; **a. A.** *Loewe* ETR **1976** 503 ff, Nr. 85.

28 Siehe Rdn. 1.

29 Zutreffend NL Hof's Hertogenbosch vom 13. 1. 1970, ETR **1971** 817–824 = SS **1971** 27–30 (Ablieferung nur gegen Zahlungsnachweis).

30 Dazu Art. 6 Rdn. 13; Art. 22 Rdn. 12.

31 Zutreffend OLG Düsseldorf vom 13. 12. 1990, TranspR **1991** 91, 92 f = VersR **1991** 1394; MüKo/*Basedow* Rdn. 1; *Koller*⁴ Rdn. 1; *Jesser* 167 f. Die in der Vorauflage Rdn. 2 bejahte Gegenauffassung gebe ich auf; sie wird noch vertreten von *Thume/Teutsch* Rdn. 7.

32 Siehe Art. 22 Rdn. 13.

33 Siehe aber *Thume/Teutsch* Rdn. 9.

34 *Thume/Teutsch* Rdn. 10; anders wohl *Thume* in *Fremuth/Thume* Frachtrecht, Rdn. 12 f („bevollmächtigter" Fahrer); *Baumgärtel/Giemulla* Rdn. 2; wohl auch bereits *Loewe* ETR **1976** 503 ff, Nr. 91; *Herber/Piper* Rdn. 10 f; MüKo/*Basedow* Rdn. 7; **a. A.** *Koller*⁴ Rdn. 4. Ohne Hinweis auf Stellvertretung auch A OGH vom 3. 10. 1973, SZ **46** 95 S. 434 = *Greiter* 28, 33.

35 OLG Düsseldorf vom 12. 2. 1981, VersR **1982** 302; *Herber/Piper* Rdn. 10 (bloße Gehilfenschaft des Frachtführers).

36 Beweislast beim Frachtführer; *Baumgärtel/Giemulla* Rdn. 2.

37 Auch wenn er in einem schon vom Absender ausgestellten Frachtbrief Angaben nachträgt; *Thume/Teutsch* Rdn. 10.

38 Dies entspricht § 13 Abs. 2 KVO; siehe dort Rdn. 7 ff.

39 *Thume/Teutsch* Rdn. 11; OLG Düsseldorf vom 12. 2. 1981, VersR **1982** 302.

40 *Koller*⁴ Rdn. 4; *Thume/Teutsch* Rdn. 11.

4. Haftungsumfang

Der Absender haftet für alle „Kosten und Schäden", des Frachtführers, die durch den Angabenfehler verursacht werden. Dazu gehören Kosten und Sachschäden an Gütern des Frachtführers (vor allem am Fahrzeug), aber auch sonstige Vermögensschäden, vor allem Schäden Dritter, für die der Frachtführer diesem haftet[41] und entgangener Gewinn.[42] Eine Haftungsbegrenzung ist in der CMR nicht vorgesehen.[43] Daher ist zur Bestimmung des Schadensumfangs insoweit ergänzend das nationale Recht des Vertragsstatuts anzuwenden.[44] Soweit in der Literatur unbegrenzte Haftung angenommen wird, ging dies von den jeweiligen Regeln aus,[45] die wohl in keinem Mitgliedsland die Absenderhaftung begrenzten. Nach deutschem Sachrecht wird die allgemeine Regelung des § 249 BGB jedoch seit 1998 durch § 414 Abs. 1 Nr. 4 und S. 1 HGBnF als lex specialis verdrängt und daher die Haftung unabdingbar[46] summenmäßig begrenzt. Zur Anwendung dieser Regelung auf Verträge, deren Vertragsstatut ausländisches Recht ist, siehe dort Abs. 3. Die Ursächlichkeit kann nicht verneint werden, wenn der Frachtführer von den Angabenfehlern gewußt, aber nichts zur Verhinderung der Schadensfolgen unternommen hat.[47] § 414 Abs. 2 HGBnF stellt dafür eine Mitverursachungsregel auf. 8

5. Beweislast

Die Beweislast für die Haftungsvoraussetzungen und den Haftungsumfang trägt der Frachtführer. 9

Den **Nachweis für das** (zumindest) konkludente **„Verlangen des Absenders"** hat der Frachtführer zu erbringen.[48] Die durch Art. 7 Abs. 2 CMR begründete Vermutung bezieht sich dann nur darauf, daß der Frachtführer bei der Eintragung ordnungsgemäß gehandelt hat. Der Absender kann jedoch diese Vermutung entkräften, indem er z. B. nachweist, daß der Frachtführer von den ihm übermittelten Angaben abgewichen ist oder eigenmächtig seine eigenen Angaben eingetragen hat. Besonders ist dieser Nachweis auch geführt, wenn die Frachtbriefeintragungen von den Unterlagen abweichen, die dem Frachtführer vom Absender hierfür zur Verfügung gestellt worden sind oder wenn der Frachtführer es übernommen hat, selbständig die Angaben zu ermitteln und in den Frachtbrief einzutragen und hierbei unsorgfältig verfahren ist.[49] 10

---

[41] *Herber/Piper* Rdn. 7; *Koller*[4] Rdn. 1; *Thume/Teutsch* Rdn. 8.

[42] Deutlicher in der englischen Fassung („all expenses, loss and damage sustained by the carrier") als in der französischen (tous frais et dommages que supporterait le transporteur). Siehe *Thume/Teutsch* Rdn. 8; *Koller*[4] Rdn. 1; *Herber/Piper* Rdn. 7.

[43] Art. 23 CMR betrifft nur die Frachtführerhaftung; *Clarke*[2] Nr. 26a; *Hill/Messent/Glass*[2] S. 74; MüKo/*Basedow* Rdn. 6.

[44] Siehe Art. 1 Rdn. 82. Dieser gedankliche Schritt wird in der bisherigen Literatur als selbstverständlich übergangen, wird aber durch das TRG nunmehr bedeutsam.

[45] *Loewe* ETR **1976** 503 ff, Nr. 92; *Koller*[4] Rdn. 1; *Herber/Piper* Rdn. 8; *Thume/Teutsch* Rdn. 8; MüKo/*Basedow* Rdn. 9; *Thume* in *Fremuth/Thume* Frachtrecht, Rdn. 8; *Hill/Messent/Glass*[2] S. 74; *Clarke*[2] Nr. 26 a.

[46] § 449 Abs. 1 S. 3 HGBnF.

[47] So MüKo/*Basedow* Rdn. 3, unter Hinweis auf Art. 11 Abs. 2 S. 2 CMR. Zu dieser Konstruktion siehe Art. 11 Rdn. 10. I. E. ähnlich *Koller*[4] Rdn. 1 (analoge Anwendung der Vorschrift).

[48] Zutreffend *Loewe* ETR **1976** 535.

[49] Siehe in diesem Sinne zur eigenmächtigen Ausstellung eines Carnet TIR durch den Frachtführer OLG Düsseldorf vom 12. 2. 1981, VersR **1982** 302, 303.

6. Beispiele aus der Rechtsprechung

11 In der Rechtsprechung sind Beispiele für die Absenderhaftung selten:[50] Führt eine falsche Gewichtsangabe im Frachtbrief zur Versäumung der Lieferfrist wegen Umladung des Gutes, haftet der Absender hierfür.[51] Muß der Frachtführer wegen Überladung eine Geldstrafe zahlen, dann hat er Ersatzansprüche gegen den Absender wegen falscher Gewichtsangabe.[52] **Keine Haftung:** Angaben über ein Petroleum-Additiv entsprechend der Produktbeschreibung des Herstellers sind z. B. ausreichend.[53]

II. Haftung des Frachtführers für fehlenden Hinweis auf die CMR (Art. 7 Abs. 3 CMR)

12 Der Hinweis auf die Geltung der CMR (Art. 6 Abs. 1 Buchst. k) kann eine Frachtführerhaftung zur Folge haben, allerdings nur bei Frachtbriefausstellung.[54] Der Hinweis dient der Sicherung der Anwendbarkeit der CMR vor Gerichten von Nichtmitgliedstaaten.[55] Fehlt im Frachtbrief der CMR-Hinweis,[56] kann dies in diesen Staaten dazu führen, daß der Vertrag nicht nach der CMR, sondern nach anderen Rechtsnormen beurteilt wird. Bei Transporten von und nach der Bundesrepublik Deutschland kann an sich nur durch ein Gericht, das an die Rechtsanwendungsregeln des Art. 1 CMR nicht gebunden ist, also durch ein Gericht eines Nichtmitgliedsstaates ohne Anwendung der CMR entschieden werden. Vor den Gerichten von Mitgliedstaaten kann allenfalls ein Anspruch auf Kostenersatz des Verfügungsberechtigten dadurch entstehen, daß der Frachtführer die Voraussetzungen der Anwendbarkeit der CMR im Prozeß nachweisen muß.[57] Mangels praktischer Fälle und der Üblichkeit des vorgedruckten Hinweises ist die Suche nach denkbaren Anwendungsfällen eher spekulativ, wenn auch wissenschaftlich reizvoll.[58] Neben der CMR-geregelten Haftung kann der Frachtführer für sonstige Eintragungsfehler nach ergänzend anzuwendendem deutschem Recht haften, insbesondere aus Verschulden bei Vertragsschluß oder positiver Vertragsverletzung oder aus Delikt.[59] Für Art. 7 Abs. 3 CMR muß der Geschädigte die Unterlassung der Eintragung, den Schaden und die Kausalität nachweisen.[60]

13 Über den **Haftungsmaßstab** sagt Art. 7 Abs. 3 nichts. Überwiegend wird wohl davon ausgegangen, daß der Frachtführer verschuldensunabhängig haftet.[61]

14 **Contra legem** macht der italienische Corte de Cassazione den Hinweis im Frachtbrief zur Anwendungsvoraussetzung der CMR.[62] Diese Rspr. hat allgemein, auch in Italien, Widerspruch gefunden.[63]

---

[50] Nicht entscheidungserheblich Art. 7 Abs. 1a CMR (Gefahrgutbezeichnung) im Urteil des BGH vom 16.10.1986, TranspR **1987** 96, 97 = VersR **1987** 304.

[51] LG Köln vom 16.9.1988, TranspR **1989** 271 f.

[52] F CA Colmar vom 16.6.1972, BT **1972** 320 f.

[53] OLG Düsseldorf vom 23.1.1992, TranspR **1992** 218 f.

[54] Siehe Art. 7 Rdn. 1. Zu Abs. 3 speziell: *Herber/Piper* Rdn. 15.

[55] Siehe Art. 1 Rdn. 10, Art. 6 Rdn. 19.

[56] Dies kann bei Verwendung üblicher Frachtbriefformulare nicht vorkommen, weil der Hinweis eingedruckt ist; *Glöckner*[7] Rdn. 7; siehe das französische Formular bei *Lamy 99* I Nr. 471; zur Literatur Art. 6 Rdn. 19.

[57] *Loewe* ETR **1976** 353, *Heuer* S. 144 f; *Thume/Teutsch* Rdn. 15.

[58] In der deutschen Literatur vor allem: *Thume/Teutsch* Rdn. 13 ff; *Herber/Piper* Rdn. 16.

[59] In akzessorischer Anknüpfung an das Schuldstatut; siehe MüKo/*Basedow* Rdn. 10; MüKo/*Kreuzer*, Art. 38 EGBGB Rdn. 65 ff.

[60] *Baumgärtel/Giemulla* Rdn. 3.

[61] *Thume/Teutsch* Rdn. 12; MüKo/*Basedow* Rdn. 3; *Csoklich* S. 313; *Jesser* S. 176; *Herber/Piper* Rdn. 14.

[62] Vom 28.11.1975, RDU **1976** 147 und vom 26.11.1980, RDU **1981** 271.

[63] I LG Mailand vom 11.7.1983, TranspR **1984** 133 ff; *Pesce* S. 55 Fn. 43.

Der Verfügungsberechtigte[64] kann nach Art. 7 Abs. 3 vom **Frachtführer Ausgleich der Nachteile** verlangen, wenn sich seine Rechtsstellung durch das Fehlen des Hinweises auf die CMR verschlechtert hat.[65] Diese Regelung in Vertragsstaaten könnte allenfalls bei Rechtsunkenntnis des Absenders oder Empfängers anwendbar sein. Eine Rechtsaufklärung bei Eingreifen zwingender Normen ist aber nicht Pflicht des Frachtführers. Abs. 3 betrifft also nur die Anwendung der CMR in Nichtvertragsstaaten.[66] Sie kann praktisch nur in einem besonderen Prozeß wirksam werden, der gegen den Frachtführer vor einem Gericht geführt wird, das seinerseits an die Rechtsanwendungsregeln der CMR gebunden ist. Art. 7 Abs. 3 erzwingt somit eine Korrektur ausländischer Urteile durch Gerichte von CMR-Staaten.[67] Die CMR sieht keine Beschränkung der Haftung vor. Ob man daraus auf eine „unbeschränkte Haftung" schließen kann,[68] ist zweifelhaft. Da es für den Umfang dieser Haftung kein internationales Recht gibt, kann er ohnehin nur durch das Recht des Vertragsstatuts bestimmt werden; in Deutschland wäre danach durch § 434 HGBnF die Haftung auf das Dreifache des bei Verlust zu zahlenden Schadens beschränkt. 15

Artikel 8

1. Der Frachtführer ist verpflichtet, bei der Übernahme des Gutes zu überprüfen

a) die Richtigkeit der Angaben im Frachtbrief über die Anzahl der Frachtstücke und über ihre Zeichen und Nummern;

b) den äußeren Zustand des Gutes und seiner Verpackung.

2. [1]Stehen dem Frachtführer keine angemessenen Mittel zur Verfügung, um die Richtigkeit der in Absatz 1 Buchstabe a bezeichneten Angaben zu überprüfen, so trägt er im Frachtbrief Vorbehalte ein, die zu begründen sind. [2]Desgleichen hat er Vorbehalte zu begründen, die er hinsichtlich des äußeren Zustandes des Gutes und seiner Verpackung macht. [3]Die Vorbehalte sind für den Absender nicht verbindlich, es sei denn, daß er sie im Frachtbrief ausdrücklich anerkannt hat.

3. [1]Der Absender kann vom Frachtführer verlangen, daß dieser das Rohgewicht oder die anders angegebene Menge des Gutes überprüft. [2]Er kann auch verlangen, daß der Frachtführer den Inhalt der Frachtstücke überprüft. [3]Der Frachtführer hat Anspruch auf Ersatz der Kosten der Überprüfung. [4]Das Ergebnis der Überprüfung ist in den Frachtbrief einzutragen.

Article 8

1. Lors de la prise en charge de la marchandise, le transporteur est tenu de vérifier:

a) L'exactitude des mentions de la lettre de voiture relatives au nombre de colis, ainsi qu'à leurs marques et numéros;

b) L'état apparent de la marchandise et de son emballage.

2. Si le transporteur n'a pas de moyens raisonnables de vérifier l'exactitude des mentions visées au paragraphe 1, a, du présent article, il inscrit sur la lettre de voiture

64 Siehe Art. 6 Rdn. 19; oben Rdn. 3.
65 *Herber/Piper* Rdn. 16.
66 NL Rb Breda vom 23. 2. 1965, SS **1965** 223 f.
67 Zu den mit Art. 7 Abs. 3 verbundenen Problemen siehe *Loewe* ETR **1976** 535 f und *Heuer* S. 146 f.
68 So *Thume/Teutsch* Rdn. 14; *Herber/Piper* Rdn. 16.

des réserves qui doivent être motivées. Il doit de même motiver toutes les réserves qu'il fait au sujet de l'état apparent de la marchandise et de son emballage. Ces réserves n'engagent pas l'expéditeur, si celui-ci ne les a pas expressément acceptées sur la lettre de voiture.

3. L'expéditeur a le droit d'exiger la vérification par le transporteur du poids brut ou de la quantité autrement exprimée de la marchandise. Il peut aussi exiger la vérification du contenu des colis. Le transporteur peut réclamer le paiement des frais de vérification. Le résultat des vérifications est consigné sur la lettre de voiture.

Article 8

1. On taking over the goods, the carrier shall check:

a) The accuracy of the statements in the consignment note as to the number of packages and their marks and numbers, and

b) The apparent condition of the goods and their packaging.

2. Where the carrier has no reasonable means of checking the accuracy of the statements referred to in paragraph 1 (a) of this article, he shall enter his reservations in the consignment note together with the grounds on which they are based. He shall likewise specify the grounds for any reservations which he makes with regard to the apparent condition of the goods and their packaging. Such reservations shall not bind the sender unless he has expressly agreed to be bound by them in the consignment note.

3. The sender shall be entitled to require the carrier to check the gross weight of the goods or their quantity otherwise expressed. He may also require the contents of the packages to be checked. The carrier shall be entitled to claim the cost of such checking. The result of the checks shall be entered in the consignment note.

Übersicht

Schrifttum

Heuer Zur Frachtführerhaftung nach der CMR: Haftungszeitraum – Ladetätigkeiten – Fahrervollmacht – Lkw- bzw. Ladungsdiebstahl, VersR **1988** 312–317; *Oeynhausen* Wertdeklarationen im internationalen Straßengüterverkehr nach Art. 24 CMR, TranspR **1982** 113–116; *Thume* Haftungsprobleme bei CMR-Kühltransporten, TranspR **1992** 1–7; *Thume* Vertraglich vereinbarte Übernahme von Prüfungspflichten durch den CMR-Frachtführer, FS

Piper 1037–1048; *Voigt* Zur Prüfungspflicht des Frachtführers nach Art. 8 CMR, VP **1970** 173–176; *Zapp* Vertraglich begründete Überprüfungspflicht und Art. 41 CMR, TranspR **1991** 371–373.

I. Allgemeines

Art. 8 ist im Zusammenhang mit Art. 9 und 10 CMR zu sehen.[1] Seine Anwendung setzt einen wirksamen[2] Frachtbrief voraus.[3] Dies ergibt sich aus dem Zusammenhang der Untersuchungspflichten und der beweisrechtlichen Absicherung des Frachtführers durch eingetragene Vorbehalte bei Unmöglichkeit ihrer Ausführung (Abs. 2 und 3). Teilweise wird die Verknüpfung zwischen den Artikeln 8 und 9 für ungenügend gehalten.[4] Die Beschränkung der gesetzlich normierten Prüfungspflicht in Art. 8 Abs. 1, ergänzt durch den Anspruch auf weitergehende (entgeltliche) Prüfung nach Abs. 3, entspricht jedoch einer vernünftigen Risikoverteilung, denn für den Regelfall nimmt er dem Frachtführer die für ihn nur schwer oder gar nicht durchführbare tiefergehende Prüfung ab. Diese gesetzgeberische Grundentscheidung ist verbindlich und auch durch Art. 1 sanktioniert.[5] Die Begründung im Frachtbrief ist Wirksamkeitsvoraussetzung der Vorbehalte nach Abs. 2.[6] Liegt kein wirksamer Frachtbrief vor, ist also Art. 8 nicht anwendbar;[7] dann besteht keine Möglichkeit, sich nach Art. 9 Abs. 2 zu sichern. Jedoch kann sich bei Fehlen des Frachtbriefs eine Prüfungspflicht aus ergänzend anzuwendendem nationalem, also auch deutschem Recht ergeben.[8] Für diesen Fall besteht keine CMR-Regelung; die vertragliche Vereinbarung einer Überprüfung des Guts nach nationalem Recht ist nicht ausgeschlossen.[9] Die Untersuchungspflicht wirkt sich auch auf die Haftung des Absenders für Verpackungsmängel nach Art. 10 aus.[10] 1

Der **Zeitpunkt der Überprüfung des Gutes** muß im zeitlichen Zusammenhang mit der seiner Übernahme durch den Frachtführer stehen. Mit der Formulierung „bei Übernahme“ ist zwar für die Überprüfung eine ungefähre Zeit angegeben, damit aber offen gelassen, ob dies vor, während oder unmittelbar nachher zu erfolgen hat. Erfolgt die Eintragung später, kann sie ohne zusätzliche Beweise nichts Sicheres über den Zustand des Gutes bei Übernahme mehr aussagen. Die Eintragung des **Vorbehalts** im Frachtbrief muß ebenfalls unmittelbar damit zusammenhängend erfolgen; siehe Rdn. 17. 2

Für **von außen nicht erkennbare innere Schäden** der verpackten Güter ist Art. 8 ohne Auswirkung. Für diese bleibt es bei der normalen Beweislastverteilung: Der Absender hat zu beweisen, daß er die Güter ohne Schäden dem Frachtführer über- 3

---

1 Siehe die grundsätzliche Darlegung bei MüKo/*Basedow* Rdn. 1 f; *Koller*[4] Rdn. 5.

2 Zur Wirksamkeit der Unterschriften siehe Art. 5 Rdn. 9 ff.

3 BGH vom 9.2.1979, NJW **1979** 2471 f = VersR **1979** 466, 467; OLG Hamm vom 30.3.1998, TranspR **1998** 463, 464; *Koller*[4] Rdn. 1 aE; *Glöckner*[7] Rdn. 12; *Herber/Piper* Rdn. 4; in der Sache auch MüKo/*Basedow* Rdn. 9; wohl anderer Meinung *Dorrestein* Nr. 133; *Sánchez-Gamborino* Nr. 436; OLG Hamburg vom 30.3.1989, TranspR **1989** 321, 323. Dazu auch Art. 9 Rdn. 3.

4 MüKo/*Basedow* Rdn. 2, *Dorrestein* Nr. 132 äußern Kritik an dieser Regelung.

5 Dazu Art. 41 Rdn. 6 ff.

6 Dazu Rdn. 18.

7 Siehe MüKo/*Basedow* Rdn. 5; BGH vom 9.2.1979, NJW **1979** 2471 f = VersR **1979** 466, 467.

8 OLG Hamm vom 30.3.1998, TranspR **1998** 463, 464.

9 Unzutreffend daher (zur Verladung) die Kritik an der österreichischen Rechtsprechung von *Zapp* TranspR **1985** 371, 372 Fn. 8; zu dieser siehe Art. 17 Rdn. 147.

10 Weil der Frachtführer auch wegen dieser zu seinen Gunsten einen Vorbehalt machen sollte; siehe Art. 10 Rdn. 21.

geben hat; für ihn bestehen stets die gleichen damit verbundenen Beweisschwierigkeiten.[11] Die französische Rechtsprechung neigt dazu, eine gesetzliche Vermutung für innere Schadensfreiheit im Augenblick der Übernahme durch den Frachtführer anzunehmen. Diese wird teilweise zu Unrecht auf Art. 8 und 9 CMR gegründet[12] und soll sich z. B. bei Gefriergut auf eine versäumte innere Kontrolle des Guts hinsichtlich der Vortemperatur stützen.[13]

4 Die in Abs. 1 bezeichneten **Überprüfungen obliegen dem Frachtführer ohne weitere Voraussetzungen**. In Abs. 3 sind demgegenüber diejenigen Überprüfungsmaßnahmen aufgeführt, zu denen er nur auf Verlangen des Absenders verpflichtet ist. Siehe Rdn. 25 ff.

II. Gesetzliche Pflicht (oder Obliegenheit) zur Überprüfung des Gutes (Art. 8 Abs. 1)

1. Rechtscharakter der „Pflicht"

5 Hinsichtlich der in Art. 8 Abs. 1 vorgesehenen Überprüfung auf Zahl, Zeichen, Nummern und äußeren Zustand von Gut und Verpackung ist zweifelhaft, ob den Frachtführer eine echte Schuldnerpflicht trifft. Die englischen und französischen Originaltexte (siehe Art. 51) sprechen von „shall check" und „est tenu de vérifier". Daraus ergibt sich nicht eindeutig, ob echte, erzwingbare schuldrechtliche Verpflichtungen oder nur Obliegenheiten gemeint sind.[14]

6 Unstreitig begründet Art. 8 Abs. 1 CMR **zumindest Obliegenheiten**, d. h. daß der Frachtführer Vorteile verliert, die ihm bei Untersuchung des Gutes zustehen könnten.[15] Eindeutig ist diese Folge in Art. 9 Abs. 2 für die Beweiswirkung des Frachtbriefs bestimmt, da diese nur für den Fall besteht, daß kein begründeter Vorbehalt vorliegt.[16] Der Frachtführer verliert somit eine Möglichkeit, die Beweisvermutung des Frachtbriefs zu seinen Gunsten zu durchbrechen, wenn er Überprüfung oder Eintragung des begründeten Vorbehalts versäumt.[17] Er muß z. B. bei äußerlich erkennbaren Mängeln im einzelnen beweisen, daß diese schon bei Übernahme des Gutes vorhanden waren.[18] Das Fehlen der Vorbehalte kann auch die Ersatzansprüche des Frachtführers nach Art. 10 beeinträchtigen.[19] Mit dem Argument, nach den Umständen des Falles habe der Frachtführer das Gut nicht untersuchen können, kann ohne entsprechenden Vorbehalt die Vermutung nach Art. 9 Abs. 2 nicht beiseite geschoben werden.[20]

---

[11] Siehe dazu § 429 HGBaF Rdn. 108 Fn. 166 und Art. 9 Rdn. 3; deutlich zur Beweislast etwa BGH vom 14. 11. 1991, TranspR **1992** 135 ff = VersR **1992** 850 ff.

[12] Siehe dazu Art. 9 Rdn. 3; auch Art. 30 Rdn. 39 f.

[13] Siehe dazu Rdn. 14.

[14] Auch die Diskussion über Muß- oder Sollvorschrift (*Glöckner*[7] Rdn. 2; *Loewe* ETR **1976** 503 ff, Nr. 96) bringt kein brauchbares Ergebnis; *Thume/Teutsch* Rdn. 1, 6; MüKo/*Basedow* Rdn. 4; siehe dazu auch Art. 6 Rdn. 1.

[15] Z.B. AG München vom 27. 6. 1996, TranspR **1997** 341, 342.

[16] Art. 9 Rdn. 21; zum nicht anerkannten Vorbehalt Art. 8 Rdn. 19.

[17] BGH vom 9. 2. 1979, NJW **1979** 2471 f = VersR **1979** 466, 467; CH Zivilgericht Basel-Stadt vom 19. 4. 1991, TranspR **1992** 408 f.

[18] Siehe OLG Düsseldorf vom 8. 5. 1969, ETR **1970** 447, 466 (Beweis nicht geführt); OLG Düsseldorf vom 7. 2. 1974, VersR **1975** 638 f (Beweis geführt); OLG München vom 14. 1. 1981, VersR **1981** 562 (Beweis nicht geführt); B TribCom Charleroi ETR **1977** 776, 782.

[19] Siehe Art. 10 Rdn. 22 f.

[20] Zutreffend *Koller*[4] Art. 9 Rdn. 3; *Heuer* TranspR **1988** 374, 377.

2. Haftung des Frachtführers für Nichterfüllung?

Sieht man in Art. 8 Abs. 1 die Begründung echter Schuldnerpflichten, kann die Unterlassung der Überprüfung des Gutes den Frachtführer zu einer Haftung verpflichten, wenn hierdurch dem Absender oder Empfänger ein Schaden entsteht. Ein solcher Fall kann z. B. vorliegen, wenn tiefgekühltes Obst wegen mangelhafter Überprüfung der Gefriertemperatur zur Beförderung übernommen wird und dann nach dem Transport für den Empfänger entwertet ist.[21] Diese Auslegung der Bestimmung wird in der deutschen und österreichischen Rspr. und Literatur[22] jedoch überwiegend abgelehnt; ähnlich im Ergebnis aber auch durchweg die ausländische Auffassungen. Mit Recht weist zwar *Basedow* daraufhin, daß keine zwingenden sachlichen Gründe gegen eine echte Schuldnerpflicht sprechen.[23] Fälle solcher Pflichtverletzungen werden allerdings, soweit sie Güterschäden verursachen, ohnehin meist von der allgemeinen Frachtführerhaftung nach Art. 17 CMR erfaßt, bei der es wegen ihrer Verletzung zu verschärfter Haftung kommen kann. Die ausländische Literatur und Rechtsprechung geht regelmäßig sprachlich von einer Pflicht[24] aus, weil der deutsche und österreichische Rechtsbegriff der Obliegenheit in anderen Rechten keine Parallele hat. Das der deutschen Auffassung entsprechende Ergebnis wird mit der Beschreibung der Folgen (Sanktionen) begründet, die durchweg nur im Bereich des Beweisrechts liegen.[25] Durchsetzungen des Prüfungsrechts durch Leistungsklagen kommen nirgends vor, Schadenersatzansprüche wegen Unterlassung der Prüfung werden regelmäßig abgelehnt. Damit ist die Auffassung in allen Ländern die gleiche: keine Haftung als Folge der Verletzung der Prüfungspflicht/Prüfungsobliegenheit.[26] 7

Eine **Haftung aus positiver Vertragsverletzung wegen Nichterfüllung der Untersuchungspflicht** des Art. 8 Abs. 1 b hat bisher nur das OLG Karlsruhe 1967 angenommen.[27] Ob ergänzend anwendbares nationales Recht eine vertragliche Verpflichtung des Frachtführers begründen kann, für die Ausstellung eines Frachtbriefs zu sorgen und Vorbehalte, die nach der äußeren Beschaffenheit des Gutes angezeigt erscheinen, in den Frachtbrief einzutragen, hat der BGH[28] offen gelassen. Standards für die Überprüfung verderblicher Lebensmittel stellt das internationale Übereinkommen ATP siehe Art. 17 Rdn. 204, 216 in seinen Anhängen auf. Im übrigen war eine echte Schuldnerpflicht zur Überprüfung von Angaben über das Gut auch im innerdeutschen Güterfernverkehrsrecht nicht anerkannt.[29] 8

---

21 OLG Karlsruhe vom 18. 10. 1967, DB **1967** 2022.

22 BGH vom 9. 2. 1979, VersR **1979** 466, 467; OLG Düsseldorf vom 6. 9. 1973, VersR **1975** 232; vom 7. 2. 1974, VersR **1975** 638, 639; vom 4. 3. 1982, VersR **1982** 1202, 1203; OLG Frankfurt vom 17. 11. 1981, TranspR **1982** 106, 107; A OLG Linz vom 4. 4. 1984 (unveröff.); CH Zivilgericht Basel-Stadt vom 19. 4. 1991, TranspR **1992** 408 f. Offenlassend OLG Hamm vom 8. 2. 1982, TranspR **1985** 187 ff; OLG Düsseldorf vom 24. 9. 1992, TranspR **1993** 54, 55 („selbst wenn"); A OGH vom 3. 7. 1985, TranspR **1987** 374, 377.
Gegen Schuldnerpflicht ferner *Heuer* S. 98; *Herber/Piper* Rdn. 1; *Koller*[4] Rdn. 1; MüKo/*Basedow* Rdn. 3; *Thume/Teutsch* Rdn. 3; *Precht/Endrigkeit*[3] zu Art. 8 CMR; *Glöckner*[7] Rdn. 3; *Jesser* S. 54: wohl auch *Loewe* ETR **1976** 503 ff, Nr. 96; *Voigt* VP **1970** 173 ff; *Züchner* VersR **1969** 688; *Zapp* TranspR **1991** 371, 372;

23 *Putzeys* Nr. 394; MüKo/*Basedow* Rdn. 4, wo auch auf die praktische Bedeutungslosigkeit der Frage hingewiesen wird.

24 *Clarke*[2] Nr. 25 b(i) S. 105 f; *Hill/Messent/Glass*[2] S. 75, *Donald* The CMR Nr. 207; *Loewe* ETR **1976** 503 ff, Nr. 96.

25 Völlig zutreffend *Thume/Teutsch* Rdn. 5.

26 *Thume/Teutsch* Rdn. 6.

27 Urteil vom 18. 10. 1967, DB **1967** 2022; dagegen ausdrücklich OLG Hamburg vom 18. 8. 1999, TranspR **2000** 220; OLG Düsseldorf vom 7. 2. 1974, VersR **1975** 638, 639; ebenso ablehnend OLG Frankfurt vom 17. 11. 1981, TranspR **1982** 106, 107; *Herber/Piper* Rdn. 3; *Koller*[4] Rdn. 1; *Konow* TranspR **1987** 14, 16. *Thume/Teutsch* Rdn. 4 stellt fest, daß diese Entscheidung offensichtlich überholt sei.

28 Urteil vom 9. 2. 1979, NJW **1979** 2471 f = VersR **1979** 466, 467; siehe dazu auch Art. 17 Rdn. 275.

29 Dazu nunmehr § 409 HGB und RegBegr zu § 422, BRDrucks. 368/97 S. 37. Zum bisherigen

9 Ob bei Abschluß des Frachtvertrags zwischen Frachtführer und Absender über Art. 8 hinaus oder zusätzlich eine **Verpflichtung zur Überprüfung vereinbart** werden kann, ist im Hinblick auf Art. 41 CMR fraglich. Eine Vereinbarung zur Erweiterung der Prüfungspflicht ist unwirksam; etwa eine Verschiebung des in Art. 8 Abs. 1 CMR genau festgelegten frachtvertraglichen Risikos der Prüfung auf Menge und äußeren Zustand des Gutes und der Verpackung. Zusätzliche Leistungspflichten kann der Frachtführer dagegen übernehmen, z. B. mit einer Qualitätskontrolle durch besondere Testmethoden, die auch außerhalb des Beförderungsvertrags angewendet werden; dies verstößt nicht gegen Art. 41.[30] Etwas problematisch ist die erweiternde Vereinbarung von Prüfungspflichten im Rahmen von Art. 8 Abs. 3. Immerhin handelt es sich um ein Handeln im Bereich einer von der CMR zugelassenen besonderen Prüfung. In diesem Bereich ist wohl eine Konkretisierung der dort gegebenen Möglichkeiten zulässig, nicht dagegen eine sachliche Erweiterung.

3. Die Pflichten nach Art. 8 Abs. 1

a) Anzahl, Zeichen und Nummern (Art. 8 Abs. 1 a)

10 Der Frachtführer hat die Angaben im Frachtbrief mit dem Gut selbst zu vergleichen,[31] nicht dagegen das Gut an sich.[32] Art. 8 kann ohne wirksamen Frachtbrief nicht eingreifen; die Prüfungsobliegenheit entfällt.[33] Zu überprüfen sind die Frachtstücke;[34] ebenso, wenn dem Frachtführer keine angemessenen Mittel dazu zur Verfügung stehen.[35] Beispiele: Eine sehr große Anzahl von verladenen Einzelstücken ist wegen zu hohen Personaleinsatzes praktisch nicht zählbar;[36] Zeichen oder Nummern sind unleserlich geworden.[37] Der Frachtführer muß aber entsprechende Vorbehalte im Frachtbrief eintragen und dort auch begründen, warum die Mittel für die Überprüfung nicht zur Verfügung standen. Auch ein „Unbekannt-Vermerk" ist wirksam, wenn die Unmöglichkeit der Überprüfung begründet ist.[38] Zum Vorbehalt siehe eingehender unten Rdn. 17 ff. Die Beweiswirkung der Frachtbriefangaben kann durch Gegenbeweis entkräftet werden; dazu Art. 9 Rdn. 25. Werden zusammengefaßte Güter in Containern oder ähnlichen Behältern oder auf verschweißten Paletten übergeben, ist jeweils die zusammengefaßte Einheit ein Frachtstück,[39] die darin zusammengefaßten Einzelstücke sind dann nicht Gegenstand der Überprüfung. Für Flüssiggüter und Schüttgüter sieht die CMR in Abs. 1 keine besondere Überprüfung vor.[40] Daher muß der Frachtführer sie nur bei Verlangen des Absenders vornehmen; siehe Art. 8 Abs. 3 und dort Rdn. 26.

Recht siehe bereits § 16 KVO Anh. II nach § 452 HGBaF Rdn. 3.

30 MüKo/*Basedow* Art. 41 Rdn. 7; *Koller*[4] Art. 41 Rdn. 1; *Herber/Piper* Art. 41 Rdn. 4. Siehe auch Art. 41 Rdn. 10 f. Ohne Einschränkung für Unwirksamkeit solcher Vereinbarungen *Thume/Teutsch* Rdn. 12, 17 f.

31 MüKo/*Basedow* Rdn. 6; *Thume/Teutsch* Rdn. 8; *Herber/Piper* Rdn. 6; *Koller*[4] Rdn. 2.

32 Insoweit zutreffend *Glöckner*[7] Rdn. 5.

33 Für Art. 8 Abs. 1 a *Koller*[4] Rdn. 1 aE; MüKo/*Basedow* Rdn. 5; *Clarke*[2] Nr. 25; BGH vom 9. 2. 1979, NJW **1979** 2471 f = VersR **1979** 466, 467; **a. A.** OLG Hamburg vom 30. 3. 1989, TranspR **1989** 321, 323.

34 Siehe Art. 6 Abs. 1 g; Art. 8 Rdn. 17.

35 *Thume/Teutsch* Rdn. 20 und 25; *Koller*[4] Rdn. 4.

36 *Loewe* ETR **1976** 503 ff, Nr. 98; *Willenberg* TranspR **1985** 161, 163; *Koller*[4] Rdn. 4; *Herber/Piper* Rdn. 12.

37 *Thume/Teutsch* Rdn. 20; *Koller*[4] Rdn. 4.

38 MüKo/*Basedow* Rdn. 6, 21; *Thume/Teutsch* Rdn. 25.

39 *Thume/Teutsch* Rdn. 9; *Koller*[4] Rdn. 2, 4, 20; *Herber/Piper* Rdn. 6; *Willenberg* TranspR **1985** 161, 163.

40 *Thume/Teutsch* Rdn. 9, 25.

b) Äußerer Zustand, Verpackung (Art. 8 Abs. 1 b)

Die Überprüfungsobliegenheit des Frachtführers bezieht sich auf den äußeren (von außen erkennbaren, mit den zur Verfügung stehenden Mitteln[41] feststellbaren) Zustand des Guts und der Verpackung.[42] Die Art der Verpackung ist alleine Sache des Absenders und daher nicht vom Frachtführer zu überprüfen.[43] Erkennt allerdings der Frachtführer, daß die Verpackung den Anforderungen der Beförderung nicht gewachsen ist, trifft ihn zumindest eine Rückfrage- und Hinweispflicht aus allgemeinen Grundsätzen des Vertragsrechts. Bei der Prüfung des äußeren Zustands von Gut und Verpackung kann die „IRU check list"[44] hilfreich sein, die ein ungefähres Schema solcher Untersuchungen enthält.[45] Auch insoweit kann der Frachtführer durch Eintragung begründeter Vorbehalte die Beweiswirkung des Frachtbriefs nach Art. 9 Abs. 2 verhindern, Art. 8 Abs. 2 S. 2 CMR.[46] Die Begründung muß sich hier auf die Mängel von Zustand und Verpackung beziehen. Es ist zweckmäßig, die Mängel genauer anzugeben, weil (insbesondere an der Verpackung) verschiedene Mängel nacheinander eintreten können, wodurch der Beweiswert des Vorbehalts gemindert wird.[47] Die gerügten Verpackungsmängel sind vom Frachtführer beim Transport zu berücksichtigen.[48] Die Prüfungspflicht kann nicht durch **Analogie auf das Verladen** (insbesondere auch Verstauen) ausgedehnt werden.[49] Allerdings besteht nach den besonderen Umständen eine Sorgfaltspflicht, die ein Mitverschulden begründet. Besonders französische Urteile stützten eine Haftung des Frachtführers für verdeckte Mängel der Verpackung und Stauung zunächst auf eine erweiterte Kontrollpflicht aus Art. 8,[50] zunehmend aber auf Mitverschuldenserwägungen, ohne sich freilich auf Art. 17 Abs. 1 und Abs. 5 zu beziehen.[51] Die Ergebnisse dieser Rechtsprechung beruhen weitgehend auf der innerstaatlichen Rechtslage in Frankreich.[52] Dennoch hat sie im Ergebnis gewisse Parallelen mit der deutschen Rechtslage, die ohnehin nicht durch Art. 8, sondern durch Art. 17 Abs. 4 dominiert wird.[53] Typisch sind Fahrtantritt oder die -fortsetzung trotz offensichtlicher Verladungs- oder Verpackungsfehler.[54] Eine 11

[41] Siehe Rdn. 13.

[42] Z.B. von außen wahrnehmbarer Parfümgeruch bei Haselnüssen, OLG Karlsruhe vom 25.2.1999, TranspR **1999** 349 f. Die Prüfung kann aber nur so weit gehen, wie sie gesetzlich möglich ist, häufig im Bereich des Lebensmittelrechts nicht der Fall; *Thume/Teutsch* Rdn. 14; OLG Hamm vom 18.10.1984, TranspR **1985** 107, 110 will in einem solchen Fall dann die Vermutung des Art. 9 Abs. 2 CMR nicht anwenden.

[43] Siehe schon B Trib Antwerpen vom 13.10.1972, ETR **1973** 330, 331; *Hill/Messent/Glass*[2] S. 75.

[44] Abdruck z.B. bei *Donald* The CMR S. 213; *Putzeys* S. 444 f.

[45] *Thume/Teutsch* Rdn. 12.

[46] Siehe Art. 9 Rdn. 21; dort auch zur fehlerhaften Stauung, die einen Ausschluß der Frachtführerhaftung bewirken kann (in Art. 17 Abs. 4 Buchst. c) ebenso wie die Verpackung (Art. 17 Buchst. b), dazu Rdn. 108, 152 ff, 115 ff.

[47] *Thume/Teutsch* Rdn. 26.

[48] *Donald* Nr. 207; *Thume/Teutsch* Rdn. 26.

[49] MüKo/*Basedow* Rdn. 13 f; *Herber/Piper* Rdn. 10; *Koller*[4] Rdn. 3; *Glöckner*[7] Rdn. 3; siehe aber besonders Art. 17 Rdn. 56, 108, 181.

[50] Diese erstreckt sich auch auf die Kontrolle auf verdeckte Mängel der Verladung, Verstauung: siehe *Lamy 99* 469, I Nr. 498, 463, 466. Sie bezieht contra legem auch die Kontrolle nicht äußerlich erkennbarer Verpackungsfehler ein und ermöglicht damit eine erweiterte Haftung aus Art. 10; dazu Art. 10 Rdn. 2, 8.

[51] Siehe Art. 17 Rdn. 181. Zur deutschen Rechtsprechung siehe dort Rdn. 56; im Rahmen von Art. 17 Abs. 5 insbesondere Rdn. 237, 230 f, 241. Dort auch zur weitergehenden französischen Rechtsprechung Rdn. 241.

[52] *Thume/Teutsch* Rdn. 16 f.

[53] Siehe dort Art. 17 Rdn. 238 ff.

[54] BGH vom 24.9.1987, TranspR **1988** 108, 110 = VersR **1988** 244 ff (Fahrer hatte Beförderungsunsicherheit bemerkt oder hätte sie bemerken müssen); OLG Köln vom 2.2.1972, VersR **1972** 778 (Fahrtantritt in Kenntnis unzureichender Verladung und Verpackung von Marmorplatten, ganz überwiegendes Verschulden des Frachtführers); OLG Saarbrücken vom 21.11.1974, VersR **1976**, 267 ff (Umfallen von fehlerhaft gestauten Blechrollen, Fortsetzung der Fahrt trotz Kenntnis). Zum Vergleich etwa grundsätz-

freiwillige Prüfung der Verladung und ein Vermerk des Ergebnisses im Frachtbrief ist zulässig[55] und empfehlenswert, besonders wenn der Absender ausdrücklich darauf aufmerksam gemacht wird. Sie verstoßen nicht gegen Art. 41, weil sie nur der vorsorglichen Verbesserung der Beweislage dienen.[56]

12 Die **deutsche Übersetzung „äußeren Zustand“**[57] könnte mißverstanden werden. Die englischen und französischen Originaltexte machen deutlicher, daß es sich hierbei um alle augenscheinlichen, nicht nur rein äußeren Verhältnisse handelt.[58] Mit „offensichtlich“ wäre der zu untersuchende Zustand besser übersetzt, denn auch innere, aber von außen (z. B.) wahrnehmbare Mängel sind mit erfaßt.[59] *Lutz*[60] sieht die Unterschiede zwischen der deutschen und französischen Rechtsprechung eher als semantisch an. Mit der hier zu Grunde gelegten Übersetzung „offensichtlich“ werden in der Tat die Differenzen teilweise aufgehoben. Äußerlich erkennbar sind auch Gerüche, Geräusche, Verfärbungen, weiche Stellen an Obst und ähnlich angezeigte Fehler des Guts.[61] Mit Recht warnt *Basedow* vor zu allgemeinen Aussagen zu den Prüfungspflichten, da der gesamte Komplex in hohem Grade fallabhängig ist.[62]

13 Der **Prüfungsmaßstab** ist oft entscheidend. Zu überprüfen ist nur der Zustand des Gutes, der sich mit den Mitteln und der Sorgfalt überprüfen läßt, die dem CMR-Frachtführer zur Verfügung stehen.[63] Bei der Prüfung sind nur die Kenntnisse und Methoden zu verlangen, die der Sorgfalt eines ordentlichen Frachtführers entsprechen.[64] Der Frachtführer ist kein Warenfachmann; besondere Meß- oder Prüfungsinstrumente oder Warenkenntnisse[65] sind daher nicht gefordert. Das Öffnen von Verpackungen, auch z. B. eines Containers, kann vom Frachtführer nicht verlangt werden.[66] Dies ist vernünftig, weil dies bereits ein Eingriff in die Rechte des Absenders, Empfängers oder Eigentümers mit möglichen Schädigungen als Folge wäre. Solche Eingriffe würden beachtliche Verzögerungen und Kosten mit sich bringen,[67] besonders anschaulich ist das Öffnen eines zollplombierten Containers.[68] Bei allen Prüfungen kommt es auf die tatsächliche Umstände des Falls an; siehe Rdn. 12. Die zwischen den Parteien getroffenen Abreden über die Art der Prüfung sind im Hinblick auf Art. 41[69] zumeist unwirksam; sie umreißen aber doch auch die Umstände des Transports und bestimmen insoweit mittelbar die Überprüfungspflicht.[70]

---

lich noch F Cass vom 3. 5. 1976, BT **1976** 317. Siehe insbesondere Art. 17 Rdn. 183.

[55] *Thume/Teutsch* Rdn. 26; *Putzeys* Nr. 391; *Lamy* 99 I Nr. 479, 1515.

[56] *Lamy* 99 I Nr. 479.

[57] „état apparent“, „apparent condition“.

[58] *Thume/Teutsch* Rdn. 11 f; MüKo/*Basedow* Rdn. 7; *Glöckner*[7] Rdn. 8.

[59] Häufig als „Evidenzkontrolle“ bezeichnet: *Zapp* TranspR **1991** 371, 372; *Thume/Teutsch* Rdn. 12; MüKo/*Basedow* Rdn. 7; *Herber/Piper* Rdn. 8, 11.

[60] TranspR **1991** 6, 7; dazu auch Art. 9 Rdn. 24.

[61] *Loewe* ETR **1976** 503 ff, Nr. 97; *Zapp* TranspR **1991** 371, 372; MüKo/*Basedow* Rdn. 7; *Herber/Piper* Rdn. 8; *Clarke*[2] Nr. 25a. Entgegen *Thume/Teutsch* Rdn. 12 kommt eine solche Prüfung auch für Flüssigkeiten und Schüttgüter in Betracht.

[62] MüKo/*Basedow* Rdn. 7.

[63] MüKo/*Basedow* Rdn. 7; *Herber/Piper* Rdn. 7, 12; *Thume/Teutsch* Rdn. 11; *Koller*[4] Rdn. 3; OLG Düsseldorf vom 7. 2. 1974, VersR **1975** 638, 639; vom 4. 3. 1982, VersR **1983** 1202.

[64] *Thume/Teutsch* Rdn. 12; *Herber/Piper* Rdn. 7. Zur Verhinderung eigener Schäden kann den Frachtführer jedoch aus § 254 BGB eine gesteigerte Untersuchungsobliegenheit treffen, deren Verletzung als Mitverschulden anzurechnen ist; Art. 8 CMR kann für diese Fälle keinen Maßstab darstellen; OLG Düsseldorf vom 4. 3. 1982, VersR **1982** 1202, 1203.

[65] *Koller*[4] Rdn. 3; MüKo/*Basedow* Rdn. 9; *Thume/Teutsch* Rdn. 12.

[66] F CA Reims vom 13. 7. 1977, BT **1977** 406; MüKo/*Basedow* Rdn. 8; *Koller*[4] Rdn. 3; *Herber/Piper* Rdn. 7; wohl auch *Clarke*[2] Nr. 25a(i).

[67] *Clarke*[2] Nr. 95a.

[68] MüKo/*Basedow* Rdn. 8; *Hill/Messent/Glass*[2] S. 76.

[69] Siehe dort Rdn. 10 ff.

[70] MüKo/*Basedow* Rdn. 9.

c) Anwendungsfälle

14 **Bei Kühltransporten** ist problematisch, ob die **Temperatur des vorgekühlten Gutes** bei Übernahme durch den Frachtführer[71] zum äußeren Zustand zu rechnen,[72] also vom Fahrer zu überprüfen ist. Führt er mit einem Gefrierfahrzeug Beförderungen aus, muß das Fahrzeug „mit geeigneten Meßgeräten ausgestattet sein, um während des Transports die Lufttemperatur, der tiefgefrorene Lebensmittel ausgesetzt sind, häufig und in regelmäßigen Zeitabständen zu messen". Die Aufzeichnungen sind vom Beförderer zu datieren und je nach der Art des Lebensmittels mindestens ein Jahr aufzubewahren.[73] Wegen der Üblichkeit solcher Geräte war er auch vorher jedenfalls verpflichtet, die Temperatur des Gutes bei Übernahme zu überprüfen, soweit dies mit dem bei einem Thermofahrzeug normalerweise vorhandenen Gerät durchaus möglich ist,[74] was übrigens auch in seinem eigenem Interesse lag.[75] Ein gewisses Bordinstrumentarium war ohnehin fast immer vorhanden.[76] Die Ablehnung jeder Überprüfungspflicht für die Temperatur von übernommenem Kühlgut führte zu dem mißlichen Ergebnis, daß der Absender den einwandfrei gekühltem Zustand bei Übergabe beweisen mußte. Ändern sich die Möglichkeiten der Überprüfung und des Beweises durch den Frachtführer, wird er sie stets nutzen, weil er mit Hilfe von Vorbehalten in der Lage ist, erhebliche Risiken beweisrechtlich einzugrenzen.[77] Der Frachtführer, der keinen auf eine Vorschädigung hinweisenden, ihm möglichen begründeten Vorbehalt in den Frachtbrief eingetragen hat, muß sinnvollerweise das Beweisrisiko selbst tragen.[78] Gegenüber der schwierigen und unsicheren nachträglichen Aufklärung der Temperatur des Gutes ist auch für nicht dem EG-Recht unterliegende Beförderungen die mit Bordmitteln vollziehbare Überprüfung durch den Fahrer mit Vorbehalt im Falle von Vorschädigung eine verhältnismäßig geringfügige Obliegenheit und die sachlich bessere Möglichkeit. Es ist auch sinnvoll, die CMR-Maßstäbe an die neueren technisch-wirtschaftlichen Voraussetzungen anzupassen. Ein Rückgriff auf insoweit überholte ältere Rechtsprechung erscheint bei besseren Überprüfungsmöglichkeiten kaum mehr sinnvoll. Wenn die danach zumutbare Überprüfungspflicht nicht erfüllt wird,

---

[71] Siehe zur Relevanz dieser Frage Art. 17 Rdn. 19 und 69.

[72] Warum dies gedankliche Schwierigkeiten bereiten sollte (*Glöckner*[7] Rdn. 8), ist nicht ersichtlich; dazu *Thume/Teutsch* Rdn. 13; für eine zumutbare Überprüfung eindeutig *Koller*[4] Rdn. 3; MüKo/*Basedow* Rdn. 10. *Thume* TranspR **1992** 1, 3 will die Vorkühlung der Verpackung gleichstellen und die Prüfungspflicht des Frachtführer damit begründen; zustimmend *Thume/Teutsch* Rdn. 13.

[73] Richtlinie der Kommission vom 13.1.1992, in das deutsche Recht umgesetzt durch die „Erste VO zur Änderung der VO über tiefgefrorene Lebensmittel", vom 16.11.1995, BGBl I 1520. Siehe auch Art. 17 Rdn. 211.

[74] Grundsätzlich für eine solche eingeschränkte Überprüfungspflicht OLG Karlsruhe vom 18.10.1967, DB **1967** 2022 (tiefgekühlte Kartoffeln); ferner OLG Stuttgart vom 18.12.1968, ablehnend zitiert bei *Züchner* VersR **1969** 686f; ebenso für diese Pflicht *Herber/Piper* Rdn. 9; MüKo/*Basedow* Rdn. 10; *Thume/Teutsch* Rdn. 13, 21; *Hill/Messent/Glass*[2] S. 76; wohl auch *Jesser* S. 55 gegen eine Überprüfungspflicht hinsichtlich der Temperatur haben sich ausgesprochen: *Loewe* ETR **1976** 503ff, Nr. 97; *Glöckner*[7] Rdn. 7; *Precht/Endrigkeit*[3] zu Art. 8 CMR; *Voigt* VP **1970** 173. Eine weitgehende allgemeine Kontrollpflicht für die Temperatur von Kühlgut wird von der französischen Rechtsprechung angenommen; siehe *Lamy 99* I Nr. 475, Nr. 1511; F CA Paris vom 30.5.1973, BT **1973** 304, 305; vom 20.11.1979, BT **1980** 190ff; F Cass vom 10.7.1990, BT **1990** 697f (mit observation). Bereits die Nichteintragung von Vorbehalten reicht dann für die Vermutung der richtigen Vortemperatur; *Lamy 99* aaO.

[75] *Thume/Teutsch* Rdn. 13.

[76] *Glöckner*[7] Rdn. 8; *Herber/Piper* Rdn. 9; *Koller*[4] Rdn. 3.

[77] *Glöckner*[7] Rdn. 8.

[78] OLG Hamburg vom 30.3.1989, TranspR **1989** 321, 323. Zur Hinweispflicht siehe Art. 17 Rdn. 93.

ist eine ordnungsgemäße Vorkühlung bei Annahme durch den Frachtführer anzunehmen.

15 Von einem Frachtführer, der auf Beförderung kälteempfindlicher Pflanzen in geheizten Fahrzeugen spezialisiert ist, kann eine Überprüfung des äußeren Zustandes der Pflanzen bei Übernahme verlangt werden.[79]

d) Überprüfung der Verpackung

16 Für die Verpackung gilt die gleiche Obliegenheit wie für den Zustand des Gutes.[80] Für ihre Qualität haftet der Frachtführer grundsätzlich nicht.[81] Er sollte jedoch, wenn er sie für zu schwach für den vorgesehenen Transport hält, einen entsprechenden Vorbehalt nach Art. 8 Abs. 2 S. 2 eintragen,[82] daneben aber auch verpflichtet sein, den Absender darauf hinzuweisen. Häufigster Fall ist wohl die äußerlich erkennbare Beschädigung der Verpackung.[83] Zu den Folgen des unterlassenen Vorbehalts siehe Art. 9 Rdn. 21 f.

4. Vorbehalte nach Art. 8 Abs. 2 CMR

a) Voraussetzungen des Vorbehalts

17 Nach Art. 8 Abs. 2 kann sich der Frachtführer durch Vorbehalte im Frachtbrief gegen Beweisnachteile sichern. Er kann einen Vorbehalt eintragen, wenn ihm **keine angemessenen Möglichkeiten zur Prüfung** der Angaben über die Anzahl der Frachtstücke und über Zeichen und Nummern zur Verfügung stehen. Die gerichtliche Praxis dazu betrifft weitgehend nur im Einzelfall bestehende und nur in hervorstechenden Gruppen zusammenzufassende Situationen. Dazu gehören etwa Fälle mit Schrumpffolie verschlossener Paletten oder geschlossener Container oder anderer Behältnisse. Auch die Originalverpackungen von Industrieprodukten können ohne Schaden für die Ware nicht geöffnet werden. Bereits das Wetter kann es unmöglich machen, die einzelnen Güter zu untersuchen.[84] Die Benutzung von üblicherweise oder aktuell geeigneten Prüfgeräten für äußere Prüfung ist zumutbar;[85] ebenso die Benutzung vom Absender angebotener Hilfsmittel.[86] Der Frachtführer kann nach S. 2 auch **Vorbehalte hinsichtlich des äußeren Zustands** der Güter und ihrer Verpackung eintragen. Möglich ist auch, daß die **Nummern und Zeichen** vom Frachtbrief abweichen. Wird kein Vorbehalt eingetragen, bleibt der Beweis auf andere Weise möglich.[87] Die Vorbehalte müssen im zeitlichen Zusammenhang mit der Übernahme der Güter erfolgen.[88] Sinnvollerweise kommt es nicht darauf an, ob diese zur Beförderung oder zunächst nur zur Lagerung erfolgt; dann ist Lagerrecht maßgeblich.[89] Werden sie nicht eingetragen oder nicht begründet, entfällt ihre besondere Beweiswirkung. Mängel, die nur mündlich, telefonisch oder schriftlich beanstandet worden sind, können dennoch im Prozeß bewiesen werden. Dazu kann die Beanstandung als Beweismittel eingesetzt werden.[90]

---

[79] F CA Toulouse vom 17.2.1971, ETR **1972** 412, 415 f.

[80] Zur Gleichstellung der Vorkühlung mit der Verpackung durch *Thume* siehe Rdn. 14, Fn. 72.

[81] *Thume/Teutsch* Rdn. 15; MüKo/*Basedow* Rdn. 11.

[82] *Thume/Teutsch* Rdn. 15; MüKo/*Basedow* Rdn. 11; F CA Aix-en-Provence vom 9.12.1980, BT **1981** 143 (daneben auch Verladefehler); F Cass vom 12.10.1981, BT **1981** 576 = ETR **1982** 294, 299.

[83] MüKo/*Basedow* Rdn. 11.

[84] *Herber/Piper* Rdn. 12.

[85] *Thume/Teutsch* Rdn. 13, 21.

[86] *Thume/Teutsch* Rdn. 22 mit Überlegungen zum zusätzlichen Zeitaufwand.

[87] Beispiel: B CA Gent vom 25.6.1986, ETR **1987** 421, 431.

[88] *Thume/Teutsch* Rdn. 7 (Übernahme in die Obhut des Frachtführers); generell Rdn. 2.

[89] *Thume/Teutsch* Rdn. 7.

[90] Siehe Art. 9 Rdn. 25.

Die schriftliche **Begründung im Frachtbrief** ist Wirksamkeitsvoraussetzung der Vorbehalte.[91] Liegt kein Frachtbrief vor, besteht keine Möglichkeit, sich nach Abs. 2 zu sichern.[92] Die Begründung muß die erkennbaren konkreten Tatsachen angeben, die dem Frachtführer die Überprüfung unmöglich machen.[93] Vorbehalte ohne konkrete Angaben über die Fehler oder nur mit allgemein salvatorischen Klauseln wie „Empfänger unbekannt" erbringen keine Wirkung.[94] Für die Frage, wer das Gut zu verladen hat, kann der Vorschrift kein Argument entnommen werden.[95] Sehr problematisch ist die Begründung einer Vermutung für die Entstehung des Schadens in der Obhutszeit nach Art. 30 i. V. m. Art. 8.[96] Für die Prüfungsobliegenheit des Frachtführers hinsichtlich der Güter nach Art. 8 ist Art. 6 von Bedeutung.[97] Sind im Frachtbrief bereits begründete Vorbehalte eines Vormanns eingetragen, wird es in der Regel ausreichen, wenn der Frachtführer diese nur übernimmt.[98] Die Begründung muß in mindestens einer Ausfertigung eingetragen werden,[99] vor allem in der 1. Ausfertigung (Absenderausfertigung)[100] und zwar vor der Übergabe an den Absender.[101] In anderen Exemplaren eingetragene Vorbehalte sollen nach *Loewe* „selbstverständlich keine Wirkung" haben. Dem ist nicht zuzustimmen: Wird aus welchen Gründen auch immer eine andere Ausfertigung verwendet, ist die Eintragung dennoch wirksam;[102] es kommt darauf an, wie die Exemplare in welchen Fällen verwendet werden.[103] Der Vorbehalt ist nur wirksam, wenn der Frachtbrief vollgültig, d. h. auch vom Absender unterzeichnet ist; dennoch lassen sich auch daraus, daß kein Vorbehalt eingetragen ist, Rückschlüsse ziehen.[104] Ist ein Vorbehalt eingedruckt oder eingestempelt, ist dies in der Regel unzureichend. Jedoch wird auch vertreten, daß für typischerweise nicht überprüfbare Angaben zu Anzahl, Zeichen und Nummern (Art. 8 Abs. 1 a) ein solcher Stempel reichen kann.[105] 18

b) Wirkungen des Vorbehalts

Der **nicht anerkannte Vorbehalt** des Frachtführers ist ohne die im Frachtbrief eingetragene Anerkennung des Absenders diesem gegenüber nach Art. 8 Abs. 2 S. 3 nicht verbindlich. Er stellt aber doch eine völlig offene Beweislage her.[106] Denn die 19

---

[91] LG Mönchengladbach vom 16. 3. 1988, TranspR **1988** 431, 432; *Loewe* ETR **1976** 5388. Die Konkretisierung ist Voraussetzung: OLG Düsseldorf vom 24. 9. 1992, TranspR **1993** 54, 55; *Herber/Piper* Rdn. 13; MüKo/*Basedow* Rdn. 1; *Koller*[4] Rdn. 6; *Thume/Teutsch* Art. 8 Rdn. 24; Art. 9 Rdn. 6; *Glöckner*[7] Rdn. 9.

[92] Siehe Rdn. 1.

[93] Siehe daher zu den Auswirkungen der Untersuchung, ihrer Unterlassung und der Nichteintragungen im Frachtbrief Art. 9 Rdn. 21 f und Art. 10 Rdn. 22.

[94] MüKo/*Basedow* Rdn. 18; *Koller*[4] Rdn. 6; *Herber/Piper* Rdn. 13. Siehe auch Art. 30 Rdn. 15 und 30; vergleichend *Clarke*[2] Nr. 25 b(ii).

[95] A OGH 14. 9. 1982, TranspR **1984** 195 = SZ **55** Nr. 123 S. 617 ff = *Greiter* 174. Zur Verladepflicht siehe Art. 17 Rdn. 147, 159 ff.

[96] F Cass vom 2. 2. 1982, ETR **1983** 47, 50 = BT **1982** 152 f; siehe Art. 30 Rdn. 40, Art. 9 Rdn. 3.

[97] *Koller*[4] Art. 6 Rdn. 7; *Herber/Piper* Rdn. 11. Siehe auch Art. 6 Rdn. 13, 2, 31.

[98] OLG Düsseldorf vom 24. 9. 1992, TranspR **1993** 54, 55.

[99] *Hill/Messent/Glass*[2] S. 76; *Putzeys* Nr. 421; *Glöckner*[7] Rdn. 9 hält dieses Erfordernis für „recht theoretisch".

[100] Jedenfalls, wenn ein „full set" verwendet wird, *Hill/Messent/Glass*[2] S. 76; allgemein *Loewe* ETR **1976** 503 ff, Nr. 100.

[101] *Loewe* ETR **1976** 100.

[102] Siehe Art. 5 Rdn. 2.

[103] Dazu die Beispielskonstruktionen bei *Thume/Teutsch* Rdn. 23.

[104] OLG Hamburg vom 30. 3. 1989, TranspR **1989** 321, 323; wohl auch B CA Lüttich vom 6. 5. 1970, ETR **1970** 716, 723 f.

[105] So jedenfalls B Trib Antwerpen vom 26. 6. 1985, ETR **1985** 582, 585 f.

[106] Zutreffend *Loewe* ETR **1976** 539; *Haak* S. 188 f; *Thume/Teutsch* Rdn. 30; MüKo/*Basedow* Rdn. 21; *Koller*[4] Rdn. 8; *Herber/Piper* Rdn. 15; *Jesser* S. 46; *Baumgärtel/Giemulla* Rdn. 1; OLG Hamm vom 8. 2. 1982, TranspR **1985** 187; wohl auch OLG Düsseldorf vom 24. 9. 1992, TranspR **1993** 54, 55. **A. A.** wohl *Putzeys* Nr. 423 ff; *Sánchez-Gamborino* Nr. 443 ff.

nicht anerkannten Vorbehalte sind beweisrechtlich wirksam, weil sie zunächst die Beweiswirkungen des Frachtbriefs nach Art. 9 und die Haftung nach Art. 10 ausschließen.[107]

Im Frachtbrief **anerkannte Vorbehalte** sind nach Art. 8 Abs. 2 S. 3 zu Lasten des Frachtführers verbindlich. Daß die Anerkennung ausdrücklich („expressément", „expressly") erfolgen muß, wird so ausgelegt, daß die Unterschrift einem besonders klargestellten Anerkenntnis einer bestimmten Reklamation zu gelten hat. Auf keinen Fall können irgendwelche Unterschriften als Anerkennung gelten.[108] Die Eintragung in einer Ausfertigung des Frachtbriefs genügt.[109] Sie sind mindestens in einer Ausfertigung einzutragen. Dafür enthält das IRU-Frachtbriefformular in Feld 18 die richtige Stelle. Die streng formulierte Regelung steht in gewissem Gegensatz zu Art. 9 und 10 CMR.[110] Die schriftliche Anerkennung des Vorbehalts erbringt aber zumindest Beweis zugunsten des Frachtführers nicht nur für die Identität des Unterschreibenden, sondern auch für das Bestehen äußerer Mängel. Ob sie eine strikte, unwiderlegliche Wirkung entfaltet, ist umstritten.[111] Im Gegensatz dazu sehen manche Autoren die Vermutung nur als widerlegliche an.[112] In der Praxis wird die Widerlegung kaum möglich sein.[113] Werden im Vorbehalt mangels Kontrollmöglichkeit keine sachlichen Feststellungen gemacht, läßt sich aus ihm ohnehin keine Fehlerfreiheit der Sendung begründen.[114] Im übrigen sehen auch Vertreter der strikten Wirkung die Möglichkeit, daß sie bei Rechtsmißbrauch nicht in Betracht kommt.[115] Die daraus entstehende Beweislage zwingt den Ersatzverlangenden, ebenfalls nachzuweisen, daß der Schaden nach Übernahme der Güter durch den Frachtführer entstanden ist, die Güter also unbeschädigt übernommen worden sind. Andererseits kann sich z. B. der Frachtführer, wenn er sich auf Verpackungsmängel nach Art. 17 Abs. 4 b CMR berufen will, nicht auf einen nicht anerkannten Vorbehalt stützen, sondern muß den Verpackungsmangel nachweisen. Hierbei können die Vorbehalte für ihn günstig sein.[116] Die frachtbrieflichen Vorbehalte können bei äußerlichen Beschädigungen der Verpackung den Empfänger davon entlasten, sich eine Vermutung unbeschädigter Übernahme entgegensetzen zu lassen.[117] Interpretiert man die Regelung mit entsprechenden Einschränkungen, erscheint die Streitfrage ziemlich bedeutungslos.

20 **Fehlt es an Untersuchung und Vorbehalt**, wird man jedenfalls davon ausgehen müssen, daß der Frachtführer die Behauptung eines haftungsbefreienden Verpackungsmangels, der äußerlich erkennbar gewesen wäre, voll beweisen muß.[118] Dies gilt auch für die Übernahme von Kühlgut als richtig temperiert.[119] Zur Rechtslage bei

---

107 Zu Art. 10 siehe *Herber/Piper* Rdn. 16; zur Beweislage nach Art. 9 siehe dort Rdn. 25; zum Beweis nach rechtzeitiger Reklamation gem. Art. 30 Rdn. 33; siehe MüKo/*Basedow* Rdn. 21; *Koller*[4] Rdn. 8.

108 *Loewe* ETR **1976** 503 ff, Nr. 104; *Thume/Teutsch* Rdn. 28; *Hill/Messent/Glass*[2] S. 77; *Putzeys* Nr. 420.

109 *Putzeys* Nr. 421.

110 Siehe auch Art. 9 Rdn. 26; Art. 10 Rdn. 22.

111 Dafür *Koller*[4] Rdn. 7; *Clarke*[2] Nr. 25 b(ii) S. 106; *Dorrestein* Nr. 143 a; *Putzeys* Nr. 419; eingeschränkt MüKo/*Basedow* Rdn. 20; *Theunis* S. 42.

112 Insbesondere *Loewe* ETR **1976** 503 ff, Nr. 102; *Haak* S. 188; *Herber/Piper* Rdn. 19; *Nickel-Lanz* Nr. 45; für eine gewisse Einschränkung der Auslegung *Hill/Messent/Glass*[2] S. 77.

113 *Loewe* ETR **1976** 503 ff, Nr. 102; *Thume/Teutsch* Rdn. 28; *Herber/Piper* Rdn. 19

114 MüKo/*Basedow* Rdn. 20; *Clarke*[2] Nr. 25 b(ii) S. 106.

115 *Putzeys* Nr. 419.

116 Siehe z. B. F CA Paris vom 24. 4. 1984, DVZ Nr. 119 vom 4. 10. 1984 S. 8. Zur Frage ihrer Verbindlichkeit siehe Rdn. 21.

117 Siehe Art. 30 Rdn. 33 ff und als Beispiel F CA Toulouse vom 22. 1. 1976, BT **1976** 73, 74.

118 Unter diesen Einschränkungen zutreffend B Trib Antwerpen vom 10. 10. 1980, ETR **1982** 64, 70 f; F Cass vom 12. 10. 1981, ETR **1982** 294, 299.

119 F Cass vom 10. 7. 1990, BT **1990** 697 f (Widerlegung durch einseitiges Sachverständigengutachten nicht ausreichend).

Widerruf eines bereits abgegebenen gerichtlichen Geständnisses siehe OLG Frankfurt vom 17.11.1981, TranspR **1982** 106.

Für völlige Unverbindlichkeit nicht anerkannter Vorbehalte hat sich *Voigt* VP **1970** 173 ausgesprochen. Auch diese Auffassung ist nach dem Text der CMR vertretbar. Art. 9 Abs. 2 müßte dann jedoch so interpretiert werden, daß dort nur vom Absender anerkannte Vorbehalte gemeint seien. Der Frachtführer könnte sich dann ohne Mitwirkung des Absenders nicht gegen die Beweisregelung nach Art. 9 Abs. 2 schützen. Ihm bliebe nichts anderes übrig, als die Beförderung überhaupt zu verweigern, mit den entsprechenden Folgerisiken. Die hier vertretene differenziertere Lösung ist vorzuziehen.[120] 21

Die Eintragung des Vorbehalts im Frachtbrief genügt im Regelfall als Maßnahme des Frachtführers. Eine Pflicht zur **Benachrichtigung** oder zu weiteren Maßnahmen, deren Unterlassung zur Haftung des Frachtführers führen würde, ist regelmäßig nicht anzunehmen.[121] Dies kann allerdings nicht gelten, wenn der festgestellte äußere Zustand des Gutes die Befürchtung nahelegt, es könne durch den Transport weiter verschlechtert werden. In diesem Falle ist eine Rückfragepflicht des Frachtführers beim Absender zu bejahen. Der Transport ohne Rückfrage kann zum Schadenersatz führen. Denn dem Frachtführer wird das Recht zur Eintragung eines Vorbehalts von der CMR zugestanden, damit er sich gegen die Haftung für bereits bestehende äußerlich erkennbare Schäden und Mängel schützen kann. Es soll nicht dazu dienen, ihn bei Entstehen weiterer vorhersehbarer Folgeschäden haftungsfrei zu halten; siehe Art. 17 Rdn. 129f. 22

III. Überprüfung auf Verlangen des Absenders (Art. 8 Abs. 3)

Art. 8 Abs. 3 sieht eine Pflicht zur Überprüfung der Frachtbriefangaben vor für die Fälle, in denen ihre gesetzliche Anordnung in Abs. 1 nicht erwähnt ist; allerdings nur auf besonderes Verlangen des Absenders[122] und auf dessen Kosten.[123] Die Beweisregelung weist diesen Frachtbriefeintragungen keine besondere Beweiskraft zu; siehe Art. 9 Rdn. 27. Der Absender hat aber unter Umständen ein besonderes Interesse an der Bestätigung der Frachtbriefangaben, weil er seinem Abnehmer oder der finanzierenden Akkreditivbank gegenüber auf sie angewiesen ist.[124] 23

Im Gegensatz zu der für die gesetzlich normierten Prüfungspflichten nach Abs. 1[125] herrschenden deutschen Auffassung sind die auf besonderes Verlangen des Absenders gegründeten Pflichten nach Abs. 3 nicht nur Obliegenheiten, sondern **echte Schuldnerpflichten.**[126] Dafür spricht nicht nur der Wortlaut.[127] Dem Absender gegenüber wird eine entgeltliche Verpflichtung zu Prüfung und Eintragung begründet.[128] Er kann auf deren Erfüllung angewiesen sein, so daß ein durchsetzbarer Anspruch sinnvoll ist. 24

---

120 Siehe auch MüKo/*Basedow* Rdn. 21.

121 OLG Frankfurt vom 17.11.1981, TranspR **1982** 106, 108.

122 Daran fehlt es wohl regelmäßig; siehe z.B. OLG Düsseldorf vom 24.9.1992, TranspR **1993** 54, 55. Für das Verlangen ist keine besondere Form vorgeschrieben; der Beweis dafür folgt keinen besonderen Regeln, ist also in der Regel vom Absender zu führen.

123 „Optional check", siehe *Clarke*² Nr. 25b(iii) S. 109.

124 MüKo/*Basedow* Rdn. 22.

125 Dazu Rdn. 7.

126 MüKo/*Basedow* Rdn. 22; *Thume/Teutsch* Rdn. 32; *Herber/Piper* Rdn. 22; **a.A.** *Zapp* TranspR **1991** 371, 372.

127 „L'expéditeur a le droit d'exiger la vérification", „The sender shall be entitled to require the carrier to check".

128 *Koller*⁴ Rdn. 10; *Herber/Piper* Rdn. 22; MüKo/*Basedow* Rdn. 22.

Da die CMR keinen Ersatzanspruch bei Verletzung dieser Pflicht regelt, ist ergänzend das Recht des Schuldstatus anzuwenden, bei Anwendung deutschen Rechts also insbesondere Schadensersatz nach Leistungsstörungsrecht,[129] meist wohl positiver Vertragsverletzung.

1. Gewicht oder Menge (Art. 8 Abs. 3 S. 1)

25 Das **Verlangen** des Absenders ist nach Art. 8 Abs. 3 Voraussetzung für die Überprüfungspflicht des Frachtführers; es muß eindeutig ausgedrückt werden.[130] Fehlt es daran, dann besteht keine Überprüfungspflicht.[131] Die Folge ist dann, daß Art. 9 Abs. 2 nicht anwendbar ist; siehe Art. 9 Rdn. 27.

26 Nach Art. 8 Abs. 3 S. 1 muß der Frachtführer auf Verlangen des Absenders auch das im Frachtbrief angegebene **Rohgewicht oder** die anders (z. B. in Raummaßen) angegebene **Menge**[132] überprüfen und das Ergebnis der Prüfung in den Frachtbrief eintragen.[133] Dies ist vor allem für Flüssig- und Schüttgüter von Bedeutung.[134] Wird diese Prüfung vom Absender nicht verlangt oder vom Frachtführer nicht vorgenommen und daher kein Vorbehalt auf dem Frachtbrief angebracht, kann die Absenderangabe im Frachtbrief keine Vermutung im Sinne von Art. 9 begründen.[135] Die Überprüfung und Eintragung ist für den Absender z. B. von Bedeutung, wenn er mit der Absenderausfertigung des Frachtbriefs gegenüber seinem Abkäufer oder der finanzierenden Akkreditivbank den Nachweis der Übernahme bestimmter Waren führen will. Dies ist etwa der Fall, wenn die Absenderausfertigung als Dokument für ein Dokumentenakkreditiv verwendet wird. Die Pflicht zur Überprüfung des Guts nach Art. 8 Abs. 3 S. 1 ist echte Schuldnerpflicht,[136] wenn der Absender die Überprüfung verlangt. Die englischen und französischen Originaltexte sind hier ebenfalls eindeutig formuliert („the sender shall be entitled" und „l'expéditeur a le droit"). Die durch die Überprüfung bestätigte Eintragung des Gewichtes im Frachtbrief ist maßgeblich;[137] nur durch Gegenbeweis kann sie widerlegt werden.[138]

2. Inhalt (Abs. 3 S. 2)

27 Der Frachtführer hat auf Verlangen auch den Inhalt der Frachtstücke[139] zu überprüfen. Dabei kann es sich allerdings nur um eine für den Frachtführer zumutbare Prüfung handeln.[140] Denn dieser hat meist keine ausreichende Warenkenntnis für eine eingehende Prüfung der Qualität und des inneren Zustands der Güter.[141] Auch die Öffnung der äußeren Verpackung kann nicht immer Aufschlüsse über die Qualität der nochmals darin verpackten einzelnen Güter bringen. Welcher Maßstab der Überprüfung allgemein gilt, ist umstritten.[142] *Basedow* geht mit Recht davon aus, daß der

---

[129] *Herber/Piper* Rdn. 22; *Koller*[4] Rdn. 10; MüKo/*Basedow* Rdn. 22.
[130] *Thume/Teutsch* Rdn. 32.
[131] Zutreffend LG Offenburg vom 21. 1. 1969, VersR **1969** 560, 561; *Koller*[4] Rdn. 10; **a. A.** *Herber/Piper* Art. 9 Rdn. 15.
[132] Siehe Art. 6 Rdn. 19.
[133] Daß dafür eine gemeinsame Überprüfung von Absender und Frachtführer erforderlich sein soll, läßt sich Art. 8 Abs. 3 nicht entnehmen; so aber *Loewe* ETR **1976** 503 ff, Nr. 95.
[134] Siehe Rdn. 10.
[135] Siehe Art. 9 Rdn. 21; KG vom 11. 1. 1995, TranspR **1995** 342, 345; LG Offenburg vom 21. 1. 1969, VersR **1969** 560 f; *Loewe* ETR **1976** 503 ff, Nr. 95.
[136] Siehe Rdn. 24.
[137] Siehe dazu genauer Art. 9 Rdn. 27.
[138] *Loewe* ETR **1976** 503 ff, Nr. 95; Anwendungsfälle: F TribCom Paris vom 30. 5. 1979, BT **1979** 535 f (vergeblich).
[139] Dazu Art. 6 Rdn. 12, 14.
[140] *Herber/Piper* Rdn. 23.
[141] *Thume/Teutsch* Rdn. 33, dort auch zur Zumutbarkeit unter Berücksichtigung der Zahlungspflicht des Absenders.
[142] Siehe dazu MüKo/*Basedow* Rdn. 23.

Absender die Prüfungspflicht bestimmen kann und muß und daß die Kosten (eventuell auch für einen Sachverständigen) von ihm zu tragen sind. Selbst das Öffnung der Verpackung trägt bereits vom Absender zu tragende Risiken in sich. Ohne besondere Anweisungen kann sich der Frachtführer daher auf eine oberflächliche Prüfung beschränken. Die Überprüfung ist bei Verlangen Rechtspflicht.

3. Kosten der Überprüfung (Abs. 3 S. 3)

Der Frachtführer hat nach Art. 8 Abs. 3 S. 3 Anspruch auf Ersatz der Kosten der **28** Überprüfung. Wird ihm hierfür kein Vorschuß entsprechend den ergänzend anwendbaren §§ 675, 669 BGB gewährt, so kann er die Untersuchung verweigern.[143]

4. Eintragung des Ergebnisses (Abs. 3 S. 4)

Die Eintragung des Überprüfungsergebnisses im Frachtbrief verbessert die Be- **29** weislage zugunsten des Absenders. Zwar trifft Art. 8 Abs. 3 keine Regelung zur Wirkung der Eintragung.[144] Im Schadensfall kann aber der Absender mit ihrer Hilfe beweisen, daß der Frachtführer das Gut ohne Schäden von ihm übernommen hat; siehe Art. 9 Rdn. 27. Versäumt der Frachtführer die Eintragung, so muß er sich wohl ebenso behandeln lassen, wenn er nicht seinerseits nachweisen kann, daß der Schaden bei Übernahme des Gutes dennoch bereits bestanden hat.

Artikel 9

1. Der Frachtbrief dient bis zum Beweise des Gegenteils als Nachweis für den Abschluß und Inhalt des Beförderungsvertrages sowie für die Übernahme des Gutes durch den Frachtführer.

2. Sofern der Frachtbrief keine mit Gründen versehenen Vorbehalte des Frachtführers aufweist, wird bis zum Beweise des Gegenteils vermutet, daß das Gut und seine Verpackung bei der Übernahme durch den Frachtführer äußerlich in gutem Zustande waren und daß die Anzahl der Frachtstücke und ihre Zeichen und Nummern mit den Angaben im Frachtbrief übereinstimmten.

Article 9

1. La lettre de voiture fait foi, jusqu'à preuve du contraire, des conditions du contrat et de la réception de la marchandise par le transporteur.

2. En l'absence d'inscription sur la lettre de voiture de réserves motivées du transporteur, il y a présomption que la marchandise et son emballage étaient en bon état apparent au moment de la prise en charge par le transporteur et que le nombre des colis ainsi que leurs marques et numéros étaient conformes aux énonciations de la lettre de voiture.

---

[143] MüKo/*Basedow* Rdn. 24; *Thume/Teutsch* Rdn. 34; *Herber/Piper* Rdn. 24.

[144] *Thume/Teutsch* Rdn. 35 f.

Article 9

1. The consignment note shall be prima facie evidence of the making of the contract of carriage, the conditions of the contract and the receipt of the goods by the carrier.

2. If the consignment note contains no specific reservations by the carrier, it shall be presumed, unless the contrary is proved, that the goods and their packaging appeared to be in good condition when the carrier took them over and that the number of packages, their marks and numbers corresponded with the statements in the consignment note.

Übersicht

Schrifttum

Heuer Zur Frachtführerhaftung nach der CMR: Haftungszeitraum – Ladetätigkeiten – Fahrervollmacht – Lkw- bzw. Ladungsdiebstahl, VersR **1988** 312–317; *Jung* The Convention on the Contract for the International Carriage of Goods (CMR): Survey, Analysis and Trends of Recent German Case Law, RDU **1997** 148–167; *Oeynhausen* Wertdeklarationen im internationalen Straßengüterverkehr nach Art. 24 CMR, TranspR **1982** 113–116; *Thume* Haftungsprobleme bei CMR-Kühltransporten, TranspR **1992** 1–7; *Voigt* Zur Prüfungspflicht des Frachtführers nach Art. 8 CMR, VP **1970** 173–176.

I. Der Frachtbrief als Beweispapier

1 Alle gesetzlichen Beweiswirkungen des Art. 9 setzen zunächst voraus, daß überhaupt ein Frachtbrief ausgestellt ist. Fehlt es daran[1] oder ist der Frachtbrief nicht voll gültig,[2] wird keine Vermutung nach der CMR begründet. Andere Dokumente können seine Funktion als spezifisch geregeltes Beweismittel nach der CMR nicht ersetzen,[3] wohl aber im Rahmen allgemeinen Beweisrechts von Bedeutung sein.[4] Die Beweis-

[1] Siehe Art. 4 Rdn. 1 ff, 9; BGH vom 9. 2. 1979, NJW **1979** 2471 f = VersR **1979** 466, 467; OLG Hamm vom 30. 3. 1998, TranspR **1998** 463, 464 *Koller*[4] Rdn. 1 und Art. 8 Rdn. 1 a. E.; *Herber/Piper* Rdn. 18; Art. 30 Rdn. 14.

[2] Siehe grundsätzlich Art. 5 Rdn. 8; MüKo/*Basedow* Rdn. 2; im einzelnen Rdn. 6 ff; *Koller*[4] Rdn. 1; *Herber/Piper* Rdn. 1 ff.

[3] MüKo/*Basedow* Rdn. 2; *Koller*[4] Rdn. 1; *Hill/Messent/Glass*[2] S. 66.

[4] Siehe Art. 4 Rdn. 10.

wirkung des Frachtbriefs ist allerdings in den einzelnen Bestimmungen sprachlich unterschiedlich ausgedrückt. Daher ist es unvermeidlich, jede der Vorschriften jeweils besonders auszulegen.[5] Die Beweiswirkung des Frachtbriefs ist durchweg widerleglich.[6] Sie kann also durch entsprechende andere Beweise durchbrochen oder ersetzt werden. Hierzu gibt es unzählige Beispiele in der Rechtsprechung.[7]

II. Der Frachtbrief als Beweis für Abschluß und Inhalt des Frachtvertrages (Art. 9 Abs. 1)

1. Allgemeines

Der CMR-Frachtbrief wird nach Art. 5 Abs. 1 von Absender und Frachtführer unterzeichnet.[8] Er erbringt nach Art. 9 Abs. 1 CMR (widerleglichen) Beweis für den Abschluß,[9] aber auch für den Inhalt des Frachtvertrags.[10] Ist kein Frachtbrief ausgestellt, kann keine Vermutung begründet werden.[11] Da er nach Art. 4 S. 2 für die Gültigkeit des Frachtvertrags ohne Bedeutung ist,[12] können diese Tatsachen auch auf andere Weise nachgewiesen werden.[13] Grundsätzlich kann die Beweiswirkung des Frachtbriefs ohnehin höchstens zu Lasten dessen gehen, der ihn wirksam nach Art. 5 Abs. 1 unterzeichnet hat.[14] Darüber hinaus wird aber überwiegend davon ausgegangen, daß ein Beweisvorteil nach Art. 9 nicht begründet werden kann, wenn auch nur eine der Unterschriften fehlt.[15] Nach allgemeinen Beweisregeln kann ein Beweiswert jedoch zugunsten dessen angenommen werden, der eine Tatsache damit bestätigt.[16] Die Beweiswirkung von Angaben über das Gut nach Art. 9 Abs. 2 ist offensichtlich bewußt stark eingeschränkt; eine erweiternde Auslegung oder analoge Anwendung auf andere Angaben läßt sich daher nur aufgrund ergänzend anzuwendenden nationalen Rechts begründen.[17] Soweit im Frachtbrief Eintragungen fehlen, muß damit notwendig auch jede Beweiswirkung nach Art. 9 entfallen. Der Frachtbrief ist jedoch damit regelmäßig nicht unwirksam. Vorbehalte, durch die die Beweiswirkung aufgehoben wird, sind in Art. 9 Abs. 2, nicht aber in Abs. 1 vorgesehen. Es ist dennoch zulässig, solche Vorbehalte einzutragen; sie liefern Indizien gegen die Eintragungen zu Abs. 1.[18] Ob sie dagegen die in der CMR vorgesehenen besonderen Beweiswirkungen aufgrund allgemeiner, aus der CMR abzuleitender Grundsätze haben, ist zweifelhaft.[19] Es ist durchaus nicht unvernünftig, zunächst einmal die allgemeinen Angaben des Abs. 1 als richtig vorauszusetzen. Der volle Gegenbeweis[20] bleibt möglich. 2

---

[5] *Loewe* ETR **1976** 503 ff, Nr. 106; *Thume/Teutsch* Rdn. 1.

[6] Unstr. MüKo/*Basedow* Rdn. 6; *Koller*[4] Rdn. 2; *Thume/Teutsch* Rdn. 7; *Glöckner*[7] Rdn. 1.

[7] Siehe als Beispiel Rdn. 25.

[8] Siehe generell Art. 5 Rdn. 9 ff; zu den Unterschriften Rdn. 9 ff.

[9] Insbesondere auch über die Parteien, siehe Rdn. 9 ff.

[10] Zum Beweis über das Gut siehe Rdn. 22 ff.

[11] Siehe Rdn. 2; BGH vom 9. 2. 1979, NJW **1979** 2471 f = VersR **1979** 466, 467; OLG Hamm vom 30. 3. 1998, TranspR **1998** 463, 464; MüKo/*Basedow* Rdn. 2; *Thume/Teutsch* Rdn. 3, 16; *Koller*[4] Rdn. 1 und Art. 8 Rdn. 1 a. E.; *Herber/Piper* Rdn. 18; siehe auch Art. 4 Rdn. 9, Art. 30 Rdn. 14.

[12] Siehe Art. 4 Rdn. 5.

[13] Siehe Rdn. 2; zur Beweiswirkung des Frachtbriefs allgemein § 426 HGBaF Rdn. 29; dort auch zu § 286 ZPO.

[14] Siehe Art. 5 Rdn. 15.

[15] Siehe Rdn. 6.

[16] Siehe Art. 5 Rdn. 7 ff und § 426 HGBaF Rdn. 23. Zum Frachtführervorbehalt siehe Art. 8 Rdn. 17 ff.

[17] Siehe z. B. Rdn. 27 zum Gewicht.

[18] Siehe Art. 6 Rdn. 28.

[19] So aber *Dorrestein* Nr. 132; MüKo/*Basedow* Rdn. 2; *Thume/Teutsch* Rdn. 5.

[20] Der übliche Ausdruck „Gegenbeweis" ist allerdings eher irreführend. Die CMR spricht vom „Beweis des Gegenteils" („preuve du contraire", „unless the contrary is proved"). Es handelt sich nicht um Gegenrechte; die angebotenen Beweismittel müssen vielmehr im Sinne einer eingehen-

3 Für das Bestehen oder Fehlen **innerer, von außen nicht erkennbarer Fehler oder Schäden** des Gutes kann Art. 9, dem eine formale, am Frachtbrief orientierte Betrachtungsweise zugrunde liegt, keine Beweisregeln aufstellen. Für diese bleibt es daher bei der typischen schwierigen Beweislage: Jede Partei hat die Tatsachen zu beweisen, auf die sie sich beruft.[21] Eine Ausnahme dazu macht aber die französische Rechtsprechung, die bei Fehlen der rechtzeitigen Reklamation eine Vermutung auch für Freiheit von inneren Fehlern annimmt.[22]

4 Daß die **Angaben im Frachtbrief widerleglich** sind, gilt für jede eingetragene Angabe.[23] Hierfür kommen alle nach ergänzendem nationalen Recht gegebenen Beweismittel in Betracht, insbesondere auch das Anerkenntnis der Prozeßparteien.[24]

5 Die **Beweiswirkung** des Frachtbriefs **nach Art. 9 CMR** kann auch zur Begründung von **Ansprüchen außerhalb der CMR** nutzbar gemacht werden (gestützt auf ergänzend anzuwendendes Landesrecht). Das OLG Düsseldorf geht im Urteil vom 4. 3. 1982[25] bei der Begründung einer Absenderhaftung grundsätzlich von den Möglichkeiten der Art. 8, 9 CMR aus, wobei Art. 9 im Ergebnis allerdings ohne Bedeutung bleibt.

6 Die **Beweiswirkung setzt einen gültigen Frachtbrief voraus**, der von Absender und Frachtführer unterzeichnet sein muß.[26] Die Verletzung einer Pflicht zu seiner Ausstellung kann dieses Erfordernis nicht ersetzen.[27]

7 Durch ein **widerrufenes Geständnis** wird eine völlig offene Beweislage herbeigeführt.[28]

2. Beweis für den Abschluß

a) Beweis des Abschlußvorgangs

8 Die Unterzeichnung des Frachtbriefs durch beide Parteien schafft widerleglichen Beweis für den Abschluß eines Frachtvertrags zwischen diesen. Inwieweit die nationalen Vorschriften über Vertretung, Willensmängel oder weitere für den Vertragsschluß maßgebliche Umstände[29] vorliegen, kann nicht durch diese Vermutung nachgewiesen werden.[30] Die Frage, ob die CMR auf diesen Vertrag anwendbar ist, hängt jedoch von

den Beweiswürdigung gegen die Vermutung nach Art. 9 zur gegenteiligen Überzeugung des Gerichts führen. Im Zweifel setzt sich daher der Frachtbrief durch. Siehe auch Rdn. 11.

21 Siehe dazu Art. 8 Rdn. 3; Art. 30 Rdn. 36, 41 f; ferner § 429 HGBaF Rdn. 108 Fn. 166.

22 *Lamy 99* I Nr. 468, 1525 Jur. 1; F Cass vom 2. 2. 1982, ETR **1983** 47, 50 = BT **1982** 152 f; *Koller*[4] Rdn. 3; *Thume/Teutsch* Rdn. 6; siehe Art. 8 Rdn. 1; Art. 30 Rdn. 41.

23 Siehe dazu im einzelnen Rdn. 8, 10, 11, 14, 15, 21 ff, 25 f. Zur Beweiswirkung des Frachtbriefs siehe grundsätzlich § 426 HGBaF Rdn. 29 f: dort auch zum Urkundenbeweis (§ 416 ZPO), zu seiner Erschütterung (BGH vom 17. 6. 1997, TranspR **1998** 85–88) und zu § 286 ZPO; zu diesem § 286 BGH vom 17. 4. 1997, TranspR **1998** 21–25.

24 Zum ausländischen Recht z. B. GB Queen's Bench Division vom 8. 5. 1975 (Ulster Swift v. Taunton), ETR **1976** 246, 251; GB Queen's Bench Division vom 29. 6. 1990 (Texas Instruments v. Nason) RDU **1990** II 442 ff = ETR **1991** 530–540.

25 VersR **1982** 1202 f.

26 Siehe Art. 5 Rdn. 8 ff; BGH vom 8. 6. 1988, TranspR **1988** 370 ff = VersR **1988** 952 f; vom 9. 2. 1979, NJW **1979** 2471 f = VersR **1979** 466, 467; vom 17. 4. 1997, TranspR **1998** 21–25 = VersR **1998** 79–82; OLG München vom 27. 11. 1992, TranspR **1993** 190, 191; NL Hof Leeuwarden vom 20. 2. 1974 SS **1976** S. 71 ff Nr. 31; *Koller*[4] Rdn. 1; *Thume/Teutsch* Art. 5 Rdn. 16; zum Fehlen des Frachtbriefs siehe Rdn. 1.

27 BGH vom 9. 2. 1979, NJW **1979** 2471 f = VersR **1979** 466 f.

28 OLG Frankfurt vom 17. 11. 1981, TranspR **1982** 106 f.

29 Dazu Art. 1 Rdn. 78, 80, 82; ferner 18 f.

30 Dazu *Koller*[4] Rdn. 2; *Herber/Piper* Rdn. 6; MüKo/*Basedow* Rdn. 3; dort auch zu den (praktisch kaum bedeutsamen) Unterschieden zwischen dem englischen Originaltext (dem die deutsche Übersetzung folgt) und dem französischen Text, der mit „conditions de transport" den Vertragsschluß streng genommen nicht erfaßt.

den Voraussetzungen des Art. 1 ab. Insbesondere muß es sich um einen Frachtvertrag[31] handeln und die Voraussetzung der Internationalität muß gegeben sein; siehe Art. 1 Rdn. 1 f. Auch die durch den Frachtbrief erzeugte **Vermutung für die Rechtsnatur** des dokumentierten Vertrags **als Frachtvertrag** läßt sich widerlegen.[32]

b) Beweis für die beteiligten Personen

Grundsätzlich bezieht sich die Beweiskraft der Frachtbriefeintragungen auch auf die beteiligten Personen.[33] 9

aa) Frachtführer

Wer Frachtführer ist, bestimmt sich primär nach den Angaben im wirksamen Frachtbrief.[34] Eine Nichteintragung des Vertragspartners als Frachtführer ist nach Art. 4 ohne materielle Bedeutung.[35] Bestreitet die eingetragene Person ihre Eigenschaft als Frachtführer, muß sie die Unrichtigkeit der Eintragung beweisen.[36] Wer sich wahrheitswidrig im Frachtbrief als Frachtführer geriert, kann gegenüber Personen, die sich auf den Frachtbrief verlassen, nach § 826 BGB haften.[37] 10

bb) Absender

Wer Absender[38] ist, bestimmt sich beweisrechtlich nach der Eintragung im Frachtbrief,[39] soweit kein Gegenbeweis geführt werden kann.[40] Der Frachtbrief begründet daher nicht die Stellung des Eingetragenen als Absender, sondern nur widerlegliche Vermutung dafür.[41] Gegenüber einem schriftlichen Transportauftrag setzt sich die überlegene gesetzliche Beweiskraft des Frachtbriefs grundsätzlich durch.[42] Die Absendereigenschaft ist vor allem auch wegen der an sie geknüpften Haftung nach Art. 22 Abs. 2, 2. Halbsatz, von Bedeutung.[43] 11

---

[31] Siehe dazu die Kommentierung von Art. 1 und dort Rdn. 17–60.

[32] Z.B. wenn sich aus den Umständen ergibt, daß in Wahrheit ein Lohnfuhrvertrag vorlag; A OGH vom 8.9.1983, SZ **56** 129 S. 575 f = TranspR **1984** 281 f = *Greiter* 200 ff = ETR **1985** 282 ff; ebenso für einen KFZ-Mietvertrag A OGH vom 30.5. 1985, TranspR **1986** 225 f; siehe auch § 425 HGBaF Rdn. 91, 94 und § 432 HGBaF Rdn. 26.

[33] *Koller*[4] Rdn. 1; MüKo/*Basedow* Rdn. 3; *Herber/Piper* Rdn. 6; dazu *Hill/Messent/Glass*[2] S. 67.

[34] OLG München vom 30.10.1974, VersR **1975** 129 f; OLG Hamburg vom 6.11.1980, VersR **1982** 556; B Cass vom 17.9.1987, ETR **1988** 201, 204; B CA Antwerpen vom 23.2.1993, ETR **1993** 934; F CA Paris vom 9.7.1980, BT **1980** 449 f; GB Queen's Bench Division vom 6.–8.6.1990 (Texas Instruments v. Nason) ETR **1991** 671 mit umfangreichen Erörterungen über die Person des ersten Frachtführers, S. 676–682. Zur Wirksamkeit des Frachtbriefs generell siehe Art. 5 Rdn. 8 ff. Zur Maßgeblichkeit des Frachtbriefs, auch wenn der Unterschrift des Frachtführers das polizeiliche Kennzeichen eines einem Dritten gehörenden Fahrzeugs und ein die Stellvertretung bezeichnender Zusatz („pour…") der Unterschrift beigefügt ist, OLG Hamburg vom 6.11.1980, VersR **1982** 556.

[35] F CA Paris vom 23.3.1978, BT **1978** 265, 266.

[36] F CA Paris vom 9.4.1987, BT **1987** 454.

[37] OLG München vom 27.11.1992, TranspR **1993** 190, 191; *Koller*[4] Rdn. 2.

[38] Also der Vertragspartner des Frachtführers; siehe Art. 6 Rdn. 6.

[39] Siehe etwa A OGH vom 3.7.1985, TranspR **1987** 374, 377; GB Queen's Bench Division vom 6.–8. Juni 1990 (Texas Instruments v. Nason) ETR **1991** 671–676 f; F CA Lyon vom 21.10. 1976, BT **1976** 534 = BT **1976** 110 f; NL Rb Rotterdam vom 10.8.1990, SS **1992** Nr. 86; OLG München vom 30.10.1974, VersR **1975** 129, 130.

[40] A OGH vom 3.7.1985, TranspR **1987** 374, 377; siehe als Beispiele für mißglückten Gegenbeweis OLG Düsseldorf vom 14.12.1995, TranspR **1996** 155 f; F CA Paris vom 6.1.1971, BT **1971** 40.

[41] OLG München vom 27.3.1981, VersR **1982** 264, 265; so auch i.E. schon der NL Hoge Raad vom 7.12.1973, ETR **1974** 724, 727, mit Anm. von *Dorrestein*.

[42] KG vom 11.1.1995, TranspR **1995** 342, 344; siehe auch Rdn. 2.

[43] Siehe Art. 22 Rdn. 13. Fall: F CA vom 11.3. 1982, BT **1982** 199 f.

cc) Empfänger

12 Wer **Empfänger** ist, wird ebenfalls (widerleglich) durch die Frachtbriefeintragung bestimmt.[44] Auslieferung an eine andere Person kann Verlust der Güter bedeuten.[45]

3. Beweis für Inhalt und Rechtsnatur des Frachtvertrags

13 Die Beweiswirkung für den Inhalt des Frachtvertrags bezieht sich zunächst auf die Einzelheiten der Leistungsbeschreibung, zu denen z. B. der vertraglich festgelegte Ablieferungsort[46] gehört. Auch Sonderabreden[47] und die Vereinbarung der dem Frachtvertrag zugrunde gelegten AGB[48] können durch die Eintragung bewiesen werden. Die Bedingungen können gegen Art. 41 CMR verstoßen, aber auch nach nationalem AGB-Recht unwirksam sein; allerdings sagt dies noch nichts über ihre Wirksamkeit aus.

14 Aus dem eingetragenen Vertragsinhalt ergibt sich (meist mittelbar) auch die **Rechtsnatur** als Frachtvertrag.[49] Die Eintragungen im Frachtbrief erbringen z. B. (widerleglichen) Beweis für die Rechtsnatur des Vertrags als Frachtvertrag, nicht Speditionsvertrag[50] oder Miete.[51]

a) Umschreibung der Vertragsleistung

15 Der Frachtbrief erbringt widerleglichen Beweis für alle in ihm festgehaltenen Vertragsinhalte.[52] Dies bedeutet auch eine Vermutung der Vollständigkeit der in ihm eingetragenen Vertragsbedingungen. Jeder, der sich auf eine nicht eingetragene Einzelheit beruft, trägt die Beweislast für seine Behauptung.[53] Art. 6 Abs. 3 stellt klar, daß die Eintragung aller Vertragsinhalte zulässig,[54] aber für die Begründung der Vermutung nach Art. 9 Abs. 1 auch erforderlich ist.

16 **Beispiele:** Die Begründung eines anfänglichen Empfängerverfügungsrechts nach Art. 12 Abs. 3;[55] erteilte Weisungen nach Art. 12;[56] Angaben über Dokumente[57] und Informationen;[58] im Frachtbrief angegebener Bestimmungsort oder -stelle.[59]

---

[44] Siehe Art. 6 Abs. 1 e und dort Rdn. 11. Siehe z. B. OLG Düsseldorf vom 2. 3. 1989, TranspR **1989** 423 f. Der Frachtbrief erbringt widerlegliche Vermutung: LG Frankfurt vom 1. 4. 1970, AWD **1971** 414, 416. Unzutreffend OLG Düsseldorf vom 13. 11. 1980, VersR **1982** 89, 91 mit der Annahme, Empfänger sei „nur, wer im Frachtbrief eingetragen ist"; siehe Art. 9 Rdn. 12; dazu auch Art. 13 Rdn. 1.

[45] BGH vom 13. 7. 1979, VersR **1979** 1154; OLG München vom 27. 3. 1981, VersR **1982** 264, 265.

[46] Siehe Art. 6 Rdn. 30 ff.

[47] Siehe Rdn. 17.

[48] *Herber/Piper* Rdn. 8.

[49] Siehe Art. 1 Rdn. 17–19, 25; Art. 6 Rdn. 19; MüKo/*Basedow* Rdn. 3.

[50] OLG München vom 30. 10. 1974, VersR **1975** 129; siehe dazu eingehender § 412, 413 HGBaF Rdn. 65.

[51] I. E. OLG Hamm vom 19. 2. 1973, VersR **1974** 28, 29 = NJW **1973** 2163 f.

[52] MüKo/*Basedow* Rdn. 4; *Heuer* S. 134; *Loewe* ETR **1976** 503 ff, Nr. 105.

[53] *Koller*[4] Rdn. 2; MüKo/*Basedow* Rdn. 4; *Herber/Piper* Rdn. 7.

[54] Art. 6 Rdn. 28 f.

[55] Art. 6 Rdn. 29.

[56] Art. 12 Rdn. 4.

[57] Art. 6 Abs. 2 g, siehe dort Rdn. 27, Art. 9 Rdn. 4; *Koller*[4] Rdn. 2; *Herber/Piper* Rdn. 6.

[58] *Koller*[4] Rdn. 2; *Herber/Piper* Rdn. 6.

[59] Diese Angabe ist jedoch nicht verbindlich, wenn nachgewiesen werden kann, daß auch eine inländische Anschlußbeförderung vereinbart war; auf diese ist dann eventuell die CMR anzuwenden, B TribCom Antwerpen vom 3. 4. 1977, ETR **1977** 411, 417; siehe auch Art. 6 Rdn. 8.

b) Besondere Abreden

17 Zum Inhalt des Frachtvertrags gehören auch die Sonderabreden.[60] Auch auf diese erstreckt sich daher die Beweiswirkung von Art. 9 Abs. 1. Zur Frage, inwieweit sie zu ihrer Gültigkeit der Eintragung im Frachtbrief bedürfen, siehe Art. 6 Rdn. 30 ff. Von besonderer Bedeutung sind die Angaben im Frachtbrief für die Lieferfrist (siehe Art. 19 Rdn. 5), für die Erhebung von Nachnahmen (siehe Art. 21) und gegebenenfalls Wert- oder Interessedeklaration nach Art. 24, 26. Die Eintragung im Frachtbrief begründet die Vermutung der Vereinbarung solcher besonderer Vertragsinhalte.[61] Die Vereinbarung eines Umladungsverbots kann der Absender nach allgemeinen Grundsätzen beweisen, wenn es im Frachtbrief nicht eingetragen ist.[62]

III. Beweis für das Gut

18 Die Beweiskraft des Frachtbriefs für Übernahme betrifft zwei unterschiedliche Gegenstände: den Übernahmevorgang (Art. 9 Abs. 1) und bestimmte Angaben über das Gut (äußerer Zustand, Menge und Identifikationszeichen, Art. 9 Abs. 2).[63]

1. Beweis für die Übernahme (Art. 9 Abs. 1)

19 Die widerlegliche Beweiswirkung für die Übernahme entspricht einer Quittung.[64] Sie markiert den Beginn der Obhutshaftung.[65] Die Beweiswirkung des Frachtbriefs wird durch andere, auch ältere Papiere nicht verdrängt.[66] Sie bezieht sich auf den Übernahmevorgang als solchen,[67] aber jedenfalls auch auf den Inhalt der Ladung;[68] sonst wäre die Vermutung im Verlustfalle wirkungslos. Die Übernahme kann auch durch andere Beweismittel bewiesen werden.[69] Sie setzt die Annahme des Frachtbriefs durch den Frachtführer und mindestens dessen Unterschrift voraus.[70] Obwohl Art. 9 Abs. 1 sich nur global auf die Übernahme bezieht, muß davon auch der Zeitpunkt erfaßt sein, für den der Frachtbriefeintrag nach Art. 6 Abs. 1 Buchst. d[71] (widerleglichen) Beweis erbringen kann. Für die Identitätsbezeichnung des Gutes und für seinen Zustand gelten die besonderen Regelungen des Art. 9 Abs. 2.

20 Der Frachtbrief erbringt auch widerleglichen Beweis für die Übergabe der Begleitpapiere.[72] Denn diese gehören insofern zum Gut, als sie ebenso wie dieses an den Frachtführer übergeben werden. Es ist systematisch richtig, dies auf Art. 9 Abs. 1 zu stützen.[73]

---

60 Siehe Art. 6 Rdn. 30 ff.

61 OLG Düsseldorf vom 28.10.1982, VersR **1983** 749 (zu Art. 26 CMR); OLG Düsseldorf vom 7.7.1988, TranspR **1988** 425, 427; NL Rb Roermond vom 30.5.1968, ETR **1969** 1019, 1023 f (Vorschrift eines bestimmten Grenzübergangs).

62 Siehe Art. 6 Rdn. 21.

63 MüKo/*Basedow* Rdn. 1.

64 Zur Quittung siehe Art. 17 Rdn. 45; *Thume/Teutsch* Rdn. 5; MüKo/*Basedow* Rdn. 6, 11.

65 Siehe Art. 17 Rdn. 17 ff.

66 So aber *Lamy 99* I Nr. 474; zweifelnd MüKo/*Basedow* Rdn. 6. Die Fragestellung betrifft ein Scheinproblem, da der Frachtbriefbeweis ohnehin gegen andere Beweise abgewogen werden muß. Welcher sich durchsetzt, ist Tatfrage.

67 MüKo/*Basedow* Rdn. 6.

68 OLG Düsseldorf vom 14.12.1995, TranspR **1997** 193, 195.

69 MüKo/*Basedow* Rdn. 6.

70 Siehe Rdn. 6; siehe auch § 426 HGBaF Rdn. 41 ff.

71 Siehe Art. 6 Rdn. 15.

72 OLG Schleswig vom 30.8.1978, VersR **1979** 141, 142; MüKo/*Basedow* Rdn. 10; *Herber/Piper* Rdn. 10; siehe Art. 11 Rdn. 1; Art. 6 Rdn. 27.

73 *Koller*[4] Rdn. 2; MüKo/*Basedow* Rdn. 10; *Herber/Piper* Rdn. 10; OLG Schleswig aaO führt dafür Art. 9 Abs. 2 an.

2. Beweiskraft der Angaben über das Gut (Art. 9 Abs. 2)

a) Beweisgrundsätze

21 Nach Art. 9 Abs. 2 kann der Frachtbrief auch Beweis erbringen für den äußeren Zustand von Gut und Verpackung bei der Übernahme durch den Frachtführer.[74] Dies gilt aber nur, wenn in ihm keine begründeten Vorbehalte eingetragen sind.[75] Mit dieser Regelung knüpft Art. 9 Abs. 2 an die gesetzliche Überprüfungspflicht des Art. 8 an.[76] Versäumt der Frachtführer die Überprüfung nach Art. 8 Abs. 1 und den Vorbehalt, hat der Absender oder Empfänger die Möglichkeit, sich für seine Behauptung auf den „reinen" Frachtbrief zu berufen. Mit der Obliegenheit zu formalisierten Vorbehalten, vor allem auch „Überprüfung nicht möglich, weil ..." wird dem Frachtführer zu Recht die nachträgliche Geltendmachung des Arguments unmöglich gemacht, die Überprüfung sei nicht erfolgt oder nicht möglich gewesen.[77]

b) Äußerlicher Zustand von Gut oder Verpackung

22 Mit dem äußeren (oder „äußerlichen") Zustand ist der „offensichtliche" bzw. der nach Art. 8 Abs. 3 von ihm zu überprüfende Zustand gemeint,[78] also nur, soweit er vom Frachtführer **äußerlich leicht feststellbar** ist.[79] Fraglich erscheint, ob damit nur Eigenschaften des Gutes erfaßt sind – oder auch zusätzliche Umstände, z. B. das Vorliegen von Veterinärattesten zu übernommenem Kühlfleisch.[80] Solche Bescheinigungen sind unter gegebenen Umständen als Teil des Gutes zu sehen. Eine Vermutung, daß die Ware generell in gutem Zustand übernommen ist, kann aus Art. 9 Abs. 2, Art. 8 Abs. 1 nicht hergeleitet werden, denn ohne Frachtbrief liegen die Voraussetzungen des Art. 9 Abs. 2 nicht vor. Die Voraussetzungen des Art. 9 können auch nicht durch Analogien ersetzt werden.[81] Im übrigen hat der Frachtführer zwar das Recht, nicht aber die Pflicht zu einer Überprüfung. In solchen Fällen bleibt es aber bei der normalen Beweislast; der Ersatzverlangende hat also den inneren Zustand bei Übernahme durch den Frachtführer zu beweisen.[82]

23 Ebenso wie die Prüfungspflicht nach Art. 8 Abs. 1 ist deren Folgenregelung nicht nur auf das Gut, sondern auch auf die **Verpackung** bezogen. Ist bei verpackten Gütern kein Verpackungsfehler zu erkennen und enthält der Frachtbrief keinen Vorbehalt, wird vermutet, daß der Schaden nicht auf Verpackungsmängel zurückging; ebenso nicht auf das Stauen durch den Absender.[83] Verpackung ist hier nicht als Tätig-

---

74 Eine analoge Anwendung für den Fall, daß kein Frachtbrief ausgestellt ist, kann nicht begründet werden, auch nicht wegen Mitverschuldens des Frachtführers bei Ausstellung des Frachtbriefs aus positiver Vertragsverletzung; BGH vom 9. 2. 1979, NJW **1979** 2471 f = VersR **1979** 466, 467.

75 Siehe Art. 8 Rdn. 11 ff; Beispiele: NL Hof Arnhem vom 10. 4. 1973, SS **1973** 218 (Nässeschaden bei Kühlfleisch); NL Rb Amsterdam vom 25. 6. 1975, SS **1976** 115, 117 (unverpackte Güter in äußerlich nicht beanstandeter Außenverpackung).

76 Siehe Art. 8 Rdn. 11; eingehend *Haak* S. 186 ff; *Herber/Piper* Rdn. 5; *Koller*[4] Rdn. 3; *Thume/Teutsch* Rdn. 6, 9; MüKo/*Basedow* Rdn. 7.

77 Dazu siehe Art. 8 Rdn. 6.

78 Siehe Art. 8 Rdn. 11 ff, 27. Zutreffend OLG Düsseldorf vom 4. 3. 1982, VersR **1983** 1202; LG Düsseldorf vom 29. 11. 1985, TranspR **1987** 340.

79 Z. B. Geruchsveränderungen bei Lebensmitteln, OLG Karlsruhe vom 25. 2. 1999, TranspR **1999** 349 f (Parfümgeruch von Haselnüssen); nicht aber z. B. der Zustand von Blechen innerhalb einer geschlossenen Verpackung; BGH vom 8. 6. 1988, TranspR **1988** 370 f = VersR **1988** 952 f = ETR **1988** 705 ff.

80 Z. B. OLG Schleswig vom 30. 8. 1978, VersR **1979** 141, nach Art. 9 Abs. 2 durch den Frachtbriefeintrag erwiesen.

81 Siehe Rdn. 6.

82 Anders aber die französische Rechtsprechung: F CA Paris vom 10. 12. 1971, F CA Toulouse 17. 2. 1971, BT **1972** 35 f; siehe auch Rdn. 24.

83 Z. B. F CA Colmar vom 7. 11. 1973, BT **1974** 144 f (zerbrochene Fliesen durch Springen der Metallbänder).

keit (die nicht überprüft wird), sondern als Umhüllung gemeint, auf die sich auch die Vorbehalte nach Abs. 2 beziehen.[84] Dies gilt auch für die Verstauung als Teil des Verladens, für die keine Beweislastregelung getroffen ist.[85]

Die **französische Rechtsprechung** geht von einer weitergehenden Beweiswirkung des Frachtbriefs aus; sie erstreckt die Vermutung auch auf den Inhalt der Frachtstücke,[86] oft mit der Begründung, der Beförderer habe stets das Recht zur Untersuchung des Gutes und müsse sich folglich entgegenhalten lassen, er habe davon keinen Gebrauch gemacht.[87] Diese Auffassung verstößt eindeutig gegen Text und Sinn der CMR.[88] Art. 9 ist in Zusammenhang mit Art. 8 zu sehen, dessen Abs. 1 eine Überprüfungspflicht des Frachtführers nur für Anzahl, Zeichen und Nummern sowie den äußeren Zustand vorsieht, während nach Abs. 3 aber eine Untersuchung nur auf Verlangen des Absenders zu erfolgen hat. Es liegt also bei diesem, die Beweislage zu sichern. Verlangt er die Prüfung nicht, kann er sich auch im Rahmen von Art. 9 nicht darauf berufen, der Frachtführer habe sie unterlassen.[89] Die Zuschiebung des Untersuchungsrisikos an den Frachtführer ist auch wirtschaftlich nicht angebracht, weil die Öffnung eines Frachtstücks schadensträchtig, aufwendig und daher nur bei besonders großem Risiko sinnvoll ist. Dies zu bestimmen, liegt beim Absender, der wohl auch die Kosten übernehmen muß.[90] Problematisch ist auch die Überprüfung der Innentemperatur von Kühlgut.[91] 24

c) Anzahl und Bezeichnung der Frachtstücke

Auch die Richtigkeit der Frachtbriefangaben über Anzahl und Bezeichnung der Frachtstücke wird vermutet, wenn der Frachtbrief dazu keinen Vorbehalt enthält.[92] Die Widerlegung der Vermutung für die Richtigkeit der im Frachtbrief eingetragenen Anzahl der übernommenen Frachtstücke ist möglich, setzt aber exakten Beweis voraus.[93] Der Vorbehalt begründet keine gegenteilige Vermutung; vielmehr entsteht eine offene Beweislage.[94] Wenn der Fahrer bei der Verladung nicht anwesend war und 25

---

84 Siehe Art. 8 Rdn. 16.

85 *Herber/Piper* Rdn. 13; *Koller*[4] Rdn. 3; F CA Paris vom 27. 1. 1970, BT **1970** 100, 101; siehe vor allem Art. 8 Abs. 1 b Rdn. 5, 11.

86 *Lutz* TranspR **1991** 6, 7, dazu Art. 8 Rdn. 12; *Koller*[4] Rdn. 3; MüKo/*Basedow* Rdn. 8; *Thume/Teutsch* Rdn. 6, 11; F CA Paris vom 17. 5. 1974, BT **1974** 297 f; F CA Paris vom 17. 3. 1977, BT **1977** 196 f (Haftung für Diebstahl aus zollverplombter Verpackung, weil Frachtführer Diebstahl vor der Übernahme nicht beweisen kann); anders wohl F CA Reims vom 3. 3. 1980, BT **1980** 237.

87 Siehe Art. 17 Rdn. 241. Dort auch zur weitergehenden französischen Rechtsprechung F Cass vom 2. 2. 1982, ETR **1983** 47, 50 = BT **1982** 152; weitere Hinweise *Lamy 98* I Nr. 480; 1516 Jur. 2. Siehe Art. 30 Rdn. 40.

88 MüKo/*Basedow* Rdn. 8; *Lutz* TranspR **1991** 6, 7.

89 *Koller*[4] Rdn. 3.

90 *Lutz* TranspR **1991** 6, 7.

91 Eine solche Prüfung wird vom Frachtführer verlangt, wenn ihm das Fehlen eines Vorbehalts vorgeworfen wird; siehe dazu F Cass vom 10. 7. 1990, BT **1990** 697 f.

92 Siehe zur Frachtbriefeintragung Art. 6 Abs. 1 g und dort Rdn. 14; zu Überprüfung und Vorbehalt Art. 8 Abs. 1 a und dort Rdn. 10.

93 Grundsätzlich dazu A OGH vom 3. 7. 1985, TranspR **1987** 374, 377 (auch bei Verletzung der Prüfungspflicht nach Art. 8); *Thume/Seltmann* Rdn. A 14; KG vom 11. 1. 1995, TranspR **1995** 342, 345. Beispiele für **Gegenbeweise**: OLG Hamburg vom 27. 8. 1981, TranspR **1985** 184 f (iranische Zollplombe reicht nicht als Gegenbeweis aus); LG Bochum vom 28. 6. 1995, TranspR **1996** 366, 338 (intakte Verplombung kein ausreichender Beweis); OLG Hamm vom 8. 2. 1982, TranspR **1985** 187 (vorbehaltslos übernommene Ware war vor Übernahme durch den Frachtführer schon beschädigt). Zur Widerlegung der Angaben über die Anzahl durch mehrere Zeugen siehe F Cass vom 23. 5. 1970, BT **1970** 266 f; dazu auch Art. 8 Rdn. 10.

94 A OGH vom 3. 7. 1985, TranspR **1987** 374, 377; MüKo/*Basedow* Rdn. 11; *Thume/Teutsch* Art. 9 Rdn. 7; *Herber/Piper* Rdn. 12. Siehe auch Art. 8 Rdn. 19 f.

daher nicht zählen konnte, soll nach dem Leitsatz eines Urteils des OLG Hamm von 1984[95] der Frachtbrief keinen Beweis für die Stückzahl erbringen. In dieser Allgemeinheit ist diese Aussage abzulehnen, denn dem Frachtführer oder Fahrer stand die Möglichkeit zur Verfügung, einen begründeten Vorbehalt einzutragen.[96] Der Mißbrauch, den Fahrer seitens des Absenders daran zu hindern, muß anders als mit der Umgehung der CMR bekämpft werden. Mindestens, soweit der Empfänger durch die nicht überprüften Angaben getäuscht wird, kann eine unzulässige Rechtsausübung vorliegen.[97] Keinen Beweis erbringt der Frachtbrief für den Inhalt der Frachtstücke, ebensowenig für die Menge, wenn sie nicht in Stückzahlen ausgedrückt ist.[98]

d) Vorbehalte im Frachtbrief

26 Die Beweiswirkung ist ausgeschlossen, wenn der Frachtführer in den Frachtbrief mit Gründen versehene Vorbehalte eingetragen hat.[99] Deren Anerkennung durch den Absender nach Art. 8 Abs. 2 S. 3 ist für die Durchbrechung der Beweiswirkung nach Art. 9 Abs. 2 nicht erforderlich,[100] ebensowenig die Benachrichtigung des Absenders,[101] wohl aber, daß ein gültiger Frachtbrief vorliegt. Der Gegenbeweis, daß der Vorbehalt unzutreffend ist, bleibt offen.[102] Ist der Vorbehalt nicht eingetragen oder nicht begründet, hat er nicht die vorgesehene Beweiswirkung.[103] Fehlt er, ist daher die Vermutung nach Art. 9 Abs. 2 (widerlegbar) begründet. Damit erschöpft sich aber die Beweiswirkung; ein Schluß auf Nichtbestehen innerer Fehler ist nicht begründbar. Zur Rechtslage, wenn kein Vorbehalt eingetragen ist, siehe Art. 9 Rdn. 2; ferner § 426 HGBaF Rdn. 41 ff.

3. Angaben über Gewicht, Menge und Inhalt (Art. 8 Abs. 3)

27 Eine Beweiskraft des Frachtbriefs für die mit bestätigendem, im Frachtbrief eingetragenem Ergebnis[104] geprüften Angaben nach Art. 8 Abs. 3 S. 4 ist allgemein anerkannt, wenn der Frachtbrief keine Vorbehalte enthält.[105] Jedoch kommt diese Beweismöglichkeit nur in Betracht, wenn der Absender die Überprüfung verlangt hat.[106]

---

[95] OLG Hamm vom 18.10.1984, **1985** 107, 110. Denn der Fahrer durfte wegen Fehlens der veterinärpolizeilich erforderlichen Kleidung nicht bei der Verladung anwesend sein.

[96] *Heuer* VersR **1988** 312, 313 f; MüKo/*Basedow* Rdn. 9, *Herber/Piper* Rdn. 5; *Koller*[4] Rdn. 3; *Thume/Teutsch* Rdn. 12.

[97] Siehe zu ähnlichen Problemen bei der Haftung gegenüber Dritten für unrichtig ausgestellte Frachtbriefe § 426 HGBaF Rdn. 49; zur reinen Quittung (Bestätigung des frachtbriefmäßigen Zustands bei Ablieferung) und zum Problem der unrichtigen Quittung eingehend § 16 KVO, Anh. II nach § 452 HGBaF Rdn. 24 ff. Diese begründet aber zumindest eine Vermutung im Sinne von § 286 ZPO; OLG Köln vom 7.5.1996, VersR **1997** 106, 109.

[98] MüKo/*Basedow* Rdn. 10.

[99] Siehe hierzu Art. 8 Abs. 2 und dort Rdn. 17 ff; zu Art. 9 AG Kenzingen vom 2.9.1997, TranspR **1999** 245 f.

[100] Str., siehe Art. 8 Rdn. 19 f und vergleichend § 426 HGBaF Rdn. 57.

[101] OLG Frankfurt vom 17.11.1981, TranspR **1982** 106, 108; zur Haftung des Frachtführers für Unterlassung der Überprüfung des Gutes und Eintragung eines Vorbehalts siehe Art. 8 Rdn. 20.

[102] *Herber/Piper* Rdn. 12.

[103] *Herber/Piper* Rdn. 16.

[104] Ohne die Eintragung des positiven Ergebnisses keine Beweiswirkung (wohl allgemeine Auffassung): *Koller*[4] Art. 8 Rdn. 10; *Herber/Piper* Rdn. 16; MüKo/*Basedow* Art. 8 Rdn. 25. Siehe dazu auch Art. 8 Rdn. 29.

[105] KG vom 11.1.1995, TranspR **1995** 342, 345; LG Offenburg vom 21.1.1969, VersR **1969** 560 f. Siehe Art. 8 Rdn. 26; zum ähnlichen Art. 30 Abs. 1 dort Rdn. 33.

[106] Allein das Verlangen der Überprüfung verschafft aber der einseitigen Eintragung des Absenders noch keine Beweiskraft; MüKo/*Basedow* Art. 8 Rdn. 27. Durch die eigenständige Überprüfung ohne Verlangen des Absenders wird die Beweislage nicht verändert; siehe Art. 8 Rdn. 23.

Welchen Beweiswert das in den Frachtbrief eingetragene und mit den Empfängerangaben übereinstimmende Ergebnis der Prüfung[107] hat, ist weitgehend umstritten.[108] Die CMR legt keine beweisrechtlichen Folgen der Eintragung fest. Allgemeiner Konsens scheint darüber zu bestehen, daß die Eintragung des Prüfungsergebnisses – als letztlich kontradiktorisch festgestellt – Beweis erbringt, aber auch, daß dieser durch Gegenbeweis widerlegt werden kann. Teilweise wird dies mit analoger Anwendung von Art. 9 bzw. mit allgemeiner Ausdeutung der CMR,[109] teilweise mit den ergänzend anzuwendenden Regeln nationalen Rechts[110] begründet. Eine Analogie zu Art. 9 scheidet jedoch aus, weil diese Bestimmung Gewichtsangaben offenkundig bewußt nicht aufführt.[111] Eine in der Sache entsprechende Entscheidung kann aber aus den allgemeinen Regeln des Urkundenbeweises nach anzuwendendem nationalen Beweisrecht abgeleitet werden. Die vollen Voraussetzungen des Art. 8 Abs. 3 müssen dann aber vorliegen (bei verpackten Gütern oft schwierig), und die Urkunde Frachtbrief muß überhaupt entsprechende Angaben enthalten. Insgesamt beruht die Klarheit der Beweislage unter der unglücklichen Formulierung der CMR, die auf ungeklärte Begriffsunterschiede der einzelnen Rechtsordnungen zurückgeht.[112] Die Beweisfragen sind daher bei den Regeln des Gerichtsstaates am besten aufgehoben, deren Anwendung von den Gerichten als alltäglich beherrscht wird. Bei ihrer Anwendung können alle zu Art. 9 vorgebrachten Argumente einbezogen werden.

Artikel 10

Der Absender haftet dem Frachtführer für alle durch mangelhafte Verpackung des Gutes verursachten Schäden an Personen, am Betriebsmaterial und an anderen Gütern sowie für alle durch mangelhafte Verpackung verursachten Kosten, es sei denn, daß der Mangel offensichtlich oder dem Frachtführer bei der Übernahme des Gutes bekannt war und er diesbezüglich keine Vorbehalte gemacht hat.

Article 10

L'expéditeur est responsable envers le transporteur des dommages aux personnes, au matériel ou à d'autres marchandises, ainsi que des frais, qui auraient pour origine la défectuosité de l'emballage de la marchandise, à moins que, la défectuosité étant apparente ou connue du transporteur au moment de la prise en charge, le transporteur n'ait pas fait de réserves à son sujet.

---

107 Bei Nichtübereinstimmung geht von der Eintragung keine besondere Beweiswirkung aus; MüKo/*Basedow* Rdn. 27.

108 Siehe zum Überblick *Herber/Piper* Art. 9 Rdn. 14.

109 F TribCom Paris vom 30. 5. 1979, BT **1979** 535 f; für analoge Anwendung *Thume/Teutsch* Rdn. 14; *Koller*[4] Rdn. 4; Art. 8 Rdn. 10; *Herber/Piper* Art. 9 Rdn. 14. Dagegen: *Loewe* ETR **1976** 503 ff, Nr. 95; MüKo/*Basedow* Art. 8 Rdn. 27 will aus dem „Gedanken des Art. 9" einen (internationalen) allgemeinen Grundsatz herleiten, der eine der Analogie gleiche Wirkung erzeugen würde.

110 *Clarke*[2] Nr. 25b(iii) S. 109 (common law). Die französische Rechtsprechung sieht in der Annahme des Guts ohne Vorbehalt bereits einen Beweis für die Richtigkeit der Eintragung; siehe dazu *Haak* S. 190 Fn. 381; *Lamy 99* I Nr. 474; das dort für eine ganz allgemeine Beweiswirkung angeführte Urteil F Cass vom 10. 7. 1990, BT **1990** 697 betrifft innere Schäden bei Gefriergut.

111 *Loewe* ETR **1976** 503 ff, Nr. 105; *Baumgärtel/Giemulla* Art. 8 Rdn. 2; *Haak* S. 190; *Hill/Messent/Glass*[2] S. 77; *Clarke*[2] Nr. 25b(iii) S. 109.

112 *Loewe* ETR **1976** 503 ff, Nr. 106.

Article 10

The sender shall be liable to the carrier for damage to persons, equipment or other goods, and for any expenses due to defective packing of the goods, unless the defect was apparent or known to the carrier at the time when he took over the goods and he made no reservations concerning it.

Übersicht

Schrifttum

Zapp Vertraglich begründete Überprüfungspflicht und Art. 41 CMR, TranspR **1991** 371–373.

I. Mangelhafte Verpackung

1. Allgemeines

a) Begriff der Verpackung, Bedeutung

1 Der Begriff der Verpackung wird mehrfach verwendet: (1) als körperlicher Gegenstand, an dem Rechte bestehen;[1] (2) als geschuldete oder ausgeführte Tätigkeit („Verpacken" oder „Packen");[2] (3) als Zustand oder Eigenschaft des („verpackten") Guts. Die (mangelhafte) Verpackung als Zustandsbeschreibung ist Voraussetzung von zwei den Absender belastenden Folgen: Schäden an Gütern des Frachtführers oder Dritter am Gut führen zur Haftung nach Art. 10; Schäden am vom Frachtführer übernommenen Gut fallen unter die Haftung nach Art. 17 Abs. 1 und die spezielle Haftungsausnahme des Art. 17 Abs. 4b;[3] dieser Haftung kommt bei weitem größere Bedeutung zu als der Absenderhaftung für Drittschäden nach Art. 10.[4] Hier wird grundsätzlich nur die den Anwendungsbereich des Art. 10 betreffende Rechtsprechung und Literatur zitiert, im übrigen auf Art. 17 Abs. 4 b verwiesen.[5]

---

[1] Da Verpackung Teil des beförderten Guts ist, geht sie bei Übernahme des Guts in die Obhut des Frachtführers über und unterliegt den Grundsätzen über die Haftung für Schäden am Gut.

[2] Siehe Rdn. 4, § 425 HGBaF Rdn. 196.

[3] Siehe dazu vor allem Art. 17 Abs. 4 b CMR und dort Rdn. 118–133, wo auch die grundsätzlichen Fragen der Verpackung erörtert sind.

[4] Siehe Art. 17 Rdn. 5; zum deutschen Recht § 429 HGBaF Rdn. 29, 33.

[5] Anders *Herber/Piper* zu Art. 10 und *Thume/Temme* Art. 5 ff, wo ein breites Feld der Verpackungsfragen abgehandelt ist.

b) Anwendungsbereich, Analogie

Art. 10 ist eine Spezialregelung für den Fall der mangelhaften Verpackung und auch in seinem Inhalt darauf abgestimmt. Ein darüber hinaus reichendes allgemeines Prinzip kann ihm nicht entnommen werden. Der Gesetzgeber hat seinen Inhalt nicht für ähnliche Fälle von Absenderfehlern übernommen, insbesondere nicht auf fehlerhafte Verladung.[6] Anzuwenden ist ergänzendes nationales Recht. Nach innerdeutschem Recht haftet der Absender für mangelhafte Verpackung nach den Regeln der positiven Vertragsverletzung.[7] MüKo/*Basedow* Rdn. 2 will demgegenüber aber den Ausnahmefall zusammenwirkender Fehler von Verpackung und Verladung einheitlich unter Art. 10 zusammen behandeln. Dies ist bei Anwendung deutschen Rechts nicht erforderlich, weil die Kausalität nur eines Fehlers für Art. 10 ausreicht. International ist allerdings die nationale Lösung wegen der unterschiedlichen Kausalitätsbegriffe nicht befriedigend. Art. 10 gilt auch nicht für reine Mängel des Guts,[8] z. B. für Schäden aus zu hoher Feuchtigkeit des Gutes.[9] Auch durch eine Ausweitung der Kontrollpflichten nach Art. 8 Abs. 1b und damit auch der Haftung des Frachtführers wird die eingeschränkte Haftung auf die Verladung und Verpackung auf **verdeckte Mängel** ausgedehnt.[10] 2

c) Verpackungsmangel

Grundlage der Haftungsvorschrift des Art. 10 ist ein Mangel der Verpackung.[11] Art. 10 schließt die Anwendung von § 414 Abs. 1 Nr. 2 HGB aus. Für die Begründung der Haftung nach Art. 10 kommt es nicht darauf an, ob der Mangel äußerlich erkennbar ist.[12] Auch das völlige Fehlen einer erforderlichen Verpackung[13] ist ein Mangel in diesem Sinne, wenn auch der englische und französische Originaltext eher auf einen Defekt der Verpackung deuten könnte. Art. 17 Abs. 4b läßt die Haftungsbefreiung ausdrücklich auch bei Fehlen der Verpackung eintreten. Man wird dies auch auf Art. 10 übertragen können. 3

d) Verpackungspflicht

Daß der Absender[14] das Gut erforderlichenfalls zu verpacken hat, ergibt sich nach der CMR nur indirekt (als haftungsbegründende Rechtspflicht) aus der als Folge mangelhafter Verpackung in Art. 10 vorgesehenen Haftung[15] bzw. (als Obliegenheit)[16] aus dem in Art. 17 Abs. 4 b geregelten Ausschluß der Frachtführerhaftung des Art. 17 Abs. 1.[17] Da die CMR über Art und Umfang der Verpackung schweigt und auch aus 4

---

6 A OGH vom 2. 4. 1982, TranspR **1984** 151 = SZ **55** 49 S. 246 ff = *Greiter* 144 ff und vom 18. 12. 1984, TranspR **1986** 372, 373 = SZ **57** Nr. 205 S. 1030 = *Greiter* 270 ff; *Herber/Piper* Rdn. 17; *Koller*[4] Rdn. 1; *Thume/Temme* Rdn. 3, 30; *Thume/Seltmann* Rdn. A 30; MüKo/*Basedow* Rdn. 2; B Trib Antwerpen vom 30. 12. 1974, JPA **1974** 367, 371; **a.A.** *Lamy 99* I Nr. 469 b mit Nachweisen zur belgischen und niederländischen Rechtsprechung in Fn. 6.

7 *Herber/Piper* Rdn. 17; *Koller*[4] Rdn. 1.

8 OLG Düsseldorf vom 4. 3. 1982, VersR **1982** 1202; *Koller*[4] Rdn. 1; *Glöckner*[7] Rdn. 7; MüKo/*Basedow* Rdn. 2; *Herber/Piper* Rdn. 17; *Thume/Temme* Rdn. 30.

9 OLG Düsseldorf vom 4. 3. 1982, VersR **1982** 1202.

10 Siehe Rdn. 8 ff.

11 „défectuosité de l'emballage", „defective packaging".

12 *Lamy 99* I Nr. 469 a 3.

13 MüKo/*Basedow* Rdn. 3; *Dorrestein* Nr. 269 S. 249. Grundsätzlich auch F CA Lyon vom 7. 5. 1981, BT **1981** 410 f.

14 Zum Begriff siehe Art. 6 Rdn. 6.

15 *Glöckner*[7] Art. 10 Rdn. 6.

16 Dazu, inwieweit eine echte Schuldnerpflicht oder nur eine Obliegenheit vorliegt, siehe § 18 KVO, Anh. II nach § 452 HGBaF Rdn. 3.

17 Siehe Art. 17 Rdn. 118.

dem Gesamtzusammenhang nichts Präzises herzuleiten ist, muß aus der Funktion der beiden Haftungsregelungen das jeweils erforderliche Maß bestimmt werden. Dazu kann die zur CMR ergangene Rechtsprechung Beispiele (auch als Fallgruppen) liefern. Der Rückgriff auf nationale Rechtsprechung ist ergänzend zulässig. Fälle und Rechtsansichten lieferte bisher § 18 KVO,[18] nunmehr stattdessen § 411 S. 1 HGB, der zwar die Schädigung Dritter nicht erwähnt, aber insoweit umfassen soll, als der Frachtführer von Dritten in Anspruch genommen wird.[19] Die Grundgedanken der deutschen Rechtsprechung für den innerdeutschen Landtransport, vor allem auch zur 1998 aufgehobenen KVO, sind daher noch verwertbar.[20] Die Verpackungspflicht trifft im Regelfall den Absender, kann aber auch vom Frachtführer übernommen werden. Dies, weil die CMR nicht regelt, wer zu verpacken hat.[21]

2. Verpackungsbedürftigkeit

a) Grundsätzliches

5 In sehr deutlicher Weise sind die Grundsätze der Verpackungspflicht für das deutsche Recht in § 411 HGB[22] umschrieben: „Der Absender hat das Gut, soweit dessen Natur unter Berücksichtigung der vereinbarten Beförderung eine Verpackung erfordert, so zu verpacken, daß es vor Verlust und Beschädigung geschützt ist und daß auch dem Frachtführer keine Schäden entstehen". Diese Formulierung lehnt sich an die Rechtsprechung zum (aufgehobenen) § 18 KVO[23] an und erfaßt beide Bereiche der Folgen mangelhafter Verpackung: Güterschäden und Fremdschäden.[24] Sie hält sich ebenso wie Art. 10 CMR an den frachtvertragsrechtlichen Haftungsrahmen und ist daher bei ergänzender Anwendung deutschen Rechts auch für Art. 10 von Bedeutung. Ähnliche Definitionen finden sich auch in der internationalen Rechtsprechung zur CMR. Siehe im einzelnen zu Art. 17 Abs. 4 b dort Rdn. 119 ff.

b) Erforderlichkeit der Verpackung

6 Die Verpackungspflicht ist vor allem durch ihren Zweck bestimmt: nach Art. 17 Abs. 4 b Schutz des Guts;[25] mittelbar der Güter Dritter (Art. 10). Ob eine Verpackung erforderlich ist, und wenn ja, welche, hängt von den Risiken ab, die (beide Risikogruppen betreffend) speziell mit der vertraglich geschuldeten Beförderung verbunden sind.[26] Da die Verpackungsmöglichkeiten je nach Kostenaufwand sehr variabel sind,[27] ist eine Grenze für die erforderlichen Verpackungsmaßnahmen festzulegen. Diese Grenze ist zwar für beide Risikogruppen in der Regel gleich, aber für den Drittgüterschutz nicht alleine nach den Risikoerwägungen von Absender und Frachtführer zu ziehen.[28] Danach sind generalisierende Feststellungen, die sich nicht am konkreten

---

[18] Auch heute noch aussagekräftig und verwertbar; siehe dazu § 18 KVO, Anh. II nach 452 HGBaF Rdn. 20. In § 18 KVO war auch die Beschädigung Dritter ausdrücklich Ziel und Maßstab der Verpackung: siehe eingehend dort Anh. II nach § 452 HGBaF Rdn. 19 ff.

[19] Auf die Art des Schadens kommt es in § 411 nicht an. Zutreffend daher die RegBegr zu § 422, BRDrucks. 368/97 S. 39.

[20] *Herber/Piper* Rdn. 3.

[21] Siehe Rdn. 5.

[22] Bisher siehe zu § 18 Abs. 1 KVO.

[23] Siehe insbesondere BGH vom 19.11.1959, BGHZ **31** 183, 185 = VersR **1960** 30, 31; siehe genauer 18 KVO, Anh. II nach 452 HGBaF Rdn. 9.

[24] Soweit sie zur Inanspruchnahme des Frachtführers durch Dritte führen; siehe Rdn. 4.

[25] Siehe Art. 17 Rdn. 118 ff.

[26] Eingehender § 18 KVO, Anh. II nach § 452 HGBaF Rdn. 2, 4 ff.

[27] Siehe zur Frage der Wirtschaftlichkeit von Verpackungen *Mattei* in RKW-Handbuch Transport, 9120 S. 31 ff; *Koller* VersR **1993** 519 ff.

[28] Grundsätzlich *Herber/Piper* Rdn. 2.

Fall orientieren, zumindest irreführend.[29] Insbesondere kann ein für die Eingrenzung des Transportrisikos im Hinblick auf den Beförderungspreis und die Versicherung ausreichender Verpackungsmaßstab für den Schutz des Frachtführers oder Dritter unzureichend sein. Der bisherige § 18 KVO, der beide Risikogruppen gemeinsam betraf, hat dazu geführt, daß vielfach die unterschiedlichen Haftungsfälle in einen Topf geworfen wurden.[30]

Die Verpackungspflicht richtet sich **nach der Art der Güter.** Manche Güter können auch unverpackt kaum Schäden an Gütern Dritter hervorrufen (z. B. Teppiche) oder sie bedürfen selbst beim Transport in einem einwandfreien Fahrzeug keines Schutzes durch Verpackung;[31] etwa Textilien bei Beförderung in geschlossenen oder bedeckten Fahrzeugen.[32] Für die Verpackungsnotwendigkeiten und -techniken gibt es internationale Regeln, insbesondere die Richtlinien für das Packen und Sichern von Ladung in Containern und auf Straßenfahrzeugen (Container-Pack-Richtlinien).[33] Standardisierte Verpackungen sind nicht ohne weiteres für die entsprechenden Güter geeignet, denn es kommt nicht auf die handelsübliche, sondern fallbedingt auf die beförderungssichere Verpackung an.[34] 7

Der **Abgrenzung zwischen Verladen und Verpacken** kommt nach alledem eine praktische Bedeutung zu. Insbesondere das Stauen der Güter im Fahrzeug ist Teil der Verladung; in der Regel ist es nicht Pflicht des Frachtführers. Die Pflicht zum Stauen kann aber durch die Parteien dem Frachtführer auferlegt werden, wenn dies im Frachtvertrag vereinbart ist.[35] Dies kann vor allem vorkommen, wenn Güter an einer Stelle abzuholen sind, an der kein sachkundiges Personal oder Gerät zur Verfügung steht. Die Verpackungspflicht des Absenders wird vielfach durch eine Ausweitung der Kontrollpflichten nach Art. 8 Abs. 1 b und damit auch der Haftung des Frachtführers hinsichtlich der Verpackung auf **verdeckte Mängel** ausgedehnt.[36] 8

Besonders bei Verwendung von Transporthilfsmitteln ist die Abgrenzung nicht eindeutig. Wird ein **Container vom Absender gestellt**, ist er Frachtgut und untersteht der Obhutshaftung des Frachtführers. Er ist aber zugleich Verpackung, so daß seine Mängel die Haftung des Absenders nach Art. 10 begründen können.[37] Die Stauung in einem solchen Container ist Verpackungstätigkeit und vom Absender vorzunehmen.[38] Nach Seerecht gehört zur Verpackung die Verstauung von Gütern in einem Container, der als ganzes vom Frachtführer befördert wird;[39] zumindest, wenn der Ablader sich durch den Container andere Verpackung erspart. Die Entscheidung ist allerdings nur ausnahmsweise auf die LKW-Beförderung anzuwenden, wenn die entsprechenden Voraussetzungen vorliegen. Wird dagegen der **Container vom Fracht-** 9

---

[29] Etwa Leitsätze wie „Eine Verpackung kann schon dann als nicht ordnungsgemäß ... anzusehen sein, wenn sie bereits gebraucht war" (OLG Frankfurt vom 15. 11. 1984, TranspR **1986** 276 zum Eisenbahnrecht).

[30] Siehe z. B. *Herber/Piper* Rdn. 4 ff, der ohne jede Kennzeichnung in der Kommentierung zu Art. 10 überwiegend Fälle zu Art. 17 Abs. 4 b anführt.

[31] Siehe § 18 KVO, Anh. II nach § 452 HGFBaF Rdn. 4.

[32] OLG Nürnberg vom 12. 4. 1991, TranspR **1992** 63, 64 f (zur CMR).

[33] Siehe § 425 HGBaF Rdn. 196.

[34] Siehe Art. 17 Rdn. 119.

[35] Siehe etwa OLG Hamburg vom 10. 7. 1997, TranspR **1998** 243 ff; Art. 41 Rdn. 12. Auch das deutsche innerstaatliche Recht sieht solche Fälle vor, so als Regel für den Umzugsvertrag in § 451 a HGBnF; dazu aber Art. 1 Rdn. 49 ff.

[36] Siehe Art. 8 Rdn. 11.

[37] Siehe *Herber/Piper* Rdn. 14.

[38] So schon BGH vom 18. 3. 1971, NJW **1971** 1363 = WM **1971** 799 f (Container im Seerecht). Zur CMR NL Rb Amsterdam vom 16. 4. 1974, SS **1975** 215 ff (geschleppter Trailer).

[39] Zum Seerecht BGH vom 18. 3. 1971, WM **1971** 799 f = VersR **1971** 559. Zur CMR NL Rb Amsterdam vom 15. 11. 1972, SS **1972** 139 f Nr. 53.

führer gestellt und als Fahrzeugbestandteil benutzt,[40] ist die Verladung in ihn keine Verpackungs-, sondern Verladetätigkeit.[41] Die Verpackung der Güter in ihm untersteht aber Art. 10. Nicht Verpackung, sondern Verladung ist nach alledem die Verstauung in einen mit dem Fahrzeug ständig verbundenen Container oder in einen Trailer, da diese dann unselbständige Teile von Fahrzeugen im Sinne der CMR sind.[42]

10 **Paletten** sind Teil der Ladung. Für die Befestigung auf ihnen gilt regelmäßig, daß der Absender die Güter auf ihnen und mit ihrer Hilfe verpackt, z. B. durch Schrumpffolien sichert. Diese dienen dann auch dem Schutz des Fahrzeugs und Dritter gegen Einwirkungen des Gutes.

11 Die Vernachlässigung des **Schutzes der Güter vor Transportgefahren** führt vor allem zum Wegfall oder der Einschränkung der Frachtführerhaftung gem. Art. 17 Abs. 4 CMR.[43] Jedoch können als Folge von Fehlern der primär das Gut schützenden Verpackung auch Schäden an anderen Gütern oder am Fahrzeug, aber auch an der Umwelt entstehen, für die dann nach Art. 10 der Absender zu haften hat. Die Verpackung ist auch in dieser Hinsicht nach dem für den Absender erkennbaren Risiko zu gestalten. Gegebenenfalls hat der Frachtführer ihn darauf aufmerksam zu machen, welche anderen Güter beigeladen werden sollen.

12 Maßgeblich ist jedenfalls der **konkret vorgesehene Transport.**[44] Ist etwa mit mehreren Umladungen zu rechnen und weist der Frachtführer den Absender auf eine ungewöhnlich schlechte Wegstrecke hin, muß die Verpackung darauf eingestellt werden. Dabei ist von der Verwendung eines ordnungsgemäßen Fahrzeugs (z. B. eines Kühlfahrzeugs)[45] auszugehen.[46] Wirksam ist auch die Vereinbarung einer vorsichtigen Fahrweise, durch die Verpackungsschwächen ausgeglichen werden können.[47] Eine vertragswidrige Beförderung ist für die Absenderhaftung ohne Bedeutung. Wird durch sie das Risiko erhöht,[48] so daß eine andere Verpackung erforderlich wäre, trifft den Frachtführer keine Haftung nach Art. 10.

II. Haftung des Absenders

1. Haftungsgrundsatz

13 Der Absender haftet nach Art. 10 CMR dem Frachtführer für Schäden und Kosten, die durch die mangelhafte Verpackung des Gutes[49] verursacht[50] sind. Die besondere Haftung hat ihren Grund in der besseren Kenntnis des Gutes, für Art. 10 vor allem der von ihm ausgehenden Gefahren für Dritte.[51] Sie ist „Gewährhaftung"[52] und setzt nach

[40] Siehe Art. 17 Rdn. 39.
[41] Dazu Art. 17 Rdn. 127. In Bezug auf Art. 10 OLG Hamburg vom 2.5.1985, TranspR **1985** 398, 400 = VersR **1986** 865 f; Verpackungs- statt Verladungspflicht siehe OLG Hamburg vom 10.7.1997, TranspR **1998** 243 ff.
[42] Siehe Art. 1 Rdn. 35. Anders aber NL Rb Amsterdam vom 16.4.1974, SS **1975** 215 ff für einen geschleppten Trailer; NL Rb Amsterdam vom 16.4.1974, SS **1975** 215 ff.
[43] Siehe daher Art. 17 Abs. 4b CMR und dort Art. 17 Rdn. 115–126.
[44] Siehe dazu Art. 17 Rdn. 112 und 124.
[45] Zutreffend *Koller*[3] § 18 KVO Rdn. 2 mit Hinweis auf BGH vom 25.5.1965, NJW **1965** 1593 ff, wo allerdings nichts zur Verpackung ausgesagt ist.
[46] Siehe dazu Art. 17 Rdn. 35, 38.
[47] *Koller*[4] Rdn. 2; siehe Art. 17 Rdn. 123.
[48] *Koller*[4] Rdn. 2; *Thume/Temme* Rdn. 5
[49] Auf die äußere Erkennbarkeit des Verpackungsmangels kommt es nicht an; *Lamy* 99 I Nr. 469 a 1.
[50] *Thume/Temme* Rdn. 29; MüKo/*Basedow* Rdn. 8; zur Kausalität siehe Rdn. 15, 16 f; zur Beweislast siehe auch Rdn. 20.
[51] Ebenso für Art. 17 Abs. 4 b in der besseren Vorhersehbarkeit der Beförderungsgefahren des Gutes.
[52] § 429 HGBaF Rdn. 114; *Thume/Temme* Rdn. 1.

weitaus h.M. kein Verschulden des Absenders voraus. Als Verschuldenshaftung würde sie meist ins Leere gehen. Die Haftung trifft häufig den absendenden Spediteur, den mangels genauer Kenntnisse von Art und Zustand des Gutes vielfach kein Verschulden an den Folgen mangelnder Verpackung treffen würde. Der Grundsatz der Erfolgshaftung ist zwar in der CMR nicht ausdrücklich bestimmt, wird aber in Rechtsprechung und Literatur ganz überwiegend bejaht.[53] Sie entspricht weitgehend der Haftung nach § 414 Abs. 1 Nr. 1 HGB.[54]

2. Haftender

Nur der Absender als Vertragspartner des Frachtführers[55] **haftet** nach Art. 10, jedoch sind ihm Handlungen selbständiger und unselbständiger Gehilfen zuzurechnen.[56] Hat z.B. ein Versender einem Spediteur den Versandauftrag erteilt und dieser einen Frachtführer mit der Ausführung beauftragt, so ist der Versender nicht Absender und daher auch nicht passiv legitimiert.[57] Der Speditionsvertrag kann auch nicht als Vertrag mit Schutzwirkung für den Frachtführer (zum Schutz für dessen Transportmittel) angesehen werden.[58] Der Unterfrachtführer ist nicht Partei des Hauptfrachtvertrags. Er kann aber aus dem Hauptfrachtvertrag Ansprüche gegen den Hauptfrachtführer erheben, nicht aber gegen den Absender des Hauptfrachtvertrags.[59] 14

3. Haftungsumfang

Die **Höhe der Haftung** für Schäden und Kosten ist nicht begrenzt.[60] Darin ist eine Entscheidung des CMR-Gesetzgebers gegen eine summenmäßige Begrenzung zu sehen. Nationales Recht kann daher diesen Haftungsgrundsatz nicht ändern. Das deutsche Recht sieht in § 414 Abs. 1 S. 1 HGBnF eine begrenzte Kausalhaftung vor.[61] Fraglich ist aber, wie die „unbegrenzte" Haftung nach Art. 10 bei deutschem Recht als Vertragsstatut nun umrissen wird. Ohne Verletzung der CMR kann allgemeines deutsches Schadensrecht herangezogen werden, da dieses von der CMR bewußt nicht geregelt wurde. Nach deutschem Recht zu behandeln sind daher Fragen der Kausalität[62] oder der Drittschadensliquidation,[63] aber auch die Grundlagen der Schadensberechnung, z.B. Naturalrestitution und kein ideeller Schaden.[64] 15

4. Mitverschulden

Mitverschulden oder Mitverursachung des Frachtführers ist jedenfalls bei offensichtlichen oder dem Frachtführer bekannten Verpackungsmängeln zu berücksichtigen.[65] Es ist freilich umstritten, ob es über diese enge Regelung hinaus zu einem Scha- 16

[53] Für das deutsche Recht nunmehr in § 414 Abs. 1 Nr. 1 HGB klargestellt. Siehe zur CMR schon bisher *Thume/Temme* Art. 10 Rdn. 31; MüKo/*Basedow* Art. 10 Rdn. 1, 3. *Koller*[4] Rdn. 4; *Herber/Piper* Rdn. 1 und 20; *Glöckner*[7] Rdn. 2; *Jesser* 169; *Clarke*[2] Nr. 89b; *Hill/Messent/Glass*[2] S. 79.

[54] Bisher § 18 Abs. 3 KVO; siehe dort Anh. II nach § 452 HGBaF Rdn. 19. Zur Mitverursachung MüKo/*Basedow* Rdn. 8 und Art. 7 Rdn. 3.

[55] Zum Begriff des Absenders siehe § 425 HGBaF Rdn. 68 f.

[56] Siehe Art. 3 Rdn. 4; zu Art. 10 *Thume/Temme* Rdn. 26.

[57] *Herber/Piper* Rdn. 20; *Hill/Messent/Glass*[2] S. 79.

[58] OLG Hamburg vom 15.3.1984, TranspR **1984** 191; OLG Hamm vom 18.12.1986, TranspR **1988** 311, 312 = VersR **1988** 625; *Herber/Piper* Rdn. 20; *Hill/Messent/Glass*[2] S. 79.

[59] *Thume/Temme* Rdn. 26.

[60] Unstr., siehe *Herber/Piper* Rdn. 20; *Thume/Temme* Rdn. 31.

[61] Dazu *Helm* FS Herber, S. 88 ff.

[62] *Thume/Temme* Rdn. 29.

[63] Siehe Rdn. 17.

[64] *Thume/Temme* Rdn. 33.

[65] Siehe Art. 10 Rdn. 10 ff.

densausgleich führen kann. Man könnte zunächst der Meinung sein, diese gesetzlich geregelten Fälle von Mitverursachung schlössen als leges speciales jede weitere Anwendung des Mitverschuldensprinzips aus.[66] Sinnvoll wäre jedoch auch, die allgemeinen Grundsätze zu Schadensteilung, die in Art. 17 Abs. 5 CMR oder in ergänzend anzuwendender Regelung nationalen Rechts, z. B. in § 254 BGB zum Ausdruck kommen, darüber hinaus anzuwenden, also die Spezialfälle des Art. 10 nur als Sonderregelungen zu einem ohnehin anzuwendenden Prinzip anzusehen.[67] Die analoge Anwendung von Art. 17 Abs. 5 CMR ist kaum begründbar. Diese Vorschrift ist nach ihrer Stellung als Absatz innerhalb des Kapitels IV „Haftung des Frachtführers" schon offensichtlich nicht für die Absenderhaftung gedacht und auch entsprechend speziell ausformuliert.[68] Allenfalls bei Güterschäden kann spezifisch Passendes entnommen werden. Eher ist diskutabel, ergänzendes Recht anzuwenden, das in der gerichtlichen Praxis in jedem Land ohnehin eine breitere Basis für Abwägungsfälle liefert.[69] Daher wird zum Teil die Regelung des Art. 10 nur für anwendbar gehalten, wenn der Verpackungsmangel die alleinige Ursache des Schadens ist.[70] Dieser Rückgriff auf einen besonderen Kausalitätsbegriff, der im englischen common law gilt,[71] ist jedoch als Abgrenzungsgrundlage keineswegs als internationaler Rechtsgrundsatz anerkannt. Er wird in anderen Ländern grundsätzlich abgelehnt; nicht nur im deutschen, österreichischen,[72] schweizerischen[73] Recht; im französischen Rechtsbereich ist die Lehre vom Kausalzusammenhang wenig entwickelt.[74] Die ideelle Vorrangigkeit des internationalen Einheitsrechts ist ohne Belang, wo dieses selbst unklar und sachlich weitgehend inhaltslos ist. Dies gilt in besonderem Maße, wenn dafür auf allgemeine, für alle Mitgliedsländer geltende Grundsätze Bezug genommen wird,[75] die zunächst rechtsvergleichend begründet werden müssen. Die deutsche Rechtsprechung hat jedenfalls absolute Haftungsausschlüsse (Tradition des Eisenbahnrechts und der KVO) in Fällen des Mitverschuldens des Frachtführers relativiert und eine Schadensteilung erzwungen.[76] Die Auffassung von MüKo/*Basedow* ist aus Art. 10 selbst nicht ableitbar, sondern wird unzureichend nur auf die dem Rechtsdenken vieler Mitgliedsstaaten fremde Vorstellung der Unterbrechung des Kausalzusammenhangs gestützt. Es ist daher vorzuziehen, die Frage des Mitverschuldens nach ergänzendem nationalen Recht (etwa deutschem Recht als Vertragsstatut), also den zu § 254 BGB entwickelten Grundsätzen zu entscheiden.[77]

5. Zu ersetzender Schaden, auch Drittschäden

17 Art. 10 setzt voraus, daß der Frachtführer auch Ersatz verlangen kann für **Schäden, die** nicht ihm selbst, sondern **Dritten entstanden sind**. Die deutsche Übersetzung verengt sprachlich die Bedeutung der Originaltexte durch die Einengung auf „Betriebsmaterial"[78] gegenüber den weiteren Begriffen des französischen, aber auch

---

[66] So wohl *Loewe* ETR **1976** 503 ff, Nr. 111.
[67] Dagegen *Koller*[4] Rdn. 57 (kein Rückgriff auf die „Wertung" § 254 Abs. 2, großzügiger zu Art. 17 Rdn. 38, 55; Rückgriff auf die Wertung, „weiter Spielraum"). Siehe die verwaschenen Äußerungen dazu bei *Herber/Piper* Rdn. 23.
[68] Siehe Art. 17 Rdn. 230, Art. 11 Rdn. 10.
[69] Siehe Art. 17 Rdn. 232.
[70] *Herber/Piper* Rdn. 22; MüKo/*Basedow* Rdn. 8.
[71] Causa-proxima-Lehre, Abbruch des Kausalzusammenhangs; MüKo/*Basedow* Rdn. 8. Siehe auch *Clarke*[2] Nr. 89c.
[72] *Koziol/Welser* Bürgerliches Recht I[9], 442 ff, zur Schadensminderung S. 457 f.
[73] Siehe z. B. *Guhl/Merz/Kummer* OR[6], S. 83 ff.
[74] *Franz* S. 238 Fn. 24 m. w. H.
[75] Siehe Art. 1 Rdn. 66 f.
[76] Siehe § 34 KVO, Anh. II nach 452 HGBaF Rdn. 3 ff; grundsätzlich schon *Helm* Haftung, S. 122 ff.
[77] Siehe ebenso zu Art. 11 Rdn. 10.
[78] Wohl in Anknüpfung an §§ 18 Abs. 1 KVO, 62 Abs. 1 EVO und Art. 12 § 2 CIM, ab 1980 Art. 19 Abs. 2 ER/CIM.

des englischen Textes.[79] Die Wortfassung der CMR[80] kann in keinem Fall dafür herangezogen werden, daß Drittschäden nicht zu ersetzen seien.[81] Dies ergibt sich deutlich aus der ausdrücklichen Nennung von Personenschäden, die außer bei körperlicher Schädigung des Vertragspartners „Frachtführer" sonst niemals zu ersetzen wären,[82] aber auch von Materialschäden, die nicht alleine Schäden an Rechtsgütern des Frachtführers sind.[83] Zumindest die Haftpflicht des Frachtführers gegenüber Dritten ist auf jeden Fall Teil seines Vermögensschadens, der nach Art. 10 zu ersetzen ist.[84] Da die CMR zur Bestimmung der zu erstattenden Schäden schweigt, ist ergänzend nationales Recht heranzuziehen.

Eine **Drittschadensliquidation** nach deutschem und österreichischem Recht[85] ist sinnvoll, weil sie den Frachtführer von der sachlich unabweisbaren Notwendigkeit einer vollen Entschädigung Dritter entlastet.[86] Nach diesen Grundsätzen sind insbesondere Personenschäden beim Personal des Frachtführers und seiner Subunternehmer, Schäden an gemietetem Betriebsmaterial und an Gütern dritter Absender zu behandeln. Danach ist es nicht erforderlich, daß der Frachtführer seinerseits dem Dritten gegenüber haftpflichtig ist.[87] In den meisten Fällen können die Drittschäden auch als Kosten zu ersetzen sein.[88] Speziell bei Materialschäden sind auch solche zu ersetzen, die nicht im Betrieb des Frachtführers entstehen und etwa dem Absender oder Empfänger an von ihm benutztem Material entstehen. Auf die Eigentumsverhältnisse kommt es nicht an.[89] Ob mit „anderen Gütern" nur zur Beförderung übernommene gemeint sind,[90] ist ebenfalls zweifelhaft.[91] Die besondere Erwähnung ist wohl nur eine Klarstellung. **18**

6. Kosten

Die Kostentragungspflicht des Absenders tritt nach Art. 10 zur Schadenshaftung hinzu; sie erfaßt auch solche Kosten,[92] die nicht als Schadensbestandteile ersatzpflichtig wären.[93] Die Aufwendungen müssen in ursächlichem Zusammenhang mit den Verpackungsmängeln stehen.[94] In Betracht kommen vor allem Kosten der Ausbesserung, der Nachverpackung, der erforderlichen Sicherungsarbeiten für Fahrzeug und andere Ladung und der Reinigung; ferner die Kosten, die durch Standgeld, etwa von Unterfrachtführern,[95] Zeitverluste, zusätzliche behördliche Kontrollen usw. entstehen.[96] Ob die Kosten zur Vorbeugung von Schäden oder zu ihrer Eindämmung oder Beseitigung entstanden sind, spielt keine Rolle.[97] **19**

---

[79] „dommages aux personnes, au matériel ou à d'autres marchandises", „damage to persons, equipment or other goods".

[80] „haftet dem Frachtführer", „liable to the carrier", „responsable envers le transporteur".

[81] Für Drittschadensliquidation MüKo/*Basedow* Rdn. 7 *Koller*[4] Rdn. 3; *Glöckner*[7] Rdn. 4; *Jesser* S. 169; **a.A.** *Herber/Piper* Rdn. 18; *Thume/Temme* Rdn. 17.

[82] Siehe ausführlicher *Thume/Temme* Rdn. 15 ff (alle Personen).

[83] „autres marchandises", „equipment".

[84] Dies erkennen auch *Loewe* ETR **1976** 503 ff, Nr. 110; *Herber/Piper* Rdn. 18 an.

[85] MüKo/*Basedow* Rdn. 7; *Koller*[4] Rdn. 3; undeutlich *Loewe* ETR **1976** 503 ff, Nr. 110; leicht einschränkend *Thume/Temme* Rdn. 24.

[86] MüKo/*Basedow* Rdn. 7 weist treffend hin auf die den Beiladern entstehenden Schäden, die vom Frachtführer alleine schon wegen Art. 23 nicht voll an diese zu ersetzen sind; undeutlich *Loewe* ETR **1976** 503 ff, Nr. 110 und *Jesser* S. 169.

[87] *Koller*[4] Rdn. 3; *Glöckner*[7] Rdn. 4.

[88] Siehe Rdn. 19; *Koller*[4] Rdn. 3; *Thume/Temme* Rdn. 28.

[89] Großzügig z. B. *Thume/Temme* Rdn. 18 ff.

[90] *Thume/Temme* Rdn. 21.

[91] Für Ersatz von Schäden außenstehender Verkehrsteilnehmer MüKo/*Basedow* Rdn. 7; *Thume/Temme* Rdn. 17; dagegen *Koller*[4] Rdn. 3 (nur am Transport Beteiligte).

[92] „des frais", „any expenses".

[93] *Koller*[4] Rdn. 3; *Thume/Temme* Rdn. 23.

[94] Siehe dazu Rdn. 15, 16.

[95] Nunmehr geregelt in § 412 Abs. 3 HGB.

[96] *Herber/Piper* Rdn. 19; *Glöckner*[7] Rdn. 5.

[97] *Hill/Messent/Glass*[2] S. 79; *Herber/Piper* Rdn. 19.

7. Beweislast und Ausnahmen

a) Beweis für haftungsbegründende Tatsachen

20 Wer den Beweis für die mangelhafte Verpackung zu führen hat, wird von Art. 10 nicht ausdrücklich bestimmt. Nach allgemeinem Beweisrecht muß daher der Frachtführer, der sich auf Art. 10 beruft, dessen Voraussetzungen beweisen.[98] Dem Absender steht demgegenüber zunächst die Möglichkeit zur Verfügung, den Beweis des Gegners zu entkräften, d. h. seinerseits darzutun, daß die Verpackung nicht mangelhaft war.[99] Die Untersuchungsobliegenheit nach Art. 8 Abs. 1 beschränkt sich auch hier auf den äußeren Zustand[100] (Art. 8 Rdn. 1, 6, 8, 20).

b) Ausnahmen

21 Die Haftung entfällt nach Art. 10, 2. Halbsatz, ebenfalls, wenn der **Verpackungsmangel dem Frachtführer** bei der Übernahme **bekannt**[101] oder **offensichtlich**, d. h. evident oder leicht zu bemerken,[102] war. Dafür trägt aber der Absender die Beweislast.[103] In dieser Regelung wird also Mitverschulden (Kenntnis oder Kennenmüssen) zwingend als vorliegend behandelt.[104]

c) Rückausnahme: Vorbehalt des Frachtführers

22 Diese Haftungsbefreiung wird aber wiederum eingeschränkt: sie gilt nur unter der zusätzlichen Voraussetzung, daß der Frachtführer spätestens bei Übernahme entsprechende **Vorbehalte** gemacht hat. Die Rückausnahme ist berechtigt, weil der Absender durch den Vorbehalt ausreichend gewarnt ist und das Gesetz davon ausgeht, daß er die Risiken, die mit der schlechten Verpackung verbunden sind, in Kauf nimmt.[105] Mit der Unterlassung des Vorbehalts werden die Einwände als verwirkt behandelt.

23 In **welcher Form** die den Frachtführer entlastenden Vorbehalte gemacht werden müssen, ist in Art. 10 nicht bestimmt. Insbesondere wird dort nicht erwähnt, ob für sie Art. 8 Abs. 2 und Abs. 1 b gilt, d. h., ob sie im Frachtbrief einzutragen und zu begründen sind. Ebensowenig wird die Anerkennung der Vorbehalte durch den Absender gefordert. Nach dem Text besteht daher an sich die Möglichkeit, jede Art möglicher Vorbehalte als ausreichend zur Begründung der Haftung anzusehen. Demgegenüber wird nicht nur in Deutschland ganz überwiegend eine analoge Anwendung der Einschränkung des Art. 8 Abs. 2, zumindest aber die Eintragung in den Frachtbrief[106]

---

98 *Baumgärtel/Giemulla* Rdn. 1; *Thume/Temme* Rdn. 44; *Herber/Piper* Rdn. 25; *Jesser* S. 169. Art. 18 CMR ist nicht entsprechend anzuwenden, siehe dort Rdn. 2; MüKo/*Basedow* Rdn. 9; *Lamy 99* I Nr. 469. Siehe insbesondere zur Kausalität zwischen Verpackungsmangel und Schaden bzw. Kosten: *Putzeys* Nr. 1017. Zur Beweislast nach Art. 17 Abs. 4 b siehe dort Art. 17 Rdn. 130. Der Frachtbriefeintrag nach Art. 6 Buchst. f kann dazu hilfreich sein.

99 Ein reiner Frachtbrief ohne Vorbehalte kann dafür genügen, wenn es sich nicht um verborgene Verpackungsmängel handelt, siehe *Koller*[4] Rdn. 5; F CA Lyon vom 21. 2. 1991, BTL **1992** 166 = *Lamy 99* I Nr. 1526 Jur. 3, 521 Jur. 3; dazu *Koller*[4] Rdn. 5.

100 Siehe Art. 8 Rdn. 11; siehe auch *Thume/Temme* Rdn. 40, der auf die Untersuchungspflicht des Frachtführers hinweist.

101 Ereignet sich kurz nach Übernahme eines beladenen Trailers der Unfall infolge der nicht erkennbaren Beladung des Trailers, ist ein Vorbehalt nicht erforderlich, NL Rb Amsterdam vom 15. 11. 1972, SS **1972** 139 f Nr. 53; *Hill/Messent/Glass*[2] S. 79.

102 *Thume/Temme* Rdn. 36; *Koller*[4] Rdn. 4 (bei oberflächlicher Untersuchung durch den Frachtführer nach Art. 8 Abs. 1 b), siehe dazu Art. 8 Rdn. 3; *Herber/Piper* Rdn. 21.

103 *Baumgärtel/Giemulla* Rdn. 2; *Thume/Temme* Rdn. 45; *Herber/Piper* Rdn. 25.

104 *Baumgärtel/Giemulla* Rdn. 1; *Herber/Piper* Rdn. 21.

105 *Thume/Temme* Rdn. 39.

106 Diese lag z. B. vor in Form der Streichung einer Frachtbriefpassage durch den Fahrer bei B Trib Brüssel vom 4. 2. 1972, ETR **1972** 1046, 1050 f; dazu auch *Hill/Messent/Glass*[2] S. 79.

gefordert.[107] An der Richtigkeit dieser Einschränkung bestehen Zweifel. Wird kein Frachtbrief ausgestellt, ist es kaum akzeptabel, Frachtbriefrecht analog anzuwenden.[108] Ist aber ein Frachtbrief ausgestellt, bestehen freilich Bedenken, ob die Formalisierung des Vorbehalts (durch analoge Anwendung des Eintragungserfordernisses) den Interessen der Beteiligten gerecht wird.[109]

Wenn schon der Absender durch jede Art von Beweis für die Offensichtlichkeit oder Kenntnis der Verpackungsmängel seine Haftung abwenden kann, sollte auch der Frachtführer seine Vorbehalte frei beweisen dürfen. Dies gilt insbesondere für seine Ersatzansprüche, wenn er mit Rücksicht auf die handelsrechtlichen Interessen des Absenders auf die Eintragung des Mängelvorbehalts im Frachtbrief verzichtet, die Angelegenheit aber offen mit dem Absender bespricht.[110]

8. Außervertragliche Ansprüche

Die CMR schließt **außervertragliche Ansprüche aus nationalem Recht** nicht **24**
aus, mit denen also unter abweichenden Voraussetzungen ebenfalls die Absenderhaftung begründet werden kann.[111] Zur Verjährung siehe Art. 32 Rdn. 13.

Artikel 11

1. Der Absender hat dem Frachtbrief die Urkunden beizugeben, die für die vor der Ablieferung des Gutes zu erledigende Zoll- oder sonstige amtliche Behandlung notwendig sind, oder diese Urkunden dem Frachtführer zur Verfügung zu stellen und diesem alle erforderlichen Auskünfte zu erteilen.

2. [1]Der Frachtführer ist nicht verpflichtet zu prüfen, ob diese Urkunden und Auskünfte richtig und ausreichend sind. [2]Der Absender haftet dem Frachtführer für alle aus dem Fehlen, der Unvollständigkeit oder Unrichtigkeit der Urkunden und Angaben entstehenden Schäden, es sei denn, daß den Frachtführer ein Verschulden trifft.

3. Der Frachtführer haftet wie ein Kommissionär für die Folgen des Verlustes oder der unrichtigen Verwendung der im Frachtbrief bezeichneten und diesem beigegebenen oder dem Frachtführer ausgehändigten Urkunden; er hat jedoch keinen höheren Schadenersatz zu leisten als bei Verlust des Gutes.

Article 11

1. En vue de l'accomplissement des formalités de douane et autres à remplir avant la livraison de la marchandise, l'expéditeur doit joindre à la lettre de voiture ou mettre à la disposition du transporteur les documents nécessaires et lui fournir tous renseignements voulus.

---

107 *Loewe* ETR **1976** 542; *Thume/Temme* Rdn. 41ff; *Herber/Piper* Rdn. 21; *Precht/Endrigkeit*[3], Art. 10 Anm. 3; *Jesser* S. 169; für formlosen Vorbehalt aber *Putzeys* Nr. 1020; B Trib Brüssel vom 4.2.1972, ETR **1972** 1046, 1050 f.

108 Siehe Art. 4 Rdn. 9.

109 Von mir noch in der Voraufl. Rdn. 3 vertreten.

110 Für Eintragung als Wirksamkeitserfordernis Herber/Piper Rdn. 25 (nicht bei Verlust des Frachtbriefs); *Baumgärtel/Giemulla* Rdn. 3 (Frachtbrief insoweit nur als Beweis?); *Lamy 99* I Nr. 469a Nr. 2; *Koller*[4] Rdn. 5 (nicht für Eintragungspflicht, sondern nur für Beweislast des Frachtführers). *Clarke*[2] Nr. 90 und 89c S. 427 lehnt das Erfordernis der Eintragung zwar rechtlich ab, hält es wohl aber aus praktischen Gründen für geboten.

111 *Herber/Piper* Rdn. 24; *Koller*[4] Rdn. 4; *Loewe* ETR **1976** 503 ff, Nr. 110; zum englischen Recht siehe *Clarke*[2] Nr. 89c.

2. Le transporteur n'est pas tenu d'examiner si ces documents et renseignements sont exacts ou suffisants. L'expéditeur est responsable envers le transporteur de tous dommages qui pourraient résulter de l'absence, de l'insuffisance ou de l'irrégularité de ces documents et renseignements, sauf en cas de faute du transporteur.

3. Le transporteur est responsable au même titre qu'un commissionnaire des conséquences de la perte ou de l'utilisation inexacte des documents mentionnés sur la lettre de voiture et qui accompagnent celle-ci ou qui sont déposés entre ses mains; toutefois, l'indemnité à sa charge ne dépassera pas celle qui serait due en cas de perte de la marchandise.

Article 11

1. For the purposes of the Customs or other formalities which have to be completed before delivery of the goods, the sender shall attach the necessary documents to the consignment note or place them at the disposal of the carrier and shall furnish him with all the information which he requires.

2. The carrier shall not be under any duty to enquire into either the accuracy or the adequacy of such documents and information. The sender shall be liable to the carrier for any damage caused by the absence, inadequacy or irregularity of such documents and information, except in the case of some wrongful act or neglect on the part of the carrier.

3. The liability of the carrier for the consequences arising from the loss or incorrect use of the documents specified in and accompanying the consignment note or deposited with the carrier shall be that of an agent, provided that the compensation payable by the carrier shall not exceed that payable in the event of loss of the goods.

Übersicht

Schrifttum

Koller Das Standgeld bei CMR-Transporten, TranspR **1988** 129–138; *Oeynhausen* Wertdeklarationen im internationalen Straßengüterverkehr nach Art. 24 CMR, TranspR **1982** 113–116; *Voigt* Vermögensschädenhaftung nach der CMR, VP **1965** 122–124.

I. Pflicht zur Stellung der Urkunden und zur Auskunft (Art. 11 Abs. 1)

Art. 11 Abs. 1 CMR verpflichtet den Absender[1] entsprechend § 413 Abs. 1 HGBnF,[2] die Begleitpapiere dem Frachtbrief beizugeben oder dem Frachtführer zur Verfügung zu stellen.[3] Die Parteien haben nach Art. 6 Abs. 2 Buchst. g die dem Frachtführer übergebenen Urkunden im Frachtbrief einzutragen (aufzulisten).[4] Unrichtige oder unvollständige Angaben bzw. Auskünfte können zur Haftung aus Art. 7 Abs. 1 Buchst. a, Art. 22 führen.[5] Der Frachtbrief erbringt widerleglichen Beweis für die Übernahme der eingetragenen Papiere durch den Frachtführer.[6] Für Umzugstransporte ist Art. 11 Abs. 1 CMR gem. Art. 1 Abs. 4 Buchst. c nicht anzuwenden.[7] 1

In Betracht kommen alle bis zur Ablieferung zur amtlichen Behandlung des Gutes tatsächlich oder möglicherweise **erforderlichen Papiere:**[8] beispielsweise Zollpapiere;[9] Carnet TIR bei Einfuhr in die Türkei;[10] Veterinärmedizinische Zeugnisse;[11] Einfuhrgenehmigungen (Gefrierfleisch; achttägiger Aufenthalt an der spanischen Grenze);[12] Gefahrgutpapiere siehe Art. 22; Genehmigungen nach Devisenrecht und Kriegswaffengesetz.[13] Der Absender ist verpflichtet, sich und den Frachtführer hinsichtlich der Formalien für die Beförderung des konkreten Guts zu informieren bzw. ihm die erforderlichen Papiere zur Verfügung zu stellen. Nur zur Erleichterung der Beförderung erforderliche Urkunden fallen nicht unter Art. 11.[14] 2

II. Keine Prüfungspflicht des Frachtführers (Art. 11 Abs. 2 S. 1)

Den Frachtführer trifft keine Pflicht zur Überprüfung der Begleitpapiere;[15] auch die vertragliche Auferlegung einer solchen Pflicht wird teilweise für unwirksam nach Art. 41 gehalten.[16] *Zapp* weist freilich darauf hin, daß eine solche Vereinbarung als speditionelle Tätigkeit des Frachtführers zulässig sein kann, wenn er auch die Beschaffung der Urkunden übernommen hat.[17] Alle Vereinbarungen, die – abweichend von der CMR – sich auf die Ausführung des CMR-Vertrags beziehen, sind jedoch nach Art. 41 unwirksam.[18] Wenn sie vom Inhalt des Art. 11 Abs. 1 S. 2 CMR verändernd 3

---

[1] Zum Begriff des Absenders siehe Art. 6 Rdn. 6. Vielfach ist dieser ein Spediteur; die Beschaffung der Begleitpapiere ist speditionelle Pflicht; der Spediteur muß die Papiere beim Versender anfordern; siehe 455 HGBnF. Als Spediteur-Frachtführer ist er ohnehin Art. 11 CMR unterworfen; siehe dazu auch *Silingardi* S. 82 ff.

[2] Siehe auch § 427 HGBaF Rdn. 4 ff und § 12 KVO, Anh. II nach § 452 HGBaF Rdn. 3 ff.

[3] Auch später, aber rechtzeitig für den Gebrauch; MüKo/*Basedow* Rdn. 2; *Clarke*[2] Nr. 26b; *Sánchez-Gamborino* Nr. 489.

[4] Siehe dort Rdn. 27.

[5] Daher auch für Fehler der Urkundenliste nach Art. 7 und Art. 6 Abs. 2 Buchst. G; siehe auch Art. 22 Rdn. 13.

[6] Siehe Art. 9 Rdn. 20.

[7] BGH vom 30. 4. 1997, TranspR **1998** 153, 155.

[8] Siehe im einzelnen *Thume/Temme* Rdn. 3 ff; MüKo/*Basedow* Rdn. 2; umfassende Liste (Stand 1988) bei *Lenz* Rdn. 296 ff; *Silingardi* S. 82 ff; zu den Vorschriften über Beförderung bestimmter Arten von Gütern § 425 HGBaF Rdn. 14 ff.

[9] OLG Koblenz vom 21. 5. 1982, TranspR **1985** 127 f.

[10] OLG Düsseldorf vom 12. 2. 1981, VersR **1982** 302.

[11] OLG Schleswig vom 30. 8. 1978, VersR **1979** 141 (für Gefrierfleisch).

[12] NL Kantongerecht Delft vom 13. 5. 1965, ETR **1966** 722, 727 f.

[13] Siehe § 425 HGBaF Rdn. 21.

[14] Eingehend *Thume/Temme* Rdn. 8; *Koller*[4] Rdn. 2; *Herber/Piper* Rdn. 1; *Koller*[4] Rdn. 2; früher positiv geregelt in § 12 Abs. 1 S. 3 KVO, siehe Anh. II nach 452 HGBaF Rdn. 4 f.

[15] Beispiel: F CA Paris vom 2. 12. 1981, BT **1982** 73–75.

[16] Ebenso *Koller*[4] Rdn. 3; *Loewe* ETR **1976** 503 ff, Nr. 115; undeutlich dazu *Herber/Piper* Rdn. 11.

[17] TranspR **1991** 371, 373.

[18] So schon F CA Paris vom 27. 11. 1971, BT **1971** 115 ff; dazu *Clarke*[2] Nr. 26b.

abweichen, kann dies auch nicht durch den Abschluß eines darauf gezielt gerichteten Speditionsvertrags geschehen, durch den der Frachtführer zusätzlich beauftragt wird, die Papiere zu besorgen und zu prüfen. Eine solche Vereinbarung ist ohnehin kein Speditionsvertrag (zwischen Absender und Frachtführer), weil nach § 453ff HGB Gegenstand des Speditionsvertrags grundsätzlich die gesamte Besorgung der Versendung ist. Bei Teilverträgen über nur einzelne Tätigkeiten liegt ein Geschäftsbesorgungsvertrag vor, der zwar dem Frachtführer die Besorgung der Papiere wirksam zusätzlich überträgt, aber unwirksam ist, soweit er damit die in Art. 11 CMR geregelten Pflichten verändert.[19] Schäden am Gut aufgrund der Eintragungen in Begleitpapieren sind z. B. dem Frachtführer nicht deshalb zuzurechnen, weil er einen Vermerk in einer Versandanzeige „Vor Nässe schützen, nicht umladen" nicht gelesen hat.[20] Hat der Frachtführer vom Absender keinen speziellen Hinweis auf die Gefahrguteigenschaft des Gutes erhalten, muß er (bzw. sein Fahrer) nicht aus den mitübergebenen Unterlagen im einzelnen prüfen, ob etwa Gefahrgut vorliegt.[21] Insbesondere braucht der Fahrer auch nicht die ADR-Terminologie zu kennen, wenn es sich beim Auftrag nicht um einen Gefahrgutauftrag handelt.[22] Auch die Prüfung, ob die erforderlichen Papiere beigegeben sind, ist nicht Angelegenheit des Frachtführers; das Fehlen einzelner Papiere ist also dem Absender zuzurechnen.[23] Die Haftung des Absenders wird allerdings durch Art. 11 Abs. 2 S. 2 ausgeschlossen, wenn der Schaden vom Frachtführer verschuldet ist.[24]

III. Haftung des Absenders (Art. 11 Abs. 2 S. 2)

1. Haftungsgrundsätze

a) Haftungsvoraussetzungen

4 Art. 11 Abs. 2 S. 2 CMR erlegt dem Absender[25] nach deutscher und österreichischer Auffassung eine Gewährhaftung **ohne Rücksicht auf Verschulden**[26] für alle aus dem Fehlen[27] oder der Unrichtigkeit der Papiere entstehenden Schäden[28] auf. Für das

---

[19] Daher insbesondere nach neuem Speditionsrecht unzutreffend grundsätzlich *Herber/Piper* Rdn. 11; *Koller*⁴ Rdn. 3, der sich zu Unrecht auf *Clarke*² Nr. 26b (S. 111) beruft; *Thume/Temme* Rdn. 22; MüKo/*Basedow* Rdn. 6; unscharf auch bereits *Loewe* ETR **1976** 503ff, Nr. 115. Grundsätzlich Art. 41 Rdn. 13. Zu LG Hamburg vom 21. 1. 1981 siehe Rdn. 9.

[20] OLG Köln vom 30. 8. 1990, TranspR **1990** 425, 426.

[21] Siehe Art. 22 Rdn. 11.

[22] BGH vom 16. 10. 1986, TranspR **1987** 96, 97 = VersR **1987** 304.

[23] Z. B. eines Ursprungszeugnisses, F CA Paris vom 2. 12. 1981, ETR **1982** 73, 74. Siehe auch *Lenz* Rdn. 337.

[24] MüKo/*Basedow* Rdn. 17; *Dorrestein* Nr. 194. Siehe Rdn. 10; zu § 12 KVO siehe Anh. II nach § 452 HGBaF Rdn. 6.

[25] Der nicht immer leicht zu bestimmen ist; siehe z. B. F CA Paris vom 6. 1. 1975, BT **1975** 93 ff.

[26] MüKo/*Basedow* Rdn. 4; *Koller*⁴ Rdn. 3. Dafür wohl die Mehrheit der Autoren: MüKo/*Basedow* Rdn. 4; *Koller*⁴ Rdn. 3; *Thume/Temme* Rdn. 1, 13 *Nickel-Lanz* Nr. 56 m. Hinw. auf entsprechende Meinungen zu anderen internationalen Übereinkommen; *Jesser* S. 170; wohl auch *Loewe* ETR **1976** 503 ff, Nr. 115. Der Grundsatz der Kausalhaftung ist in der ausländischen Literatur und Rechtsprechung meist nicht erwähnt, siehe z. B. *Lamy 99* I Nr. 477 b; *Clarke*² Nr. 110 f; *Hill/Messent/Glass*² S. 80 f; *Putzeys* Nr. 440 ff.

[27] Beweis für das Fehlen: neben anderen Beweismöglichkeiten zunächst auch der (widerlegliche) Beweis aus dem Frachtbrief nach Art. 9 Abs. 1; siehe Art. 9 Rdn. 16, Art. 6 Rdn. 27; Beispiel: OLG Düsseldorf vom 12. 2. 1981, VersR **1982** 302.

[28] Die Übertragung dieser Aufgaben auf andere Personen (z. B. auf Zollspediteure) spielt dabei keine Rolle, weil der Absender ohne Verschulden für sie haftet. Siehe *Herber/Piper* Rdn. 5; *Koller*⁴ Rdn. 1. Für fehlerhaften Gebrauch der Papiere haftet dagegen der Frachtführer, siehe Rdn. 13.

innerdeutsche Recht ist dieser Grundsatz jetzt generell durch § 414 Abs. 1 Nr. 4 HGBnF festgeschrieben.[29] Die Kausalhaftung wird – nunmehr übereinstimmend die Regelung im innerdeutschen Recht[30] – auch auf schuldlos **unrichtige Auskünfte** erweitert. Die deutsche Übersetzung mit dem Wort „Angaben" ist unkorrekt und verschleiert einen zusätzlichen Haftungstatbestand, der in den englischen und französischen Originaltexten (Art. 51) deutlich erkennbar ist. Der englische Text spricht von Haftung für „absence, inadequacy or irregularity of such documents or information". Er nimmt damit auf Art. 11 Abs. 1 Bezug, wo ebenfalls der Ausdruck „information" benutzt wird. Die französische Fassung spricht von Haftung für Fehler „de ces documents et renseignements" und nimmt damit ebenfalls auf die gleichlautende Formulierung in Abs. 1 Bezug. Daher hätten in der deutschen Übersetzung korrekterweise die Ausdrücke „information" bzw. „renseignements" in beiden Absätzen gleich ausgedrückt werden müssen, nicht dagegen in Abs. 1 mit „Auskünfte" und in Abs. 2 S. 2 mit „Angaben". Nach dem Sinn der Regelung ist es kaum zweifelhaft, daß die CMR in Abs. 2 S. 2 eine Haftung ohne Verschulden auch für (vertragsbezogene) Auskünfte[31] außerhalb der Begleitpapiere einführen wollte. Da in der CMR keine näheren Regelungen enthalten sind, muß die internationale Rechtsprechung anhand von Fällen die problematische Entscheidung klären, wie weit Auskunftspflicht und Kausalhaftung des Absenders gehen soll. Im Zweifel wird sie nur in engen Fällen in Betracht kommen.[32] MüKo/*Basedow* Rdn. 3 grenzt sie ein auf die zur ordnungsgemäßen Durchführung des Transports erforderlichen Umstände. Die Beweislast für die objektiven Voraussetzungen der Haftung trägt der Frachtführer.[33]

b) Haftungsfolge

Der Absender haftet für alle Schäden, die durch Fehler der Begleitpapiere und fehlerhafter Auskünfte entstanden[34] sind. Die **Höhe der Haftung** für Schäden und Kosten[35] ist nicht begrenzt.[36] Darin ist eine Entscheidung des CMR-Gesetzgebers gegen eine summenmäßige Begrenzung zu sehen. Nationales Recht kann daher diesen Haftungsgrundsatz nicht ändern. Das deutsche Recht sieht in § 414 Abs. 1 S. 1 f HGBnF eine begrenzte Kausalhaftung vor.[37] Fraglich ist aber, wie die „unbegrenzte" Haftung nach Art. 10 bei deutschem Recht als Vertragsstatut nun umrissen wird. Ohne Verletzung der CMR kann allgemeines deutsches Schadensrecht herangezogen werden, da dieses von der CMR bewußt nicht geregelt wurde. Nach deutschem Recht 5

---

[29] Wie bisher nach § 427 S. 2 HGBaF und § 12 Abs. 1 S. 4 KVO.

[30] § 414 Abs. 1 S. 1 Nr. 4 HGB.

[31] Daher wird auch schon bei *Loewe* ETR **1976** 503 ff, Nr. 113 f dieser Ausdruck verwendet. Siehe dazu auch *Thume/Temme* Rdn. 14; dort in Rdn. 10 ff Näheres zur Auskunftspflicht. Grundsätzlich auch *Koller*[4] Rdn. 1; *Herber/Piper* Rdn. 3 ff; MüKo/*Basedow* Rdn. 1, 3; *Jesser* S. 170.

[32] Siehe z. B. F Cass vom 26. 11. 1991, RDU **1992** I 340 f = Bull. civ. **1991** IV Nr. 90 (ablehnend zur Unterlassung der Information über Betriebsschließung des Empfängers; nur für die Erfüllung von Formalitäten erforderliche Auskünfte).

[33] *Baumgärtel/Giemulla* Rdn. 1; *Herber/Piper* Rdn. 13; anders NL Kantongerecht Delft vom 13. 5. 1965, ETR **1966** 722, 727.

[34] Siehe auch z. B. F Cass vom 26. 11. 1991, RDU **1992** I 340 f = Bull. civ. **1991** IV Nr. 90 (ablehnend zur Unterlassung der Information über Betriebsschließung des Empfängers; nur für die Erfüllung von Formalitäten erforderliche Auskünfte). Siehe auch den Fall eines Zusammenwirkens der Haftungsfreistellung von Güterschadenersatz nach Art. 17 Abs. IV b und der Haftung des Absenders nach Art. 11 Abs. 2 F TribCom Tarbes vom 5. 2. 1979, BT **1979** 196–197 (Mottenschäden).

[35] In Betracht kommen etwa die Kosten von Wartezeiten wegen mangelhafter Papiere, F CA Paris vom 6. 1. 1975, BT **1975** 93 ff.

[36] Unstr., siehe *Herber/Piper* Rdn. 4; *Thume/Temme* Rdn. 16. Siehe auch Art. 10 Rdn. 15.

[37] Dazu *Helm* FS Herber, S. 88 ff.

zu behandeln sind daher Fragen der Kausalität[38] oder der Drittschadensliquidation,[39] aber auch die Grundlagen der Schadensberechnung, z. B. Naturalrestitution und kein ideeller Schaden.[40]

6 Wird infolge von Dokumentenfehlern die Lade- oder Entladezeit oder die Transportdauer verlängert, sind die Kosten zu ersetzen.[41] Daneben kommt als Schadenersatz auch **Standgeld** nach ergänzendem nationalen Recht in Betracht. Zu dieser Entgeltfrage trifft die CMR keine Regelung. *Koller*[42] sieht demgegenüber zu Unrecht die Standgeldforderung überwiegend als Schaden und daher seine Vereinbarung vor allem als Verstoß gegen Art. 16 CMR. Dem ist nicht zuzustimmen.[43] Der Anwendung nationalen Rechts nach dem Schuldstatut des Frachtvertrags steht daher kein Bedenken gegenüber. Die neue Standgeldregelung in § 412 Abs. 3 HGBnF erlaubt es, die Vergütung für längere Verzögerungen nach deutschem Recht zu berechnen. Der Vergütungsanspruch steht daher in Konkurrenz zur Haftung aus Art. 11 Abs. 2 S. 2 CMR.[44] Ist der Schaden größer als die Vergütung, so kann der Frachtführer also insgesamt nicht nur angemessene Vergütung, sondern auch den vollen Schaden verlangen. Standgeldansprüche lassen sich in anderen Ländern auch aufgrund anderer Rechtsnormen begründen. In Frankreich schuldet der Absender (bei pauschaler Fracht) nach Speditions- bzw. Kommissionsrecht ein Standgeld, wenn der Empfänger oder die Zollbehörde des Empfängerlandes die Entladung verhindern, um den Lastwagen beim Zoll als Lager zu benutzen.[45] Nach hier vertretener Auffassung läßt sich dies nur ausnahmsweise begründen, solange die Transportverpflichtung nicht zu Ende erfüllt ist.[46]

7 Entstehen die Schäden nicht dem Frachtführer selbst, sondern Dritten, etwa anderen Absendern des selben Transports durch Verspätung wegen fehlender Papiere, kann er vom verantwortlichen Absender **Ersatz des Drittschadens** verlangen. Dies entspricht der Haftung nach Art. 10.[47] Dieser Auslegung steht nicht entgegen, daß „andere Güter" in Art. 11 nicht erwähnt werden, denn die globale Bezeichnung „aller Schäden",[48] die aus dem Dokumentenfehler entstehen, umfaßt auch diese Fälle. Für ein einschränkendes Argument aus einem anderen Artikel, das offenkundig nur der Verdeutlichung dienen sollte, ist kein Raum.[49]

2. Anwendungsfälle

8 OLG Düsseldorf vom 12. 2. 1981, VersR **1982** 302: Haftung für Beschlagnahme des Fahrzeugs aus Abs. 2 S. 2 entfällt, wenn der Frachtführer das Carnet TIR selbst ausstellt und ohne Rückfrage beim Absender die Warenangabe aus einer Ausfuhrkontrollmeldung in das Carnet TIR überträgt. OLG Karlsruhe vom 25. 11. 1983, 14 U 46/82 (unveröff.): Ein Veterinärzeugnis für Milchpulver als Futtermittel ist Warenbegleitpapier; keine Hinweispflicht des Absenders auf die gesetzliche vorgeschriebene

38 *Thume/Temme* Rdn. 15 f.
39 Siehe MüKo/*Basedow* Rdn. 8; *Thume/Temme* Rdn. 16 ff gegen *Koller*[4] Rdn. 3. Siehe auch Art. 10 Rdn. 6.
40 *Thume/Temme* Rdn. 15.
41 Siehe etwa F CA Paris vom 6. 1. 1975, BT **1975** 93 ff für Abfallbeförderung.
42 *Koller*[4] vor Art. 1 Rdn. 14 und Art. 16 Rdn. 2 und TranspR **1988** 129 ff.
43 Siehe Art. 16 Rdn. 9, 19.
44 Diese wurde auch bisher in solchen Fällen als Schaden vergütet: MüKo/*Basedow* Rdn. 7; *Herber/Piper* Rdn. 4; *Glöckner*[7] Rdn. 5; *Jesser* S. 170, 178. Zur Vergütung für verschuldete Wartezeiten siehe auch OLG Düsseldorf vom 12. 2. 1981, VersR **1982** 302 ff.
45 F CA Paris vom 15. 5. 1979, BT **1979** 304, 305.
46 Siehe Art. 17 Rdn. 20.
47 Siehe Art. 10 Rdn. 17.
48 Deutlicher in den Originaltexten: „tous dommages qui pourraient résulter", „any damage caused by", die eindeutig alle Möglichkeit von Schäden erfassen.
49 Siehe MüKo/*Basedow* Rdn. 8; *Thume/Temme* Rdn. 18 ff; **a.A.** *Koller*[4] Rdn. 3; *Herber/Piper* Rdn. 6.

Anbringung des Papiers am Fahrzeug. LG Hamburg vom 12.1.1981, 69 O 117/80 (unveröff.): Einfuhrlizenz für das Bestimmungsland ist erforderliches Begleitpapier; aber keine Haftung, wenn der Frachtführer die Klärung der Einfuhr- und Zollformalitäten vertraglich übernommen und schuldhaft versäumt hatte; siehe dazu Rdn. 3. F Cass vom 26.11.1991, RDU **1992 I** 340 f = Bull. civ. **1991** IV Nr. 90 (ablehnend zur Unterlassung der Information über Betriebsschließung des Empfängers), siehe Rdn. 4. Fehlen eines Ursprungszeugnisses ist Fehler des Absenders, F CA Paris vom 2.12. 1981, ETR **1982** 73, 74.

3. Haftungsbefreiung des Frachtführers bei Schäden an Frachtgütern

Aus Art. 11 Abs. 2 S. 2 muß wohl auch der Schluß gezogen werden, daß der 9
Frachtführer für Schäden am Gut, die durch mangelhafte oder fehlende Begleitpapiere oder Auskünfte entstehen, nicht haftet. Danach würde Art. 11 Abs. 2 S. 2 einen besonderen Haftungsbefreiungsgrund innerhalb der Haftung nach Art. 17 darstellen.[50] *Koller*[4] Art. 17 Rdn. 62 will einen entsprechenden Ausgleich dadurch schaffen, daß der Frachtführer mit dem Anspruch aus Art. 11 Abs. 2 im Rahmen des ergänzend anzuwendenden nationalen Rechts aufrechnen kann; nach deutschem Recht ist die Aufrechnung gegenüber dem Empfänger möglich. Diese Lösung[51] ist zwar begründbar, hat aber den Nachteil, daß sie zu internationalen Unterschieden führt, die bei Annahme eines besonderen Haftungsbefreiungsgrundes nach der CMR vermieden werden können.[52] Ist Absender ein Spediteur, haftet er dem Frachtführer für Dokumentenfehler gem. Art. 11 Abs. 2 S. 2 grundsätzlich auch, wenn die Fehler durch seine Versender verursacht sind, etwa bei Sammelversendung. Auch in diesem Falle entfällt die Absenderhaftung bei Verschulden des Frachtführers. Inwieweit ihm dabei Handlungen der Versender oder anderer Absender zuzurechnen sind, muß nach Art. 3 bestimmt werden. Wenn, wie wohl meist angenommen wird, der Frachtführer für diese nicht einzustehen hat, muß ihr Verschulden im Rahmen ihrer Nebenpflichten im Verhältnis zum Frachtführer dessen Ersatzansprüche für Vermögensschäden begründen.

4. Ausnahme im Falle des Verschuldens des Frachtführers

Im Falle eines Verschuldens des Frachtführers ist die Haftung des Absenders aus- 10
geschlossen.[53] Das Verschulden ist in Art. 11 Abs. 2 S. 2 nicht näher eingegrenzt. Es umfaßt jedenfalls Vorsatz, aber auch Fahrlässigkeit.[54] Es kann sich aber nicht auf die Prüfung der Begleitpapiere beziehen, zu welcher der Frachtführer nicht verpflichtet ist.[55] Vielmehr sind nur andere Verschuldenssituationen gemeint,[56] etwa wenn der Mangel der Dokumente dem Frachtführer bekannt oder evident war,[57] wenn er die

---

[50] *Loewe* ETR **1976** 542 f; *Heuer* 81 f; *Helm* Haftung, S. 141; wohl auch *Thume/Temme* Rdn. 21 f, der im Anschluß an *Koller*[4] Rdn. 3 nicht im einzelnen dargestellte Probleme mit dem nicht näher definierten „Beilader" sieht. Siehe zu diesem Art. 17 Rdn. 52; ferner § 34 KVO Rdn. 24.

[51] Kritisch dazu auch MüKo/*Basedow* Rdn. 9.

[52] Siehe Art. 17 Rdn. 52.

[53] Die Beweislast liegt beim Absender: *Koller*[4] Rdn. 3; *Herber/Piper* Rdn. 13; *Baumgärtel/Giemulla* Rdn. 1.

[54] *Thume/Temme* Rdn. 23; kritisch zu *Koller*[4] Rdn. 3.

[55] *Koller*[4] Rdn. 3; *Herber/Piper* Rdn. 8; *Thume/Temme* Rdn. 22; OLG Düsseldorf vom 12.2. 1981, VersR **1982** 302, 303; dazu auch *Clarke*[2] Nr. 26a.

[56] *Thume/Temme* Rdn. 23; F CA Paris vom 23.9. 1981, BT **1981** 538–540 (Verschulden bei Frachtrücksendung); F CA Paris vom 2.12.1981, BT **1982** 73–75 (in casu kein solches Verschulden).

[57] *Koller*[4] Rdn. 3; wohl auch *Clarke*[2] Nr. 26 b; **a. A.** *Herber/Piper* Rdn. 8.

Dokumente verliert oder sie unrichtig verwendet,[58] oder wenn er versucht, die Grenze zu überschreiten, obwohl ihm bewußt ist, die erforderlichen Dokumente nicht zu besitzen.[59] In solchen Fällen kommt eine Schadensteilung nach § 414 Abs. 2 HGBnF in Betracht; siehe *Helm* Haftung S. 141. Demgegenüber sieht MüKo/*Basedow*[60] die Übernahme des anspruchsausschließenden Grundsatzes der „contributory negligence" aus dem common law; danach soll der Absender überhaupt nicht haften. Jedoch ist durch Art. 11 Abs. 2 S. 2 noch keineswegs entschieden, was im einzelnen die Folgen der Mitverursachung sind. Sinnvoll ist es nicht, die Regelung als Anwendungsfeld eines angloamerikanischen Prinzips zu behandeln und damit jeden Schadensausgleich abzublocken.[61] Flexibler und wohl auch international vertreten ist die Anwendung des nationalen Ausgleichsprinzips,[62] für Deutschland also Schadensteilung nach § 414 Abs. 1 Nr. 4 und S. 1 HGBnF, § 254 BGB oder eines entsprechenden allgemeinen Rechtsgrundsatzes der Schadensteilung.[63] Selbst die von MüKo/*Basedow* vor Art. 1 Rdn. 37 selbst aufgezeigten Grundsätze für die Auslegung internationalen Einheitsrechts setzen immer deren anerkanntes Bestehen voraus. Sie können daher angesichts der uneinheitlichen Rechtslage in den verschiedenen Mitgliedsländern nicht zum vollen Ausschluß der Absenderhaftung führen.

11 Eine besondere Rolle kommt den Fällen zu, in denen der Frachtführer die Dokumente selbst fehlerhaft ausstellt oder einen neuen Informations- oder Dokumentationsbedarf schafft, etwa durch Änderung der Route. Fehler des Frachtführers führen dann in jedem Fall zur Haftungsbefreiung des Absenders.[64] Gleiches gilt für die Erteilung schuldhaft fehlerhafter Auskünfte über die Erforderlichkeit von Dokumenten.[65]

5. Haftungsbefreiung des Frachtführers bei Lieferfristüberschreitung

12 Für mangelhafte Verzollungsunterlagen und daraus entstehende Schäden haftet der CMR-Frachtführer nicht; F CA Versailles vom 20. 11. 1985, BT **1986** 285 f. Das Fehlen eines Ursprungszeugnisses ist Fehler des Absenders, der Frachtführer haftet nicht für die Verspätung, F CA Paris vom 2. 12. 1981, ETR **1982** 73, 74.

IV. Haftung des Frachtführers für Begleitpapiere (Art. 11 Abs. 3 CMR)

13 Entsteht durch Verlust[66] oder die unrichtige Verwendung[67] von Begleitpapieren dem Absender oder Empfänger ein Schaden, so sieht Art. 11 Abs. 3 eine besondere

---

[58] MüKo/*Basedow* Rdn. 6.

[59] Der Frachtführer hat dann gegebenenfalls die Beförderung zu verweigern; OLG Düsseldorf vom 12. 2. 1981, VersR **1982** 302, 303.

[60] Dort Art. 11 Abs. 2 S. 2 Rdn. 5; zu Art. 7 Rdn. 3; zu Art. 10 Rdn. 8.

[61] Siehe eingehender Art. 10 Rdn. 16.

[62] Zutreffend ist die Annahme der RegBegr zu § 422, BRDrucks. 368/97 S. 43, daß in Art. 11 CMR „das Alles-oder-Nichts-Prinzip" enthalten ist. Sie sieht aber dieses „nur im Wortlaut angelegt" und verweist demgegenüber auf die „gegenwärtige Rechtspraxis", in der sie die Heranziehung des Rechtsgedankens des § 254 BGB sieht. Teilweise wird auch die Ergänzung durch entsprechende Anwendung von Art. 17 Abs. 5 vorgezogen: *Thume/Temme* Rdn. 24; *Koller*[4] Rdn. 3; siehe dazu Art. 10 Rdn. 16, Art. 17 Rdn. 229 f.

[63] *Herber/Piper* Rdn. 12.

[64] *Herber/Piper* Rdn. 9; *Koller*[4] Rdn. 3; OLG Düsseldorf vom 12. 2. 1981, VersR **1982** 302 ff.

[65] *Koller*[4] Rdn. 3; *Herber/Piper* Rdn. 10. **a. A.** zu einem Eisenbahnfall AG KA vom 11. 8. 1989, TranspR **1989**, 436 f.

[66] Verlust beim Frachtführer hat der Absender zu beweisen; OLG Düsseldorf vom 23. 12. 1996, TranspR **1997** 422 f.

[67] Der Begriff ist weit auszulegen: Er umfaßt jede von der Zweckbestimmung abweichende Handhabung; MüKo/*Basedow* Rdn. 15; BGH vom 26. 6. 1997, TranspR **1998** 67, 70 (Überlassung

Haftung des Frachtführers vor.[68] Hinsichtlich ihrer Ausgestaltung wird auf die für die Haftung des Kommissionärs geltenden Bestimmungen verwiesen. Diese Verweisung muß sich auf nationales Recht beziehen. Wenn auch Art. 11 Abs. 3 auf nationales Speditionsrecht verweist,[69] so bleibt doch der Frachtvertrag Haftungsgrund; das nationale Recht erlangt durch die Verweisung den zwingenden Charakter einer CMR-Norm. Maßgeblich ist das durch das Schuldstatut bestimmte Recht.[70] Im deutschen Recht ist damit die Haftung „wie ein Transport-Kommissionär", also wie ein Spediteur, gemeint.[71] Maßgeblich sind daher §§ 453 ff HGBnF,[72] daneben aber auch die allgemeinen Grundsätze der Leistungsstörungen,[73] soweit keine Güterschäden, sondern allgemeine Vermögensschäden entstanden sind. Für die Zurechnung von Gehilfenhandlungen gilt anstelle von Art. 3 hier § 428 HGBnF.[74] Die Verweisung auf das Speditionsrecht macht in Verbindung mit Art. 41 Abs. 1 CMR diese Bestimmungen zu zwingendem Recht.[75] Daher können allgemeine Geschäftsbedingungen wie z. B. die ADSp weder automatisch noch kraft spezieller Vereinbarung eingreifen.[76] Die Ansprüche aus Art. 11 Abs. 3 verjähren nach Art. 32 CMR; siehe dort Rdn. 61. Im **österreichischen** Recht richtet sich die Haftung noch nach den unveränderten Vorschriften des HGB, die Haftung für Gehilfen insbesondere nach Art. 1313 A ABGB.[77]

Die Haftung betrifft vor allem **Folgeschäden.**[78] Für Güterschäden wird sie nicht benötigt, da diese ohnehin nach Art. 17 ff gegeben ist. Sie ist auf die für den Fall des Verlustes des Gutes nach Art. 23 Abs. 1 bis 5 CMR und Art. 24 bis 27 CMR maßgeblichen Beträge beschränkt.[79] Die gesetzliche **Haftungsbeschränkung** des neuen deutschen Speditionsrechts[80] ist gegenüber diesen Vorschriften nicht anzuwenden, weil die CMR als vollständige Regelung insoweit das ergänzende Recht ausschließt. Bei „wilful misconduct" ist der volle Schaden nach allgemeinem deutschen Schadensrecht zu ersetzen.[81] 14

der Papiere an einen Unbekannten; durch diesen Fälschung einer Eingangsbescheinigung). Es kommt nicht darauf an, ob der Frachtführer die Dokumente mit sich führt; „unrichtige Verwendung" ist auch die Nichtverwendung der Papiere. Siehe *Heuer* S. 150 f; *Herber/Piper* Rdn. 14; *Jesser* S. 82; F Cass vom 10. 6. 1976, BT **1976** 402 f. Die Nichtüberprüfung der Begleitdokumente durch den Frachtführer ist keine „unrichtige Verwendung" im Sinne von Abs. 3, weil dies im Widerspruch zu Abs. 2 S. 1 stünde; OLG Düsseldorf vom 23. 12. 1996, TranspR **1997** 422 f; NL Rb Rotterdam vom 18. 12. 1992, S&S **1992** Nr. 97, 359, 360.

68 Nicht analog auf unrichtige oder zweckwidrige Verwendung der Auskünfte durch den Frachtführer; siehe *Koller*[4] Rdn. 4; *Herber/Piper* Rdn. 18; *Thume/Temme* Rdn. 28; MüKo/*Basedow* Rdn. 15.

69 MüKo/*Basedow* Rdn. 10, 12; *Hill/Messent/Glass*[2] S. 81.

70 Siehe dazu Art. 1 Rdn. 77, 78. Siehe auch MüKo/*Basedow* Rdn. 11.

71 Unstr., *Heuer* S. 147 f; *Precht/Endrigkeit*[3] Art. 11 Anm. 3; *Glöckner*[7] Rdn. 3; *Loewe* ETR **1976** 543; *Voigt* VP **1965** 122, 123. Auch international nicht umstritten: Siehe *Loewe* ETR **1976** 503 ff, Nr. 116; MüKo/*Basedow* Rdn. 10; zum englischen Recht siehe *Hill/Messent/Glass*[2] S. 81; zum niederländischen *Dorrestein* Nr. 195; NL Hof's Gravenhage vom 17. 5. 1988, ETR **1968** 1227 ff = SS **1968** 215 f; zum spanischen *Sánchez-Gamborino* Nr. 498; zum Speditionsrecht *Piloñeta Alonso*.

72 Bisher §§ 407 Abs. 2, 390 HGBaF.

73 *Herber/Piper* Rdn. 15; Haftung für vermutetes Verschulden bei Güterschaden; OLG Koblenz vom 21. 5. 1982, TranspR **1985** 127, 128.

74 Bisher § 278 BGB; zutreffend *Heuer* S. 149 m. w. H.; *Herber/Piper* Rdn. 15; *Thume/Temme* Rdn. 25

75 *Koller*[4] Rdn. 4; MüKo/*Basedow* Rdn. 13; *Herber/Piper* Rdn. 14; *Jesser* S. 82; **a. A.** *Thume/Temme* Rdn. 25.

76 Siehe Art. 41 Rdn. 30.

77 *Thume/Seltmann* Rdn. A 26; *Jesser* S. 82.

78 *Jesser* S. 83; *Herber/Piper* Rdn. 3 (nur solche).

79 *Thume/Temme* Rdn. 29. Siehe Art. 17 Rdn. 244 mit Verweisen auf die einzelnen Vorschriften.

80 Insbesondere §§ 461, 431 HGBnF.

81 §§ 461 Abs. 1, 435 HGBnF.

15 Nach richtiger Auffassung **kommt es nicht darauf an, ob die betreffenden Begleitpapiere im Frachtbrief aufgeführt sind;**[82] auch für den Fall, daß diese zwar dem Frachtführer übergeben, aber im Frachtbrief nicht aufgeführt waren.[83]

16 Die Haftpflicht aus Art. 11 Abs. 3 CMR ist durch die üblichen **CMR-Haftpflichtpolicen**[84] abgedeckt.[85] Bei Art. 11 Abs. 3 handelt es sich um frachtrechtliche Haftung.[86] Die üblichen CMR-Policen gewähren global für die Haftung nach der CMR Deckung und schließen das Risiko nach Art. 11 Abs. 3 nicht aus. Die Versicherungsdeckung kann demnach nicht verneint werden. Sollten nach dem Wortlaut der einzelnen Policen noch Unklarheiten hierüber bestehen, so würde § 5 AGBG zur Auslegung im hier vertretenen Sinne zwingen.

17 Ist der Frachtführer dem Absender bei der Ausstellung von Dokumenten behilflich, dann bedeutet dies noch keine Verlagerung der Zuständigkeit für die Beschaffung der für die zollamtliche Behandlung des Gutes erforderlichen Urkunden vom Absender auf den Frachtführer. Ein Verschulden in einem solchen Fall fällt nicht unter Art. 11 Abs. 3 CMR; zutreffend OLG Koblenz vom 29. 5. 1982, TranspR **1985** 127, 128.

Artikel 12

1. [1]Der Absender ist berechtigt, über das Gut zu verfügen. [2]Er kann insbesondere verlangen, dass der Frachtführer das Gut nicht weiterbefördert, den für die Ablieferung vorgesehenen Ort ändert oder das Gut einem anderen als dem im Frachtbrief angegebenen Empfänger abliefert.

2. [1]Dieses Recht erlischt, sobald die zweite Ausfertigung des Frachtbriefes dem Empfänger übergeben ist oder dieser sein Recht nach Artikel 13 Absatz 1 geltend macht. [2]Von diesem Zeitpunkt an hat der Frachtführer den Weisungen des Empfängers nachzukommen.

3. Das Verfügungsrecht steht jedoch dem Empfänger bereits von der Ausstellung des Frachtbriefes an zu, wenn der Absender einen entsprechenden Vermerk in den Frachtbrief eingetragen hat.

4. Hat der Empfänger in Ausübung seines Verfügungsrechtes die Ablieferung des Gutes an einen Dritten angeordnet, so ist dieser nicht berechtigt, seinerseits andere Empfänger zu bestimmen.

5. Die Ausübung des Verfügungsrechtes unterliegt folgenden Bestimmungen:

a) der Absender oder in dem in Absatz 3 bezeichneten Falle der Empfänger hat, wenn er sein Verfügungsrecht ausüben will, die erste Ausfertigung des Frachtbriefes vorzuweisen, worin die dem Frachtführer erteilten neuen Weisungen eingetragen sein müssen, und dem Frachtführer alle Kosten und Schäden zu ersetzen, die durch die Ausführung der Weisungen entstehen;

b) die Ausführung der Weisungen muss zu dem Zeitpunkt, in dem sie die Person erreichen, die sie ausführen soll, möglich sein und darf weder den gewöhnlichen Betrieb des Unternehmens des Frachtführers hemmen noch die Absender oder Empfänger anderer Sendungen schädigen;

c) die Weisungen dürfen nicht zu einer Teilung der Sendung führen.

---

[82] Siehe Art. 6 Rdn. 27.

[83] *Heuer* 150 mit eingehender Begründung MüKo/*Basedow* Rdn. 14. Zu Konflikten zwischen Art. 7 Abs. 1 Buchst. b und Art. 11 Abs. 3 siehe *Koller*[4] Rdn. 4; *Thume/Temme* Rdn. 27.

[84] Siehe § 429 HGBaF Anh. I Rdn. 45 ff.

[85] *Herber/Piper* Rdn. 19.

[86] Zutreffend *Heuer* 149 Fn. 503 entgegen *Züchner* VersR **1969** 684 f. Anwendbar ist wohl auch Art. 28, siehe dort Rdn. 8.

6. Kann der Frachtführer auf Grund der Bestimmungen des Absatzes 5 Buchstabe b die erhaltenen Weisungen nicht durchführen, so hat er unverzüglich denjenigen zu benachrichtigen, der die Weisungen erteilt hat.

7. Ein Frachtführer, der Weisungen nicht ausführt, die ihm unter Beachtung der Bestimmungen dieses Artikels erteilt worden sind, oder der solche Weisungen ausführt, ohne die Vorlage der ersten Ausfertigung des Frachtbriefes verlangt zu haben, haftet dem Berechtigten für den daraus entstehenden Schaden.

Article 12

1. L'expéditeur a le droit de disposer de la marchandise, notamment en demandant au transporteur d'en arrêter le transport, de modifier le lieu prévu pour la livraison ou de livrer la marchandise à un destinataire différent de celui indiqué sur la lettre de voiture.

2. Ce droit s'éteint lorsque le deuxième exemplaire de la lettre de voiture est remis au destinataire ou que celui-ci fait valoir le droit prévu à l'article 13, paragraphe 1; à partir de ce moment, le transporteur doit se conformer aux ordres du destinataire.

3. Le droit de disposition appartient toutefois au destinataire dès l'établissement de la lettre de voiture si une mention dans ce sens est faite par l'expéditeur sur cette lettre.

4. Si, en exerçant son droit de disposition, le destinataire ordonne de livrer la marchandise à une autre personne, celle-ci ne peut pas désigner d'autres destinataires.

5. L'exercice du droit de disposition est subordonné aux conditions suivantes:

a) L'expéditeur ou, dans le cas visé au paragraphe 3 du présent article, le destinataire qui veut exercer ce droit doit présenter le premier exemplaire de la lettre de voiture, sur lequel doivent être inscrites les nouvelles instructions données au transporteur, et dédommager le transporteur des frais et du préjudice qu'entraîne l'exécution de ces instructions;

b) Cette exécution doit être possible au moment où les instructions parviennent à la personne qui doit les exécuter et elle ne doit ni entraver l'exploitation normale de l'entreprise du transporteur, ni porter préjudice aux expéditeurs ou destinataires d'autres envois;

c) Les instructions ne doivent jamais avoir pour effet de diviser l'envoi.

6. Lorsque, en raison des dispositions prévues au paragraphe 5, b, du présent article, le transporteur ne peut exécuter les instructions qu'il reçoit, il doit en aviser immédiatement la personne dont émanent ces instructions.

7. Le transporteur qui n'aura pas exécuté les instructions données dans les conditions prévues au présent article ou qui se sera conformé à de telles instructions sans avoir exigé la présentation du premier exemplaire de la lettre de voiture sera responsable envers l'ayant droit du préjudice causé par ce fait.

Article 12

1. The sender has the right to dispose of the goods, in particular by asking the carrier to stop the goods in transit, to change the place at which delivery is to take place or to deliver the goods to a consignee other than the consignee indicated in the consignment note.

2. This right shall cease to exist when the second copy of the consignment note is handed to the consignee or when the consignee exercises his right under article 13, paragraph 1; from that time onwards the carrier shall obey the orders of the consignee.

3. The consignee shall, however, have the right of disposal from the time when the consignment note is drawn up, if the sender makes an entry to that effect in the consignment note.

4. If in exercising his right of disposal the consignee has ordered the delivery of the goods to another person, that other person shall not be entitled to name other consignees.

5. The exercise of the right of disposal shall be subject to the following conditions:

a) That the sender or, in the case referred to in paragraph 3 of this article, the consignee who wishes to exercise the right produces the first copy of the consignment note on which the new instructions to the carrier have been entered and indemnifies the carrier against all expenses, loss and damage involved in carrying out such instructions;

b) That the carrying out of such instructions is possible at the time when the instructions reach the person who is to carry them out and does not either interfere with the normal working of the carrier's undertaking or prejudice the senders or consignees of other consignments;

c) That the instructions do not result in a division of the consignment.

6. When, by reason of the provisions of paragraph 5 (b) of this article, the carrier cannot carry out the instructions which he receives, he shall immediately notify the person who gave him such instructions.

7. A carrier who has not carried out the instructions given under the conditions provided for in this article, or who has carried them out without requiring the first copy of the consignment note to be produced, shall be liable to the person entitled to make a claim for any loss or damage caused thereby.

Übersicht

Alphabetische Übersicht

 Johann Georg Helm

Schrifttum

Czapski Haftung des Spediteurs nach CMR, AWD **1974** 161–162; *Koller* Das Standgeld bei CMR-Transporten, TranspR **1988** 129–138; *Koller* Rechtsnatur und Rechtswirkungen frachtrechtlicher Sperrpapiere, TranspR **1994** 181–189; *Piper* Einige ausgewählte Probleme des Schadenersatzrechts der CMR, VersR **1988** 201–209.

A. Überblick zum Weisungs- und Verfügungsrecht (Begriffe)

I. Allgemeines

Art. 12 regelt das frachtrechtliche Verfügungsrecht von Absender und Empfänger (Recht zur einseitigen Vertragsänderung).[1] Grundlage des Verfügungsrechts ist das Bestehen des Frachtvertrags; es entfällt daher mit dessen Erfüllung durch Ablieferung.[2] Die CMR-Regelung des Verfügungsrechts geht als selbstverständlich von der Ausstellung eines Frachtbriefs aus.[3] Damit sichert sie vor allem den Frachtführer gegen 1

[1] Hinsichtlich grundsätzlicher Fragen siehe § 433 HGBaF Rdn. 2 f, § 434 HGBaF Rdn. 1 ff und (zur Rechtsstellung des Empfängers) § 435 HGBaF Rdn. 4 ff. Zur Koppelung von Verfügungsrecht und Aktivlegitimation in Bezug auf Ersatzansprüche siehe Art. 17 Rdn. 249 f und § 429 HGBaF Rdn. 149 ff.

[2] Beispielsfall für problematische Ablieferung: OLG Nürnberg vom 21. 12. 1989, TranspR **1991** 99, 100.

[3] So auch heute noch *Clarke*[2] Nr. 22; wohl auch *Lamy 99* I Nr. 478.

unangemessene Folgen von Weisungen.[4] Da ein Frachtbrief insbesondere im deutschen Bereich in vielen Fällen nicht mehr ausgestellt wird,[5] kann freilich nicht darauf verzichtet werden, Weisungen auch zuzulassen, wenn kein Frachtbrief besteht. Dies ist bereits in der Phase des fast allgemeinen Frachtbriefzwangs durch die Entscheidung des BGH vom 27.1.1982 knapp, aber grundsätzlich entschieden worden.[6] Soweit die CMR einzelne Fragen nicht oder nicht genau regelt, muß zunächst eine Ergänzung aus der CMR heraus versucht werden.[7] Art. 12 schließt seine Anwendung auf die Fälle von Beförderungs- und Ablieferungshindernissen nicht aus, soweit Art. 14–16 nicht Spezielles vorsehen. Daher kann z. B. zur Kostenersatzpflicht nach Art. 16 Abs. 1 die Ersatzpflicht für Kosten und Schäden nach Art. 12 Abs. 5 a treten.[8]

2 Besonders bei Transporten über längere Strecken ist es manchmal **notwendig,** durch Verfügungen des Berechtigten die **Bedingungen der Beförderung zu ändern.** Dies ist in internationalen Konventionen üblich. Das vor allem für innerdeutsche Transporte[9] maßgebliche neue HGB-Frachtrecht hat das CMR-Modell übernommen; ebenso die CIM 1999.[10] Angesichts der modernen Transportaufgaben (wie just-in-time-Geschäft und flexibler Marktbedienung) scheint die Steuerung durch den Absender oder Empfänger auch ohne Frachtbrief nach wie vor von Interesse zu sein. Die moderne Datenübermittlung eröffnet gerade bei LKW-Transporten jederzeit Funkanweisungen an den Fahrer. Der Anwendungsbereich der CMR ist im übrigen weit über Europa hinaus gewachsen. Sie kann Transporte über den gesamten Erdball erfassen.[11] Der Bedarf an ad-hoc-Entscheidungen über die Transportabläufe ist unabdingbar und das Verfügungsrecht funktioniert schnell, weil es keine neuen Vertragsverhandlungen benötigt. Ein Teil der Bedenken gegen die weitreichenden Möglichkeiten von Verfügungsrechten ist daher nicht gerechtfertigt.[12] Die Regelung des Art. 12 ist grundsätzlich durch Ausstellung von Frachtbriefen geprägt. Fehlen diese, entfällt allerdings eine Fülle von sichernden Detailregelungen. Der Rückgang der Ausstellung von Frachtbriefen (gerade auch in Deutschland) macht daher ein Überdenken der Anwendungsdetails dringend erforderlich; konsequentere Lösungen für frachtbrieflose Verfügungen werden gefordert sein. Dies gilt insbesondere für die Eingrenzung des Bereichs der Verfügungsrechte außerhalb der Beispiele des Art. 12 Abs. 1.

II. Weisungsrecht

1. Weisungen

3 Weisungen sind verbindliche Anordnungen des Auftraggebers oder sonst dazu Berechtigten, die der Konkretisierung der übernommenen Geschäftsbesorgungspflichten dienen.[13] Dem Begriff der Weisung in der deutschen Übersetzung entspricht

---

4 *Thume* in *Fremuth/Thume* Frachtrecht, Rdn. 24 f; *Koller*[4] Rdn. 6; *Thume/Temme* Rdn. 5 ff; MüKo/*Basedow* Rdn. 6 ff; *Herber/Piper* Rdn. 19 ff.

5 Siehe Art. 4 Rdn. 7, 9.

6 Siehe Rdn. 30, 48.

7 Die ergänzende Anwendung der KVO war stets abzulehnen, ist aber mit ihrer Aufhebung erledigt. Zu ihr siehe vor allem BGH vom 10.4. 1974, NJW **1974** 1614, 1615 f = VersR **1974** 796; zuletzt noch BGH vom 15.10.1998, TranspR **1999** 102, 104; siehe Art. 1 Rdn. 87 ff.

8 Siehe Art. 16 Rdn. 1, 3.

9 Aber auch für multimodale und keiner internationalen Konvention unterliegende Transporte.

10 Art. 18 f; TranspR **1999** 477.

11 Siehe Art. 1 Rdn. 61.

12 Siehe aber die kritischen Bemerkungen von MüKo/*Basedow* Rdn. 1 und 4, die Strukturmängel des Konzepts aufzeigen.

13 Zum Speditionsrecht §§ 407–409 HGBaF Rdn. 89.

in der englischen Fassung der der „instruction“ (Art. 6 Abs. 2 Buchst. e, Art. 14–16, 17 Abs. 2), die französische Fassung verwendet in Art 14–16 das gleiche Wort, in Art. 17 Abs. 2 dagegen den Ausdruck „ordre“. Die Verwendung des Weisungsbegriffs in Art. 6 umfaßt auch solche Weisungen, die sich nicht speziell auf das Gut selbst beziehen. Auf diese ist Art. 12 grundsätzlich anzuwenden. Nicht zu empfehlen ist der Begriff der Weisung für ursprüngliche Vereinbarungen der Parteien im Frachtvertrag, so z. B. die Vereinbarung, das Gut zu versichern.[14] Weisungen sind einseitige empfangsbedürftige Willenserklärungen.[15] Im Rahmen von Art. 12 wirken sie rechtsgestaltend. Sie sind widerruflich durch neue Verfügungen.[16]

2. Weisungsrecht

Das Recht des Absenders (aber teilweise auch des Empfängers), dem Frachtführer Weisungen zu erteilen, ist in der CMR als selbstverständlich vorausgesetzt. In Art. 14 Abs. 1 und 15 Abs. 1 ist die Befolgung von Weisungen vorgeschrieben, in Art. 16 als möglich vorausgesetzt. Art. 17 Abs. 2 nennt die Befolgung von Weisungen als Haftungsausschließungsgrund. Die Begründung des Weisungsrechts läßt sich, wenn man deutsches Recht hinzuzieht, aus dem Charakter des Frachtvertrags als Geschäftsbesorgungsvertrag ableiten; §§ 675, 665 BGB. Es ist Bestandteil der zwingenden Wirkung der CMR und läßt sich nicht durch AGB des Frachtführers ausschließen: Zutreffende Gründe für die Nichtbefolgung gibt Art. 12 Abs. 5 f.[17] Weisungen sind grundsätzlich nur verbindlich, wenn sie sich im Rahmen des abgeschlossenen Vertrages halten.[18] Der Vertrag kann jedoch, wie dies im Frachtrecht von Gesetzes wegen vorgesehen ist, einem Vertragspartner ein einseitiges **Umgestaltungsrecht durch Weisungen** einräumen.[19] Außerhalb dieses Rahmens ist zur Änderung des Frachtvertrags ein Änderungsvertrag gem. § 305 BGB erforderlich; siehe Rdn. 19–21. In den Frachtbrief eingetragene Weisungen nehmen an dessen Beweiskraft teil, gleichgültig, ob sie auf den Vorschriften des Art. 12 oder auf anderen Vereinbarungen beruhen.[20] 4

Von der **Ausstellung eines Frachtbriefs** ist das Weisungsrecht nicht abhängig.[21] Seine gesetzliche Gestaltung ist aber auf die Ausstellung und Benutzung eines Frachtbriefs ausgerichtet. Zur Sperrwirkung siehe Rdn. 28; Art. 4 Rdn. 6; Art. 5 Rdn. 2; zur Eintragung von Weisungen für Zoll- und andere amtliche Behandlung Art. 6 Rdn. 17 f; zur Sperrung der Auslieferung siehe Rdn. 56; zum Erlöschen des Weisungsrechts siehe MüKo/*Basedow* Rdn. 8. 5

Das **Erlöschen des Verfügungsrechts**[22] kann sich auf verschiedene Fallgestaltungen beziehen: mit der Ablieferung des Guts erlischt es endgültig; in der Person des Ab- 6

---

14 Zutreffend BGH vom 28. 2. 1975, WM **1975** 521, 523 (in NJW **1975** 1597 ff weggekürzt), der für Verstoß gegen diese Vereinbarung Haftung nach deutschem Vertragsrecht begründet. Zu solchen „Weisungsverstößen“ siehe Rdn. 57.

15 *Thume/Temme* Rdn. 1, 6, 8; *Herber/Piper* Rdn. 5; *Koller*⁴ Rdn. 12; MüKo/*Basedow* Rdn. 2, 14.

16 *Koller*⁴ Rdn. 2.

17 MüKo/*Basedow* Art. 21 Rdn. 10. Nachnahmeweisungen siehe Art. 12 Rdn. 8, 44 ff.

18 Siehe Rdn. 19. Daher zutreffend OLG Düsseldorf vom 15. 12. 1983, TranspR **1984** 38, 39 (Weisung, Güter im offenen Fahrzeug zu befördern, obwohl diese Beförderungsart im Frachtbrief nicht eingetragen war). Siehe aber zum weitergehenden frachtrechtlichen Weisungsbegriff § 433 HGBaF Rdn. 2.

19 *Herber/Piper* Rdn. 1 f, 6 (vertragsändernde Weisungen); *Thume/Temme* Rdn. 1; MüKo/*Basedow* Rdn. 1 f; *Koller*⁴ Rdn. 1 f.

20 Siehe Art. 9 Rdn. 16.

21 Abs. 1 S. 1 setzt keinen Frachtbrief voraus; unstr., ist also grundsätzlich entbehrlich für Weisungen. Eingehender MüKo/*Basedow* Rdn. 6 ff.

22 Siehe Rdn. 24 ff; *Koller*⁴ Rdn. 6; MüKo/*Basedow* Rdn. 8.

senders erlischt es, wenn der Empfänger es erwirbt, Abs. 2 S. 1; es kann beim Absender wieder aufleben; siehe Rdn. 26.

7 Eine Weisung verlangt **ein bestimmtes Verhalten** des Frachtführers, setzt also eine Anordnung des Verfügungsberechtigten mit bestimmtem Inhalt voraus. Das bloße Einverständnis mit einer Notmaßnahme ist noch keine Weisung, insbesondere dann nicht, wenn die Entscheidung durch den Frachtführer bereits ausgeführt wird; keine Weisung des Empfängers also selbst, wenn beschädigtes Gut mit seinem Einverständnis vom Frachtführer an den Absender zurückbefördert wird; ebenso, wenn in solchem Fall der Absender einverstanden ist. Werden bei Vertragsschluß einzelne Modalitäten der Beförderung offengelassen, liegen insoweit keine Weisungen nach Art. 12 vor.[23] Es ist jedoch möglich, nachträglich[24] eine Vertragsänderung oder -ergänzung zu vereinbaren.[25] Keine Weisung liegt auch vor, wenn sie die Anwendung der CMR herbeiführen oder verhindern will, insbesondere wenn sie aus der CMR-Beförderung eine rein innerstaatliche machen will, etwa durch Stop des Transports vor Grenzüberschreitung.[26] Dies richtet sich nach den zwingenden Anwendungsvorschriften des Art. 1. Auf der anderen Seite kann man die Parteien nicht daran hindern, den Vertrag aufzuheben und einen anderen (z. B. einen Luftfrachtvertrag) zu schließen.[27]

III. Verfügungsrecht

1. Verfügungen

8 Die „Verfügung[28] über das Gut" ist ein Sonderfall der Weisung. Art. 12 Abs. 1 Satz 2 legt fest, daß sie nachträgliche einseitige Änderungen[29] des Vertragsinhalts durch die Verladerseite enthalten kann (Nicht-Weiterbeförderung; Änderung des Ablieferungsorts; Änderung des Empfängers).[30] Das frachtrechtliche Verfügungsrecht ist rein schuldrechtlicher Natur,[31] hat mit dem Verfügungsrecht nach § 285 BGB nichts zu tun und hat keinen sachenrechtlichen Charakter.[32] Es entsteht kraft Gesetzes mit dem Abschluß des CMR-Frachtvertrags.[33] Eine Unterscheidung zwischen Weisung und Verfügung ist durch die CMR nicht begründbar.[34]

2. Verfügungsrecht

9 Das nach Art. 41 unabdingbare[35] Verfügungsrecht[36] ist das Recht, im Sinne des Art. 12 Abs. 1 CMR einseitig über das Gut zu verfügen, also Weisungen zu erteilen.[37] Eine Verfügung liegt auch dann nicht vor, wenn die betreffende Einzelheit im Fracht-

---

23 *Herber/Piper* Rdn. 6; *Koller*⁴ Rdn. 2.

24 Vor Vertragsschluß aber wirksam als Antrag auf Änderung des Vertragsinhalts, durch den Partner anzunehmen; *Thume/Temme* Rdn. 3.

25 Selbst wenn dem Verfügenden sein Verfügungsrecht nicht mehr zusteht, *Koller*⁴ Rdn. 2; *Herber/Piper* Rdn. 6. Zu Vertragsänderungen auch Rdn. 7, 9, 21.

26 *Loewe* ETR **1976** 503 ff, Nr. 118; MüKo/*Basedow* Rdn. 3, *Herber/Piper* Rdn. 7; *Koller*⁴ Rdn. 1; *Thume/Temme* Rdn. 4.

27 Siehe Rdn. 20.

28 Französisch „disposition, disposer", englisch „disposition, to dispose" (Art. 12).

29 Französisch „modifier", englisch „change".

30 Das Eisenbahnrecht – Vorbild der CMR – stellt das Verfügungsrecht unter die Überschrift „Abänderung des Frachtvertrages" (Kap. III Art. 21 ff CIM 1970; Titel III Art. 30 ff ER/CIM 1980; § 72 EVO; inhaltlich noch Art. 19 CIM 99).

31 Entsprechend §§ 662, 665 BGB; *Thume/Temme* Rdn. 5.

32 Siehe § 433 HGBaF Rdn. 2; *Herber/Piper* Rdn. 1; MüKo/*Basedow* Rdn. 2.

33 *Thume/Temme* Rdn. 5.

34 Zutreffend MüKo/*Basedow* Rdn. 17 f.

35 Zutreffend der Hinweis bei MüKo/*Basedow* Rdn. 2.

36 Französisch „droit de disposition", englisch „right of disposal".

37 Wohl allgem. Auff. zum WA, siehe z. B. OLG Düsseldorf vom 31. 7. 1986, TranspR **1986** 341, 343.

vertrag selbst schon festgelegt war,[38] also eine unmittelbar begründete Vertragspflicht war, oder auch nachträglich, aber durch Vertragsänderung einverständlich geregelt wurde. Wird der Vertrag für gemeinsame nachträgliche Änderung offengehalten, ist diese gemeinsam beschlossene Festlegung der Modalitäten des Vertrags keine einseitige Verfügung und fällt daher auch nicht unter Art. 12.[39]

Das (einseitige) **Verfügungsrecht** erlaubt eine vertragsändernde Verfügung seines Inhabers, hat aber – jedenfalls, wenn es nicht ausgeübt wird – nichts damit zu tun, wann das Gut abgeliefert ist, d. h. wann der Empfänger Gewahrsam erhält.[40] Wird das Gut an den Empfänger abgeliefert und „verfügt" er dann selbst einen Weitertransport, ist der Beförderer des erledigten Transports für Schäden aus diesem Folgetransport nicht haftbar.[41] Das Verfügungsrecht kann als volles Recht nicht auf Dritte übertragen werden. Zu seiner Ausübung können aber Dritte bevollmächtigt werden.[42]

IV. Verfügungsberechtigter

1. Begriff des Verfügungsberechtigten

Verfügungsberechtigter ist derjenige, dem das Verfügungsrecht jeweils zusteht und der für die Weisungen verantwortlich ist. Den Begriff des Verfügungsberechtigten benutzt jedoch die amtliche, aber nach Art. 51 CMR nicht verbindliche gemeinsame Übersetzung der deutschsprachigen Staaten in einem erweiterten, von den französischen und englischen Fassungen formal abweichenden Sinn: nicht bezogen auf Verfügungen, sondern ganz generell zur Bezeichnung der auf der Verladerseite zuständigen und verantwortlichen Person – letztlich als Oberbegriff für Absender und Empfänger. Demgegenüber spricht der französische Text nur für das Verfügungsrecht im engeren Sinne des Art. 12 vom Verfügungsberechtigten, dem das Verfügungsrecht („droit de disposition", „right of disposal") zusteht. Zur allgemeinen Bezeichnung des Inhabers der frachtrechtlichen Rechte der Verladerseite spricht die CMR dagegen stets vom „Berechtigten";[43] ähnlich der englische Text.[44] Daß der „Berechtigte" und der „Verfügungsberechtigte" die gleichen Personen sind, läßt aber auch die englische und die französische Fassung durch die sprachliche Gleichbehandlung in Art. 17 Abs. 2 und die willkürliche sprachliche Differenzierung in Art. 7 Abs. 3 und Art. 16 Abs. 4 erkennen. Sachlich ergibt es sich aus der Verweisung auf Art. 13 in Art. 12 Abs. 2. Von den Funktionen, die damit dem „Verfügungsberechtigten" im Sinne der amtlichen deutschen Übersetzung zugewiesen worden sind, ist das Treffen von Verfügungen nur eine. Aus den gegebenen Gründen empfiehlt es sich, zur Klarheit vom „Berechtigten" zu sprechen, soweit es sich nicht um den zum Treffen einer Verfügung Berechtigten handelt. 10

[38] Unklar OLG Hamburg vom 7.5.1987, TranspR **1987** 457f = VersR **1987** 1111 („mit deutschem LKW") siehe Rdn. 19.

[39] OLG Hamburg vom 7.4.1994, TranspR **1994** 444 ff = TranspR **1995** 115 f.

[40] OLG Nürnberg vom 21.12.1989, TranspR **1991** 99.

[41] F CA Paris vom 13.2.1976, BT **1976** 164 f.

[42] Seinerzeit zur insoweit entsprechenden zwingenden KVO entschieden durch BGH vom 15.10.1959, VersR **1959** 983, 984 = NJW **1960** 39f; auf die CMR anwendbar: *Herber/Piper* Rdn. 18; *Koller*[4] Rdn. 1; MüKo/*Basedow* Rdn. 12.

[43] „Ayant droit" (Art. 17 Abs. 2; Art. 20; Art. 23 Abs. 5; Art. 27 Abs. 1; Art. 7 Abs. 3).

[44] Der englische Ausdruck „claimant" drückt die Berechtigung nicht in gleicher Präzision aus. In der CIM ist in gleichem Zusammenhang auch in der deutschen Fassung vom „Berechtigten" die Rede; siehe z. B. auch Art. 36 Abs. 2 ER/CIM 1980.

2. Der Verfügungsberechtigte als frachtrechtlich Verantwortlicher und Verpflichteter

11 Der Verfügungsberechtigte im Sinne des deutschen Textes ist ganz allgemein auch derjenige, der für die Weisungen verantwortlich ist (Art. 17 Abs. 2; mittelbar auch Art. 12 Abs. 7) und dem gegenüber die Verantwortung des Frachtführers besteht.[45] Ihm stehen die Kostenersatzansprüche der Verladerseite zu; Art. 16 Abs. 4. Auch für ihre Schadenersatzansprüche geht die CMR in mehreren Bestimmungen davon aus, daß der Verfügungsberechtigte ihr Inhaber ist: Art. 20, Art. 23 Abs. 5, Art. 27 Abs. 1, Art. 7 Abs. 3. Dies kann als weitgehendes, aber nicht durchgängig gesetzlich verwirklichtes Prinzip betrachtet werden.[46]

B. Der Inhalt des Verfügungs- und Weisungsrechts

I. Das Verfügungsrecht nach Art. 12 Abs. 1

12 Der Verfügungsberechtigte kann jedenfalls die in Art. 12 Abs. 1 genannten Verfügungen (in Abs. 7 ist von „Weisungen" die Rede) treffen. Andere Verfügungen sind jedoch ebenfalls in breitem Umfang zulässig; siehe Rdn. 18.

1. Die in Art. 12 Abs. 1 speziell geregelten Verfügungen über das Gut

13 Art. 12 Abs. 1 S. 2 sieht drei spezielle Arten von Verfügungen vor: die Anhaltung, die Ablieferung am geänderten Ort[47] und die Ablieferung an einen anderen Empfänger.[48] Diese Verfügungen können auch gekoppelt werden, etwa durch vorübergehende Anhaltung, dann Auslieferung an anderem Ort oder an anderen Empfänger.[49] Die Verfügungsberechtigung des Absenders gestattet diesem, die Auslieferung an den frachtbrieflichen Empfänger noch zu verhindern. Ihre Ausübung ist daher für den, der für den Transport bereits Zahlungen vorgenommen hat, gefährlich.[50] Wird die Annahme des Guts am durch Weisung bestimmten Ablieferungsorts vom Empfänger verweigert, ist die Beförderung beendet. Ein neuer Gerichtsstand wird nicht begründet durch Einlagerung an anderem Ort in einem Lagerhaus zur späteren Verwertung. Diese diente nur der Schadensabwicklung.[51]

14 Die **vorübergehende Anhaltung** scheint keine besondere Bedeutung in der Rechtsprechung zu haben.[52]

---

45 Art. 12 Abs. 7; Art. 16 Abs. 4.

46 Siehe Art. 17 Rdn. 249 ff; § 429 HGBaF Rdn. 149 ff; *Helm* Haftung, S. 37; BGH vom 6.7.1979, BGHZ **75** 92, 94 = NJW **1979** 2472 f = VersR **1979** 1105 f; vom 6.5.1981, TranspR **1982** 41 ff = VersR **1982** 929, 930; siehe auch schon OLG Hamm vom 4.11.1971, VersR **1973** 911 f.

47 Mit dieser Verfügung ändert sich auch der Gerichtsstand nach Art. 31, siehe dort Rdn. 41; LG Hamburg vom 20.10.1993, TranspR **1995** 114 f; mit ihr kann auch der deutsche Gerichtsstand durch einen schweizerischen ersetzt werden; LG Freiburg vom 20.10.1994, TranspR **1995** 113, 114.

48 Beispiel: NL Rb Amsterdam vom 16.12.1966, SS **1967** 179 f; in casu nicht vorliegend NL Hof Leeuwarden vom 22.5.1974, SS **1977** S. 105 ff.

49 OLG Hamm vom 25.9.1984, TranspR **1985** 100, 102. Die Vorlage der Absenderausfertigung des Frachtbriefs konnte entfallen, weil der bisherige Empfänger die Annahme verweigert hatte. Siehe Rdn. 26, 41. Siehe auch NL Rb Rotterdam vom 24.5.1966, ETR **1966** 729, 732.

50 Siehe z.B. den Fall OLG Hamm vom 5.7.1982, RIW **1982** 838, 839 = Spediteur **1983** 14 f; in NJW **1983** 1983 f gekürzt (Verauslagung von Einfuhrumsatzsteuer).

51 OLG Karlsruhe 20.12.1995, TranspR **1996** 203 f.

52 Jedoch z.B. wegen Nichtzahlung von Nachnahmen günstig; siehe OLG Hamm vom 28.4.1983, TranspR **1983** 151 ff; dazu Art. 21 Rdn. 8, 10.

15 Die Änderung oder nachträgliche **Bestimmung des Auslieferungsorts** ist von großer Bedeutung, schon wegen der durch diesen Ort bestimmten Empfängerrechte; siehe Art. 13 Rdn. 5. An den vorgesehenen Ablieferungsort knüpfen auch der internationale wie der nationale Gerichtsstand nach Art. 31 Abs. 1 S. 1 b und § 440 Abs. 1 HGBnF an. Durch nachträgliche Verfügungen ändert sich daher auch der Gerichtsstand; siehe Art. 1 Rdn. 41 f.

16 Die **Änderung des Empfängers** hat entscheidende Wirkung für die Disposition über das Gut und die Begründung von Empfängerrechten; siehe Art. 13 Abs. 1 und dort Rdn. 1 ff.

2. Weisungen aufgrund spezieller Vorschriften der CMR

17 Die CMR sieht auch an anderen Stellen „Weisungen" vor, wichtig insbesondere für die Haftungsbefreiungen nach Art. 17 Abs. 2 CMR, dazu Art. 6 Abs. 1 j, Abs. 2 a, e; siehe ferner Art. 17 Rdn. 63 ff. Durch solche Weisungen wird der abgeschlossene Frachtvertrag von Anfang an bestimmt, nicht einseitig geändert.

3. Andere Verfügungen über das Gut gem. Art. 12 Abs. 1 S. 1

18 Die Formulierung „insbesondere" in Satz 2 ermöglicht auch andere Verfügungen als die beispielsweise genannten,[53] wenn sie über das Gut getroffen werden.[54] Wohl allgemein wird zu Recht diese weite Auslegung vertreten.[55] Zulässig sind also gem. Art. 12 Abs. 1 S. 1 auch Verfügungen über das Gut, die in S. 2 nicht aufgeführt werden,[56] z.B. ein anderer als der ursprünglich vorgesehene Reiseweg oder die Rückbeförderung,[57] Verzollung oder Versicherung des Gutes.[58] Eine Nachnahmeweisung gehört wohl zu den zulässigen Weisungen.[59] Sie ist einerseits Verfügung über das Gut, nämlich bedingt durch die Nichtleistung der Nachnahme,[60] ihr Zweck ist aber letztlich nicht frachtrechtlich, sondern liegt im Bereich der Zahlungssicherung, nicht nur hinsichtlich der Frachtkosten. Es ist daher problematisch, sie voll den Regelungen des Verfügungsrechts zu unterwerfen.[61] Dies gilt auch für die nachträgliche Änderung einer Nachnahme[62] und für das nachnahmeähnliche Inkasso von Geld.[63] Dennoch ist es sachlich akzeptabel, sie nicht von der Vorlage des Frachtbriefs nach Art. 12 Abs. 5 abhängig zu machen.[64] Zulässig sind auch Weisungen zur Vernichtung[65] oder länger-

---

[53] A OGH vom 13.6.1985, TranspR **1988** 13 ff = SZ **58** 102 S. 494. Beispiele im (aufgehobenen) Katalog des § 27 Abs. 1 KVO, dessen (abschließende) Regelung allerdings für die CMR nicht galt.

[54] Rechtsprechungs-Beispiele: A OGH vom 13.6. 1985, SZ **58** 102 S. 493 f = TranspR **1988** 13 ff; OLG München vom 31.1.1992, TranspR **1992** 195 ff (Weisung zu einer bestimmten Verzollung unter Art. 12 Abs. 1); zu OLG Hamburg vom 7.5.1987 (Absprache „nur mit einem deutschen LKW") siehe Rdn. 19.

[55] *Heuer* S. 153; *Herber/Piper* Rdn. 9; *Thume/Temme* Rdn. 20; MüKo/*Basedow* Rdn. 16; **a.A.** *Koller*[4] Rdn. 2 ohne nähere Begründung; das zitierte CIM-Urteil OLG Köln vom 17.1.1989, VersR **1989** 1282 betrifft die Frage nicht.

[56] Aus Abs. 5 ergeben sich jedoch Einschränkungen.

[57] OLG Frankfurt vom 24.6.1991, VersR **1992** 1157 = MDR **1992** 242. Bei Ablieferungshindernissen muß der Frachtführer zuvor nach Art. 14 Weisungen einholen: NL Hof Arnhem vom 10.4.1973, SS **1973** 218, 220. Siehe Art. 14 Rdn. 15.

[58] *Herber/Piper* Rdn. 9; *Jesser* S. 85. Die Verzollung ist normalerweise vom Absender zu betreiben; BGH vom 15.1.1987, TranspR **1987** 344, 347 = VersR **1987** 980, 981. Dies kann aber nur gelten, wenn keine anderen Abreden getroffen oder wirksame Verfügungen ergangen sind.

[59] *Herber/Piper* Rdn. 9; *Koller*[4] Rdn. 2.

[60] MüKo/*Basedow* Rdn. 16; siehe auch Rdn. 59.

[61] *Koller*[4] Rdn. 2; *Jesser* S. 85.

[62] Siehe auch Rdn. 18; zur Änderung einer Nachnahme *Heuer* S. 153.

[63] Siehe Art. 21 Rdn. 8.

[64] Siehe Rdn. 40.

[65] Unter Beachtung der öffentlichrechtlichen Vorschriften. Das Für oder Wider dieser Maßnahmen muß abgewogen werden; *Herber/Piper* Rdn. 28.

fristigen Lagerung des Guts.[66] Denn der Absender kann für diese Maßnahmen gute Gründe haben, etwa weil das Gut verderblich oder unverkäuflich ist oder wegen seiner Gefährlichkeit vernichtet werden muß;[67] oder auch, weil seine Lagerung sich nicht lohnt.[68] Es bedarf besonders in den unübersichtlichen Fällen in hohem Maße der Abwägung von Zumutbarkeit.[69] Ohne ein einfaches Eingriffsrecht müßte der Berechtigte selbst die betreffenden Maßnahmen treffen, was gerade bei Ferntransporten durch außereuropäische Länder oft kaum möglich ist. Art. 12 Abs. 5 schränkt jedoch frachtbriefrechtlich die Möglichkeit solcher Weisungen ein. Diese Ausnahmen sind nicht auf die im Katalog der in Art. 12 Abs. 1 speziell aufgeführten Weisungen beschränkt. Siehe Rdn. 44 f. Auch Weisungen, die nicht „über das Gut" getroffen werden, sind übrigens nach §§ 675, 665 BGB möglich.

4. Vertragsänderung statt Weisung

19 Alle Verfügungen müssen sich allerdings im Rahmen des bestehenden Frachtvertrags halten. Diese nicht exakt definierte Voraussetzung[70] kann zumindest in einigen Fällen nützlich sein. Durch Weisung kann der Gegenstand der Beförderung (etwa Art und Menge des Guts) nicht verändert werden; ebensowenig das zu verwendende Beförderungsmittel (Luft statt Straße). Gibt beispielsweise der Absender dem Fahrer ohne Kenntnis des Frachtführers zusätzliche Güter zur Beförderung mit, so liegt darin keine Weisung, sondern eine grundsätzliche Änderung des Vertragsgegenstands, da für das zusätzliche Frachtgut kein Beförderungsvertrag besteht, es sei denn, der Fahrer hätte hierfür Vollmacht.[71] Jedenfalls in solchen Fällen bedarf es einer Änderung des Vertrags; siehe Rdn. 3 f. Weisungen sind grundsätzlich nur verbindlich, wenn sie sich im Rahmen des abgeschlossenen Vertrages halten.[72] Die Weisung, der Vertrag müsse mit einem deutschen LKW ausgeführt werden, ist (eventuell abgesehen von europäischem Diskriminierungsverbot) zulässig.[73] Eine möglicherweise nicht wirksame Verfügung wird bindend, wenn sich die Parteien darauf einigen.[74]

20 Hält sich die Weisung nicht an den Grundinhalt des Vertrags, dann kann sie den Frachtführer nicht ohne weiteres binden.[75] Sie ist dann ein Angebot auf Abschluß eines neuen Vertrags oder auf Änderung des Vertrags.[76] So ist etwa die Weisung, das Gut auf einem Teil der Strecke per Luftfracht weiterbefördern zu lassen, ein Auftrag, den der CMR-Frachtführer nicht ohne weiteres zu befolgen braucht. Gleiches gilt

---

66 *Koller*[4] Rdn. 2 hält diese Maßnahmen aus nicht näher angegebenen Gründen für ausgeschlossen.

67 Zu diesem Komplex ist die Weisung des Berechtigten zumindest sehr hilfreich; siehe Art. 22 Rdn. 1, 4, 12.

68 Beide Maßnahmen sind unbestreitbar Dispositionen über das Gut: Art. 12 Abs. 1 sagt im Originaltext nur „le droit de disposer de la marchandise" „the right to dispose of the goods".

69 Siehe Rdn. 44.

70 Kritisch MüKo/*Basedow* Rdn. 14. Nicht hilfreich ist die Formulierung von *Herber/Piper* Rdn. 8, eine Weisung müsse „mit Beförderung oder Ablieferung in einem unmittelbaren Zusammenhang" stehen; der Verweis auf meinen Beitrag in VersR **1988** ist unzutreffend, ebenso der auf *Koller*[4] Rdn. 2 und auf *Jesser* S. 85.

71 OLG Hamburg vom 9. 2. 1984, TranspR **1985** 38. Zutreffend auch OLG Düsseldorf vom 15. 12. 1983, TranspR **1984** 38, 39 (Weisung, Güter im offenen Fahrzeug zu befördern, obwohl diese Beförderungsart im Frachtbrief nicht eingetragen war, ist Umgehung von Art. 17 Abs. 4 a). Dazu Art. 17 Rdn. 115.

72 Siehe Rdn. 19.

73 *Herber/Piper* Rdn. 8. Gegen OLG Hamburg auch *Koller*[4] Rdn. 2; *Thume/Temme* Rdn. 6; MüKo/*Basedow* Rdn. 16; *Glöckner*[7] Rdn. 3; **a. A.** OLG Hamburg vom 7. 5. 1987, TranspR **1987** 457 ff = VersR **1987** 1111. Die Begründung ist nicht nachvollziehbar.

74 F CA Aix-en-Provence vom 6. 11. 1981, BT **1982** 258 f.

75 *Thume/Temme* Rdn. 7.

76 *Herber/Piper* Rdn. 8; MüKo/*Basedow* Rdn. 14 mit kritischen Bemerkungen.

für die Anweisung, das Gut auszuladen und auf Dauer einzulagern. Ist allerdings eine solche Weisung für die Interessen des Verfügungsberechtigten von erheblicher Bedeutung und ihre Ausführung dem CMR-Frachtführer zumutbar, dann wird man als Nebenpflicht aus dem Frachtvertrag ihre Befolgung vom Frachtführer fordern können; siehe dazu, § 425 HGBaF Rdn. 135; § 433 HGBaF Rdn. 10 f.

Erteilt der Absender dem Fahrer die Weisung, neben der beförderten Sektladung weitere zusätzliche Flaschen (auch ohne Frachtbriefeintragung) mitzunehmen, so liegt dies **außerhalb des ursprünglichen Frachtvertrags** und kann nur dann zur Vertragsänderung[77] führen, wenn der die Weisung befolgende Fahrer zum Abschluß solcher Änderungsverträge bevollmächtigt war; OLG Hamburg vom 9. 2. 1984, TranspR **1985** 38. **21**

C. Die Person des jeweils Verfügungsberechtigten

I. Allgemeines

Die CMR gewährt das Verfügungsrecht dem Absender und/oder dem Empfänger. Der von letzterem nach Art. 13 Abs. 1 und 4 benannte Dritte (Sekundärempfänger) ist nicht ausdrücklich als Verfügungsberechtigter bezeichnet; siehe Rdn. 35 f, 38. Ist im Frachtbrief als Absender nicht der Vertragspartner des Frachtvertrags, sondern eine andere Person eingetragen, kann jedoch je nach Fall auch der Vertragspartner verfügungsberechtigt sein,[78] denn der Frachtbrief erbringt nur eine widerlegliche Vermutung.[79] **22**

II. Absenderverfügungsrecht

1. Grundsatz: Entstehung des Absenderverfügungsrechts mit dem Frachtvertrag

Das Verfügungsrecht ist primäres Recht des Absenders; Art. 12 Abs. 1.[80] Es entsteht mit dem Abschluß des Frachtvertrags; mit seiner Beendigung entfällt es.[81] Es sichert dem Absender grundsätzlich die Herrschaft über das Frachtgut. Das Verfügungsrecht des Absenders ist die Regel.[82] Liegt keiner der Fälle vor, in denen der Absender (zunächst) kein Verfügungsrecht mehr hat,[83] ist daher der Absender stets Verfügungsberechtigter.[84] Verfügungen des Empfängers, die vor der Entstehung seines Verfügungsrechts getroffen sind, können keine Wirkung haben, z. B., das Gut an anderer als an der vorgesehenen Stelle abzuladen. Wird diese unzulässige Weisung vom Frachtführer befolgt, ist von einer Falschauslieferung auszugehen, und sie ist Verlust, wenn das Gut auf absehbare Zeit nicht mehr abgeliefert werden kann.[85] Wird **23**

---

[77] Siehe Rdn. 19.

[78] NL Hoge Raad vom 7. 12. 1973, ETR **1974** 724, 727 = SS **1974** 59 ff und vom 13. 12. 1973, ETR **1974** 602, 607.

[79] Siehe Art. 9 Rdn. 11.

[80] MüKo/*Basedow* Rdn. 5, 12; *Thume/Temme* Rdn. 32; *Herber/Piper* Rdn. 12; *Koller*[4] Rdn. 6. Wer Absender ist, kann mit Hilfe des Frachtbriefs ermittelt und bewiesen werden; siehe Art. 6 Rdn. 6 und Art. 9 Rdn. 11.

[81] Siehe Rdn. 1.

[82] Es bedarf daher keiner entsprechenden Behauptung; siehe z. B. OLG Düsseldorf vom 27. 2. 1997, TranspR **1998** 194 f; dazu auch Art. 17 Rdn. 59.

[83] Siehe Rdn. 24 ff, 29.

[84] Häufige Fälle; siehe als Beispiele: BGH vom 29. 11. 1984, TranspR **1985** 182, 183 = VersR **1985** 258, 259; OLG Düsseldorf vom 4. 3. 1982, VersR **1982** 1202.

[85] Art. 17 Abs. 2 CMR führt in diesem Fall nicht zur Haftungsfreiheit des Frachtführers, weil der Empfänger gerade noch nicht Berechtigter war; siehe Art. 17 Rdn. 6, 14. Siehe ferner zur Wiederauffindung falsch ausgelieferter Güter § 430 HGBaF Rdn. 36 ff. Unrichtig daher wohl

das Gut kurzfristig doch noch an den Empfänger abgeliefert, ist der Obhutszeitraum beendet. Alle von der Übernahme bis dahin entstandenen Schäden sind vom Frachtführer zu ersetzen.[86] Der Empfänger handelt jedoch rechtsmißbräuchlich, wenn er zunächst eine unwirksame Verfügung trifft und sich später selbst auf deren Unwirksamkeit beruft.[87] Auch im Rahmen der Verjährungsregelung des Art. 32 Abs. 1 S. 3 CMR kann es auf das Verfügungsrecht ankommen, wenn durch Verfügungen nicht berechtigter Personen das geschädigte Gut nicht zur Ablieferung kommt und daher der Verjährungsbeginn des Ablieferungszeitpunkts nicht maßgeblich ist;[88] ferner wenn das Gut „im Einverständnis" mit dem Absender beschädigt zurückbefördert wird. Ist dies nicht auf Initiative des Absenders erfolgt, kann nicht davon ausgegangen werden, daß mit der Wiedererlangung des Gutes der Frachtvertrag geändert ist; vielmehr besteht weiterhin die unerfüllte Pflicht zur Ablieferung an den Empfänger.[89] Das Empfängerverfügungsrecht kann auf verschiedene Weise entstehen: ursprünglich aufgrund Frachtbriefeintragung (Rdn. 12 Abs. 3);[90] durch Geltendmachung der Empfängerrechte nach Art. 13 Abs. 1 (Art. 12 Abs. 2 S. 2); durch Übergabe der warenbegleitenden Frachtbriefausfertigung an den Empfänger (Art. 12 Abs. 2 S. 2).[91]

2. Erlöschen des Absenderverfügungsrechts

a) Erlöschen nach Art. 12 Abs. 2

24 Nach Art. 12 Abs. 2 „erlischt" das Absenderverfügungsrecht, wenn das Verfügungsrecht des Empfängers bei Übergabe der zweiten Ausfertigung des Frachtbriefs[92] oder bei Geltendmachung der Rechte aus dem Frachtvertrag durch den Empfänger gem. Art. 13 Abs. 1 entsteht.[93] Damit ist eine Doppellegitimation von Absender und Empfänger grundsätzlich ausgeschlossen (mit Ausnahme von übergangsbedingten Schwebezeiten).[94] Jedoch ist das Erlöschen nicht endgültig.[95] Mit ihm ist noch keine den Haftungszeitraum beendende Ablieferung gegeben. Das Absenderverfügungsrecht könnte im Falle des Verlustes ohnehin nicht mehr ausgeübt werden. Letztlich fallen damit die Schadenersatzansprüche dem Empfänger zu.[96] Der Verlust des Absender-Verfügungsrechts bedeutet nicht, daß dieser auch die Ansprüche aus dem Frachtvertrag verliert; er kann sie vielmehr nach wie vor geltend machen.[97]

b) Erlöschen nach Art. 12 Abs. 3

25 Nach der Funktion der Eintragung des Empfängerverfügungsrechts im Frachtbrief muß auch im Fall des Art. 12 Abs. 3 davon ausgegangen werden, daß der Absender sein evtl. vor Frachtbriefausstellung bestehendes Verfügungsrecht verliert. Denn das

OLG München vom 23. 4. 1993, TranspR **1993** 348 ff; kaum verständlich die Ausführungen dort auf S. 349 f.

[86] Unverständlich daher die Begründung des Urteils OLG München vom 23. 4. 1993, TranspR **1993** 348 ff.

[87] So etwa im Falle OLG München vom 23. 4. 1993, TranspR **1993** 348 ff.

[88] BGH vom 29. 11. 1984, TranspR **1985** 182, 183 = VersR **1985** 258, 259.

[89] Siehe oben Rdn. 7; zutreffend A OGH vom 6. 7. 1989, VersR **1990** 1180; siehe hierzu Art. 32 Rdn. 55.

[90] Siehe Rdn. 28.

[91] Zu beiden Fällen siehe Rdn. 33.

[92] BGH vom 15. 10. 1998, TranspR **1999** 102, 103 (erforderlich Unterzeichnung von Frachtführer und Empfänger); lag nicht vor im Fall OLG Frankfurt vom 30. 5. 1996, TranspR **1997** 427, 429 f.

[93] Ebenfalls nicht im Fall OLG Frankfurt aaO.

[94] Siehe *Thume/Temme* Rdn. 31, 41; MüKo/*Basedow* Rdn. 10 sieht in diesem Zustand (formal) keine Doppelberechtigung.

[95] MüKo/*Basedow* Rdn. 8.

[96] A OGH vom 17. 2. 1982, SZ **55** 20 S. 107 f = *Greiter* 127, 135.

[97] So schon NL Rb s' Hertogenbosch vom 11. 12. 1964, SS **1967** 18 f; siehe Art. 13 Rdn. 8.

frachtbrieflich festgelegte Empfängerverfügungsrecht dient der Sicherung der Interessen des Empfängers und würde durch ein konkurrierendes, fortbestehendes Absenderverfügungsrecht entwertet.

c) Bedeutung des „Erlöschens"; Rückfall an Absender

Das Erlöschen bedeutet entgegen der gesetzlichen Formulierung[98] keinen endgültigen Untergang des Absenderverfügungsrechts; siehe Rdn. 24 ff. Vielmehr fällt es schon kraft Gesetzes im Falle des Art. 15 Abs. 1 Satz 2 bei Annahmeverweigerung des Empfängers an den Absender zurück.[99] Darüber hinaus wird ein Rückfall des Verfügungsrechts auch in ergänzender Anwendung deutschen Rechts nach § 333 BGB – in Anlehnung an die allgemeine Meinung zu § 433 HGBaF – anzunehmen sein.[100] Es kann angenommen werden, daß nach anderen Rechtsordnungen, die grundsätzlich keinen Vertrag zugunsten Dritter kennen, für die Praxis eine ähnliche Lösung begründet werden kann.[101] Anderenfalls ließe sich das Problem der Verfügung über nicht vom Empfänger angenommene Güter nicht angemessen lösen. **26**

Der Empfänger kann auf unterschiedliche Weise Verfügungsberechtigter werden. Sein Verfügungsrecht entsteht in folgenden Fällen: **27**

III. Empfängerverfügungsrecht

1. Entstehung durch Frachtbriefeintrag gem. Art. 12 Abs. 3

Gemäß Art. 12 Abs. 3 kann der Empfänger bereits im wirksamen[102] Frachtbrief als Verfügungsberechtigter angegeben werden; zur Zulässigkeit des Vermerks siehe Art. 6 Abs. 3.[103] Mit der Ausstellung dieses Frachtbriefs (Sperrpapier) entsteht dann bereits sein Verfügungsrecht.[104] Diese Möglichkeit bietet sich z. B. an, wenn der Empfänger die zu befördernde Ware bereits bezahlt hat. Fehlt es an einem solchen Frachtbriefvermerk, entsteht und verbleibt das Verfügungsrecht beim Absender.[105] Ist kein Frachtbrief ausgestellt, entfällt die Sperrmöglichkeit.[106] Eine vertragliche Begründung ist aber zulässig. **28**

Wird der entsprechende **Frachtbrief** – wie üblich – **bei Übernahme der Güter durch den Frachtführer ausgestellt**, dann entsteht das Verfügungsrecht des Empfängers erst bei der Ausstellung des Frachtbriefs mit Angabe des Empfängers. **29**

Ohne Ausstellung eines Frachtbriefs entsteht das in Art. 12 Abs. 3 geregelte anfängliche Empfängerverfügungsrecht nicht;[107] auch nicht durch Übergabe des Fracht- **30**

---

[98] Ebenso wie in § 433 Abs. 2 HGBaF; dazu § 433 HGBaF Rdn. 20 ff, 28 f.

[99] Siehe zur Annahmeverweigerung des Empfängers als Ablieferungshindernis OLG Düsseldorf vom 12. 1. 1984, TranspR **1984** 102, 104; ferner als Anwendungsfälle OLG Hamm vom 25. 9. 1984, TranspR **1985** 100, 102; OLG Frankfurt vom 30. 5. 1996, TranspR **1997** 427, 430. Siehe auch *Thume/Temme* Rdn. 34; MüKo/*Basedow* Rdn. 27.

[100] BGH vom 10. 4. 1974, NJW **1974** 1614, 1616 = VersR **1974** 796 ff (zu Art. 13 CMR); siehe näher § 433 HGBaF Rdn. 29. Kritisch dazu *Herber/Piper* Rdn. 12.

[101] Gegen ergänzende Anwendung nationalen Rechts MüKo/*Basedow* Rdn. 8.

[102] Zur Wirksamkeit siehe Art. 5 Rdn. 15 ff.

[103] Siehe *Thume/Temme* Rdn. 36 f; BGH vom 6. 7. 1979, BGHZ **75** 92, 95 = NJW **1979** 2472 ff = VersR **1979** 1105 f.

[104] Siehe Art. 4 Rdn. 6, Art. 5 Rdn. 2; § 426 HGBaF Rdn. 62 ff; *Koller*⁴ Rdn. 7; *Lenz* Rdn. 218; MüKo/*Basedow* Rdn. 11.

[105] Unstr., siehe LG Augsburg vom 22. 1. 1991, TranspR **1991** 183, 184.

[106] *Herber/Piper* Rdn. 3.

[107] BGH vom 27. 1. 1982, NJW **1982** 1944 f = TranspR **1982** 105 f = VersR **1982** 669 f; OLG Düsseldorf vom 4. 3. 1982, VersR **1982** 1202; *Thume/Temme* Art. 12 Rdn. 12; *Koller*[4] Rdn. 6; Beispiele: OLG Hamm vom 11. 3. 1976, NJW **1976** 2077, 2078; A OGH vom 17. 2. 1982, SZ **55** 20 S. 108 = *Greiter* 127, 135 (für Beschädigung des Gutes); NL Hof Leeuwarden vom 20. 2. 1974, SS **1976** S. 71, 78.

briefs nach Abs. 2 S. 2.[108] Auch die Voraussetzungen der Ausübung des Verfügungsrechts nach Abs. 5a sind nicht einzuhalten.[109] Daher dient der Frachtbrief im Bereich des Art. 12 weitgehend dem Schutz des Frachtführers.[110]

31 Zum **Erlöschen des Absenderverfügungsrechts** siehe Rdn. 24 ff. Macht der Empfänger von seinem alleinigen Verfügungsrecht keinen Gebrauch, ist dies gegenüber dem Frachtführer unter Umständen vertragswidrig. Daher ist eine analoge Anwendung von Art. 15 Abs. 1 Abs. 2 denkbar, so daß der Absender wieder verfügungsberechtigt wird.[111]

2. Entstehung gem. Art. 12 Abs. 2

32 Ist die Verfügungsberechtigung des Empfängers nicht von vornherein im Frachtbrief vorgesehen, erwirbt er sie nach Art. 12 Abs. 2 S. 2 CMR durch Übergabe der Zweitausfertigung (des Frachtbriefdoppels) oder durch (auch nur konkludente)[112] Geltendmachung der ihm nach Ankunft des Gutes gemäß Art. 13 Abs. 1 CMR zustehenden Rechte;[113] siehe Art. 13 Rdn. 8. Das Empfängerverfügungsrecht kann noch erlöschen, wenn es an den Absender zurückfällt; siehe Rdn. 26 und unten Rdn. 37. Ist kein wirksamer Frachtbrief ausgestellt, kann diese Wirkung nicht in Betracht kommen.[114] Eine vertragliche Begründung wird aber bejaht, wenn der Empfänger die Auslieferung des Guts verlangt.[115]

a) Übergabe warenbegleitender Frachtbriefausfertigung

33 Das Verfügungsrecht des Empfängers entsteht nach Art. 12 Abs. 2 S. 2, sobald dem Empfänger die das Frachtgut begleitende zweite Ausfertigung des Frachtbriefs (Art. 5 Abs. 1 S. 2) übergeben wird.[116] Belanglos ist, ob der Empfänger in diesem Augenblick nach der CMR einen Anspruch auf Auslieferung des Doppels hatte.[117] Der Empfänger erwirbt sein Verfügungsrecht auch bereits, wenn der Frachtbrief dem Empfänger schon vor Ankunft des Gutes am Bestimmungsort (Art. 13 Abs. 1 CMR) übergeben wird; Art. 12 Abs. 1 und 2. Damit erlischt nach Art. 12 Abs. 2 S. 1 zugleich das Verfügungsrecht des Absenders; siehe Rdn. 24. Die Frachtbriefübergabe an einen Dritten, nicht den Empfänger, hat keinerlei Wirkungen für das Verfügungsrecht.[118] Der Frachtführer kann im Hinblick auf seine Haftung nach Abs. 7 vom Empfänger die Vorlage der Ausfertigung verlangen.[119] Dieser Vorgang ist dinglicher Natur; ob der Empfänger einen Anspruch auf die Frachtbriefübergabe hat, ist unerheblich.[120]

---

108 OLG Düsseldorf vom 4.3.1982, VersR **1982** 1202.
109 BGH vom 27.1.1982 aaO (starres Festhalten an Art. 12 Abs. 5a wäre „ein den sinnvollen Ablauf des Beförderungsvertrags hindernder Formalismus").
110 Beispiel: OLG Hamm vom 25.9.1984, TranspR **1985** 100, 102.
111 Siehe *Koller*[4] Rdn. 6; *Thume/Temme* Rdn. 35; siehe auch Rdn. 37.
112 MüKo/*Basedow* Rdn. 10.
113 Siehe *Thume/Temme* Rdn. 36f; *Herber/Piper* Rdn. 14; MüKo/*Basedow* Rdn. 10. Es kommt auf den Augenblick der Geltendmachung an: *Thume/Temme* Rdn. 39. Siehe dort auch zu Sonderproblemen der Geltendmachung.
114 Beispiele siehe Rdn. 30.
115 *Koller*[4] Rdn. 7; **a.A.** *Heuer* S. 152 f.
116 Siehe *Herber/Piper* Rdn. 14; *Thume/Temme* Rdn. 38.
117 LG Augsburg vom 22.1.1991, TranspR **1991** 183, 185; *Koller*[4] Rdn. 7.
118 Nicht brauchbar daher Tatbestand und Gründe des Urteils LG Augsburg vom 22.1.1991 TranspR **1991** 183, 185, die nicht erkennen lassen, ob das Gut an den Empfänger ausgeliefert worden war; von *Koller*[4] Art. 12 Rdn. 7 jedoch als Beispiel für Art. 12 Abs. 2 zitiert. Das Berufungsurteil OLG München vom 8.11.1991, TranspR **1992** 60ff bejaht die geltend gemachten Ansprüche aus gänzlich anderem Rechtsgrund (Garantievertrag).
119 *Thume/Temme* Rdn. 40.
120 LG Augsburg vom 22.1.1991 TranspR **1991** 183, 185; *Koller*[4] Rdn. 7; *Herber/Piper* Rdn. 14; *Thume/Temme* Rdn. 38.

b) Geltendmachung der Empfängeransprüche

Auch ohne Übergabe des Frachtbriefdoppels entsteht nach Art. 12 Abs. 2 S. 2 das **34**
Verfügungsrecht des Empfängers mit der Geltendmachung von dessen Rechten nach Art. 13 Abs. 2, also vor allem des Auslieferungsanspruchs hinsichtlich Gut und Frachtbrief und im Schadensfall in den Ersatzansprüchen. Bis zu ihrer Geltendmachung durch den Empfänger ist der Absender auch nach Ankunft des Gutes noch alleine verfügungsberechtigt. Entstehungszeitpunkt ist das Geltendmachen der Ansprüche, also der Zugang der Empfängerforderung nach Auslieferung.[121]

IV. Sekundärempfänger (Art. 12 Abs. 4)

Aufgrund seines Verfügungsrechts nach Art. 12 Abs. 2 oder 3 kann der Empfänger **35**
die Ablieferung an einen Dritten (Sekundärempfänger) anordnen. Dieser kann nach Art. 12 Abs. 4 keinen weiteren Dritten als Empfänger bestimmen, hat also nicht die volle Position eines Empfängers.[122] Die gesetzliche Formulierung ließe für sich alleine den Schluß zu, daß ihm die übrigen Verfügungs- und Weisungsrechte zustehen sollen. Für den Fall des Ablieferungshindernisses wird dies von Art. 15 Abs. 3 CMR bestätigt. Da gerade bei der Ablieferung leicht ein Verschulden des Verfügungsberechtigten zu Schäden führen kann, wird man im Sinne von Art. 17 Abs. 2 den Sekundärempfänger als Verfügungsberechtigten ansehen müssen, auch wenn er in Art. 12 Abs. 5a nicht erwähnt ist. Jedenfalls kann der Frachtführer sich jedoch gegenüber dem Sekundärempfänger verpflichten, dessen Weisungen zu befolgen;[123] etwa an eine Meldeadresse (notify adress)[124] auszuliefern.[125]

Der vom Absender nach Art. 12 Abs. 1 benannte „andere Empfänger" hat die **36**
uneingeschränkte Rechtsstellung eines Empfängers. Beispielsweise kann die den Kauf finanzierende Bank vom Absender abweichend von der ursprünglichen Frachtbriefeintragung als Empfängerin benannt werden und ihrerseits den Käufer als Sekundärempfänger angeben.[126] Dieser kann dann einseitig keinen neuen auslieferungsberechtigten Sekundärempfänger angeben. Selbstverständlich kann aber zwischen dem Sekundärempfänger und dem Frachtführer eine entsprechende Vereinbarung über die Auslieferung getroffen werden; siehe Rdn. 35.

V. Annahmeverweigerung durch den Empfänger

Verweigert der Empfänger die Annahme, kann er Verfügungen nur noch treffen, **37**
solange der Absender von dem an ihn zurückgefallenen Verfügungsrecht (siehe oben Rdn. 26) keinen Gebrauch macht. Lädt der Frachtführer wegen der Annahmeverwei-

---

121 *Koller*[4] Art. 12 Rdn. 7; *Thume/Temme* Rdn. 34; *van Ryn* ETR **1966** 639, 653.

122 *Herber/Piper* Rdn. 17.

123 Siehe Rdn. 9.

124 Nunmehr als mögliche Frachtbriefeintragung in § 408 Abs. 1 Nr. 5 HGB vorgesehen; dazu RegBegr zu § 422, BRDrucks. 368/97 S. 34 f: Meldeadresse ist danach die „Anschrift zur Kontaktaufnahme für den Frachtführer, unter der dieser seine Entladebereitschaft anzeigen sowie weitere Anweisungen erteilen kann". Deutsche Rechtsprechung zu diesen Fragen liegt – soweit ersichtlich – kaum vor; Erwähnung aber im Fall OLG Karlsruhe vom 20. 12. 1995, TranspR **1996** 203 f.

125 MüKo/*Basedow* Rdn. 12 f, siehe auch dort Rdn. 18; *Thume/Temme* Art. 12 Rdn. 31.

126 Siehe z. B. OLG Hamburg vom 17. 11. 1983, VersR **1984** 236; ferner OLG Hamm vom 25. 9. 1984, TranspR **1985** 100, 102 und das Revisionsurteil BGH vom 5. 2. 1987, NJW **1987** 1885 f = TranspR **1987** 180, 182 = VersR **1987** 678 ff.

gerung das Gut nach Art. 16 Abs. 2, Art. 15 Abs. 1 aus, wird der Frachtvertrag beendet und weder Absender noch Empfänger können noch Verfügungen treffen.[127] Ablieferung kann der Empfänger allerdings bis zur Ausübung des Weisungsrechts des Absenders auch bei Annahmeverweigerung noch verlangen, selbst wenn das Gut in seinem Einverständnis an den Absender zurückbefördert wird, ohne daß der Absender hierzu Weisung erteilt hat.[128] Dies kann etwa dann der Fall sein, wenn der Unterfrachtführer aus sich heraus zurückbefördert, oder wenn für die Ausführung des Vertrags noch Möglichkeiten bestehen.[129]

VI. Überschneidungen der Verfügungsrechte

38 Das System der CMR gestattet grundsätzlich keine widersprüchlichen Verfügungen von Absender und Empfänger. Gehen gleichzeitig einander widersprechende Weisungen aufeinanderfolgender Berechtigter vor, kann der Frachtführer freilich nicht willkürlich entscheiden, welche er befolgt.[130] Zwar gibt es ausnahmsweise Situationen, in denen beide Verfügungen treffen können. Grundsätzlich erlischt das Verfügungsrecht[131] des Absenders jedoch mit dem Entstehen des Empfängerverfügungsrechts. Überschneidungen können z. B. im Falle des Art. 15 Abs. 2 entstehen. Für diesen Fall ist jedoch der Vorrang der Absenderverfügung festgelegt.[132] Im Falle des Art. 12 Abs. 4 könnte es zur Kollision zwischen den Verfügungsrechten des Empfängers und des Sekundärempfängers kommen. Hierzu läßt sich jedenfalls eine Lösung empfehlen, nach der die Benennung eines neuen Sekundärempfängers durch den Empfänger den Verfügungen des zuerst benannten vorgehen sollte. Ändert sich nach Erteilung einer wirksamen Weisung das Verfügungsrecht, kann der neue Weisungsberechtigte die noch nicht ausgeführte Weisung durch eine neue aufheben oder ändern.[133]

D. Voraussetzungen und Einschränkungen des Verfügungsrechts

I. Nur bei Vorlage der Absenderausfertigung des Frachtbriefs (Art. 12 Abs. 5a)

39 Nach Art. 12 Abs. 5 a setzt die Ausübung des Verfügungsrechts durch den Absender oder Empfänger[134] die Vorlage der ersten Ausfertigung des Frachtbriefes (Absenderausfertigung, Art. 5 Abs. 1 Satz 3 CMR) voraus – beim Frachtführer oder einer berechtigten oder bevollmächtigten Person. Zu befolgende neue Weisungen müssen in dieser Ausfertigung eingetragen sein. Art. 12 Abs. 5 dient damit dem Schutz des Frachtführers.[135] Der Absender kann, wenn er die erste Ausfertigung des Frachtbriefs aus der Hand gibt, insbesondere wenn er sie an den Abnehmer der zu befördernden

---

[127] BGH vom 5. 2. 1987, NJW **1987** 1885 f = TranspR **1987** 190 ff = VersR **1987** 678, 679.

[128] Um die Rückgabe des Gutes an den Absender als Ablieferung wirken zu lassen, bedarf es einer vertragsändernden Weisung. Entgegen *Thume/Demuth* Art. 32 CMR Rdn. 27 reicht es nicht, daß er keine entgegenstehende Weisung erteilt hat; siehe Rdn. 7.

[129] Siehe Art. 32 Rdn. 50.

[130] Mißverständlich *Thume/Temme* Rdn. 42.

[131] Siehe Rdn. 24 ff.

[132] Zutreffend BGH vom 5. 2. 1987, NJW **1987** 1885 f = TranspR **1987** 190 ff = VersR **1987** 678, 679; *Thume/Temme* Rdn. 43.

[133] *Thume/Temme* Rdn. 44; OLG Frankfurt vom 18. 12. 1990, TranspR **1991** 249, 250; **a. A.** *Koller*[4] Rdn. 9.

[134] Für diesen *Koller*[4] Rdn. 7 mit weiteren Überlegungen.

[135] Siehe Rdn. 40.

Güter weitergibt, über das Gut selbst nicht mehr verfügen.[136] Die erste Ausfertigung eignet sich damit als **Sperrpapier**[137] zur Sicherung einer bereits bei Absendung geleisteten Käuferzahlung.[138] Vorzulegen ist das Original der ersten Ausfertigung.[139] Damit muß sich der Frachtführer aber nicht begnügen, weil die Möglichkeit von Betrug und Fälschung für ihn ein Risiko wäre.

Die **Eintragung der Verfügung** schützt den Frachtführer vor der Gefahr, wegen Falschauslieferung oder falscher Behandlung des Gutes haftbar gemacht zu werden. Führt er eine Weisung ohne Vorlage der Absenderausfertigung aus, haftet er dem Berechtigten nach Art. 12 Abs. 7 CMR; siehe Rdn. 56.[140] Besteht kein Frachtbrief, ist an den benannten Empfänger abzuliefern. Der Absender kann jedoch, weil ihm das grundlegende Verfügungsrecht zusteht, noch selbst eine ändernde Verfügung treffen.[141] Ohne Vorlage einer Absenderausfertigung kann der Absender auch verfügen, wenn es dem Empfänger an einem Schutzbedürfnis fehlt, etwa weil ein Frachtbrief nicht ausgestellt wurde und daher Rechte nach Abs. 2 und 3 nicht in Betracht kommen.[142] Der Nachweis des Inhalts der Weisung kann dann nicht durch den Frachtbrief, aber in jeder prozessual zulässigen Weise geführt werden; Darlegungs- und Beweislast trifft regelmäßig den Absender, weil er sich auf die Weisung beruft.[143] Ohne die Vorlage will *Koller* z. B. für Zollanweisungen allgemein eine teleologische Reduktion gestatten.[144] Im übrigen hat er für den Frachtbrief das wertpapierrechtliche Aufgebotsverfahren für verlorene Sperrpapiere vorgeschlagen.[145] Nachnahmeweisungen will *Thume* als formfrei behandeln, weil sie keine Verfügungen über das Gut darstellten, eine praktisch akzeptable Lösung.[146] Führt der Frachtführer Weisungen ohne Vorlage des Frachtbriefs aus, kann dies zu seiner Haftung nach Abs. 7 führen.[147] 40

Ausnahmsweise kann der Absender auch **ohne Vorlage der Absenderausfertigung verfügen**, wenn der Empfänger die Annahme verweigert hat.[148] Ist kein Frachtbrief ausgestellt, können – obwohl eine Vorlage der Absenderausfertigung nicht möglich ist – dennoch Verfügungen getroffen werden.[149] Die strenge Regelung dient zwar dem Schutz des Frachtführers. Fehlt es an diesem Schutzbedürfnis, kann aber Art. 12 Abs. 5 unanwendbar sein.[150] Daß der Absender bei Annahmeverweigerung auch ohne 41

---

[136] Wenn der Frachtführer das Papier aus der Hand gibt, bevor der Empfänger es erhält, besteht eine Zeit, in der niemand die Dispositionen treffen kann; *Loewe* ETR **1976** 503 ff, Nr. 119; *Herber/Piper* Rdn. 20.

[137] *Koller*[4] Rdn. 1, 6; MüKo/*Basedow* Rdn. 25; *Herber/Piper* Rdn. 19; *Lenz* Rdn. 985; *Thume* in *Fremuth/Thume* Frachtrecht, Rdn. 27; *Herber/Piper* Rdn. 19.

[138] Siehe Rdn. 28, 41 und § 426 HGBaF Rdn. 62 ff.

[139] *Clarke*[2] Nr. 32 a S. 131; MüKo/*Basedow* Rdn. 26; **a. A.** *Herber/Piper* Rdn. 24.

[140] Zu diversen Konstellationen (mit und ohne Frachtbrief, Eintragung oder auch nicht) siehe im einzelnen *Thume/Temme* Rdn. 14 ff; *Koller*[4] Rdn. 6 betont dagegen strikt das Erfordernis der Frachtbriefvorlegung.

[141] BGH vom 27. 1. 1982, NJW **1982** 1944 ff = TranspR **1982** 105 ff = VersR **1982** 669 f. Alternativen zur Vorweisung der Absenderausfertigung siehe *Thume/Temme* Rdn. 13 ff; siehe auch *Koller*[4] Rdn. 6.

[142] Siehe Rdn. 30.

[143] BGH vom 27. 1. 1982 aaO; *Thume/Temme* Rdn. 32.

[144] *Koller*[4] Rdn. 6; dagegen mit Recht *Herber/Piper* Rdn. 23.

[145] TranspR **1994** 181, 183 (gegen meine Auffassung § 426 HGBaF Rdn. 68).

[146] *Thume* in *Fremuth/Thume* Frachtrecht, Rdn. 28 und Art. 21 Rdn. 12 f. Siehe dazu Rdn. 18; *Herber/Piper* Rdn. 28.

[147] Er kann sich durch Reversverpflichtung des Anweisenden schützen: *Herber/Piper* Rdn. 21. Siehe Rdn. 56.

[148] Art. 15 Abs. 1 Satz 2; siehe Rdn. 26.

[149] Siehe mit eingehender Begründung BGH vom 27. 1. 1982 aaO; *Herber/Piper* Rdn. 22; *Thume/Teutsch* Art. 5 Rdn. 15 und *Thume/Temme* Art. 12 Rdn. 12 ff.

[150] BGH vom 27. 1. 1982, NJW **1982** 1944 f = TranspR **1982** 105 f = VersR **1982** 669 f (z. B. weil wegen der Nichtausstellung eines Frachtbriefs keine Empfängerrechte nach Abs. 2 und 3 in Betracht kommen); OLG Hamm vom 25. 9. 1984, TranspR **1985** 100, 102 (Einverständnis von Ab-

Frachtbriefvorlage neu verfügen kann, ergibt sich aus dem Sinn des Art. 12 Abs. 1 S. 2.[151] Der Nachweis des Inhalts der Weisung kann dann nicht durch den Frachtbrief, aber in jeder prozessual zulässigen Weise geführt werden; Darlegungs- und Beweislast trifft regelmäßig den Absender, weil er sich auf die Weisung beruft.[152]

42 Nach Art. 12 Abs. 5 a ist die Absenderausfertigung des Frachtbriefs **nur vorzuweisen**, nicht aber dem Frachtführer zu übergeben.[153] Dieser kann somit die Absenderausfertigung nicht als Beweisstück behalten, aber im Prozeß ihre Vorlegung nach § 422 ZPO i. V. m. § 810 BGB erzwingen.[154]

II. Nur gegen Ersatz von Kosten und Schäden (Art. 12 Abs. 5 a)

43 Der Frachtführer braucht die Anweisungen nur auszuführen gegen Ersatz der ihm entstehenden (unbegrenzten)[155] Kosten und Schäden.[156] Zumindest besteht also ein durch die Aufwendungen und Schäden begründeter Anspruch.[157] Dieser umfaßt auch eine angemessene Vergütung.[158] Umstritten ist, ob der Frachtführer einen Vorschuß verlangen kann. Der Text der CMR sagt dazu nichts. Daher griffen z. B. bei Anwendung deutschen Rechts bisher, weil auch die Vorschriften des HGB schweigen, §§ 675, 669 BGB ein. Danach konnte der Geschäftsführer Vorschuß für seine Aufwendungen verlangen;[159] nach deutschem Recht nunmehr aus §§ 419 Abs. 1 S. 3, 418 Abs. 1 S. 4 HGB. Bis zur Erfüllung dieser Vorschußpflicht steht ihm ein Zurückbehaltungsrecht nach § 273 Abs. 1 BGB zu. Das Verlangen eines Vorschusses kann freilich in bestimmten Situationen rechtsmißbräuchlich sein, besonders wenn es nur um geringe Kosten geht.[160] Immerhin ist jedoch zu bedenken, daß die Frage des gesetzlichen Frachtführer-Pfandrechts den nationalen Regelungen überlassen ist und daher dieses dem Frachtführer u. U. keine ausreichende Sicherheit bietet. „Schäden" sind Vermögenseinbußen, nicht nur Güterschäden, also auch aus der Nichtverfolgung gewinnträchtiger Geschäfte;[161] insbesondere auch Standgelder, soweit die Weisung auch ein Warten des Frachtführers bedeutet.[162] Von wem er die Kosten und Schäden verlangen kann, ist unglücklich geregelt: Der Empfänger schuldet sie nach dem Gesetz nur im Falle des Abs. 3, nicht des Abs. 2. Diese widersinnige Vorschrift wird als redaktionelles Ver-

---

sender und Frachtführer bei fernschriftlicher Annahmeverweigerung des frachtbrieflich benannten Empfängers). Die Denkschrift (BT-Drucks. III/1144 S. 38) sieht *Herber/Piper* Rdn. 22 mit Recht als zu eng.

151 BGH vom 27. 1. 1982, NJW **1982** 1944 f = TranspR **1982** 105 ff = VersR **1982** 669 f (Festhalten an Art. 12 Abs. 5 a wäre „ein den sinnvollen Ablauf des Beförderungsvertrags hindernder Formalismus").

152 BGH aaO; *Herber/Piper* Rdn. 22.

153 Bestätigt durch BGH vom 27. 1. 1982, NJW **1982** 1944, 1945 = TranspR **1982** 105 f = VersR **1982** 669 f; *Koller*[4] Rdn. 6; *Herber/Piper* Rdn. 24; MüKo/*Basedow* Rdn. 26; *Thume/Temme* Rdn. 33.

154 BGH vom 27. 1. 1982, NJW **1982** 1944, 1945 = TranspR **1982** 105 f = VersR **1982** 669 f; *Koller*[4] Rdn. 6; *Baumgärtel/Giemulla* Rdn. 5; MüKo/*Basedow* Rdn. 26.

155 MüKo/*Basedow* Rdn. 31.

156 „frais", préjudice; „expenses, loss and damage". Zu Kosten siehe Art. 16 Rdn. 3, 4.

157 MüKo/*Basedow* Rdn. 30, begründet auf Art. 12; soweit keine Regelung der CMR vorliegt, ist nach ergänzendem Recht zu verfahren.

158 Dies könne sich aus dem nationalen Vergütungsrecht ergeben, z. B. nunmehr aus §§ 419 Abs. 1 S. 3, 418 Abs. 1 S. 4 HGB.

159 *Herber/Piper* Rdn. 35; *Thume/Temme* Rdn. 29; MüKo/*Basedow* Rdn. 32; **a. A.** *Koller*[4] Rdn. 3; einschränkend auch *Loewe* ETR **1976** 503, 544 f, Nr. 121 (nur bei begründeten Bedenken hinsichtlich der Zahlungsfähigkeit oder -willigkeit).

160 *Herber/Piper* Rdn. 35.

161 MüKo/*Basedow* Rdn. 30; *Koller*[4] Rdn. 3; *Herber/Piper* Rdn. 33; *Thume/Temme* Rdn. 30, 49 ff.

162 MüKo/*Basedow* Rdn. 31.

sehen betrachtet und daher wird Abs. 2 mit einbezogen.[163] Ist die Folge der Weisung eine Verbilligung der Kosten, ist nach ergänzend anzunehmendem Recht zu beurteilen, was die Folgen sind. Bei Anwendung deutschen Rechts behält der Frachtführer die Vergütung BGB.[164]

Nicht geregelt ist, ob die Haftung des Weisungsgebers bei **Mitverschulden** des Frachtführers entfällt. Das völlige Entfallen der Haftung wird von MüKo/*Basedow* Rdn. 29 als allgemeiner Grundsatz der CMR (Rechtsgedanken der von Art. 11 Abs. 2 S. 2 und Art. 16 Abs. 1 CMR) postuliert.[165] Diese Ableitung der Schadensteilung nach dem „archaischen" Alles- oder Nichts-Prinzip kann aber nicht als allgemeiner Grundsatz bei Mitverschulden anerkannt werden. Vorzuziehen ist stattdessen beim Fehlen einer CMR-Regelung das fallgerechter arbeitende nationale System der Anrechnung von Mitverschulden, also bei ergänzender Anwendung deutschen Rechts § 254 BGB. Dies entspricht auch eher der Abwägung bei der weit bedeutenderen Mitverantwortungslösung des Art. 17 Abs. 5 CMR.[166]

III. Nur bei Ausführbarkeit und Zumutbarkeit (Art. 12 Abs. 5 b, Abs. 6)

Nach Art. 12 Abs. 5 b CMR muß, damit die Weisungen verbindlich sind, ihre Ausführung (tatsächlich und rechtlich)[167] möglich sein.[168] Ob die Einschaltung dem Frachtführer unter Berücksichtigung **wirtschaftlicher Argumente** zuzumuten ist, wird unterschiedlich beantwortet. *Basedow* weist darauf hin, daß dem Frachtführer im Hinblick auf seinen Anspruch auf Ersatz von Kosten und Schäden nach Abs. 5 a kein Äquivalenzrisiko entstehe und daher die Beauftragung Dritter dem Frachtführer grundsätzlich zuzumuten sei. Allerdings trifft ihn das Liquiditäts- und Insolvenzrisiko.[169] *Koller* ist grundsätzlich für die Pflicht zur Einschaltung Dritter.[170] Jedenfalls bedarf es einer gründlichen Prüfung der Zumutbarkeit.[171] In aller Regel wird die Einschaltung eines Dritten für gewöhnliche Transporte z. B. in den Niederlanden oder Frankreich zumutbar sein. Dagegen ist die Heranziehung etwa in der arabischen Wüste im Iran eine sehr viel schwierigere Frage. Es wird entscheidend darauf ankommen, daß die Entscheidung von Absender oder Empfänger unterstützt wird, gegebenenfalls, ob Vorschuß geleistet wird. Eine gewisse Hilfe bietet Art. 12 Abs. 5 b mit zwei bindenden Aussagen: Die Ausführung der Weisung darf den **gewöhnlichen Betrieb** des Unternehmens des Frachtführers nicht (nicht ernstlich) hemmen,[172] und sie darf die **Absender oder Empfänger anderer Sendungen nicht schädigen.**[173] Letzteres kann vor allem dann eintreten, wenn mitverladene Güter durch die Verzögerung 44

163 MüKo/*Basedow* Rdn. 28.

164 Bisher gem. § 649 BGB, MüKo/*Basedow* Rdn. 33; nunmehr wohl aus § 415 HGBnF (grundsätzlich Distanzfracht).

165 Zusätzlich hinzugezogen wird auch Art. 7 Abs. 3 und MüKo/*Basedow* Rdn. 8 und Art. 11 Rdn. 5.

166 Siehe Art. 17 Rdn. 235 ff; MüKo/*Basedow* Rdn. 29; **a. A.** wohl *Koller*[4] Rdn. 8.

167 Rechtliche Unmöglichkeit ist jedenfalls ein zwingender Grund; so wohl auch MüKo/*Basedow* Rdn. 20.

168 *Herber/Piper* Rdn. 25; *Thume/Temme* Rdn. 21; eingehend *Koller*[4] Rdn. 4.

169 MüKo/*Basedow* Rdn. 20; siehe auch zutreffend abwägend bei größeren Kosten *Hill/Messent/Glass*[2] S. 85; *Clarke*[2] Nr. 130 f; **a. A.** MüKo/*Basedow* Rdn. 20.

170 Dagegen *Thume/Temme* Rdn. 22; offen *Herber/Piper* Rdn. 25.

171 Siehe auch Rdn. 18.

172 Ein gewisses Maß an solcher Hemmung ist meist schon durch das Weisungsrecht als solches verursacht; MüKo/*Basedow* Rdn. 21 m. w. H; *Thume/Temme* Rdn. 24; *Hill/Messent/Glass*[2] S. 85; *Koller*[4] Rdn. 4 (nur wenn „konkret Schäden drohen"); *Herber/Piper* Rdn. 27.

173 *Thume/Temme* Rdn. 22; *Koller*[4] Rdn. 4; MüKo/*Basedow* Rdn. 22; *Herber/Piper* Rdn. 26. Siehe dazu auch § 27 KVO, Anh. II nach § 452 HGBaF Rdn. 22 ff. Ein solcher Eingriff in

der Beförderung oder durch Änderung des Beförderungswegs geschädigt würden. Der Frachtführer ist allerdings nicht ohne weiteres verpflichtet, gegenüber dem Weisungsgeber die Ausführung der Weisung abzulehnen, wenn er solche Gründe sieht. Er wird dies aufgrund eingehender Abwägung zu entscheiden, eventuell auch noch einmal zurückzufragen haben. Eine generelle Entscheidung ist angesichts der schwer einzuschätzenden Risiken und Interessenabwägungen kaum möglich. Vor allem sind Zumutbarkeitsfragen entscheidend.[174] Für die vertretenen Meinungen gibt es offensichtlich nicht genügend Anschauungsmaterial aus der Rechtsprechung.

45 Nach **Art. 12 Abs. 6** muß bei Nichtausführung der Weisung gemäß Art. 12 Abs. 5b der **Weisungsgeber unverzüglich benachrichtigt** werden.[175] Der Verstoß gegen die Benachrichtigungspflicht führt, ohne daß dies in der CMR besonders geregelt wäre, zur Schadenersatzpflicht. Umstritten ist aber, ob die Haftung sich aus analoger Anwendung von Art. 7 CMR[176] oder nach den Grundsätzen der positiven Vertragsverletzung ergibt.[177] Innerhalb welcher Zeit die Benachrichtigung zu erfolgen hat, ist in der CMR nicht geregelt. Der französische Ausdruck „immédiatement" und der englische „immediately" können sowohl „sofort" wie auch „unverzüglich" bedeuten. Die deutsche Übersetzung wird daher eher streng auszulegen sein. Die kurze Frist, die vor allem auch für Art. 14 Abs. 2 von Bedeutung ist, muß auch meist streng gesehen werden, weil der Frachtführer zum Schutze der Ladung in der Regel dringende Entscheidungen zu treffen hat.[178]

IV. Nicht bei Teilung der Sendung (Art. 12 Abs. 5c)

46 Unverbindlich ist auch eine Weisung, die zu einer Teilung der „Sendung" führen würde. Diese Vorschrift ist zum guten Teil eine Auswirkung des zu ihrer Entstehungszeit üblichen Tarifrechts.[179] Es kann aber auch Fälle geben, in denen die Teilung Schäden verursacht. „Sendung" ist hier normalerweise die unter einem Frachtbrief reisende Partie.[180] Sollen also über zu befördernde Güter u. U. verschiedene Weisungen erteilt werden, so ist es zweckmäßig, mehrere Frachtbriefe über jeweils einen Teil der Güter als Sendungen auszustellen. Wird überhaupt kein Frachtbrief ausgestellt, ist der allgemeinere Begriff der Sendung zugrunde zu legen: der Teil des Frachtguts, der zur Erfüllung eines Frachtvertrags an einen bestimmten Empfänger befördert wird.

V. Widerrechtliche Weisungen

47 Schließlich kann es vorkommen, daß Weisungen wegen Gesetzesverstoßes nicht verbindlich sind.[181]

Rechte Dritter wäre nur in Ausnahmefällen zumutbar.

174 Keine Pflicht zur Ablehnung: MüKo/*Basedow* Rdn. 29, 21. **A.A.** aber wohl die überwiegende Auffassung: *Koller*[4] Rdn. 3; *Thume/Temme* Rdn. 21 ff; *Herber/Piper* Rdn. 27 m.w.H.

175 *Herber/Piper* Rdn. 37; *Thume/Temme* Rdn. 46.

176 *Koller*[4] Rdn. 8; *Herber/Piper* Rdn. 38; zu Art. 7 Rdn. 2 aber daneben auch positive Vertragsverletzung; unklar A OGH vom 13.6.1985, TranspR **1988** 13 ff – SZ **58** 102 S. 492, 494.

177 Wohl zu Recht meint MüKo/*Basedow* Rdn. 23: Art. 7 „paßt nicht"; ähnlich *Thume/Temme* Rdn. 47 f; *Jesser* S. 92. Siehe § 425 HGBaF Rdn. 141 f; § 429 HGBaF Rdn. 246 ff; Art. 17 Rdn. 277.

178 Siehe z.B. A OGH vom 10.2.1981, *Greiter* Nr. 18, S. 91, 92.

179 MüKo/*Basedow* Rdn. 24.

180 *Thume/Temme* Rdn. 28; *Herber/Piper* Rdn. 30; *Hill/Messent/Glass*[2] S. 85; *Loewe* ETR **1976** 545; BGH vom 30.1.1981, BGHZ **79** 302 ff = VersR **1981** 473, 474 f. Ohne Frachtbrief das gesamte nach dem Frachtvertrag zu befördernde Gut; siehe insbesondere Art. 23 Rdn. 43; *Herber/Piper* Rdn. 31 will dies der Verkehrsanschauung überlassen; dann könnte man eher annehmen, ohne Frachtbrief gebe es keine „Sendung".

181 BGH vom 27.10.1978, VersR **1979** 417 f.

VI. Weisungen bei Nichtausstellung eines Frachtbriefs

Ist kein Frachtbrief ausgestellt, bestehen keine besonderen Voraussetzungen für das Verfügungsrecht. Weisungen können daher formlos erteilt werden. Die Willenserklärung der Weisung ist daher mit jedem zulässigen Beweismittel beweisbar.[182] 48

E. Haftung des Frachtführers für Fehler bei der Behandlung von Weisungen

I. Die in Art. 12 Abs. 7 CMR geregelten Fälle

Art. 12 Abs. 7 CMR begründet für zwei unterschiedliche Fälle eine unbegrenzte, ver- 49
schuldensunabhängige Haftung des Frachtführers: (1) für die Nichtausführung von Weisungen und (2) für die Ausführung ohne Vorlage der Absenderausfertigung des Frachtbriefs. Außerhalb dieser Fälle muß die Haftung nach allgemeinen Gesichtspunkten geprüft werden.[183] Für beide Fälle gemeinsam ist die Ausgestaltung der Haftung zu sehen. Art. 12 Abs. 7 setzt eine Verfügung (Weisung) voraus. Auch eine Abweichung von einer erteilten Weisung kann als Nichtbefolgen mit der Folge der Haftung nach Art. 12 Abs. 7 sein,[184] denn sie führt die gegebene Anordnung letztlich nicht zuverlässig aus und kann daher zu völlig anderen Ergebnissen führen. Ob bei Fehlen eines Frachtbriefs der weite Weisungsbegriff[185] passend ist, kann man bezweifeln.[186] Andere Weisungen, z. B. die Nicht- oder Fehlausführung von Versicherungsweisungen werden nach nationalem Recht,[187] in Deutschland also nach dem Recht der Leistungsstörungen, meist wohl nach positiver Vertragsverletzung[188] behandelt. Siehe im folgenden zur Anwendung unterschiedlicher Regelungen bei Weisungsfehlern Rdn. 50 ff.

Ist kein Frachtbrief ausgestellt, kann Art. 12 Abs. 7 in beiden Unterfällen **nicht** 50
angewendet werden, da die Vorschrift auf Weisungserteilung „unter Beachtung der Bestimmungen dieses Artikels“ abgestimmt ist, also damit auch der Haftung des Frachtführers Grenzen ziehen will. Anzuwenden ist bei Güterschäden danach ausschließlich Art. 17.[189] Bei Vermögensschäden ist keine CMR-Regelung anzuwenden.[190] Auf die damit maßgebliche Haftung nach nationalem Recht ist Art. 30 Abs. 3 nicht anzuwenden.[191]

Die Haftung nach Art. 12 Abs. 7 setzt **kein Verschulden** des Frachtführers vor- 51
aus.[192] Sie ist primär Haftung für Vermögensschaden und der Höhe nach **nicht be-**

---

182 *Koller*[4] Rdn. 6; *Thume/Temme* Rdn. 61; *Herber/Piper* Rdn. 16; MüKo/*Basedow* Rdn. 6 f; BGH vom 30. 1. 1981, BGHZ **79** 302 ff = VersR **1981** 473, 474 f; zweifelnd an der Durchführbarkeit des Verfügungsrechts ohne Frachtbrief *Clarke*[2] Nr. 22; wohl auch *Lamy 99* I Nr. 478; siehe genauer Rdn. 39 ff.

183 Dazu und zu Art. 21 *Koller*[4] Rdn. 1 S. 337; siehe Art. 21 Rdn. 8.

184 *Thume/Temme* Art. 14 Rdn. 10.

185 Siehe Rdn. 3 f.

186 Siehe Rdn. 48.

187 *Koller*[4] Art. 6 Rdn. 17; MüKo/*Basedow* Art. 6 Rdn. 38; *Thume/Teutsch* Art. 6 Rdn. 33; *Hill/Messent/Glass*[2] S. 73.

188 MüKo/*Basedow* Art. 6 Rdn. 38; *Herber/Piper* Rdn. 40 (nur Vermögensschaden).

189 *Koller*[4] Rdn. 9; MüKo/*Basedow* Rdn. 34; grundsätzlich auch *Thume/Thume* Rdn. 61 (aber Anwendung von Art. 12 Abs. 7 auf Vermögensschäden; **a. A.** A OGH vom 13. 6. 1985, SZ **58** 102 S. 490, 494 = TranspR **1988** 13 f.

190 A OGH vom 13. 6. 1985, SZ **58** 102 S. 491 = TranspR **1988** 13 f greift daher auf nationales Recht (positive Vertragsverletzung) zurück. *Koller*[4] Rdn. 9 will Art. 12 Abs. 3 WA entsprechend anwenden: BGH vom 19. 3. 1976, NJW **1976** 1583 = VersR **1976** 778, 780. Dazu *Ruhwedel*[3] Rdn. 298. Die Rechtslage entspricht exakt der nach Art. 12 Abs. 7 (2. Fall) gegebenen.

191 A OGH vom 13. 6. 1985, SZ **58** 102 S. 491, 494 = TranspR **1988** 13 f.

192 *Thume/Temme* Rdn. 52; *Koller*[4] Rdn. 19; MüKo/*Basedow* Rdn. 29, 35; *Herber/Piper* Rdn. 40.

schränkt.[193] Es gibt dazu im wesentlichen zwei Konzepte mit sehr ähnlichem Endergebnis: (1) Art. 12 Abs. 7 begründet nur Ansprüche auf Vermögensschäden; bei Schäden am Frachtgut treten dazu jedoch die beschränkten Ansprüche nach Art. 17, 23 ff.[194] (2) Art. 12 Abs. 7 begründet Ansprüche auf Ersatz aller Schäden; die damit erfaßten Ansprüche auf Güterschäden unterliegen unmittelbar Art. 23, 25.[195] In der Praxis der Fälle ist das Ergebnis fast gleich. Unterschiede könnten sich ergeben, soweit Haftungsausschlüsse aus Art. 17 Abs. 2 und 4 vorliegen. Da der Anspruch auf korrekte Behandlung der Weisungsfragen in Art. 12 Abs. 7 unbeschränkt alle Schäden erfaßt, ist er vorrangig und schließt Art. 17 als speziellere CMR-Norm aus.[196] Art. 17 ist daher überhaupt nicht anzuwenden, wohl aber Art. 23, 25; siehe Rdn. 52.

52 Der BGH hat in einem Fall ohne Frachtbrief den Frachtführer für Güterschäden nach Art. 17 Abs. 1 haften lassen, die **Folge der Nichtausführung einer Weisung** waren.[197] Da Art. 23 jedoch für alle Güterschäden nach der CMR gilt, **geht an seiner ausschließlichen Anwendung auf Art. 12 Abs. 7 kein Weg vorbei.** Die Haftung aus Art. 12 Abs. 7 sind demnach gem. Art. 23, 25 anzuwenden.[198]

1. Haftung für Nichtausführung von Weisungen (Art. 12 Abs. 7)

53 Die Haftung setzt zunächst eine verbindliche Weisung voraus; siehe dazu Rdn. 4, 44–46. Zur Änderung von Weisungen des bisher Verfügungsberechtigten durch neue Weisungen siehe Rdn. 38. Ist **kein Frachtbrief** ausgestellt, ist eine Anhalteverfügung dennoch wirksam.[199] Liegt ein Frachtbrief vor und wird die korrekte Weisung nicht befolgt,[200] könnte es Gründe geben, die ein Nichtbefolgen rechtfertigen. Insbesondere kann zur Schadensverhütung die Weisung zumindest vorläufig nicht befolgt werden; vor allem Art. 12 Abs. 5 b CMR.[201] In diesen Fällen rechtmäßigen Handelns ist keine Haftung gegeben.

54 Die Haftung aus **positiver Vertragsverletzung** ist bei bestehendem Frachtbrief jedenfalls durch die spezielle Regelung des Art. 12 Abs. 7 verdrängt.[202] Fehlt es an einem Frachtbrief, kommt positive Vertragsverletzung in Betracht.[203] Maßstäbe für die haftungsbegründenden Verhaltensanforderungen können teilweise aus Art. 12 entnommen werden.[204]

55 Geht man davon aus, **nach Geschäftsbesorgungsrecht** seien auch außerhalb der Verfügungen über das Gut noch Weisungen zulässig, so sollte auch für die Nichtaus-

---

193 *Loewe* ETR **1976** 503 ff, Nr. 124; MüKo/*Basedow* Rdn. 30, 35 f; *Herber/Piper* Rdn. 40; *Koller*[4] Rdn. 9; *Koller* TranspR **1984** 181, 184 f.

194 *Herber/Piper* Rdn. 40; *Thume/Temme* Rdn. 64.

195 *Thume/Temme* Rdn. 56; MüKo/*Basedow* Rdn. 35 f; A OGH vom 13.6.1985, SZ **58** 102 S. 491, 494 = TranspR **1988** 13 f.

196 MüKo/*Basedow* Rdn. 35 f m.w.H; *Koller*[4] Rdn. 9 für den Regelfall der Ausstellung eines Frachtbriefs.

197 BGH vom 27.1.1982, NJW **1982** 1944 f = VersR **1982** 669, 670; *Thume/Temme* Rdn. 55; *Koller*[4] Rdn. 9, der aber übersieht, daß kein Frachtbrief bestand.

198 *Thume/Temme* Rdn. 56; MüKo/*Basedow* Rdn. 35 f; i.E. auch *Herber/Piper* Rdn. 40; **a.A.** *Koller*[4] Rdn. 9.

199 BGH vom 27.1.1982, NJW **1982** 1944, 1945 = TranspR **1982** 105 f = VersR **1982** 669, 670; Haftung nach Art. 17, da kein Frachtbrief bestand; siehe Rdn. 50.

200 Zu Art. 12 WA siehe OLG Düsseldorf vom 31.7.1985, TranspR **1986** 341, 344 (Verstoß gegen Weisung, vorerst nicht auszuliefern).

201 Siehe Rdn. 44.

202 Siehe Rdn. 50.

203 OLG Düsseldorf von 26.10.1978, MDR **1979** 405 (Abdruck gekürzt): Nichtbefolgung der Weisung, mit dem Transport vorerst nicht zu beginnen. Einlagerung zudem unsachgemäß erfolgt und daher zum Sachschaden führend.

204 Siehe OLG München vom 31.1.1992, TranspR **1992** 195 ff (SVS-versicherte Ware weisungswidrig in ein falsches Zollamt zur Verzollung gebracht, das zufällig mit der Ware abbrannte).

führung solcher Weisungen nach Art. 12 Abs. 7 gehaftet werden; sie ist nach der sprachlichen Formulierung der CMR möglich und sachlich zu befürworten. Anderenfalls käme eine Haftung aus positiver Vertragsverletzung in Betracht.

2. Haftung für Ausführung ohne Vorlage der Absenderausfertigung (Art. 12 Abs. 7)

Auch der zweite in Art. 2 Abs. 7 enthaltene Tatbestand knüpft die Haftung des Frachtführers ohne Verschulden[205] an die Auslieferung des Frachtgutes ohne Vorlage[206] der Absenderausfertigung des Frachtbriefs nach Art. 2 Abs. 5 a CMR. Er schützt somit den berechtigten Inhaber des Sperrpapiers; siehe Rdn. 28, Rdn. 39 ff. Vernünftigerweise muß dieser daher als „Berechtigter" angesehen werden.[207] Denn nur er ist formal legitimiert, das Verfügungsrecht auszuüben. Allerdings ist nicht sicher, ob ihm auch das materielle Weisungsrecht zusteht.[208] Würde man in solchen Fällen die Ersatzansprüche dem Absender zuweisen, so würde die Absenderausfertigung des Frachtbriefs ihre wertpapierähnliche Funktion nicht voll erfüllen können.[209] Der Schadenersatzanspruch gegen den Frachtführer fiele dann etwa in die Hand des Täters, z. B. des ohne Papiervorlage anweisenden Absenders und würde leerlaufen. Auch die Haftung nach Art. 12 Abs. 7 (zweiter Fall) ist Haftung ohne Verschulden.[210] Ist der Verfügungsberechtigte im Besitz der ersten Ausfertigung, hat er nach Treu und Glauben keinen Ersatzanspruch nach Abs. 7, auch wenn er die Absenderausfertigung nicht vorgelegt hat.[211] Möglich ist auch der Fall, daß ein **Nichtberechtigter** trotz fehlender Verfügungsberechtigter den Frachtbrief vorlegt und seine Weisung vom Frachtführer befolgt wird. Man wird in solchen Fällen wohl davon ausgehen, daß der Frachtführer der Weisung des Betreffenden folgen wird. Dazu werden unterschiedliche gedachte Fälle und Lösungen vorgelegt, die aber außerhalb konkreter Fälle kaum generell gelöst werden können.[212] 56

II. Nicht in Art. 12 Abs. 7 CMR geregelte Haftungsfälle

1. Haftung für fehlerhafte Ausführung

Die CMR regelt nicht die Frage der Haftung für nur fehlerhafte Ausführung von Weisungen. Soweit deutsches Recht ergänzend anzuwenden ist, richten sich daher die Ansprüche grundsätzlich nach den Regeln der positiven Vertragsverletzung. Hinsichtlich der Güter- und Verspätungsschäden ist jedoch die Haftung gemäß Art. 17 CMR vorrangig, gemäß Art. 23 ff begrenzt.[213] 57

2. Skripturhaftung wegen falscher Angaben im Frachtbrief?

Mit eingehender Begründung vertritt *Koller* für die Sperrpapiere, insbesondere für Art. 12 Abs. 7 CMR, eine Skripturhaftung des Frachtführers für unzutreffende Angaben über das Gut.[214] Als verläßlichste, wenn auch wegen des Vorsatzerfordernisses 58

[205] Siehe Rdn. 51.
[206] Auch unter nicht ordnungsgemäßer Vorlage; MüKo/*Basedow* Rdn. 37.
[207] So i. E. auch *Koller* TranspR **1994** 181, 184; MüKo/*Basedow* Rdn. 34 (in erster Linie der Verfügungsberechtigte); *Koller*[4] Rdn. 10; *Herber/Piper* Rdn. 40; *Thume/Temme* Rdn. 53; 57 ff.
[208] Der Frachtführer kann daher die Vorlage der Absenderausfertigung verlangen; siehe Rdn. 33.
[209] Siehe zu weiteren Einzelheiten *Heuer* 158.
[210] Siehe Rdn. 51.
[211] *Herber/Piper* Rdn. 44; *Koller*[4] Rdn. 10; *Hill/Messent/Glass*[2] S. 86.
[212] Dazu *Heuer* S. 58; *Thume/Temme* Rdn. 62; *Koller*[4] Rdn. 11; *Thume* in *Fremuth/Thume* Frachtrecht, Rdn. 42.
[213] Siehe dazu Art. 17 Rdn. 261.
[214] TranspR **1994** 181, 186.

häufig beweisrechtlich schwierige, Grundlage kommen hierbei jedoch vorab Ansprüche aus unerlaubter Handlung, insbesondere auf Ersatz von Vermögensschäden nach §§ 826, 823 Abs. 2 BGB in Verbindung mit Betrug oder Untreue, in Betracht. Denn die Schäden entstehen in vielen Fällen dritten Personen, insbesondere Abkäufern oder des Absenders oder finanzierenden Kreditinstituten. Soweit der Empfänger als Drittbegünstigter aus dem Frachtvertrag geschädigt wird, ist auch eine Haftung aus positiver Vertragsverletzung möglich und für den Geschädigten günstiger.[215] *Koller* schlägt die Variante einer Haftung aus Verschulden bei Vertragsschluß oder aus positiver Vertragsverletzung mit Schutzwirkung für Dritte vor.[216] Dies ist der Sache nach sinnvoll. Es bleibt jedoch problematisch, wie weit die Schutzwirkung auszudehnen wäre. Eine Analogie zu Art. 12 Abs. 7 CMR ist wohl mit Recht nicht anzunehmen.[217]

III. Haftungsbefreiung wegen Weisungen des Verfügungsberechtigten

59 Für Folgen von Weisungen des Verfügungsberechtigten haftet der Frachtführer nach Art. 17 Abs. 2 grundsätzlich nicht; siehe Art. 17 Rdn. 63 ff. Eine Anwendung dieser Vorschrift auf Verfügungen, die nicht unmittelbar das Gut betreffen, ist zu befürworten, da auch solche Weisungen (z. B. Nachnahme, Verzollung, Versicherung) sich in vielen Fällen in mittelbarer Weise auf das Gut oder seinen Gegenwert beziehen. Auch die Berücksichtigung solcher Weisungen in Art. 17 Abs. 2 CMR ist zu befürworten.[218]

F. Beweislast

60 Die Beweislast für die Entstehung des Empfängerverfügungsrechts und seinen Rückübergang trifft den, der sich darauf beruft.[219] Die Vorlage der ersten Ausführung des Frachtbriefs als Beweisurkunde nach Art. 12 Abs. 5 a hat der Verfügungsberechtigte zu beweisen.[220] Dabei dürfte ihm zugute kommen, daß die Ausführung der Verfügung ohne Vorlage als vertragswidriges Verhalten prima facie nicht angenommen werden kann.[221] Besondere Schwierigkeiten könnten auch auftreten, wenn der Empfänger das Vorlegen zu beweisen hat.[222] Für die Voraussetzungen der Haftung des Frachtführers nach Art. 12 Rdn. 7 (beide Alternativen) ist der Berechtigte darlegungs- und beweispflichtig: für seine Berechtigung, die Weisung, den Schaden und die Kausalität.[223] Für die Nichtausführbarkeit der Weisung nach Art. 12 Abs. 5 b ist der Frachtführer darlegungs- und beweisbelastet.[224]

---

215 Siehe § 426 HGBaF Rdn. 65; §§ 407–409 HGBaF Rdn. 137; Anh. IV nach § 415 HGBaF Rdn. 5, 9.

216 *Koller* TranspR **1994** 181, 188 mit Erörterung der Freizeichnungsgrenzen.

217 *Koller* TranspR **1994** 181, 186 f gegen BGH vom 19. 3. 1976, NJW **1976** 1583 = VersR **1976** 778, 780 (Art. 12 Abs. 3 WA). *Koller* ebenda S. 187 lehnt zu Recht auch eine Rechtsscheinhaftung grundsätzlich ab.

218 *Heuer* 83; offenlassend BGH vom 27. 10. 1978, VersR **1978** 417 f.

219 *Thume/Temme* Rdn. 65; *Koller*[4] Rdn. 6 f; *Baumgärtel/Giemulla* Rdn. 3; *Herber/Piper* Rdn. 14; *Koller*[4] Rdn. 6.

220 *Baumgärtel/Giemulla* Rdn. 7; *Thume/Temme* Rdn. 67; BGH vom 27. 1. 1982, NJW **1982** 1944 ff = TranspR **1982** 105 ff = VersR **1982** 669 f ist insoweit nicht aussagekräftig, weil im Fall kein Frachtbrief existierte.

221 *Thume/Temme* Rdn. 69.

222 Siehe *Herber/Piper* Rdn. 15; *Lenz* Rdn. 986.

223 *Baumgärtel/Giemulla* Rdn. 10; *Thume/Temme* Rdn. 68 f.

224 *Baumgärtel/Giemulla* Rdn. 8 f; *Thume/Temme* Rdn. 70.

Artikel 13

1. [1]Nach Ankunft des Gutes an dem für die Ablieferung vorgesehenen Ort ist der Empfänger berechtigt, vom Frachtführer zu verlangen, dass ihm gegen Empfangsbestätigung die zweite Ausfertigung des Frachtbriefes übergeben und das Gut abgeliefert wird. [2]Ist der Verlust des Gutes festgestellt oder ist das Gut innerhalb der in Artikel 19 vorgesehenen Frist nicht angekommen, so kann der Empfänger die Rechte aus dem Beförderungsvertrage im eigenen Namen gegen den Frachtführer geltend machen.

2. [1]Der Empfänger, der die ihm nach Absatz 1 zustehenden Rechte geltend macht, hat den Gesamtbetrag der aus dem Frachtbrief hervorgehenden Kosten zu zahlen. [2]Bei Streitigkeiten hierüber ist der Frachtführer zur Ablieferung des Gutes nur verpflichtet, wenn ihm der Empfänger Sicherheit leistet.

Article 13

1. Après l'arrivée de la marchandise au lieu prévu pour la livraison, le destinataire a le droit de demander que le deuxième exemplaire de la lettre de voiture lui soit remis et que la marchandise lui soit livrée, le tout contre décharge. Si la perte de la marchandise est établie, ou si la marchandise n'est pas arrivée à l'expiration du délai prévu à l'article 19, le destinataire est autorisé à faire valoir en son propre nom vis-à-vis du transporteur les droits qui résultent du contrat de transport.

2. Le destinataire qui se prévaut des droits qui lui sont accordés aux termes du paragraphe 1 du présent article est tenu de payer le montant des créances résultant de la lettre de voiture. En cas de contestation à ce sujet, le transporteur n'est obligé d'effectuer la livraison de la marchandise que si une caution lui est fournie par le destinataire.

Article 13

1. After arrival of the goods at the place designated for delivery, the consignee shall be entitled to require the carrier to deliver to him, against a receipt, the second copy of the consignment note and the goods. If the loss of the goods is established or if the goods have not arrived after the expiry of the period provided for in article 19, the consignee shall be entitled to enforce in his own name against the carrier any rights arising from the contract of carriage.

2. The consignee who avails himself of the rights granted to him under paragraph 1 of this article shall pay the charges shown to be due on the consignment note, but in the event of dispute on this matter the carrier shall not be required to deliver the goods unless security has been furnished by the consignee.

Übersicht

Schrifttum

Benkelberg Empfängerhaftung nach Maßgabe des Frachtbriefes, Versender als „Vormann" im Sinne des § 442 HGB? TranspR **1989** 351–355; *Braun* Prozessuale Probleme im Bereich der CMR, Teil I VersR **1988** 648–653, Teil II VersR **1988** 878–885; *Czapski* Haftung des Spediteurs nach CMR, AWD **1974** 161–162; *Helm* Der Ersatzberechtigte im CMR-Haftpflichtfall, TranspR **1983** 29–35; *Koller* Die Haftung des Unterfrachtführers gegenüber dem Empfänger – Zugleich Anmerkung zu BGH VersR 88, 244 k, VersR **1988** 673–674; *Koller* Die Verdoppelung des Prozeßrisikos von CMR-Frachtführern, VersR **1982** 414–417; *Piper* Einige ausgewählte Probleme des Schadensersatzrechts der CMR, VersR **1988** 201–209; *Roltsch* Nicht in jedem Fall haftet der Unterfrachtführer – Bundesgerichtshof zu CMR-Ansprüchen des Absenders, DVZ Nr. 146 v. 8.12.1988; *Thume* Keine Rechte des Empfängers nach Art. 13 Abs. 1 CMR und § 435 HGB gegen den Unterfrachtführer, TranspR **1991** 85–89.

I. Allgemein: Der Empfänger

1 Der Begriff des Empfängers ist gesetzlich nicht allgemein definiert, auch nicht in der CMR.[1] Seine Person kann während der Dauer des Frachtvertrags wechseln, insbesondere aufgrund des frachtvertraglichen Verfügungsrechts. Da die Bestimmung der Empfängerstellung ständig wechseln kann, ist keine für alle Fälle gleichmäßige Definition möglich. Wer aktuell Empfänger ist, kann daher nur durch die Anwendung der einzelnen Normen bestimmt werden. Der Empfänger wird mangels anderer Bestimmung zunächst **definiert** als die Person, an die das Gut adressiert ist.[2] Im Regelfall ist Empfänger die nach Art. 6 Abs. 1e, Art. 12 Abs. 3 CMR im voll wirksamen[3] Frachtbrief[4] angegebene Person.[5] Der Frachtbrief erbringt (allerdings widerleglichen) Beweis für deren Eigenschaft als Empfänger.[6] Wird das Gut im Einverständnis aller Beteiligten an eine

[1] Siehe MüKo/*Basedow* Rdn. 1–3 mit rechtsvergleichenden Hinweisen; *Thume* in *Fremuth/Thume* Frachtrecht, Rdn. 4 ff. Zum Empfängerbegriff siehe auch Art. 17 Rdn. 245.

[2] Dies wird von Art. 13 vorausgesetzt; für alle Frachtverträge siehe grundsätzlich 425 HGBaF Rdn. 70.

[3] Siehe Art. 5 Rdn. 9, 15 ff, Art. 12 Rdn. 28. Siehe z. B. NL Hof Leeuwarden vom 20.2.1974 SS **1976** S. 71 ff Nr. 31.

[4] Siehe Art. 5 Rdn. 8, Art. 9 Rdn. 1 und 10, 12.

[5] Siehe Art. 9 Rdn. 12, § 426 HGBaF Rdn. 39. Empfänger ist also z. B. auch eine im Frachtbrief eingetragene Bank, OLG Düsseldorf vom 13.11. 1980, VersR **1982** 89f; OLG Karlsruhe vom 25.2.1999, TranspR **1999** 349 (Akkreditivbank als Sicherungsnehmer).

[6] Dazu Art. 9 Rdn. 12. Siehe auch NL Hoge Raad vom 7.12.1973, ETR **1974** 724, 727 = SS **1974** 59 ff und vom 13.12.1973, ETR **1974** 602, 607. Keineswegs ist aber Empfänger „nur, wer im Frachtbrief eingetragen ist" (OLG Düsseldorf vom 13.11.1988, VersR **1982** 89, 91). Im angegebenen Fall konnte der betreffende Käufer nicht nachweisen, daß die eingetragene Bank nicht Empfängerin war.

Person ausgeliefert, ist diese Empfänger, gleichgültig, ob sich dies jeweils aus dem Frachtbrief ergab.[7] Die Ablieferung an eine im Frachtbrief zusätzlich angegebene Meldeadresse[8] („notify address“) macht den in Empfang Nehmenden noch nicht zum Empfänger.[9] Der Empfänger ist je nach Fall auch selbst Verfügungsberechtigter.[10] Das anfängliche Verfügungsrecht steht dem Eingetragenen aufgrund besonderen Eintrags gem. Art. 12 Abs. 3[11] zu; ebenso dem nach Art. 12 Abs. 1, 2 durch Weisung bestimmten[12] und dem nach Art. 12 Abs. 4 bestimmten „Dritten“ (Sekundärempfänger).[13] Nicht Empfänger ist aber, wer als Außenstehender nur erreicht, daß ihm die zweite Ausfertigung des Frachtbriefs übergeben wird.[14] Es spielt keine Rolle, ob er schon dem Frachtvertrag durch Annahme der Güter beigetreten ist.[15]

Die **Ablieferung** des Guts setzt voraus, daß dem Empfänger der Gewahrsam verschafft wird; dazu gehört auch dessen Übernahme. Es genügt daher nicht, wenn etwa der Lastwagen am Büro des Empfängers hält und von dort erst an einen Lagerplatz zur Entladung dirigiert wird.[16] Seine Rechte **verliert** der Empfänger nicht, wenn er die Annahme verweigert.[17]

Der **Empfänger** kann Inhaber der **Rechte aus zwei oder mehr Frachtverträgen** **2**
sein, wenn er (wie dies häufig der Fall ist) Adressat der Ablieferung nach dem Hauptfrachtvertrag und nach dem den Transport abschließenden Unterfrachtvertrag ist. In solchen Fällen hat er – entgegen der Rechtsprechung des BGH[18] – Ansprüche aus beiden Frachtverträgen sowohl gegen den Hauptfrachtführer als auch gegen den Unterfrachtführer, wenn ein Schaden unter dessen Obhut entstanden ist. Diese beharrliche Rechtsprechung unterscheidet nicht zwischen den beiden unterschiedlichen Ansprüchen aus den beiden Frachtverträgen[19] und will dies zu Unrecht aus Art. 34 CMR begründen.[20] Die hierfür vorgebrachten Argumente sind nicht akzeptabel:[21]

---

7 OLG Hamm vom 15. 9. 1988, TranspR **1989** 55, 56 (für die Begründung von Ansprüchen gegen den Empfänger nach Art. 13 Abs. 2). Siehe auch NL Hoge Raad vom 7. 12. 1973, ETR **1974** 724, 727 = SS **1974** 59 ff.

8 § 408 Abs. 1 Nr. 5 HGBnF.

9 OLG Düsseldorf vom 2. 3. 1989, TranspR **1989** 423 f; OLG Karlsruhe vom 25. 2. 1999, TranspR **1999** 349 f. *Koller*⁴ Rdn. 4; *Herber/Piper* Rdn. 4; MüKo/*Basedow* Rdn. 4; *Thume/Temme* Rdn. 14.

10 Art. 12 CMR; insbesondere Rdn. 13, 15 f, 22 ff, 28–36; dort auch zu seinen Funktionen.

11 Siehe Art. 12 Rdn. 28.

12 MüKo/*Basedow* Rdn. 4; *Herber/Piper* Rdn. 3. Siehe Art. 12 Rdn. 28 ff.

13 OLG Hamburg vom 17. 11. 1983, TranspR **1984** 188 = VersR **1984** 258; OLG Hamm vom 25. 9. 1984, TranspR **1985** 100, 102; dazu *Herber/Piper* Rdn. 4; *Thume/Temme* Rdn. 10. Siehe Art. 12 Rdn. 35.

14 Siehe dazu Art. 12 Rdn. 33.

15 Siehe Rdn. 3.

16 Siehe beispielsweise den Fall OLG Düsseldorf vom 27. 4. 1955, NJW **1955** 1322 f; *Glöckner*⁷ Rdn. 2 mit weiteren unveröffentlichten Urteilen; zur KVO und allgemein *Willenberg* KVO⁴ § 29 Rdn. 13.

17 BGH vom 15. 10. 1998, TranspR **1999** 102–103 f (zum Verfügungsrecht nach Art. 12 Abs. 2, auch wenn ihm der Frachtbrief schon übergeben war) gegen OLG Frankfurt vom 30. 5. 1996, TranspR **1997** 427 (Vorinstanz).

18 BGH vom 24. 9. 1987, TranspR **1988** 108, 111 = VersR **1988** 244 ff; vom 28. 4. 1988, NJW **1988** 3095 f = TranspR **1988** 338, 340 = VersR **1988** 825 f; vom 24. 10. 1991, BGHZ **116** 15 ff = TranspR **1992** 177, 178 = VersR **1992** 640, 641; vom 24. 10. 1991, BGHZ **116** 15 ff = TranspR **1992** 177, 178 = VersR **1992** 640, 641; OLG Düsseldorf vom 7. 7. 1988, TranspR **1988** 425, 427; zweifelhaft BGH vom 10. 5. 1990, TranspR **1990** 418 ff = VersR **1991** 238 ff = ETR **1991** 351 ff; B CA Antwerpen vom 8. 10. 1986, ETR **1987** 436 ff; gegen diese Auffassung siehe zum alten Recht § 432 HGBaF Rdn. 31 ff (weitere Rechtsprechungsangaben ebenda).

19 Die entweder der CMR oder bei nicht grenzüberschreitende Beförderung durch den Unterfrachtführer auch nationalem Recht unterliegen können.

20 Siehe Art. 34 Rdn. 1 f.

21 *Koller* VersR **1988** 673 f; *Koller*⁴ Rdn. 5; *Thume* TranspR **1991** 85 ff; *Thume* in *Fremuth/Thume* Frachtrecht, Rdn. 18; *Thume/Temme* Rdn. 17; MüKo/*Basedow* Rdn. 17–19; I Cass vom 21. 10. 1991, ZEuP **1993** 141, 143 f mit Anmerkung *Gröhe*; OLG München vom 21. 7. 1989, TranspR **1989** 324, 325; an der BGH-Begründung halten freilich *Herber/Piper* Rdn. 19 fest.

Nach dem jeweils anzuwendenden Recht sind zwei unterschiedliche Fallgestaltungen möglich:

– Der Unterfrachtvertrag wird ausschließlich in Deutschland ausgeführt. Für ihn gilt wegen Fehlens der Grenzüberschreitung die CMR nicht. Anwendbar ist das deutsche HGB. Daher kann der Empfänger nach § 421 Abs. 1 S. 2 HGB (neben dem Absender) die Schäden geltend machen. Auch Art. 34 CMR ist nicht anzuwenden.
– Der durch den Unterfrachtführer ausgeführte Beförderungsteil ist grenzüberschreitend. Der Empfänger hat die Ansprüche nach der Art. 13 Abs. 1 S. 2. Diese richten sich nach der CMR. Dem Empfänger diese Rechte gegen den Hauptfrachtführer zu verweigern, verstößt gegen Art. 13 CMR.

Die Frage war vor der Tarifaufhebung schwerwiegender, weil die innerstaatliche Haftung je nach den anwendbaren Normen unterschiedlich war, nach der § 35 KVO mit DM 80/kg sogar viermal höher als nach der CMR. Die gesetzliche Haftung nach § 431 HGB entspricht nun der CMR.[22] Gleichwohl ist die genannte Rechtsprechung für den Empfänger nach wie vor ungünstig, weil sie ihm den Vorteil entzieht, sich sofort an den ausliefernden Frachtführer zu wenden, der unter deutschem Prozeßrecht eher mit Erfolg verklagt werden kann.[23] Die neue Haftung aus § 437 HGB dürfte wohl keine wesentliche Rolle spielen.

3 Art. 13 Abs. 1 **entspricht** weitgehend § 421 Abs. 1 HGBnF, insbesondere der Begriff der **Ablieferung.**[24] Mit der Begründung der Empfängerpflichten nach Abs. 2 wird auch heute noch von einem Eintritt oder **Beitritt des Empfängers** gesprochen.[25] Jedoch wird der Empfänger durch Art. 13 nicht zu einer zusätzlichen Partei des Frachtvertrags, sondern erwirbt nur die dort definierten Rechte und Pflichten.

II. Rechte des Empfängers

4 Art. 13 Abs. 1 regelt die Aktivlegitimation des Empfängers.[26] Die Rechte aus dem Frachtvertrag werden in zwei Stufen dem Empfänger zugewiesen: zunächst den Anspruch auf Auslieferung von Gut und Frachtbrief (S. 1); dann als weitere Folge den Erwerb aller Ansprüche aus dem Frachtvertrag (S. 2). Will der Absender die Rechte aus dem Frachtvertrag nicht der Person zukommen lassen, an die abzuliefern ist, kann er dies durch die besondere Bestimmung einer besonderen vom Empfänger abweichenden Ablieferungsadresse oder zunächst nur einer Meldestelle erreichen.[27]

---

22 Vorbehaltlich der Freizeichnungen nach § 449 HGB.

23 MüKo/*Basedow* Rdn. 19.

24 Siehe zum entsprechenden § 435 HGBaF HGB dort Rdn. 9ff; zu Person und Rechtsstellung des Empfängers generell § 435 HGBaF Rdn. 1–8; zum Begriff der Ablieferung siehe Art. 17 Rdn. 20 ff und § 429 HGBaF Rdn. 52 ff.

25 Nach der Tradition des Eisenbahnrechts durch „Einlösung des Frachtbriefs"; siehe z. B. *Nánássy/Wick* S. 161; zur CMR siehe *Silingardi* S. 96 f („adesione"); zur französischen Rechtstradition MüKo/*Basedow* Rdn. 21. Siehe Rdn. 3.

26 *Herber/Piper* Rdn. 1.

27 MüKo/*Basedow* Art. 6 Rdn. 13; siehe Rdn. 1, Art. 6 Rdn. 16.

1. Anspruch auf Übergabe von Frachtbrief und Ablieferung des Guts Art. 13 Abs. 1 S. 1

Der Empfänger erwirbt mit der Ankunft[28] des Gutes am Ablieferungsort[29] nach 5
Art. 13 Abs. 1 S. 1 unter den dort beschriebenen Voraussetzungen[30] zwei Rechte: den Anspruch auf (1) Übergabe der den Transport begleitenden zweiten Ausfertigung des Frachtbriefs (Art. 5 Abs. 1 S. 3)[31] und (2) Ablieferung des Gutes.[32] Für den Erwerb dieser Ansprüche ist die Vorweisung der ersten Ausfertigung (Absenderausfertigung) durch den Empfänger im Gegensatz zu Art. 12 Abs. 5a nicht erforderlich.[33] Nach wohl allgemeiner Auffassung ist der für die Ablieferung vorgesehene „Ort" („lieu", „place") der geographische Ort,[34] also z. B. die Stadt oder der Stadtteil, wo der Empfänger seine Niederlassung hat.[35] Mit der von Art. 6 Abs. 1 Buchst. d abweichenden deutschen Übersetzung sollte wohl klargemacht werden, daß die Empfängerrechte erst an der genauen Ablieferungsstelle entstehen.[36] Die CMR schließt aber nicht aus, daß die Empfängerrechte schon am Ablieferungsort vor der Ankunft an der konkreten „Stelle" der Ablieferung entstehen können.[37] Gerade daran besteht aber ein praktisches Interesse.[38] *Koller*[4] Rdn. 2 weist zu Recht darauf hin, daß es praktisch sinnlos sein kann, wenn die Empfängerrechte erst bei Ankunft am Ablieferungsplatz entstehen. Im übrigen ist darauf hinzuweisen, daß dieser Zeitpunkt auch für die Entstehung der Verfügungsrechte des Empfängers maßgeblich ist.[39] Wegen der unsicheren Rechtslage wird es sich in manchen Fällen als sinnvoll erweisen, nicht die genaue postalische Adresse, sondern nur eine Gemeinde anzugeben, weil dann noch ein zeitlicher Spielraum für die Rechte des Empfängers bestehen kann.[40] Ebenso kann die Angabe einer Meldeadresse wirken. Im grenzüberschreitenden Transport kann es besonders nützlich sein, dem Empfänger zur rechten Zeit das Verfügungsrecht über das Gut und damit ein klares Bestimmungsrecht über den konkreten Platz der Ablieferung zu verschaffen – auch bei den verbesserten Kommunikationsmöglichkeiten durch Fax und E-mail im wenig homogenen Anwendungsbereich der CMR noch häufig erforderlich. Man kann also davon ausgehen, daß der Erwerb der Empfängerrechte bei vernünftiger Vertragsgestaltung vor dem Erreichen des Ausladungsplatzes eintreten kann. Die beiden Rechte auf das Frachtbriefdoppel und auf das Gut können nach Art. 13 Abs. 1 S. 1 Zug um Zug gegen eine (schriftliche) Empfangsbestätigung des Empfängers geltend gemacht werden; für diese enthält die CMR keine besonderen Regelungen.[41] Ist für den Transport **kein Frachtbrief** ausgestellt, kann durch die Parteien vertraglich festgelegt werden, wann und wie Empfängerrechte entstehen.

---

[28] Nach schwedischer Vorstellung wird Teilverlust wie vollständiger Verlust nach Abs. 1 S. 2 behandelt, MüKo/*Basedow* Rdn. 7.

[29] Jedoch keineswegs früher; siehe die Fälle BGH vom 15. 1. 1987, TranspR **1987** 344, 347 = WM **1987** 911 ff und vom 5. 2. 1987, NJW **1987** 1885 f = TranspR **1987** 180, 182 = VersR **1987** 678, 679. Zum Ort der Ablieferung siehe Art. 6 Rdn. 8, 14; Art. 1 Rdn. 56.

[30] Nur in diesem Fall: NL Rb Dordrecht vom 10. 5. 1967, SS **1967** 181 f Nr. 70.

[31] Wenn kein Frachtbrief ausgestellt ist, kommt dieser Anspruch nicht in Frage.

[32] Zur Ablieferung siehe Rdn. 3 m. w. H.

[33] *Loewe* ETR **1976** 545.

[34] *Loewe* ETR **1976** 503 ff, Nr. 125, S. 545; *Koller*[4] Rdn. 2; siehe genauer Art. 6 Rdn. 8; BrDrucks. 368/97 S. 34.

[35] Siehe zur Bedeutung der Frage vor der Tarifaufhebung § 433 HGBaF Rdn. 22 ff.

[36] Daher wohl dieser Meinung *Herber/Piper* Rdn. 2; *Thume/Temme* Rdn. 7; MüKo/*Basedow* Rdn. 24. Der wettbewerbsrechtliche Fall BGH vom 15. 1. 1987, TranspR **1987** 344, 347 = VersR **1987** 980, 981 sagt zu dieser Frage kaum etwas aus.

[37] Siehe Art. 6 Rdn. 8.

[38] MüKo/*Basedow* Rdn. 8.

[39] *Koller*[4] Rdn. 2; Art. 12 Rdn. 34.

[40] *Herber/Piper* Rdn. 2.

[41] *Koller*[4] Rdn. 2; MüKo/*Basedow* Rdn. 13; *Thume/Temme* Rdn. 6; *Herber/Piper* Rdn. 9.

a) Anspruch auf Übergabe der Zweitausfertigung des Frachtbriefs

6 Die Zweitausfertigung ist die das Gut begleitende: Art. 5 Abs. 1 S. 3. Sie dient vor allem der Begründung der Empfängeransprüche; siehe Art. 5 Rdn. 2, aber auch der Bestimmung der vom Empfänger dem Absender geschuldeten Beträge; siehe Rdn. 19. Auch hinsichtlich der Verfügungsrechte nach Art. 12 ist diese Ausfertigung entscheidend: Siehe dort Abs. 2: Erlöschen des Absenderverfügungsrechts und Entstehen des Empfängerverfügungsrechts. Es kann sein, daß der Empfänger unter Umständen die erste und die zweite Ausfertigung des Frachtbriefs verlangt.[42] Vertreten wird auch die Meinung, aus dem Anspruch auf Übergabe der Zweitausfertigung sei ein Recht auf vorherige Einsichtnahme in den Frachtbrief begründet, („gleichsam als minus").[43]

b) Anspruch auf Ablieferung des Guts (Art. 13 Abs. 1 S. 1)

7 Der Empfänger kann vom Frachtführer die **Ablieferung des Guts** verlangen. Zur Ablieferung siehe Art. 17 Rdn. 20 ff. Auch ohne Quittung kann die Ablieferung durch jedes Beweismittel bewiesen werden.[44] Auch hierzu wird die Auffassung vertreten, der Empfänger könne „als minus" vor der Übernahme des Gutes das Gut äußerlich besichtigen.[45] Umstritten ist dazu, ob der Anspruch auf Auslegung der CMR oder ergänzend anzuwendendes Recht gestützt werden muß.

8 An die **Geltendmachung dieser Ansprüche** knüpft sich nach Art. 12 Abs. 2 auch der **Übergang des Verfügungsrechts vom Absender auf den Empfänger**, soweit der Empfänger dieses nicht schon nach Art. 12 Abs. 3 früher erlangt hat; siehe Art. 12 Rdn. 32. Ferner stehen dem Empfänger die Ersatzansprüche zu, wenn der Verlust festgestellt oder die Lieferfrist nach Art. 19 überschritten ist; siehe hierzu Art. 17 Rdn. 245 ff und Art. 19. Nach Art. 12 Abs. 2 geht das Verfügungsrecht des Absenders auch schon bei Übergabe der zweiten Ausfertigung des Frachtbriefs auf den Empfänger über. Dies bedeutet aber nicht den Verlust der Schadensersatzansprüche des Empfängers.[46]

2. Erwerb von Ansprüchen aus dem Frachtvertrag (Art. 13 Abs. 1 S. 2)

a) Voraussetzungen

9 Die Vorschrift setzt die Feststellung[47] des Verlustes,[48] Beschädigung[49] oder der Versäumung der Lieferungsfrist nach Art. 19[50] voraus.[51] Der Empfänger[52] braucht nicht bereits verfügungsberechtigt zu sein, um die Rechte aus Art. 1 geltend zu machen[53] und auch nicht die Absenderausfertigung des Frachtbriefs vorzu-

---

[42] Die erste Ausfertigung wird nicht benötigt; *Loewe* ETR **1976** 503 ff, Nr. 125, S. 545; *Thume/Temme* Rdn. 11; *Koller*[4] Rdn. 3.

[43] Siehe Rdn. 19.

[44] *Herber/Piper* Rdn. 10; i. E. auch OLG Düsseldorf vom 1.4.1982, VersR **1983** 632 f; B Trib Gent vom 15.1.1981, ETR **1981** 708, 711 f.

[45] Siehe Rdn. 6 Fn. 43.

[46] Siehe schon NL Rb 's Hertogenbosch vom 21.12.1964, SS **1967** 18 f. Siehe auch Art. 12 Rdn. 24.

[47] Kein formales Feststellungsverfahren; siehe Rdn. 10.

[48] Siehe Rdn. 10.

[49] Siehe Rdn. 11.

[50] Siehe Rdn. 12.

[51] Bei festgestelltem Verlust jedoch keineswegs die Annahme des Frachtbriefs durch den Empfänger, wie dies OLG München vom 27.3.1981, VersR **1982** 264 f beiläufig meint.

[52] Siehe zur Bestimmung des Empfängers Rdn. 1; ferner *Koller*[4]. Rdn. 4; *Thume/Temme* Rdn. 13 ff; MüKo/*Basedow* Rdn. 4; *Herber/Piper* Rdn. 5.

[53] BGH vom 21.12.1973, VersR **1974** 325, 326 = NJW **1974** 412 = ETR **1975** 91 ff; BGH 28.4. 1988, NJW **1988** 3095 ff = TranspR **1988** 338, 339 = VersR **1988** 825 f. Siehe andererseits aber: BGH vom 15.10.1998, TranspR **1999** 102 = LM CMR Nr. 71 m. Anm. *Bydlinski* (Hat der Empfänger die Verfügungsbefugnis über das Transportgut einmal erlangt, kann er die Rechte aus dem Beförderungsvertrag wegen Beschädigung des

legen.[54] Wenn es nicht zu einem Erwerb der Ersatzberechtigung durch den Empfänger kommt, bleibt es bei der originären Aktivlegitimation des Absenders.[55] Soweit der jeweilige Schaden dem Unterfrachtführer zuzurechnen ist, kann der Frachtführer gegen den Unterfrachtführer Regreß nehmen;[56] zu Abtretung und Forderungsübergang von Ersatzansprüche siehe Art. 17 Rdn. 248.

aa) Verlust

Art. 13 Abs. 1 S. 2 ist unmittelbar auf Schadensersatz aus Verlust des Gutes anzu- 10
wenden.[57] Für die in Art. 13 Abs. 1 S. 2 vorgesehene **Feststellung des Verlustes** sieht die CMR kein **besonderes Verfahren** vor. Gemeint ist, daß Verlust für die Beteiligten feststeht. Darüber sind gegebenenfalls Beweise zu führen. Festgestellt ist der Verlust, wenn er dem Empfänger oder Absender vom Frachtführer mitgeteilt worden ist, aber auch, wenn die Frist des Art. 20 Abs. 1 abgelaufen ist.[58] Ansprüche des Empfängers wegen Verlustes entstehen nicht, wenn der Absender aufgrund des ihm zustehenden Verfügungsrechts nach Art. 12 Abs. 1 die Rücksendung angeordnet hat.[59] In diesem Fall ändert sich auch die Lieferfrist.[60] Zweifelhaft ist, in welchen Fällen die von *Koller*[61] angenommene analoge Anwendung vom Art. 13 Abs. 1 S. 2 vorliegt.

bb) Beschädigung

Auch Ansprüche wegen der (häufigen) Beschädigungen abgelieferter Güter können 11
vom Empfänger geltend gemacht werden.[62] Dazu enthält beiläufig BGH vom 6.7.1979[63] eine verbale, aber sachlich belanglose Abweichung für den Empfänger-

---

Gutes grundsätzlich auch dann im eigenen Namen geltend machen, wenn er die Annahme der Ware verweigert; in Fortführung von BGH vom 6.7.1979, BGHZ **75** 92 ff. = NJW **1979** 2472 = VersR **1979** 1105 f = DB **1980** 1119). *Koller*[4] Rdn. 5–7; *Herber/Piper* Rdn. 15; **a. A.** A OGH vom 9.9.1982, TranspR **1984** 42 f = *Greiter* 170, 173 f (unter Berufung auf meine damalige Meinung (*Helm* TranspR **1983** 29, 31).

[54] *Loewe* ETR **1976** 503 ff, Nr. 125 S. 545; *Koller*[4] Rdn. 3; *Herber/Piper* Rdn. 16; MüKo/*Basedow* Rdn. 7; *Helm* TranspR **1983** 29, 32 f; *Clarke*[2] Nr. 40 (keine der Ausfertigungen erforderlich).

[55] Siehe dazu Art. 17 Rdn. 246. Zur Doppellegitimation von Absender und Empfänger siehe Rdn. 14 ff.

[56] Siehe *Koller*[4] Rdn. 8; zu unmittelbaren Ansprüchen des Empfängers gegen den Unterfrachtführer siehe oben Rdn. 2.

[57] Siehe etwa BGH vom 28.4.1988, NJW **1988** 3095 f = TranspR **1988** 338 ff = VersR **1988** 825 f; A OGH vom 4.6.1987, TranspR **1988** 273, 276 = ETR **1988** 714 ff; B CA Brüssel vom 30.10. 1975, ETR **1976** 238, 244.

[58] *Loewe* ETR **1976** 503 ff, Nr. 126, S. 545; *Herber/Piper* Rdn. 14; *Baumgärtel/Giemulla* Rdn. 2; MüKo/*Basedow* Rdn. 9; *Koller*[4] Rdn. 5 S. 661 unten; *Hill/Messent/Glass*[2] S. 88.

[59] NL Rb Middelburg vom 26.6.1963, SS **1974** Nr. 30 = ETR **1966** 736; *Loewe* ETR **1976** 503 ff, Nr. 126, S. 545 f.

[60] *Loewe* aaO.

[61] *Koller*[4] Rdn. 7; *Koller* RIW **1988** 254, 257.

[62] BGH vom 21.12.1973, VersR **1974** 325, 326 = NJW **1974** 412 = ETR **1975** 91, 95; vom 1.10. 1975, VersR **1976** 168 f; eingehend vom 6.7. 1979, BGHZ **75** 92, 95 = NJW **1979** 2472 f = VersR **1979** 1105 f; vom 6.5.1981, NJW **1981** 2640 = VersR **1981** 929, 930 f = ETR **1982** 313 ff; vom 24.9.1987, TranspR **1988** 108 ff = VersR **1988** 244 ff; vom 15.12.1998, TranspR **1999** 102, 103; OLG Hamm v. 4.11.1971, VersR **1973** 911, 912 = ETR **1974** 499 ff; im Ergebnis auch OLG Saarbrücken vom 21.11.1974, NJW **1975** 500 = VersR **1976** 267, 268; OLG Karlsruhe vom 25.2. 1999, TranspR **1999** 349 f; vom 17.2.1982, SZ **55** 20 S. 108 f = *Greiter* 127, 136; vom 9.9.1982, TranspR **1984** 42 f = *Greiter* 170, 173 f; vom 22.11.1984, *Greiter* 253, 258; A OGH vom 21.2.1985, VersR **1985** 559 f = SZ **58** 28 S. 141 = VersR **1986** 559 f = *Greiter* 285, 289; A OLG Wien vom 16.3.1982, VersR **1982** 1088.
Helm Haftung, S. 37, 46 f, 155 f; *Herber/Piper* Rdn. 11, 17 mwH; *Koller*[4] Rdn. 7; MüKo/*Basedow* Rdn. 16; *Thume/Temme* Rdn. 12, 19 f; *Thume/Seltmann* Rdn. A 12; *Thume* in *Fremuth/Thume* Frachtrecht, Rdn. 21; *Jesser* S. 157.

[63] BGHZ **75** 92 ff = NJW **1979** 2472 f = VersR **1979** 1105 f in Anlehnung an *Loewe* ETR **1976** 503 ff, Nr. 147; beiläufig auch A OGH vom 17.2.1982, SZ **55** 20 S. 106 = *Greiter* 127, 1343.

anspruch nach Art. 13 Abs. 1 S. 2: „vollständige und **unbeschädigte** Herausgabe des Gutes" (siehe auch Art. 17 Rdn. 20). Diese Verwendung des allgemeinen Leistungsbegriffs der Frachtführerleistung als besondere Voraussetzung der Ablieferung wird zu Recht allgemein abgelehnt.[64] Da die Empfängerrechte aus dem Frachtvertrag auch den Beschädigungsschaden aus Art. 17 Abs. 1 umfassen, ist die vordergründige Scheinkontroverse letztlich belanglos. Der Empfänger hat (zumindest faktisch) die Möglichkeit einer Vorbesichtigung.[65] Er kann auf dieser Grundlage mit der Behauptung, das Gut sei beschädigt, die Annahme verweigern oder abbrechen. Wurde aus Rechten des Empfängers geklagt, hat der BGH in ständiger Rechtsprechung bejaht, daß dieser die Ansprüche wegen Beschädigung generell geltend machen kann,[66] wenn die Schäden festgestellt sind,[67] das Gut an den Empfänger ausgeliefert[68] oder zumindest am Bestimmungsort angekommen ist.[69] Ob die Ersatzberechtigung des Empfängers aus der CMR abgeleitet werden kann, wurde jedoch teilweise offen gelassen und stattdessen die ergänzende Anwendbarkeit deutschen Rechts bejaht. Die erste Begründung aus dem Jahr 1973 war allerdings, ohne Zitat des allenfalls einschlägigen § 435 HGBaF, ziemlich lapidar: „Nach deutschem Recht ist im Straßengüterverkehr mit Kraftfahrzeugen der Empfänger nach Empfang von Gut und Frachtbrief berechtigt, die durch den Frachtvertrag begründeten Rechte im eigenen Namen gegen den Frachtführer geltend zu machen".[70] In der Sache gleich, aber anders begründet entschied der BGH 1979.[71] Da in diesem Fall französisches Recht ergänzend anzuwenden gewesen wäre, stand der Rückgriff auf deutsches Recht nicht offen; der BGH gab seine Zurückhaltung bei der Auslegung der CMR auf und begründete die Ersatzberechtigung des Empfängers bei Beschädigung des Gutes damit, daß er als Verfügungsberechtigter zur Geltendmachung der Ersatzansprüche aktiv legitimiert war. Dieses Urteil wurde seitdem durch weitere Rechtsprechung und Literatur mehrmals bestätigt.[72] Umstritten war, ob Absender und Empfänger gleichzeitig legitimiert sein können (Doppellegitimation).[73]

---

64 *Koller*⁴ Rdn. 3, 7; *Thume/Temme* Rdn. 8; MüKo/*Basedow* Rdn. 16; i.E. auch *Herber/Piper* Rdn. 5; *Glöckner*⁷ Rdn. 2; siehe auch *Clarke*² Nr. 43b S. 189 ff.

65 Zum allenfalls abgeleiteten Recht des Empfängers auf Vorbesichtigung siehe MüKo/*Basedow* Rdn. 12; *Koller* TranspR **1993** 41, 42; *Dorrestein* Nr. 171.

66 **A.A.** A OGH vom 22.11.1984, *Greiter* 253, 259f.

67 Siehe Rdn. 10 f.

68 Für diesen Fall als sicher angenommen: A OGH vom 17.2.1982, SZ **55** 20 S. 108 = *Greiter* 127, 136; vom 21.2.1985, VersR **1985** 559 f = SZ **58** 28 S. 141; OLG Saarbrücken vom 23.8.1985, TranspR **1985** 392, 393.

69 Für möglich gehalten A OGH vom 17.2.1982, SZ **55** 20 S. 108 = *Greiter* 127, 134.

70 BGH vom 21.12.1973, VersR **1974** 325, 326 = NJW **1974** 412 = ETR **1975** 91, 95. Siehe allerdings: OLG Hamm vom 9.12.1999, TranspR **2000** 122 (Die Aktivlegitimation des Empfängers zur Geltendmachung von Schadensersatzansprüchen wegen Beschädigung des Gutes setzt den Übergang der Verfügungsbefugnis auf diesen voraus. Dieser kann durch Übergabe eines vom Absender und Frachtführer unterschriebenen Frachtbriefs bewirkt werden).

71 Urteil vom 6.7.1979, BGHZ **75** 92 ff = NJW **1979** 2472 f = VersR **1979** 1105 f.

72 BGH vom 15.10.1998, TranspR **1999** 102 = LM CMR Nr. 71 m. Anm. *Bydlinski* (Hat der Empfänger die Verfügungsbefugnis über das Transportgut einmal erlangt, kann er die Rechte aus dem Beförderungsvertrag wegen Beschädigung des Gutes grundsätzlich auch dann im eigenen Namen geltend machen, wenn er die Annahme der Ware verweigert (Fortführung von BGH vom 6.7.1979, BGHZ **75** 92ff. = NJW **1979** 2472 = VersR **1979** 1105f = DB **1980** 1119)); BGH vom 6.5.1981, VersR **1981** 929, 930; OLG Düsseldorf vom 13.12.1979 VersR **1980** 286f; OLG Hamm vom 4.11.1971, VersR **1973** 911f = ETR **1974** 499 ff und vom 21.6.1982, 18 U 242/81 (unveröffentlicht); i.E. auch OLG Saarbrücken vom 21.11.1974, NJW **1975** 500 = VersR **1976** 267, 268.

73 Siehe hierzu Rdn. 14 ff, und § 429 HGBaF Rdn. 148, 150.

cc) Lieferfristüberschreitung

Die Ersatzberechtigung bei Lieferfristüberschreitung steht dem Empfänger ebenso zu wie die aus Verlust.[74] Die Vorschrift setzt die Feststellung[75] der Versäumung der Lieferungsfrist nach Art. 19[76] voraus. Der Empfänger[77] braucht nicht bereits verfügungsberechtigt zu sein, um die Rechte aus Art. 1 geltend zu machen. Er braucht auch nicht die Absenderausfertigung des Frachtbriefs vorzulegen.[78] 12

b) Aktivlegitimation (formale Legitimation) des Empfängers

Die formale Legitimation (Aktivlegitimation) des Empfängers ergibt sich daraus, daß ihm die genannten Ansprüche zustehen.[79] Sie ist also Folge der Untersuchungen, Rdn. 9–12; dazu auch Rdn. 14, 15; Art. 17 Rdn. 245, 247. 13

c) Doppellegitimation von Absender und Empfänger

Bis zum Erwerb der Verfügungsberechtigung durch den Empfänger ist nur der Absender als Vertragspartner des Frachtführers zur Geltendmachung der Ersatzansprüche berechtigt. Umstritten war anfangs, ob bei Entstehung der Legitimation des Empfängers die des Absenders erlöschen sollte. Die deutsche Literatur und Rechtsprechung sah zunächst die formelle Ersatzberechtigung (und damit der Doppellegitimation) als in der CMR nicht eindeutig geregelt.[80] Eine Vermeidung der Doppellegitimation erschien zumindest sinnvoll. Eine Auslegung der CMR aus sich heraus zur Schließung der aufgezeigten Lücke mied freilich der BGH entgegen den selbst anerkannten Grundsätzen für die Anwendung internationalen Einheitsrechts[81] zunächst zugunsten einer ergänzenden Anwendung der die Doppellegitimation ausschließenden KVO und des § 435 HGBaF.[82] Er kehrte aber auf die Auslegung und Selbstergänzung der CMR aus sich heraus zurück.[83] Nach der daraus entwickelten ständigen Rechtsprechung[84] und Literatur[85] ist neben dem Empfänger auch der Absender zur 14

---

[74] Dies ergibt sich aus Art. 13 Abs. 1 S. 2.

[75] Kein formales Feststellungsverfahren; siehe Rdn. 10.

[76] Siehe eingehend MüKo/*Basedow* Rdn. 14, 16; *Thume/Temme* Rdn. 12; *Thume/Seltmann* Rdn. A 12.

[77] Zur Bestimmung des Empfängers Rdn. 9.

[78] Siehe Rdn. 9. *Loewe* ETR **1976** 503 ff, Nr. 125 S. 545; *Koller*[4] Rdn. 3; *Herber/Piper* Rdn. 16; MüKo/*Basedow* Rdn. 7; *Helm* TranspR **1983** 29, 32 f; *Clarke*[2] Nr. 40 (keine der Ausfertigungen erforderlich).

[79] Siehe B Cass vom 13. 6. 1980, ETR **1980** 851 ff = JPA **1981/82** 403 ff.

[80] Siehe dazu allgemein Art. 17 Rdn. 249.

[81] Siehe Art. 1 Rdn. 65 ff.

[82] BGH vom 21. 12. 1973, VersR **1974** 325, 326 = NJW **1974** 412 = ETR **1975** 91, 95.

[83] Ob neben dem Empfänger auch der Absender die Rechte geltend machen kann, war zeitweilig umstritten. Der BGH ließ im Urteil v. 10. 4. 1974, NJW **1974** 1614, 1615 = VersR **1974** 1614 ETR **1975** 83, 86 offen, ob dem Empfänger nur die Ermächtigung zur Geltendmachung der Rechte oder aber die volle Rechtsinhaberschaft zustehe. Die Rechte werden aber vom Empfänger im eigenen Namen geltend gemacht; LG Essen vom 3. 7. 1984, TranspR **1984** 277, 279. Zur entsprechenden Rechtsprechung zur KVO siehe dort Art. 29, Anh. II nach 452 HGBaF Rdn. 21 ff. Meine damals noch gegen die Doppellegitimation gerichtete Auffassung dort Rdn. 22 f und § 429 HGBaF Rdn. 148 ff gebe ich auf.

[84] Maßgeblich begründet durch das Urteil des BGH vom 10. 4. 1974, NJW **1974** 1614 ff = VersR **1974** 796; ferner vom 1. 10. 1975, VersR **1976** 168 (zur KVO); vom 6. 5. 1981, TranspR **1982** 41 ff = NJW **1981** 2640 = VersR **1981** 929, 930; vom 28. 4. 1988, NJW **1988** 3095 f = TranspR **1988** 338, 339 = VersR **1988** 825 f; vom 15. 10. 1998, TranspR **1999** 102–104 f; OLG Düsseldorf vom 29. 3. 1979, VersR **1979** 651; OLG Hamburg vom 4. 12. 1986, VersR **1987** 558; zum WA ebenso OLG Köln vom 22. 3. 1982, 7 U 151/81 (unveröffentlicht); OLG Koblenz vom 6. 10. 1989, TranspR **1991** 93, 94 = RIW **1990** 931, 932.
Allgemein siehe § 429 HGBaF Rdn. 148 ff.

[85] *Thume/Thume* vor Art. 17 Rdn. 9–12; *Thume* in *Fremuth/Thume* Frachtrecht, Rdn. 14; *Herber/Piper* Rdn. 31, vor Art. 17 Rdn. 16 ff; MüKo/*Basedow* Rdn. 16, eingehend 23 f; *Glöckner*[7] Rdn. 4; abweichend aber weiterhin *Koller*, Rdn. 8, Art. 17 Rdn. 252.

Geltendmachung der Rechte berechtigt. Für das innerdeutsche Recht ist seit 1998 die Doppellegitimation festgeschrieben durch § 431 Abs. 1 S. 2 HGB. Ähnlich ist auch weitgehend die ausländische Rechtsprechung.[86]

aa) Ergebnisse der Doppellegitimation

15 Die deutsche Rechtsprechung[87] führt im Zusammenspiel mit den Urteilen, die dem Empfänger die Aktivlegitimation zusprechen, nunmehr einhellig zur Doppellegitimation von Absender und Empfänger.

Danach steht demnach die volle Ersatzberechtigung zu:

- stets dem Absender ohne Rücksicht darauf, ob der Empfänger ersatzberechtigt ist; in diesem Falle neben dem Empfänger (Doppellegitimation);
- dem Empfänger ab dem frühesten unter folgenden Zeitpunkten: (1) von der Ablieferung des Gutes ab; (2) von der Übergabe der zweiten Ausfertigung des Frachtbriefs an: Art. 13 Abs. 1 und 12 Abs. 2 CMR; (3) von der Annahme des Frachtbriefs durch den Frachtführer an, wenn ein Vermerk über die Verfügungsberechtigung des Empfängers nach Art. 13 Abs. 1 und 12 Abs. 3 CMR im Frachtbrief eingetragen ist; zum Rückfall der Empfängerrechte nach § 333 BGB siehe Art. 12 Rdn. 26.
- wohl auch dem Dritten (sekundären) Empfänger im Falle des Art. 12 Abs. 4 CMR; hierzu liegt keine spezielle Rechtsprechung vor.

bb) Weitere Folgen der Doppellegitimation

16 Die h. M. wirft freilich auch Probleme auf: Insbesondere die damit erzeugte Unsicherheit im internationalen Geschäftsverkehr; *Helm* TranspR **1983** 29, 30 ff. Ebenso die schwierige Lösung, wenn einer der formal Berechtigten die Entschädigung erlangt, der andere aber im Innenverhältnis Anspruch auf sie hätte. Siehe § 429 HGBaF Rdn. 148 ff; Entschädigung des materiell nicht Berechtigten bei dessen Konkurs. Die ihm zustehenden Ansprüche aus dem Frachtvertrag kann der Empfänger abtreten, ohne sie vorher selbst gegen den Frachtführer geltend gemacht zu haben.[88]

cc) Geltendmachung durch Dritte

17 Klagt eine **andere Person als der Absender, der Empfänger oder ein Sekundärempfänger** den Schaden ein, muß die Klage abgewiesen werden, wenn die Ansprüche nicht an sie **abgetreten** oder gesetzlich auf sie übergegangen[89] oder zulässigerweise in

---

[86] A OGH; vom 12. 4. 1984, TranspR **1985** 344, 345 = SZ **57** 75, S. 342 ff; vom 28. 6. 1988, TranspR **1989** 222, 225 = VersR **1989** 980 f; OLG Linz vom 27. 11. 1989, TranspR **1990** 154, 155 f; zum nationalen französischem Recht *Lutz* TranspR **1991** 6; *Lamy 99* I Nr. 555; *Silingardi* S. 98; zum englischen *Hill/Messent/Glass*[2] S. 90; zum niederländischen NL Hof's Gravenhage vom 18. 2. 1969, SS **1969** 177 f; NL Rb Dordrecht vom 10. 5. 1967, SS **1967** 181, 182 Nr. 70; zum belgischen Recht B TribCom Antwerpen vom 7. 12. 1973, ETR **1976** 295, 299.

[87] Maßgeblich begründet durch das Urteil des BGH vom 10. 4. 1974, NJW **1974** 1614 ff = VersR **1974** 796; ferner BGH vom 1. 10. 1975, VersR **1976** 168; vom 6. 5. 1981, TranspR **1982** 41 ff = NJW **1981** 2640 = VersR **1981** 929, 930 und vom 28. 4. 1988, NJW **1988** 3095 f = TranspR **1988** 338, 339 = VersR **1988** 825 f; ebenso OLG Düsseldorf vom 29. 3. 1979, VersR **1979** 651; OLG Hamburg vom 4. 12. 1986, VersR **1987** 558.
Aus der ausländischen Rechtsprechung ebenso A OGH vom 12. 4. 1984, TranspR **1985** 344, 345 = SZ **57** 75, S. 342 ff; vom 28. 6. 1988, TranspR **1989** 222, 225 = VersR **1989** 980 f; B TribCom Antwerpen vom 7. 12. 1973, ETR **1976** 295, 299; zum WA ebenso OLG Köln vom 22. 3. 1982, 7 U 151/81 (unveröffentlicht); OLG Koblenz vom 6. 10. 1989, TranspR **1991** 93, 94 = RIW **1990** 931, 932.

[88] BGH vom 28. 4. 1988, NJW **1988** 3095 f = TranspR **1988** 338, 339 = VersR **1988** 825 f; MüKo/*Basedow* Rdn. 5.

[89] Siehe Art. 17 Rdn. 243.

Prozeßstandschaft geltend gemacht[90] werden. Der Kreis der Aktivlegitimierten ist damit (auch international anerkannt) beträchtlich erweitert.[91]

dd) Drittschadensliquidation

Der zur Geltendmachung der Ansprüche Berechtigte kann auf der Grundlage er- 18
gänzend anzuwendenden deutschen Rechts mit Hilfe der Drittschadensliquidation Schäden betroffener Dritter einklagen. Dies ist traditionell auch bereits im HGB vorgesehen (§ 421 Abs. 1 S. 3 HGB; bisher § 435 S. 1 HGBaF); siehe eingehender zu Art. 17 Rdn. 252.

III. Zahlungspflicht des Empfängers

1. Voraussetzungen Art. 13 Abs. 2

a) Gültiger Frachtbrief

Die gesetzlich vorgesehene Zahlungspflicht[92] nach Art. 13 Abs. 2 setzt – vorab 19
bemerkt – stets das Bestehen eines gültigen Frachtbriefs voraus; zur Rechtslage bei Nichtausstellung siehe Rdn. 24. Schon der Wortlaut des Art. 13 Abs. 2 verlangt die Geltendmachung der Rechte nach Abs. 1 durch den Empfänger,[93] also im Falle des Anspruchs auf Ablieferung des (unbeschädigten oder auch beschädigten) Gutes und des Frachtbriefs.[94] Das gleiche gilt, wenn irreparabel beschädigtes oder völlig entwertetes Gut von ihm angenommen ist.[95] Damit ist zunächst die Ankunft des Guts als Grundvoraussetzung dieses Anspruchs erforderlich.[96] Dies entspricht § 421 Abs. 2 HGB.[97] Maßgeblich ist demnach, daß der Empfänger sich auf das Auslieferungsrecht[98] beruft.[99] Ihm kann ein vorheriges Besichtigungsrecht zustehen.[100] Folgt man dieser Meinung, aus dem Anspruch auf Übergabe der Zweitausfertigung sei ein Recht auf vorherige Einsichtnahme in den Frachtbrief begründet, („gleichsam als minus"),[101] ermöglicht man ihm zu prüfen, ob die Sendung der erwarteten entspricht und welche Kosten nach Abs. 2 auf ihn zukommen können. Dem ist zuzustimmen. Offenbar ist die Frage aber bisher nicht richterlich entschieden. Die Zahlungspflicht des Empfängers nach Abs. 2 tritt gesamtschuldnerisch zu der des Absenders.[102] Die Fälligkeit der Empfängerschuld kann fraglich sein; insbesondere kann sie nicht vor der Fälligkeit der

---

90 Siehe Art. 17 Rdn. 251.
91 Siehe Art. 17 Rdn. 245 ff.
92 Zum gesetzlich zulässigen Vertrag zu Lasten Dritter siehe *Thume/Temme* Rdn. 32.
93 Entsprechend § 436 HGBaF und anderen frachtrechtlichen Normen; OLG Düsseldorf vom 27.11.1980, VersR **1981** 556 f; siehe eingehender § 436 HGBaF Rdn. 5 ff.
94 Die „zweite", das Gut begleitende Ausfertigung; A OGH vom 3.10.1973, SZ **46** 95 S. 429, 432 = TranspR **1978** 78 f = *Greiter* 28 ff.
95 Dann liegt nach deutscher Auffassung Verlust vor; § 429 HGBaF Rdn. 21 ff; Art. 17 Rdn. 9 ff.
96 *Herber/Piper* Rdn. 20.
97 OLG Düsseldorf vom 11.12.1980, NJW **1981** 1910 f = TranspR **1982** 13, 15.
98 Aber eventuell auch auf sein Verfügungsrecht beruft, soweit er sich die wirtschaftliche Wertschöpfung der Beförderung zunutze macht; die Weisung zur Rücksendung ist dagegen Annahmeverweigerung: MüKo/*Basedow* Rdn. 25; ähnlich LG Frankfurt vom 1.4.1970, AWD **1971** 414, 415.
99 MüKo/*Basedow* Rdn. 25; **a.A.** *Koller*[4] Rdn. 11; *Herber/Piper* Rdn. 20; *Thume/Temme* Rdn. 37, die zu Unrecht verlangen, daß er sie geltend macht. Der zitierte Fall des OLG Düsseldorf vom 27.11.1980, VersR **1981** 556 ist für diese Frage kaum einschlägig, weil kein oder kein die Kosten enthaltender Frachtbrief vorgelegt wurde. Das Urteil erwähnt auch keinen solchen als bestehend, so daß er wohl nicht vorlag, so daß Ansprüche auf § 413 Abs. 2 nicht gestützt werden konnten.
100 Zutreffend *Koller*[4] Rdn. 3; *Thume/Temme* Rdn. 32. Sie auch Rdn. 6 f.
101 Siehe Rdn. 19.
102 MüKo/*Basedow* Rdn. 28, 29; *Herber/Piper* Rdn. 20, 27; *Glöckner*[7] Rdn. 13.

Absenderverpflichtung eintreten.[103] Art. 13 Abs. 2 muß nicht zur Begründung von Existenz und Umfang von **Nachnahmeforderungen** verwendet werden, weil die Nachahme überhaupt keine bestehende Forderung aus dem Frachtvertrag voraussetzt, sondern ein selbständiges Einziehungsverfahren ist.[104] Vor Entstehung der Kosten können die Parteien auf die Ansprüche aus Art. 13 Abs. 2 gem. Art. 41 nicht verzichten.[105] Neben dem Empfängeranspruch aus Art. 13 Abs. 2 ist eine konkurrierende Anwendung ergänzenden deutschen Rechts ausgeschlossen.[106] Dies kann aus dem Vorrang der abschließenden CMR-Regelung begründet werden; siehe aber beim Fehlen eines Frachtbriefs Rdn. 25.

20 **Wann** genau **der Zahlungsanspruch des Frachtführers gegen den Empfänger entsteht**, ist nach Art. 13 Abs. 2 umstritten. Fraglich ist auch, ob der Anspruch ein reines Forderungsrecht des Berechtigten ist[107] oder nur eine Einrede des Frachtführers[108] gegen den Auslieferungsanspruch des Empfängers.[109] Jedoch muß man wohl davon ausgehen, daß der Frachtführer den Anspruch erst mit der Ablieferung erlangt, und daß ihm bis zur Leistung des Betrages oder der vorgesehenen Sicherheit ein Zurückbehaltungsrecht zusteht.[110] Welcher Art die zu leistende Sicherheit sein muß, bestimmt die CMR nicht. Sie sagt auch nichts darüber, nach welchem Recht sich diese Sicherheit zu bestimmen hat. Zweckmäßigerweise sollte sich die **Sicherheitsleistung** nach dem Recht des Zahlungsortes richten – in Deutschland also nach §§ 269, 232 ff BGB.

21 Die **Pflicht zur** Zahlung und Sicherheitsleistung bezieht sich nach der CMR nicht auf die **Geltendmachung der Verfügungsrechte** nach Art. 12, deren Ausführung der Frachtführer nur von der Zahlung der zusätzlichen Kosten und Schäden abhängig machen darf. Die ursprünglichen sich aus dem Frachtbrief ergebenden Ansprüche muß er demgegenüber gegen den endgültigen Empfänger bei Ablieferung des Gutes geltend machen.

b) Umfang der Zahlungspflichten des Empfängers

22 Nach Art. 13 Abs. 2 S. 1 richtet sich der Umfang der Zahlungspflicht des Empfängers ausschließlich nach dem Frachtbrief.[111] Der Empfänger wird verpflichtet, die aus dem Frachtbrief hervorgehenden Kosten zu zahlen,[112] zu denen vor allem auch die Fracht gehört.[113] Wie im Falle des § 421 Abs. 2 S. 1 HGB[114] (436 HGBaF) ist Voraus-

---

103 *Koller*⁴ Rdn. 11; *Herber/Piper* Rdn. 2.

104 Siehe Art. 21 Rdn. 1, 31. Zu Ansprüchen auf Zahlung einer im Frachtbrief eingetragenen Nachnahme siehe Art. 21 Rdn. 17, *Thume/Fremuth* Rdn. 159 ff.

105 A OGH vom 3. 10. 1973, SZ **46** 95 S. 429, 432 = TranspR **1978** 78 f = *Greiter* 28 ff.

106 OLG Düsseldorf vom 11. 12. 1980, NJW **1981** 1910 = TranspR **1982** 13, 16 (Geschäftsführung ohne Auftrag); siehe *Koller* TranspR **1993** 41, 44 ff; *Koller*⁴ Art. 13 Rdn. 11.

107 So die französische Fassung: „est tenue de payer".

108 So eher die englische Fassung: „shall pay".

109 *Koller*⁴ Rdn. 11.

110 Dazu eingehender MüKo/*Basedow* Rdn. 31 ff; *Thume/Temme* Rdn. 38.

111 Art. 6 Abs. 1 Buchst. i; siehe dort Rdn. 13, 16.

112 Ähnlich § 421 Abs. 2 S. 1 HGB, der den Empfänger verpflichtet, „die noch geschuldete Fracht bis zu dem Betrag zu zahlen, der aus dem Frachtbrief hervorgeht. Zu den Kosten der Verzollung siehe BGH vom 15. 1. 1987, TranspR **1987** 344, 347 = VersR **1987** 980, 981; *Thume/Temme* Rdn. 47. Zahlung der Einfuhrumsatzsteuer konnte vom Empfänger allenfalls bei Frachtbriefeintragung verlangt werden; siehe zur CMR OLG Hamm vom 5. 7. 1982, RIW **1982** 838, 839 = Spediteur **1983** 14 f; siehe Art. 13 Rdn. 23; §§ 407–409 HGBaF Rdn. 229. Siehe auch MüKo/*Basedow* Rdn. 27.

113 Siehe § 436 HGBaF Rdn. 20 ff, 24; auch zur CMR unstr., A OGH vom 3. 10. 1973, SZ **46** 95 S. 429 ff = TranspR **1978** 78 f = *Greiter* 28 ff.

114 § 421 Abs. 2 S. 2 trifft nunmehr eine Regelung für den Fall, daß ein Frachtbrief nicht aus-

setzung, daß diese Kosten sich unmittelbar aus dem Frachtbrief ergeben[115] oder wenigstens aus den Angaben im Frachtbrief zu berechnen sind;[116] dazu gehören nach der Tarifaufhebung vor allem noch die Kosten der Trägerbeförderungsmittel[117] nach den Frachtbriefangaben. Es genügt alleine nicht, daß die Kosten aus einer besonderen Rechnung hervorgehen. Auf diese Rechnung muß im Frachtbrief Bezug genommen sein.[118]

c) Sicherheitsleistung (Art. 13 Abs. 2 S. 2)

Die Sicherheitsleistung durch den Empfänger[119] ist in der Praxis kaum von Bedeutung, weil die Schnelligkeit des Transportgeschäfts der Durchführung dieser Vorsichtsmaßnahme entgegensteht.[120] Wie die Sicherheit beschaffen sein muß, richtet sich nach dem ergänzend anzuwendenden Recht; sie ist Zug um Zug gegen die Ablieferung zu leisten.[121] Das deutsche Recht (§ 232 BGB) ist jedenfalls nicht besonders praktikabel. 23

2. Entsprechende Rechte bei Fehlen des Frachtbriefs

Die Zahlungspflicht des Empfängers ist in Art. 13 Abs. 2 unabdingbar geregelt, setzt aber die Ausstellung eines wirksamen Frachtbriefs voraus.[122] Dies ergibt sich schon daraus, daß sich gem. Art. 13 Abs. 2 die vom Empfänger zu erstattenden Kosten aus diesem ergeben müssen. Ohne Frachtbrief lassen sie sich also nicht berechnen; siehe Rdn. 22. Dies ist auch im Sinne des Gesetzes, weil die Angabe der Kosten im Frachtbrief dem Schutz des Empfängers dient. *Koller* will hier eine Lücke in der CMR feststellen, die durch allgemeine „Grundgedanken“ der CMR zu füllen sei.[123] Das überzeugt nicht. Mit solchen Überlegungen („Auslieferungsanspruch des Empfängers, allerdings nur Zug um Zug gegen Fracht, Auslagen, Nachnahme“) werden für die komplexen, außerhalb der CMR weit in andere Beziehungen zwischen den Beteiligten rei- 24

---

gestellt oder dem Empfänger vorgelegt worden ist.

115 Rechtssicherheit bietet praktisch nur die Eintragung der Beträge im Frachtbrief; siehe A OGH vom 3.10.1973, SZ **46** 95 S. 429, 433 ff = *Greiter* 28 ff.

116 Das Problem öffentlich-rechtlich gestaltete Frachttarife (MüKo/*Basedow* Art. 6 Rdn. 20) ist durch die Tarifaufhebung der vergangenen Jahre für Transporte innerhalb der EU weitgehend vermindert worden: siehe schon MüKo/*Basedow* Rdn. 27. Die Ausführungen des BGH vom 25.4.1991, TranspR **1991** 312, 315 sind durch die liberalisierenden Rechtsänderungen überholt; MüKo/*Basedow* aaO. Siehe auch *Koller*⁴ Rdn. 11; *Herber/Piper* Rdn. 22f; *Thume/Temme* Rdn. 39; *Thume/Seltmann* Rdn. A 39.
Früher galt dies vor allem bei etwa bestehenden international bekannten (am besten im Frachtbrief angegebenen) verbindlichen Tarifen. Siehe zur CMR OLG Hamm vom 12.11.1973, NJW **1974** 1056; KG vom 24.11.1975, VRS **51** (1976) 184, 189; OLG Düsseldorf vom 27.11.1980, VersR **1981** 556 zur EVSt; A OGH vom 3.10.1973, SZ **46** 95 S. 429, 432 f = TranspR **1978** 78 f = *Greiter* 28 ff. Zum bisherigen deutschen Recht siehe § 436 HGBaF Rdn. 24, insbesondere auch zu § 25 KVO; BGH vom 23.1.1970, WM **1970** 692 f.

117 Z.B. Fähren, Eisenbahnen, oder von Straßentunnels.

118 Siehe § 436 HGBaF Rdn. 24; zur CMR OLG Hamm vom 12.11.1973, NJW **1974** 1056; OLG Hamm vom 15.9.1988, TranspR **1989** 55, 56 f.

119 Dazu *Thume/Temme* Rdn. 34; *Koller*⁴ Rdn. 11; MüKo/*Basedow* Rdn. 31; *Herber/Piper* Rdn. 28.

120 Zu den Überlegungen bei Schaffung der Vorschrift *Loewe* ETR **1976** 546.

121 Siehe Art. 1 Rdn. 82 ff; dazu insgesamt *Thume/Temme* Rdn. 34; *Herber/Piper* Rdn. 28; MüKo/*Basedow* Rdn. 33.

122 OLG München vom 9.10.1992, TranspR **1993** 75, 77 = VersR **1993** 1508 f; vom 9.4.1997, TranspR **1998** 368; AG Tempelhof-Kreuzberg vom 18.6.1998, TranspR **1998** 403 f. Zum wirksamen Frachtbrief siehe Art. 4 Rdn. 8; Art. 5 Rdn. 9, Art. 9 Rdn. 6; *Thume/Temme* Rdn. 33; *Thume* in *Fremuth/Thume* Frachtrecht, Rdn. 3; *Herber/Piper* Rdn. 26; i.E. auch MüKo/*Basedow* Rdn. 26 mit komplizierter Begründung.

123 *Koller*⁴ Rdn. 11 am Ende.

chenden Auswirkungen keine praxistauglichen Ansatzpunkte bestimmt. Es ist unvermeidlich, auf die Ergänzung der nationalen Rechte zurückzugreifen, die in wohl allen Ländern erprobte Systeme zur Verfügung stellen können. Im übrigen ist nicht anzuerkennen, daß insoweit in die Vertragsfreiheit der Parteien eingegriffen werden sollte.

25 Ein **Anspruch** des Frachtführers auf **Erstattung von Kosten gegen den Empfänger** kann sich aus nationalem Recht auch ohne Vorliegen der Voraussetzungen des Art. 13 Abs. 2, insbesondere bei Fehlen des Frachtbriefs aufgrund rechtsgeschäftlicher Begründung durch Vertrag zwischen Frachtführer und Empfänger ergeben. Dies wird von § 421 Abs. 2 S. 2 HGB für die Nichtausstellung oder die Nichtvorlage des Frachtbriefs vorgesehen, falls die Fracht angemessen ist. Diese Bestimmung ist als ergänzendes Recht anzuwenden. Bisher konnte regelmäßig jedoch ein Verpflichtungswille des Empfängers nicht angenommen werden.[124] Bezahlte innerhalb einer „ständigen Geschäftspraxis" stets der Empfänger die Kosten, konnte sich möglicherweise dessen vertragliche Verpflichtung begründen lassen, jedoch nur schwer, weil die – technisch einfache – Bezahlung einer korrekten und nach dem zugrundeliegenden Kaufgeschäft den Empfänger treffenden Kostenverpflichtung keinen Schluß auf die Behandlung zweifelhafter späterer Fälle zuläßt.[125] Ausnahmsweise ist auch Geschäftsführung ohne Auftrag (677ff BGB, besonders § 683) in dem durch dieses gesetzliche Schuldverhältnis bestimmten engen Rahmen denkbar.[126] Art. 13 Abs. 2 enthält keine „abschließende Regelung", die auch ohne Frachtbrief konkurrierende Ansprüche ausschließt, denn er greift ohne Frachtbrief nicht ein.[127] Das OLG Hamm[128] lehnte einen solchen Eingriff in den Ausgleichsmechanismus des ergänzend anzuwendenden deutschen Rechts mit Recht ab. Die CMR stellt nur Regeln für den Beförderungsvertrag auf und ist insoweit zwingend, als sie die vertraglichen Pflichten des Empfängers regelt. Soweit sie außervertragliche Ansprüche mit regelt, muß sich dies aus ihren Vorschriften deutlich ergeben, wie dies in Art. 28, begrenzt auf bestimmte Haftungstatbestände, der Fall ist. Im übrigen ist offenkundig sichtbar: Es gibt organisatorische und wirtschaftliche Gründe dafür, daß die überkommene Technik zur Regelung frachtrechtlicher Probleme durch Frachtbriefe vielfach überholt ist. Dies führte auch bei der Kostentragung durch den Empfänger dazu, daß von dem bürokratischen Schriftlichkeitsprinzip des Frachtbriefs entsprechend Art. 4 S. 2 in vielen Fällen kein Gebrauch mehr gemacht wurde.[129]

26 Selbst wenn die Voraussetzungen des Art. 13 Abs. 2 CMR oder anderer Verpflichtungsgründe nicht vorliegen, kann der Frachtführer ein **Pfandrecht** nach § 441 HGB[130] geltend machen. Die CMR regelt kein Frachtführer-Pfandrecht, schließt es aber nicht aus. Die zwingende Regelung des Art. 13 Abs. 2 CMR steht dem nicht entgegen.[131]

---

124 Siehe § 436 HGBaF Rdn. 33f; ablehnend in einem CMR-Fall auch OLG Düsseldorf vom 27.11.1980, VersR **1981** 556.

125 OLG Hamm vom 15.9.1988, 55, 56f (zwei Monate zu kurz für die Begründung einer solchen „Geschäftspraxis").

126 So für die Zahlung von Zoll, Verzollungskosten und Einfuhrumsatzsteuer AG Tempelhof-Kreuzberg vom 18.6.1998, TranspR **1998** 403, 404. Anders OLG Hamm vom 5.7.1982, RIW **1982** 838, 839 = Spediteur **1983** 14f, das Ansprüche aus Geschäftsführung ohne Auftrag ablehnt; dazu §§ 407–409 HGBaF Rdn. 229. Siehe auch Rdn. 24.

127 So aber OLG Düsseldorf vom 11.12.1980, NJW **1981** 1910f = TranspR **1982** 13, 16; ebenso OLG München vom 9.4.1997, TranspR **1998** 368. Zutreffend ist diese Begründung aber bei ausgestelltem Frachtbrief; siehe Rdn. 19.

128 Vom 15.9.1988, TranspR **1989** 55, 57.

129 Siehe Art. 4 Rdn. 3 ff.

130 Entsprechend § 440 ff HGBaF. Näher MüKo/*Basedow* Rdn. 34; *Herber/Piper* Rdn. 29; *Thume/Temme* Rdn. 35.

131 Ebenso schon § 436 HGBaF; ähnlich § 421 Abs. 2 HGBnF; OLG Hamburg vom 3.11.1983, TranspR **1984** 190, 191 = VersR **1984** 235f. Siehe zum Pfandrecht des Frachtführers § 440 HGBaF Rdn. 1 ff.

Artikel 14

1. Wenn aus irgendeinem Grunde vor Ankunft des Gutes an dem für die Ablieferung vorgesehenen Ort die Erfüllung des Vertrages zu den im Frachtbrief festgelegten Bedingungen unmöglich ist oder unmöglich wird, hat der Frachtführer Weisungen des nach Artikel 12 über das Gut Verfügungsberechtigten einzuholen.

2. Gestatten die Umstände jedoch eine von den im Frachtbrief festgelegten Bedingungen abweichende Ausführung der Beförderung und konnte der Frachtführer Weisungen des nach Artikel 12 über das Gut Verfügungsberechtigten innerhalb angemessener Zeit nicht erhalten, so hat er die Maßnahmen zu ergreifen, die ihm im Interesse des über das Gut Verfügungsberechtigten die besten zu sein scheinen.

Article 14

1. Si, pour un motif quelconque, l'exécution du contrat dans les conditions prévues à la lettre de voiture est ou devient impossible avant l'arrivée de la marchandise au lieu prévu pour la livraison, le transporteur est tenu de demander des instructions à la personne qui a le droit de disposer de la marchandise conformément à l'article 12.

2. Toutefois, si les circonstances permettent l'exécution du transport dans des conditions différentes de celles prévues à la lettre de voiture et si le transporteur n'a pu obtenir en temps utile les instructions de la personne qui a le droit de disposer de la marchandise conformément à l'article 12, il prend les mesures qui lui paraissent les meilleures dans l'intérêt de la personne ayant le droit de disposer de la marchandise.

Article 14

1. If for any reason it is or becomes impossible to carry out the contract in accordance with the terms laid down in the consignment note before the goods reach the place designated for delivery, the carrier shall ask for instructions from the person entitled to dispose of the goods in accordance with the provisions of article 12.

2. Nevertheless, if circumstances are such as to allow the carriage to be carried out under conditions differing from those laid down in the consignment note and if the carrier has been unable to obtain instructions in reasonable time from the person entitled to dispose of the goods in accordance with the provisions of article 12, he shall take such steps as seem to him to be in the best interests of the person entitled to dispose of the goods.

Übersicht

Schrifttum

Koller Das Standgeld bei CMR-Transporten, TranspR **1988** 129–138; *Müller* Der Frachtführer muß nur in Ausnahmefällen haften, DVZ Nr. 85 v. 18.7.1992, 3–3; *Roltsch* Nicht jeder Mehraufwand wird erstattet, DVZ Nr. 48 v. 23.4.1985, 9.

I. Allgemeines

1. Definitionen; Abgrenzung zwischen Beförderungs- und Ablieferungshindernis

1 Art. 14–16 behandeln die Rechtspflichten des Frachtführers beim Auftreten von Beförderungs- und Ablieferungshindernissen und deren Folgen.[1] Der gesamte Komplex ist für das innerdeutsche Frachtrecht nunmehr in § 419 HGB gemeinsam und vereinfacht geregelt. Auf die demgegenüber vorrangige CMR hat diese Regelung allenfalls in besonderen Fällen ergänzend Einfluß. Die CMR unterscheidet zwischen Beförderungshindernissen (Art. 14) und Ablieferungshindernissen (Art. 15). Beide haben gemeinsam, daß wegen des Hindernisses der Frachtvertrag nicht mehr unter den vorgesehenen Bedingungen ausgeführt werden kann;[2] die Folgen werden weitgehend in Art. 16 geregelt. Art. 14, 15, 16 stehen untereinander in engem Zusammenhang.[3] Es handelt sich um Fälle der **Unmöglichkeit** der Vertragserfüllung,[4] nicht aber des Unvermögens (der subjektiven Unmöglichkeit), die nicht unter Art. 14 fällt.[5] Durch Art. 14, 15 CMR wird die Unterscheidung so getroffen: Hindernisse, die der Ausführung des Frachtvertrages vor der Ankunft am Ablieferungsort entgegenstehen, sind **Beförderungshindernisse; Ablieferungshindernisse** liegen dagegen vor, wenn das Gut nach seiner Ankunft nicht abgeliefert werden kann.[6] In den meisten Fällen ist diese rein nach dem Ablaufstadium des Frachtvertrags getroffene Unterscheidung sinnvoll. Sie ist aber nicht immer geeignet, eine brauchbare Abgrenzung zu ermöglichen. Der sachliche Unterschied zwischen beiden Arten von Hindernissen liegt

---

1 Kritische Bemerkungen dazu: MüKo/*Basedow* Rdn. 5.

2 *Herber/Piper* Rdn. 1, Art. 15 Rdn. 5.

3 MüKo/*Basedow* Rdn. 1.

4 MüKo/*Basedow* Rdn. 1, 6 f; *Herber/Piper* Rdn. 1; *Thume/Temme* Rdn. 5–13; zur impossibility nach völlig anderer englischer Umschreibung siehe *Clarke*² Nr. 33 a(i) S. 139 f; *Hill/Messent/Glass*² S. 94; siehe auch *Lamy* 99 I Nr. 480.

5 MüKo/*Basedow* Rdn. 7 f. Die Erörterung der Opfergrenze zieht freilich eine Grenzlinie, die nach deutschem Unmöglichkeitsbegriff nicht zu bestimmen ist; siehe MüKo/*Basedow* Rdn. 8, der in Anlehnung an ausländische Rechte von relativer und absoluter Unmöglichkeit spricht. Die Zumutbarkeitserwägungen spielen eine größere Rolle bei den Ablieferungshindernissen des Art. 15; siehe dort Rdn. 5 ff.

6 *Herber/Piper* Art. 15 Rdn. 1.

darin: Beim **Beförderungshindernis** ist die Beförderung in der vorgesehenen Weise nicht mehr möglich; das **Ablieferungshindernis** verhindert den Ablieferungsakt selbst. Fälle, in denen die Beförderung bis zur Ablieferung noch vertragsgemäß ausgeführt werden kann, aber die **Ablieferung nicht mehr möglich** ist, sind daher als Ablieferungshindernisse zu behandeln, gleichgültig, ob sie vor oder nach Ankunft am Ablieferungsort eingetreten sind. Demgemäß wird die Annahmeverweigerung des Empfängers vor Erreichen des Ablieferungsorts von der Rechtsprechung zu Recht ohne besondere Begründung nach Art. 15 behandelt.[7] In solchen Fällen ist daher Art. 15 Abs. 1 analog anzuwenden.[8] Beförderungs- und Ablieferungshindernisse beenden mit ihrem Auftreten die Obhutspflicht des Frachtführers nicht. Diese dauert fort, bis sie mit der Ablieferung oder einem Ablieferungssurrogat beendet wird,[9] da die Obhut Pflichten begründet. Wenn das Ablieferungsziel durch Verfügungen oder Hindernisse verändert wird, bedarf es im allgemeinen keiner Anpassung der Obhutspflichten. In jedem Fall kann die Verantwortung des Frachtführers für das Gut nicht essentiell verändert werden.[10]

2. Unmöglichkeit

Die in Art. 14–19 zum Ausgangspunkt gemachte Unmöglichkeit der Erfüllung der Ablieferungspflicht hat nicht den strengen **Unmöglichkeitsbegriff des deutschen Schuldrechts** zur Grundlage.[11] Unter Unmöglichkeit ist zwar grundsätzlich die objektive Unmöglichkeit zu verstehen.[12] Jedoch ist schon nach dem Gesetzestext, in Art. 14 Abs. 1 auch nach der deutschen Übersetzung von Unmöglichkeit zu den „nach den im Frachtbrief festgelegten Bedingungen" die Rede.[13] Dies bedeutet, daß Folgen der Vertragsauslegung für die Relevanz möglicher Ursachen der „Unmöglichkeit" von gesetzlich erwähnter Bedeutung sind. Zumindest in Bezug auf diese Bedingungen ist daher eine „relative" Unmöglichkeit gemeint. Die „Bedingungen" sind nach der Konzeption der CMR grundsätzlich im Frachtbrief zu finden, der grundsätzlich für die Möglichkeit der Erfüllung des Frachtvertrags maßgeblich ist. Dieser Ausgangspunkt ist auch in Abs. 2 verbindlich, der (eingeschränkt) eine abweichende Ausführung der Beförderung vorsieht. Bei der Definition des Ablieferungshindernisses sind in vielen Fällen Abwägungsüberlegungen erforderlich, die nach deutschem Schuldrecht nicht Begriffsmerkmale der Unmöglichkeit, sondern des Vertreten-Müssens, also auch der Abwägung von Zumutbarkeit sind.[14] Man kann daher die Unmöglichkeit in Art. 14–16 als relative **Unmöglichkeit** bezeichnen.[15] Im übrigen kommt es für Art. 14 2

---

[7] BGH vom 5.2.1987, NJW **1987** 1885 f = TranspR **1987** 180, 182 = VersR **1987** 678, 679 und als Vorinstanz OLG Hamm vom 25.9.1984, TranspR **1985** 100, 102 (Annahmeverweigerung durch eine ohne ihr Einverständnis als Empfängerin benannte Sparkasse) fernschriftlich von Köln nach Bottrop, wo das Gut zuvor eingelagert worden war).

[8] *Thume/Temme* Art. 15 Rdn. 4; *Koller*[4] Art. 15 Rdn. 1, siehe auch Art. 15 Rdn. 4. **a. A.** MüKo/*Basedow* Art. 15 Rdn. 6; dazu Art. 15 Rdn. 2.

[9] Siehe Art. 17 Rdn. 16, ferner Rdn. 24. Zu Art. 14 siehe MüKo/*Basedow* Rdn. 9; NL Rb Rotterdam vom 24.5.1966, ETR **1966** 729, 734. Siehe auch Art. 15 Rdn. 2.

[10] Siehe dazu (teilweise mißverstehbar) eingehend MüKo/*Basedow* Rdn. 3 f. Die Obhut dient nicht nur als Hilfsfunktion für den Transport, sondern tritt als zweite Pflicht neben die Beförderungspflicht. Sie ist die wesentliche Grundlage der Frachtführerhaftung, die dem Verhalten des Frachtführers z. B. in Art. 17 Abs. 2 und 4 CMR nur als Ausnahme Bedeutung zuweist.

[11] *Koller*[4] Rdn. 3; MüKo/*Basedow* Rdn. 6 f.

[12] Siehe Rdn. 9.

[13] „dans les conditions prévues à la lettre de voiture", „in accordance with the terms laid down in the consignment note".

[14] MüKo/*Basedow* Rdn. 7–10; siehe auch (ohne Verwendung dieses Begriffs) *Koller*[4] Rdn. 3 1003; *Koller* TranspR **1988** 129, 130.

[15] MüKo/*Basedow* Rdn. 6 ff.

nicht auf den Grund des Hindernisses an.[16] Steht die Unmöglichkeit schon vor der Übernahme des Guts an den Frachtführer fest **(Abreisehindernisse)**, untersteht sie nationalem Recht.[17]

3 Von der **Ausstellung eines Frachtbriefs** ist Art. 14 nicht abhängig; besteht ein Frachtbrief, ist die Eintragung der Bedingungen kein Wirksamkeitserfordernis.[18] Die zumindest analoge Anwendung von Art. 14 auf Bedingungen des Fracht**vertrags** ist jedoch unstreitig.[19] Widersprechen sich Frachtvertrag und Frachtbrief, entscheidet dieser.[20] Art. 14 orientiert sich also nach seinem Wortlaut und Sinn am Inhalt des Frachtbriefs. **Art. 14 befaßt sich** nicht primär damit, was bei Unmöglichkeit der Vertragserfüllung zu geschehen hat, sondern damit, **welche Maßnahmen** der Frachtführer nach den Richtlinien des Frachtbriefs vorzunehmen hat,[21] um unter maßgeblicher Beteiligung des Verfügungsberechtigten[22] den Vertrag noch zu einem modifizierten Ende zu bringen.[23] Unter diesem zutreffenden Ansatz können die Lösungen der Art. 14 ff eventuell analog auf andere Problemlagen angewendet werden.

3. Zeitweilige Beförderungshindernisse

4 Ein Beförderungshindernis führt häufig nur zu einer Verspätung. Kann es nicht rechtzeitig vor Ablauf der Lieferfrist (auch der nach Art. 19 zu bestimmenden) behoben werden, ist die Erfüllung zu den vertraglichen Bedingungen nicht mehr möglich; das Hindernis ist als endgültig zu betrachten.[24]

4. Behebbare und nicht behebbare Beförderungshindernisse

5 Art. 14 CMR unterscheidet **zwei Fälle** der Verhinderung der Ausführung des Frachtvertrags: Abs. 1 behandelt solche, in denen die Erfüllung des Vertrages zu den vorgesehenen Bedingungen überhaupt unmöglich ist. Abs. 2 betrifft dagegen Fälle, in denen die Umstände immerhin noch eine abweichende Art der Erfüllung ermöglichen.[25] In allen Fällen ist nach Art. 14 Abs. 1 die Einholung von Weisungen erforderlich. Ein nicht behebbares Beförderungshindernis liegt vor, wenn zu seiner Überwindung darüber hinausgehende, unzumutbare Maßnahmen erforderlich wären.[26] Der Frachtführer muß jedoch alle zumutbaren Anstrengungen unternehmen, um den Frachtvertrag hindernisfrei auszuführen.[27] Gestatten die Umstände eine vom Fracht-

---

[16] Siehe Rdn. 10.

[17] MüKo/*Basedow* Rdn. 1.

[18] *Herber/Piper* Rdn. 2; *Koller*[4] Rdn. 3; *Thume/Temme* Rdn. 7; MüKo/*Basedow* Rdn. 7.

[19] *Koller*[4] Rdn. 3; *Thume/Temme* Rdn. 7; *Herber/Piper* Rdn. 2; wohl auch *Jesser* S. 89 für den Fall, daß kein Frachtbrief ausgestellt ist. Wohl nicht *Clarke*[2] Nr. 33 a S. 138 Fn. 76.

[20] *Thume/Temme* Rdn. 6; eingehender MüKo/*Basedow* Rdn. 7; *Clarke*[2] aaO; *Jesser* S. 89; eher für Vorrang der „wahren Vereinbarung" *Koller* TranspR **1988** 131 Fn. 21.

[21] Daher lehnt OLG Stuttgart vom 16. 1. 1980, VersR **1980** 979, 980 die Anwendung von Art. 14 zur Begründung einer Pflicht zur Einholung von Weisungen für einen Fall wegen des fehlenden Bezugs zu den Vertragsbedingungen ab, in dem der Fahrer trotz Verrutschens der Ladung weitergefahren ist. OLG München vom 28. 6. 1983, TranspR **1984** 186, = VersR **1984** 343 wendet Art. 14 CMR nicht an auf einen Transport mit freigestellter Route.

[22] Zum Verfügungsberechtigten siehe Art. 12, insbesondere Rdn. 10.

[23] Dazu insbesondere *Clarke*[2] Nr. 33 ff, speziell Nr. 33 a. E. *Clarke* stellt daher bei allen auftretenden Fragen auf den Frachtbrief ab.

[24] Siehe dazu (im Zusammenhang mit einer frachtbrieflichen Lieferfrist) Rdn. 12.

[25] Im innerdeutschen Frachtrecht (§ 419 HGB) ist diese Unterscheidung weggefallen. Bisher entsprachen § 28 Abs. 2 und Abs. 1 KVO ungefähr der CMR.

[26] *Koller*[4] Rdn. 3; *Koller* TranspR **1988** 129, 131; *Thume/Temme* Rdn. 14; *Herber/Piper* Rdn. 8; *Glöckner*[7] Rdn. 1; MüKo/*Basedow* Rdn. 9; *Clarke*[2] Nr. 33 a(i) S. 140 f; *Hill/Messent/Glass*[2] S. 94 f.

[27] Siehe Rdn. 6.

brief abweichende Ausführung des Frachtvertrags, bleiben aber nach Art. 14 Abs. 2 die vom Frachtführer verlangten Weisungen aus, kann er die ihm am besten erscheinenden Maßnahmen ergreifen; siehe Rdn. 15 ff; zum Verfahren Rdn. 22, 23. Die Ausladung oder der Verkauf, die für Art. 16 Abs. 2 und 3 wegen der fehlenden Verweisung auf Art. 14 Abs. 2 nicht als gesetzliche Optionen des Frachtführers vorgesehen sind, können aber als geeignete Maßnahmen in Betracht kommen.

Nicht von Art. 14 erfaßt werden Fälle, in denen die Beförderung zwar zu den vom Frachtführer für sich selbst festgelegten Konditionen unausführbar wird, aber **noch zu anderen Bedingungen möglich** bleibt. Enthalten z. B. weder Frachtbrief noch Frachtvertrag Angaben über die zu benutzende Fahrtroute, ist es das freie Risiko des Frachtführers, welche er wählt. Will er sich gegen mögliche Schwierigkeiten absichern, muß er die Route vereinbaren, sicherheitshalber auch im Frachtbrief eintragen lassen. Er hat keinen Anspruch auf Erstattung zusätzlicher Kosten, weder aus Art. 14, 16 CMR, noch aus ergänzend anzuwendendem nationalem Recht.[28] Notfalls muß er auch auf fremde Hilfe zurückgreifen, etwa einen Ersatz für den erkrankten Fahrer beschaffen.[29] In diesen Fällen liegt auch kein behebbares Beförderungshindernis nach Art. 14 Abs. 2 vor.[30] 6

5. Art. 14–16 als „abschließende Regelung"?

Gelegentlich wird die Auffassung vertreten, Art. 14 treffe (zusammen mit Art. 15, 16) eine abschließende Regelung; die ergänzende Anwendung deutschen Rechts sei daher ausgeschlossen.[31] Dies trifft für Art. 14 nur zu, soweit sein Fall überhaupt vorliegt, insbesondere also nicht, wenn keine Frachtbriefvorschriften hinsichtlich des Hindernisses bestehen; siehe Rdn. 1. Im übrigen kommt eine ergänzende Anwendung deutschen Rechts ebenso in Betracht wie Analogien zu CMR-Vorschriften; siehe auch Art. 14 Rdn. 23. 7

6. Beweislast für das Beförderungshindernis

Die Beweislast für das Beförderungshindernis, die Einholung von Weisungen und deren pflichtgemäße Beachtung trägt nach Art. 14 Abs. 1 regelmäßig der Frachtführer,[32] soweit sich nicht nach der Prozeßlage ein anderer auf diese Umstände beruft. 8

---

28 MüKo/*Basedow* Rdn. 9.

29 MüKo/*Basedow* Rdn. 8; *Koller* TranspR **1988** 129, 131; *Clarke*² Nr. 33a(i) S. 140; *Jesser* S. 88. Zum deutschen Recht zutreffend OLG München vom 28. 6. 1983, TranspR **1984** 186ff = VersR **1984** 343 (Transitsperre in Syrien; keine Ansprüche aus Werkvertrag und Geschäftsbesorgung). *Loewe* ETR **1976** 503ff, Nr. 128 S. 547 erwähnt nur eventuelle Vereinbarungen. §§ 419 Abs. 1 S. 4, 418 Abs. 1 S. 4 HGB gewährt eine zusätzliche Vergütung nur bei Befolgung von Weisungen.

30 OLG München vom aaO; *Herber/Piper* Rdn. 8.

31 *Koller* VersR **1988** 129, 132; LG München vom 19. 11. 1985, 150. Siehe auch Rdn. 16 und Art. 16 Rdn. 9.

32 *Baumgärtel/Giemulla* Rdn. 1; *Koller*⁴ Rdn. 5 S. 1005; *Thume/Temme* Rdn. 18; *Thume* in *Fremuth/Thume* Frachtrecht, Rdn. 22.

II. Nicht behebbare Beförderungshindernisse, Verhalten und Ansprüche (Art. 14 Abs. 1)

1. Voraussetzungen

a) Unmöglichkeit

9 Art. 14 setzt voraus, daß die Erfüllung des Frachtvertrages zu den im Frachtbrief festgelegten Bedingungen unmöglich wird; zum besonderen Begriff dieser Unmöglichkeit siehe Rdn. 2 f. Anders als § 28 Abs. 2 KVO betrifft die Bestimmung nicht nur die Beförderungspflicht, sondern möglicherweise auch andere im Frachtbrief übernommene Pflichten, z. B. eine bestimmte Zollbehandlung[33] oder Pflege des Transportgutes. In Übereinstimmung mit den englischen und französischen Originalfassungen stellt auch der deutsche Text nicht darauf ab, ob die Erfüllung gerade dem Frachtführer unmöglich wird, sondern spricht nur generell von Unmöglichkeit. Darunter ist grundsätzlich die objektive Unmöglichkeit zu verstehen.[34] Wird die Ablieferung nur subjektiv unmöglich, muß der Frachtführer einen Dritten (in der Regel einen Unterfrachtführer) für die Ausführungen heranziehen.[35] Läßt sich das Hindernis mit zumutbaren Anstrengungen überwinden, liegt keine Unmöglichkeit und damit auch kein Beförderungshindernis vor.[36] Die schwierige Abgrenzung ist nach wirtschaftlichen Gründen zu treffen.[37] Bricht der Beförderer in dieser Lage die Beförderung ab, kann dies eine nach ergänzendem nationalem Recht Vertragsverletzung sein.[38] Nach diesem Recht ist dann zu entscheiden, ob er Mehraufwendungen verlangen kann;[39] nach ergänzendem deutschem Recht ist es zu verneinen.[40]

10 Es kommt für Art. 14 nicht darauf an, aus welchem **Grund** das Hindernis eingetreten ist.[41] Außenliegende Gründe kommen vor allem in Betracht; Verschulden ist ohne Bedeutung.[42] Die Folgen des Art. 14, vor allem die Entstehung der Pflicht zur Weisungseinholung, treten also bei vom Frachtführer verschuldeten Hindernissen ebenso ein wie bei von niemand oder von anderer Seite verschuldeten. Art. 14 trifft für die zu treffenden aktuellen Maßnahmen nur Kosten-Regelungen. Haftung kann nach anderen Vorschriften die Folge sein,[43] vor allem für die Folgen der weiteren Behand-

---

33 *Herber/Piper* Rdn. 6; *Jesser* 88 f; OLG Hamm vom 11.3.1976, NJW **1976** 2077, 2078; OLG Frankfurt vom 24.6.1991, VersR **1992** 1157 = MDR **1992** 242 f.

34 A OGH vom 27.8.1981, *Greiter* 97, 101 f; *Koller*[4] Rdn. 3; *Thume/Temme* Rdn. 5–8; *Thume/Seltmann* Rdn. A 14; *Herber/Piper* Rdn. 5; *Precht/Endrigkeit*[3] Art. 14 Anm. 1; *Jesser* 88; aus englischer Sicht unter Bezugnahme auf dt. Literatur entsprechend *Clarke*[2] Nr. 33 a(i).

35 MüKo/*Basedow* Rdn. 8; *Thume/Temme* Rdn. 14; *Jesser* 88; *Herber/Piper* Rdn. 8; *Clarke*[2] Nr. 33a(i) (selbständige Initiative erforderlich).

36 *Koller* TranspR **1988** 129, 131; *Herber/Piper* Rdn. 8; OLG Hamburg vom 25.2.1988, TranspR **1988** 277 f (zu einem Ablieferungshindernis). Die Vereinbarung eines Standgelds erleichtert dem Frachtführer in vielen Fällen das Warten bei vorübergehenden Störungen, ebenso eine Vereinbarung alternativer Routen; MüKo/*Basedow* Rdn. 11.

37 MüKo/*Basedow* Rdn. 10 (vom Frachtführer zu vertretende Transportstörung ist für Fragen der Zumutbarkeit anders zu bewerten als nicht zu vertretende).

38 *Loewe* ETR **1976** 503 ff, Nr. 128, S. 547; *Glöckner*[7] Rdn. 1; *Herber/Piper* Rdn. 9.

39 *Koller*[4] Rdn. 3; *Herber/Piper* Rdn. 9; MüKo/*Basedow* Rdn. 9.

40 OLG München vom 28.6.1983, TranspR **1984** 186 = VersR **1984** 343 ff (keine Ansprüche auf nicht weisungsbedingte Umwegkosten; intensive Prüfung aller denkbaren Gründe); LG München vom 19.11.1985, TranspR **1986** 150 (ohne Weisungseinholung keine Kostenerstattung); siehe auch vorhergehende Fn.

41 *Koller*[4] Rdn. 2; S. 668; *Thume/Temme* Rdn. 2; *Herber/Piper* Rdn. 4; OLG Frankfurt vom 24.6.1991, VersR **1992** 1157 = MDR **1992** 242 f.

42 OLG Frankfurt vom 24.6.1991, VersR **1992** 1157 = MDR **1992** 242; *Koller* TranspR **1988** 129, 132.

43 MüKo/*Basedow* Rdn. 2.

lung des Guts (Art. 16),[44] die Nichterfüllung der Gegenleistung,[45] vor allem aber auch der Schäden nach Art. 17 ff.

b) Zu den im Frachtbrief vorgesehenen Bedingungen

Maßgeblich sind die im Frachtbrief vorgesehenen Bedingungen, nach denen sich der Frachtführer zu richten hat. Widersprechen sich Frachtvertrag und Frachtbrief, so ist der letztere für Art. 14 maßgeblich. Zu den im Frachtbrief aufgeführten Bedingungen gehören z. B. Umladungsverbote,[46] Lieferfristen,[47] vorgeschriebene Reiserouten;[48] Witterungsverhältnisse.[49] Die Beschaffung von **Zollpapieren** kann sehr langwierige Verzögerungen verursachen.[50] Wegen der Maßgeblichkeit der vom Absender vorgeschriebenen Bedingungen kann auch eine vorübergehende Unmöglichkeit, die nach deutschem Recht als Schuldnerverzug anzusehen wäre, Beförderungshindernis werden.[51] Wenn der Frachtführer den Vertrag unter zumutbaren zusätzlichen Erschwernissen noch erfüllen kann (behebbares Beförderungshindernis, siehe Rdn. 5 f), also z. B. durch zulässige Umladung[52] oder Umwegbeförderung,[53] muß der Frachtführer Weisungen einholen, bei deren Ausbleiben oder Undurchführbarkeit hat er die Maßnahmen zu ergreifen, die ihm die besten zu sein scheinen.[54] Er ist daher nicht völlig vom Risiko falschen Handelns frei. Die Frage des evtl. geschuldeten zusätzlichen Entgelts wird in der CMR nicht geregelt und muß daher aus dem Frachtvertrag selbst unter Heranziehung nationalen Rechts beantwortet werden. 11

Hinsichtlich der häufigen **Nichteinhaltung von Lieferfristen** (auch der nach Art. 19 zu bestimmenden)[55] ist zu beachten: Kann das Hindernis nicht rechtzeitig vor Ablauf der Lieferfrist behoben werden, wird schon frühzeitig die Erfüllung innerhalb der Lieferfrist zu den vertraglichen Bedingungen unmöglich; das Hindernis ist als endgültig zu behandeln.[56] Eine Unmöglichkeit im Sinne des deutschen Schuldrechts läge in solchen Fällen nur vor beim absoluten Fixgeschäft; bei terminierten Geschäften dagegen regelmäßig nur Schuldnerverzug gem. § 284 Abs. 2 BGB. Ein Beförderungshindernis liegt aber vor, wenn eine im Frachtbrief vorgesehene Lieferfrist mit großer Wahrscheinlichkeit nicht mehr einzuhalten ist;[57] als spezielles Recht verdrängen Art. 14, 16 CMR das BGB. Nicht im Frachtbrief eingetragene, nach Art. 19 gesetzlich zu bestimmende Lieferfristen werden wie im Frachtbrief eingetragene behandelt.[58] Die Folgen des eintretenden Hindernisses treten schon vor Ablauf der Lieferfrist ein: insbesondere die Pflicht zur Einholung von Weisungen[59] und das Recht, die Güter 12

---

[44] Siehe Art. 16 Rdn. 17.

[45] OLG Köln vom 26. 8. 1994, TranspR **1995** 68 f = NJW-RR **1995** 671; MüKo/*Basedow* Rdn. 2.

[46] Eine rechtzeitige intakte Ablieferung kann z. B. dann unmöglich sein, wenn wegen eines Motorschadens eine längere Reparatur erforderlich ist, *Thume/Temme* Rdn. 8; ebenso wenn das Gut ohne Ausladung beschädigt würde oder wenn die Tiefkühlanlage ausfällt.

[47] LG Duisburg vom 14. 12. 1988, TranspR **1989** 268 ff.

[48] *Loewe* ETR **1976** 503 ff, Nr. 128 S. 547; *Thume/Temme* Rdn. 8.

[49] *Thume/Temme* Rdn. 8.

[50] *Loewe*, ETR **1976** 547; siehe als Fall der Unmöglichkeit OLG Hamm vom 11. 3. 1976, NJW **1976** 2077, 2078 (Empfänger versieht den Frachtführer nicht mit den nötigen Zollpapieren); dazu *Thume/Temme* Rdn. 8.

[51] Nur dieser Fall wurde von § 428 Abs. 2 HGBaF erfaßt; siehe dort Rdn. 21.

[52] *Thume/Temme* Rdn. 9.

[53] Siehe dazu Art. 2 Rdn. 8.

[54] Diese Formulierung ist in § 419 Abs. 3 HGB übernommen worden.

[55] Siehe Rdn. 13.

[56] *Koller* TranspR **1988** 129, 131; *Koller*[4] Rdn. 3a; *Herber/Piper* Rdn. 6; MüKo/*Basedow* Rdn. 12.

[57] Zutreffend LG Duisburg vom 14. 12. 1988, TranspR **1989** 268, 270; *Koller* TranspR **1988** 129, 131.

[58] Siehe Rdn. 13 f.

[59] Beispielsfall: OLG München vom 12. 4. 1990, TranspR **1990** 280, 285 f.

auszuladen (Art. 16 Abs. 2, Rdn. 12). In vielen Fällen kann dann der Verfügungsberechtigte noch durchführbare Weisungen erteilen.

c) Zu außerfrachtbrieflichen Bedingungen

13 Liegen **Absprachen** vor, die **im Frachtbrief nicht eingetragen** sind, wird man nach Lage des Falles Art. 14 Abs. 1 analog anzuwenden haben.[60] An die Stelle der im Frachtbrief vorgesehenen Bedingungen treten dann die im Frachtvertrag abgesprochenen.[61] Ist ein **Frachtbrief überhaupt nicht ausgestellt**, ist eine entsprechende Analogie unter Umständen erwägenswert.[62] Dies rechtfertigt sich aus Art. 4 S. 2,[63] aber sachlich nur dann, wenn das ergänzend anzuwendende deutsche Recht keine entsprechenden Lösungansätze bietet. Nicht im Frachtbrief bestimmte Lieferfristen, für die Art. 19 maßgeblich ist, werden wie im Frachtbrief eingetragene behandelt.[64]

14 Bei Verstößen gegen sachlich gegebene, nicht im Frachtbrief eingetragene[65] oder anderweitig vertraglich festgelegte Verhaltenspflichten ist in vielen Fällen für den Frachtführer oder seinen Fahrer weder aufgrund des Frachtbriefs noch der getroffenen Vereinbarungen klar, wann das Beförderungshindernis eintritt – nachträgliche Klärungen durch Prozesse sind nicht selten; siehe Art. 19 Rdn. 14. Es erscheint nicht zweckmäßig, nachträglich durch Prognosen (welcher Art auch immer)[66] festzulegen, wie der Frachtführer sich hätte verhalten müssen. Legt der Absender darauf Wert, dem Frachtführer eine Weisungeinholung bei Verzögerung aufzuerlegen und ihn möglicherweise zu weiteren Maßnahmen zu veranlassen, kann er darauf bestehen, daß ein Frachtbrief ausgestellt und die vom Absender gewünschte Lieferfrist eingetragen, oder zumindest eine Absprache getroffen wird. Wird dies versäumt, beschränkt sich grundsätzlich die Folge auf die Lieferfristhaftung nach Art. 17 Abs. 1, 19 CMR.

2. Rechte und Pflichten des Frachtführers

a) Einholung von Weisungen

15 Tritt ein nicht behebbares Beförderungshindernis ein, hat der Frachtführer gem. Art. 14 Abs. 1 innerhalb angemessener Zeit (arg. Art. 14 Abs. 2)[67] Weisungen des Verfügungsberechtigten einzuholen.[68] Diese sind im Regelfall vom Absender, im Aus-

---

[60] *Jesser* 89; kritisch *Clarke*[2] Nr. 33 a(i), der die Aufnahme im Frachtbrief für entscheidend hält.

[61] *Jesser* 88.

[62] *Koller* TranspR **1988** 129, 130.

[63] Siehe dort Rdn. 9 ff.

[64] Diese Einordnung ist fraglich, aber allgemeine Auffassung: *Koller* TranspR **1988** 129, 131; *Koller*[4] Rdn. 3; *Thume/Temme* Rdn. 6; *Herber/Piper* Rdn. 6; *Lamy 99* I Nr. 480 a. Kritisch erst recht in diesem Fall *Clarke*[2] Nr. 33 a(i); LG Duisburg vom 14. 12. 1988, TranspR **1989** 268, 270.

[65] Die Wirkung des Frachtbriefs als warenbegleitenden Papiers beschränkt sich keineswegs auf Vermutungswirkung; Art. 14 weist ihm deutlich die Bedeutung eines Trägers von Verhaltensrichtlinien beim Transport zu; siehe § 426 HGBaF Rdn. 59. **a. A.** *Koller* TranspR **1988** 129, 131. Beispiel zur Weisungseinholung: NL Hof Arnhem vom 10. 4. 1973, SS **1973** 218, 220.

[66] Dazu aber eingehend *Koller* TranspR **1988** 129, 131.

[67] *Koller*[4] Rdn. 5; MüKo/*Basedow* Rdn. 13; *Herber/Piper* Rdn. 10.

[68] *Thume/Temme* Rdn. 10. Zum nicht behebbaren Beförderungshindernis siehe Rdn. 5; 9 ff; zum Begriff der Weisung und der Terminologie der maßgebenden französischen und englischen Fassung siehe Art. 12 Rdn. 3 ff, 17. Beispiele zu Art. 14: OLG Frankfurt vom 24. 6. 1991, VersR **1992** 1157 = MDR **1992** 242 (Rücktransport wegen Einfuhrverbot); OLG München vom 12. 4. 1990, TranspR **1990** 280, 285 f (Möglichkeit der Organisierung eines Ersatztransportes); A OGH vom 27. 8. 1981, *Greiter* 97, 102.

nahmefall des Art. 12 Abs. 3 vom verfügungsberechtigten Empfänger,[69] zu erteilen. Sie binden den Frachtführer unter den Voraussetzungen des Art. 12. Maßgeblich ist dafür zunächst die dem Frachtführer aus dem Frachtbrief erkennbare Verfügungsberechtigung.[70] Dem Verfügungsberechtigten muß der Frachtführer zureichende Informationen vermitteln.[71] Weisungen brauchen in den Fällen des Art. 16 Abs. 2 und 3 nicht eingeholt zu werden.[72] Die Einholungspflicht entfällt auch, wenn die kurzfristige Einholung von Weisungen unmöglich ist.[73] Siehe zur Einholung von Weisungen besonders auch Art. 16 Rdn. 12.

Die nach Art. 12 Abs. 5 a vorgeschriebene **Vorlage der Absenderausfertigung**[74] ist für Einholung und Ausführung der Weisungen bei Beförderungshindernissen nach Art. 14 erforderlich.[75] *Koller*[76] will dies zwar nicht bei der Anfrage verlangen, wohl aber vor Ausführung der Weisungen. Durch Schlüsse aus Art. 15 Abs. 1 S. 2 kann dies nicht begründet werden, weil beim Ablieferungshindernis die Rechts- und Interessenlage anders ist als beim Beförderungshindernis. Nach Ankunft am Bestimmungsort gerät die Frage nach der Person des Verfügungsberechtigten nach Art. 12 in ein Stadium möglicher Kompetenzkonflikte. Es ist in diesem Falle sinnvoll, ihre Vorlage zu fordern, weil dort vielfach die Absenderausfertigung schon vorliegen wird. Für Beförderungshindernisse, die überall auf dem Beförderungsweg eintreten können, ist es allerdings unpraktikabel, eine Vorlage des Frachtbriefs zu verlangen, weil er (zumindest im Original) oft nicht rechtzeitig an den Ort gebracht werden kann, an dem das Gut sich befindet. Damit kann die Weisungseinholung uneffektiv werden. Zwar ist die Vorlage der Absenderausfertigung des Frachtbriefs nach Art. 12 Abs. 5 a nur erforderlich, wenn der Berechtigte sein Verfügungsrecht ausüben „will".[77] Der Verfügungsberechtigte handelt aber „freiwillig", wenn er dazu vom Frachtführer aufgefordert wird. Die Absenderausfertigung kann freilich heute mit Luftpost und Eilzustellung in den meisten Fällen relativ schnell vorgelegt werden. Ohne ihre Vorlage ist aber die eventuell erteilte Weisung unwirksam, auch wenn sie sich bereits auf dem Weg zum Empfänger oder bei diesem befindet.[78] Der Frachtführer geht das Risiko der Haftung nach Art. 12 Abs. 7 ein, wenn er eine Weisung ohne Frachtbriefvorlage ausführt oder sich auf Telefon, oder Fax oder E-mail verläßt.[79] Grundlage des Weisungsrechts ist im übrigen allgemein Art. 12.[80] Durch Weisungen begründete Kosten und Schäden sind nach Art. 12 Abs. 5 a zu erstatten.[81] Das Weisungsrecht unterliegt grundsätzlich auch den Beschränkungen nach Art. 12 Abs. 5 b und c.[82] Allerdings ist umstritten, inwieweit die Notlage des Beförderungshindernisses teilweise einen Rückgriff auf Grundsätze 16

---

[69] *Thume/Temme* Rdn. 10; *Koller*[4] Rdn. 5; MüKo/*Basedow* Rdn. 14; *Herber/Piper* Rdn. 11.

[70] *Koller*[4] Art. 5.

[71] OLG Hamburg vom 9.3.2000, TranspR 2000 253 (Der Frachtführer muß den Absender auch dann von dem Auftreten eines Beförderungshindernisses i. S. v. Art. 14 CMR informieren, wenn er aufgrund behördlicher Auflagen etwaige Weisungen des Absenders nicht befolgen dürfte). Vgl. auch: MüKo/*Basedow* Rdn. 13; *Herber/Piper* Rdn. 10; *Clarke*[2] Nr. 33 a S. 139; *Lamy 99* I Nr. 480.

[72] *Koller*[4] Rdn. 5; *Thume/Temme* Rdn. 10 und Art. 16 Rdn. 14, 32; MüKo/*Basedow* Rdn. 13, Art. 16; *Herber/Piper* Rdn. 13.

[73] *Koller*[4] Rdn. 5.

[74] Siehe Art. 12 Rdn. 39 ff.

[75] MüKo/*Basedow* Rdn. 14; *Thume/Temme* Rdn. 11 f; *Herber/Piper* Rdn. 12; *Koller*[4] Art. 14 Rdn. 5.

[76] *Koller*[4] Rdn. 5.

[77] „*veut* exercer ce droit"; „*wishes* to exercise the right".

[78] Siehe auch Art. 15 Rdn. 12; *Loewe* ETR **1976** 547 will im Falle des Art. 12 Abs. 3 dem Empfänger das Weisungsrecht auch ohne Vorlage der Absenderausfertigung des Frachtbriefs zugestehen.

[79] *Thume/Temme* Rdn. 11.

[80] MüKo/*Basedow* Rdn. 15; *Koller*[4] Rdn. 5; *Herber/Piper* Rdn. 12; *Thume/Temme* Rdn. 10, 14; *Thume* in *Fremuth/Thume* Frachtrecht, Rdn. 9 f.

[81] Siehe Rdn. 19 und Art. 12 Rdn. 43.

[82] Siehe Art. 12 Rdn. 44, 46.

von Treu und Glauben rechtfertigt.[83] Anwendbar ist auch Art. 12 Abs. 6 (Pflicht des Frachtführers, den Anweisenden von der Undurchführbarkeit der Weisung zu informieren).[84]

b) Nichteinholung oder Nichtbefolgung von Weisungen

17 Das Nichteinholen einer Weisung des Verfügungsberechtigten kann gem. Art. 16 Abs. 2 oder 3 gerechtfertigt sein.[85] Die Versäumung ist kein unabwendbarer Umstand nach Art. 17 Abs. 2, so daß der Frachtführer im Falle eines daraus entstehenden Güterschadens nach Art. 17 haftet.[86] Im Fall des Verderbs verliert der Frachtführer die Haftungsbefreiung nach Art. 17 Abs. 4d.[87] Lädt der Frachtführer ohne Weisungseinholung die Ladung ab, ist der Frachtvertrag nicht beendet, er haftet weiter nach Art. 17.[88] Gleiches gilt für den Fall, daß er pflichtwidrig den Berechtigten unzureichend informiert und daher keine Weisungen erhält.[89] Er haftet auch für vor Ausladung entstandene Schäden nach Art. 17.[90] Die Haftung kann auch begründet sein, wenn der Frachtführer das Beförderungshindernis selbst nicht zu vertreten hat.[91] Fällt der Schaden nicht unter Art. 17, kann Haftung aus ergänzend anzuwendenem Recht, etwa aus positiver Vertragsverletzung, in Betracht kommen.[92] Der Verfügungsberechtigte ist als solcher aufgrund der Weisungsanfrage nicht zur Erteilung von Weisungen verpflichtet.[93] Aus Art. 16 Abs. 2 und 3 kann freilich nicht der Schluß gezogen werden, daß er etwa als Absender überhaupt nicht, auch nicht zu notwendigen Weisungen verpflichtet sei.[94] Zumindest kann in der Verweigerung von Weisungen jedenfalls ein Verschulden des Verfügungsberechtigten liegen, das zum Haftungsausschluß oder zur Schadensminderung bei Güter- und Vermögensschäden führen kann.[95]

18 Das **Nichtbefolgen** führt aber zur Haftung nach Art. 12 Abs. 7.[96] Auch eine Abweichung von den Weisungen ist ein Nichtbefolgen mit der Folge der Haftung nach Art. 12 Abs. 7.[97] Weisungen eines **nicht Verfügungsberechtigten** dürfen nicht befolgt werden. Problematisch ist aber die Haftung des Frachtführers, wenn er die Weisungen ausführt.[98]

---

83 Dazu eingehender mit internationalen Bezügen MüKo/*Basedow* Rdn. 15.
84 MüKo/*Basedow* Rdn. 15. Siehe Art. 12 Rdn. 45.
85 Siehe Art. 16 Rdn. 15 ff, 23 ff; *Koller*[4] Rdn. 5; *Thume/Temme* Rdn. 10.
86 OLG Hamburg vom 24.5.1984, TranspR **1984** 274, 275; *Koller*[4] Art. 14 Rdn. 5; Art. 15 Rdn. 4; *Thume* TranspR **1992** 1, 6; *Herber/Piper* Rdn. 15; siehe auch Art. 15 Rdn. 7 ff.
87 LG Duisburg vom 14.12.1988, TranspR **1989** 268, 270.
88 Siehe Art. 16 Rdn. 12.
89 *Koller*[4] Rdn. 5; MüKo/*Basedow* Rdn. 16.
90 *Koller*[4] Rdn. 5; siehe auch das zitierte Urteil OLG Düsseldorf vom 12.12.1985, TranspR **1986** 56, 59 = VersR **1986** 1069f (zu einem Ablieferungshindernis); *Thume* TranspR **1992** 1, 6.
91 MüKo/*Basedow* Rdn. 16.
92 MüKo/*Basedow* Rdn. 16; eingehender *Clarke*[2] Nr. 33d(i) S. 150f; *Thume/Temme* Art. 16 Rdn. 10; *Glöckner*[7] Art. 6; *Herber/Piper* Rdn. 15; *Konow* TranspR **1988** 229, 230; kritisch gegenüber der Rechtsprechung *Koller*[4] Rdn. 5, siehe auch Art. 17 Rdn. 279 und § 429 HGBaF Rdn. 246; aus der Rechtsprechung OLG Hamm vom 11.3.1976, NJW **1976** 2077, 2078 (Schaden nach eigenmächtiger, aber wirksamer Ablieferung; Begründung dieser Ablieferung aber zweifelhaft); ähnlich B CA Lüttich vom 18.12.1967, ETR **1969** 965ff; (in casu ablehnend) OLG Düsseldorf vom 15.12.1983, TranspR **1984**, 38, 40 = VersR **1984** 686 f.
93 *Koller*[4] Rdn. 6; insoweit zutreffend *Herber/Piper* Rdn. 16.
94 So aber wohl *Koller*[4] Rdn. 6.
95 Siehe Art. 17 Rdn. 60.
96 Siehe Art. 12 Rdn. 49; MüKo/*Basedow* Rdn. 16; *Herber/Piper* Rdn. 17.
97 *Thume/Temme* Rdn. 10.
98 Siehe MüKo/*Basedow* Rdn. 16 m. w. H.

c) Kosten der Befolgung der Weisungen

Kosten, die durch die Befolgung von Weisungen (wie der Einholung) entstehen, sind dem Frachtführer nach Art. 16 Abs. 1 zu ersetzen.[99] Bei Nichteinholung von Weisungen ist ein Rückgriff auf nationales Recht (§§ 675, 665 BGB) ausgeschlossen, weil Kostenerstattung und Pflichten in Art. 14, 16 geregelt sind.[100] Kosten, die ohne Rücksicht auf Weisungen als Folge des Beförderungshindernisses entstehen, können vertraglich im voraus geregelt werden; z. B. in Form einer erhöhten Fracht oder eines vereinbarten Standgelds; siehe Art. 16 Rdn. 9. Wird ein Transport durch ein Beförderungshindernis vereitelt, kann die Vergütung für den weisungsgemäßen Rücktransport nicht aus §§ 324 oder 631 BGB[101] verlangt werden, sondern nach Art. 12 Abs. 5 a.[102] 19

d) Ausladung und Verwahrung

Der Frachtführer hat auch das Recht, nach Art. 16 Abs. 2 das Gut **auszuladen,**[103] zu **verwahren** oder einem Dritten **in Verwahrung zu geben.**[104] In den Fällen des Art. 16 Abs. 3 kann er das Gut auch verkaufen lassen; siehe hierzu Art. 16 Rdn. 23 ff. Ob und in welcher Weise diese Rechte neben der Pflicht zur Weisungseinholung bestehen, ist umstritten. *Koller*[105] will sie dem Frachtführer erst nach Ablauf einer angemessenen Frist für den Weisungseingang, *Loewe*[106] dagegen sofort gewähren. Beide Lösungen überzeugen nicht. Die Auffassung von *Koller* kann in Ländern mit schlechteren Kommunikationsmöglichkeiten zu unzumutbarem und sogar unvergütetem Ausfall der Nutzungsmöglichkeit des Kraftfahrzeugs führen. Im Hinblick auf das Interesse des Absenders darf der Frachtführer sie aber nicht geltend machen, ohne Weisungen zumindest einzuholen. Die Gewährung der alsbaldigen Möglichkeit, sich vom Transportgut zu befreien, ergibt sich aus dem Grundgedanken des Art. 16 Abs. 3 CMR, der den Frachtführer davon entbindet, in unzumutbaren Fällen den Eingang der Weisungen abzuwarten. Sinnvollerweise wird man aber vom Frachtführer verlangen müssen, in jedem Falle Weisungen einzuholen und (um diesem schnellste Maßnahmen zu ermöglichen) bei Ausladung und Fremdverwahrung den Absender zu informieren[107] und die Ausführung der Weisungen dem Verwahrer zu überlassen. Bei dieser Auslegung sind die Interessen des Frachtführers an baldiger Befreiung von der Wartepflicht und des Absenders an der Vermeidung unnötiger Kosten gewahrt. 20

e) Rücktrittsrecht des Absenders oder Frachtführers

Ein **Recht des Absenders**[108] **oder des Frachtführers zum Rücktritt vom Vertrag** sieht die CMR nicht vor.[109] Auch Art. 16 Abs. 2 sagt darüber nichts aus. 21

---

99 OLG München vom 12.4.1991, TranspR **1991** 298ff = RIW **1991** 676f; siehe dazu Art. 16 Rdn. 1.

100 Insoweit zutreffend LG München vom 19.11. 1985, 150, das aber mit der generellen Formulierung, Art. 14–16 CMR sei generell ein „geschlossenes System und der Rückgriff ausgeschlossen" zu weit geht; siehe Rdn. 17.

101 OLG München vom 12.4.1991, TranspR **1991** 298 ff = RIW **1991** 676 f.

102 MüKo/*Basedow* Rdn. 15 gegen OLG Köln vom 26.8.1994, TranspR **1995** 68 f = NJW-RR **1995** 671.

103 Damit kann bereits der Frachtvertrag beendet sein; siehe Art. 16 Rdn. 12.

104 Siehe Art. 16 Rdn. 12 ff; Art. 15 Rdn. 15.

105 *Koller*[4] Art. 14 Rdn. 6; Art. 16 Rdn. 5.

106 ETR **1976** 547.

107 Siehe Art. 16 Rdn. 16.

108 Anders als nach § 428 HGBaF Rdn. 23 f.

109 *Herber/Piper* Rdn. 19.

III. Verfahren bei behebbaren Beförderungshindernissen (Art. 14 Abs. 2)

22 Auch wenn die Umstände eine von den im Frachtbrief festgelegten Bedingungen abweichende Beförderung gestatten,[110] muß der Frachtführer außerdem[111] Weisungen des Verfügungsberechtigten einholen.[112] Art. 14 Abs. 2 sieht also grundsätzlich kein eigenverantwortliches Handeln des Frachtführers ohne Einholung von Weisungen vor. Der Frachtführer darf aber, wenn er innerhalb angemessener Zeit (aus welchem Grund auch immer)[113] keine ausführbaren Weisungen erhält,[114] die nach seiner Meinung für das Interesse des Verfügungsberechtigten besten Maßnahmen treffen. Dies bedeutet im Ergebnis das Recht zu einseitiger Änderung des Frachtvertrags. Der Frachtführer hat die eigenen Interessen gegen die der Verfügungsberechtigten abzuwägen.[115] Die Wartefrist kann verkürzt sein, wenn der Ladung Schaden droht, aber in extremen Fällen auch Null betragen und damit die Weisungseinholung erübrigen.[116] Liegen solche Umstände vor, wird man dem Frachtführer ein Recht zum eigenen Handeln zubilligen müssen, entsprechend §§ 675, 665 BGB.[117] Denn im Interesse des Verfügungsberechtigten kann unter extremen Umständen in Erfüllung der Pflicht zur Wahrung des Absenderinteresses (siehe § 425 HGBaF Rdn. 133) schnellstes Handeln geboten sein.

23 Die Begründung der **Kostenerstattung** für diese Sonderfälle ist umstritten.[118] Maßnahmen im Interesse des Verfügungsberechtigten ohne dessen vorherige Weisung (Art. 14 Abs. 2) fallen allerdings nicht unmittelbar unter Art. 16.[119] *Koller* will in solchen Fällen die nationalen Vorschriften der Geschäftsführung ohne Auftrag anwenden und die Kostenerstattung mit Art. 16 Abs. 1 analog begründen;[120] MüKo/*Basedow* Rdn. 18 aber unmittelbar Art. 14 Abs. 2 (als „Blankoanweisung") und daher Art. 16 Abs. 1 unmittelbar anwenden.[121] Vorzuziehen ist wohl ein Rückgriff auf §§ 675, 665 BGB (Abweichung von Weisungen bei entgeltlicher Geschäftsbesorgung).[122] Ausladung oder Verkauf bleiben als Maßnahmen des Frachtführers unter Abwägung der Interessen des Verfügungsberechtigten zulässig, nicht aber als gesetzliche Option nach Art. 16 Abs. 2, 3.[123] Die Auffassung von *Koller*[4] Rdn. 6, der Frachtführer, der mangels Zeit keine Weisung eingeholt habe, dürfe nur noch nach diesen Bestimmungen vorgehen, ist abzulehnen, weil Art. 16 Abs. 2, 3 nicht auf die Fälle des Art. 14 Abs. 2 anzuwenden sind.[124] Nach seiner Auffassung würden auch alle im Interesse des Ver-

---

110 OLG München vom 28.6.1983, TranspR **1984** 186, 187 = VersR **1984** 343; siehe dazu auch Rdn. 6.

111 MüKo/*Basedow* Rdn. 18: „kumulativ".

112 Eingehend MüKo/*Basedow* Rdn. 17.

113 *Herber/Piper* Rdn. 22.

114 Siehe *Thume/Temme* Rdn. 14 zum „Abwarten"; MüKo/*Basedow* Rdn. 18; *Herber/Piper* Rdn. 21; *Koller*[4] Rdn. 6; anschaulich A OGH vom 10.2.1981, *Greiter* 88 ff.

115 MüKo/*Basedow* Rdn. 18.

116 MüKo/*Basedow* Rdn. 18; *Koller*[4] Rdn. 6 will dieses Ergebnis über die nationalen Vorschriften der Geschäftsführung ohne Auftrag ermöglichen und die Kostenerstattung auf analoge Anwendung von Art. 16 Abs. 1 begründen.

117 Ähnlich wohl auch *Glöckner*[7] Art. 14 Rdn. 7; *Koller*[4] Art. 14 Rdn. 6.

118 Siehe im Überblick MüKo/*Basedow* Rdn. 21; eingehend auch *Thume/Temme* Rdn. 15.

119 *Koller*[4] Rdn. 6 will in solchen Fällen Art. 16 Abs. 1 analog anwenden; *Clarke*[2] Nr. 33d(ii) S. 154 f.

120 *Koller* aaO; rechtsvergleichend *Clarke*[2] Nr. 33d(ii) S. 154 f; siehe auch F CA Paris vom 22.12.1983, BT **1984** 486f mit kritischer observation (für einen Rücktransport nach Verweigerung der Annahme verspäteter Saisonware nur Verkauf der Ware möglich).

121 MüKo/*Basedow* Rdn. 21.

122 Eingehend *Thume/Temme* Rdn. 15.

123 Zutreffend MüKo/*Basedow* Art. 16 Rdn. 19: „Art. 14 Abs. 2 verdrängt Art. 16 Abs. 3 S. 3"; *Herber/Piper* Rdn. 25. Siehe auch *Thume* in *Fremuth/Thume* Frachtrecht, Rdn. 18.

124 *Thume/Temme* Rdn. 15; *Herber/Piper* Rdn. 23. Siehe Art. 16 Rdn. 12 und 24.

fügungsberechtigten sinnvollen Maßnahmen durch das Ausladen und Verwahren bzw. den Verkauf verdrängt.[125]

Fälle des behebbaren Hindernisses liegen z. B. auch vor, wenn die Straßenverbindungen dauernd unterbrochen sind, aber eine **Beförderung mit und ohne Umladung** über Umwegstraßen **durch die Eisenbahn oder über See**, evtl. auch mit dem Flugzeug möglich bleibt.[126] Daher sind alle dem Falle angemessenen Maßnahmen im Interesse des Verfügungsberechtigten denkbar (etwa Rückbeförderung zum Absender, Umladungen auf andere Fahrzeuge oder andere Transportmittel, unmittelbar auf Seeschiffe, Flugzeuge). Alle solchen Beförderungen unterliegen im Verhältnis zum Verfügungsberechtigten wohl der CMR.[127] Die CMR bleibt auch in diesen Fällen gemäß Art. 2 Abs. 1 S. 1 anwendbar.[128] Praktisch würde damit der CMR-Frachtführer zum Spediteur oder multimodalen Beförderer. 24

IV. Neue Beförderungshindernisse

Wird die Beförderung aufgrund einer Entscheidung des Frachtführers gem. Art. 14 Abs. 2 fortgesetzt, können neue (weitere) Beförderungshindernisse auftreten. Auch in diesem Falle sollte man im Interesse des Verfügungsberechtigten Art. 14 CMR anwenden.[129] Die **Kostenfrage** für solche Beförderungshindernisse ist in Art. 14 nicht geregelt. Jedoch ist Art. 16 Abs. 1 CMR nach dem Vorschlag von *Koller* analog anzuwenden.[130] Dies ist eine sinnvolle und der Rechtsvereinheitlichung dienliche akzeptable, allerdings umstrittene[131] und daher keineswegs gerichtlich sicher durchsetzbare Lösung. Der österr. OGH[132] gewährt in einem solchen Fall Kostenersatz, ohne dafür eine anspruchsbegründende Norm zu nennen. Gegen diese Analogie wird vorgebracht, daß die Regelung der Art. 14–16 CMR generell ein „geschlossenes System und der Rückgriff auf nationales Recht (§§ 675, 665 BGB) ausgeschlossen“ sei.[133] Soweit die Normen der CMR eine Frage regeln, ist die Aussage aber zutreffend. 25

Artikel 15

1. [1]Treten nach Ankunft des Gutes am Bestimmungsort Ablieferungshindernisse ein, so hat der Frachtführer Weisungen des Absenders einzuholen. [2]Wenn der Empfänger die Annahme des Gutes verweigert, ist der Absender berechtigt, über das Gut zu verfügen, ohne die erste Ausfertigung des Frachtbriefes vorweisen zu müssen.

2. Der Empfänger kann, auch wenn er die Annahme des Gutes verweigert hat, dessen Ablieferung noch so lange verlangen, als der Frachtführer keine dem widersprechenden Weisungen des Absenders erhalten hat.

---

125 Wie hier *Thume/Temme* Rdn. 16.

126 Siehe z. B. A OGH vom 10. 2. 1981, *Greiter* 88 ff (Transport von Al Khobar nach Bahrein mit Dschunken anstelle des LKW auf der Autofähre).

127 MüKo/*Basedow* Rdn. 19. Dazu genauer Art. 2 Rdn. 8.

128 Zweifelhaft; siehe zur umstrittenen Auslegung von Art. 2 Abs. 1 S. 1 (Parenthese zu Art. 14 CMR) Art. 2 Rdn. 8.

129 MüKo/*Basedow* Rdn. 20; *Clarke*² Nr. 33 c(i) S. 146: **a. A.** *Hill/Messent/Glass*² S. 95 f.

130 *Koller*⁴ Art. 14 Rdn. 6; siehe auch Art. 16 Rdn. 2, 4.

131 Dagegen *Herber/Piper* Art. 16 Rdn. 6; *Clarke*² Nr. 33 d(ii) S. 154 f.

132 A OGH vom 10. 2. 1981, *Greiter* 88 ff.

133 LG München vom 19. 11. 1985, 150; siehe Rdn. 7.

3. Tritt das Ablieferungshindernis ein, nachdem der Empfänger auf Grund seiner Befugnisse nach Artikel 12 Absatz 3 Anweisung erteilt hat, das Gut an einen Dritten abzuliefern, so nimmt bei der Anwendung der Absätze 1 und 2 dieses Artikels der Empfänger die Stelle des Absenders und der Dritte die des Empfängers ein.

Article 15

1. Lorsque, après l'arrivée de la marchandise au lieu de destination, il se présente des empêchements à la livraison, le transporteur demande des instructions à l'expéditeur. Si le destinataire refuse la marchandise, l'expéditeur a le droit de disposer de celle-ci sans avoir à produire le premier exemplaire de la lettre de voiture.

2. Même s'il a refusé la marchandise, le destinataire peut toujours en demander la livraison tant que le transporteur n'a pas reçu d'instructions contraires de l'expéditeur.

3. Si l'empêchement à la livraison se présente après que, conformément au droit qu'il détient en vertu de l'article 12, paragraphe 3, le destinataire a donné l'ordre de livrer la marchandise à une autre personne, le destinataire est substitué à l'expéditeur, et cette autre personne au destinataire, pour l'application des paragraphes 1 et 2 ci-dessus.

Article 15

1. Where circumstances prevent delivery of the goods after their arrival at the place designated for delivery, the carrier shall ask the sender for his instructions. If the consignee refuses the goods the sender shall be entitled to dispose of them without being obliged to produce the first copy of the consignment note.

2. Even if he has refused the goods, the consignee may nevertheless require delivery so long as the carrier has not received instructions to the contrary from the sender.

3. When circumstances preventing delivery of the goods arise after the consignee, in exercise of his rights under article 12, paragraph 3, has given an order for the goods to be delivered to another person, paragraphs 1 and 2 of this article shall apply as if the consignee were the sender and that other person were the consignee.

Übersicht

Schrifttum

Jung The Convention on the Contract for the International Carriage of Goods (CMR): Survey, Analysis and Trends of Recent German Case Law, RDU **1997** 148–167; *Koller* Das Standgeld bei CMR-Transporten, TranspR **1988** 129–138.

I. Allgemeines

Art. 15 enthält eine Reihe von Regeln über Ablieferungshindernisse. In der Praxis stehen Art. 14, 15, 16 und 12 CMR untereinander in engem Zusammenhang. 1

II. Voraussetzungen des Ablieferungshindernisses

1. Begriff

Zu den Begriffen „Beförderungshindernis" und „Ablieferungshindernis" siehe Art. 14 Rdn. 1. Ablieferungshindernisse i. S. von Art. 15 sind in der CMR nicht definiert; ebensowenig im innerdeutschen Recht.[1] Die deutsche Übersetzung weicht von beiden allein verbindlichen englischen und französischen Texten ab: Nach diesen kommt es nicht darauf an, wann das Hindernis eintritt, sondern nach französischer Fassung, wann es sich zeigt („il se présente"); nach der englischen nur, ob es besteht („where circumstances prevent"). Das Ablieferungshindernis beendet die Obhut des Frachtführers nicht; die Haftung nach Art. 17 dauert fort. Ist kein Frachtbrief ausgestellt, gilt beim Ablieferungshindernis Art. 15 entsprechend.[2] Das **Ablieferungshindernis** verhindert den Ablieferungsakt selbst. Hindernisse, bei denen die Beförderung bis zur Ablieferung noch vertragsgemäß ausgeführt werden kann, aber die **Ablieferung nicht mehr möglich** ist, sind daher als Ablieferungshindernisse zu behandeln, auch wenn sie schon vor der Ankunft am Ablieferungsort eingetreten sind. Demgemäß wird die Annahmeverweigerung des Empfängers vor Erreichen des Ablieferungsorts von der Rechtsprechung zu Recht ohne besondere Begründung nach Art. 15 behandelt.[3] In solchen Fällen ist daher Art. 15 Abs. 1 analog anzuwenden.[4] Verluste und Schäden am Gut vor der Entladung, etwa durch Diebstahl oder Beschlagnahme sind keine Ablieferungshindernisse, sondern nach Art. 17 zu ersetzende Güterschäden.[5] Die Übergabe der Obhut beendet die Haftung des Frachtführers. Entlädt der Empfänger das Fahrzeug nicht alsbald, kommt aber dennoch eine Anwendung von Art. 15 Abs. 1 und 16 Abs. 2 und 3 in Betracht (OLG Düsseldorf vom 12.12.1985, TranspR **1986** 56, 59 = VersR **1986** 1069). 2

---

[1] Siehe § 419 HGB; § 437 HGBaF Rdn. 4 ff; § 425 HGBaF Rdn. 163.

[2] *Koller*[4] Rdn. 2; *Herber/Piper* Rdn. 2; *Thume/Temme* Rdn. 3 weist darauf hin, daß der Bestimmungsort sich aus dem Frachtbrief ergebe. Siehe zu Art. 14 dort Rdn. 1.

[3] BGH vom 5.2.1987, NJW **1987** 1885 f = TranspR **1987** 180, 182 = VersR **1987** 678, 679 und als Vorinstanz OLG Hamm vom 25.9.1984, TranspR **1985** 100, 102 (Annahmeverweigerung durch eine ohne ihr Einverständnis als Empfängerin benannte Sparkasse) fernschriftlich von Köln nach Bottrop, wo das Gut zuvor eingelagert worden war). MüKo/*Basedow* Rdn. 6 Fn. 15 interpretiert dieses Urteil als Behandlung nach den Regeln des Beförderungshindernisses.

[4] MüKo/*Basedow* Rdn. 5; *Thume/Temme* Rdn. 3; *Koller*[4] Rdn. 1, durch Verweisungen auf Art. 14 auch MüKo/*Basedow* Rdn. 1. **a.A.** MüKo/*Basedow* Rdn. 6, der keine Notwendigkeit für eine Analogie sieht: stellt sich Unmöglichkeit der Ablieferung schon vor Ankunft am Bestimmungsort heraus, liege ein Beförderungshindernis im Sinne von Art. 14 vor; siehe auch Art. 14 Rdn. 1.

[5] MüKo/*Basedow* Rdn. 3.

3 Wie das Beförderungshindernis setzt auch das Ablieferungshindernis grundsätzlich eine objektive **Unmöglichkeit** voraus.[6] Es kommt auch für Art. 15 auf die Bedingungen des Frachtbriefs (oder des Frachtvertrags) an.[7] Daher kann auch vorübergehende Unmöglichkeit Ablieferungshindernis sein, wenn die Ablieferung innerhalb der nach diesen Bedingungen maßgeblichen Zeit verhindert ist.[8] Auch hier ist also die Unmöglichkeit als „relative“[9] zu verstehen.[10] Läßt sich das Hindernis mit zumutbaren Anstrengungen überwinden, liegt aber keine Unmöglichkeit und damit auch kein Ablieferungshindernis vor.[11]

2. Typische Fälle des Ablieferungshindernisses

a) Annahmeverweigerung durch den Empfänger

4 Wichtigster Fall ist wohl die **Annahmeverweigerung** durch den Empfänger.[12] Hierfür muß eine endgültige Verweigerung vorliegen;[13] eine nur vorübergehende Ablehnung der Annahme durch den Empfänger kann aber ein sonstiges Ablieferungshindernis sein. Der Annahmeverweigerung steht auch gleich die Verweigerung der Zahlung von Fracht und Kosten nach Maßgabe des Frachtbriefs;[14] von Nachnahmen[15] oder Nichtleistung vereinbarten Sicherheiten durch den im übrigen annahmebereiten Empfänger.[16] Auf die Gründe für die Annahmeverweigerung kommt es nicht an. In vielen Fällen hat der Empfänger triftige Gründe, so etwa bei offensichtlich beschädigter Ware.[17] Hat der Empfänger bereits vor Ankunft am Bestimmungsort die Annahme definitiv verweigert, ist das Gut an sich noch nicht angekommen, so daß begrifflich kein Ablieferungshindernis vorläge. Da es dann sinnlos wäre, das Gut zunächst erst zum Empfänger zu transportieren, ist Art. 15 Abs. 1 analog anzuwenden.[18] Jedenfalls hat der Frachtführer dann vom Absender Weisungen einzuholen. Der Absender kann dann versuchen, das Gut an einen Dritten am Bestimmungsort zu verkaufen.

---

6 *Thume/Temme* Rdn. 3; *Herber/Piper* Rdn. 5; *Thume* in *Fremuth/Thume* Frachtrecht, Rdn. 2; der Sache nach auch MüKo/*Basedow* Rdn. 2 und *Koller*[4] Rdn. 2; und im Rahmen der englischen Betrachtungsweise auch *Clarke*[2] Nr. 33 b S. 143.

7 Siehe auch Art. 14 Rdn. 9.

8 Siehe auch Art. 14 Rdn. 9.

9 Siehe Art. 14 Rdn. 1.

10 *Dorrestein* Nr. 186 S. 159 f; **a. A.** MüKo/*Basedow* Rdn. 4.

11 OLG Hamburg vom 25.2.1988, TranspR **1988** 277 f.

12 In Art. 15 Abs. 1 S. 2 und Abs. 2 besonders geregelt. Siehe als Beispiele BGH vom 5.2.1987, NJW **1987** 1885 f = TranspR **1987** 180, 182 = VersR **1987** 678, 679 und als Vorinstanz OLG Hamm vom 25.9.1984, TranspR **1985** 100, 102 (Annahmeverweigerung durch eine ohne ihr Einverständnis als Empfängerin benannte Sparkasse); OLG München vom 12.4.1991, TranspR **1991** 298 ff = RIW **1991** 676 f (Annahmeverweigerungen mit Weisung inländischer Weiterbeförderung). Siehe *Koller*[4] Rdn. 2.

13 *Lenz* Rdn. 429; *Koller*[4] Rdn. 2 (um vertragskonformen Zustand); Kantongerecht Rotterdam vom 24.5.1966, ETR **1966** 729, 733 ist die Weigerung unverzüglicher Abnahme des Gutes durch den Empfänger ein Ablieferungshindernis i. S. v. Art. 15 CMR. Siehe § 437 HGBaF Rdn. 8.

14 Bei Vereinbarung Zug um Zug: *Koller*[4] Rdn. 2.

15 OLG Hamburg vom 3.11.1983, TranspR **1984** 190, 191 = VersR **1984** 235, 236 = RIW **1985** 151, 152; *Koller*[4] Rdn. 2; siehe auch Art. 21 Rdn. 2.

16 Siehe *Loewe* ETR **1976** 503 ff, Nr. 134; *Koller*[4] Rdn. 2; OLG Hamm vom 16.8.1984, TranspR **1985** 97, 98 (bankbestätigte Schecks oder Barzahlung); im Einzelnen § 437 HGBaF Rdn. 8.

17 Z.B. übelriechendes Kühlfleisch; OLG Nürnberg vom 16.3.1976, Der Spediteur **1985** 320, 321.

18 Siehe Art. 14 Rdn. 1. Im Hinblick auf die Annahmeverweigerung des Empfängers sind dessen Rechte aus Art. 15 Abs. 2 erloschen; siehe auch Rdn. 18; *Koller*[4] Rdn. 1; *Thume/Temme* Rdn. 2; *Herber/Piper* Rdn. 1.

b) Nichtermittelbarkeit des Empfängers

Ist die genaue Anschrift des Empfängers dem Frachtführer nicht bekannt,[19] muß er zumutbare Nachforschungen anstellen und darlegen, in welcher Weise er sich um die Ermittlung bemüht hat.[20] Zumutbar, aber nicht immer ausreichend sind jedenfalls telefonische oder telegrafische Rückfragen. 5

c) Sonstige Ablieferungshindernisse

Die Möglichkeiten von außergewöhnlichen Ablieferungshindernissen sind weitreichend. Dabei kommt es nicht darauf an, ob das Hindernis verschuldet ist und aus welcher Sphäre es kommt.[21] Eine Aufstellung bekannter Fälle erscheint daher erforderlich:[22] 6

- Nichterreichbarkeit des Fabrikgebäudes des Empfängers[23]
- besondere, vertragswidrige Schwierigkeiten des Ausladen (zu nasser Holzkohlengrus)[24]
- Fehlen von Entladegerät[25]
- Streik beim Empfänger[26]
- Verbot der Auslieferung durch örtliche Behörden oder Gerichte[27]
- nur vorübergehende Verzögerung der Annahme des Gutes[28]
- zollrechtliche Beschlagnahme[29]
- devisenrechtliche Zahlungshindernisse bei Nachnahmeauftrag[30]
- Nichtermittelbarkeit des Empfängers,[31] der trotz aller zumutbaren Ermittlungsversuche[32] nicht zu erreichen ist.

---

19 MüKo/*Basedow* Rdn. 2; *Thume/Temme* Rdn. 3 verweist darauf, daß das Gut am Bestimmungsort angekommen sein müsse. Dies ist nicht ganz schlüssig, weil man in Zweifelsfällen auch vor dem Transport die Adresse erkunden kann oder auch muß, also zweckmäßigerweise bei Nichtfeststellbarkeit vom Ablieferungshindernis (oder Beförderungshindernis) ausgehen muß. Siehe zu den Problemen der Ablieferung an falsche Personen in den Ostblockstaaten Art. 17 Rdn. 77.

20 Zur CMR OLG Hamburg vom 25.2.1988, TranspR **1988** 277 f (unzureichende Darlegung von Maßnahmen in Teheran, vorherige Beschädigung des Gutes beim Frachtführer; eventuell auch versteckte Annahmeverweigerung); *Herber/Piper* Rdn. 7; MüKo/*Basedow* Rdn. 2; *Herber/Piper* Rdn. 7; *Lenz* Rdn. 428; *Glöckner*[7] Rdn. 4; *Clarke*[2] Nr. b S. 142; siehe auch § 437 HGBaF Rdn. 7.

21 MüKo/*Basedow* Rdn. 2.

22 Siehe zu ausländischer Rechtsprechung MüKo/*Basedow* Rdn. 4.

23 *Dorrestein* Nr. 186 S. 159.

24 Siehe § 437 HGBaF Rdn. 9; OLG Düsseldorf vom 4.3.1982, VersR **1982** 1202.

25 Fehlen eines Krans oder einer Pumpe beim Empfänger: Spezialmaschine nach Teilentladung abgezogen, OLG Köln vom 23.2.1972, BB **1973** 405; Gerät zur Erwärmung von Flüssigschokolade, NL Hof's Hertogenbosch vom 17.11.1993, SS **1994** Nr. 57.

26 Vägfraktavtalet II S. 84 (zit. nach MüKo/*Basedow* Rdn. 2).

27 Vägfraktavtalet aaO.

28 OLG Hamburg vom 31.3.1994, TranspR **1995** 245 = VersR **1996** 127 (Die Weigerung des Empfängers, die Ware entgegenzunehmen, stellt ein Ablieferungshindernis dar. Der Frachtführer ist in diesem Fall verpflichtet, gemäß Art. 15 CMR Weisungen einzuholen); OLG Düsseldorf vom 12.1.1984, TranspR **1984** 102, 104; A OGH vom 15.4.1993, TranspR **1993** 425 f.

29 OLG Hamburg vom 30.1.1986, TranspR **1986** 229 f = VersR **1987** 813 (weil der Empfänger bis zu ihrer „Aufhebung nicht in der Lage ist, die Herrschaft über das Gut zu übernehmen"); **a. A.** MüKo/*Basedow* Rdn. 3.

30 OLG Hamm vom 16.8.1984, TranspR **1985** 97, 98 (Unzulässigkeit bankbestätigter Schecks nach italienischem Recht).

31 *Thume* in *Fremuth/Thume* Frachtrecht, Rdn. 2; *Thume/Temme*, Rdn. 3.

32 Vor allem auch nicht durch telefonische Rückfrage beim Absender: *Thume/Temme*, Rdn. 7. Siehe auch: OLG Hamburg vom 25.2.1988, TranspR **1988** 277 = VersR **1988** 909 (Ein Ablieferungshindernis i. S. des Art. 15 Abs. 1 CMR liegt noch nicht allein darin, daß dem Frachtführer die genaue Anschrift des Empfängers nicht mitgeteilt war. Vielmehr muß der Frachtführer/Ablieferungsagent in den Grenzen des Zumut-

III. Rechte und Pflichten des Frachtführers bei Ablieferungshindernissen

1. Pflicht zur Einholung von Weisungen

a) Allgemeines

7 Nach Art. 15 Abs. 1 hat der Frachtführer bei Auftreten von Ablieferungshindernissen Weisungen[33] des Absenders einzuholen (Ausnahme aber Art. 16 Abs. 2 und 3).[34] Hierbei ist vorausgesetzt, daß dem Absender das Verfügungsrecht über das Gut zunächst noch zusteht.[35] Diese Pflicht beschränkt sich im Regelfall auf das einmalige Einholen von Weisungen. Die Pflicht zur Einholung von Weisungen steht in krassem Widerspruch zu den Rechten zur Ausladung und zum Verkauf des Guts nach Art. 16 Abs. 2 und 3, die ausdrücklich keine Weisungseinholung voraussetzen. Der Konflikt wird zumindest in Deutschland durch ein Wahlrecht des Frachtführers zwischen den Möglichkeiten weitgehend gelöst.[36] Er dürfte in der Praxis nicht von großer Bedeutung sein, weil die Ausladung den Frachtführer zur Verwahrung des ausgeladenen Guts oder zur Beauftragung eines Dritten verpflichtet, der zögernde Empfänger also das Gut noch herausverlangen und damit volle Erfüllung erreichen kann; vor dem Verkauf ist dies in aller Regel auch noch möglich. Der Konflikt bezieht sich also materiell darauf, daß der Frachtführer sein Fahrzeug wieder frei bekommen kann. Eine begrenzte Zeit zum Entladen muß freilich dem Empfänger zugestanden werden. Er kann auch die Annahme zur Unzeit (etwa außerhalb regulärer Arbeitszeiten) ablehnen. Die Ablieferung nach Art. 17 CMR beendet zwar die Haftungszeit des Frachtführers. Hinsichtlich des Ablieferungshindernisses ist aber ein abweichender Begriff der Ablieferung zu Grunde zu legen, der sich daran orientiert, ob der Frachtführer wieder ohne weitere Bindungen sein Fahrzeug frei verwenden kann.[37]

8 **Geht innerhalb angemessener Zeit keine ausführbare Weisung ein**, kann er von seinem Ausladerecht nach Art. 16 Abs. 2 Gebrauch machen.[38] Hat der Frachtführer sich bereit erklärt, eine neue Weisung einzuholen, kann er das Gut dennoch gem. Art. 16 Abs. 2 ausladen, wenn er den Frachtführer benachrichtigt.[39]

9 **Holt der Frachtführer pflichtwidrig keine Weisung ein**, verliert er die Möglichkeit, gem. Art. 16 Abs. 1 Erstattung der Mehrkosten zu verlangen. Entsteht als Folge dieser Pflichtverletzung Schaden am Gut, hat der Frachtführer dafür unter den Voraussetzungen von Art. 17 CMR zu haften.[40] Die Versäumung der Weisungseinholung ist jedoch nicht notwendig dem Frachtführer zuzurechnen, sondern kann auch auf einem unabwendbaren Ereignis oder einem Verschulden des Verfügungsberechtigten nach Art. 17 Abs. 2 beruhen und daher keine Haftung begründen.[41]

---

baren den falsch oder unvollständig angegebenen Empfänger zu ermitteln versuchen; nicht zumutbar sind lediglich umfangreiche und zeitraubende Nachforschungen).

33 Zum Begriff der Weisung und der Terminologie der maßgebenden französischen und englischen Fassung siehe Art. 12 Rdn. 3. Beispiele: OLG München vom 12.4.1991, TranspR **1991** 298 f = RIW **1991** 676f (Annahmeverweigerung mit befolgter Weisung zur Ablieferung an einen anderen Empfänger; Kostenerstattung).

34 Siehe Art. 16 Rdn. 15 ff, 23 ff.

35 Art. 12 Abs. 2 S. 2 und Abs. 3; siehe dort Art. 12 Rdn. 23 ff.

36 Siehe Art. 16 Rdn. 15.

37 Siehe zutreffend MüKo/*Basedow* Rdn. 3.

38 OLG Hamm vom 6.2.1997, TranspR **1998** 34, 35 Nachweis des Schadens durch Nichtbefolgung einer Vernichtungsanweisung); *Koller*[4] Art. 14 Rdn. 6.

39 Siehe dazu Art. 16 Rdn. 15 f und Art. 14 Rdn. 20 gegen LG Göttingen vom 13.3.1980, TranspR **1981** 21.

40 *Koller*[4] Art. 14 Rdn. 5 (S. 1004); Art. 15 Rdn. 4 (das dort zitierte Urteil des OLG Düsseldorf vom 12.12.1985, TranspR **1986** 56, 59 = VersR **1986** 1069 f betrifft keine Folge von Nichteinholung von Weisungen, sondern des verspäteten Ablieferungsversuchs); *Thume* TranspR **1992** 1, 6.

41 Zutreffend *Clarke*[2] Nr. 33a S. 141.

Werden die erteilten Weisungen vom Frachtführer nicht befolgt, haftet er gem. Art. 12 Abs. 7 CMR ohne Verschulden für daraus entstehende Schäden; siehe dort Art. 12 Rdn. 49 ff. 10

b) Funktion der Weisung in Art. 15

Ist die Ablieferung an den Empfänger nicht möglich, so ist an ihrer Stelle nach dessen Weisungen zu verfahren. Hierbei ist allerdings vorauszusetzen, daß diesem bereits das frachtrechtliche Verfügungsrecht zusteht. In Betracht kommt dies nach Art. 12 Abs. 2 durch Übergabe der Zweitausfertigung (des Frachtbriefdoppels) oder durch (auch nur konkludente) Geltendmachung der ihm nach Ankunft des Gutes gemäß Art. 13 Abs. 1 CMR zustehenden Rechte,[42] aber auch schon anfänglich gem. Art. 12 Abs. 3.[43] Praktisch ist dies der Regelfall,[44] denn das Absenderverfügungsrecht erlischt in aller Regel bereits durch die Übergabe des Frachtbriefdoppels oder bei Geltendmachung der Rechte durch den Empfänger.[45] Durch die Empfängerverfügung erhält der Frachtvertrag einen geänderten Inhalt; das Ablieferungshindernis ist behoben. Man muß daher davon ausgehen, daß ein Ablieferungshindernis nur dann vorliegt, wenn es durch das Weisungsrecht des Verfügungsberechtigten nicht behoben werden kann oder behoben wird.[46] Solche Fälle hat Art. 15 Abs. 1 S. 1 im Auge. Insbesondere ist ein Ablieferungshindernis dann gegeben, wenn der Empfänger am Ablieferungsort nicht ermittelt werden kann, aber auch dann, wenn er die Annahme des Gutes verweigert.[47] 11

c) Vorlage der Absenderausfertigung des Frachtbriefs

Ob der Absender bei Erteilung der Weisungen grundsätzlich die Absenderausfertigung des Frachtbriefs vorlegen muß; ist in Art. 15 Abs. 1 S. 2 nur für den Sonderfall der Annahmeverweigerung verneinend entschieden.[48] Für die anderen Fälle von Ablieferungshindernissen fehlt es an einer Bestimmung. Eine entsprechende Anwendung von S. 2 ist ausgeschlossen.[49] *Loewe* ETR **1976** 548 sieht zutreffend nur in der Ausübung der Rechte nach Art. 16 Abs. 2 (sofortiges Ausladen des Gutes mit der Folge der Beendigung der Beförderung) eine Lösung.[50] Jede andere Handhabung könnte für Frachtführer oder Empfänger schwerwiegende Nachteile mit sich bringen. Mit dem Fall der Annahmeverweigerung, in dem der Empfänger seine Rechte selbst nicht wahrnehmen will, sind die übrigen Ablieferungsstörungen hinsichtlich der Interessenlage nicht vergleichbar. Der Frachtführer kann freilich ohne Verpflichtung vom nun verfügungsberechtigten[51] Empfänger Weisungen erfragen, was auch oft ratsam sein wird. Folgt er aber ohne Vorlage der Absenderausfertigung, kann er nach Art. 12 Abs. 7 haftbar sein.[52] 12

Precht/Endrigkeit Anm. 5 zu Art. 15 sprechen sich mit überzeugender Begründung dafür aus, daß die **Absenderausfertigung** vom verfügenden Absender nicht nur am 13

---

[42] Siehe Art. 12 Rdn. 32. Siehe eingehend dazu mit dem Ergebnis der Anwendung von Art. 15 Abs. 2 MüKo/*Basedow* Rdn. 12.

[43] Siehe Art. 12 Rdn. 28.

[44] Für die in Sonderfällen nicht ausschließbare Doppellegitimation hinsichtlich der Verfügungsrechte siehe eingehend MüKo/*Basedow* Rdn. 11.

[45] Siehe Art. 12 Rdn. 24

[46] So auch *Jesser* S. 59. Für Vorrang des Absendervorrechts aber MüKo/*Basedow* Rdn. 9 mit weiteren Hinweisen; ob seine Auslegung in der Praxis wirklich sinnvoll ist, erscheint fraglich.

[47] Letzterer Fall ist durch die CMR präzise geregelt; siehe Rdn. 4.

[48] Dazu eingehend MüKo/*Basedow* Rdn. 8.

[49] Zur Begründung dieser Regelung siehe MüKo/*Basedow* Rdn. 8.

[50] Zustimmend MüKo/*Basedow* Rdn. 8.

[51] Siehe Art. 12 Rdn. 24 ff.

[52] Ebenso bei Nichtbefolgung einer wirksamen Absenderanweisung; MüKo/*Basedow* Rdn. 8.

Ablieferungsort, sondern **wahlweise auch am Ort der geschäftlichen Niederlassung des Frachtführers** vorgelegt werden kann. In diesem Falle muß dann der Frachtführer die Weisung an den Fahrer weiter übermitteln.

d) Kostenfolgen der Einholung von Weisungen

14 Der Frachtführer hat nach Art. 16 Abs. 1 außer im Falle seines Verschuldens Anspruch auf Kostenerstattung; siehe dort Art. 16 Rdn. 2. Siehe zur Frage der abschließenden Wirkung der Art. 14–16 CMR in Art. 16 Rdn. 9.

e) Andere Möglichkeiten an Stelle der Einholung von Weisungen

15 Die in Art. 15 Abs. 1 S. 1 geregelte Pflicht zur Einholung von Weisungen stellt nur eine der möglichen Verhaltensalternativen für den Frachtführer dar. Er kann nämlich stattdessen von Anfang an nach Art. 16 Abs. 2 und 3 ff das Gut ausladen[53] und einlagern,[54] evtl. auch verkaufen. Doch ist auch hierbei grundsätzlich vorausgesetzt, daß zunächst eine Entscheidung des verfügungsberechtigten Empfängers, soweit diese erlangt werden kann, eingeholt wird.

2. Sonderfall: Annahmeverweigerung

a) Rückfall des Verfügungsrechtes an den Absender

16 Für den Fall der Annahmeverweigerung[55] sieht Art. 15 Abs. 1 S. 2 zunächst ein subsidiäres Verfügungsrecht des Absenders vor. Dieses ist – als Ausnahme zu Art. 12 Abs. 5 a – nicht von der Vorlegung der Absenderausfertigung des Frachtbriefs abhängig.

17 **Ist der Empfänger nicht bereit, die dem Frachtführer zustehenden Beträge zu zahlen** oder sonstigen Bedingungen zu erfüllen; steht dies der Annahmeverweigerung gleich.[56]

b) Absender- und Empfängerrechte bei Annahmeverweigerung (Art. 15 Abs. 2)

18 Die Annahmeverweigerung des Empfängers begründet ein Verfügungsrecht des Absenders[57] nach Art. 15 Abs. 1 S. 2.[58] Soweit der Empfänger bereits verfügungsberechtigt ist, schafft der Rückfall des Verfügungsrechtes an den Absender[59] eine Situation, in der Absender- und Empfängerrechte nebeneinander bestehen und gegeneinander abzugrenzen sind. Neben dieser (erleichterten) Geltendmachung des Absenderrechts besteht dem Art. 15 Abs. 2 auch der Auslieferungsanspruch des Empfängers nach der Annahmeverweigerung fort, bis eine Absenderverfügung beim Frachtführer eingetroffen ist; gemeint ist wohl ein Eintreffen der Weisung am Ablieferungsort. Hiermit wird eine Doppellegitimation von Absender und Empfänger geschaffen. Die Bedeutung dieser Vorschrift bezieht sich offenbar darauf, einen herrenlosen Zustand des Guts zu verhindern. Bis zum Eingang neuer Weisung des Absenders hat dann auch

53 Siehe Art. 16 Rdn. 12; Art. 14 Rdn. 20.
54 BGH vom 5.2.1987, NJW **1987** 1885 f = TranspR **1987** 180, 182 = VersR **1987** 678, 679; *Loewe* ETR **1976** 548; *Koller*[4] Art. 16 Rdn. 6 m. w. H.
55 Siehe Rdn. 4.
56 *Loewe* ETR **1976** 548; OLG Hamm vom 16.8. 1984, TranspR **1985** 97, 98; siehe dazu auch Rdn. 4; ferner im Überblick § 437 HGBaF Rdn. 8.
57 Nämlich ohne Vorlage der Absenderausfertigung des Frachtbriefs.
58 Dazu Rdn. 4.
59 Siehe Art. 12 Rdn. 24, 26.

nach Erklärung der Annahmeverweigerung der Empfänger noch einen Auslieferungsanspruch gegen den Frachtführer. Daher darf und muß noch ausgeliefert werden, wenn etwa die Weisung des Absenders bei der Zentrale bereits eingegangen, aber noch nicht an den Frachtführer weitergeleitet ist. Solche Fälle werden bei den verbesserten Kommunikationsmethoden kaum mehr vorkommen. Daher wird zu Recht vorgeschlagen, in Fällen der vor Ankunft am Bestimmungsort definitiv erklärten Annahmeverweigerung bereits Art. 15 Abs. 1 analog anzuwenden.[60]

3. Weiterer Sonderfall: Benennung eines Dritten (Art. 15 Abs. 3)

Eine besondere Situation liegt nach Art. 15 Abs. 3 vor, wenn der Empfänger, dem gemäß Art. 12 Abs. 3 durch Frachtbriefvermerk das sofortige Alleinverfügungsrecht zugewendet worden ist, einen Dritten als neuen Empfänger benannt hat. Tritt dann ein Hindernis ein, das die Ablieferung an den benannten Dritten verhindert, so muß sich nach Art. 14 Abs. 3 der Frachtführer wegen der Weisungen an den ursprünglich benannten Empfänger wenden. Verweigert der Dritte die Annahme, so steht das subsidiäre Verfügungsrecht nicht dem Absender, sondern dem ursprünglich im Frachtbrief benannten Empfänger zu; bis zum Eingang der Weisungen kann der benannte Dritte noch Auslieferung verlangen. Auf andere Fälle des Absenderverfügungsrechtes als den in Art. 12 Abs. 3 geregelten kann die Sonderbestimmung des Art. 15 Abs. 3 nicht ausgedehnt werden.[61] Wegen der Kosten siehe Art. 16 Abs. 1 und dort Art. 16 Rdn. 1. 19

Wenn auch der im Frachtbrief benannte Empfänger seine Rechte nicht ausübt, ist der Frachtführer im Endergebnis auf den Verkauf nach Art. 16 Abs. 4 S. 2 angewiesen. 20

IV. Beweislast

Zunächst trifft den Frachtführer die Beweislast für das Vorliegen von Ablieferungshindernissen nach Art. 15,[62] insbesondere muß er die Unmöglichkeit der Ablieferung darlegen.[63] Beruft sich dagegen der Absender darauf, dem Frachtführer Weisungen zur Beseitigung oder Umgehung des Ablieferungshindernisses erteilt zu haben, so trifft ihn dafür und für den Inhalt der Weisungen die Beweislast,[64] weiter dafür, daß die (von ihm nicht zu beweisende) Mißachtung der Weisung für den Schaden kausal war.[65] Die Befolgung der Weisungen des Absenders hingegen hat der Frachtführer zu beweisen.[66] Ihn trifft auch die Beweislast für Kosten nach Art. 16 Abs. 2.[67] In den Fällen des Absatz 2,[68] in denen der Empfänger nach Annahmeverweigerung doch noch Ablieferung verlangt, muß er sowohl für diesen nachträgliche Geltendmachung[69] als auch dafür, daß diese vor Weisungen des Absenders erfolgte, den Beweis erbringen. 21

---

[60] Siehe Rdn. 4.

[61] *Loewe* ETR **1976** 549; *Thume/Temme* Rdn. 14; *Koller*[4] Rdn. 4; MüKo/*Basedow* Rdn. 15; **a. A.** *Herber/Piper* Rdn. 23.

[62] OLG Hamburg vom 25. 2. 1988, TranspR **1988** 277, 278 = VersR **1988** 909; *Herber/Piper* Rdn. 9; *Thume/Temme* Rdn. 16; *Koller*[4] Rdn. 2; *Baumgärtel/Giemulla* Rdn. 1 f.

[63] OLG Hamburg vom 25. 2. 1988, TranspR **1988** 277, 278 = VersR **1988** 909.

[64] *Herber/Piper* Rdn. 9; *Thume/Temme* Rdn. 17; *Koller*[4] Rdn. 2; *Baumgärtel/Giemulla* Rdn. 2.

[65] *Thume/Temme* Rdn. 17.

[66] *Herber/Piper* Rdn. 9; *Thume/Temme* Rdn. 18; *Koller*[4] Rdn. 2; *Baumgärtel/Giemulla* Rdn. 2.

[67] Siehe hierzu Art. 16 Rdn. 7.

[68] Rdn. 18.

[69] *Baumgärtel/Giemulla* Rdn. 3.

Artikel 16

1. Der Frachtführer hat Anspruch auf Erstattung der Kosten, die ihm dadurch entstehen, dass er Weisungen einholt oder ausführt, es sei denn, dass er diese Kosten verschuldet hat.

2. [1]In den in Artikel 14 Absatz 1 und in Artikel 15 bezeichneten Fällen kann der Frachtführer das Gut sofort auf Kosten der Verfügungsberechtigten ausladen; nach dem Ausladen gilt die Beförderung als beendet. [2]Der Frachtführer hat sodann das Gut für den Verfügungsberechtigten zu verwahren. [3]Er kann es jedoch auch einem Dritten anvertrauen und haftet dann nur für die sorgfältige Auswahl des Dritten. [4]Das Gut bleibt mit den aus dem Frachtbrief hervorgehenden Ansprüchen sowie mit allen anderen Kosten belastet.

3. [1]Der Frachtführer kann, ohne Weisungen des Verfügungsberechtigten abzuwarten, den Verkauf des Gutes veranlassen, wenn es sich um verderbliche Waren handelt oder der Zustand des Gutes eine solche Maßnahme rechtfertigt oder wenn die Kosten der Verwahrung in keinem Verhältnis zum Wert des Gutes stehen. [2]Er kann auch in anderen Fällen den Verkauf des Gutes veranlassen, wenn er innerhalb einer angemessenen Frist gegenteilige Weisungen des Verfügungsberechtigten, deren Ausführung ihm billigerweise zugemutet werden kann, nicht erhält.

4. [1]Wird das Gut aufgrund der Bestimmungen dieses Artikels verkauft, so ist der Erlös nach Abzug der auf dem Gut lastenden Kosten dem Verfügungsberechtigten zur Verfügung zu stellen. [2]Wenn diese Kosten höher sind als der Erlös, kann der Frachtführer den Unterschied beanspruchen.

5. Art und Weise des Verkaufes bestimmen sich nach den Gesetzen oder Gebräuchen des Ortes, an dem sich das Gut befindet.

Article 16

1. Le transporteur a droit au remboursement des frais que lui cause sa demande d'instructions, ou qu'entraîne pour lui l'exécution des instructions reçues, à moins que ces frais ne soient la conséquence de sa faute.

2. Dans les cas visés à l'article 14, paragraphe 1, et à l'article 15, le transporteur peut décharger immédiatement la marchandise pour le compte de l'ayant droit; après ce déchargement, le transport est réputé terminé. Le transporteur assume alors la garde de la marchandise. Il peut toutefois confier la marchandise à un tiers et n'est alors responsable que du choix judicieux de ce tiers. La marchandise reste grevée des créances résultant de la lettre de voiture et de tous autres frais.

3. Le transporteur peut faire procéder à la vente de la marchandise sans attendre d'instructions de l'ayant droit lorsque la nature périssable ou l'état de la marchandise le justifie ou lorsque les frais de garde sont hors de proportion avec la valeur de la marchandise. Dans les autres cas, il peut également faire procéder à la vente lorsque, dans un délai raisonnable, il n'a pas reçu de l'ayant droit d'instructions contraires dont l'exécution puisse équitablement être exigée.

4. Si la marchandise a été vendue en application du présent article, le produit de la vente doit être mis à la disposition de l'ayant droit, déduction faite des frais grevant la marchandise. Si ces frais sont supérieurs au produit de la vente, le transporteur a droit à la différence.

5. La façon de procéder en cas de vente est déterminée par la loi ou les usages du lieu où se trouve la marchandise.

Article 16

1. The carrier shall be entitled to recover the cost of his request for instructions and any expenses entailed in carrying out such instructions, unless such expenses were caused by the wrongful act or neglect of the carrier.

2. In the cases referred to in article 14, paragraph 1, and in article 15, the carrier may immediately unload the goods for account of the person entitled to dispose of them and there-upon the carriage shall be deemed to be at an end. The carrier shall then hold the goods on behalf of the person so entitled. He may, however, entrust them to a third party, and in that case he shall not be under any liability except for the exercise of reasonable care in the choice of such third party. The charges due under the consignment note and all other expenses shall remain chargeable against the goods.

3. The carrier may sell the goods, without awaiting instructions form the person entitled to dispose of them, if the goods are perishable or their condition warrants such a course, or when the storage expenses would be out of proportion to the value of the goods. He may also proceed to the sale of the goods in other cases if after the expiry of a reasonable period he has not received from the person entitled to dispose of the goods instructions to the contrary which he may reasonably be required to carry out.

4. If the goods have been sold pursuant to this article, the proceeds of sale, after deduction of the expenses chargeable against the goods, shall be placed at the disposal of the person entitled to dispose of the goods. If these charges exceed the proceeds of sale, the carrier shall be entitled to the difference.

5. The procedure in the case of sale shall be determined by the law or custom of the place where the goods are situated.

Übersicht

Schrifttum

Jung The Convention on the Contract for the International Carriage of Goods (CMR): Survey, Analysis and Trends of Recent German Case Law, RDU **1997** 148–167; *Koller* Das Standgeld bei CMR-Transporten, TranspR **1988** 129–138; *Müller* Der Frachtführer muß nur in Ausnahmefällen haften, DVZ Nr. 85 v. 18.7.1992, 3; *Roltsch* Nicht jeder Mehraufwand wird erstattet, DVZ Nr. 48 v. 23.4.1985, 9; *Thonfeld* Verantwortlichkeit für das Be- und Entladen im Straßengüterverkehr, TranspR **1998** 19–21.

I. Allgemeines

1 Art. 16 enthält eine Reihe von unterschiedlichen Folgen der Beförderungs- und Ablieferungshindernisse (Art. 14, 15), aber auch über Notmaßnahmen. In der Praxis stehen Art. 14, 15, 16 und 12 CMR untereinander in engem Zusammenhang.[1] Die Regelung des Art. 16 ist nicht vollständig, aber zwingend. Sie bedarf an mehreren Stellen einer Ergänzung durch nationales Recht[2] und ist daher als pauschale Feststellung nicht „abschließend".[3] Insbesondere ist zu beachten, daß Art. 12, auch dessen Abs. 5, grundsätzlich alle Weisungen betrifft, also auch durch Beförderungs- oder Ablieferungshindernisse verursachte.[4] Die Anwendungsfelder von Art. 16 und 12 Abs. 5 überschneiden sich jedoch. Das Weisungsrecht nach Art. 12 wird bei Beförderungs- oder Ablieferungshindernissen nur durch speziellere Bestimmungen verdrängt. Da Art. 16 Abs. 1 nur Kosten regelt, Art. 12 Abs. 5 a aber ausdrücklich auch Schäden durch die Ausführung der Weisung, sind insoweit beide Regelungen nebeneinander anzuwenden.

II. Anspruch auf Kostenerstattung (Art. 16 Abs. 1)

1. Voraussetzungen

a) Befolgung einer Weisung

2 Art. 16 Abs. 1 setzt Einholung oder Ausführung[5] einer wirksamen Weisung voraus; nach allgemeiner Auffassung aber vor allem auch ein Beförderungs- oder Ablieferungshindernis nach Art. 14 f.[6] *Koller*[4] Art. 14 Rdn. 6 schlägt aber zu Recht analoge Anwendung auf den Fall fehlender Weisung nach Art. 14 Abs. 2 vor; siehe Art. 14 Rdn. 23. Unterläßt der Frachtführer pflichtwidrig[7] die Einholung einer Weisung, hat er (unabhängig von Verschulden) keinen Kostenanspruch.[8]

---

[1] Die Regelungen sind im deutschen Recht nunmehr gestrafft und zusammengefaßt in § 419 HGB.

[2] Siehe dazu allgemein Art. 41 Rdn. 1. Zur Kostenerstattung bei Art. 16 siehe dort Rdn. 4, 9, 14, 17, 20, 21, 30.

[3] *Thume/Temme* Rdn. 12; MüKo/*Basedow* Rdn. 5, (dort Verweisung auf Art. 12 Rdn. 33 f, 36). Für „abschließende Regelung" zu Art. 15 und 16 OLG Hamburg vom 31.3.1994, TranspR **1995** 245, 246; *Koller* TranspR **1988** 129, 133, *Koller*[4] Rdn. 4 (zum Standgeld). Siehe zur „abschließenden Regelung" grundsätzlich Art. 1 Rdn. 68.

[4] Siehe Art. 12 Rdn. 1; dazu insbesondere MüKo/*Basedow* Art. 14 Rdn. 15; Art. 5 Rdn. 8 ff; Art. 16 Rdn. 2. *Koller*[4] Art. 12 Rdn. 3; *Herber/Piper* Rdn. 8; **a. A.** *Thume/Temme* Rdn. 7 f.

[5] Unverständlich A OGH vom 15.4.1993, TranspR **1993** 425 f, der die Weisung, am Freitag nicht mehr angenommenes Gut am Montag erneut zuzustellen, als Anweisung zum Ausladen mit der Folge der Beendigung der Obhutshaftung auslegt.

[6] Siehe Rdn. 4.

[7] Im Fall der Ausladung (Abs. 2) und des Verkaufs (Abs. 3) ist fraglich, ob er zur Anfrage verpflichtet und daher Kostengläubiger ist; siehe Rdn. 15, 23, 27; *Herber/Piper* Rdn. 14.

[8] Zutreffend *Herber/Piper* Rdn. 14.

b) Kosten

Was **Kosten** sind, ist nach gängiger Definition wenig aufschlußreich: „freiwillige Vermögensopfer“.[9] Dies ist ohne Angaben über Umstände und Zweckbestimmung bloße Leerformel; die üblichen allgemeinen Definitionen widersprechen sich in wichtigen Einzelheiten.[10] Die üblichen Fälle sind aber nicht generell,[11] sondern sachbezogen und daher auch fallgebunden.[12] Meist bestimmen sie auch nicht, wie die Kosten zu berechnen sind. Was mit Kosten gemeint ist, ergibt sich am ehesten aus dem Verwendungszweck, auch im Fall des nach Art. 16 CMR: Gegenstand von **Aufwendungen** des Frachtführers,[13] die er **für die Einholung**[14] **und Ausführung**[15] **von Weisungen** erbringt.[16] Keine Kosten[17] sind grundsätzlich Schäden und schadensrechtlich begründeter Kostenersatz, zu deren Tragung der Frachtführer verpflichtet ist (Schadensersatz);[18] vor allem nach Art. 17 CMR, 25 Abs. 4 und 25 Abs. 1.[19] Anwendbar ist nach weit vertretener Auffassung auch Art. 12 Abs. 5 a.[20] Zu den Kosten i. S. v. Art. 16 Abs. 1 gehört ein angemessener Anteil am Aufwand für Betriebsmittel[21] und eigene Arbeitskraft,[22] aber auch der entgangene Gewinn,[23] zu dessen Ersatz auch ein **Standgeld** für die Zeit des Wartens aufgrund der Einholung und Ausführung der Weisungen[24] gehört. 3

Der Kostenbegriff des neuen deutschen Frachtrechts umfaßt auch eine angemessene Vergütung.[25] **Erhält der Frachtführer** erbetene **Weisungen nicht,** kann er eigenmächtig nach Art. 14 Abs. 2 Maßnahmen ergreifen. Die Kostenerstattung ist jedoch nicht geregelt. Da der Frachtführer offensichtlich Aufwendungen zum Nutzen der Ladung erbracht hat, erscheint es notwendig, ihm jedenfalls die Kosten für sein Handeln zu erstatten. Dies könnte er nach unterschiedlichen Vorschriften verlangen, etwa nach Art. 675 oder 632 BGB oder auch nach Art. 16 Abs. 1 analog (streitig).[26] Nach anderer Meinung werden Ansprüche aus nationalem Frachtrecht befürwortet,[27] von wieder anderen alle Ansprüche bezweifelt.[28] Ist es dem Frachtführer nicht möglich, rechtzeitig Weisungen einzuholen, kann er z. B. als Geschäftsführer ohne Auftrag auf

[9] *Herber/Piper* Rdn. 4.

[10] Vergleiche etwa *Esser/Schmidt* SchR I/1[8] S. 236 ff mit *Larenz* SchR I[14] S. 13 und z. B. *Schlechtriem* SchR AT, Rdn. 173 f, der nur Beispiele nennt.

[11] Zu Kostenfragen eingehend MüKo/*Basedow* Rdn. 6 f; sehr differenzierend *Thume/Temme* Rdn. 7; siehe auch *Herber/Piper* Rdn. 4; *Koller*[4] Rdn. 2 ff.

[12] Z.B. in Art. 6 Abs. 1 Buchst. i.

[13] Oder von Dritten, für ihn handelnden Personen.

[14] Siehe Rdn. 4.

[15] OLG München vom 12. 4. 1991, TranspR **1991** 298, 299 = RIW **1991** 676 f; OLG Köln vom 26. 8. 1994, TranspR **1995** 68, 69 = NJW-RR **1995** 671.

[16] OLG Frankfurt vom 24. 6. 1991, VersR **1992** 1157 = MDR **1992** 242 f; siehe Rdn. 4.

[17] Siehe dort ebenfalls undefiniert: „frais“, „expenses“, „costs“. Dazu eingehend MüKo/*Basedow* Rdn. 2–4.

[18] Informativ im Grundsätzlichen MüKo/*Dubischar* §§ 256–259 HGB Rdn. 1.

[19] Siehe Art. 12 Rdn. 43. Vergleichend dazu MüKo/*Basedow* Rdn. 4.

[20] MüKo/*Basedow* Rdn. 6; grundsätzlich auch *Koller*[4] Rdn. 3; mit Begründungsdifferenzen wohl auch *Thume/Temme* Rdn. 7 f; *Herber/Piper* Rdn. 8.

[21] OLG München vom 12. 4. 1991, TranspR **1991** 298 ff = RIW **1991** 676 f.

[22] *Koller*[4] Rdn. 2; *Herber/Piper* Rdn. 4 f. Kaum nachvollziehbare Gewinnabschläge verlangt *Koller* TranspR **1988** 129, 131 f; ihm folgend OLG München vom 12. 4. 1991, TranspR **1991** 298 ff = RIW **1991** 676 f; entschieden ablehnend zu Recht MüKo/*Basedow* Rdn. 5, Art. 12 Rdn. 30.

[23] MüKo/*Basedow* Rdn. 5, Art. 12 Rdn. 30; mit Einschränkungen *Thume/Temme* Rdn. 7 f, der aber durch Rückgriff auf deutsches Recht zu ähnlichem Ergebnis kommt. Siehe Art. 12 Rdn. 43.

[24] *Koller*[4] Rdn. 2; *Herber/Piper* Rdn. 5; MüKo/*Basedow* Rdn. 5, Art. 13 Rdn. 31; **a.A.** *Koller* TranspR **1988** 129, 133.

[25] Z.B. nunmehr aus §§ 419 Abs. 1 S. 3, 418 Abs. 1 S. 4 HGB. Siehe auch Art. 14 Rdn. 9.

[26] MüKo/*Basedow* Rdn. 2, eingehend begründet zu Art. 14 Rdn. 21 mit weiteren Hinweisen auf ausländisches Recht; *Koller*[4] Rdn. 6.

[27] Etwa aus Art. 675 oder 632 BGB: *Glöckner*[7] Rdn. 7; *Jesser* S. 90; wohl auch *Thume/Temme* Rdn. 8.

[28] *Clarke*[2] S. 154 f.

eigene Verantwortung dringlich gebotene Maßnahmen treffen.[29] Insgesamt erscheint die analoge Anwendung von Art. 16 Abs. 1 wohl als die beste Möglichkeit.

Schäden, die bei der Ausführung einer Weisung entstehen, sind nicht als Kosten nach Art. 16 Abs. 1 zu ersetzen; wohl aber nach Art. 12 Abs. 5 a.[30]

c) Anwendungsbereich

4 Art. 16 Abs. 1 bezieht sich dem Wortlaut nach auf **alle zulässigen Weisungen.**[31] Nach allgemeiner Meinung beschränkt sich seine Wirkung[32] aber auf die Anwendungsfälle der Art. 15, 16;[33] anders als Abs. 2. Man kann diese Beschränkung der Anwendung zwar aus dem Zusammenhang der Vorschriften begründen.[34] Angesichts des Umstandes, daß die CMR keine allgemeine Kostenerstattungsvorschrift enthält,[35] ist dies aber nicht in jedem Fall sinnvoll. *Koller*[4] Art. 14 Rdn. 6 schlägt zu Recht analoge Anwendung auf den Fall fehlender Weisung nach Art. 14 Abs. 2 vor.[36] Allerdings überschneiden sich die Anwendungsfelder von Art. 16 und 12 Abs. 5. Da Art. 12 das Weisungsrecht unabhängig vom Vorliegen von Beförderungs- oder Ablieferungshindernissen regelt, sind seine Bestimmungen nur da verdrängt, wo Art. 14–16 Spezielleres vorsieht. Dies ist bei Art. 12 Abs. 5a nicht der Fall, denn Art. 16 Abs. 1 regelt nur Kosten, Art. 12 Abs. 5a aber ausdrücklich auch Schäden durch die Ausführung der Weisung.

d) Kein Verschulden des Frachtführers

5 Der Anspruch auf Kostenersatz entfällt, soweit der Frachtführer die Kosten verschuldet hat, d.h. soweit er sie bei Anwendung der im Verkehr erforderlichen Sorgfalt[37] hätte vermeiden können.[38] Dies bezieht sich auch auf das Verschulden bei Entstehung des Hindernisses.[39] Der verschärfte Verschuldensmaßstab des Art. 17 Abs. 2 ist nicht anzuwenden.[40] Für Verschulden seiner Gehilfen hat der Frachtführer nach Art. 3 einzustehen.[41] Das Verschulden muß der potenzielle Kostenschuldner substantiiert behaupten und beweisen. Es bezieht sich auch auf die Herbeiführung der Lage, aus der sich das Beförderungs- oder Ablieferungshindernis ergibt.[42] Daher kann

---

[29] *Herber/Piper* Rdn. 7 hält Vergütungsansprüche über die Aufwendungen hinaus für nicht möglich.

[30] Siehe Rdn. 1; Art. 12 Rdn. 43.

[31] Weitere Regelungen für Spezialfälle in Art. 7, 10, 11.

[32] Der Text von Abs. 1 enthält keine solche Beschränkung; *Loewe* ETR **1976** 503 ff, Nr. 137 ff S. 549 f erwähnt eine solche nicht; ebensowenig *Glöckner*[7] Rdn. 1.

[33] MüKo/*Basedow* Rdn. 2; *Herber/Piper* Rdn. 1; lapidar auch *Koller*[4] Rdn. 1; *Thume/Temme* Rdn. 1 ff; *Thume* in *Fremuth/Thume* Frachtrecht, Rdn. 1; *Clarke*[2] Nr. 33 d(ii) S. 154 f.

[34] Als allgemeine angenommene Aussage ohne Begründung.

[35] OLG München vom 28.6.1983, TranspR **1984** 186 = VersR **1984** 343.

[36] Siehe Rdn. 2; Art. 14 Rdn. 23.

[37] Deutlicher der englische als der französische Text: „unless such expenses were caused by the wrongful act or neglect of the carrier", „à moins que des frais ne soient la conséquence de sa faute".

[38] Siehe OLG Frankfurt vom 24.6.1991, VersR **1992** 1157 = MDR **1992** 242 f; *Herber/Piper* Rdn. 10; *Koller*[4] Rdn. 3; *Hill/Messent/Glass*[2] S. 97; MüKo/*Basedow* Rdn. 4.

[39] *Loewe* ETR **1976** 503 ff, Nr. 138 S. 549; *Koller*[4] Rdn. 3; *Herber/Piper* Rdn. 10; *Thume* in *Fremuth/Thume* Frachtrecht, Rdn. 6; *Thume/Temme* Rdn. 9. Es genügt jedenfalls nicht, daß die Ursache aus dem Risikobereich des Schuldners kommt.

[40] Siehe zum „unabwendbaren Umstand" Art. 17 Rdn. 74 ff; zum Verhältnis der Maßstäbe MüKo/*Basedow* Rdn. 4.

[41] *Koller*[4] Rdn. 3; MüKo/*Basedow* Rdn. 4; *Herber/Piper* Rdn. 10; *Thume/Temme* Rdn. 9; *Thume* in *Fremuth/Thume* Frachtrecht, Rdn. 6; *Hill/Messent/Glass*[2] S. 97.

[42] Z.B. bei Nichtbeachtung von Weisungen, OLG Nürnberg vom 16.3.1976, Spediteur **1985** 320, 322; *Loewe* ETR **1976** 503 ff, Nr. 139 S. 549; *Herber/Piper* Rdn. 11; *Hill/Messent/Glass*[2] S. 97.

er insbesondere die Kosten der Rückbeförderung nicht verlangen, wenn er das Hindernis verschuldet hat. Die CMR gibt auch keinen Hinweis, daß dem Frachtführer Kosten zuzurechnen sind, die aus dem speziellen Risikobereich des Frachtführers (Autopanne als Beförderungshindernis) herrühren.[43]

e) Kostenschuldner

Wer Schuldner der Kostenerstattung ist, wird in der CMR nicht geregelt. Für die **Kosten der Weisungsausführung** kann dies nur der Weisungsberechtigte[44] sein, an den sich die **Anfrage auf Weisung** gerichtet hat und der ihre Ausführung angeordnet hat;[45] ebenso für die **Weisungseinholung.**[46] Jedenfalls kann aber Art. 16 Abs. 2 S. 4 angewendet werden, so daß das Gut als Sicherheit für die Kosten haftet; dazu Rdn. 22. 6

f) Beweislast

Die Beweislast ist im Rahmen des Art. 16 nicht besonders geregelt. Will der Frachtführer Kostenersatz beanspruchen, trifft sie ihn nach allgemeinem Prozeßrecht für die anspruchsbegründenden Tatsachen, also für die Weisung, eventuell für das Vorliegen eines Beförderungs- oder Ablieferungshindernisses.[47] Lediglich wegen des Frachtführerverschuldens ist sie (durch die Formulierung als Ausnahme) dem auf Zahlung in Anspruch Genommenen zugewiesen.[48] 7

2. Umfang des Kostenersatzes

Der Frachtführer hat Anspruch auf Erstattung der Kosten für die Einholung und Ausführung der Weisungen; siehe auch Art. 12 Rdn. 43. Im Falle einer Güterschadenshaftung werden die Kosten nach Art. 23 Abs. 4 erstattet.[49] Die CMR regelt den Umfang des Kostenersatzes aber weder in Art. 16 noch sonst irgendwo inhaltlich. *Koller*[50] entwickelt dazu aus dem Wortlaut und dem Zusammenhang zwischen den Absätzen der Vorschrift die These, Art. 15 Abs. 1 könne „nur den Sinn haben, daß der Frachtführer nicht dadurch schlechter gestellt sein soll, daß er, anstatt das Gut auszuladen, im Interesse des Verfügungsberechtigten um Weisungen nachsucht". Man kann ihm darin zustimmen, daß diese Sicherung des Frachtführers ein Zweck des Art. 16 Abs. 1 ist. Jedenfalls ist damit ein nicht abdingbares Minimum für die Entschädigung des wartenden Frachtführers zwingend festgelegt. Eine Beschränkung auf engen Kostenersatz unter Ausschluß von Gewinnerstattungen würde jedoch den Frachtführer (insbesondere bei Transporte in fernere Länder, z. B. in den Mittleren Osten) für die Weisungeinholung mit beachtlichen Nachteilen belegen. Nach der CMR liegt 8

---

[43] *Koller*[4] Art. 16 Rdn. 3 gegen *Putzeys* Rdn. 627.

[44] Zur Weisung berechtigt ist der Verfügungsberechtigte; zu diesem siehe Art. 12 Rdn. 10 f.

[45] Für die Kosten der Ausführung: *Koller*[4] Rdn. 4; *Thume/Temme* Rdn. 10 f; *Clarke*[2] Nr. 33 d(ii) S. 154; MüKo/*Basedow* Rdn. 8.

[46] Für die Weisungseinholung gilt das Gleiche: MüKo/*Basedow* Rdn. 8; **a. A.** *Koller*[4] Rdn. 4, der offenbar stets den Absender als verpflichtet sehen will; dem folgend *Thume* in *Fremuth/Thume* Frachtrecht, Rdn. 7; dies gilt aber nur für den Fall des Ablieferungshindernisses, Art. 15 Abs. 1; zutreffend MüKo/*Basedow*; dort auch genau zur Rechtsstellung des Empfängers.

[47] OLG Hamburg vom 25. 2. 1988, TranspR **1988** 277, 178; *Koller*[4] Art. 16 Rdn. 3.

[48] Zutreffend *Koller*[4] Rdn. 3. Siehe auch Art. 14 Rdn. 8.

[49] Siehe dort Rdn. 24. Zum innerdeutschen Recht siehe § 418 Abs. 1 HGBnF und § 425 HGBaF Rdn. 171 ff, 192 f.

[50] *Koller* TranspR **1988** 129, 134; *Koller*[4] Art. 16 Rdn. 2; *Jesser* S. 177 spricht nicht von einem „Gewinnabschlag", sondern vom Abzug des Ersparten oder anderweitig Erworbenen. Dies ist keine Begrenzung des Gewinns aus der üblichen Vergütung.

im übrigen – entgegen *Koller* – nicht fest, was Kosten sind; insbesondere, ob und in welchem Umfang sie im hier betroffenen handelsrechtlichen Bereich auch Nutzungsentgelte für das vorgehaltene Betriebsmittel Kraftfahrzeug enthalten. Der von *Koller* abgeleitete Zweck des Art. 16 würde dies eher nahelegen, weil sonst das Einholen von Weisungen mit Einbußen wegen der finanziellen Nutzungsausfälle verbunden wäre. *Koller* sieht dies und will dem mit „nicht zu scharfen Anforderungen" abhelfen, dem Frachtführer aber auf der anderen Seite den Beweis für entgangenen Gewinn auferlegen. Hierdurch würde eine höchst problematische und prozeßträchtige Abgrenzungslinie aufgebaut. Im übrigen ergibt sich aus dem von *Koller* dargelegten Zweck der Vorschriften keineswegs der Grundsatz, daß Tarife und Einzelabreden zum **Standgeld**, „wo Standzeiten auf Beförderungs- oder Ablieferungshindernisse zurückzuführen sind" durch Art. 14 ff CMR verdrängt werden und Standgeldansprüche ausschließlich auf Art. 16 zu stützen sind. Denn es ist nicht einzusehen, warum die Freiheit der Vertragsparteien zur Regelung der Entgeltfragen ausgerechnet in diesem Bereich ausgeschaltet werden soll und damit im Ergebnis dem von *Koller* entwickelten Zweck der Kostenregelung deutlich entgegengewirkt werden sollte. Im Ergebnis bleibt daher festzuhalten: Entgeltvereinbarungen über Standgeld[51] und andere Kostenregelungen sind zulässig; jedenfalls Nutzungsausfälle als Kosten sollten ersetzt werden.

9 Umstritten ist, **wie weit die zwingende Wirkung von Art. 16 Abs. 1 CMR reicht**. *Koller*[52] will aus Art. 41 CMR herleiten, daß alle Aufwendungen im Bereich dieser („abschließenden") Vorschrift generell nicht vertraglich abbedungen oder geändert werden können.[53] Dies verkennt den Grundcharakter der CMR. Für den vor allem behandelten Fall der Standgeldabreden ist *Koller* schon deshalb nicht zu folgen, weil **Standgeld** in der Regel einen Vergütungs- und keinen Kostenersatzcharakter hat.[54] *Koller* meint, ein „Entgelt als Gegenleistung, für die Verpflichtung zu warten" könne nicht gezahlt werden. Dies verkennt, daß Standgelder aus einsehbaren wirtschaftlichen Gründen nur als Entgelt für die platzgebundene Vorhaltung von Fahrzeug und Fahrer gesehen werden können, also unter die Freiheit der Gegenleistung fallen. Im übrigen ist die Höhe der Kosten- und Aufwendungsersatzansprüche in der CMR nicht geregelt, sondern bestimmt sich nach ergänzend anwendbarem nationalem Recht, das nicht nach Art. 41 CMR an der zwingenden Wirkung teilnimmt.[55] Eine vertragliche Standgeldregelung verstößt auch grundsätzlich nicht gegen die CMR, weil diese die Haftung des Absenders aus Nebenpflichtverletzungen überwiegend dem ergänzend anzuwendenden Recht überläßt. Nach richtiger Auffassung stehen auch die in der CMR zwingend geregelten Ansprüche des Frachtführers in Konkurrenz zu den vertraglichen Entgeltansprüchen. Diese Schadenersatzansprüche können vertraglich nicht ausgeschlossen oder beschränkt werden, wohl aber kann der gleiche Sachverhalt Gegenstand einer Entgeltregelung sein, die dann die Entstehung eines Schadens vorbeugend ausschließt.[56] Die Regelung aller Entgelte ist von der CMR ganz bewußt aus-

---

51 § 412 Abs. 3 HGB enthält nunmehr eine Legaldefinition des Standgelds als Vergütung: „Anspruch auf eine angemessene Vergütung (Standgeld)".

52 TranspR **1988** 129, 132 f; diesem folgend ohne eigene Begründung OLG Frankfurt vom 24.6. 1991, VersR **1992** 1157 = MDR **1992** 242.

53 Siehe Rdn. 1.

54 Für Deutschland nunmehr geklärt durch § 412 Abs. 3; dazu Rdn. 19; *Jesser* S. 176 f. Siehe schon § 425 HGBaF Rdn. 183 ff. Im Falle des Art. 14 verweist auch *Koller*[4] Art. 14 Rdn. 8 auf das nationale Recht, das jedenfalls in Deutschland Vertragsfreiheit bietet. Dazu auch Art. 11 Rdn. 6.

55 Siehe dazu Art. 1 Rdn. 64, 84.

56 Siehe dazu § 425 HGBaF Rdn. 183 ff. Zutreffend (für das Standgeld) die österreichische Rechtsprechung: A OGH vom 1.2.1983, TranspR **1983** 160 f (Vertragsansprüche) und A OGH vom 13.6.1985, Transport **1988** 13 ff = SZ **58** 102 S. 492 (Schadenersatzanspruch nach CMR und ergänzendem Recht); *Seltmann* Die CMR in der

genommen worden.[57] Daher können Aufwendungersatzansprüche, so weit sie wirtschaftlich Gegenstand von Entgeltvereinbarungen sind,[58] frei von den Parteien bestimmt werden.[59]

Inwieweit im Bereich des Art. 16 Abs. 1 auch **Schäden** zu ersetzen sind, die anläß- **10**
lich der Ausführung von Weisungen entstehen ist zweifelhaft. Art. 16 Abs. 1 erwähnt keine Schäden. *Koller*[4] Art. 16 Rdn. 3 will Art. 12 Abs. 5[60] analog anwenden, wo Schäden ausdrücklich erwähnt sind. In der Tat ist nicht einzusehen, warum ein solcher Ersatz nicht erfolgen soll, wenn die Weisung aufgrund von Beförderungs- oder Ablieferungshindernissen erteilt worden ist. Denkbar ist auch die ergänzende Anwendung deutschen Rechts, nach der jedenfalls Schäden aus der Verwirklichung zusätzlicher Risiken als Aufwendungen behandelt werden können.

3. Verjährung des Kostenersatzanspruchs

Der Kostenersatzanspruch verjährt nach Art. 32 Abs. 1 S. 1 CMR in einem Jahre; **11**
die Verjährungsfrist beginnt nach Art. 32 Abs. 1 S. 3 c.[61]

III. Recht zur Ausladung und Verwahrung des Gutes (Art. 16 Abs. 2)

1. Ausladung und Beendigung der Beförderung

a) Voraussetzungen des Ausladungsrechts

Liegt ein nicht behebbares Beförderungshindernis[62] (Art. 14 Abs. 1; siehe Rdn. 5 f, **12**
20) oder Ablieferungshindernis (Art. 15, dort Art. 15 Rdn. 15) vor, ist der Frachtvertrag damit nicht beendet. Der Frachtführer ist grundsätzlich verpflichtet, Weisungen einzuholen und Maßnahmen, insbesondere gegen Verderb, zu treffen; er haftet, insbesondere auch bei Ausladung bevor er die Weisungen einholt, zunächst weiter nach Art. 17. Von der Haftung ist er grundsätzlich auch nicht durch Verschulden des Verfügungsberechtigten befreit.[63] Art. 16 Abs. 2 gewährt aber dem Frachtführer ein **Recht auf Ausladung** des Gutes.[64] Mangels entsprechender Verweisung sind jedoch im Falle des Art. 14 Abs. 2 die gesetzlichen Voraussetzungen der Ausladung nicht gegeben, wohl aber im Rahmen der zweckmäßigen Maßnahmen nach dieser Vorschrift.[65] Liegen die Voraussetzungen des Ausladerechts wirklich vor[66] und macht der Frachtführer davon Gebrauch, so ist die Beförderung und damit die frachtvertrag-

---

österreichischen Praxis (1988) 37 f; siehe auch den Fall A OGH vom 12. 2. 1985, TranspR **1986** 374 ff = SZ **58** 22 (Vergütung für Stehtage als Schaden). *Koller* TranspR **1988** 129, 133 ff stützt selbst die von ihm vertretene Unwirksamkeit von Standgeldabreden auf die nach seiner Meinung zusammenhängende Kostenregelung der von Art. 16 Abs. 1 und Art. 14, 15; dazu Rdn. 19.

[57] *Loewe* ETR **1976** 503 ff, Nr. 9 S. 507 („Beförderungspreis").

[58] Siehe zum Standgeld als Vergütung nunmehr klärend § 412 Abs. 3 HGBnF.

[59] Auch vor der europäischen Tarifaufhebung wohl nur von *Koller* bezweifelt.

[60] Art. 12 Rdn. 43.

[61] BGH vom 11. 12. 1981, VersR **1982** 649, 650 f = ETR **1983** 63, 66; OLG München vom 12. 4. 1991, TranspR **1991** 298 ff = RIW **1991** 676 f.

[62] Terminologie des früheren § 28 Abs. 2 KVO, Anh. II nach 452 HGBaF Rdn. 8 ff, auch dort keine neuere Rechtsprechung vorhanden.

[63] Der Absender ist auch nicht zur Gewährleistung der Erfüllungsmöglichkeit verpflichtet, der Empfänger nicht sein Erfüllungsgehilfe; OLG Hamburg vom 31. 3. 1994, TranspR **1995** 245 f.

[64] Siehe zum zeitweiligen Beförderungshindernis Art. 14 Rdn. 4 f.

[65] Siehe Rdn. 25.

[66] So z. B. nicht, wenn entgegen Art. 14 Abs. 1 keine Weisungseinholung erfolgt; A OGH vom 27. 8. 1981, *Greiter* 97, 102.

liche Haftungszeit beendet.[67] Das Ausladen steht also lediglich einer Ablieferung gleich,[68] wirkt somit als Ersatzablieferung.[69] Mit ihm beginnt auch die Verjährung nach Art. 32 CMR Abs. 1 S. 3 Buchst. a,[70] nicht aber wird der gesamte Frachtvertrag[71] beendet. Dieser ist als Ganzes erst mit der Abwicklung aller Verpflichtungen, insbesondere auch der Frachtzahlungspflicht beendet. Der Frachtführer hat nach dann anwendbarem nationalem Recht Ansprüche auf eine Distanzfracht;[72] so nach § 420 Abs. 2 HGBnF. An die Stelle des Frachtvertrags tritt hinsichtlich der Güter ein Verwahrungs- und Geschäftsbesorgungsvertrag; siehe Rdn. 21. Die Beendigung der Beförderung bedeutet zunächst, daß der Frachtführer, auch wenn nach der Ausladung das Hindernis wegfallen sollte, nicht zur Wiedereinladung und Weiterbeförderung verpflichtet ist.[73] Auch das frachtrechtliche Weisungsrecht des Verfügungsberechtigten endet.[74] Auch wenn den Frachtführer nach dem Frachtvertrag an sich keine Ausladepflicht trifft, fällt die von ihm vorgenommene Ausladung noch in den Haftungszeitraum. Er haftet danach für Fehler beim Entladen nach Art. 17 CMR.[75] Die Ausladung ist zwar rein rechtlich eine weitgehend rechtlich wirksame Maßnahme des Frachtführers. Sie ist aber kommerziell für ihn problematisch, weil sie in aller Regel schwere Schäden verursacht (oder auch erst sichtbar macht) und auf die Geschäftsbeziehungen negativ einwirkt. Die schnelle Ausladung löst Diskussionen darüber aus, ob sie wirklich erforderlich war. Die Entscheidung, vor die häufig der Fahrer gestellt ist, wird ihm in aller Regel schwerfallen. Die Erlangung einer präzisen Weisung ist für ihn in jedem Fall der günstigste Weg.

13 **Lädt der Frachtführer nicht aus**, sondern holt etwa nur Weisungen ein, ist die Beförderung nicht beendet. Er bleibt im Rahmen des Frachtvertrags für das Gut verantwortlich.[76] Er darf es z. B. nicht im Fahrzeug ungeschützt sich selbst überlassen und haftet daher für Schäden nach Art. 17 CMR, eventuell auch unbeschränkt gem. Art. 29.[77]

b) Haftung für und nach Ausladung

14 Der Vorgang der Ausladung geschieht noch unter der Obhut des Frachtführers. Dieser haftet daher noch nach Art. 17 für Ausladungsschäden. Es kommt nicht darauf an, ob er auch bei Auslieferung an den vorgesehenen Empfänger zur Ausladung verpflichtet gewesen wäre, denn die Ausladung bei Beförderungs- oder Ablieferungshindernissen ist keine Erfüllung einer Pflicht aus dem Frachtvertrag.[78] Nach der Aus-

---

67 OLG München vom 12. 4. 1991, TranspR **1991** 298, 299 = RIW **1991** 676 f; NL Rb Rotterdam vom 24. 5. 1966, ETR **1966** 729, 734; NL Rb Amsterdam vom 12. 4. 1972, SS **1972** 264, 266. Siehe auch § 419 Abs. 3 S. 5.

68 *Loewe* ETR **1976** 503 ff, Nr. 139 S. 550; *Herber/Piper* Rdn. 19.

69 Art. 17 Rdn. 23; § 429 HGBaF Rdn. 71. Siehe auch Art. 22 Rdn. 12.

70 Siehe Art. 32 CMR Rdn. 50.

71 MüKo/*Basedow* Rdn. 10; **a. A.** BGH vom 5. 2. 1987, NJW **1987** 1885 f = TranspR **1987** 180, 182 = VersR **1987** 678, 679 „der Beförderungsvertrag"; ebenso *Koller*[4] Art. 16 Rdn. 6.

72 Zur Frage der Vergütungsansprüche des Frachtführers siehe MüKo/*Basedow* Rdn. 16.

73 Insoweit zutreffend A OGH vom 15. 4. 1993, TranspR **1993** 425 f.

74 BGH vom 5. 2. 1987, NJW **1987** 1885 f = TranspR **1987** 180, 182 = VersR **1987** 678, 679.

75 *Koller*[4] Art. 16 Rdn. 6.

76 OLG Düsseldorf vom 12. 1. 1984, TranspR **1984** 102, 104; OLG München vom 12. 4. 1991, TranspR **1991** 298 f = RIW **1991** 676 f.

77 OLG Düsseldorf vom 12. 12. 1985, TranspR **1986** 56, 59 = VersR **1986** 1069 f (Kühlgut über das Wochenende im Fahrzeug belassen); *Koller*[4] Art. 16 Rdn. 7.

78 Siehe zu diesen Schäden *Koller*[4] Rdn. 6; MüKo/*Basedow* Rdn. 11; *Herber/Piper* Rdn. 20. Der Fall A OGH vom 15. 4. 1993, TranspR **1993** 425 f betraf keine Ausladung nach Art. 15 CMR, sondern nur eine notwendige (aber etwas unmotivierte) Zwischenlagerung bis zur verfügten neuen Zustellung.

ladung ist der Frachtführer verpflichtet, das Gut selbst zu verwahren oder einem Dritten anzuvertrauen; siehe Rdn. 20 ff. Mangels CMR-Regelung kommt nur das nationale Recht als Grundlage in Betracht.[79]

c) Verhältnis von Ausladung und Weisungseinholung

Art. 16 Abs. 2 steht in krassem Widerspruch zu Art. 14 Abs. 1 und 15 Abs. 1 S. 2.[80] Im Gegensatz zu diesen Regelungen ist das Ausladungsrecht des Frachtführers nach Art. 16 Abs. 2 nach dem klaren Gesetzestext von vorheriger Weisungseinholung unabhängig.[81] Diese Regelung ist daher – wie nicht anders zu erwarten – international umstritten.[82] Nach in Deutschland und Österreich überwiegend von Rechtsprechung und teilweise von der Literatur vertretener Meinung soll der Konflikt durch ein Wahlrecht des Frachtführers zwischen Weisungseinholung und Ausladung (und Beendigung) des Frachtvertrags gelöst werden.[83] Diese Lösung enthebt den Frachtführer (wenn er ordnungsgemäß auslädt und verwahrt oder verwahren läßt) jeder weiteren Verantwortung für das Gut. Dies mag für Ablieferungshindernisse, insbesondere für Annahmeverweigerung des Empfängers angemessen sein;[84] für Beförderungshindernisse (für die es offenbar keine veröffentlichte Rechtsprechung gibt) ist es erheblich problematischer, weil diese an völlig unvorhergesehenen Plätzen eintreten können und dringend der gemeinsamen Lösung durch Anweisung durch Frachtführer und Verfügungsberechtigten bedürfen. International wird im Gegensatz dazu auch vertreten, daß die Ausladung nur zulässig ist, wenn keine andere Möglichkeit mehr offen ist,[85] wenn also Weisungen in angemessener Zeit nicht zu bekommen sind[86] und der Vertrag nicht entsprechend Art. 14 Abs. 2 auf andere als die vereinbarte Weise ausgeführt werden kann. Eine dritte Meinungsgruppe möchte die Frage durch den Hinweis lösen, die Ausladung sei zwar zulässig, beende aber nur den Transportvertrag, nicht den Transport; es bliebe also auch nach Ausladung die Pflicht zur Weisungseinholung und -befolgung.[87] Diese Lösung beläßt also die Pflicht zur Beendigung der Konfliktsituation auch nach Ausladung bei Frachtführer und Verfügungsberechtigtem. Entscheidungen sind in allen Fällen nur für Fragen der Vertragsabwicklung zu erwarten, eine Lösung scheint am ehesten durch Berücksichtigung der den Vertragspartnern obliegenden Treuepflichten möglich zu sein. Jedenfalls ist dem Frachtführer zu empfehlen, vor der Ausladung Weisungen einzuholen. 15

---

[79] MüKo/*Basedow* Rdn. 12.

[80] Siehe Art. 14 Rdn. 17, Art. 15 Rdn. 7.

[81] *Koller*[4] Art. 16 Rdn. 6; *Koller* TranspR **1988** 129, 132; NL Rb Rotterdam vom 24.5.1966, ETR **1966** 729, 733 NL Rb Rotterdam vom 24.5. 1966, ETR **1966** 729, 733; kritisch *Lamy* 99 I Nr. 484b.

[82] Siehe zum Überblick über die vertretenen Auffassungen MüKo/*Basedow* Rdn. 9.

[83] *Loewe* ETR **1976** 503 ff, Nr. 129 S. 547, Nr. 134 S. 548, Rdn. 139 S. 550; *Koller*[4] Rdn. 6; *Herber/Piper* Rdn. 15 ff, Art. 14 Rdn. 13; *Thume/Temme* Rdn. 14, unklar aber zu Art. 14 Rdn. 10, 14; *Lenz* Rdn. 434; *Jesser* S. 64 f, 89; BGH vom 5.2.1987, NJW **1987** 1885 ff = TranspR **1987** 180, 182 = VersR **1987** 678, 679 (zu Art. 15 für Annahmeverzug); NL Rb Rotterdam vom 24.5.1966, ETR **1966** 729, 734 (zu Art. 15).

[84] Ein Grenzfall ist A OGH vom 15.4.1993, TranspR **1993** 425 f. Er betraf keine Ausladung nach Art. 15 CMR, sondern die Nichtannahme der Ablieferung an einem Freitag nach 12.00 Uhr. Der Frachtführer erhielt die Verfügung, Eisenrohre am Montag neu zuzustellen, lud aus und beauftragte einen anderen Unternehmer mit der Neuzustellung; dies sollte nur eine Zwischenlagerung bis zur verfügten neuen Zustellung sein.

[85] Sehr eingehend *Pesce* S. 182–185; für Vorrecht von Art. 14 Abs. 2 *Putzeys* Nr. 481; *Lamy* 99 I Nr. 584a empfiehlt angesichts fehlender Rechtsprechung die Weisungseinholung; OLG Düsseldorf vom 12.12.1985, TranspR **1986** 56, 58 = VersR **1986** 1069 f sieht wohl die Ausladung als nachrangig nach der Weisungseinholung.

[86] Angesichts heute weltweiter funktelefonischer Verbindungen eher ein seltener Fall.

[87] Befürwortend MüKo/*Basedow* Rdn. 10; A OGH vom 27.8.1981, *Greiter* 97, 102.

d) Benachrichtigung von der Ausladung

16 Sachlich erforderlich, aber nicht in der CMR vorgesehen ist eine **Benachrichtigung des Verfügungsberechtigten** (in der Regel des Absenders) von der Ausladung.[88] Dies läßt sich nach ergänzend anwendbarem deutschem Recht[89] aus den frachtvertraglichen Treuepflichten begründen. Denn die Ausladung beendet zwar die Obhut und die Verantwortlichkeit des Frachtführers für Güterschäden, nicht aber die Nebenpflichten aus dem Frachtvertrag. Diese verlangen, daß der Frachtführer dem Verfügungsberechtigten die für die Ausübung der Herrschaft über das Gut erforderlichen Informationen gibt. Für ausländische Rechte kann nichts anderes gelten.[90]

e) Kostenerstattungsanspruch

aa) Grundsätzliches; Entladekosten

17 Art. 16 Abs. 2 CMR bestimmt, daß der Frachtführer „auf Kosten des Verfügungsberechtigten"[91] ausladen darf. Diese Kosten „belasten" das Gut; dies bedeutet zunächst, daß der Verwahrer das Gut nicht ohne ihre Bezahlung ausliefern darf, ihm also ein Leistungsverweigerungsrecht zusteht.[92] Daraus läßt sich aber kein unmittelbarer Kostenerstattungsanspruch gegen den Berechtigten herleiten.[93] Eine Auslegung der CMR in diesem Sinne hätte zwar den Vorteil, daß für diese Frage nicht die nationalen Rechte maßgeblich wären, ist aber schwer begründbar.[94] Dem Verwahrer kann nach nationalem Recht auch ein Pfandrecht zustehen.[95] Das Leistungsverweigerungsrecht kann auch wegen Kosten geltend gemacht werden, die sich nicht aus dem Frachtbrief ergeben, auch wenn sie erst nach dem Entladen entstehen.[96] Dies ergibt sich nur mittelbar aus dem Verkaufsrecht.[97] Der Kostenanspruch macht keine Ausnahme für vom Frachtführer verschuldete Kosten; diese können aber analog zu Abs. 1 von der Erstattung ausgenommen werden.[98] Jedoch ist der Frachtführer Kostenschuldner, wenn er nach dem Frachtvertrag ausnahmsweise zur Ausführung der Entladung verpflichtet war.[99] Es besteht kein Anlaß, den Kostenersatz auf die **„normalen Entladekosten"** (also abstrakt) zu beschränken.[100] **Reinigungskosten** werden nur erstattet, wenn sie durch das vorzeitige Ausladen verursacht waren.[101] Auch der Auffassung, der Frachtführer habe keinen isoliert einklagbaren Anspruch, weil er keine Weisungen erhalten habe, ist nicht zuzustimmen;[102] insbesondere unterliegen auch die Ansprüche

---

88 Siehe Art. 14 Rdn. 20; LG Göttingen vom 13.3. 1980, TranspR **1981** 21.

89 Siehe Art. 17 Rdn. 262, 279, § 425 HGBaF Rdn. 142; *Koller*[4] vor Art. 1 Rdn. 24, 30.

90 Aus englischer Sicht siehe *Clarke*[2] Nr. 33 S. 147 f.

91 In den allein verbindlichen französischen und englischen Fassungen: „pour le compte de l'ayant droit" bzw. „for account of the person entitled to dispose"; mit *Loewe* ETR **1976** 548 Nr. 134 zu übersetzen mit „für Rechnung".

92 *Herber/Piper* Rdn. 26 f; *Thume/Temme* Rdn. 26; MüKo/*Basedow* Rdn. 13; *Thume* in *Fremuth/Thume* Frachtrecht, Rdn. 16; dazu auch *Clarke*[2] Nr. 33c(ii) S. 147 f; *Koller*[4] Rdn. 6 (nur ein Leistungsverweigerungsrecht).

93 Siehe Rdn. 6. Ein solcher Anspruch hätte sich in der CMR leicht formulieren lassen.

94 Siehe die Begründung bei MüKo/*Basedow* Rdn. 13.

95 475b HGB; bisher §§ 421, 440 HGBaF; *Koller*[4] Rdn. 6; *Herber/Piper* Rdn. 26; BGH vom 5.2. 1987, VersR **1987** 678, 680, TranspR **1987** 180, 182.

96 BGH aaO; *Herber/Piper* Rdn. 27 m. w. H.

97 BGH aaO; *Koller*[4] Rdn. 6; *Herber/Piper* Rdn. 27; *Clarke*[2] Nr. 33c (ii) S. 147; **a. A.** *Loewe* ETR **1976** 503 ff, Nr. 141, S. 551.

98 *Koller*[4] Rdn. 6; MüKo/*Basedow* Rdn. 13; *Herber/Piper* Rdn. 10 f.

99 MüKo/*Basedow* Rdn. 13. Zu dieser besonderen Pflichtenlage siehe auch Art. 17 Rdn. 157.

100 So aber OLG Düsseldorf vom 4.3.1982, VersR **1982** 1202; dagegen *Koller*[4] Art. 16 Rdn. 6.

101 *Koller*[4] Rdn. 6; *Herber/Piper* Rdn. 28; dagegen MüKo/*Basedow* Rdn. 13; fraglich aber bei OLG Düsseldorf vom 4.3.1982, VersR **1982** 1202 (mangels Feststellbarkeit der Kostenanteile nicht gewährt).

102 *Koller*[4] Rdn. 6.

der Verjährung nach Art. 32 CMR; siehe dort Art. 32 Rdn. 3, 61. Siehe für die Kosten des Notverkaufs Rdn. 29 ff.

bb) Fracht

Welche **Fracht** im Falle vorzeitiger Ausladung zu bezahlen ist, regelt die CMR nicht.[103] Für den Fall vorzeitiger Beendigung nach Weisungen des Verfügungsberechtigten bestimmten die inzwischen aufgehobenen bilateralen Tarife zwischen Deutschland und Frankreich, Italien und den Benelux-Ländern, daß die zurückgelegte Strecke maßgeblich ist. In Art. 16 Abs. 2 S. 1 ist jedoch nichts vorgesehen. Daher muß hier auf das ergänzend anwendbare (ggf. deutsche) Recht zurückgegriffen werden. Ansatzpunkte bietet in ähnlichem Zusammenhang für alle Kosten § 419 HGB Abs. 4. **18**

cc) Standgeld

Standgeld kann als Kosten für die Zeit der Ausladung nicht verlangt werden, weil die Standzeit bei vertragsgemäßer Auslieferung an den Empfänger ohnehin nicht speziell bezahlt werden würde.[104] Als Vergütung für die Ladebereitschaft konnte[105] und kann[106] aber Standgeld von den Parteien frei **vereinbart** werden. Ist keine spezielle Vereinbarung getroffen, richtet sich der Anspruch nach dem für den Vertrag maßgeblichen Recht. Nach deutschem Recht regelt nunmehr § 412 in Abs. 2 HGB die freie Zulässigkeit seiner Vereinbarung, in Abs. 3 aber auch ohne besondere Vereinbarung einen Anspruch des Frachtführers auf angemessene Vergütung. Nach Auffassung von *Koller*[107] verdrängt Art. 16 Abs. 1 als „abschließende Regelung"[108] die getroffenen Standgeldvereinbarungen, die damit unwirksam sein sollen. **19**

2. Verwahrung des Gutes (Art. 16 Abs. 2 S. 2 und 3)

Dem Frachtführer, der das Gut nach Abs. 2 S. 1 ausgeladen hat, stehen zwei Möglichkeiten zur Verfügung: es selbst zu verwahren oder verwahren zu lassen.[109] **Verwahrt er es selbst**, richten sich kraft Gesetzes (Art. 16 Abs. 2 S. 2) die Rechte und Pflichten nicht mehr nach der CMR, sondern nach nationalem Verwahrungs-, bzw. Lagervertragsrecht.[110] Art. 17 und 23 ff sind nicht anzuwenden, da sie auf die frachtrechtliche Situation zugeschnitten sind.[111] Das dann anwendbare Verwahrungsrecht gehört nicht zum Inhalt der CMR und steht daher auch nicht unter dem Freizeichnungsverbot des Art. 41 CMR. Auch Art. 29 ist auf die Verwahrungstätigkeit nicht anzuwenden, die nicht Gegenstand des vierten Kapitels der CMR ist. **Welches nationale Recht** auf die Verwahrung anzuwenden ist, bestimmt sich nach den Kollisions- **20**

---

103 *Koller*[4] Rdn. 6.

104 Zutreffend MüKo/*Basedow* Rdn. 13.

105 Bereits nach bisherigem Recht; BGH vom 11. 12. 1981, VersR **1982** 649, 650 = ETR **1983** 63, 66 ff (Bestätigung von OLG München); OLG Karlsruhe vom 14. 7. 1978, TranspR **1978** 42, 73 f; OLG Hamburg vom 3. 5. 1984, TranspR **1985** 37; OLG München vom 4. 6. 1987, TranspR **1987** 384, 387 = VersR **1987** 932, 933; *Decker* Rdn. 61 f; zur Literatur siehe Rdn. 1.

106 Bei der gegenwärtigen Tariffreiheit ist auch keine Preisvorschrift mehr zu beachten.

107 TranspR **1988** 129, 132 f, wohl auch *Koller*[4] Rdn. 2; zustimmend noch OLG Frankfurt vom 24. 6. 1991, VersR **1992** 1157 = MDR **1992** 242 f. Überwiegend auch in der Literatur abgelehnt; dazu Rdn. 1, 9.

108 Zur Problematik der sogenannten abschließenden Regelungen siehe auch Rdn. 1; Art. 13 Rdn. 25.

109 Siehe nunmehr § 419 Abs. 3 S. 2 HGB.

110 BGH vom 5. 2. 1987, NJW **1987** 1885 f = TranspR **1987** 180, 182 = VersR **1987** 678, 679; NL Rb Rotterdam vom 24. 5. 1966, ETR **1966** 729, 733; *Loewe* ETR **1976** 503 ff, Nr. 139 S. 550; *Koller*[4] Art. 16 Rdn. 7; *Thume/Temme* Rdn. 19; *Thume* in *Fremuth/Thume* Frachtrecht, Rdn. 14; MüKo/*Basedow* Rdn. 12; *Herber/Piper* Rdn. 21; *Hill/Messent/Glass*[2] S. 98.

111 *Koller*[4] Art. 16 Rdn. 7.

bestimmungen des angerufenen Gerichts.[112] Der Frachtführer hat das Gut als Verwahrer gegen Gefahren zu schützen; er darf es nicht sich selbst überlassen.[113] Er kann sich auf Art. 16 Abs. 2 berufen, auch wenn er das Gut nur zwischenlagert, um es später weiterzubefördern,[114] weil mit dem Ausladen die frachtrechtliche Haftungsperiode endet.[115] Es spielt dabei keine Rolle, in wessen Interesse er das Gut verwahrt.

21 Die zweite Möglichkeit (Abs. 2 S. 3) ist, daß der Frachtführer das Gut **einem Dritten zur Verwahrung übergibt.**[116] Er haftet dann nur für culpa in eligendo, für Güterschäden als deren Folge nach Art. 17ff CMR.[117] Die Verwahrung muß nicht zwingend einem öffentlichen Lagerhaus oder einem gewerblichen Lagerhalter übertragen werden. Da der Frachtführer als Einlagerer tätig wird, ist er verpflichtet, gegebenenfalls dem am Gut Berechtigten die Ersatzansprüche gegen diesen abzutreten. An die Stelle des Frachtvertrags tritt dann ein vom Frachtführer für Rechnung des Verfügungsberechtigten geschlossenes Verwahrungsverhältnis;[118] der Verwahrer haftet dann für Schäden am Gut nach dem dafür maßgeblichen nationalen Lagerrecht.[119] Probleme bereitet bei dieser Sicht allenfalls die Bestimmung des anwendbaren Rechts.[120] Der Verwahrungsvertrag wird für den Berechtigten abgeschlossen, der auch für die Kosten verantwortlich ist.

22 Abs. 2 S. 4 stellt klar, daß die bisherigen aus dem Frachtbrief hervorgehenden Ansprüche (Fracht, Nachnahmen, Kosten etc.) sowie die neuen **Kosten das Gut belasten.**[121] Der Verwahrer braucht daher das Gut nicht ohne Bezahlung dieser Beträge auszuliefern. Welche Rechte (Pfandrechte oder Zurückbehaltungsrechte) dann eingreifen, ist in der CMR bewußt offen gelassen.[122] Ist deutsches Recht auf den Vertrag ergänzend anzuwenden,[123] sind für das Pfandrecht die §§ 441 ff HGB maßgebend. Das Frachtführerpfandrecht erlischt gem. § 441 Abs. 2, 3, wenn es nicht binnen drei Tagen nach Ablieferung geltend gemacht wird.[124] Weitere Folge ist der Regreßverlust des ausliefernden Frachtführers.[125]

---

[112] Ebenso *Willenberg* NJW **1968** 1022; *Precht/Endrigkeit*[3] Anm. 4 zu Art. 16 CMR; NL Rb Rotterdam vom 24.5.1966, ETR **1966** 729, 733. In Deutschland wird gehaftet nach §§ 467ff, insbesondere § 475 HGBnF; in Österreich nach §§ 957ff ABGB, *Thume/Seltmann* Rdn. A 21; in Portugal besteht z.B. ein besonderes gerichtliches Verfahren für die Pfandverwertung.

[113] OLG Düsseldorf vom 12.12.1985, TranspR **1986** 56, 59 = VersR **1986** 1069 f.

[114] Streitig: gegen Anwendung von Abs. 2 *Koller*[4] Art. 16 Rdn. 7; *Thume/Temme* Rdn. 23; *Herber/Piper* Rdn. 24; dafür aber *Heuer* S. 64.

[115] *Heuer* 66; *Jesser* 64; A OGH vom 15.4.1993, TranspR **1993** 425 f.

[116] Für das innerdeutsche Recht ist in § 419 Abs. 3 S. 3 HGB die Zurücksendung als dritte Möglichkeit vorgesehen.

[117] *Thume/Temme* Rdn. 22; *Herber/Piper* Rdn. 22; theorieabhängig MüKo/*Basedow* 12; **a.A.** *Koller*[4] Rdn. 7 (nationales Recht).

[118] *Herber/Piper* Rdn. 12.

[119] *Herber/Piper* Rdn. 23; für die folgende Haftung aus dem Verwahrungsverhältnis insoweit unklar *Koller*[4] Rdn. 7.

[120] Je nachdem, ob mit der Ausladung nur die Beförderung oder der Beförderungsvertrag beendet ist; bei Fortdauer des Beförderungsvertrags käme das Statut des Frachtvertrags in Betracht, ansonsten das für den Verwahrungsvertrag anwendbare Recht. Dazu und zu den in Betracht kommenden Statuten siehe MüKo/*Basedow* Rdn. 12.

[121] Siehe dazu eingehender MüKo/*Basedow* Rdn. 15.

[122] *Loewe* ETR **1976** 503ff, Nr. 140f S. 550f; MüKo/*Basedow* Rdn. 14; OLG Hamburg vom 3.11.1983, TranspR **1984** 190 = VersR **1984** 235 f.

[123] Siehe Art. 1 Rdn. 85 ff.

[124] Bisher in § 440 HGBaF geregelt; dazu dort Rdn. 14 ff.

[125] OLG Hamburg vom 3.11.1983, TranspR **1984** 190 = VersR **1984** 235 f.

IV. Notverkauf des Gutes (Art. 16 Abs. 3–5)

1. Voraussetzungen des Notverkaufs

Art. 16 Abs. 3 gewährt dem Frachtführer das Recht zum Notverkauf des Guts.[126] 23
In S. 2 ist grundsätzlich die **vorherige Weisungseinholung** als erforderlich vorgesehen.[127] S. 1 gewährt aber dem Frachtführer das Recht zum Notverkauf ohne die Voraussetzung vorheriger Weisungseinholung[128] und das Abwarten der Antwort[129] unter drei alternativen Voraussetzungen.[130] Man muß daher davon ausgehen, daß der Notverkauf ohne vorheriges Ersuchen um Weisungen in den angegebenen dringlichen Fällen des S. 1, aber nur in diesen zulässig ist.[131] Ein solcher Verkauf kann freilich auch sonst sinnvoll und im allseitigen Interesse erforderlich sein. Damit würde z. B. der unmittelbare Verkauf von Kühlgut aus dem Kühlfahrzeug ermöglicht.[132] Obwohl sämtliche Gründe erkennen lassen, daß der Frachtführer alles tun muß, um einen Schaden möglichst gering zu halten,[133] ist es aber leider kaum möglich, durch Auslegung diese unglückliche schematische Trennung zu durchbrechen. Hat der Frachtführer vor der Beendigung des Frachtvertrags durch Ausladung eine wirksame Weisung erhalten, die das Beförderungs- oder Ablieferungshindernis beseitigt, darf er den Verkauf nicht mehr veranlassen.[134]

Vorherige Ausladung ist beim Verkauf des Guts (und damit der Beendigung der Be- 24
förderung) als Erfordernis im Gegensatz zu Abs. 2 nicht vorgesehen, da der gleichrangige Abs. 3 auf Art. 14, 15 CMR nicht Bezug nimmt.[135] Zwar liefern die Beförderungs- und Ablieferungshindernisse die wichtigsten Anwendungsfälle für Abs. 3. Es ist aber nicht zweckmäßig, den Notverkauf auf diese Fälle zu beschränken, weil z. B. ein drohender Verderb von Gütern auch ohne Vorliegen eines solchen Hindernisses den Notverkauf zur Schadensgeringhaltung erforderlich werden lassen kann.

a) Verkauf ohne Weisungseinholung

aa) Verderbliche Güter

Nach Abs. 3 S. 1 ist der Notverkauf verderblicher[136] Güter zulässig nur nach recht- 25
mäßiger Ausladung (vor Beendigung der Beförderung). Umstritten ist die Frage, ob

---

[126] Auch hier ist nicht auf Art. 14 Abs. 2 verwiesen; siehe Rdn. 12.

[127] *Herber/Piper* Rdn. 34; MüKo/*Basedow* Rdn. 19: „Art. 14 Abs. 2 verdrängt Art. 16 Abs. 3 CMR"; *Silingardi* S. 114. Diese Auffassung führt in Beispielen zu dem Gesetz kaum mehr zu entnehmenden Ergebnissen.

[128] In den Grenzen von Art. 12 Abs. 5 b; *Thume/Temme* Rdn. 32; *Herber/Piper* Rdn. 33; *Clarke*[2] Nr. 33 c(iii), S. 149; *Hill/Messent/Glass*[2] S. 100; *Loewe* ETR **1976** 503 ff, Nr. 143 S. 551; **a. A.** *Koller*[4] Rdn. 9.

[129] Siehe dazu *Herber/Piper* Rdn. 33.

[130] Siehe Rdn. 25–27. Zu den ökonomischen Gemeinsamkeiten dieser drei Punkte MüKo/*Basedow* Rdn. 18.

[131] Wie hier *Koller*[4] Art. 16 Rdn. 8; *Herber/Piper* Rdn. 31; *Thume/Temme* Rdn. 28; *Hill/Messent/Glass*[2] S. 98; **a. A.** *Loewe* ETR **1976** 503 ff, Nr. 142 S. 551.

[132] Die von *Loewe* vertretene Auffassung, Abs. 3 setze voraus, daß der Frachtführer zunächst durch Ausladen nach Abs. 2 Verwahrer geworden sei, mag bei den Beratungen Ausgangspunkt geworden sein, hat aber im Text der CMR keinen Ausdruck gefunden; zutreffend *Koller*[4] Rdn. 8.

[133] OLG Nürnberg vom 16. 3. 1976, Der Spediteur **1985** 320, 321.

[134] *Koller*[4] Rdn. 8; *Herber/Piper* Rdn. 32; *Clarke*[2] Nr. 33 c(iii), S. 149; *Hill/Messent/Glass*[2] S. 100.

[135] Grundsätzlich zu S. 1, aber abweichend zu S. 2 *Koller*[4] Rdn. 8; *Thume/Temme* Rdn. 28; MüKo/*Basedow* Rdn. 17, der aber ein Hindernis nach Art. 14, 15 als erforderlich sieht. **a. A.** *Loewe* ETR **1976** 503 ff, Nr. 142 und *Clarke*[2] Nr. 33 c(iii) S. 149 setzen jedoch für Abs. 3 generell die Beendung der Beförderung gem. Abs. 2 voraus.

[136] „nature périssable", „perishable goods". Siehe zur Verderblichkeit Art. 17 Abs. 4 d CMR und dort Art. 17 Rdn. 196 ff, 69 f.

und wieweit der Verderb schon begonnen haben muß.[137] Der Verkauf vor dieser Lage ist nach Maßgabe von S. 2 rechtmäßig ohne vorherige Abladung, aber nur nach Weisungseinholung. Diese Bestimmung ist gegenüber S. 1 spezieller und daher vorrangig.[138] Damit wird der Berechtigte vor überraschenden Verkäufen aus der Ladung besser geschützt. Eine unmittelbare konkrete Gefahr des Verderbs ist nicht erforderlich.[139]

bb) Aktueller Zustand des Gutes

26 Bei nicht verderblichen Gütern ist der Notverkauf dann zulässig, wenn der Zustand des Gutes ihn rechtfertigt. Hierfür können Witterungseinflüsse den Grund liefern – z.B. Gefahr der Schädigung von normalerweise nicht verderblichem Gut durch Hitze, Sonne. Daß die Vorschrift nur den Frachtführer schütze und daher der Verkauf zu unterbleiben habe, wenn der Verfügungsberechtigte zur Kostenübernahme bereit sei,[140] läßt sich aus der CMR nicht klar begründen.[141] Jedoch wird im Gegensatz zum Fall des drohenden Verderbs teilweise eine besondere konkrete Gefahr als Voraussetzung gefordert.[142] Ein reiner Wertverlust ist kein Grund zum Verkauf, weil das Gesetz auf den Zustand des Gutes abstellt.[143]

cc) Unverhältnismäßige Verwahrungskosten

27 Weiter ist dem Frachtführer der Notverkauf aus eigenen wirtschaftlichen Interessen gestattet, nämlich wenn die Kosten der Verwahrung in keinem Verhältnis zum Wert stehen würden. Dies ist z.B. bei geringwertigen, aber schutzbedürftigen Massengütern der Fall.

b) Notverkauf nach Weisungseinholung

28 Auch in anderen Fällen steht dem Frachtführer nach S. 2 das Notverkaufsrecht zu. Er muß jedoch zuerst Weisungen einholen und darf den Notverkauf erst vornehmen, wenn er innerhalb angemessener Frist vom Verfügungsberechtigten keine gegenteiligen ihm zumutbaren Weisungen erhält. Die CMR geht dabei davon aus, daß der Frachtführer grundsätzlich nicht verpflichtet ist, über längere Zeit die Rolle eines Verwahrers auf Vorschuß zu übernehmen oder die Verwahrungskosten vorzufinanzieren. Bezahlt der Verfügungsberechtigte diese Kosten, ist dem Frachtführer die Verwahrung im eigenen Lager mindestens für eine begrenzte Zeit grundsätzlich zuzumuten, jedenfalls aber die Unterbringung in einem Lagerhaus auf Kosten des Verfügungsberechtigten. Ein Recht zum Notverkauf steht ihm dann nicht zu. Ist eine ausführbare Weisung erteilt, ist sie grundsätzlich zu befolgen. Ob ihre Ausführung dem Frachtführer zugemutet werden kann, ist nach Art. 12 Abs. 5b CMR zu beurteilen.[144] Jedenfalls sind nach dieser Vorschrift Weisungen unverbindlich, die den Betrieb des

---

137 *Thume/Temme* Rdn. 27f kritisch zu *Koller*[4] Rdn. 8; *Herber/Piper* Rdn. 29.

138 Gegen Notverkauf nach S. 2 in solchen Fällen *Loewe* ETR **1976** 503 ff, Nr. 142 S. 551; für Verkauf nach S. 1 aber *Koller*[4] Rdn. 8; wohl auch *Herber/Piper* Rdn. 35; MüKo/*Basedow* Rdn. 17.

139 *Koller*[4] Rdn. 8; OLG Düsseldorf vom 4. 3. 1982, VersR **1982** 1202.

140 So aber *Baumgärtel/Giemulla* Rdn. 9; *Herber/Piper* Rdn. 30.

141 Da der Frachtführer zur Weisungseinholung nicht verpflichtet ist, dürfte der Fall ohnehin nicht praktisch werden. Der Verkauf kann jedoch im Einzelfall auch rechtsmißbräuchlich sein.

142 Ohne präzise Begründung für den Unterschied: *Herber/Piper* Rdn. 29; *Thume/Temme* Rdn. 30 *Koller*[4] Rdn. 8.

143 *Koller*[4] Rdn. 8.

144 A.A. *Koller*[4] Rdn. 9.

Frachtführers hemmen oder schädigen oder andere schädigen;[145] siehe dort Rdn. 44. Jedoch können auch andere als die dort genannten Gründe die Ausführung der Weisung unzumutbar machen.

2. Verfahren beim Notverkauf

Das Verfahren des Notverkaufs richtet sich gemäß Art. 16 Abs. 5 nach dem Ort, an dem das Gut sich befindet (lex rei sitae).[146] Für in Deutschland befindliche Güter ist daher §§ 419 Abs. 3 S. 3, 373 Abs. 2–4 HGB[147] maßgeblich. Die CMR sieht nur im Falle des Art. 16 Abs. 3 S. 2 eine Pflicht zur vorherigen Einholung von Weisungen vor.[148] Der CMR-Frachtführer braucht grundsätzlich nicht einmal Absender oder Empfänger zu benachrichtigen. 29

3. Erlös

Vom Erlös des Verkaufs sind zunächst die Kostenansprüche abzuziehen.[149] Art. 16 Abs. 4 trifft selbstverständlich erscheinende Bestimmungen über die Verwendung des Verkaufserlöses: Auszuzahlen ist der Erlös an den Verfügungsberechtigten (Berechtigten).[150] Deckt der Erlös nicht die Kosten, so bleiben die unbezahlten Ansprüche des Frachtführers ausdrücklich aufrechterhalten.[151] Das Gut belastende Kosten können auch solche sein, die nicht im Frachtbrief eingetragen sind.[152] Nach *Loewe* ETR **1976** 551 soll sich aus dem Wort „bleiben" in Art. 16 Abs. 2 S. 4 ergeben, daß sich das Zurückbehaltungsrecht des Frachtführers nicht auf die nach dem Entladen entstehenden Kosten erstrecken soll.[153] Doch läßt sich auch für diese Kosten ein Ersatzanspruch herleiten, wohl aus ergänzendem nationalem Recht, siehe Rdn. 17. Der Frachtführer kann danach auch für die Lagerkosten einen Vorschuß beanspruchen.[154] Der Verfügungsberechtigte muß die Höhe des Erlöses beweisen, hat aber einen Auskunftsanspruch gegen den Frachtführer.[155] Beruft sich der Frachtführer auf die geltend gemachten Kosten, hat er diese zu beweisen.[156] 30

V. Beweislast

Die Beweislast ist im Grundsatz in den einzelnen Randnummern beim jeweiligen Gegenstand behandelt. Der im folgenden gegebene Überblick ist nur eine Orientierungshilfe.[157] 31

Für den Kostenerstattungsanspruch nach **Abs. 1** hat der **Frachtführer** die Kosten zu beweisen: die Einholung der Weisung, ihre Ausführung, ihre Kausalität für die

---

145 *Loewe* ETR **1976** 551; wohl auch *Hill/Messent/Glass*² S. 100; dagegen *Koller*⁴ Art. 16 Rdn. 9.

146 *Koller*⁴ Rdn. 10; *Clarke*² Nr. 33 c(iii).

147 § 437 Abs. 2 S. 2 HGBaF; siehe dazu § 437 HGBaF Rdn. 20.

148 *Koller*⁴ Rdn. 8.

149 *Herber/Piper* Rdn. 38.

150 *Koller*⁴ Art. 16 Rdn. 10.

151 *Koller*⁴ Rdn. 10; *Herber/Piper* Rdn. 38; *Thume/Temme* Rdn. 34 f.

152 BGH vom 5.2.1987, NJW **1987** 1885 f = TranspR **1987** 180, 182 = VersR **1987** 678, 680.

153 *Loewe* ETR **1976** 503 ff, Nr. 140 S. 551, der Ansprüche aus nationalem Recht befürwortet; *Koller*⁴ Art. 16 Rdn. 6, der deshalb Art. 16 Abs. 1 analog anwenden will.

154 **A. A.** *Koller*⁴ Art. 16 Rdn. 10.

155 *Baumgärtel/Giemulla* Beweislast Art. 16 CMR Rdn. 10. **A. A.** *Koller*⁴ Rdn. 10.

156 *Koller*⁴ Rdn. 10; **A. A.** *Baumgärtel/Giemulla* Beweislast Art. 16 CMR Rdn. 10.

157 Umfassend erläutert wird die Beweislage bei *Baumgärtel/Giemulla* Rdn. 2–11; intensiv bei *Thume/Temme* Rdn. 36–43 und; *Herber/Piper* in jeweils besonderen Randnummern; *Koller*⁴ und MüKo/*Basedow* heben die Beweiserörterungen nicht durch besondere Randnummern heraus.

Kosten und ihren Betrag. Der **Absender** hat das haftungsausschließende Verschulden des Frachtführers zu beweisen.[158]

In **Abs. 2** hat der **Frachtführer** zu beweisen: das Hindernis für Beförderung oder Ablieferung;[159] die Unmöglichkeit der Ablieferung[160] oder Beförderung zum Empfänger; das Ausladen als Folge. Der **Verfügungsberechtigte** hat zu beweisen: bei Übergabe in Verwahrung eines Dritten dessen unsorgfältige Auswahl (Anscheinsbeweis möglich).[161]

In **Abs. 3 S. 1** hat der **Frachtführer** zu beweisen: die Gründe für die Beendigung des Frachtvertrags, insbesondere die drei besonderen Gründe Verderblichkeit, Zustand oder Verhältnis von Kosten zu Wert; in **Abs. 3 S. 2** Einholung und Ausbleiben zumutbarer Weisung in angemessener Zeit.

In **Abs. 4** ist vom **Frachtführer** die Höhe der auf dem Gut lastenden Kosten darzulegen und zu beweisen. Streitig ist, ob Erlös und Verkaufskosten vom Herausgabe verlangenden Verfügungsberechtigten[162] oder vom Frachtführer[163] zu beweisen sind.

---

158 Siehe insbesondere *Thume/Temme* Rdn. 36.

159 OLG Hamburg vom 25.2.1988, TranspR **1988** 277, 278 (Ablieferungshindernis, Art. 15) *Herber/Piper* Rdn. 9; *Baumgärtel/Giemulla* Rdn. 2; *Koller*[4] Rdn. 3.

160 OLG Hamburg vom 25.2.1988, TranspR **1988** 277, 278 (Darlegungslast).

161 *Baumgärtel/Giemulla* Rdn. 5.

162 *Baumgärtel/Giemulla* Rdn. 6; *Herber/Piper* Rdn. 39.

163 *Koller*[4] Rdn. 10 für den Erlös übersteigende Kosten.

KAPITEL IV

Haftung des Frachtführers

Artikel 17

1. Der Frachtführer haftet für gänzlichen oder teilweisen Verlust und für Beschädigung des Gutes, sofern der Verlust oder die Beschädigung zwischen dem Zeitpunkt der Übernahme des Gutes und dem seiner Ablieferung eintritt, sowie für Überschreitung der Lieferfrist.

2. Der Frachtführer ist von dieser Haftung befreit, wenn der Verlust, die Beschädigung oder die Überschreitung der Lieferfrist durch ein Verschulden des Verfügungsberechtigten, durch eine nicht vom Frachtführer verschuldete Weisung des Verfügungsberechtigten, durch besondere Mängel des Gutes oder durch Umstände verursacht worden ist, die der Frachtführer nicht vermeiden und deren Folgen er nicht abwenden konnte.

3. Um sich von seiner Haftung zu befreien, kann sich der Frachtführer weder auf Mängel des für die Beförderung verwendeten Fahrzeuges noch gegebenenfalls auf ein Verschulden des Vermieters oder der Bediensteten des Vermieters berufen.

4. Der Frachtführer ist vorbehaltlich des Art. 18 Abs. 2 bis 5 von seiner Haftung befreit, wenn der Verlust oder die Beschädigung aus den mit einzelnen oder mehreren Umständen der folgenden Art verbundenen besonderen Gefahren entstanden ist:

a) Verwendung von offenen, nicht mit Planen gedeckten Fahrzeugen, wenn diese Verwendung ausdrücklich vereinbart und im Frachtbrief vermerkt worden ist;

b) Fehlen oder Mängel der Verpackung, wenn die Güter ihrer Natur nach bei fehlender oder mangelhafter Verpackung Verlusten oder Beschädigungen ausgesetzt sind;

c) Behandlung, Verladen, Verstauen oder Ausladen des Gutes durch den Absender, den Empfänger oder Dritte, die für den Absender oder Empfänger handeln;

d) natürliche Beschaffenheit gewisser Güter, derzufolge sie gänzlichem oder teilweisem Verlust oder Beschädigung, insbesondere durch Bruch, Rost, inneren Verderb, Austrocknen, Auslaufen, normalen Schwund oder Einwirkung von Ungeziefer oder Nagetieren, ausgesetzt sind;

e) ungenügende oder unzulängliche Bezeichnung oder Numerierung der Frachtstücke;

f) Beförderung von lebenden Tieren.

5. Haftet der Frachtführer aufgrund dieses Artikels für einzelne Umstände, die einen Schaden verursacht haben, nicht, so haftet er nur in dem Umfang, in dem die Umstände, für die er aufgrund dieses Artikels haftet, zu dem Schaden beigetragen haben.

CHAPITRE IV

Responsabilité du transporteur

Article 17

1. Le transporteur est responsable de la perte totale ou partielle, ou de l'avarie, qui se produit entre le moment de la prise en charge de la marchandise et celui de la livraison, ainsi que du retard à la livraison.

2. Le transporteur est déchargé de cette responsabilité si la perte, l'avarie ou le retard a eu pour cause une faute de l'ayant droit, un ordre de celui-ci ne résultant pas d'une faute du transporteur, un vice propre de la marchandise, ou des circonstances que le transporteur ne pouvait pas éviter et aux conséquences desquelles il ne pouvait pas obvier.

3. Le transporteur ne peut exciper, pour se décharger de sa responsabilité, ni des défectuosités du véhicule dont il se sert pour effectuer le transport, ni de fautes de la personne dont il aurait loué le véhicule ou des préposés de celle-ci.

4. Compte tenu de l'article 18, paragraphes 2 à 5, le transporteur est déchargé de sa responsabilité lorsque la perte ou l'avarie résulte des risques particuliers inhérents à l'un des faits suivants ou à plusieurs d'entre eux:

a) Emploi de véhicules ouverts et non bâchés, lorsque cet emploi a été convenu d'une manière expresse et mentionné dans la lettre de voiture;

b) Absence ou défectuosité de l'emballage pour les marchandises exposées par leur nature à des déchets ou avaries quand elles ne sont pas emballées ou sont mal emballées;

c) Manutention, chargement, arrimage ou déchargement de la marchandise par l'expéditeur ou le destinataire ou des personnes agissant pour le compte de l'expéditeur ou du destinataire;

d) Nature de certaines marchandises exposées, par des causes inhérentes à cette nature même, soit à perte totale ou partielle, soit à avarie, notamment par bris, rouille, détérioration interne et spontanée, dessiccation, coulage, déchet normal ou action de la vermine et des rongeurs;

e) Insuffisance ou imperfection des marques ou des numéros de colis;

f) Transport d'animaux vivants.

5. si, en vertu du présent article, le transporteur ne répond pas de certains des facteurs qui ont causé le dommage, sa responsabilité n'est engagée que dans la proportion où les facteurs dont il répond en vertu du présent article ont contribué au dommage.

CHAPTER IV

Liability of the carrier

Article 17

1. The carrier shall be liable for the total or partial loss of the goods and for damage thereto occurring between the time when he takes over the goods and the time of delivery, as well as for any delay in delivery.

2. The carrier shall however be relieved of liability if the loss, damage or delay was caused by the wrongful act or neglect of the claimant, by the instructions of the clai-

mant given otherwise than as the result of a wrongful act or neglect on the part of the carrier, by inherent vice of the goods or through circumstances which the carrier could not avoid and the consequences of which he was unable to prevent.

3. The carrier shall not be relieved of liability by reason of the defective condition of the vehicle used by him in order to perform the carriage, or by reason of the wrongful act or neglect of the person from whom he may have hired the vehicle or of the agents or servants of the latter.

4. Subject to article 18, paragraphs 2 to 5, the carrier shall be relieved of liability when the loss or damage arises from the special risks inherent in one or more of the following circumstances:

a) Use of open unsheeted vehicles, when their use has been expressly agreed and specified in the consignment note;

b) The lack of, or defective condition of packing in the case of goods which, by their nature, are liable to wastage or to be damaged when not packed or when not properly packed;

c) Handling, lading, stowage or unloading of the goods by the sender, the consignee or persons acting on behalf of the sender or the consignee;

d) The nature of certain kinds of goods which particularly exposes them to total or partial loss or to damage, especially through breakage, rust, decay, desiccation, leakage, normal wastage, or the action of moth or vermin;

e) Insufficiency or inadequacy of marks or numbers on the packages;

f) The carriage of livestock.

5. Where under this article the carrier is not under any liability in respect of some of the factors causing the loss, damage or delay, he shall only be liable to the extent that those factors for which he is liable under this article have contributed to the loss, damage or delay.

Übersicht

Alphabetische Übersicht

Schrifttum

Bartels Zur Frachtführerhaftung des Spediteurs, VersR **1980** 611–613; *Bayer* Frachtführerhaftung und Versicherungsschutz für Ladungsschäden durch Raub oder Diebstahl im grenzüberschreitenden Straßengüterverkehr, VersR **1995** 626–632; *Czapski* Haftung des Spediteurs nach CMR, AWD **1974** 161–162; *de la Motte* Beladepflicht nach CMR und KVO?, TranspR **1988** 364–365; *de la Motte* CMR: Schaden – Entschädigung – Versicherung, VersR **1988** 317–324; *Demuth* Ist der CMR-Totalschaden als Verlust zu behandeln?, TranspR **1996** 257–260; *Hannig* Verkehrsträgerhaftung und Transport-Versicherung, VP **1981** 94–101, VP **1971** 218–221 und 242–244; *Hector* Italien will jetzt den Lkw-Dieben an den Kragen, DVZ Nr. 34 v. 22. 3. 1983, 3; *Hector* Nicht alle Schäden werden von den Versicherungen gedeckt, DVZ Nr. 27 v. 3. 3. 1984, 3; *Heim* Haftung im internationalen Straßengüterverkehr, VersR **1957** 425–426; *Helm* Der Ersatzberechtigte im CMR-Haftpflichtfall, TranspR **1983** 29–35; *Herber* Die CMR und der Roll-on/Roll-off-Verkehr, VersR **1988** 645–648; *Heuer* Du sollst einen anderen Fahrer haben neben dir?, TranspR **1994** 107–109; *Heuer* Zur Frachtführerhaftung nach der CMR: Haftungszeitraum – Ladetätigkeiten – Fahrervollmacht – Lkw- bzw. Ladungsdiebstahl, VersR **1988** 312–317; *Jesser* Unzulängliche Reinigung des Transportfahrzeugs als Mangel i. S. des Art. 17 Abs. 3 CMR, TranspR **1997** 98–99; *Jung* The Convention on the Contract for the International Carriage of Goods (CMR): Survey, Analysis and Trends of Recent German Case Law, RDU **1997** 148–167; *Kirchner* Spediteur haftet nur bei Selbsteintritt nach CMR – Entscheidung des OLG München dürfte Rechtsprechung ändern, DVZ Nr. 69 v. 9. 6. 1979, 7; *Koller* Das Standgeld bei CMR-Transporten, TranspR **1988** 129–138; *Koller* Die Haftung des Frachtführers nach CMR wegen unzureichender Überprüfung der Verladung, DB **1988** 589–592; *Koller* Die Person des Schadensersatzberechtigten bei Ansprüchen aus Art. 17 CMR, RIW **1988** 254–258; *Koller* Die Unzulänglichkeit der Verpackung im Transport- und Transportversicherungsrecht, VersR **1993** 519–526; *Krämer* Die technischen Leitlinien haben sich auch international bewährt, DVZ Nr. 40 v. 25. 4. 1987, 13, 14; *Lutz* Die Rechtsprechung der französischen Cour de Cassation zum Begriff des groben Verschuldens des Frachtführers nach Art. 29 CMR, TranspR **1989** 139–141; *Meder* Höhere Gewalt als Entlastungsgrund – ein Beispiel für die Konvergenz zweier Haftungsprinzipien, JZ **1994** 485–492; *Meyer-Rehfueß* Bericht über das Symposium der Deutschen Gesellschaft für Transportrecht im April **1994** TranspR **1994** 326–338; *Mittelstaedt* Du sollst Dich Deiner Verantwortung stellen! Ein Beitrag zu Art. 17 Abs. 2, Art. 29 CMR, Zugleich Entgegnung auf Heuer, TranspR 1994 107, TranspR **1996** 264–267; *Müller* Der Frachtführer muß nur in Ausnahmefällen haften, DVZ Nr. 85 v. 18. 7. 1992, 3; *o. V.* CMR-Versicherung haftet nicht, DVZ Nr. 119 v. 4. 10. 84, 8; *o. V.* Höhere Gewalt oder Vorsatz, DVZ Nr. 39 v. 1. 4. 80, 7; *o. V.* Sorgfaltspflichten des Frachtführers bei Lkw-Blockaden, Spediteur **1990** 86–87; *Oeynhausen* CMR: Keine Haftung bei unabwendbarem Ereignis – Frachtführer für Naturgewalten nicht verantwortlich, DVZ Nr. 6 v. 13. 1. 1979, 7; *Piper* Einige ausgewählte Probleme des Schadensersatzrechts der CMR, VersR **1988** 201–209; *Roesch* Das Ladegeschäft nach KVO und CMR, BB **1982** 20–24; *Roesch* Die Haftung der Landfrachtführer, VW **1978** 196–198 I und 263–265 II und 321–323; *Roesch* Haftung im gewerblichen Güterverkehr und die zugehörigen Versicherungen, VP **1964** 49–56; *Roesch* Haftungsbeschränkungen im Landfrachtrecht, VP **1978** 34–37; *Roesch* Höchstentschädigungen im Speditions- und Frachtrecht, VersR **1978** 300–303; *Roesch* Ist der frachtrechtliche Haftpflichtversicherer des Straßenfrachtführers zur Führung „umgekehrter" (aktiver) Haftpflichtprozesse verpflichtet?, VersR **1977** 113–118; *Roesch* Kann im Frachtrecht bei Güterschäden über die Haftungsbestimmungen der einzelnen anzuwendenden frachtrechtlichen Regelungen hinaus Ersatz aus positiver Vertragsverletzung oder unerlaubter Handlung beansprucht werden?, VersR **1980** 314–321; *Roesch* Pflichten der Partner des Frachtvertrags beim Beladen von Tankfahrzeugen im Straßenverkehr, VP **1976** 239–242; *Roesch* Wer kann nach CMR und KVO Ersatzansprüche an den Frachtführer stellen?, VP **1981** 281–283; *Thonfeld* Frachtführer muß in der Regel haften, DVZ Nr. 134 v. 11. 11. 1993, 11; *Thonfeld* Kann der hohe Wert des Gutes ein Maßstab für die Anforderungen an die Sorgfaltspflicht des Frachtführers sein?, TranspR **1998** 241–243; *Thonfeld* Verantwortlichkeit für das Be- und Entladen im Straßengüterverkehr, TranspR **1998** 19–21; *Thume* Aktuelle Fragen zur Haftung gemäß Art. 17 CMR, Schriften zum Transportrecht **1995,** Heft 12, 48–61; *Thume/Könenkamp* Die Haftungsbestimmungen sind sehr unterschiedlich, DVZ Nr. 72 v. 16. 6. 90, 83, 84, 87; *Thume* Haftungsprobleme bei CMR-Kühltransporten, TranspR **1992** 1–7; *Thume* Haftungsprobleme beim Containerverkehr, TranspR **1990** 41–48; *Voigt* Das Ladegeschäft beim CMR-Vertrag, VP **1965** 148–149; *Voigt* Haftung des Frachtführers nach Art. 17 CMR, VP **1964** 7–8; *Voigt* Haftung im internationalen Straßengüterverkehr nach der CMR, VP **1962** 34–36; *Voigt* Läßt die CMR Haftungsbeschränkungen i. S. d. § 30 KVO zu?, VP **1965** 34–35; *Voigt* Nach welchem Recht regeln sich in der CMR nicht behandelte Fragen?, VP **1966** 19–21; *Voigt* Vermögensschädenhaftung nach der CMR, VP **1965** 122–124; *Voigt* Zur Lieferfristregelung der CMR, VP **1965** 184–186; *Voigt* Art. 17 Abs. 2 CMR Höhere Gewalt oder unabwendbares Ereignis?, VP **1973** 97–99; *Voigt* Berufung auf bevorrechtigte Haftungsausschlüsse – Die Beweisanforderungen an den Frachtführer, VP **1967** 167–170; *Voigt* Der Beginn der Lieferfrist beim CMR-Vertrag, VersR **1973** 501–504; *Voigt* Frachtführerhaftung für Gewichtsverluste bei Schüttgütern nach der CMR, VP **1970** 70–72; *Voigt* Verladen und Entladen – Haftung nach der CMR, VP **1971** 257–260; *Zapp* Vertraglich begründete Überprüfungspflicht und Art. 41 CMR, TranspR **1991** 371–373; *Züchner* Beweislastverteilung nach Art. 17 Abs. 4 CMR, VersR **1967** 1026–1029; *Züchner* Zum Frachtvertrag nach der CMR, VersR **1964** 220–224.

A. Allgemeines

1 **Die Haftung nach Art. 17 ist das Kernstück der CMR.**[1] Sie enthält zwei sachlich unterschiedliche Haftungstatbestände – ähnlich wie § 425 HGBnF und die aufgehobene Grundregelung des § 429 HGBaF: Die Haftung für Verlust und Beschädigung des Gutes (Obhutshaftung) und die Haftung für Verzögerung der Ausführung des Transports (Verspätungshaftung). Entstehen aus der Überschreitung der Lieferfrist Vermögensschäden, so unterliegen sie nur der Lieferfristhaftung, insbesondere Art. 23 Abs. 5. Güterschäden als Folgen der Überschreitung sind nach den Regeln der Obhutshaftung zu behandeln.[2] Die Haftungsfälle sind regelungstechnisch folgendermaßen gestaltet: Zunächst ist in Art. 17 Abs. 1 eine grundsätzliche Haftung ohne Erwähnung von Verschuldens- und Kausalitätsfragen festgelegt. Der grundsätzliche Verzicht auf Kausalität irgendwelcher bestimmter Umstände für den Schaden bereitet gelegentlich Schwierigkeiten.[3] Die Erfordernisse, die vor allem der Schadenbegrenzung dienen, sind jedoch als Bestandteile von Haftungsbefreiungen von erheblicher Bedeutung. Art. 17 Abs. 2 bis 5 grenzt durch besondere Bestimmungen ab, in welchen Fällen und in welchem Umfang diese Haftung nicht eintritt (Haftungsausschlüsse). Die im Bereich der Haftungsausschlüsse auftretenden Beweisfragen sind in Art. 18 CMR geregelt. Wegen des untrennbaren Zusammenhangs werden beide Artikel hier gemeinsam und systematisch kommentiert. Hinsichtlich der Grundvoraussetzungen des Art. 17 Abs. 1 enthält die CMR keine Regelung zur Beweislast. Diese entspricht weitgehend allgemeinen frachtrechtlichen Grundsätzen.[4] Siehe § 429 HGBaF Rdn. 105 ff; zur CMR speziell BGH vom 12. 12. 1985, VersR **1986** 381, 382 f.

2 Die Haftung zwischen **aufeinanderfolgenden Frachtführern** wird **modifiziert durch Art. 34 ff**; siehe insbesondere Art. 37 und 39 Abs. 4 (Verjährung). Fehlt es an den Voraussetzungen des Art. 34, dann kann noch eine Haftung nach Art. 17 in Betracht kommen.[5] Zur Aktivlegitimation bei Schäden aus Verlust und Beschädigung siehe Rdn. 245 ff. Die Geltendmachung der Schadenersatzansprüche unterliegt den **Einschränkungen der Art. 30 und 31** sowie der **Verjährung nach Art. 32 CMR**, siehe die dortige Erläuterung.

---

[1] Zum Überblick über das Haftungssystem der CMR, noch eingebunden in die aufgehobenen Sonderregeln, siehe § 429 HGBaF Rdn. 203 ff

[2] Obhutshaftung, siehe Art. 30 Rdn. 62, Art. 23 Rdn. 66. Die **Rechtsprechung** hat international diesen Standpunkt eingenommen: BGH vom 15. 10. 1992, TranspR **1993** 137, 138 = VersR **1993** 636; BGH vom 30. 9. 1993, TranspR **1994** 16, 17 = VersR **1994** 119 ff; französische Rechtsprechung siehe *Lamy 98* I Nr. 1583 Jur. 1; italienische Rechtsprechung I Cass vom 23. 6. 1971, BT **1973** 437.
In der **Literatur** ist diese Lösung der Rechtsprechung noch bestritten; für sie *Helm* Haftung, S. 38 f; *Nickel-Lanz* Nr. 112; *Heuer* S. 137 f; *Clarke*[2] Nr. 61 b; *Lamy 98* I Nr. 552. Die Anwendung der Haftungs**grenze** nach Art. 23 Abs. 5 auf solche Schäden war wohl mit der Regelung beabsichtigt, *Clarke*[2] Nr. 61. In der neueren Literatur wird sie nur noch teilweise vertreten, z. B. von *Haak* S. 229 f.

[3] Besonders im englischen Recht; siehe *Clarke*[2] Nr. 61 c. Alle Möglichkeiten erörtert im Fall Silber v. Islander Trucking **1985** II 243 Lloyd's Reports **1985** II 243, dazu eingehend auf 28 Seiten *Clarke*[2] Nr. 76 a–77 g; dazu auch Art. 22 Rdn. 13.

[4] Siehe § 429 HGBaF Rdn. 105 ff; zur CMR speziell BGH vom 12. 12. 1985, VersR **1986** 381, 382 f.

[5] Siehe Art. 34 Rdn. 27; siehe BGH vom 25. 10. 1984, TranspR **1985** 48, 50 = NJW **1985** 555, 556.

B. Haftung für Verlust und Beschädigung des Gutes (Obhutshaftung)

I. Verlust oder Beschädigung

1. Rechtsnatur, Grundbegriffe

Die Haftung nach der CMR ist Vertragshaftung. Dies ergibt sich besonders eindeutig aus Art. 28.[6] Vorausgesetzt ist also das Bestehen eines CMR-Frachtvertrags zwischen den Parteien.[7] Der vertragliche Charakter der Haftung ist international anerkannt, nicht nur für das deutsche und österreichische Recht,[8] sondern auch für das englische Recht, wo sie als gesetzlich geregelter Fall des breach of contract angesehen wird.[9] 3

Die Begriffe des Gutes[10] (Frachtgutes), des Verlustes, Teilverlustes, Totalverlustes und der Beschädigung in Art. 17 Abs. 1 sind allgemeiner frachtrechtlicher Art. Nach wohl noch überwiegender deutscher Auffassung sind sie grundsätzlich auch für die CMR maßgeblich, wenn auch dort eine unveränderte Anwendung nicht in jedem Fall zu empfehlen ist.[11] In den verschiedenen CMR-Ländern werden die Begriffe nicht immer in gleichem Sinne verstanden. Es fragt sich daher, ob die unterschiedlichen national herrschenden Grundbegriffe auch im Bereich der CMR anzuwenden,[12] oder ob der CMR eigene Begriffe und Anwendungsregeln zu entnehmen sind[13]. 4

2. Gut

„Gut" im Sinne der CMR ist nicht nur Handelsware, wie dies der französische Begriff „marchandises" nahezulegen scheint, sondern alle Sachen mit Ausnahme der in Art. 1 Abs. 4 CMR genannten Postsendungen, Leichen und Umzugsgütern.[14] Allgemein zum Begriff des Gutes Art. 1 Rn. 21. Gut ist regelmäßig auch die Verpackung der zu befördernden Ware[15]. 5

---

[6] Siehe dazu Art. 28 Rdn. 1 f; *Haak* S. 237 f; *Rodière* Droit des transports² Nr. 493; *Clarke*² Nr. 61 c.

[7] OLG Düsseldorf vom 5. 11. 1992, TranspR **1993** 186 ff; siehe auch Art. 1 Rdn. 18.

[8] Frankreich: Der CMR-Vertrag ist den Frachtverträgen nach Art. 103 ff Ccom zuzurechnen; die CMR-Haftung ist Vertragshaftung; siehe z. B. *Lamy 98* I Nr. 411, *Mercadal* 1996 Rdn. 122 ff. Siehe zum spanischen Recht *Sánchez-Gamborino* Nr. 1131; aus internationaler und belgischer Sicht *Putzeys* Nr. 999 Nr. 985 ff.

[9] Statt vieler *Clarke*² Nr. 61 c S. 313 ff. Im Luftfrachtrecht (insbesondere bei der Personenbeförderung) bereitete dagegen die Qualifikation des Ersatzanspruchs in Common-Law-Ländern erhebliche Schwierigkeiten für die Haftungsbegrenzung; siehe *Schobel* Haftungsbegrenzung des Luftfrachtführers, S. 65 ff.

[10] Siehe Art. 1 Rdn. 21.

[11] Siehe in diesem Sinne zum Gut *Herber/Piper* Art. 1 Rdn. 13; zum Verlust MüKo/*Basedow* Art. 17 Rdn. 8; zur Beschädigung MüKo/*Basedow* Rdn. 11; zum Totalschaden MüKo/*Basedow* Rdn. 12; zu diesen siehe § 429 HGBaF Rdn. 11 ff und § 430 HGBaF Rdn. 18 ff; aus der Rechtsprechung BGH vom 3. 7. 1974, NJW **1974** 1616 f = VersR **1974** 1013 f = WM **1974** 864. Eingehend zu diesen Begriffen und ihrer Abgrenzung § 429 HGBaF Rdn. 12 ff, insbesondere 21 ff. Aus der Literatur siehe *Heuer* 68, 71; *Helm* Haftung, S. 95 f. Zur Auslegung der Begriffe nach englischem Common Law *Clarke*² Nr. 66 (b).

[12] Überwiegend werden die zum nationalen deutschen Transportrecht entwickelten Definitionen in der deutschen Literatur und Rechtsprechung als deckungsgleich für die CMR übernommen: *Thume/Thume* Rdn. 63 m. w. N.; *Koller*⁴ Rdn. 1, Rdn. 2, Rdn. 4 und differenzierter auch Rdn. 6. So wohl auch *Clarke*² Nr. 66 (b) für das englische Common Law; zum Teil differenzierter *Herber/Piper* und MüKo/*Basedow*, siehe dazu oben Fn. 11.

[13] Siehe Art. 1 Rdn. 65 ff und Art. 51 Rdn. 2. Zur allgemeinen Orientierung siehe § 429 HGBaF Rdn. 1 ff (einschließlich Rechtsprechung zur CMR). Zur CMR speziell BGH vom 18. 5. 1995, TranspR **1995** 383, 384 (Verkauf des Gutes wegen angeblicher Forderungen statt Ablieferung); OLG Düsseldorf vom 26. 10. 1978, MDR **1979** 405.

[14] Siehe § 425 HGBaF Rdn. 80 f; § 429 HGBaF Rdn. 28; *Fischer*, TranspR **1995** 326 ff; *Herber/Piper* Art. 1 Rdn. 13; *Thume/Thume* Rdn. 60; *Koller*⁴ Art. 1 Rdn. 4.

[15] *Thume/Thume* Rdn. 60; siehe Art. 10 Rdn. 1.

3. Verlust

6 Der Verlustbegriff der CMR betrifft zwei Unterfälle, nämlich Totalverlust („perte totale", „total loss") und Teilverlust („perte partielle", „partial loss").[16] Definitionen und Abgrenzungen trifft das Gesetz nicht. Daß Verlust als Oberbegriff für Teil- und Totalverlust angesehen wird, ergibt sich aber aus Art. 17 Abs. 1. Verlust ist nach deutscher Auffassung entsprechend dem allgemeinen Sprachgebrauch jedenfalls das „Verlorengehen"[17] von Gütern, d. h. jeder Zustand, der den Zugriff auf sie nicht mehr möglich macht; insbesondere kann Verlust auch bei **Nichtablieferung**[18] oder **Falschauslieferung**[19] vorliegen. Verlust ist auch und vor allem die Vernichtung des Gutes, gleich durch welche Gründe. Dies ist zwar grundsätzlich international unstreitig. Die Meinungen gehen jedoch in den Fällen des wirtschaftlichen Verlusts stark auseinander; siehe Rdn. 9 ff. Wesentlich ist vor allem die in den wohl meisten Mitgliedsländern vorherrschende Vorstellung, Verlust könne nicht vorliegen, wenn überhaupt noch etwas vom übernommenen Gut abgeliefert wird.[20] Begrifflich läßt sich dies jedenfalls nicht begründen durch eine Umkehrung des Satzes „bei Nichtablieferung immer Verlust" in „bei Ablieferung des Schrotts nie Verlust, sondern immer nur Beschädigung".

7 Sind nur Teile der Ladung verloren, wird die Schadensberechnung für diesen Teilverlust entsprechend nach Art. 23 vorgenommen.

4. Beschädigung

8 Beschädigung ist eine körperliche Verschlechterung des Gutes durch Substanzverletzung,[21] also eine substantielle Veränderung des Frachtguts,[22] die eine Wertminderung zur Folge hat. Der Begriff ist überall im Frachtrecht der gleiche.[23] Beschädigungen können in vielfältiger Weise vorkommen. Siehe zur CMR etwa die Fallgruppen in Rdn. 200 ff, im Sachregister die betreffenden Stichworte: Z. B.

---

[16] Die CMR erwähnt Teilverlust in Art. 17 Abs. 1 und IVd; Art. 23 Abs. 1 und Abs. 4; Art. 32 Abs. 1; Totalverlust verweisend auch in Art. 25 Abs. 2 a.

[17] Dazu gehört auch der unbekannte Verbleib: OLG Hamm vom 2. 12. 1991, TranspR **1992** 179, 181; OLG München vom 7. 5. 1999, TranspR **2000** 301; nicht die (weisungsgemäße) Rücksendung an den Absender, OLG Düsseldorf vom 16. 6. 1992, TranspR **1993** 17.

[18] Im Interesse des Absenders wird gemäß Art. 20 der Verlust nach einer Wartefrist von 30 bzw. 60 Tagen fingiert.

[19] BGH vom 13. 7. 2000, NJW-RR **2000** 1631 (Auch die Auslieferung an einen Nichtberechtigten kann den Verlust des Gutes begründen, sofern das Gut nicht alsbald zurückverlangt werden kann. Berechtigter ist dabei regelmäßig der im Frachtbrief bestimmte Empfänger. Die Ablieferung an einen Dritten genügt nur dann, wenn dieser vom verfügungsberechtigten Empfänger bevollmächtigt war); BGH vom 27. 10. 1978, NJW **1979** 2473 = TranspR **1982** 108 f = VersR **1979** 276 ff (selbst Wiederauffindung durch den Empfänger ändert daran nichts); BGH vom 13. 7. 1979, VersR **1979** 1154 (auch bei Auslieferung an den Endempfänger statt an den frachtbrieflichen Empfänger); LG Hamburg vom 26. 1. 1999, TranspR **1999** 298, 299 (weisungsgemäße Auslieferung an nicht Legitimierten in Rußland nach drei Telefonaten mit Empfänger, aber dessen Verschulden führt zur Haftungsfreiheit nach Art. 17 Abs. 2); allgemein zum Frachtrecht siehe § 429 HGBaF Rdn. 24; BGH vom 10. 7. 1997, TranspR **1998** 106–110 (allgemein, Landfrachtrecht und CMR, unrechtmäßiger Pfandverkauf).

[20] Siehe Rdn. 12 ff.

[21] BGH vom 12. 2. 1992, NJW **1992** 1225 (Abgrenzung der Substanzverletzung von einer bloßen Funktionsstörung). Siehe aber auch: BGH vom 24. 5. 2000, TranspR **2000** 456 (Eine Sachbeschädigung i. S. v. § 429 Abs. 1 HGBaF kann grundsätzlich auch ohne festgestellte Substanzverletzung allein aufgrund eines der betroffenen Sache anhaftenden Schadensverdachts in Betracht kommen).

[22] Siehe § 429 HGBaF Rdn. 19 mit Hinweisen auch auf Fälle außerhalb der CMR.

[23] OLG Hamburg vom 30. 3. 1989, TranspR **1989** 321, 323 (zur CMR).

„Bruch", „Tiefkühlgut", „Verderb". Zu den Schadensursachen siehe die in § 429 HGBaF Rdn. 19 genannten Gruppen: mechanische Schäden wie Bruch, Zerkratzen, Zerdrücken, Verschmutzen; chemische Verunreinigungen, Rost, Oxydation, Nässe, Antauen von Tiefkühlgut, überlange Beförderungsdauer für Frischobst oder -gemüse, Umfüllung in Fässern verladener Chemikalien. Die Beschädigung des Frachtguts muß keine endgültige sein. Sie ist auch dann gegeben, wenn das Gut durch Reparatur- oder Reinigungsmaßnahmen wieder voll hergestellt werden kann.[24] In diesem Fall schuldet der Frachtführer Ersatz der Kosten für diese Maßnahmen. Da viele Güter sich auch ohne einen Fehler des Frachtführers in ihrer Substanz verändern können, sieht die CMR (wie viele frachtrechtliche Sonderordnungen) besondere Regeln für solche Fälle vor, insbesondere Abgrenzungen hinsichtlich der den Parteien zuzuweisenden Risiken wie etwa „Verderb".[25] Die Schadensberechnung bei Beschädigung ist in einer eigenen Vorschrift, Art. 25 geregelt.

a) Wirtschaftlicher Verlust durch Beschädigung

Nach deutscher Auffassung liegt **Verlust** schon vor, wenn Güter so beschädigt sind, daß sie wirtschaftlich entwertet sind, siehe Rdn. 10, **Totalverlust**, wenn die Ladung insgesamt verloren geht. Ist die Sendung nur zum Teil verloren oder nur beschädigt, kann dies wirtschaftlich dem Totalverlust entsprechen; siehe Rdn. 10. Der Fall einer solchen Schwerstbeschädigung ist hinsichtlich der Schadenersatzgrenze in Art. 25 Abs. 2 Buchst. a CMR geregelt, und zwar nach dem wirtschaftlichen Gesichtspunkt der Entwertung. Da beim Teilverlust die Frage der durch ihn verursachten völligen Entwertung nicht geregelt ist, wird allgemein Art. 25 CMR entsprechend angewendet; siehe Art. 23 Rdn. 52. Mit dieser Handhabung (Art. 25 unmittelbar oder analog) werden alle Fälle, in denen Beschädigung oder Teilverlust zur vollständigen Entwertung führt, hinsichtlich der Schadensberechnung wie Verlust behandelt. 9

Die überwiegende Auffassung in deutscher und österreichischer Rechtsprechung und Lehre legt eine **wirtschaftliche Betrachtungsweise** zu Grunde.[26] Sie sieht gegenüber den meisten ausländischen Meinungen[27] und einer Mindermeinung in Deutschland[28] in der **völligen Entwertung durch Substanzeingriff**[29] schon Verlust,[30] auch wenn wertlose Reste abgeliefert werden.[31] Dies gilt auch, wenn das Gut aus tatsächlichen oder rechtlichen Gründen auf unabsehbare Zeit nicht an den Empfänger ausgeliefert werden kann.[32] Diese Meinung hat im Hinblick auf die Anwendung von Art. 25 Abs. 2 CMR auf solche Teilverluste und Beschädigungen für die Schadensberechnung eher theoretische Bedeutung.[33] Der weitere Verlustbegriff ist mit wirtschaftlich-praktischen Überlegungen zu begründen. Aus wirtschaftlichen Gründen werden nämlich entwertete Güter sehr oft nicht mehr abgeliefert, sondern unterwegs verschrottet. In vielen Fällen ist sogar ihre Vernichtung aus Sicherheits- und Umwelt- 10

---

[24] Siehe § 429 HGBaF Rdn. 19 Fn. 33.
[25] Siehe Rdn. 198.
[26] BGH vom 6. 2. 1997, TranspR **1997** 335 ff.
[27] Siehe Rdn. 11 ff.
[28] Insbesondere *Thume/Demuth* Art. 30 Rdn. 5 f.
[29] Entwertung ohne Substanzeingriff ist in keinem Fall Verlust; siehe § 429 HGBaF Rdn. 19 Fn. 22; *Willenberg* KVO[4] § 39 Rdn. 38; *Koller*[3] § 429 HGBaF Rdn. 3 S. 334 unten; MüKo/*Dubischar* § 429 HGBaF Rdn. 9.
[30] BGH vom 6. 2. 1997, TranspR **1997** 335 ff; OLG München vom 31. 5. 2000, NJW-RR **2000** 1638 (Durch Frosteinwirkung verursachte Keimunfähigkeit von Palmensamen, die eine wirtschaftlich sinnvolle Aussaat ausschließt, stellt einen „wirtschaftlichen Totalschaden" dar, der nach Art. 17 Abs. 1 CMR zu ersetzen ist).
[31] Siehe Rdn. 12.
[32] BGH vom 10. 7. 1997, TranspR **1998** 106–109.
[33] Zutreffend *Thume/Thume* Art. 17 Rdn. 66; *Demuth* TranspR **1996** 257, 259.

gründen vorgeschrieben.[34] Insbesondere wegen der unterschiedlichen Verjährungsregelung in Art. 32 Abs. 1 S. 3 Buchst. a und b CMR ist der internationale Unterschied auch von praktischer Bedeutung.[35] Wirtschaftlicher Totalverlust liegt etwa in CMR-Fällen vor, wenn die Herstellungskosten den Wert übersteigen **(Reparaturunwürdigkeit)**.[36] Der österr. ObGH verwendet die Formel, der Totalschaden (Totalbeschädigung) sei „dem Verlust gleichzuhalten" und wendet für die Bestimmung des Ersatzes in wenigstens einem Fall Art. 23, nicht Art. 25 an.[37] Entwertung ohne Substanzeingriff ist in keinem Fall Verlust.[38] Schwierigkeiten kann die deutsche Auffassung auch nicht bereiten, soweit der Beginn der Reklamationsfrist nach Art. 30 von der Ablieferung abhängt; Die Ablieferung wertloser Reste kann man in dieser formalen Frage als Datum für den Fristbeginn oder den Zeitpunkt für die Schadensrüge anerkennen; wird nichts mehr abgeliefert, erübrigt sich die Frage nach der Reklamation; siehe dazu auch Art. 30 Rdn. 12.

b) Wirtschaftlicher Verlust der ganzen Sendung (wirtschaftlicher Totalverlust)

11 Die Auffassung vom wirtschaftlichen Totalverlust ist mit der CMR durchaus vereinbar. Daß der CMR mit den Begriffen „perte totale" und „total loss" ein **standardisierter formaler Verlustbegriff der CMR** vorliege, ist keineswegs unstreitig.[39] Denn diese Begriffe dienen zunächst einmal der Abgrenzung zwischen Teilverlust und völligem Verlust und haben daher ihre volle terminologische Berechtigung. Darüber hinaus mag es sein, daß im englischen und französischen Recht aus sachlichen Gründen der wirtschaftliche Totalschaden nicht als Totalverlust anerkannt wird.[40] Die französische und englische Rechtsterminologie kann aber nicht ohne weiteres zum Inhalt „der" CMR gemacht werden, nur weil die beiden Sprachen nach Art. 51 allein verbindlich sind.[41] Wenn die englische und französische Fassung der CMR Art. 51 für allein verbindlich erklärt, so ist dies sprachlich zutreffend, kann aber nicht die Übernahme von speziellen Auslegungen der Begriffe aus diesen Ländern begründen.[42] Dies gilt besonders deshalb, weil jederzeit mögliche Änderungen der englischen oder französischen Rechtsprechung dann Auswirkungen auf die anderen Mitgliedsländer hätten. Statt dessen ist in allen Mitgliedsländern um eine sinnvolle gemeinsame Auslegung der CMR-Begriffe zu kämpfen. Verbindlich festgelegt ist durch Art. 51 nur deren sprachliche Fassung. Das zeigt deutlich etwa die englische Differenzierung der

---

[34] Zum Gefahrgutrecht siehe § 425 HGBaF Rdn. 16 ff; zum Vernichtungsrecht z. B. Art. 22 Abs. 2 CMR, § 410 Abs. 2 S. 1 HGBnF.

[35] Siehe Art. 32 Rdn. 76 f.

[36] *Thume/Thume* Rdn. 66; *Heymann/Honsell* Rdn. 5; *de la Motte* VersR **1988** 31, 318. *Koller*[4] Art. 17 CMR Rdn. 1, § 425 HGBnF Rdn. 4 ff, anders jedoch zu Art. 32 CMR, siehe dort Rdn. 5. Dagegen für Beschädigung *Lenz* Rdn. 528; *Heuer* 72; *Fremuth* § 429 HGBaF Rdn. 5 (beide wohl auch zur CMR).
OLG Hamburg vom 24. 5. 1984, TranspR **1984** 274, 275 („Totalverlust", aber Entschädigung nach Art. 25 CMR); OLG Düsseldorf vom 12. 12. 1985, TranspR **1986** 56 ff (Teilverderb bei CMR-Transport wegen Aussonderungskosten als Verlust der Ware (nach Art. 29 CMR, §§ 249 ff BGB) behandelt); OLG Hamm vom 6. 2. 1997, TranspR **1998** 34 f (partieller Teilverlust); OLG Hamburg vom 15. 1. 1998,TranspR **1998** 290, 292 (Teilschädigung gebrauchter Anlage).

[37] Entscheidung vom 28. 6. 1988, TranspR **1989** 222, 225 = VersR **1989** 980 f (CMR, totalbeschädigte Schaltzellen, nicht mehr verwendbar und reparaturunfähig); OLG Wien vom 19. 7. 1996, TranspR **1997** 435 ff (Rücklieferung auf Weisung des Fixkostenspediteurs = 1. Hauptfrachtführer); zur Vernichtung von Gut durch Verbrennen als Totalschaden und Verlust siehe A OGH vom 22. 11. 1984, *Greiter* 253, 258.

[38] Siehe § 429 HGBaF Rdn. 19 Fn. 22; *Willenberg* KVO[4] § 39 Rdn. 38; *Koller*[4] § 425 HGBnF Rdn. 6; MüKo/*Dubischar* § 429 HGBaF Rdn. 9.

[39] Siehe Art. 32 Rdn. 78.

[40] Siehe Art. 32 Rdn. 78.

[41] Siehe Art. 51 Rdn. 2.

[42] Siehe hierzu auch *Clarke*[2] Nr. 66, S. 327 f.

gleichlautenden Begriffe von total loss im Seeversicherungs- und Frachtrecht, GB Queen's Bench Division im Falle ICI vs. MAT,[43] und der Begriffe „actual total loss" und „constructive total loss".[44]

12 **Im französischen Recht** wird in der Rechtsprechung zu Art. 105 Ccom – freilich ein Verlust (perte totale) nur angenommen, wenn von der Sendung nichts ausgeliefert worden ist. Bereits die Ablieferung der leeren Verpackung schließt den Totalverlust aus.[45] Diese einfache, aber sehr formale Betrachtungsweise hat zwar den Vorteil einer radikalen Rechtsvereinfachung, führt aber zu unangemessenen Folgen bei der Schadensbemessung[46] und Verjährung.[47]

13 **In der Rechtsprechung Englands** wird die Frage durchaus kritisch gesehen. Sie wird intensiv erörtert von GB Queen's Bench Division im Falle ICI vs. MAT.[48] Das Urteil geht davon aus, daß wirtschaftlicher Totalschaden im Sinne des Marine Insurance Act 1906 nach Art. 32 CMR nur einen Fall schwerer Beschädigung darstellt.[49] Das Gericht nimmt aber dennoch Verlust an, weil der Geschädigte vollen Schadenersatz gefordert und daher das Gut nach Art. 20 CMR als verloren betrachtet hat;[50] in der Sache ist dies eine angemessene Fallentscheidung.[51] Die wirtschaftlich bestimmte deutsche Auffassung auch zu Art. 32 CMR ist jedoch besser.[52] An ihr ist daher festzuhalten.[53]

14 Allerdings ist die **Abgrenzung zwischen den Begriffen in ausländischen Rechtsordnungen** sehr unterschiedlich. *Haak*, S. 200 will den Begriff des Verlustes in Übereinstimmung mit ausländischer Lehre und Rechtsprechung[54] auf den Substanzschaden begrenzen und Fälle wie die Falschauslieferung nicht darunter fassen.[55] Die Begriffe „Verlust", „Teilverlust" (siehe § 430 HGBaF Rdn. 6 f, 46 ff, Art. 23 Rdn. 52), „Totalverlust" (siehe § 429 HGBaF Rdn. 12 ff; Art. 23 Rdn. 7, 41, 52, 55, 69) und „Beschädigung" haben erheblichen Einfluß auf den Umfang des Schadenersatzes; insbesondere auf die Schadenshöhe nach Art. 23 Abs. 1 und 2 gegenüber Art. 25 Abs. 1. Das OLG Düsseldorf behandelt im Urteil vom 12.12.1985, TranspR **1986** 56 ff (Teilverderb bei CMR-Transport wegen Aussonderungskosten als Totalverlust) die Erstattungsansprüche hinsichtlich Fracht und Kosten nach Art. 23 Abs. 4 und 25 Abs. 1. Die englische Rechtsprechung zum Seeversicherungsrecht geht davon aus, daß ein wirtschaftlicher Totalverlust („constructive total loss") der Zerstörung des Gutes gleichsteht, regelmäßig aber nicht vorliegt, solange ein wirtschaftlich ins Gewicht fallender Wert verbleibt; zumindest solange ein Teil des Gutes noch brauchbar ist. In diesen Fällen wird Beschädigung angenommen.[56] Die Anwendung des seeversiche-

[43] GB Queen's Bench Division im Falle ICI vs. MAT vom 27.10.1986, Lloyd's Rep **1987** I 354, 358 ff = RDU **1988** 747 ff mit Hinweisen zur englischen Rechtsprechung.

[44] Zu beidem siehe *Clarke*[2] Nr. 58 a.

[45] *Rodière/Mercadal* Droit des transports terrestres et aériens[5] (1990) Nr. 210; *Rodière* Droit des transports[2] Nr. 501; allgemein *Dalloz*, Code de Commerce[45] (Paris 1994/95) Art. 105; *Putzeys* Nr. 690, 693, nimmt aber in Nr. 692, wenn auch nicht Totalverlust (perte totale), so doch Totalschaden (avarie totale) an.

[46] Siehe Art. 25 Rdn. 10 ff.

[47] Siehe Art. 32 Rdn. 42, 59, 74, 76.

[48] Vom 27.10.1986, Lloyd's Rep **1987** I 354, 358 ff = RDU **1988** 747 ff mit Hinweisen zur englischen Rechtsprechung.

[49] RDU **1988** S. 755 f im Gegensatz zur deutschen Auffassung: zu dieser § 429 HGBaF Rdn. 14. a. A.

[50] Siehe Art. 32 CMR Rdn. 78.

[51] Siehe Art. 21 Rdn. 9 und Art. 32 CMR Rdn. 48.

[52] Siehe Art. 32 CMR Rdn. 78.

[53] Siehe Art. 32 CMR Rdn. 77.

[54] So z. B. GB Queen's Bench Division vom 27.10.1986, Lloyd's Rep **1987** I 354 = RDU **1988** 747, 754.

[55] Unter Bezugnahme auf *Rodière* Droit des transports[2] Nr. 501.

[56] GB Queen's Bench Division im Falle Tatton vs. Ferrymasters vom 20.11.1973, ETR **1974** 737, 745 = Lloyd's Rep **1974** 203 offen, ob ein Schrottwert Verlust ausschließt.

rungsrechtlichen Begriffs „constructive total loss" für den Bereich der CMR wird als Sonderfall des Verlustes in einer weiteren Entscheidung aus Großbritannien gänzlich abgelehnt.[57]

15 Eine **einheitliche Auslegung des Verlustbegriffs** der CMR für den Anwendungsbereich des deutschen und österreichischen Rechts erscheint freilich im Interesse der leichteren Handhabung wünschenswert.[58] Daher sollte die Verwendung unterschiedlicher Begriffsinhalte für Art. 17 und 32 CMR[59] möglichst vermieden werden. Angesichts der besseren Ergebnisse im Bereich von Art. 32 Abs. 1 CMR[60] und der wünschenswerten Übereinstimmung mit der innerdeutschen Rechtspraxis[61] ist **am wirtschaftlichen Begriff des Verlusts festzuhalten.**[62]

II. Zwischen Übernahme und Ablieferung (Obhutszeit)

1. Allgemeines

16 Die für den Anfang und das Ende der Obhutszeit maßgeblichen Begriffe der „Übernahme" und der „Ablieferung" entsprechen allgemein frachtrechtlichen. Anstelle der Ablieferung kann auch die vertragliche Aufhebung des Frachtvertrags und Übernahme des Gutes durch einen anderen Frachtführer die Obhutszeit beenden.[63] Grundsätzlich geht Art. 17 davon aus, daß Schäden, die während der Obhutszeit (also zwischen Übernahme und Ablieferung) entstanden sind, zu ersetzen sind. Es bedarf also für den Erlaß eines Versäumnisurteils gegen den Frachtführer keiner Ausführung zu dessen Verschulden. Die Obhut dauert weiter fort, wenn der Beförderungszweck unmöglich geworden ist.[64]

2. Übernahme

17 Der Ausdruck **„Übernahme"** i. S. d. CMR **entspricht der Formulierung in** § 425 HGBnF und der „Annahme" nach § 429 HGBaF.[65] Anders als § 425 HGBnF und früher § 29 KVO enthält die CMR nicht die Wörter „zur Beförderung" und entspricht damit wiederum § 429 HGBaF. Dies bedeutet aber keinen sachlichen Unterschied.[66] Eine Übernahme der Güter zu anderen Zwecken als zur Beförderung kann – unbestritten – keine frachtrechtliche Obhutshaftung begründen. Fraglich ist nur, ob mit der Übernahme zur vorübergehenden Vorlagerung mit dem bereits fest vereinbarten Zweck des späteren Transports im CMR-Verkehr schon die CMR-rechtliche Obhutshaftung beginnt. Dies kann jedenfalls nicht nach dem Wortlaut der CMR entschieden werden, sondern gehört in den allgemeinen Fragenkomplex der Abgrenzung zwischen Vor-

---

[57] GB Queen's Bench Division im Falle ICI vs. MAT vom 27.10.1986, Lloyd's Rep **1987** I 354, 358 f = RDU **1988** 747 ff.

[58] OLG Wien vom 19.7.1996, TranspR **1997** 435, 437.

[59] Dazu Art. 32 Abs. 1 CMR, Art. 32 Rdn. 77.

[60] Art. 32 Abs. 1 und dort Rdn. 77 f.

[61] Wie sie etwa in Frankreich und Großbritannien als selbstverständlich angesehen wird.

[62] Grundsätzlich ebenso MüKo/*Basedow* Art. 17 Rdn. 8; BGH vom 6.2.1997, TranspR **1997** 335 ff.

[63] Wie im Falle BGH vom 26.1.1995, TranspR **1995** 283, 285 (vereinbarte Weiterbeförderung durch einen französischen Frachtführer beendet Obhut).

[64] Siehe dazu Art. 14 Rdn. 1.

[65] Dazu nach altem Recht § 429 HGBaF Rdn. 42. Die Übernahme ist auch für den Verjährungsbeginn nach Art. 32 Abs. 1 S. 3 Buchst. b von Bedeutung; dazu dort Rdn. 44. In Art. 34 gebraucht die deutsche Übersetzung den gleichbedeutenden Ausdruck „Annahme".

[66] Wie hier: A OGH vom 3.7.1985, TranspR **1987** 374, 376; differenziert *Glöckner*[7] Rdn. 9.

lagerung und Beförderung. Handelt es sich nur um eine unselbständige, kurzfristige Vorlagerung, dann wird eine Übernahme i. S. v. Art. 17 Abs. 1 zu bejahen sein. Gleiches gilt für die Übernahme einer Teilpartie über das Wochenende in ein Kühlfahrzeug mit der erklärten Absicht weiterer Zuladung am Montag.[67] Übernahme des Fahrzeugschlüssels bedeutet nicht immer Übernahme der bereits verladenen Ladung.[68] Hat dagegen die Lagerung ein eigenes Gewicht und ist wirtschaftlich-technisch nicht nur ein notwendiges Anhängsel zur Beförderung, dann muß der frachtrechtliche Obhutszeitraum beginnen, sobald das Gut aus der dauernden Lagerung zum Zwecke des Transports entfernt wird; siehe § 429 HGBaF Rdn. 50 sowie §§ 407–409 HGBaF Rdn. 103–105.

Wann die Übernahme vollzogen ist, hängt auch mit der Ladepflicht zusammen. 18
Hat der Absender zu laden oder zu stauen, ist die Übernahme erst anzunehmen, wenn der Frachtführer die Ladung fertig geladen bzw. gestaut entgegennimmt;[69] bei Übernahme einer Teilladung an einer von mehreren Ladestellen beginnt ebenfalls die Obhut des Frachtführers.[70]

Die **Darlegungs- und Beweislast** für die Entstehung des Schadens in der Obhut 19
des Frachtführers trägt der Ersatzverlangende.[71] Für die Zeitpunkte der Übernahme und der Ablieferung erbringt die Frachtbriefeintragung widerleglichen Beweis.[72]

3. Ablieferung

Der Begriff der „Ablieferung" ist in der CMR wie in anderen Normen unter- 20
schiedlich zu definieren. Will man zunächst beschreiben, was der Frachtführer als Leistungserfolge grundsätzlich schuldet, kann man die geschuldete Leistung allgemein beschreiben als „vollständige und unbeschädigte Herausgabe des Gutes".[73] Daraus kann aber (ähnlich der kaufrechtlichen Gewährleistung) nicht der Schluß gezogen werden, daß Übergabe beschädigten Guts keine Ablieferung und daher keine Erfüllung sei.[74] Vielmehr geht Art. 17 Abs. 1 CMR davon aus, daß mit der Ablieferung des Guts grundsätzlich Erfüllung eingetreten ist, gewährt aber dem Berechtigten gegen den Frachtführer in diesem Fall (grundsätzlich beschränkte) Ansprüche wegen Teilverlust, Beschädigung und Lieferfristüberschreitung. Der danach für die weitere Beurteilung passende Begriff der Ablieferung weicht daher von der reinen Leistungsbeschreibung ab und ist mit dem in § 425 HGBnF (bisher in § 429) und anderen frachtrechtlichen Bestimmungen verwendeten inhaltlich identisch: „Der Vorgang, durch den der Frachtführer den zur Beförderung erlangten Gewahrsam am Gut mit ausdrücklicher

67 NL Hof 's Gravenhage vom 15. 6. 1979, ETR **1980** 871, 876, 879.

68 OLG Düsseldorf vom 23. 12. 1996, TranspR **1998** 112 f.

69 OLG Hamm vom 3. 4. 1981, VersR **1981** 1148, 1149; A OGH vom 3. 7. 1985, TranspR **1987** 374, 377.

70 A OGH vom 4. 10. 1983, *Greiter* 210, 214; zur Ladepflicht nach der CMR NL Hof's Gravenhage vom 15. 6. 1979, ETR **1980** 871, 876, 879; siehe z. B. Art. 32 Rdn. 47.

71 Siehe Rdn. 45.

72 Art. 9 Rdn. 1, 14, 19; zur Eintragung Art. 6 Rdn. 14 f.

73 Beiläufig BGH vom 6. 7. 1979, BGHZ **75** 92 ff = NJW **1979** 2472 ff = VersR **1979** 1105 f, in Anlehnung an *Loewe* ETR **1976** 503 ff, Nr. 147: „vollständige und unbeschädigte Herausgabe des Gutes". Siehe auch Art. 13 Rdn. 11.

74 In der häufig angegriffenen Entscheidung vom 6. 7. 1979, BGHZ **75** 92 ff = NJW **1979** 2472 ff = VersR **1979** 1105 f greift der BGH im Rahmen von Art. 13 Abs. 1 S. 2 (sachlich belanglos) auf die allgemeine Leistungsbeschreibung zurück, indem er den Zusatz „vollständige und unbeschädigte Herausgabe des Gutes" hinzufügt. Aus seiner Diskussion könnte eine Annahmeverweigerung beschädigter Güter begründet werden; Konsequenzen der angenommenen Ablieferung können aber daraus nicht abgeleitet werden. Siehe dazu Art. 13 Rdn. 11.

oder stillschweigender Einwilligung des Empfängers wieder aufgibt und diesen in den Stand setzt, die tatsächliche Gewalt über das Gut auszuüben".[75] Es kommt daher auf die Besitzerlangung[76] und auf den vertragsmäßigen Ort,[77] eventuell der Stelle[78] der Ablieferung an. Die Rechtsnatur der Ablieferung wird unterschiedlich beurteilt, sie ist sinnvollerweise in erster Linie als Erfüllungshandlung zu sehen, die nicht immer auch ein Rechtsgeschäft ist.[79] Im Zweifel ist innerhalb der am Bestimmungsort üblichen Geschäftszeit abzuliefern.[80] Erfolgt sie im Einverständnis der Parteien schon vor Ankunft am Bestimmungsort, ist sie wirksam; der Frachtvertrag ist beendet.[81] Wirksam ist nur die Ablieferung an den berechtigten Empfänger[82] – auch für den Beginn der Verjährung[83] – je nach Vertrag kann auch die Ablieferung in ein bestimmtes Lager oder beim Zoll genügen.[84] Mit der Rückbeförderung beschädigten Gutes an den Absender (ohne dessen Veranlassung durch Weisung) wird daher weder die Obhutszeit beendet, noch die Verjährung nach Art. 32 Abs. 1 S. 3 Buchst. a in Gang gesetzt, wenn die Parteien den Vertrag nicht nachträglich ändern.[85] Dies ist keineswegs widersinnig, weil immerhin noch weitere Möglichkeiten der Vertragsausführung bestehen

---

75 Dazu eingehend § 429 HGBaF Rdn. 52 ff, zur Ausführung durch Übergabe dort Rdn. 63. Zur CMR siehe **aus der deutschen Rechtsprechung:** BGH vom 29. 11. 1984, TranspR **1985** 182, 183 = VersR **1985** 258, 259; vom 10. 7. 1997, TranspR **1998** 106–110; OLG Hamm vom 13. 3. 1976, NJW **1976** 2077, 2078; OLG München vom 19. 9. 1980 23 U 1819/80 (unveröff.); OLG Köln vom 5. 2. 1981, 12 U 157/80 (unveröff.); OLG Düsseldorf vom 11. 12. 1980, NJW **1981** 1910 = TranspR **1982** 13, 15; OLG Düsseldorf vom 12. 12. 1985, TranspR **1986** 56, 56; OLG Nürnberg vom 21. 12. 1983, TranspR **1991** 99.
Ausländische Rechtsprechung: F Cass vom 24. 11. 1987, RDU **1988** 729, 730 = BT **1988** 42 (keine Ablieferung bei Übergabe an iranische Zollstation, zu Art. 30 Abs. 2; B CA Gent vom 20. 11. 1975, ETR **1976** 231, 236 (bei Entladepflicht des Frachtführers Ablieferung erst nach Entladung); B CA Antwerpen vom 13. 2. 1985, ETR **1986** 183, 185 f (zumindest nicht vor Beginn der Entladung durch Empfänger); B CA Brüssel vom 24. 1. 1969, ETR **1969** 937, 940 (bei Lieferung von Sachschaden auf dem Kai vor Einladung in das Schiff noch von der CMR-Haftung erfaßt).
Aus der Literatur siehe *Heuer* 60, 65; *Helm* Haftung, S. 96 ff, *Koller*[4] Rdn. 6; *Thume/Thume* Rdn. 20 ff; MüKo/*Basedow* Rdn. 21; MüKo/*Basedow* Rdn. 23 Art. 13 Rdn. 12; *Herber/Piper* Rdn. 23 ff; *Thume/Thume* Rdn. 22, 24; *Pesce* 200, 311 ff, beide mit weiteren Nachweisen.

76 *Koller*[4] Rdn. 6; MüKo/*Basedow* Rdn. 21, 16; *Herber/Piper* Rdn. 25 ff.

77 Zum Ort der Ablieferung siehe Art. 6 Rdn. 8, 14; Art. 1 Rdn. 56; Art. 13 Rdn. 5. *Koller*[4] Rdn. 7; *Herber/Piper* Rdn. 24; MüKo/*Basedow* Rdn. 23. Die bloße Ankunft am Bestimmungsort reicht nicht aus, *Koller*[4] Rdn. 7; *Thume/Thume* Rdn. 21, 23. LG Baden-Baden vom 22. 10. 1999, TranspR 2000 254 (Das nächtliche Abstellen eines Pkw vor einem Autohaus ist Ablieferung i. S. v. Art. 17 Abs. 1 CMR, wenn die Parteien dies wenigstens stillschweigend vereinbart haben).

78 Siehe Art. 13 Rdn. 5.

79 Siehe eingehend § 429 HGBaF Rdn. 72 ff; Einzelabgrenzungen dort Rdn. 82 ff; *Thume/Thume* Rdn. 23 ff; *Thume/Seltmann* Rdn. A 24; *Herber/Piper* Rdn. 27.

80 So z. B. nicht mehr am Freitagabend, siehe OLG Düsseldorf vom 12. 12. 1985, TranspR **1986** 56, 59 = VersR **1986** 1069 f. Siehe auch § 429 HGBaF Rdn. 59; zum Ablieferungshindernis Art. 15 Rdn. 1 ff.

81 Siehe schon OLG Zweibrücken vom 23. 9. 1966, VersR **1967** 1145, 1146.

82 Siehe Art. 13 Rdn. 1. OLG Nürnberg vom 21. 12. 1983 TranspR **1991** 99 (Ablieferung der Ladepapiere und Abstellen des Fahrzeugs im Empfängerbereich genügt nicht); OLG Düsseldorf vom 20. 3. 1997, TranspR **1998** 425 f (Auslieferung in Moskau ohne Legitimation der entgegennehmenden Person); OLG Köln vom 16. 1. 1998, TranspR **1999** 203, 204 (an einen Betrüger in Moskau); LG Hamburg vom 23. 1. 1996, TranspR **1998** 117–119 (Auslieferung in Moskau an zwei nicht überprüfte Unbekannte). *Koller*[4] Rdn. 7; MüKo/*Basedow* Rdn. 22; *Herber/Piper* Rdn. 29; *Thume/Thume* Rdn. 25.

83 BGH vom 29. 11. 1984, TranspR **1985** 182, 183 = VersR **1985** 258, 259; zustimmend *Braun*, VersR **1988** 648, 651 Fn. 20; ablehnend *Koller*[4] Art. 32 Rdn. 4 S. 1163; mit nachvollziehbarer Begründung aus gänzlich anderem seerechtlichen Fall BGH vom 20. 12. 1982, BGHZ **86** 172, 176; dazu Art. 12 Rdn. 23; Art. 32 Rdn. 46. Siehe z. B. LG Hamburg vom 23. 1. 1996, TranspR **1998** 117–119.

84 Siehe *Koller*[4] Rdn. 5; *Thume/Thume* Rdn. 26.

85 Siehe Rdn. 16.

können.[86] Eine Teilablieferung, die dem Empfänger den Zugriff auf das Gut nur teilweise verschafft, bewirkt für den Rest des Gutes noch keine Beendigung der Obhut.[87]

Auch im Rahmen von **Art. 30** ist die korrekte Ablieferung von Bedeutung. Erklärt der Empfänger bei Ablieferung Vorbehalte gegen Güterschäden, so wird – was sich auch ohne Art. 30 ergäbe – widerleglich vermutet, daß die (im einzelnen nachzuweisenden) Schäden vor der Ablieferung, also in der Obhutszeit entstanden sind.[88] Der haftungsrechtliche Begriff der Ablieferung ist jedoch nicht ohne weiteres für Art. 30 brauchbar, weil er bei Entladung durch den Empfänger keine Möglichkeit der Untersuchung gewährt.[89] Beispiele aus der **Rechtsprechung zur CMR** belegen diese Sicht[90]; siehe auch Rdn. 20, 163; zu Fallgruppen und Grenzfällen allgemein auch § 429 HGBaF Rdn. 63 ff. 21

Ob die **Übergabe an eine ausländische Zollstation** Ablieferung ist, kann nicht generell beantwortet werden. Ist das Gut nach der Zollbehandlung im Empfängerland noch an den Empfänger weiterzubefördern, ist eine Ablieferung nur dann anzunehmen, wenn diese Beendigung der Obhut mit dem Empfänger vereinbart wird. Die Begründung des Gewahrsams der Zollbehörde ist ohne Einfluß auf die Haftung des Frachtführers.[91] 22

Ablieferung ist auch die sogenannte Ersatzablieferung[92] in den Fällen, in denen gesetzlich das Ende der Obhutshaftung vorgesehen ist.[93] 23

III. Haftungsgrundsätze

1. Haftung für vermutetes Verschulden (Art. 17 Abs. 1 und 2)

a) Bedeutung der Kausalität

Welcher Haftungsgrundsatz dem Art. 17 CMR zugrunde liegt, läßt sich nur aus dem Zusammenhang zwischen Abs. 1 und 2 bestimmen. Formal handelt es sich zwar in der Umschreibung durch Art. 17 Abs. 1 CMR um eine Erfolgshaftung, da sie grundsätzlich keine Kausalitäts- und Verschuldenselemente enthält.[94] Der letzte Haftungsausschluß in Abs. 2 (Verursachung durch „Umstände, die der Frachtführer nicht vermeiden und deren Folgen er nicht abwenden konnte") ist materiell kein spezieller Fall einer Haftungsbefreiung, sondern eine allgemeine Grenze der Frachtführerhaf- 24

[86] Siehe Art. 32 Rdn. 48, 50.

[87] Siehe z. B. LG Hamburg vom 26. 10. 1994, TranspR **1995** 293 f: Entladung nur für eine Seite des Fahrzeugs möglich. Das Wenden durch den Fahrer des Frachtführers zur Entnahme der anderen Hälfte geschah daher vor Ablieferung der noch darauf befindlichen Güter; siehe auch Rdn. 163.

[88] Siehe Art. 30 Rdn. 2, 26, 33 f.

[89] Siehe Art. 30 Rdn. 2, 26, 33 f.

[90] BGH vom 29. 11. 1984, TranspR **1985** 182 f = VersR **1985** 258 f (keine Ablieferung, wenn der Empfänger das beschädigte Gut an einen Dritten zur Feststellung der Verwertungsmöglichkeiten weiterbeordert hat); LG Hamburg vom 26. 10. 1994, TranspR **1995** 293 f (mit Bereitstellung des Fahrzeugs vor dem Werkstor, die das Entladen nur mit Gabelstaplern von einer Seite gestattet, ist der Rest der Ladung Marmorplatten noch nicht abgeliefert); NL Hof's Gravenhage vom 10. 5. 1978, ETR **1978** 607, 615 (eine Ankunftsanzeige ist keine Ablieferung, sondern führt zur weiteren Verantwortung des Frachtführers, z. B. zur Lieferfristhaftung). Haftung des Absenders für Ablieferung in einen Erdtank, siehe B CA Antwerpen vom 19. 11. 1991, ETR **1992** 127, 129 f; *Silingardi* S. 135.

[91] OLG Hamburg vom 24. 5. 1984, TranspR **1984** 274, 275; siehe dazu § 429 HGBaF Rdn. 69, zu Ansprüchen der Absender auf Standgeld siehe Art. 11 Rdn. 6.

[92] Grundsätzlich zur Ersatzablieferung § 429 HGBaF Rdn. 71. Siehe dazu *Thume/Temme* Rdn. 16; MüKo/*Basedow* Rdn. 15; *Koller*[4] Art. 20 Rdn. 1.

[93] Art. 16 Abs. 2 CMR; Fall: LG Göttingen vom 13. 3. 1980, TranspR **1981** 21.

[94] Insoweit international unstreitig: *Ponet*, siehe 177: „risicoverantwoordelijkheid".

tung.[95] Er ist nur deshalb gemeinsam mit den anderen nicht bevorrechtigten Haftungsausschlüssen in Abs. 2 untergebracht, weil hierdurch die Beweislast dem Frachtführer rechtstechnisch einfach auferlegt wird (Art. 18 Abs. 1). Hätte man die Beweislast für den unabwendbaren Umstand in Abs. 1 geregelt, so wäre eine dem § 429 HGBaF Abs. 1 HGB formulierungstechnisch ähnliche Fassung entstanden.[96]

b) Verschulden und höhere Gewalt

25 Die deutsche Formulierung des Art. 17 Abs. 2 entspricht sehr präzise den englischen und französischen Originaltexten. Ihre Interpretation ist international umstritten.[97] Die Streitigkeiten betreffen allerdings mehr die sprachliche Bezeichnung als den **sachlichen Gehalt der Vorschrift** (so auch MüKo/*Basedow* Rdn. 3). Rein sprachlich deutet der Text auf Verschulden. Der Frachtführer haftet, wenn er nicht nachweisen kann, daß gerade er oder seine Gehilfen (Art. 3 CMR) die Schadensursache nicht vermeiden oder deren Folgen nicht abwenden konnten. Im Gegensatz zu der in Deutschland üblichen Definition der höheren Gewalt (siehe dazu § 34 KVO, Anh. II nach § 452 HGBaF Rdn. 7) wird hier nicht zwischen innerbetrieblichen und außerbetrieblichen Schadensursachen unterschieden.[98] Innerbetriebliche Schadensursachen werden nämlich im deutschen Recht auch dann nicht zur höheren Gewalt gerechnet, wenn der Schuldner sie auch bei aller Sorgfalt nicht vermeiden konnte. Mit dem Hinweis auf höhere Gewalt[99] könnte sich der Schuldner also nicht von der Haftung für objektive Fehler eigenen betriebszugehörigen Personals und der verwendeten Materialien befreien. Eine solche Haftung ohne Verschulden für innerbetriebliche Schadensursachen ist in Art. 17 Abs. 1 und 2 mit Sicherheit nicht vorgesehen. Andernfalls wäre Art. 17 Abs. 3, der diese Haftung für den Fall des Fahrzeugmangels speziell einführt, überflüssig.[100]

26 **Der Begriff der höheren Gewalt ist bewußt aufgegeben** worden. Dies ergibt sich bereits aus der Entstehungsgeschichte der Neufassung des Art. 27 CIM 1970, an den sich Art. 17 anlehnt.[101] Zwar sind einige damals an der Revisionskonferenz Beteiligte der Auffassung gewesen, materiell trete keine Änderung ein. Dies war auch für die französische Rechtstradition zutreffend, weil „force majeure" etwa der jetzigen Formulierung des unabwendbaren Umstandes in Art. 27 § 2 CIM 1970 = Art. 36 § 2 ER/CIM 1980, Anh. I nach § 460 HGBaF[102] und Art. 17 Abs. 2 CMR entspricht und die französische Rechtsprechung auch unter der force-majeure-Formel keine Haftung ohne Verschulden für innerbetriebliche Schadensursachen gekannt hat. Da jedoch die Änderung aus der Sicht der deutschen Rechtsordnung gerade zur Ersetzung des deutschen Begriffs der höheren Gewalt durch eine Umschreibung der französischen force

95 So wird dieser Fall häufig auch vor den anderen Haftungsausschlüssen behandelt, so bei *Koller*⁴ Rdn. 15 ff; *Herber/Piper* Rdn. 39 ff.

96 Siehe zum allgemeinen Charakter des Haftungsausschlusses für unabwendbare Umstände *Heuer* 51; *Koller*⁴ Rdn. 13 f; *Haak* S. 121.

97 Intensive rechtsvergleichende Darstellung der Auffassungen bei *Haak*, S. 121 ff. Siehe auch MüKo/*Basedow* Rdn. 3; *Koller*⁴ Rdn. 13 ff.

98 Zutreffend *Loewe* ETR **1976** 555; zum abweichenden Begriff der force majeure im französischen Recht *Basedow*, 398.

99 Siehe zu dieser § 34 KVO, Anh. II nach § 452 HGBaF Rdn. 7 ff.

100 Siehe dazu *Helm* Haftung, S. 35 f; *Heuer* 51; *Loewe* ETR **1976** 555; *Putzeys* Nr. 742; *Voigt* VP **1964** 7; *Züchner* VersR **1964** 222 und **1969** 686; *Koller*⁴ Rdn. 19; MüKo/*Basedow* Rdn. 3; a. A. *Glöckner*⁷ Vorbemerkung Rdn. 2 f.
Aus der Rechtsprechung: BGH vom 28.2.1975, NJW **1975** 1597, 1598; OLG München vom 16.1.1974, ETR **1974** 615, 620; A OGH vom 16.3.1977, SZ 50 40.

101 Dazu eingehend *Helm* Haftung, S. 42; bestätigend BGH vom 28.2.1975, NJW **1975** 1597, 1598; *Basedow* 398.

102 Siehe dazu die Erl. zu Art. 36 ER/CIM 1980, Anh. I nach § 460 HGBaF.

majeure erfolgt ist, kann auf frühere Auslegungen und Begriffe, insbesondere auch auf den deutschen Begriff der „höheren Gewalt", nicht mehr zurückgegriffen werden.[103] Demgegenüber geht *Koller*[104] immer noch von der Denkschrift der Bundesregierung als Auffassung des „historischen Gesetzgebers" aus, in der unabwendbarer Umstand und höhere Gewalt gleichgesetzt werden. Der Denkschrift kommt eine solche Bedeutung nicht zu. Gesetzgeber im materiellen Sinne ist nicht die Bundesregierung, sondern die Gesamtheit der ratifizierenden Staaten auf der Grundlage der zur Feststellung des Textes im völkerrechtlichen Vertrag führenden Vorgänge. In der Praxis kommt den Unterschieden allerdings in den meisten Fällen kaum eine Bedeutung zu.[105]

Danach **scheiden zwei Merkmale der höheren Gewalt** (wie sie im deutschen Rechtskreis verstanden wird), **für Art. 17 Abs. 2 CMR aus:** Die CMR erlegt dem Frachtführer keine grundsätzliche Haftung für unverschuldete betriebsinterne Schadensursachen auf. Unverschuldete außerbetriebliche Schadensursachen können vom Frachtführer zu seiner Entlastung auch dann vorgebracht werden, wenn sie wegen ihrer Häufigkeit bei Beförderungsgeschäften in Kauf genommen werden müssen. Die Entlastung setzt also auch keine außergewöhnlichen, elementaren Ursachen voraus.[106] Somit ist die Haftung in Art. 17 jedenfalls keine Haftung bis zur höheren Gewalt i. S. des deutschen und österreichischen Begriffs.[107] Sie gehört vielmehr in die Gruppe der Haftungen für vermutetes Verschulden – allerdings mit verschärften Sorgfaltsanforderungen.[108] 27

c) sogenannte „Gefährdungshaftung" (Gewährhaftung)

Nach deutscher Rechtsprechung und herrschender Meinung handelt es sich dagegen um Gefährdungshaftung, nicht um Haftung für vermutetes Verschulden. Die Frage ist überwiegend theoretisch, da die Ergebnisse weitgehend mit der hier vertretenen Auffassung übereinstimmen.[109] *Precht/Endrigkeit*[3] vor Art. 17 (S. 85) meinen allerdings, der Frachtführer habe „grundsätzlich auch für Zufall einzustehen". Dies 28

---

[103] Siehe dazu *Becker* Haftung der Eisenbahn, S. 111 ff; *Helm* Haftung, S. 141 f; *Heuer* 87; *Loewe* ETR **1976** 555 f; *Mátyássy*, IZ **1978** 12 f; *Mutz* IZ **1975** 87 f; BGH vom 28. 2. 1975, NJW **1975** 1597 f, der auch zur Mißdeutung dieser Entstehungsgeschichte in der Denkschrift der Bundesregierung zur CMR zutreffend Stellung nimmt.

[104] *Koller*[4] Rdn. 15, 19.

[105] Zutreffend *Basedow*, 398–400; Verwendungen des Begriffs der „force majeure" beruhen eher auf der Sprachtradition des französischen Rechtskreises; siehe z. B. B TribCom Brüssel vom 22. 6. 1973, ETR **1974** 330, 332. Die englische Auffassung orientiert sich traditionell mehr an Falltypen als an Begriffen, *Clarke*[2] Nr. 76c, S. 376 f; *Hill/Messent/Glass*[2] S. 113. Von niederländischer Seite wird der Unterschied untheoretisch behandelt; siehe *Dorrestein* S. 181.

[106] Siehe zu dieser Abgrenzung *Helm* Haftung, S. 108 f; *Becker* Haftung der Eisenbahn, 111.

[107] Noch offenlassend BGH vom 21. 12. 1966, NJW **1967** 499, 500 = VersR **1967** 153; gegen die Gleichsetzung von höherer Gewalt und unabwendbarem Ereignis dann aber eindeutig im Urt. vom 28. 2. 1975, NJW **1975** 1597, 1598 f; OLG Düsseldorf vom 27. 3. 1980, VersR **1980** 826, 827. Siehe aus der Literatur *Helm* Haftung, S. 35 f; *Heuer* 49 ff. Vom internationalen Standpunkt aus siehe für eine von der „höheren Gewalt" losgelöste Interpretation: *Loewe* ETR **1976** 554 ff; *Putzeys* Nr. 742; A OGH vom 16. 3. 1977, SZ **50** 40 S. 183.
Französische Rechtsprechung ist hierzu wegen des unterschiedlichen Inhalts des Begriffs „force majeure" gegenüber dem deutschen Begriff „höhere Gewalt" kaum aussagekräftig; *Becker* Haftung der Eisenbahn, S. 111; OLG München vom 16. 1. 1974, ETR **1974** 615, 618 f; *Basedow*, 398.

[108] Dieser von mir bereits früher in Haftung S. 35 vertretenen Auffassung haben sich bisher der A OGH vom 6. 3. 1991, TranspR **1991** 422, 423; *Heuer* 49 ff und *Lenz* Rdn. 488, 491 angeschlossen; ebenso *Nickel-Lanz*, Nr. 126, 129. Entschieden ablehnend dagegen *Koller*[4] Rdn. 19 ff. Zur verschärften Sorgfalt siehe Rdn. 29 ff.

[109] Siehe z. B. BGH vom 28. 2. 1975, NJW **1975** 1597, 1598 f; *Loewe* ETR **1976** 555.

widerspricht – außer im Falle des Art. 17 Abs. 3 – eindeutig der gesetzlichen Regelung, die bei nachgewiesenem Zufall den Frachtführer mit Sicherheit nicht haften läßt. Die begriffliche Verwirrung erklärt sich zum Teil durch den unglücklichen Allerweltsbegriff „Gefährdungshaftung".[110] Zwar ist dogmatisch klar, daß im Frachtrecht eine einseitige konkrete Gefährdung des Gutes durch den Frachtführer nicht vorliegt, daß der Ausdruck „Gefährdungshaftung" daher nur als Gruppenbezeichnung für Haftungen ohne Verschulden benutzt werden dürfte.[111] Der Begriff verleitet zu einer Wertung der in Wahrheit nicht bestehenden Gefährdung der Güter durch das Handeln des Frachtführers. Er hat im Frachtrecht keine Berechtigung. Der Frachtführer nimmt grundsätzlich keine einseitigen Handlungen vor, die das Gut gefährden und seine besonders strenge Haftung begründen könnten. Eine solche Vorstellung lag zwar dem preußischen Eisenbahngesetz von 1838 noch zugrunde. Sie beruhte aber auf dem damals neuartigen und überschätzten Gefahrpotential der Eisenbahnen und ist von der technischen Entwicklung überholt. Absender und Frachtführer unterwerfen bei allen Beförderungsvorgängen gemeinsam und bewußt das Gut den Transportgefahren.[112] In der heutigen Funktion ist die Haftung des Frachtführers bis zur höheren Gewalt oder bis zum unabwendbaren Umstand frachtrechtliche **Gewährleistung** für sicheren Transport, die regelmäßig durch besondere Haftungsausschlüsse durchbrochen ist, eine sinnvolle Risikoverteilung, nicht dagegen eine Auferlegung strenger Haftung wegen einseitiger Gefährdung. Es ist daher zu empfehlen, den unpassenden und inhaltslosen Begriff der Gefährdungshaftung nicht mehr zu benutzen, am besten durch **„Gewährhaftung"** zu ersetzen.[113] Alle Äußerungen, nach denen das Haftungsprinzip des Art. 17 Abs. 1 und 2 irgendwo zwischen Gefährdungshaftung und Verschuldenshaftung anzusiedeln sei, verkennen den geringen Wert des Begriffs „Gefährdungshaftung": Selbst anerkannte Gefährdungstatbestände enthalten wesentliche Verschuldenselemente.[114] Der Begriff verleitet zu ungeprüfter Übertragung von Tatbestandsmerkmalen aus anders formulierten Tatbeständen der sog. Gefährdungs-

---

[110] Ständige Verwendung in der Literatur: *Glöckner*[7] vor Art. 17 Rdn. 3 und Art. 17 Rdn. 1; *Precht/Endrigkeit*[3] vor Art. 17 (S. 85); *Widmann* S. 82; *Loewe* ETR **1976** 553; distanziert *Pesce*, S. 204 Fn. 46. Siehe zum allgemeinen Charakter des Haftungsausschlusses für unabwendbare Umstände *Heuer* 51.
Aus der Rechtsprechung siehe z. B. BGH vom 21. 12. 1966, NJW **1967** 499, 500 = VersR **1967** 153; vom 28. 2. 1975, NJW **1975** 1597, 1598; vom 27. 6. 1985, TranspR **1985** 338, 339 = VersR **1985** 1060, 1061; OLG Celle VersR **1977** 860; OLG Düsseldorf vom 12. 1. 1984, TranspR **1984** 102, 103; OLG Frankfurt vom 25. 10. 1977, VersR **1978** 535, 536; OLG Hamm vom 18. 10. 1984, TranspR **1985** 107, 108; OLG Koblenz VersR **1976** 1151; OLG Köln vom 23. 10. 1980, VersR **1980** 168, 169; OLG München vom 16. 1. 1974, ETR **1974** 615, 617; vom 27. 6. 1979, VersR **1980** 241; OLG Nürnberg vom 14. 5. 1981, VersR **1982** 377; vom 10. 12. 1992, TranspR **1993** 138; OLG Saarbrücken vom 23. 8. 1985, TranspR **1985** 392, 394 f.
Offenlassend A OGH vom 27. 8. 1981, TranspR **1983** 138 = *Greiter* 97, 101 f.

[111] Siehe etwa *Palandt/Heinrichs*[56] § 276 Rdn. 10 oder auch die umfangreichen Überblicke in Schuldrechtslehrbücher, etwa *Esser/Weyers*[7] SchR II 637 ff. Schon *Bienenfeld* Die Haftungen ohne Verschulden 1933 ff sprach nur von „sogenannter" Gefährdungshaftung.

[112] So auch *Rinck* Gefährdungshaftung (1959) 10 f; *Heuer*, 53 und 49 Fn. 2; *Lenz* Rdn. 490; *Baumgärtel/Giemulla* Art. 17–20; grundsätzlich auch MüKo/*Basedow* Rdn. 35.

[113] § 429 HGBaF Rdn. 114; *Helm* Haftung, S. 202 ff. Konsequent nunmehr *Thume/Thume* Rdn. 13; *Thume* in *Thume/Fremuth* Frachtrecht, Rdn. 20. Der Begriff „Gefährdungshaftung" wird jedenfalls in der Kommentarliteratur nicht mehr benutzt: *Koller*[4] Rdn. 13 ff; MüKo/*Basedow* Rdn. 3 f; *Herber/Piper* Rdn. 1 ff; *Glöckner*[7] Rdn. 17, anders nur noch Vorbemerkung Art. 17 Rdn. 3; siehe ebenso § 424 HGBnF und dazu RegBegr zu § 422, BRDrucks. 368/97 S. 58.

[114] So z. B. § 7 StVG und auch die eisenbahnrechtliche Haftung nach §§ 454 HGBaF, 82 EVOaF; § 429 HGBaF Rdn. 114.

haftung,[115] aber auch zu einer unakzeptablen Behandlung von Risiken wie vor allem des Diebstahls und Raubs.[116]

Unbestritten ist jedenfalls **der Frachtführer nach Art. 17 Abs. 2 – außer bei Fahrzeugmängeln – von jeder Haftung frei, wenn er nachweisen kann, daß der Schaden auf gänzlich unverschuldete Umstände zurückzuführen ist.**[117] Entscheidend ist neben der Verschärfung des Verschuldensmaßstabs,[118] daß – anders als bei höherer Gewalt[119] – auch innerbetriebliche und häufige äußere Ursachen den Frachtführer entlasten können, wenn sie unverschuldet sind. 29

Im Fall besonders schweren Verschuldens[120] trifft andererseits den Frachtführer eine unbeschränkte, also nicht den Haftungseinschränkungen der CMR unterliegende Haftung gemäß Art. 29 CMR. Nach deutscher Auffassung sind damit Vorsatz und grobe Fahrlässigkeit erfaßt, insbesondere auch im Bereich der Organisation (Organisationsmängel). 30

Die Haftungsregelung der CMR unterscheidet also – anders als das deutsche Zivilrecht – **drei Varianten der Verschuldenszurechnung:** 31

- Weist der Frachtführer seine völlige Schuldlosigkeit nach, haftet er überhaupt nicht – außer für Fahrzeugmängel nach Art. 17 Abs. 3; siehe Rdn. 36 ff. Die Grenze zwischen Schuldlosigkeit und leichter Fahrlässigkeit ist jedoch durch den verschärften Sorgfaltsmaßstab gegenüber dem bürgerlichen Recht zu Lasten des Frachtführers verschoben, auch die äußerste zumutbare Sorgfalt ist zu beachten, Art. 17 Abs. 2.
- Mißlingt dem Frachtführer der Nachweis, daß er die äußerste zumutbare Sorgfalt beobachtet hat, kann ihm aber grobe Fahrlässigkeit nicht nachgewiesen werden (vermutete Fahrlässigkeit), haftet er begrenzt im Rahmen der Haftungsbeschränkungen und -ausschlüsse der CMR nach verschärftem Sorgfaltsmaßstab.
- Bei nachgewiesener grober Fahrlässigkeit und Vorsatz (auch von Gehilfen) ist nicht nur die Entlastung ausgeschlossen. Nach Art. 29 haftet der Frachtführer auch unbeschränkt und ohne die Möglichkeit, sich auf die Haftungsausschlüsse des Art. 17 Abs. 2 und 4 zu berufen. Für Vorsatz und dem Vorsatz gleichstehendes Verschulden (Art. 29, „wilful misconduct“[121]) gilt: Der Frachtführer haftet unbegrenzt.

Das (vermutete) Verschulden ist in Abs. 2 in zwei Teilbereiche aufgespalten: Verschulden bei der Entstehung der Schadensursache und solches bei der Nichtabwendung der Schadensfolgen. In der Praxis spielt die Nichtabwendung des Schadens durch den Frachtführer oder seine Leute eine Rolle insbesondere beim Unterlassen von Mitteilungen an den Absender oder der Einholung von Weisungen und bei Fehlern der Ladungssicherung bei an sich unabwendbaren Schadensfällen; siehe hierzu Rdn. 26 ff. 32

[115] Siehe Rdn. 34.
[116] Siehe dazu Rdn. 34.
[117] Zu den entsprechenden Ergebnissen der Rechtsprechung siehe Rdn. 76 ff.
[118] Dazu Rdn. 74, 68.
[119] Hierzu § 34 KVO, Anh. II nach § 452 HGBaF Rdn. 7 f.
[120] „Vorsätzlich oder durch ein … Verschulden verursacht …, das nach dem Recht des angerufenen Gerichtes dem Vorsatz gleichsteht“, nach englischem Text „wilful misconduct“. Sie umfaßt insbesondere auch grobes Organisationsverschulden mit begrenzter Darlegungslast der Frachtführer. Siehe Art. 29 Rdn. 11 ff.
[121] Seit 1998 für das innerdeutsche Frachtrecht in § 435 HGB definiert.

2. Verschärfter Verschuldensmaßstab (äußerste wirtschaftlich zumutbare Sorgfalt)

33 Zur Bestimmung des Sorgfaltsmaßstabs, der für das Verhalten des Frachtführers oder seiner Gehilfen nach Art. 3 CMR gilt, könnte bei ergänzender Anwendung des deutschen Rechts auf § 276 Abs. 1 S. 2 BGB (im Verkehr erforderliche Sorgfalt) zurückgegriffen werden. Dem Beförderungsvertragsrecht ist es jedoch angemessener, vom **Maßstab der „äußersten wirtschaftlich zumutbaren Sorgfalt" auszugehen.**[122] Daß dieser Sorgfaltsmaßstab zugrunde zu legen ist, wird wohl überwiegend anerkannt,[123] insbesondere international, wenn auch keineswegs mit einheitlichem Inhalt.[124] Mit begrifflichen Erwägungen läßt sich freilich kaum klären, wie im Einzelfall zu entscheiden ist. Es handelt sich um eine Frage der Risikogewichtung[125] mit Verschuldenselementen, die allenfalls durch Fallgruppenbildung international etwas standardisiert werden kann. Wenn *Koller*[4] Rdn. 20 die äußerste zumutbare Sorgfalt für eine Leerformel hält, ist dies zwar zutreffend (wie bei nahezu allen Gewichtungsentscheidungen), zugleich aber seinerseits Leerformel, weil sie nur auf die Spielräume der Praxis weiterverweist.[126] Entscheidend für die Praxis sind daher die Fallgruppen, die freilich fern von nationaler und internationaler Einheitlichkeit sind; siehe Rdn. 76 ff.

34 Da dem Frachtführer die Möglichkeit eröffnet wird, sich auf Unvermeidbarkeit zu berufen, also seine Verhaltensmöglichkeiten in die Entlastung einzubringen, handelt es sich somit bei Art. 17 CMR um eine Haftung für vermutetes Verschulden mit verschärftem Sorgfaltsmaßstab.[127] Die **wirtschaftliche Zumutbarkeit** ist (wie zu Art. 29[128]) zu berücksichtigen. Der **Vergleich mit § 7 Abs. 2 StVG**[129] ist dagegen unzutreffend und

---

122 Das gleiche Grundproblem besteht auch bei der Entscheidung über grobe Fahrlässigkeit im Rahmen von Art. 29; siehe dazu dort Rdn. 18. Die wirtschaftliche Zumutbarkeit war im Eisenbahnrecht als Teilmerkmal der höheren Gewalt (bis 1998 noch in §§ 454 HGBaF, 82 EVO), heute noch in Art. 36 § 2 ER/CIM 1980, Anh. I nach § 460 HGBaF = 27 § 2 CIM 1970 enthalten.

123 Zur deutschen Rechtsprechung siehe BGH vom 21. 12. 1966, NJW **1967** 499, 500 = VersR **1967** 153; vom 28. 2. 1975, NJW **1975** 1597, 1599; vom 5. 6. 1981, TranspR **1981** 130 f; vom 16. 2. 1984, NJW **1984** 2033, 2034 = TranspR **1984** 183; OLG Celle vom 13. 6. 1977, VersR **1977** 860; vom 12. 12. 1985, VersR **1986** 381, 383; OLG Düsseldorf vom 27. 3. 1980, VersR **1980** 826, 827; vom 25. 6. 1981, VersR **1982** 606; vom 24. 3. 1983, TranspR **1984** 14, 15; vom 12. 1. 1984, TranspR **1984** 102, 103; vom 11. 5. 1989, TranspR **1990** 60, 63; OLG Frankfurt vom 25. 10. 1977, VersR **1978** 535, 536; OLG Hamburg vom 1. 4. 1982, VersR **1982** 1171, 1172; OLG Hamburg vom 14. 5. 1996, TranspR **1997** 100 f; KG vom 11. 1. 1995, TranspR **1995** 342, 344; OLG München vom 27. 3. 1981, VersR **1982** 264, 265; OLG München vom 4. 12. 1996, TranspR **1997** 193 ff = VersR **1997** 769 f; OLG Düsseldorf vom 3. 6. 1993, NJW-RR **1994** 1523 f = VersR **1995** 1211; weitere OLG-Urteile aus früheren Jahren; LG Hamburg vom 29. 7. 1994, TranspR **1994** 448.
Siehe zu Österreich: A OGH vom 26. 3. 1977, TranspR **1981** 29 f = SZ **50** 40 = *Greiter* 46, der sich u. a. auch auf BGH vom 28. 2. 1975 beruft; vom 27. 8. 1981, *Greiter* 97, 101 f; vom 6. 9. 1983, TranspR **1984** 11, 13; vom 29. 6. 1983, SZ **56** 113 S. 503 = ETR **1984** 526 ff; vom 8. 10. 1984, TranspR **1985** 103, 104; vom 17. 11. 1986, TranspR **1987** 427, 429 = RdW **1987** 410 f; vom 6. 3. 1991, TranspR **1991** 422, 423; vom 19. 1. 1994, TranspR **1995** 65, 66.

124 Aus der Literatur: *Loewe* ETR **1976** 555; eingehend *Clarke*[2] Nr. 76 a–77; *Lenz* Rdn. 489; *Koller*[4] Rdn. 20 ff mit eingehender Erörterung und abweichender Begriffs- und Inhaltsgebung; *Silingardi* S. 154 f („massima prudenza"); eingehend *Pesce* S. 211 ff. Die Auffassung hat sich auch international durchgesetzt.
Frankreich: *Lamy* 99 I Nr. 212; umfangreiche Rechtsprechung Nr. 1547 (in Fallgruppen). Vor allem scheidet auch unabwendbares Ereignis aus bei grober Fahrlässigkeit. Siehe Art. 29 Rdn. 17.
Belgien: B CA Brüssel vom 12. 12. 1977, **1978** 39 f.
Für einen scharfen Sorgfaltsmaßstab GB Queen's Bench Division vom 22. 9. 1980, (Thermo Engineers v. Ferrymasters), ETR **1990** 194, 201 = Lloyd's Rep. **1981** (1) 200 = All E. R. **1981** (1) 1142.

125 *Clarke*[2] Nr. 77 S. 383.

126 Erörterungen bei *Koller*[4] Rdn. 20–23.

127 A OGH vom 6. 3. 1991, TranspR **1991** 422, 423.

128 Dies gilt vor allem auch für die grobe Fahrlässigkeit nach Art. 29; siehe dort Rdn. 18.

129 Z. B. BGH vom 28. 2. 1975, NJW **1975** 1597, 1599; vom 5. 6. 1981, TranspR **1981** 130; OLG

unangebracht. Dort ist es im Hinblick auf die Gefährdung von Menschenleben zweifelhaft, ob die geschuldete Sorgfalt ohne weiteres in wirtschaftlicher Zumutbarkeit ihre Grenze finden kann. Zumindest muß die Grenze nach völlig anderen Wertvorstellungen bestimmt werden. Überdies fehlt in § 7 Abs. 2 StVG der Hinweis auf die Abwendbarkeit der Folgen.[130] Ein Rückgriff auf eine rein nationale Regelung aus dem Bereich des Deliktsrechts würde auch international nicht zur Vereinheitlichung beitragen.[131] Es ist daher zu hoffen, daß die Rechtsprechung sich doch noch entschließt, die Opfergrenze für den Frachtführer zu senken und die Frage der wirtschaftlichen Zumutbarkeit in die nach Art. 17 Abs. 2 geschuldete Sorgfalt wirksamer einbezieht. Dieser Ansatz ist freilich in der Rechtsprechung noch kaum entwickelt.[132] Immerhin hat aber der BHG (zu Art. 29) erstmalig vorgeschlagen, der Frachtführer müsse bei Vertragsschluß den Absender besonders auf das erhöhte Verlustrisiko der betreffenden Beförderung hinweisen; das Unterlassen des Hinweises könne dann grobes Organisationsverschulden sein.[133] Ob es damit möglich wäre, eine höhere Fracht zu erreichen, mag nach den derzeitigen Verhältnissen des Marktes sehr zweifelhaft sein; immerhin könnte im Falle des Hinweises für den Frachtführer die Chance bestehen, seine Haftung eher in den Grenzen der CMR-Haftung und daher der Versicherbarkeit im Rahmen der CMR-Haftpflichtversicherung zu halten – und zumindest eine Schadensteilung nach Art. 17 Abs. 5 zu erreichen. Die Grenze für schadensverhindernde Maßnahmen erst bei „absurden" Maßnahmen zu setzen,[134] bedeutet jedenfalls praktisch, das unabwendbare Ereignis mit dem groben Verschulden als Voraussetzung unbegrenzter Haftung gleichzusetzen. In diesem Bereich scheint die unzutreffende These von der Gefährdungshaftung ein ungute Rolle zu spielen: Nicht der Frachtführer gefährdet das Gut, sondern der Absender, der es in die gefährdeten Gebiete schickt.[135] Durch entsprechende Versicherung ist es technisch möglich, das Risiko der Kriminalität[136] zu versichern. Die Versicherer bieten aber meist eine solche Versicherung nicht an; sie wäre wohl wegen der enormen Prämie kaum zu verkaufen. Allein daraus läßt sich bereits das wirtschaftlich Unzumutbare begründen. Siehe zu den in der Rechtsprechung bedeutsamen Fällen Rdn. 76 ff.

Düsseldorf vom 12. 1. 1984, TranspR **1984** 102, 103; OLG Koblenz vom 16. 10. 1987, VersR **1989** 279; OLG Hamm vom 13. 5. 1983, NJW-RR **1994** 294; A OGH vom 19. 1. 1994, TranspR **1995** 65, 66; *Glöckner*[7] Rdn. 22; *Voigt*, VP **1964** 7 f und **1973** 97; *Züchner*, VersR **1964** 223.

130 A OGH vom 27. 8. 1981, *Greiter* 97, 101 f.

131 Siehe hierzu bereits *Helm* Haftung, S. 36 f; *Heuer* 52 f; *Lenz* Rdn. 491.

132 In BGH vom 21. 12. 1966, NJW **1967** 499, 500 = VersR **1967** 153 zwar angesprochen, aber nicht entscheidungserheblich; ebenso zaghafte Ansätze im Urteil vom 8. 10. 1998, TranspR **1999** 59, 62 zu cc); BGH vom 17. 4. 1997, TranspR **1998** 25, 27 f = VersR **1998** 82, 84 (Besetzung mit nur einem Fahrer kann ausreichen, aber geschlossene Sicherheitsplanung erforderlich); neueste Entscheidung: BGH vom 18. 1. 2001, VersR **2001** 1134; ernsthafter geprüft durch OLG München vom 27. 3. 1981, VersR **1982** 264, 265; dagegen OLG München vom 4. 12. 1996, TranspR **1997** 193, 195 f = VersR **1997** 769 f; grundsätzlich positiv auch KG vom 11. 1. 1995, TranspR **1995** 342, 346; ebenso OLG Zweibrücken vom 17. 12. 1996, TranspR **1997** 369, 371 (Abwägung der Kosten für nur einen Fahrer). Positiv A OGH vom 19. 1. 1994, TranspR **1995** 65, 66; LG Bremen vom 8. 4. 1998, TranspR **1998** 469 ff (entschieden für Unzumutbarkeit einer Konvoifahrt bei normalen Transportpreisen); zur groben Fahrlässigkeit nach Art. 29 auch OLG Köln vom 4. 7. 1995, TranspR **1996** 284, 286 (Kostenerwägungen).
Gegen die wirtschaftliche Zumutbarkeit als Grenze dagegen *Koller*[4] Rdn. 22 ff, dessen umfangreiche Ausführungen aber zu keiner praktikablen allgemeinen Lösung führen können; LG Frankfurt vom 6. 10. 1995, TranspR **1997** 197.

133 BGH vom 28. 5. 1998, TranspR **1998** 454, 457 = VersR **1998** 805 ff.

134 *Koller*[4] Rdn. 23 mit Hinweisen auf österreichische und deutsche Rechtsprechung.

135 Die Auffassung des BGH, der Absender könne nicht hinreichend die Notwendigkeit von Maßnahmen abschätzen, geht an der Wirklichkeit vorbei.

136 Siehe die Fälle in Rdn. 84–94.

3. Gewährhaftung für Fahrzeugmängel (Art. 17 Abs. 3 CMR)

a) Haftungsgrundlagen

35 Art. 17 Abs. 3 ist in Verbindung mit dem Grundsatz des Art. 17 Abs. 1 ein Sondertatbestand der Obhutshaftung; *Heuer* 59. International ist seine Rechtsnatur und Tragweite umstritten.[137] Ein Fahrzeugmangel liegt vor, wenn das verwendete Fahrzeug nicht der vertraglich vereinbarten Art entspricht, z. B. bei Verwendung eines normalen planengedeckten Fahrzeugs statt des vereinbarten Kühlfahrzeugs. Art. 18 Abs. 4 paßt für diese Fälle nicht.[138] Soweit die Schadensursache in einem Fahrzeugmangel besteht, kann sich der Frachtführer nicht darauf berufen, daß dieser für ihn unabwendbar im Sinne von Art. 17 Abs. 2 war.[139] Der Frachtführer kann sich also nicht auf das Fehlen der Vorhersehbarkeit des Schadens berufen. Nur in dieser Auslegung ergibt Art. 17 Abs. 3 einen Sinn. Der Frachtführer haftet für Fahrzeugmängel nach dem Kausal- oder Gewährleistungsprinzip,[140] kann sich also bei Vorliegen eines Fahrzeugmangels nur durch den Nachweis des Fehlens der Kausalität zwischen diesem Mangel und dem Schaden von seiner Haftung befreien.[141] Ebensowenig kann sich der Frachtführer darauf berufen, die Fahrzeugmängel seien durch den Vermieter oder sein Personal verschuldet.[142] Damit wird klargestellt, daß ihm dieses Verschulden, das er nach Art. 3 in der Regel nicht zu vertreten hätte, voll zugerechnet wird. Möglich ist allerdings eine Schadensteilung nach Art. 17 Abs. 5, siehe Rdn. 229 ff. Für das Funktionieren von klimatechnischen Einrichtungen (insbesondere von Kühlanlagen) sieht Art. 18 Abs. 4 haftungserleichternde Sonderregeln vor; siehe Rdn. 211 ff.

b) Fahrzeugmängel

36 Fahrzeugmängel können **alle technischen Einzelheiten** betreffen. Die starke Standardisierung der Fahrzeugtypen auch für spezielle Transportarten gibt Anhaltspunkte für die meisten Fälle. Ist nämlich nichts besonderes vereinbart, muß das Fahrzeug mindestens dem für den vorgesehenen Transport üblichen technischen Standard entsprechen. Damit ist für Routinefälle ein genereller Tauglichkeitsstandard zu finden.[143] Auf der anderen Seite ist aber (ausgehend vom liberalen Vertragskonzept der CMR[144]) der Vertragsinhalt zu berücksichtigen. Für diesen spielen auch alle den Parteien erkennbaren Umstände des geplanten Transports eine entscheidende Rolle.[145] Die Meinungsverschiedenheiten in der Literatur[146] lassen sich auf diese Weise erklären und ausgleichen;[147] siehe Art. 4. **Mängel an fahrzeugeigenen Zusatzanlagen** wie Ver-

---

137 Siehe zur Übersicht *Haak* S. 150 f; *Loewe*, ETR **1976** S. 556; *Clarke*² Nr. 77 f, S. 394 ff; *Silingardi* S. 142 ff. In der Praxis kann dies allenfalls Einfluß auf einzelne Abgrenzungsprobleme haben.

138 Wird jedoch gelegentlich angewendet; F CA Paris vom 10. 12. 1971, BT **1972** 35 f; F CA Toulouse 17. 2. 1971, ETR **1971** 412 ff = BT **1971** 353 f.

139 *Koller*⁴ Rdn. 34; OLG Hamm vom 13. 5. 1983, NJW-RR **1994** 294; A OGH vom 21. 2. 1996, TranspR **1996** 422, 424.

140 Der A OGH Urteil vom 21. 2. 1996, TranspR **1996** 422, 423 spricht von Erfolgs- oder Gefährdungshaftung.

141 *Koller*⁴ Rdn. 34 S. 701 f; *Thume/Thume* Rdn. 112; *Thume*, Beweislastfragen bei Fahrzeugmängeln im Bereich der CMR, VersR **2000** 821.

142 Siehe z. B. OLG Düsseldorf vom 13. 1. 1972, VersR **1973** 178, 180; GB Queen's Bench Division vom 10. 12. 1979, ETR **1983** 95, 103.

143 Zutreffend *Jesser* TranspR **1997** 98 f.

144 Siehe Art. 41 Rdn. 15.

145 Zutreffend interpretiert: *Jesser* TranspR **1997** 98, 99; ebenso *Koller*⁴ Rdn. 34.

146 Siehe dazu eingehend und zutreffend *Hill/Messent/Glass*² S. 126 f; überspitzend *Haak* S. 150–152; *Clarke*² Nr. 77 f.

147 *Jesser* TranspR **1997** 98, 99; *Clarke*² Nr. 77 f S. 397; trotz seines grundsätzlichen „objektiven" Ausgangspunktes" letztlich ebenfalls vermittelnd *Haak* S. 150–152; ebenso *Loewe* ETR **1976** 556 f.

ladeanlagen, Kranen, Pumpen, Rohrleitungen usw. fallen unter Art. 17 Abs. 3. Dies gilt auch für klimatechnische Zusatzeinrichtungen, insbesondere für Kühlanlagen. Die Sonderregelung des Art. 18 Abs. 4 beschränkt sich auf den speziellen Haftungsausschließungsgrund des Art. 17 Abs. 4d; dazu unten Rdn. 190, Art. 18 Rdn. 7. Im Rahmen von Art. 17 Abs. 2 sind solche Mängel nach Art. 17 Abs. 3 daher dem Frachtführer unbegrenzt entlastungshindernd zuzurechnen. Fahrzeugmängel können auch Defekte sein, die während der Beförderung entstehen;[148] siehe aber zur Verspätungshaftung bei verderblichen Gütern unten Rdn. 223. Schließlich ist auch ein nicht ausreichend gereinigtes Fahrzeug mangelhaft.[149]

Auch eine **Verschmutzung**, die einer ordnungsgemäßen Beförderung entgegen- **37**
steht, ist Mangel des Fahrzeugs.[150] Hierbei kommt es jedoch auf die Art des Transportes und darauf an, ob das Fahrzeug in verschmutztem Zustand noch den vereinbarten Eigenschaften des Beförderungsmittels entsprach,[151] nicht jedoch darauf, ob es für den Frachtführer erkennbar war, daß es im Hinblick auf die vorgesehene Ladung nicht geeignet war.[152]

Maßgeblich ist die **vereinbarte**[153] **bzw. nach den Umständen des Falles erforder-** **38**
liche Fahrzeugart. Wurde kein Kühlfahrzeug bestellt, dann kann auch das Fehlen einer Kühleinrichtung nicht als Mangel betrachtet werden;[154] jedoch ist bei Gütern, die eine Kühlung erfordern, wohl eine entsprechende stillschweigende Vereinbarung anzunehmen.[155] Wird anstelle eines planengedeckten Fahrzeugs ein offenes verwendet und vom Personal des Absenders mit feuchtigkeitsempfindlichen Gütern beladen,[156] liegt an sich kein mangelhaftes Fahrzeug vor, denn es hätte bei auf die offene Beförderung abgestimmter Verpackung (bei nicht feuchtigkeitsempfindlicher Ladung auch ohne diese) durchaus verwendet werden können.[157] Da die Auswahl des Fahrzeugs nicht von den verladenden Arbeitern entschieden wird, ist zweifelhaft, ob man von Mitverschulden des Absenders ausgehen kann. Kein Fahrzeugmangel liegt freilich vor, wenn bei sachgemäßer Beladung keine Gefahren vom Fahrzeug für die Güter ausgehen.[158]

---

[148] Z. B. Getriebeschaden, der zu Transportverzögerung und Verderb von Pfirsichen führt, OLG Zweibrücken vom 23. 9. 1966, VersR **1967** 1145, 1146; Motorschaden, OLG München vom 4. 6. 1987, TranspR **1987** 384, 387 = VersR **1987** 932, 934; Kupplungsschäden bei einem Transport von Deutschland nach Irak, LG Frankfurt vom 9. 7. 1984, TranspR **1985** 110, 111; heißgelaufene Bremsbeläge, OLG Düsseldorf vom 18. 11. 1971, VersR **1973** 177 f = ETR **1973** 510, 514; „Reifenplatzer", die nicht durch äußerliche Einwirkung entstehen; A OGH vom 26. 6. 1986, SZ **59** 115, S. 585 = VersR **1987** 1255, 1256 (ohne Zitat von Art. 17 Abs. 3); A OGH vom 6. 3. 1991, TranspR **1991** 422, 423. Siehe auch Rdn. 78, 81.

[149] Mit Barium-Carbonat verschmutztes Fahrzeug für Haselnußkerne in Jutesäcken: OLG Hamburg vom 19. 12. 1985, TranspR **1986** 146, 147 f = VersR **1986** 261 f; zurückverwiesen durch BGH vom 14. 3. 1985, TranspR **1985** 335 ff = VersR **1985** 753 f; siehe auch Rdn. 98.

[150] OLG Hamburg vom 19. 12. 1985, TranspR **1986** 146, 147 f = VersR **1986** 261 f; A OGH vom 21. 2. 1996, TranspR **1996** 422, 423; *Jesser* TranspR **1997** 98 f.

[151] *Koller*[4] Rdn. 34 S. 1144; A OGH vom 21. 2. 1996, TranspR **1996** 422, 424. Der Sache nach auch OLG Hamburg vom 19. 12. 1985, TranspR **1986** 146, 147 f = VersR **1986** 261 f.

[152] Zutreffend A OGH aaO gegen *Koller*[4] Rdn. 34, mit dem Hinweis, daß es auch nach *Koller* nicht darauf ankomme, ob der Schaden vermeidbar gewesen wäre, und daß die Erkennbarkeit des Mangels durch den Frachtführer irrelevant, weil Element des nicht zugelassenen Einwands des Nichtverschuldens sei.

[153] Dazu eingehend *Haak* S. 152.

[154] I CA Venedig vom 31. 10. 1974, ETR **1975** 242, 247.

[155] Siehe zu solchen Fällen B TribCom Brüssel vom 2. 4. 1990, ETR **1991** 541–547 mit Anm. von *de Wit* 547 ff.

[156] Fall OLG Frankfurt vom 25. 10. 1977, VersR **1978** 535, 536 dazu Rdn. 115. Ebenso im Ergebnis OLG Düsseldorf vom 8. 5. 1969, ETR **1970** 446, 466 f.

[157] Dies übersieht *Koller*[4] Rdn. 34 S. 1144. Siehe auch Art. 17 Rdn. 115.

[158] OLG Düsseldorf vom 13. 12. 1979 VersR **1980** 286, 287; OLG Hamburg vom 21. 2. 1985, TranspR **1985** 400.

39 **Container**[159] (und ähnliche Transporthilfsmittel) **können Fahrzeugbestandteile sein**, jedenfalls dann, wenn sie mit dem Fahrzeug dauerhaft und fest verbunden sind.[160] Ist dies nicht der Fall, kommt es entscheidend darauf an, von wem sie gestellt sind.[161] Werden Container vom Frachtführer als variabel einsetzbare Fahrzeugteile verwendet, sind ihre Fehler Fahrzeugmängel.[162] Grundsätzlich hat der Frachtführer diese Teile zu stellen, wenn sie für die Beförderung erforderlich sind. Beladene Container werden aber häufig vom Absender dem Frachtführer zum Transport übergeben und sind dann Gut und Verpackung; siehe § 429 HGBaF Rdn. 31. Mietet der Absender durch gesonderten Mietvertrag die Container vom Frachtführer und übergibt sie ihm dann beladen zum Transport, hat der Frachtführer nicht nach Art. 17 Abs. 3 für Schäden aus der Mangelhaftigkeit des Containers einzustehen. Er kann jedoch dem Absender aus dem Mietvertrag haftbar sein. Da die mietvertragliche Haftung nicht der zwingenden CMR unterliegt, kann sich der Frachtführer als Vermieter von ihr grundsätzlich freizeichnen. In einer solchen Vertragskonstruktion kann allerdings gem. Art. 41 Abs. 1 S. 1 eine mittelbare Abweichung von Art. 17 Abs. 3 liegen, wenn der Container funktional als notwendiges Teil des Fahrzeugs anzusehen ist. In diesem Fall hat der Frachtführer für den Containermangel zu haften.[163] **Trailer** sind im Gegensatz zu Containern stets Fahrzeuge und daher Beförderungsmittel.[164]

c) Kausalität des Fahrzeugmangels und mitwirkende Schadensursachen

40 Art. 17 Abs. 3 setzt voraus, daß der Fahrzeugmangel kausal für den Schaden ist. Nach deutscher Auffassung bleibt der Fahrzeugmangel auch dann kausal für den Schaden, wenn er zur Notwendigkeit der Umladung führt und das Gut durch diese geschädigt wird, sofern die Voraussetzungen adäquater Kausalität vorliegen. Eine Einschränkung auf eine – wie auch immer geartete „unmittelbare" Kausalität, die es dem Frachtführer gestatten würde, sich bei solchen Schäden nach Art. 17 Abs. 2 zu entlasten,[165] ist aus der CMR nicht begründbar; auch solche Schäden entstammen dem wirtschaftlichen Risiko des Fahrzeugsdefekts, das dem Frachtführer zugewiesen ist. Allerdings ist die Kausalität im angelsächsischen Rechtskreis eingeschränkt auf die causa proxima.

d) Beweislast für Fahrzeugmängel und Kausalität

41 Wer das Vorliegen und die Ursächlichkeit eines Fahrzeugmangels zu beweisen hat, ist nicht in der CMR geregelt. *Heuer* 49 will die Beweislast dem Geschädigten auferlegen, *Koller*[4] Rdn. 34 dem Frachtführer. Die Beweislage ist allerdings, wie auch *Koller* darlegt, komplizierter: Um der Haftung zu entgehen, muß nach den Grundsätzen von Art. 18 Abs. 1 und 2 ohnehin der Frachtführer den Beweis für die konkrete Schadensursache und ihre Ursächlichkeit sowie für ihre Unabwendbarkeit führen. Er wird nur entlastet, wenn es ihm gelingt, eine von Fahrzeugmängeln unabhängige Ursache, die zur Haftungsbefreiung nach Art. 17 Abs. 2 oder Abs. 4 führt, nach-

---

159 *Thume* Haftungsprobleme bei Containerverkehr, TranspR **1990** 41–48.

160 *Jaegers* S. 90 f.

161 Siehe § 429 HGBaF Rdn. 29 ff; zur Absenderhaftung Art. 10 Rdn. 8.

162 *Jaegers* S. 91 ff; a. A. *Thume* Haftungsprobleme bei Containerverkehr, TranspR **1990** 41, 46.

163 Siehe auch zum Fall des Containers als Ladung § 429 HGBaF Rdn. 31 ff.

164 *Jaegers* S. 80 ff; siehe dazu im Zusammenhang mit der Anwendbarkeit der CMR auch Art. 1 Rdn. 35 und Art. 2 Rdn. 5.

165 *Koller*[2] Rdn. 34 unter Berufung auf OLG Frankfurt vom 8.7.1980, MDR **1981** 53 f = TranspR **1980** 127, das diese Auffassung nicht vertritt. *Koller*[4] Rdn. 34 S. 1145 hat diese Meinung inzwischen aufgegeben.

zuweisen.[166] Nur dann muß der Geschädigte beweisen, daß auch Fahrzeugmängel mitgewirkt haben.[167] Da es sich hierbei um einen Fall des Art. 17 Abs. 5 handelt, ist der Fahrzeugmangel grundsätzlich vom Geschädigten zu beweisen; siehe Rdn. 238.

e) Mitverschulden

Die Haftung für Fahrzeugmängel kann durch Mitverschulden des Verfügungsberechtigten[168] vermindert sein; siehe dazu Rdn. 58. Ferner gehört der Fahrzeugmangel zu den Umständen, die in die Abwägung nach Art. 17 Abs. 5 eingehen; siehe Rdn. 236. **42**

f) Einzelne praktische Fälle

Hat der Frachtführer einen Anhänger mit dem Gut vom Vorbeförderer übernommen, so kann dieser sich in seiner Funktion als Absender nicht auf die Fahrzeugmängel berufen.[169] **43**

Eine besondere Rolle spielen **Reifenschäden**, insbesondere Reifenbrände. Mängel an den Reifen gehören jedenfalls zu den Fahrzeugmängeln nach Art. 17 Abs. 3.[170] Gerade bei Reifenschäden kann aber auch die Ursache in einer von außen kommenden unabwendbaren Fremdeinwirkung liegen. Dann ist der Frachtführer von der Haftung nach Art. 17 Abs. 2 befreit. Hierzu bedarf es nicht notwendig der Feststellung einer bestimmten Einwirkung als Ursache. Es genügt vielmehr, wenn der Frachtführer nachweist, daß nach der Lage des Falles praktisch nur eine Fremdeinwirkung in Betracht kommen kann.[171] Dagegen hat die NL Rb Rotterdam[172] zu Unrecht[173] den Nachweis ausreichender Kontrolle genügen lassen. Siehe zum Nachweis der Schadensursache eingehender Rdn. 41. **44**

4. Beweislast für die Haftungsvoraussetzungen des Art. 17 Abs. 1

Die **Darlegungs- und Beweislast** für die Haftungsvoraussetzungen des Art. 17 Abs. 1 (Entstehung des Schadens in der Obhut des Frachtführers) trägt der Ersatzverlangende.[174] Für die Zeitpunkte der Übernahme und der Ablieferung erbringt die **45**

---

[166] Zutreffend *Koller*[4] Art. 17 Rdn. 34 und Art. 18 Rdn. 2. Siehe zum Mißlingen dieses Beweises bei Reifenbränden OLG Düsseldorf vom 18. 11. 1971, VersR **1973** 177 f = ETR **1973** 510, 514; NL Rb Amsterdam vom 28. 10. 1964, ETR 718, 720 f.

[167] Siehe z. B. OLG Köln VersR **1975** 709 f (Fahrzeugmängel als Alternative zu mangelhafter Verladung); BGH vom 3. 7. 1974, NJW **1974** 1616 f = VersR **1974** 1013 f = WM **1974** 864 (Beweis für den Defekt der Kühlanlage des Fahrzeugs durch Temperaturmessung bei angetautem Gefrierfleisch).

[168] Zu diesem Begriff siehe Art. 12 Rdn. 10 f.

[169] B TribCom Antwerpen, ETR **1975** 540, 545; beiläufig auch OLG Düsseldorf vom 14. 7. 1986, TranspR **1987** 24, 26. Fahrzeugschaden, der erst durch Unfall entsteht, fällt nicht unter Art. 17 Abs. 3: OLG Stuttgart vom 22. 4. 1980, 12 U 188/79 (unveröff.). Fehlen von Abstandshaltern in einem Kühlfahrzeug ist kein Fahrzeugmangel, weil ihre Anbringung Aufgabe des verladenden Absenders ist: OLG Hamburg vom 21. 2. 1985, TranspR **1985** 400, 401. Siehe zu Fahrzeugmängeln insbesondere Rdn. 211. Hinweise auf unveröffentlichte und ältere Rechtsprechung bei *Heuer* 88 f. Siehe auch die in gewisser Hinsicht ähnliche Haftung für Betriebs- und Transportmittelunfälle nach der KVO; § 29 KVO, Anh. II nach § 452 HGBaF Rdn. 10 ff.

[170] Siehe B TribCom Antwerpen ETR **1969** 1028, 1029; Brand fast neuer Reifen: NL Rb Amsterdam vom 28. 10. 1964, ETR 718, 720 f; LG Wuppertal vom 12. 1. 1968, NJW **1968** 1023.

[171] NL Rb Rotterdam vom 20. 4. 1965, ETR **1966** 137; wohl auch bei gleichzeitigem Undichtwerden zweier fast neuer Reifen, NL Hof Amsterdam vom 21. 10. 1965, ETR **1966** 305 ff; *Koller*[4] Rdn. 34 sieht darin Anscheinsbeweise; weitere Hinweise bei *Libouton* ETR **1973** 36 f.

[172] Vom 21. 1. 1969, ETR **1969** 998, 1002 f.

[173] Zutreffend *Koller*[4] Rdn. 34 gegen (jetzt) *Glöckner*[7] Rdn. 38.

[174] Zur deutschen und österreichischen Rechtsprechung siehe § 429 HGBaF Rdn. 107; zur Erschütterung des Anscheinsbeweises und zur Beweisvereitelung siehe auch neuerlich BGH vom 17. 6. 1997, TranspR **1998** 85–88; BGH vom 13. 7. 2000, NJW-RR **2000** 1631: Die Darle-

Frachtbriefeintragung widerleglichen Beweis.[175] Dies ergibt sich aus den allgemeinen Beweisregeln des deutschen, aber auch ausländischen Rechts.[176]

46 Insbesondere die **Übernahme** des Guts ist daher vom Geschädigten zu beweisen. Bei einem Schaden, der bereits bei Übernahme bestanden haben kann, hat der Ersatzverlangende zunächst zu behaupten und zu beweisen, daß die **Güter vom Frachtführer in nicht geschädigtem Zustand angenommen worden sind.**[177] Dies umfaßt den Beweis der Übernahme von Gütern als solchen,[178] der Identität der Güter, ihrer Art, ihrer Menge und ihres Zustands.[179] Die Beweisführung ist grundsätzlich nach den allgemeinen Regeln des Zivilprozeßrechts zu beurteilen, insbesondere nach § 286 ZPO. Es genügt dabei in der Praxis, wenn der Ersatzverlangende alle nach dem Fall in Betracht kommenden, vor der Übernahme liegenden Schadensmöglichkeiten widerlegt.[180] Nur ausnahmsweise kann den Frachtführer nach § 242 BGB die Obliegenheit der Aufklärung der einzelnen Umstände der Übernahme treffen.[181]

47 Die **Ablieferung**, die das Ende der Obhutszeit bedeutet, ist vom Frachtführer zu beweisen.[182] Die Beweislast dafür, daß die vom Frachtführer übernommenen Güter vollständig an den richtigen Empfänger (siehe § 425 HGBaF Rdn. 70 ff) abgeliefert sind, trägt der Frachtführer; dafür, daß der Schaden nicht nach der Ablieferung ent-

---

gungs- und Beweislast für den Verlust des Transportguts liegt grundsätzlich beim Ersatzberechtigten. Doch kommt ihm zugute, daß der Frachtführer bei der Ablieferung des Gutes zu ordnungsgemäßer Dokumentation verpflichtet ist (OLG Köln vom 17.3.1998, TranspR 2000 80); siehe auch: *Koller*, LM CMR Nr. 75 (Die Beweislastverteilung bei behaupteter Falschablieferung durch den Frachtführer).
Zum englischen Recht *Clarke*² Nr. 315 (zu Art. 30 CMR)

[175] Art. 9 Rdn. 19 f; zur Eintragung Art. 6 Rdn. 14 f.

[176] Siehe Rdn. 1, 19 ff; zum ausländischen Recht siehe z. B. F Cass vom 13. 10. 1981, ETR **1982** 288, 292.

[177] OLG Hamm vom 2.12.1991, TranspR **1992** 179, 180; OLG Hamburg vom 25.5.1998, TranspR **1998** 351 f. Siehe auch § 429 HGBaF Rdn. 105; zu Art. 30 Rdn. 35. Speziell zur Darlegungslast nach Art. 17 Abs. 1 CMR: BGH vom 12.12.1985, TranspR **1986** 278, 280 f = VersR **1986** 381, 383; BGH vom 19. 6. 1986, TranspR **1986** 459, 461 = VersR **1986** 1019 ff (Lagervertrag).

[178] OLG Hamburg vom 14.5.1996, TranspR **1997** 100 f (zweifelhafte Übernahme durch einen fremden Fahrer).

[179] Beweislast für intakte Annahme beim Absender: **Zur CMR:** BGH vom 10.4.1974, VersR **1974** 796, 798 (bei Annahme schon zu warmer Käse); vom 9.2.1979, NJW **1979** 2471 f = VersR **1979** 466, 467 (ungenügend vorgekühltes Speiseeis bei Fehlen eines Frachtbriefs); BGH vom 8. 6. 1988, TranspR **1988** 370 = VersR **1988** 952; OLG Hamm vom 26.6.1997, TranspR **1998** 301, 303 (ungenügend vorgekühltes Speiseeis); OLG Köln vom 26.9.1985, TranspR **1986** 285, 288; OLG Hamm vom 11.6.1990, TranspR **1991** 375 f (nicht genügend vorgekühltes Fleisch); OLG Hamm vom 30.3.1998, TranspR **1998** 463, 464; LG Bonn vom 24.1.1984, RIW **1985** 147 f. **Zum übrigen Frachtrecht:** § 429 HGBaF Rdn. 108 Fn. 166; Brandenburgisches OLG vom 29. 3. 2000, TranspR **2000** 358 – m. Anm. *Koller*, TranspR **2000** 449 (nicht genügend vorgekühltes Rindfleisch).
Für Vorschädigung bei Annahme des Gutes ist der Frachtführer beweis- und darlegungsbelastet, BGH vom 10.4.1974, NJW **1974** 1614, 1616 = VersR **1974** 796, 798 (Käse); vom 9.2.1979, NJW **1979** 2471 f = VersR **1979** 466, 467 (Tiefkühlgut); OLG Hamm vom 11.6.1990, TranspR **1990** 375 f (Fleisch).

[180] BGH vom 8.6.1988, TranspR **1988** 370 ff = VersR **1988** 952 ff.

[181] OLG Hamm vom 30.3.1998, TranspR **1998** 463, 464 f.

[182] Siehe z.B. OLG Düsseldorf vom 29.3.1979, VersR **1979** 651; OLG Hamm vom 2.12.1991, TranspR **1992** 179 ff; OLG Düsseldorf vom 20.3.1997, TranspR **1998** 425 f; eingehend LG Hamburg vom 14.5.1996, TranspR **1998** 164 f. OLG Hamburg vom 18. 8. 1999, TranspR **2000** 177 (Zu den Anforderungen, die an den Nachweis der Ablieferung der beförderten Güter an einen Empfänger in Moskau zu stellen sind); LG Frankfurt vom 22.9.1999, TranspR **2000** 368 (Der Frachtführer trägt die Beweislast für die ordnungsgemäße Ablieferung des Frachtguts oder für deren Behinderung); BGH vom 15.6.2000, TranspR **2000** 459, 460 = LM CMR Nr. 75 m. Anm. *Koller* (die Beweislastverteilung bei behaupteter Falschablieferung durch den Frachtführer). Siehe allgemein § 429 HGBaF Rdn. 110.

standen ist, der Absender bzw. Empfänger.[183] Wichtig ist vor allem die Beweislage hinsichtlich des Zustandes bei Ablieferung. Die vorbehaltslose Annahme der Güter durch den Empfänger begründet Beweisverschlechterungen für den Empfänger.[184]

Sowohl bei der Übernahme wie auch bei der Ablieferung spielen vor allem auch **Quittungen** auf dem Frachtbrief und außerhalb des Frachtbriefes eine wichtige Rolle, insbesondere die vom Fahrer unterzeichnete **Bestätigung der Übernahme von Frachtgut** nach Menge, Zahl, Art, Zustand (Empfangsbestätigung). Empfangsquittungen sind Wissenserklärungen über den Empfang von Leistungen. Sie erbringen Beweis für ihren Inhalt gem. § 416 ZPO und unterliegen der freien Beweiswürdigung nach § 286 ZPO.[185] Eine solche Quittung ist eine Wissens-, keine Willenserklärung.[186] Inwieweit für sie die Regeln über Willenserklärungen und Vollmachten entsprechend anzuwenden sind, ist letztlich belanglos, weil die Quittung nur Beweis nach § 416 ZPO im Rahmen der freien Beweiswürdigung gem. § 286 ZPO erbringt.[187] Eine Vollmacht könnte den Beweiswert der Bestätigung des Fahrers über eigenes Wissen nicht verändern. Irrelevant ist auch, ob der Fahrer beim Laden anwesend war oder die Güter aus anderen Gründen nicht hat kontrollieren können.[188] Die Widerlegung einer vom Frachtführer ausgestellten Empfangsbescheinigung über vollständige Übernahme der Ladung erfordert echten Gegenbeweis oder doch zumindest eine Erschütterung der Überzeugung des Gerichts;[189] Behauptungen, aus denen sich allenfalls die Wahrscheinlichkeit für unvollständige Übernahme ergibt, genügen nicht. 48

Den Geschädigten trifft auch die **Last der Darlegung für den Schaden.**[190] Es genügt z. B. nicht, wenn der Geschädigte ohne nähere Substantiierung einen Totalschaden des Gutes behauptet und dafür nur Zeugenbeweis angetreten hat[191] oder einen Teilverlust während des Transports nicht nachweist.[192] Behauptet der Frachtführer, Fleisch sei für einen Kühltransport nicht ausreichend vorgekühlt gewesen, so ist dies als Haftungsausnahme des Art. 17 Abs. 2 von ihm zu beweisen. Die Vorkühlung ist nur eine Vorsorgemaßnahme für den Kühltransport. Das Gut ist ohne sie nicht vorgeschädigt, der Geschädigte braucht richtige Vorkühlung nicht zu beweisen.[193] Zum Vorbehalt des Empfängers siehe Art. 30 Rdn. 15, zu Kontrollobliegenheit des Frachtführers Art. 8 Rdn. 14 und Rdn. 71. Den Empfänger trifft auch im allgemeinen keine Untersuchungspflicht. Sind aber etwa aus Italien importierte Weintrauben beschädigt, trifft den Empfänger trotzdem die Darlegungs- und Beweislast dafür, daß eine Vorschädigung nicht vorlag.[194] Der Beweis für den beschädigten oder intakten 49

183 BGH vom 8. 6. 1988, TranspR **1988** 370, 371 = ETR **1988** 705, 708 f = VersR **1988** 952 f.

184 Siehe Art. 30 Rdn. 2, 33 ff; siehe auch § 438 HGBaF Rdn. 19 ff, 22.

185 Siehe eingehender § 429 HGBaF Rdn. 109 f und die Kommentare zu § 368 BGB; neuerlich (noch zur KVO) auch OLG Köln vom 20. 6. 1997, TranspR **1998** 303 ff. Zweifelhaft ist die Wirkung vor allem dann, wenn der Empfänger einen ordnungsgemäßen Zustand des Gutes ohne vorherige Prüfung quittiert, siehe § 429 HGBaF Rdn. 109; zur Unrichtigkeit eines Empfangsbekenntnisses (Konnossement) siehe BGH vom 25. 9. 1986, TranspR **1987** 29 ff.

186 Unstr., *Larenz* SchR I[14] S. 147; *Palandt/Heinrichs*[56] § 368 BGB Rdn. 2; *Esser/Schmidt* Schuldrecht I/1[8] 286 ff.

187 Siehe im einzelnen § 429 HGBaF Rdn. 109.

188 OLG Hamburg vom 25. 5. 1998, TranspR **1998** 351 f; LG Krefeld vom 28. 6. 1989, TranspR **1990** 18 f zur KVO und auch, ob die Quittung erst später ausgestellt ist; OLG Frankfurt vom 13. 7. 1984, TranspR **1985** 92 f zu HGB und AGNB.

189 BGH vom 14. 4. 1987, WM **1978** 849 ff; siehe eingehender und kritisch § 16 KVO, § 452 HGBaF Anh. II, Rdn. 24 ff.

190 OLG Düsseldorf vom 20. 3. 1997, TranspR **1998** 425 f.

191 OLG München vom 24. 4. 1992, TranspR **1992** 360 f.

192 F CA Paris vom 2. 12. 1981, ETR **1982** 73, 74.

193 Grundsätzlich zutreffend OLG Hamm vom 26. 6. 1997 TranspR **1998** 301, 303; die Gegenansicht vertritt mit differenzierter Begründung OLG Schleswig vom 30. 8. 1978, VersR **1979** 141, 142.

194 LG Bonn vom 24. 1. 1984, RIW **1985** 147 f.

Zustand und die richtige Menge bei Ablieferung wird durch Art. 30 CMR beeinflußt; siehe Art. 30 Rdn. 33.

50 Die Beweislage zum **Zeitpunkt** der Entstehung von Güterschäden wird durch die Erhebung von Vorbehalten des Empfängers oder gemeinsame Schadensfeststellung beeinflußt. Siehe dazu Art. 30, insbesondere zur Auswirkung ihrer Versäumung dort Rdn. 33 ff.

C. Haftungsausschlüsse

I. Allgemeines

1. Gesetzliche Regelungen, Anwendungsbereich

a) Entstehung und Ursachen von Schäden

51 Haftungsausschlüsse sind Ausnahmetatbestände, bei deren Vorliegen die sonst nach dem Haftungsgrundsatz gegebene Haftung nicht entsteht. Die Entstehung des Schadens in der Obhutszeit ist nach Art. 17 Abs. 1 der tragende Bestandteil der frachtrechtlichen Güterschadenshaftung.[195] Von diesem Grundtatbestand gehen die Vorschriften über den Haftungsausschluß der Absätze 2–4 aus. Sie befassen sich nur mit den Entstehungsgründen der Haftung. Diese Gründe müssen für den während der Obhut entstandenen Schaden ursächlich sein.

b) Die Haftungsausschlüsse

52 Neben den in Art. 17 Abs. 2 und 4 aufgeführten Haftungsausschlüssen enthält die CMR einen weiteren in Art. 22 Abs. 2;[196] ebenso wohl in Art. 11 Abs. 2 S. 2.[197] Die Konstruktion als in der CMR angelegter Haftungsausschluß hat den Vorteil, in jedem Land unmittelbar aus der CMR abgeleitet werden zu können. Gegenüber der ebenfalls möglichen Aufrechnung hat sie nämlich den Vorzug, daß der Rückgriff auf sehr unterschiedliche nationale Rechte vermieden werden kann und dient daher dem Zweck der CMR, ein einheitliches Recht zu schaffen.[198] Als Wirkung einer Versäumung der Schadensrüge sieht Art. 30 in einzelnen Sonderfällen den Wegfall von Ansprüchen vor; siehe Art. 30 Rdn. 2. Die Haftungsausschlüsse greifen gem. Art. 29 CMR bei Vorsatz und grober Fahrlässigkeit des Frachtführers nicht ein; siehe die dortige Kommentierung. Für das Zusammentreffen von Haftungsausschlüssen mit vom Frachtführer zu vertretenden Schadensursachen gilt die Sonderregelung des **Art. 17 Abs. 5**; siehe dazu Rdn. 230 ff.

53 Die Haftungsausschlüsse der **Absätze 2 und 4 des Art. 17 gelten** grundsätzlich für beide Haftungsfälle: sowohl **für die Obhutshaftung wie auch für die Verspätungshaftung**. Für Abs. 2 ist dies unbestritten.[199] Hinsichtlich der Anwendung von Abs. 4 wird jedoch häufig davon ausgegangen, daß dieser nicht auf Fälle anzuwenden ist, in denen ein Verlust oder eine Beschädigung auf Lieferfristüberschreitung zurückgeht. Art. 17 Abs. 4 ist jedoch nicht nur auf die Obhutshaftung, sondern auch auf Güterschäden als Folge von Lieferfristüberschreitungen anzuwenden.[200] Dies ist mit dem

---

195 Siehe Rdn. 16–23.
196 Siehe Art. 22 Rdn. 12; *Heuer* 82.
197 Siehe Art. 11 Rdn. 9.
198 Siehe Art. 1 Rdn. 65, Art. 11 Rdn. 9.
199 Beispiele: BGH vom 13. 11. 1997, TranspR **1998** 250 f (unabwendbarer Umstand bei Lieferfristüberschreitung); F Cour d'Appel Paris vom 27. 11. 1971, BT **1971** 115 ff.
200 Siehe hierzu Rdn. 223 ff.

Text der Vorschrift ohne weiteres zu vereinbaren, weil auch in diesen Fällen ein Schaden in Form von Verlust oder Beschädigung vorliegt. Sachlich besteht auch kein Grund, die Verspätungshaftung härter zu behandeln als die normalen Obhutsschäden. Der Auffassung, die im Falle der Lieferfristüberschreitung dem Frachtführer generell die Berufung auf Art. 17 Abs. 4 verweigern will,[201] ist daher nicht zuzustimmen.[202] Zum Vorbehalt des Empfängers bei Ablieferung siehe Art. 30 Rdn. 3.

2. Beweislast, bevorrechtigte und nicht bevorrechtigte Haftungsausschlüsse

Grundsätzlich müssen die Voraussetzungen der Ausschlußtatbestände von dem bewiesen werden, der sich auf sie beruft.[203] Jedoch enthält die CMR in Art. 18 einige Sonderregelungen für diese Beweisführung. In Anlehnung an das Eisenbahnfrachtrecht (Art. 27, 28 CIM 1970, Art. 36 §§ 2, 3 und Art. 37 ER/CIM 1980, Anh. I nach § 460 HGBaF; §§ 82, 83 EVO) unterscheidet die Literatur zur CMR zwischen „bevorrechtigten" und „nichtbevorrechtigten" Haftungsausschlüssen. Die bevorrechtigten Haftungsausschlüsse sind in Art. 17 Abs. 4 zusammengefaßt. Art. 18 Abs. 2, 3 ändert für sie die Beweislast zugunsten des Frachtführers; siehe Rdn. 106 ff. Die nichtbevorrechtigten Haftungsausschlüsse des Art. 17 Abs. 2 sind dagegen nicht beweisrechtlich privilegiert. Bei ihnen trägt der Frachtführer die volle Beweislast auch für die Kausalität. Dies ist in Art. 18 Abs. 1 auch noch einmal klargestellt. 54

3. Mehrere Haftungsausschlüsse gleichzeitig

Jeder Haftungsausschluß reicht für sich aus, um die Haftung des Frachtführers auszuschließen. Werden mehrere im selben Fall geltend gemacht (z. B. Verpackungsmangel und Staufehler nach Art. 17 Abs. 4 Buchst. b und c[204]), reicht der Nachweis für einen von ihnen. Dies gilt auch für die nicht bevorrechtigten Ausschlüsse des Art. 17 Abs. 2. 55

4. Haftungsausschlüsse und Kontrollpflichten oder -obliegenheiten

Eine besondere Rolle zur Ausschaltung einzelner Haftungsbefreiungen spielen die Kontrollpflichten oder -obliegenheiten des Frachtführers, z. B. bei Verpackungsmängeln nach Art. 8 Abs. 1 b[205] oder beim Staufehler[206] oder bei Haftung wegen Verletzung von Nebenpflichten zur Schadensverhinderung aus positiver Vertragsverletzung.[207] 56

II. Nichtbevorrechtigte Haftungsausschlüsse (Art. 17 Abs. 2, 18 Abs. 1)

1. Allgemein: keine beweisrechtliche Bevorrechtigung

Bei den „nichtbevorrechtigten" Haftungsausschlüssen des Art. 17 Abs. 2 hat der Frachtführer gem. Art. 18 Abs. 1 den vollen Beweis für die betreffende Schadensursache zu erbringen; siehe Rdn. 107 ff. Im Gegensatz dazu stehen die sogenannten 57

---

201 *Heuer*, S. 131; wohl auch *Glöckner*[7] Rdn. 43, siehe aber auch aaO Rdn. 97.

202 *Hill*, Freight Forwarders S. 119; formal gegen, aber in der Sache eher für Anwendung von Art. 17 Abs. 4 *Hill/Messent/Glass*[2] S. 162 f, 165 f.

203 Aus der neueren Rechtsprechung: BGH vom 30. 9. 1993, TranspR **1994** 16–18 = VersR **1994** 119–121; BGH vom 8. 10. 1998, TranspR **1999** 59, 62 (Raub als unabwendbar). Siehe im übrigen Rdn. 104 ff, Rdn. 130 ff.

204 Siehe zu den Fallgruppen Rdn. 118 ff, 152 ff.

205 Siehe Rdn. 129 und Art. 8 Rdn. 11.

206 Hierzu Rdn. 181, zu den weiteren Nebenpflichten im Zusammenhang mit Art. 17 Abs. 4a auch Rdn. 177 ff.

207 Zu diesen Pflichten siehe Art. 8 Rdn. 11. Siehe auch MüKo/*Basedow* Art. 8 Rdn. 13.

„bevorrechtigten" Haftungsausschlüsse (Art. 17 Abs. 4), die durch Art. 18 Abs. 2–5 beweisrechtlich durch ein System von Vermutungen begünstigt sind. Die Tatbestände der Abs. 2 und 4 ergänzen einander und stehen teilweise in Konkurrenz.[208]

2. Verschulden des Verfügungsberechtigten

a) Allgemeines

58 Verschulden des Verfügungsberechtigten[209] schließt nach Art. 17 Abs. 2 die Haftung des Frachtführers aus. In vielen Fällen (z. B. bei Fahrzeugmängeln gem. Art. 17 Abs. 3) führt es jedoch – entgegen der Formulierung des Art. 17 Abs. 2 – nur zur Schadensteilung nach Art. 17 Abs. 5; siehe dazu unten Rdn. 229 ff. Verschulden des Verfügungsberechtigten kann auch in Fällen des Art. 17 Abs. 4, insbesondere in denen die Buchstabe b–e, vorliegen. Die Haftungsausschlußgründe stehen dann in Konkurrenz, wobei wegen der günstigeren Beweislage regelmäßig die Gründe des Abs. 4 im Vordergrund stehen. Zum Fall der Schadensminderungspflicht siehe Art. 23 Rdn. 73 f.

b) „Verfügungsberechtigter"

59 Der Begriff „Verfügungsberechtigter" entspricht nicht wörtlich den englischen und französischen Fassungen. Er beruht auf der in der deutschen Übersetzung zu Recht angenommenen Einheit von Verfügungsberechtigung und Inhaberschaft der Rechte und Pflichten aus dem Frachtvertrag und der Aufgabenteilung zwischen Absender und Empfänger.[210] Verfügungsberechtigter ist also zunächst der Absender.[211] Die wörtliche Anwendung der englischen Fassung würde bedeuten, daß dem Ersatzverlangenden („claimant", „ayant droit") das jeweilige Verschulden des anderen Berechtigten nicht zuzurechnen wäre.[212] Sachlich richtig ist es jedoch, dem klagenden Absender oder Empfänger jeweils das Verschulden des anderen zuzurechnen, soweit er bereits verfügungsberechtigt nach Art. 12 Abs. 2 Satz 2 oder Abs. 3 war.[213] Der Empfänger ist zunächst kein Berechtigter. Erst bei Vorliegen seiner Verfügungsberechtigung – regelmäßig mit der Aushändigung der zweiten Ausfertigung des Frachtbriefs an ihn – wird er in die Verantwortung für das Gut einbezogen, ist er Berechtigter.[214] Dem Verfügungsberechtigten ist ferner das Verschulden seiner Erfüllungsgehilfen (soweit deutsches Recht ergänzend gilt, gem. § 278 BGB; siehe Art. 1 Rdn. 82 ff) zuzurechnen. Art. 3 CMR ist nicht anwendbar.[215]

---

208 Siehe etwa zu Art. 17 Abs. 2 und 4 („besondere Mängel des Gutes" und „natürliche Beschaffenheit") unten Rdn. 69 und 196.

209 Zu diesem Begriff siehe Art. 12 Rdn. 10 f.

210 Siehe Art. 12 Rdn. 10 f; *Clarke*[2] Nr. 43 b S. 190 f; eingehend *Pesce* S. 206 ff.

211 Siehe als Beispiel: F CA Paris vom 27.11.1971, BT **1971** 115 ff.

212 So aufgrund der Wortauslegung *Hill/Messent/Glass*[2] S. 108 f; *Donald* The CMR Nr. 53. Dagegen zutreffend *Loewe*, ETR **1976** S. 554; *Rodière* ETR **1971** 15; *Dorrestein* S. 179; *Haak* S. 140 f; *Clarke*[2] Nr. 72, S. 361; *Pesce*, S. 206 ff; zur Verursachung durch Weisungen des Verfügungsberechtigten auch *Heuer* 84; *Putzeys* Nr. 756.

213 OLG Düsseldorf vom 12.1.1984, TranspR **1984** 102, 104. Ebenso auch ohne Untersuchung von Art. 12 OLG Düsseldorf vom 27. 2. 1997, TranspR **1998** 194 f. Siehe auch Art. 12 Rdn. 23.

214 Also Verfügungsberechtigter im Sinne der deutschen Übersetzung; siehe dazu eingehender Art. 12 Rdn. 10; sachlich also richtig OLG Düsseldorf aaO; **A. A.**, aber wenig überzeugend dazu *Koller*[4] Rdn. 31 („erkennt den Übersetzungsfehler nicht").

215 Zur ergänzenden Anwendung nationalen Rechts siehe auch *Pesce*, S. 208 Fn. 56. **Für analoge Anwendung** von Art. 3 CMR: OLG Hamburg vom 19. 12. 1985, TranspR **1986** 146 ff = VersR **1986** 261 f. *Koller*[4] Rdn. 31 S. 698, *Herber/Piper* Rdn. 60. **Dagegen** *Thume/Thume* Rdn. 82; *Thume* in *Fremuth/Thume* Frachtrecht, Rdn. 30; MüKo/*Basedow* Art. 3 Rdn. 9; *Heuer* S. 81 mit Verweis auf die Anwendbarkeit des § 276 BGB.

c) Verschulden

Verschulden („faute", „wrongful act or neglect") des Verfügungsberechtigten ist die **schuldhafte Verletzung einer** ihm sich selbst gegenüber bestehenden **Obliegenheit zur Schadensverhinderung**, setzt also keine Verletzung echter Vertragspflichten voraus. Darunter fällt z. B. die pflichtwidrige Nichterteilung von Weisungen[216] und die Nichtbeigabe der Begleitpapiere;[217] ob die Unterfakturierung durch den Absender zur Verbilligung des russischen Zolls einen Einfluß auf das Verschwinden des Lastzugs hat, ist beweisbedürftig.[218] Die Annahmeverweigerung oder -verzögerung des Empfängers kann kein Verschulden des Verfügungsberechtigten sein, solange dieser noch nicht das Verfügungsrecht erworben hat; siehe Rdn. 59. Stehen ihm die Rechte aus dem Frachtvertrag jedoch zu, werden ihm schuldhafte Verzögerungen zugerechnet. Ganz ausnahmsweise können Schäden aus Annahmeverweigerung[219] unabwendbar im Sinne der letzten Alternative des Art. 17 Abs. 2 sein. Die Annahmeverweigerung von Gurken, die wegen überlanger Beförderung weitgehend verdorben sind, ist jedenfalls kein dem Absender zuzurechnendes Mitverschulden, OLG Düsseldorf vom 12. 12. 1985, TranspR **1986** 56, 59 = VersR **1986** 1069 f. 60

Ein Verschulden des Absenders kann auch in der **Nichtbeanstandung von erkannten oder deutlich erkennbaren Fehlern des Frachtführers** liegen. In der Regel unterliegt der Absender allerdings keiner Überprüfungspflicht hinsichtlich der vom Frachtführer geschuldeten Leistungen. Mangelnde Beanstandungen des Absenders führen daher allenfalls zu Mitverschulden und damit zur Schadensminderung nach Art. 17 Abs. 5, Art. 17 Abs. 2 (Verschulden des Verfügungsberechtigten).[220] 61

d) Kausalität

Nur wenn es für den Schaden oder die Schadenshöhe ursächlich ist, kann das Verschulden des Verfügungsberechtigten haftungsbefreiend wirken. Dabei ist die Frage der Kausalität nicht nach einem (bisher nicht entwickelten) einheitlichen Kausalitätsverständnis zu beurteilen, sondern nach in dieser Hinsicht sehr divergierendem nationalen Recht der Mitgliedsländer. Vorwiegend englische Auffassungen bzw. Deutungen in Übereinstimmung mit weiteren Auslandsrechten gehen von der causa proxima aus, die zu stärkerer Verengung der Kausalität führen kann.[221] Aus deutscher Sicht kann allerdings beispielsweise die Kausalität in folgenden Fällen durchaus gegeben sein: Annahmeverweigerung für Schäden beim Rücktransport;[222] fehlerhafte Handlungen des Verfügungsberechtigten bei Aufräumungsarbeiten nach einem 62

216 OLG Nürnberg vom 16. 3. 1976, Spediteur **1985** 320, 321. Siehe auch Art. 14 Rdn. 17.

217 Z. B. eines Ursprungszeugnisses, F CA Paris vom 2. 12. 1981, ETR **1982** 73, 74.

218 OLG Köln vom 3. 3. 1999, VersR **2000** 206, 207, hielt es für nicht beweisbar, daß bei voller Kenntnis des Wertes das Verschwinden durch bessere Sicherung hätte verhindert werden können.

219 Zu dieser und zu den aus ihr entstehenden Frachtführerrechten siehe Art. 15 Rdn. 4, 16 f.

220 BGH vom 13. 7. 2000, TranspR **2000** 409 (Hält der Frachtführer, der im allgemeinen für eine ordnungsgemäße Ablieferung des Gutes bei dem bestimmungsgemäßen Empfänger verantwortlich ist, eine Mitwirkung des Versenders bei der Erfüllung seiner Verpflichtung durch Vornahme bestimmter Sicherheitsmaßnahmen für erforderlich, so muß er dies zum Gegenstand des Beförderungsvertrags machen. Die Nichtbefolgung eines einseitigen Verlangens des Frachtführers begründet in der Regel weder ein Verschulden des Versenders i. S. v. Art. 17 Abs. 2 CMR noch eine Obliegenheitsverletzung, die grundsätzlich zu einer Mithaftung nach Art. 17 Abs. 5 CMR führen kann). Beispiele aus der Rechtsprechung siehe Rdn. 229. Die Rechtsprechung beruft sich regelmäßig zu Unrecht auf § 254 BGB; siehe Rdn. 231, 229. Zur Schadensminderungspflicht siehe Art. 23 Rdn. 74).

221 *Hill/Messent/Glass*[2] S. 109 f mit weiteren Nachweisen.

222 NL Rb Amsterdam vom 12. 4. 1972, SS **1972** Nr. 102, 264–267, Nr. 102.

Unfall;[223] Verladen in einen schlecht riechenden Tank bei schriftlicher Zusicherung des Frachtführers, dies würde der Ladung nichts schaden oder unzureichende Reinigung eines Tanks durch den Absender für Ladungsschäden.[224]

3. Weisungen des Verfügungsberechtigten

a) Allgemeines

63 Geht der Schaden auf Weisungen des Verfügungsberechtigten (zum Begriff Rdn. 59) zurück, ist der Frachtführer in der Regel von der Haftung befreit,[225] oder es kommt zu einer Schadensteilung nach Art. 17 Abs. 5.[226] Dies ist die Konsequenz des Grundsatzes, daß der Frachtführer grundsätzlich zur Befolgung der Weisungen des Verfügungsberechtigten verpflichtet ist. Zur Beweislast siehe Rdn. 104.

b) Weisungen

64 Weisungen sind insbesondere die Verfügungen im Sinne von Art. 12; siehe dort Rdn. 8. Jedoch sind auch Weisungen möglich, die keine Verfügungen über das Gut selbst darstellen; z. B. nach Art. 6 Abs. 1 j, Abs. 2 a, e. Weisungen sind auch in der CMR erwähnte Ausführungsanweisungen, z. B. den LKW an einer Ladebrücke vorzuziehen.[227] Auch diese fallen unter Art. 17 Abs. 2.[228] Keine Weisung liegt vor, wenn der Absender es dem Frachtführer überläßt, selbst eine optimale Lösung zu finden.[229]

65 Nach einem Urteil des BGH soll die Haftungsbefreiung davon **abhängen, daß die Weisung für den Frachtführer bindend** war.[230] Dies überzeugt so allgemein nicht.[231] Entscheidend für die Überwälzung des Schadensrisikos ist, daß der Verfügungsberechtigte mit der Weisung die Verantwortung für die betreffende Maßnahme übernimmt. Ob sie erteilt werden soll, liegt – einschließlich der Prüfung ihrer Rechtmäßigkeit – im Risikobereich des Weisungsgebers. Ob sie rechtlich bindend, unverbindlich[232] oder sogar rechtswidrig ist, hat nicht generell der Frachtführer zu verantworten. Dieser, insbesondere aber der Fahrer, wird häufig in der konkreten Situation ihre Verbindlichkeit nicht sicher beurteilen können und sich deshalb vorsichtshalber für ihre Befolgung entscheiden. Im Urteil des BGH kam es auf die Frage der Bindungswirkung auch gar nicht primär an, sondern auf ihre Rechtswidrigkeit. Der Frachtführer konnte sich danach auf die Weisung nicht berufen, weil sie wegen zu hoher Beladung gegen die StVO verstieß. Im Ergebnis begründet das gleiche Urteil eine Haftungsbefreiung nach Art. 17 Abs. 4 c CMR. Die Ablehnung der Anwendbarkeit von Art. 17 Abs. 2 ist

---

[223] B TribCom Tournai vom 21. 11. 1972, Jurisprudence du Port d'Anvers **1972** 446 ff.

[224] *Hill/Messent/Glass*[2] S. 109 f mit Hinweisen auf B TribCom Brüssel vom 14. 2. 1969, J.C.B. **1972** 548, B CA Brüssel vom 15. 4. 1971 J.C.B. **1972** 552. In diesen Fällen nimmt auch *Koller*[4] Rdn. 31 Kausalität an.

[225] LG Hamburg vom 26. 1. 1999, TranspR **1999** 298, 299 (Falschauslieferung in Weißrußland).

[226] Siehe Rdn. 229 ff.

[227] F CA Paris vom 25. 11. 1977, BT **1978** 66 f; *Hill/Messent/Glass*[2] S. 111; zustimmend *Koller*[4] Rdn. 32.

[228] Zutreffend *Heuer* 83; *Koller*[4] Rdn. 32; offenlassend BGH vom 27. 10. 1978, VersR **1979** 417 f; positiv LG Hamburg vom 26. 10. 1994, TranspR **1995** 293 f (Wenden des halb entladenen Fahrzeugs auf Weisung des Empfängers), siehe auch Rdn. 20, 22, 163.

[229] F Cass vom 5. 7. 1976, BT **1977** 377 f; zustimmend *Koller*[4] Rdn. 32.

[230] Vom 27. 10. 1978, VersR **1979** 417 f; so schon *Heuer* 84. In einem ähnlichen Fall (zu schwere Beladung des Fahrzeugs entgegen englischem Recht) sah der französische Kassationshof als eine Aufforderung, eine optimale Entscheidung zu treffen; F Cass vom 5. 7. 1976, ETR **1976** 377 f.

[231] Zutreffend *Koller*[4] Rdn. 32.

[232] Z. B. weil sie nicht den Anforderungen von Art. 12 Abs. 5 entspricht; dazu für Haftungsbefreiung *Heuer* S. 84; dagegen zutreffend *Koller*[4] Rdn. 32.

bedenklich. Im (sachlich richtig entschiedenen) Fall war zwar klar erkennbar, daß die Weisung rechtswidrig und daher nicht verbindlich sein würde. Auch Grenzfälle, in denen der Fahrer die Rechtmäßigkeit oder Rechtswidrigkeit einer Weisung nicht erkennen kann, sind jedoch leicht denkbar. In solchen Fällen sollte die Haftungsbefreiung dennoch eingreifen. Befolgt der Frachtführer schuldhaft eine für ihn erkennbar rechtswidrige Weisung, so ist eine Schadensteilung nach Art. 17 Abs. 5 vorzunehmen[233] – die – wie im Fall des BGH-Urteils – bis zur völligen Haftungsbefreiung des Frachtführers führen kann.

Eine nicht in den Frachtbrief eingetragene mündliche Vereinbarung der Beförderung im offenen Fahrzeug kann nicht als eine Weisung des Verfügungsberechtigten angesehen werden, da hiermit die Formvorschrift des Artikel 17 Abs. 4a CMR umgangen würde.[234] Eine Weisung setzt im übrigen voraus, daß der Anstoß vom Verfügungsberechtigten kommt, was in derartigen Fällen kaum der Fall sein wird. 66

c) Kausalität, Verschulden

Die Weisung führt nur zur Haftungsfreiheit, wenn sie für den Schaden kausal war. Ordnet etwa der Verfügungsberechtigte die Entladung an und ein Ladungsteil fällt bei der Entladung zu Boden und wird geschädigt, ist die Anweisung nicht kausal für den Schaden.[235] In solchen Fällen können sich die unterschiedlichen Kausalitätsvorstellungen der Mitgliedsländer auswirken; siehe Rdn. 62. 67

Verschulden des Verfügungsberechtigten ist nicht Voraussetzung der Haftungsbefreiung. Ist der Schaden auf die Befolgung einer **vom Frachtführer verschuldeten Weisung** zurückzuführen, so tritt die Haftungsbefreiung nicht ein. Fälle solcher Art liegen vor allem dann vor, wenn vom Frachtführer falsche Informationen gegeben oder Benachrichtigungen unterlassen worden sind oder wenn er Anweisungen trotz Kenntnis möglicher Schadensfolgen ausführt.[236] Das Verschulden des Frachtführers ist vom Verfügungsberechtigten zu beweisen.[237] 68

4. Besondere Mängel des Gutes

Besondere Mängel des Gutes sind von der normalen Beschaffenheit abweichende Eigenschaften, die aus sich heraus zu Schäden führen können. Sie ähneln den in Art. 17 Abs. 4d besonders geregelten Fällen der „natürlichen Beschaffenheit; siehe unten Rdn. 196 ff. Während es sich aber bei diesen um Schäden handelt, die sich aus der normalen („natürlichen“) Schadensanfälligkeit von Gütern ergeben, betrifft Abs. 2 Fälle, in denen die Güter mangelhaft sind, also von der normalen, ordnungsgemäßen Beschaffenheit eines Gutes der beförderten Art abweichen.[238] Es muß sich also um Mängel handeln, die an sich der Natur des Gutes fremd sind, z. B. Fabrikationsmängel, mangelhafte Vorkühlung von Gefriergut, Rostansatz vor der Beförderung.[239] Die Unterscheidung zwischen den beiden verwandten Haftungsausschlüssen beruht auf einer bewußten Trennung der in der CIM seinerzeit noch zusammengefaßten Tat- 69

---

233 BGH vom 27.10.1978, VersR **1979** 417, 418; *Koller*[4] Rdn. 32.

234 OLG Düsseldorf vom 15.12.1983, TranspR **1984** 38, 39 = VersR **1984** 686 f.

235 NL Rb Amsterdam vom 12.4.1972, SS **1972** Nr. 102; weitere Beispiele bei *Putzeys* Nr. 758.

236 Beispiel: F Cass vom 19.4.1982, ETR **1983** 15: Genaues Einhalten der vorgeschriebenen Kühltemperatur führte zu Frostschäden, weil die Temperatur im Inneren des Kühlblocks tiefer lag als die Thermostatanzeige.

237 *Koller*[4] Rdn. 32.

238 Eingehend *Heuer* S. 85 f; *Hill/Messent/Glass*[2] S. 112; *Haak* S. 141 f; ferner *Loewe*, ETR **1976** S. 554; *Koller*[4] Rdn. 33; *Silingardi* S. 151 f.

239 Beispiele von *Putzeys* Nr. 761; unten Rdn. 201 ff.

bestände; *Haak*, S. 142. Außerdem kann im Zusammenhang mit der Güterbeschaffenheit auch ein unabwendbarer Umstand die Haftung ausschließen; siehe Rdn. 99, zur Beweislast allgemein Rdn. 106 ff.

70 Der entscheidende praktische Unterschied zwischen den beiden haftungsbefreienden Umständen liegt in der Beweislage.[240] Im Falle des Art. 17 Abs. 2 muß der Frachtführer gem. Art. 18 Abs. 1 den Mangel beweisen, im Fall des Art. 17 Abs. 4d gem. Art. 18 Abs. 2 dagegen nur die generelle natürliche Beschaffenheit des Gutes, die nach Klassen geordnet werden kann. Sind Güter z. B. wegen Lackierungsschäden dem Rost besonders ausgesetzt, so fällt der Rostschaden unter Abs. 2; handelt es sich dagegen um Metallteile, die normalerweise der Rostgefahr unterliegen (z. B. unbehandelte Eisenteile), so fallen Rostschäden unter Art. 17 Abs. 4d mit der Folge des erleichterten Nachweises der Kausalität. Siehe zu diesen Fragen *Heuer* 85 f.

71 **Praktische Fälle:** Für die Beurteilung, ob Clementinen mangelhaft i. S. v. Art. 17 Abs. 2 CMR sind, können die Haltbarkeitsnormen der EG nicht herangezogen werden, OLG Hamm vom 4. 10. 1979 (unveröff.). Überreife von Paprika kann ausnahmsweise besonderer Mangel sein, muß jedoch nachgewiesen werden; OLG Frankfurt vom 8. 7. 1980, MDR **1981** 53 f = TranspR **1980** 127.

72 Besonderer **Mangel von Kühl- und Gefriergut** kann eine unzureichende Vorkühlung sein,[241] siehe auch Rdn. 46. Hält sich die Temperatur unter dem vereinbarten Wert von 7 °C oder bei Gefriergut – 25 °C, liegt jedoch kein Mangel vor.[242] Mangel von Kühlfleisch liegt darin, daß es bei großer Hitze vor der Verladung nicht abgetrocknet wurde, denn die starke Verdunstung während des Transports kann von der Abtauautomatik nicht bewältigt werden und führt zu Temperaturerhöhung im Kühlfahrzeug.[243] Die Beweislast für nicht mangelhafte Vorkühlung trägt der Absender.[244]

73 **Defekt an der Elektrik eines beförderten PKW**, der zum Brand führt, ist Mangel; OLG München vom 27. 2. 1987, TranspR **1987** 185 f; Verwendung eines untauglichen Öls zum Rostschutz einer Maschine ist besonderer Mangel.[245]

5. Unabwendbare Umstände (Art. 17 Abs. 2)

a) Bedeutung und Grundlage des Haftungsausschlusses

74 Siehe hierzu grundsätzlich Rdn. 52–59. Die „unabwendbaren Umstände" sind nicht mit der „höheren Gewalt" identisch, da sie eine Entlastung auch für unverschuldete betriebsinterne Schadensursachen gestatten. Darauf beruht das gesamte System der Entlastung; siehe die Fallbeispiele Rdn. 76 ff. Ebenso ist die Entlastung möglich für häufigere, aber unverschuldete, insbesondere im einzelnen unvorhersehbare außerbetriebliche Umstände, z. B. für vorrangig fremdverursachte Verkehrsunfälle. Jedoch

---

240 *Heuer*, 45; *Loewe* ETR **1976** 554. *Glöckner*[7] Rdn. 34 in Anlehnung an *Rodière* ETR **1973** 35.

241 OLG Schleswig vom 30. 8. 1979, VersR **1979** 141, 142 (Schweinefleisch); F CA Aix-en-Provence vom 12. 5. 1987, BT **1987** 400 f; OLG Hamm vom 20. 6. 1997 TranspR **1998** 301 ff.

242 OLG Hamm vom 18. 10. 1984, TranspR **1985** 107, 108; entsprechend für Gefriergut OLG Hamm vom 26. 6. 1997 TranspR **1998** 301 ff.

243 F CA Aix-en-Provence vom 12. 5. 1987, BT **1987** 400 f.

244 OLG Hamm vom 26. 6. 1997 TranspR **1998** 301, 303. Brandenburgisches OLG vom 29. 3. 2000, TranspR **2000** 358 – m. Anm. *Koller*, TranspR **2000** 449. Siehe aber: OLG Hamm vom 2. 11. 1998, TranspR **2000** 361 (Haben die Vertragsparteien bei einem Kühltransport vereinbart, daß der Frachtführer die Übernahmetemperatur messen soll, und bestätigt dieser ohne eine solche Messung auf dem Frachtbrief eine ausreichend niedrige Übernahmetemperatur, so trifft nun ihn die Beweislast, daß ihm das Gut nicht ausreichend vorgekühlt übergeben worden ist).

245 F CA Angers vom 11. 7. 1977, BT **1977** 435, 436.

ist der Haftungsmaßstab die äußerste zumutbare Sorgfalt; dabei ist nach richtiger Auffassung auch die wirtschaftliche Zumutbarkeit ernsthaft zu prüfen; siehe dazu Rdn. 33–34. Die erdrückende Mehrheit der veröffentlichten Rechtsprechung, insbesondere aus Deutschland und Österreich und Frankreich, läßt jedoch die Entlastung an oft leichtestem Verschulden scheitern; insbesondere bei den Fällen des Diebstahls und Raubs (siehe Rdn. 84 ff) – und der Ablieferung an Nichtberechtigte (siehe Rdn. 77) werden wirtschaftliche Überlegungen in aller Regel nicht angestellt. Im Ergebnis wird damit die CMR-Haftung – von den Fällen der speziellen Haftungsausschlüsse des Art. 17 Abs. 2 und 4 abgesehen – der Haftung bis zur höheren Gewalt stark angenähert.

Die Entlastung setzt zunächst **Behauptung**[246] **und Nachweis einer konkreten** 75
Schadensursache voraus. Bleibt diese ungeklärt, haftet der Frachtführer nach Art. 17 Abs. 1; siehe Rdn. 104.

b) Fallgruppen

Die Fülle des vorliegenden Fallmaterials zwingt zur Ordnung nach Gruppen. Die 76
eigentlichen Schadensursachen können jedoch zwischen den Gruppen gleichartig sein, z. B. die Besetzung mit nur einem Fahrer (ohne Beifahrer) kann zu Ladungsdiebstählen wegen mangelnder Bewachung und zur Verspätung und Güterverderb wegen der erforderlichen Ruhepausen führen.[247] Ergänzend zu den folgenden Angaben siehe Rdn. 115 ff. Hinzuweisen ist ferner auf die Rechtsprechung zur groben Fahrlässigkeit, die nicht nur die Haftung nach Art. 17 Abs. 2 begründet, sondern auch die Haftungsbeschränkungen entfallen läßt.[248] Die entsprechenden Zurechnungsfragen begegnen auch bei den Fällen mitwirkender Verursachung im Bereich der Haftungsausschlüsse nach Art. 17 Abs. 5 CMR.[249]

aa) Ablieferung an Nichtberechtigte, Falschauslieferung

Falschauslieferung war auch bisher ein Fall der Lieferfristhaftung, wurde aber ins- 77
besondere durch Auslieferung an Betrüger in letzter Zeit häufiger ein Fall des Totalschadens, insbesondere bei Sendungen in die früheren Ostblockstaaten.[250]

---

246 Im Prozeß wird die mit konkret angegebenen Tatsachen begründete Behauptung als Darlegung bezeichnet.

247 Dazu LG Ravensburg vom 21. 12. 1993, TranspR **1994** 117–119 (Raubüberfall); F CA Paris vom 15. 12. 1977, BT **1978** 53, 54 (Abstellen des Fahrzeugs in Paris gegenüber dem Hotel des Fahrers nur leicht fahrlässig). Siehe zur Bedeutung im Rahmen des Art. 29 dort Rdn. 20 f, *Heuer* TranspR **1994** 107 ff. m. w. N.

248 Siehe Art. 29 Rdn. 1 f Rechtsprechung in Fallgruppen Rdn. 20.

249 Siehe dazu Rdn. 234 ff und grundsätzlich Rdn. 40, 100, 165, 197, 199, 233, 238.

250 OLG Nürnberg vom 21. 12. 1983 TranspR **1991** 99 (Ablieferung der Ladepapiere und Abstellen des Fahrzeugs im Empfängerbereich genügt nicht); OLG Düsseldorf vom 20. 3. 1997, TranspR **1998** 425 f (Auslieferung in Moskau ohne Legitimation der entgegennehmenden Person); OLG Hamburg vom 30. 11. 1995, TranspR **1996** 280, 282 (Auslieferung in Moskau an manipulierte falsche Adresse); OLG Köln vom 16. 1. 1998, TranspR **1999** 203, 204 (an einen Betrüger in Moskau); LG Hamburg vom 23. 1. 1996, TranspR **1998** 117–119 (Auslieferung in Moskau an zwei nicht überprüfte Unbekannte); LG Hamburg vom 14. 5. 1996, TranspR **1998** 164 f. OLG Hamburg vom 28. 7. 1999, TranspR **2000** 176 (Angesichts der bekannten Risiken bei Moskau-Transporten, bei denen aufgrund mafiöser Zustände häufig Waren mit kriminellen Methoden abgefangen werden, sind an die Sorgfalt des Fahrers, sich hinsichtlich der Legitimation der angeblich für den Empfänger auftretenden Person zu vergewissern, hohe Anforderungen zu stellen); Vorinstanz: LG Hamburg vom 26. 1. 1999, TranspR **1999** 298; LG Berlin vom 26. 1. 2000, TranspR **2000** 255 (Sorgfältige Identitätsprüfung des Empfängers bei Ablieferung in Moskau).

bb) Ausrüstungsmängel des Fahrzeugs

78 Solche Mängel fallen regelmäßig unter die Gewährhaftung nach Art. 17 Abs. 3 CMR; siehe Rdn. 36 ff. Es kommt aber darauf an, welche Art von Fahrzeug mit welcher Ausrüstung der Frachtführer schuldet. Werden z. B. in Kisten verladene Elektroartikel beim Ausladen durch jordanisches Zollpersonal beschädigt, so ist dies ein unabwendbarer Umstand. Der Frachtführer konnte auch bei Anwendung der äußersten Sorgfalt nicht vorhersehen, daß er ein Fahrzeug mit bordeigenem Ladekran hätte einsetzen müssen.[251]

cc) offenes Fahrzeug

79 **Beschädigung von PKW auf Autotransporter:** Die Beschädigung eines PKW auf einem offenen Autotransporter in Moskau ist unabwendbar, wenn der Transporter auf einem bewachten und eingezäunten und beleuchteten Parkplatz abgestellt war.[252]

dd) Beschlagnahme

80 Beschlagnahme durch Behörden ist nur dann unabwendbarer Umstand, wenn sie rechtswidrig erfolgt. Hat dagegen der Frachtführer sie verschuldet, kann er sich nicht nach Art. 17 Abs. 2 entlasten.[253] Dabei kommt es auf die äußerste Sorgfalt an. Danach schließen unzulängliche Rechtskenntnisse in der Regel die Enthaftung aus.

ee) Brand

81 **Brand:**[254] Brandschäden aus nicht aufgeklärter Ursache sind dann ein Entlastungsgrund, wenn alle möglichen vom Frachtführer zu verantwortenden Ursachen ausgeschlossen sind.[255] Im Regelfall führt die Beweislastverteilung nach Art. 18 Abs. 1 jedoch bei nicht aufgeklärten Bränden zur Haftung.[256] Brandschäden sind nicht unabwendbar, wenn nicht bewiesen ist, daß die Bremsbeläge nicht heißgelaufen waren.[257]

82 **Reifenbrände** beruhen häufig auf einem Fahrzeugmangel nach Art. 17 Abs. 3, sind also, wenn nicht verschuldet, kein unabwendbarer Umstand. Der Reifenbrand kann jedoch auch auf unmittelbare Dritteinwirkung zurückzuführen sein, die unabwendbarer Umstand ist; siehe Rdn. 27 und insbes. Rdn. 42. Der Nachweis, der Brand sei auf heißgelaufene Bremsbeläge zurückzuführen, genügt nicht; vielmehr muß eine Kontrolle der Bremsbeläge bei Abstellen des Fahrzeugs nachgewiesen werden; in Betracht kommt auch Haftung nach Art. 17 Abs. 3.[258]

83 **Brandanschläge**, Brandstiftung: Unabwendbarer Umstand ist ein Brandanschlag in Italien, durch den das befördernde Fahrzeug in Brand gerät, auch wenn nur ein Fahrer vorhanden und daher bei den Ruhepausen die Überwachung weniger sicher gestellt war.[259] Nicht unabwendbarer Umstand ist ein Brandanschlag, wenn der Last-

---

251 LG Hamburg vom 19. 1. 1983, TranspR **1983** 47.

252 OLG Hamburg vom 7.12.1995, TranspR **1996** 283 f.

253 OLG Hamburg vom 10. 11. 1995, TranspR **1996** 338 f (falsch ausgestelltes Warenbegleitpapier); A OGH vom 25.4.1984, *Greiter* 223, 231 = in TranspR **1985** 265 f weggekürzt.

254 Dazu *Putzeys* Nr. 747 f.

255 OLG München vom 27.2.1987, TranspR **1987** 185 f.

256 NL Rb Alkmaar vom 5. 6. 1967, ETR **1967** 1013, 1020 f.

257 OLG Düsseldorf vom 18.11.1971, ETR **1973** 510, 514, insoweit in VersR **1973** 177 und RIW **1973** 402 nicht mit abgedruckt.

258 OLG Düsseldorf vom 18.11.1971, VersR **1973** 177 f = ETR **1973** 510, 514.

259 OLG München vom 27. 2. 1987, TranspR **1987** 185 f.

zug ungesichert in einer Wohnsiedlung abgestellt war[260] oder der Fahrer im unbewachten Fahrzeug geschlafen hatte;[261] ebenso, wenn ein Fahrzeug, das beleuchtet am Fahrbahnrand geparkt war, von Unbekannten angezündet wurde.[262]

ff) Diebstahl

Diebstahl war bisher nach der Rechtsprechung fast ausnahmslos kein unabwendbarer Umstand, sondern meist **abwendbar.**[263] Liegt Diebstahl vor, sind aber die Umstände nicht bekannt, haftet der Frachtführer schon wegen der ihn treffenden Darlegungs- und Beweislast.[264] Die Anforderungen, die ein – wenn auch geringfügiges – Verschulden begründen, richten sich nach dem Einzelfall, sind aber widersprüchlich. Diese harte und unübersichtliche Rechtsprechung ist bedenklich, da sie offenlegt, daß es kaum wirtschaftlich zumutbare Mittel zur Vermeidung der planmäßigen Fahrzeug- und Ladungsdiebstähle, insbesondere in Italien oder Rußland gibt.[265] Insbesondere da die niedrigen Frachtraten wesentlich auf der in den Urteilen häufig als Grund benannten Besetzung der Lastzüge mit nur einem Fahrer beruhen, würde eine wirtschaftliche Betrachtungsweise[266] zumindest in vielen Fällen zu großzügigerer Anerkennung unabwendbarer Umstände führen.[267] **84**

In vielen Fällen hat die Rechtsprechung auch **dem Vorsatz gleichstehende Fahrlässigkeit** – nach deutschem Recht grobe Fahrlässigkeit – angenommen, so daß die Haftung für diese Diebstahlsfälle nach Art. 29 CMR unbeschränkt ist.[268] **85**

Wohl die meisten Diebstahlsfälle **sind Einbruchdiebstähle**. Sie sind grundsätzlich nicht anders zu behandeln als einfacher Diebstahl.[269] In vielen Fällen wird der letzte Grund für die Diebstähle bereits in der (aus Kostengründen weitgehend üblichen) **Besetzung der Fahrzeuge mit nur einem Fahrer** zu sehen. Hier macht sich vor allem **86**

---

260 BGH vom 5. 6. 1981, TranspR **1981** 130 = VersR **1981** f.

261 OLG Düsseldorf vom 12. 1. 1984, TranspR **1984** 102, 103 f (in Spanien); sogar grobe Fahrlässigkeit: LG Frankfurt vom 12. 1. 1993, TranspR **1993** 374 f (in Polen).

262 B CA Brüssel vom 12. 12. 1977, **1978** 39 f; ähnlich B CA Antwerpen vom 24. 11. 1982, JPA **1981/82** 257, 264.

263 Siehe Rdn. 87.

264 OLG Hamburg vom 18. 10. 1990, TranspR **1991** 70 f. So möglicherweise auch das wenig begründete Urteil des B TribCom Brüssel vom 22. 6. 1973, ETR **1974** 330, 332.

265 Zu den Deckungseinschränkungen der französischen Transportversicherer und Bewachungsunternehmen *Gulphe* ETR **1986** 195 ff. Eine in Belgien verlegte Liste der bewachten Autohöfe in Europa ist über den Deutschen Verkehrsverlag, Nordkanalstr. 36, 20010 Hamburg zu beziehen; siehe DVZ Nr. 146 vom 7. 12. 1991, S. 2.

266 Zur wirtschaftlichen Zumutbarkeit siehe Rdn. 33 ff.

267 Siehe Art. 41 Rdn. 15.

268 Z. B. OLG München vom 12. 5. 1989, TranspR **1990** 427, 429; OLG München vom 10. 1. 1997, TranspR **1997** 277, 280; OLG Düsseldorf vom 22. 11. 1990, TranspR **1991** 59 ff; A OGH vom 25. 1. 1990, TranspR **1990** 235, 238; OLG Koblenz vom 13. 2. 1996, TranspR **1996** 378 f. Das gleiche gilt für die französische Rechtsprechung zu Art. 29; siehe dort Rdn. 20. Siehe allgemein: BGH vom 16. 7. 1998, TranspR **1999** 19 (Bei der Beurteilung, ob im Falle eines während des Transports erfolgten Diebstahls aus einem Lkw ein grob fahrlässiges Fehlverhalten des Frachtführers anzunehmen ist, richtet sich, sofern der Tatort nicht feststeht, das Maß der gebotenen Sorgfalt nach den Anforderungen, die auf dem risikoreichsten Streckenabschnitt an die Sicherheitsvorkehrungen zum Schutz des Transportguts zu stellen sind. Ist danach von grober Fahrlässigkeit auszugehen, die ihrer Art nach als Schadensursache ernsthaft in Betracht kommt, so obliegt es dem Frachtführer, im Prozeß solche Umstände vorzutragen und gegebenenfalls zu beweisen, die gegen die Kausalität des Sorgfaltsverstoßes sprechen).
Grobe Fahrlässigkeit verneint das OLG Köln vom 30. 8. 1990, VersR **1991** 770 f in einem versicherungsrechtlichen Fall (Diebstahl aus einem vor dem Haus der Mutter des Frachtführers in einer Kleinstadt über Nacht abgestellten Kleinlaster).

269 Ausdrücklich B TribCom Brüssel vom 22. 6. 1973, ETR **1974** 330, 332.

bemerkbar, daß eine Berücksichtigung wirtschaftlicher Verhältnisse bei der Aufstellung von Sorgfaltsanforderungen durch die Gerichte weitgehend fehlt.[270] In der Regel wird dann auf die unterlassenen Sicherungsmaßnahmen oder auf das zeitweilige Verlassen des Fahrzeugs durch den einzigen Fahrer abgestellt.[271] Daß der Fahrer im abgestellten Fahrzeug übernachtet, genügt nach der Rechtsprechung nicht. Gelegentlich wurde in dieser Ursachenkombination[272] oder auch nur im Besetzen des Lastzugs mit nur einem Fahrer bereits grobe Fahrlässigkeit nach Art. 29 CMR gesehen, mit der Folge unbeschränkter Haftung.[273]

87 **Diebstahl** ist nach der Rechtsprechung meist **abwendbar**: Der **BGH** hat dies grundsätzlich angenommen, wenn das Fahrzeug abgestellt war;[274] ebenso die Oberlandesgerichte.[275]

88 Die **österreichische Rechtsprechung** entspricht weitgehend der deutschen.[276] Die **französische Rechtsprechung** sieht die Fälle ebenso.[277] Auch Trickdiebstähle sind nicht unabwendbar.[278] **Belgische Rechtsprechung:** Einbruchdiebstahl aus Kraftfahrzeugen, Diebstahl von Zigaretten aus verschlossenem LKW auf dem Zollparkplatz Chiasso.[279]

---

270 Siehe Rdn. 34.

271 KG vom 11. 1. 1995, TranspR **1995** 342, 344.

272 BGH vom 16. 2. 1984, NJW **1984** 2033 f = TranspR **1984** 182, 183 = VersR **1984** 551 f. Für das OLG München vom 12. 5. 1989, TranspR **1990** 427, 429 genügt schon die „Versendung eines LKW ohne Beifahrer", hilfsweise, daß der Fahrer das Lenkradschloß nicht einrasten ließ.

273 Siehe Art. 29 Rdn. 20; zum wilful misconduct Art. 29 Rdn. 12 ff.

274 BGH vom 21.12.1966, NJW **1967** 499, 500 = VersR **1967** 153 (über Nacht unbewacht auf einem Tankstellengelände an der deutsch-niederländischen Grenze); BGH vom 16.2.1984, TranspR **1984** 182 ff (beim Besuch einer Bekannnten in Como kurzfristig unbewacht abgestellt, sogar grobe Fahrlässigkeit).

275 Diebstahl aus einem für eine Stunde an Autostrada-Einfahrt Peschiera ohne Diebstahlssicherung abgestellter LKW, OLG Düsseldorf vom 11.5.1989, TranspR **1990** 60, 63; Fahrzeug mit wertvoller Ladung in einer Halle abgestellt, die Dritten jederzeit zur Mitbenutzung offensteht (grobe Fahrlässigkeit), OLG Düsseldorf vom 22. 11. 1990, TranspR **1991** 59 ff; Fahrzeug mit wertvoller Ladung in Mailand von beiden Fahrern gleichzeitig zum Provianteinkauf für eine Viertelstunde verlassen, OLG Celle vom 13.6.1977, VersR **1977** 860; Verschlossener LKW im unbewachten Zollbereich italienischer Zollstation, OLG Düsseldorf vom 27.3.1980, VersR **1980** 826; aus unbewachtem LKW, OLG München vom 14.1.1981, VersR **1981** 561; LKW für 1 Stunde vor dem Zollhof in Turin abgestellt, keine Diebstahlssicherung vorhanden, OLG München vom 27.3.1981, TranspR **1982** 264, 265; aus mehrfach gesichertem, nicht bewachten Lkw in Italien, OLG Düsseldorf vom 25.6.1981, VersR **1982** 606; aus in England auf einem Industriegelände unbewacht über Nacht abgestellten Fahrzeug, OLG Düsseldorf vom 30.6.1983, VersR **1984** 980 f; auf unbewachtem Parkplatz in Oberitalien, OLG Koblenz vom 16.10.1987, VersR **1989** 279; Fahrzeug vor dem Zollhof in Mailand, Alleinfahrer ließ auch Lenkradschloß nicht einrasten, OLG München vom 12. 5. 1989, TranspR **1990** 427, 429; Diebstahl bei Schlaf des Alleinfahrers im Fahrzeug auf einem unbeleuchteten Parkplatz, KG vom 11.1.1995, TranspR **1995** 342, 344; Fahrzeug unbewacht in Italien während Pizzeria-Besuch, OLG Koblenz vom 13.2.1996, TranspR **1996** 378 f.

276 Diebstahl eines für 2 Stunden abgestellten und unbewachten Fahrzeugs ohne Beifahrer, A OGH vom 16. 3. 1977, SZ **50** 40 S. 184 = TranspR **1981** 29; aus in Österreich am Straßenrand unbeaufsichtigt abgestelltem Auflieger mit Plane, A OGH vom 15.12.1981, TranspR **1984** 282, 283; Abstellen für eine halbe Stunde zum Essen auf öffentlichem, nicht einsehbaren Platz bei Mailand, A OGH vom 29. 6. 1983, SZ **56** 113 S. 503 = ETR **1984** 526 ff; Diebstahl eines Lastzugs in Bari (Italien), mit nur einem Fahrer besetzt; Diebstahlssicherungen genügen nicht, sondern nur dauernde Bewachung, A OGH vom 6. 9. 1983, TranspR **1984** 11, 12 f.

277 *Lamy 99* I Nr. 212; umfangreiche Rechtsprechung Nr. 1547 (in Fallgruppen). Vor allem scheidet auch unabwendbares Ereignis aus bei grober Fahrlässigkeit. Siehe Art. 29 Rdn. 17.

278 Siehe etwa F CA Paris vom 14. 6. 1977, BT **1977** 353–356 (Trickdiebstahl von Fahrzeug und Ladung).

279 B TribCom Brüssel vom 22. 6. 1973, ETR **1974** 330, 332; B TribCom Antwerpen vom 3. 3. 1976, ETR **1977** 437, 441.

Diebstahl unabwendbar: Solche Fälle liegen, soweit ersichtlich, so gut wie nicht vor. Geringere Anforderungen an die Entlastung stellt allerdings der Oberste Gerichtshof Spaniens.[280] 89

gg) Raub

Die Kriminalität in Ländern mit organisierter Kriminalität, vor allem in Italien und Rußland wird von der Rechtsprechung nach wie vor als beherrschbar behandelt, auch wenn in einer wachsenden Zahl von Fällen ein unabwendbares Ereignis bestätigt wurde; siehe Rdn. 92. Schlagende Beispiele sollten aber die Unangemessenheit dieser Rechtspraxis inzwischen zum Bewußtsein gebracht haben. Siehe zum Raub von Lastzügen in Italien Rdn. 91; zur wirtschaftlichen Zumutbarkeit Rdn. 33 f. 90

Gegen **Raub** nützen auch zwei Fahrer nichts; selbst ein Einsatz ihres Lebens (den niemand verlangen kann und der auch von den Banken bei Banküberfällen vom Personal nicht erwartet wird), kann gegen organisierte Kriminalität den Schaden nur vergrößern.[281] Die angebotene Organisation als Konvoifahrt ist wirtschaftlich nicht zumutbar.[282]

Raub abwendbar: Raub eines Lastzug in Italien wird überwiegend für abwendbar gehalten,[283] obwohl er zumeist eindeutig in den Bereich der organisierten, professionell arbeitenden Kriminalität gehört. Siehe Rdn. 90; zur wirtschaftlichen Zumutbarkeit Rdn. 33 f; zur unbeschränkten Haftung nach Art. 29 siehe dort Rdn. 21. 91

Raub wird aber – im Gegensatz zum Diebstahl – vielfach auch als **unabwendbar** betrachtet.[284] 92

---

[280] Vom 20.12.1985, ETR **1986** 428, 430 (unabwendbarer Umstand, wenn der Fahrer den LKW in Mailand für die Dauer einer Mahlzeit verschlossen in der Nähe einer Polizeistation abgestellt hat).

[281] Siehe als krasse Beispiele den Fall OLG München vom 5.7.1996, TranspR **1997** 147 ff; LG Bremen vom 8.4.1998, TranspR **1998** 469 ff; BGH vom 8.10.1998, TranspR **1999** 59–62; siehe auch Rdn. 92.

[282] LG Bremen vom 8. 4. 1998, TranspR **1998** 469 ff; OLG Köln vom 3.12.1998, TranspR **2000** 462 (zur Konvoipflicht in Polen und deren Schutzzweck).

[283] OLG Hamburg vom 1.4.1982, VersR **1982** 1171, 1172 (auch wenn der Fahrer in der Kabine übernachtet); vom 24. 6. 1982, VersR **1982** 1172, 1173 (auf einem unbewachtem Parkplatz abgestellt, Fahrer läßt zwei Männer in die Kabine ein); OLG Hamm vom 6.12.1993, TranspR **1994** 62 (Abkoppeln des Anhängers nachts auf leerem Industriegelände in Malaga); OLG München vom 4.12.1996, TranspR **1997** 193 ff = VersR **1997** 769 f (bei ungünstiger Route, die keine bewachten Parkplätze aufwies); LG Frankfurt vom 21. 12. 1995, TranspR **1996** 288 ff (unbewachtem Parkplatz an der Autobahn bei Mailand, Fahrer schlief in verschlossener Kabine, Fahrer von drei Männern überfallen, gefesselt und nach Entladen wieder frei gelassen); OLG Hamm vom 6.1.1997, TranspR **2000** 179 (abwendbar, wenn ein mit nur einem Fahrer besetztes Transportfahrzeug in Oberitalien über Nacht auf einem von einem (einzigen) Wächter bewachten Parkplatz abgestellt wird, der ohne Kontrolle durch Einwurf eines Chips in eine Schranke verlassen werden kann); BGH vom 8.10.1998, TranspR **1999** 59 (zur Frage, ob Raub eines mit Zigaretten beladenen Lkw auf Korsika unabwendbar ist); BGH vom 13. 4. 2000, TranspR **2000** 407 (Der Verlust von – erkennbar besonders wertvollem – Transportgut (hier: sechs Pkw) infolge Raubüberfalls im Ausland (hier: Sofia/Bulgarien) ist in der Regel nicht unvermeidbar); A OGH vom 8.3.1983, TranspR **1983** 138 = *Greiter* **181**, 184 (ähnlicher Fall). Ähnlich F Cass vom 18.3.1986, BT **1986** 251 f (Überfall von drei Männern auf Autobahnparkplatz bei Mailand, kein bewachter Parkplatz benutzt).

[284] Neuestes hierzu: BGH vom 18.1.2001, VersR **2001** 1134; BGH vom 13.11.1997, TranspR **1998** 250 f (Bewaffneter Raubüberfall auf fahrenden LKW auf Autobahn in Italien); OLG Nürnberg vom 22.3.1995, TranspR **1996** 381 ff (bewaffneter Raubüberfall auf italienischem Autobahnparkplatz); OLG München vom 5.7.1996, TranspR **1997** 147 ff (Raubüberfall auf beleuchteter Parkfläche bei Wohnung des Empfänger-Hausmeisters, zwei Fahrer, genaue Erörterung der Möglichkeiten); zurückverwiesen zur Überprüfung der Verhinderungsmöglichkeiten durch BGH vom 8.10.1998, TranspR **1999** 59–62); OLG Zweibrücken vom 17.12.1996, TranspR

hh) Hinweis- und Rückfragepflicht

93 Versäumung eines Hinweises bei bemerkter falscher Verladung schließt Enthaftung ebenso aus;[285] Verderb von Gütern wegen Entladung durch irakische Staatsorganisation in einer Zollstation ist nicht unabwendbar, wenn der Frachtführer die Einholung von Weisungen nach Art. 14 Abs. 1 versäumt hat;[286] das Versäumnis, bei voraussehbarer Verspätung Weisungen einzuholen, schließt unabwendbares Ereignis aus.[287] In dem Fall des Zivilgerichts Basel-Stadt vom 19. 4. 1991[288] wird man den Hinweis des Frachtführers gegenüber dem Absender, daß ein einfacher LKW für Möbeltransporte nicht geeignet sein könnte, verlangen müssen; ein Fehlen dieses Hinweises schließt die Entlastung aus.

ii) Seegefahren

94 Seegefahren beim Transport von beladenen Fahrzeugen auf Schiffen, insbesondere bei Ro/Ro-Verkehr, fallen zunächst unter Art. 2 Abs. 1 S. 2 CMR; siehe Art. 2 Rdn. 12, 25. Soweit danach gemäß Art. 2 Abs. 1 S. 1 noch die CMR-Haftung gilt, ist zu prüfen, ob der Schaden nach Art. 17 Abs. 2 unabwendbar war;[289] Windstärke 12 ist unabwendbarer Umstand.[290]

jj) Straßenblockaden

95 Die häufigen Straßenblockaden sind als „unabwendbare Umstände" nur für diejenigen Frachtführer anzusehen, die ohne eigene Beteiligung in den Stau geraten sind.[291] Allerdings müssen auch diese den Nachweis führen, daß es ihnen trotz der vorherigen Ankündigung nicht möglich war, sich aus dem Stau herauszuhalten bzw. die Fahrt zu verschieben oder die Fahrtroute zu verändern.[292] Ähnliches gilt für die Anhalte- und Vernichtungsaktionen französischer Bauern.[293]

kk) Beförderungsweg

96 Der Beförderungsweg muß entweder von den Parteien bestimmt werden oder mangels besonderer (auch stillschweigender) Vereinbarung vom Frachtführer je nach Lage gewählt werden.[294] Dabei muß der Frachtführer das Interesse des Absenders

---

1997 369 ff (vier bewaffnete Täter, Überfall auf den Alleinfahrer); OLG Oldenburg vom 30. 5. 1996, TranspR **1996** 359 (Beraubung eines Kastenwagens in Südfrankreich, Bedrohung des Alleinfahrers); LG Aachen vom 29. 10. 1993, TranspR **1983** 1354 f (Anhalten auf der Autobahn in Italien, um auf die Landkarte zu schauen, Raubüberfall vier teils bewaffnete Personen); LG München vom 10. 5. 1995, TranspR **1995** 443 f (bewaffneter Raubüberfall in Moskau); LG Bremen vom 8. 4. 1998, TranspR **1998** 469 ff (als Polizist Verkleideter stoppt Fahrzeug, entführt Alleinfahrer, Fahrzeug verschwunden); LG Nürnberg-Fürth vom 21. 1. 1999, TranspR **2000** 369 (Stoppen und Berauben eines Lkw in Tschechien durch einen als Polizeibeamten auftretenden Straßenräuber); F Cass vom 21. 6. 1988, ETR **1988** 711 ff = Revue de Droit Uniforme **1988** 739 f.

[285] OLG Köln vom 2. 2. 1972, VersR **1972** 778.

[286] OLG Hamburg vom 24. 5. 1984, TranspR **1984** 274, 275.

[287] *Koller*⁴ Rdn. 30 (Arbeitskämpfe). So im Ergebnis auch LG Duisburg vom 14. 12. 1988, TranspR **1989**, 268, 270.

[288] CH ZG Basel-Stadt vom 19. 4. 1991, TranspR **1992** 408, 409.

[289] OLG Celle vom 4. 7. 1987, TranspR **1987** 275–278.

[290] F TribCom Paris vom 11. 5. 1983, ETR **1990** 207; ebenso Windstärke 10, wenn alle Aufleger auf dem Deck eines Ro/Ro-Schiffes beschädigt wurden, B CA Antwerpen vom 15. 3. 1989, ETR **1989** 574, 582 f.

[291] DVZ **1978** Nr. 79 vom 8. 7. 1978 S. 6; **1980** Nr. 119 vom 1. 4. 1980 S. 7.

[292] F Cass vom 6. 5. 1997, IZ **1997** 235, 236 f (zur Schienenblockade).

[293] *Decker* Rdn. 108; *Salzmann* Der Spediteur **1990** 86 f.

[294] Eingehend *Silingardi* S. 74 ff.

(etwa an schneller Beförderung) berücksichtigen. Vor allem aber sind Bedingungen, Einflüsse der Beförderung oder die Eigenschaften des Gutes mit dem Beförderungsvorgang abzustimmen; Beispiele: Wahl guter Straßenstrecken bei bruchempfindlichem Gut;[295] kein offenes Fahrzeug bei rostempfindlicher Ladung;[296] günstige Temperaturen bei frischen Lebensmitteln; hohe Durchfahrtshöhe bei hoch geladenem Fahrzeug;[297] Vermeidung blockierter oder im Bau befindlichen Straßen;[298] Rücksichtnahme auf bestimmte Besonderheiten der Verpackung oder der Stauung. Dies gilt schon für die Auswahl der Straßenstrecke, in besonderer Deutlichkeit aber bei Benutzung von Huckepacktransporten. Benutzt der Frachtführer vertragswidrig den billigeren Weg über eine **Fähre** von Triest nach Irak, ist deren Ausfall z. B. kein unabwendbares Ereignis.[299] Auch innerhalb der Oststaaten ist die Auswahl des Beförderungswegs ein zumindest teilweise lösbares Problem.[300]

ll) Straßenzustand, Wetter

Schlechter **Straßenzustand** ist vielfach eine allgemein Erscheinung; er muß vom Frachtführer mit entsprechendem Verhalten bewältigt werden. Ein genereller Hinweis auf den schlechten Zustand der Straßen in der Sowjetunion genügt daher nicht zur Entlastung.[301] Niederhängende Äste sind kein unabwendbarer Umstand: Schäden an offen transportierten Autos sind durch langsames Fahren oder Meiden der Strecke vermeidbar;[302] **Wetter** ist grundsätzlich kein unabwendbarer Umstand;[303] **Vereisung** der Straße ist keine unabwendbare Ursache für die Verspätung, wenn kein Nachweis möglichst frühzeitiger Abfahrt geführt werden kann;[304] siehe im übrigen Art. 19 Rdn. 19 f. **97**

mm) Ungereinigtes Fahrzeug

Die fachgerechte Reinigung des Fahrzeugs vor dem Transport ist Pflicht des Frachtführers, bei Versäumnis sind daraus entstehende Schäden nicht unabwendbar.[305] Sie kann Fahrzeugmangel gem. Art. 17 Abs. 3 sein.[306] **98**

nn) Verderb

Verderb der Güter kann in Einzelfällen die **Folge unabwendbarer Umstände** sein. Der Frachtführer muß dann diesen Umstand behaupten und beweisen, um sich von der Haftung zu befreien. Verderb kann aber auch in zwei anderen Fallgruppen zur Haftungsbefreiung führen: beweisrechtlich begünstigt als Folge innerer Anlage (natürlicher Beschaffenheit) der Güter (Art. 17 Abs. 4 d und 18 Abs. 4, siehe Rdn. 196); aber auch ohne den Beweisvorteil als Folge besonderer Mängel des Gutes nach Art. 17 **99**

---

295 Siehe Rdn. 208.
296 Siehe Rdn. 97, 209.
297 Siehe Art. 29 Rdn. 25.
298 Siehe Rdn. 95.
299 LG Berlin vom 4. 5. 1983, TranspR **1985** 134, 136.
300 Siehe als Beispiel: LG Hamburg vom 29. 7. 1994, TranspR **1994** 448 ff (Ware nach Verschiffung auf dem LKW nach Klaipeda/Memel wohl verloren), zeigt Fehler und Möglichkeiten der Vermeidung auf.
301 OLG Hamburg vom 29. 5. 1980, VersR **1980** 950.
302 OLG Hamburg vom 22. 9. 1983, VersR **1984** 235.
303 Dazu *Putzeys* Nr. 749 f.
304 OLG Saarbrücken vom 10. 2. 1971, VersR 1972 757, 758.
305 Haselnußkerne in Jutesäcken geschädigt durch Barium-Carbonat: OLG Hamburg vom 19. 12. 1985, TranspR **1986** 146, 147 f = VersR **1986** 261 f; zurückverwiesen durch BGH vom 14. 3. 1985, TranspR **1985** 335 ff = VersR **1985** 753 f.
306 Siehe auch Rdn. 37.

Abs. 2. Siehe zu beiden Fällen Rdn. 69; zur Beweislast Rdn. 106. In den entschiedenen Fällen war der Nachweis dieser Umstände nicht gelungen.[307] Für den **Nachweis unabwendbarer Umstände** scheint es keine veröffentlichte Rechtsprechung zu geben.

oo) Verkehrsunfälle

100 Verkehrsunfälle[308] sind nur dann **unabwendbare Umstände**, wenn sich der Fahrer völlig verkehrsrichtig verhalten hat. Das liegt z. B. dann vor, wenn ein entgegenkommendes Fahrzeug ins Schleudern kommt;[309] ebenso der plötzliche Spurwechsel eines PKW auf der Überholspur mit der Folge, daß er mit dem LKW zusammenstößt.[310]

Nicht unabwendbar sind jedoch Unfälle, wenn auch nur ein geringfügiges Mitverschulden des Fahrers vorliegt oder nicht auszuschließen ist.[311] Das gleiche gilt für Abkommen von der Fahrbahn offensichtlicher Überbelastung des Fahrers.[312] Zu schnelles Fahren schließt die Entlastung aus;[313] Schaden eines Sattelaufliegers auf dem Seitenstreifen der Autobahn,[314] scharfes Bremsen;[315] Einschlafen des Fahrers mit der Folge eines Verkehrsunfalls.[316] Siehe auch Art. 17. Abs. 3 zu den Fällen, in denen Fahrzeugmängel durch Unfall entstanden sind.

pp) Überladung

101 Eine für den Fahrer unter den gegebenen Umständen nicht erkennbare Überladung des Fahrzeugs durch den Absender ist unabwendbarer Umstand.[317]

---

307 Über 36-stündige Fahrtunterbrechung in Spanien, weil der Fahrer keinen Treibstoff und kein Geld für das Tanken hatte, OLG Düsseldorf vom 26.7.1984, TranspR **1985** 128 f = VersR **1985** 1081 f; Auftauschaden an Kühlgut durch Abstellen auf Parkplatz für zwei Tage und Nächte ohne Thermometerkontrolle, OLG Hamburg vom 2.5.1985, TranspR **1985** 398, 399 f; keine Kontrolle der Temperatur von Kühlfisch über 20 Stunden, OLG München vom 16. 1. 1991, TranspR **1992** 181 ff; Beweis für Vorschäden gefrorener Kirschen nicht gelungen, F CA Paris vom 30. 5. 1973, BT **1973** 304, 306 ff; Verderb wärmeempfindlicher Folien, Kühltemperatur zwar eingestellt, aber nicht kontrolliert, OLG Hamburg vom 22.7.1982, VersR **1983** 63 (dort nur L.S.); Rostschäden an Blechen, die in offenem Fahrzeug befördert werden, sind nicht unabwendbar; OLG Frankfurt vom 25.10.1977, VersR **1978** 535 f; Rosten von ungeschützt über die Ladefläche hinausragenden Rohren ist nicht unabwendbar, wenn der Frachtführer sich verpflichtet hatte, sie „vor Nässe zu schützen", OLG Düsseldorf vom 18.10.1985, TranspR **1985** 105, 107.

308 Dazu *Putzeys* Nr. 743 f.

309 BGH vom 28.2.1975, NJW **1975** 1597, 1599; entsprechender Fall: OLG München vom 16. 1. 1974, ETR **1974** 615, 620 f.

310 B CA Antwerpen vom 13.10.1986, ETR **1987** 443, 450.

311 OLG Bremen vom 12. 2. 1976, VersR **1976** 584 f.

312 Abkommen von der Fahrbahn und Umkippen des Fahrzeugs, wenn der Fahrer nach 450 Kilometern mit 55 km/h am Steuer und kein erkennbarer anderer Grund vorliegt; mitwirkender Verladefehler schließt die Haftung nicht gänzlich aus, Art. 17 Abs. 5 ist eventuell anwendbar, BGH vom 28. 3. 1985, TranspR **1985** 261, 264 = VersR **1985** 754, 756. Ungeklärtes Abkommen von der Fahrbahn ist kein unabwendbares Ereignis; A OGH vom 26.6.1986, SZ **59** 115, S. 585 = VersR **1987** 1255, 1256; vom 6.3.1991, TranspR **1991** 422, 423 (einen nicht auf Fahrzeugmangel beruhender „Reifenplatzer" als entlastende Schadensursache hat der Frachtführer zu beweisen).

313 65 km/h an einer einspurigen Baustelle in Frankreich, OLG Düsseldorf vom 24.3.1983, TranspR **1984** 14, 15.

314 Nach einem Defekt der Zugmaschine keine ausreichenden Maßnahmen zur Entfernung, OLG Hamburg vom 21. 1. 1985, TranspR **1985** 185.

315 B Vredegerecht Antwerpen vom 26. 10. 1971, ETR **1972** 1058, 1061 (allenfalls dann, wenn es als völlig unvorhersehbar und ungewöhnlich zu betrachten ist; B CA Brüssel vom 6.4.1977, ETR **1977** 881, 884, 890 (abruptes Bremsen, wenn die vom Frachtführer vertragswidrig nicht ausreichend auf dem Fahrzeug befestigte Ladung über Bord stürzt).

316 NL Hof Dordrecht vom 18.5.1966, ETR **1968** 417, 421.

317 LG Köln vom 16. 9. 1988, TranspR **1989** 271 f.

qq) Zoll

Zollbehörden, Zoll-Lager: Verluste und Beschädigungen in einem ausländischen Zoll-Lager, in das der Frachtführer die Güter aufgrund behördlicher Anordnung abliefern muß, können unabwendbar sein. Der Frachtführer muß allerdings die in Art. 14 gegebenen Vorschriften beachten, d. h. wenn möglich Weisungen einholen. Ist dies nicht möglich, wird in der Regel die geforderte Ablieferung in das Zoll-Lager die richtige Maßnahme sein. Inwieweit er das Gut nach Art. 16 Abs. 2 ausladen und der Zollbehörde zur Verwahrung übergeben kann, ist zweifelhaft. Das OLG Hamburg[318] verneint in einem Fall dieser Art mit Recht die Ablieferung, übersieht aber, daß in Fällen dieser Art in der Regel ein unabwendbarer Umstand gegeben sein wird. Dies gilt allerdings nicht, wenn der Frachtführer erforderliche Maßnahmen und Rückfragen unterläßt.[319] Die unsorgfältige Wiedereinladung durch eine Zollbehörde ist trotz beachteter Vorsichtsmaßnahmen des Fahrers nicht unabwendbar, nicht in jedem Falle unabwendbarer Umstand.[320] 102

rr) Sonstige Fälle

Die **Zuladung** anderer Güter im Sammelverkehr muß so erfolgen, daß bereits verladenes Gut nicht beschädigt wird.[321] Zur Unterfakturierung durch den Absender siehe Rdn. 58. 103

6. Beweislast für die Haftungsausschlüsse des Art. 17 Abs. 2

Art. 17 Abs. 2 erlaubt dem Frachtführer, sich von der grundsätzlichen Haftung nach Art. 17 Abs. 1 durch Beweis nicht zu vertretender Ursachen, insbesondere seines völligen Nichtverschuldens (siehe Rdn. 31) zu befreien. Bei diesen „nichtbevorrechtigten“ Haftungsausschlüssen hat der Frachtführer gem. Art. 18 Abs. 1 den vollen Beweis für die betreffende Schadensursache zu erbringen.[322] Grundsätzlich muß diese konkret und substantiiert[323] dargelegt und festgestellt werden; andere Ursachen müssen ausgeschlossen sein. Bleibt die Schadensursache ungeklärt, haftet der Frachtführer nach Art. 17 Abs. 1.[324] Bei Berufung auf unabwendbare Umstände muß jede Möglichkeit eines auch nur geringfügigen Verschuldens des Frachtführers oder seiner Hilfspersonen (Art. 3) ausgeräumt werden; zum Verschuldensmaßstab siehe Rdn. 33 f. Alle verbleibenden Unklarheiten gehen zu Lasten des Frachtführers.[325] Ausnahms- 104

---

318 Vom 30. 1. 1986, TranspR **1986** 229, 230 = VersR **1987** 813.

319 OLG Hamburg vom 24. 5. 1984, TranspR **1984** 274, 275.

320 A OGH vom 18. 3. 1986, TranspR **1986** 379, 381.

321 LG Salzburg vom 29. 6. 1990, TranspR **1991** 62 f.

322 Allgemeine Auffassung; siehe etwa BGH vom 30. 9. 1993, TranspR **1994** 16–18 = VersR **1994** 119–121; BGH vom 13. 11. 1997, TranspR **1998** 250 f (unabwendbarer Umstand bei Lieferfristüberschreitung); BGH vom 8. 10. 1998, TranspR **1999** 59, 61 (Raub). Beispiele: OLG Düsseldorf vom 20. 3. 1997, TranspR **1998** 425 f (Unabwendbarkeit einer Ablieferung an Nichtlegitimierten in Moskau); Überreife von Paprika, OLG Frankfurt vom 8. 7. 1980, MDR **1981** 53 f = TranspR **1980** 127; NL Rb Alkmaar vom 5. 6. 1967, ETR **1967** 1013, 1020 f; sehr ungenau OLG Düsseldorf vom 27. 2. 1987, TranspR **1987** 223, 226.

323 Im einzelnen substantiiert; siehe z. B. OLG Hamburg vom 29. 5. 1980, VersR **1980** 950; vom 15. 9. 1983, TranspR **1983** 157, 158 und vom 18. 10. 1990, TranspR **1991** 70, 71.

324 S. z. B. OLG Hamburg vom 18. 10. 1990, TranspR **1991** 70, 71; NL Rb Alkmaar vom 5. 6. 1967, ETR **1967** 1013, 1020 f.

325 Siehe z. B. OLG Hamm vom 19. 2. 1973, VersR **1974** 28 ff; B CA Brüssel vom 17. 6. 1971, ETR **1971** 825, 829 = ETR **1972** 595 ff. Siehe auch: BGH 13. 11. 1997, TranspR **1998** 250 = VersR **1998** 872 f (Unvermeidbarkeit i. S. v. Art. 17 Abs. 2 CMR ist nur anzunehmen, wenn der Frachtführer darlegt und gegebenenfalls beweist, daß der Schaden auch bei Anwendung der

weise kann auch die Feststellung der konkreten Schadensursache unterbleiben, wenn zur Gewißheit des Gerichts nachgewiesen ist, daß nur ein nicht zu vertretender Umstand (von außen kommender unabwendbarer Umstand oder Mangel der Ladung) den Schaden verursacht haben kann.[326]

III. Bevorrechtigte Haftungsausschlüsse (Art. 17 Abs. 4, Art. 18 Abs. 2–5)

1. Anwendungsbereich von Art. 17 Abs. 4

105 Art. 17 Abs. 4 ist nicht nur auf die Obhutshaftung, sondern auch auf Güterschäden als Folge von Lieferfristüberschreitungen anzuwenden. Es besteht kein Grund, die Verspätungsschäden härter zu behandeln als die normalen Obhutsschäden. Der Auffassung, die im Falle der Lieferfristüberschreitung dem Frachtführer generell die Berufung auf Art. 17 Abs. 4 verweigern will, ist nicht zuzustimmen;[327] siehe Rdn. 223 f und Art. 23 Rdn. 62, 66 ff.

2. Die besondere Beweislast als gemeinsames Merkmal der Fälle

a) Überblick

106 Die Besonderheit der bevorrechtigten Haftungsausschlüsse gegenüber den nichtbevorrechtigten Haftungsausschlüssen liegt in der Erleichterung der Beweisführung zugunsten des Frachtführers beim Nachweis der Kausalität zwischen den besonderen Gefahren des Art. 17 Abs. 4 und dem Güterschaden.[328] Auch für diese Ausnahmetatbestände trägt zwar der Frachtführer grundsätzlich die Beweislast. Er muß aber zunächst nur das Vorliegen eines Umstandes („besondere Gefahr“[329]) des Art. 17 Abs. 4 nachweisen[330] und zusätzlich die Möglichkeit der Kausalität des Umstandes für den Schaden „darlegen“. Zwischen den beiden Stufen der Entlastung (Gefahrumstand und Kausalität) wird in Literatur[331] und Rechtsprechung[332] nicht immer sauber unterschieden.[333]

äußersten, dem Frachtführer möglichen und zumutbaren Sorgfalt nicht hätte vermieden werden können).

[326] OLG München vom 27.2.1987, TranspR **1987** 185 f; NL Rb Rotterdam vom 20.4.1965, ETR **1966** 137; NL Hof Amsterdam vom 21.10.1965, ETR **1966** 305, 312 f; siehe auch Rdn. 76 ff, 81.

[327] So im Ergebnis auch LG Duisburg vom 14.12.1988, TranspR **1989**, 268, 270, das die Anwendung von Art. 17 IV nicht generell ausschließt, allerdings in der zur Lieferfristüberschreitung führenden Verzögerung des Transports eine Pflichtverletzung sieht, „die dazu führt, daß sich gerade die Gefahr verwirklicht, deretwegen Art. 17 IV CMR dem Frachtführer erleichtert“; ebenso A OGH vom 31.3.1982, TranspR **1984** 196; siehe hierzu Rdn. 224.

[328] § 427 Abs. 2 HGBnF spricht im gleichen Sinne nunmehr von „besonderen Haftungsausschlußgründen“ und listet diese Gründe als „Gefahren“ auf. Art. 36 § 3 CIM 1980; dazu als Beispiel F CA Paris vom 13. 2. 1997, IZ **1998** 101–106.

[329] In Art. 18 Abs. 2 S. 1 CMR so zusammenfassend bezeichnet. Aus der Rechtsprechung: BGH vom 20. 10. 1983, TranspR **1984** 100, 101 und 212 ff = VersR **1984** 262 f = ETR **1985** 160 ff; vom 4. 10. 1984, NJW **1985** 554 f = TranspR **1985** 125, 126 = VersR **1985** 133 f; KG vom 13.3.1980, TranspR **1980** 948 f; OLG Hamburg vom 28. 2. 1985, TranspR **1985** 188, 189; OLG Hamm vom 18.10.1984, TranspR **1985** 107, 109. Der A OGH vom 2.9.1987, SZ **1960** 159, S. 158 spricht von „besonderem Beförderungsrisiko“ und „typischer erhöhter Beförderungsgefahr“.

[330] BGH vom 20. 10. 1983, TranspR **1984** 100, 101 f und 212 ff = VersR **1984** 262 f = ETR **1985** 160 ff; KG vom 13. 3. 1980, TranspR **1980** 948 f; OLG Düsseldorf vom 13.1.1972, VersR **1973** 178, 179; LG Köln vom 7.12.1965, DVZ **1967** Nr. 155; zu Unrecht ablehnend besprochen von *Voigt* VP **1967** 168.

[331] *Willenberg* NJW **1968** 1023.

[332] OLG Hamm vom 18.10.1984, TranspR **1985** 107; GB Queen's Bench Division vom 8. 5. 1975, ETR **1976** 246, 257.

[333] Richtig aber die Rechtsprechung des BGH: BGH vom 15.6.2000, TranspR **2000** 459 (Der Frachtführer hat die für die Anwendbarkeit der

b) Einzelne Voraussetzungen

aa) Beweis der besonderen Gefahr

Der betreffende Umstand soll nach Art. 17 Abs. 4 die Haftungsbefreiung und nach Art. 18 Abs. 2 die Erleichterung des Kausalitätsnachweises begründen. Er **muß daher im strengen Sinne nachgewiesen werden.**[334] Dies schließt einen Anscheinsbeweis nicht aus. Jedoch ist ein Anscheinsbeweis, wonach aus dem Vorliegen eines Schadens nach einer Fahrt, die „normal", d.h. ohne besondere Vorfälle verlaufen ist, auf einen Verpackungs- oder Verladungsmangel als Ursache geschlossen werden kann,[335] nicht zulässig.[336] Allerdings kann dies nicht mit dem BGH damit begründet werden, daß die Zulassung dieses Anscheinsbeweises eine Umkehr der nach Art. 18 Abs. 1 vorgesehenen Beweislast sei und daher gegen Art. 41 Abs. 2 CMR verstieße. Denn Art. 18 Abs. 1 regelt die Beweislast für die Gefahrumstände des Art. 17 Abs. 2, nicht des Abs. 4. **Zu beweisen sind konkret der oder die Umstände, auf denen der Schaden beruhen kann.** Treffen mehrere zusammen (z.B. schadensanfällige Beschaffenheit nach Buchst. d, mangelhafte Verpackung nach b und fehlerhafte Stauung nach c), kann für jeden von ihnen der zur Haftungsentlastung erforderliche Beweis geführt werden. Die generelle Darlegung, es kämen keine anderen als haftungsbefreiende Umstände als Schadensursachen in Betracht, reicht jedoch nicht aus.[337] 107

Der Beweis der besonderen Gefahr kann für bestimmte Fälle des Haftungsausschlusses durch den Frachtbrief erleichtert werden: Art. 9 Abs. 2 sieht bei vorbehaltsloser Übernahme eine **Vermutung für guten Zustand von Gut und Ver-** 108

Beweisvermutung gemäß Art. 18 Abs. 2 Satz 1 CMR erforderliche Schadenskausalität ausreichend dargelegt, wenn er die Möglichkeit eines ursächlichen Zusammenhangs zwischen den in Art. 17 Abs. 4 CMR bezeichneten besonderen Gefahren und einem Verlust des Transportguts konkret aufzeigt oder dieser aus einer der Gefahren lebenserfahrungsgemäß folgt). Vergleiche ferner die Urteile vom 20.10.1983, TranspR **1984** 100, 101 und 212 ff = VersR **1984** 262 f = ETR **1985** 160 ff; vom 4.10.1984, NJW **1985** 554 f = TranspR **1985** 125, 126 f = VersR **1985** 133 f; BGH vom 28.3.1985, NJW **1985** 2092 f = TranspR **1985** 261, 264 = VersR **1985** 754, 756 = ETR **1986** 174 ff; KG vom 13.3.1980, TranspR **1980** 948 f; OLG Stuttgart vom 24.1.1967, NJW **1968** 1054, 1055; *Voigt* VP **1967** 167, 168.

[334] Besonders deutlich BGH vom 28.3.1985, NJW **1985** 2092 f = TranspR **1985** 261, 262 f = VersR **1985** 754 ff = ETR **1986** 174 ff; siehe ferner BGH vom 8.6.1988, TranspR **1988** 370, 371 f = VersR **1988** 952 f; BGH vom 8.10.1998, TranspR **1999** 59, 61; OLG Düsseldorf vom 24.3.1983, TranspR **1984** 14, 15; OLG Stuttgart vom 24.1.1967, NJW **1968** 1054, 1055; OLG Schleswig vom 30.8.1978, VersR **1979** 141, 142; OLG Hamburg vom 29.5.1980, VersR **1980** 950, 951; OLG Frankfurt vom 8.7.1980, MDR **1981** 53 f = TranspR **1980** 127; OLG Hamm vom 18.10.1984, TranspR **1985** 107, 108; OLG Hamm vom 2.11.1995, TranspR **1996** 335 f; A OGH vom 4.10.1983, *Greiter* 210, 214; vom 2.9.1987, SZ **1960** 159, S. 158; CH Zivilgericht Basel-Stadt vom 19.4.1991, TranspR **1992** 408 f; TGI Straßburg vom 9.11.1966, ETR **1969** 975, 978; F TribCom Corbeil-Essones vom 18.4.1969, ETR **1969** 988, 996. Grundsätzlich auch CH Tribunal de Première Instance Genf vom 1.5.1980, ETR **1984** 259, 271; allerdings waren die Behauptungen nicht einmal glaubhaft gemacht; ähnlich B Vredegerecht Antwerpen vom 26.10.1971, ETR **1972** 1058, 1061.
Bedenklich, wenn Gerichte auf Feststellung der konkreten Ursache verzichten: Z.B. A OLG Innsbruck vom 2.6.1976, TranspR **1981** 133; GB Queen's Bench Division vom 8.5.1975, ETR **1976** 246, 257 f.
Eher Wahrscheinlichkeit als nachgewiesener Gefahrumstand lag allerdings vor z.B. in folgenden Entscheidungen: B TribCom Antwerpen vom 6.9.1974, ETR **1975** 253, 256 f; zumindest ungenau B TribCom Antwerpen vom 28.3.1966, ETR **1966** 712, 717 (bei unverpackten Deckenstrahlplatten keine Haftungsfreistellung).

[335] KG vom 13.3.1980, TranspR **1980** 948 f; i.E. auch OLG Innsbruck vom 2.6.1976, TranspR **1981** 133; wohl auch B CA Brüssel vom 19.12.1968, ETR **1969** 953, 956; zu § 34 KVO siehe Anh. II nach § 452 HGBaF Rdn. 27.

[336] BGH vom 4.10.1984, NJW **1985** 554 f = TranspR **1985** 125, 126 f = VersR **1985** 133 f; ebenso LG Mönchengladbach vom 16.3.1988, TranspR **1988** 431, 432.

[337] Zu ungenau daher B TribCom Antwerpen vom 16.1.1974, ETR **1975** 98 ff.

packung und für Übereinstimmung der Zeichen- und Nummernangaben mit dem Frachtbrief vor. Dies setzt aber einen gültigen Frachtbrief voraus; zum Vorbehalt siehe Art. 8 Abs. 2. Die Beweiserleichterung ist in die genaue Überprüfungsregelung eingebunden und beschränkt sich auf die in Art. 9 Abs. 2 genannten Fälle. Sie kann als Sondervorschrift nicht analog angewendet werden, insbesondere nicht auf Verlade- und Staufehler.[338]

bb) Darlegung der Möglichkeit einer Kausalität

109 Für die Kausalität zwischen einem Umstand i. S. d. Art. 17 Abs. 4 und dem Güterschaden genügt die Darlegung ihrer Möglichkeit; Art. 18 Abs. 2 S. 1. Es ist daher in diesem Fall nicht der Nachweis einer Wahrscheinlichkeit des Kausalverlaufs erforderlich,[339] auch nicht, daß die besondere Gefahr „als Schadensursache nicht außer aller Wahrscheinlichkeit liegt“,[340] wohl aber ein substantiierter Sachvortrag zur Möglichkeit der Kausalität.[341] Dies liegt noch unter der Schwelle eines Anscheinsbeweises.[342]

110 Zweifelhaft ist allerdings, ob Art. 18 Abs. 2 S. 1 mit dem **Erfordernis der „Darlegung“ der Möglichkeit des Kausalverlaufs** wirklich weniger verlangt als mit einem „Beweis“.[343] Dies ist jedoch mit *Heuer*[344] zu bejahen. Wird die Möglichkeit der Kausalität substantiiert dargelegt, so greift die Vermutung ein. War z. B. eine Maschine nicht einwandfrei verpackt, so genügt dies noch nicht für Art. 18 Abs. 2. Vielmehr muß auch noch dargelegt werden, daß der Verpackungsmangel zu dem Schaden führen konnte.[345] Ein substantiiertes Bestreiten der Möglichkeit führt zur Beweiserhebung (z. B. durch Sachverständigengutachten). Steht danach die Unmöglichkeit des dargelegten Kausalverlaufs im konkreten Falle zur Überzeugung des Gerichts fest, so muß die Kausalitätsvermutung notwendig entfallen.[346] Führt dagegen auch die Beweisaufnahme zu

---

[338] Siehe Art. 8 Rdn. 11. Art. 9 Rdn. 22 ff.

[339] Siehe hierzu eingehend und mit zahlreichen Hinweisen auf Literatur und Rechtsprechung *Heuer* 110 ff. Dazu, daß keine Wahrscheinlichkeit nachgewiesen werden muß, siehe die in der 3. Aufl. dieses Kommentars zu Art. 83 EVO Anh. 1 nach § 460 HGBaF Rdn. 25 enthaltenen Literatur- und Rechtsprechungshinweise. Unpräzise wird zwischen der Beweisfrage für den Umstand selbst (z. B. fehlerhafte Verladung) und der „Darlegung“ der Möglichkeit der Kausalität nicht unterschieden.
Beispiele dafür in der Rechtsprechung: I Tribunale Milano vom 22. 3. 1974, ETR **1975** 490, 497; NL Hof 's Gravenhage vom 19. 12. 1973, ETR **1974** 319, 328 f; B TribCom Antwerpen vom 26. 5. 1971, ETR **1971** 547, 550. Für Beweispflicht hinsichtlich der Wahrscheinlichkeit generell B CA Lüttich vom 20. 1. 1971, ETR **1971** 541, 544 (allerdings eher auf den Nachweis der Ursache als des Kausalverlaufs bezogen).
Aus der Literatur: *Clarke*[2] Nr. 83 S. 405.

[340] So aber *Koller* Art. 18 Rdn. 4; die dort angegebene Rechtsprechung verwendet diese Formulierung nicht.

[341] Beispiele: bei Rost an Bandstahlringen ist wahrscheinlich, daß er durch die besondere Empfindlichkeit entstanden ist; OLG Hamm vom 2. 11. 1995, TranspR **1996** 335 f. Wenn Autos bei Ablieferung größere Schäden an den Rückpartien haben, ist nicht wahrscheinlich, daß dies Folgen der Beförderung auf offenem Fahrzeug sind; LG Duisburg vom 10. 5. 1968, ETR **1969** 979, 985. Werden Strickmaschinen beim Entfernen der Verkeilung auf dem Fahrzeug an den Sockeln beschädigt, ist davon auszugehen, daß dies eine Folge des Fehlens der Verpackung ist; B CA Brüssel vom 19. 12. 1968, ETR **1969** 948, 951; F Cass vom 17. 6. 1969, ETR **1970** 57, 59 (Darlegung fehlte, daß der Schaden aus einem Staufehler entstehen konnte). Aus der Literatur siehe etwa in diesem Sinne (unter Berücksichtigung der erheblichen Unterschiede in Rechtssystemen und Rechtssprache): *Clarke*[2] Nr. 83 S. 405 ff.

[342] Siehe jedoch *Züchner* VersR **1967** 1027 („gesetzlich verankerter prima facie-Beweis“); ihm folgend A OGH vom 2. 9. 1987, SZ **60** 159, S. 158.

[343] Für volle Beweisobliegenheit des Frachtführers: *Loewe* ETR **1976** S. 562; *Precht/Endrigkeit*[3] Art. 18 Anm. 1; *Nánássy/Wick* Art. 28 Anm. 4.

[344] *Heuer* 111; *Goltermann/Konow* Art. 28 CIM Rdn. 2; *Züchner* VersR **1967** 1027; *Glöckner*[7] Art. 18 Rdn. 3 ff.

[345] NL Rb Roermond vom 4. 11. 1976, ETR **1977** 432, 435; ähnlich schon NL Hof 's Hertogenbosch vom 21. 12. 1965, ETR **1966** 698, 707.

[346] GB CA London, ETR **1977** 138, 153 f.

keiner Klärung, dann muß nach der Beweislast entschieden werden.[347] Da die Kausalitätsvermutung nur an die Darlegung, nicht an den Beweis der Möglichkeit geknüpft ist, bleibt sie in diesen Fällen bestehen. Es ist also solange von der Kausalität auszugehen, als nicht ihr Fehlen positiv nachgewiesen ist. Beweist der Geschädigte, daß der Schaden schon vor Übernahme bestand, braucht auf die Haftungsausschlüsse nach Art. 17 Abs. 4 nicht mehr eingegangen zu werden.[348]

cc) Widerlegung der Kausalitätsvermutung

Die Vermutung der Kausalität, die sich an die Darlegung der möglichen Kausalität **111** knüpft, ist widerleglich. Der Geschädigte kann gem. Art. 18 Abs. 2 S. 2 CMR seinerseits beweisen, daß der an sich mögliche Kausalverlauf zwischen besonderer Gefahr und Schaden im speziellen Fall nicht vorgelegen hat. Dieser Vollbeweis richtet sich nach dem Beweisrecht des Gerichtsorts.[349] Er wird regelmäßig durch Nachweis einer anderen Ursache oder eines anderen Kausalverlaufs[350] geführt werden müssen. Gelingt ein solcher Nachweis, kann damit in vielen Fällen die Ursächlichkeit der haftungsbefreienden Umstände entfallen.[351] Volle Haftung des Frachtführers ist dann die Folge,[352] wenn sich der Frachtführer nicht nach Art. 17 Abs. 2 entlasten kann.[353] Der Beweis, daß neben dem haftungsbefreienden Umstand eine andere Schadensursache möglich ist, genügt nicht zur Widerlegung der Kausalitätsvermutung.[354]

Der Nachweis von **Ursachen aus der Sphäre des Frachtführers** schließt nicht **112** notwendig die Ursächlichkeit der besonderen Gefahren nach Art. 17 Abs. 4 aus. Stammen die Ursachen für den Schaden sowohl aus der Sphäre des Frachtführers wie auch aus den besonderen Gefahren des Art. 17 Abs. 4, so ist nach richtiger Auffassung von Literatur[355] und ganz überwiegender Rechtsprechung[356] eine Abwägung nach

---

347 Siehe z. B. OLG Hamburg vom 18. 12. 1986, TranspR **1987** 434, 435 = VersR **1987** 1132 f.

348 Überflüssig daher Teile der Begründung im Urteil des OLG Hamm vom 8. 2. 1982, TranspR **1985** 187 f.

349 *Clarke*² Nr. 84 S. 411.

350 *Heuer* 114 f; als Beispiele siehe: BGH vom 27. 10. 1978, NJW **1979** 2473 f = VersR **1979** 276, 277 (mangelhafte Bezeichnung nach Art. 17 Abs. 4e und unsorgfältiges Entladen); OLG Köln vom 2. 2. 1972, VersR **1972** 778 (Beförderung und Umladung von Marmorplatten in Kenntnis mangelhafter Verpackung, Beweis gelungen); vom 5. 2. 1975, VersR **1975** 709 f (Fahrzeugmängel als alternative Ursache gegen mangelhafte Verladung, Beweis mißglückt); OLG Stuttgart vom 24. 1. 1967, NJW **1968** 1054 f (Lieferfristversäumnis als Alternative zu natürlichem Verderb); OLG Hamm vom 4. 11. 1971, VersR **1973** 911, 912 (mangelhafte Befestigung einer Maschine, Beweis mißglückt); vom 19. 2. 1973, VersR **1974** 28, 29 (Defekt der Kühlanlage gegen zu enges Verladen von Schweinehälften durch den Absender); OLG Schleswig vom 30. 8. 1978, VersR **1979** 141, 142 (Hinweis auf unzureichende Vorkühlung von Fleisch bei Beginn des Kühltransports hätte genügt); OLG Hamm vom 2. 11. 1995, TranspR **1996** 335, 336 (kein Nachweis genügender Ölung von Bandstahlringen vor dem Transport). F CA Paris vom 3. 11. 1970, ETR **1971** 264, 271 (Beweis für andere Schadensursachen bei unzureichender Absenderverladung mißglückt); F CA Lyon vom 7. 5. 1981, BT **1981** 410 f (Kartoffeln in Säcken bei Frost ohne Schutzmaßnahmen des Frachtführers); NL Rb Roermond vom 24. 10. 1968, ETR **1969** 1012 1016 und vom 24. 10. 1971, ETR **1972** 416, 419 f (Beweis für Weisungsverstoß bei verderblichem Gut); B TribCom Lüttich vom 27. 6. 1985, ETR **1985** 572, 576 f (schuldhafte Lieferzeitverlängerung bei fehlender Verpackung empfindlichen Gutes).

351 Z. B. OLG Frankfurt vom 11. 6. 1992, RIW **1992** 1026.

352 Siehe z. B. zu Abs. 4b Rdn. 130 ff; zu Abs. 4c Rdn. 149 ff.

353 *Clarke*² Nr. 85 S. 412 ff.

354 Siehe z. B. F Cass vom 4. 2. 1986, ETR **1986** 263 ff; F Cass vom 5. 7. 1976, ETR **1976** 377 f. Die dargestellte Rechtslage entspricht § 427 Abs. 2 HGBnF. Siehe auch Art. 37 § 2 ER/CIM = 28 Abs. 2 CIM 1970; § 83 Abs. 2 EVO *Staub/Helm*³ Anh. I nach § 460 HGBaF Rdn. 25. Für die Transportversicherung ähnliche Regelung in § 2 Abs. 3 ADB.

355 *Putzeys* Nr. 797 und 803. *Koller*⁴ Rdn. 35 meint sogar, es komme „in der Regel" zu Schadensteilung.

356 BGH vom 20. 10. 1983, TranspR **1984** 100, 102 und 212 ff = VersR **1984** 262 f = ETR **1985** 160 ff;

Art. 17 Abs. 5 erforderlich. Es verbleibt jedoch bei der Kausalität die Vermutung des Art. 18 Abs. 2 für die Umstände, die zugunsten des Frachtführers in die Abwägung nach Art. 17 Abs. 5 eingehen.[357] Siehe dazu Rdn. 235 ff. Kern der Abgrenzungsproblematik ist allerdings die Frage, wann eine Schadenursache durch ihr Gewicht eine andere gänzlich ausschließt. Im Gegensatz zu der auf der Gleichwertigkeit aller auch entfernter oder wertungsmäßig nachrangiger Ursachen beruhenden Kausalitätsvorstellung des deutschen Rechts wird in Auslandsrechten die Frage der Kausalität eher nach dem Gewicht einer Ursache gesehen, insbesondere nach der englischen causa proxima-Lehre. Aus diesem Grunde ist es dann auch leichter, bei Verschulden des Frachtführers dessen alleinige Ursächlichkeit und damit die volle Haftung zu begründen.[358] Solche Entscheidungen sind auch in der deutschen Rechtsprechung nicht selten.[359] Für das deutsche Recht hat *Koller* Korrekturvorstellungen entwickelt, die dem im Ergebnis Rechnung tragen sollen. Doch entspricht sein Vorschlag, den Nachweis eines „atypischen Transportverlaufs" durch den Geschädigten als Ansatzpunkt einer Rückumkehr der Beweislast zu dessen Gunsten (oder als Anscheinsbeweis) anzuerkennen,[360] nicht dem Text und den Intentionen der Regelung. Die deutsche Rechtsprechung läßt im übrigen auch keinen Anscheinsbeweis durch Beweis eines „normalen Fahrtverlaufs" durch den Frachtführer zu.[361]

dd) Kein Verschulden erforderlich

113 Die Haftungsbefreiung nach Art. 17 Abs. 4 gilt grundsätzlich ohne Rücksicht darauf, ob der Absender (oder eine in seinem Bereich wirkende Person) die Ursachen gesetzt hat.[362] Verschulden des Absenders oder Empfängers oder der für sie handelnden Personen ist nicht Voraussetzung der Haftungsbefreiung,[363] und zwar in keinem der Fälle des Art. 17 Abs. 4.

ee) Schutzpflichten des Frachtführers

114 Führt der Transport erkennbar zu Schäden aus den besonderen haftungsbefreienden Umständen (z. B. der Beförderung im offenen Fahrzeug), hat der Frachtführer eine Fürsorgepflicht für das Gut, deren Verletzung zur Schadensteilung führen kann.[364]

---

vom 28. 3. 1985, NJW **1985** 2092 f = TranspR **1985** 261, 264 = VersR **1985** 754 ff = ETR **1986** 174 ff; LG Bremen vom 23. 12. 1988, TranspR **1989** 267 f; A OGH vom 2. 9. 1987, SZ **1960** 159, S. 158; F Cass vom 4. 2. 1986, ETR **1986** 263 ff. NL Hof 's Hertogenbosch vom 21. 12. 1965, ETR **1966** 684, 688 ff; NL Rb Roermond vom 2. 1. 1969, ETR **1969** 1005, 1009 f. Vielfach wird dies in der Rechtsprechung erkannt, aber Art. 17 Abs. 5 nicht angewandt; siehe z. B. A OLG Innsbruck vom 2. 6. 1976, TranspR **1981** 133. Ausländische Urteile versagen in solchen Fällen gelegentlich die Haftungsbefreiung ganz, ohne eine Abwägung nach Art. 17 Abs. 5: Siehe z. B. B TribCom Brüssel vom 26. 10. 1972, ETR **1973** 516, 524.

[357] Siehe z. B. OLG München vom 27. 6. 1979, VersR **1980** 241, 242.

[358] Ohne nähere Begründung wurden Risiken dem Frachtführer zugewiesen: z. B. F CA Lyon vom 7. 5. 1981, BT **1981** 410 f (Kartoffeln bei Frost ohne Schutzmaßnahmen).

[359] Z. B. OLG Frankfurt vom 8. 7. 1980, TranspR **1980** 127 = VersR **1981** 85 = MDR **1981** 53 f = DB **1980** 2183 f (nur Leitsatz).

[360] *Koller*[4] Rdn. 50.

[361] Siehe Rdn. 107; dem zustimmend auch *Koller*[4] Rdn. 18 Rdn. 4.

[362] Jedenfalls kann sich z. B. der Frachtführer, in dessen Bereich die Verpackung vorgenommen wurde, nicht auf Art. 17 Abs. 4 b berufen; F CA Paris vom 19. 9. 1979, BT **1979** 481, 482.

[363] F Cass vom 17. 6. 1969, ETR **1970** 57, 59; B TribCom Antwerpen vom 26. 5. 1971, ETR **1971** 547, 550.

[364] OLG Düsseldorf vom 18. 1. 1996, TranspR **1997** 284, 285 (zum Eisenbahnrecht).

IV. Beförderung im offenen Fahrzeug (Art. 17 Abs. 4 a und 18 Abs. 3 CMR)

115 Die Beförderung im offenen Fahrzeug oder genauer einem während der Beförderung nicht mit einer festen Bedeckung oder einer Plane versehenen Fahrzeug ist nur dann ein Haftungsbefreiungsgrund, wenn sie ausdrücklich vereinbart und im Frachtbrief eingetragen war. In diesem Falle ist also der Frachtbriefeintrag konstitutiv.[365] Da es an der Eintragung regelmäßig fehlen wird, gibt es international kaum Rechtsprechung zu Art. 17 Abs. 4 a. Der Hinweis des Frachtführers auf frühere einverständlich vorgenommene Beförderungen im offenen Fahrzeug reicht nicht aus.[366] Ohne eine entsprechende, im Frachtbrief festgehaltene Vereinbarung haftet der Frachtführer für aus der Beförderung im offenen Fahrzeug entstehende Schäden gem. Art. 17 Abs. 1, 2. Eine Berufung auf Verpackungsmängel kommt demgegenüber nur dann in Betracht, wenn die Verpackung der Güter gegen Feuchtigkeit möglich gewesen wäre,[367] oder wenn wegen dieser Mängel die Schäden auch im bedeckten Fahrzeug entstanden wären.[368] Ein seit langem wichtiger Fall der Beförderung im offenen Fahrzeug ist die **Beförderung von Kraftfahrzeugen auf Spezialtransportern.**[369] Hier ist ein Transport in offenen Fahrzeugen üblich. *Basedow* vertritt insoweit die Ansicht, daß sich in diesen Fällen der Frachtführer auch dann auf die Haftungsbefreiung des Art. 17 Abs. 4 a berufen kann, wenn – wie üblich – eine gesonderte Vereinbarung nicht erfolgt ist.[370] Nach dieser Ansicht muß das Erfordernis der Vereinbarung und der Eintragung im Frachtbrief im Wege der teleologischen Reduktion entsprechend auf die Fälle begrenzt werden, in denen eine andere Beförderung als im offenen Fahrzeug überhaupt in Betracht kommt oder zumindest nicht völlig unüblich ist.[371] Diese Ansicht überzeugt nicht: Ist eine **andere Transportweise nicht möglich**, so kann von einer besonderen, erhöhten Gefahr durch den Transport im offenen Fahrzeug ohnehin nicht gesprochen werden. Ein erhöhtes Risiko kann in diesen Fällen allerdings auf die Beschaffenheit der Güter zurückzuführen sein, so daß eine Haftungsbefreiung nach Art. 17 Abs. 4 d in Frage kommen wird. In dem anderen Fall, in dem eine **andere Transportweise unüblich** ist, also auch im Fall des Transports von Kraftfahrzeugen, gibt es indes keinen Grund für eine teleologische Reduktion. Die offene Transport-

---

365 So wohl bereits OLG Düsseldorf vom 8. 5. 1969, ETR **1970** 446, 466 f (nur LS); OLG Hamburg vom 22. 9. 1983, VersR **1984** 235; OLG Düsseldorf vom 15. 12. 1983, TranspR **1984**, 38 = VersR **1984** 686 f; vom 30. 5. 1988 TranspR **1988** 423, 424 f; B TribCom Brüssel vom 4. 2. 1972, ETR **1972** 573, 583 verlangt zu Unrecht nur ausdrückliche Vereinbarung. Art. 6 Rdn. 8; GR Berufungsgericht Athen, ETR **1987** 65, 67 (nur allgemein). In der Literatur herrschende Meinung: *Glöckner*[7] Rdn. 46; *Koller*[4] Rdn. 36; *Loewe*, ETR **1976** S. 557; *Herber/Piper* Rdn. 95; *Putzeys* Nr. 774; *Haak* S. 154 f; *Clarke*[2] Nr. 86 S. 416 f; *Silingardi* S. 169 f; zum Teil anderer Auffassung: MüKo/*Basedow* Rdn. 55 f. *Hill/Messent/Glass*[2] S. 129.
Vgl. auch 66 EVO, 14 CIM.

366 OLG Frankfurt vom 25. 10. 1977, VersR **1978** 535, 536; ungenau *Koller*[4] Rdn. 34, der den Fall alleine als Fahrzeugmangel unter Art. 17 Abs. 3 bringt. Siehe dazu auch Art. 17 Rdn. 38.

367 *Glöckner*[7] Rdn. 46.

368 OLG Frankfurt vom 25. 10. 1977, VersR **1978** 535, 536 (Verrosten von Feinblech, mit unzutreffender Kritik von *Schönwerth* ebenda); OLG Düsseldorf vom 15. 12. 1983, TranspR **1984**, 38, 39 = VersR **1984** 686 f; vom 30. 5. 1988 TranspR **1988** 423, 424 f; B TribCom Brüssel vom 4. 2. 1972, ETR **1972** 573, 583. Das Eisenbahnrecht regelt Art. 36 § 3 a ER/CIM 1980 = Art. 27 § 3 a CIM 1970 und in § 83 Abs. 2 a EVO die Frage ähnlich, doch kann hier das Tarifrecht auch ohne Frachtbriefeintragungen die Beförderung im offenen Fahrzeug rechtfertigen. Dagegen enthält die CMR keine entsprechende Bestimmung.

369 So schon OLG Düsseldorf vom 8. 5. 1969, ETR **1970** 446, 466 f (nur LS); LG Duisburg vom 10. 5. 1968, ETR **1969** 979 ff; B TribCom Brüssel vom 4. 2. 1972, ETR **1972** 573, 583 verlangt zu Unrecht nur ausdrückliche Vereinbarung. GR Berufungsgericht Athen, ETR **1987** 65, 67 (nur allgemein); siehe auch Art. 6 Rdn. 8.

370 MüKo/*Basedow* Rdn. 55 f.

371 MüKo/*Basedow* aaO.

weise ist hier nur darauf zurückzuführen, daß in diesen Fällen nur selten relevante Schäden am Gut auftreten,[372] die durch einen Transport im geschlossenen Fahrzeug ausgeschlossen werden könnten. Infolgedessen wählen die Frachtführer die kostengünstigere offene Transportweise. In diesen Fällen mag zwar stillschweigend die Vereinbarung getroffen worden sein, daß der Transport in einem offenen Fahrzeug erfolgen soll.[373] Für eine Erleichterung der Haftung entgegen dem Gesetzeswortlaut besteht hier aber dennoch kein Grund.[374] Daher bedurfte es für den nicht grenzüberschreitenden Transport auch der ausdrücklichen Regelung des § 427 Abs. 1 Nr. 1 HGBnF, wonach nicht nur die „vereinbarte", sondern ebenso auch eine „der Übung entsprechende Verwendung von offenen, nicht mit Planen bedeckten Fahrzeugen ..." eine Haftungsbefreiung des Frachtführers ermöglicht.

116 Die **Beweiserleichterung des Art. 18 Abs. 2** hängt davon ab, ob dem Geschädigten die Darlegung der Wahrscheinlichkeit der Beförderung im offenen Fahrzeug als Schadensursache gelingt.[375] Sie gilt grundsätzlich auch für die Gefahr aus der Beförderung im offenen Fahrzeug, **nicht jedoch bei außergewöhnlich großem Abgang oder Verlust von ganzen Frachtstücken** (Art. 18 Abs. 3). In diesen Sonderfällen, die als Rückausnahmen vom Ersatzverlangenden zu beweisen sind (a. A. *Koller* Art. 18 Rdn. 3) ist also Art. 17 Abs. 4a nur ein nicht bevorrechtigter Haftungsausschluß. Art. 18 Abs. 3 CMR ist nicht analog auf den Fall des Art. 17 Abs. 4d anzuwenden. Wird also z. B. Getreide als Schüttgut im offenen Fahrzeug befördert, so beruhen Rinnverluste zugleich auf der Beschaffenheit des Gutes (Art. 17 Abs. 4d).[376] Insoweit ist also die Beweiserleichterung nach Art. 18 Abs. 2 wirksam.

117 **Auf Beförderung im planengedeckten Fahrzeug ist Art. 17 Abs. 4a nicht anzuwenden.** Ist in diesem Fall die Plane fehlerhaft, ist eine Haftung nach Art. 17 Abs. 3 zu bejahen. Kommt es bei Beförderung in einem solchen Fahrzeug zu einer **Zwischenlagerung im Freien,** führt aber der in Art. 17 Abs. IVa CMR enthaltene Grundgedanke des Frachtbriefzwangs dazu, daß die Haftung durch dieses unzulässige Verhalten nicht ausgeschlossen ist. Demnach haftet der Frachtführer nach Art. 17 Abs. 1 und kann keine Haftungsbefreiung nach Art. 17 Abs. 2 oder Abs. 4d geltend machen, wenn der Schaden im gedeckten Fahrzeug nicht entstanden wäre.[377]

V. Verpackungsmängel (Art. 17 Abs. 4b)

118 Der Haftungsausschluß für Verpackungsmängel hat einsehbare **wirtschaftliche Gründe.**[378] Verpackungsmängel gehören zu den häufigsten Schadensursachen. Das in ihnen liegende Risiko wird durch Art. 17 Abs. 4b CMR der Verladerseite zugewiesen.[379] Eine Verpackungspflicht läßt sich aus Art. 17 Abs. 4b CMR nur als Obliegen-

---

[372] So auch OLG Düsseldorf vom 8. 5. 1969, ETR **1970** 446, 466 f für den Fall des Transportes von Kraftfahrzeugen.

[373] *Herber/Piper* Rdn. 97.

[374] Ständige Übung ersetzt nicht Eintragung im Frachtbrief: OLG Düsseldorf vom 15. 12. 1983, TranspR **1984** 38.

[375] Dies ist z. B. nicht schon der Fall, wenn Autos bei Ablieferung größere Schäden an den Rückpartien aufweisen; LG Duisburg vom 10. 5. 1968, ETR **1969** 979, 985; zur Beförderung im offenen Eisenbahnwaggon siehe OLG Düsseldorf vom 18. 1. 1996, TranspR **1997** 284, 285.

[376] LG Offenburg vom 21. 1. 1969, mit zust. Anm. von *Willenberg*, VersR **1969** 560 ff.

[377] Insoweit zutreffend OLG Köln vom 30. 8. 1990, TranspR **1990** 425.

[378] Ähnlich Art. 36 § 3b ER/CIM 1980 = Art. 27 § 3b CIM 1970 und § 83 Abs. 1b EVO; zur KVO siehe § 18, Anh. II nach § 452 HGBaF Rdn. 9 ff.

[379] Auch durch Art. 6 Abs. 1 Buchst. f CMR, der dem Absender die frachtbriefliche Information über die Art der Verpackung auferlegt; Art. 6 Rdn. 12 ff.

heit nicht herleiten, wohl aber als echte Pflicht aus der Haftung nach Art. 10; siehe dort Rdn. 4. Die Wahl der Verpackung ist regelmäßig Sache des Absenders oder der hinter ihm stehenden Personen. Sie ist in hohem Maße kostenabhängig und zugleich entscheidend für das vom Absender eingegangene Transportrisiko. Vertraglich kann die Pflicht zur Verpackung auch dem Frachtführer zugewiesen sein. Dann kann sich dieser nicht auf Art. 17 Abs. 4b berufen.[380] Wirtschaftliche Gründe beeinflussen also in erheblichem Maße die Verpackungspflicht. Es ist daher angemessen, dem Absender das durch sparsamere Verpackung eingegangene Sonderrisiko aufzuerlegen.[381]

1. Maßstäbe für die Erforderlichkeit der Verpackung

Aus den dargelegten Gründen muß die Verpackung **beförderungssicher und nicht nur handelsüblich** sein.[382] Es kommt daher nicht auf die Üblichkeit einer Verpackung, sondern auf die durch sie erreichte Beförderungssicherheit für den konkreten Transport an. Waren die Güter zwar handelsüblich, aber nicht im Rahmen des technisch und wirtschaftlich Möglichen beförderungssicher verpackt, kann sich der Frachtführer auf Art. 17 Abs. 4b berufen. Wenn Güter nicht beförderungssicher verpackt werden können, liegt ein Fall des Art. 17 Abs. 4d vor; zu dieser Vorschrift siehe Rdn. 196 ff. Auch das Laden, Stauen und Befestigen ist von der Verpackung abhängig; siehe insbesondere zum Stauen Rdn. 152. Die Handelsüblichkeit kann allerdings einen Hinweis auf die Beförderungssicherheit geben, wenn der Transport keine erschwerenden Besonderheiten aufweist. Ob eine taugliche Verpackung mehrfach verwendet, also schon gebraucht ist (Großserienpackungen), spielt keine Rolle.[383] Sind Güter nach ihrer Art nicht verpackungsfähig (etwa Massengüter wie Kohle, Sand, Erde) entfällt die Anwendung von Art. 17 Abs. 4b.[384] **119**

Art des Gutes und Umstände der Beförderung müssen **aufeinander abgestimmt** werden:[385] Die Verpackung muß dem Frachtgut Schutz vor den von der vereinbarten Beförderung im Normalfall ausgehenden konkreten Gefahren bieten.[386] Diese Abstimmung erfordert vielfach sehr spezielle Maßnahmen. Z.B. brauchen Kleider und Stoffe durch die Verpackung nicht besonders gegen Verschmutzung durch Auspuffgase geschützt zu werden; es genügt ihre Aufhängung in unten offenen Plastiksäcken.[387] Garne brauchen nicht in Kisten verpackt zu werden, um bei Unfällen den Schaden zu vermindern.[388] Eine Maschine muß für den Landtransport von Teheran nach Ludwigsburg in der Kiste ordnungsgemäß verkeilt werden.[389] Schwere Maschinen brauchen für Fährtransport von Dänemark nach England keine seemäßige Verpackung.[390] Gefrierfleisch in Kartons muß nicht auf Paletten befördert werden, wenn der LKW selbst Roste besitzt, die eine Kühlluft-Zirkulation ermöglichen.[391] Haselnußkerne sind in Jutesäcken **120**

---

380 OLG Hamburg vom 10.7.1997, TranspR **1998** 243 ff.

381 Beispielsweise ist Flachglas in Einweg-Rahmen bruchgefährdeter als in stabileren wiederverwendbaren Dauerrahmen; B CA Antwerpen vom 8.10.1986, ETR **1987** 436, 441.

382 OLG Nürnberg vom 12.4.1991, TranspR **1992** 63 ff. **A. A.** B Trib Antwerpen vom 13.10.1972, ETR **1973** 330, 331; *Clarke*² Nr. 87. Zur Erforderlichkeit der Verpackung siehe auch § 18 KVO, Anh. II nach § 452 HGBaF Rdn. 9 ff.

383 Zutreffend *Herber/Piper* Art. 10 Rdn. 15; *Koller* VersR **1993** 519–526, 522; *Froeb* Beschaffenheitsschäden S. 55 ff.

384 *Silingardi* S. 171 f.

385 Siehe hierzu Art. 10 Rdn. 6 ff.

386 *Clarke*² Nr. 88, S. 402.

387 BGH vom 6.5.1981, VersR **1981** 929, 931 = ETR **1982** 313 ff; ebenso für Stoffballen in Papp-Umhüllung, A OGH vom 17.11.1981, *Greiter* 115, 117.

388 NL Rb Dordrecht vom 18.5.1966, ETR **1968** 417, 421.

389 BGH vom 20. 10. 1983, TranspR **1984** 100, 101 f und 212, 214 = VersR **1984** 262 f = ETR **1985** 160 ff.

390 GB Queen's Bench Division vom 12.10.1979, ETR **1984** 411, 427 ff.

391 OLG Hamburg vom 4.12.1986, VersR **1987** 558.

ordnungsgemäß verpackt. Giftige Verunreinigungen aus nicht für Lebensmitteltransporte ausreichend gereinigtem Fahrzeug fallen dem Verlader grundsätzlich nicht zur Last; allerdings kann mangelhafte Verladung durch Nichtbemerken der Verunreinigung des Fahrzeugs vorliegen.[392] Eine festgestellte Geruchsveränderung von Lebensmitteln, für die keine substantiierten Gründe bekannt sind, fällt dem Frachtführer zur Last.[393] Siehe zu den Nebenpflichten in der Schadensteilung nach Art. 17 Abs. 5: Rdn. 177, 236.

a) Art der Güter

121 **Maßgeblich** für die Verpackungsbedürftigkeit ist vor allem die **Art der Güter** (insbesondere die Empfindlichkeit). Fehlen oder Mängel der Verpackung stellen nur dann einen Haftungsausschließungsgrund dar, wenn die Güter ihrer Natur nach hierdurch Verlusten oder Beschädigungen ausgesetzt sind.[394] **Obst**, etwa Zitronen, muß gegen Frost verpackt werden;[395] **Rohbaumwolle** braucht nicht gegen Selbstentzündung verpackt zu werden – falls dies überhaupt möglich ist.[396] Besonders verpackungsbedürftig im Hinblick auf eine Brandentstehung sind **Streichhölzer**.[397] **Papierrollen** sind verpackungsbedürftig wegen der möglichen Beschädigung an den Kanten,[398] **Maschinen** sind nicht ohne weiteres verpackungsbedürftig. Es kommt vielmehr darauf an, ob sie ihrer Art nach unverpackt Schaden erleiden können.[399]

122 **Diebstahl von wertvollen Gütern** ist in beschränktem Umfang durch Verpackung zu verhindern. Zwar ist Sinn der Verpackung nicht, das Gut besonders gegen Diebstahl zu schützen.[400] Auch Verpackungen, die den Wert eines Gutes erkennen lassen, sind deshalb nicht mangelhaft.[401] Die Verpackung von Elektronikgeräten für einen Eisenbahntransport ist nicht deshalb mangelhaft, weil die Kartons mit Firma und Gerätetyp-Nr. beschriftet sind; die Eisenbahn muß Diebstahls- und Unterschlagungsgefahr durch eigene Maßnahmen verhindern.[402]

b) Umstände der Beförderung

123 Auch die Umstände der Beförderung, wie sie sich aus dem konkreten Frachtvertrag ergeben, sind **maßgeblich** für richtige Verpackung; siehe Art. 10 Rdn. 12. Vereinbaren z.B. die Parteien besonders vorsichtiges Fahren und ist bei Einhaltung dieser Abrede

---

392 OLG Hamburg vom 19.12.1985, TranspR **1986** 146, 147 = VersR **1986** 261, 262; siehe dazu auch Rdn. 167, 138.

393 OLG Karlsruhe vom 25.2.1999, TranspR **1999** 349 f (Parfümgeruch bei Haselnüssen).

394 OLG Nürnberg vom 12.4.1991, TranspR **1992** 63 ff. Zutreffend schon *Heuer* 94 gegen *Züchner* VersR **1967** 432.

395 OLG Köln vom 14.3.1997, TranspR **1998** 195 f = TranspR **1998** 195 f = VersR **1997** 1033 f; OLG München vom 31.5.2000, NJW-RR **2000** 1638 (Der Frachtführer kann sich bei einem Frostschaden an Palmsamen auf den Haftungsausschluß des Art. 17 IVb CMR nicht berufen, wenn er auf die Frostempfindlichkeit des Saatgutes ausdrücklich hingewiesen worden ist); F CA Lyon vom 7.5.1981, BT **1981** 410 f (Kartoffeln).

396 OLG Düsseldorf vom 21.8.1969, abgedr. bei *Heuer* 199, 201; auch nicht gegen Herausschleudern: OLG Nürnberg vom 12.4.1991, TranspR **1992** 63 ff.

397 Tribunale Milano vom 22.3.1974, ETR **1975** 490.

398 OLG Linz vom 4.4.1984 (unveröff.).

399 NL Rb Roermond vom 4.11.1976, ETR **1977** 432, 435; siehe dazu auch OLG Hamburg vom 18.12.1986, TranspR **1987** 434, 435 = VersR **1987** 1132 f und unten Rdn. 121.

400 KG vom 11.1.1995, TranspR **1995** 342, 345; *Thume/Thume* Rdn. 136.

401 *Thume/Thume* Rdn. 136; OLG München vom 19.11.1985, TranspR **1986** 234 f; OLG Frankfurt vom 7.11.1985, TranspR **1986**, 231 ff mit Angaben zu älterer Rechtsprechung (beide zum Eisenbahnrecht); KG vom 11.1.1995, TranspR **1995** 342, 345 (Diebstahl von Zigarren aus einem verschlossenen Container, kein Mitverschulden des Absenders).

402 OLG Frankfurt vom 7.11.1985, TranspR **1986** 231, 232; OLG München vom 19.11.1985, TranspR **1986** 234 f = VersR **1986** 698 (beide Urteile zu § 83 Abs. 1b EVO).

keine Verpackung erforderlich oder die vorhandene ausreichend, liegt kein Verpackungsmangel vor.[403] Auf schlechter Wegstrecke ist vorsichtiges Fahren erforderlich; eine Hinweispflicht kann sich aus den Umständen ergeben, *Koller* VersR **1993** 519, 522.

In der Regel genügt **für einen Kraftfahrzeugtransport geeignete** Verpackung. Gegen Risiken anderer Beförderungsarten muß sie keinen Schutz bieten.[404] Für den Fährtransport von Dänemark nach England brauchen schwere Maschinen nicht seemäßig verpackt zu werden.[405] Für den **Landtransport von Teheran nach Ludwigsburg** muß eine Maschine in der Kiste ordnungsgemäß verkeilt werden.[406] Ist unterwegs mit einer Umladung zu rechnen, muß die Verpackung auch für diesen Fall ausreichend sein.[407] Wenn der Frachtführer wegen Beförderungs- oder Ablieferungshindernissen (Art. 14–16) umladen oder entladen muß und die Verpackung dafür nicht ausreicht, ist er von der Haftung befreit. Hat er die erforderlichen Weisungen vom Absender nicht eingeholt (Art. 14 Abs. 1, 15 Abs. 1), kann er sich nicht auf Art. 17 Abs. 4 b berufen.[408] Wird das Risiko durch vertragswidrige **Umladung** verändert, kann die Verpackung eventuell unzureichend sein. War z. B. die Beförderung von unverpacktem **Walzdraht** in bedeckten Trailern vereinbart und **lädt der Frachtführer vertragswidrig auf ein Seeschiff um**, kann er sich nicht auf Art. 17 Abs. 4 b berufen.[409] **124**

Ist **Beförderung im offenen Fahrzeug** vereinbart, müssen Güter, die im geschlossenen Fahrzeug keinen Schutz vor Witterungseinflüssen oder Rinnverlusten benötigen[410] u. U. doch verpackt werden. Dagegen liegt kein Verpackungsmangel vor, wenn unverpackte Güter ohne Eintragung dieser Beförderungsart im Frachtbrief im offenen Fahrzeug befördert werden und der Schaden bei Beförderung im geschlossenen Fahrzeug nicht entstanden wäre.[411] Kraftfahrzeuge sind beim üblichen Transport auf offenem Fahrzeug normalerweise nicht verpackungsbedürftig.[412] Grundsätzlich verpackungsbedürftig sind aber auch sog. Schüttgüter, die bei offener Verladung Rieselverlusten ausgesetzt sind.[413] **125**

In gewissem Umfang sind auch **Verpackung** einerseits und **Verladung, Stauung und Befestigung** andererseits als ladungssichernde Maßnahmen **austauschbar.**[414] Siehe z. B. OLG Hamburg vom 18. 12. 1986, TranspR **1987** 434, 435 = VersR **1987** 1132 f. Hat der Frachtführer ein an sich mangelhaft verpacktes Gut so gestaut, daß es auch bei einwandfreier Verpackung geschädigt worden wäre, liegt ein Fall des Art. 18 Abs. 2 S. 2 CMR vor.[415] **126**

---

[403] B TribCom Brüssel vom 30. 11. 1973, JPA **1974** 153 ff; *Putzeys* Nr. 786; *Koller*[4] Rdn. 37. Siehe auch Art. 10 Rdn. 12.

[404] Unzutreffend insoweit OLG Düsseldorf vom 13. 7. 1978, VersR **1978** 1016, 1017 (bahngeeignete Verpackung für CMR-Transport).

[405] GB Queen's Bench Division vom 12. 10. 1979, ETR **1984** 411, 427 ff.

[406] BGH vom 20. 10. 1983, TranspR **1984** 100, 101 f und 212, 214 = VersR **1984** 262 f = ETR **1985** 160 ff.

[407] *Koller*[4] Rdn. 37.

[408] B CA Lüttich vom 18. 12. 1967, ETR **1969** 965, 973; ähnlicher Fall zu Art. 17 Abs. 4 d OLG Frankfurt vom 8. 7. 1980, MDR **1981** 53 f = TranspR **1980** 127.

[409] OLG Düsseldorf vom 30. 6. 1983, TranspR **1984** 130 ff.

[410] Grundsätzlich zur KVO siehe BGH vom 19. 11. 1959, BGHZ **31** 183 ff = VersR **1960** 30, 31.

[411] OLG Frankfurt vom 25. 10. 1977, VersR **1978** 535, 536 (Eisenblech); OLG Düsseldorf vom 15. 12. 1983, TranspR **1984** = VersR **1984** 686 f (Papierrollen); siehe auch Rdn. 121, 115.

[412] OLG Düsseldorf vom 8. 5. 1969, ETR **1970** 446, 468; OLG Düsseldorf vom 15. 12. 1983, TranspR **1984** 38 = VersR **1984** 686 f (für den Normalfall der Beförderung im offenen Fahrzeug); fehlende Verpackung ist überdies auch nicht die wahrscheinliche Ursache für größere Schäden an der Rückpartien von beförderten Autos; LG Duisburg vom 10. 5. 1968, ETR **1969** 979, 985.

[413] Siehe *Voigt* VP **1970** 71; *Züchner* VersR **1967** 432.

[414] Siehe z. B. OLG Hamburg vom 18. 12. 1986, TranspR **1987** 434, 435 = VersR **1987** 1132 f.

[415] BGH vom 21. 12. 1973, VersR **1974** 325, 326 = NJW **1974** 412 = ETR **1975** 91, 95.

2. Container und Ladehilfsmittel als Verpackung

127 Ein Sonderproblem bildet die **Mangelhaftigkeit von Containern, Wechselaufbauten, Tanks** und dergleichen. Sind diese dauerhaft und fest mit dem Fahrzeug verbunden, so sind sie Bestandteile des Fahrzeugs. Ihre Mangelhaftigkeit führt zur Haftung nach Art. 17 Abs. 3; siehe Rdn. 39. Werden sie dagegen auf das Fahrzeug verladen oder aufgelegt, dann ist die Rechtslage zweifelhaft. Im Sinne einer vernünftigen Risikoabgrenzung muß darauf abgestellt werden, wer nach dem Vertrag den Container zu stellen hat. Werden vom Absender zu stellende Container befördert, so müssen sie wohl stets als Verpackung betrachtet werden.[416] Wird dagegen der Container vom Frachtführer im Zusammenhang mit der konkreten Beförderung zur Verfügung gestellt und mit dem Fahrzeug verbunden, so muß ein Mangel des Containers als Fahrzeugmangel angesehen werden; siehe genauer § 429 HGBaF Rdn. 32. Im ersteren Fall bezieht sich nämlich der Frachtvertrag auf die Beförderung von Ware und Absender-Container, im zweiten Fall nur auf die Beförderung der Ware. Fehler bei der Stauung im Container[417] sind daher bei Verlader-Containern Verpackungsmängel, bei Frachtführer-Containern Ladefehler, siehe Rdn. 143; zur Haftung für Mängel von Kühleinrichtungen siehe Rdn. 38, 217.

3. Verpackung durch den Frachtführer

128 Hat der Frachtführer das Gut vertragsgemäß selbst verpackt, kann er sich auf Art. 17 IV b nicht berufen.[418]

4. Überprüfungspflicht des Frachtführers

129 Eine **Pflicht zur Prüfung, ob die Verpackung beförderungssicher ist**, wird von der F CA Paris[419] für einen Fall des Rücktransports beanstandeter Kupferrollen in geöffneten Kartons verneint. Dagegen ergibt sich aus Art. 8 Abs. 1 und 2 i. V. m. Art. 9 Abs. 2, daß ohne Vorbehalt des Frachtführers im Frachtbrief der äußerlich intakte Zustand der Verpackung bei Übernahme gesetzlich vermutet wird.[420] Man kann daher grundsätzlich zwar nicht von einer Pflicht, wohl aber von einer Obliegenheit des Frachtführers zur Prüfung des äußeren Zustands der Verpackung ausgehen;[421] siehe dazu Art. 8 Rdn. 11 ff. Eine Pflicht zur Überprüfung der Verpackung ergibt sich auch nicht aus Art. 17 Abs. 5, weil diese Vorschrift keine Pflichten schafft, sondern voraussetzt. Allerdings kann sich aus den besonderen Umständen des Falles eine entsprechende Schutzpflicht des Frachtführers als Nebenpflicht aus dem Frachtvertrag ergeben, die zur Schadensminderung nach Art. 17 Abs. 5 führen kann; siehe Rdn. 236. Siehe zur Überprüfungspflicht auch die (häufigeren) Fälle zur fehlerhaften Verladung und Stauung Rdn. 173 ff und 235 f.

---

416 Zutreffend OLG Hamburg vom 29. 6. 1970, MDR **1970** 1016 (zur KVO).

417 Im Container verstaute Güter müssen dort nicht noch einmal seefest verpackt werden; *Thume* Haftungsprobleme bei Containerverkehr, TranspR **1990** 41, 46; A OGH vom 6. 11. 1986, TranspR **1987** 459, 460 (zur Transportversicherung); schwere Güter müssen zuunterst verladen, kleinere Güter gegen Verrutschen gesichert werden; NL Hof Amsterdam vom 13. 3. 1974, SS **1974** 222 ff.

418 Zutreffend OLG Frankfurt vom 28. 11. 1979, Verkehr **1980** 687.

419 Urteil vom 24. 4. 1984, DVZ Nr. 119 vom 4. 10. 1984 S. 8.

420 MüKo/*Basedow* Art. 8 Rdn. 12; Beispielsfälle: F Cass vom 12. 10. 1981, ETR **1982** 294, 299; B TribCom Antwerpen vom 10. 10. 1980, ETR **1982** 64, 70 f; B CA Lüttich vom 6. 5. 1970, ETR **1970** 716, 723 f.

421 MüKo/*Basedow* Art. 8 Rdn. 12.

5. Beweisfragen

Zur Beweislast siehe generell Rdn. 109 ff.[422] Der Nachweis des Verpackungsmangels ist vom Frachtführer zu erbringen.[423] Dies schließt nach Art. 17 Abs. 4b bei Fehlen der Verpackung den Beweis ihrer Erforderlichkeit (Verpackungsbedürftigkeit) ein,[424] bei Verpackungsmängeln die Art und Qualität der erforderlichen Verpackung.[425] Der Beweis kann durch einen vom Absender anerkannten Vorbehalt erbracht werden; der nicht anerkannte Vorbehalt stellt eine offene Beweislage her; siehe Art. 8 Rdn. 21. Werden vom Empfänger beanstandete Waren dem Frachtführer zum Rücktransport in offenen Kartons übergeben, so genügt der Vermerk auf dem Frachtbrief „offen übernommen" als Beweis für Verpackungsmangel.[426] **130**

Ist das Gut nach einer Fahrt, die „normal", d. h. ohne besondere Vorfälle verlaufen ist, beschädigt, so kann daraus nicht per Anscheinsbeweis auf das Vorliegen eines Verpackungsmangels geschlossen werden.[427] **131**

Hinsichtlich der Darlegung der möglichen Schadenskausalität siehe Rdn. 109 f. Der Frachtführer muß z. B. bei einer beschädigten Maschine nicht nur darlegen, daß sie nicht ordnungsgemäß verpackt war, sondern auch, daß sie ihrer Art nach dadurch Schaden erleiden konnte. Vorbehalte im Frachtbrief können den Nachweis des Verpackungsmangels erleichtern; siehe Art. 8 Rdn. 17. Der Frachtführer muß bei einer beschädigten Maschine nicht nur darlegen, daß sie nicht ordnungsgemäß verpackt war, sondern auch, daß sie ihrer Art nach dadurch Schaden erleiden konnte; dazu oben Rdn. 107 f. **132**

Der Gegenbeweis, daß ein Schaden nicht oder nicht ausschließlich auf mangelhafte Verpackung zurückzuführen ist, führt zum Entfallen der Haftungsbefreiung oder zur Schadensteilung gem. Art. 17 Abs. 5; siehe oben Rdn. 111 f. Ein Schaden beruht nicht auf einem an sich bestehenden Verpackungsmangel, wenn der Frachtführer in Kenntnis des Mangels durch Fehlverhalten den Schaden erst verursacht. Werden z. B. mangelhaft verpackte Marmorplatten vom Fahrer in Kenntnis der Bruchgefahr befördert und zusätzlich unterwegs noch umgeladen, um eine Beiladung anderer Güter zu ermöglichen, so ist der Frachtführer nicht wegen Art. 17 Abs. 4b von der Haftung befreit.[428] Nur in Säcken verpackte Kartoffeln müssen bei Aufenthalt bei Frost vom Frachtführer durch Stroh oder Karton geschützt werden.[429] Staut der Fahrer eine schwere Ladung Eisenbänder in Rollen ohne Rückfrage beim Absender um, nachdem er bemerkt hat, daß sie nicht beförderungssicher verpackt ist, und setzt das Fahrzeug in Bewegung, so daß die Ladung herunterfällt, so kann sich der Frachtführer nicht auf Art. 17 Abs. 4b berufen.[430] Die Verpackung einer Maschine in einem leichten Ver- **133**

---

[422] Aus der Rechtsprechung BGH vom 20. 10. 1983, TranspR **1984** 100 ff und 212 ff = VersR **1984** 262 f = ETR **1985** 160 ff. Zur Darlegung der Wahrscheinlichkeit siehe OLG Frankfurt vom 11. 6. 1992, RIW **1992** 1026; NL Rb Roermond vom 4. 11. 1976, ETR **1977** 432, 435 (Losreißen einer Stahlblechrolle von einer Palette spricht für mangelhafte Verpackung).

[423] BGH vom 20. 10. 1983, TranspR **1984** 100 ff und 212 ff = VersR **1984** 262 f = ETR **1985** 160 ff; vom 4. 10. 1984, NJW **1985** 554 f = TranspR **1985** 125, 126 f = VersR **1985** 133 f; vom 8. 6. 1988, TranspR **1988** 370 ff = VersR **1988** 952, 953.

[424] *Koller*[4] Art. 18 Rdn. 4 gegen *Baumgärtel/Giemulla* Beweislast Bd. 4 (1988) Art. 17–20 CMR Rdn. 28.

[425] BGH vom 20. 10. 1983, TranspR **1984** 100 ff und 212 ff = VersR **1984** 262 f = ETR **1985** 160 ff.

[426] F CA Paris vom 24. 4. 1984, berichtet DVZ Nr. 119 vom 4. 10. **1984** S. 8.

[427] BGH vom 4. 10. 1984, NJW **1985** 554 f = TranspR **1985** 125, 126 f = VersR **1985** 133 f; siehe Rdn. 107 und § 34 KVO, Anh. II nach § 452 HGBaF Rdn. 27.

[428] OLG Köln vom 2. 2. 1972, VersR **1972** 778.

[429] F CA Lyon vom 7. 5. 1981, BT **1981** 410 f.

[430] B CA Lüttich vom 18. 12. 1967, ETR **1969** 965, 973.

schlag statt in einer Kiste kann möglicherweise unzureichend sein. Doch ist nicht anzunehmen, daß dies für die Beschädigung durch Umstürzen der Maschine ursächlich ist.[431]

VI. Laden, Entladen, Stauen, Behandlung (Art. 17 Abs. 4c)

1. Funktionale Einordnung der Vorschrift

134 Viele **Probleme der Anwendung** von Art. 17 Abs. 4c **beruhen auf unzureichender funktionaler Einordnung** der Vorschrift in das Gefüge der Haftungsordnung der CMR und der allgemeinen schuldrechtlichen Haftungsgrundsätze des jeweils ergänzend anzuwendenden nationalen Rechts.[432] Ausgangspunkt einer solchen Einordnung ist die Beweisregelung des Art. 18 Abs. 2, die es dem Frachtführer erlaubt, sich von seiner grundsätzlichen Haftung nach Art. 17 Abs. 1 unter erleichterten Bedingungen zu entlasten; siehe Rdn. 106. Gerade in dieser Beweisregelung liegt die wirkliche Bedeutung des Art. 17 Abs. 4c.[433] Sind die Voraussetzungen der Haftung nach Art. 17 Abs. 1 nachweislich oder unstreitig nicht gegeben (insbesondere wenn die Schäden außerhalb der Obhutszeit entstanden sind), ist Art. 17 Abs. 4c ohne Bedeutung. Verladefehler – von wem auch immer begangen – wirken sich dann nur im Bereich anderer Haftungsgrundlagen bzw. beim Mitverschulden nach Art. 17 Abs. 5 oder § 254 BGB aus; siehe Rdn. 241 ff.

2. Allgemeine Voraussetzungen

135 Die Regelung des Art. 17 Abs. 4c wirft insbesondere hinsichtlich der **Zeitpunkte der Schadensursache und des Schadenseintritts** eine Reihe von Fragen auf. Einigkeit besteht insoweit, als die Regelung nicht nur eingreift, wenn der Schaden während des Verladens, des Entladens oder der sonstigen Behandlungen, sondern auch während des Transports entsteht.[434] Liegt der Vorgang der Ladetätigkeiten („*handling*", „*manutention*") des Gutes durch den Absender oder Empfänger innerhalb der Obhutszeit des Frachtführers, so ist die Anwendbarkeit des Art. 17 Abs. 4c unstreitig gegeben.[435] Liegt er dagegen außerhalb der Obhutszeit, sollen nicht unter Art. 17 Abs. 4c solche Schäden fallen, die während der Ladetätigkeiten eintreten,[436] oder solche, deren Ursache während der Ladetätigkeiten gesetzt wird.[437] Ersteres ist systematisch zu-

---

431 NL Hof's Hertogenbosch vom 21.12.1965, ETR **1966** 698, 707.

432 Zutreffend aber die Aufarbeitung bei *Koller*⁴ Rdn. 39 ff.

433 *Koller*⁴ Rdn. 35; *Herber/Piper* Rdn. 120; MüKo/*Basedow* Rdn. 65.

434 Allgemeine Meinung; z.B. *Herber/Piper* Rdn. 119; *Koller*⁴ Rdn. 40; MüKo/*Basedow* Rdn. 66; *Clarke*² Nr. 91; siehe hierzu auch Rdn. 136.

435 *Koller*⁴ Rdn. 41; *Herber/Piper* Rdn. 112, 119; MüKo/*Basedow* Rdn. 66; siehe auch: OLG Düsseldorf vom 1.7.1995, TranspR **1996** 109 (Der Frachtführer ist nach der CMR nicht zur Überprüfung der Verladung verpflichtet, wenn der Absender verladen hat).

436 Allgemeine Meinung: *Herber/Piper* Rdn. 119; *Thume/Thume* Rdn. 150 ff; *Heuer* S. 101; *Fremuth/Thume* Rdn. 91 ff; eine nach *Koller*³ Rdn. 40 davon abweichende herrschende Meinung ist unverständlich und durch die Zitate nicht gedeckt, klarer aber unter Aufgabe der Sondermeinung in der 4. Auflage, *Koller*⁴ Rdn. 40.

437 *Heuer* S. 101; *Jesser* S. 112. So wohl im Grundsatz auch MüKo/*Basedow* Rdn. 66, der sein eigenes Ergebnis allerdings für „trügerisch" hält und teilweise wieder einschränkt. A. A. *Thume/Thume* Rdn. 154 ff; *Fremuth/Thume* Rdn 95; *Koller*⁴ Rdn. 42. So wohl auch A OGH vom 3.7.1985, TranspR **1987** 374, 377: Wenn das Verladen dem Absender obliege, dann sei der Frachtführer von der Haftung befreit, auch wenn der Schaden erst während des Transports entstehe, falls der Schaden aus den mit der Art des Verladens verbundenen besonderen Gefahren entstanden sei.

treffend: Ist ein Schaden bereits vor oder erst nach der Obhutszeit des Frachtführers entstanden, so greift die Haftung nach Art. 17 Abs. 1 grundsätzlich nicht. Entsprechend kann auch keine Befreiung von der – nicht bestehenden – Haftung erfolgen.[438] Letzteres – also die Unanwendbarkeit des Art. 17 Abs. 4c bei Schadensursachen außerhalb der Obhutszeit – scheint dagegen nicht sinnvoll. Siehe hierzu Rdn. 155 ff.

3. Einzelne Kriterien der Haftungsbefreiung nach Art. 17 Abs. 4c

a) Grundsatz: Laden und Entladen als Schadensursachen für Schäden in der Obhutszeit

Die Entstehung des Schadens in der Obhutszeit ist nach Art. 17 Abs. 1 der tragende Bestandteil der frachtrechtlichen Güterschadenshaftung.[439] Von diesem Grundtatbestand geht auch Art. 17 Abs. 4 aus; er befaßt sich daher nur mit den Ursachen der Schäden.[440] **136**

b) Absender und Empfänger: Laden und Entladen

aa) Laden durch Absender

Das Laden durch den Absender ist das weit überwiegende Anwendungsgebiet von Art. 17 Abs. 4c.[441] Siehe Rdn. 139–188. **137**

bb) Entladen durch Empfänger

Entladefehler des Empfängers führen nach Art. 17 Abs. 4 ebenfalls zum Ausschluß der Haftung; siehe Rdn. 144. Hatte der Empfänger keine Bedenken, wenn er Jutesäcke mit Haselnußkernen auslud, obwohl sie mit weißem (unbekannterweise hochgiftigem) Pulver verunreinigt waren, liegt kein fehlerhaftes Ausladen vor.[442] **138**

c) Ladetätigkeiten

Die Ladetätigkeiten, die Gründe für die Haftungsbefreiung sein können, sind in der CMR aufgelistet. Sie werden im einzelnen in Rdn. 140 ff erörtert. Laden und Entladen das Guts sind die risikoreichsten Abschnitte des gesamten Beförderungsvorganges.[443] Das Laden umfaßt als Bestandteile auch das Stauen, Befestigen und andere Behandlung des Guts.[444] Daher ist Buchstabe c der in der Praxis wichtigste und umstrittenste Haftungsausschluß in Art. 17 Abs. 4. Er wird in Literatur und Rechtsprechung unterschiedlich ausgelegt.[445] Die Verladung muß im Interesse beider Parteien so erfolgen, daß sie im Hinblick auf die Umstände der Beförderung ausreichend ist, insbesondere auch die Risiken einer vorgesehenen Huckepackbeförderung berücksichtigt.[446] **139**

---

[438] *Koller*[4] Rdn. 40; *Thume/Thume* Rdn. 150; *Heuer* S. 100; siehe zur Obhutszeit Rdn. 16–23.

[439] Siehe Rdn. 138 und zur Obhutszeit Rdn. 16–23.

[440] Siehe Rdn. 51.

[441] Nunmehr entsprechend geregelt in § 427 Abs. 1 Nr. 3 HGBnF.

[442] OLG Hamburg vom 19. 12. 1985, TranspR **1986** 146, 147 = VersR **1986** 261, 262 (Vergiftungsverdacht völlig fernliegend), siehe Rdn. 167.

[443] Siehe auch Art. 30.

[444] In diesem Kommentar gemeinsam behandelt; zur Orientierung siehe etwa Rdn. 152, 156, 158, 140, 142. Die Tätigkeiten werden im Rahmen der Regelung der Ladepflicht in § 412 Abs. 1 S. 1 HGBnF aufgeführt (laden, stauen, befestigen, entladen).

[445] Siehe hierzu eingehend aufgrund internationaler Rechtsprechung *Wijffels* ETR 1976 208–230; *Groth* RIW/AWD **1977** 266; *Lamy 98* I Nr. 509; MüKo/*Basedow* Art. 8 Rdn. 13 f.

[446] Z.B. beim Fährverkehr beladener Straßenfahrzeuge; OLG Düsseldorf vom 25. 3. 1993, TranspR **1994** 439 ff. Siehe auch Art. 2 Rdn. 10.

aa) Einzelne Tätigkeiten

140 **Art. 17 Abs. 4c beschreibt unterschiedliche Tätigkeiten** und betrifft daher einen schwer überschaubaren Komplex von Einzelvorgängen, insbesondere das Verbringen in das Fahrzeug (**Laden**) oder aus dem Fahrzeug (**Entladen**), die **Verbringung an den richtigen Platz im Fahrzeug** und das **Befestigen** auf dem Fahrzeug (**Stauen**). Damit zusammenhängende Tätigkeiten, wie die vorübergehende Kühlung oder Warmhaltung oder der Schutz vor Witterungseinflüssen oder die Pflege des Gutes, ergeben sich als ergänzende Teilpflichten (Schutz- und Sorgfaltspflichten) aus dem Laden, Stauen und Entladen. Sie lassen sich nicht unter den Begriff der Behandlung bringen, da die verbindlichen englischen und französischen Begriffe enger gemeint sind.[447]

141 Die aufeinanderfolgenden **Einzeltätigkeiten können nach dem Frachtvertrag unter die Parteien aufgeteilt werden.** Insbesondere kann das Verladen Pflicht des Absenders, das Stauen und Befestigen dagegen Pflicht des Frachtführers sein. Dies nimmt die belgische Rechtsprechung als Regelfall an.[448]

bb) Durch diese Tätigkeiten umschriebenes Risiko

142 **Die Verladung, insbesondere die Verstauung und Befestigung, muß Sicherheit gegen die normalen Beförderungsrisiken bieten** – ebenso wie die Verpackung; siehe Rdn. 119 ff. Zu diesen gehören z. B.: plötzliche Ausweichmanöver des Fahrzeugs auf der Straße;[449] Witterungseinflüsse (Rdn. 171); Störung der Klimaanlagen durch falsches Stauen (Rdn. 191); siehe die Fallgruppen in Rdn. 173 ff.

143 Das **Verladen durch den Absender in Container**, die Teil des Beförderungsmittels sind (siehe Rdn. 39, 127), fällt unter Abs. 4c, in von ihm gestellte Container unter Abs. 4b CMR; siehe Rdn. 127.

d) Tatsächliche Vornahme Verladung/Entladung durch Absender/Empfänger

144 Der Haftungsbefreiungsgrund des Art. 17 Abs. 4c[450] setzt stets eine Verladung durch den Absender bzw. Entladung durch den Empfänger[451] oder für diese handelnde Dritte voraus. Dies ist vom Ersatzverlangenden zu beweisen; siehe Rdn. 107 f. Für die Haftungsbefreiung kommt es daher allein darauf an, wer tatsächlich verladen oder entladen, gestaut oder sonst das Gut behandelt hat.[452] Der Text von Art. 17 Abs. 4c

---

447 *Koller*⁴ Rdn. 39; zur Definition im Englischen siehe *Hill/Messent/Glass*² S. 134 f.

448 Deutlich B TribCom Antwerpen vom 7. 3. 1980, ETR **1981** 466, 475; siehe ferner Rdn. 141.

449 B TribCom Namur vom 22. 7. 1965, ETR **1966**, 133, 136 und **1969** 1039, 1042.

450 Er entspricht § 427Abs. 1 Nr. 3 HGBnF und ungefähr dem internationalen Eisenbahnrecht; Art. 36 § 3c, d ER/CIM 1980, Anh. I nach § 460 HGBaF = Art. 27 Abs. 3c CIM 1970; dazu z. B. F CA Paris vom 13. 2. 1997, IZ **1998** 101–106.

451 Siehe Rdn. 138.

452 BGH vom 27.10.1978, VersR **1979** 417, 418; vom 28.3.1985, NJW **1985** 2092 f = TranspR **1985** 261 = VersR **1985** 754 ff = ETR **1986** 174 ff; BGH vom 24. 9. 1987, TranspR **1988** 108, 109 = VersR **1988** 244 ff; OLG München vom 27.11. 1968, ETR **1971** 115, 127; OLG Düsseldorf vom 13.1.1972, VersR **1973** 178, 179; vom 13.12. 1979, VersR **1980** 286, 287; vom 2.12.1982, VersR **1983** 749, 750; vom 25.3.1993, TranspR **1994** 439 f; wohl auch bereits OLG Düsseldorf vom 8.5.1969, ETR **1970** 446, 470. In neuerer Rechtsprechung auch A OGH vom 8. 10. 1984, TranspR **1985** 103, 104 = VersR **1985** 795 f = SZ **57** Nr. 150, S. 743 = *Greiter* 239 ff; A OGH vom 17.11.1986, TranspR **1987** 427, 429 = öRdW **1987** 410 f.
Koller DB **1988** 589; *Heuer* 107; *Voigt* VP **1965** 149 f und VP **1971** 258; *Putzeys* Nr. 793 f. *Koller*⁴ Rdn. 41; BGH vom 27. 10. 1978 VersR **1979** 417, 418 setzt keine Ladepflicht des Absenders voraus, sondern lehnt nur (allerdings mißverständlich) die Haftungsbefreiung generell ab, weil „Verladung nicht übernommen und auch nicht ausgeführt" sei. Das Urteil bestätigt aber das OLG, das ausschließlich darauf abgestellt hatte, von wem das Verladen „vorgenommen" worden

gewährt dem Frachtführer den Haftungs- und Beweisvorteil nur, wenn die Arbeiten vom Absender oder Empfänger oder einen für diese handelnden Dritten ausgeführt worden sind. Schon *Loewe* ETR **1976** 558 f weist darauf hin, daß dies die einzige im Gesetz vorgesehene Voraussetzung für die Anwendung der Vorschrift ist. Haben der Absender oder Empfänger oder ein für ihn handelnder Dritter die Arbeiten ausgeführt, entfällt grundsätzlich die Haftung des Frachtführers für alle Schäden, die auf fehlerhafter Ausführung dieser Tätigkeiten beruhen. Der Frachtführer kann den Beweisvorteil des Art. 18 Abs. 2 in Anspruch nehmen. Insbesondere ein Verschulden des Absenders oder Empfängers ist dabei nicht erforderlich.[453]

aa) Schadensursache vor der Frachtführer-Obhut: Verladung durch Absender

Bei Güterschäden, die während der Obhut des Frachtführers eintreten, deren Ursachen aber vorher liegen, ist die Haftung des Frachtführers nach Art. 17 Abs. 1 begründet, weil die Entstehung des Schadens in die Obhutszeit fällt.[454] Die vorher liegende, dem Absender zuzurechnende Verladungstätigkeit kann aber gem. Art. 17 Abs. 4c zur Haftungsfreiheit führen.[455] Haftungsfälle entstehen hier häufig aus zwei unterschiedlichen Verantwortungsbereichen, zwischen denen die entscheidende Abgrenzung vorzunehmen ist. Daß es hierbei nicht um Pflichtenverstöße gehe,[456] führt aber leicht irre. Denn gerade in diesen Fällen geht es oft um eine Schadensteilung nach Art. 17 Abs. 5. Dann kommt aber den Pflichten der Parteien eine große Bedeutung zu. Siehe dazu Rdn. 122.[457] **145**

Verlädt (loading, chargement) der Absender das Gut, geht die Obhut an den Gütern **erst mit der Beendigung der Verladung** auf den Frachtführer über; siehe § 429 HGBaF Rdn. 116 f. Für diese Fälle ist die Anwendbarkeit von Art. 17 Abs. 4c unbestritten.[458] Sie entsprechen den strukturell ähnlichen Fällen des Art. 17 Abs. 4 Buchst. b (Verpackung) und e (Bezeichnung und Numerierung; sie ähneln Buchst. d (natürliche Beschaffenheit) und e (Tiere), weil ebenfalls Risiken aus der Sphäre der Verladerseite Schadensursache sein können. In diesen Fällen kommt es entscheidend darauf an, wer tatsächlich verladen hat. Die Entlastungswirkung greift unstreitig ein, wenn der Absender verladen hat. **146**

bb) Ladepflicht als Kriterium der Haftungsbefreiung?

Gegenüber der vor allem auch in Deutschland und Österreich herrschenden Auffassung, daß die tatsächliche Vornahme des Ladevorgangs Grund der Haftungsbefreiung ist, wird in der ausländischen Rechtsprechung allerdings vielfach darauf abgestellt, **wer zur Ausführung der betreffenden Tätigkeiten verpflichtet war** – eine Frage, die in der CMR nicht geregelt und in § 17 Abs. 4c nicht erwähnt ist. Der Frachtführer soll danach nur von der Haftung befreit sein, wenn der Absender oder der Empfänger (oder die von diesen beauftragten Dritten[459]) in Erfüllung einer **147**

war; deutlicher BGH vom 24.9.1987, TranspR **1988** 108, 109 = VersR **1988** 244 ff.

[453] *Koller*[4] Rdn. 39.

[454] Siehe Rdn. 136.

[455] Zutreffend *Koller*[4] Rdn. 42.

[456] So *Koller*[4] Rdn. 42.

[457] Siehe Rdn. 236.

[458] OLG München vom 27.11.1968, ETR **1971** 115, 127; OLG Saarbrücken vom 23.8.1985, TranspR **1985** 392, 393 f; LG Berlin, ETR **1974** 762 ff; A OGH vom 8.10.1984, TranspR **1985** 103, 104 = VersR **1985** 795 f = SZ **57** Nr. 150, S. 743 = *Greiter* 239 ff; A OGH vom 17.11.1986, TranspR **1987** 427, 429 = öRdW **1987** 410 f; vom 2.9.1987, SZ **1960** 159, S. 158; weitere Nachweise zu älterer Rechtsprechung bei *Heuer* 101, Fn. 269.

[459] Siehe Rdn. 153.

Absender- oder Empfängerverpflichtung gehandelt haben;[460] siehe zur Verlade- und Entladepflicht Rdn. 159 ff; siehe Art. 17 Rdn. 241, 181 f.

148 **Wer zu verladen und wer zu entladen hat**, ist in der CMR nicht geregelt. Es bestimmt sich also nach dem Vertragsstatut. Dies bedeutet, daß diese Pflicht durch freie Vereinbarung der Parteien, aber auch durch Vertragsauslegung oder Üblichkeiten zu bestimmen ist.[461] Anders insbesondere die französische Rechtsprechung; sie verpflichtet den Frachtführer zu „arrimage“ und „calage“ und läßt ihn für Fehler ausschließlich haften;[462] siehe Rdn. 181.

cc) Nachträgliche Eingriffe in die Verladung

149 Nachträgliche **Eingriffe des Frachtführers in die** vom Absender vorgenommene **Stauung** des Gutes auf dem Fahrzeug entlasten in der Regel den Absender von dem besonderen Verladerisiko des Art. 17 Abs. 4 c. Wenn z. B. der Frachtführer zwischendurch die Ladung umgestaut hat, kann die vorherige Verladung durch den Absender nicht als kausal gewertet werden, womit dessen Entlastung nach Art. 18 Abs. 2 gelungen sein wird.[463] Gleiches gilt, wenn die Ladung für die Endstrecke auf das Fahrzeug eines Unterfrachtführers umgeladen wird.[464]

150 **Greifen Dritte**, die weder als Gehilfen des Frachtführers noch des Absenders oder Empfängers handeln, **während der Obhutszeit in den Transport ein**, dann ist deren Verhalten keiner der Parteien zuzurechnen. Der Frachtführer kann sich – soweit er den Eingriff nicht selbst verschuldet hat – für die durch ihr Verhalten entstandenen Schäden nach Art. 17 Abs. 2 entlasten. Dies gilt vor allem auch für behördliche Einwirkungen, etwa zur Untersuchung von Güter[465] oder aus zoll- und einfuhrrechtlichen Gründen,[466] für die manchmal Frachtführer oder Fahrer schuldhaft Veranlassung geschaffen haben.[467]

---

460 Siehe zum Überblick über die internationale Rechtsprechung *Wijffels* aaO und *Libouton* ETR **1963** 42 ff.
Für Entscheidung nach Ladepflicht: A OGH vom 25. 9. 1968, ETR **1973** 309, 316 ff = HS 6509/38 S. 334 (Frachtführer „Herr des Verladevorgangs“); vom 15. 10. 1969 = HS 7426/21 S. 288 = *Greiter* 26 ff; jetzt aber wie hier A OGH vom 14. 9. 1982, TranspR **1984** 195 = SZ **55** Nr. 123 S. 620 = *Greiter* 174; *Hill/Messent/Glass*² S. 136.
Offenlassend OLG Hamm vom 18. 10. 1984, TranspR **1985** 107, 109.

461 Zutreffend zur Ladepflicht: A OGH vom 8. 10. 1984, TranspR **1985** 103, 104 = VersR **1985** 795 f = SZ **57** Nr. 150, S. 743 und vom 18. 12. 1984, TranspR **1986** 372, 373 = SZ **57** Nr. 205 S. 1031 f; zur Entladepflicht CMR OLG Düsseldorf vom 29. 9. 1988, TranspR **1989** 10, 11 f. Zur KVO sachlich zutreffend BGH vom 30. 4. 1975, LM GNT Nr. 25 = MDR **1975** 732 f; vom 13. 6. 1985, TranspR **1985** 329, 330 und vom gleichen Tag, TranspR **1985** 331, 332. Siehe auch Art. 17 KVO, Anh. II nach § 452 HGBaF Rdn. 42 f.

462 F CA Paris vom 27. 2. 1970, BT **1970** 111 f; F CA Paris vom 27. 5. 1986, BT **1986** 676 ff.

463 OLG Köln vom 2. 2. 1972, VersR **1972** 778.

464 B CA Brüssel vom 6. 4. 1977, ETR **1977** 881, 884, 890.

465 I. E. zutreffend LG Bremen vom 23. 12. 1988, TranspR **1989** 267 f (importierte Schweinehälften rutschen infolge eines Fehlers von Veterinären bei der Eingangsuntersuchung so zusammen, daß wegen gestörter Luftzirkulation das verladene Frischfleisch verdirbt); das LG rechnet allerdings diesen Eingriff dem „Gefahrenbereich des Empfängers“ zu.

466 Vgl. z. B. die Fälle LG Hamburg vom 19. 1. 1983, TranspR **1983** 47 f und OLG Hamburg vom 30. 1. 1986, TranspR **1986** 229, 230 = VersR **1987** 813 und dazu Rdn. 102, aber auch 78, 93.

467 So z. B. bei Beschlagnahmen wegen Alkoholschmuggel in muslimischen Ländern; A OGH vom 12. 12. 1984, TranspR **1986** 426 ff.

e) Fehlerhaftigkeit der Ladetätigkeit

Nach herrschender Auffassung[468] setzt Art. 17 Abs. 4c zusätzlich die **Fehlerhaftigkeit** der Verladung, Stauung[469] oder Entladung voraus. In einem Teil der ausländischen Rechtsprechung und internationalen Literatur werden jedoch – entsprechend dem Wortlaut der Vorschrift – geringere Anforderungen gestellt, so etwa nur der Nachweis der Absenderverladung[470] oder der zusätzliche Nachweis einer möglichen Verbindung zwischen der Absenderverladung und dem betreffenden Schaden.[471] Geht man mit Recht davon aus, daß Art. 17 Abs. 4 besondere Gefahrumstände erfassen will (siehe Rdn. 106 ff), muß man der herrschenden Auffassung zustimmen. Denn die (fehlerfreie) Verladung als solche schafft noch keine besondere Gefahr.[472] Erst bei Nachweis der Fehlerhaftigkeit der Absenderverladung tritt demnach die in Art. 18 Abs. 2 an eine besondere Gefahr angeknüpfte Beweiserleichterung ein. Die Frage, ob die Fehlerhaftigkeit Tatbestandsmerkmal von Art. 17 Abs. 4c ist, hat im übrigen kaum besondere praktische Bedeutung. Regelmäßig wird eine einwandfreie Verladung nicht kausal für einen Schaden sein. Praktisch kann die Frage nur werden, wenn die Technik mehrere gleichwertige Lade-, Stau- oder Befestigungsmethoden gestattet, von denen sich zufällig die gewählte als Schadensursache erweist. In solchen Fällen wird jedoch häufig ein Verhalten des Frachtführers oder ein unabwendbarer Umstand Hauptursache sein, so daß die Haftungsfrage über Art. 17 Abs. 2 zu entscheiden ist. 151

4. Anwendungsbereich nach Fallgruppen

a) Fälle, auf die Art. 17 Abs. 4 c anzuwenden ist

aa) Laden durch den Absender

Nicht nur das Verladen der Güter auf das Fahrzeug, sondern auch das **Verstauen** (stowage, arrimage), **Bewegen** (handling, manutention)[473] und **Befestigen** auf dem Fahrzeug (als Teil des Ladens und Stauens) gehören zum Verladen im weiteren Sinne. Werden diese Tätigkeiten vom Absender vorgenommen, erlangt der Frachtführer die Obhut über die Güter erst, wenn der Absender seine Tätigkeit beendet hat. Erst nach fertiger Verladung kann die Übernahme erfolgen. Entsteht aus den Fehlern des Absenders dann während der Obhutszeit Schaden, kann sich der Frachtführer auf Art. 17 Abs. 4c berufen. 152

---

[468] Aus der deutschen Rechtsprechung: BGH vom 28.3.1985, NJW **1985** 2092 f = TranspR **1985** 261, 262 f = VersR **1985** 754 ff = ETR **1986** 174 ff; BGH vom 8.6.1988, TranspR **1988** 370, 372 = VersR **1988** 952 f; OLG Düsseldorf vom 13.1.1972, VersR **1973** 178 und vom 24.3.1983, TranspR **1984** 14, 15; OLG Schleswig vom 30.8.1978, VersR **1979** 141, 142; OLG Hamburg vom 29.5.1980, VersR **1980** 950; OLG München vom 28.7.1995, TranspR **1996** 240, 241; i.E. auch OLG Hamm vom 18.10.1984, TranspR **1985** 107, 108.
Aus der ausländischen Rechtsprechung siehe A OGH vom 4.10.1983, *Greiter* 210, 214; F Cass vom 17.6.1969, ETR **1970** 57, 59 und vom 23.2.1982, ETR **1983** 19, 23 = BT **1982** 285; F TGI Straßburg vom 9.11.1966, ETR **1969** 975, 978; B TribCom Verviers vom 18.5.1968, ETR **1968** 1240, 1242 = RDU **1969** 159; B TribCom Antwerpen vom 7.11.1986, ETR **1987** 453, 456.
Aus der Literatur: *Koller*[4] Rdn. 39 und Art. 18 Rdn. 5; nicht deutlich *Clarke*[2] Nr. 83 S. 408.

[469] Regeln der Technik, deren Nichtbeachtung in der Regel fehlerhaft ist, stellen die VDI-Richtlinien „Ladungssicherung auf Straßenfahrzeugen" VDI 2700 dar; zum kombinierten Verkehr Straße-Schiene *Bläsius* VZ Nr. 145 vom 4.12.1990, S. 6.

[470] *Putzeys* Nr. 794 – allerdings wird dann in Nr. 801 die Frage der Fehlerhaftigkeit in die Darlegung der Möglichkeit der Kausalität verlagert; *Putzeys* Nr. 801.

[471] So B CA Brüssel vom 19.12.1968, ETR **1969** 953, 956; B CA Brüssel vom 28.6.1969, ETR **1969** 924, 929.

[472] Zutreffend *Koller*[4] Art. 18 Rdn. 5.

[473] Zu diesen Begriffen zutreffend *Koller*[4] Rdn. 39; MüKo/*Basedow* Rdn. 67; *Hill/Messent/Glass*[2] S. 135; unkritisch vom Begriff des „Dritten" ausgehend aber *Thume/Thume* Rdn. 157; zum

bb) Behandlung durch Dritte

153 **Verladen, stauen oder behandeln Dritte das Gut** für den Absender oder Empfänger, rechnet Art. 17 Abs. 4c dem Absender oder Empfänger die entsprechenden Handlungen der Dritten zu. Der Begriff „Dritte" ist erst durch die deutsche Übersetzung in den Text eingeführt worden; er kann nicht so verstanden werden, daß damit nur eine am Vertrag nicht beteiligte Person (Dritter im Sinne des Vertrags) in Betracht kommt. Die maßgeblichen englischen und französischen Texte sprechen nur von Personen, die für den Absender oder Empfänger handeln.[474] Auch bei Zugrundelegung der deutschen Fassung sind dies z. B. Spediteure und Empfangsspediteure, Unterfrachtführer, Stauereiunternehmen und andere im Zusammenhang mit Verladetätigkeiten beschäftigte Spezialunternehmen. Auch die Handlungen von Personal des Absenders oder Empfängers werden zugerechnet – entweder über Art. 17 Abs. 4c unmittelbar oder über § 278 BGB.[475]

154 **Der Frachtführer und seine Leute** sind ohnehin nicht Dritte im Sinne des Frachtvertrags, sondern Vertragspartner bzw. dessen Gehilfen. Ob diese für ihn handeln, muß nach dem konkreten Fall bestimmt werden; siehe Rdn. 147, 157, 159 ff.

155 **Außerhalb des Obhutszeitraums begründete Güterschäden durch Absender oder Empfänger** fallen nicht in die Haftung nach Art. 17 Abs. 1 CMR. Im Hinblick auf den Nachweis des Schadenszeitpunkts ist aber Art. 17 Abs. 4c unter Umständen dennoch anzuwenden. Verladen, verstauen, entladen oder behandeln (bewegen) der Absender oder der Empfänger oder für diese handelnde Personen das Gut[476] entsprechend der Aufgabenteilung nach dem Frachtvertrag, haftet zwar der Frachtführer nicht für Schäden, die aus diesen Handlungen während dieser Tätigkeiten entstehen, weil die Schadensentstehung nicht mehr in die Obhutszeit nach Art. 17 Abs. 1 fällt. Denn die Übernahme erfolgt in diesen Fällen erst nach dem Laden oder Stauen, die Ablieferung schon mit dem Zurverfügungstellen zum Abladen.[477] Da aber in vielen Fällen unklar ist, ob der Schaden durch das Entladen oder durch im Obhutszeitraum liegende (vom Frachtführer zu verantwortende) Umstände verursacht ist, kommt dem Frachtführer hier die Beweisregelung der Art. 17 Abs. 4c, 18 Abs. 2[478] zugute.

b) Fälle, auf die Art. 17 Abs. 4 c nicht anzuwenden ist:

aa) Laden, Stauen, Befestigen durch den Frachtführer während der Obhut

156 In diesen Fällen fehlt es an der Voraussetzung des Art. 17 Abs. 4c, daß der Absender, Empfänger oder ein für diese handelnder Dritter verladen hat; daher kommt eine Haftungsfreiheit nicht in Betracht.[479] Auch sachlich ist die Nichtanwendbarkeit von Art. 17 Abs. 4 berechtigt, da Haftender (Art. 17 Abs. 1) und Handelnder (Art. 17 Abs. 4c) identisch sind und Art. 17 Abs. 4c hier keinen Sinn erbringt.

Dritten siehe Rdn. 153. Siehe auch OLG Saarbrücken vom 23. 8. 1985, TranspR **1985** 392, 393 f.

474 „Personnes agissant pour le compte de expéditeur ou du destinataire"; „persons acting in behalf of the sender or the consignee".

475 Art. 3 ist auf Absender und Empfänger nicht anzuwenden; siehe Art. 3 Rdn. 4.

476 Siehe zu diesen Tätigkeiten Rdn. 144, 146 ff.

477 **A. A.** B CA Antwerpen vom 13. 2. 1985, ETR **1986** 183, 185 f.

478 Siehe Rdn. 106 ff.

479 Siehe Rdn. 144 f; OLG Hamm vom 3. 4. 1981, VersR **1981** 1148, 1149; inkonsequent B TribCom Antwerpen vom 6. 9. 1974, ETR **1975** 253, 257 f (kein Beweis des Ladens durch den Absender); insoweit zutreffend *Koller*[4] Rdn. 41.

bb) Vertragsgemäßes Entladen durch den Frachtführer

157 In diesen Fällen liegt die Voraussetzung des Entladens durch Absender, Empfänger oder einen für diese handelnden Dritten nicht vor; die Obhut geht erst mit Vollzug der Entladung (Ablieferung) auf den Empfänger über.[480] Für diese Fälle gilt das gleiche wie für das Verladen durch den Frachtführer. Der Frachtführer hat sich für Schäden, die durch seine Entladetätigkeit entstehen, zu entlasten;[481] zur Mithilfe des Empfängers oder seiner Leute siehe Rdn. 161 ff. Daß der Frachtführer zu entladen hat, ist eine Ausnahme, die klar vereinbart werden muß.[482]

cc) Ladearbeiten im Pflichtenkreis des Vertragsgegners

158 Führen die Parteien (oder Dritte in deren Auftrag) Lade-, Stau-, Befestigungs- oder Entladearbeiten ganz oder teilweise aus, die nach dem Frachtvertrag an sich in den **Pflichtenkreis des Vertragsgegners** fallen, bereitet dies in der Gerichtspraxis von jeher besondere Schwierigkeiten.

dd) Einfluß der Ladeverpflichtung

(1) Verpflichteter

159 a) **Wer zur Ausführung der Ladearbeiten verpflichtet war**, ist nach Art. 17 Abs. 4c für die Haftungsbefreiung grundsätzlich irrelevant; siehe Rdn. 147. Auch die Verletzung einer Pflicht (z. B. einer vertraglichen Schutz- oder Treuepflicht oder einer allgemeinen – auch öffentlich-rechtlichen – Rechtspflicht) **des Frachtführers zu Sicherungsmaßnahmen** schließt die Haftungsbefreiung nach Art. 17 Abs. 4c nicht aus.[483] Für die Haftungsbefreiung kommt es alleine darauf an, ob der Frachtführer und seine Leute bei den betreffenden Tätigkeiten für Absender oder Empfänger gehandelt haben (siehe Rdn. 144 f) und ihre Fehler daher dem Absender oder Empfänger zuzurechnen sind. Insoweit können dann doch die von den Parteien übernommenen Pflichten von Bedeutung sein; siehe Rdn. 163, 165. Soweit der Frachtführer die Arbeiten nur als „Gefälligkeit" übernommen hat, ist zu berücksichtigen, daß er auch in diesem Falle an die Sorgfaltspflichten aus dem Frachtvertrag gebunden ist, also nicht im rechtsleeren Raum handelt.[484] Im übrigen wird in vielen Fällen eine Vereinbarung der Parteien vorliegen, z. B. wenn die Mitwirkung technisch erforderlich ist.[485] Daraus kann zumindest eine Schadensteilung gem. Art. 17 Abs. 5 erwachsen; siehe Rdn. 76, 236.

160 b) Es kann entscheidend sein, wer bei den Arbeiten die **Oberaufsicht** hat (wer die Herrschaft über den Verladevorgang hat). Dies ist primär eine fallbezogene tatsächliche Frage; entscheidend ist etwa, wer die Anweisungen gegeben hat. Ist Personal bei-

---

480 Zutreffend B CA Gent vom 20. 11. 1975, ETR **1976** 231, 236.

481 B TribCom Antwerpen vom 29. 3. 1977, ETR **1977** 293, 296 f.

482 LG Köln vom 24. 9. 1993, TranspR **1994** 114, 116; AG Bonn vom 14. 9. 2000, TranspR **2000** 466 (Ist der Frachtführer nicht zum Abladen des Gutes verpflichtet, so stellt die Mithilfe des Fahrers nur eine Gefälligkeit dar; er ist insoweit nicht Erfüllungsgehilfe des Frachtführers). Siehe zur Entladepflicht allgemein Rdn. 194 f; zur Kostentragung für die Entladung siehe Art. 16 Rdn. 17.

483 BGH vom 28. 3. 1985, NJW **1985** 2092 f = TranspR **1985** 261, 263 f = VersR **1985** 754, 756 = ETR **1986** 174 ff; vom 24. 9. 1987, TranspR **1988** 108, 109 f = VersR **1988** 244 ff.

484 Siehe auch Rdn. 165 f.

485 Etwa bei Entladung von Baustoffen durch den bordeigenen Kran auf Baustellen oder bei Füllen des Empfängertanks durch die bordeigene Pumpe; umgekehrt auch beim Laden mit diesen Hilfsmitteln. Siehe § 429 HGBaF Rdn. 90; MüKo/*Basedow* Rdn. 67.

der Parteien beteiligt, dann ist die frachtvertragliche Zuweisung der Ladepflicht ein starkes Indiz für die Oberaufsicht.

161 c) Hat **Personal des Frachtführers unter der Oberaufsicht des Absenders oder Empfängers** tatsächlich Verladetätigkeiten ausgeführt, ist im Rahmen des Art. 17 Abs. 4 c dessen Verhalten dem Absender oder Empfänger zuzurechnen.[486] Die Heranziehung des Frachtführers oder seines Personals zu diesen Tätigkeiten ist also Risiko des Absenders oder Empfängers. Dies schließt nicht aus, daß der Frachtführer sich das Verschulden seiner Leute nach Art. 17 Abs. 5 wegen Verstoßes gegen allgemeine Vertragspflichten zurechnen lassen muß. Denn auch bei solchen Tätigkeiten muß er die allgemeinen Sorgfaltspflichten beachten. Liegt ein solcher Pflichtverstoß vor, dann ist dies im Rahmen des Art. 17 Abs. 5 zu berücksichtigen oder kann auch zum Verlust der Haftungsbefreiung führen.[487] Angesichts der bestehenden Vertragsbindung brauchen nicht mit *Koller*[4] Rdn. 45 Verhaltenspflichten aus vorangegangenem Tun bemüht zu werden.

(2) Mithilfetätigkeit des Fahrers oder anderen Personals des Frachtführers

162 a) Die **sogenannte Mithilfetätigkeit des Fahrers** oder anderen Personals des Frachtführers bei Ladepflicht des Absenders oder Empfängers wird in der Praxis zu Recht meist als für den Frachtführer unschädlich angesehen; Fehler seines Personals schließen danach die Haftungsbefreiung nicht aus.[488] Allerdings ist damit noch nichts über die weiteren Auswirkungen der Mithilfe ausgesagt.

163 b) **Handeln diese Personen im Rahmen von Pflichten des Frachtführers** (Mitwirkungs- oder anderer Nebenleistungs- oder Schutzpflicht), ist ihr Verhalten dem Frachtführer nach Art. 17 Abs. 5 als Mitverursachung anzurechnen. Hierhin gehört ein Fall des OLG Koblenz:[489] Ein Fahrer hatte nach Rückfrage beim Frachtführer Gurte gekauft und die vom Absender verladenen Triebwerke falsch festgezurrt. Das Gericht lehnte die Haftungsbefreiung nach Art. 17 Abs. 4 c ab, versäumte aber, Art. 17 Abs. 5 zu prüfen. Im übrigen kann es auch zu Schadenersatzpflichten des Frachtführers gegenüber Absender oder Empfänger, etwa aus unerlaubter Handlung oder positiver Vertragsverletzung[490] kommen. Wendet der Fahrer das Fahrzeug, weil sonst das Gut nur zur Hälfte entladen werden kann, handelt er noch zur Erfüllung der Transportpflicht des Frachtführers des noch nicht entladenen Gutes.[491]

164 c) Sind diese Personen ohne Auftrag des Frachtführers **wirklich freiwillig** bei Lade- und Stauarbeiten tätig geworden, haftet er nicht für sie; siehe Rdn. 166.

ee) Mitwirkung bei vom Frachtführer geschuldeter Tätigkeit: Absender, Empfänger

165 Umgekehrt ist auch die Mitwirkung von Absender oder Empfänger oder von für diese handelnden Personen bei vom Frachtführer geschuldeter Lade-, Stau-, und Be-

---

486 *Loewe*, ETR **1976** S. 559; *Koller*[4] Rdn. 41 und DB **1988** 589; die Rechtsprechung des A OGH stellt – allerdings bei der Begründung von Kontrollpflichten des Frachtführers – darauf ab, wer „Herr des Verladevorgangs" war; A OGH vom 25. 9. 1968, ETR **1973** 309, 316 ff = HS 6509/38 S. 334; vom 21. 2. 1985, VersR **1985** 559 f = SZ **58** 28 S. 141.

487 So B TribCom Brüssel vom 26. 10. 1972, ETR **1973** 516, 524 (Frachtführer darf auch auf Anweisung des Absenders nicht fehlerhaft verladen, sondern muß dies oder die Beförderung überhaupt verweigern).

488 OLG Hamm vom 19. 2. 1973, VersR **1974** 28 ff = NJW **1973** 2163 f; A OGH vom 3. 7. 1985, TranspR **1987** 374, 377.

489 Vom 6. 10. 1989, TranspR **1991** 93, 95 = RIW **1990** 931, 933.

490 OLG Düsseldorf vom 27. 11. 1986, TranspR **1987** 23, 24 = VersR **1987** 712.

491 LG Hamburg vom 26. 10. 1994, TranspR **1995** 293 f; siehe dazu auch Rdn. 20, 22.

festigungstätigkeit[492] – zumindest zu dessen Unterstützung – ein normaler Vorgang. Denn die Ausführung des Frachtvertrags ist häufig von kleineren oder größeren Mithilfen abhängig. Es widerspricht dem modernen schuldrechtlichen Denken, in solchen Fällen verantwortungsfreie Räume zu schaffen[493] und den Beteiligten starre Risiken zuzuweisen. Ist der Schaden während des Obhutszeitraums entstanden, so daß eine Haftung des Frachtführers gem. Art. 17 Abs. 1 begründet ist, bedeutet in aller Regel auch die Mithilfe des Absenders oder Empfängers oder seiner Leute keine eigene Ladetätigkeit; die Oberaufsicht bleibt vertragsgemäß beim Frachtführer. Die Haftungsbefreiung nach Art. 17 Abs. 4c CMR kann dann nicht eingreifen; siehe Rdn. 160 ff. Allerdings können Absender oder Empfänger dem Frachtführer aus positiver Vertragsverletzung haften,[494] wenn die Mithilfe im Rahmen ihrer vertraglichen Nebenpflichten erfolgte; selbstverständlich bei Einweisungen des Fahrzeugs oder beim Beschaffen notwendiger Verladehilfsmittel. Dabei ist davon auszugehen, daß jede solche geldwerte Tätigkeit im kaufmännischen Bereich in der Regel nicht nur „gefälligkeitshalber", also außerhalb der Vertragsordnung ohne jede rechtliche Bindung, erfolgt,[495] Sorgfaltspflichten also auch bei sogenannten Gefälligkeiten bestehen. In diesen Fällen ist kein eigenes Interesse des Tätigwerdenden ersichtlicher Grund für das Handeln. Insbesondere muß man davon ausgehen, daß er im Interesse des Absenders oder Empfängers tätig wird, wenn dieser das Verhalten billigt oder es in früheren Fällen gebilligt hat oder wenn es üblich ist.[496]

ff) Wirklich freiwillige Mitwirkung

Wirkt Personal des Absenders oder Empfängers wirklich „freiwillig" (ohne dessen Auftrag oder Billigung) bei Ladetätigkeiten des Frachtführers mit, kommt eine Haftung von Absender oder Empfänger für diese Handlungen nicht in Betracht. Eventuell kann das Personal dem Geschädigten aus unerlaubter Handlung oder aus Auftrag unmittelbar haften. Handelt es sich jedoch um Schlechterfüllung von Nebenpflichten des Absenders oder Empfängers, muß sich der Geschädigte das Verschulden des Personals seiner Seite als Mitverschulden anrechnen lassen; siehe Rdn. 234, 164. **166**

c) Fallgruppen

aa) Laden

(1) Ungeeignetes Fahrzeug

Verladen auf ungeeignetes Fahrzeug ist Verladefehler des Absenders,[497] siehe **167**
Rdn. 138.

---

492 Siehe hierzu Rdn. 165 f, 192 ff.

493 Wie dies zur tariflichen Eigenart der KVO sowie des Eisenbahnrechts begründet wurde; zutreffend *de la Motte* TranspR **1988** 364 f, der mit Recht auf die KVO als ursprünglichen Grund für diese Auffassung hinweist. Siehe auch Rdn. 159.

494 Siehe Rdn. 274.

495 *Thume/Thume* Rdn. 165 *de la Motte* TranspR **1988** 364 f; **a. A.** *Koller*[4] Rdn. 41, der meint, der Absender wolle nur als Gehilfe des Empfängers tätig werden; wohl auch *Heuer* VersR **1988** 312, 315; *Baumgärtel/Giemulla* Art. 18–20 Rdn. 30, siehe auch Rdn. 159.

496 Eine Haftung der handelnden Personen unmittelbar gegenüber dem Geschädigten aus unerlaubter Handlung oder gegenüber dem Frachtführer aus den zwischen ihnen bestehenden Rechtsbeziehungen kommt freilich in Betracht.

497 I. E. richtig OLG Hamburg vom 19. 12. 1985, TranspR **1986** 146, 147 = VersR **1986** 261, 262, allerdings mit § 254 BGB statt mit Art. 17 Abs. 4c CMR begründet; zurückverwiesen durch BGH vom 14. 3. 1985, TranspR **1985** 335 ff = VersR **1985** 753 f (Haselnüsse in Jutesäcken auf ein sichtbar ungereinigtes Fahrzeug); siehe Rdn. 138.

(2) Witterungseinflüsse

168 **Witterungseinflüsse beim Verladen:** Werden feuchtigkeitsempfindliche Güter beim Verladen naß, so gehört dies, wenn der Absender verlädt, in dessen Risiko nach Abs. 4 c.[498]

(3) Ladehöhe

169 Das Verladen eines zu hohen Geräts auf dem Fahrzeug ist in der Regel Verladefehler i. S. von Art. 17 Abs. 4 c;[499] keiner aber, wenn der Frachtführer die zu große Höhe nach den Umständen erkennen und die Durchfahrt unter einer zu niedrigen Brücke vermeiden konnte;[500] auch nicht die Verlagerung des Schwerpunktes eines Fahrzeugs bei sonst sorgfältigem Verladen.[501]

(4) Befestigung auf dem Fahrzeug

170 Befestigen auf dem Fahrzeug: Die Beförderung über weite und schlechte Straßenstrecken erfordert besondere Maßnahmen der Stauung: z. B. extrem sichere Befestigung;[502] Verzurren schwerer Stahlcoils.[503] Fällt eine Blechrolle wegen fehlerhafter Befestigung auf einem Fahrzeug durch den Absender um, so liegt an sich ein Haftungsbefreiungsgrund nach Art. 17 Abs. 4 c vor; **Weiterfahren** nach provisorischer Korrektur des Ladefehlers kann haftungsbegründendes Mitverschulden begründen.[504]

(5) Abstützung

171 Vor allem bruchgefährdete Güter können beim Verrutschen auf dem Fahrzeug erheblichen Schaden nehmen. Sie müssen auf dem Fahrzeug abgestützt werden.[505] Dies gilt auch für Maschinen, vor allem wegen ihres Gewichts und der Gefahr des Kippens oder Herunterfallens. Siehe dazu auch Rdn. 175.

bb) Stauen

172 **Stauen:** Das Stauen ist **abhängig von der vom Absender gewählten Verpackung,** muß also dieser entsprechend sorgfältig erfolgen;[506] bei falscher Stauung von Fässern ändert die **Billigung des Fahrers** nichts an Haftungsfreiheit;[507] werden Steigen mit Pfirsichen nicht **satt gestaut**, liegt ein Staufehler nach Art. 17 IV c vor;[508] für **vom**

498 Insoweit zutreffend B TribCom Antwerpen vom 6. 9. 1974, ETR **1975** 253, 256 f.

499 BGH vom 27. 10. 1978, VersR **1979** 417 f.

500 A OGH vom 17. 11. 1986, TranspR **1987** 427, 429 = öRdW **1987** 410 f; B CA Brüssel vom 12. 3. 1969, ETR **1969** 931 ff gewährt keine Haftungsbefreiung für zu hohes Laden einer Spiegelglasladung, weil der Frachtführer die Durchfahrtshöhe wegen einer Brücke hätte kontrollieren müssen; dazu Rdn. 169 ff.

501 A OGH vom 28. 6. 1988, TranspR **1989** 222, 225 = VersR **1989** 980 f.

502 OLG Hamburg vom 18. 12. 1986, TranspR **1987** 434, 435 = VersR **1987** 1132 f (unverpackte, empfindliche Schaltschränke von Hamburg nach Saudi-Arabien).

503 OLG Düsseldorf vom 21. 4. 1994, TranspR **1995** 347 ff = NJW RR **1994** 1253 ff (Mitverschulden des Fahrers in einer Kurve).

504 OLG Saarbrücken vom 21. 11. 1974, VersR **1976** 267 ff = NJW **1975** 500 f (Fahrer nach dem Wiederaufrichten einer umgefallenen Blechrolle weitergefahren).

505 OLG Saarbrücken vom 23. 8. 1985, TranspR **1985** 392, 393 f (Marmorfliesen auf Paletten so verladen, daß sie im Fahrzeug rutschen können, auf Anordnung mit Wissen des Fahrers, aber Schadensteilung nach Art. 17 Abs. 5); B TribCom Namur vom 22. 7. 1965, ETR **1966** 133, 136 und **1969** 1039, 1042 (Flachglas, Abstützung mit einer Holzlatte von 4 cm Stärke reicht nicht aus).

506 B CA Antwerpen vom 8. 10. 1986, ETR **1987** 436, 441; siehe auch Rdn. 120 ff.

507 OLG Hamburg vom 14. 12. 1978 VersR **1980** 584.

508 OLG München vom 27. 11. 1968, ETR **1971** 115 ff (jedoch nach Art. 29 keine Geltendmachung des Haftungsausschlusses, weil **der**

Absender mangelhaft gestaute Paletten mit in Säcken verpacktem Ruß haftet der Frachtführer nicht;[509] bei **Umladung**[510] offenbar mangelhaft verladener Marmorplatten entfällt die Berufung auf Art. 17 Abs. 4c; Stauung wasserempfindlicher Tapeten bis zur **Berührung mit der Plane** kann haftungsbefreiende Fehlverladung sein.[511] **Erkennt der Fahrer die Fehlerhaftigkeit der Stauung,** muß er alle Maßnahmen treffen, um Gefahren vom Gut abzuwenden, zumindest die zuständige Person warnen.[512]

cc) Besondere Güter

(1) Kühlgut

173 **Das Verladen von Tiefkühlgut** wirft häufig besondere Probleme auf. Entscheidend ist, daß das Gut entsprechend den Verhältnissen des Kühlfahrzeugs so verladen werden muß, daß die Kühlanlage[513] einwandfrei arbeiten kann. Dazu ist vor allem die Zirkulation der Kaltluft im Fahrzeug erforderlich. Von dessen Außenflächen muß daher beim Verladen (durch Abstandshalter) ein ausreichender Abstand gewahrt und durch richtige Stauung auch gegen auf die Ladung einwirkende Kräfte während des Transports gesichert werden. Auch zwischen dem Gut muß gegebenenfalls eine Luftzirkulation gesichert werden, siehe Rdn. 211.

174 **Praktische Fälle zur Kühlgutverladung:** Zu enge Verladung von Schweinefleisch ist alleine dem Absender zuzurechnen,[514] auch wenn der Fahrer geholfen hat, die Türen des Wagens durch Zurückstoßen gegen eine Mauer gewaltsam zu schließen.[515] Der verladende Absender muß zur Ermöglichung der Kaltluftzirkulation Abstandshalter anbringen und nicht ohne Paletten auf den Fahrzeugboden stauen.[516]

(2) Maschinen

175 Maschinen bedürfen schon im Hinblick auf ihr Gewicht und ihre Empfindlichkeit einer sehr soliden Befestigung auf dem Fahrzeug. Werden sie vom Absender verladen und ohne ausreichende Abstützung gestaut, kann sich der Frachtführer auf Art. 17 Abs. IVc berufen; er braucht keine Abstützung vorzunehmen. Bei mangelhafter Befestigung einer vom Absender zu verladenden Maschine auf dem Fahrzeug keine Haftung des Frachtführers. Keine Haftung bei Abrutschen einer Maschine von Befestigungsblöcken.[517] Zur unzureichenden Kontrolle durch den Frachtführer siehe Rdn. 181 ff; zur Stauung durch den Frachtführer siehe Rdn. 185 f.

Fahrer die Schadensmöglichkeit erkannt und es beim Hinweis an die griechischen Verladearbeiter belassen hatte).

509 OLG Köln vom 5. 2. 1975, VersR **1975** 709 f.

510 Zum Aufnehmen einer Beiladung, OLG Köln vom 2. 2. 1972, VersR **1972** 77.

511 OLG Düsseldorf vom 13. 1. 1972, VersR **1973** 178 f (doch tritt die Haftungsbefreiung nicht ein, wenn das Gut später wegen **Beiladung vom Frachtführer umgeladen** worden ist, da dann der Nachweis fehlerhafter Verladung nicht geführt ist). Siehe auch Rdn. 172.

512 OLG München vom 28. 7. 1995, TranspR **1996** 240, 241; *Koller*[4] Rdn. 44.

513 Zur Kühlanlage siehe Rdn. 211 ff.

514 OLG Hamm vom 18. 10. 1984, TranspR **1985** 107, 109.

515 OLG Hamm vom 19. 2. 1973, VersR **1974** 28 ff; allerdings wäre richtigerweise das Mitverschulden des Fahrers gem. Art. 17 Abs. 5 anzurechnen.

516 OLG Hamburg vom 21. 2. 1985, TranspR **1985** 400, 401; ähnlich OLG Hamm vom 15. 3. 1990, VersR **1991** 360 f (aber Schadensteilung nach Art. 17 Abs. 5 wegen Einsatz vertragswidrigen Fahrzeugs); A OGH vom 21. 2. 1985, VersR **1985** 559 f = SZ **58** 28 S. 141; OLG München vom 27. 6. 1979, VersR **1980** 241 f (Verderb von Himbeeren wegen Beschädigung der Kühlanlage; siehe auch Rdn. 191).

517 OLG Hamm vom 4. 11. 1971, VersR **1973** 911, 912; ähnlich B TribCom Antwerpen vom 4. 3. 1969, ETR **1969** 1030 ff; NL Hof 's Gravenhage vom 19. 12. 1973, ETR **1974** 319, 328 f.

(3) Zusammenverladen unterschiedlicher Güter

176 Besonders Lebensmittel können durch Zusammenverladen mit geruchsaktiven, wärmeentwickelnden[518] oder giftigen Stoffen geschädigt werden. Eine Zusammenverladung ist vielfach auch nach Gefahrgutrecht nicht zulässig oder die Stoffe sind als Gefahrgut besonders zu behandeln. Dies gilt auch für selbstentzündliche Stoffe, zu denen unter anderem gärungsgefährdete Materialien gehören, siehe dazu Art. 22, besonders zur Aufklärungspflicht des Absenders Rdn. 5 ff.

d) Nebenpflichtverletzungen des Frachtführers bei Verladefehlern; Schadensteilung

177 Nebenpflichtverletzungen des Frachtführers (vor allem die Kontrollpflicht der Absenderverladung – fallbedingt – oder nach französischem und belgischem Recht allgemein)[519] führen zur Schadensteilung nach Art. 17 Abs. 5,[520] wenn sie die Haftung nicht ausnahmsweise (als alternative Ursachen die Enthaftung nach Art. 17 Abs. 4) gänzlich ausschließen; siehe Rdn. 111 f. Zur Ermittlung der in Art. 17 Abs. 5 zu berücksichtigenden Nebenpflichten nach der CMR oder ergänzend anzuwendendem deutschen Recht siehe Rdn. 236. Von besonderer praktischer Bedeutung sind die folgenden einzelnen Nebenpflichten:

aa) Anweisungen, Ratschläge des Frachtführers oder Fahrers

178 Schadenskausale Handlungen insbesondere des Fahrers können auch darin bestehen, daß er für die Verladung **Anweisungen oder Ratschläge** über das Verladen, die Verteilung des Gutes und das Stauen auf dem Lastzug gibt, die zu Schäden führen.

179 Nach Auffassung des A OGH **können Anweisungen des Frachtführers oder seines Fahrers diesen zum „Herrn des Verladevorgangs" machen** und kann die Haftungsfreiheit i. S. d. Art. 17 Abs. 4c dadurch ausgeschlossen sein.[521] Dem ist nur zuzustimmen, wenn im betreffenden Fall Gründe bestanden, warum die Oberaufsicht beim Frachtführer lag; siehe Rdn. 160 f, 165. Ansonsten bleibt es auch in solchen Fällen bei der Verladung durch den Absender, soweit dessen Personal sie tatsächlich durchgeführt hat. Jedoch kann nach Art. 17 Abs. 5 die Haftungsbefreiung teilweise, eventuell auch ganz, entfallen; siehe Rdn. 236, 241 ff.

bb) Billigung der Stauung durch den Fahrer

180 **Daß der Fahrer die unsachgemäße Stauung gebilligt hat**, ändert – zumindest im Regelfall – nichts an der Haftungsbefreiung.[522] Geht die falsche Verladung auf Anweisungen des Fahrers zurück, besagt dies daher grundsätzlich nichts zur Anwendbarkeit von Art. 17 Abs. 4c CMR, kann aber im Rahmen der allgemeinen Rechtspflichten des Frachtführers diesem gemäß Art. 17 Abs. 5 zugerechnet werden.[523]

---

[518] Sellerie strahlt Wärme aus und darf nicht mit anderem Gemüse zusammen verladen werden: B CA Brüssel vom 17. 12. 1984, ETR **1985** 354, 358 f.

[519] Siehe Rdn. 181 f, 241 ff.

[520] Siehe Rdn. 229 ff, 235.

[521] Urt. vom 21. 2. 1985, VersR **1985** 559 f = SZ 58 28 S. 141; A OGH vom 13. 7. 1994, TranspR **1995** 285, 286.

[522] OLG Hamburg vom 14. 12. 1978 VersR **1980** 584 f.

[523] BGH vom 24. 9. 1987, TranspR **1988** 108, 109 = VersR **1988** 244 ff.

cc) Kontrolle der Verladung durch Frachtführer

181 Eine **Pflicht zur Kontrolle** der Absenderverladung, teilweise auch zur Stauung und Befestigung auf dem Fahrzeug, trifft den Frachtführer grundsätzlich nicht.[524] In Art. 8 Abs. 1 ist sie – abweichend zur Kontrolle der Verpackung – nicht vorgesehen; eine Analogie ist abzulehnen.[525] Unter besonderen Voraussetzungen kann eine Nebenpflicht zur Kontrolle oder zu schadensverhindernden Maßnahmen aber bejaht werden.[526] Entgegengesetzt bejaht die französische und belgische Rechtsprechung[527] in weitem Umfang Kontrollpflichten des Frachtführers vor allem für Verladung, Stauung und Befestigung. In der Sache nähert sich freilich die deutsche Rechtsprechung durch Entwicklung von Nebenpflichten dem an.[528]

182 Die CMR regelte die Ladepflicht bewußt nicht, sondern überläßt ihre Bestimmung den Vertragsparteien. Die deutsche Rechtsprechung unterschied schon bisher zwischen der Pflicht zur beförderungssicheren Verladung, die bei Fehlen besonderer Vereinbarungen den Absender traf, und der Pflicht zur betriebssicheren Verladung, die dem Frachtführer obliegt.[529] Nunmehr trifft die Lade- und Entladepflicht nach § 412 HGBnF im Zweifel den Absender.[530] Damit klärt das neue deutsche Frachtrecht nur

---

524 OLG Düsseldorf vom 1.6.1995, TranspR **1996** 109.
Anders die französische Rechtsprechung, die den Frachtführer zu „arrimage“ und „calage“ verpflichtet und ihn für Fehler ausschließlich haften läßt: F CA Paris vom 27.2.1970, BT **1970** 111 f; F CA Paris vom 27.5.1986, BT **1986** 676 ff; siehe auch Rdn. 148.

525 Für Deutschland und Österreich ganz h.M.: *Koller*[4] Rdn. 42; *Heuer* 101; BGH vom 24.9.1987, TranspR **1988** 108, 109 = VersR **1988** 244 ff; OLG Saarbrücken vom 21.11.1974, NJW **1975** 500 = VersR **1976** 267, 268; OLG Düsseldorf vom 13.12.1979 VersR **1980** 286 f; OLG Stuttgart vom 16. 1. 1980, VersR **1980** 979, 980; OLG Düsseldorf vom 25.3.1993, TranspR **1994** 439 ff; A OGH vom 8.10.1984, TranspR **1985** 103, 105 = VersR **1985** 795 f = SZ **57** Nr. 150, S. 744 = *Greiter* 239 ff; Kontrollpflicht aber, wenn er „Herr des Verladevorgangs“ ist: A OGH vom 21.2.1985, VersR **1985** 559 f = SZ **58** 28 S. 141. Siehe grundsätzlich Art. 8 Rdn. 11 und Art. 17 Rdn. 241 f, 177 ff.

526 Siehe Rdn. 174, 169, 183 ff, 241 ff.

527 F Cass vom 4.2.1970, ETR **1970** 690, 695 f (Stauen durch Spezialbeförderer für schwere Maschinen, internes franz. Recht); F Cass vom 3. 5. 1976, ETR **1978** 106, 108 f = BT **1976** 317; F Cass vom 14. 6. 1976, BT **1976** 342 (Umfallen nicht befestigter Schränke); F Cass vom 23.2.1982, ETR **1983** 19, 23 = BT **1982** 285 (Nichtbemerken der Absenderverladung ohne Abstandshalter, war aber nicht grob fahrlässig im Sinne von Art. 32 CMR); F Cass vom 14. 6. 1976, BT **1976** 342; F CA Colmar vom 10.7.1970, BT **1970** 358, 359; F CA Paris vom 29.2.1972, BT **1972** 269; F TribCom Corbeil-Essones vom 18.4.1969, ETR **1969** 988, 992; F CA Paris vom 16.5.1969, ETR **1969** 986, 903 f; F CA Paris vom 22.6.1982, BT **1981** 432 f; F CA Pau vom 16.12.1987, BT **1988** 653 f; F CA Lyon vom 21.10.1976, BT **1976** 534–535 = BT **1977** 110 f; F CA Nîmes vom 5.11.1980, BT **1980** 600, 602 (schlechte Stauung durch Absender, aber Frachtführer hatte besonders hohe Erfahrung mit russischen Straßen); grundsätzlich auch F CA Paris vom 3.11.1970, ETR **1971** 264, 271 (allerdings wegen besonderer Vereinbarungen nicht haftungsbegründend).
B TribCom Antwerpen vom 7.3.1980, ETR **1981** 466, 474 (schwere Güter; grundsätzliche Unterscheidung zwischen Laden einerseits und Stauen und Befestigen andererseits); B TribCom Löwen vom 5.4.1988, ETR **1988** 493, 496; B CA Brüssel vom 12.3.1969, ETR **1969** 931 ff (zu hohes Verladen von Spiegelglas). Ablehnend für eine kleine schwere Kiste, für die eine besondere Stauung oder Befestigung nicht erforderlich ist: B CA Brüssel vom 23.12.1971, ETR **1972** 865, 869 f. Siehe auch Rdn. 240 und Art. 8 Rdn. 11.

528 Siehe Rdn. 241 und 148; zur französischen Rechtsprechung siehe auch *Silingardi* S. 176 f.

529 BGH vom 24. 9. 1987, TranspR **1988** 108, 109 = VersR **1988** 244 ff. So im Ergebnis auch *Koller*[4] Rdn. 43. **A.A.** OLG Stuttgart vom 16.1.1980, VersR **1980** 979, 980; OLG Saarbrücken vom 23. 8. 1985, TranspR **1985** 392, 394; *Loewe*, ETR **1976** S. 558. Der A OGH vom 29.4.1982, TranspR **1984** 105 = *Greiter* 151, 153 nimmt eine Pflicht zur Prüfung der Betriebssicherheit aufgrund allgemeiner Überlegungen je nach den Vereinbarungen und Umständen des Falles an; gegen eine Berücksichtigung der mangelnden Betriebssicherheit bei Verladung durch einen erfahrenen Spediteur OLG Wien vom 8.11.1990, TranspR **1991** 100, 103. Siehe auch Art. 1 Rdn. 87 ff.

530 Der Gesetzesvorschlag ging davon aus, daß die Entladung durch den Empfänger als Erfüllungsgehilfen des Absenders erfolgt. Die RegBegr zu § 422, BRDrucks. 368/97 S. 39 f begründet die

den Text der CMR, siehe Rdn. 193, 241. Der Rechtsprechung des BGH ist daher zuzustimmen.[531] Zur Kontrolle der Kühlgutverladung siehe auch Rdn. 181.

dd) Bemerken von Verladungsfehlern

183 **Hat jedoch der Fahrer die schadensträchtige Verladung bemerkt**, ist er zu Maßnahmen verpflichtet:[532] In Betracht kommt vor allem die Information oder Weisungseinholung beim Absender;[533] notfalls die Weigerung, **abzufahren**[534] **oder weiterzufahren.** Die Verletzung dieser Pflichten ist jedenfalls **nach Art. 17 Abs. 5 zu berücksichtigen.**[535] In der Praxis wird dies gelegentlich übersehen.[536] Eine Überprüfungspflicht bei einer die Kühlanlage beeinträchtigenden Fehlverladung kann sich ferner aus Art. 18 Abs. 4 ergeben.[537] Zur sachlich entsprechenden Diskussion über die Prüfungspflicht für Fehlverladung auch Art. 8 Rdn. 11.

ee) Verweigerung von Fahrtantritt oder Fahrtfortsetzung

184 Eine Nebenpflicht des Frachtführers, den Fahrtantritt[538] oder nach Bemerken von schlechter Verpackung oder Verladung die Fahrtfortsetzung[539] zu verweigern, kann je nach Fall aus der allgemeinen Sorgfaltspflicht des Frachtführers abgeleitet werden, solange die Mängel nicht behoben oder eine tatsächlich vorgenommene Kontrolle auch sorgfältig durchgeführt ist.

ff) Pflicht des Frachtführers zum Stauen oder Mitwirkung

185 Ausländische Gerichte erlegen teilweise dem Frachtführer eine Pflicht zur **Vornahme der Stauung**[540] oder zur **Mitwirkung beim Beladen oder Stauen**[541] auf, wobei

---

Regelung mit der Unmöglichkeit der Verpflichtung des Empfängers als Nichtpartei.

531 So im Ergebnis auch *Koller*[4] Rdn. 43, der allerdings eine solche Kontrolle wegen der mittelbaren Folgen für das Gut mit der von ihm vertretenen Anwendung des erhöhten Sorgfaltsmaßstabs des Art. 17 Abs. 2 im Rahmen von Art. 17 Abs. 5 begründen will. Siehe zur Thematik auch Rdn. 193.

532 BGH vom 24. 9. 1987, TranspR **1988** 108, 110 = VersR **1988** 244 ff; OLG Saarbrücken vom 21.11.1974, NJW **1975** 500 = VersR **1976** 267, 268; OLG Düsseldorf vom 18.10.1984, TranspR **1985** 105 ff; OLG Stuttgart vom 16.1.1980, VersR **1980** 979, 980 (allenfalls nach Treu und Glauben, nicht nach Art. 14 CMR); OLG München vom 27. 11. 1968, ETR **1971** 115 ff nimmt sogar grobe Fahrlässigkeit nach Art. 29 CMR an. Der DK Oberste Gerichtshof vom 2.3.1979, ETR **1980** 208, 214 will dem Frachtführer in einem solchen Fall die Berufung auf Art. 17 Abs. 4c ganz verweigern.
Aus der Literatur siehe vor allem *Koller*[4] Rdn. 44 (zu d) und DB **1988** 592.

533 OLG Saarbrücken vom 21.11.1974, NJW **1975** 500 = VersR **1976** 267, 268.

534 F Cass vom 3.5.1976, ETR **1978** 106, 108 f (Abfahrt trotz schlechter Stauung); F Cass vom 23.2.1982, ETR **1983** 19, 22 f = BT **1982** 285 (Abfahren bei Kenntnis zu dichter Verladung im Kühlfahrzeug); B TribCom Charleroi vom 26. 6. 1977, ETR **1977** 776, 783 (Abfahren ohne ausreichende Kontrolle der Stauung). Dagegen wird das Abfahren trotz Bedenken des Fahrers gegen die Betriebssicherheit der Verladung vom A OLG Wien vom 8. 11. 1990, TranspR **1991** 100, 103 dem Frachtführer nicht als Verschulden zugerechnet.

535 Siehe Rdn. 240 ff; zur Bestimmung des Sorgfaltsmaßstabs siehe Rdn. 237; für Verschärfung *Koller*[4] Rdn. 44 (d).

536 Siehe z.B. F CA Paris vom 3.11.1970, ETR **1971** 264, 271.

537 OLG München vom 27.6.1979, VersR **1980** 241 f; siehe dazu Rdn. 211.

538 A OGH vom 25. 9. 1968, ETR **1973** 309, 316 ff = HS 6509/38 S. 334 f; vom 21. 2. 1985, VersR **1985** 559 f = SZ **58** 28 S. 141; B CA Lüttich vom 6.5.1970, ETR **1970** 716, 722 ff (grobe Fahrlässigkeit); F TribCom Corbeil-Essones (Frankreich) vom 18. 4. 1969, ETR **1969** 988, 992.

539 So wohl A OLG Innsbruck vom 2.6.1976, TranspR **1981** 133.

540 F CA Paris vom 16.5.1969, ETR **1969** 986, 903 f.

541 NL Rb Roermond vom 2.1.1969, ETR **1969** 1005, 1009 f (Verpflichtung zum Anbringen von Schotten gegen das Verrutschen schlecht gestauter Ladung).

es dann nicht darauf ankommen soll, wer die Stauarbeiten tatsächlich durchgeführt hat.[542] Daran ist richtig, daß solche Pflichten in Sonderfällen verletzt sein können und dies dann nach Art. 17 Abs. 5 gegen den Verlade- oder Staufehler des Absenders abzuwägen[543] ist. Diese Pflichtverletzungen führen aber nicht automatisch zur alleinigen Haftung des Frachtführers nach Art. 17 Abs. 4 c. Grundsätzlich kann es daher bei Verladefehlern des Absenders und gleichzeitigem Verschulden des Frachtführers zu einer Schadensteilung kommen, bei besonders schwerem Verschulden des Frachtführers sogar zu dessen alleiniger Haftung. Bei sehr schwerem Verschulden des Verladers führt leichtes Verschulden des Fahrers nicht zur Haftung des Frachtführers.[544]

gg) Fahrweise, Anpassung

Der Frachtführer (bzw. sein Fahrer) hat die **Fahrweise** an die Umstände des Transports anzupassen. Häufig werden Schäden an nicht sorgfältig verladenen Gütern durch nicht an die Verladung angepaßtes schnelles Fahren mitverursacht. Eine Nebenpflichtverletzung kann allerdings nur angenommen werden, wenn dem Frachtführer oder Fahrer die für ein schnelles Fahren nicht ausreichende Verladung (oder Verpackung) bekannt ist oder sich geradezu aufdrängen mußte.[545] **186**

hh) Zollbehandlung

Die **Zollbehandlung** an der Grenze ist Nebenpflicht des Frachtführers, wenn keine anderen Vereinbarungen oder Weisungen vorliegen.[546] Dies läßt sich aus der CMR begründen,[547] denn die Haftung für Fehlgebrauch von Zolldokumenten läßt darauf schließen, daß die Verzollung (Benutzung der Dokumente) Pflicht des Frachtführers ist.[548] Es ergibt sich aber auch aus der Natur des Frachtvertrags, der Geschäftsbesorgungsvertrag ist.[549] **187**

Eine Haftung des Frachtführers im Rahmen der Obhutshaftung nach Art. 17 Abs. 1 für die in Art. 17 Abs. 4 c bezeichneten Tätigkeiten kommt nur in Betracht, soweit er und nicht der Absender zu laden oder der Empfänger zu entladen hat; dann hat er im Schadensfall nach Art. 23 Abs. 4 auch die Entladekosten zu erstatten.[550] Fällt nämlich nach dem Frachtvertrag diese Tätigkeit in deren Aufgabenbereich, so liegt sie **188**

---

542 Siehe z. B. A OGH vom 25. 9. 1968, ETR **1973** 309, 316 ff = HS 6509/38 S. 328; vom 15. 10. 1969, HS 7426/21 = *Greiter* 26 ff; jetzt aber ähnlich wie hier A OGH vom 14. 9. 1982, TranspR **1984** 195 = SZ **55** Nr. 123 S. 620 = *Greiter* 174; F Cass vom 3. 5. 1976, ETR **1978** 106, 108 f; B TribCom Charleroi vom 26. 6. 1977, ETR **1977** 776, 783; B CA Lüttich vom 6. 5. 1970, ETR **1970** 716, 722 ff; B TribCom Löwen vom 5. 4. 1988, ETR **1988** 493, 496. Siehe weitere Hinweise bei *Wijffels* ETR **1976** 208 ff; NL Hof Arnheim vom 27. 11. 1973, ETR **1974** 748, 751. Siehe weiter zur Verladung von Kühlgut Rdn. 173 ff.

543 BGH vom 27. 10. 1978, VersR **1979** 417, 418; BGH vom 28. 3. 1985, NJW **1985** 2092 f = TranspR **1985** 261, 264 f = VersR **1985** 754, 756 = ETR **1986** 174 ff; A OGH vom 21. 3. 1977, SZ **50** Nr. 43, S. 200; nicht überzeugend demgegenüber A OGH vom 25. 9. 1968, ETR **1973** 309, 317 = HS 6509/38 S. 334, der wohl alleinige Verantwortung des Frachtführers annimmt; zu Art. 17 Abs. 5 siehe Rdn. 239 ff. Siehe Rdn. 181 und z. B. F Cass vom 4. 10. 1982, BT **1982** 549, 550 (Nichtkontrolle von Kühlgutverladung keine grobe Fahrlässigkeit des Frachtführers nach Art. 32 Abs. 1 CMR).

544 OLG Hamburg vom 14. 12. 1978, VersR **1980** 584; zu Art. 17 Abs. 5 siehe Rdn. 240.

545 Sehr weitgehend NL Hof 's Hertogenbosch vom 21. 12. 1965, ETR **1966** 684 ff.

546 BGH vom 15. 1. 1987, TranspR **1987** 343, 347 = WM **1987** 911, 913; OLG München vom 26. 11. 1997, TranspR **1998** 254–256; *Koller*[4] vor Art. 1 Rdn. 34; *Thume/Schmid* Art. 3 Rdn. 23; *Lamy 98* I Nr. 489, 1525.

547 Argumentum ex Art. 6 Abs. 1 Buchst. j CMR: BGH vom 15. 1. 1987, TranspR **1987** 343, 347 = WM **1987** 911, 913; OLG München vom 26. 11. 1997, TranspR **1998** 254–256; siehe auch Art. 6 Rdn. 21.

548 So behandelt z. B. *Hill/Messent/Glass*[2] S. 79 ff die Frage.

549 § 429 HGBaF Rdn. 103.

550 Siehe Art. 23 Rdn. 24.

regelmäßig vor der Übernahme oder nach der Ablieferung.[551] In diesen Fällen kommt daher allenfalls noch eine Haftung wegen Nebenpflichtverletzungen für Hilfstätigkeiten beim Laden oder Entladen in Betracht.[552]

e) Analogien

aa) Analoge Anwendung von Art. 17 Abs. 4 c

189 Art. 17 Abs. 4 c ist **nicht analog auf Ansprüche aus positiver Vertragsverletzung anzuwenden**, die darauf beruhen, daß der Frachtführer den Transport auf Anweisung des nichtverfügungsberechtigten Empfängers vorzeitig abgebrochen hat.[553]

bb) Analoge Anwendung von Art. 18 Abs. 4 auf Art. 17 Abs. 4 c

190 Eine solche Analogie ist abzulehnen; siehe Art. 18 Rdn. 7.

f) Andere Haftungsprobleme im Zusammenhang mit Ladetätigkeiten

aa) Absenderhaftung für Fahrzeugschäden durch mangelhafte Verladung

191 Wird durch mangelhafte Absenderverladung die Kühlanlage beschädigt und tauen dadurch tiefgefrorene Himbeeren auf, dann führt dies zur Abwägung der Ursachen nach Art. 17 Abs. 5.[554]

bb) Verletzungen der Ladepflicht des Frachtführers

192 Hat der CMR-Frachtführer sich zum Beladen, Entladen, Stauen oder sonstiger Behandlung des Gutes verpflichtet, findet Art. 17 Abs. 4 c regelmäßig auf diese von ihm übernommenen Tätigkeiten keine Anwendung;[555] sie fallen dann in die Obhutszeit des Frachtführers. Insbesondere kann die Verladung auch so organisiert sein, daß die Güter vom Absender auf die Ladefläche gebracht und dann vom Frachtführer verstaut und befestigt werden.[556] Für Schäden durch Fehler bei den übernommenen Tätigkeiten haftet der Frachtführer nach Art. 17 Abs. 1 und 2; siehe Rdn. 76. Die Entscheidung, wann die Obhutszeit beginnt und endet, wird also maßgeblich durch die Ladepflicht bestimmt; siehe § 429 HGBaF Rdn. 49 f, 55 ff. Demnach ist die Frage, wer nach dem Vertrag diese Tätigkeiten schuldet, zwar für Art. 17 Abs. 4 c irrelevant, aber doch für die Haftung nach Art. 17 Abs. 1 von Bedeutung.

193 Die CMR regelt die Ladepflicht bewußt nicht, sondern überläßt ihre Bestimmung – soweit nach nationalem Recht zulässig – den Vertragsparteien.[557] Treffen diese keine Vereinbarung, muß ergänzend auf nationales Recht zurückgegriffen werden.[558] Die deutsche Rechtsprechung unterschied bisher mit zweifelhafter Begründung,[559] aber sachlich richtig zwischen der Pflicht zur beförderungssicheren Verladung, die bei Fehlen beson-

---

551 Zutreffend *Heuer* 100 f; *Koller*[4] Rdn. 41; A OGH vom 3. 7. 1985, TranspR **1987** 374, 377.

552 Siehe dazu Rdn. 165 f und § 429 HGBaF Rdn. 83 ff.

553 OLG Hamm vom 11. 3. 1976, NJW **1976** 2077, 2078.

554 OLG München vom 27. 6. 1979, VersR **1980** 241 f; siehe auch Rdn. 174.

555 Beispiele: B CA Brüssel vom 13. 1. 1972, ETR **1972** 585, 587.

556 Siehe z. B. B CA Lüttich vom 6. 5. 1970, ETR **1970** 716, 722 ff; im französischen Recht wohl der Regelfall: F CA Paris vom 16. 5. 1969, ETR **1969** 986, 903 f. So geregelt in § 6 AGNB, Anh. III/1 nach § 452 HGBaF. Rechtsprechung zur Haftung des Frachtführers für fehlerhaftes Laden, Stauen oder Befestigen: B CA Brüssel vom 21. 1. 1987, ETR **1987** 745 ff = ETR **1988** 209 ff.

557 So zum Beispiel in Deutschland (§ 412 HGBnF), Österreich, Belgien; *Clarke*[2] Nr. 28.

558 *Koller*[4] vor Art. 1 Rdn. 8; *Clarke*[2] Nr. 28; *Hill/Messent/Glass*[2] S. 136; *Thume/Thume* Rdn. 36; MüKo/*Basedow* Rdn. 19, Rdn. 65.

559 Ergänzende Anwendung von § 17 Abs. 1 S. 1 KVO.

derer Vereinbarungen den Absender traf,[560] und der Pflicht zur betriebssicheren Verladung, die dem Frachtführer obliegt.[561] Nunmehr trifft die Lade- und Entladepflicht nach § 412 HGBnF im Zweifel den Absender.[562] Da der Gedanke der grundsätzlichen Verantwortung des Frachtführers für die Betriebssicherheit des Fahrzeugs auch in Art. 17 Abs. 3 CMR angelegt und im Rahmen der Abwägung nach Art. 17 Abs. 5 zu berücksichtigen ist, klärt das neue deutsche Frachtrecht nur auf zutreffende Weise den Text der CMR. Der Rechtsprechung des BGH ist daher im Ergebnis zuzustimmen.

Auch die Entladepflicht ist in der CMR nicht geregelt.[563] Da die KVO ebenfalls **194** keine gesetzliche Regelung enthielt, konnte auf die sachlichen Gründe der Rechtsprechung für eine abweichende Entladepflicht des Frachtführers auch im Bereich der CMR zurückgegriffen werden. Also mußte aus dem Frachtvertrag ermittelt werden, wer zu entladen hatte. Im Zweifel war dies der Empfänger.[564] Doch konnte sich aufgrund besonderer Vereinbarung oder auch aus der Auslegung des Frachtvertrags nach Sachzwängen ergeben, daß ausnahmsweise der Frachtführer zum Entladen verpflichtet war.[565] Mit der Neuregelung des deutschen Transportrechts ist allerdings auch hierfür eine Regelung getroffen worden: Grundsätzlich trifft die Pflicht den Absender. Damit hat der Gesetzgeber der Problematik Rechnung getragen, daß der Empfänger als am Vertrag nicht beteiligter Dritter nicht mit vertraglichen Pflichten belastet werden kann. Regelmäßig wird aber der Empfänger als Erfüllungsgehilfe des Absenders die Entladung durchführen.

Nach der Rechtsprechung des österreichischen OGH ist in Ergänzung der CMR **195** durch nationales Recht die Ladepflicht grundsätzlich nach den Vereinbarungen zu bestimmen, hilfsweise hat der zu laden, dem im konkreten Einzelfall die bessere Eignung zugesprochen werden kann, notfalls eher der Absender.[566] In **anderen ausländischen Staaten** wird die Pflicht zum Laden und Entladen uneinheitlich und zum Teil sehr differenziert gesehen.[567] Häufig wird dabei auf die jeweils größere Sach-

---

560 BGH vom 24. 9. 1987, TranspR **1988** 108, 109 = VersR **1988** 244 ff.

561 Entsprechend § 17 Abs. 1 S. 3 KVO, BGH vom 24. 9. 1987, TranspR **1988** 108, 109 = VersR **1988** 244 ff.

562 Der Gesetzesvorschlag ging davon aus, daß die Entladung durch den Empfänger als Erfüllungsgehilfen des Absenders erfolgt. Die RegBegr zu § 422, BRDrucks. 368/97 S. 39 f begründet die Regelung mit der Unmöglichkeit der Verpflichtung des Empfängers als Nichtpartei.

563 Siehe hierzu *Koller*[4] vor Art. 1 Rdn. 8.

564 Siehe z. B. LG Köln vom 24. 9. 1993, TranspR **1994** 114, 116; OLG Düsseldorf vom 29. 9. 1988, TranspR **1989** 10, 11 f (KVO anzuwenden auf Entladung durch einen belgischen Frachtführer in England).

565 Zur CMR OLG Düsseldorf vom 29. 9. 1988, TranspR **1989** 10, 11 f. Zur KVO sachlich zutreffend BGH vom 30. 4. 1975, LM GNT Nr. 25 = MDR 1932 ff; vom 13. 6. 1985, TranspR **1985** 329, 330 und vom gleichen Tag, TranspR **1985** 331, 332. Siehe auch Art. 17 KVO, Anh. II nach 452 HGBaF Rdn. 42 f.

566 Vom 14. 9. 1982, TranspR **1984** 195 = SZ **55** Nr. 123 S. 621 f = *Greiter* 174 (Handelsbrauch und Vereinbarungen); vom 8. 10. 1984, TranspR **1985** 103, 104 = VersR **1985** 795 f = SZ **57** Nr. 150, S. 743 = *Greiter* 239 ff (Vereinbarung und wer die bessere Sachkenntnis hat); vom 21. 3. 1977, SZ **50** Nr. 43, S. 196, 200 (in erster Linie Sache der Vereinbarung, im Zweifel der Absender); ebenso vom 18. 12. 1984, TranspR **1986** 372, 373 = SZ **57** Nr. 205 S. 1031 f = *Greiter* 270 ff; vom 21. 2. 1985, VersR **1985** 559 f = SZ **58** 28 S. 141 und vom 3. 7. 1985, TranspR **1987** 374, 377. Siehe auch *Thume/Seltmann* Rdn. A 36.
Davon ist zu unterscheiden die Frage, ob der Frachtführer die Fahrt bei nicht beförderungssicherer Verladung antreten durfte; siehe Rdn. 182 ff.

567 **Belgien:** Verladen im Zweifel Pflicht des Frachtführers, *Rodière* ETR **1970** 620, 632 Nr. 28; *Clarke*[2] Nr. 28; *Hill/Messent/Glass*[2] S. 136, Fn. 235 m. w. N.; B Schiedsspruch Antwerpen vom 20. 10. 1989, ETR **1990** 722, 728.
Frankreich: Verladen im Zweifel Pflicht des Frachtführers, *Clarke*[2] Nr. 28; differenzierter *Rodière* ETR **1970** 620, 630 f (einzelne kleinere Pakete – Frachtführer, ganze Wagenladung: Absender.
Spanien: Verladen im Zweifel Pflicht des Frachtführers, *Rodière* ETR **1970** 620, 632 Nr. 28.
Siehe hierzu auch die Übersichten bei *Hill/Messent/Glass*[2] S. 136, Fn. 235 und bei *Clarke*[2] Nr. 28, jeweils m. w. N.

kenntnis abgestellt, so daß die Lösung häufig der deutschen Regelung entsprechen wird.[568]

VII. Natürliche Beschaffenheit (Art. 17 Abs. 4 d und 18 Abs. 4)

1. Allgemeines

196 Art. 17 Abs. 4d[569] schließt die Haftung des Frachtführers für Schäden aus natürlicher Schadensanfälligkeit der Güter grundsätzlich und nennt als Beispiele: Bruch, Rost, innerer Verderb, Austrocknen, Auslaufen, Schwund, Ungeziefer und Nagetiere. Eine Sonderregelung gilt jedoch nach Art. 18 Abs. 4 bei Beförderung dieser Güter in Fahrzeugen mit besonderen Klimaeinrichtungen; siehe Rdn. 36 f, 211 ff. Die natürliche Schadensanfälligkeit der Güter nach Art. 17 Abs. 4d ist **bevorrechtigter Haftungsausschließungsgrund**, die „besonderen Mängel" **in Art. 17 Abs. 2 sind nicht bevorrechtigter Haftungsausschlußgrund**; ebenso der unabwendbare Umstand siehe Rdn. 99. Siehe zur Abgrenzung und zur unterschiedlichen Beweislast oben Rdn. 54 und 106 ff. Die beiden Vorschriften ergänzen einander. So ist z. B. Fleisch ein verderbliches Gut,[570] die mangelnde Vorkühlung von Fleisch, auch Gefrierfleisch, dagegen ein besonderer Mangel i. S. v. Art. 17 Abs. 2.[571] Liegt allerdings durch die mangelnde Vorkühlung bereits ein Schaden am Gut bei Übernahme vor, entfällt der Anspruch, weil der Schaden nicht in der Obhutszeit entstanden ist.[572] **Wird bereits verdorbenes Gut verladen,** ohne daß der Frachtführer Weisungen über seine Behandlung einholt, kann dies zum Schadenersatz nach positiver Vertragsverletzung führen; siehe Rdn. 279. Droht der Verderb solcher Güter, ist ein Notverkauf zulässig.[573]

197 **Art. 17 Abs. 4d setzt** nach allgemeiner Auffassung und in Übereinstimmung mit der deutlicheren englischen Fassung **eine besondere Schadensanfälligkeit des Gutes voraus**; *Koller* Rdn. 49. Dabei ist richtigerweise davon auszugehen, daß Art. 17 Abs. 4d die Schadensanfälligkeit bei normaler vertragsmäßiger Transportausführung meint. Dazu gehören selbstverständlich auch unvermeidbare Störungen des Transportablaufs. Ist die besondere Schadensanfälligkeit vom Frachtführer nachgewiesen und die Möglichkeit der Schadenskausalität dargelegt (siehe Rdn. 106 ff), besteht nach Art. 18 Abs. 2 S. 1 die widerlegliche Vermutung der Kausalität. Der Nachweis einer anderen Schadensursache nach Art. 18 Abs. 2 S. 2 bezieht sich dann in der Rechtsprechung vor allem auf mitwirkende Fehler des Frachtführers, die zur alleinigen Haftung oder zur Schadensteilung nach Art. 17 Abs. 5 führen können.[574] Art. 17 Abs. 4d umfaßt vor allem inneren Verderb (früher § 34 S. 1k KVO), aber auch die dort in Buchst. e, h, i und n geregelten Fälle.[575] Die Aufzählung der besonders anfälligen Güter ist keine ausschließliche.

---

568 Siehe hierzu auch *Hill/Messent/Glass*² S. 136, Fn. 235.

569 Entsprechend dem internationalen Eisenbahnrecht: Art. 36 § 3 f, d ER/CIM 1980, Anh. I nach § 460 HGBaF = Art. 27 Abs. 3e CIM 1970.

570 Siehe Rdn. 201; zur Beförderung in Kühlfahrzeugen unten Rdn. 211 ff.

571 OLG Schleswig vom 30. 8. 1978, VersR **1979** 141, 142 (daher keine Beweislast des Geschädigten für ausreichende Vorkühlung); zustimmend *Koller*⁴ Rdn. 51 und Art. 18 Rdn. 6. Zu hart dagegen die englische Rechtsprechung (GB Queen's Bench Division vom 8. 5. 1975, ETR **1976** 246, 257 f und GB CA London vom 1. 11. 1976, ETR **1977** 138, 154 f in Sachen Ulster Swift gegen Taunton Meat Haulage) und Literatur, z. B. *Hill/Messent/Glass*² S. 147 ff.

572 OLG Schleswig vom 30. 8. 1978, VersR **1979** 141, 142; nur unter dieser Einschränkung richtig OLG Hamm vom 18. 10. 1984, TranspR **1985** 107 und vom 11. 6. 1990, TranspR **1991** 375 f; siehe Rdn. 71, 75.

573 Siehe Art. 16 Rdn. 25.

574 Siehe Rdn. 115; *Koller*⁴ Rdn. 49 f.

575 Siehe dazu § 34 KVO, Anh. II nach § 452 HGBaF Rdn. 60 ff, 64 ff, 78.

Viele Güter sind nur besonders empfindlich beim Fehlen ordnungsgemäßer Verpackung,[576] **Verladung oder Stauung.**[577] Daher kann die Haftungsbefreiung sich auch aus Art. 17 Abs. 4b ergeben; dazu Rdn. 118 ff. Die besondere Empfindlichkeit fehlt, wenn die Güter bei vertragsmäßigem Fahrzeug, normaler Fahrt, ordnungsgemäßer Stauung und durchschnittlicher Fahrtdauer den Transport schadlos überstehen würden.[578] Es kann auch darauf ankommen, wann die Beförderung ausgeführt wird.[579] **Innerer Verderb** ist regelmäßig kein Haftungsausschließungsgrund, wenn die Lieferfrist überschritten ist; die Ursache i.S. von Art. 18 Abs. 2 S. 2 liegt dann meist nicht in der bei einem normalen Transport sich nicht auswirkenden Schadensanfälligkeit, sondern in der Verspätung.[580] Innerer Verderb ist vor allem, aber nicht nur bei Lebensmitteln, sondern auch bei anderen Gütern häufig.[581] Er kann auch vorliegen, wenn Güter nur in unbeschädigter Verpackung noch einen wirtschaftlichen Wert haben.[582] Dies gilt besonders für Lebensmittel.[583] **198**

Die **Beweislast** für die Voraussetzungen von Art. 17 Abs. 4d CMR trifft den Frachtführer; siehe Rdn. 106 ff. Will sich der Ersatzberechtigte gegenüber Art. 17 Abs. 4d nach Art. 18 Abs. 2 auf eine **andere Schadensursache**[584] oder nach Art. 17 Abs. 5 auf eine mitwirkende Ursache berufen, obliegt ihm der volle Nachweis dieser Umstände.[585] **199**

2. Fallgruppen

Die auftretenden Fälle lassen sich nach hervorstechenden Merkmalen grob gruppieren; eine Prüfung des Stichwortregisters ist jedoch vielfach unvermeidlich, um genauere Ergebnisse zu erreichen.[586] **200**

Fleisch ist in hohem Maße verderblich: Frischfleisch muß gut belüftet, vorgekühlt,[587] heute weitgehend im Kühlwagen befördert werden, Gefrierfleisch exakt auf die richtige Temperatur[588] vorgekühlt übergeben und die Gefriertemperatur muß exakt kontrolliert werden. Kann der Frachtführer den ihm erteilten genauen Transportauftrag nicht ohne Verderb des zu befördernden Fleisches ausführen, muß er den Transport verweigern oder nach Art. 17 Abs. 1 haften;[589] siehe im einzelnen zu Frischfleisch[590] und Gefrierfleisch.[591] **201**

---

576 Siehe Rdn. 120 ff.

577 Z. B. Glas (Rdn. 208); feuchtigkeitsempfindliche Güter (Rdn. 205, 209); zu Kühlgut Rdn. 173, 174, zu Maschinen Rdn. 176.

578 So bei Feinblechen, die nur wegen des vertragswidrigen Transports im offenen Fahrzeug verrostet sind; ebenso B TribCom Brüssel vom 4.2.1972, ETR **1972** 573, 583. Unverpackte Stahlbleche bei einem Transport von nur 300 km Länge: B TribCom Lüttich vom 27.6.1985, ETR **1985** 572, 576 f. Aluminiumprofile ohne wasserdichte Verpackung, die durch eine Zwischenlagerung im Freien korrodieren, sind keine empfindlichen Güter: OLG Köln vom 30.8.1990, TranspR **1990** 425. Glas ist gut verpackt kein empfindliches Gut: B CA Gent vom 20.6.1986, ETR **1986** 371, 374 f. Offenlassend für einen Transport von Frischfleisch von Norddeutschland nach Italien: LG Bremen vom 23.12.1988, TranspR **1989** 267 f.

579 F Cass vom 4. 2. 1986, ETR **1986** 263 ff (schokolierte Biscuits im beplanten Wagen im Hochsommer).

580 A OGH vom 31.3.1982, *Greiter* 137, 141 f = Verkehr **1983** 386 f = TranspR **1984** 196 f, dort zur Unkenntlichkeit verkürzt; *Heuer* S. 131.

581 Z.B. bei feuchtigkeitsempfindlichen Gütern (Rdn. 205, 209) etwa wegen der Rostgefahr.

582 Siehe Rdn. 10.

583 OLG Hamm vom 6.2.1997, TranspR **1998** 34 f.

584 Siehe Rdn. 216.

585 F Cass vom 4.2.1986, ETR **1986** 263 ff; *Heuer* 102 f. Zur internationalen Rechtsprechung *Hill/Messent/Glass*² S. 147 ff; siehe auch *Libouton* ETR **1973** 46 f; ältere unveröffentlichte Rechtsprechung bei *Muth/Glöckner*⁶ Rdn. 56 ff. Zur Beweislast nach Art. 17 Abs. 5 Rdn. 238.

586 Rechtsprechungshinweise insbesondere bei *Putzeys* Nr. 814 ff; *Clarke*² Nr. 95 S. 444 ff; *Hill/Messent/Glass*² S. 147 ff.

587 Siehe Rdn. 196.

588 Dazu eingehender Rdn. 211 ff.

589 F Cass vom 15. 2. 1982, ETR **1983** 24, 30 f.

590 OLG Nürnberg vom 16.3.1976, Der Spediteur **1985** 320, 321 (Frischfleisch); OLG Koblenz vom 2.7.1976, VersR **1976** 1151, 1152 (Frisch-

202 **Obst und Gemüse:**[592] Zur Enthaftung nach Art. 17 Abs. 2.[593] Die Haftung des Frachtführers kann auch nach Art. 17 Abs. 4c wegen Verladefehlern ausgeschlossen sein, wenn das Gut fehlerhaft gestaut war[594] (noch genußtaugliche *tiefgekühlte Bohnen* können wegen Verklumpung nur noch in Großküchen und Konservenfabriken verwendet werden[595]).

203 **Andere Lebensmittel:** Schokolierte Biscuits,[596] Käse sind empfindlich gegen große Wärme;[597] der Absender muß bei Hitze ein Kühlfahrzeug bestellen, der Frachtführer ihn aber mindestens auf das Risiko hinweisen.[598]

204 Anhaltspunkte über leichtverderbliche Lebensmittel gibt das **Übereinkommen über internationale Beförderung leichtverderblicher Lebensmittel** und über die besonderen Beförderungsmittel, die für diese Beförderungen zu verwenden sind (ATP) vom 1. 9. 1970.[599] Dem Abkommen sind Anhänge mit technischen Daten und Verfahrensweisen beigefügt. Das Lebensmittelrecht betrifft ganz überwiegend nicht primär den Transport, sondern die Herstellung und den Verkauf von Lebensmitteln. Die Lebensmitteltransportmittel-Verordnung – LMTV[600] enthält öffentlichrechtliche Vorschriften über die Anforderungen an solche Behälter, über ihre Reinigung und Verwendung. Siehe auch die VO über tiefgefrorene Lebensmittel.[601] Diese Bestimmungen sind bei der Ausführung von Frachtverträgen zu beachten. Ihre Verletzung kann zu verschärfter Haftung (Vorsatz oder grobe Fahrlässigkeit) führen. Siehe auch das

---

fleisch); OLG Hamm vom 18. 10. 1984, TranspR **1985** 107 ff (Frischfleisch); NL KG Delft vom 13. 5. 1965, ETR **1966** 722, 727 f (Verderb von Fleisch bei 8-tägigem Aufenthalt an der Grenze); GB Queen's Bench Division vom 8. 5. 1975, ETR **1976** 246 ff (abhängig von der Transportdauer).

591 OLG Schleswig vom 30. 8. 1978, VersR **1979** 141 (Gefrierfleisch).

592 OLG Hamburg vom 29. 11. 1984, TranspR **1985** 130, 131 (*Himbeeren*); OLG Hamm vom 14. 11. 1985, TranspR **1986** 77, 79 = VersR **1987** 609 f (*Weintrauben*); Corte di Appelo Venedig vom 31. 10. 1974, ETR **1975** 242 ff (LS) (*Bananen*, Schadensteilung bei überlanger Beförderungszeit); OLG Köln vom 14. 3. 1997, TranspR **1998** 195 f (*Zitronen, Frostschäden*); OLG Frankfurt vom 8. 7. 1980, MDR **1981** 53 f = TranspR **1980** 127 (*Paprika* bei besonders ungünstigen Fahrtumständen); vom 11. 6. 1992, RIW **1992** 1026 (Früchte, Verpackung gegen Kälte); NL Rb Roermond vom 24. 10. 1968, ETR **1969** 1012, 1016 und vom 24. 10. 1971, ETR **1972** 416, 419 f (Blumenkohl); OLG Stuttgart vom 24. 1. 1967, NJW **1968** 1054, 1055 (*Traubensaft* wegen der möglichen Gärung).

593 Verderb von Nektarinen wegen zu starker Kühlung siehe F Cass vom 19. 4. 1982, ETR **1983** 13, 17.

594 B CA Brüssel vom 17. 12. 1984, ETR **1985** 354, 358 f (*mit Sellerie zusammenverladenes Gemüse* wegen der von diesem ausgehenden Erwärmung); OLG München vom 27. 11. 1968, ETR **1971** 115, 127 (in Steigen verpackte Pfirsiche nur zerdrückte Pfirsiche, jedoch Verladefehler nach Buchst. c).

595 OLG Celle vom 13. 1. 1975 NJW **1975** 1603 f = WM **1975** 189, 190.

596 F Cass vom 4. 2. 1986, ETR **1986** 263 ff (für den Transport im beplanten, nicht gekühlten Fahrzeug empfindlich).

597 F CA Aix-en-Provence vom 10. 11. 1976, BT **1977** 248 f; OLG Hamm vom 6. 2. 1997, TranspR **1998** 34 f (durchnäßte Pappkartons mit Lebensmitteln).

598 OLG Nürnberg vom 14. 6. 1965, ETR **1971** 247, 259 ff (Verstoß gegen Weisung, *Steinpilze* bei −2 °C zu befördern); OLG Celle vom 13. 1. 1975, WM **1975** 189, 190 = DB **1975** 301.

599 Siehe Fundstellennachweis A zum 31. 12. 2000 Nr. 188-9-1 f; BGBl **1974** II 565 ff; letzte Änderung vom 9. 9. 1998, BGBl **1998** II 2289; Gesetz zur Änderung der Anlagen 1 und 3 des ATP-Übereinkommens vom 20. 7. 1988, BGBl **1988** II 630 ff, 672. Mitgliederstand im Fundstellennachweis B zum 31. 12. 2000, BGBl II vom 31. 1. 2001 S. 520 f.

600 Verordnung über hygienische Anforderungen an Transportbehälter zur Beförderung von Lebensmitteln vom 13. 4. 1987 (Lebensmitteltransportmittel-Verordnung – LMTV) BGBl **1987** I 1212 ff; letzte Änderung vom 7. 10. 1998, BGBl I 3147. Siehe Fundstellennachweis A zum 31. 12. 2000 v. 2. 2. 2001 Nr. 2125-40-35.

601 Vom 29. 1. 1991 BGBl I 2051, zuletzt geändert durch VO vom 16. 11. 1995, BGBl I 1520 und die EG-Richtlinie 92/1/EWG vom 13. 1. 1993, die regelmäßige Kältekontrollen von Kühlfahrzeugen und deren Aufzeichnung und Aufbewahrung vorschreibt; dazu schon *Oldenburg* DVZ Nr. 62 vom 27. 5. 1993, S. 39. Siehe Fundstellennachweis A zum 31. 12. 2000 v. 2. 2. 2001 Nr. 2140-40-43.

Fleischhygienegesetz (letzte Änderung vom 22.12.1997, BGBl **1997** I 2224) und das Geflügelfleischhygienegesetz (letzte Änderung vom 22.12.1997, BGBl I 2224; siehe auch Fundstellennachweis A zum 31.12.1999 Nr. 7832-1 ff).

Kondensation von Wasser: An verpackten Gütern können bei Temperaturschwankungen Feuchtigkeitsschäden durch Kondensation entstehen, die unter Art. 17 Abs. 4 d fallen.[602] **205**

Selbsterhitzung und -entzündung: Manche Güter können sich durch transportbedingte Umstände selbst erhitzen oder entzünden. Die betreffenden Stoffe können dann auch die grundsätzliche Eigenschaft eines gefährlichen Gutes haben. Siehe Art. 22 Rdn. 4. **206**

Lebende Pflanzen können empfindlich gegen niedrige Temperaturen sein;[603] ebenso Schnittblumen,[604] insbesondere gegen Temperaturwechsel, der durch Vorkühlung verhindert werden kann.[605] **207**

Bruchgefährdet sind viele Güter nur, wenn sie nicht geeignet verpackt oder ihrer Art nach gestaut sind. Insbesondere **Glas** ist in ordnungsgemäßer Verpackung nicht ohne weiteres bruchgefährdet, so daß als Haftungsbefreiung statt Abs. 4 d in der Regel Abs. 4 b in Betracht kommt.[606] Eine leichte Einwegverpackung macht Flachglas bruchempfindlicher;[607] ebenso Marmorplatten.[608] **208**

Rost und Oxydation: Auch in diesen Fällen liegen häufig Verpackungsmängel vor: (Verrosten von Feinblechen bei vertragswidrigem Transport im offenen Fahrzeug fällt nicht unter Art. 17 Abs. 4 d[609]); Rost an unverpackten Feinblechen bei verschuldet überlangem Transport führt nicht zur Haftungsbefreiung.[610] Bandstahlringe sind, wenn sehr sorgfältig geölt, nicht empfindlich, jedoch extrem rostanfällig, wenn die Ölung nicht mikroskopisch fein und deckend ist.[611] **209**

Rieselverluste durch Beförderung von Getreide in unverpacktem Zustand fallen ebenfalls unter Buchst. d.[612] Das Gericht hat hierbei Art. 18 Abs. 3 nicht analog angewandt, obwohl zugleich eine Beförderung im offenen Fahrzeug vorlag.[613] **210**

3. Sonderregelung für Klimaeinrichtungen: Art. 18 Abs. 4

Bei Mängeln an Einrichtungen des Fahrzeugs, die zum Schutze des Gutes gegen Einwirkung von Hitze, Kälte, Temperaturschwankungen oder Luftfeuchtigkeit dienen,[614] darf sich der Frachtführer gem. Art. 18 Abs. 4 auf den Haftungsausschluß wegen **211**

---

602 Z. B. an gesponnener Wolle in PVC-Verpackung; B TribCom Antwerpen vom 6.9.1974, ETR **1975** 253, 256 f; Rost bei empfindlichen Stahlblechen, B TribCom Lüttich vom 27.6.1985, ETR **1985** 572, 576 f.

603 F CA Toulouse vom 26.3.1969, ETR **1971** 131, 135 und vom 17.2.1971, ETR **1971** 412, 415 f.

604 NL Hof 's Gravenhage vom 15.6.1979, ETR **1980** 871, 894.

605 NL Rb Rotterdam vom 3. 5. 1974, SS **1974** 171 f.

606 OLG Köln vom 30. 3. 1979, 19 U 16/79 (unveröff.); B CA Gent vom 20.6.1986, ETR **1986** 371, 374 f.

607 B CA Antwerpen vom 8.10.1986, ETR **1987** 436, 441; siehe Rdn. 118.

608 LG Hagen vom 4. 11. 1976, VersR **1977** 910.

609 OLG Frankfurt vom 25.10.1977, VersR **1978** 535, 536; ebenso B TribCom Brüssel vom 4.2.1972, ETR **1972** 573, 583.

610 B TribCom Lüttich vom 27.6.1985, ETR **1985** 572, 576 f.

611 OLG Hamm vom 2.11.1995, TranspR **1996** 335 f (Beweislast zur Widerlegung der Empfindlichkeit beim Absender, genaue Untersuchungen zur Schadenursache).

612 LG Offenburg vom 21.1.1969, VersR **1969** 560 ff, mit zust. Anm. von *Willenberg*.

613 Dazu auch *Voigt* VP **1970** 70 ff.

614 Die hochspezialisierte Regelung ist auf andere Spezialvorrichtungen nicht analog anzuwenden; zutreffend *Putzeys* Nr. 821; a. A. ohne nähere Begründung *Koller*[4] Rdn. 51.

natürlicher Beschaffenheit des Gutes nach Art. 17 Abs. 4d[615] nur berufen, wenn er nachweist, daß er bei der Auswahl, bei Instandhaltung und Verwendung dieser Einrichtungen „alle ihm nach den Umständen obliegenden Maßnahmen getroffen“[616] und die ihm erteilten besonderen Weisungen beachtet hat.[617] Der Kühlgutbeförderer muß laufend die Temperatur kontrollieren.[618] Von praktischer Bedeutung ist wohl auch nach ihrer Umsetzung in das deutsche Recht die EG-Richtlinie 92/1/EWG vom 13.1.1993, die regelmäßige Kältekontrollen von Kühlfahrzeugen und deren Aufzeichnung und Aufbewahrung vorschreibt.[619]

212 Kühlfahrzeuge sind mobile Einrichtungen und daher üblicherweise nicht in der Lage, als Gefrieranlagen zu arbeiten, sondern nur die Temperatur zu halten. Daher ist es kein Mangel der Kühlanlage, wenn nicht ausreichend vorgekühltes Fleisch die erwünschte Temperatur nicht erlangt. Die mangelhafte Vorkühlung von Kühlgut ist ein besonderer Mangel des Gutes i. S. v. Art. 17 Abs. 2; siehe Rdn. 72; ferner Rdn. 201.

213 Der Frachtführer kann sich – neben Art. 17 Abs. 4d CMR – **auch die Enthaftungsmöglichkeit des Art. 17 Abs. 2** zunutze machen. Auch dies setzt jedoch unter anderem voraus, daß gegebene Weisungen des Absenders hinsichtlich der Kühltemperatur genau eingehalten werden. Dazu ist eine Kontrolle der realen Temperatur erforderlich. So hat der französische Kassationshof[620] dem Frachtführer die Entlastung für den Verderb von Nektarinen verweigert, weil er die Kühltemperatur exakt auf die gewünschte Temperatur von 2 Grad eingestellt hatte, obwohl sich daraus im

---

[615] Dies gilt nicht für den Haftungsausschluß wegen mangelhafter Verladung nach Art. 17 Abs. 4c; siehe Art. 18 Rdn. 7.

[616] So z. B. die ständige schärfste Kontrolle von Kühlfahrzeugen; OLG Hamm vom 21.6.1999, TranspR **1999** 445 (Hierzu hat der Frachtführer insbesondere die Art der Kühleinrichtung, ihre Wartung und Bedienung, Methoden und Umfang der Kontrollen, Kühlung während der Fahrtpausen substantiiert vorzutragen und bei Bestreiten zu beweisen); OLG Koblenz vom 2.7.1976, VersR **1976** 1151, 1152; OLG Schleswig vom 30. 8. 1978, VersR **1979** 141, 142; OLG Hamburg vom 22.7.1982, VersR **1983** 63; vom 27.10.1988, VersR **1989** 719, 720 (Entlastung gelungen); OLG Hamm vom 18.10.1984, TranspR **1985** 107, 109; vom 14.11.1985, TranspR **1986** 77, 79 = VersR **1987** 609 f; OLG Hamm vom 6.12.1993, TranspR **1994** 195 f; LG Frankfurt vom 1.4.1970, AWD **1971** 414, 416; A OGH vom 22. 11. 1984, *Greiter* 253, 259 f; F CA Paris vom 6. 11. 1979, BT **1979** 574 f.
Zu den Anforderungen an die Auswahl das Fahrzeugs siehe OLG Koblenz vom 2.7.1976, VersR **1976** 1151, 1152; OLG Hamburg vom 29.11.1984, TranspR **1985** 130, 131; zur Kontrolle einer die Funktion der Kühlanlage gefährdenden Absenderverladung: OLG München vom 27. 6. 1979, VersR **1980** 241 f; siehe hierzu auch Rdn. 183; a. A. A OGH vom 8.10.1984, TranspR **1985** 103, 105 = VersR **1985** 795 f = SZ **57** Nr. 150, S. 744 f = *Greiter* 239 ff.
Die englische Rechtsprechung verschärft die Entlastung dadurch, daß sie dem Frachtführer den Beweis für das Nichtvorliegen unbekannter Fehler auferlegt. Danach genügt es nicht, daß ein neues und fehlerfreies Kühlfahrzeug verwendet und die Temperatur laufend kontrolliert worden war. Siehe GB Queen's Bench Division vom 8.5.1975, Ulster Swift v. Taunton, ETR **1976** 246, 257 f und GB CA London vom 16.11.1976, Ulster Swift v. Taunton (2. Instanz), ETR **1977** 138–174 = Lloyd's Rep. **1981** I 346, 352 f.
Dagegen genügt dem B CA Brüssel vom 17.12.1984, ETR **1985** 354, 358 f bei Kühltransport der Nachweis, daß eine Gemüseladung – mit Ausnahme eines neben Sellerie verladenen Teils – einwandfrei ausgeliefert wurde.

[617] Beispiel: OLG Nürnberg vom 14. 6. 1965, ETR **1971** 247, 259 ff (Verstoß gegen Weisung, Steinpilze bei −2°C zu befördern); OLG Nürnberg vom 16.3.1976, Der Spediteur **1985** 320, 321 (Verstoß gegen Temperaturanweisung für Frischfleisch); F Cass vom 15.2.1982, ETR **1983** 24, 30 f; NL Hof 's Gravenhage vom 15.6.1979, ETR **1980** 871, 894. *Silingardi* S. 180 f; *Herber/Piper* Rdn. 81 und Art. 18 Rdn. 32 ff; MüKo/*Basedow* Rdn. 23; *Koller*[4] Art. 18 Rdn. 6 S. 1076; *Thume/Thume* Rdn. 79 ff.

[618] OLG München vom 16.1.1991, TranspR **1992** 181 f; F CA Paris vom 30.5.1973, BT **1973** 304 ff.

[619] Richtlinie der Kommission vom 13.1.1992, in das deutsche Recht umgesetzt durch die „Erste VO zur Änderung der VO über tiefgefrorene Lebensmittel“, vom 16.11.1995, BGBl I 1520; siehe dazu *Oldenburg* DVZ Nr. 62 vom 27.5.1993, S. 39.

[620] F Cass vom 19. 4. 1982, ETR **1983** 13, 17.

Wageninneren eine zu kalte Temperatur ergeben mußte. Siehe dazu auch bei Fleisch Rdn. 201.

Aus der Rechtsprechung zu Art. 18 Abs. 4 CMR:[621] Das niederländische Kantongerecht Delft[622] hat sich beim Verderb von Fleisch bei 8tägigem behördlich bedingtem Aufenthalt an der Grenze gegen eine Haftung ausgesprochen. Der französische Cour d'Appel Toulouse[623] entschied im Falle der fehlenden Heizung beim Transport empfindlicher Pflanzen gegen die Entlastung des Frachtführers. 214

Art. 18 Abs. 4 geht Art. 17 Abs. 3 (siehe Rdn. 34 ff) **vor,**[624] der keine Entlastung zulassen würde. In der Rechtsprechung wird jedoch auch die gegenteilige Auffassung eines Vorrangs von Art. 17 Abs. 3 vor Art. 18 Abs. 4 vertreten.[625] Danach wäre allerdings Art. 18 Abs. 4 weitgehend überflüssig. An seine Stelle würde praktisch eine Garantie des Frachtführers für Funktionstüchtigkeit der klimatechnischen Einrichtungen treten. Dies ist mit der von der CMR vorgenommenen Risikoabgrenzung nicht vereinbar. Auch daß die Klimaanlage mit dem Fahrzeug fest verbunden ist, kann einen Vorrang von Art. 17 Abs. 3 nicht begründen.[626] 215

Welcher **Verschuldensmaßstab in Art. 18 Abs. 4 CMR** gilt, ist nicht speziell geregelt. Da ein besonders verschärfter Schuldmaßstab in Art. 18 Abs. 4 nicht angegeben ist, wäre in ergänzender Anwendung des deutschen Rechts wohl der normale, also der Maßstab des § 347 HGB maßgeblich: Sorgfalt eines ordentlichen Kaufmanns. Der österr. OGH legt demgegenüber den verschärften Maßstab des Art. 17 Abs. 2 zugrunde.[627] In der Gerichtspraxis werden jedenfalls durchweg sehr hohe Anforderungen an die Entlastung gestellt; siehe Rdn. 205 und *Koller*[4] Rdn. 51. Mindestens dürfte jeder Verstoß gegen das internationale Übereinkommen ATP (siehe Rdn. 204) schuldhaft sein. In den Anhängen zu diesem Übereinkommen sind u. a. Kühlverfahren und Tabellen über Temperaturbedingungen enthalten. 216

Schadensteilung nach Art. 17 Abs. 5 ist möglich, wenn die Voraussetzungen der natürlichen Schadensanfälligkeit des Art. 17 Abs. 4 d und Mängel der Kühleinrichtung vorliegen; siehe Rdn. 234 ff. 217

VIII. Ungenügende Bezeichnung und Numerierung (Art. 17 Abs. 4 Buchst. e CMR)

Die ungenügende Bezeichnung und Numerierung der Frachtstücke[628] kann leicht zu Verwechslungen, zur Falschauslieferung[629] oder falschen Behandlung von Frachtstücken[630] führen. Sie ist vielfach ein Sonderfall des Verschuldens des Verfügungs- 218

---

621 Zu Kühlgutverkehr nach der CMR siehe speziell *Züchner* DB **1971** 513 ff.

622 NL KG Delft vom 13.5.1965, ETR **1966** 722, 727 f.

623 F CA Toulouse 17. 2. 1971, ETR **1971** 412, 415 f.

624 *Libouton* ETR **1973** 53 f; *Clarke*[2] Nr. 77 f(i) S. 398; *Koller*[4] Rdn. 34; OLG Hamburg vom 27. 10. 1988, VersR **1989** 719, 720.

625 Eindeutig NL Rb Rotterdam vom 27.4.1971, ETR **1971** 830, 837; B TribCom Brüssel vom 27.2.1987, ETR **1987** 582, 584 f, 589; beiläufig auch BGH vom 3. 7. 1974, NJW **1974** 1616 f = VersR **1974** 1013 f = WM **1974** 864 (Auftauen von Gefrierfisch als Folge eines Defekts der Klimaanlage); wohl auch B TribCom Antwerpen vom 20. 6. 1975, ETR **1975** 540, 545 ff. Für Vorrang von Art. 17 Abs. 3 auch *Haak* S. 173; *Claringbould* TranspR **1988** 406.

626 B TribCom Brüssel vom 27.2.1987, ETR **1987** 582, 589.

627 A OGH vom 22.11.1984, *Greiter* 253, 260; keine entschiedene Aussage findet sich zumeist in der Literatur; so bei *Koller*[4] Rdn. 17 Rdn. 51.

628 Siehe Art. 6 Abs. 1g und dort Rdn. 18. Zur Falschauslieferung oben Rdn. 77.

629 BGH vom 27. 10. 1978, NJW **1979** 2473, 2474 = VersR **1979** 276, 277.

630 Z.B. Verlagerung und Nichtwiederauffindung für längere Zeit, Art. 20 CMR; dazu OLG Düsseldorf vom 23. 11. 1989, TranspR **1990** 63, 65.

berechtigten nach Art. 17 Abs. 2. Doch setzt Art. 17 Abs. 4e kein Verschulden voraus. Zur Beweislast siehe Rdn. 106 ff. Wenn es wegen eines zusätzlichen Verschuldens des Frachtführers zur Falschauslieferung unzulänglich bezeichneten Gutes kommt, kann die Haftungsbefreiung entfallen.[631]

IX. Beförderung lebender Tiere (Art. 17 Abs. 4 Buchst. f und Art. 18 Abs. 5)

219 Der Haftungsausschluß des Abs. 4 Buchst. f bezieht sich nur auf typische, sich aus der Tierbeförderung ergebende Gefahren (Erkrankung, Verletzung, Verenden u. ä.), nicht dagegen auf andere Gefahren wie Straßenverkehrsunfälle; *Koller* Rdn. 53. Der Frachtführer muß sich nach Art. 18 Abs. 5 durch den Nachweis entlasten, daß er alle ihm nach den Umständen üblicherweise obliegenden Maßnahmen getroffen und ihm erteilte besondere Weisungen beachtet hat. Praktisch wird im Falle von Schäden bei Beförderung lebender Tiere für vermutetes Verschulden gehaftet. Siehe auch das Europäische Übereinkommen vom 13.12.1968 über den Schutz von Tieren beim internationalen Transport;[632] § 429 HGBaF Rdn. 24; das Europäische Übereinkommen vom 10.5.1979 über den Schutz von Schlachttieren.[633] Diese enthalten u. a. genaue Regelungen für Transport, Verladen, Ausladen und Behandlung der Tiere sowie über die Einrichtungen der Transportmittel.[634] Ferner ist das Tierseuchengesetz[635] zu beachten. Auch das Tierschutzgesetz[636] enthält Vorschriften über Beförderung von Tieren. Inwieweit bei begleiteten Tiertransporten den Frachtführer Obhutspflichten treffen, kann nicht einheitlich beantwortet werden. Man muß davon ausgehen, daß die Versorgung der Tiere dem Begleiter obliegt, die sich aus der Verpflichtung zu ihrer ordnungsgemäßen Beförderung ergebenden jedoch den Frachtführer.

D. Lieferfristhaftung (Verspätungshaftung)

I. Voraussetzungen

220 Die Voraussetzungen der Lieferfristhaftung sind im Gesamtzusammenhang zu Art. 19 kommentiert: Grundsätzlich beruhen auch Schäden aus Versäumung der Lieferfrist auf der grundsätzlichen Regelung des Art. 17 Abs. 1.[637] Jedoch ist der Haftungsumfang in Art. 23 Abs. 5 speziell geregelt; siehe Art. 23 Rdn. 60 ff. Auch für die Schadens-

---

631 BGH vom 27. 10. 1978, NJW **1979** 2473, 2474 = VersR **1979** 276, 277; siehe Rdn. 240. Zur Falschauslieferung oben Rdn. 6 und 14.

632 Vom 13.12.1968, BGBl II **1973** 721 ff, mit Zusatzprotokoll vom 13. 12. 1968, BGBl II **1980** 1153 ff, Mitgliederstand im Fundstellennachweis B zum 31.12.2000, BGBl II v. 31.1.2001 S. 508.

633 Vom 10.5.1979, BGBl **1983** II 770 ff. Mitgliederstand im Fundstellennachweis B zum 31.12.2000, BGBl II vom 31.1.2001 S. 586.

634 Fundstellennachweis A zum 31.12.2000 vom 2.2.2001 Nr. 7833-3-12 (Tierschutztransportverordnung, TierSchTrVO) vom 25.2.1997 BGBl I 348, Neufassung 11. 6. 1999.

635 Letzte Änderung 22.12.1997, BGBl I 3324; Fundstellennachweis A zum 31.12.2000 vom 2.2.2001 Nr. 7831-1.

636 Neufassung vom 25. 5. 1998, BGBl I 1105, 1818; Fundstellennachweis A zum 31.12.2000 vom 2.2.2001, Nr. 7833-3.

637 Siehe Rdn. 1. Vgl. auch: OLG München vom 29.7.1998, TranspR **2000** 31 (Verzögert der Frachtführer schuldhaft den Transport und werden deshalb schon vor der Ablieferung seinem Auftraggeber vom Versender bereits erteilte Folgeaufträge entzogen, so handelt es sich bei dem durch Verlust der Folgeaufträge entgangenen Gewinn nicht um einen nach Art. 17 Abs. 1, Art. 23 Abs. 5 CMR zu ersetzenden Verspätungsschaden).

rüge trifft Art. 30 Abs. 3 eine Sonderregelung; siehe dort Rdn. 57 ff. Die sehr umfassende Verjährungsregel des Art. 32 in Abs. 1 sieht Sonderregelungen für die Lieferfristhaftung vor; siehe dort Rdn. 32 ff, 42, 57. Für Güterschäden aus Lieferfristüberschreitung gilt jedoch auch für den Haftungsumfang eine Haftung aus der kumulativen Anwendung von Art. 23 Abs. 3 und Art. 23 Abs. 5.[638]

II. Haftungsbefreiungen

1. Entlastung nach Art. 17 Abs. 2

Die haftungsausschließenden Umstände des Art. 17 Abs. 2 können Verlust und Beschädigung, aber auch Lieferfristüberschreitungen verursacht haben. Sie schränken daher auch die Lieferfristhaftung ein; siehe Rdn. 53, Art. 19 Rdn. 18. Dies gilt insbesondere für die unabwendbaren Umstände.[639] Vereisung der Straße kommt hierfür zwar in Betracht; es muß jedoch der Nachweis frühzeitiger Abfahrt erbracht werden.[640] Gegebenenfalls kann die Stellung eines zweiten Fahrers erforderlich sein;[641] häufig sind auch Defekte am ausführenden Fahrzeug Ursachen der Fristüberschreitung. Dann kommt die Gewährhaftung nach Art. 17 Abs. 3 in Betracht; siehe Rdn. 35 ff. 221

Die speziell geregelte Lieferfristhaftung betrifft keine Güterschäden, sondern nur solche, die am Vermögen des Berechtigten entstehen. Insbesondere sind damit kommerzielle Schäden erfaßt, die durch die Versäumung der Lieferfrist entstehen, etwa Aufwendungen zur Verhütung eines konkret drohenden Schadens.[642] 222

2. Entlastung nach Art. 17 Abs. 4

Die Haftungsausschlüsse des nach **Art. 17 Abs. 4 gelten grundsätzlich auch für die Verspätungshaftung**. Vielfach wird jedoch davon ausgegangen, daß Abs. 4 nicht auf Fälle anzuwenden ist, in denen ein Verlust oder eine Beschädigung auf Lieferfristüberschreitung zurück geht. Art. 17 Abs. 4 ist jedoch nicht nur auf die Obhutshaftung, sondern auch auf Güterschäden als Folge von Lieferfristüberschreitungen anzuwenden. Sprachlich läßt sich Abs. 4 auf alle Fälle anwenden, in denen es zu Schäden in Form von Verlust oder Beschädigung gekommen ist. Weder Art. 17 Abs. 1 noch Art. 23 Abs. 5 beschränken die Haftung für Verspätungsschäden auf reine Vermögensschäden; siehe auch Art. 23 Rdn. 8 f, 60. Es besteht kein Grund, den Frachtführer für die aufgrund von Lieferfristüberschreitungen entstandenen Güterschäden Verspätungshaftung härter haften zu lassen als für reine Obhutsschäden. Der Auffassung, die im Falle der Lieferfristüberschreitung dem Frachtführer generell die Berufung auf Art. 17 Abs. 4 verweigern will,[643] ist daher nicht zuzustimmen.[644] Im Verhältnis zur Lieferfristhaftung sind die Ausschlußgründe des Art. 17 Abs. 4 allerdings nicht bevorrechtigt, soweit der durch die Überschreitung der Lieferfrist entstandene 223

---

638 Siehe dazu Art. 23 Rdn. 66 ff.

639 Wählt z. B. der Frachtführer vertragswidrig den billigeren Weg über eine Fähre von Triest nach Irak, so kann er sich auf deren Ausfall nicht als unabwendbares Ereignis berufen; LG Berlin vom 4. 5. 1983, TranspR **1985** 134, 136.

640 OLG Saarbrücken vom 10. 2. 1971, VersR **1972** 757, 758.

641 Zu diesen und weiteren Umständen OLG Düsseldorf vom 30. 12. 1982, TranspR **1984** 13, 14. Zum Problem des Alleinfahrers generell Rdn. 76 ff, 86. Zur wirtschaftlichen Zumutbarkeit siehe Rdn. 33 f.

642 Siehe Art. 23 Rdn. 60 ff.

643 *Heuer* 131; wohl auch *Glöckner*[7] Rdn. 43; *Hill/Messent/Glass*[2] S. 162; *Koller*[4] Rdn. 35; im Ansatz aber grundsätzlich anders *Koller*[3] noch zu § 429 HGBaF Rdn. 13.

644 *Hill*, Rdn. 201. Siehe Rdn. 53.

Schaden ein reiner Vermögensschaden ist. Art. 18 Abs. 2 sieht nur für den Nachweis der Kausalität zwischen haftungsbefreiendem Umstand und Güterschaden eine Beweiserleichterung vor.[645]

224 Die besonderen haftungsausschließenden Umstände des Abs. 4 **wirken sich bei Überschreitungen der Lieferfrist häufig nicht aus.** Ist nämlich das Gut bei einer die Lieferfrist überschreitenden Beförderungsdauer verderblich, wird in aller Regel der Nachweis einer anderweitigen alleinigen Ursache in Form der Verspätung erbracht sein,[646] weil die Verspätung eine die Enthaftung nach Art. 18 Abs. 2 S. 2 ausschließende andere Schadensursache ist. Insbesondere wenn Verderblichkeit und Verspätung zusammenwirken, kann es zur Schadensteilung nach Art. 17 Abs. 5 kommen.[647] Die Empfindlichkeit des Gutes kann allerdings auch zu Ursachen von Verspätungen werden, immer dann nämlich, wenn eine Gefährdung des Gutes Aufenthalte (z. B. zum Nachverpacken, Umstauen, Sortieren, Nachkühlen, Belüften von Gütern) erforderlich macht und damit die Einhaltung der Lieferfrist vereitelt; zutreffend *Züchner* VersR **1964** 224.

225 **Die Ursachen für Lieferfristüberschreitungen** sind vielfältig. Meist fallen sie in den Verantwortungsbereich des Frachtführers.[648] Liegen sie in mangelhafter Erfüllung von Absenderpflichten oder -obliegenheiten, haftet der Frachtführer grundsätzlich nicht.[649]

III. Haftungsumfang

226 Der Umfang des Schadenersatzes ist in Art. 23 Abs. 5 auf die Höhe der Fracht beschränkt; siehe Art. 23 Rdn. 63. Ist Folge der Lieferfristüberschreitung eine Beschädigung des Gutes (z. B. Verderb), ist für diese Schäden die Haftungsbegrenzung nach Art. 23 Abs. 1–4 maßgeblich; siehe Art. 23 Rdn. 66 ff.

227 Die Haftungsbeschränkungen sind zwingend[650] und können gem. Art. 41 nicht abbedungen werden; die Vereinbarung niedrigerer Haftung ist unzulässig, ebenso die Erhöhung der Haftungsgrenze oder die vertragliche Verschärfung der Folgen einer Lieferfristüberschreitung: insbesondere die Vereinbarung einer Vertragsstrafe (Poenale), etwa im Rahmen von „Just-in-Time"-Verträgen[651] und die Vereinbarung eines absoluten Fixgeschäft (Verspätung als Unmöglichkeit der Vertragserfüllung).[652] Siehe auch Rdn. 270.

228 Der Schaden kann **aufgrund von Mitverschulden gemindert sein oder gänzlich wegfallen.** Gänzlicher Wegfall kann berechtigt sein, wenn eine ganz überwiegende

645 Siehe Rdn. 112. Insoweit geht die Argumentation von *Hill/Messent/Glass*² S. 163 am Problem vorbei.

646 Zutreffend A OGH vom 31.3.1982, *Greiter* 137, 141 f = Verkehr **1983** 386 f = in TranspR **1984** 196 f; LG Duisburg vom 14.12.1988, TranspR **1989** 268, 270.

647 A OGH vom 13.3.1982, *Greiter* 137, 141 f = Verkehr **1983** 386 f.

648 Siehe Rdn. 226.

649 Z. B. für fehlende oder mangelhafte Begleitpapiere; F CA Paris vom 2.12.1981, ETR **1982** 73, 74; F CA Versailles vom 20.11.1985, BT **1986** 285 f. Siehe auch Art. 11 Rdn. 12.

650 Siehe Rdn. 270, Art. 23 Rdn. 64. Zur Literatur und Rechtsprechung siehe Art. 41 Rdn. 24.

651 OLG München vom 26.7.1985, TranspR **1985** 395 ff = VersR **1985** 1062 = RIW **1986** 62 (nur Leitsatz); F TribCom Paris vom 15.6.1978, ETR **1978** 420, 422; *Koller*⁴ Art. 23 Rdn. 11; *Herber/Piper* Rdn. 14; *Hill/Messent/Glass*² S. 196; *Thume/Thume* Art. 23 Rdn. 55, *Thume/Schmid* Art. 41 Rdn. 8; a. A. MüKo/*Basedow* Art. 17 Rdn. 97 und Art. 23 Rdn. 48.

652 OLG Düsseldorf vom 9. 3. 1995, TranspR **1995** 288 ff; *Palandt/Heinrichs*⁵⁶ § 271 Rdn. 16. Vom OLG Saarbrücken vom 4. 7. 1972, TranspR **1978** 72 grundsätzlich für möglich gehalten. Dazu auch MüKo/*Basedow* Rdn. 97 und Art. 26 Rdn. 14.

Verantwortung des Absenders vorliegt, etwa wenn die Lieferfrist für einen Transport per LKW durch mehrere Länder des Balkans und des Vorderen Orients so kurz bemessen ist, daß sie praktisch kaum eingehalten werden kann und der Absender seine Disposition ohne Spielraum getroffen hat;[653] über die Richtigkeit dieser Argumentation bestehen allerdings Zweifel. Läßt sich der Frachtführer auf eine zu kurz bemessene Lieferfrist ein, so trifft ihn zumindest ebenfalls ein erhebliches Verschulden, da er die Umstände des Transports kennen muß.[654]

E. Umfang des Schadenersatzes bei Güter- und Lieferfristschäden

1. Schadensteilung (Art. 17 Abs. 5)

a) Grundsätzliches

aa) Funktion und Anwendungsbereich

Mitverschulden des Absenders oder Empfängers bei der Schadensentstehung ist grundsätzlich zu berücksichtigen. Es gilt also nicht das Alles-oder-Nichts-Prinzip bei Mitverschulden,[655] sondern das Prinzip der Mitverantwortung für Schadensursachen. Anstelle des in der Rechtsprechung regelmäßig zitierten § 254 BGB[656] ist aber die Schadensteilung auf Art. 17 Abs. 5, 17 Abs. 2 (Verschulden des Verfügungsberechtigten) zu stützen; dazu Rdn. 231 und 58 ff. Art. 17 Abs. 5 gilt ebenfalls für die Lieferfristhaftung;[657] auch die Absenderhaftung nach Art. 22 Abs. 2 ist einzubeziehen.[658] **229**

Die Regelung des Art. 17 Abs. 5 ist nach ihrer Stellung als Absatz innerhalb des Kapitels IV „Haftung des Frachtführers" offensichtlich **nur für die Haftung des Frachtführers** gedacht und auch entsprechend ausformuliert.[659] Die Vorschrift sieht **230**

[653] OLG Zweibrücken vom 14.11.1984, TranspR **1985** 397 f.

[654] OLG Hamburg vom 6.12.1979, VersR **1980** 290, 291 läßt offen, ob § 254 überhaupt ergänzend anzuwenden ist.

[655] MüKo/*Basedow* Rdn. 100.

[656] OLG Hamburg vom 19. 12. 1985, TranspR **1986** 146, 147 = VersR **1986** 261, 262 (Mitverschulden durch Verladung von Haselnüssen in erkennbar verunreinigtes Fahrzeug). OLG Köln vom 30.8.1990, TranspR **1990** 425, 426 f gibt zwar Art. 17 Abs. 5 CMR, aber weder § 254 BGB noch Art. 17 Abs. 2 CMR an (fehlender Hinweis auf Feuchtigkeitskeitsempfindlichkeit des Gutes).
Verneinung von Mitverschulden im konkreten Fall ist häufig: BGH vom 21.12.1966, NJW **1967** 499, 500 = VersR **1967** 153, 154, (Nichtaufklärung über die besondere Diebstahlsgefahr von Kobalt); OLG Frankfurt vom 25.10.1977, VersR **1978** 535, 536 und OLG Düsseldorf vom 15. 12. 1983, TranspR **1984** 38, 39 = VersR **1984** 686 f (keine Obliegenheit zur Beanstandung der Stellung eines offenen anstelle eines planengedeckten Fahrzeugs, bedenklich im Hinblick auf die besondere Kenntnis des Absenders von der Empfindlichkeit des Gutes); OLG Düsseldorf vom 12.12.1985, TranspR **1986** 56, 59 = VersR **1986** 1069 f (keine Schadensteilung wegen Nichtannahme verdorbener Ware); OLG Hamburg vom 22.9.1983, VersR **1984** 235 (keine Haftungsminderung bei mangelnder Kausalität des Mitverschuldens).
Die französische Rechtsprechung dehnt die Verantwortung des Frachtführers deutlicher aus, insbesondere für die Kontrolle der Absenderverstauung. Zunächst auf die analoge Anwendung von Art. 8 Abs. 1b gestützt, dann auf das französische Recht: F Cass vom 14. 6. 1976, BT **1976** 342; vom 17.4.1980, BT **1980** 313; vom 20.7.1983, BT **1984** 236 (Argumentation mit Sorgfaltspflichten).
Ob Mitverschulden vorliegt, kann offen bleiben, wenn nach Art. 23 CMR ohnehin nur ein verhältnismäßig geringer Teilbetrag als Schadenersatz zu leisten ist; OLG Hamburg vom 6.12.1979, VersR **1980** 290 f; zustimmend *Koller*[4] Rdn. 31, der die Anwendung von § 254 BGB auf Fälle der Lieferfristhaftung generell ablehnt, Rdn. 57.

[657] Siehe z. B. F CA Toulouse vom 6.4.1981, BT **1981** 381 ff.

[658] Siehe Art. 22 Rdn. 6; OLG Hamburg vom 19.12.1985, TranspR **1986** 146, 147 f = VersR **1986** 261, 262.

[659] Also nicht für die Absenderhaftung, siehe Art. 10 Rdn. 16, und Art. 11 Rdn. 10.

die Schadensteilung für den Fall vor, daß Haftungsbefreiungsgründe nur zusammen mit anderen Umständen für den Schaden kausal sind. Vor allem soll durch sie geklärt werden, ob bei Vorliegen eines Enthaftungsgrundes des Art. 17 Abs. 2 und 4 CMR der Frachtführer stets vollständig enthaftet sein soll, oder ob seine Mitverantwortung anzurechnen ist.[660] Grundsätzlich entfällt die Haftung des Frachtführers nach Art. 17 bei Vorliegen der Enthaftungsvoraussetzungen. Nur unter den Sondervoraussetzungen von Abs. 5 kommt noch eine teilweise Haftung in Betracht. Anstelle der Schadensteilung ist es auch möglich, daß die schuldhafte Handlung des Frachtführers alleinige Ursache des Schadens wird, sich also der betreffende Haftungsbefreiungsgrund gem. Art. 18 Abs. 2 Satz 2 nicht auswirkt; siehe dazu Rdn. 113 f.

bb) Ergänzendes Recht, §§ 425 HGBnF, 254 BGB

231 Deutsches Recht ist hinsichtlich der Schadensentstehung durch Verschulden des Absenders oder Empfängers durch Art. 17 Abs. 2, 1. Alternative verdrängt. Daher ist deren Mitverschulden (oder das ihrer Erfüllungsgehilfen[661]) als Haftungsausschlußgrund nach Art. 17 Abs. 2 zu prüfen,[662] ebenso wie die Verursachungstatbestände des Art. 17 Abs. 4.

232 Als **ergänzend anzuwendendes deutsches Recht** können §§ 425 HGBnF, 254 BGB aber bei der Bestimmung des Haftungsumfangs nach Art. 17 Abs. 1 CMR in Betracht kommen (siehe Art. 23 Rdn. 73 f); ebenso im Falle groben Eigenverschuldens nach Art. 29 CMR.[663] Überdies ist es möglich, den Grundgedanken des § 254 für die Abwägung in Art. 17 Abs. 5 nutzbar zu machen.[664]

cc) Vorsatz und gleichstehende Fahrlässigkeit nach Art. 29 CMR

233 Im Falle des Vorsatzes oder der gleichstehenden Fahrlässigkeit des Frachtführers (Art. 29 CMR) kommt es im Regelfall nicht zur Schadensteilung, da in diesem Falle die Haftungsausschlüsse des Art. 17 ohnehin nicht eingreifen.[665] Der Frachtführer haftet daher voll.[666] Ein mitwirkendes Verschulden des Geschädigten ist aber möglicherweise nach den ergänzend anzuwendenden[667] §§ 425 HGBnF, 254 BGB zu berücksichtigen. Denn in diesen Fällen kann sich der Frachtführer auf Art. 17 Abs. 2, also auch auf Verschulden des Verfügungsberechtigten nicht berufen. Auch Art. 17 Abs. 5 ist nicht anwendbar.[668] Denn nach Art. 29 ist schon Art. 17 Abs. 5 selbst nicht anwendbar, weil

---

660 Siehe hierzu auch Rdn. 177 ff.

661 Anzuwenden ist hier § 278 BGB, nicht Art. 3 CMR, da diese Vorschrift nur für den Frachtführer gilt; siehe Art. 3 Rdn. 1.

662 Insoweit unrichtig das Abstellen der Rechtsprechung auf § 254 BGB; siehe Rdn. 236. Siehe aber zur möglichen Anwendung von § 254 BGB bei grobem Verschulden des Frachtführers nach Art. 29 Rdn. 28.

663 Siehe Rdn. 233.

664 I. E. ähnlich *Koller*[4] Rdn. 54 und Art. 29 Rdn. 8; *Herber/Piper* Rdn. 20; *Thume/Thume* Rdn. 45.

665 *Haak* S. 244; BGH vom 27.6.1985, TranspR **1985** 338, 340 = VersR **1985** 1060 f.

666 Zutreffend *Heuer* 108; BGH vom 27. 6. 1985, TranspR **1985** 338, 340 = VersR **1985** 1060, 1062; A OGH vom 17.2.1982, SZ **55** 20, S. 110 = *Greiter* 127; im Ergebnis auch F CA Paris vom 23.12.1975 BT **1976** 48, 50. Siehe *Haak* S. 244; unklar *Loewe* ETR **1976** 503 ff, Nr. 216 und *Clarke*[2] Nr. 107d; siehe auch *Koller*[4] Art. 29 Rdn. 8.

667 OLG München vom 12.4.1990, TranspR **1990** 280 (Der Absender ist zumindest nach ergänzend anwendbarem deutschen Schuldrecht verpflichtet, auf besondere Schadensrisiken hinzuweisen. Unterläßt er dies, so muß er dies seinem Ersatzanspruch aus Art. 29 CMR entgegenhalten lassen); OLG Nürnberg vom 18. 11. 1998, TranspR **2000** 126 (Unterläßt es der Absender, einen Paketdienst auf den besonders hohen Wert eines Pakets hinzuweisen – hier: Steuerbanderolen im Wert von 307526, 64 DM –, so mindert sich der Ersatzanspruch wegen Verlustes der Sendung um 50 %). Siehe zur Anwendung von Art. 23 Rdn. 73; Art. 29 Rdn. 28.

668 *Haak* S. 244; A OGH vom 17. 2. 1982, SZ **55** 20 S. 108 f = *Greiter* 127, 137; BGH vom 27.6.1985,

auch er die Haftung des Frachtführers mindert. Freilich bleibt ein Defizit, denn aus Gründen der Gerechtigkeit ist dennoch die Berücksichtigung vor allem schweren Mitverschuldens des Geschädigten geboten. Die Lösung kann im Text der CMR gesucht werden, wohl aber mit Hilfe des für den Schadensersatz ohnehin anzuwendenden nationalen Rechts begründet werden. Im übrigen ist die erhöhte Haftung nach Art. 29 auf die Folgen gerade der grob schuldhaften Handlung zu beschränken; siehe Art. 29 Rdn. 24.

b) Umstände, für die der Frachtführer nicht haftet

Der Frachtführer haftet nicht für die in Art. 17 Abs. 2 vorgesehenen Gründe des Haftungsausschlusses, also nicht für Verschulden des Absenders oder Empfängers (auch bei der Erfüllung von deren Nebenpflichten), für deren (auch unverschuldete) Weisungen, für besondere Mängel des Gutes und für unabwendbare Ereignisse; ebenso für die einzelnen bevorrechtigten Haftungsausschlüsse des Art. 17 Abs. 4. Diese Ursachen führen grundsätzlich zu seiner völligen Haftungsbefreiung (bei unterschiedlicher Beweislast). **234**

c) Umstände, für die der Frachtführer haftet

aa) Umstände

Art. 17 Abs. 5 legt als Faktoren einer Schadensteilung zwei Arten von schadensverursachenden Umständen zugrunde: solche, für die der Frachtführer nicht einzustehen hat[669] und solche, für die er auf Grund von Art. 17 CMR haftet.[670] Damit ist das Prinzip der Mitverantwortung beider Parteien deutlich bezeichnet.[671] Danach ist zunächst klar, daß nur schadenskausale Umstände in die Abwägung eingehen können. Die Kausalität ist in der CMR nicht definiert und kann wohl nur mit Hilfe der ergänzend anzuwendenden nationalen Rechtsordnungen bestimmt werden. Wegen der großen Unterschiede zwischen den Begriffen – aber auch den Funktionen – der Kausalität[672] bereitet aber das Kausalitätserfordernis international Schwierigkeiten. Auch in den entsprechenden englischen und französischen Originalfassungen ist wegen der weiten Fassung des Abs. 1 nicht präzise bestimmt, für welche „Umstände" der Frachtführer zu haften hat. Ginge man von einer sog. Gefährdungshaftung aus (siehe Rdn. 28), so müßte man bei jedem Fall des Haftungsausschlusses die „Gefährdung" des Gutes durch den Frachtführer als Schadensursache mit berücksichtigen. Es käme nicht zu vollständigen Haftungsausschlüssen, sondern stets nur zur Schadensteilung. Dies ist ersichtlich nach der CMR nicht gemeint.[673] Vielmehr soll die Schadensteilung nur eintreten, wenn neben den haftungsausschließenden Umständen besondere, dem Frachtführer zuzurechnende Umstände für den Schaden ursächlich sind. **235**

TranspR **1985** 338, 340 = VersR **1985** 1060 f begründet dies damit, daß die in Art. 17 Abs. 5 abzuwägenden Haftungsbefreiung nach Art. 17 Abs. 2 nicht zu berücksichtigen seien. Siehe jedoch für mindestens analoge Anwendung *Koller*[4] Art. 29 Rdn. 8; mit abweichender Begründung auch *Thume/Thume* Rdn. 42–44, *Herber/Piper* Rdn. 20. Weiter differenzierend *Heuer* S. und MüKo/*Basedow* Art. 29 Rdn. 32.

669 „facteurs qui ont causé le dommage", „factors causing the loss, damage or delay".

670 „facteurs dont il répond en vertu du présent article", „factors for which he is liable under this article".

671 MüKo/*Basedow* Rdn. 100; *Herber/Piper* Rdn. 143 bezeichnet die Formulierung der CMR in dieser Hinsicht aber als „nicht sehr gelungen". Siehe hierzu auch *Hill/Messent/Glass*[2] S. 154 f.

672 Siehe Rdn. 62, 67.

673 Zustimmend *Koller* DB **1988** 589, 590.

236 Zu den Umständen, für die der Frachtführer nach Art. 17 haftet, gehört nicht die nachgewiesen völlig unverschuldete Transportgefahr.[674] Solche Umstände sind jedoch vor allem die rein kausale Verantwortung für Mängel des Fahrzeugs (Art. 17 Abs. 3)[675] und die Verantwortung für vermutetes Verschulden nach Art. 18 Abs. 4, 17 Abs. 4d (dazu Rdn. 211 ff und Art. 18 Rdn. 6) dabei ist zu berücksichtigen, daß ein Fehler beim Wenden des Fahrzeuges zur Ermöglichung der vollständigen Ablieferung noch in die Obhutszeit fällt.[676] Weiterhin haftet der Frachtführer für eigene Weisungen an den Empfänger,[677] aber unstreitig auch für andere schuldhafte Handlungen,[678] insbesondere Nebenpflichtverletzungen.[679] *Koller*[680] will die in Art. 17 Abs. 5 zu berücksichtigenden Nebenpflichten unmittelbar aus der CMR (Art. 17 Abs. 5 und Abs. 2) ableiten und hält den Rückgriff auf das ergänzend anzuwendende deutsche Recht[681] für überflüssig. Dies ist systematisch richtig. Praktisch ist jedoch der Rückgriff auf innerstaatliches Recht zur Begründung der Pflichten im Sinne von Art. 17 Abs. 2 kaum vermeidlich, weil hierfür das ganze Instrumentarium des Schuldrechts benötigt wird.

bb) Sorgfaltsmaßstab

237 Aus der Anknüpfung an Art. 17 Abs. 2 kann auch die Anwendbarkeit des verschärften Sorgfaltsmaßstabs des Art. 17 Abs. 2 abgeleitet werden.[682] Freilich ist diese ausweitende Anwendung von Art. 17 Abs. 2 bedenklich, soweit sie auf die Begründung zusätzlicher Pflichten des Frachtführers aus dem verschärften Sorgfaltsmaßstab hinausläuft. Deutlich wird dies z. B. bei der Begründung von Kontrollpflichten des Frachtführers bei fehlerhafter Verladung durch den Absender; siehe Rdn. 181 ff. Die von *Koller*[4] Rdn. 43 vorgeschlagene Verschärfung des Art. 17 Abs. 5 würde die vom Gesetz in Art. 17 Abs. 4 als Regelfall vorgesehene völlige Enthaftung des Frachtführers wieder zur Ausnahme machen und sie letztlich nur dann eingreifen lassen, wenn ohnehin der Entlastungsgrund des Art. 17 Abs. 2 vorläge. Damit würde die Bedeutung des Art. 17 Abs. 4 auf die Gewährung des Beweisvorteils hinsichtlich der Kausalität zwischen besonderer Gefahr und Schadensfall nach Art. 18 Abs. 2 und die

---

674 BGH vom 28. 3. 1985, NJW **1985** 2092 f = TranspR **1985** 261, 264 = VersR **1985** 754, 756 = ETR **1986** 174 ff; *Koller*[4] Rdn. 42.

675 Beiläufig BGH vom 28. 3. 1985, NJW **1985** 2092 f = TranspR **1985** 261, 264 = VersR **1985** 754 ff = ETR **1986** 174 ff. OLG München vom 27. 6. 1979, VersR **1980** 241 f, will in die Abwägung auch Art. 18 Abs. 4 einbringen, was mit dem Wortlaut von Art. 17 Abs. 5 kaum zu vereinbaren ist; zutreffend dagegen OLG Düsseldorf vom 13. 12. 1979, VersR **1980** 286, 287 und A OGH vom 8. 10. 1984, TranspR **1985** 103, 104 = VersR **1985** 795 f = SZ **57** Nr. 150, S. 743 = *Greiter* 239 ff; siehe dazu auch Art. 18 Rdn. 6.

676 LG Hamburg vom 26. 10. 1994, TranspR **1995** 293 f. Siehe dazu auch Rdn. 20, 163.

677 OLG Hamm vom 14. 11. 1985, TranspR **1986** 77, 79 = VersR **1987** 609 f (Verderb von Weintrauben, Weisung des Frachtführers, nicht zu entladen).

678 BGH vom 27. 10. 1978, VersR **1979** 417, 418; BGH vom 28. 3. 1985, NJW **1985** 2092 f = TranspR **1985** 261, 264 = VersR **1985** 754, 756 = ETR **1986** 174 ff; A OGH vom 21. 3. 1977, SZ **50** Nr. 43, S. 196, 200; A OGH vom 17. 2. 1982, SZ **55** 20 S. 109 f = *Greiter* 127, 136 f. Häufig wird dies jedoch in der Rechtsprechung übersehen; OLG Hamm vom 19. 2. 1973, VersR **1974** 28 ff.

679 Sehr häufig bei der vom Frachtführer in Anspruch genommenen Haftungsbefreiung nach Art. 17 Abs. 4c wegen mangelhaften Laden, Stauens oder Befestigens; siehe Rdn. 177 ff. Verletzung der Fürsorgepflicht für das Gut durch Unterlassen bei Beförderung im offenen Waggon OLG Düsseldorf vom 18. 1. 1996, TranspR **1997** 284, 285 (zum Eisenbahnrecht); Beförderung von Käse bei Hitze ohne Hinweis auf die Erforderlichkeit eines Kühlfahrzeugs F CA Aixen-Provence vom 10. 11. 1976, BT **1977** 248 f.

680 *Koller*[4] Rdn. 42 und DB **1988** 592.

681 BGH vom 24. 9. 1987, TranspR **1988** 108, 109 f = VersR **1988** 244, 245 f.

682 *Koller*[4] Rdn. 43, 54 und DB **1988** 591 f. Wohl auch OLG Saarbrücken vom 23. 8. 1985, TranspR **1985** 392, 393 f; deutlich geht dagegen das OLG Wien vom 8. 11. 1990, TranspR **1991** 100, 103 von einem normalen Sorgfaltsmaßstab aus; siehe im übrigen die Rechtsprechung unten Rdn. 241 ff.

Ermöglichung einer Haftungsminderung nach Art. 17 Abs. 5 zusammenschrumpfen. *Koller* DB **1988** 589, 591 hält diesen Resttatbestand für ausreichend, um Art. 17 Abs. 4c nicht „funktionslos" werden zu lassen – eine rein formale, sachlich nicht überzeugende Argumentation. Denn die Rechtsanwendung muß der Erfüllung des gesamten Gesetzeszwecks angepaßt sein[683] und hat nicht nur sicherzustellen, daß den Normen kleine Bedeutungsreste erhalten bleiben. Danach sind die im Rahmen des Art. 17 Abs. 5 zu berücksichtigenden Pflichten nicht nach dem Maßstab der äußersten Sorgfalt (dazu Rdn. 34 f, 74) zu bestimmen. Mit einer solchen Auslegung von Art. 17 Abs. 5 würden letztlich die Vertragspflichten der Parteien erheblich zu Lasten des Frachtführers verändert. Die Abwägung zwischen den vom Absender zu tragenden Risiken und dem Verhaltensrisiko des Frachtführers würde dem Grundgedanken der CMR-Haftungslösung nicht mehr entsprechen.

cc) Beweislast für Umstände, für die der Frachtführer haftet

Die Beweislast für den auf der Seite des Frachtführers liegenden schadensverursachenden Umstand trägt der Geschädigte.[684] In den Fällen des Art. 17 Abs. 4 wird gemäß Art. 18 Abs. 2 S. 2 die Beweislast für die Mitverursachung durch andere als die haftungsbefreienden Gefahrumstände dem Geschädigten auferlegt. Wie für die völlige Ausschaltung der bevorrechtigten Haftungsausschlüsse sollte dies auch für die Schadensteilung nach Art. 17 Abs. 5 gelten. Im übrigen ist davon auszugehen, daß nach allgemeinem Beweisrecht den Beweis führen muß, wer sich auf eine Ausnahme oder eine Rückausnahme beruft; dabei ist der Anscheinsbeweis ausreichend.[685] Der von *Koller*[686] geforderte vereinfachte, die konkrete Kausalität der mitwirkenden Umstände nicht umfassende Nachweis ist kaum begründbar. Hat der Frachtführer das Vorliegen eines nicht bevorrechtigten Haftungsausschlußgrundes nach Art. 17 Abs. 2 bewiesen, z. B. einen besonderen Mangel des Gutes, muß der Geschädigte die Mitverursachung durch konkrete Umstände aus dem Verantwortungsbereich des Frachtführers nachweisen. Hinsichtlich seines Verschuldens (oder Gehilfenverschuldens nach Art. 3) gem. Art. 17 Abs. 2 trifft nach Auffassung des BGH[687] dann den Frachtführer die Entlastungspflicht.[688] Im Hinblick auf den Grundsatz der Beweisnähe[689] ist dies ein sinnvolles Ergebnis. 238

683 *Helm* Haftung, S. 300.

684 BGH vom 27. 10. 1978, VersR **1979** 417, 418; *Baumgärtel/Giemulla* Beweislast Bd. 4 (1988); F Cass vom 4. 2. 1986, ETR **1986** 263 ff unter scharfer Rüge der Vorinstanz und Verweisung an ein anderes Gericht. Siehe Rdn. 216.

685 So ist wohl die Begründung in BGH vom 28. 3. 1985, NJW **1985** 2092 f = TranspR **1985** 261, 264 = VersR **1985** 754 ff = ETR **1986** 174 ff, zu verstehen, es genüge, daß die Umstände „erfahrungsgemäß geeignet sind, sich schädigend auszuwirken". Siehe auch BGH vom 15. 6. 2000, TranspR 2000 459 (Der Frachtführer hat die für die Anwendbarkeit der Beweisvermutung gemäß Art. 18 Abs. 2 Satz 1 CMR erforderliche Schadenskausalität ausreichend dargelegt, wenn er die Möglichkeit eines ursächlichen Zusammenhangs zwischen den in Art. 17 Abs. 4 CMR bezeichneten besonderen Gefahren und einem Verlust des Transportgutes konkret aufzeigt oder dieser aus einer der Gefahren lebenserfahrungsgemäß erfolgt). Siehe ferner auch: *Koller*, LM CMR Nr. 75 (Die Beweislastverteilung bei behaupteter Falschablieferung durch den Frachtführer).

686 *Koller*, Die Haftung des Frachtführers nach CMR wegen unzureichender Überprüfung der Verladung, DB **1988** 589, 592, unter Bezugnahme auf BGH vom 28. 3. 1985; dieses Urteil sagt jedoch nichts generelles zum Kausalitätsnachweis nach Art. 17 Abs. 5 CMR.

687 BGH vom 28. 3. 1985, NJW **1985** 2092 f = TranspR **1985** 261, 264 = VersR **1985** 754, 756 = ETR **1986** 174 ff.

688 BGH vom 24. 9. 1987, TranspR **1988** 108, 110 = VersR **1988** 244 ff. Dies führt dazu, daß auch der verschärfte Verschuldensmaßstab dieser Vorschrift anzuwenden ist; zutreffend *Koller* Rdn. 43, Rdn. 54.

689 BGH vom 24. 6. 1987, BGHZ **101** 172, 177 f = TranspR **1987** 447, 450 f = NJW **1988** 640 ff = VersR **1987** 1212 ff = DB **1988** 548 (nur LS.) = WM **1987** 1340 ff = MDR **1988** 24 f.

d) Grundsätzliche Abwägung

239 Jeder Umstand, der die Nichthaftung begründet, kann gegen einen solchen, den der Frachtführer nicht zu verantworten hat, also insbesondere gegen dessen Verschulden, abgewogen werden, so z. B. Verschulden des Frachtführers (unberechtigte Lagerung von unverpackten Gütern im Freien) gegen schuldhaft fehlende Aufklärung über die Empfindlichkeit der Güter.[690]

e) Ermittlung der Schadensanteile

240 In welcher Weise die Schadensteilung vorzunehmen ist, bestimmt Abs. 5 nicht. Zweckmäßigerweise ist, soweit deutsches Recht ergänzend anzuwenden ist, auf die zu § 254 BGB entwickelten Grundsätze zurückzugreifen,[691] da entsprechende handhabbare Regeln von der CMR nicht vorgegeben sind.[692] Danach ist die Feststellung einer (in der Regel teilweisen) Haftung des Frachtführers trotz Vorliegens von Enthaftungsgründen abhängig vom Grad der Wahrscheinlichkeit für die Schadensentstehung bzw. -höhe, der den beiderseits zu verantwortenden konkreten Umständen beizumessen ist.[693] Es kommen jedoch auch Entscheidungen vor, in denen jedem Partner die von ihm verursachten Schadensbestandteile zugerechnet werden,[694] bei gemeinsamer Verursachung eine nicht handhabbare Formel. Haftungsausschließungsgründe nach Art. 17 Abs. 2 und 4 CMR sind dabei dem Geschädigten, Verschulden und Sondergewährleistung – wie Art. 17 Abs. 3 CMR – des Frachtführers diesem negativ anzurechnen. Besonders schweres Verschulden des Verladers kann trotz Vorliegens eines leichten Mitverschuldens zur gänzlichen Haftungsfreiheit führen.[695] Auf der anderen Seite schließt ein ganz leichtes Mitverschulden des Absenders die Haftung nicht aus.[696] Siehe auch Rdn. 185 und Art. 8 Rdn. 11.

f) Rechtsprechung zu Art. 17 Abs. 5

241 Die Rechtsprechung zu Art. 17 Abs. 5 betrifft zum großen Teil Mitverschulden bei Art. 17 Abs. 4 c (fehlerhafter Absenderverladung, -stauung oder -befestigung).[697] Eine

---

690 Zutreffend, wenn auch ohne Erwähnung von Art. 17 Abs. 2 OLG Köln vom 30. 8. 1990, TranspR **1990** 425, 426 f; kritisch *von Dannenberg* ebenda.

691 S. *Helm* Haftung S. 136 ff; *Heuer* S. 108; OLG Köln vom 2. 2. 1972, VersR **1972** 778, 779; OLG München vom 27. 6. 1979, VersR **1980** 241 f; i. E. auch BGH vom 27.10.1978, VersR **1979** 417, 418; OLG Hamm vom 15.3.1990, VersR **1991** 360 f; OLG Düsseldorf vom 5.12.1996 zu § 34 Ic KVO; A OGH vom 21.3.1977, SZ **50** Nr. 43, S. 196, 200 f; vom 17. 2. 1982, SZ **55** 20 S. 109 = *Greiter* 127, 137.

692 Eine Leerformel ist der Vorschlag von *Koller*[4] Rdn. 54 S. 1064 f, „den Gerichten einen großen Abwägungspielraum zu eröffnen".

693 *Palandt/Heinrichs*[56] § 254 Rdn. 46. Anwendung dieser Grundsätze ohne Bezugnahme auf § 254: OLG Hamm vom 15.3.1990, VersR **1991** 360. Zur konkurrierenden Kausalität siehe OLG Hamm aaO und *Palandt/Heinrichs*[56] Vorbem v § 249 Rdn. 86.

694 Z. B. OLG Saarbrücken vom 23. 8. 1985, TranspR **1985** 392, 393 f; F CA Aix-en Provence vom 18. 12. 1980, BT **1981** 143 f.

695 BGH vom 27.10.1978, VersR **1979** 417, 418.

696 OLG München vom 17.7.1991, TranspR **1991** 427, 428; OLG Hamburg vom 14.12.1978 VersR **1980** 584.

697 BGH vom 27.10.1978, VersR **1979** 417, 418 (Fahrer trotz Beanstandung überhoher Ladung durch Androhung Auftragsentzugs zur Abfahrt gezwungen; keine Haftung wegen überschweren Verschuldens des Verladers); BGH vom 24. 9. 1987, TranspR **1988** 108, 110 = VersR 1988 244 ff (Fahrer bemerkte Beförderungsunsicherheit oder hätte sie bemerken müssen); OLG Zweibrücken vom 23.9.1966, VersR **1967** 145, 146 f (Verderb von Pfirsichen durch mangelhafte Verladung, unsachgemäßes Umladen und verzögerte Beförderung); OLG Hamm vom 15.3.1990, VersR **1991** 360 f (Verderb von Tiefkühlgut in unzureichend ausgestattetem Fahrzeug und Stauen ohne Abstände zur Luftzirkulation durch Absender); OLG Köln vom 2.2.1972, VersR **1972** 778 (Fahrtantritt in Kenntnis unzureichender Verladung und Verpackung von Marmorplatten, ganz überwiegendes Verschulden des Frachtführers); OLG Saarbrücken vom 21.11.1974, VersR **1976**, 267 ff

Kontrollpflicht wird grundsätzlich verneint,[698] aber eine Hinweispflicht des Frachtführers (aus Nebenpflicht) wird je nach Fall, aber doch nicht selten angenommen, besonders wenn der Frachtführer oder der Fahrer das Risiko bemerkt hat. Die französische Rechtsprechung dehnt dagegen die Verantwortung des Frachtführers deutlicher aus, insbesondere für die Kontrolle der Absenderverstauung.[699] Mitverschulden wird im übrigen auch in der sonstigen internationalen Rechtsprechung berücksichtigt.[700]

Es gibt jedoch auch Fälle, in denen der **Fahrtantritt nach vom Absender abgelehntem Hinweis auf Verladungsmängel** nicht als Mitverschulden des Frachtführers angerechnet wird.[701] **242**

Stoppt z. B. der Frachtführer bei einem Schaden fernschriftlich das Entladen bis zum Eintreffen des von einem seiner Unterfrachtführer beauftragten Sachverständigen, muß der Empfänger dies nach Art. 30 Abs. 5 befolgen; der Frachtführer kann sich dann nicht darauf berufen, der Schaden habe sich vergrößert, weil die Ladung nicht sofort in ein Kühlhaus verbracht worden sei.[702] **243**

2. Haftungsbegrenzungen

Der zu leistende Schadenersatz bestimmt sich nach den haftungseingrenzenden Vorschriften der Art. 23 Abs. 1 bis 5 CMR und Art. 24 bis 27 CMR. Siehe zu diesen Vorschriften die jeweilige Kommentierung. Voller Schadenersatz ist im Falle des Vorsatzes und der gleichgestellten Fahrlässigkeit nach Art. 29 zu leisten. **244**

(Umfallen von Weißblechrollen, die vom Absender fehlerhaft gestaut waren, Fortsetzung der Fahrt trotz Kenntnis des Fahrers von der Gefahr für die übrige Ladung); OLG München vom 28.7.1995, TranspR **1996** 240 ff (fehlerhafte Stauung, vom Fahrer erkannter Fehler nicht nachhaltig beanstandet); OLG Saarbrücken vom 23.8.1985, TranspR **1985** 392, 395 (Fahrfehler und fehlerhafte Verladung); OLG Düsseldorf vom 25.3.1993, TranspR **1994** 439 ff (keine Kontrollpflicht auf Beförderungssicherheit); OLG Düsseldorf vom 21. 4. 1994, TranspR **1995** 347 ff = NJW RR 1253 ff (schlecht verzurrtes schweres Stahlcoil, Mitverschulden des Fahrers in einer Kurve, hälftige Teilung).
Nicht auf Ladefehlern beruhenden Schadensteilungen: LG Hamburg vom 26.10.1994, TranspR **1995** 293 f (Fahrfehler und Weisung des Empfängers).

698 Siehe Rdn. 181.

699 Zunächst auf die analoge Anwendung von Art. 8 Abs. 1b gestützt: Grundsätzlich noch F Cass vom 3.5.1976, BT **1976** 317 (Fahrtantritt trotz offenkundiger Stauungsmängel); vom 14. 6. 1976, BT **1976** 342; dann auf allgemeine Grundsätze, die wohl dem französischen Recht entnommen sind: F CA Lyon vom 19. 3. 1975, BT **1975** 169 f; F CA Aix-en-Provence vom 10.11.1976, BT **1977**, 248 (Beförderung von Käse bei Hitze wie bestellt in normalem KFZ, keine Hinweise des Frachtführers auf das Risiko, 3/4 Schadensanteil des Absenders); F Cass vom 17.4.1980, BT **1980** 313; F TribCom Paris vom 11.6.1980, BT **1980** 399 f (Schadensteilung wegen mitwirkenden Kontrollverschuldens des Frachtführers); F CA Paris vom 22. 6. 1982, BT **1981** 432 f; F CA Paris vom 31. 3. 1977, BT **1977** 315 f (Schadensteilung: Nichtüberprüfung von Staufehlern und keine Vorbehalte im Frachtbrief, Schäden vor Verladung); F CA Nîmes vom 5.11.1980, BT **1980** 600, 602 (Frachtführer hatte große Erfahrung mit russischen Straßen und kontrollierte die unzureichende Absenderverladung nicht); F CA Pau vom 16. 12. 1987, BT **1988** 653 f (Alleinhaftung des Frachtführers bei Staufehler); F CA Aix-en-Provence vom 18.12.1980, BT **1981** 143 f. Dazu *Lamy 98* I Nr. 478, 409. **Dazu kritisch** *Silingardi* S. 68.

700 A OGH vom 25. 9. 1968, ETR **1973** 309, 316 ff = HS 6509/38 S. 334 f (Fahrtantritt trotz bemerkter fehlerhafter Ladung); vom 21.3.1977, SZ **50** Nr. 43, S. 196, 200 (Fahrtantritt trotz bemerkter fehlerhafter Ladung); NL Hof 's Hertogenbosch vom 21.12.1965, ETR **1966** 684 ff (Befestigungsfehler und Schleudern des Anhängers); NL Rb Roermond vom 2.1.1969, ETR **1969** 1005, 1009 (Verladefehler und Nichtanbringen eines Schotts gegen Verrutschen der Ladung); I CA Venedig vom 31. 10. 1974, ETR **1975** 242 ff (LS) (Mitverschulden bei Art. 17 Abs. 4d, Bananen, Schadensteilung bei überlanger Beförderungszeit).

701 OLG Wien vom 8.11.1990, TranspR **1991** 100, 103; OLG Stuttgart vom 16.1.1980, VersR **1980** 979, 980 (allerdings Rückfragepflicht bei nachträglichem Bemerken von möglicher Schädigung).

702 OLG Hamm vom 14.11.1985, TranspR **1986** 77, 79 = VersR **1987** 609 f.

F. Geltendmachung der Ansprüche

I. Person des Ersatzberechtigten

1. Formelle Ersatzberechtigung

a) Gesetzliche Regelung in der CMR; Auslegungsmöglichkeiten aus der CMR

aa) Grundsätzliches

245 Zu den Grundfragen der Ersatzberechtigung siehe § 429 HGBaF Rdn. 140 ff. Als formell Ersatzberechtigte nach der CMR kommen in Betracht: der Absender und der Empfänger[703] sowie der vom Empfänger bezeichnete Dritte (Sekundärempfänger); Art. 12 Abs. 4 CMR; siehe dort Rdn. 35; siehe § 429 HGBaF Rdn. 140 ff, 148 f; siehe auch Art. 13 Rdn. 8. Die Aktivlegitimation muß der Kläger konkret behaupten und nachweisen.[704] Die Ersatzberechtigung des Absenders ergibt sich aus seiner Stellung als Vertragspartner des Frachtführers, die des Empfängers für die wichtigsten Haftungsfälle aus Art. 13; siehe dort Rdn. 13 ff. Durch die Vertragsgestaltung läßt sich die Rechtsposition in weitem Umfang gestalten. Die Position des Empfängers als Gläubiger der Rechte aus dem Frachtvertrag kann bereits im voraus durch Frachtbriefeintragung (Art. 12 Rdn. 25, 28) und später durch die Ausübung der Verfügungsrechte des Absenders (Art. 12 Rdn. 32–35) begründet werden. Sie kann auch durch Benennung eines neuen Empfängers wieder entzogen werden (Art. 12 Rdn. 13). Das Recht, vertragsändernde Verfügungen zu treffen, ist in Art. 12 technisch kompliziert geregelt. Art. 12 und 13 sind schon in ihren Texten eng miteinander verknüpft. Klagt eine **andere Person als der Absender, der Empfänger oder ein Sekundärempfänger** (oder deren Vertreter) den Schaden ein, muß die Klage abgewiesen werden,[705] wenn die Ansprüche nicht abgetreten oder gesetzlich übergegangen sind oder zulässigerweise in Prozeßstandschaft geltend gemacht werden; siehe unten Rdn. 248.

bb) Aktivlegitimation des Absenders als Vertragspartner

246 Die Ansprüche gegen den Frachtführer stehen zunächst dem Vertragspartner zu. Hiervon geht die CMR, wie auch andere frachtrechtliche Regelungen, aus.[706]

cc) Aktivlegitimation des Empfängers und Sekundärempfängers

247 Ersatzberechtigt sein kann aber auch der Empfänger als Adressat der Sendung (als Begünstigter aus dem Frachtvertrag als Vertrag zu Gunsten Dritter), Art. 13 Abs. 1 S. 2, Art. 12 Abs. 1 S. 2, Abs. 2, Abs. 3; dazu Art. 13 Rdn. 1, 13. Empfänger und damit ersatzberechtigt sein kann aber auch eine andere durch Absenderverfügung benannte Person (Sekundärempfänger). Er verliert seine Ansprüche nicht durch Annahmeverweigerung; siehe Art. 13 Rdn. 1. Zu Ansprüchen gegen den Unterfrachtführer siehe dort Rdn. 2.

---

703 Siehe Art. 13 Rdn. 1, 14 ff; zum Frachtrecht im allgemeinen § 429 HGBaF Rdn. 140 ff.

704 Neuerer Fall, Abweisung: OLG Düsseldorf vom 1. 6. 1995, TranspR **1996** 109 f.

705 A OGH vom 9. 9. 1982, TranspR **1984** 42 f = *Greiter* 170, 173.

706 Grundsätzlich unbestritten: *Koller*[4] Art. 13 Rdn. 8; MüKo/*Basedow* Art. 13 Rdn. 20; *Thume/ Temme* Art. 13; *Thume/Seltmann* Art. 13 Rdn. A 26; Rdn. 26; *Herber/Piper* Rdn. 30.

dd) Abtretung und Forderungsübergang der Rechte aus dem Frachtvertrag

Die Rechte aus dem Frachtvertrag können von Absender und Empfänger durch Abtretung[707] auf beliebige Personen übertragen werden, oder kraft Gesetzes auf dritte Personen übergehen.[708] Ebenso sind Einziehungsermächtigungen möglich. Werden die Ansprüche abgetreten, tritt an die Stelle des Zedenten der Zessionar als berechtigter Inhaber des Anspruchs. Da Abtretung und Forderungsübergang[709] wegen der vielgestaltigen Rechtsverhältnisse des Transportgeschäfts in vielen Fällen zunächst nicht klar zutage treten,[710] insbesondere verdeckt erfolgen können, werden sie oft erst durch die Behauptungen der Prozeßparteien geltend gemacht. 248

ee) Konkurrierende Berechtigung von Absender und Empfänger

Kommen sowohl der Absender und der Empfänger als Berechtigte in Betracht, muß entschieden werden, ob nur einer von ihnen oder beide gleichzeitig berechtigt sein sollen. Vor allem durch Ausübung des Verfügungsrechts wird der Empfänger Berechtigter.[711] In seiner (nicht verbindlichen) deutschen Fassung der CMR legt der Text nahe, daß jeweils der frachtrechtlich **Verfügungsberechtigte auch** formell **Ersatzberechtigter** ist.[712] Ersetzt man den Begriff des „Verfügungsberechtigten" neutraler mit dem des „Berechtigten",[713] wird klarer, daß „Verfügungsberechtigter" im deutschen Text zu weit ist: Art. 18 Abs. 2 teilt in S. 2 die Beweislast für die Kausalitätsvermutung des S. 1 dem Berechtigten (ayant droit; claimant) zu. Art. 20 Abs. 1 gestattet dem Berechtigten (ayant droit, person entitled to make a claim), die Rechte bei Überfälligkeit von Gütern geltend zu machen. Nach Art. 27 Abs. 1 steht dem Berechtigten (ayant droit, claimant) der Zinsanspruch zu (eine Verfügung wird in diesem Falle nicht getroffen); nach Art. 16 Abs. 4 steht dem Berechtigten (ayant droit, person entitled to dispose of the goods) ebenso der Erlös aus dem Verkauf des Gutes bei Ablieferungshindernissen zu. Art. 14 Abs. 2 erklärt bei Beförderungshindernissen das Interesse des Verfügungsberechtigten (personne qui a le droit de disposer de la marchandise, person entitled to dispose of the goods) als entscheidenden Punkt für die Haftung des Frachtführers. Auch der Text der CMR läßt allerdings bereits in den englischen und französischen Originalfassungen (Art. 51) eine widersprüchliche Terminologie erkennen. Der Versuch der gemeinsamen Übersetzung der deutschsprachigen Länder hat durch die einheitliche Verwendung des Begriffs „Verfügungsberechtigter" die ähnlichen Fälle zumindest sprachlich bündeln wollen. Auch sachlich entsprach dies etwa dem Normengefüge der CMR; siehe Art. 12 Rdn. 10. Dem so benannten „Verfügungsberechtigten" stehen in der Tat fast alle wichtigen Rechtsposi- 249

---

707 Siehe § 429 HGBaF Rdn. 143, 161, 166; MüKo/*Basedow* Rdn. 4. Der Absender muß sie vorher nicht selbst gegen den Frachtführer geltend gemacht haben: BGH vom 28.4.1988, NJW **1988** 3095 f = TranspR **1988** 338, 339 = VersR **1988** 825 f.

708 Insbesondere auf den Versicherer nach § 67 VVG; siehe § 429 HGBaF Rdn. 143; zur Regreß-Aktivlegitimation des Güterversicherers gegen den Versicherungsnehmer nach französischem Recht F CA Paris vom 22.6.1977, BT **1977** 468 f. Zur Abtretung an den Assekuradeur siehe neuestens wieder OLG München vom 10.1.1997, TranspR **1997** 277, 279. Siehe ferner MüKo/*Basedow* Rdn. 5; *Koller*[4] Rdn. 10. Auch in ausländischen Rechten ist der Forderungsübergang auf den Versicherer häufig: im französischen Recht gem. *Ferid/Sonnenberger*[2] Bd. 2 Rdn. 2 M 150 und 3 M 133 (subrogation).

709 Siehe z. B. § 429 HGBaF Anh. I Rdn. 107 ff.

710 Siehe etwa BGH vom 3.7.1974, NJW **1974** 1616 f = VersR **1974** 1013 f = WM **1974** 864; siehe z. B. zur Frage ausländischen (türkischen) Rechts OLG Karlsruhe vom 25.2.1999, TranspR **1999** 349 f.

711 Siehe Rdn. 245.

712 Siehe zum Begriff des Verfügungsberechtigten und zum folgenden überhaupt Art. 12 Rdn. 10 ff.

713 Siehe Art. 12 Rdn. 10 f.

tionen zu. Aus ihr hat man teilweise abgeleitet, auch die Ersatzberechtigung stehe, wie andere das Gut surrogierende Positionen, jeweils dem Verfügungsberechtigten zu. Dies war auch im Eisenbahnrecht in § 95 EVO konsequent geregelt, und im internationalen Eisenbahnrecht in Art. 54 § 3 CIM 1980 (entsprechend des Art. 42 § 3 CIM 1970[714]) angelegt.[715] Diese Auffassung hätte den Vorteil, eine **Doppellegitimation** zwischen Absender und Empfänger auszuschließen. Vom BGH wurde zeitweilig die Koppelung von Verfügungsberechtigung und Anspruchsberechtigung für die Begründung von Empfängerrechten akzeptiert. Für sie habe auch ich wiederholt Stellung genommen.[716] Sie ist zeitweilig in der Literatur und in einem Teil der Rechtsprechung vertreten worden.[717] *Koller*[718] schlägt vor, der Begriff „Verfügungsberechtigter" solle in den Artikeln 18, 20, 27 den Absender und den Empfänger zusammen umfassen. Mit dieser (zulässigen) Auslegung würde allerdings dem Begriff „Verfügungsberechtigter" die Fähigkeit genommen, zwischen Absender – und Empfängerpositionen abzugrenzen.[719]

250 Die automatische **Koppelung von Aktivlegitimation frachtrechtlicher Verfügungsbefugnis** i. S. d. deutschen Übersetzung der CMR **ist nunmehr überholt**: Durch die Neuregelung von § 421 Abs. 1 S. 2 HGB für das innerdeutsche Frachtrecht, aber auch durch die deutsche und internationale Rechtsprechung.[720] Damit ist auch die Möglichkeit der Doppellegitimation fast einhellig von der – auch **internationalen**[721] – Rechtsprechung und Literatur anerkannt und die gegenteilige Meinung wird von mir aufgegeben.

b) Geltendmachung durch Dritte, in der CMR nicht vorgesehene Personen

aa) Prozeßstandschaft, Rechtsstandschaft

251 Die Geltendmachung von Ansprüchen durch Personen, die formell nicht Inhaber des Rechts sind, ist jedenfalls nach deutschem Recht im Transportbereich sehr häufig. Sie wird rechtlich durch gewillkürte Prozeßstandschaft ermöglicht,[722] die von der

[714] Dazu *Staub/Helm*³ Art. 42 CIM 1970, Anh. II nach § 460 HGBaF.

[715] Die ausdrückliche Anknüpfung der Ersatzberechtigung an das Verfügungsrecht in § 95 EVO wurde 1998 durch TRG aufgehoben. § 421 Abs. 1 S. 2, 3 HGBnF bestimmen nunmehr teilweise, daß Absender und Empfänger gleichzeitig legitimiert sein können.

[716] Siehe zuletzt § 429 HGBaF Rdn. 148 ff.

[717] Voraufl. Art. 17 Anm. 30; *Helm* Haftung, S. 37; *Heuer*, 178 Fn. 672; OLG Hamm vom 4. 11. 1971, VersR **1973** 911, 912 = ETR **1974** 499, 501 f; OLG Saarbrücken vom 21. 11. 1974, NJW **1975** 500 ff = VersR **1976** 267, 269; A OGH vom 22. 11. 1984, *Greiter* 253, 257 f; *Groth* RIW/AWD **1977** 267.

[718] *Koller* VersR **1982** 415.

[719] *Helm* TranspR **1983** 29, 30. *Koller* weist auf S. 415 auf Art. 31 Abs. 2 CMR hin.

[720] Durch übereinstimmende ergänzende Anwendung nationalen Rechts wird der Kreis der Aktivlegitimierten übereinstimmend erweitert; siehe Art. 1 Rdn. 66.

[721] A OGH vom 12. 4. 1984, TranspR **1985** 344, 345 = SZ **57** 75, S. 342 ff; vom 28. 6. 1988, TranspR **1989** 222, 225 = VersR **1989** 980 f; A OLG Linz vom 27. 11. 1989, TranspR **1990** 154, 155 f; zum nationalen französischem Recht *Lutz* TranspR **1991** 6; *Lamy* 99 I Nr. 555; *Silingardi* S. 98; zum englischen *Hill/Messent/Glass*² S. 90; zum niederländischen NL Hof 's Gravenhage vom 18. 2. 1969, SS **1969** 177 f; NL Rb Dordrecht vom 10. 5. 1967, SS **1967** 181, 182 Nr. 70; zum belgischen B TribCom Antwerpen vom 7. 12. 1973, ETR **1976** 295, 299. Siehe auch Art. 13 Rdn. 14 ff.

[722] Siehe BGH vom 10. 4. 1974, NJW **1974** 1614, 1616 = VersR **1974** 796 ff (Absender für Empfänger); vom 6. 5. 1981, NJW **1981** 2640 = TranspR **1981** 41 ff = ETR **1982** 313 ff (Geschädigter für liquidationsberechtigten Spediteur); im Grundsatz auch BGH vom 15. 10. 1998, TranspR **1999** 102–106; OLG Düsseldorf BGH vom 14. 7. 1986, TranspR **1987** 24 ff (Assekuradeur für führenden Versicherer); vom 8. 2. 1996, TranspR **1997** 206 f; zur Prozeßstandschaft, insbesondere des Assekuradeurs, siehe § 429 HGBaF Rdn. 163.
Literatur: *Thume/Thume* vor Art. 17 Rdn. 17 ff, Art. 13 Rdn. 29; *Herber/Piper* Rdn. 23–25.

Rechtsprechung in Frachtschadensprozessen sehr häufig bejaht werden.[723] Die Zulässigkeit der Prozeßstandschaft bestimmt sich grundsätzlich nach dem als lex fori geltenden deutschen Recht. Das Sachrecht des Schuldstatuts kommt für die Wirksamkeit der Prozeßführungsermächtigung möglicherweise ebenfalls in Betracht; BGH vom 24.2.1994, WM **1994** 958, 959. Sie gestattet jedoch keine Abtretung des Anspruchs an Dritte.[724] Im vorprozessualen Stadium wird nicht von Prozeßstandschaft, sondern von Rechtsstandschaft[725] gesprochen. Allerdings ist diese in größerem Maße eingeschränkt; siehe eingehend § 429 HGBaF Rdn. 14 f.

bb) Drittschadensliquidation

Der zur Geltendmachung der Ansprüche Berechtigte kann mit Hilfe der Drittschadensliquidation Schäden betroffener Dritter einklagen; siehe § 429 HGBaF Rdn. 158 ff. Dafür ist das ergänzend anzuwendende Recht maßgeblich;[726] die CMR schweigt dazu. Die Behandlung der Drittschadensliquidation in CMR-Fällen ist fast allgemein anerkannt und unterscheidet sich nicht von der zum innerdeutschen Frachtrecht.[727] Gegen sie wendete sich aber *Koller,*[728] der diese durch den **Vertrag mit Schutzwirkung für Dritte** ersetzen wollte – im Gegensatz zur ganz herrschenden Lehre und der gesamten Rechtspraxis.[729] Er stützte sich ausschließlich auf das nach seiner Auffassung allein (ergänzend) anzuwendende deutsche Recht und versperrte damit die Entwicklung einer einheitlichen Auslegung der CMR. Die Kritik von *Koller* an der weiten Verwendung der Drittschadensliquidation und die Bevorzugung des Vertrags mit Schutzwirkung für Dritte sind nicht anzuerkennen. Der Hauptfrachtführer ist zur Liquidation der Ansprüche des Absenders gegen den Unterfrachtführer berechtigt.[730] 252

723 Dazu § 429 HGBaF Rdn. 163 f.

724 BGH vom 12. 2. 1998, TranspR **1999** 125, 127.

725 Siehe § 429 HGBaF Rdn. 164 f; z. B. schon Schadensreklamation des Speditionsversenders anstelle des absendenden Spediteurs in der Befugnis, den Schaden wirksam zu reklamieren, BGH vom 20. 2. 1970, VersR **1970** 416, 417 (zur KVO); zur CMR unter dem Begriff „Rechtsstandschaft" anerkannt: BGH vom 24. 10. 1991, BGHZ **116** 15, 20 = TranspR **1992** 177 f = VersR **1992** 640 f. *Herber/Piper* vor Art. 17 Rdn. 25. Ähnlich im Ergebnis für die Geltendmachung von CMR-Ansprüchen durch den Versender (bei Ausstellung eines Frachtbrief) F CA Paris vom 13. 4. 1970, BT **1970** 167 f. Die observation S. 168 weist dazu auf Art. 101 Ccom hin.

726 *Thume* in *Fremuth/Thume* Frachtrecht, Rdn. 15.

727 Angelegt in § 421 Abs. 1 S. 3 HGB; bisher § 435 S. 1 HGBaF. Siehe aus der Rechtsprechung speziell zur CMR: BGH vom 10. 4. 1974, NJW **1974** 1614, 1616 = VersR **1974** 796 ff; vom 1. 10. 1975, VersR **1976** 168 f; vom 7. 3. 1985, TranspR **1985** 335, 337; vom 14. 3. 1985, TranspR **1985** 335, 337; vom 20. 4. 1989, TranspR **1989** 413 f = VersR **1989** 1168; OLG Düsseldorf vom 12. 12. 1985, TranspR **1986** 56, 59 = VersR **1986** 1069 f; OLG Hamburg vom 28. 2. 1985, TranspR **1985** 188, 189; OLG Hamm vom 11. 3. 1976, NJW **1976** 2077, 2078; OLG Koblenz vom 2. 7. 1976, VersR **1976** 1151 f; OLG München vom 21. 7. 1989, TranspR **1989** 324, 325; siehe zu anderen frachtrechtlich Vorschriften § 429 HGBaF Rdn. 160.
Aus der Literatur siehe *Thume/Thume* vor Art. 17 Rdn. 13–16; Art. 13 Rdn. 28; *Thume* in *Fremuth/Thume* Frachtrecht, Rdn. 15; *Herber/Piper* vor Art. 17 Rdn. 19–22; *Jesser* S. 158; wohl auch MüKo/*Basedow* Rdn. 6.

728 VersR **1982** 414 ff, *Koller*³ Rdn. 8 mit Verweisen auf § 407 HGBaF und § 429 HGBaF. Differenzierter jetzt *Koller*⁴ Rdn. 8 f. Diese Konstruktion wurde in der frachtrechtlichen Praxis wegen der dort bestehenden Sonderregelungen bisher kaum genutzt; siehe § 429 HGBaF Rdn. 156; *Helm* TranspR **1983** 33 f; MüKo/*Basedow* Art. 13 Rdn. 6.

729 Siehe § 429 HGBaF Rdn. 156.

730 A OGH vom 26. 11. 1996, TranspR **1997** 281, 283 f (Aufgabe bisheriger Rechtsprechung). Dazu auch *Herber/Piper* vor Art. 17 Rdn. 22.

c) Bedeutung der Ersatzberechtigung für Verjährungshemmung und -unterbrechung

253 Die Hemmung der Verjährung ist nach Art. 32 Abs. 2 CMR davon abhängig, daß der Schaden vor Ablauf der Verjährungsfrist schriftlich reklamiert wird. Die Bestimmung sagt nicht ausdrücklich, wer die Reklamation vornehmen muß. Doch wird allgemein davon ausgegangen, daß dies eine Person sein muß, die zur Geltendmachung der Ansprüche legitimiert oder doch mindestens dazu ermächtigt ist (Rechtsstandschaft).[731]

II. Reklamationen, Klagen, Verjährung

254 Siehe hierzu Art. 30 Abs. 3 CMR (Vorbehalt binnen 21 Tagen); zur Geltendmachung Art. 31 und zur Verjährung Art. 32 CMR.

G. Konkurrierende Anspruchsgrundlagen

I. Allgemeines

255 Die Problematik der Konkurrenz zwischen CMR-Haftung und allgemeinen bürgerlich rechtlichen Ansprüchen hatte seit Bestehen der CMR sichtbar an Bedeutung gewonnen,[732] die teilweise durch die Haftungsbegrenzungen des neuen deutschen Frachtrechts zurückgehen wird (431–435 HGBnF). Die Haftung nach der CMR ist ohnehin in wesentlichen Punkten eingeschränkt.[733] Vor allem ist jedoch die Obhutshaftung durch die festgelegte Beschränkungssumme des Art. 23 Abs. 3 seit 1956 drastisch auf etwa ein Viertel der ursprünglichen Kaufkraft gesunken und spiegelt daher heute bei weitem nicht mehr den Wert einer Durchschnittsladung wider. Der Rückgriff auf ergänzend anzuwendendes innerdeutsches Recht versprach demgegenüber vor allem die volle Haftung für alle Schäden. Auch in anderen Beziehungen ist er vielfach für den Auftraggeber günstig. Rechtsprechung und Literatur haben daher der unbeschränkten bürgerlich rechtlichen Haftung möglichst weite Spielräume eröffnet. Durch § 433 HGBnF wird zwar seit 1998 die Haftung für „sonstige Vermögensschäden" neben Frachtverträgen auf ein Drittel der innerstaatlichen gesetzlichen Haftungsbeschränkung begrenzt. Unbegrenzt wird jedoch nach bürgerlichem Recht weiterhin gehaftet, wenn es sich nicht um Folgeschäden des Güter- oder Lieferfristschadens handelt. Inwieweit freilich diese in ihrer Tragweite unklare Vorschrift[734] auch auf CMR-Ansprüche anzuwenden ist, bleibt zu klären, insbesondere angesichts des Umstands, daß die CMR in Art. 28 die Vertragshaftung des Frachtführers außerhalb der geregelten Fälle nicht beschränkt; siehe Art. 28 Rdn. 1 f.

---

731 Siehe Rdn. 251; Art. 32 Rdn. 121; zum allgemein frachtrechtlichen Problemstand siehe § 429 HGBaF Rdn. 164 f.

732 Siehe zum Folgenden *Helm* Ansprüche aus Leistungsstörungen nach deutschem Recht neben der CMR, Aktuelle Fragen des deutschen und internationalen Landtransportrechts, (Schriften zum Transportrecht 12, 1995 S. 80–95.

733 Siehe § 429 HGBaF Rdn. 207–213, 215 f; Art. 17 Rdn. 52 ff; Art. 23 Rdn. 1 ff.

734 Kritisch *Koller* FS Herber, 106 ff.

II. CMR als vorrangige Regelung

Ob neben oder anstelle einer CMR-Regelung andere Rechtsnormen des deutschen Rechts eingreifen, ist von bestimmten Voraussetzungen abhängig. Nach deutschem IPR (Kollisionsrecht) findet deutsches Sachrecht grundsätzlich Anwendung aufgrund Rechtswahl der Parteien[735] oder aufgrund des gesetzlichen Schuldstatuts nach Art. 28 EGBGB, insbesondere dort nach Absatz 4[736] (Hauptniederlassung des Beförderers in Deutschland). Auch Verweisungen in der CMR selbst können auf deutsches Sachrecht führen. Da für alle Prozesse vor deutschen Gerichten deutsches Kollisionsrecht gilt, kann als Grundlage im Regelfall die Ergänzung der CMR durch deutsches Privatrecht angenommen werden. Nicht in der CMR geregelt sind unspezifische Fragen des Schuldrechts: Vor allem Abschluß und Aufhebung des Frachtvertrags und die Vergütung. Diese richten sich nach allgemeinem Vertragsrecht. In diesen Bereich gehören auch die Ladefristen, deren Verletzung nach dem Schuldrecht des Vertragsstatuts zu beurteilen sind. Sie unterliegen insbesondere nicht der besonderen Haftung nach Art. 17 CMR, aber auch nicht den CMR-Haftungsbeschränkungen. Auf derartige Pflichten finden die nationalen Regeln der Leistungsstörungen Anwendung.[737] 256

Zu anderen Verträgen siehe Art. 1 Rdn. 29 ff. 257

Deutsches Leistungsstörungsrecht ist allerdings **grundsätzlich nur subsidiär** anzuwenden. Denn die Sonderregeln der CMR gelten gegenüber dem deutschen Frachtrecht wie auch dem deutschen Schuldrecht des BGB als leges speciales vorrangig. Voraussetzung für den Vorrang der CMR ist, daß die CMR für den betreffenden Frachtvertrag gilt und die streitgegenständliche Rechtsfrage regelt. Die CMR-Geltung ist in Art. 1, 2 umfassend und sehr großzügig geregelt. Die CMR läßt sich auch nicht abbedingen, weil sie nach beiden Richtungen zwingend ist (Art. 41).[738] 258

III. Ansprüche wegen Verlust, Beschädigung und Überschreitung der Lieferfrist

Art. 17 CMR regelt die Haftung des Frachtführers erschöpfend, soweit Verluste und Beschädigungen des Gutes während der Obhutszeit betroffen sind, und soweit sich Ansprüche aus Überschreitung der Lieferfrist ergeben.[739] Wären neben Art. 17 noch Ansprüche aus anderen vertraglichen Anspruchsgrundlagen – z. B. nach deutschem und österreichischem Recht aus Unmöglichkeit, Schuldnerverzug und positiver 259

---

735 Art. 27 EGBGB, siehe § 425 HGBaF Rdn. 58 ff.

736 § 425 HGBaF Rdn. 60.

737 Die Nichteinhaltung einer Ladefrist führt daher zu unbeschränkter Haftung nach Schuldrecht; die Beschränkung der Haftung auf die Fracht (Art. 23 Abs. 5) ist auch nicht analog anzuwenden. Siehe Art. 19 Rdn. 11.

738 Der Ausnahmefall des Art. 40 (Art. 37, 38 unter Frachtführern) ist uninteressant.

739 OLG Düsseldorf vom 2. 12. 1982, VersR **1983** 749; vom 9. 10. 1986, TranspR **1986** 429 ff = RIW **1987** 471 f; OLG Frankfurt vom 17. 11. 1981, TranspR **1982** 106, 108; vom 24. 6. 1991, MDR **1992** 242 f; OLG Düsseldorf vom 9. 3. 1995, TranspR **1995** 288 ff; AG München vom 27. 6. 1996, TranspR **1997** 341, 342; A OGH vom 14. 11. 1984, SZ **57** 173 S. 844 ff (in TranspR **1985** 346 ff unvollständig abgedruckt); vom 12. 12. 1984, SZ **57** 196 S. 980 f = TranspR **1986** 426, 427; vom 13. 6. 1985, SZ **58** 102 S. 491 = TranspR **1988** 13 ff; allgemein zur frachtrechtlichen Obhutshaftung BGH vom 10. 7. 1997, TranspR **1998** 106–110; *Heuer* 185; *Glöckner*[7] Rdn. 1 ff; *Piper* VersR **1988** 208; *Koller*[4] Rdn. vor Art. 1 CMR Rdn. 30. Zum gleichen Problem siehe *Silingardi* S. 136 ff.
OLG Köln vom 26. 9. 1985, TranspR **1985** 285, 287 will wohl nur die Haftungsbeschränkungen der CMR auf Güterschäden anwenden (im Ergebnis also entsprechend der allgemeinen Auffassung). Siehe auch Art. 23 Rdn. 1; generell § 429 HGBaF Rdn. 230 ff, insbesondere 233 ff (Obhutshaftung) und 242 ff (Lieferfristhaftung).

Vertragsverletzung – zugelassen, so könnten damit die Haftungsausschlüsse des Art. 17 Abs. 2 und 4 und die Haftungsbeschränkungen des Art. 23 und 25 ausgeschaltet werden.[740] Dagegen schließt die CMR eine (insoweit unbeschränkte) Haftung aus allgemeinem Vertragsrecht nicht aus, soweit nicht gerade die in Art. 17 Abs. 1 (und anderen Vorschriften der CMR) geregelten Fälle betroffen sind.[741] Auch eine Haftung aus Verschulden bei Vertragsschluß ist möglich, da Fragen des Vertragsschlusses von der CMR nicht geregelt werden. Denkbar ist auch eine Berücksichtigung als Mitverschulden bei Schäden nach Ablieferung (nachvertragliches Verschulden).[742]

IV. Sonderregelungen der CMR für andere Schadensarten

260 Schäden, die durch Verletzung von Vertragspflichten unmittelbar an anderen Vermögenswerten als am Gut entstehen, sind teilweise in besonderen Tatbeständen der CMR geregelt: Art. 7 Abs. 3 (fehlender Frachtbriefhinweis auf die CMR), siehe Art. 7 Rdn. 10 ff; Art. 11 Abs. 3 (Verlust und unrichtige Verwendung der Begleitpapiere), siehe Art. 11 Rdn. 13 ff; Art. 12 Abs. 7 (Nichtbeachtung von Weisungen), dazu dort Rdn. 45 ff; Art. 21 (Nichteinziehung von Nachnahmen), dazu dort Rdn. 10 ff. Auch diese Bestimmungen sind leges speciales zur positiven Vertragsverletzung.[743] Art. 16 Abs. 2 S. 3 CMR geht ebenfalls dem allgemeinen ergänzenden Landesrecht vor; *Piper* VersR **1988** 208. Zweifelhaft ist, wieweit deutsches Schuldrecht, also z. B. § 286 BGB, im Falle des Art. 27 anzuwenden ist.[744]

261 Ansprüche aus der CMR auf Ersatz von Güter- und Verspätungsschäden aus anderen CMR-Haftungsnormen stehen in Konkurrenz zur Haftung aus Art. 17 und unterliegen damit grundsätzlich den Haftungsbeschränkungen der Art. 23–27.[745] Zur Konkurrenz zwischen Obhutshaftung und Verspätungshaftung siehe Art. 23 Rdn. 1, 66 ff.

V. Geregelte und nicht geregelte Anwendungsfälle positiver Vertragsverletzung

262 Die in der CMR geregelten Haftungstatbestände sind Sonderfälle der allgemeinen Vertragsbruchshaftung, die im deutschen Recht als positive Vertragsverletzung bezeichnet wird.[746] Soweit sie eingreifen, sind sie leges speciales zum allgemeinen

---

740 Siehe dazu *Heuer* 142, 151, 159, 184 f; *Voigt* VP **1965** 124; BGH vom 27. 10. 1978, NJW **1979** 2473 f = TranspR **1982** 108 f = VersR **1979** 276 ff; OLG München vom 27. 6. 1979, VersR **1980** 241, 242; ferner § 429 HGBaF Rdn. 233.

741 Unstr.: Siehe z. B. KG vom 17. 11. 1994, TranspR **1997** 209, 210; siehe vor allem die bei § 429 HGBaF Rdn. 235 ff angegebene Rechtsprechung. Eingehend *Heuer* 183 ff; *Piper* VersR **1988** 208; *Precht/Endrigkeit*[3] S. 84; *Glöckner*[7] Rdn. 70 für positive Vertragsverletzung; grundsätzlich auch CH BG vom 2. 6. 1981, BGE **107 II** 238, 241 f = TranspR **1983** 50, 51; zum österreichischen Recht siehe Fn. 749.

742 LG Hamburg vom 26. 10. 1994, TranspR **1995** 293, 254.

743 Zum Überblick über diese Haftungstatbestände und ihre Konkurrenzmöglichkeiten siehe die Kommentierung zu den betreffenden Bestimmungen und eingehend *Heuer* 141 ff; *Piper* VersR **1988** 208; OLG Düsseldorf vom 13. 12. 1990, TranspR **1991** 91, 92.

744 Siehe Art. 27 Rdn. 18. Gegen Anwendbarkeit BGH vom 10. 10. 1991, NJW **1992** 621 ff = TranspR **1992** 100, 103 = VersR **1992** 838 ff. Für Anwendung aber OLG München vom 21. 12. 1990, TranspR **1991** 96, 97 f; OLG Hamm vom 25. 5. 1992, TranspR **1992** 410, 411 (im Falle grober Fahrlässigkeit gem Art. 29); für individuell zu berechnende Verzugsschäden aber § 286 BGB zusätzlich: *Koller*[4] Art. 27 Rdn. 6.

745 Siehe Art. 23 Rdn. 2.

746 Siehe dazu eingehend § 429 HGBaF Rdn. 233 ff.

Recht der Leistungsstörungen, das durch sie ausgeschaltet ist. Soweit auch diese Sondertatbestände nicht eingreifen, ist jedoch eine Haftung aus positiver Vertragsverletzung möglich.[747]

VI. Umfang der Haftung aus allgemeinem Schuldrecht

Die Haftung aus ergänzend anzuwendendem deutschen Recht wird von der CMR nicht der Höhe nach begrenzt. Die Haftungsbeschränkung nach Art. 23 Abs. 5 CMR gilt nicht für Ansprüche aus § 326 BGB.[748] Sie betrifft nur den Anspruch auf Ersatz des Verzögerungsschadens, der neben dem Leistungsanspruch besteht und nicht wie der Anspruch auf Schadenersatz wegen Nichterfüllung an dessen Stelle tritt.[749] Ebensowenig wird die Haftung vom allgemeinen Schuldrecht[750] und vom bisherigen deutschen Frachtrecht begrenzt.[751] § 433 HGBnF sieht jedoch nunmehr eine Begrenzung auf das Dreifache der Entschädigung für Verlust vor und ergänzt damit die CMR. Siehe auch Rdn. 255. **263**

Auch die **Zinsansprüche** für die Haftung aus innerstaatlichem Recht richten sich ausschließlich nach den Normen des entsprechenden Rechts. Art. 27 CMR ist nicht anwendbar; siehe dort Rdn. 18. **264**

VII. Modalitäten der Haftung aus allgemeinem Schuldrecht

Auf Ansprüche auf Ersatz von Vermögensschaden aus positiver Vertragsverletzung des CMR-Frachtvertrags ist Art. 30 Abs. 3 CMR nicht, auch nicht entsprechend, anzuwenden.[752] Auch die Zinsansprüche für die Haftung aus innerstaatlichem Recht richten sich ausschließlich nach den Normen des entsprechenden Rechts. Inwieweit neben Art. 27 CMR die Regeln über Verzugsschaden anzuwenden sind, ist umstritten; siehe Art. 27 Rdn. 18 f. **265**

---

[747] Grundsätzlich A OGH vom 14. 11. 1984, SZ **57** 173 S. 844 ff = TranspR **1985** 346 ff; vom 12. 12. 1984, SZ **57** 196 S. 980 ff = TranspR **1986** 426, 427; siehe im einzelnen die Fälle in Rdn. 274 ff. Zutreffend *Heuer* 183 mit zahlreichen Literaturhinweisen; *Loewe* ETR **1976** 552; *Precht/Endrigkeit*[3] S. 84; *Züchner*, VersR **1964** 222.

[748] BGH vom 27. 10. 1978, NJW **1979** 2473 f = TranspR **1982** 108 f = VersR **1979** 276.

[749] Auch der A OGH vom 14. 11. 1984, SZ **57** 173 S. 844 ff (in TranspR **1985** 346 ff unvollständig abgedruckt) hat die Ansprüche wegen verspäteter Wagenstellung auf bürgerlich rechtliche Bestimmungen gestützt und Folgeschäden nur durch die Lehre vom Schutzzweck der Norm und vom Rechtswidrigkeitszusammenhang begrenzt (unbegrenzte Haftung für Auftragsentgang wegen vom Fahrer begangenen Alkoholschmuggels nach Saudi-Arabien; A OGH vom 12. 12. 1984, SZ **57** 196 S. 983 ff = TranspR **1986** 426 ff). Unrichtig daher OLG Düsseldorf vom 29. 5. 1991, TranspR **1991** 291 ff.

[750] Zur Rechtsprechung vor der Neuregelung siehe BGH vom 27. 10. 1978, NJW **1979** 2473 f = TranspR **1982** 108 f = VersR **1979** 276 ff (Art. 23 Abs. 5 CMR nicht für positive Vertragsverletzungen); OLG Düsseldorf v. 27. 11. 1986, TranspR **1987** 23, 24 = VersR **1987** 712; siehe auch OLG München vom 27. 6. 1979, VersR **1980** 241 f.
A OGH vom 14. 11. 1984, SZ **57** 173 S. 844 ff (in TranspR **1985** 346 ff unvollständig abgedruckt); vom 12. 12. 1984, SZ **57** 196 S. 980 f = TranspR **1986** 426, 427; vom 13. 6. 1985, SZ **58** 102 S. 491 = TranspR **1988** 13 f. Siehe insbesondere auch *Piper* VersR **1988** 208.

[751] Jedoch § 31 Abs. 1 KVO für positive Vertragsverletzung, vom OLG Düsseldorf vom 6. 9. 1973, VersR **1975** 232, 233 f ergänzend angewendet; siehe auch Art. 1 Rdn. 88.

[752] BGH vom 27. 10. 1978, NJW **1979** 2473 f = TranspR **1982** 108 f = VersR **1979** 276, 278; siehe auch § 429 HGBaF Rdn. 257 ff.

1. Aktivlegitimation

266 Die Aktivlegitimation bei Ansprüchen aus nationalem Schuldrecht richtet sich nicht nach der CMR.[753] Der Wortlaut von Art. 13 Abs. 1 S. 2 spricht klar aus, daß der Empfänger „die", also alle Rechte aus dem Frachtvertrag geltend machen kann.[754] Dazu gehören jedenfalls auch die Ansprüche aus Leistungsstörungen des Frachtvertrags. Die CMR geht, soweit sie Bestimmungen über die Aktivlegitimation enthält, als spezielleres Gesetz den allgemeineren Vorschriften des Schuldrechts und Handelsschuldrechts zur Aktivlegitimation vor.[755] Dieses Ergebnis ist auch sachlich der unnötig verkomplizierenden Anwendung des § 435 HGBaF vorzuziehen.

2. Haftungsausschlüsse, -begrenzungen und Freizeichnungen

267 Ansprüche aus allgemeinem Schuldrecht werden von der zwingenden Wirkung der CMR nicht berührt. Art. 41 führt nicht zur Unabdingbarkeit von Ansprüchen aus allgemeinem Schuldrecht. Er verbietet nur „Vereinbarungen", „die ... von den Bestimmungen dieses Übereinkommens abweichen." Dazu gehört nicht die Abweichung vom ergänzend anzuwendenden Recht.[756]

3. Beweislast

268 Die Beweislast für Ansprüche aus allgemeinem und besonderem Schuldrecht richtet sich nicht nach den Regeln der CMR; insbesondere ist Art. 18 nicht auf sie anwendbar.[757]

4. Verjährung: Art. 32 CMR für Ansprüche aus allgemeinem Schuldrecht

269 Die Verjährung der Ansprüche aus allgemeinem Schuldrecht wird unstr. von Art. 32 CMR erfaßt.[758] Dies ergibt sich bereits aus dem Wortlaut der Vorschrift, die nur verlangt, daß die „Beförderung" der CMR unterliegt, nicht aber, daß der Anspruch auf der CMR beruht.

270 Die oft unzureichende **Entschädigungsgrenze der Lieferfristhaftung** nach Art. 23 Abs. 5 CMR wird gelegentlich durch Vereinbarung von Vertragsstrafen („Poenale") zu kompensieren versucht.[759] Eine solche Vereinbarung ist jedoch gem. Art. 41 Abs. 1 S. 1 und 23 Abs. 5 CMR unwirksam.[760] Betrachtet man die Vereinbarung einer Vertragsstrafe nicht als Verstoß gegen Art. 41 CMR, weil die Vertragsstrafe nicht in der CMR geregelt sei, dann wird der Vertragsstrafeanspruch vielfach an dem ergänzend anzuwendenden § 341 Abs. 3 BGB scheitern.[761] Eine die Haftungsgrenzen des Art. 23 Abs. 5 durchbrechende **Garantiezusage** ist ebenfalls nicht mit Art. 41 Abs. 1

[753] *Piper* VersR **1988** 208.

[754] „any rights arising from the contract of carriage"; „les droits qui résultent du contrat de transport".

[755] Insoweit zumindest ungenau *Koller* VersR **1982** 415.

[756] Siehe Art. 41 Rdn. 2.

[757] LG Düsseldorf vom 29. 11. 1985, TranspR **1987** 340.

[758] Siehe Art. 32 Rdn. 3, 6; *Piper* TranspR **1988** 209; BGH vom 27.10.1978, NJW **1979** 2473 f = TranspR **1982** 108 f = VersR **1979** 276, 278 (zur positiven Vertragsverletzung); ebenso OLG Hamburg vom 9. 2. 1989, TranspR **1990** 191, 192 = VersR **1990** 876 und vom 9. 2. 1989, TranspR **1990** 191, 192 = VersR **1990** 876.

[759] Siehe Rdn. 227, 270; OLG München; entgegengesetzt LG Essen vom 3. 7. 1984, TranspR **1984** 277, 279. *Lamy 91* I Nr. 970.

[760] Zutreffend OLG München vom 26.7.1985, TranspR **1985** 395, 396 f; F Cass vom 28.10.1980, BullCiv **1980** IV 285 f; F CA Paris vom 15. 6. 1978, BT **1978** 420.

[761] LG Essen vom 3.7.1984, TranspR **1984** 277 ff; OLG München vom 26.7.1985, TranspR **1985** 395, 397 (hilfsweise).

S. 1 CMR vereinbar; eine „selbständige" Garantiezusage wäre wohl als Umgehungsgeschäft in aller Regel ebenfalls unwirksam. Siehe auch Art. 41 Rdn. 24 und Art. 17 Rdn. 227.

5. Deckung schuldrechtlicher Ansprüche durch die CMR-Haftpflichtversicherung

Die vertragliche Haftung des CMR-Frachtführers aus Haftungstatbeständen außerhalb der CMR ist durch den CMR-Haftpflichtversicherungsvertrag[762] gedeckt, soweit die Versicherer nach ihren CMR-Haftpflichtpolicen ausdrücklich Gefahren „im Rahmen der Haftungsbestimmungen der CMR ... oder nach den gesetzlichen Bestimmungen" decken, da hierunter auch die Haftpflichtfälle aus schuldrechtlicher Leistungsstörung fallen.[763] **271**

6. Schuldnerverzug, insbesondere § 326 BGB

Ansprüche aus Schuldnerverzug nach den Regeln des allgemeinen Schuldrechts[764] werden durch Spezialregeln der CMR verdrängt, soweit es sich um eine Überschreitung der Lieferfrist handelt.[765] Dagegen hat der BGH[766] Ansprüche auf Schadenersatz wegen Nichterfüllung aus § 326 BGB wegen nicht rechtzeitiger Stellung des Kraftfahrzeugs gewährt, da Art. 17 Abs. 1 nur den Verzögerungsschaden als solchen umfaßt. Hier führt die Verzögerung der Leistung zu einem völlig neuen Leistungsinhalt.[767] In der Regel ist dies aber bei bloßer Verspätung nicht der Fall.[768] Die Haftung wird jedoch je nach Fall nunmehr durch §§ 433, 435 begrenzt. **272**

7. Nachträgliche Unmöglichkeit, insbes. § 325 BGB

Auch Ansprüche aus nachträglicher Unmöglichkeit (§ 325 BGB)[769] sind denkbar.[770] Der Fall, daß der Fahrer große Mengen Whiskey nach Saudi-Arabien schmuggelt und infolgedessen der Lastzug samt Ladung beschlagnahmt wird,[771] führt jedoch richtigerweise nicht zu Ansprüchen aus § 325 BGB gegen den Frachtführer wegen des Verlusts der Ladung. Insoweit ist die CMR-Güterschadenshaftung nach Art. 17 CMR lex specialis. Unbeschränkter Schadenersatz ist daher nur im Falle des groben Verschuldens gem. Art. 29 CMR zu leisten. Die Vereinbarung eines absoluten Fixgeschäfts, nach der die Wirksamkeit des Vertrags mit der Termineinhaltung steht oder fällt, ist gem. Art. 41 unwirksam.[772] Siehe auch Rdn. 227. **273**

---

762 Nicht durch die KFZ-Haftpflichtversicherung; siehe Anh. I nach § 429 HGBaF Rdn. 60; BGH vom 23. 11. 1994, TranspR **1995** 171 f.

763 Siehe im übrigen zu den mit der CMR-Beförderung zusammenhängenden Versicherungsfragen § 429 HGBaF Anh. I Rdn. 45 ff.

764 Siehe dazu § 429 HGBaF Rdn. 244; zum Seetransport OLG Hamburg vom 15. 2. 1996, TranspR **1997** 288 ff.

765 Z. B. LG Frankfurt vom 9. 7. 1984, TranspR **1985** 110, 112 mit zust. Anm. von *Schiller*; OLG Düsseldorf vom 9. 3. 1995, TranspR **1995** 288 ff.

766 Urteil vom 9. 2. 1979, NJW **1979** 2470 f = VersR **1979** 445.

767 Siehe etwa zu Art. 19 WA: AG Frankfurt/M vom 5. 9. 1997, TranspR **1998** 197, 198.

768 Siehe § 429 HGBaF Rdn. 242 f. LG Bremen vom 6. 5. 1965, ETR **1966** 691, 697 stützte Ansprüche bei Verweigerung der Wagenstellung auf § 325 BGB. Zur Nichtanwendung von § 14 KVO siehe Rdn. 226.

769 Siehe dazu auch § 429 HGBaF Rdn. 245.

770 Siehe z. B. LG Bremen vom 6. 5. 1965, ETR **1966** 691, 697.

771 Dem Urt. des LG Nürnberg/Fürth vom 13. 10. 1983, TranspR **1985** 113 ff zugrundeliegend.

772 OLG Düsseldorf vom 9. 3. 1995, TranspR **1995** 288 ff; siehe Rdn. 227.

8. Positive Vertragsverletzung des Frachtführers; Fallgruppen

274 Die weitaus häufigsten Fälle der Anwendung allgemeinen Schuldrechts neben der CMR sind Nebenpflichtverletzungen mit der Folge der Haftung nach positiver Vertragsverletzung.[773] Diese Pflichten können sich beim Spediteur-Frachtführer auch aus dem Speditionsrecht ergeben, z. B. aus Verletzung seiner Pflicht zur Interessenwahrnehmung.[774]

Siehe dazu insbesondere folgende Fallgruppen:

a) Überprüfung des Gutes, Pflicht zur Eintragung von Vorbehalten

275 OLG Düsseldorf[775] hat eine Haftung aus positiver Vertragsverletzung wegen Nichtaufnahme eines Vorbehalts in den Frachtbrief mit der Begründung abgelehnt, daß aus Art. 8 keine entsprechende Verpflichtung des Frachtführers abgeleitet wurde. OLG Frankfurt[776] lehnt auch eine Pflicht zur Ablehnung der Beförderung bei nicht ausreichender Vorkühlung von Gefriergut ab. Für Haftung aus positiver Vertragsverletzung wegen Nichtüberprüfung des Gutes und Nichteintragung eines Vorbehalts in den Frachtbrief hat sich das OLG Karlsruhe in einem älteren Urteil ausgesprochen.[777] Der BGH[778] lehnt die Begründung einer Haftung wegen Verletzung der Prüfungspflicht aus Art. 8 CMR ab, hält sie aber (obiter dictum) wohl aus nationalem ergänzend anwendbaren Recht (positiver Vertragsverletzung) für möglich. Dies dürfte dann gerechtfertigt sein, wenn ausnahmsweise aus allgemeinen Treuepflichten eine solche Überprüfungspflicht begründet werden kann, etwa wenn der dringende Verdacht einer fortschreitenden Schädigung des Gutes – etwa durch Nässe oder Verderb – sich aufdrängt. In den übrigen Vertragsstaaten (mit Ausnahme von Österreich) ist ein der positiven Vertragsverletzung entsprechendes Rechtsinstitut nicht bekannt,[779] dennoch werden vergleichbare Fälle ähnlich gelöst.[780]

b) Unrichtige Auskünfte und Informationen durch den Frachtführer

276 Für die Vermögensschadensfolgen der unrichtigen Erteilung von Informationen und Auskünften haftet der Frachtführer nach positiver Vertragsverletzung.[781] Versäumt der Frachtführer, den Versender über mögliche Ansprüche gegen einen Subunternehmer aufzuklären, haftet er aus positiver Vertragsverletzung.

---

773 Siehe dazu spartenübergreifend § 429 HGBaF Rdn. 246 ff; *Helm* Ansprüche aus Leistungsstörungen nach deutschem Recht neben der CMR, Fragen des deutschen und internationalen Landtransportrechts, (Schriften zum Transportrecht 12, 1995 S. 80–95); *Koller*⁴ vor Art. 1 Rdn. 30. Zur positiven Vertragsverletzung aus der Sicht des Common Law siehe *Clarke*² S. 328.

774 Siehe dazu §§ 407–409 HGBaF Rdn. 88; *Koller*⁴ vor Art. 1 Rdn. 30.

775 Vom 7. 2. 1974, VersR **1975** 638, 639.

776 Vom 17. 11. 1981, TranspR **1982** 106, 108.

777 OLG Karlsruhe vom 18. 10. 1967, DB **1967** 2022; so auch OLG München vom 3. 5. 1989 TranspR **1991** 61 f; siehe dazu auch *Clarke*² Nr. 67 (Non-performance); *Herber/Piper* Rdn. 148; *Konow* TranspR **1987** 16 f; siehe zu dieser Problematik Art. 8 Rdn. 7.

778 BGH vom 9. 2. 1979, VersR **1979** 466, 467 = NJW **1979** 2471, 2472 = DB **1979** 1179 = ETR **1980** 215 ff = MDR **1979** 555, 556 = RiW **1979** 339, 340.

779 *Clarke*² Nr. 66, S. 328.

780 Siehe z. B. für das Common Law *Clarke*² Nr. 66 ff, Nr. 67 S. 331, der allerdings die Anwendung der CMR durch deutsche Gerichte generell für zu restriktiv hält, S. 328 und S. 334 f.

781 OLG Düsseldorf vom 23. 1. 1992, TranspR **1992** 218, 219; LG Frankfurt vom 9. 7. 1984, TranspR **1985** 110, 112 m. Anm. von *Schiller*; allerdings seinerzeit beschränkt durch die ADSp. **a. A.** (generell ablehnend) OLG Düsseldorf vom 29. 5. 1991, TranspR **1991** 291, 293.

c) Fehlende oder unzureichende Aufklärung oder Information; fehlende Abtretung

Versäumt der CMR-Fixkostenspediteur, den Auftraggebers **über mögliche Regreßansprüche** gegen Subunternehmer aufzuklären, die über die Entschädigungsgrenze des Art. 23 hinausgehen, und ihm diese abzutreten, schuldet er ihm aus Verletzung seiner Pflicht zur Interessewahrnehmung[782] den Ersatz der Haftungsdifferenz.[783] Unrichtige **Auskünfte** über den angeblich schadensfreien Transportverlauf betreffen keinen in der CMR geregelten Haftungstatbestand. Daher können Ersatzansprüche wegen der Folgen der Auskunft aus positiver Vertragsverletzung geltend gemacht werden, für die keine Beschränkung nach CMR gilt. Die Zinsansprüche bestimmen sich aber nach Art. 27 CMR.[784] Nach Auffassung des OLG Hamm[785] haftet der CMR-Frachtführer aus positiver Vertragsverletzung für unzureichende **Aufklärung** des Absenders, der eine undurchführbare Auslieferungs/Nachnahme-Anweisung erteilt hatte (Auslieferung gegen „travel-Schecks"). Eine so weitgehende Beratungspflicht des Frachtführers ist im Regelfall nicht aus dem Frachtvertrag ableitbar. Dagegen wird eine Pflicht zur **Warnung** bei erkannter Gefahr als Grund für eine Haftung aus positiver Vertragsverletzung zu bejahen sein; z. B. wegen zu erwartender erheblicher Überschreitung der Lieferfrist; siehe Art. 23 Rdn. 66 ff. **277**

Den Frachtführer trifft bei Abschluß des Frachtvertrags oder bei Ausstellung des Frachtbriefs **keine Hinweispflicht** auf die Möglichkeit der Wert- oder Interesseangabe nach Art. 24 und 26 CMR.[786] Er hat den Absender jedoch darüber aufzuklären, wenn dieser ihn fragt. Bei Verletzung dieser vorvertraglichen bzw. vertraglichen Nebenpflicht sind Ansprüche aus Verschulden bei Vertragsschluß oder positiver Vertragsverletzung möglich. **278**

d) Überwachung und Einholung von Weisungen

Der Frachtführer kann – insbesondere durch besondere Vereinbarung – auch verpflichtet sein, in besonderen Fällen Weisungen einzuholen;[787] dazu muß u. U. das Gut kontrolliert werden. Die Nichtwahrnehmung dieser Pflichten ist, wenn die CMR dafür keine besonderen Regelungen aufstellt, positive Vertragsverletzung. Das OLG München[788] nimmt eine Ersatzpflicht des Frachtführers für Zölle und Sachverständigenkosten an, wenn er bereits verdorbenes Kühlgut übernimmt – entgegen einer vertraglich übernommenen Pflicht, Weisungen für dessen Behandlung einzuholen. Dies ist zutreffend, weil ein Güterschaden nicht vorliegt und daher Art. 17 Abs. 1 diesen Fall nicht erfaßt. **279**

e) Weisungsverstöße

Für weisungswidriges Verhalten wird grundsätzlich nicht nach positiver Vertragsverletzung, sondern nach Art. 12 Abs. 7 CMR gehaftet. Soweit für Güterschäden Art. 17 ff als vorrangige Regelungen angesehen werden, gehen diese der positiven Ver- **280**

---

782 Siehe dazu §§ 407–409 HGBaF Rdn. 88; *Koller*[4] vor Art. 1 Rdn. 30. Zur Regreßvereitelung siehe § 429 HGBaF Rdn. 253.

783 OLG Frankfurt vom 12. 12. 1993, TranspR **1994** 152, 453 = NJW **1994** 545 f (Regreß gegen innerdeutschen Nahverkehrsunternehmer).

784 OLG Düsseldorf vom 26. 1. 1995, TranspR **1995** 384 f.

785 Vom 28. 4. 1983, TranspR **1983** 151, 153 f.

786 F Cass vom 12. 10. 1981, ETR **1982** 294, 299 f (Ansprüche in den Grenzen von Art. 23 CMR).

787 Siehe Art. 14 Rdn. 15, 22; Art. 15 Rdn. 7; Art. 16 Rdn. 15, 23 ff.

788 Vom 3. 5. 1989, TranspR **1991** 61, 62.

tragsverletzung ebenfalls vor. Zu Unrecht stützt das OLG Düsseldorf[789] die Haftung wegen Nichtbefolgung der Weisung, mit dem Transport vorerst nicht zu beginnen, auf positive Vertragsverletzung statt auf Art. 12 Abs. 7 CMR, der offenbar übersehen wird; siehe auch Art. 12 Rdn. 49 ff.

f) Andere Nebenpflichtverletzungen

281 Für die **Unterlassung des Abschlusses einer Transportversicherung** haftet der CMR-Frachtführer.[790] Zur Regreßvereitelung siehe Rdn. 277. Aus positiver Forderungsverletzung wird unbeschränkt für den **Abbruch einer Geschäftsbeziehung** als Folge einer Falschauslieferung gehaftet;[791] ebenso für **Beförderung mit vertragswidrigem Beförderungsmittel** und Umladung;[792] zu dieser Frage siehe § 429 HGBaF Anh. I Rdn. 27. Das OLG Hamm[793] hat eine Haftung aus positiver Vertragsverletzung wegen **vorzeitiger Beendigung des Frachtvertrags** bejaht. Die Kosten für eine wegen Nicht-Bereitstellung der **Rückladung** erforderlich gewordene Leerfahrt sind vom Absender nach positiver Vertragsverletzung zu erstatten.[794]

g) Abnahme der Haftung des Absenders oder Frachtführers gegenüber Dritten

282 Dringen infolge eines vom Frachtführer verschuldeten Verkehrsunfalls giftige Substanzen in den Erdboden ein, so ist dies kein (nicht ersatzfähiger) mittelbarer Schaden als Folge des Verlustes der Ladung Art. 17 Abs. 1 CMR). Vielmehr liegt zugleich eine Verletzung einer dem Frachtführer gegenüber dem Absender obliegenden Pflicht zur Vermeidung von Umweltschäden vor. Wegen dieser ist der Frachtführer dem Absender aus positiver Vertragsverletzung zum Ersatz der an die Feuerwehr gezahlten Schadenbeseitigungskosten (neben Ansprüchen aus § 812 BGB) verpflichtet.[795] Ansprüche auf Erstattung der Kosten für die Bergung der in ein öffentliches Gewässer gestürzten Ladung können aufgrund positiver Vertragsverletzung grundsätzlich auch nach Auffassung des OLG Düsseldorf[796] gegeben sein; sie waren jedoch nach § 64 ADSp verjährt.

Ansprüche auf Erstattung von **Zollstrafen**, die der Absender oder Empfänger wegen Verschuldens des Frachtführers oder Fahrers zu zahlen hat, können ebenfalls aus positiver Vertragsverletzung begründet sein. Die CMR sieht in Art. 23 Abs. 4 die Erstattung solcher Zollstrafen nicht vor; sie sind nicht erstattungsfähige mittelbare Schäden.[797] Wenn sie wegen verschuldeter Maßnahmen des Frachtführers oder des Fahrers verhängt werden, sind sie nicht mittelbare Folgen des Ladungsschadens, sondern Folgen unabhängiger Handlungen des Frachtführers. Eine Ersatzpflicht aus positiver Vertragsverletzung ist zu befürworten.

h) Ausstellung unrichtiger Dokumente

283 Die unrichtige Ausstellung einer Spediteurübernahmebescheinigung durch einen CMR-Frachtführer kann zur Haftung für daraus entstehende Schäden nach positiver

---

[789] Vom 26. 10. 1978, MDR **1979** 405 (gekürzt).
[790] BGH vom 28. 2. 1975, NJW **1975** 179 f; zweifelhaft, eher um eine Spediteurpflicht; OLG Köln vom 26. 9. 1985, TranspR **1985** 285, 287, Pflicht bestand aber nicht.
[791] BGH vom 27. 10. 1978, VersR **1979** 276, 277 f.
[792] OLG Hamburg vom 30. 8. 1984, VersR **1985** 832.
[793] Vom 11. 3. 1976, NJW **1976** 2077, 2078.
[794] AG Köln vom 6. 2. 1985, TranspR **1985** 179, 181.
[795] OLG Hamburg vom 24. 1. 1985, TranspR **1985** 185 ff; zustimmend *Konow* TranspR **1987** 17. Die Kritik von *Koller*[4] Art. 23 Rdn. 5 und vor Art. 1 Rdn. 30 ist nicht berechtigt.
[796] Vom 14. 7. 1986, TranspR **1987** 24, 27.
[797] OLG Hamburg vom 30. 1. 1986, TranspR **1986** 229 f.

Vertragsverletzung führen.[798] In Betracht kommen je nach Sachlage auch Ansprüche aus Verschulden bei Vertragsschluß, aus wertpapierrechtlichem Begebungsvertrag oder aus § 826 BGB.[799]

VIII. Außervertragliche Ansprüche

1. Gegen den Frachtführer

Ansprüche aus unerlaubter Handlung werden durch die CMR zwar nicht ausgeschlossen. Für sie gelten aber nach Art. 28 Abs. 1 die Haftungsausschlüsse und -einschränkungen der CMR.[800] Entsprechendes gilt für Ansprüche aus ungerechtfertigter Bereicherung neben Schadenersatzansprüchen der CMR.[801] **284**

2. Gegen Personal des CMR-Frachtführers

Die Ansprüche gegen Arbeitnehmer des Frachtführers sind mittlerweile von wesentlich größerer Bedeutung durch die neue Rechtsprechung zur Arbeitnehmer-Haftungsbeschränkung.[802] Danach kann der Arbeitnehmer jetzt Schadensabnahme von seinem Arbeitgeber verlangen, auch ohne daß die schadensverursachende Handlung im Rahmen einer besonders schadensgeneigten Tätigkeit geschehen ist. In allen Fällen, in denen Arbeitnehmer des Frachtführers Dritte leicht fahrlässig schädigen, haben sie also Anspruch gegen den Frachtführer auf Befreiung von der Haftung gegenüber diesen (insbesondere Absender und Empfänger). Diese Ansprüche gehen bei leichtester Fahrlässigkeit auf volle Freistellung, bei mittlerer Fahrlässigkeit auf Teilbefreiung über. Im Gros der Fälle – z. B. im Nahverkehr nach AGNB und bei Lagerung – wird damit grundsätzlich neue Haftungsbelastung auf die Frachtführer zukommen. Diese Problematik ist jedoch für die CMR von geringerer Bedeutung, weil Art. 28 Abs. 2 CMR dem Personal des Frachtführers die Haftungseinschränkungen der CMR zugute kommen läßt. **285**

H. CMR-Haftpflichtversicherung

1. Einfache CMR-Versicherung

Die CMR-Haftpflichtversicherung versichert das Risiko einer Haftung für Schäden, für die der Frachtführer nach der CMR einzustehen hat.[803] Sie ist freiwillige Versicherung, da **keine Versicherungspflicht** besteht.[804] Dieses Ergebnis entsprach auch schon **286**

---

798 OLG Düsseldorf vom 6.9.1973, VersR **1975** 232, 233 f; allerdings unter der (abzulehnenden) ergänzenden Anwendung von § 31 Abs. 1 KVO; siehe Art. 1 Rdn. 87 ff.

799 Siehe §§ 407–409 HGBaF Rdn. 137 und OLG Zweibrücken vom 17. 11. 1986, VersR **1987** 376.

800 Siehe dazu Art. 28 Rdn. 3, 5; § 429 HGBaF Rdn. 273, 285 ff, 304 ff.

801 Unzutreffend insoweit OLG München vom 17.7.1991, TranspR **1991** 427 ff, das ausschließliche Geltung der CMR annimmt und § 812 BGB daher nicht anwendet.

802 Gemeinsamer Senat der obersten Gerichtshöfe des Bundes vom 21. 9. 1993, NJW **1994** 856.

803 A HG Wien vom 2.9.1998, TranspR 2000 91 (Die Versicherung der Frachtführerhaftung nach der CMR ist keine Sachversicherung, sondern eine Haftpflichtversicherung). Siehe zur Transportversicherung grundsätzlich § 429 HGBaF Anh. I, zur Transporthaftpflichtversicherung besonders Rdn. 8, 30 ff.

804 Die Versicherungspflicht beschränkt sich nach § 7a Abs. 1 GüKGnF auf die Haftung des innerdeutschen Straßentransports nach dem neuen Frachtrecht des HGBnF; *Knorre* FS Herber, 401. Auch vor der Reform begründete § 27 Abs. 1 S. 1 GüKG keine Versicherungspflicht für CMR-Frachtverträge: siehe § 429 HGBaF Rdn. Anh. I Rdn. 39, 45. Zur damaligen Rechtslage auch *Thume/de la Motte* Anh. VI, 1041 ff.

vor der Reform durch das TRG der weitaus herrschenden Meinung der Literatur und der gängigen Praxis.[805] Die CMR-Haftpflichtversicherung wird von deutschen und österreichischen KFZ-Frachtführern weitgehend freiwillig gedeckt – vor 1998 i. d. R. durch Kombination mit der KVO- oder AGNB-Haftpflichtversicherung.[806] Sie deckt grundsätzlich die Haftung des Frachtführers nach der CMR, auf den Umfang des Art. 23 CMR beschränkt.[807] Das erhöhte Haftungsrisiko nach Art. 29 CMR ist regelmäßig nicht gedeckt[808] – eine für den Frachtführer empfindliche Einschränkung.

287 Die **Abtretung der Ansprüche des Frachtführers gegen den Versicherer an den Ersatzberechtigten** ist auch im Bereich der CMR-Versicherung möglich. Die CMR kennt zwar keine dem § 38 Abs. 3 KVO entsprechende Abtretungspflicht. Eine solche Abtretung wird jedoch vom BGH[809] mit Recht als zulässig angesehen. Im entschiedenen Fall deckte der Anspruch allerdings nicht die auf unerlaubte Handlung gestützte Haftung. Einer solchen Abtretung steht auch das Trennungsprinzip des Haftpflichtversicherungsrechts nicht entgegen.[810]

288 Die **Bedingungen der CMR-Haftpflichtversicherung** waren in einem Urteil des BGH[811] Gegenstand einer Überprüfung ihrer Vereinbarkeit mit § 9 AGBG; siehe Rdn. 40. Eine **vertragliche Haftungserweiterung** des versicherten Frachtführers aufgrund der Art. 24, 26 CMR wird in der Haftpflichtversicherung regelmäßig nicht gedeckt. Die Deckung der Haftung nach Art. 17 Abs. 1 CMR wird bei anderen haftungserweiternden Vereinbarungen nicht ausgeschlossen, so etwa, wenn der Frachtführer das Laden der Güter übernimmt.[812] Wenn die Versicherung zugleich einen **Fremdunternehmer-Versicherungsschutz** enthält, kann sich der Versicherer gegenüber seinem Versicherungsnehmer gem. § 79 VVG nicht auf ein grobes Verschulden der mitversicherten Unterfrachtführer berufen.[813]

2. CMR-Fremdunternehmer-Versicherung

289 Nicht alle CMR-Frachtführer sind haftpflichtversichert. Dies gilt insbesondere für ausländische Frachtführer aus Ländern, in denen ohnehin keinerlei Versicherungspflicht besteht. Auf dem Versicherungsmarkt werden CMR-Fremdunternehmer-Policen angeboten, durch welche die Haftung des vom Spediteur eingesetzten (evtl. auch ausländischen) CMR-Frachtführers versichert ist,[814] auch als Hauptfrachtführer, soweit

805 Siehe dazu die Angaben bei *Heuer* aaO Fn. 38; OLG Frankfurt vom 25.10.1977, VersR **1978** 535; *de la Motte* VersR **1988** 317, 322; *Glöckner* TranspR **1988** 327, 333. Für Versicherungspflicht jedoch *Koller* TranspR **1988** 180 f.

806 Siehe zur Unterscheidung von Speditions- und Transporthaftpflichtversicherung auch OLG Düsseldorf vom 14.7.1986, TranspR **1987** 24, 27.

807 *Heuer* in: *DGTR* Gütertransport und Versicherungen 58.

808 Siehe zur Deckung von Vorsatz und grobem Eigenverschulden vor der Reform von 1998 § 38 KVO, Anh. II nach § 452 HGBaF Rdn. 5, 6, 8 ff; *Glöckner* TranspR **1988** 327, 334.

809 Im Urteil vom 13.2.1980, VersR **1980** 522, 523 f.

810 Schon vor der Reform, siehe § 38 KVO Rdn. 16 und BGH vom 13.2.1980, VersR **1980** 522 ff; zum Trennungsprinzip siehe § 429 HGBaF Anh. I Rdn. 31.

811 Vom 9.5.1984, VersR **1984** 830 ff = TranspR **1984** 215 ff = NJW **1985** 559 f.

812 OLG Hamm vom 3.4.1981, VersR **1981** 1148, 1149 f; weitere Rechtsprechung zur CMR-Versicherung: OLG München vom 18.5.1990, TranspR **1990** 449 ff. Siehe zur Versicherungsdeckung des CMR-Haftpflichtrisikos in Belgien: B Schiedsspruch Antwerpen vom 20.10.1989, ETR **1990** 722 ff; zu den Leistungsausschlüssen der CMR-Versicherung in Österreich A OGH vom 20.7.1989, TranspR **1991** 37 ff.

813 A OGH vom 20.7.1989, TranspR **1991** 37, 41; *Prölss/Martin/Prölss* VVG[26] § 79 Anm. 1.

814 Beispielsfall OLG München vom 29.1.1986, TranspR **1987** 59 ff = VersR **1986** 881 f und das zweite Berufungsurteil nach Zurückverweisung OLG München vom 12.5.1989, TranspR **1990** 427 ff. Eine solche Versicherung liegt wohl dem Urteil des OLG Frankfurt vom 30.3.1977, VersR **1978** 169 ff zugrunde (betr. Rückforderung der Versicherungsleistung). Siehe auch *de la Motte* VersR **1988** 317, 322.

er damit einen weiteren Frachtführer als Unterfrachtführer beauftragt.[815] Der beauftragte Fremdunternehmer ist Mitversicherter des Fremdunternehmer-Versicherungsvertrages.[816] Zum Einfluß der Koppelung dieser Versicherung mit einer einfachen CMR-Versicherung siehe Rdn. 44. Die Erstreckung des Versicherungsschutzes auf vom Versicherungsnehmer beauftragte Subunternehmer ist aufgrund der objektiven Auslegung der zugrundeliegenden Schuncks-Police jedoch zu Recht nicht bejaht worden.[817] Jedoch ist ein Freistellungsanspruch des Subunternehmers gegen den Versicherungsnehmer aus § 242 BGB denkbar.[818]

Setzt ein Spediteur einen unversicherten CMR-Frachtführer ein, so kann ein **Auswahlverschulden** nach § 408 Abs. 1 vorliegen; siehe dazu auch §§ 407–409 Rdn. 99. Erweist sich der beauftragte Beförderer als insolvent und hätte nach dem ergänzend anzuwendenden Recht der Geschädigte eine Möglichkeit gehabt, von dessen Haftpflichtversicherer Deckung zu erlangen, so kann sich der Mangel einer Haftpflichtversicherung empfindlich auf die Durchsetzbarkeit der Ersatzansprüche des Geschädigten oder seines Güterversicherers auswirken. Der Abschluß einer CMR-Haftpflichtversicherung gehört zwar ohne besonderen Auftrag nicht zu den Obliegenheiten eines Spediteurs; siehe Nr. 21. 1 ADSp 1998. Dieser schützt sich aber mit der Fremdunternehmerversicherung weitgehend gegen eigenes Haftungsrisiko im Hinblick auf die Auswahl des Frachtführers. Beim Abschluß internationaler Speditions- und Straßenbeförderungsverträge ist daher zweckmäßigerweise auf den Nachweis der Haftpflichtversicherung der gewählten Frachtführer zu achten. 290

Die **Grundstruktur der CMR-Fremdunternehmerversicherung ist umstritten.** 291
Nach OLG München[819] soll der versicherte Fremdunternehmer zwar materieller Anspruchsträger sein, dem Versicherungsnehmer (z. B. dem Versandspediteur) jedoch die Verfügungsmacht und die Prozeßstandschaft zu treuen Händen zustehen. Daher soll der Versicherte ein eigenes Verfolgungsrecht und daher Aufrechnungsbefugnis jedenfalls dann haben, wenn der Versicherungsnehmer erkennbar von seinem Verfügungsrecht zugunsten des Versicherten keinen Gebrauch macht. Dies ist zweifelhaft, weil damit die Zweckerfüllung der Fremdunternehmer-Versicherung – Sicherung des Geschädigten bei Einsatz nicht versicherter CMR-Frachtführer – nicht mehr ausreichend gewährleistet ist.

Artikel 18

1. Der Beweis, daß der Verlust, die Beschädigung oder die Überschreitung der Lieferfrist durch einen der in Artikel 17 Absatz 2 bezeichneten Umstände verursacht worden ist, obliegt dem Frachtführer.

---

815 OLG München vom 29.1.1986, VersR **1986** 881 ff; in diesem Urteil weitere Ausführungen zu Grundfragen der Fremdunternehmerversicherung; siehe ferner OLG Bremen vom 15.5. 1997, VersR **1998** 450.

816 *Heuer* in: *DGTR* Gütertransport und Versicherungen 60 f. Siehe aber OLG Saarbrücken vom 28.9.1999, VersR **2000** 760 (Kein CMR-Versicherungsschutz für Frachtführer ohne EG-Lizenz).

817 BGH vom 10.12.1998, TranspR **1999** 155 ff = RIW **1999** 453 (m. Anm. *Thume*) = EWiR **1999** 557 (m. Anm. *Rabe*) = WuB **1999** 771 (m. Anm. *Nielsen*).

818 BGH vom 10.12.1998, TranspR **1999** 155, 158, der wegen der unaufgeklärten Behauptung zurückverweist, der Versicherungsnehmer habe dem Subunternehmer eine entsprechende Zusicherung gemacht.

819 Urteil vom 19.1.1986, VersR **1986** 881 f = TranspR **1987** 59, 61.

2. [1]Wenn der Frachtführer darlegt, daß nach den Umständen des Falles der Verlust oder die Beschädigung aus einer oder mehreren der in Artikel 17 Absatz 4 bezeichneten besonderen Gefahren entstehen konnte, wird vermutet, daß der Schaden hieraus entstanden ist. [2]Der Verfügungsberechtigte kann jedoch beweisen, daß der Schaden nicht oder nicht ausschließlich aus einer dieser Gefahren entstanden ist.

3. Diese Vermutung gilt im Falle des Artikel 17 Absatz 4 Buchstabe a nicht bei außergewöhnlich großem Abgang oder bei Verlust von ganzen Frachtstücken.

4. Bei Beförderung mit einem Fahrzeug, das mit besonderen Einrichtungen zum Schutze des Gutes gegen die Einwirkung von Hitze, Kälte, Temperaturschwankungen oder Luftfeuchtigkeit versehen ist, kann sich der Frachtführer auf Artikel 17 Absatz 4 Buchstabe d nur berufen, wenn er beweist, daß er alle ihm nach den Umständen obliegenden Maßnahmen hinsichtlich der Auswahl, Instandhaltung und Verwendung der besonderen Einrichtungen getroffen und ihm erteilte besondere Weisungen beachtet hat.

5. Der Frachtführer kann sich auf Artikel 17 Absatz 4 Buchstabe f nur berufen, wenn er beweist, daß er alle ihm nach den Umständen üblicherweise obliegenden Maßnahmen getroffen und ihm erteilte besondere Weisungen beachtet hat.

Article 18

1. La preuve que la perte, l'avarie ou le retard a eu pour cause un des faits prévus à l'article 17, paragraphe 2, incombe au transporteur.

2. Lorsque le transporteur établit que, eu égard aux circonstances de fait, la perte ou l'avarie a pu résulter d'un ou de plusieurs des risques particuliers prévus à l'article 17, paragraphe 4, il y a présomption qu'elle en résulte. L'ayant droit peut toutefois faire la preuve que le dommage n'a pas eu l'un de ces risques pour cause totale ou partielle.

3. La présomption visée ci-dessus n'est pas applicable dans le cas prévu à l'article 17, paragraphe 4, a, s'il y a manquant d'une importance anormale ou perte de colis.

4. Si le transport est effectué au moyen d'un véhicule aménagé en vue de soustraire les marchandises à l'influence de la chaleur, du froid, des variations de température ou de l'humidité de l'air, le transporteur ne peut invoquer le bénéfice de l'article 17, paragraphe 4, d, que s'il fournit la preuve que toutes les mesures lui incombant, compte tenu des circonstances, ont été prises en ce qui concerne le choix, l'entretien et l'emploi de ces aménagements et qu'il s'est conformé aux instructions spéciales qui ont pu lui être données.

5. Le transporteur ne peut invoquer le bénéfice de l'article 17, paragraphe 4, f, que s'il fournit la preuve que toutes les mesures lui incombant normalement, compte tenu des circonstances, ont été prises et qu'il s'est conformé aux instructions spéciales qui ont pu lui être données.

Article 18

1. The burden of proving that loss, damage or delay was due to one of the causes specified in article 17, paragraph 2, shall rest upon the carrier.

2. When the carrier establishes that in the circumstances of the case, the loss or damage could be attributed to one or more of the special risks referred to in article 17, paragraph 4, it shall be presumed that it was so caused. The claimant shall however be entitled to prove that the loss or damage was not, in fact, attributable either wholly or partly to one of these risks.

3. This presumption shall not apply in the circumstances set out in article 17, paragraph 4 (a), if there has been an abnormal shortage, or a loss of any package.

4. If the carriage is performed in vehicles specially equipped to protect the goods from the effects of heat, cold, variations in temperature or the humidity of the air, the carrier shall not be entitled to claim the benefit of article 17, paragraph 4 (d), unless he proves that all steps incumbent on him in the circumstances with respect to the choice, maintenance and use of such equipment were taken and that he complied with any special instructions issued to him.

5. The carrier shall not be entitled to claim the benefit of article 17, paragraph 4 (f), unless he proves that all steps normally incumbent on him in the circumstances were taken and that he complied with any special instructions issued to him.

Übersicht

Schrifttum

Hannig Verkehrsträgerhaftung und Transport-Versicherung, VP **1981** 94–101, VP **1971** 218–221 und 242–244; *Helm* Der Ersatzberechtigte im CMR-Haftpflicht-Fall, TranspR **1983** 29–35; *Koller* Die Person des Schadenersatzberechtigten bei Ansprüchen aus Art. 17 CMR, RIW **1988** 254 ff; *Koller* Die Person des Reklamierenden im Sinne des Art. 32 Abs. 2 CMR, TranspR **1989** 308–311; *Koller* Die Verdoppelung des Prozeßrisikos von CMR-Frachtführern, VersR **1982** 414–417; *Krämer* Die technischen Leitlinien haben sich auch international bewährt, DVZ Nr. 40 v. 25. 4. 1987, 13, 14; *Roesch* Wer kann nach CMR und KVO Ersatzansprüche an den Frachtführer stellen?, VP **1981** 281–283; *Voigt* Berufung auf bevorrechtigte Haftungsausschlüsse – Die Beweisanforderungen an den Frachtführer, VP **1967** 167–170; *Voigt* Frachtführerhaftung für Gewichtsverluste bei Schüttgütern nach der CMR, VP **1970** 70–72.

I. Allgemeines

Art. 18 enthält eine Zusammenstellung von Vorschriften, die Art. 17 ergänzen. **1**
Diese sind dort im Zusammenhang mit den materiellen Vorschriften mitkommentiert.

Die Frage, „wer" „was" zu beweisen hat, um einen Anspruch zu begründen,[1] richtet sich nach dem in der Sache anzuwendenden materiellen Recht, also der CMR und den ergänzend anzuwendenden nationalen Rechtsordnungen. Das Beweisrecht generell – also die Fragen der Beweisbedürftigkeit, der Beweiserheblichkeit, des Beweisverfahrens und der Beweiswürdigung – richtet sich nach dem angerufenen Gericht.[2] Insoweit ist vor deutschen Gerichten auch der Anscheinsbeweis zulässig.[3]

[1] Die Beweisfrage und die Beweislast: MüKo/*Basedow* Rdn. 3.

[2] NL Hof Arnheim vom 27. 11. 1973, ETR **1974** 748, 751; BGH vom 4. 10. 1984, NJW **1985** 554 f = TranspR **1985** 125 ff = VersR **1985** 133 f = ETR **1985** 154 ff = DB **1985** 1129 = MDR **1985** 380 f = RIW **1985** 149 f; ausführlich und anschaulich MüKo/*Basedow* Rdn. 1 ff; *Herber/Piper* Rdn. 3; *Glöckner*[7] Rdn. 2; *Thume/Thume* Rdn. 3 f; *Koller*[4] Rdn. 2; hierzu auch *Hill/Messent/Glass*[2] S. 156 f.

[3] H. M.; BGH vom 4. 10. 1984 (Fn. 821); *Koller*[4] Rdn. 2; MüKo/*Basedow* Rdn. 3; *Glöckner*[7] Rdn. 2; *Clarke*[2] Nr. 82, Fn. 1; *Herber/Piper*

II. Beweislastregeln (Art. 18 Abs. 1 bis 3)

2 Grundsätzlich geht Art. 17 davon aus, daß Schäden, die während der Obhutszeit (also zwischen Übernahme und Ablieferung) entstanden sind, zu ersetzen sind.[4] Art. 18 Abs. 1–3 betrifft Fragen der Beweislast bei Haftung nach Art. 17 Abs. 1 CMR. Zur Beweislast für die Voraussetzungen der Haftung nach Art. 17 Abs. 1 siehe dort Rdn. 44, 115. Auf andere Ansprüche ist Art. 18 nicht anzuwenden, siehe z. B. Art. 10 Rdn. 20.

3 **Art. 18 Abs. 1** enthält eine Klarstellung der Beweislast für die nichtbevorrechtigten Haftungsausschluß-Tatbestände des Art. 17 Abs. 2. Nach allgemeinen Beweislastgrundsätzen ließe sich das gleiche Ergebnis aus Art. 17 Abs. 2 selbst ableiten. Siehe im einzelnen Art. 17 Rdn. 51, 67 f.

4 **Art. 18 Abs. 2** enthält die Sonderregelung für die Behauptungs- und Beweislast im Bereich der „bevorrechtigten Haftungsausschlüsse" nach Art. 17 Abs. 4; eingehend Art. 17 Rdn. 105–111. Anwendungen siehe Art. 17 Rdn. 133.

5 **Art. 18 Abs. 3** enthält eine in der Praxis kaum mehr bedeutsame Sonderregelung für die Beförderung im offenen Fahrzeug; siehe Art. 17 Rdn. 114, 124.

III. Klimaeinrichtungen (Art. 18 Abs. 4)

6 Art. 18 Abs. 4 enthält materiell- und beweisrechtliche Sonderregelungen für die Verwendung von Fahrzeugen, die mit Klimaeinrichtungen versehen sind, insbesondere Kühlfahrzeuge.[5] Die Vorschrift regelt damit die Haftungsfragen bei Zusammentreffen von Entlastungsgründen des Art. 17 Abs. 4d mit Mängeln nach Art. 18 Abs. 4. Letztere Vorschrift geht Art. 17 Abs. 3 vor, der eine schärfere Haftung für andere Fahrzeugmängel vorsieht.[6] Siehe hierzu im Einzelnen auch Art. 17 Rdn. 196 ff; zur Beweislage Rdn. 106 ff.

7 **Das Zusammentreffen von Mängeln der Klimaanlagen mit Staufehlern nach Art. 17 Abs. 4c** ist in Art. 18 Abs. 4 nicht geregelt. In diesem Falle ist grundsätzlich Art. 18 Abs. 4 nicht anzuwenden.[7] Es kommt zu einer Abwägung nach Art. 17 Abs. 5. Das OLG München[8] will hierbei den „Grundgedanken" des Art. 18 Abs. 4 einbringen; eher wäre jedoch an die Grundregel des Art. 17 Abs. 3 zu denken.[9]

IV. Maßnahmen bei Tiertransporten (Art. 18 Abs. 5)

8 Siehe hierzu Art. 17 Rdn. 219.

Rdn. 3; *Thume/Thume* Rdn. 4. So wohl auch für England: *Hill/Messent/Glass*[2] S. 29 f.

[4] Siehe Art. 17 Rdn. 16.

[5] Siehe Art. 17 Rdn. 34 ff, 147, 196, 211–217.

[6] Siehe zu Art. 17 Abs. 3: Rdn. 34–40, 42 f, 80, 116, 126, 215, 236, 240, 221.

[7] OLG Düsseldorf vom 13.12.1979, VersR **1980** 286 f; OLG Hamburg vom 21. 2. 1985, TranspR **1985** 400; A OGH vom 8. 10. 1984, TranspR **1985** 103, 104 = VersR **1985** 795 f = SZ **57** Nr. 150, S. 743 = *Greiter* 239 ff. Das OLG Hamburg vom 29. 11. 1984, TranspR **1985** 130, 131 erwägt in einem entsprechenden Fall nicht einmal, Art. 18 Abs. 4 auf Art. 17 Abs. 4c nicht entsprechend anzuwenden.

[8] OLG München vom 27. 6. 1979, VersR **1980** 241 f (Kühlanlage war durch Staufehler beschädigt, daher Auftauen von Himbeeren).

[9] OLG Düsseldorf vom 13. 12. 1979, VersR **1980** 286 f, das aber im konkreten Fall die Voraussetzungen des Art. 17 Abs. 3 verneint, weil ein Fahrzeugmangel nicht vorliege, wenn das Kühlfahrzeug bei sachgerechter Beladung ausreichend gekühlt hätte; entsprechend OLG Hamburg vom 21. 2. 1985, TranspR **1985** 400.

Artikel 19

Eine Überschreitung der Lieferfrist liegt vor, wenn das Gut nicht innerhalb der vereinbarten Frist abgeliefert worden ist oder, falls keine Frist vereinbart worden ist, die tatsächliche Beförderungsdauer unter Berücksichtigung der Umstände, bei teilweiser Beladung insbesondere unter Berücksichtigung der unter gewöhnlichen Umständen für die Zusammenstellung von Gütern zwecks vollständiger Beladung benötigten Zeit, die Frist überschreitet, die vernünftiger Weise einem sorgfältigen Frachtführer zuzubilligen ist.

Article 19

Il y a retard à la livraison lorsque la marchandise n 'a pas été livrée dans le délai convenu ou, s'il n'a pas été convenu de délai, lorsque la durée effective du transport dépasse, compte tenu des circonstances et, notamment, dans le cas d'un chargement partiel, du temps voulu pour assembler un chargement complet dans des conditions normales, le temps qu'il est raisonnable d'allouer à des transporteurs diligents.

Article 19

Delay in delivery shall be said to occur when the goods have not been delivered within the agreed time-limit or when, failing an agreed time-limit, the actual duration of the carriage having regard to the circumstances of the case, and in particular, in the case of partial loads, the time required for making up a complete load in the normal way, exceeds the time it would be reasonable to allow a diligent carrier.

Übersicht

Schrifttum

de la Motte CMR: Schaden – Entschädigung – Versicherung, VersR **1988** 317–324; *Koller* Das Standgeld bei CMR-Transporten, TranspR **1988** 129–138; *Thume* Die Haftung des CMR-Frachtführers für Verspätungsschäden, RIW **1992** 966–970; *Thume* Die Haftung des CMR-Frachtführers für Fahrzeugmängel, RIW **1994** 357–360; *Thume* Die Haftung des CMR-Frachtführers wegen positiver Vertragsverletzung, TranspR **1995** 1–7; *Thume* Zur Lieferfristüberschreitung gem. Art. 19 CMR, TranspR **1992** 403–405; *Voigt* Zur Lieferfristregelung der CMR, VP **1965** 184–186; *Voigt* Der Beginn der Lieferfrist beim CMR-Vertrag, VersR **1973** 501–504; *Zapp* Die

Haftung des „413 HGB"-Spediteurs bei grenzüberschreitenden LKW-Transporten für Schäden aus verspäteter Ladungsübernahme, TranspR **1993** 334–336; *Züchner* Zum Frachtvertrag nach der CMR, VersR **1964** 220–224.

I. Haftungsvoraussetzungen

1. Allgemeines

1 Wird die Lieferfrist überschritten, kommen für den Berechtigten zwei Möglichkeiten in Betracht: Außer der Geltendmachung des Lieferfristschadens nach Art. 19 kann er bei längerer Überschreitung der Lieferfrist auch Ersatz des Güterschadens verlangen; siehe Art. 20 Rdn. 1. Die Haftung für Überschreiten der Lieferfrist ist in Art. 17 Abs. 1 gemeinsam mit der Obhutshaftung geregelt. Da auch bei ihr Haftungsausschlüsse grundsätzlich eingreifen und auch die Beweislastregelung des Art. 18 gilt,[1] kann generell auf Art. 17 Rdn. 45 ff verwiesen werden. Wesentliche Unterschiede ergeben sich allerdings beim Umfang der Lieferfristhaftung (siehe Art. 23 Rdn. 46 ff, insbes. Rdn. 60 ff, 66 ff) und bei der Präklusion nach Art. 30 Abs. 3 (siehe Art. 30 Rdn. 57 ff. Andere Leistungsverzögerungen, insbesondere die verspätete Zurverfügungsstellung des Fahrzeugs unterliegen der unbeschränkten Haftung aus Schuldnerverzug.[2]

2. Überschreitung der Lieferfrist (Art. 19)

a) Allgemeines

2 Wann eine Lieferfrist überschritten ist, wird durch Art. 19 bestimmt. Primär maßgeblich ist die vereinbarte Frist. Fehlt es an der Vereinbarung, so ist die einem sorgfältigen Frachtführer vernünftigerweise zuzubilligende Frist maßgeblich.[3] Die CMR sieht demnach, keine gesetzlichen Lieferfristen vor.[4] Der Frachtführer genießt nicht den Schutz der zwingenden überlangen Fristen, wie sie im Frachtrecht vor der Deregulierung üblich war.[5]

b) Vereinbarte Lieferfrist

aa) Inhalt der Vereinbarung

3 Die Vereinbarung muß bestimmt sei. Vage Abreden wie „baldmöglichst", „umgehend", „prompt", die keine genaue Festlegung ermöglichen, reichen nicht aus.[6] Siehe dazu auch Rdn. 5.

bb) Vertragsstatut

4 Die Lieferfristvereinbarung ist ein Vertragsbestandteil und untersteht daher dem Vertragsstatut.[7] Ist nach deutschem Kollisionsrecht deutsches Sachrecht ergänzend anzuwenden, ist auch der Vertragsabschluß deutschem Recht zu unterstellen.[8]

---

[1] Siehe *Koller*[4] Rdn. 6.

[2] Siehe Art. 17 Rdn. 259, 272; § 433 HGB; § 429 HGBaF Rdn. 244, 257 ff. Zu Schäden am Gut siehe Rdn. 17.

[3] Entsprechend nunmehr § 422 HGB. Art. 16 CIM 99 sieht grundsätzlich das Gleiche, aber auch gesetzliche Fristen vor.

[4] Anders bisher Eisenbahnrecht und die KVO (§ 26 KVO, Anh. II nach § 452 HGBaF Rdn. 1 ff) aber im Ergebnis ähnlich § 428 Abs. 1 HGBaF; siehe dort Rdn. 7 ff.

[5] Verspätung führt daher leichter zur Haftung als bisher im innerdeutschen Bereich und im Eisenbahnrecht.

[6] *Thume/Thume* Rdn. 12.

[7] MüKo/*Basedow* Rdn. 7. Siehe Art. 1 Rdn. 80, 82 ff.

[8] Zum Abschlußstatut des Beförderungsvertrags siehe Art. 1 Rdn. 78; § 425 HGBaF Rdn. 58.

cc) Kein Frachtbriefzwang

5 Die Vereinbarung einer Lieferfrist kann grundsätzlich formlos erfolgen.[9] Nach der Rechtsprechung ist dafür weder die Ausstellung eines Frachtbriefs noch die Eintragung einer Lieferfrist in einen solchen erforderlich;[10] auch in der Literatur jetzt unbestritten.[11] Die Eintragung erleichtert allerdings den Nachweis der Lieferfristvereinbarung nach Art. 9 Abs. 2 CMR.[12] Ist der Frachtbrief vom Frachtführer nicht unterzeichnet, entfällt dieser Beweisvorteil.[13] Keine Lieferfrist ist vereinbart, wenn sich der Beförderer beim Wechsel von Fernschreiben nicht festlegen läßt;[14] auch nicht, wenn die eine Lieferzeit bestimmende gedruckte „instruction" erst nach Abfahrt des Fahrzeugs ankommt.[15]

dd) Formlose Vereinbarung, konkludente Abreden

6 Wann eine (formlose) Lieferfristvereinbarung vorliegt,[16] kann zweifelhaft sein. Inwieweit z. B. Auskünfte des Frachtführers über die voraussichtliche Beförderung als Lieferfristvereinbarung zu beurteilen sind, ist eine Frage der Ermittlung des rechtsgeschäftlichen Willens der Parteien.

ee) Typische Fallgestaltungen von Lieferfristabreden

7 Möglich ist zunächst die **Vereinbarung einer nach Tagen, Wochen oder Monaten bemessenen Frist**, die etwa mit Vertragsabschluß oder Übernahme des Gutes beginnt. Ist die Frist nicht durch Bestimmung eines Ablieferungstermins, sondern in einem Zeitmaß, Stunden, Tagen, Wochen festgelegt, ist der vereinbarte Beginn der Beförderung maßgeblich. Fehlt es auch an einer solchen Vereinbarung, muß der Beginn durch Auslegung ermittelt werden.[17] So kann die Lieferfrist jedenfalls nicht vor der Übernahme der Güter beginnen. Für ihren Anfang ist der Zeitpunkt anzunehmen, an dem ein sorgfältiger Frachtführer die Beförderung begonnen hätte, insbesondere nach Feiertagen oder gesetzlichen Fahrverboten. Im Zweifel dürfte der Übernahmezeit-

---

[9] Beispiel: OLG Düsseldorf vom 9. 10. 1986, TranspR **1986** 429 ff = RIW **1987** 471; LG Offenburg vom 4. 12. 1979, VersR **1980** 294.

[10] BGH vom 30. 9. 1993, TranspR **1994** 16, 17 = VersR **1994** 119, 120; OLG Saarbrücken vom 10. 2. 1971, VersR **1972** 757, 758; OLG Düsseldorf vom 18. 1. 1979, VersR **1979** 356, 357, vom 30. 12. 1982, TranspR **1984** 13 und vom 12. 12. 1985, TranspR **1986** 56, 57; OLG Hamburg vom 6. 12. 1979, VersR **1980** 290, 291; OLG Hamm vom 14. 11. 1985, TranspR **1986** 78, 80 (für Liefer- und Ladefrist); OLG Köln vom 7. 12. 1993, TranspR **1994** 197; siehe auch (offenlassend) OLG Hamburg vom 3. 5. 1984, TranspR **1985** 37, 38; LG Osnabrück vom 27. 9. 1978, VersR **1979** 42 f (durch Fernschreiben); LG Offenburg VersR **1980** 294. **A. A.** noch OLG Stuttgart vom 24. 1. 1967, NJW **1968** 1054 f; LG Kleve vom 8. 7. 1976, VersR **1978** 761; bei Fehlen der Unterschrift des Frachtführers ist der Frachtbrief unwirksam und daher kein Beweismittel, OLG Hamm vom 18. 10. 1984, TranspR **1985** 107. Siehe auch Art. 6 Rdn. 30.

[11] *Loewe* ETR **1976** 503 ff, Nr. 84, 175; *Heuer* S. 133 f mit weiteren Literaturangaben; MüKo/*Basedow* Rdn. 6, Art. 6 Rdn. 39; *Thume/Thume* Rdn. 11; *Thume/Teutsch* Art. 6 Rdn. 34; *Koller*[4] Rdn. 4, Art. 6 Rdn. 18; *Herber/Piper* Rdn. 4, Art. 6 Rdn. 24; *Clarke*[2] Nr. 60a S. 306 f und Nr. 24 S. 9; *Hill/Messent/Glass*[2] S. 159 f; *Lamy 99* I Nr. 536 f, Rechtsprechung in Nr. 1588; *Libouton* ETR **1973** S. 25, 54; ältere Rechtsprechung nahm (wohl unter Einfluß des damaligen Tarifsystems) Eintragungspflicht an; siehe *Thume/Demuth* aaO.

[12] MüKo/*Basedow* Rdn. 6.

[13] OLG Hamburg vom 3. 5. 1984, TranspR **1984** 37, 38; siehe auch Art. 5 Rdn. 15 ff.

[14] Fall: LG Kleve vom 30. 10. 1974 VersR **1975** 465 („Wir tun alles Erdenkliche und Mögliche, können aber nicht … garantieren").

[15] F CA Paris vom 2. 10. 1991, BTL **1991** 717; MüKo/*Basedow* Rdn. 6.

[16] Siehe z. B. OLG Hamburg vom 6. 12. 1979, VersR **1980** 290, 291.

[17] *Herber/Piper* Rdn. 5; *Thume/Thume* Rdn. 6.

punkt gemeint sein, nicht bereits der des Vertragsschlusses.[18] Als Hilfe kann die gesetzliche Regelung, die Art. 19 für den Fall des Fehlens einer Vereinbarung vorsieht, angewendet werden.[19] **Beendet** wird sie durch den Auslauf, gem. § 188 Abs. 1 oder 2 BGB am Ende des letzten Fristtages um 24 Uhr. Allerdings ist gem. § 358 HGB das Ende des Geschäftstags des Empfängers maßgeblich. Wird die Ablieferung ihm erst bei Geschäftsschluß des Ablauftags angeboten, ist die Lieferfrist versäumt.[20] Soweit sie für den Beginn der Verjährung der Ansprüche von Bedeutung ist, muß der Fristablauf ohne § 358 HGB bestimmt werden.[21] Die Lieferfrist kann aber auch von Anfang an so vereinbart werden, daß sie am Endtage zu einer bestimmten Uhrzeit endet.

8 Die **Vereinbarung eines festen Ablieferungstermins ist Lieferfristvereinbarung**[22] i. S. der deutschen Übersetzung des Art. 19. Die französische Fassung („il y a retard à la livraison lorsque la marchandise n'a pas été livrée dans le délai convenue") spricht von „délai convenue", was als „vereinbarte Frist", aber auch als „vereinbarter Zeitraum" übersetzt werden kann; ebenso die englische Fassung „time-limit". Der verbindliche Text beider amtlicher Sprachen erlaubt damit also eine weite Auslegung des deutschen Ausdrucks „Frist". Es erscheint berechtigt, diese Fälle als Anwendungsfälle der „vereinbarten Frist" zu betrachten. Von Bedeutung ist diese Frage vor allem auch für Art. 32 Abs. 1 S. 3 Buchst. b.

9 Eine Lieferfrist ist schon vereinbart, wenn eine Beförderung so abgesprochen wird, daß sie zu einem festen **Stichtags-Zeitpunkt noch ankommt**.[23] Auch eine Vereinbarung: „3–4 Tage" reicht aus;[24] ebenso die Klausel 4 Tage „sauf imprévu".[25] Auch die Eintragung einer Lieferfrist in einem eigens ausgestellten zweiten Frachtbrief durch den ausländischen Lieferanten beim Abholfrachtvertrag reicht.[26]

ff) Unwirksame Lieferfristabreden

10 Die Vereinbarung einer sehr kurzen, aber einhaltbaren Frist ist jedenfalls wirksam.[27] Nur wenn sie objektiv **nicht einhaltbar** ist, kann sie nichtig nach § 306 BGB sein.[28] Die Nichtigkeit wird den Vertrag als Ganzes nicht betreffen, § 139 BGB.[29] Aus § 307 BGB können sich in diesem Fall Ansprüche des Absenders auf Ersatz des Vertrauensschadens ergeben. Die Anwendung von § 138 BGB kommt demgegenüber nur in ganz besonderen Ausnahmefällen in Betracht.[30] Ob bei sehr kurz bemessener Liefer-

---

18 *Heuer* S. 133; *Thume/Thume* Rdn. 6; *Koller*[4] Rdn. 2; *Herber/Piper* Rdn. 7.

19 *Jesser* S. 76; **a.A.** *Voigt* VersR **1973** 501 ff.

20 OLG Düsseldorf vom 12. 12. 1985, TranspR **1986** 56, 59 = VersR **1986** 1069 f; *Thume/Thume* Rdn. 24.

21 Siehe Art. 32 Rdn. 91.

22 *Koller*[4] Rdn. 4; *Thume/Thume* Rdn. 13; MüKo/*Basedow* Rdn. 7; *Heuer* 133; OLG Saarbrücken vom 10. 2. 1971, VersR **1972** 757, 758 = OLGZ **1972** 27; LG Offenburg vom 4. 12. 1979, VersR **1980** 294.

23 BGH vom 30. 9. 1993, TranspR **1994** 16, 17 = VersR **1994** 119–121; OLG Saarbrücken vom 10. 2. 1971, VersR **1972** 757, 758.

24 OLG Düsseldorf vom 18. 10. 1979, VersR 1980 63, 65.

25 F CA Paris vom 27. 5. 1980, BT **1980** 435 ff (wenn die unvorhergesehenen Störungen die Verspätung nicht rechtfertigen).

26 Siehe OLG Düsseldorf vom 7. 7. 1988, TranspR **1988** 425, 428.

27 *Heuer* S. 136; *Thume/Thume* Rdn. 14; zu Art. 31 KVO, Anh. II nach 452 HGBaF siehe dort Rdn. 10.

28 MüKo/*Basedow* Rdn. 7; *Koller*[4] Rdn. 4; zur Anwendung von § 306 siehe die Fälle OLG Düsseldorf vom 7. 7. 1988, TranspR **1988** 425, 428; OLG Hamburg vom 6. 12. 1979, VersR **1980** 290, 291 (beide in concreto ablehnend).

29 *Herber/Piper* Rdn. 10; ausnahmsweise aber möglich, MüKo/*Basedow* Rdn. 7.

30 Für § 138 zutreffend MüKo/*Basedow* Rdn. 7; *Koller*[4] Rdn. 4 (zur Begründung der Sittenwidrigkeit weitere Fallumstände erforderlich). Großzügig *Züchner* VersR **1964** 223 ff und *Voigt* VP **1965** 185; die Frage nach der möglichen Grundlage einer (im entschiedenen Fall nicht gegebenen) Unwirksamkeit offenlassend OLG Hamburg vom 6. 12. 1979, VersR **1980** 290, 291;

frist wegen Organisationsmangels den Absender ein Mitverschulden trifft,[31] wird bestritten, weil es Aufgabe des Frachtführers ist, die Verzögerungsrisiken selbst abzuschätzen.[32] Allenfalls könnte bei Sittenwidrigkeit (etwa Knebelungsvertrag) Nichtigkeit nach § 138 vorliegen.

gg) Ladefrist

Die Vorschriften über die Lieferfrist sind auf Ladefristen nicht anzuwenden. Diese beziehen sich auf den Beginn der Beförderung; sie sind in der CMR nicht geregelt. Der Frachtführer hat das Fahrzeug innerhalb dieser Frist zum Laden zur Verfügung zu stellen, eventuell auch selbst zu beladen. Ihre Einhaltung ist wie bei jedem schuldrechtlichen Vertrag zu sehen;[33] insbesondere ist sie nicht den Unsicherheiten einer internationalen Straßenbeförderung unterworfen. Die Lieferfrist ist dagegen Bestandteil des Frachtvertrags. Wegen der oft schwer beherrschbaren Umstände der Straßenbeförderung ist die Haftung daher durch Art. 23 Abs. 5 beschränkt. Diese Haftungsbeschränkung ist aber für die Nichteinhaltung der Ladefrist, die einen Normalfall des Schuldnerverzugs darstellt, nicht berechtigt. Daher ist die Analogie abzulehnen.[34] In diesem in der CMR nicht geregelten Fall ist nach ergänzend anwendbarem nationalem Recht (deutschem Leistungsstörungsrecht) zu entscheiden. 11

hh) Ende der Lieferfrist

Die Lieferfrist läuft nach den Regeln des ergänzend anzuwendenden Rechts ab. Anzuwenden sind, soweit deutsches Recht gilt, §§ 187, 188 BGB.[35] 12

c) Lieferfrist mangels Vereinbarung

Ist keine Lieferfrist vereinbart, muß der Frachtführer die Beförderung ausführen innerhalb der Frist, die vernünftigerweise nach den Erfahrungen der Praxis (ex ante)[36] einem sorgfältigen Frachtführer zuzubilligen ist. Die Gegenmeinung[37] beruht auf den Formulierungen der verbindlichen Fassungen („durée effective" „actual duration", deutsch „tatsächliche Dauer"). Auszugehen ist dabei jedoch nicht von sprachlichen, sondern von sinngebenden Überlegungen: Die Lieferfrist macht kaum einen Sinn, wenn sie nachträglich berechnet wird. Insbesondere kann sich dann der Auftraggeber, der typischerweise keine Spezialkenntnisse der Umstände der Beförderung hat, auf die noch garnicht bestimmte Lieferfrist nicht verlassen. Er wird sich an allgemeine Erfahrungen mit entsprechenden Fällen halten müssen. Dem Frachtführer steht zu seinem Schutz im übrigen das Arsenal der Haftungsausschlüsse und die niedrige Haftungsbeschränkung nach Art. 23 Abs. 5 zur Verfügung.[38] Der zumindest in 13

ablehnend OLG Düsseldorf vom 7.7.1988, TranspR **1988** 425, 428.

[31] OLG Zweibrücken vom 14.11.1984, TranspR **1985** 397 f.

[32] *Koller*[4] Rdn. 4; MüKo/*Basedow* Rdn. 7; *Thume/Thume* Rdn. 14; *Herber/Piper* Rdn. 11.

[33] Siehe Art. 17 Rdn. 255.

[34] Für diese Analogie hat sich OLG Hamm vom 14.11.1985 TranspR **1986** 77, 79 f entschieden, im Hinblick auf kritische Stimmen die Rechtsprechung wieder aufgegeben (Urteil vom 20.3.1997, TranspR **1998** 297, 299). Gegen die Analogie OLG Hamburg vom 25.6.1987, TranspR **1987** 458, 459 = VersR **1987** 351 f; *Koller*[4] Rdn. 3, Art. 17 Rdn. 56; *Thume/Thume* Rdn. 8; *Fremuth/Thume* Rdn. 9; *Herber/Piper* Rdn. 3; *Piper* VersR **1988** 200, 209; *Clarke*[2] Nr. 60.

[35] Siehe dazu im einzelnen Art. 32 Rdn. 91.

[36] *Heuer* S. Rdn. 5; *Jesser* S. 77; *Herber/Piper* Rdn. 14; *Koller*[4] Rdn. 5; Unklar MüKo/*Basedow* Rdn. 10.

[37] *Pesce* S. 249 spricht sich für eine a-posteriori-Beurteilung der Lieferfrist aus; wohl ebenfalls MüKo/*Basedow* Rdn. 10 f.

[38] MüKo/*Basedow* Rdn. 10 bezeichnet daher die sprachliche Fassung von Art. 19 als „fehlerhaft".

Deutschland herrschenden ex ante – Meinung ist daher zuzustimmen. Ausgehend von den Erfahrungswerten und Umständen der vorgesehenen Beförderung sind dabei die Umstände der Beförderung zu berücksichtigen, insbesondere bei teilweiser Beladung die für die vollständige Beladung erforderliche Zeit. Für die Frist von Bedeutung sind auch die Umstände, die für den Beginn der Beförderung maßgeblich sind.[39] Ob eine (durch die Durchführung im kombinierten Transport bedingte) kurze Überschreitung der Frist bereits Versäumung der Lieferfrist bedeutet, ist streitig.[40] Daß dem Frachtführer geringfügige Überschreitungen zugebilligt werden, ist systemwidrig, weil die Angemessenheit schon bei der Fristbestimmung zu berücksichtigen ist.[41] Wer z. B. leicht verderbliches Obst nach der Bundesrepublik Deutschland befördert, muß dessen besondere Empfindlichkeit berücksichtigen[42] und gegebenenfalls für einen Fahrerwechsel sorgen. Unvorhergesehene Straßensperren sollen als Konsequenz der a-posteriori-Auffassung zur Verlängerung der Lieferfrist führen, ohne daß Art. 17 Abs. 2 CMR bemüht werden müßte.[43]

14 **Rechtsprechung:**[44] Der Frachtführer kann sich nicht auf die durch die Höchst-Fahrzeiten erzwungenen Ruhepausen berufen;[45] vier Tage und Nächte für einen Transport von Hamburg nach Marseille sind zu lang, jedenfalls wenn dort ein Schiffsanschluß erreicht werden muß;[46] ebenso sechzehn Tage für einen Transport ohne Umladung von Deutschland in den Irak.[47] Mehr als drei Wochen von Berlin oder Westdeutschland nach Irak sind zu lang (1981).[48] Von Deutschland nach Kuwait kann der Transport in 14–18 Tagen erledigt werden, 40 Tage Verspätung sind vom Frachtführer zu vertreten.[49] 29 statt 15–18 Tage von Bremen nach Riad sind Lieferfristüberschreitung;[50] ebenso 9 Tage von Frankfurt nach Helsinki.[51] Steht ein LKW bei einem Transport von Spanien nach Österreich einen ganzen Tag untätig im Absenderland, kann bereits Fristüberschreitung vorliegen.[52] Eine Unterbrechung des Transports von frischem Paprika von Elche (Spanien) nach Duisburg (Normaldauer 2 Tage) um 3 bis 4 Tage (wegen Benzin- und Geldmangel) führt zur Lieferfristüberschreitung.[53] Für den Transport von Käse von Wien nach Oran (Algerien) via Marseille ist eine Woche angemessen, zwei Wochen später sind jedenfalls Lieferfristüberschreitung.[54] Eine Transportdauer von 44 Tagen für einen Container von Deutschland nach dem Irak in Sammelladung überschreitet eindeutig die Lieferfrist.[55] Sonntagsfahrverbote führen nicht zur Verlängerung;[56] Nichtablieferung der größeren Teillieferung eine Woche

---

[39] F CA Rennes vom 5. 11. 1974, BT **1974** 514 f; abweichend wohl *Voigt* VersR **1973** 504.

[40] Dafür LG Stuttgart vom 27. 9. 1991, TranspR **1992** 22 ff mit zustimmender Anmerkung *Starosta* S. 24 f; *Thume/Thume* Rdn. 17.

[41] *Koller*[4] Rdn. 5; *Herber/Piper* Rdn. 19; *Thume/Thume* Rdn. 20; so wohl auch *Clarke*[2] Nr. 60 b.

[42] F CA Rennes vom 5. 11. 1974, BT **1974** 514 f (Reife Äpfel von Frankreich nach Duisburg, Distanz von 950 km).

[43] MüKo/*Basedow* Rdn. 11. Dies ist eine unangemessene Lösung, weil damit der Rahmen für die Zurechnung weggenommen wird.

[44] Siehe auch *Thume/Thume* Rdn. 18; MüKo/*Basedow* Rdn. 13; *Herber/Piper* Rdn. 15 f.

[45] LG Kleve vom 30. 10. 1974, VersR **1975** 465, 466 (Birnen von Südfrankreich nach Deutschland).

[46] OLG Hamburg vom 13. 11. 1980, 6 U 110/80 (unveröff.).

[47] OLG Hamburg vom 3. 5. 1984, TranspR 1985 37, 38.

[48] LG Berlin vom 4. 5. 1983, TranspR **1985** 134, 136.

[49] OLG München vom 12. 4. 1990, TranspR **1990** 280, 285.

[50] CH BG vom 2. 6. 1981, BGE **107 II** 238, 240 = TranspR **1983** 50, 51.

[51] LG Lübeck vom 17. 3. 1986, TranspR **1986** 339.

[52] A OGH vom 31. 3. 1982, *Greiter* 137, 141 f = Verkehr **1983** 386 f = in TranspR **1984** 196 f zur Unkenntlichkeit verkürzt.

[53] OLG Düsseldorf vom 26. 7. 1984, TranspR **1985** 128, 129.

[54] A OGH vom 14. 7. 1988, VersR **1989** 977.

[55] LG Frankfurt vom 9. 7. 1984, TranspR **1985** 110, 111 f.

[56] I CA Venedig vom 31. 10. 1974, ETR **1975** 242, 247 f.

oder später nach pünktlicher Ablieferung des kleineren Teils war nach Auffassung des OLG Düsseldorf eine Lieferfristüberschreitung (Fehlen einer Zollurkunde; Annahmeverweigerung nach Ablauf der Lieferfrist).[57]

Die **Lieferfristen der aufgehobenen KVO** können in den CMR-Frachtvertrag als die Fristen, die „vernünftigerweise einem sorgfältigen Frachtführer zuzubilligen sind“ nicht mehr hineininterpretiert werden.[58] Dies ist schon deshalb nach Art. 19 CMR nicht zulässig, weil die Frist „unter Berücksichtigung der Umstände“ zu bestimmen ist. Es war ohnehin nicht möglich, die festen Lieferfristen der KVO, die dem Schutz der Bundesbahn vor dem Wettbewerb der Straße dienten, auf die CMR anzuwenden. Sie waren auch vor der Tarifaufhebung für die CMR nicht maßgeblich.[59] Auch die bisherige Rechtsprechung zu § 428 Abs. 2 HGBaF (Ortsgebrauch) konnte nicht mehr angewendet werden.[60] Neben der Haftung nach Art. 17 Abs. 1, 19 CMR kam § 14 KVO (Wagenstellungsvertrag) nicht zur Anwendung. Siehe Art. 1 Rdn. 89. **15**

Ist keine Lieferfrist vereinbart, so ist die **Verlustfiktion des Art. 20 Abs. 1 CMR** zu beachten, die 60 Tage nach Übernahme eintritt. **16**

3. Schadensentstehung

Voraussetzung der Lieferfristhaftung ist die Verursachung eines Vermögensschaden des Berechtigten.[61] Durch Versäumung der Lieferfrist verursachte Schäden am Frachtgut **(Güterschäden)** sind dagegen nach Art. 17 Abs. 1 zu ersetzen.[62] Ablieferung ist auch die „Ersatzablieferung“;[63] dies hat vor allem Bedeutung wegen der unterschiedlichen Haftungsgrenzen nach Art. 23 Abs. 3 bzw. 5.[64] Substantiierter Vortrag zur international strittigen Kausalität zwischen Lieferfristüberschreitung und Schadensentstehung ist erforderlich.[65] Dabei ist in vielen Fällen (besonders bei schnell verderblichen Gütern) die Fristüberschreitung die einzige relevante Ursache, wenn nämlich die Verderblichkeit bei Fristeinhaltung keine Schäden zur Folge gehabt hätte.[66] **17**

---

[57] Urteil vom 23. 12. 1996, TranspR **1997** 422 f (bei Ablieferungshindernis).

[58] So aber *Züchner* VersR **1964** 223 f und *Voigt* VP **1965** 185; dagegen *Schiller* TranspR **1985** 113.

[59] *Thume/Thume* Rdn. 16; *Koller*[4] Rdn. 5.

[60] *Koller*[4] Rdn. 5; *Thume/Thume* Rdn. 16 gegen *Glöckner*[7] Rdn. 7.

[61] LG Kleve vom 30. 10. 1974, VersR **1975** 465, 466 (Ersatzkauf von Birnen wegen Verspätung); OLG Saarbrücken vom 10. 2. 1971, VersR **1972** 757, 758 (Nachentrichtung von Einfuhrabgaben wegen Versäumung des Stichtages); OLG Düsseldorf vom 7. 7. 1988 TranspR **1988** 425, 429 f (verspätete Anlieferung von Kirschen, Verkaufsschwierigkeiten); OLG Hamm vom 14. 11. 1985, TranspR **1986** 77, 79 = VersR **1987** 609 f (teilweiser Verderb von Weintrauben und Preisverfall, Haftung wegen Güterschaden und Verspätungsschaden); OLG Hamburg vom 3. 5. 1984, TranspR **1985** 37 f (verspätete Lieferung einer Wasserentsalzungsanlage nach Irak, dadurch Reparaturkosten); BGH vom 30. 9. 1993, BGHZ **123** 303, 308 = TranspR **1994** 16, 17 f = VersR **1994** 119–121 (Verhütungskosten des Geschäftsabbruchs an Kunden im Iran). Die Verweigerung der Zahlung des Auftraggebers an den Absender ist dagegen noch kein Schaden, da Zahlungen auch erzwungen werden können: OLG Düsseldorf vom 9. 10. 1986, TranspR **1986** 429, 430 = RIW **1987** 471.
Siehe aus der Literatur *Thume/Thume* Rdn. 43; MüKo/*Basedow* Art. 23 Rdn. 45. Siehe Art. 23 Rdn. 61

[62] Siehe Art. 23 Rdn. 66. Zum Kumulieren von Güter- und Lieferfristschaden positiv OLG Hamm vom 14. 11. 1985, TranspR **1986** 77, 79 = VersR **1987** 609 f (teilweiser Verderb von Weintrauben und Preisverfall). Vgl. hingegen: OLG München vom 29. 7. 1998, TranspR 2000 31 (Verzögert der Frachtführer schuldhaft den Transport und werden deshalb schon vor der Ablieferung seinem Auftraggeber vom Versender bereits erteilte Folgeaufträge entzogen, so handelt es sich bei dem durch Verlust der Folgeaufträge entgangenen Gewinn nicht um einen nach Art. 17 Abs. 1, Art. 23 Abs. 5 CMR zu ersetzenden Verspätungsschaden).

[63] *Herber/Piper* Rdn. 17; *Koller*[4] Rdn. 3; *Thume/Thume* Rdn. 23.

[64] Siehe Art. 23 Rdn. 60 f.

[65] Zur Verursachung von Lieferfristüberschreitungen siehe auch Art. 11 Rdn. 12.

[66] A OGH vom 31. 3. 1982, *Greiter* 137, 141 f = Verkehr **1983** 386 f = TranspR **1984** 196 f; LG

II. Haftungsbefreiungen

1. Entlastung nach Art. 17 Abs. 2

18 Die **Haftungsausschlüsse** gelten grundsätzlich auch **für die Lieferfristhaftung**; für Art. 17 Abs. 2 unbestritten.[67] Die haftungsbefreienden Umstände des Abs. 2 können wie zu Verlust und Beschädigung auch zu Lieferfristüberschreitungen geführt haben; sie gelten also auch für diese;[68] vor allem „unabwendbaren Umstände". Hierfür kommt beispielsweise Vereisung der Straße in Betracht; es muß jedoch der Nachweis frühzeitiger Abfahrt erbracht werden.[69] Gegebenenfalls kann die Stellung eines zweiten Fahrers erforderlich sein.[70] Häufig sind auch Defekte am ausführenden Fahrzeug Ursachen der Fristüberschreitung; Art. 17 Abs. 3.[71] Wählt der Frachtführer vertragswidrig den billigeren Weg über eine Fähre von Triest nach Irak, kann er sich auf deren Ausfall nicht als unabwendbares Ereignis berufen.[72] Sperrt Bulgarien den türkischen LKW-Fahrern die Durchfahrt, so ist dies kein unabwendbarer Umstand, wenn die Beförderung mit Fahrern anderer Nationen durchführbar gewesen wäre;[73] Art. 17 Abs. 5 ist anwendbar.[74]

2. Entlastung nach Art. 17 Abs. 4

19 Die Haftungsausschlüsse des Abs. 4 beziehen sich im Gegensatz zu Abs. 2 ausdrücklich nur auf Verlust und Beschädigung des Guts. Daraus kann aber nicht geschlossen werden, daß für Lieferfristüberschreitungen keine Obhutshaftung besteht. Zumindest in der deutschen Rechtsprechung und Literatur ist geklärt, daß die Verspätung Ursache eines Güterschadens sein kann und in solchen Fällen der Güterschaden nicht nach Art. 23 Abs. 5, sondern nach Art. 23 Abs. 1–4 zu ersetzen ist.[75] Sachlich bietet sich zwar an, immer wenn es zu Schäden in Form von Verlust oder Beschädigung gekommen ist, auch Lieferfristschäden zu berücksichtigen. Im Verhältnis zur Lieferfristhaftung können die Ausschlußgründe des Art. 17 Abs. 4 zwar im Rahmen von Art. 17 Abs. 1, Art. 19 sachlich eingebracht werden,[76] allerdings nicht bevorrechtigt nach Art. 18 Abs. 2. Ist das Gut nur bei die Lieferfrist überschreitender Beförderungsdauer verderblich, kann nach Art. 18 Abs. 2 S. 2 der Nachweis der Verspätung als alleiniger Ursache erbracht werden,[77] weil die Verspätung eine die Enthaftung ausschließende andere Schadensursache ist. Insbesondere wenn Verderblichkeit und Verspätung zusammenwirken, ist auch Schadensteilung Art. 17 Abs. 5 möglich.[78] Umgekehrt kann Empfindlichkeit des Gutes allerdings auch zur Ursache von Verspätungen werden, wenn wegen Gefährdung des Gutes Aufenthalte (z. B. zum Nachverpacken, Umstauen, Sortieren, Nachkühlen, Belüften von Gütern) erforderlich werden und damit die Einhaltung der Lieferfrist vereiteln.[79]

Duisburg vom 14. 12. 1988, TranspR **1989** 268, 270 (Frischfleisch).

[67] *Thume/Thume* Rdn. 28; MüKo/*Basedow* Rdn. 3, 8; 28 CMR.

[68] Siehe Art. 17 Rdn. 53.

[69] OLG Saarbrücken vom 10. 2. 1971, VersR **1972** 757, 758.

[70] Zu diesen und weiteren Umständen OLG Düsseldorf vom 30. 12. 1982, TranspR **1984** 13, 14; generell Art. 17 Rdn. 221, 76 ff.

[71] Siehe Art. 17 Rdn. 35 ff; *Thume/Thume* Rdn. 28.

[72] LG Berlin vom 4. 5. 1983, TranspR **1985** 134, 136.

[73] BGH vom 30. 9. 1993, TranspR **1994** 16, 17 = VersR **1994** 119–121.

[74] Zutreffend A OGH vom 31. 3. 1982, *Greiter* 137, 141 f = Verkehr **1983** 386 f = TranspR **1984** 196 f.

[75] Siehe Art. 23 Rdn. 66.

[76] *Hill/Messent/Glass*² S. 162.

[77] Zutreffend A OGH vom 31. 3. 1982, *Greiter* 137, 141 f = Verkehr **1983** 386 f = TranspR **1984** 196 f; LG Duisburg vom 14. 12. 1988, TranspR **1989** 268, 270.

[78] A OGH vom 13. 3. 1982, *Greiter* 137, 141 f = Verkehr **1983** 386 f.

[79] Zutreffend bereits *Züchner* VersR **1964** 224.

III. Umfang des Schadenersatzes

Der Schadenersatz ist in Art. 23 Abs. 5 auf die Höhe der Fracht beschränkt; siehe Art. 23 Rdn. 60 ff. Bei einer Beschädigung des Gutes als Folge der Lieferfristüberschreitung (z. B. Verderb), ist die Haftungsbegrenzung nach Art. 23 Abs. 1–4 maßgeblich.[80] Art. 23 Abs. 5 ist auch anzuwenden, wenn bei Fehlen einer Lieferfristvereinbarung mit der Beförderung noch nicht begonnen war. 20

Die Haftungsbeschränkungen können gem. Art. 41 nicht abbedungen werden. Daher ist die Vereinbarung niedrigerer Haftung ebenso unzulässig wie die Erhöhung der Haftungsgrenze. Auch die Vereinbarung einer Vertragsstrafe (Poenale) ist unwirksam; siehe Art. 17 Rdn. 270, Art. 23 Rdn. 64. Verläßt sich ein Absender auf eine zu kurze Lieferfrist, kann er nur im Falle des Art. 29 volle Entschädigung verlangen; siehe Art. 29. Er ist ansonsten auf die (kaum übliche) Interessedeklaration nach Art. 26 angewiesen.[81] 21

Der Schaden kann **aufgrund von Mitverschulden gemindert sein oder gänzlich wegfallen**. Das OLG Zweibrücken[82] läßt den Schadenersatz ganz entfallen, wenn die Lieferfrist für einen Transport per LKW durch mehrere Länder des Balkans und des Vorderen Orients so kurz bemessen ist, daß sie kaum eingehalten werden kann und der Absender seine Disposition ohne Spielraum getroffen hat. Über diese Argumentation bestehen Zweifel. Läßt sich der Frachtführer auf eine zu kurz bemessene Lieferfrist ein, so trifft ihn zumindest ebenfalls ein erhebliches Verschulden, da er die Umstände des Transports kennen muß.[83] 22

Artikel 20

1. Der Verfügungsberechtigte kann das Gut, ohne weitere Beweise erbringen zu müssen, als verloren betrachten, wenn es nicht binnen dreißig Tagen nach Ablauf der vereinbarten Lieferfrist oder, falls keine Frist vereinbart worden ist, nicht binnen sechzig Tagen nach der Übernahme des Gutes durch den Frachtführer abgeliefert worden ist.

2. [1]Der Verfügungsberechtigte kann bei Empfang der Entschädigung für das verlorene Gut schriftlich verlangen, daß er sofort benachrichtigt wird, wenn das Gut binnen einem Jahr nach Zahlung der Entschädigung wieder aufgefunden wird. [2]Dieses Verlangen ist ihm schriftlich zu bestätigen.

3. Der Verfügungsberechtigte kann binnen dreißig Tagen nach Empfang einer solchen Benachrichtigung fordern, daß ihm das Gut gegen Befriedigung der aus dem Frachtbrief hervorgehenden Ansprüche und gegen Rückzahlung der erhaltenen Entschädigung, gegebenenfalls abzüglich der in der Entschädigung enthaltenen Kosten, abgeliefert wird; seine Ansprüche auf Schadenersatz wegen Überschreitung der Lieferfrist nach Artikel 23 und gegebenenfalls nach Artikel 26 bleiben vorbehalten.

4. Wird das in Absatz 2 bezeichnete Verlangen nicht gestellt oder ist keine Anweisung in der in Absatz 3 bestimmten Frist von dreißig Tagen erteilt worden

---

80 Siehe Art. 23 Rdn. 66 ff, Art. 23 Abs. 5.

81 *Herber/Piper* Rdn. 11; siehe Art. 26 Rdn. 5.

82 Vom 14. 11. 1984, TranspR **1985** 397 f.

83 OLG Hamburg vom 6. 12. 1979, VersR **1980** 290, 291 läßt offen, ob § 254 überhaupt ergänzend anzuwenden ist.

oder wird das Gut später als ein Jahr nach Zahlung der Entschädigung wieder aufgefunden, so kann der Frachtführer über das Gut nach dem Recht des Ortes verfügen, an dem es sich befindet.

Article 20

1. L'ayant droit peut, sans avoir à fournir d'autres preuves, considérer la marchandise comme perdue quand elle n'a pas été livrée dans les trente jours qui suivent l'expiration du délai convenu ou, s'il n'a pas été convenu de délai, dans les soixante jours qui suivent la prise en charge de la marchandise par le transporteur.

2. L'ayant droit peut, en recevant le paiement de l'indemnité pour la marchandise perdue, demander, par écrit, à être avisé immédiatement dans le cas où la marchandise serait retrouvée au cours de l'année qui suivra le paiement de l'indemnité. Il lui est donné par écrit acte de cette demande.

3. Dans les trente jours qui suivent la réception de cet avis, l'ayant droit peut exiger que la marchandise lui soit livrée contre paiement des créances résultant de la lettre de voiture et contre restitution de l'indemnité qu'il a reçue, déduction faite éventuellement des frais qui auraient été compris dans cette indemnité, et sous réserve de tous droits à l'indemnité pour retard à la livraison prévue à l'article 23 et, s'il y a lieu, à l'article 26.

4. A défaut soit de la demande prévue au paragraphe 2, soit d'instructions données dans le délai de trente jours prévu au paragraphe 3, ou encore si la marchandise n'a été retrouvée que plus d'un an après le paiement de l'indemnité, le transporteur en dispose conformément à la loi du lieu où se trouve la marchandise.

Article 20

1. The fact that goods have not been delivered within thirty days following the expiry of the agreed time-limit, or, if there is no agreed time-limit, within sixty days from the time when the carrier took over the goods, shall be conclusive evidence of the loos of the goods, and the person entitled to make a claim may thereupon treat them as lost.

2. The person so entitled may, on receipt of compensation for the missing goods, request in writing that he shall be notified immediately should the goods be recovered in the course of the year following the payment of compensation. He shall be given a written acknowledgement of such request.

3. Within the thirty days following receipt of such notification, the person entitled as aforesaid may require the goods to be delivered to him against payment of the charges shown to be due on the consignment note and also against refund of the compensation he received less any charges included therein but without prejudice to any claims to compensation for delay in delivery under article 23 and, where applicable, article 26.

4. In the absence of the request mentioned in paragraph 2 or of any instructions given within the period of thirty days specified in paragraph 3, or if the goods are not recovered until more than one year after the payment of compensation, the carrier shall be entitled to deal with them in accordance with the law of the place where the goods are situated.

Übersicht

I. Verlustfiktion (Artikel 20 Abs. 1)

1. Allgemeines

Wenn das Gut nicht innerhalb der Lieferfrist abgeliefert wird, bieten sich für den Berechtigten zwei Ansprüche an: 1

(1) Anspruch auf begrenzten **Schadensersatz wegen Lieferfristüberschreitung** nach (Art. 17 Abs. 1, 19, 23 Abs. 5); diese Möglichkeit führt zum Ersatz des (beweisbedürftigen) Vermögensschadens durch die Verspätung. Dieser ist auf die Höhe der Fracht beschränkt. Der Anspruch auf Ablieferung des Gutes und (bei wirklichem Verlust) auf Schadensersatz bleibt offen.

(2) Anspruch auf ebenfalls begrenzten **Ersatz des Güterschadens** nach Art. 20, 17 Abs. 1, 23 Abs. 1–4; Art. 20 erlaubt ihm ohne Nachweis des effektiven Verlusts Wertersatz für das Gut zu verlangen;[1] bei einem Warenwert unter der Haftungsgrenze des Art. 23 Abs. 3 ist dies eine sehr effektive Möglichkeit. Sie hängt aber vom Ablauf der weiteren Frist von dreißig/sechzig Tagen ab.

(3) Sie kommt für die Praxis **kaum in Betracht bei sehr wertvoller Ladung**. Allerdings erspart Art. 20 nur den Nachweis des Verlustes; insbesondere die Haftungsausschlüsse des Art. 17 Abs. 2 und 4 hat der Berechtigte zu bedenken.[2]

Art. 20 spielt offenbar **in der gerichtlichen Praxis** eher eine unbedeutende Rolle,[3] enthält aber prinzipiell gute, wenn auch nicht voll durchdachte Lösungen[4] für das Problem des vorübergehend ungeklärten Verschwindens der Güter.[5] Wird das Gut nicht abgeliefert und der Berechtigte weiß nicht, ob es noch existiert oder wo es sich befindet, kommt er meist in Handlungszwang,[6] der mehrere mögliche Verhaltensweisen nahelegt: Ansprüche gegen den Frachtführer wegen Verspätung geltend zu machen;[7] eine eventuell bestehende Güterversicherung einzuschalten; vor allem aber, den Empfänger als seinen Kunden neu zu beliefern. Wird das Gut wieder gefunden, ist die Erfüllung des Frachtvertrags noch möglich. Bei Neubelieferung hätte der Berech- 2

---

1 Zur Geltendmachung siehe Rdn. 6.

2 Siehe Rdn. 5. Zu den Möglichkeiten nach Art. 19 und 20 siehe auch *Loewe* ETR **1976** 503 ff, Nr. 176; *Clarke*² Nr. 60b.

3 Untersucht BGH vom 15.10.1998, TranspR **1999** 102, 104; weiteres Beispiel: Unklarer Anwendungsfall F CA Paris vom 6.4.1981, BT **1981** 567 f (Verschwinden des Fahrzeugs auf längere Zeit).

4 Daher grundsätzlich mit Änderungen in § 424 HGBnF übernommen; insbesondere mit abweichender Fristregelung: Die Benutzung des Ausdrucks „Verlustvermutung" entspricht der deutschen h.M. zu Art. 20; siehe dort Rdn. 3. § 424 ist auf die meisten Beförderungsarten und auf den multimodalen Transport anwendbar, § 452 ff HGB. Zu den Änderungen siehe BRDrucks. 368/97 S. 56–58; zur früheren Rechtslage § 429 HGBaF Rdn. 15 und § 37 Abs. 4 KVO, Anh. II nach § 452 HGBaF Rdn. 14.

5 Dazu gehört auch die Falschauslieferung: NL Rb Amsterdam vom 16.12.1966, SS **1967** 179 f (aber ungeklärt, ob nicht doch Auslieferung an einen Berechtigten).

6 Siehe OLG Frankfurt vom 5.11.1985, TranspR **1986** 282, 284 = VersR **1986** 1070 f.

7 Siehe dazu Art. 19 Rdn. 1.

tigte aber die Ware doppelt und könnte sie möglicherweise nicht entsprechend veräußern. Art. 20 will ihm die Entscheidung erleichtern, indem er ihm Lösungsmöglichkeiten schafft: das Recht, das Gut als verloren zu betrachten, also sein Handeln auf diesen Fall zu gründen; aber auch Regelungen für die mögliche Wiederauffindung. Die Möglichkeit, ihm **die Geltendmachung seiner Schadensersatzansprüche wegen Verlustes zu ermöglichen,**[8] war zur Entstehungszeit der CMR meist noch ein guter Ersatz, als nämlich die Grenzen der Haftung den Güterwert meist noch voll erfaßten[9] und dem Berechtigten die (heute kaum noch bestehende) Möglichkeit der Deklaration[10] auch des vollen Wert- und Interessenersatzes offenstand.

2. Wahlrecht des Berechtigten

3 Art. 20 Abs. 1 begründet ein Wahlrecht für den Berechtigten.[11] Mit der Formulierung, der Verfügungsberechtigte „kann das Gut als verloren betrachten", schließt sich die deutsche Übersetzung an den französischen Originaltext an. Entsprechend der englischen Formulierung[12] wird dies in Deutschland terminologisch meist als „unwiderlegliche Vermutung"[13] oder auch als **Fiktion des Verlustes**[14] bezeichnet. Gelegentlich wurde auch die Auffassung vertreten, die Vermutung sei widerleglich.[15] Eine Widerleglichkeit ist in der CMR schon sprachlich nicht angelegt; sie wäre einfacher zu formulieren gewesen[16] und würde auch zu unannehmbaren Ergebnissen führen.[17] Für sie werden keine stichhaltigen Gründe vorgebracht.[18] Der noch be-

---

[8] *Loewe* ETR **1976** 503 ff, Nr. 177.

[9] Siehe Art. 23 Rdn. 12 ff, 39.

[10] Art. 24 und 26 CMR; siehe dort.

[11] Nur zu Lasten des Frachtführers; nicht zu seinen Gunsten; *Thume/Demuth* Rdn. 4.

[12] „L'ayant droit peut, sans avoir à fournir d'autres preuves, considérer la marchandise comme perdue"..., „... shall be conclusive evidence of the loss of the goods ...".

[13] Die überwiegende Meinung sieht in Art. 20 Abs. 1 eine unwiderlegliche Vermutung des Verlustes: BGH vom 27. 10. 1978, NJW **1979** 2473 = TranspR **1982** 108 f = VersR **1979** 276 ff; vom 15. 10. 1998, TranspR **1999** 102–104; OLG Frankfurt vom 5. 11. 1985, TranspR **1986** 282, 284 = VersR **1986** 1070 f; wohl auch OLG Düsseldorf vom 23. 11. 1989, TranspR **1990** 63, 66 (Fiktion); OLG Düsseldorf vom 20. 3. 1997, TranspR **1998** 32 ff; vom 25. 9. 1997, TranspR **1999** 159, 160; LG Nürnberg/Fürth vom 13. 10. 1983, TranspR **1985** 113 ff; LG Hamburg vom 29. 7. 1994, TranspR **1994** 448 f; GB Queen's Bench Division vom 27. 10. 1986, ICI v. MAT, RDU **1988** 747, 756 = Lloyd's Rep. **1987** 1, 354, 362; MüKo/*Basedow* Rdn. 4; *Herber/Piper* Rdn. 3; *Koller*[4] Rdn. 1; *Thume/Demuth* Rdn. 3; *Glöckner*[7] Rdn. 2; *Jesser* S. 69; *Clarke*[2] Nr. 58b S. 304. Die Unwiderleglichkeit ist in § 424 HGBnF nicht ausdrücklich bestimmt.

[14] *Heuer* S. 70; *Precht/Endrigkeit*[3] Anm. 1 zu Art. 20; OLG Hamburg vom 17. 11. 1983, TranspR **1984** 188 = VersR **1984** 258; OLG Frankfurt vom 5. 11. 1985, TranspR **1986** 282, 284 = VersR **1986** 1070 f; OLG Düsseldorf vom 23. 11. 1989, TranspR **1990** 63, 66; im Ergebnis auch OLG Stuttgart vom 23. 3. 1971, Abdruck bei *Heuer* S. 201, 206. BGH vom 27. 10. 1978, NJW **1979** 2473 f = TranspR **1982** 108 f = VersR **1979** 276 ff spricht von einer Beweiserleichterung und dann abschließend von „fingiertem Verlust". Für Fiktion auch B Trib Brüssel vom 6. 4. 1984, ETR **1984** 431, 443.

[15] So etwa *Glöckner*[7] Rdn. 2; wohl auch *Loewe* ETR **1976** 503 ff, Nr. 177; OLG Frankfurt vom 20. 1. 1981, TranspR **1981** 267; wohl auch OLG Hamburg vom 17. 11. 1983, TranspR **1984** 188.

[16] Z.B. wie in Art. 9 Abs. 1: „fait foi" „shall be prima facie evidence".

[17] MüKo/*Basedow* Rdn. 4.

[18] Sie beruhen auf allgemeinen, mißverständlichen und durch die Entwertung der Haftungsgrenzen überholten Überlegungen: *Loewe* ETR **1976** 503 ff, Nr. 177 meint, wenn der Frachtführer freiwillig zahle, sei „die Sache insofern schon erledigt", als nur mehr die für den Fall der Wiederauffindung in den Abs. 2 bis 4 enthaltenen Regeln zur Anwendung kämen. Dieser Hinweis auf Entschädigungen ist in den meisten Fällen nur noch ein Trostpflaster: Die Haftung für Verlust ist stark begrenzt; in Art. 23 Abs. 1 auf Wertersatz, in Abs. 3 auf eine im Verhältnis zu den Warenwerten stark gesunkene kg-Beschränkung; für Verspätung durch Art. 23 Abs. 5 auf die Fracht. Für den Geschädigten ist dies unbefriedigend. *Loewes* Behauptung, der **einzige** Zweck des Abs. 1 sei, dem Geschädigten die Geltendmachung seiner Schadensersatzansprüche wegen Verlusts des Gutes zu ermöglichen, besagt über den gegenwärtigen unbefriedigenden Stand dieser Ansprüche wenig. Sie sagen im übrigen nichts aus

stehende Streit darüber, ob Fiktion oder unwiderlegliche Vermutung, ist rein terminologisch und ohne praktische Bedeutung:[19] Eine unwiderlegliche Vermutung ist sachlich keine Vermutung; eine Fiktion kann nur wirken, wenn das Gut nicht verloren ist.[20] Deutlicher ist der hier meist verwendete Ausdruck „Fiktion". Bei konsequenter Anwendung der Vorstellung von einer Beweisvermutung würde bei Wiederauffindung vor Empfang der Entschädigung dazu führen, daß der Geschädigte auch nach Ablauf der Frist die Güter noch annehmen müßte.[21] In dieser Situation wäre er z.B. wirtschaftlich nicht in der Lage, eine sinnvolle Entscheidung für eine anderweitige Beschaffung der überfälligen Güter zu treffen. Vielmehr liefe er Gefahr, die Güter doppelt zur Verfügung zu haben.[22]

Das Wahlrecht kann auch bestehen, wenn das Gut nach Ablauf der Frist des Art. 20 **4**
Abs. 1, aber vor der Zahlung der geltend gemachten Entschädigung wieder aufgefunden wird. Fraglich könnte sein, **von wann bis wann** die Vermutung gilt. Zunächst muß die Frist abgelaufen sein.[23] Diese wird nicht unter analoger Anwendung von Art. 30 Abs. 1 berechnet; Sonn- und Feiertage werden also mitgerechnet.[24] Sie verlängert sich aber um die Tage, in denen das Gut aus vom Frachtführer nicht zu vertretenden Gründen (Art. 17 Abs. 2, 4, 5) nicht befördert werden kann.[25] MüKo/*Basedow* Rdn. 8 meint, da die „Vermutung" des Verlustes nicht eingreife, bevor die Frist von 30/60 Tagen des Art. 20 Abs. 1 abgelaufen sei, **müsse der Berechtigte das Gut annehmen** und habe allenfalls einen Anspruch auf den Lieferfristschaden. Daß jedoch der **Empfänger** die Annahme des Gutes wegen der unzumutbaren Verspätung ablehnen kann,[26] kommt ebenfalls in Betracht. In Art. 20 ist nichts entgegenstehendes bestimmt; eine Annahme von nicht mehr verwertbarem Gut ist auch kaum zumutbar, wenn dem Empfänger und damit auch dem Ersatzberechtigten damit eine zusätzliche Ungewißheit aufgebürdet würde. Der Berechtigte kann dann vom Frachtführer den Lieferfristersatz fordern.

Hat der Berechtigte sich für eine Verlustentschädigung entschieden, muß er die Möglichkeit haben, ohne neue Risiken Ersatzgut neu zu bestellen.[27] Das dem Berechtigten gewährte Recht auf Geltendmachung des Verlustanspruchs (ohne besondere Begründung des Verlustes) **erlischt** frühestens mit dem Ablauf der Fristen des Art. 20

für Widerleglichkeit der Vermutung; *Loewe* spricht selbst von „Fiktion". Die weiteren Begründungen für die Widerleglichkeit beruhen dennoch auf *Loewe*: wörtlich in OLG Frankfurt vom 20.1.1981, TranspR **1981** 267; *Haak* S. 202 sich diesem Urteil anschließend ohne nähere Begründung; ebenso *Putzeys* Nr. 595 bis, S. 199 und Nr. 695, S. 229. Das OLG-Urteil vom 20.1.1981 ist bereits am 5.11.1985, TranspR **1986** 282, 284 = VersR **1986** 1070 f wieder aufgegeben worden. *Pesce* S. 197 beruft sich auf B Trib Gent vom 15.1.1981, ETR **1981** 708 ff; dieses Urteil enthält keine Aussage zu Art. 20.

19 LG Hamburg vom 29.7.1994, TranspR **1994** 448 f; MüKo/*Basedow* Rdn. 4.

20 MüKo/*Basedow* Rdn. 4 lehnt daher den Ausdruck ab.

21 Für Entfallen des Entschädigungsanspruchs: OLG Hamburg vom 17. 11. 1983, TranspR **1984** 188 = VersR **1984** 258; *Loewe* ETR **1976** 564; wohl auch OLG Frankfurt vom 20.1.1981, TranspR **1981** 267, das in Art. 20 Abs. 1 nur eine „Beweiserleichterung" sieht.

22 OLG Frankfurt vom 5. 11. 1985, TranspR **1986** 282, 284 = VersR **1986** 1070 f. Siehe dazu § 430 HGBaF Rdn. 38; § 429 HGBaF Rdn. 36 ff; praktischer Fall: B Trib Brüssel vom 6. 4. 1984, ETR **1984** 431, 443. Zur Unsicherheit des Berechtigten siehe *Clarke*[2] Nr. 58b.

23 MüKo/*Basedow* Rdn. 8.

24 Die Nichtanwendung des Art. 30 Abs. 1 erklärt sich speziell aus der besonders knappen Siebentagefrist. Die Frist nach Art. 20 Abs. 1 ist nach ergänzend anzuwendendem nationalen Recht (§ 187 ff BGB) zu berechnen; MüKo/*Basedow* Rdn. 2; OLG Düsseldorf vom 25.9.1997, TranspR **1999** 159 f; **a. A.** ohne Begründung *Koller*[4] Rdn. 1; *Herber/Piper* Rdn. 5. Siehe auch Art. 30 Rdn. 12.

25 OLG Düsseldorf vom 25. 9. 1997, TranspR **1999** 159 f.

26 Siehe Art. 17 Rdn. 59 f.

27 *Thume/Demuth* Rdn. 3; grundsätzlich *Herber/Piper* Rdn. 3, aber unklar, ob der Berechtigte das Gut noch annehmen muß, wenn er bereits Schadensersatzansprüche geltend gemacht hat.

Abs. 2. Unklar ist, ob der Berechtigte das Gut noch annehmen muß, wenn er noch keine Schadensersatzansprüche gerichtlich geltend gemacht hat.[28] Da durch Fehlentscheidungen nach dem Nichteintreffen des Gutes Schäden entstanden sein können, ist der Zwang zur schnellen Klageerhebung nicht berechtigt.

5 Die **Verlustfiktion erspart nur den Nachweis des Verlustes**, nicht dagegen den Rechtsstreit über die Haftungsausschlüsse und eventuelles Mitverschulden nach Art. 17 Abs. 2–5.[29] Teilt der Frachtführer dem Berechtigten den Verlust eines Teils des Gutes mit, kann dieser selbstverständlich insoweit (gänzlich unabhängig von Art. 20) den Verlustanspruch normal geltend machen. Art. 20 Abs. 1 behindert ohnehin in keiner Weise die Entscheidung für diese Ansprüche.[30] § 326 BGB ist in diesem Bereich nicht anwendbar.[31]

3. Geltendmachung

6 Nach dem gesamten Zuschnitt des Artikels läßt sich vertreten, daß die Behandlung als Verlust ein **Geltendmachen**, also eine **Erklärung** des Berechtigten voraussetzt.[32] Diese Erklärung kann formlos, auch konkludent erfolgen, insbesondere auch dadurch, daß er einen Ersatzanspruch ersichtlich auf die Verlusthaftung stützt.[33] Insbesondere kann dieser Schluß aus Abs. 4 gezogen werden („demande", „request", „Verlangen"). Dies hat die Folge, daß sich wenigstens in den Fällen von Güterschaden ohne Ablieferung der Verjährungsbeginn nach Art. 32 Abs. 1 S. 3 Buchst. b begründen läßt.[34] Man wird wohl auch davon ausgehen, daß die Annahme des doch noch angelieferten Gutes eine Ausübung des Wahlrechts für eine bloße Verspätungshaftung bedeutet.[35] Auf Beschädigungen ist Art. 20 nicht anwendbar.[36]

4. Verjährung

7 Die einjährige **Verjährung** des Verlustanspruchs beginnt gemäß Art. 32 Abs. 1 S. 3b[37] wortgleich mit der Frist nach Art. 20 Abs. 1; nicht aber bei Teilverlust und Beschädigung, wo die Verjährung nach Art. 32 Abs. 1a bereits bei Ablieferung beginnt.[38] Siehe die eingehende Behandlung der Verjährungsproblematik: Art. 32 Rdn. 41 ff, 48, 51, 55, 57, 75, 78.

---

[28] So aber OLG Frankfurt vom 20.1.1981, TranspR **1981** 267, (dann seien allenfalls noch Lieferfristschäden zu ersetzen; Begründung: Widerleglichkeit der Vermutung nach Abs. 1).

[29] *Koller*[4] Rdn. 1; *Thume/Demuth* Rdn. 6; *Herber/Piper* Rdn. 6; *Hill/Messent/Glass*[2] S. 165 f; dafür auch *Lamy 99* I Nr. 507.

[30] *Herber/Piper* Rdn. 4. Das Urteil des LG Ellwangen vom 7.5.1979, TranspR **1980** 96 f ist daher überflüssig, übrigens auch im Tatbestand unklar. Dazu auch *Thume/Demuth* Rdn. 5.

[31] MüKo/*Basedow* Rdn. 4.

[32] Anders aber teilweise die englische Rechtsprechung, GB Queen's Bench Division vom 27.10.1986, (ICI v. MAT) RDU **1988** 747, 756 f = Lloyd's Rep. **1987** 1, 354, 360; *Hill/Messent/Glass*[2] S. 240 m. w. H. **Gegen** eine Erforderlichkeit einer „mündlichen oder schriftlichen" Erklärung innerhalb der Frist auch OLG Frankfurt vom 5.11.1985, TranspR **1986** 282, 284 = VersR **1986** 1070 f; ähnlich *Thume/Demuth* Rdn. 6.

[33] MüKo/*Basedow* Rdn. 6; BGH vom 15. 10. 1998, TranspR **1999** 102–104.

[34] Siehe Art. 32 Rdn. 41 f, 50 f, 75, 77.

[35] Siehe *Thume/Demuth* Rdn. 4; *Herber/Piper* Rdn. 3.

[36] BGH vom 15. 10. 1998, TranspR **1999** 102–104.

[37] Siehe Art. 32 Rdn. 48, hinsichtlich des Verjährungsbeginns, Art. 32 CMR Rdn. 19.

[38] Zutreffend *Thume/Demuth* Rdn. 5.

II. Wiederauffindung

1. Allgemeines

8 Die Wiederauffindung des Gutes innerhalb eines Jahres nach Zahlung der Entschädigung führt zunächst zur Pflicht des Frachtführers, den Berechtigten zu benachrichtigen, wenn der Geschädigte bei Empfang der Entschädigung diese Benachrichtigung verlangt hat (Art. 20 Abs. 2),[39] womit er sich zunächst ein Wahlrecht auf Ablieferung sichert.[40] Innerhalb 30 Tagen nach dem Empfang der Benachrichtigung kann er dann noch Ablieferung verlangen (Art. 20 Abs. 22). Der Berechtigte kann zwischen Ersatz oder Auslieferung wählen, insbesondere, wenn er die zunächst nicht gelieferten Güter noch einmal bestellt hat.[41] Nach Ablauf dieser Frist **oder eines Jahres** nach Zahlung der Verlustentschädigung kann der Frachtführer frei über das Gut verfügen.

9 Grundsätzlich kann der Verfügungsberechtigte[42] sich **auch bei Wiederauffindung des Gutes mit dem Schadenersatz** zufrieden geben; dies ergibt sich aus den Bestimmungen des Art. 20 Abs. 2–3, aber auch aus allgemeinen Erwägungen.[43] Durch die Wiederauffindung erlischt der bereits entstandene Anspruch auf Entschädigung wegen Verlustes aus Art. 17 Abs. 1, 20 CMR nicht,[44] da Abs. 2–4 dem Geschädigten ein an Fristen gebundenes Wahlrecht geben. Entscheidet er sich für die Ablieferung, können selbstverständlich auch dann noch Ansprüche wegen sich dann zeigenden Mängeln nach Art. 17 CMR geltend gemacht werden.[45]

2. Rückforderungsrecht

a) Verlangen nach Benachrichtigung (Abs. 2)

10 Das Rückforderungsrecht des Verfügungsberechtigten hinsichtlich der Güter setzt nach Art. 20 Abs. 2 voraus, daß der Verfügungsberechtigte bei Empfang der Entschädigung[46] das **Verlangen nach Benachrichtigung**[47] im Falle der Wiederauffindung binnen Jahresfrist[48] stellt. Tut er dies nicht, verliert er den Herausgabeanspruch hinsichtlich der wiederaufgefundenen Güter, muß sich also mit dem Schadenersatzanspruch begnügen (Art. 20 Abs. 4). Das Verlangen des Berechtigten ist nach Abs. 2 schriftlich zu erklären. Die vorgeschriebene Schriftlichkeit entspricht nicht der Schriftform im Sinne des nationalen Rechts (nicht also in Deutschland nach § 126 BGB); eine eigenhändige Unterschrift ist nicht erforderlich;[49] es kommt letztlich

---

39 Siehe Rdn. 10.

40 *Koller*[4] Rdn. 2; MüKo/*Basedow* Rdn. 8.

41 B Trib Brüssel vom 6.4.1984, ETR **19842** 431, 443.

42 D.h. der zum Schadenersatz Berechtigte (Art. 17 Rdn. 245 ff, Art. 12 Rdn. 11, Art. 13 Rdn. 8).

43 Zu diesen siehe § 430 HGBaF Rdn. 37 ff.

44 Beispiel: OLG Frankfurt vom 30. 3. 1977, VersR **1978** 169, 172; OLG Düsseldorf vom 23.11.1989, TranspR **1990** 63, 66.

45 OLG Düsseldorf vom 23.11.1989, TranspR **1990** 63, 66; zur Verjährung dieser Ansprüche siehe Rdn. 7.

46 Spätestens bei Gutschrift; MüKo/*Basedow* Rdn. 9; kaum mit Art. 20 Abs. 2 zu vereinbaren schon bei Erbringung der Zahlungshandlung, so aber *Thume/Demuth* Rdn. 10 ff. Der Nachweis der Absendung des Verlangens sollte reichen, Zugangsnachweis ist nicht zu fordern; *Thume/Demuth* Rdn. 22 f. Es besteht kein Grund, der Bezeichnung „bei" die strenge Auslegung „sofort" beizulegen. Eine gewisse Zeit ist dem Berechtigten zu lassen, da schließlich die Veranlassung des Frachtführers Grundlage ist; zu scharf daher *Thume/Demuth* Rdn. 13. Die Ansprüche auf Schadenersatz bei Schäden des zurückgegebenen Guts bleiben bestehen, nach Art. 17; eventuell auch voll gem. Art. 29 CMR.

47 MüKo/*Basedow* Rdn. 9; sehr eingehend *Thume/Demuth* Rdn. 11.

48 Nach ergänzend anzuwendenem, z. B. deutschem Recht; *Herber/Piper* Rdn. 7; *Thume/Demuth* Rdn. 10.

49 Es genügen also Telegramm, Fax oder Telex, eventuell auch E-Mail; siehe die UNIDROIT-Grundsätze internationaler Handelsverträge von

nur auf die zuverlässige Übermittlung an.[50] Siehe auch die Erläuterung der weit bedeutsameren Vorschriften Art. 32 Abs. 2 S. 1.[51]

b) Herausgabeanspruch bei Benachrichtigung (Art. 20 Abs. 3)

11 Bei Benachrichtigung nach Abs. 2 muß sich der Verfügungsberechtigte innerhalb von 30 Tagen entscheiden, ob er die Entschädigung behalten und das Gut dem Frachtführer überlassen will (Abs. 4) oder ob er es vorzieht, das wieder aufgefundene Gut heraus zu verlangen. Versäumt er die Frist, so kann er keine Herausgabe mehr verlangen.[52] Das Herausgabeverlangen kann man als rechtsgestaltende Willenserklärung sehen. Ein nochmaliges Zurückgreifen auf die Verlustfiktion ist dann nicht mehr möglich.[53] Die Herausgabe ist nicht ohne weiteres an den Empfänger zu leisten, sondern an den „Verfügungsberechtigten",[54] Zug um Zug gegen die Rückzahlung der Entschädigung.[55] Abs. 3 stellt auch klar, daß dem Berechtigten die Lieferfristansprüche aus Art. 23 und 26 erhalten bleiben.

12 Die CMR trifft **keine Bestimmung für den** (gewiß häufigen) Fall, daß Güter zwar nach Ablauf der Frist des Abs. 1, aber vor Leistung der Entschädigung wieder aufgefunden werden. In diesem Falle muß dem Verfügungsberechtigten ebenfalls das Wahlrecht zustehen.[56] Zutreffend hat das OLG Düsseldorf entschieden, daß die Verjährung eines Anspruchs auf Schadenersatz wegen Beschädigung nach Art. 32 Abs. 1 S. 3b mit der Ablieferung des wiederaufgefundenen Gutes beginnt.[57]

13 Die Ansprüche wegen Lieferfristüberschreitung (Art. 23) und wegen eines deklarierten Lieferinteresses (Art. 26) bleiben auch bei Rückgabe bestehen; Art. 20 Abs. 3, 2. Halbsatz.

3. Verfügungsrecht des Frachtführers über wieder aufgefundene Güter (Abs. 4)

14 Hat danach der Berechtigte keinen Anspruch auf Herausgabe, so darf der Frachtführer gemäß Art. 20 Abs. 4 über das Gut (dinglich) verfügen.[58] Verkauft er das Gut, gilt die Einwilligung des Eigentümers auf der gesetzlichen Grundlage von Abs. 4 nach § 185 BGB als erklärt.[59] Der Verkauf wirkt auch gegen den vom Absender verschiedenen Eigentümer; den Erlös kann der Frachtführer behalten.[60] Will er das Gut selbst behalten, so kann er vom Verfügungsberechtigten die Übereignung verlangen.[61] *Koller*[4] Rdn. 2, Fn. 7, bezweifelt mit Recht die Vereinbarkeit von Art. 20 Abs. 4 mit Art. 14 GG. Dies kann aber nur angenommen werden, wenn der Eigentümer mit der Versendung einverstanden war.[62]

1994 („jede Übermittlung, welche die darin enthaltene Information bewahrt und in körperlicher Form wiedergegeben werden kann"); MüKo/*Basedow* Rdn. 9 und Einleitung vor Art. Rdn. 37.

50 Siehe eingehender MüKo/*Basedow* Rdn. 9.

51 Siehe Art. 32 Rdn. 110 und 136.

52 MüKo/*Basedow* Rdn. 10.

53 *Thume/Demuth* Rdn. 19; *de la Motte* VersR **1988** 317, 320.

54 „l'ayant droit", „person so entitled", zutreffend *Thume/Demuth* Rdn. 20.

55 Nach Art. 23, einschließlich der Beträge nach Art. 24, 26, 27. Eingehend, auch zu Zollrückerstattungen *Thume/Demuth* Rdn. 21.

56 *Herber/Piper* Rdn. 9; *Koller*[4] Rdn. 2; *de la Motte* VersR **1988** 317, 320; OLG Düsseldorf vom 20. 3. 1997, TranspR **1998** 32 f.

57 OLG Düsseldorf vom 23. 11. 1989, TranspR **1990** 63, 66. Dazu auch Art. 32 CMR Rdn. 50.

58 Einschließlich der Verfügung nach § 366 HGB, *Thume/Demuth* Rdn. 25 f; *de la Motte* VersR **1988** 317, 320; OLG Düsseldorf vom 20. 3. 1997, TranspR **1998** 32, 3.

59 *Thume/Demuth* Rdn. 25 f.

60 OLG Düsseldorf vom 20. 3. 1997 aaO.

61 Siehe § 430 HGBaF Rdn. 40. Ferner MüKo/*Basedow* Rdn. 11 f.

62 *Herber/Piper* Rdn. 13. Siehe auch Art. 28 Rdn. 9. Die gleiche Problematik besteht auch im innerstaatlichen Recht nach § 434 Abs. 2 HGBnF.

III. Beweislast

Zur Wirkung der Verlustfiktion oder Beweisvermutung siehe Rdn. 3. In der komplizierten Regelung sind ansonsten keine besonderen Beweisregeln vorhanden. Durchweg hat also eine Behauptung zu beweisen (und darzulegen), wer sich auf sie beruft.[63] 15

Artikel 21

Wird das Gut dem Empfänger ohne Einziehung der nach dem Beförderungsvertrag vom Frachtführer einzuziehenden Nachnahme abgeliefert, so hat der Frachtführer, vorbehaltlich seines Rückgriffsrechtes gegen den Empfänger, dem Absender bis zur Höhe des Nachnahmebetrages Schadenersatz zu leisten.

Article 21

Si la marchandise est livrée au destinataire sans encaissement du remboursement qui aurait dû être perçu par le transporteur en vertu des dispositions du contrat de transport, le transporteur est tenu d'indemniser l'expéditeur à concurrence du montant du remboursement, sauf son recours contre le destinataire.

Article 21

Should the goods have been delivered to the consignee without collection of the "cash on delivery" charge which should have been collected by the carrier under the terms of the contract of carriage, the carrier shall be liable to the sender for compensation not exceeding the amount of such charge without prejudice to his right of action against the consignee.

Übersicht

[63] Siehe eingehend *Baumgärtel/Giemulla* S. 292 ff Rdn. 2, 6 f, 13 f und S. 306 ff; eingehend auch *Thume/Demuth* Rdn. 27–34.

Schrifttum

Decker Die Spedition mußte den Schaden voll ersetzen, DVZ Nr. 74 v. 23. 6. 1988, 8; *Jung* The Convention on the Contract for the International Carriage of Goods (CMR): Survey, Analysis and Trends of Recent German Case Law, RDU **1997** 148–167; *Voigt* Haftung im internationalen Straßengüterverkehr nach der CMR, VP **1962** 34–36; *Voigt* Vermögensschädenhaftung nach der CMR, VP **1965** 122–124.

I. Allgemeines

1. Bedeutung

1 Der Einziehung von Forderungen durch Nachnahme kommt heute keine besondere praktische Bedeutung mehr zu. Das Inkasso durch den ausliefernden Fahrer im Ausland ist eine schwierige Aufgabe; billiger ist in jedem Routinefall Banküberweisung, Scheck oder auch Einziehungsermächtigung.[1] Die Erhebung durch Nachnahme setzt Sprachkenntnisse und in nicht der Währungsunion angehörigen Auslandsstaaten auch einen Überblick über die Währungsverhältnisse voraus. Vor allem aber führt sie zu erheblichen Schwierigkeiten, wenn der Fahrer die Ladung wegen der Nichteinlösung zurückbefördern und (bei verderblichen Gütern) anderweitig verwerten muß. Auch der Rücktransport größerer Geldmengen bringt Risiken.[2] Zeitverluste für den Einsatz von Fahrzeug und Fahrer können aus dem Beförderungserlös am Markt kaum gedeckt werden, aus der normalen Fracht keinesfalls, aber wohl regelmäßig auch nicht aus einer Nachnahmeprovision. Der Prozeß um die Haftung aus Art. 21 ist durch erhebliche Beweisanforderungen an den Absender vielfach unsicher.[3] Daher gibt es nur recht wenige neuere praktische Anwendungsfälle. Die Nachnahme spielt eine Rolle als frachtvertragliche Geschäftsbesorgung, aber auch in kaufrechtlichen Klauseln. Diese behindern sich gegenseitig nicht. Jedoch liegt in einer kaufrechtlichen Klausel noch keine die Frachtvertragspartner bindende Weisung.[4] Die Zahlung des Nachnahmebetrags schafft einen neuen Rechtsgrund für diese und verhindert eine Rückzahlungspflicht aus ungerechtfertigter Bereicherung.[5]

2. Die Nachnahmeabrede

2 Die Nachnahme („remboursement“, „cash on delivery“) ist eine Nebenabrede zum Frachtvertrag[6] und in Art. 21 CMR nur bezüglich der Haftung des Frachtführers bei Nichteinziehung geregelt.[7] Sie kann und sollte zweckmäßiger Weise gem. Art. 6 Abs. 2 Buchst. c in den Frachtbrief eingetragen werden.[8] Die Grundzüge des Nachnahmerechts müssen der internationalen Vertragspraxis und dem ergänzend anzuwendenden Recht entnommen werden.[9] Das maßgebliche ergänzende Statut ist das des Frachtvertrags.[10] Gilt danach ergänzend deutsches Recht, ist § 422 HGBnF anzuwenden, der einige Grundregeln enthält, die weitgehend das bisherige Recht zusammenfassen.[11] Der Unterschied zwischen der Warennachnahme, durch die der

---

[1] Siehe auch Rdn. 16.
[2] MüKo/*Basedow* Rdn. 9; *Thume/Fremuth* Rdn. 42.
[3] Siehe Rdn. 27.
[4] Dazu ausführlich *Thume/Fremuth* Rdn. 88 ff.
[5] *Thume/Fremuth* Rdn. 112.
[6] In Art. 21 klargestellt durch die Formulierung „nach dem Beförderungsvertrag vom Frachtführer einzuziehende Nachnahme“.
[7] Für erweiternde Anwendung *Lamy 99* I Nr. 485.
[8] Siehe dazu Art. 6 Rdn. 5 f, 26.
[9] Siehe etwa zum spanischen Recht *Sánchez-Gamborino* Nr. 341 ff.
[10] MüKo/*Basedow* Rdn. 8. Zu denken wäre auch an eine (allerdings nicht zweckmäßige) Qualifizierung als selbständiger Geschäftsbesorgungsvertrag Art. 28 2 EGBGB.
[11] Zum Begriff und den Arten der Nachnahme siehe § 425 HGBaF Rdn. 145 f; §§ 407–409 HGBaF

Kaufpreis eingezogen wird und der Frachtnachnahme, die sich auf die Transportkosten bezieht, ist weder in der CMR noch im deutschen Handelsrecht sachlich begründet.[12] Weder Art. 6 Abs. 2c oder Art. 21 CMR noch § 422 HGB bestimmen, welche Forderungen als Nachnahme eingezogen werden können. Erforderlich ist nur, daß sie „nach dem Beförderungsvertrag einzuziehen“ [13] sind, daß sie also durch den Inhalt der Nachnahmeabrede bestimmt werden. Daß Forderungen Dritter nicht per Nachnahme eingezogen werden könnten, wird in der Literatur gelegentlich behauptet.[14] Schon wegen der Möglichkeit, auch durch Abtretung erworbene Forderungen des Absenders einzuziehen, ist der Einwand, es handle sich um Drittforderungen, nicht von Bedeutung.[15] Im Nachnahmeeinzug ist keine Prüfung der Berechtigung der Forderung vorgesehen. Der Empfänger hat keine rechtliche Möglichkeit zu entscheiden, welche Forderungen Gegenstand der Nachnahme sind, sondern nur, ob er die geltend gemachten bezahlt oder nicht.[16] Ob sie berechtigt waren, muß dann eventuell in Verfahren zwischen den Beteiligten entschieden werden.[17] Die Verweigerung der Zahlung durch den Empfänger führt zur Nichtablieferung und ist damit ein Ablieferungshindernis nach Art. 15 Abs. 1.[18]

Die Nachnahmeabrede kann auch **nachträglich durch Weisung** gem. Art. 12 3
CMR wirksam erfolgen.[19] Durch diese wird insoweit der Frachtvertrag abgeändert, siehe Art. 12 Rdn. 4. Die Wirksamkeit dieser Form der (nachträglichen) Nachnahmeweisung müßte nach Art. 12 jeweils von der Vorlage der Absenderausfertigung des Frachtbriefs abhängen. Dies steht in einem seltsamen Gegensatz zur formfreien primären Nachnahmeanweisung. *Thume* will das Problem damit lösen, daß die nachträgliche Nachnahmeweisung keine Verfügung über das Gut sei und damit weder von Art. 12 Abs. 5 noch von Abs. 7 erfaßt werde.[20]

Die Nachnahme ist ein **Inkassoauftrag**,[21] aus Nebenabrede des Frachtvertrags 4
begründet für beliebige gestellte Zahlungsanforderungen,[22] die durch Zurückhaltung der Ablieferung durchgesetzt werden können.[23] Unterscheidungen über die Art der Forderung bei nachgewiesener Nachnahmevereinbarung sind überflüssig. Die Nachnahmevereinbarung zwischen Absender und Frachtführer begründet ohne Einverständnis des Empfängers keine Forderung gegen diesen,[24] sondern ist nur eine Ein-

Rdn. 128–131; § 24 KVO Anh. II nach § 452 HGBaF; § 31 KVO Rdn. 23; Hinweise auf die internationale Rspr. bei *Libouton* ETR **1973** 55.

12 MüKo/*Basedow* Rdn. 1, 6; *Hill/Messent/Glass*² S. 170; *Herber/Piper* Rdn. 4.

13 „en vertu des dispositions du contrat de transport“, „under the terms of the contract of carriage“.

14 Z. B. *Thume/Fremuth* Rdn. 22.

15 *Loewe* ETR **1976** 503 ff, Nr. 182; *Koller*⁴ Rdn. 2; *Herber/Piper* Rdn. 3; *Clarke*² Nr. 41, S. 172; *Hill/Messent/Glass*² S. 170 f.

16 Siehe sehr eingehend *Thume/Fremuth* Rdn. 98 ff, insbesondere Rdn. 102.

17 Zu nachträglichen Einwänden des Empfängers gegen die bereits bezahlte Nachnahme siehe *Thume/Fremuth* Rdn. 111 ff.

18 Siehe Art. 15 Rdn. 4.

19 *Thume/Fremuth* Rdn. 78 ff, 103; *Koller*⁴ Rdn. 2, 3; *Herber/Piper* Rdn. 9.

20 *Thume* in *Fremuth/Thume* Frachtrecht, Rdn. 12 f und Art. 12 Rdn. 28; siehe auch Art. 12 Rdn. 40.

21 Nebenpflicht aus dem Frachtvertrag, §§ 665, 662 ff BGB; *Thume/Fremuth* Rdn. 23. § 24 Abs. 2 KVO gewährte dafür zwingend einen tariflichen Anspruch auf Sonderentgelt.

22 Sie werden freilich in der Literatur gepflegt, siehe etwa MüKo/*Basedow* Art. 6 Rdn. 34, 36 f. Auch auf Art. 13 Abs. 2 CMR kommt es für Art. 21 nicht an; die Zahlungsobliegenheit ist aus der Nachnahmevereinbarung bereits begründet.

23 Ob die durch Nachnahmeverfahren zu erhebenden Zahlungen im Frachtvertrag ihre Grundlage haben, ist nicht zu prüfen; so aber *Thume/Seltmann* Rdn. A 22; das Urteil des A OGH vom 5. 5. 1983, SZ **56** Nr. 73 S. 322 ff = *Greiter* 185 = TranspR **1984** 42 betrifft alleine die fehlende Aktivlegitimation des Klägers, der nicht Absender war.

24 MüKo/*Basedow* Rdn. 2: keine kausale Bindung; die definitorische Einschränkung bei *Thume/Fremuth* Rdn. 22 ist weder aus dem Gesetz zu begründen, noch praktikabel, da ein Streit über die Art der einzuziehenden Forderung nur zusätzliche Komplikationen bringt.

ziehungsmethode; Ansprüche begründet die Nachnahme nur für den Absender und nur gegen den Frachtführer, der sie nicht oder fehlerhaft einzieht. Lehnt der Empfänger die Bezahlung ab, riskiert er, das Gut nicht zu erhalten, kann aber aus der Nachnahmevereinbarung nicht verklagt werden.[25] Allerdings gibt es im Frachtrecht daneben die (früher als sogenannte „Überweisung"[26] von Kosten des jeweiligen Transports auf den Empfänger bezeichnete) Einziehung beim Empfänger nach Art. 13 Abs. 2 CMR[27] oder § 421 Abs. 2 HGBnF. Diese nutzt die Möglichkeit, den Empfänger durch Zurückhaltung der Ablieferung zu zwingen, das grundsätzlich vom Absender dem Frachtführer geschuldete Frachtentgelt (Fracht) und die mit dem Transport verbundenen Kostenaufwendungen zu zahlen.[28] Dieses Einziehungsverfahren setzt ebenso wie die Nachnahme eine Eintragung der Kosten in den Frachtbrief voraus.[29] Es wird auch als Frachtnachnahme bezeichnet und wirft im Streitfalle ebenfalls beträchtliche Probleme auf. Auch für diese Kosten kann der Zahlungsanspruch aber durch eine bezifferte Nachnahme eingezogen werden.

5 Eine **besondere Empfängerverpflichtung** zur Zahlung der Nachnahme ist in der CMR nicht vorgesehen; sie kann sich aus Art. 13 Abs. 2 als Folge der Annahme für aus dem Frachtbrief hervorgehende Kosten ergeben.[30] Nach ergänzend anwendbarem Recht ist sie auch für andere im Frachtbrief eingetragene Ansprüche möglich. Nach deutschem Recht setzt die Verpflichtung aber eine entsprechende Erklärung des Empfängers bei Annahme des Guts voraus, die ohne einen klaren Verpflichtungswillen nicht anzunehmen ist.[31] Die Konstruktion über eine angenommene Anweisung (§ 784 Abs. 2 BGB) ändert nichts an der Notwendigkeit der eindeutigen Willenserklärung des Empfängers.

6 Die Pflicht zur Einziehung von Nachnahmen wird häufig bereits **vom Spediteur** als Organisator des Transports übernommen. Auf diesen kann gegebenenfalls die CMR gem. §§ 458–460 HGBnF (bisher § 412, 413 HGBaF) Anwendung finden.[32] Da der Spediteur in diesen Fällen als Hauptfrachtführer behandelt wird,[33] richtet sich seine Haftung in den Fällen des Selbsteintritts, der Fixkosten- und Sammelladungsspedition nicht nach § 461 ff HGBnF, sondern nach Frachtrecht, also im grenzüberschreitenden Bereich nach der CMR, insbesondere Art. 21 CMR.[34] Der Spediteur hat daher in diesen Fällen für den von ihm beauftragten CMR-Frachtführer nach Maßgabe von Art. 3 CMR zu haften.[35]

---

[25] Dies zeigt sich deutlich im Fall A OGH vom 5.5.1983, SZ **56** Nr. 73 S. 322ff = *Greiter* 185 = TranspR **1984** 42.

[26] Siehe zum Überblick § 425 HGBaF Rdn. 146. Zu dieser traditionell bei Eisenbahn und Post üblichen Kostenüberweisung auf den Empfänger siehe § 21 KVO, Anh. II nach 452 HGBaF; ferner den durch das TRG 1998 aufgehobenen § 69 EVO. In das Seerecht sind abweichende Strukturen der Frachtzahlung in § 614 HGB eingegangen; dazu *Rabe*[4] § 614 Rdn. 1ff.

[27] Dazu *Thume/Fremuth* Rdn. 27f; *Koller*[4] Rdn. 4. Siehe im einzelnen Art. 13 Rdn. 19ff.

[28] Siehe § 436 HGBaF Rdn. 5ff.

[29] Art. 6 Abs. 1 Buchst. i CMR, § 421 Abs. 2 HGBnF.

[30] Siehe Art. 13 Rdn. 19ff.

[31] Dazu eingehend § 436 HGBaF Rdn. 33ff. Das einzige Urteil des BGH zu dieser Frage (vom 29.6.1959, VersR **1959** 659, 661f) lehnt die Begründung der Haftung über die ADSp ab und sieht auch im Sachverhalt keine ausreichende Verpflichtungserklärung; siehe zu allem *Thume/Fremuth* Rdn. 102ff, 161, 165; kritisch MüKo/*Basedow* Rdn. 18.

[32] Dazu Art. 1 Rdn. 3, 23ff.

[33] Siehe §§ 412, 413 HGBaF Rdn. 9, 41.

[34] OLG Düsseldorf vom 11.11.1993, TranspR **1994** 441, 442 = VersR **1994** 1497f.

[35] Zum bisherigen Recht: BGH vom 10.2.1982, NJW **1982** 1946, 1947f = TranspR **1982** 74; in BGHZ **83** 96ff nicht abgedruckt.

3. Pflicht des Frachtführers: Einziehung von Geld

Bei der Nachnahme handelt es sich in der Praxis immer um die Einziehung eines grundsätzlich baren Geldbetrags[36] in unbegrenzt möglicher Höhe[37] für den Absender, oder allenfalls für den von diesem verschiedenen Auftraggeber.[38] Unter Art. 21 fallen auch Weisungen für die sofortige Geldzahlung durch bargeldgleiche, vom Absender anerkannte Methoden.[39] Dazu gehört z. B. die Annahme von Sichtwechseln oder Schecks. Die Währung, in der die Nachnahme zu erheben ist, wird von der CMR offen gelassen, ist also frei zu vereinbaren.[40] In allen Fällen stehen Ablieferung und Nachnahmeeinziehung in einem gegenseitigen Sicherungsverhältnis, sind also Zug um Zug zu vollziehen.[41] 7

4. Nachnahmeähnliche Weisungen

Der Nachnahme ähnlich sind andere Weisungen, die zwar letzten Endes auf die Einziehung oder den Nachweis der Zahlung von Geld,[42] nicht aber auf die direkte bare (oder gleichgestellte) Einziehung gerichtet sind,[43] sondern z. B. einen Zahlungsaufschub bewirken (Kreditierung).[44] Durch solche Weisungen des Absenders wird die Auslieferung von bestimmten, eine spätere Zahlung sichernden Umständen abhängig gemacht. Die Haftung für Nicht- oder Schlechterfüllung solcher Weisungen anderer richtet sich, soweit die CMR nichts vorsieht,[45] nach dem anzuwendenden nationalen Recht.[46] Dazu gehören vor allem Klauseln, die zunächst nur weitere Verpflichtungen (etwa durch Wertpapiere) vorsehen, aber erst recht auch Weisungen[47] für die Auslieferung wie „Kasse gegen Dokumente",[48] „gegen Eröffnung eines Akkredi- 8

[36] Die CMR erfaßt sowohl in der maßgeblichen Originalfassung („encaissement du remboursement", „collection of the „cash on delivery" charge") wie auch im deutschen Text nur diese Weisung; MüKo/*Basedow* Rdn. 3; *Thume/Fremuth* Rdn. 24; *Thume/Seltmann* Rdn. A 24; *Herber/Piper* Rdn. 3, 5. Siehe aus der Rechtsprechung BGH vom 10. 2. 1982 = NJW **1982** 1946, 1947 f =TranspR **1982** 74; OLG Düsseldorf vom 21. 4. 1994, TranspR **1994** 391.

[37] *Thume/Fremuth* Rdn. 35.

[38] A OGH vom 5. 5. 1983, SZ **56** Nr. 73 S. 322 ff = *Greiter* 185 = TranspR **1984** 42; *Loewe* ETR **1976** 503 ff Nr. 182; *Glöckner*[7] Rdn. 1; *Pesce* S. 255; MüKo/*Basedow* Rdn. 6; *Clarke*[2] Nr. 41, S. 173 mit Hinweis auf ein unveröff. Urteil des High Court; NL Rb Breda vom 16. 12. 1969, ETR **1970** 67, 73 = SS **1970** 58, 61.

[39] Siehe Rdn. 15.

[40] *Thume/Fremuth* Rdn. 33 f; *Jesser* S. 94.

[41] *Thume/Fremuth* Rdn. 104.

[42] Siehe §§ 407–409 HGBaF Rdn. 128 ff.

[43] *Thume/Fremuth* Rdn. 51 ff; *Herber/Piper* Rdn. 5, 7.

[44] OLG Düsseldorf vom 19. 6. 1986, TranspR **1986** 336, 337 (Bankaval); F CA Paris vom 23. 6. 1994, BT **1994** 692; MüKo/*Basedow* Rdn. 5, 10. Der Fall OLG Hamm vom 28. 4. 1983, TranspR **1983** 151 ff fällt mit der Anweisung „Zahlung per Travel-Scheck" wohl unter Art. 21, da sofortige Einlösung vorausgesetzt wurde.

[45] Art. 12 Abs. 7 ist nicht anwendbar; *Koller*[4] Rdn. 1; *Thume/Fremuth* Rdn. 52.

[46] *Koller*[4] Rdn. 1; *Thume/Fremuth* Rdn. 52 f; *Glöckner*[7] Rdn. 6; nach deutschem Recht meist Haftung nach positiver Vertragsverletzung; OLG Düsseldorf vom 19. 6. 1986, TranspR **1986** 336, 937 und vom 21. 4. 1994, TranspR **1994** 391; siehe auch Art. 12 Rdn. 57, zur Reform BR-Drucks. 368/97 S. 50; § 429 HGBaF Rdn. 255. Siehe F CA Paris vom 23. 6. 1994, BT **1994** 692; zur Prüfung der Anspruchsgrundlagen siehe gründlich mit positivem Ergebnis NL Hof 's Hertogenbosch vom 13. 1. 1970, ETR **1971** 817–824 = SS **1971** 27, 29 f. Für Analogie zu Art. 21 *Lamy* 99 I Nr. 485 b, 1524.

[47] Siehe MüKo/*Basedow* Rdn. 5, 10; ferner Art. 12 Rdn. 18.

[48] OLG Köln vom 27. 11. 1974, RIW **1975** 162, 163; OLG Düsseldorf vom 21. 4. 1994, TranspR **1994** 391. Siehe auch F CA Paris vom 21. 10. 1970, BT **1970** 367 f; F CA Paris vom 19. 1. 1978, BT **1978** 161 f („paiement contre documents" keine Nachnahmeanweisung); F TribCom Pontoise vom 26. 9. 1978, BT **1978** 569; F CA Aix-en-Provence vom 2. 3. 1979, BT **1979** 342, 343. Diese kaufrechtliche Klausel ist im Frachtvertrag ein Fremdkörper. Zwar kann die Nachnahme zur Geldeinziehung auch in diesen Fällen genutzt werden. Doch muß sie (für Art. 21) eine sofortige Zahlungspflicht vorsehen, d. h. die Dokumentenübergabe müßte bereits als erfolgt vorausgesetzt

tivs“[49] oder gegen (vielfach nicht sofort überprüfbare) Zahlungsnachweise.[50] Bei allen wird vor Zahlung ausgeliefert; damit entfällt der Sicherungszusammenhang zwischen Zurückbehaltung der Ware und Zahlung. Solche Weisungen sind zwar in der Regel gültig.[51] Der Verstoß gegen sie begründet aber nicht die Haftung nach Art. 21,[52] sondern nach positiver Vertragsverletzung[53] oder anderen Anspruchsgrundlagen des deutschen Rechts.[54]

II. Haftungsvoraussetzungen nach Art. 21 CMR

1. Abschließende Regelung

9 Die Haftung für Nichteinziehung ist in Art. 21 abschließend geregelt. Nationales Schuldrecht, etwa die Haftung aus positiver Vertragsverletzung, kann daher nicht herangezogen werden.[55] Jedoch ist es für andere Fragen des Nachnahmerechts ergänzend anzuwenden.[56] Die Beweislast für die Haftungsvoraussetzungen ergibt sich ganz überwiegend aus allgemeinen Grundsätzen.[57] Art. 21 ist auch lex specialis gegenüber anderen CMR-Regelungen[58].

2. Wirksamer Nachnahmeauftrag

10 Die Verpflichtung zur Erhebung einer Nachnahme durch ursprüngliche Vereinbarung oder spätere Weisung[59] bedarf nach ganz überwiegender Auffassung zu ihrer Wirksamkeit nicht der Eintragung in den Frachtbrief.[60] Für die Haftung des Fracht-

werden. Siehe dazu besonders *Hill/Messent/Glass*[2] S. 171f. Eine inhaltlich bestimmte Ausprägung ist z.B.: „Auslieferung gegen FCR“; MüKo/*Basedow* Rdn. 5 Fn. 13; *Thume/Fremuth* Rdn. 62, 67ff.

[49] MüKo/*Basedow* Rdn. 5; *Thume/Fremuth* Rdn. 60ff.

[50] MüKo/*Basedow* Rdn. 5; NL Hof 's Hertogenbosch vom 13.1.1970, ETR **1971** 817–824 = SS **1971** 27, 29f; zum „unwiderruflichen Zahlungsnachweis“ siehe LG Nürnberg/Fürth vom 25.1.1991, TranspR **1991** 300f; siehe auch Tribunal Supremo de España vom 23.3.1993, zitiert nach *Sánchez-Gamborino* Nr. 943 und S. 368; F CA Paris vom 19.11.1981, BT **1982** 62–63 gibt für den Fall der Auslieferung gegen Bank-Zahlungsbestätigung nicht an, nach welchen Bestimmungen der Fall (berechtigter Erstattungsanspruch des Absenders gegen den Empfänger) zu lösen ist. Siehe auch den Betrugsfall F Cass vom 20.12.1982, BT **1983** 108f.

[51] Siehe Art. 12 Rdn. 4ff, Art. 12 Rdn. 47ff.

[52] OLG Düsseldorf vom 21.4.1994, TranspR **1994** 391 und vom 19.6.1986, TranspR **1986** 336, 937. Siehe eingehend MüKo/*Basedow* Rdn. 4f; *Thume/Fremuth* Rdn. 25ff. Zum deutschen Recht siehe Art. 12 Rdn. 57; BRDrucks. 368/97 S. 50. Zur Prüfung der denkbaren CMR-Anspruchsgrundlagen siehe gründlich NL Hof 's Hertogenbosch vom 13.1.1970, ETR **1971** 817–824 = SS **1971** 27, 29 f.

[53] OLG Düsseldorf vom 21.4.1994, TranspR **1994** 391 und vom 19.6.1986, TranspR **1986** 336, 937. OLG Hamm vom 28.4.1983, TranspR **1983** 151, 153f prüft für Art. 21 in der Hilfsbegründung S. 53ff positive Vertragsverletzung. Zum Haftungsumfang siehe Rdn. 28.

[54] MüKo/*Basedow* Rdn. 8; zum anwendbaren Recht siehe Rdn. 2.

[55] OLG Düsseldorf vom 13.12.1990, TranspR **1991** 91, 92.

[56] Siehe Rdn. 2.

[57] Siehe *Thume/Fremuth* Rdn. 172ff; *Baumgärtel/Giemulla* zu Rdn. 1ff.

[58] Sie verdrängt generell auch andere CMR-Regelungen, insbesondere Art. 12 Abs. 7 (*Koller*[4] Rdn. 1 S. 737; *Herber/Piper* Rdn. 2) und Art. 17 (*Koller* aaO Rdn. 4).

[59] Die unter den Einschränkungen des Art. 12 getroffene nachträgliche Weisung, das Gut wegen Unmöglichkeit der Nachnahmeeinziehung anzuhalten oder einzulagern, ist wirksam; *Koller*[4] Rdn. 3; MüKo/*Basedow* Rdn. 9; OLG Hamm vom 28.4.1983, TranspR **1983** 151, 153. Sie bedarf gem. Art. 12 nicht der Zustimmung des Frachtführers, siehe dazu Art. 12 Rdn. 18 und 14. Anders wohl F CA Aix-en-Provence vom 6.11.1981, BT **1982** 258, 259 und Observation S. 259f. Die Weisung kann auch nicht durch AGB ausgeschlossen werden; siehe Art. 12 Rdn. 4.

[60] BGH vom 10.2.1982, BGHZ **83** 96, 100; OLG Köln vom 27.11.1974, RIW **1975** 162; OLG Hamm vom 28.4.1983, TranspR **1983** 151, 153 und vom 16.8.1984, TranspR **1985** 97, 98; OLG Düsseldorf vom 11.11.1993, TranspR **1994** 441, 442 = VersR **1994** 1497f; A OGH vom 27.3.1990,

führers nach Art. 21 bietet die Eintragung allerdings eine wesentliche Beweislasthilfe. Denn die Nachnahmevereinbarung gehört zum Inhalt des Frachtvertrags.[61] Bei nachnahmeähnlichen Weisungen ist ohnehin Art. 21 nicht anzuwenden.[62]

Eine **Nachnahmevereinbarung, die nicht in den Frachtbrief eingetragen ist,** **11**
muß vom Absender voll nachgewiesen werden, da ihm Art. 9 Abs. 1 CMR nicht zugute kommt. Die Nachnahmeweisung muß klar dahin lauten, das Gut nicht ohne Erhebung des bestimmt bezeichneten Nachnahmebetrags auszuliefern. Hierfür genügt nach deutscher Auffassung die internationale Vertragsklausel „COD" = „Kasse gegen Dokumente", die, wenn sie im Frachtvertrag vereinbart wird,[63] im Zusammenhang mit der Kaufrechnung auch ohne Frachtbrief die Pflicht des Frachtführers zur Erhebung der Nachnahme klarstellt.[64] Die reine Kaufklausel wirkt nicht auf den Frachtvertrag, allein schon deshalb nicht, weil die Parteien von Kauf- und Frachtvertrag unterschiedlich sind; auch durch Auslegung ist sie daher nicht als frachtrechtliche Nachnahmevereinbarung zu sehen.

Eine **auf eine unmögliche Leistung gerichtete Nachnahmeanweisung** ist (wenn **12**
man § 139 BGB ergänzend anwendet), zumindest teilnichtig. Daß sie vollständig unwirksam ist, kann nicht angenommen werden, weil damit sinnwidrig eine Ablieferung ohne Inkasso gerechtfertigt würde.[65] Die Nichtigkeit des ganzen Frachtvertrags ist ohnehin nicht anzunehmen.[66] Der Frachtführer muß, wenn sich die Unmöglichkeit zeigt, Weisungen einholen.[67] Er haftet nach Art. 21 auf Schadensersatz, wenn er dennoch das Gut abliefert.[68] Bei Verstoß gegen die Pflicht, den Absender aufzuklären, haftet er nach deutschem Geschäftsbesorgungsrecht.[69].

Eine von Art. 21 CMR unabhängige **Haftung aus positiver Vertragsverletzung** **13**
bei Verstoß gegen andere Zahlungsklauseln – etwa „liefern Sie die Sendung nur gegen Zahlungsnachweis der Bank ... ab", ist richtigerweise zu bejahen.[70]

---

ecolex **1992** 284; F CA Paris vom 19.1.1978, BT **1978** 161f; F CA Aix-en-Provence vom 6.11.1981, BT **1982** 258 f; *Glöckner*[7] Rdn. 2 und Art. 6 Rdn. 9; *Heuer* S. 160; *Loewe* ETR **1976** 503ff Nr. 85f; *Koller*[4] Rdn. 1; MüKo/*Basedow* Art. 21 Rdn. 10 und Art. 6 Rdn. 34f; *Thume/Fremuth* Rdn. 74ff; *Herber/Piper* Rdn. 8; *Thume/Seltmann* Rdn. A 75; *Jesser* S. 94; *Clarke*[2] Nr. 24 S. 98f (zustimmend zu BGH vom 10.2.1982); *Hill/Messent/Glass*[2] S. 170; *Silingardi* S. 187f. Siehe auch Art. 6 Rdn. 23. In älterer Rechtsprechung begegnet noch die Annahme der Unwirksamkeit nicht eingetragener Abreden: NL Rb Amsterdam vom 15.6.1966, SS **1970** 245f Nr. 101 (nachnahmeähnliche Klausel).

[61] Siehe Rdn. 2f, Art. 9 Rdn. 17.

[62] Siehe Rdn. 8. Siehe auch MüKo/*Basedow* Rdn. 10.

[63] An der eindeutigen, für die Parteien deutlichen Einbeziehung in den Frachtvertrag fehlt es in vielen dazu negativ entschiedenen Fällen: OLG Köln vom 27.11.1974, RIW **1975** 162, 163; F CA Paris vom 21.10.1970, BT **1970** 367f; F CA Paris vom 19.1.1978, BT **1978** 161f; F Trib Pontoise vom 26.9.1978, BT **1978** 569; wohl auch F CA Aix-en-Provence vom 2.3.1979, BT **1979** 342; siehe auch *Lamy 99* I Nr. 485 und Nr. 1452 Jur. 7.

[64] OLG Düsseldorf vom 13.12.1990, TranspR **1991** 91, 92 = VersR **1991** 1394; *Herber/Piper* Rdn. 10; *Koller*[4] Rdn. 2; siehe aber vorhergehende Fn.

[65] *Herber/Piper* Rdn. 21; *Glöckner*[7] Rdn. 8; *Thume/Fremuth* Rdn. 122; *Herber/Piper* Rdn. 21; im Ergebnis auch OLG Hamm vom 28.4.1983, TranspR **1983** 151, 15 und vom 16.8.1984, TranspR **1985** 97, 98.

[66] *Glöckner*[7] Rdn. 2; *Herber/Piper* Rdn. 21; aaO *Koller*[4] Rdn. 3.

[67] OLG Hamburg vom 19.12.1985, TranspR **1986** 146, 147 = VersR **1986** 261, 262.

[68] OLG Hamm vom 16.8.1984, TranspR **1985** 97, 98; *Glöckner*[7] Rdn. 8; *Herber/Piper* Rdn. 22; eingehend *Koller*[4] Rdn. 3, der Verschulden bei Vertragsschluß oder positive Vertragsverletzung zugrunde legt, im Falle des Art. 15 aber Art. 21.

[69] *Herber/Piper* Rdn. 23; *Koller*[4] Rdn. 3.

[70] Zutreffend NL Hof 's Hertogenbosch vom 13.1.1970, ETR **1971** 817–824 = SS **1971** 27–30, siehe auch Art. 7 Rdn. 4; bei der ähnlichen Klausel „Auslieferung nur gegen unwiderruflichen Zahlungsnachweis ..." lehnt das LG Nürnberg vom 25.1.1991, TranspR **1991** 300f die Haftung nur wegen fehlender Passivlegitimation ab.

3. Ohne Einziehung des Nachnahmebetrages

a) Ablieferung

14 Der Tatbestand hat zwei Bestandteile: Die Ablieferung und die Versäumung der Nachnahmeeinziehung. Zur Ablieferung siehe Art. 17 Rdn. 20 ff.

b) Einziehung

aa) Leistung bar oder gleichwertig, insbesondere durch Scheck

15 Angesichts der verwirrenden Kurzformeln für Inkassoaufträge muß durch Auslegung ermittelt werden, welche von ihnen unter den Begriff der (echten) Nachnahme fallen.[71] Nach weit überwiegender internationaler Auffassung ist die Leistung des Empfängers grundsätzlich bar oder in Form eines gleichwertigen Zahlungsmittels zu erbringen.[72] Die CMR enthält keine näheren Bestimmungen, wie solche Zahlungsmittel abzugrenzen sind. Hat der Absender keine Maßgaben im Nachnahmeauftrag vorgesehen, ist maßgeblich das Statut des Frachtvertrags, nach anderer Auffassung des Zahlungslandes.[73] Nach deutschem Recht, nunmehr geregelt in § 422 Abs. 1 HGB „ist anzunehmen, daß der Betrag in bar oder in Form eines gleichwertigen Zahlungsmittels einzuziehen ist".[74] Dafür genügt ohne besondere Vereinbarung ein einfacher Scheck des Empfängers nicht.[75]

16 Inwieweit die Zahlung durch Scheck **der Barzahlung gleichsteht**, wird je nach den Gegebenheiten des Zahlungsverkehrs in den Mitgliedsländern unterschiedlich gesehen.[76] Die Frage, ob der Fahrer statt Barzahlung ein „Sichtpapier" (sofort bzw. bei Sicht fälliges Papier, z. B. einen Scheck) entgegennehmen darf,[77] ist international nicht einheitlich entschieden.[78] Wird ein ohne besondere Weisung an Stelle von Bargeld angenommener Scheck nicht eingelöst, haftet der Frachtführer nach Art. 21.[79] Entscheidend für die Nachnahme ist nicht, ob der Scheck als Zahlungsmittel anerkannt ist,[80] sondern ob er als Zahlungssicherung ausreicht.[81] Gerade die Nachnahme wird gewählt, um unübersehbare Liquiditätsprobleme bei Auslandskunden zu vermeiden. Das Liquiditätsrisiko kann sie aber nur sichern bei Barzahlung oder durch gleich sichere Zahlungsweisen. Andere Leistungen als Bargeldzahlung können vereinbart und in den Frachtbrief aufgenommen werden. Die Zahlung an sich ist in jedem Normalfall einfacher durch beigefügte Rechnungen und Einziehungsermächtigungen.[82] Sind keine Maßnahmen zur Zahlungssicherung geboten, ist die Nachnahme überflüssig.

---

[71] MüKo/*Basedow* Rdn. 11.
[72] Siehe Rdn. 17.
[73] MüKo/*Basedow* Rdn. 11; *Jesser* S. 95; *Clarke*² Nr. 174; *Hill/Messent/Glass*² S. 171. Siehe Rdn. 2. Dieses Statut ist dem Recht des Zahlungslands vorzuziehen, weil der Risikofaktor Zahlung vom Vertragsinhalt bestimmt werden muß. Zweifelnd *Pesce* S. 260f. Für das Zahlungsstatut siehe *Putzeys* Nr. 719; *Clarke*² Nr. 174; dagegen ausdrücklich MüKo/*Basedow* Rdn. 11.
[74] Auch zum bisherigen Recht: BGH vom 10.2.1982, BGHZ **83** 96 = NJW **1982** 1946ff = TranspR **1982** 74ff = VersR **1982** 544f, in BGHZ **83** 96, 101 gekürzt; BGH vom 25.10.1995, TranspR **1996** 118, 119 = VersR **1996** 736ff; *Heuer* S. 161; *Precht/Endrigkeit*³ zu Art. 21 CMR; *Glöckner*⁷ Rdn. 4; MüKo/*Basedow* Rdn. 3, 29; *Koller*⁴ Rdn. 1; *Herber/Piper* Rdn. 5; für Österreich *Jesser* S. 95.
[75] Siehe Rdn. 17.
[76] MüKo/*Basedow* Rdn. 12.
[77] Siehe zurückhaltend MüKo/*Basedow* Rdn. 4f; zu großzügig *Loewe* ETR **1976** 503ff Nr. 184.
[78] MüKo/*Basedow* Rdn. 4, 12, 14.
[79] Auch dies wird international nicht einheitlich gesehen; überwiegend wird Haftung angenommen, MüKo/*Basedow* Rdn. 14 Fn. 41, anders aber in Frankreich; *Lamy 99* I Nr. 192a.
[80] Dazu Rdn. 18.
[81] Zutreffend *Lieser* S. 151.
[82] Siehe Rdn. 1.

Nach deutschem Recht sind Schecks grundsätzlich nicht „gleichwertig“, denn ihre Einlösung kann nicht als sicher angenommen werden.[83] Sie erfolgt nicht an Zahlungs Statt, sondern nur erfüllungshalber. Die Einziehung durch Scheck ist daher grundsätzlich nicht zulässig, wenn sie nicht vom Absender vorgeschrieben ist.[84] Ebenso die Auslieferung „gegen Bankakzept und Bankaval“.[85] Für den „Bankscheck“ ist dies nicht unbestritten.[86] Ein Euro-Scheck mit Vorlage der Scheckkarte und im Rahmen der Garantiebeträge ist aber unbedenklich als gleichwertiges Zahlungsmittel anzusehen;[87] ebenso wohl ein bundesbankbestätigter (aber kein nur bankbestätigter) Scheck.[88] Nach Auffassung der RegBgr. zu § 422 HGBnF sollen auch in Zukunft moderne bargeldlose Zahlungsformen der Barzahlung nur gleichgestellt werden, wenn sie tatsächlich Inhalt des Parteiwillens ist.[89] Dem ist zuzustimmen.[90] Der Absender hat also die Möglichkeit, sich für ein gewisses Risiko zu entscheiden. Ablieferung des Gutes „gegen Bankscheck innerhalb von 7 Tagen“[91] oder gegen Sichtwechsel kann also als besondere Nachnahmeweisung vom Absender vorgeschrieben werden.[92] Für die Echtheit der Unterschriften kann der Frachtführer freilich nicht haftbar gemacht werden.[93] 17

In anderen Mitgliedstaaten ähnelt die Rechtslage[94] meist der deutschen. Teilweise ist dort der Scheck allgemeiner anerkannt und in der Praxis benutzt.[95] Ausländische Rechtsordnungen enthalten bisher unterschiedliche Hindernisse für Barzahlung oder Scheckzahlung.[96] In Frankreich durfte bisher neben devisenrechtlichen Vorschriften, die bestimmte Zahlungsvorgänge an bestimmten Orten untersagten, z. B. nach dem Gesetz über die Erhebung von Nachnahmen vom 22.10.1940 Bargeld nur bis zum 18

---

[83] BGH vom 10.2.1982, BGHZ **83** 96 = NJW **1982** 1946ff =TranspR **1982** 74ff = VersR **1982** 544f; BGH vom 25.10.1995, TranspR **1996** 118, 121 = VersR **1996** 736ff (Die Begründung: Leistung durch Scheck erfolge nicht an Erfüllungs Statt).

[84] *Thume/Fremuth* Rdn. 41ff. Dort Rdn. 39–50 auch eingehende Untersuchung aller denkbaren Zahlungsformen; ohne Unterscheidung zwischen generell gleichwertigen oder nur durch die Nachnahmeanweisung legitimierten Zahlungspapieren *Herber/Piper* Rdn. 6, 11.

[85] OLG Düsseldorf vom 19.6.1986, TranspR **1986** 336, 937; *Koller*⁴ Rdn. 1.

[86] Mit „Bankscheck“ ist ein von einer Bank ausgestellter Scheck gemeint, wohl als Sichtpapier, z. B. im Fall OLG Hamburg vom 18.4.1991, TranspR **1991** 297f. Jedenfalls gilt dies nicht für vom Empfänger auf Scheckformular gezeichnete Schecks; zutreffend OLG Hamburg. Zu diesem Fall zustimmend *Koller*⁴ Rdn. 1; MüKo/*Basedow* Rdn. 5; *Herber/Piper* Rdn. 6; kritisch *Thume/Fremuth* Rdn. 45.

[87] *Thume/Fremuth* Rdn. 46. Siehe schon bisher §§ 407–409 HGBaF Rdn. 129; unübersehbare Probleme entstehen beim Inkasso durch Annahme ausländischer Schecks, deren Überprüfung (ob überhaupt ein Scheck vorliegt) kaum zu leisten ist; dazu B Cass vom 18.2.1994, ETR **1994** 464; MüKo/*Basedow* Rdn. 39.

[88] *Thume/Fremuth* Rdn. 46, 122. Nicht aber ein nur bankbestätigter Scheck in Italien, OLG Hamm vom 16.8.1984, TranspR **1985** 97, 98. Zu einem solchen Scheck aber NL Rb Rotterdam vom 10.8.1990, SS **1992** Nr. 86, 187; Art. 21 wird geprüft bei einer reinen Bankbestätigung (F CA Paris vom 22.4.1977, ETR **1978** 407, 412).

[89] RegBegr zu § 422, BRDrucks. 368/97 S. 55.

[90] Für Zurückhaltung bei der Nachnahmeeinziehung durch „Sichtpapiere“ MüKo/*Basedow* Rdn. 4.

[91] OLG Hamburg vom 18.4.1991, TranspR **1991** 297f.

[92] NL Rb Breda vom 16.12.1969, ETR **1970** 67, 73, B Cass vom 18.2.1994, ETR **1994** 464. Siehe zur Weisung „nur gegen bankbestätigten Scheck“ in Italien, OLG Hamm vom 16.8.1984, TranspR **1985** 97, 98. Zu einem solchen Scheck aber problemlos NL Rb Rotterdam vom 10.8.1990, SS **1992** Nr. 86, 187; *Herber/Piper* § 6 Rdn. 21; MüKo/*Basedow* Rdn. 4f.

[93] MüKo/*Basedow* Rdn. 14; NL Rb Rotterdam vom 10.8.1990, SS **1992** Nr. 56.

[94] Devisenrechtliche Unterschiede werden in der Währungsunion fortfallen.

[95] Daß generell der Scheck in anderen europäischen Ländern im kaufmännischen Verkehr als Zahlungsmittel anerkannt ist (MüKo/*Basedow* Rdn. 4; *Thume/Fremuth* Rdn. 39), genügt nicht, weil für die Nachnahme damit nicht die Sicherheit garantiert ist; siehe unten in dieser Rdn. zum englischen Recht.

[96] Zum italienischen Recht OLG Hamm vom 16.8.1984, TranspR **1985** 97, 98.

Betrag von Ffr 1000 gezahlt werden. Für die darüber hinausgehenden Beträge müssen Schecks angenommen werden.[97] Ob in England, wie im normalen Geschäftsleben, die einfache Scheckannahme regelmäßig ausreicht, ist für die Nachnahme zweifelhaft; offensichtlich werden hier normale Zahlungsformen (die gleichen wie in Deutschland) mit der besonders zur Liquiditätssicherung gewählten Nachnahmeweisung gleichgesetzt.[98]

bb) Undurchführbare Nachnahmeaufträge

19 Sind die Nachnahmeaufträge nicht durchführbar (z. B. aus währungsrechtlichen Gründen), darf das Gut nicht ohne Zustimmung des Verfügungsberechtigten an den Empfänger ausgeliefert werden.[99]

4. Kein Verschuldenserfordernis

20 Zur Frage, ob Art. 21 CMR Verschulden voraussetzt, werden verschiedene Auffassungen vertreten. Die Bestimmung selbst erwähnt kein Verschulden.[100]

21 Eine **reine Erfolgshaftung** wird nicht nur durch den Text der CMR nahegelegt, die Verschulden nicht erwähnt. Sie entspricht auch eher der Funktion der Nachnahme, die eine Verlängerung der Sicherheit nach dem Zug-um-Zug-Prinzip bedeutet. Der Frachtführer, der die Einziehung einer Nachnahme übernimmt – wozu er sich nicht zu verpflichten braucht – sollte zweckmäßigerweise eine Garantie für die Einziehung geben; siehe auch zum Speditionsrecht §§ 407–409 HGBaF Rdn. 131. In Literatur[101] und Rechtsprechung[102] wird überwiegend eine Haftung ohne Verschulden befürwortet. Im französischen Recht wird (durch nationales Recht inspiriert) nachgewiesenes Verschulden vorausgesetzt.[103] Jedenfalls genügt aber ein Verschulden des Fahrers oder des Empfangsspediteurs gem. Art. 3 CMR.[104] Der Schaden muß auch nicht vorhersehbar sein.[105] Zur entscheidenden Bestimmung der Voraussetzungen eines korrekten Inkassos siehe MüKo/*Basedow* Rdn. 13. In aller Regel dürfte die Frage des Verschul-

97 *Lamy 99* I Nr. 192 c; siehe *Glöckner*[7] Rdn. 4; MüKo/*Basedow* Rdn. 12 (dort auch zu Konflikten zwischen den Rechtsordnungen); siehe zu den Bestimmungen des maßgeblichen contract type (verordnete Vertragsbedingungen) Art. 18, Abdruck bei *Franz* S. 301; MüKo/*Basedow* Rdn. 11.

98 So zwar MüKo/*Basedow* Rdn. 12, *Herber/Piper* Rdn. 11, aber doch weiterhin ungewiß: *Hill/Messent/Glass*[2] S. 171 f; *Clarke*[2] Nr. 75.

99 OLG Hamm vom 28. 4. 1983, TranspR **1983** 151 ff und vom 16. 8. 1984, TranspR **1985** 97 f. Dazu sehr eingehend *Thume/Fremuth* Rdn. 47–50.

100 OLG Köln vom 27. 1. 1974, RIW **1975** 162 spricht von der „besonderen Strenge der echten Gefährdungshaftung". Die Bezugnahme auf das Urteil des BGH vom 21. 12. 1966, NJW **1967** 499, 500 ist indessen unrichtig, da sich dieses nur auf Art. 17 CMR bezieht. OLG Hamm vom 28. 4. 1984, TranspR **1983** 151, 153 läßt die Frage offen. *Loewe* ETR **1976** 566 Nr. 566 will offenbar die Haftung bei Eintragung im Frachtbrief ohne Verschulden, bei formloser Vereinbarung dagegen nur bei nachgewiesenem Verschulden eintreten lassen.

101 MüKo/*Basedow* Rdn. 13; *Thume/Fremuth* Rdn. 125 ff; *Herber/Piper* Rdn. 15; *Koller*[4] Rdn. 4.

102 OLG Köln vom 27. 11. 1974, RIW **1975** 162; OLG Düsseldorf vom 21. 4. 1994, TranspR **1994** 391. Das Problem entsteht in vielen Fällen nicht, weil Verschulden vorliegt: BGH vom 10. 2. 1982, NJW **1982** 1946, 1947 ff = TranspR **1982** 74 ff = VersR **1982** 544, in BGHZ **83** 96 ff; siehe OLG Hamm vom 28. 4. 1983, TranspR **1983** 151, 153 f und vom 16. 8. 1984, TranspR **1985** 97, 98; OLG Düsseldorf vom 11. 11. 1993, TranspR **1994** 441, 442 = VersR **1994** 1497 f und vom 19. 6. 1986, TranspR **1986** 336, 937.

103 MüKo/*Basedow* Rdn. 13; *Lamy 99* I Nr. 485; *Rodière* Droit des transports[2] Nr. 745; F Cass vom 5. 3. 1957, JCP **1957** 1018 (noch vor CMR); ebenso für das schweizerische Recht *Aisslinger* S. 74 f.

104 NL Rb Breda vom 16. 12. 1969, ETR **1970** 67, 73 (Fahrer); OLG Düsseldorf vom 11. 11. 1993, TranspR **1994** 441, 442 = VersR **1994** 1497 f.

105 NL Rb Breda vom 16. 12. 1969, ETR **1970** 67, 75.

dens keine große Bedeutung gewinnen, wenn die Nachnahmeweisung klar formuliert ist, denn diese entscheidet letztlich darüber, wann eine Auslieferung rechtmäßig (vertragsgemäß) ist; wenn dies der Fall ist, fehlt es bereits an der Kausalität.[106]

Ist die Einziehung der Nachnahme nach der gegebenen Anweisung von Anfang an unmöglich,[107] will das OLG Hamm[108] keine Nichtigkeit nach § 306 BGB annehmen. Vielmehr sei für diesen Fall der Frachtführer verpflichtet, das Gut nicht abzuliefern. In einer Hilfsbegründung wird jedoch geprüft, was bei Unwirksamkeit der Nachnahmeanweisung zu gelten hat. Für diesen Fall nimmt das OLG eine Haftung aus positiver Vertragsverletzung an, die dann zwar verschuldensabhängig, aber der Höhe nach nicht begrenzt ist. **22**

5. Übermittlung des Nachnahmebetrags an den Absender

Die Übermittlung des eingezogenen Betrags an den Absender fällt nicht in den Tatbestand des Art. 21, sondern ist nach nationalem Recht zu beurteilen;[109] bei Anwendung deutschen Rechts besteht ein Herausgabeanspruch des Absenders nach § 675, 667 BGB.[110] Auch Ansprüche aus unerlaubter Handlung können bestehen (etwa bei Veruntreuung). **23**

III. Haftung als Folge

1. Zu ersetzende Schäden

Die Folge des Verstoßes gegen Art. 21 ist die grundsätzlich unbegrenzte Haftung. Die CMR gibt nicht an, welche Schäden zu ersetzen sind. Die Begrenzung auf den unmittelbaren Schaden und die in 23 vorgesehenen Haftungsgrenzen sind nicht anwendbar. Dies bedeutet, daß alle möglichen Vermögensschäden grundsätzlich ersatzfähig sind: von unmittelbaren Schäden durch Verlust des Gutes bis zu reinen Vermögensschäden. Maßgeblich ist die Kausalität der rechtswidrigen Ablieferung ohne Nachnahmeeinziehung für die betreffenden Schäden.[111] **24**

Ersetzt werden Schäden, die **durch Auslieferung des Guts oder Verlust der Nachnahmeforderung** verursacht sind. Aus beiden Verstößen gegen die Handlungskombination „keine Auslieferung ohne Geld“ können Schäden entstehen: die Auslieferung des Gutes schädigt den Berechtigten materiell an Eigentum oder Sicherungsrechten, kann aber auch mittelbare Vermögensschäden bewirken; dem Absender entgeht aber auch Nachnahmebetrag durch Nichtbezahlung.[112] Es hängt von den Umständen ab, welche Schäden durch vertragsgemäßes Verhalten des Frachtführers hätten vermieden werden können. Der Entscheidung des BGH vom 10.10.1991[113] wird durch *Herber/Piper* Rdn. 15 die generelle Bedeutung zugelegt, der Anspruch aus Art. 21 sei „darauf gerichtet, den Absender so zu stellen wie er gestanden hätte, wenn der Frachtführer die Güter auftragsgemäß nicht ausgeliefert hätte (nicht: wie wenn er **25**

---

106 So im Ansatz MüKo/*Basedow* Rdn. 14.
107 Dazu Rdn. 12.
108 Vom 18.3.1983, TranspR **1983** 153, 552.
109 Siehe zum deutschen Recht die folgende Rdn.; ferner F CA Paris vom 23.6.1994, BT **1994** 692; *Jesser* S. 95f.
110 Siehe § 425 HGBaF Rdn. 145 und §§ 407–409 HGBaF Rdn. 128; MüKo/*Basedow* Rdn. 7; *Koller*[4] Rdn. 3, 4 S. 738 und 739 jeweils unten; *Thume/Fremuth* Rdn. 114ff, insbesondere auch in der Kette von Spediteuren und Frachtführern; *Herber/Piper* Rdn. 18.
111 Dazu umfassend *Thume/Fremuth* Rdn. 135ff.
112 *Thume/Fremuth* Rdn. 130; zu Zinsschäden siehe Art. 21 Rdn. 28.
113 BGH vom 10.10.1991, TranspR **1992** 100–103 = VersR **1992** 383ff = BGHZ **115** 299ff.

den Nachnahmebetrag erhalten hätte)". Für diese verallgemeinerte Aussage kann dem Urteil nichts entnommen werden. Es betraf einen offensichtlichen Betrugsfall (Lieferung von Ramsch gegen überhöhte Nachnahme an einen insolventen Käufer).[114] In diesem besonderen Fall war die Nachnahmeforderung nicht einziehbar. Der BGH hat nur für diesen Fall ausschließlich den Schaden für den Verlust des Gutes zugrunde gelegt,[115] aber deutlich gemacht, daß, wenn die Nachnahme einbringlich gewesen wäre, auch der Verlust der Zahlung als Schaden hätte geltend gemacht werden können.[116] Die mehrfache Möglichkeit der Schadensberechnung besteht danach weiterhin.[117]

2. Haftungsbegrenzung

26 Art. 21 begrenzt die Haftung auf die Höhe des Nachnahmebetrags.[118] Die Regelung ist abschließend.[119] Sowohl die englische wie auch die richtig übersetzte französische Fassung[120] bestimmen eindeutig, daß hier nur eine Haftungsgrenze gegeben ist; der entstandene Schaden also nachzuweisen ist.[121] Die sachlich abweichende Haltung der französischen und belgischen Gegenauffassung ist jedoch eindeutig nicht von der Auslegung der CMR, sondern von der (nationalrechtlichen) Garantiehaftung für Scheckannahme[122] abhängig.[123] In aller Regel ist allerdings mit dem Entgang des einzuziehenden Betrags auch der entsprechende Schaden bestimmt, denn bei ordnungsgemäßer Einziehung wäre der betreffende Geldbetrag in das Eigentum des Absenders gelangt.

27 Nach dieser Rechtsprechung ist der **Absender erheblich mit Beweisen für den Schaden belastet**: Er muß beweisen, daß entweder der Betrag hätte eingezogen werden können (vor allem zweifelhaft wegen fehlender Liquidität des Empfängers), oder daß die mit der Ablieferung verlorene Ware keinen entsprechenden Wert gehabt hätte; ferner sind zusätzliche Kosten oder Ersparnisse zu berücksichtigen.[124] Jedenfalls führt Art. 21 keine an der Nachnahmehöhe orientierte Pauschale ein, sondern begrenzt nur den Schaden. Dieser ist vielfach nach ergänzendem nationalem Recht festzulegen, das hier angewendet werden muß, weil die CMR die Auswirkungen der Auslieferung ohne Nachnahmeerhebung nicht regelt. Die Nachnahme selbst ist nicht auf frachtrechtliche Ansprüche beschränkt.[125] Rückerstattungsansprüche können z. B. aus ungerechtfertigter Bereicherung begründet sein, wofür meist der Rechtsgrund für die

---

114 Dazu instruktiv *Roltsch* DVZ Nr. 45/46 S. 8.

115 Eine Anwendung der Haftungsgrenzen für Verlust ist nicht erörtert bei BGH vom 10.10.1991, TranspR **1992** 100–103 = VersR **1992** 383ff = BGHZ **115** 299ff. *Koller*⁴ Rdn. 1 will bei Verlust infolge der Auslieferung ohne Nachnahmeeinziehung Art. 17 anwenden; dagegen zu Recht für Vorrang von Art. 21 *Herber/Piper* Rdn. 17.

116 TranspR **1992** 100, 102 (zu b) = VersR **1992** 383ff = BGHZ **115** 299, 303f; *Koller*⁴ Rdn. 4.

117 Ausführliche Darstellung möglicher Schäden bei *Thume/Fremuth* Rdn. 130.

118 Wird dieser durch Vereinbarung herabgesetzt, mindert sich die Schadensgrenze; OLG Hamm vom 16.8.1984, TranspR **1985** 97, 98f.

119 *Thume/Fremuth* Rdn. 152.

120 MüKo/*Basedow* Rdn. 16 widerlegt eindeutig die Annahme unterschiedlicher Wortsinne der englischen und französischen Fassung.

121 Im Ergebnis auch BGH vom 10.10.1991, TranspR **1992** 100–103 = VersR **1992** 383ff = BGHZ **115** 299ff; *Thume/Fremuth* Rdn. 139–151; weitere Hinweise bei MüKo/ *Basedow* Rdn. 15; *Herber/Piper* Rdn. 14.

122 MüKo/*Basedow* Rdn. 16; *Lamy 99* I Nr. 192a; *Putzeys* Nr. 724; siehe noch ganz allgemein F CA Paris vom 1.2.1978, BT **1978** 318, 319.

123 So aber OLG Hamburg vom 18.4.1991, TranspR **1991** 297, 298. Die entsprechende von mir in der Vorauflage vertretene Meinung wird aufgegeben.

124 BGH vom 10.10.1991, TranspR **1992** 100, 102 = VersR **1992** 383ff = BGHZ **115** 299, 305ff; *Thume/Fremuth* Rdn. 139–151; siehe Rdn. 25; weitere Hinweise bei MüKo/*Basedow* Rdn. 15.

125 Siehe Rdn. 2, 4.

Erlangung des Nachnahmebetrags entscheidend sein wird. Im übrigen erweist sich im Hinblick auf die vom BGH aaO. dem Absender auferlegten Beweise die Haftung aus Art. 21 als vielfach wertlos.[126] Es wäre insgesamt besser, Fragen der endgültigen Kosten- und Preiszahlungspflicht im Verhältnis zwischen Absender und Empfänger zu entscheiden.[127] Im Interesse der Sicherheit des Nachnahme-Einzugsverfahrens könnte allerdings prima facie vom Nachnahmewert als Schaden ausgegangen werden.[128] Art. 17 Abs. 5 ist auf Haftung aus Art. 17 abgestimmt und daher nicht auf Art. 21 anzuwenden.[129]

3. Konkurrierende Haftungsgrenzen

Weitere Haftungseinschränkungen der CMR sind nicht vorgesehen; insbesondere Art. 23 und 24 CMR sind nicht anwendbar.[130] Allerdings gilt für die Zinsen Art. 27 (Zinshöhe).[131] Durch Art. 29 wird im Falle von Vorsatz und gleichgestellter Fahrlässigkeit die Beschränkung auf den Nachnahmebetrag aufgehoben.[132] Bei nachnahmeähnlichen Weisungen haftet der Frachtführer nach positiver Vertragsverletzung.[133] Diese Haftung kann gem. § 433 HGBnF beschränkt sein; anders in Fällen alten Rechts.[134] **28**

Die **Höhe** des Schadenersatzes bestimmt sich **nicht in jedem Fall nach der angegebenen Nachnahmesumme.** Hat sich der Absender in Kenntnis der Schwierigkeiten der Einbringung der Summe bereit erklärt, der Auslieferung gegen die Hälfte des Nachnahmebetrages zuzustimmen, mindert sich sein Schadenersatzanspruch entsprechend.[135] **29**

IV. Versicherung

Nachnahmefehler sind im Rahmen der Haftpflichtversicherung nach der CMR-Police nur innerhalb einer besonderen Grenze versichert, z. B. 20000 DM pro Lastzug.[136] **30**

---

126 Siehe auch Rdn. 1.

127 Siehe zum „Rückgriffsrecht" Rdn. 31.

128 Daher grundsätzlich überzogen die Beweislast für alle Schadenselemente im (sachlich richtig entschiedenen) Urteil des BGH vom 10.10.1991; kritisch auch *Thume/Fremuth* Rdn. 142f, der eine Schadensschätzung nach § 287 ZPO vorschlägt; MüKo/*Basedow* Rdn. 2 rechtfertigt die Beweislast des Absenders mit konkreten Rechtsmißbräuchen, die eher mit dem internationalen Institut des Rechtsmißbrauchs (siehe Art. 1 Rdn. 73) zu bekämpfen wären; *Koller*[4] Rdn. 4 bezieht sich ohne substantielle Kritik auf die Erörterung der „Ansicht des BGH".

129 Entgegen *Koller*[4] Rdn. 4 und *Herber/Piper* Rdn. 16 ist auch eine analoge Anwendung nicht geboten. Siehe zum Verhältnis von § 254 BGB zu Art. 17 Abs. 5 dort Rdn. 231.

130 *Loewe* ETR **1976** 503ff, Nr. 185; MüKo/*Basedow* Rdn. 17; *Herber/Piper* Rdn. 17.

131 BGH vom 10.10.1991, TranspR **1992** 100, 102f = VersR **1992** 383ff = BGHZ **115** 299, 305f; *Thume/Fremuth* Rdn. 132f. Siehe auch Art. 27 Rdn. 2. Auch die Behauptung bei *Herber/Piper* Rdn. 15, der Nachnahmebetrag sei „nur dann vom Frachtführer vollständig zu zahlen, wenn der Nachnahmewert den Warenwert erreicht", ist nicht begründet. Der sogenannte Warenwert besagt nichts über den im Kaufvertrag zugrundegelegten (und daher auch klageweise durchsetzbaren) Kaufpreis; grundsätzlich wie hier auch MüKo/*Basedow* Rdn. 15 zu Fn. 45.

132 MüKo/*Basedow* Rdn. 17; *Thume/Fremuth* Rdn. 154ff; *Koller*[4] Rdn. 4; siehe Art. 29 Rdn. 1.

133 A OGH vom 11.7.1990, TranspR **1992** 322, 323; siehe Rdn. 8.

134 Zum alten Recht noch § 429 HGBaF Rdn. 231ff.

135 Siehe OLG Hamm vom 16.8.1984, TranspR **1985** 97, 98f; dazu eingehend *Thume/Fremuth* Rdn. 48.

136 *Thume/Teutsch* Art. 6 Rdn. 29.

V. Vorbehalt des Rückgriffsrechts

31 Art. 21 behält dem Frachtführer ausdrücklich ein „Rückgriffsrecht" gegen den Empfänger vor. Der Ausdruck „Rückgriff" ist eine unglückliche Übersetzung der englischen und französischen Originaltexte. Im Sinne deutschen Rechts handelt es sich nicht um die Begründung eines Rückgriffs, also einer auf eine dritte Person verlagerten Entschädigungspflicht, sondern nur um die Klarstellung, daß dem Frachtführer seine Zahlungsansprüche gegen den Empfänger erhalten bleiben.[137] Diese Ansprüche ergeben sich nach Maßgabe des Frachtbriefs aus Art. 13 Abs. 2 CMR.[138] Es kommt also auf die Umstände an, aus denen diese Haftung begründet ist.[139] Bei ergänzender Anwendung deutschen Rechts kann, soweit Art. 13 Abs. 2 keine Ansprüche gewährt, an eine analoge Anwendung von § 255 BGB (bzw. des Grundsatzes der Vorteilsausgleichung) gedacht werden.[140]

Artikel 22

1. ¹Der Absender hat den Frachtführer, wenn er ihm gefährliche Güter übergibt, auf die genaue Art der Gefahr aufmerksam zu machen und ihm gegebenenfalls die zu ergreifenden Vorsichtsmaßnahmen anzugeben. ²Ist diese Mitteilung im Frachtbrief nicht eingetragen worden, so obliegt es dem Absender oder dem Empfänger, mit anderen Mitteln zu beweisen, daß der Frachtführer die genaue Art der mit der Beförderung der Güter verbundenen Gefahren gekannt hat.

2. Gefährliche Güter, deren Gefährlichkeit der Frachtführer nicht im Sinne des Absatzes 1 gekannt hat, kann der Frachtführer jederzeit und überall ohne Schadenersatzpflicht ausladen, vernichten oder unschädlich machen; der Absender haftet darüber hinaus für alle durch die Übergabe dieser Güter zur Beförderung oder durch ihre Beförderung entstehenden Kosten und Schäden.

Article 22

1. Si l'expéditeur remet au transporteur des marchandises dangereuses, il lui signale la nature exacte du danger qu'elles présentent et lui indique éventuellement les précautions à prendre. Au cas où cet avis n'a pas été consigné sur la lettre de voiture, il appartient à l'expéditeur ou au destinataire de faire la preuve, par tous autres moyens, que le transporteur a eu connaissance de la nature exacte du danger que présentait le transport desdites marchandises.

2. Les marchandises dangereuses qui n'auraient pas été connues comme telles par le transporteur dans les conditions prévues au paragraphe 1 du présent article peuvent à tout moment et en tout lieu être déchargées, détruites ou rendues inoffensives par le transporteur, et ce sans aucune indemnité; l'expéditeur est en outre responsable de tous frais et dommages résultant de leur remise au transport ou de leur transport.

---

137 Siehe zum Zusammenhang Rdn. 26.

138 Siehe MüKo/*Basedow* Rdn. 18; *Thume/Fremuth* Rdn. 4–6; *Herber/Piper* Rdn. 19f; *Koller*⁴ Rdn. 4; *Baumgärtel/Giemulla* Rdn. 1.

139 Siehe Art. 13 Rdn. 19ff. *Thume/Fremuth* Rdn. 192 und 161.

140 Siehe *Thume/Fremuth* Rdn. 171.

Article 22

1. When the sender hands goods of a dangerous nature to the carrier, he shall inform the carrier of the exact nature of the danger and indicate, if necessary, the precautions to be taken. If this information has not been entered in the consignment note, the burden of proving, by some other means, that the carrier knew the exact nature of the danger constituted by the carriage of the said goods shall rest upon the sender or the consignee.

2. Goods of a dangerous nature which, in the circumstances referred to in paragraph 1 of this article, the carrier did not know were dangerous, may, at any time or place, be unloaded, destroyed or rendered harmless by the carrier without compensation; further, the sender shall be liable for all expenses, loss or damage arising out of their handing over for carriage or of their carriage.

Übersicht

Schrifttum

de Gottrau. Die Haftung bei der Beförderung von gefährlichen Gütern, TranspR **1988** 320–323; *Wiesbauer* Aktuelle Haftungsfragen des internationalen Gefahrguttransportes, IZ **1987** 73–82.

I. Allgemeines

1 Art. 22 Abs. 1 erlegt dem Absender eine Verpflichtung zur Aufklärung über die Gefährlichkeit der zu befördernden Güter[1] auf, die zur richtigen Eintragung im Frachtbrief hinzukommt, aber von dessen Ausstellung und dem Eintrag nicht abhängt.[2] Diese Pflicht hat eine doppelte Bedeutung. Ihre Verletzung erlaubt nach Abs. 2, 1. Halbsatz, dem Frachtführer, die gefährlichen Güter ohne Ersatzpflicht auszuladen, gegebenenfalls zu vernichten oder unschädlich zu machen. Nach Abs. 2, 2. Halbsatz, begründet sie ferner eine Pflicht des Absenders zum Schadens- und Kostenersatz.[3] Wenn Güter nicht im ADR aufgeführt sind und auch eine Gefahr für andere Güter außerhalb des Fahrzeugs von ihnen nicht ausgeht, ist Art. 22 CMR nicht anzuwenden.[4]

---

[1] Siehe zur Beförderung gefährlicher Güter § 425 HGBaF Rdn. 16ff, zur Literatur dort vor Rdn. 16.
[2] Art. 6 Rdn. 13.
[3] Siehe Rdn. 13.
[4] OLG Düsseldorf vom 23.1.1992, TranspR 1992 218 f.

II. Gefahrgutrecht

1. Öffentliches Recht

2 Das Recht der Gefahrgutbeförderung ist zersplittert.[5] Insbesondere konkurrieren völkerrechtliche Übereinkommen,[6] EG-Richtlinien,[7] innerstaatliche Gesetze und Rechtsverordnungen,[8] jeweils nach Beförderungssparten getrennt oder auch teilweise gemeinsam geregelt. Für die CMR-Beförderungen gilt das Europäische Übereinkommen über die internationale Beförderung gefährlicher Güter auf der Straße (ADR). Die Anlagen A und B zum ADR enthalten laufend ergänzte Listen solcher Güter. Zum ADR gibt es zahlreiche Ausnahmeverordnungen.[9] Alle Gefahrgutvorschriften werden (entsprechend dem Stand der Erkenntnis) ständig geändert.[10] Für die Beförderung auf der Straße ist insbesondere die GGVS, Neufassung 22. 12. 1998,[11] maßgeblich; auch für Kabotagebeförderungen ausländischer Frachtführer in Deutschland. Zum Gefahrgutrecht anderer Transportmittel, das bei Huckepack-Beförderungen öffentlich-rechtlich von Bedeutung sein kann, siehe Hinweise bei § 425 HGBaF Rdn. 16. Aus Art. 2 Abs. 1 CMR, der teilweise auf das Beförderungsrecht des Trägerbeförderungsmittels verweist, ist nichts für das Gefahrgutrecht herzuleiten. Neben den durch besondere Gesetze für gefährlich erklärten können auch andere Güter durch ihre Eigenart Schäden verursachen.[12] Man kann bei diesen von atypischem Gefahrgut sprechen.

2. Gefahrgutvoraussetzungen in Art. 22

3 Eine gesetzliche **Definition der gefährlichen Güter** enthält die CMR nicht. Wohl meist werden sie definiert als „Güter, die im Rahmen des normalen Straßenverkehrs generell[13] eine unmittelbare[14] Gefahr für Personen und Sachen jeder Art

---

[5] Siehe § 425 HGBaF Rdn. 16.

[6] Siehe Fundstellennachweis B zum 31.12.2000 vom 31.1.2001 S. 385f; Fundstellennachweis A zum 31.12.2000 Nr. 9241-15; Eisenbahn: Siehe *Freise*, Das neue internationale Eisenbahnfrachtrecht (CIM), TranspR **1999** 417ff und Anhang C zum Übereinkommen COTIF; S. COTIF Anlage I (RID) zur CIM IZ **1999** 431ff.

[7] Eine eigene EG-Richtlinie wird diskutiert; mehrheitlich wird aber die Durchsetzung der bisherigen internationalen Rechtsgrundlagen in allen EG-Staaten bevorzugt.

[8] Fundstellennachweis A zum 31.12.2000 vom 2.2.2001. **Generell:** Gesetz über die Beförderung gefährlicher Güter (Gefahrgutbeföderungsgesetz – GGBefG), Fundstellennachweis A Nr. 9241-23, dazu auch Fn. 16; zur **Straßenbeförderung** siehe Fundstellennachweis A Nr. 9241-15f; zur **Binnenschiffahrt** Nr. 9502-13-3 und 13-5 f; zur **Eisenbahn** Nr. 9241-23-22; zur **Seeschiffahrt** Nr. 9512-18.

[9] Siehe Fundstellennachweis B zum 31.12.2000 vom 31.1.2001, S. 385f, zuletzt die 25. ADR-Ausnahmeverordnung vom 18.11.1999, BGBl II 986.

[10] Siehe etwa *Schmaltz/Nöthlichs* Sicherheitstechnik (Loseblatt, 10 Bände).

[11] Verordnung über die innerstaatliche und grenzüberschreitende Beförderung gefährlicher Güter auf der Straße (Gefahrgutverordnung Straße – GGVS), Fundstellennachweis A zum 31.1.1999 Nr. 9241-23-21 (zuletzt geändert am 23.6.1999). Zur GGVS siehe *Thume/de la Motte* Rdn. 4ff.

[12] Beispiele: OLG Karlsruhe vom 14.11.1972, VersR **1974** 129f (Kakaomaden in Lagergut); OLG Düsseldorf vom 4.3.1982, VersR **1982** 1202f (feuchter Holzkohlengrus kein Gefahrgut).

[13] Also auch Vertragsfremde betreffen muß: OLG Düsseldorf lehnt Gefahrguthaftung schon wegen Fehlens der generellen Gefährlichkeit ab: Urteil vom 23.1.1992, TranspR **1992** 218, 219 (Substanz, die nach Kaltwerden im Tankwagen die Pumpe verstopft, daher keine Gefahr der Schädigung Dritter, Lösung über Prüfung von positiver Vertragsverletzung); ebenso vom 4.3.1982, VersR **1982** 1202.

[14] Die CMR verwendet das unbrauchbare, weil inhaltlich nicht definierte Merkmal der „Unmittelbarkeit" der Gefahr nicht. Es wird aber weitgehend in den Text hineininterpretiert; beispielsweise von *Loewe* ETR **1976** 503ff Nr. 186; *Herber/Piper* Rdn. 5; *Koller*[4] Rdn. 2; *Glöckner*[7] Rdn. 2; *Thume/de la Motte* Rdn. 24; siehe auch *Thume* in *Fremuth/Thume* Frachtrecht, Rdn. 3; *Clarke*[2] Nr. 75 und *Hill/Messent/Glass*[2] S. 177 (immediate danger); dagegen mit vollem Recht MüKo/*Basedow* Rdn. 5; nicht verwendet bei *Baumgärtel/Giemulla* Rdn. 2.

darstellen, mit der ein ordentlicher Frachtführer üblicherweise nicht zu rechnen braucht".[15] Anerkannt ist, daß die Gefährdung, um eine Anwendung von Art. 22 zu begründen, generell sein muß.[16] Dies bedeutet auch, daß ausgehend vom konkreten Gut eine allgemeine Gefährdung vorliegen muß.[17] Güter, die durch ihre Beschaffenheit nur das Kraftfahrzeug des Frachtführers beschädigen können, begründen daher keine allgemeine (generelle) Gefahr.[18] Durch sie verursachte Schäden können aber eine Haftung des Absenders aus positiver Vertragsverletzung begründen.[19] Es kommt auf das konkrete Gut an, auch wenn normalerweise Güter dieser Art keine Gefahr bilden. Man muß den Unterschied durch die Unterscheidung nach Gruppen feststellen.[20]

Wird das Gut erst während der Beförderung gefährlich (etwa durch Ver- 4
packungsschäden oder Unfälle), kann nicht allgemein bestimmt werden, inwieweit Art. 22 anzuwenden ist. Die vorherige Anmeldung nach Art. 22 Abs. 1 kann ohnehin nicht Pflicht des Absenders sein, da solche Fälle in den Risikobereich der Beförderung, also des Frachtführers, fallen. Für das Ausladungs- und Vernichtungsrecht[21] ist jedenfalls die anfängliche Gefährlichkeit zu fordern. Für die am Gut entstehenden Schäden haftet der Frachtführer, wenn kein unabwendbares Ereignis nach Art. 17 Abs. 2 vorliegt. Vor der Vernichtung muß der Frachtführer jedenfalls versuchen, den Absender zu informieren. Für die Anwendung von Art. 22 CMR ist nach Abs. 1 S. 2 und Abs. 2 weitere Voraussetzung die Kenntnis des Frachtführers von der Gefährlichkeit.[22] Anfängliche Verpackungsmängel können eine Haftung des Absenders nach Art. 10 begründen.[23] Treten die Mängel während der Reise auf, läßt sich aus Art. 22 Abs. 1 keine Haftung begründen.[24] Seine Haftung kann dann nur auf konkrete Verletzungen seiner Sorgfaltspflicht gestützt werden, die nach ergänzend anzuwendendem nationalen Recht begründet werden muß – nach deutschem Recht insbesondere aus positiver Vertragsverletzung oder Verschulden bei Vertragsschluß.

---

[15] *Loewe* ETR **1976** 503ff Nr. 186, dem sich viele Autoren angeschlossen haben; *Hill/Messent/Glass*[2] S. 177; *Putzeys* Nr. 824; *Silingardi* S. 185.

[16] Siehe § 2 Abs. 1 des (für alle Verkehrsmittel geltenden) Gesetzes über die Beförderung gefährlicher Güter (Gefahrgutbeförderungsgesetz – GGBefG) vom 9.10.1998, BGBl I 3115ff), das insbesondere auch Definitionen und Bestimmungen über Ermächtigungen, Ausnahmen, Überwachung, Datenschutz, Ordnungswidrigkeiten und Kosten enthält.

[17] *Herber/Piper* Rdn. 6; „allgemeine" Gefahr, siehe etwa *Glöckner*[7] Rdn. 2; *Rabe*[4] § 564b HGB Anm. B.b. unter Angabe seerechtlicher Rechtsprechung.

[18] Zutreffend lehnt OLG Düsseldorf Gefahrguthaftung schon wegen Fehlens der generellen Gefährlichkeit ab: Urteil vom 23.1.1992, TranspR **1992** 218, 219 (Substanz, die nach Kaltwerden im Tankwagen die Pumpe verstopft, daher keine Gefahr der Schädigung Dritter, Lösung über Prüfung von positiver Vertragsverletzung); ebenso vom 4.3.1982, VersR **1982** 1202 (feuchter Holzkohlengrus); zustimmend *Baumgärtel/Giemulla* Rdn. 2; *Clarke*[2] Nr. 75; *Thume/de la Motte* Rdn. 24; **a. A.** *Koller*[4] Rdn. 2, der ein Ausweichen auf nationales Recht bemängelt; *Herber/Piper* Rdn. 5.

[19] OLG Düsseldorf vom 23.1.1992, TranspR **1992** 218, 219 und vom 4.3.1982, VersR **1982** 1202.

[20] Z.B. ist das Handelsgut „Molke" ungefährlich. Radioaktive Molke ist dagegen Gefahrgut; zutreffend MüKo/*Basedow* Rdn. 5. Selbsterhitzende Güter sind bei dichter Zusammenladung gefährlich, siehe Art. 17 Rdn. 206.

[21] Siehe Rdn. 12.

[22] Siehe Rdn. 12f; definitorisch gesehen von *de Gottrau* TranspR **1988** 320.

[23] Siehe Art. 10 Rdn. 13; *Hill/Messent/Glass*[2] S. 177.

[24] *Herber/Piper* Rdn. 6; *Clarke*[2] Nr. 75; *Hill/Messent/Glass*[2] S. 175 Fn. 1.

III. Aufklärungspflicht

5 Der Absender,[25] auch wenn er als Spediteur tätig wird,[26] muß den Frachtführer rechtzeitig vor Übergabe auf die genauen Gefahren der zur Beförderung übergebenen gefährlichen Güter aufmerksam machen[27] und ihm die „gegebenenfalls" zu ergreifenden Vorsichtsmaßnahmen angeben. Die deutsche Übersetzung drückt sich damit ungenauer aus als die sich widersprechenden verbindlichen französischen und englischen Originalfassungen.[28] Sinnvollerweise muß in diesem Fall die strenge Pflicht angenommen werden, da nur sie den Frachtführer ausreichend schützt. Dies hätte einer Formulierung mit „erforderlichenfalls" statt „gegebenenfalls" entsprochen. Nur daraus kann man den Schluß ziehen, daß er keine speziellen Maßnahmen zu treffen hat.[29] Die Aufklärung kann jedenfalls auch an einen Bevollmächtigten – etwa den Fahrer – wirksam erfolgen.[30] Sie ist aber keine Willenserklärung und wohl auch keine geschäftsähnliche Handlung, für die das Recht der Willenserklärung zu gelten hat, sondern nur eine Wissenserklärung[31] und kann vor allem auch dem Fahrer ohne dessen Vertretungsmacht wirksam übermittelt werden. Der Absender muß gegebenenfalls nachweisen, daß der Frachtführer die Kenntnis erlangt hat.[32] Die Aufklärung ist schwierig bei Gütern, die im öffentlichen Gefahrgutrecht noch nicht aufgeführt sind. Man muß in diesen Fällen verlangen, daß er ihm bekannte Gefahren im Frachtbrief selbst beschreibt.[33]

6 Art. 22 bezieht sich nicht ausdrücklich auf das (später abgeschlossene) **ADR-Abkommen.**[34] Dieses schafft aber zumeist Klarheit über die Gefährlichkeit eines Gutes. Fällt es in eine seiner Gefahrenklassen, ist die Mitteilung der Gefahrenklasse (Kurzformeln des ADR) bereits ausreichend.[35] Auch die erforderlichen Vorsichtsmaßnahmen werden mit ihr klargestellt. Es ist dann Aufgabe des Frachtführers, die Beachtung der Sicherheitsmaßnahmen sicherzustellen, sich also gegebenenfalls über die erforderliche Behandlung des Guts genauer zu informieren und die Information auch an den Fahrer weiterzuleiten. In der großen Mehrzahl der Fälle ist dies ausreichend und vor allem auch rechtlich geboten.[36] Die Angabe chemischer Bezeichnungen und Formeln genügt nicht.[37]

7 **Güter, die in der ADR-Liste nicht aufgeführt sind,** können ebenfalls Gefahrgut sein.[38] Die Gefahrguteigenschaft im Sinne des Art. 22 bestimmt sich nicht allein nach dieser Liste. Der Absender hat dann (zweckmäßigerweise im Frachtbrief oder einer Anlage) die erforderlichen Mitteilungen zu machen.[39] Es besteht auch die Möglichkeit,

---

[25] Absender ist der Vertragspartner des Frachtführers; F CA Douai vom 11.3.1982, BT **1982** 199f; zum Begriff des Absenders siehe allgemein Art. 6 Rdn. 6. Zu öffentlichrechtlichen Pflichten des „Verladers" siehe § 425 HGBaF Rdn. 17, § 2 Abs. 1 Nr. 4 GGVS.

[26] Er muß sich dann seinerseits beim Versender entsprechend orientieren; siehe *Thume/de la Motte* Rdn. 26.

[27] Zur richtigen Kennzeichnung, Information und Mitgabe der Anweisungen und Abdrucken der Sicherheitsbestimmungen und -anweisungen; siehe auch *Thume* in *Fremuth/Thume* Frachtrecht, Rdn. 3; siehe § 4 GGVS und § 425 HGBaF Rdn. 17.

[28] „lui indique éventuellement", „indicate, if necessary".

[29] Im Ergebnis *Koller*[4] Rdn. 3.

[30] Insoweit zutreffend *Thume/de la Motte* Rdn. 30.

[31] So aber *Thume/de la Motte* Rdn. 25.

[32] MüKo/*Basedow* Rdn. 10.

[33] Siehe Art. 6 Rdn. 13.

[34] Siehe oben Rdn. 1.

[35] MüKo/*Basedow* Rdn. 7.

[36] MüKo/*Basedow* Rdn. 7.

[37] MüKo/*Basedow* Rdn. 7 Fn. 16; *de Gottrau* TranspR **1988** 320, 321; *Thume/de la Motte* Rdn. 31; *Herber/Piper* Rdn. 8; *Thume* in *Fremuth/Thume* Frachtrecht, Rdn. 9; *Jesser* S. 171; B Trib Antwerpen vom 25.11.1974, JPA **1975** 70 ff.

[38] MüKo/*Basedow* Rdn. 7; *Hill/Messent/Glass*[2] S. 176 mit Hinweisen auf Rechtsprechung; siehe auch Art. 6 Rdn. 13.

[39] MüKo/*Basedow* Rdn. 7; siehe auch Art. 6 Rdn. 13.

daß ein ADR-Gut aufgrund zusätzlicher Gefahren eine Sonderaufklärung erfordert. Im übrigen können in der Liste nicht ständig alle neu entwickelten oder neu als gefährlich erkannten Gegenstände auf neuestem Stand gehalten werden. Daher sollte der Absender bei allen das Gut betreffenden Neuerungen vorsichtig sein, sich also vor Versendung besser beim Hersteller erkundigen.

Die **Aufklärung** erfolgt **regelmäßig im Frachtbrief.**[40] Doch ist sie auch anders (z. B. brieflich) zulässig; dem Absender kommt dann die Beweisvermutung des Art. 9 Abs. 1 nicht zugute.[41] Die sogenannten Unfallmerkblätter nach GGVS und ADR dienen der Aufklärung und sind nach öffentlichem Recht dem Frachtführer auszuhändigen. Unterbleibt dies, kann man in der Regel davon ausgehen, daß auch die Aufklärung nach Art. 22 CMR nicht ordnungsgemäß erfolgt ist. Ihre bloße Aushändigung an den Frachtführer reicht nicht als Aufklärung aus, weil der Frachtführer nicht verpflichtet ist, alle Papiere zu überprüfen.[42] 8

IV. Kenntnis des Frachtführers von der Gefährlichkeit

1. Grundsätzliches

Der Frachtführer verdient keinen Schutz, wenn er die genaue Gefahr und die zu treffenden Gegenmaßnahmen kennt.[43] Auf die fehlende Kenntnis kann er sich nach Art. 22 Abs. 2 berufen, wenn er das Gut vernichten will (S. 1), oder wenn er auf Schadenersatz in Anspruch genommen wird (S. 2). Die Beweislast ist in Abs. 1 S. 2 geregelt. Art. 22 geht danach grundsätzlich davon aus, daß ihm diese nicht bekannt ist.[44] 9

2. Bei Frachtbriefeintragung

Ist die Gefahrguteigenschaft des Gutes im gültigen, also von beiden Partnern unterzeichneten[45] Frachtbrief vermerkt (Art. 6 Abs. 1 Buchst. f), ist die grundsätzliche Vermutung gegen seine Kenntnis widerlegt (Art. 22 Abs. 1 S. 2). Diese ist wohl als unwiderlegbare Vermutung ausreichender Information und nicht nur als Vermutung nach Art. 9 Abs. 1[46] zu verstehen.[47] Ob die Eintragung – als geschäftsähnliche Handlung – eine Vollmacht erfordert, ist umstritten.[48] In jedem Fall sollte eine Mitteilung auch durch einen Nichtbevollmächtigten das Vertrauen des Frachtführers zerstören, so daß dieser zu genauerer Nachfrage verpflichtet ist und sich sonst nicht auf die Absenderhaftung berufen kann. 10

3. Ohne Frachtbriefeintragung: Beweislast für Kenntnis

Fehlt die Frachtbriefeintragung, ist der Absender mit dem Beweis belastet, daß der Frachtführer die genaue Art der Gefahren ihrer Beförderung gekannt hat.[49] Art. 22 Abs. 1 S. 2 begründet also eine widerlegliche Vermutung völliger Unkenntnis.[50] Irr- 11

[40] Art. 6 Abs. 1 f; siehe dort Rdn. 13; Art. 7 Rdn. 6.
[41] Siehe zu den mehrere Personen betreffenden Informationspflichten im Gefahrgutbereich § 425 HGBaF Rdn. 17.
[42] *Thume* in *Fremuth/Thume* Frachtrecht, Rdn. 8.
[43] Siehe Rdn. 5.
[44] *Koller*[4] Rdn. 3.
[45] BGH vom 16. 10. 1986, TranspR **1987** 96, 97, dazu auch Art. 5 Rdn. 8 f.
[46] Eintragung im Frachtbrief erbringt im übrigen widerleglichen Beweis für Abschluß und Inhalt des Frachtvertrags, also auch über das Gut; siehe Art. 9 Rdn. 2 ff; MüKo/*Basedow* Art. 22 Rdn. 7.
[47] *Koller*[4] Rdn. 3.
[48] Bejahend *Thume/de la Motte* Rdn. 25; dagegen *Koller*[4] Rdn. 3.
[49] Art. 6 und dort genauer Rdn. 13.
[50] MüKo/*Basedow* Rdn. 8.

tümer bei der Eintragung gehen zu Lasten des Absenders oder des Empfängers, da der Frachtführer mangels Absenderinformation von sich aus nichts zu unternehmen braucht.[51] Als Zeitpunkt ihrer Mitteilung ist spätestens die Übernahme des Gutes anzunehmen.[52] Insbesondere muß er keinem Verdacht nachgehen, also auch dann nicht, wenn er z. B. weiß, daß er eine Chemikalie befördert, die möglicherweise gefährlich ist.[53] Bis dahin können erfahrungsgemäß fehlerhafte Frachtbriefeintragungen oft noch einverständlich berichtigt werden. Hat der Frachtführer einen Versandauftrag erhalten, aus dem sich die Art des Gutes und seine Gefahrenklasse ergibt, so ist umstritten, ob der Frachtführer damit Kenntnis der besonderen Beförderungsgefahr erlangt.[54] Der Nachweis seiner Kenntnis der Gefährlichkeit kann auch dadurch geführt werden, daß die Gefährlichkeit des Gutes jedermann bekannt war.[55] In solchen Fällen kann man davon ausgehen, daß die Kenntnis positiv bestanden hat, der Frachtführer sich aber dann zu seinem Schutz auf Unkenntnis beruft.[56] Die Schwelle wird überschritten, wenn er lediglich von der Gefahr wissen mußte.[57] Insbesondere muß er keinem Verdacht nachgehen.

V. Recht zur Ausladung, Vernichtung oder Unschädlichmachung

12 Zur Definition der Gefährlichkeit siehe Rdn. 6. Die Regelung des Art. 22 Abs. 2, 1. Halbsatz, entspricht weitgehend dem seerechtlichen Vorbild des § 564 b Abs. 1 S. 2. Der Frachtführer wird ausdrücklich von der Haftung befreit, die ihn sonst nach Art. 17 Abs. 1 treffen würde; sie wirkt als Ersatzablieferung.[58] Art. 22 Abs. 2, 1. Halbsatz, fügt daher den Haftungsausschlüssen des Art. 17 einen weiteren hinzu.[59] Einschränkungen der Wahl der Maßnahme enthält der CMR-Text nicht. Der Frachtführer muß allerdings die nach Lage des Falles schonendste Maßnahme treffen.[60] Bei der Beurteilung ihrer Not-

---

51 Siehe MüKo/*Basedow* Rdn. 8; *Nickel-Lanz* Nr. 63; Art. 6 Rdn. 13.

52 *Thume* in *Fremuth/Thume* Frachtrecht, Rdn. 10; *Koller*[4] Rdn. 3. Die Begründung von *Koller* durch sprachlich bedingte Auslegung des Art. 2 Abs. 1 S. 1 überzeugt nicht. Der Vergleich mit Art. 23 Abs. 1 spricht eher für eine bewußt abweichende Formulierung von Art. 22 Abs. 1 und kann ohnehin keinerlei Vorrang des englischen Textes begründen, weil Verhandlungssprache Französisch war. *Thume/de la Motte* Rdn. 36 erkennt an, daß mit dieser Textauslegung kein sicheres Ergebnis möglich ist, weist aber auf die Vertragsverhandlungen und den Gesamtzusammenhang hin; *Csoklich* S. 337; *Clarke*[2] Nr. 75 S. 370; siehe auch Art. 6 Rdn. 13. *Nickel-Lanz* Nr. 63 ist der Auffassung, daß er bei Kenntnis der Gefahr ohne Vorsichtsmaßnahmen die Fahrt nicht antreten darf. Kritisch, aber unentschieden dazu MüKo/ *Basedow* Rdn. 6 Fn. 14: „dann könnte auch eine spätere Information die Rechte des Beförderers aus Abs. 2 nicht mehr zunichte machen". Siehe auch Rdn. 12.

53 Siehe *Clarke*[2] Nr. 75 S. 370; siehe auch Art. 6 Rdn. 13; *Nickel-Lanz* Nr. 63; siehe auch oben Fn. 52.

54 I. E. negativ BGH vom 16.10.1986, TranspR **1987** 96, 97 = VersR **1987** 304; positive Kenntnis des Frachtführers bei korrekten Versandpapieren, F CA Lyon vom 1.7.1975 BT **1975** 395f; siehe dazu auch Rdn. 10.

55 So F CA Lyon vom 7.10.1976, BT **1977** 84 und die Revisionsentscheidung F Cass vom 20.6.1978, ETR **1980** 468f (Gasfeuerzeuge); zustimmend *Putzeys* Nr. 829; siehe auch Rdn. 13. F Cass vom 16.10.1990, BT **1990** 297 zu Art. 22 Rdn. 4b.

56 F CA Lyon vom 1.7.1975 BT **1975** 395f (ebenfalls Gasfeuerzeuge). Siehe auch *Lamy 99* I Nr. 475.

57 Aus diesem Grund wird die Entscheidung des BGH vom 16.10.1986, TranspR **1987** 96, 97 = VersR **1987** 304 überwiegend abgelehnt; das Urteil ist umstritten: Zustimmend *Herber/Piper* Rdn. 10; wohl auch *Thume/de la Motte* Rdn. 37; ablehnend MüKo/*Basedow* Rdn. 9; *Koller*[4] Rdn. 3 (Kennenmüssen reicht nicht); *Thume* in *Fremuth/Thume* Frachtrecht, Rdn. 8.

58 *Thume* in *Fremuth/Thume* Frachtrecht, Rdn. 15f. Siehe Art. 16 Rdn. 12.

59 Siehe Art. 17 Rdn. 52.

60 Ganz überwiegende Auffassung: *Loewe* ETR **1976** 503ff, Nr. 187; MüKo/*Basedow* Rdn. 11; *Koller*[4] Rdn. 4; *Herber/Piper* Rdn. 12; *de Gottrau* TranspR **1988** 320, 322; *Thume* in *Fremuth/Thume* Frachtrecht, Rdn. 13f; *Putzeys* Nr. 832; **a. A.** *Thume/de la Motte* Rdn. 39, der diesen Spielraum als „freie Wahl" bezeichnet.

wendigkeit muß ihm ein weiter Spielraum gelassen werden.[61] Überschreitet er diesen, haftet er grundsätzlich nach Art. 17 Abs. 1, kann sich aber nach Art. 17 Abs. 2 befreien, wenn er nachweist, die äußerste Sorgfalt beachtet zu haben.[62] Daher ist auch Art. 17 Abs. 5 anzuwenden.[63] Fraglich ist, ob der Frachtführer, auch wenn er den Gefahrguthinweis erst nach der Übernahme des Guts erhalten hat, das Gut nach Halbsatz 1 behandeln darf, wenn keine aktuelle Gefahr droht. Dies kann sich dadurch rechtfertigen, daß sonst die Gefahrgutbeförderung ohne den erforderlichen Hinweis überhandnehmen könnte.[64] Härtefälle dieser Art könnten eventuell mit Treu und Glauben gemildert werden. Befördert der Frachtführer in Kenntnis der Gefährlichkeit das Gut, kann er sich auf Art. 22 nicht mehr berufen, muß also das Ausladen etc. hinnehmen.[65] Diese Maßnahmen unterliegen ergänzend anzuwendendem nationalen Recht.[66]

VI. Haftung des Absenders

Art. 22 Abs. 2, 2. Halbsatz, begründet eine Haftung des Absenders für Kosten und Schäden, die sich aus der Versäumung der Angabe der Gefährlichkeit der Güter (Abs. 1)[67] ergeben. Es handelt sich – jedenfalls nach deutscher Auffassung[68] – um eine echte Gefährdungshaftung, die anders als im innerdeutschen Frachtrecht[69] im Umfang nicht begrenzt ist. Die Auffassung zur hier vertretenen strengen Haftungskonzeption ist im Ausland teilweise bestritten.[70] Für fehlerhafte Angaben im Frachtbrief begründet Art. 7 Abs. 1 a eine ähnlich strukturierte Haftung, die mit der Haftung nach Art. 22 Abs. 2 konkurriert[71] und – ähnlich wie die entsprechenden Haftungstatbestände in anderen Teilbereichen des Frachtrechts[72] – kein Verschulden voraussetzt. Der Frachtführer hat nicht nur Anspruch auf Ersatz seiner eigenen Schäden, sondern auch auf die Kosten der Unschädlichmachung der Güter, ferner auf Ersatz der Entschädigungen, die er an Dritte zahlen muß.[73] Sie unterliegt keiner speziellen Begrenzung.[74] Im Fall des Zusammentreffens der Obhutshaftung aus Art. 17 Abs. 1 CMR mit der Absenderhaftung nach Art. 22 Abs. 2 2. Halbsatz (Mitverursachung) ist der Schaden nach Art. 17 Abs. 5 abzuwägen.[75] Neben der Haftung nach 13

[61] „Billiges Ermessen", *Koller*[4] Rdn. 4.
[62] *Koller*[4] Rdn. 4; *Herber/Piper* Rdn. 4.
[63] *Thume/de la Motte* Rdn. 41; i. E. zutreffend *Koller*[4] Rdn. 4; *Herber/Piper* Rdn. 12; *Baumgärtel/Giemulla* Rdn. 4.
[64] Siehe auch Rdn. 11.
[65] *Herber/Piper* Rdn. 13; *Koller*[4] Rdn. 3.
[66] *Herber/Piper* Rdn. 13; *Koller*[4] Rdn. 3.
[67] Siehe Art. 9 Rdn. 11.
[68] Siehe § 425 HGBaF Rdn. 199; BGH vom 16.10.1986, TranspR **1987** 96, 97 = VersR **1987** 306f erwähnt bei der Überprüfung des Berufungsurteils Verschulden nicht als Anspruchsvoraussetzung; dazu eingehend *Thume/de la Motte* Rdn. 45; *Thume* in *Fremuth/Thume* Frachtrecht, Rdn. 18; *Herber/Piper* Rdn. 14; MüKo/*Basedow* Rdn. 12; *Koller*[4] Rdn. 5; *Glöckner*[7] Rdn. 3.
[69] § 414 Abs. 1 S. 2 HGBnF.
[70] Gegen Kausalhaftung und für „utmost care" siehe für England den Fall Silber v. Islander Trucking Lloyd's Reports **1985** II 243, dazu eingehend (auf 28 Seiten) *Clarke*[2] Nr. 76a–77g (zu Art. 22). Zum französischen Recht scheinen keine relevanten Fälle vorzuliegen: Das von *Koller*[4] Rdn. 5 zitierte Urteil F CA Lyon vom 7.10.1976, BT **1977** 84 und die Revisionsentscheidung F Cass vom 20.6.1978, ETR **1980** 468f geben dazu keinen Aufschluß, sondern lassen die Haftung entfallen, weil als einzige Ursache ein verschuldeter Unfall gesehen wurde.
[71] Siehe Art. 7 Rdn. 1, 6; MüKo/*Basedow* Rdn. 12.
[72] Im innerdeutschen Frachtrecht jetzt allgemein beschränkte Kausalhaftung, § 414 Abs. 1 Nr. 3, Abs. 2 HGB; siehe *Helm* FS Herber S. 88, 90ff.
[73] MüKo/*Basedow* Rdn. 13; eventuell auch im Wege der Drittschadensliquidation, *Koller*[4] Rdn. 13.
[74] MüKo/*Basedow* Rdn. 12.
[75] BGH vom 16.10.1986, TranspR **1987** 96, 98 = VersR **1987** 306f ohne Zitat von Art. 17 Abs. 5; OLG Hamburg vom 19.12.1985, TranspR **1986** 146, 147f = VersR **1986** 261, 262, das aber § 254 BGB zugrunde legt; ebenso *Herber/Piper* Rdn. 15; *Thume* in *Fremuth/Thume* Frachtrecht, Rdn. 20. Literatur: *Baumgärtel/Giemulla* Rdn. 4; *Koller*[4] Rdn. 4 (analog). MüKo/*Basedow* Rdn. 12 vertritt bei Mitverschulden ihr vollständiges Entfallen – ohne Ansatzpunkte in Art. 22. Siehe dazu zu dieser Frage Art. 10 Rdn. 16.

Art. 22 Abs. 2 kann auch die ähnlich strukturierte Haftung aus Art. 7 Abs. 1 a gegeben sein.[76]

14 Unmittelbare **Ansprüche Dritter** gegen den Absender können nicht auf die CMR gestützt werden. Das Genfer ECE-Übereinkommen über die zivilrechtliche Haftung für Schäden bei der Beförderung gefährlicher Güter auf der Straße, auf der Schiene und auf Binnenschiffen vom 10.10.1989 (CRTD)[77] will eine allgemeine, grundsätzlich begrenzte Haftung des Beförderers und in Sonderfällen auch des Spediteurs gegenüber allen Geschädigten begründen. Dieses überkomplizierte und in vielfacher Hinsicht problematische Übereinkommen ist verständlicherweise bisher nicht in Kraft getreten. Die Haftung beruht weiterhin auf den allgemeinen Bestimmungen der besonderen Gefährdungshaftungen.[78] Sie ist vielfach auch aus nationalem Deliktsrecht, in Deutschland[79] aus § 823 Abs. 1 und 2 BGB, begründet.[80]

Artikel 23[1]

1. Hat der Frachtführer auf Grund der Bestimmungen dieses Übereinkommens für gänzlichen oder teilweisen Verlust des Gutes Schadenersatz zu leisten, so wird die Entschädigung nach dem Wert des Gutes am Ort und zur Zeit der Übernahme zur Beförderung berechnet.

2. Der Wert des Gutes bestimmt sich nach dem Börsenpreis, mangels eines solchen nach dem Marktpreis oder mangels beider nach dem gemeinen Wert von Gütern gleicher Art und Beschaffenheit.

3. Die Entschädigung darf jedoch 8,33 Rechnungseinheiten für jedes fehlende Kilogramm des Rohgewichts nicht übersteigen.

4. Außerdem sind – ohne weiteren Schadenersatz – Fracht, Zölle und sonstige aus Anlaß der Beförderung des Gutes entstandene Kosten zurückzuerstatten, und zwar im Falle des gänzlichen Verlustes in voller Höhe, im Falle des teilweisen Verlustes anteilig.

5. Wenn die Lieferfrist überschritten ist und der Verfügungsberechtigte beweist, daß daraus ein Schaden entstanden ist, hat der Frachtführer dafür eine Entschädigung nur bis zur Höhe der Fracht zu leisten.

6. Höhere Entschädigungen können nur dann beansprucht werden, wenn der Wert des Gutes oder ein besonderes Interesse an der Lieferung nach den Artikeln 24 und 26 angegeben worden ist.

7. [1]Die in diesem Übereinkommen genannte Rechnungseinheit ist das Sonderziehungsrecht des Internationalen Währungsfonds. [2]Der in Absatz 3 genannte

---

[76] *Thume* in *Fremuth/Thume* Frachtrecht, Rdn. 21.

[77] Abdruck in englischer Sprache TranspR **1990** 83–88; dazu *Herber* TranspR **1990** 51ff und ETR **1991** 161ff; *Mutz* IZ **1990** 32ff; *Müller* TranspR **1998** 269 ff.

[78] Siehe *Herber/Piper* Rdn. 3; MüKo/*Basedow* Rdn. 2; *Thume/de la Motte* Rdn. 4ff; *Fremuth* in *Thume/Fremuth* Frachtrecht, vor § 425 HGBaF Rdn. 44ff. Zum Atomrecht siehe *Huck* TranspR **1994** 129 ff.

[79] Zum Kollisionsrecht siehe MüKo/*Kreuzer* Art. 38 EGBGB (1990) Rdn. 12ff.

[80] Siehe MüKo/*Basedow* Rdn. 13.

[1] Abs. 3 geändert und Abs. 7–9 eingefügt durch das Goldfrankenprotokoll vom 5.7.1978 (BGBl. 1980 II 721, 733ff), siehe Art. 1 Rdn. 12 und 16; ursprüngliche Fassung des Abs. 3: „3. Die Entschädigung darf jedoch 25 Franken für jedes Kilogramm des Rohgewichts nicht übersteigen. Unter Franken ist der Goldfranken im Gewicht von 10/31 Gramm und 0,900 Feingehalt zu verstehen.“ Im englischen und französischen Wortlaut entsprechend. Siehe BGBl. **1961** II 1132; abgedruckt bei *Thume/Thume* S. 24.

Betrag wird in die Landeswährung des Staates des angerufenen Gerichts umgerechnet; die Umrechnung erfolgt entsprechend dem Wert der betreffenden Währung am Tag des Urteils oder an dem von den Parteien vereinbarten Tag. [3]Der in Sonderziehungsrechten ausgedrückte Wert der Landeswährung eines Staates, der Mitglied des Internationalen Währungsfonds ist, wird nach der vom Internationalen Währungsfonds angewendeten Bewertungsmethode errechnet, die an dem betreffenden Tag für seine Operationen und Transaktionen gilt. [4]Der in Sonderziehungsrechten ausgedrückte Wert der Landeswährung eines Staates, der Nichtmitglied des Internationalen Währungsfonds ist, wird auf eine von diesem Staat bestimmte Weise errechnet.

8. [1]Dessen ungeachtet kann ein Staat, der Nichtmitglied des Internationalen Währungsfonds ist und dessen Recht die Anwendung des Absatzes 7 nicht zuläßt, bei der Ratifikation des Protokolls zum CMR oder dem Beitritt zu jenem Protokoll oder jederzeit danach erklären, daß sich der in seinem Hoheitsgebiet geltende Haftungshöchstbetrag des Absatzes 3 auf 25 Werteinheiten beläuft. [2]Die in diesem Absatz genannte Werteinheit entspricht 10/31 g Gold von 900/1000 Feingehalt. [3]Die Umrechnung des Betrages nach diesem Absatz in die Landeswährung erfolgt nach dem Recht des betreffenden Staates.

9. [1]Die in Absatz 7 letzter Satz genannte Berechnung und die in Absatz 8 genannte Umrechnung erfolgen in der Weise, daß der Betrag nach Absatz 3, in der Landeswährung des Staates ausgedrückt, soweit wie möglich dem dort in Rechnungseinheiten ausgedrückten tatsächlichen Wert entspricht. [2]Die Staaten teilen dem Generalsekretär der Vereinten Nationen die Art der Berechnung nach Absatz 7 oder das Ergebnis der Umrechnung nach Absatz 8 bei der Hinterlegung einer der in Art. 3 des Protokolls zum CMR genannten Urkunden sowie immer dann mit, wenn sich die Berechnungsart oder das Umrechnungsergebnis ändert.

Article 23

1. Quand, en vertu des dispositions de la présente Convention, une indemnité pour perte totale ou partielle de la marchandise est mise à la charge du transporteur, cette indemnité est calculée d'après la valeur de la marchandise au lieu et à l'époque de la prise en charge.

2. La valeur de la marchandise est déterminée d'après le cours en bourse ou, à défaut, d'après le prix courant sur le marché ou, à défaut de l'un et de l'autre, d'après la valeur usuelle des marchandises de même nature et qualité.

3. Toutefois, l'indemnité ne peut dépasser 8,33 unités de compte par kilogramme du poids brut manquant.

4. Sont en outre remboursés le prix de transport, les droits de douane et les autres frais encourus à l'occasion du transport de la marchandise, en totalité en cas de perte totale, et au prorata en cas de perte partielle; d'autres dommages-intérêts ne sont pas dus.

5. En cas de retard, si l'ayant droit prouve qu'un préjudice en est résulté, le transporteur est tenu de payer pour ce préjudice une indemnité qui ne peut pas dépasser le prix du transport.

6. Des indemnités plus élevées ne peuvent être réclamées qu'en cas de déclaration de la valeur de la marchandise ou de déclaration d'intérêt spécial à la livraison, conformément aux articles 24 et 26.

7. L'unité de compte mentionné dans la présente Convention est le Droit de tirage spécial tel que défini par le Fonds monétaire international. Le montant visé au paragraphe 3 du présent article est converti dans la monnaie nationale de l'Etat dont relève le tribunal saisi du litige sur la base de la valeur de cette monnaie à la date du jugement ou à la date adoptée d'un commun accord par les parties. La valeur, en Droit de tirage spécial, de la monnaie nationale d'un Etat qui est membre du Fonds monétaire international, est calculée selon la méthode d'évaluation appliquée par le Fonds monétaire international à la date en question pour ses propres opérations et transactions. La valeur, en Droit de tirage spécial, de la monnaie nationale d'un Etat qui n'est pas membre du Fonds monétaire international, est calculée de la façon déterminée par cet Etat.

8. Toutefois, un Etat qui n'est pas membre du Fonds monétaire international et dont la législation ne permet pas d'appliquer les dispositions du paragraphe 7 du présent article peut, au moment de la ratification du Protocole à la CMR ou de l'adhésion à celui-ci, ou à tout moment ultérieur, déclarer que la limite de la responsabilité prévue au paragraphe 3 du présent article et applicable sur son territoire est fixée à 25 unités monétaires. L'unité monétaire dont il est question dans le présant paragraphe correspond à 10/31 de gramme d'or au titre de neuf cents millièmes de fin. La conversion en monnaie nationale du montant indiqué dans le présent paragraphe s'effectue conformément à la législation de l'Etat concerné.

9. Le calcul mentionné à la dernière phrase du paragraphe 7, et la conversion mentionnée au paragraphe 8, du présent article doivent être faits de façon à exprimer en monnaie nationale de l'Etat la même valeur réelle, dans la mesure du possible, que celle exprimée en unites de compte au paragraphe 3 du présent article. Lors du dépôt d'un instrument visé à l'article 3 du Protocole à la CMR et chaque fois qu'un changement se produit dans leur méthode de calcul ou dans la valeur de leur monnaie nationale par rapport à l'unité de compte ou à l'unité monétaire, les Etats communiquent au Secrétaire général de l'Organisation des Nations Unies leur méthode de calcul conformément au paragraphe 7, ou les résultats de la conversion conformément au paragraphe 8, du présent article, selon le cas.

Article 23

1. When, under the provisions of this Convention, a carrier is liable for compensation in respect of total or partial loss of goods, such compensation shall be calculated by reference to the value of the goods at the place and time at which they were accepted for carriage.

2. The value of the goods shall be fixed according to the commodity exchange price or, if there is no such price, according to the current market price or, if there is no commodity exchange price or current market price, by reference to the normal value of goods of the same kind and quality.

3. Compensation shall not, however, exceed 8,33 units of account per kilogram of gross weight short.

4. In addition, the carriage charges, Customs duties and other charges incurred in respect of the carriage of the goods shall be refunded in full in case of total loss and in proportion to the loss sustained in case of partial loss, but no further damages shall be payable.

5. In the case of delay, if the claimant proves that damage has resulted therefrom the carrier shall pay compensation for such damage not exceeding the carriage charges.

6. Higher compensation may only be claimed where the value of the goods or a special interest in delivery has been declared in accordance with articles 24 and 26.

7. The unit of account mentioned in this Convention is the Special Drawing Right as defined by the International Monetary Fund. The amount mentioned in paragraph 3 of this article shall be converted into the national currency of the State of the Court seized of the case on the basis of the value of that currency on the date of the judgement or the date agreed upon by the parties. The value of the national currency, in terms of the Special Drawing Right, of a State which is a member of the International Monetary Fund, shall be calculated in accordance with the method of valuation applied by the International Monetary Fund in effect at the date in question for its operations and transactions. The value of the national currency, in terms of the Special Drawing Right, of a State which is not a member of the International Monetary Fund, shall be calculated in a manner determined by that State.

8. Nevertheless, a State which is not a member of the International Monetary Fund and whose law does not permit the application of the provisions of Paragraph 7 of this article may, at the time of ratification of or accession to the Protocol to the CMR or at any time thereafter, declare that the limit of liability provided for in Paragraph 3 of this article to be applied in its territory shall be 25 monetary units. The monetary unit referred to in this Paragraph corresponds to 10/31 gram of gold of millesimal fineness nine hundred. The conversion of the amount specified in this Paragraph into the national currency shall be made according to the law of the State concerned.

9. The calculation mentioned in the last sentence of Paragraph 7 of this article and the conversion mentioned in Paragraph 8 of this article shall be made in such a manner as to express in the national currency of the State as far as possible the same real value for the amount in Paragraph 3 of this article as is expressed there in units of account. States shall communicate to the Secretary-General of the United Nations the manner of calculation pursuant to paragraph 7 of this article or the result of the conversion in paragraph 8 of this article as the case may be, when depositing an instrument referred to in article 3 of the Protocol to the CMR and whenever there is a change in either.

Übersicht

Alphabetische Übersicht

Schrifttum

Baumann Zur rechtlichen Problematik der Paketdienste und ihrer Bedingungen, TranspR **1988** 213–216; *Bayer* Frachtführerhaftung und Versicherungsschutz für Ladungsschäden durch Raub oder Diebstahl im grenzüberschreitenden Straßengüterverkehr, VersR **1995** 626–632; *Butzer* Die Ermittlung des Ersatzwertes für Unikate im Frachtrecht, VersR **1991** 854–860; *de la Motte* CMR: Schaden – Entschädigung – Versicherung, VersR **1988** 317–324; *Decker* Internationaler Lkw-Verkehr – Wie die CMR-Höchsthaftung konkret zu berechnen ist, DVZ Nr. 62 v. 24. 5. 1986, 8–9; *Decker* Wertersatz, kein Schadenersatz bei Verlust des Gutes im internationalen Straßengüterverkehr – Zur Auslegung von Art. 23 Abs. 4 CMR, TranspR **1985** 311–316; *Fischer* Die CMR auf dem Vormarsch in Europa, Überlegungen aus Anlaß des bevorstehenden Beitritts der Türkei zur CMR, TranspR **1994** 365–375; *Glöckner* Die Haftungsbeschränkungen und die Versicherung nach den Art. 3, 23–29 CMR, TranspR **1988** 327–334; *Groth* Neuere Rechtsprechung zur CMR 1980–1982, VersR **1983** 1104–1108; *Heuer* Der Umfang der Kostenerstattung gem. Art. 23 Abs. 4 CMR, TranspR **1987** 357–361; *Jung* The Convention on the Contract for the International Carriage of Goods (CMR): Survey, Analysis and Trends of Recent German Case Law, RDU **1997** 148–167; *Knorre* Zur Haftung des Frachtführers nach Art. 23, 25

CMR, TranspR **1985** 241–245; *Koller* Die Erstattungspflicht von Frachten, Zöllen und sonstigen Kosten gem. Art. 23 Abs. 4 CMR, VersR **1989** 2–8; *Konow* Aufwendungsersatz bei Fürsorgemaßnahmen für das Gut während des Transports, TranspR **1988** 229–232; *Meyer-Rehfueß* Bericht über das Symposium der Deutschen Gesellschaft für Transportrecht im April 1994 TranspR **1994** 326–338; *o. V.* CMR-Verjährung ist zu beachten – Haftung für Umweltgefährdung durch die Ladung, DVZ Nr. 58 v. 15. 5. 1986, 9; *Oeynhausen* Unbegrenzte Haftung bei grober Fahrlässigkeit – Internationaler Straßengüterverkehr, DVZ v. 2. 8. 1984, 3; *Oeynhausen* Wertdeklarationen im internationalen Straßengüterverkehr nach Art. 24 CMR, TranspR **1982** 113–116; *Pesce* Die richterliche Auslegung des Art. 23 Abs. 3 CMR – Probleme und Lösungen, TranspR **1987** 11–14; *Roesch* Berechnung der Höchstentschädigung im Speditions- und Frachtrecht, VP **1977** 190–194; *Roltsch* Voller Ersatz bei Verderb der Ware durch Verspätung, DVZ Nr. 27 v. 5. 3. 1994, 8; *Starosta* Bei Überschreitung trägt der Transporteur die volle Haftung, DVZ Nr. 26 v. 3. 3. 1994, 8; *Thonfeld* Frachtführer muß in der Regel haften, DVZ Nr. 134 v. 11. 11. 1993, 11–11; *Thume* Entschädigung nach Art. 23 CMR und Entgang einer Exportsubvention, TranspR **1995** 55–57; *Voigt* Ermittlung des Ersatzwertes nach § 35 KVO und Art. 23 CMR, VP **1965** 54–56; *Voigt* Haftung im internationalen Straßengüterverkehr nach der CMR, VP **1962** 34–36; *Voigt* Vermögensschädenhaftung nach der CMR, VP **1965** 122–124; *Voigt* CMR und mittelbare Schäden, VP **1971** 28–30; *Wiesbauer* Aktuelle Haftungsfragen des internationalen Gefahrguttransportes, IZ **1987** 73–82; *Zapp* Die Haftung des „413 HGB"-Spediteurs bei grenzüberschreitenden LKW-Transporten für Schäden aus verspäteter Ladungsübernahme, TranspR **1993** 334–336; *Züchner* Zum Frachtvertrag nach der CMR, VersR **1964** 220–224.

A. Überblick

I. Geltungsbereich, Abgrenzungen

Art. 23 bis 27 enthalten keine selbständigen Anspruchsgrundlagen,[2] sondern beschränken nur den Umfang des Schadenersatzes für **Verlust und Beschädigung** des Gutes[3] (Frachtgutes) und für **Überschreitung der Lieferfrist**. Die gesamte Regelung der Art. 23 und 25 CMR ist 1998 ohne größere Änderung in das HGB übernommen worden.[4] Für Ansprüche, die weder Güter- noch Verspätungsschäden betreffen, gelten die Haftungsbeschränkungen des Art. 23 nicht,[5] wohl wird aber Art. 23 auf **Ansprüche wegen Güter- oder Verspätungsschäden aus anderen CMR-Normen**[6] angewendet – soweit keine Gründe entgegenstehen.[7] Da die CMR als zwingendes Recht alle Ansprüche aus nationalem Recht ausschaltet, können bei Güter- und Verspätungsschäden nur in Sonderfällen überhaupt Ansprüche aus allgemeinem Schuldrecht bestehen,[8] also nicht für ausnahmsweise anerkannte Ansprüche aus nationalem Recht, etwa in den in der CMR nicht geregelten Fällen der Schlechterfüllung eines der CMR unterstehenden Frachtvertrags[9] oder aus unerlaubter Handlung für allgemeine 1

[2] Zutreffend LG Düsseldorf vom 29.11.1985, TranspR **1987** 340 zu Art. 23 Abs. 4.

[3] Siehe zum Begriff des Gutes Art. 17 Rdn. 1, § 425 HGBaF Rdn. 80f; § 429 HGBaF Rdn. 28.

[4] Die Grundsätze der Wertberechnung bei Verlust und Beschädigung (Art. 23 Abs. 1–3) durch § 429. Die Haftungsbeschränkungen für die Güterschadenshaftung durch § 431 Abs. 1, 2, 4; für die Lieferfristhaftung in Abs. 3. Auch Art. 23 Abs. 4 ist mit § 432 in das HGB übernommen worden; zu den Kosten der Schadensfeststellung siehe § 430 HGB.

[5] Also nicht für Schäden aus Nichteinziehung von Nachnahmen nach Art. 21, siehe dort Rdn. 24f; auch nicht für Weisungsfehler nach Art. 12; siehe dort Rdn. 51. MüKo/*Basedow* Rdn. 1; *Koller*[4] Rdn. 1.

[6] Siehe dazu Art. 17 Rdn. 261.

[7] Siehe etwa bei Art. 12 Abs. 7; dort Rdn. 49.

[8] Siehe dazu Art. 17 Rdn. 259ff.

[9] Siehe Art. 17 Rdn. 256. Solche Ansprüche unterliegen aber nunmehr der nationalen Haftungsbeschränkung des § 433 HGBnF. Zur CMR siehe auf der Grundlage des alten Rechts MüKo/*Basedow* Rdn. 2; *Herber/Piper* Rdn. 2, 32; *Thume/Thume* Rdn. 37f.
Rechtsprechung: BGH vom 27.10.1978, NJW **1979** 2473, 2074 = TranspR **1982** 108f = VersR

Vermögensschäden.[10] Eine **Erhöhung der** in Art. 23 Abs. 1–5 vorgesehenen **Haftungsgrenzen** ist grundsätzlich nicht möglich außer auf der Grundlage der sehr seltenen[11] Wert- oder Interessedeklaration nach Art. 24 und 26.[12] Art. 23 Abs. 6 stellt dies klar – weitgehend überflüssig, weil sich seine Aussage aus der Natur der Haftungsbeschränkungen ohnehin ergibt.[13] Die Haftungsgrenzen spielen keine Rolle, wenn der Schaden sich in ihrem Rahmen hält.[14] In sehr vielen Fällen ist er jedoch beträchtlich höher, so daß der Geschädigte mangels Deklaration darauf angewiesen ist, sich auf Art. 29 CMR **(Vorsatz oder gleichstehendes Verschulden)** zu berufen.[15]

2 Art. 23 ist in erster Linie auf die Haftung nach Art. 17, aber generell auch auf die Haftung des Frachtführers „aufgrund der Bestimmungen dieses Übereinkommens" bezogen, erfaßt also auch Ansprüche aus CMR-Haftungsgründen. Von praktischer Bedeutung ist hierfür die Haftung nach Art. 12 Abs. 7 CMR; siehe dort Rdn. 49.

II. Beschränkter Wertersatz als Grundlage

3 Art. 23 **beschränkt** nur die Haftung. Daher ist stets der tatsächliche Schaden Ausgangspunkt der Berechnung,[16] dessen Ersatz allerdings nur als **Wertersatz** ausgestaltet ist.[17] Mit dem Gut ist regelmäßig die Sendung im Sinne des Frachtvertrags gemeint.[18] Nach Art. 25 Abs. 1 CMR ist stets ein Vergleich des Werts bei Übernahme mit dem nach dem Schadenseintritt (also des Übernahmewerts und des **Restwertes** nach Schadenseintritt) anzustellen. Ermittelt wird also (unter den besonderen Bedingungen der Art. 23 und 25) die **Wertdifferenz.**[19] Bei Lieferfristschäden nach Abs. 5 wird dagegen ein echter Vermögensschaden ersetzt.[20]

4 **Für den Fall des Verlustes oder Teilverlustes**[21] legen zunächst Art. 23 Abs. 1 und 2 den **Grundsatz des Wertersatzes** fest.[22] Art. 26 gestattet eine Abweichung von diesem Grundsatz. Art. 23 Abs. 3 stellt eine summenmäßige Grenze für diesen Wertersatz auf.[23] Sie kann durch Deklaration des Wertes (Art. 24) oder eines Lieferinteresses (Art. 26) erhöht werden. Für die **Beschädigung** des Gutes verweist Art. 25 weitgehend auf die Bestimmung des Art. 23. Die summenmäßige Haftungsgrenze ist bestimmt durch einen festen Währungsschlüssel, der 1977 weltweit **von Goldfranken** auf **Sonderziehungsrechte umgestellt** wurde.[24]

1979 276ff; OLG München vom 27.6.1979, VersR **1980** 241f; OLG Hamburg vom 24.1.1984, TranspR **1985** 185, 186; siehe Art. 17 Rdn. 259 und Art. 28 CMR.
A OGH vom 14.11.1984, SZ **57** 173 S. 846 = TranspR **1985** 346ff; vom 12.12.1984, SZ **57** 196 S. 980ff = TranspR **1986** 426, 427; vom 13.6.1985, SZ **58** 102 S. 491 = TranspR **1988** 13f.

[10] Siehe jedoch für Güter- und Vermögensschäden Art. 28 CMR.

[11] Siehe Art. 24 Rdn. 1; Art. 26 Rdn. 1.

[12] OLG Frankfurt vom 21.2.1984, TranspR **1984** 97, 98.

[13] Siehe *Heuer* 123; *Thume/Thume* Rdn. 55; MüKo/*Basedow* Rdn. 48, der aber versucht, noch vertretbare Anwendungen zu begründen.

[14] Beispielsweise BGH vom 14.7.1993, TranspR **1993** 426, 428.

[15] Siehe Art. 29 Rdn. 27; zu diesen Fällen Rdn. 72.

[16] BGH vom 30.1.1981, BGHZ **79** 302ff = VersR **1981** 473, 474.

[17] Siehe § 429 HGBnF; bisher § 430 Abs. 1 HGBaF, siehe dort Rdn. 28ff.

[18] Siehe zum Begriff der Sendung Rdn. 43ff.

[19] Siehe *Koller*⁴ Rdn. 3; *Herber/Piper* Rdn. 2; MüKo/*Basedow* Rdn. 1ff; *Clarke*² Nr. 99; *Lamy 99* I Nr. 518.

[20] Siehe Rdn. 60.

[21] Zu diesen Begriffen siehe Art. 17 Rdn. 6, 7 und § 429 HGBaF Rdn. 12ff; zu ihrer Abgrenzung insbesondere Rdn. 21ff.

[22] § 429 HGBnF, bisher § 430 Abs. 1 HGBaF, siehe dort Rdn. 18ff.

[23] Innerstaatlich nunmehr § 431 Abs. 1 und 2 HGB; bisher keine entsprechende Vorschrift.

[24] Siehe dazu Rdn. 45f, 49–51.

III. Lieferfristüberschreitung

Für **Überschreitung der Lieferfrist** ergeben sich die Haftungsbeschränkungen (auf die Höhe der Fracht) aus Art. 23 Abs. 5. Auch diese Haftungsgrenze kann nach Art. 26 durch Deklaration eines Lieferinteresses erhöht werden. Zur Überschneidung der unterschiedlichen Haftungsgrenzen siehe Rdn. 66 ff. 5

IV. Wirkung der Haftungsgrenzen

Die nach Art. 41 zwingenden Haftungsgrenzen des Art. 23 sind von Amts wegen zu berücksichtigen. Sie sind gesetzliche Vorschriften zur Schadensbemessung, nicht dagegen selbständige, vom Frachtführer geltend zu machende Gegenrechte.[25] Dies setzt jedoch voraus, daß die tatsächlichen Grundlagen der Schadensbemessung von den Parteien als Prozeßstoff eingebracht werden. Daher werden die Grundsätze der Beweislast angewendet. Macht z. B. der beklagte Frachtführer keine Angaben über das Gewicht des geschädigten Gutes, kann das Gericht die Haftungsbeschränkung des Art. 23 Abs. 3 nicht anwenden und wird nach Klageantrag verurteilen.[26] Zur Beweislast für die unterschiedlichen Haftungsbeschränkungen siehe Rdn. 17 und 42. 6

B. Haftungsumfang bei Güterschäden

I. Bei Totalverlust

1. Begriff

Totalverlust liegt nach überwiegender deutscher und österreichischer Auffassung auch dann vor, wenn zwar nur ein Teil der Sendung verloren oder vernichtet ist, dadurch aber auch die verbliebenen Teile wertlos geworden sind. Siehe hierzu auch Rdn. 52 f. Dieser Begriff wird auch für die CMR angewendet.[27] 7

2. Grundsatz des Wertersatzes (Art. 23 Abs. 1)

a) Wertersatz

Die CMR-Haftung für Verlust des Gutes ist in Art. 23, 25 – darin ähnlich § 430 HGBaF Abs. 1 – nach dem Wertersatzprinzip geregelt. Die Regelung geht grundsätzlich vom Wert der Gesamtsendung aus.[28] Maßgeblich ist also der „Wert" des Gutes am Abgangsort; dieser wird auf realer Grundlage, aber unabhängig von dem der Beförderung zugrunde liegenden Umsatzgeschäft (regelmäßig Verkauf) festgestellt.[29] Die wirtschaftlich handelnden Parteien werden dies häufig als irreal ansehen. Für sie ist bereits dieser (vom Gesetz gewollte) Ausgangswert hypothetisch. Aus dem Konzept des 8

---

[25] **A. A.** wohl A OGH vom 15.2.1979, SZ **52** 19 S. 76 = *Greiter* S. 76, „Einwendung".

[26] So ist wohl das Urteil des BGH vom 13.7.1979, VersR **1979** 1154 zu verstehen; ebenso A OGH vom 4.6.1987, TranspR **1988** 273, 275 = ETR **1988** 714 ff; *Koller*[4] Rdn. 9; MüKo/*Basedow* Rdn. 31; *Baumgärtel/Giemulla* Rdn. 3; *Lamy 99* I Nr. 524; siehe auch Rdn. 17.

[27] Siehe Art. 17 Rdn. 6; zur abweichenden formalen Definition des Verlustes im französischen Recht und anderen Rechten siehe Art. 17 Rdn. 12–14; § 429 HGBaF Rdn. 22; § 430 HGBaF Rdn. 50 ff.

[28] Ausgangspunkt ist dabei der Totalverlust; siehe auch Rdn. 40 ff.

[29] *Loewe* ETR **1976** 503 ff, Nr. 189; *Heuer* S. 8; MüKo/*Basedow* Rdn. 5; *Thume/Thume* Rdn. 7; *Koller*[4] Rdn. 3; *Herber/Piper* Rdn. 5 ff.

Wertersatzes, das mit der Bestimmung des Versandwertes den Beförderungsgewinn nicht einschließt, ergeben sich Konsequenzen grundsätzlicher Art: Nach Art. 23 Abs. 4 können zum Ausgleich neben dem Wert auch Kosten (Fracht, Zölle und sonstige Kosten) ohne summenmäßige Haftungsbeschränkung ersatzfähig sein; es bestehen aber erhebliche Probleme bei der Bestimmung dieser für den Geschädigten günstigen Ausnahmen, siehe dazu Rdn. 18ff.

9 **Naturalrestitution** ist ausgeschlossen; es ist nur Geldersatz zu leisten.[30] Kosten der Reparatur[31] oder der Wiederbeschaffung[32] sind nicht zu ersetzen. Ersatz von Folgeschäden irgendwelcher Art, insbesondere mittelbarer Schäden, ist ausgeschlossen;[33] anders als bei der Lieferfristhaftung[34] und bei Deklaration eines Lieferinteresses nach Art. 26. Von diesen Fällen abgesehen sind alle individuellen Umstände des Geschädigten nicht zu berücksichtigen.[35] Diese Grundsätze gelten allerdings nur im Anwendungsbereich der Haftung nach den Bestimmungen der CMR, nicht dagegen für Ansprüche aus allgemeinem Schuldrecht; siehe Art. 17 Rdn. 263. Entgegen *Koller*[4] Rdn. 5, Fn. 22, ist daher das Urteil des OLG Hamburg[36] richtig, weil zu Recht ein Anspruch aus positiver Vertragsverletzung zugrundegelegt wurde.[37] Bei Vorsatz und gleichgestellter Fahrlässigkeit ist jedoch das gesamte Beschränkungssystem der CMR ausgeschlossen und voller Schadenersatz nach nationalem Schadensrecht zu leisten; bei Anwendbarkeit deutschen Rechts nach § 435 HGB.[38]

b) Wertersatz auch bei geringerem Schaden

10 Aus dem Wertersatzprinzip ergibt sich ferner, daß der **Wert voll zu ersetzen ist, auch wenn der individuelle Schaden niedriger ist.**[39] Die CMR sieht einen nach dem

---

[30] Da sonst der Anspruchsberechtigte doppelt entschädigt würde; BGH vom 13.2.1980, VersR **1980** 522, 523 = NJW **1980** 2021 (zu Art. 25 CMR); *Koller*[4] Rdn. 3; MüKo/*Basedow* Rdn. 3; *Herber/Piper* Rdn. 3; *Thume/Thume* Rdn. 3.

[31] BGH vom 13.2.1980, VersR **1980** 522, 523f = NJW **1980** 2021.

[32] *Thume/Thume* Rdn. 3; MüKo/*Basedow* Rdn. 3.

[33] Im Grundsatz unstreitig: *Loewe* ETR **1976** 503ff, Nr. 189; *Herber/Piper* Rdn. 4; MüKo/ *Basedow* Rdn. 3; *Thume/Thume* Rdn. 3, 5; *Thume/Seltmann* Rdn. A 3; *Baumgärtel/Giemulla* Rdn. 1; siehe auch § 430 HGBaF Rdn. 18ff. Zur CMR speziell BGH vom 15.10.1998, TranspR **1999** 102, 106; OLG Frankfurt vom 30.3.1977, VersR **1978** 169, 172; OLG Düsseldorf vom 18.11.1971, insoweit nicht mit abgedruckt in VersR **1973** 177 und RiW/AWD **1973** 401f; OLG Düsseldorf vom 2.12.1982, VersR **1983** 749, 750; AG Düsseldorf vom 12.9.1985, NJW-RR **1986** 452f; KG vom 11.1.1995, TranspR **1995** 342, 346. Im Ansatz auch OLG Hamburg vom 7.11.1985, TranspR **1986** 15, 17, das aber den Diebstahl (Verlust) des Gutes nicht als Grund für das Entstehen der Abgabenschuld, sondern nur als Anlaß für die Erhebung beim Absender ansieht. Ausländische Rechtsprechung und Literatur: A OGH vom 15.2.1979, *Greiter* 76, 77; A OLG Innsbruck vom 26.1.1990, TranspR **1991** 12, 21f (Verfall einer Kaution durch den Verlust von Milchpulver); GB CA London vom 2.12.1976, ETR **1977** 751, 773; F Cass vom 3.2.1987, BT **1987** 16, 19; F CA Nancy vom 21.1.1987, BT **1987** 344f. *Libouton* ETR **1973** 57 wendet sich mit Recht gegen die Urteile des F CA Paris vom 9.6.1967, ETR **1969** 911ff und Poitiers vom 31.3.1971 BT **1971** 168f, die mittelbare Schäden außerhalb der Grenzen des Art. 23 für ersatzfähig ansehen; zutreffend B Trib Antwerpen vom 7.1.1977, ETR **1977** 420, 427f. In Betracht kommt aber ihre Berücksichtigung als Anhaltspunkt für die Wertdifferenzberechnung bei Beschädigung; siehe Art. 25 Rdn. 2. Siehe zur Erstattung von Kosten nach Art. 23 Abs. 4 Rdn. 18ff.

[34] Siehe Rdn. 60.

[35] BGH vom 15.10.1992, TranspR **1993** 137ff = VersR **1993** 636; *Thume/Thume* Rdn. 4; *Herber/Piper* Rdn. 5.

[36] Vom 24.1.1985, TranspR **1985** 185, 186 = VersR **1986** 357.

[37] Unrichtig daher auch OLG Düsseldorf vom 29.5.1991, TranspR **1991** 291, 293 für eine falsche Auskunft über die voraussichtlich verspätete Ankunft.

[38] Siehe Rdn. 72 und Art. 29 Rdn. 27.

[39] Siehe als Beispiel (zu Art. 25) F Cass vom 10.1.1983, BT **1983** 154, 155 (Sachverständigen-Ermittlung des Marktpreises bei nachgewiesenem Einkauf des Guts zu drastisch niedrigerem Preis). Siehe allgemein § 430 HGBaF Rdn. 22ff.

Gewicht errechneten Wertersatz vor, mit dessen Leistung der eigentliche Schaden als pauschal ersetzt zu gelten hat.[40] Vorausgesetzt wird dabei, daß überhaupt ein Schaden entstanden ist.[41] Findet sich das verlorene Gut wieder auf, muß sich der Berechtigte diesen Vorteil anrechnen lassen.[42]

c) Maßgeblicher Ort und maßgebliche Zeit für die Wertbestimmung

Maßgeblich für die Wertbestimmung ist der **„Wert des Gutes am Ort und zur Zeit der Übernahme zur Beförderung"**. Dies stimmt nunmehr mit dem neuen deutschen Recht überein.[43] In vielen Ländern steht diese Regelung noch im Gegensatz zu nationalem Schadenersatzrecht, z. B. in Österreich, wo noch § 430 HGBaF HGB gilt; aber auch in den Niederlanden,[44] Dänemark,[45] Frankreich, England, Italien,[46] Spanien.[47] Die Definition Art. 23 Abs. 1 CMR spricht dafür, daß die Verhältnisse am Ort der Übernahme nicht zu berücksichtigen sind.[48] Neben der objektiven Minderung des Handelswerts werden gelegentlich Schäden vorgetragen, die einen Verkauf erschweren können. Diese müssen als wertbildende Faktoren berücksichtigt werden. Dazu gehört das eventuelle Risiko einer späteren Haftung nach dem Gerätesicherheitsgesetz, für die der Geschädigte die Kosten der Gerätesicherheitsprüfung in die Wertberechnung einbringen kann.[49] 11

d) Berechnung des Wertes (Art. 23 Abs. 2 CMR)

aa) Börsenpreis, Marktpreis oder gemeiner Wert

Die von der CMR vorgesehene Berechnung nach Börsenpreis, Marktpreis oder gemeinem Wert folgt dem **der CMR eigenen internationalen Berechnungssystem;**[50] wie bisher § 430 HGBaF ist daher auch § 429 HGBnF ebensowenig anzuwenden wie die dementsprechenden Vorschriften anderer nationaler Rechte.[51] Die Wertermittlung nach Art. 23, 25 entspricht aber dem jetzigen § 429 HGB.[52] Die Berechnung nach Art. 23 Abs. 1 und 2 CMR ist ein gesetzlicher Fall der abstrakten Schadensberechnung. Zu Grunde zu legen ist also nicht der im konkreten Fall entstandene Schaden (Differenzschaden), sondern der Wert, der sich aus den Gegebenheiten des Falles für einen normalen Geschädigten der gleichen Wirtschaftsstufe ermitteln läßt. Maßgeblich ist die Handelsstufe des Absenders (etwa Großhandel oder Einzelhandel).[53] Fob-Preise sind allenfalls Anhaltspunkte, zumindest sind die Transportkosten herauszurechnen.[54] 12

---

[40] *Herber/Piper* Rdn. 5; *Koller*[4] Rdn. 5; MüKo/*Basedow* Rdn. 4; *Thume/Thume* Rdn. 4; BGH vom 15.10.1992, TranspR **1993** 137ff = VersR **1993** 636; siehe auch § 430 HGBaF Rdn. 24.

[41] MüKo/*Basedow* Rdn. 4.

[42] MüKo/*Basedow* Rdn. 4; siehe auch Art. 20 Rdn. 4ff.

[43] § 429 Abs. 2 HGB, der vom Wert am Ort der Ablieferung ausging; siehe § 430 HGBaF Rdn. 26ff, insbesondere Rdn. 31. Zur Beweiserleichterung Art. 9 Abs. 1 und dort Rdn. 19; Art. 6 Rdn. 15.

[44] Auch im neuen Art. 1103 Boek 8 BW.

[45] MüKo/*Basedow* Rdn. 37.

[46] Siehe MüKo/*Basedow* Rdn. 5 Fn. 17.

[47] *Sánchez-Gamborino* Nr. 994ff.

[48] Siehe aber zum internationalen Problem der Exportsubventionen unten Rdn. 15, 16.

[49] OLG Hamm vom 25.11.1993, TranspR **1994** 61.

[50] *Lamy 99* I Nr. 520 spricht von einem Schubladensystem (système à tiroir).

[51] Dazu allgemein *Haak* S. 203f. Im englischen common law wird die Berechnung nach dem Wert des Ablieferungslandes durch die CMR-Regelung verdrängt; *Hill/Messent/Glass*[2] S. 182f; *Clarke*[2] Nr. 100; zum französischen Rechtskreis *Putzeys* Nr. 863ff; zur Internationalität der Wertberechnung aus italienischer Sicht siehe *Pesce*, S. 272 ff.

[52] Art. 25 Abs. 1 CMR entspricht fast wörtlich § 429 Abs. 1 HGBnF; im Ergebnis unstr. auch der des § 430 HGBaF, siehe inhaltlich § 430 HGBaF Rdn. 27ff.

[53] Siehe eingehend MüKo/*Basedow* Rdn. 9f; *Herber/Piper* Rdn. 8; *Thume/Thume* Rdn. 9.

[54] *Loewe* ETR **1976** 503ff, Nr. 190; MüKo/*Basedow* Rdn. 1.

13 An einem **Börsenpreis** wird es regelmäßig bei den im LKW beförderten Gütern fehlen.[55] Da der Börsenpreis eine Abart des Marktpreises ist, könnte er auch als Marktpreis zu Grunde gelegt werden.

Der **Marktpreis** (prix courant, current market price) ist wiederum mit dem gemeinen Handelswert des § 430 HGBaF identisch.[56] Marktpreis ist auch ein staatlich festgelegter Preis.[57] Daher ist bei Beförderungen aus Staatshandelsländern der dort festgesetzte Monopolpreis maßgeblich. Dies ergibt sich schon allein daraus, daß die CMR als internationales Recht in die Preisbildungssysteme der Mitgliedsstaaten eingepaßt sein muß.[58] Daß der Verkaufspreis – nicht dagegen der Wiederbeschaffungspreis oder Herstellungspreis[59] – maßgeblich sein soll, ist aus Art. 23 Abs. 1 zu entnehmen. Problematisch erscheint aber, welcher Verkaufspreis zugrunde zu legen ist. Auf den ersten Blick geht eindeutig aus der CMR hervor: der Preis, den der Geschädigte am Markt des Abgangsortes erzielt hätte,[60] nicht dagegen der bei Handelsware im Inland zu erzielende Handelspreis, auch nicht der Verbraucherpreis[61] oder der „Einstandspreis".[62] In der Literatur ist vordergründig streitig, ob abzustellen ist auf den Markt, auf dem das Gut voraussichtlich verkauft worden wäre.[63] Die Frage läßt sich dadurch lösen, daß zwar der Markt im Ablieferungsland entscheidend dafür ist, welcher Preis aus dem Exportgeschäft am Abgangsort zu erzielen ist, nicht aber der voraussichtliche Auslandserlös, sondern dieser am Abgangsort ermittelte Preis für das Exportgeschäft.[64]

Der **gemeine Wert**[65] ist maßgeblich, wenn kein Börsen- oder Marktpreis ermittelt werden kann. Er kann auch für Objekte bestimmt werden, die nicht im Handel sind.[66] Für „Unikate" (z. B. für einen singulären Verwendungszweck angefertigte Maschinen, „Prototypen") kann der vereinbarte Preis als Indiz dienen[67] oder der Preis kann geschätzt werden.[68] Die Herstellungskosten kommen allenfalls als Anhalt in Betracht.[69] Siehe eingehender § 430 HGBaF Rdn. 30a. Für das Gut kann jedenfalls in aller Regel ein gemeiner Wert ermittelt werden, außer bei Schutt- und Abfalltransporten.[70]

---

[55] *Glöckner* TranspR **1988** 327, 328. § 429 HGB erwähnt daher den Börsenpreis nicht mehr. OLG München vom 31.5.2000, NJW-RR **2000** 1638 (Bei einem wirtschaftlichen Totalschaden ist mangels eines Börsenpreises für die Schadensberechnung der Marktpreis des Gutes maßgeblich. Bestimmend ist hierbei die Handelsstufe des Empfängers, wofür der Fakturenwert ein Indiz ist).

[56] *Heuer* 119; *Koller*⁴ Rdn. 3; *Herber/Piper* Rdn. 7; siehe daher § 430 HGBaF Rdn. 26.

[57] *Heuer* 119 gegen LG Bremen vom 14.5.1970, abgedruckt dort 208, 210; *Loewe*, ETR **1976** S. 567; *Bischof* VersR **1982** 1132; *Koller*⁴ Rdn. 4; *Herber/Piper* Rdn. 10. Siehe ferner *Pesce* S. 275; zweifelnd beiläufig OLG Hamburg vom 11.9.1986, VersR **1987** 375.

[58] Siehe zur Preisberechnung *Silingardi* S. 197f.

[59] *Koller*⁴ Rdn. 4; *Thume/Thume* Rdn. 8; MüKo/*Basedow* Rdn. 8; *Herber/Piper* Rdn. 7; *Lamy 99* I Nr. 522, 1574 Jur. 2; F Cass vom 8.2.1982, ETR **1983** 43 = BT **1982** 152.

[60] A OGH vom 13.7.1994, TranspR **1995** 285, 287: gebrauchte Computeranlage zu 50% beschädigt; Beförderung von Wien (Marktpreis ATS 150.000) nach Budapest (Marktpreis ATS 1.890.000); Entschädigung nur ATS 75.000.

[61] Unzutreffend daher OLG München vom 27.2.1981, VersR **1982** 334f; zu Recht kritisch *Bischof* VersR **1982** 1132.

[62] *Thume/Thume* Rdn. 8; also nicht der Preis, den der Absender im Abgangsland bezahlen müßte.

[63] *Koller*⁴ Rdn. 4; AG Reutlingen vom 30.4.1996, TranspR **1996** 292f.

[64] MüKo/*Basedow* Rdn. 8; *Herber/Piper* Rdn. 7.

[65] MüKo/*Basedow* Rdn. 13.

[66] *Lamy 99* I Nr. schlägt dafür vor, vom Grenzwert der Haftung nach Art. 23 Abs. 3 auszugehen.

[67] A OGH vom 28.6.1988, TranspR **1989** 222, 225; MüKo/*Basedow* Rdn. 13.

[68] *Thume/Thume* Art. 23 Rdn. 12; *Koller*³ § 430 HGBaF Rdn. 2; *Koller*⁴ § 429 HGBnF Rdn. 12.

[69] A OGH vom 28.6.1988, TranspR **1989** 222, 225; *Koller*³ 430 HGBaF Rdn. 2; MüKo/*Basedow* Rdn. 13.

[70] *Thume/Thume* Rdn. 13; *de la Motte* VersR **1988** 317f. Siehe eingehender § 430 HGBaF Rdn. 30.

bb) Rechnungs- oder Verkaufspreis

Eine Vereinbarung über den Wert des Gutes für die Bestimmung der gesetzlichen Haftungsbeschränkung ist nach Art. 41 unwirksam.[71] Dafür ist eine formal wirksame Wertdeklaration erforderlich; diese erfordert eine Eintragung im Frachtbrief.[72] Der im konkreten Fall zugrundegelegte **Rechnungs- oder vereinbarte Verkaufspreis (Fakturenwert)** ist kein gesetzlicher Maßstab für den Wert. Er ist aber im Zweifel, insbesondere mangels anderen Sachvortrags der Parteien, als Indiz für den Marktpreis anzusehen,[73] zumindest dann, wenn der Preis nach den Verhältnissen des Abholorts berechnet ist und die Beförderung vom Käufer besorgt wird (entsprechend einem fob-Preis);[74] oder wenn das Gut aus einzeln entworfenen und angefertigten Geräten besteht, für die kein Marktpreis ermittelt werden kann.[75] Auch dieser Wert ist zumindest ein Indiz.[76] Soweit keine gegenteiligen Umstände behauptet sind, dürfte daher grundsätzlich die Verkaufsrechnung auch als Beweis für den Wert des Gutes genügen.[77] Dagegen kann der bei einem Transport zwischen Konzernunternehmen der im konkreten Fall berechnete Verrechnungspreis unter dem Marktpreis liegen.[78] 14

Bei **Exportgütern** ist der im Exportland zu erzielende Preis zugrundezulegen. Sind Inlands- und Exportpreise im Versandland gespalten, ist vom speziellen – auch staatlich festgelegten – Exportpreis auszugehen.[79] Bereits bezahlte und daher dem Käufer in Rechnung gestellte Abgaben sind in den Wert einzubeziehen.[80] Daher ist z. B. der **Marktpreis für exportierten Whisky** der vom Käufer zu zahlende Preis.[81] 15

cc) Abgaben als Bestandteil der Wertes

Die für die Beförderung erforderlichen Abgaben sind in der Regel nicht gesondert zu berechnen, soweit sie wegen des Transportvorgangs anfallen. Denn das Konzept der CMR geht davon aus, daß der durch die Ortsveränderung zu erzielende Mehrwert nicht in den zu ersetzenden Versandwert eingeht und daß stattdessen solche auf- 16

---

[71] *Herber/Piper* Rdn. 4.

[72] Die von *Koller*[4] Rdn. 11 und *Herber/Piper* Rdn. 13 für möglich gehaltene Umdeutung solche Abreden in eine Wertdeklaration ist jedoch wegen der konstitutiven Wirkung der Eintragung (siehe Art. 24 Rdn. 3, Art. 26 Rdn. 4) allenfalls bei ungenauer Eintragung im Frachtbrief möglich.

[73] *Koller*[4] Rdn. 5; *Herber/Piper* Rdn. 12; *Thume/Thume* Rdn. 11; MüKo/*Basedow* Rdn. 12 mit Beispielen, die dagegen sprechen.
Rechtsprechung: Schon OLG Nürnberg vom 14. 6. 1965, ETR **1971** 247, 262; OLG Düsseldorf vom 14. 7. 1983, TranspR **1984** 16, 17; vom 28. 5. 1986, TranspR **1986** 381, 382; OLG Hamburg vom 11. 9. 1986, VersR **1987** 375; OLG Hamburg vom 30. 11. 1995, TranspR **1996** 280, 282; OLG Hamm vom 18. 10. 1984, TranspR **1985** 107, 110; vom 25. 5. 1992, TranspR **1992** 410, 411; vom 13. 5. 1993, NJW-RR **1994** 294; OLG Köln vom 30. 8. 1990, TranspR **1990** 425, 427; OLG München vom 21. 12. 1990, TranspR **1991** 96, 98; vom 25. 5. 1998, TranspR **1998** 351, 351 f; vom 10. 1. 1997, TranspR **1997** 277, 281 f; LG Bremen vom 23. 12. 1988, TranspR **1989** 267, 268. A OGH vom 28. 6. 1988, TranspR **1989** 222, 225 = VersR **1989** 980 f.
I CA Venedig vom 31. 10. 1974 ETR **1975** 242, 248; *Silingardi* S. 197 f; NL Hof 's Gravenhage vom 17. 5. 1968, ETR **1968** 1227, 1236; GB Queen's Bench Division vom 20. 11. 1973 (Tatton v. Ferrymasters), ETR **1974** 737, 745; F CA Amiens vom 18. 5. 1981, BT **1982** 208; siehe zu diesem Komplex auch *Lamy 99* I Nr. 521, ferner in Nr. 520 kritisch zu F Cass vom 27. 5. 1981, BT **1981** 407 f.

[74] So wohl auch *Koller*[4] Rdn. 5, wenn es sich um „ab-Werk"-Preise handelt.

[75] A OGH vom 28. 6. 1988, TranspR **1989** 222, 225 = VersR **1989** 980 f.

[76] OLG München vom 4. 12. 1996, TranspR **1997** 193 ff = VersR **1997** 769 f; *Koller*[4] Rdn. 5; für eine Berücksichtigung des konkreten Verkaufspreises unter Abzug eines Gewinnanteils auch *Loewe* ETR **1976** 568.

[77] *Baumgärtel/Giemulla* Beweislast Bd. 4 (1988) Art. 23 CMR Rdn. 2.

[78] F Cass vom 8. 2. 1982, ETR **1983** 43, 45 f; MüKo/*Basedow* Rdn. 12.

[79] OLG Hamburg vom 11. 9. 1986, VersR **1987** 375 (Jugoslawien).

[80] *Decker* TranspR **1985** 311, 312.

[81] Wohl ebenso *Koller*[4] Rdn. 4.

gewendeten Kosten zusätzlich erstattet werden können; Art. 23 Abs. 4; siehe Rdn. 18. Eine Branntweinsteuer, die nur deshalb zu entrichten ist, weil der Whisky das Inland nicht verlassen hat, ist nicht im Wert am Abgangsort inbegriffen, da sie bei korrekter Durchführung des Transports auch einem Abnehmer nicht hätte in Rechnung gestellt werden können.[82] Sie kann auch – entgegen der englischen Rechtsprechung im Fall Buchanan v. Babco – nicht als Kosten nach Art. 23 Abs. 4 erstattet werden; siehe Rdn. 27.

dd) Darlegungs- und Beweislast für den Wert des Gutes

17 Hat der Frachtführer gegenüber den vom Ersatzberechtigten geltend gemachten Ersatzbeträgen nichts vorgetragen, woraus sich eine Beschränkung der Haftung ergibt – also auch keine abweichenden Tatsachen zur Wertberechnung – so ist die Schadenshöhe unstreitig; der Frachtführer ist dem Klageantrag entsprechend zu verurteilen.[83] Die Darlegungslast für den Wert des Gutes liegt jedoch grundsätzlich beim Ersatzberechtigten;[84] dies gilt auch für die Beweislast.[85] Demgegenüber weist der österr. ObGH die Darlegungs- und Beweislast für alle Haftungsbegrenzungen dem Frachtführer zu, da dieser sich auf die Haftungsbeschränkung berufe.[86] Da die CMR dem Geschädigten grundsätzlich nur einen Wertersatzanspruch zuerkennt, müssen jedoch die tatsächlichen Voraussetzungen des Wertes vom Ersatzverlangenden bewiesen werden. Eine andere Beweislastverteilung wäre auch sachlich verfehlt, weil der Frachtführer mit einem Beweis belastet würde, den er zumeist kaum erbringen kann; zur Darlegungs- und Beweislast für die summenmäßige Haftungsbeschränkung des Art. 23 Abs. 3 siehe Rdn. 42.

3. Frachten, Zölle, Kosten als Zuschlag zum Wertersatz (Art. 23 Abs. 4 CMR)

a) Grundsätze

18 Frachten, Zölle und Kosten werden nach Art. 23 Abs. 4 dem Wertersatz zugeschlagen. Abs. 4 zählt mit „Frachten" und „Zölle" zwei spezielle Fallgruppen auf, benennt aber in der dritten Gruppe **„sonstige aus Anlaß der Beförderung entstandene Kosten"**. Vorausgesetzt wird dabei, daß es sich um Kosten handelt, die auch bei vertragsgemäßer Abwicklung der Beförderung entstanden wären. Diese Formulierung der „sonstigen Kosten" enthält die generelle Definition der erstattungsfähigen Kosten, deren Beschränkungsgründe auch auf die Sonderfälle „Frachten" und „Zölle" anzuwenden sind. Sie schränkt den Bereich der zu erstattenden Kosten erheblich ein und ist damit Schlüssel für die Anwendung von Abs. 4.[87] Zu den „sonstigen Kosten" gehören (soweit nicht schon unter Zölle und Frachten einzuordnen) unstreitig Lagerkosten,[88] Wiege-, Siegel- und Nachnahmegebühren, Rollgelder, Standgelder,[89] Import- oder

---

[82] Unzutreffend daher meine diesbezügliche Erwägung in IPRax **1981** 48. Zutreffend aber die Darlegung von Viscount Dilhorne in GB House of Lords vom 9.11.1977, Buchanan v. Babco, ETR **1978** 75, 86.

[83] So wohl BGH vom 13.7.1979, VersR **1979** 1154 ohne nähere Angaben zu den von den Parteien aufgestellten Behauptungen.

[84] BGH vom 12.12.1985, TranspR **1986** 278, 281f = VersR 1986 381, 383; *Thume/Thume* Rdn. 62; *Koller*[4] Rdn. 9; F TribCom Paris vom 13.3.1972, BT **1972** 230, 231.

[85] *Koller*[4] Rdn. 7; MüKo/*Basedow* Rdn. 14f; *Herber/Piper* Rdn. 15; *Baumgärtel/Giemulla* Rdn. 2.

[86] A OGH vom 4.6.1987, TranspR **1988** 273, 275 = ETR **1988** 714ff.

[87] Siehe Rdn. 22.

[88] OLG Frankfurt vom 5.11.1985, TranspR **1986** 282, 284f = VersR **1986** 1070f. Die Kosten sind von der CMR-Haftpflichtversicherung nicht gedeckt; OLG München vom 20.7.1994, TranspR **1995** 778 = VersR **1995** 447f.

[89] Siehe Rdn. 30.

Exportsteuern[90] und Transportversicherungsprämien.[91] Erstattet werden können diese Kosten aber nur, wenn eine Voraussetzung vorliegt, die sich durch zwei Überlegungen feststellen läßt: (1) Sie wären auch bei ordnungsgemäßem Lauf der Beförderung entstanden; (2) sie sind nicht Folge des Güterschadens.[92] Denn die Folgekosten des Güterschadens sind **nicht ersatzfähige mittelbare Schäden.**[93] Die **summenmäßige Begrenzung** der **Haftung** durch Art. 23 Abs. 3 bezieht sich nicht auf die in Abs. 4 bestimmten Kosten.[94] Der durch Art. 23 Abs. 4 zusätzlich gewährte Kostenersatz bietet eine für den Geschädigten – insbesondere im Hinblick auf die fortschreitende Entwertung der Haftungsbeträge des Abs. 3 – interessante Verbesserung der Gesamthaftung gegenüber dem beschränkten Wertersatz. Daraus erklärt sich die praktische Bedeutung der darüber geführten internationalen Diskussionen.

Die im Text der CMR für die Kostenerstattung geforderte Beziehung zwischen 19
Transport und Kosten hat bei einzelnen Fallgruppen zu unterschiedlicher Rechtsprechung und Meinungsverschiedenheiten in der Literatur geführt.[95] Diese beruht teilweise auf dem frachtrechtlichen Grundsatz der radikalen Begrenzung des Schadenersatzes auf unmittelbare und summenmäßig niedrig bemessene Schäden (Abs. 1, 2), der aus der Sicht des Ladungsbeteiligten und mancher Gerichte nicht immer als gerecht empfunden wird. Daher wurde mit unterschiedlichem Erfolg versucht, wenigstens über eine möglichst vollständige Kostenerstattung nach Abs. 4 eine etwas bessere Entschädigung zu erlangen. Generelle begriffliche Klärungen, welche Kosten in den Bereich des Wertersatzes nach Abs. 1, 2 (nach Abs. 3 nur beschränkt) oder des Kostenersatzes nach Abs. 4 (unbeschränkt) fallen,[96] können zwar Kriterien dafür bieten, sind aber für die internationale Praxis der Gerichte[97] nicht leicht anwendbar, weil die entwickelten Systeme sich in Einzelheiten unterscheiden und durch ebenfalls regelmäßige Ausnahmefälle kompliziert sind.[98] Zumindest die deutsche Literatur und Rechtsprechung gehen weitgehend davon aus, daß Kosten nicht nach Art. 23 Abs. 4 ersatzfähig sind, wenn sie schon vor der Beförderung auf das Gut verwendet worden

---

90 OLG Düsseldorf vom 14.7.1983, TranspR **1984** 16, 17; OLG München vom 17.7.1991, TranspR **1991** 427, 428; OLG Hamburg vom 7.11.1985, TranspR **1986** 15, 17.

91 BGH vom 13.2.1980, VersR **1980** 522, 523 = NJW **1980** 2021.

92 Siehe zum Verhältnis dieser Voraussetzungen *Jesser* S. 131; zum Folgeschaden siehe Rdn. 9.

93 Anwendungsfälle: BGH vom 13.2.1980, VersR **1980** 522, 523 = NJW **1980** 2021; OLG Köln vom 30.8.1990, TranspR **1990** 425; OLG Hamburg vom 2.5.1985, TranspR **1985** 398, 400 = VersR **1986** 865f; zur Abgrenzung OLG Hamburg vom 7.11.1985, TranspR **1986** 15, 17; OLG München vom 17.7.1991, TranspR **1991** 427, 428; LG Hamburg vom 25.2.1985, TranspR **1985** 188; A OGH vom 25.1.1990, TranspR **1990** 235, 239; A OLG Innsbruck vom 26.1.1990, TranspR **1991** 12, 21; NL Kantongerecht Delft vom 13.5.1965, ETR **1966** 722, 727f, NL Rb Amsterdam vom 30.3.1977, JPA **1977** 87ff; B TribCom Antwerpen vom 7.11.1977, ETR **1977** 420, 428 (Reinigungskosten eines Tanks, in den verschmutzte Chemikalien gepumpt wurden).
a. A. OLG Frankfurt vom 5.11.1985, TranspR **1986** 282 = VersR **1986** 1070f (Standgeld wegen vorübergehend verlorenem Gut im Irak); OLG Hamburg vom 7.11.1985, TranspR **1986** 15, 17. Siehe vor allem aber die englischen Entscheidungen im Whisky-Fall Buchanan v. Babcock in Rdn. 26f. Zur Literatur siehe Rdn. 19.

94 Unstr., siehe bereits *Voigt* VP **1965** 55; *Loewe* ETR **1976** 503ff, Nr. 194; MüKo/*Basedow* Rdn. 32; *Koller*[4] Rdn. 10; *Koller* VersR **1989** 2, 6f; *Thume/Thume* Rdn. 21; *Herber/Piper* Rdn. 24.

95 Dazu *Decker* TranspR **1985** 311ff.

96 Nach dem Kriterium der typischerweise anzunehmenden Erhöhung des Versandwerts durch die Aufwendung der Kosten entwickelt *Koller* VersR **1989** 2ff, 6 und *Koller*[4] Rdn. 10 daraus ein allgemeines Schema. Dazu leicht kritisch *Clarke*[2] Nr. 104 S. 486 Fn. 94.

97 Diese kann sich kaum nach deutschsprachigen wissenschaftlichen Erörterungen orientieren (wenn sie auch gelegentlich zitiert werden, etwa von *Clarke*[2]).

98 Siehe z.B. bei *Koller* VersR **1989** 2, 6f die Beschränkung auf nur „typischerweise werterhöhende" Aufwendungen.

sind und sich bereits als Berechnungsgrundlagen im Versandwert niedergeschlagen haben und deshalb mit dem Ersatz des Versandwertes als abgegolten betrachtet werden müssen.[99] Dies ist beim allgemein angenommenen Vorrang des Wertersatzprinzips logisch richtig. Man muß freilich sehen, daß die Erhöhung des Versandwerts durch diese Aufwendungen allenfalls bei sehr billigen Gütern noch eine Erhöhung der Haftung zur Folge haben kann.[100] Für Verluste durchschnittlicher Güter wird (als Folge des Wertverfalls des SZR nach Art. 23 Abs. 3) durchweg nur durch Abs. 3 summenmäßig begrenzter Schadenersatz geleistet. Der theoretisch angenommene Effekt der Abgeltung der Aufwendungen nach Abs. 4 hat daher meist keinerlei Einfluß auf die Höhe des Schadenersatzes nach Art. 23 Abs. 1–3.[101] Der einzige Effekt besteht also im Ausschluß des Aufwendungsersatzes; Abs. 4 hat fast insoweit jeden Wert für die Gerechtigkeit der Entscheidung verloren.[102] Eine bessere Lösung wäre nur durch eine Änderung von Art. 23 Abs. 3 – etwa Wiederherstellung der summenmäßigen Haftungsgrenze des Abs. 3 auf den Wertstandard von 1956 – zu erreichen. Dies ist allerdings schon in Hinblick auf die CMR-Haftpflichtversicherung international nicht durchsetzbar. Für die Rechtspraxis erscheint es jedoch zweckmäßig, die Fallentscheidungen[103] nach Sachbereichen darzustellen. Im übrigen muß wohl hingenommen werden, daß die Rechtsprechung die wenig klare gesetzliche Regelung nach Gesichtspunkten der Angemessenheit beurteilt,[104] aber auch die Durchbrechung der Haftungsgrenze nach Art. 29 erleichtert.[105]

20 **Rechnerisch** sind die nach Art. 23 Abs. 4 zu erstattenden Beträge vom Schadenersatz nach Art. 25, 23 Abs. 1–3 **getrennt zu behandeln**. Die Zusammenfassung des Ausgangswertes mit Kostenfaktoren im cif-Verkaufspreis[106] kann im Einzelfall zu richtigen Ergebnissen führen, ist aber bedenklich. Denn die Haftungsbegrenzung nach Art. 23 Abs. 3 würde zu Unrecht die Kostenerstattung nach Art. 23 Abs. 4 verkürzen. Soweit die Kosten Zinsbeträge enthalten, ist Art. 27 nicht anwendbar. Nach Art. 23 Abs. 4 CMR tritt neben den begrenzten Schadenersatz die gänzliche oder teilweise **Minderung der Fracht**.[107]

21 Ob dem Absender oder Empfänger im konkreten Fall zum Wertersatz hinzutretende Kosten zu erstatten sind, ist nach dem **Verhältnis von nutzlos gewordenen** (frustrierten) **Aufwendungen zu mittelbaren** Schäden zu entscheiden. Treten als Folge vom Frachtführer nach Art. 17 CMR zu verantwortende Verluste oder Beschädigungen weitere Vermögenseinbußen des Absenders oder Empfängers ein, so sind nach Art. 23 Abs. 1 und 2 diese **mittelbaren** Schäden (im Gegensatz zum bürgerlichrechtlich gewährten rein kausal bestimmten Schadenersatz) nicht zu ersetzen.[108]

---

[99] Literatur zur Nichterstattung der Verlustfolgen und der in den Versandwert eingegangenen Kosten: *Heuer* S. 122 und TranspR **1987** 357; *Decker* TranspR **1986** 311, 313f; *Koller* VersR **1989** 2, 5ff; *Koller*[4] Rdn. 10; *Herber/Piper* Rdn. 27f; MüKo/*Basedow* Rdn. 33; *Herber/Piper* Rdn. 26; *Thume/Thume* Rdn. 28, 35ff; *Thume/Seltmann* Rdn. A 35, A 36; *Jesser* S. 13ff; *Csoklich* S. 203; *Clarke*[2] Nr. 104 gegen die Mehrheit im House of Lords im Buchanan-Fall; zu diesem Rdn. 26f; **a. A.** *Lamy 99* I Nr. 526 (bewußt kumulierend Wertersatz und Erstattung von Kosten nach Abs. 4); *Nickel-Lanz* Nr. 159; *Aisslinger* S. 95f. Siehe auch Art. 25 Rdn. 4.

[100] *Lamy 99* I Nr. 526. Siehe auch Rdn. 39.

[101] Damit ist das Argument, die Regelung diene der Verhinderung doppelter Erstattung der Kosten als Aufwendung und Wertersatz für die meisten Schadensfälle (hohe Schäden pro kg) praktisch bedeutungslos geworden; siehe aber *Thume/Thume* Rdn. 28; *Koller* VersR **1989** 2, 5.

[102] Siehe auch MüKo/*Basedow* Rdn. 38.

[103] Zutreffend *Thume/Thume* Rdn. 27.

[104] *Clarke*[2] Nr. 104 S. 486.

[105] Siehe dort Rdn. 27.

[106] OLG Hamburg vom 30.1.1986, TranspR **1986** 229, 230 = VersR **1987** 813.

[107] Siehe Rdn. 23.

[108] Siehe Rdn. 9, 19.

Art. 23 Abs. 4 gewährt nur Erstattung von Kosten, keinen Schadenersatz, und drückt dies durch die Formulierung („ohne weiteren Schadenersatz") aus.

Nutzlos gewordene **Aufwendungen** des Absenders oder Empfängers[109] fallen grundsätzlich unter Abs. 4 und müssen daher vom Frachtführer erstattet werden – aber nur soweit sie **aus Anlaß der Beförderung** gemacht wurden.[110] Die Auslegung des Zusatzes „aus Anlaß der Beförderung" ist international umstritten.[111] *Basedow* sieht bezüglich dieses Schlüsselbegriffs zwei Auslegungen.[112] Der „engeren", vor allem deutschen Auslegung (Erhöhung des Versandwerts durch die Aufwendungen entscheidend) stellt er die „weitere", vor allem britische, französische[113] und dänische entgegen. Diese eröffnet mit der „unscharfen Fixierung des Zusammenhangs zwischen Kosten und Transport" im Ergebnis einen weiteren Ermessensspielraum für den entscheidenden Richter. Aus der Spannungslage zwischen unterschiedlichen Interpretationen der CMR können sich sehr unterschiedliche Entscheidungen ergeben.[114] Nicht zu erstatten sind im übrigen Kostenaufwendungen, die trotz des Verlustes noch brauchbar sind,[115] so vor allem, wenn sie die Behandlung, Lagerung und die weitere Verwendung der Güter ermöglichen oder erleichtern, insbesondere im Hinblick auf Nachlieferungen der gleichen oder ähnlichen Art.[116] 22

b) Fallgruppen der Kostenerstattung

aa) Frachten

Zu erstatten sind die für die vereinbarte Beförderung bereits gezahlten Transportentgelte.[117] Zu diesen gehört unstr. zunächst die nutzlos gewordene Fracht aus dem betreffenden Beförderungsvertrag,[118] aber auch für Trägerverkehrsmittel.[119] Wird die Beförderung teilweise ohne Schaden ausgeführt, ist die Fracht anteilig zurückzuerstatten.[120] Ist die Fracht noch nicht bezahlt, mindert sich nach Auffassung der Rechtsprechung die Fracht automatisch, ohne daß es einer Aufrechnung mit dem Erstattungsanspruch bedarf.[121] Dem ist zuzustimmen, auch wenn der Wortlaut von Art. 23 Abs. 4 23

109 Dazu MüKo/*Basedow* Rdn. 38.

110 „encourus à l'occasion du transport"; „charges incurred in respect of the carriage".

111 Ihm wird vielfach keine größere Bedeutung mehr zugemessen: *Koller* VersR **1989** 2, 3f; klarstellende Bedeutung sieht aber nicht zu Unrecht *Heuer* TranspR **1987** 359; ähnlich *Decker* TranspR **1985** 311, 313f; *Thume/Thume* Rdn. 31ff.

112 MüKo/*Basedow* Rdn. 37f.

113 Vor allem die französische Rechtsprechung gewährt zusätzlich zum Wertersatz weitgehend auch die in Art. 23 Abs. 4 genannten Kosten, ohne das Argument der Erhöhung des Versandwerts zu berücksichtigen; siehe *Lamy* 99 I Nr. 526 und die umfangreiche Rechtsprechung in Nr. 1578 Jur. 12 bis Jur. 20; zu den einzelnen Kosten siehe z. B. Rdn. 31ff.

114 Siehe unterschiedliche Entscheidungen besonders zur Erstattung von Zoll- und Steuerkosten Rdn. 25ff.

115 Siehe MüKo/*Basedow* Rdn. 33; *Herber/Piper* Rdn. 24; *Silingardi* S. 209ff.

116 („but no further damages shall be payable", „d'autres dommages-intérêts ne sont pas dus").

117 (le prix de transport, the carriage charges). MüKo/*Basedow* Rdn. 34 sieht darin eine gesetzliche Leistungskondiktion.

118 Neueres Beispiel: OLG Hamburg vom 30.11.1995, TranspR **1996** 280, 282.

119 Fährkosten, Eisenbahnkosten, Binnenschifffahrtsfrachten, eventuell auch als „sonstige Kosten" erstattbar, siehe Rdn. 30; MüKo/*Basedow* Rdn. 39; *Silingardi* S. 215. Zu diesen Beförderungen siehe Art. 2 Rdn. 2, 5, 9.

120 *Heuer* S. 122; MüKo/*Basedow* Rdn. 34; *Koller*[4] Art. 25 Rdn. 9; OLG Hamburg vom 3.6.1982, TranspR **1985** 266, 268; OLG Düsseldorf vom 14.7.1983, TranspR **1984** 16, 17. Zur französischen Rechtsprechung siehe auch *Lamy* 99 I Nr. 526; zum Teilverlust Rdn. 52.

121 BGH vom 7.3.1985, BGHZ **94** 71, 76 = TranspR **1986** 68ff = VersR **1985** 684ff; vom 14.12.1988, TranspR **1990** 141–144 = VersR **1989** 309ff; OLG Düsseldorf vom 30.6.1983, TranspR **1984** 130, 132; zur Beschädigung BGH vom 12.12.1985, VersR **1986** 381, 384; NL Kantongerecht Delft vom 13.5.1965, ETR **1966** 722, 725 (für Entladekosten). Siehe auch Art. 25 Rdn. 6. Zur bisherigen innerdeutschen Rechts-

dagegen sprechen könnte. Die automatische Verrechnung ist in Fällen des Konkurses sachgerechter. Neben der Frachtminderung nach Art. 23 Abs. 4 sind die entstandenen Güterschäden im Umfang der Art. 23 Abs. 1–3 und 25 Abs. 1 zu ersetzen. Nicht nach Abs. 6 erstattet werden die Frachtkosten für den Transport zum Übernahmeort; sie gehen in den Versandwert des Gutes ein.[122]

24 **Fracht** sind auch die diversen mit der Beförderung verbundenen an den Frachtführer gezahlten Entgelte für dessen zusätzliche Leistungen (die als Nebengebühren in der Zeit vor der Tarifaufhebung von 1994[123] eine erhebliche praktische Bedeutung hatten). Dazu gehören, wenn besonders berechnet, weitere Kosten der Beförderung, z. B. Wiegegelder und Kosten der Begleitung des Gutes oder der Überwindung von Beförderungshindernissen. Dazu sind auch die dem Frachtführer geschuldeten Entladekosten zu rechnen. Hat der Frachtführer das Gut für die vertragsgemäße Beförderung verpackt, sind auch die an ihn bezahlten Kosten der Verpackung zu erstatten.[124] Eine Verpackung, die das Gut erst handelsfähig macht, ist im Versandwert inbegriffen und daher nicht erstattungsfähig.

bb) Zölle, andere Abgaben

25 Der Ersatz verauslagter Zölle ist in Art. 23 Abs. 4 ausdrücklich genannt. Erstattet werden aber[125] nur solche Zollzahlungen, die bei ordnungsgemäßem Verlauf des Transports hätten bezahlt werden müssen,[126] die aber durch den Schaden nutzlos geworden sind. Entsprechend den Zöllen sind **andere Abgaben** zu behandeln, gegebenenfalls auch als „sonstige Kosten".[127] Dazu gehören insbesondere Import- oder Exportsteuern.[128] Als **mittelbare Folgeschäden** des Güterschadens sind solche Kosten **nicht zu ersetzen**, wenn sie durch vom Frachtführer nach Frachtrecht zu vertretenden Verlust oder Beschädigung der Güter verursacht sind und an sonstigem Vermögen erst durch den Schadensfall entstehen.[129] Die sinnvolle rechtspolitische Unterscheidung zwischen mittelbaren **Folgeschäden** des Güterschadens und **nutzlos gewordenen Aufwendungen** kann sachlich begründet werden: Folgeschäden sind in hohem Maße abhängig von der Art des Gutes, vom konkreten Verkaufsgeschäft, vom Abgabenrecht und von Entscheidungen der in- oder ausländischen Behörden. Sie sind vom Frachtführer im voraus nicht zu überschauen und bei der Berechnung der Fracht nicht berücksichtigbar. Das Gesetz nimmt sie daher wie andere mittelbare Schäden traditionell von der Haftung aus; siehe Rdn. 9. Die danach erforderliche Grenzziehung hat zwar stets einen Einschlag von Willkürlichkeit. Eine Verschiebung der Grenze würde aber an anderer Stelle ebensolche Abgrenzungsprobleme aufwerfen. Siehe Rdn. 16f dazu, ob solche Kosten bereits bei der Ermittlung des ersatzpflichtigen Wertes berücksichtigt werden können. Aufgewendete Kosten, insbesondere Abgaben, können andererseits aber nach Art. 23 Abs. 1 und 4 nicht erstattet werden, **wenn überhaupt kein Güterschaden entstanden** ist, denn auch Abs. 4 setzt einen solchen Schaden als Haftungsgrundlage voraus. Erstattbar sind dann also nur vorsorgliche Aufwendungen, die „aus Anlaß der Beförderung" unabhängig von eventuellen Schadensfällen getätigt und im Schadensfall nicht erstattet werden. Zumindest im Bereich der Zoll- und Steuer-

---

lage siehe § 425 HGBaF Rdn. 168f; *Koller*[4] Art. 25 Rdn. 9; *Knorre* TranspR **1985** 241, 243; *Herber/Piper* Rdn. 25; *Thume/Thume* Rdn. 26; MüKo/*Basedow* Rdn. 34.

[122] *Clarke*[2] Nr. 104 S. 486f.

[123] Siehe Rdn. 1 vor GüKG, § 452 HGBaF HGB Anh. I.

[124] Zu allen diesen Kosten siehe Rdn. 30.

[125] Im Gegensatz zu OLG Hamburg vom 30. 1. 1986, TranspR **1986** 229 f.

[126] MüKo/*Basedow* Rdn. 35; *Thume/Thume* Rdn. 36.

[127] Siehe Rdn. 18ff, 28, *Heuer* TranspR **1987** 357.

[128] Siehe Rdn. 28.

[129] Siehe Rdn. 18ff.

sanktionen, die an das Verschwinden von Gütern anknüpfen, kommt dies wohl eher selten vor.[130] Die Folge dieser Lage ist eine überaus widersprüchliche Rechtsprechung, die keiner ableitenden Begründung standhält und daher harsche Kritik hervorgerufen hat.[131] Die von der Literatur dargestellten Fälle sind teilweise hypothetisch.[132] Das Argument der wertbildenden Funktion der Kosten ist international für Zölle und Abgaben nur begrenzt hilfreich.[133] Zu erstatten sind aber jedenfalls vorausgezahlte Zölle, die von der Behörde bei Verlust der Güter nicht zurückgezahlt werden, da sie den Absender oder Empfänger bei Nichterfüllung des Frachtvertrags nutzlos belasten würden.[134] Zu diesen Zöllen oder Verbrauchssteuern, deren Ausgestaltung und Einordnung Schwierigkeiten bereitet, siehe eingehender MüKo/*Basedow* Rdn. 36ff.

Ausgangspunkt der vor allem aufgetretenen Kontroversen waren die englischen Entscheidungen im Fall Buchanan v. Babco,[135] nach denen eine Branntweinsteuer unter Art. 23 Abs. 4 fallen sollte, die wegen des noch im britischen Inland eingetretenen Verlustes von Export-Whisky vom Absender nachbezahlt werden mußte.[136] Diese Nachzahlungen sind z. B. nach der Rechtsprechung des BGH eher nicht ersatzfähige, mittelbare Schäden.[137] Im Bereich solcher Abgaben hat das OLG Hamburg unterschiedliche Entscheidungen gefällt. Im Urteil vom 7.11.1985, TranspR **1986** 15, 17 hat es – unter Berufung auf die englische Rechtsprechung – die beim Export von Deutschland nach Belgien durch die niederländische Behörde wegen des in Holland eingetretenen Verlustes des Gutes vom Absender eingeforderten Zoll-, Einfuhrumsatzsteuer- und Tabaksteuer-Nachzahlungen als erstattungsfähig im Sinne von Art. 23 Abs. 4 CMR anerkannt.[138] Die Erstattung von Zollstrafen hat das OLG Hamburg dagegen im Urteil abgelehnt; ebenso ist vom KG die Erstattung von Tabaksteuer als mittelbarer Schaden abgelehnt worden.[139] **26**

Nach diesen hier dargelegten Grundsätzen **ist der englischen Rechtsprechung in Sachen** Buchanan v. Babco[140] **nicht zu folgen.**[141] Die problematische Entscheidung des OLG Hamburg vom 7.11.1985[142] zur Erstattung von Abgabennachforderungen (Zoll-, Einfuhrumsatzsteuer- und Tabaksteuernachzahlungen) berief sich auf die englische Rechtsprechung, behauptete außerdem, sie seien nicht erst mit dem Diebstahl, sondern wirtschaftlich betrachtet schon durch die Beförderung ausgelöst worden. **27**

---

130 Zu italienischen und niederländischen Strafzöllen siehe Rdn. 28.

131 Dargestellt bei *Heuer* TranspR **1987** 357ff; *Koller* VersR **1989** 2, 4; siehe auch MüKo/*Basedow* Rdn. 37f.

132 *Koller* VersR **1989** benennt keinen konkreten solchen Abgaben-Fall; ebensowenig *Herber/Piper* Rdn. 29; *Decker* TranspR **1985** 311, 314f bezieht sich auf die englischen Whisky-Fälle; dazu Rdn. 26.

133 Siehe aber Rdn. 26.

134 Siehe zu ausländischen Einfuhrumsatzsteuern Rdn. 28.

135 GB CA London vom 2.12.1976, ETR **1977** 751ff und GB House of Lords vom 9.11.1977, ETR **1978** 75ff (entschieden mit 3:2 Stimmen); dazu eingehend und kritisch *Clarke*² Nr. 104; ebenso *Hill/Messent/Glass*² S. 192; *Groth* 72ff. Siehe ferner GB Queen's Bench Division vom 27.10.1986, RDU **1988** 747, 761; ferner *Silingardi* S. 212 f.

136 Siehe Rdn. 28, 18ff.

137 Enge Interpretation der Vorschrift: BGH vom 13.2.1980, VersR **1980** 522, 523 = NJW **1980** 2021.

138 Umgekehrt LG Köln vom 17.10.1986, TranspR **1987** 98 für italienische Zölle als Folgen eines Ladungsdiebstahls.

139 OLG Hamburg vom 30.1.1986, TranspR **1986** 229 f; KG vom 11.1.1995, TranspR **1995** 342, 346.

140 Siehe Rdn. 16.

141 Ebenfalls gegen diese Lösung NL Rb Amsterdam vom 30.3.1977, SS **1978** Nr. 36.

142 Urteil vom 7.11.1985, TranspR **1986** 15, 17, siehe Rdn. 26. Für die Geltendmachung dieser Ansprüche (eingefordert von der niederländischen Behörde wegen des in Holland eingetretenen Verlustes des Gutes beim Export von Deutschland nach Belgien) ist der Grundsatz der Drittschadensliquidation maßgeblich, so daß es nicht darauf ankommt, ob der Schaden dem Absender oder dem Empfänger entstanden ist; dazu Art. 17 Rdn. 251, § 429 HGBaF Rdn. 157ff.

28 Bei den in Art. 23 Abs. 4 ausdrücklich erwähnten Zöllen handelt es sich um solche, die (auch) bei ordnungsgemäßem Verlauf des Transports hätten bezahlt werden müssen.[143] Dazu gehören auch anfallende Steuern wie die ehemalige Einfuhrumsatzsteuer[144] und andere Import- oder Exportsteuern.[145] Sie müssen durch den Schaden nutzlos geworden sein. Die italienische Einfuhrumsatzsteuer wäre z. B. auch angefallen, wenn das Gut nicht gestohlen worden wäre; sie war daher nach Art. 23 Abs. 4 erstattungsfähig.[146] Nicht erstattungsfähig sind Zölle oder Steuern, die als mittelbare Schäden durch den Güterschaden verursacht sind.[147] In der Praxis fällt es allerdings angesichts der sinkenden Werte der Haftungsgrenze des Art. 23 Abs. 3 (jedenfalls für Zölle und Abgaben) schwer, dieses Argument der wertbildenden Funktion der Kosten zu bejahen.[148] Bei anderen Aufwendungen erscheint es eher hilfreich.[149]

29 **Zollstrafen**, die den Absender oder Empfänger **als Folgen des Güterverlustes** treffen, sind nicht erstattungsfähige, mittelbare Schäden.[150] Eine durch eine Zollbürgschaft begründete Aufwendung kann allenfalls dann erstattet werden, wenn sie unabhängig vom Verlust des Gutes auch ohne diesen erforderlich gewesen wäre. Dann sind sie nicht mittelbare Folgen des Ladungsschadens, sondern Folgen unabhängiger Handlungen des Frachtführers.[151] Eine Ersatzpflicht aus positiver Vertragsverletzung ist zu befürworten.[152]

cc) Sonstige Kosten

(1) Kosten der Transportvorbereitung (sog. Vorkosten)

30 **Nicht zu erstatten** sind die vor der Beförderung aufgewendeten „Vorkosten“,[153] die nämlich zur **Vorbereitung des Transports** dienen. Sie gehen bereits im Versandwert nach Abs. 1, 2 auf.[154] Dazu gehören z. B. Kosten der **vorausgegangenen Transporte**,[155] der **Vorlagerung**,[156] der für den Versand erforderlichen **Verpackung**[157] und der **Bereitstellung** der Güter.[158] Die Folgekosten **nach dem Schadensfall** wirken sich aber besonders bei Teilverlust oder Beschädigung auf die Ermittlung des **Restwerts** der Ladung aus.[159]

Zu erstatten sind aber Kosten, die nach Beginn der Beförderung und im Hinblick auf diese entstanden sind,[160] z. B. vom Absender bezahlte oder zu bezahlende Kosten

---

[143] Siehe Rdn. 30; MüKo/*Basedow* Rdn. 35; OLG Hamburg vom 30.1.1986, TranspR **1986** 229f; A OGH vom 25.1.1990, TranspR **1990** 235, 239; **a. A.** aber noch A OGH vom 15.12.1981, *Greiter* 119ff (nur Bestätigung der Vorinstanzen ohne nähere Prüfung); dazu auch *Thume/Seltmann* Rdn. A 36.

[144] OLG Düsseldorf vom 14.7.1983, TranspR **1984** 16, 17; OLG München vom 17.7.1991, TranspR **1991** 427, 428.

[145] Z. B. nicht rückerstatteter niederländischer Abgaben OLG Hamburg vom 7.11.1985, TranspR **1986** 15, 17. Siehe Rdn. 28.

[146] OLG Koblenz vom 9.6.1989, RIW **1989** 649f; zu einem ähnlichen Fall A OGH vom 25.1.1990, TranspR **1990** 235, 239 (obiter dictum); ebenso für niederländische Einfuhrsteuer OLG Hamburg vom 7.11.1985, TranspR **1986** 15, 17; siehe auch *Decker* TranspR **1985** 311ff; *Heuer* TranspR **1987** 357ff; *Koller* VersR **1989** 2, 7.

[147] Siehe Rdn. 25.

[148] Siehe Rdn. 19, 8ff, 18.

[149] Positive Beispiele bei *Herber/Piper* Rdn. 29.

[150] LG Köln vom 17.10.1986, TranspR **1987** 98ff; OLG Hamburg vom 30.1.1986, TranspR **1986** 229f gewährt aber die Erstattung zusätzlich zum von Frachtführer zu ersetzenden Wertverlust; der Sachverhalt ist jedoch nicht klar genug dargestellt.

[151] Siehe auch Rdn. 27.

[152] Siehe Art. 17 Rdn. 263.

[153] MüKo/*Basedow* Rdn. 33.

[154] *Koller*[4] Rdn. 10; MüKo/*Basedow* Rdn. 33; *Herber/Piper* Rdn. 26.

[155] Vor allem zum Übernahmeort, MüKo/*Basedow* Rdn. 39; *Loewe* ETR **1976** 503ff, Nr. 192; *Heuer* S. 122.

[156] *Heuer* S. 122.

[157] *Loewe* aaO; *Heuer* S. 122.

[158] *Loewe* aaO.

[159] Siehe Rdn. 3 und eingehender Art. 25 Rdn. 4; *Koller* VersR **1989** 2, 8.

[160] *Koller*[4] Rdn. 10 S. 752; *Thume/Thume* Rdn. 28.

der **Verladung, Entladung,**[161] **Verpackung,**[162] **Verstauung** nach der Übernahme der Güter[163] und der Benutzung von Wegstrecken.[164] Kosten für Trägerverkehrsmittel sind als Frachten ebenfalls zu erstatten.[165] Maßgeblich ist dabei nicht der Zeitpunkt der Zahlung, sondern der Entstehung der Kosten. Daher können vor, während oder nach der Beförderung bezahlte Kosten voll erstattungsfähig sein.[166] Dazu gehören z. B. **Wiegegelder,**[167] Rollgelder,[168] Siegelgebühren,[169] Nachnahmegebühren, eventuell Akkreditivkosten,[170] Vorführkosten für Zollbeschau,[171] Verlust einer Exportprämie,[172] Kosten für Qualitätszertifikate[173] und Veterinärzeugnisse bei Kühlfleisch;[174] der Entnahme von Proben während der Beförderung,[175] der Überwindung von Beförderungshindernissen,[176] aber auch der für die Beförderung erforderlichen **Nachverpackung,** der **Lagerung**[177] und der eventuellen **Begleitung.**[178]

(2) Schadensbegrenzung

Nicht erstattet werden die Kosten der Schadensminderung,[179] insbesondere der **Bergung,**[180] **Rückbeförderung,**[181] **Weiterbeförderung** beschädigter Güter.[182] Ebenso behandelt werden die Kosten der **Einlagerung,**[183] **Vernichtung,**[184] oder **Neuversendung** nach Reparatur.[185] Solche Kosten können sich aber im Restwert des beschädigten Gutes mindernd niederschlagen, siehe Art. 25 Rdn. 6f, § 35 KVO, Anh. II nach § 452 HGBaF Rdn. 13ff. **31**

---

161 Siehe Art. 17 Rdn. 188. Diese sind, soweit ausnahmsweise der Frachtführer zu entladen hat, Kosten der Beförderung, weil die Ablieferung dann als Teil der Beförderung angesehen würde; NL Kantongerecht Delft vom 13.5.1965, ETR **1966** 722, 725. Gleiches gilt für Entladung beim Zoll; F CA Paris vom 30.9.1987, BT **1988** 59f MüKo/*Basedow* Rdn. 139.

162 MüKo/*Basedow* Rdn. 39; GB Queen's Bench Division vom 20.11.1973, ETR **1974** 737, 746. Zu diesen Kosten gehören auch Palettengebühren, *Decker* TranspR **1985** 311, 314 Fn. 18; MüKo/*Basedow* Rdn. 39.

163 MüKo/*Basedow* Rdn. 39.

164 Z. B. Autobahn-, Tunnel- und Brückenmaut.

165 Siehe Rdn. 23.

166 MüKo/*Basedow* Rdn. 33.

167 *Decker* TranspR **1985** 311, 314 Fn. 18; *Koller*⁴ Rdn. 10 S. 752; MüKo/*Basedow* Rdn. 39; *Herber/Piper* Rdn. 29.

168 *Heuer* S. 222; *Knorre* TranspR **1985** 241, 243; *Herber/Piper* Rdn. 29.

169 *Heuer* S. 222; MüKo/*Basedow* Rdn. 39.

170 *Decker* TranspR **1985** 311, 314 Fn. 18; *Knorre* TranspR **1985** 241, 243; MüKo/*Basedow* Rdn. 139.

171 *De la Motte* VersR **1988** 317, 319; MüKo/*Basedow* Rdn. 39.

172 F CA Paris vom 30.9.1987, BT **1988** 59f.

173 MüKo/*Basedow* Rdn. 39.

174 Siehe Art. 11 Rdn. 2.

175 *De la Motte* VersR **1988** 317, 319; MüKo/*Basedow* Rdn. 39.

176 MüKo/*Basedow* Rdn. 39; siehe Art. 16 Rdn. 8; 419 Abs. 2 HGB.

177 F CA Paris vom 30.5.1973, BT **1973** 304, 306; *Nickel-Lanz* Nr. 159; MüKo/*Basedow* Rdn. 39.

178 Etwa zur Sicherung von Schwerguttransporten durch Fahrzeuge oder von Tiertransporten durch Personen; zu diesen siehe § 425 HGBaF Rdn. 24; *Herber/Piper* Rdn. 29; *Koller*⁴ Rdn. 10 S. 752.

179 MüKo/*Basedow* Rdn. 41. **a. A.** *Lamy 99* I Nr. 526; dort auch die Rechtsprechung in Nr. 1578 Jur. 12 bis Jur. 20.

180 OLG Düsseldorf vom 14.7.1986, TranspR **1987** 24, 27.

181 OLG Düsseldorf vom 30.6.1983, VersR **1984** 980f; OLG München vom 5.7.1989, TranspR **1990** 16, 17 = NJW-RR **1989** 1434, 1435; OLG Celle vom 29.10.1998, TranspR **1999** 106f; GB Queen's Bench Division vom 20.11.1973, ETR **1974** 737, 746; GB Queen's Bench Division vom 27.10.1986, RDU **1988** 747, 760; NL Hof's Gravenhage vom 11.12.1987, SS **1988** Nr. 85; *Koller* VersR **1989** 2; MüKo/*Basedow* Rdn. 24. Zur französischen Rechtsprechung siehe *Lamy 99* I Nr. 526, 1578. Anders aber BGH vom 3.7.1974, NJW **1974** 1616f = VersR **1974** 1013f = WM **1974** 864 mit einer sachlich einleuchtenden, aber aus der CMR kaum zu begründenden Argumentation.

182 *Lamy 99* I Nr. 526.

183 GB Queen's Bench Division vom 20.11.1973, ETR **1974** 737, 746.

184 B Trib Antwerpen vom 13.12.1996, JPA **1996** 365; nach *Lamy 99* I Nr. 1578 Jur 12.

185 OLG München vom 5.7.1989, TranspR **1990** 16, 17 = NJW-RR **1989** 1434, 1435; MüKo/*Basedow* Rdn. 41.

32 Auch die **Kosten der ersatzweisen Beförderung vom Unfallort zu einem Ort, an dem beschädigtes Gut verwertet werden kann**, sind Unfallfolgekosten und daher nicht zu erstatten.[186] Doch treten sie an die Stelle der jedenfalls erstattungsfähigen Kosten der Weiterbeförderung zum Ankunftsort. Solche und andere Kosten können jedenfalls als restwertmindernd zu Gunsten des Geschädigten geltend gemacht werden.[187]

(3) Standgeld

33 Zu den Kosten des Transports nach Art. 23 Abs. 4 gehören auch Standgelder.[188]

(4) Besichtigung, Havariekommissar, Sachverständiger

34 Alle Kosten der Schadensfeststellung sind Folgekosten der Beschädigung und daher nicht nach Abs. 4 zu ersetzen,[189] insbesondere die Kosten einer Besichtigung der transportgeschädigten Güter,[190] der Kosten des Havariekommissars[191] (anders als bisher nach § 32 KVO) oder eines Sachverständigen im Rahmen der Ermittlung des Minderwertes nach Art. 25, 23 Abs. 4.[192] Allerdings ist dies unbefriedigend, wenn die Heranziehung von Sachverständigen zur bestmöglichen Verwertung beschädigter Güter erforderlich war. Soweit sie **zur Ermittlung des Restwerts** erforderlich sind, können sie zugunsten des Geschädigten berücksichtigt werden.[193] Sie sind dann vom erzielten Erlös abzuziehen.[194] Zu den Kosten der Schadensfeststellung siehe auch Art. 30 Rdn. 25.

(5) Kosten der Reparatur, Ersatzbeschaffung und Neuverpackung

35 Kosten der Reparatur beschädigter Güter sind auch nicht aufgrund der Verweisung in Art. 25 Abs. 1 zu ersetzen;[195] auch nicht die der Ersatzbeschaffung. Dies hat seinen Grund darin, daß bei Berechnung der nach Art. 25 zu ersetzenden Wertminderung

---

186 OLG Hamburg vom 11.9.1986, VersR **1987** 375, 376; MüKo/*Basedow* Rdn. 41 zur Erstattung von Rettungskosten Rdn. 32. Siehe auch allgemein Rdn. 31; **a. A.** *Koller*[4] Art. 25 Rdn. 3; *Clarke*[2] Nr. 104, der sie aber als sonstige Kosten berücksichtigen will.

187 Siehe Art. 25 Rdn. 4.

188 Z. B. von der irakischen Regierung verauslagte Kosten für Standgeld, OLG Frankfurt vom 5.11.1985, TranspR **1986** 282, 284f = VersR **1986** 1070f; die Frage, ob dies nicht erstattungsfähige Folgekosten waren, ist nicht erörtert. Siehe auch allgemein Rdn. 31. Im deutschen Recht sind Standgelder nunmehr im HGB als Vergütungsteile geregelt: §§ 412 Abs. 3, 415 Abs. 2 Nr. 1, 416 S. 1, 421 Abs. 3 HGB.

189 Siehe auch Rdn. 31. Im innerdeutschen Recht sind nach § 420 HGB nunmehr bei Güterschäden die Schadensfeststellungskosten zusätzlich zu ersetzen.

190 OLG Hamburg vom 2.5.1985, TranspR **1985** 398f = VersR **1986** 865f; OLG Köln vom 30.8.1990, TranspR **1990** 425, 427; GB Queen's Bench Division vom 20.11.1973, ETR **1974** 737, 746; für ihren Ersatz aber LG Bremen vom 23.12.1988, TranspR **1989** 267f.

191 OLG Hamburg vom 30.1.1986, TranspR **1986** 229f; LG Hamburg vom 25.2.1985, TranspR **1985** 188; MüKo/*Basedow* Rdn. 41; für Ersatz der Kosten des Havariekommissars dagegen OLG Düsseldorf vom 14.7.1983, TranspR **1984** 16, 17. Incidenter auch BGH vom 6.7.1979, BGHZ **75** 92 ff = NJW **1979** 2472 f = VersR **1979** 1105 f.

192 OLG Hamburg vom 29.11.1984, TranspR **1985** 130, 131; OLG Köln vom 30.8.1990, TranspR **1990** 425, 427; B CA Antwerpen vom 23.3.1983, ETR **1983** 518, 525; zu Art. 25 siehe OLG Hamburg vom 24.10.1991, TranspR **1992** 66, 67. Siehe auch Art. 25 Rdn. 7.
Bejahend aber OLG Nürnberg vom 16.3.1976, Der Spediteur **1985** 320, 321 (für Gutachterkosten) und GB Queen's Bench Division vom 27.10.1986, RDU **1988** 747, 759ff (mit zusätzlicher Begründung zur Anrechnung auf den Restwert).

193 Siehe Art. 25 Rdn. 5.

194 Siehe Art. 25 Rdn. 3; OLG Wien vom 23.2.1989, TranspR **1990** 156. Dagegen ausdrücklich GB Queen's Bench Division vom 20.11.1973, ETR **1974** 737, 746.

195 BGH vom 13.2.1980, VersR **1980** 522, 523 = NJW **1980** 2021; MüKo/*Basedow* Rdn. 41; siehe

dem Geschädigten nur der Restwert des Gutes ohne wertverbessernde Maßnahmen anzurechnen ist; siehe Art. 25 Rdn. 4. Abgelehnt wurde auch die Erstattung von Arbeitslöhnen für das Auslösen und die Neuverpackung.[196]

(6) Versicherungsprämien

Transportversicherungen werden für die Beförderung aufgewendet, weil sie das Risiko des Verlustes oder der Beschädigung durch Transportfehler decken.[197] Zu erstatten sind also die Prämien für die betreffenden Güter. Dabei kommt es nicht darauf an, ob die Versicherung im Interesse des Absenders oder Empfängers geschlossen worden ist;[198] ebensowenig, wer die Prämien gezahlt hat, wenn die Zahlung auf Kosten des Absenders oder Empfängers erfolgt ist. Auch andere Sachversicherungsprämien kommen in Betracht, wenn diese Versicherungen das Schadensrisiko decken.[199] **36**

(7) Prozeßkosten

Die Kosten des aktuellen Prozesses wie auch eines geführten Vorprozesses sind ebenso wie die Schadensfeststellungskosten nicht zu erstatten.[200] Art. 37 CMR gilt nur im Rahmen der Gemeinschaft der Unterfrachtführer und kann nicht analog auf andere Fälle angewendet werden.[201] **37**

(8) Kosten bei Wiederauffindung

Zu den Kosten des Transports nach Art. 23 Abs. 4 gehören auch die von der irakischen Regierung verauslagten Kosten für Standgeld und Transport von dort wieder aufgefundenen Gütern.[202] In diesem Fall war das Gut wegen der Verlustfiktion des Art. 20 Abs. 1 als verloren anzusehen. Zwar wurde es wiedererlangt und von der Empfängerin ausgelöst. Obwohl eine Entschädigung für den Verlust unter den gegebenen Umständen nicht zu zahlen war, ist die Entscheidung dennoch richtig. Die Empfängerin hätte nämlich auch Schadenersatz wegen Verlusts zuzüglich der zusätzlichen Transportkosten verlangen können. Macht sie (zweckmäßigerweise) davon keinen Gebrauch, sondern löst die Ware selbst ein, so kann sie durch Art. 23 Abs. 4 nicht schlechter gestellt sein. **38**

---

dazu auch *Lamy 99* I Nr. 526; F TribCom Lyon vom 10.11.1975, BT **1976** 175, 177. Erstattung aber ohne nähere Nennung des Grundes F CA Poitiers vom 31.3.1971, BT **1971** 168 f.

[196] LG Frankfurt vom 1.4.1970, AWD **1971** 414, 416; *Heuer* S. 122 Fn. 379; MüKo/*Basedow* Rdn. 29, 33; siehe auch GB Queen's Bench Division vom 22.9.1980 (Thermo Engineers v. Ferrymasters), ETR **1990** 194ff = Lloyd's Rep. **1977** I 346–361 = All E. R. **1981** I 1142; dazu *Clarke*² Nr. 104 Fn. 28; MüKo/*Basedow* Rdn. 33. *Hill/Messent/Glass*² S. 194, 198.

[197] *Heuer* S. 122; *Decker* TranspR **1985** 311, 314 Fn. 18; *Knorre* TranspR **1985** 241, 243; MüKo/*Basedow* Rdn. 139; *Lamy 99* I Nr. 526; BGH vom 13.2.1980, VersR **1980** 522, 523 = NJW **1980** 2021; vom 10.4.1974, zit. nach BGH vom 13.2.1980, NJW **1974** 1614f = VersR **1974** 796f; unklar GB House of Lords vom 9.11.1977 in Buchanan v. Babco (Viscount Dilhorne), ETR **1978** 75ff = Lloyd's Rep. **1978** I 119ff.

[198] *Heuer* S. 122.

[199] § 429 HGBaF Anh. I Rdn. 18ff.

[200] *Herber/Piper* Rdn. 31.

[201] OLG Hamburg vom 3.6.1982, TranspR **1985** 266, 268 verneint Art. 23 Abs. 4, bejaht aber die Analogie zu Art. 34.

[202] Z.B. von der irakischen Regierung verauslagte Kosten für Standgeld, OLG Frankfurt vom 5.11.1985, TranspR **1986** 282, 284f = VersR **1986** 1070f. Siehe auch Rdn. 33 und allgemein Rdn. 31.

4. Summenmäßige Begrenzung der Haftung (Art. 23 Abs. 3)

a) Grundsatz; Bedeutung

39 Wie auch andere frachtrechtliche Haftungsordnungen sieht Art. 23 Abs. 3 eine Begrenzung des Wertersatzes auf einen bestimmten Betrag pro kg beförderten Gutes vor: 8,33 Rechnungseinheiten (Sonderziehungsrechte),[203] also ca. 22,23 DM pro kg. Sie liegt also im unteren Bereich der im Frachtrecht üblichen Begrenzungen[204] und ist gerade noch dem Wert moderner, einfacher Frachtgüter angemessen. 1981 berichtete *Putzeys* Nr. 888, daß 1964 über 99 % der Sendungen unter Carnet TIR im Wert unter diesem Betrag lagen. Mit dem Trend zu höherwertigen Leichtgütern, vor allem auch zu elektronischen Geräten und mit dem ständigen Währungsverlust wird jedoch die Angemessenheit der Haftungsbeschränkung zunehmend fragwürdiger.[205]

b) Beschränkung nach Gewicht der Sendung

aa) Gewicht

40 Die Haftungsgrenze bestimmt sich nach dem Rohgewicht des beförderten Gutes in Kilogramm. Rohgewicht ist das Bruttogewicht der Sendung (Nettogewicht zuzüglich Verpackung).[206] Das Gesamtgewicht der Sendung ist nur bei Totalverlust maßgeblich,[207] zum Teilverlust siehe Rdn. 52ff; zur Beschädigung Art. 25 Rdn. 7.

41 **Bei Totalverlust** ist die Haftungsgrenze sehr einfach nach dem Gesamtgewicht der Sendung, nicht nach Addition der gedachten Haftungssummen für wertvollere oder geringwertigere Teil-Güter zu bestimmen.[208] Bei einer Sendung, die etwa aus schweren Maschinenteilen mit einem kg-Wert unter der Haftungsgrenze und hochwertigen leichten Elektronikteilen zusammengesetzt ist, würde die Summe dieser Teilbeträge eine niedrigere Haftung ergeben als die Zugrundelegung des gesamten Gewichts der Sendung. Die vom BGH getroffene Auslegung wird nicht nur durch den Wortlaut der CMR, sondern auch durch den Sinn der Vorschrift gedeckt. Mit Recht unterscheidet der BGH auch zwischen der gem. Art. 23 Abs. 1 nach dem Wert des Gutes zu bestimmenden Schadenshöhe und der gem. Art. 23 Abs. 3 nach dem Gewicht der Sendung bemessenen Entschädigungsgrenze. Mehrere Sendungen sind nicht zusammenzurechnen.[209]

---

203 Die alte Fassung von Art. 23 Abs. 3 lautet: „Die Entschädigung darf jedoch 25 Franken für jedes fehlende Kilogramm des Rohgewichts nicht übersteigen. Unter Franken ist der Goldfranken im Gewicht 10/31 Gramm und 0,900 Feingehalt zu verstehen".

204 Nunmehr identisch mit § 431 HGB; im innerdeutschen Recht aber mit Einschränkungen abdingbar; 451 Abs. 2 HGBnF. Siehe zum früheren innerdeutschen Frachtrecht vergleichend § 35 KVO, Anh. II nach § 452 HGBaF Rdn. 34. Zur Umstellung auf das SZR im Eisenbahnrecht siehe Rdn. 50.

205 Siehe auch Rdn. 18. Rechtspolitisch zu Recht sehr kritisch auch MüKo/*Basedow* Rdn. 17.

206 Unstr., *Heuer* 121; *Thume/Thume* Rdn. 23; MüKo/*Basedow* Rdn. 24; *Herber/Piper* Rdn. 18; siehe auch § 35 KVO, Anh. II nach § 452 HGBaF Rdn. 35. Hinsichtlich der Verpackung noch etwas zweifelnd *Putzeys* Nr. 891.

207 MüKo/*Basedow* Rdn. 24; *Koller*[4] Rdn. 13; *de la Motte* VersR **1988** 317, 318. Siehe dazu Rdn. 41.

208 Eingehend BGH vom 30.1.1981, BGHZ **79** 302ff = VersR **1981** 473, 474f; OLG Stuttgart vom 22.12.1978, VersR **1979** 637f. Ebenso A OGH vom 18.3.1986, TranspR **1986** 379, 381 (sogar für Teilverlust); F CA Paris vom 15.6.1984, BT **1984** 545, 547; *Loewe*, ETR **1976** S. 571 (für Beschädigung); *Koller*[4] Rdn. 9, 14; *Herber/Piper* Rdn. 35; MüKo/*Basedow* Rdn. 26f; *Thume/Thume* Rdn. 23; *Thume/Seltmann* Rdn. A 23; *Putzeys* Nr. 891; abwägend *Lamy* 99 I Nr. 524a; *Pesce* TranspR **1987** 11ff (nur für Teilverluste). Der Vergleich von *Hill/Messent/Glass*[2] S. 188 mit der seerechtlichen Beschränkung pro Packstück paßt nicht, weil diese Haftungsbeschränkung auf einem anderen Konzept beruht.

209 BGH vom 30.1.1981, BGHZ **79** 302ff = VersR **1981** 473, 474f; siehe Art. 5 Rdn. 3.

Die Darlegungs- und Beweislast für das haftungsbegrenzende Gewicht ist weitgehend unklar. Nach neuerer und richtiger Auffassung trägt der Frachtführer Beweis- und Darlegungslast.[210] Im Ergebnis ähnlich vertritt der BGH die Auffassung, daß der Frachtführer gegenüber einer geltend gemachten Ersatzforderung mindestens vortragen müsse, die geltend gemachten Beträge entsprächen nicht den Haftungsgrenzen der CMR.[211] Der Beweis für das Gewicht kann durch den Frachtbrief erleichtert werden (Art. 6 Abs. 1 h), siehe Rdn. 15; ferner Art. 9 Rdn. 27. **42**

bb) Sendung

Maßgeblich für die Berechnung der Haftungsgrenze ist die Sendung,[212] auch wenn dieser Ausdruck in Art. 23 Abs. 3 CMR nicht vorkommt.[213] Die „Sendung" ist auch innerhalb der CMR nicht einheitlich zu definieren.[214] Wird ein Frachtbrief ausgestellt, ist die Sendung das unter dem Frachtbrief insgesamt versandte Gut.[215] Dieser Begriff geht allerdings vom in der CMR vorausgesetzten Regelfall der Ausstellung eines Frachtbriefs aus. Wegen der nunmehr sehr häufigen Fälle der Beförderung ohne Frachtbrief[216] bedarf er jedoch der Anpassung. Die CMR erkennt den frachtbrieflosen Frachtvertrag auch in Art. 4 S. 2 an. Art. 23 setzt für seine Anwendung also keinen Frachtbrief voraus. Sinnvollerweise ist damit für das Maß der Haftungsbeschränkung der Teil des Frachtguts zugrundezulegen, der zur Erfüllung eines Frachtvertrags befördert wird. Diese Aussage bedeutet in der Regel auch, daß jeweils nur das Frachtgut als Sendung zu betrachten ist, das an einen bestimmten Empfänger versandt wird.[217] Eine Beförderung an mehrere Empfänger aufgrund des gleichen Frachtvertrags kann allerdings ebenfalls vorkommen. In diesen Fällen muß man für jeden Empfänger eine besondere Sendung annehmen. Die Formel für die Sendung muß also lauten: **„der Teil des Frachtguts, der zur Erfüllung eines Frachtvertrags an einen bestimmten Empfänger befördert wird"**. Bei Großaufträgen und Rahmenfrachtverträgen bietet freilich auch dieser Begriff keinen sinnvollen Anknüpfungspunkt. **43**

Abweichendes gilt auch nicht für eine von einem Spediteur aus Güter verschiedener Versender zusammengestellten **Sammelladung.**[218] Dies scheint aber wohl *Koller* Rdn. 9 zu meinen, der für diesen Fall Art. 23 restringieren will. Zutreffend stellt dem- **44**

---

[210] A OGH vom 4.6.1987, TranspR **1988** 273, 275 = ETR **1988** 714ff (für alle Haftungsbegrenzungen, also auch Abs. 3); AG Reutlingen vom 30.4.1996, TranspR **1996** 292, 293; ebenso *Koller*[4] Rdn. 9; *Baumgärtel/Giemulla* Art. 23 Rdn. 3; *Thume/Thume* Rdn. 64; *Herber/Piper* Rdn. 22. Zur Beweislast für den Wert siehe Rdn. 17.

[211] BGH vom 13.7.1979, VersR **1979** 1154; das Urteil enthält keine näheren Angaben über die Parteivorträge; siehe auch Rdn. 6 und 17.

[212] Jedoch nunmehr in § 431 HGB. Die RegBegr zu § 422, BRDrucks. 368/97 S. 65 begründet den Verzicht auf eine Definition mit der „Gebräuchlichkeit" des Begriffs (vgl. auch § 20 KVO).

[213] Soweit es auf den Frachtbrief ankommt, ist „Sendung" („l'envoi", „the consignment") das unter diesem versandte Gut; siehe Art. 12 Rdn. 46.

[214] Er stammt aus dem regulierten Eisenbahnrecht § 55 EVO, Güterfernverkehrsrecht (§ 20 KVO).

[215] Dieser allgemeine Sendungsbegriff wird regelmäßig zugrundegelegt; BGH vom 30.1.1981, BGHZ **79** 302ff = VersR **1981** 473, 474f („kein Anhalt für eine Unterteilung des Rohgewichts in Einzelgegenstände, Packstücke oder durch Rechnungen zusammengefaßte Teile"); ebenso schon OLG Stuttgart vom 22.12.1978, VersR **1979** 637f; im wesentlichen auch *Fischer* TranspR **1995** 326, 337. Bei Teilverlust bestehen Probleme hinsichtlich der Bestimmung des Bezugspunktes; siehe Rdn. 52ff.

[216] Siehe Art. 4 Rdn. 5, 7. Zum Spediteur-Frachtführer siehe Art. 1 Rdn. 3, 23ff, Art. 41 Rdn. 27.

[217] Siehe *Koller*[4] § 20 KVO Rdn. 1; MüKo/*Dubischar* § 20 KVO Rdn. 2; *Lenz* Rdn. 352; *Willenberg* KVO[4] § 20 Rdn. 2.

[218] *Koller*[4] Rdn. 9; eingehend MüKo/*Basedow* Rdn. 30; *Thume/Thume* Rdn. 20; *Hill/Messent/Glass*[2] S. 187 f; *Lamy* 99 I Nr. 525.

gegenüber *de la Motte* VersR **1988** 317, 319 im Verhältnis des Sammelspediteurs zum CMR-Frachtführer für die Wertberechnung auf das Gesamtgewicht der verlorenen Sendung ab und weist auf die unterschiedlichen Haftungsgrenzen verschiedener Vertragsgestaltungen hin. Der Sammelspediteur kann im Wege der Drittschadensliquidation die Schäden seiner Vormänner ersetzt verlangen und ist dazu auch im Rahmen seiner Interessenwahrungspflicht verpflichtet. Er hat seinen Auftraggebern, soweit er ihnen nicht selbst aus § 460 (§ 413 Abs. 2 HGBaF) haftet, seine Ansprüche gegen den Frachtführer pro rata abzutreten.[219] Bei Sammelladung bestehen keine Auslegungsprobleme für den Schaden bei Beförderung, sondern bei der Auskehrung der Haftungsbeträge an die Auftraggeber, wobei der Frachtführer Auftraggebern für Sendungen unterschiedlicher Einzelwerte möglicherweise nur gewichtsproportionale Haftungsbeträge auskehren kann. Sinnvoll ist in diesem Falle eine voll deckende Güterversicherung, die der Sammelversender arrangieren muß.

c) International einheitliche Beschränkung der Haftung

aa) Auf der Grundlage von Sonderziehungsrechten

45 Die Kilogramm-Haftungsbegrenzung des Art. 23 Abs. 3 S. 1 war ursprünglich in Goldfranken ausgedrückt; siehe dazu nunmehr Abs. 8 und Rdn. 49ff. Wegen der Ausschaltung der Golddeckung im internationalen Währungssystem mußte der Goldfranken in der CMR wie in anderen internationalen Konventionen durch das Sonderziehungsrecht (SRZ) ersetzt werden. Dies ist durch das Protokoll zur CMR vom 5.7.1980 geschehen.[220] Die Neufassung der CMR gilt für deutsche Gerichte, auch wenn der Fall Anknüpfungspunkte zu einem Land hat, das die neue Fassung noch nicht in Kraft gesetzt hat. Denn der in Deutschland liegende Anknüpfungspunkt (siehe Art. 1 Rdn. 12) reicht bereits zur Anwendung der revidierten Fassung aus. Das SRZ hat allerdings keinen stabilitätswahrenden Effekt, da es aus den (der Inflation unterworfenen) Ausgangswährungen errechnet wird.[221] Die Höchsthaftung ist im Falle des Mitverschuldens nicht zu quoteln.[222]

46 **Für Länder, die dem Internationalen Währungsfonds (IMF) angehören,** gilt die jetzige Regelung des Art. 23 Abs. 3 ohne Ausnahme. Länder, die dem IMF nicht angehören, können zwischen dem SZR (Abs. 7 letzter Satz) oder dem Goldfranken (Abs. 8) als Umrechnungsgrundlage wählen. Wählen sie das SZR, berechnen sie dessen Wert nach Landesrecht. Siehe auch Art. 23 Abs. 9, Rdn. 49ff.

47 Die **Umrechnung** des **Betrags** der Haftungsbeschränkung erfolgt gem. Art. 23 Abs. 7[223] aus **dem nach Abs. 3 errechneten Betrag in Sonderziehungsrechten (SZR) in die Landeswährung.** Diese Umrechnung setzt jedoch neben Ratifikation des Protokolls zusätzlich die Mitgliedschaft des Landes im Internationalen Währungsfonds (IMF) voraus.[224] Der amtliche Kurs des Sonderziehungsrechts wird jeden Montag bis

---

219 *De la Motte* VersR **1988** 317, 319; insoweit zustimmend *Koller*[4] Rdn. 9; *Thume/Thume* Rdn. 20.

220 Siehe Art. 1 Rdn. 12, 16; MüKo/*Basedow* Rdn. 19.

221 Siehe MüKo/*Basedow* Rdn. 20.

222 Dies entspricht alleine der Formulierung in Art. 23 Abs. 3, der sich auf die Entschädigung bezieht: *Koller*[4] Rdn. 8; *Thume/Thume* Rdn. 56, 60.

223 Abs. 7–9 eingefügt durch das Goldfrankenprotokoll vom 5.7.1978 (BGBl. 1980 II 721, 733ff), siehe Art. 1 Rdn. 12 und 15.

224 Dies waren nach dem Fundstellennachweis B am 31.12.1999 alle CMR-Mitgliedstaaten mit Ausnahme von Belarus, Bosnien-Herzegowina, Bulgarien, Georgien, Jugoslawien (ehemaliges), Kasachstan, Kroatien, Marokko, Moldau Republik, Polen, Russische Föderation, Slowakei, Slowenien, Sowjetunion (ehemalige), Tadschiki-

Freitag täglich vom IMF berechnet und bekanntgemacht. Er wird (für alle Mitgliedsländer des IMF für jeden Tag) regelmäßig veröffentlicht im Bundesanzeiger und in der DVZ; ferner im Handelsblatt (Finanzzeitung), nur Euro- und Dollarkurs und im Internet, http://www.imf.org. Der Wert des SZR lag am 25.10.2001 bei 1,42566 Euro.[225] Die Haftungsgrenze von 8,33 SZR pro kg entsprach also 11,87575 Euro = 23,22694 DM. In den Nichtmitgliedsländern des IWF erfolgt die Umrechnung in die Landeswährung gem. Art. 23 Abs. 7 S. 4 nach deren Recht.

Maßgeblicher Zeitpunkt für die Umrechnung ist gem. Art. 23 Abs. 7 S. 2 entweder der von den Parteien vereinbarte Tag[226] oder der Tag des Urteils,[227] auch wenn dieses noch nicht rechtskräftig ist. Genauer stellt der BGH nunmehr auf den Tag der **Verkündung** des letztinstanzlichen Urteils ab,[228] so daß bei einem zurückverweisenden Urteil des BGH die nachfolgende Entscheidung des Berufungsgerichts maßgeblich ist. Vertreten wird auch aus Gründen der Praktikabilität der Tag der letzten mündlichen Verhandlung.[229] An der etwas unpraktischen, aber klaren Regelung der CMR läßt sich nichts manipulieren.[230] Zwar ist die Formulierung eines Urteilstenors in DM zum Zeitpunkt der Urteilsverkündung praktisch nicht möglich, da der Tageskurs des Sonderziehungsrechts nicht am gleichen Tag öffentlich bekanntgemacht ist.[231] Daher bietet sich an, das jeweilige Urteil abstrakt zu formulieren, so daß nachträglich nach diesem Kurs noch in DM oder Euro berechnet werden kann.[232] Sich mit dem BGH nach der letzten vor dem Urteil erfolgten Bekanntmachung des Wertes des SZR im Bundesanzeiger zu richten,[233] entspricht allerdings nicht dem Gesetz, da diese Veröffentlichung den Wert am Urteilstag nicht betrifft. Der Vorschlag von *Groth* VersR **1983** 1104, 1107, im Klageantrag den Schadenersatz nach der Landeswährung zu formulieren, aber mit dem Zusatz „höchstens aber einen Betrag, der am Tag der Verkündung … SZR entspricht", kann zwar teilweises Unterliegen mit der Klage verhindern, ist aber für den Kläger nachteilig, wenn er den Klageantrag nicht abstrakt formuliert hat. Unstreitig ist wohl, daß die Schadenersatzforderung im Klageantrag in einer zum Stichtag errechenbaren Höhe beantragt werden kann. Die Umrechnung hätte dann gegebenenfalls im Rahmen der Zwangsvollstreckung zu erfolgen. 48

stan, Tschechische Republik, Tschechoslowakei (ehemalige). Siehe die Tabelle zu Art. 1 Rdn. 15.

225 Nach den Veröffentlichungen des IWF auf seiner Internet-Seite, http://www.imf.org/external/np/tre/sdr/drates/rmcdwn4.htm.

226 Dieser kann auch nach der Verkündung des Urteils noch vereinbart werden; MüKo/*Basedow* Rdn. 21; *Lamy 99* I Nr. 523.

227 OLG Oldenburg vom 30.5.1996, TranspR **1996** 359; BGH vom 5.6.1981, TranspR **1981** 130, 131 = VersR **1981** 1030f; *Herber/Piper* Rdn. 17; ungenau auch OLG Hamburg vom 14.10.1991, TranspR **1992** 66, 67 („jetzt"); *Thume/Thume* Rdn. 17; LG Karlsruhe vom 17.2.1995, TranspR **1995** 439f; Zivilgericht Basel-Stadt vom 14.2.1989, TranspR **1989** 428, 432 um 3 Monate zurückdatierend.

228 BGH vom 6.2.1997, TranspR **1997** 335, 337; *Thume/Thume* Rdn. 17; *Herber/Piper* Rdn. 17; *Koller*[4] Rdn. 9; MüKo/*Basedow* Rdn. 21.

229 OLG Düsseldorf vom 12.1.1984, TranspR **1984** 102, 104; OLG Hamburg vom 29.5.1980, VersR **1980** 950, 951; LG Duisburg vom 4.11.1983, Spediteur **1985** 62; *Glöckner*[7] Rdn. 11; *Decker* S. 82; **a.A.** *Herber/Piper* Rdn. 17.

230 So schon vorausnehmend für das Goldfrankenprotokoll BGH vom 5.6.1981, TranspR **1981** 130f = VersR **1981** 1030f. Ebenso die internationale Literatur: *Hill/Messent/Glass*[2] S. 186; wohl *Koller*[4] Rdn. 9; *Haak* S. 214.

231 Selbst die tägliche Veröffentlichung im IMF Survey erfolgte nachträglich; siehe Rdn. 47. Insoweit zutreffend LG Duisburg vom 4.11.1983, Spediteur **1985** 62.

232 OLG Oldenburg vom 30.5.1996, TranspR **1996** 359, 360.

233 BGH vom 5.6.1981, TranspR **1981** 130f = VersR **1981** 1030f. Das Urteil ist im übrigen nicht genau ausformuliert; *Herber/Piper* Rdn. 17.

bb) Beschränkung nach Goldfranken (Art. 23 Abs. 8 und 9)

49 Hat das **Land des angerufenen Gerichts** das Goldfrankenprotokoll nicht ratifiziert,[234] gilt dort zwar die alte Goldfrankenregelung weiter, die Umrechnung soll aber möglichst dem Wert des Betrags in SZR entsprechen.[235] Gleiches gilt, wenn das Land zwar Mitglied des Protokolls, nicht aber des IMF ist und nach Art. 23 Abs. 8 CMR erklärt, daß es die Goldfrankenregelung (25 Goldfranken pro kg) weiterhin anwendet. Für die Berechnung der Haftungsgrenze ist Landesrecht zuständig. In der Praxis deutscher Gerichte wird mangels Goldbezugs der Währungen der Wert des SZR zugrundegelegt.[236] Vor deutschen Gerichten gilt ohnehin Art. 23 praktisch immer in der Fassung des Goldfrankenprotokolls, also einschließlich seiner Abs. 7–9. Denn die Geltung auch dieser Fassung setzt nur die Ratifikation durch den Mitgliedsstaat voraus, in dem **entweder der Ort der Übernahme** oder der **vertraglich vorgesehene Ablieferungsort** liegt.[237]

50 Der **Goldfranken ist in Abs. 3 S. 2 mit 10/31g Feingold von 900/1000 Gehalt definiert.** Es handelt sich um den sog. „franc germinal", den französischen Franc von 1803. Diese Rechnungseinheit wurde bisher auch in anderen internationalen Übereinkommen verwendet, so z. B. in Art. 22 Abs. 4 WA und im Seerecht;[238] bis Ende 1999 auch im internationalen Eisenbahnrecht.[239] Der in Art. 23 Abs. 3 verwendete Gold-Franken ist kein Zahlungsmittel, sondern, wie das SZR, nur eine künstliche Rechnungseinheit, deren Umrechnungskurs zur jeweiligen Landeswährung erst ermittelt werden muß.

51 **Übergangsprobleme:** In der Praxis wurde der Gold-Franken bereits vor Inkrafttreten des Protokolls weitgehend durch das Sonderziehungsrecht ersetzt.[240] Deshalb fand eine doppelte Umrechnung statt: von Gold-Franken in Sonderziehungsrechte und von diesen in die jeweilige Landeswährung. Mit dem Inkrafttreten der Neufassung des Übereinkommens über den internationalen Währungsfond am 1. April 1978 war eine Umrechnung von Goldwert in Sonderziehungsrechte nicht mehr möglich, da im Abkommen nicht mehr vorgesehen.[241] Übergangsweise bis zum Inkrafttreten des Änderungsprotokolls (siehe Art. 1 Rdn. 12) galt innerstaatlich nach dem Goldfrankenumrechnungsgesetz von 1980[242] die Umrechnung nach dem Sonderziehungsrecht. Für Verträge mit Anknüpfungspunkten in den Ländern, die das Protokoll nicht ratifiziert haben, gilt zwar rechtlich noch die alte Regelung.[243] Dies ist trotz völkerrechtlicher Bedenken aus Gründen der Rechtssicherheit zu bejahen.[244]

---

234 Zum Mitgliederbestand siehe Art. 1 Rdn. 15.
235 Art. 23 Abs. 9 S. 1. Siehe MüKo/*Basedow* Rdn. 23.
236 *Herber/Piper* Rdn. 16.
237 Siehe Art. 1 Rdn. 56 und Art. 31 Rdn. 17.
238 *Herber* Seehandelsrecht S. 308 f.
239 Art. 57 § 1 CIM. Seit 2000 ist er einheitlich durch das SZR ersetzt; siehe Art. 9 COTIF und Art. 30ff CIM 99.
240 Zu Altfällen (vor dem 28.12.1980, Art. 1 Rdn. 12) siehe beispielsweise OLG Düsseldorf vom 12.1.1984, TranspR **1984** 102, 104; OLG Hamburg vom 29.5.1980, VersR **1980** 950, 951; LG Frankfurt vom 11.8.1980, VersR **1986** 384f.
241 Es gab daher vorübergehend keine exakte Methode der Umrechnung.
242 Vom 9.6.1980, BGBl. **1980** II 722, 733ff.
243 Siehe Art. 1 Rdn. 16.
244 *Herber/Piper* Rdn. 15f.

II. Bei Teilverlust

1. Berechnung des Wertes des Gutes

Über die Berechnung der Entschädigung bei **Teilverlust**[245] trifft die CMR keine vollständige Regelung. Zunächst muß gem. Art. 23 Abs. 1 CMR[246] der Wert der verlorenen Gegenstände zugrundegelegt werden.[247] Die in Abs. 3 und 4 für den Teilverlust vorgesehenen Regelungen legen es nahe, auch hier nur vom Wert des verlorenen Teils der Sendung (also der verlorenen Teile) auszugehen. Danach ist (jedenfalls bei teilweiser Entwertung der Sendung) der Wertverlust **nach dem Gewicht der verlorenen Teile** am Ort und zur Zeit der Übernahme des Gutes zu ersetzen;[248] das Verpackungsgewicht ist anteilig zuzuschlagen.[249] Wie beim Totalverlust wird die Entschädigung automatisch mit der noch nicht bezahlten Fracht verrechnet.[250] Führt der Verlust von Teilen zur totalen Entwertung **(Totalverlust)** oder zur Teilentwertung der ganzen Sendung, so ist die Rechtslage ähnlich der bei Teilbeschädigung bestehenden. Daher werden in Literatur und Rechtsprechung die zum Teil aus Art. 25 entwickelten Lösungsansätze auf die Fälle des Teilverlustes übertragen.[251] Dem ist zuzustimmen, weil die Interessenlage für beide Fälle gleich ist. Liegt Totalverlust vor, orientiert sich also der Ersatzanspruch am Wert der ganzen Sendung.[252] Bei Totalverlust ist die Grenze der Haftung aus dem Gesamtgewicht der verlorenen Teile einheitlich zu berechnen.[253] Zur **Teilbeschädigung** siehe Art. 25 Rdn. 4. 52

Für die Berechnung der zu ersetzenden **Kosten nach Abs. 4** ist ebenfalls eine anteilige Entschädigung vorgesehen. Dabei ist allerdings nicht bestimmt, wie die Anteile zu berechnen sind – nach Wert oder nach Gewicht. Die Berechnung nach den Gewichtsanteilen entspräche auch der üblichen Frachtberechnung.[254] Dagegen wäre bei Kosten, deren Höhe sich am Wert orientiert, nach den Wertverhältnissen zu teilen. 53

Ist ein Teil der Sendung ganz in Verlust geraten, der Rest durch Beschädigung im Wert vermindert, sind die Haftungsbeträge getrennt für den verlorenen (Art. 23) und den beschädigten Teil (Art. 25) zu berechnen;[255] jedenfalls dann, wenn es sich 54

---

245 Zu Begriff und Bedeutung des Teilverlusts siehe § 427 HGBaF Rdn. 17f.

246 Entsprechend jetzt § 429 HGB; RegBegr zu § 429, BRDrucks. 368/97 S. 63f; siehe § 35 KVO Rdn. 31 und 36 und § 430 HGBaF Rdn. 51.

247 MüKo/*Basedow* Rdn. 28; *Thume/Thume* Rdn. 40; *Heuer* 120f; *Herber/Piper* Rdn. 33; *Koller*[4] Rdn. 13; OLG Düsseldorf vom 12.2.1981, VersR **1982** 302 (betrifft einen Fall teilweise verlorener und zum andern Teil beschädigter Hemden).

248 A OGH vom 18.3.1986, TranspR **1986** 379, 381; OLG Stuttgart vom 22.12.1978, VersR **1979** 637f; siehe auch (verkürzt) F Cass vom 27.5.1981, BT **1981** 407f; *Heuer* S. 121; *Lenz* Rdn. 685; MüKo/*Basedow* Rdn. 28; *Jesser* S. 27; *Lamy 99* I Nr. 523. Siehe zur KVO auch BGH vom 7.5.1969, VersR **1969** 703, 704.

249 *Heuer* S. 212; MüKo/*Basedow* Rdn. 28.

250 Siehe Rdn. 23; zum Teilverlust siehe BGH vom 7.3.1985, BGHZ **94** 71ff = TranspR **1986** 68, 70 = VersR **1985** 684ff; vom 14.12.1988, TranspR **1990** 141–144 = VersR **1989** 309 ff; OLG Düsseldorf vom 30.6.1983, TranspR **1984** 130, 132; MüKo/*Basedow* Rdn. 34 Fn. 128.

251 *Koller*[4] Rdn. 13; *Thume/Thume* Art. 23 Rdn. 2, Art. 17 Rdn. 66, 71, 72, Art. 25 Rdn. 19; MüKo/*Basedow* Art. 25 Rdn. 13, Art. 23 Rdn. 28; *Herber/Piper* Art. 23 Rdn. 34; *Demuth* TranspR **1996** 257, 259; wohl auch *Knorre* TranspR **1985** 241, 243; grundsätzlich auch schon *Heuer* 121f. Zur Teilbeschädigung siehe Rdn. 56. Vielfach wird das Problem in der ausländischen Literatur als einheitliches gesehen. *Haak* S. 200, 203ff weist eindringlich auf die international uneinheitliche Abgrenzung zwischen Verlust und Beschädigung hin und spricht sich auf S. 217 für die Einbeziehung von Art. 25 Abs. 2 auf Teilverluste wie -beschädigungen aus.

252 Siehe Rdn. 40f; *Loewe*, ETR **1976** Nr. 200, S. 570f; *de la Motte*, VersR **1988** 317, 319; *Knorre* TranspR **1985** 241, 243; zur Teilbeschädigung BGH vom 3.7.1974, NJW **1974** 1616f = VersR **1974** 1013f = WM **1974** 864, 865.

253 Siehe Rdn. 41.

254 *Loewe* ETR **1976**, 569; *Heuer* S. 123; MüKo/*Basedow* Rdn. 33.

255 OLG München vom 27.2.1981, VersR **1982** 334f.

nicht um eine unteilbare, insgesamt entwertete Sendung handelt. Soweit der Schaden über die Grenzen des Art. 23 Abs. 3 hinausgeht, sind diese getrennt für den Teilverlust und die Beschädigung zu berechnen. Die entgegenstehenden Berechnungsvorschläge von *Koller* Rdn. 5 entsprechen nicht der Gesetzeslage und sind mit dem Urteil des BGH vom 30. 1. 1981[256] nicht zutreffend begründet, weil dieses nicht ein Zusammentreffen von Teilverlust und Teilbeschädigung, sondern nur die Ermittlung der Haftungshöchstgrenze nach Art. 23 Abs. 3 bei Totalverlust betrifft; siehe Rdn. 43f.

55 Ist die **Sendung gänzlich entwertet** durch Verlust eines Teils, liegt nach deutscher Auffassung Totalverlust vor.[257] Bei Berechnung des Schadens ist also vom Wertverlust der ganzen Sendung auszugehen. Dies ist jedoch international nicht unumstritten.[258] *Putzeys* Nr. 860f will sich daran orientieren, ob der über das Teil hinausgehende Schaden für den Frachtführer vorhersehbar war. Ist die Sendung nicht gänzlich entwertet **(Teilentwertung)**, ist Bezugspunkt der Anteil der verlorenen Teile.

56 Andererseits ist in Art. 25 Abs. 1 **für den Fall der Beschädigung** die grundsätzliche Ermittlung der zu ersetzenden Wertdifferenz offensichtlich **am Gesamtwert orientiert**; nur die summenmäßigen Haftungsgrenzen berechnen sich bei Teilbeschädigung nach dem Teilwert (Abs. 2b); siehe Art. 25 Rdn. 11. Daher spräche einiges dafür, auch bei Teilverlust zunächst die Entwertung der ganzen Sendung als Maßstab zu nehmen, die Haftungsgrenzen des Abs. 3 und die Höhe der Kostenerstattung dann aber nach dem Gewicht des verlorenen Teils zu berechnen. Gegen diese Lösung sprechen auch sachlich nicht die in § 430 HGBaF Rdn. 51 aufgeführten Gründe. Denn Art. 23 Abs. 3 sichert in ausreichendem Maße das Interesse des CMR-Frachtführers an einer Begrenzung der Haftung und damit anders als § 430 HGBaF. Siehe im übrigen Art. 25 Rdn. 2.[259]

2. Berechnung der Haftungsgrenze

57 Die Berechnung der Entschädigungsgrenze erfolgt auf der Grundlage von Art. 23 Abs. 3. Die deutsche Übersetzung der alleine maßgeblichen englischen und französischen Originalfassungen ist ungenau; statt „jedes fehlende Kilogramm des Rohgewichts" müßte sie sprachlich lauten: „jedes Kilogramm des fehlenden Rohgewichts".[260] Danach ist der zu erstattende Wertverlust, wenn nur ein Teil der Sendung entwertet ist, der übrige Teil jedoch einen Wert behalten hat, nach dem Gewicht der verlorenen Teile am Ort und zur Zeit der Übernahme des Gutes zu ersetzen.[261] Das Verpackungsgewicht ist anteilig zuzuschlagen.[262]

---

[256] BGHZ **79** 302ff = VersR **1981** 473, 474f.

[257] *De la Motte* VersR **1988** 317, 318; *Knorre* TranspR **1985** 241, 243; *Herber/Piper* Rdn. 34; wohl auch *Koller*[4] Rdn. 13. Zum wirtschaftlichen Totalverlust durch Teilbeschädigung siehe BGH vom 3. 7. 1974, NJW **1974** 1616f = VersR **1974** 1013f = WM **1974** 864, 865; durch Teilbeschädigung und Teilverlust siehe OLG Stuttgart vom 15. 9. 1993, TranspR **1994** 156–159. Zum wirtschaftlichen Totalverlust siehe allgemein Art. 17 Rdn. 9ff, insbesondere Rdn. 10; § 430 HGBaF Rdn. 51.

[258] Siehe eingehend *Haak* S. 200ff.

[259] A OGH vom 18. 3. 1986, TranspR **1986** 379, 381 neigt wohl zum Wert der einzelnen verlorenen Teile als Ausgangsbasis; die Entscheidung betrifft aber die Haftungshöchstsumme nach Art. 23 Abs. 3 bei Teilverlust.

[260] Originaltexte: „par kilogramme du poids brut manquant", „per kilogram of gross weight short". Zutreffend *Glöckner*[7] Rdn. 24; *Heuer* S. 121; MüKo/*Basedow* Rdn. 28; A OGH vom 18. 3. 1986, SZ **59** 92, S. 255, 258 = TranspR **1986** 379, 381.

[261] BGH vom 30. 1. 1981, BGHZ **79** 302ff = VersR **1981** 473, 474f; A OGH vom 18. 3. 1986, SZ **59** 92, S. 255, 258 = TranspR **1986** 379, 381; OLG Stuttgart vom 22. 12. 1978, VersR **1979** 637f; siehe auch (verkürzt) F Cass vom 27. 5. 1981, BT **1981** 407f; *Heuer* 121; *Glöckner* TranspR **1988** 327, 328; *Koller*[4] Rdn. 14; MüKo/*Basedow* Rdn. 28; *Thume/Thume* Rdn. 23; *Thume/Seltmann* Rdn. A 19, A 23; *Lenz* Rdn. 685; *de la Motte* VersR **1988** 317, 319; *Jesser* S. 127; *Lamy 99* I Nr. 523. Siehe zur KVO auch BGH vom 7. 5. 1969, VersR **1969** 703, 704.

[262] *Heuer* S. 212; MüKo/*Basedow* Rdn. 28.

3. Kostenersatz nach Art. 23 Abs. 4

58 Auch der Ersatz der Kosten nach Art. 23 Abs. 4 wird bei **Teilverlust** anteilig nach dem Verhältnis der Haftungshöchstsummen für den verlorenen Teil und für die Gesamtsendung berechnet;[263] *Loewe*[264] will die Erstattungsgrenze für gewichtsbezogene Kosten nach den Gewichten, für wertbezogene Kosten nach Wertanteilen berechnen. In der Rechtsprechung werden die Kosten bei Beschädigung nach dem Wertverlust vermindert; siehe Art. 25 Rdn. 6.

III. Bei Beschädigung

59 Bei Beschädigung des Gutes wird gemäß Art. 25 entsprechend Art. 23 Abs. 2 verfahren; siehe aber im einzelnen Art. 25 und die dortige Kommentierung.

C. Haftungsumfang bei Lieferfristschäden (Art. 23 Abs. 5)

I. Zu ersetzender Schaden

60 Die Lieferfristhaftung[265] setzt gem. Art. 23 Abs. 5 einen nachgewiesenen, durch die Verzögerung der Beförderung **verursachten** Schaden[266] voraus, der – anders als die Entschädigung für Verlust und Beschädigung[267] – nicht Wertersatz, sondern echter Schadenersatz ist und an anderen Gütern als dem Gut eingetretene Vermögensschäden (mittelbare Schäden) umfaßt.[268] International wird wohl überwiegend die Auffassung vertreten, daß Art. 23 Abs. 5 jedenfalls solche Vermögensschäden erfassen will, und zwar entweder nur diese[269] oder Güterschäden und Vermögensschäden.[270] Art. 29 führt auch bei Lieferfristschäden zu voller Haftung nach nationalem Recht.[271]

61 Der zu ersetzende Schaden muß **durch die Lieferfristüberschreitung verursacht** sein;[272] eine Überschreitung der Ladefrist begründet keine Haftungsbeschränkung nach Art. 23 Abs. 5.[273] Da die CMR zur Kausalität keine Aussage macht und ein internationaler Konsens über die schadensbegrenzenden Kausalitätsformeln fehlt, ist insoweit nationales Recht ergänzend anzuwenden.[274] Daher ist nach deutscher und österreichischer Auffassung jeder adäquat verursachte Schaden zu ersetzen.[275] Dagegen schränkt das englische Recht den Schadensumfang nach dem Prinzip der remoteness

[263] LG Hamburg vom 25.2.1985, TranspR **1985** 188.
[264] ETR **1976** S. 569; zustimmend *Koller*[4] Rdn. 15.
[265] Siehe Art. 17 Rdn. 220f.
[266] Fälle siehe in Art. 19 Rdn. 17. Der Schadensnachweis gelingt oft nicht, weil effektiv wirksame Reaktionen der Kunden des Absenders oder Empfängers nicht einmal substantiiert behauptet werden. Siehe z. B. OLG Düsseldorf vom 9.10.1986, TranspR **1986** 429, 430; vom 17.5.1990, TranspR **1990** 280 und vom 15.12.1994, TranspR **1995** 244f.
[267] Siehe Art. 17 Rdn. 4ff.
[268] Beispiele: Ersatzansprüche des Vertragspartners gegen den Absender – einschließlich Aufwendungen für Schadensverhütung, für Schmiergeld offenlassend: BGH vom 30.9.1993, BGHZ **123** 303, 308 = TranspR **1994** 16, 17f = VersR **1994** 119–121; Schnellverkauf wegen verkürzter Vermarktungsdauer: OLG Düsseldorf vom 26.7.1984, TranspR **1985** 128f; ähnlich LG Kleve vom 30.10.1974, VersR **1975** 465, 466. Substantiierte Behauptungen im Prozeß erforderlich: OLG Düsseldorf vom 17.5.1990, TranspR **1990** 280.
[269] *Herber/Piper* Rdn. 38; eingehend *Hill/Messent/Glass*[2] S. 195f.
[270] Nebeneinander: mit intensiver Begründung BGH vom 30.9.1993, TranspR **1994** 16, 18 = VersR **1994** 119–121 (Verhinderung des Abbruchs der Geschäftsbeziehung, Schwarze Liste).
[271] Siehe Art. 29 Rdn. 1, 4, 17, 19f.
[272] Siehe Art. 19 Rdn. 17.
[273] Siehe Art. 17 Rdn. 265 und Art. 19 Rdn. 11.
[274] *Loewe*, ETR **1976** S. 571f; MüKo/*Basedow* Rdn. 47. Siehe auch *Hill/Messent/Glass*[2] S. 196f; *Clarke*[2] Nr. 103c.
[275] Soweit nicht Entschädigung für völlig unangemessene Maßnahmen verlangt wird; BGH vom 30.9.1993, TranspR **1994** 16, 18 = VersR **1994**

ein, nach der nur im Blickfeld der Beteiligten möglich erscheinende Schäden zu ersetzen sind.[276] Im Falle der fehlenden Lieferfristvereinbarung soll nach I CA Milano vom 11.7.1975, RDU **1977** 336f nur anwendbar sein, wenn die Beförderung ausgeführt ist. Dem ist nicht zuzustimmen, weil dann die CMR-Haftungsbeschränkung für noch nicht ausgeführte Transporte gänzlich entfallen würde. Um in den Genuß dieser Beschränkung zu kommen, müßte dann der Frachtführer die Beförderung noch durchführen, auch wenn sie nicht mehr sinnvoll ist; vgl. auch Art. 31 Rdn. 7.

62 Umstritten war ferner, ob Art. 23 Abs. 5 auch auf **Güterschäden infolge Lieferfristüberschreitung anzuwenden** ist. Jedoch hat sich die Rechtsprechung dafür entschieden, daß die Vorschrift nur auf Vermögensschäden anzuwenden ist, daß aber zusätzlich der Ersatz des Güterschadens aufgrund von Abs. 1–4 geschuldet ist. Nach ganz überwiegender Ansicht regelt Art. 25 die Entschädigung für Beschädigung von Gütern abschließend, so daß für diese alleine Art. 25 und 23 Abs. 1–4 anzuwenden sind.[277] Die nur für Fälle außerhalb der CMR getroffene HGB-Reform hat diese Rechtsprechung nicht ausdrücklich übernommen. Man kann aber wohl davon ausgehen, daß sie auch dort maßgeblich sein wird.[278]

II. Begrenzung des Haftungsumfangs

63 Der Schadenersatz ist nach Art. 23 Abs. 5 auf den Betrag der Fracht, also der vom Absender geschuldeten Vergütung[279] begrenzt.[280] Die Fracht, die trotz der Verspätung zu zahlen ist, dient dabei nur als Bezugspunkt für die Schadenersatzgrenze. Maßgeblich ist die reine Fracht, die für die Ausführung der vollen[281] Beförderung zu zahlen wäre. Es kommt nicht darauf an, ob mehrere Fahrzeuge benutzt werden.[282] Unnütz aufgewendete Kosten i. S. von Art. 23 Abs. 4 sind nicht zu ersetzen.[283] Die Höhe der Fracht ist vom Frachtführer zu beweisen.[284]

III. Zwingende Haftungsgrenze

64 Die Haftungsbegrenzung ist gem. Art. 41 Abs. 1 zwingend.[285] Sie kann daher nicht erhöht oder herabgesetzt werden. Höherer Ersatz kann auch nicht durch besondere Vertragsabreden erzwungen werden;[286] etwa eine Garantie[287] oder Vertragsstrafe (Poenale).[288]

119, 121; in der deutschen und österreichischen Literatur kaum problematisiert; Beispiele: Art. 19 Rdn. 17.

276 *Hill/Messent/Glass*² S. 201f; siehe auch *Clarke*² Nr. 105.

277 Siehe Rdn. 66, Art. 19 Rdn. 17. Zu den Haftungsausschlüssen des Art. 17 Abs. 4 siehe dort Rdn. 105.

278 § 431 Abs. 1 und 3 HGBnF.

279 Im innerdeutschen Recht nunmehr auf das Dreifache der Fracht: § 431 HGB.

280 Anwendungsfälle: OLG Saarbrücken, VersR **1972** 757, 758; LG Frankfurt v. 9.7.1984, TranspR **1985** 110, 112.

281 Also nicht etwa nur des Teils der für die Verspätung verantwortlich war; MüKo/*Basedow* Rdn. 46.

282 *Hill/Messent/Glass*² S. 195f; *Putzeys* Nr. 901; *Koller*⁴ Rdn. 19.

283 *Loewe*, ETR **1976** S. 569; *Hill/Messent/Glass*² S. 195; *Koller*⁴ Rdn. 19.

284 MüKo/*Basedow* Rdn. 46; *Herber/Piper* Rdn. 46; *Koller*⁴ Rdn. 18; *Baumgärtel/Giemulla* Rdn. 8; *Lamy 99* I Nr. 539 d.

285 *Herber/Piper* Rdn. 41, 45; *Thume/Thume* Rdn. 52f; *Putzeys* Nr. 901 Fn. 723.

286 Vielfach wird eine Umdeutung in eine Interesseangabe nach Art. 26 für möglich gehalten. Siehe dazu Art. 26 Rdn. 2.

287 OLG München vom 26.7.1985, TranspR **1985** 395, 396f; F Cass vom 28.10.1980, BullCiv **1980** IV 285f; F CA Paris vom 15.6.1978, BT **1978** 420; entgegengesetzt LG Essen vom 3.7.1984, TranspR **1984** 277, 279. Siehe Art. 17 Rdn. 227, 270, 273.

288 OLG Saarbrücken vom 4.7.1972, TranspR **1978** 72; OLG Frankfurt vom 21.2.1984, TranspR **1984** 97, 99.

IV. Erhöhte Haftung

Die Haftungsgrenze kann durch Deklaration eines Lieferinteresses nach Art. 26 erhöht werden.[289] Sie gilt nicht in den Fällen des Art. 29 CMR.[290] Wird die Beförderung verweigert, ist Schadenersatz nach ergänzendem nationalen Schuldrecht zu leisten; bei Anwendung deutschen Rechts voller Schadenersatz nach § 326 BGB; siehe Art. 17 Rdn. 272. Zur erhöhten Haftung nach Art. 29 siehe dort Rdn. 27. 65

D. Haftungsgrenzen bei Überschneidung von Güterschadens- und Lieferfristhaftung

Entsteht durch Versäumung der Lieferfrist ein Schaden am Gut,[291] überschneiden sich die Tatbestände der Obhutshaftung (nur unmittelbarer Schaden am Gut, summenmäßig begrenzt; Art. 23 Abs. 1 bis 4; 25 CMR) und der Lieferfristhaftung (Vermögensschäden bis zur Höhe der Fracht, Art. 23 Abs. 5). Beide Haftungstatbestände können nebeneinander zu den jeweiligen Ansprüchen führen. In solchen Fällen überschneiden sich auch die für diese Fälle geltenden Haftungsbegrenzungen der Abs. 3 und 5 des Art. 23 und des Art. 25.[292] Für die Lösung des hierdurch entstehenden Konkurrenzproblems trifft die CMR keine Bestimmungen. Würde man beide Haftungsgrenzen **exakt kumulativ** anwenden, so zwänge ihre Formulierung dazu, den Ersatz nur im Rahmen der jeweils niedrigsten Grenze zu gewähren (Art. 23 Abs. 3: „… darf … jedoch … nicht übersteigen"; Art. 23 Abs. 5: „… nur bis zur Höhe der Fracht…").[293] Eine doppelte Haftungseinschränkung entspricht aber nicht dem gesetzgeberischen Zweck des Abkommens. Es ist kein Grund zu sehen, aus dem die durch Verspätung unmittelbar verursachten Güterschäden (Verluste und Beschädigungen) nicht in gleichem Umfang ersetzt werden sollten wie andere derartige Schäden – insbesondere die aus ungeklärten Ursachen.[294] Nicht nur die deutsche Rechtsprechung unterstellt daher Güterschäden als unmittelbare Folge der Verspätung; Art. 23 Abs. 1–4 und Art. 24, 29.[295] Dies wird wohl allgemein als kumulative Anwendung bezeichnet. Diese hat folgende **Konsequenzen:** 66

Mittelbare Folgeschäden des Verlustes oder der Beschädigung der Güter sind von der Ersatzpflicht **ausgeschlossen**. Die Haftungsbegrenzung der aus der Verspätung entstandenen Güterschäden wird nach dem kg-Bruttogewicht gemäß Art. 23 Abs. 3 berechnet.[296] **Vermögensschäden**, die aufgrund von Verlust oder Beschädigung 67

[289] In der Praxis selten: Siehe z. B. OLG Düsseldorf vom 28.10.1982, VersR **1983** 749.

[290] Siehe Rdn. 72.

[291] Solche Schäden unterliegen der Obhutshaftung; BGH vom 15.10.1992, TranspR **1993** 137, 138 = VersR **1993** 635f (mit eingehender Literaturauswertung); vom 30.9.1993, TranspR **1994** 16, 17 = VersR **1994** 119ff; auch Art. 29 ist anzuwenden.

[292] Siehe grundsätzlich Rdn. 9. Siehe dazu auch Art. 17 Rdn. 1 und Art. 19 Rdn. 19.

[293] Siehe auch *Thume/Thume* Rdn. 46.

[294] Siehe Rdn. 63. Siehe auch Art. 17 Rdn. 1, Art. 30 Rdn. 62.

[295] BGH vom 15.10.1992, TranspR **1993** 137f = VersR **1993** 636; OLG Köln vom 14.3.1997, TranspR **1998** 195f = VersR **1997** 1033f; LG Duisburg vom 4.11.1983, Spediteur **1985** 62; ferner A OGH vom 31.3.1982, *Greiter* 137, 14; F CA Rennes vom 5.11.1974, BT **1974** 514, 515 (Art. 25 für Güterschäden aus Verspätung); B TribCom Brüssel vom 2.4.1990, ETR **1991** 541ff mit Anm. von *de Wit* 547, 551; **a. A.** (nach Abs. 5) noch F CA Aix-en-Provence vom 20.12.1977, BT **1978** 245ff. Zu Art. 34 CIM BGH vom 14.4.1976, MRD **1976** 906.

[296] BGH vom 15.10.1992, TranspR **1993** 137f = VersR **1993** 636; bestätigt 30.9.1993, TranspR **1994** 16–18 = VersR **1994** 119–121. Die ausländische Rechtsprechung wendet jedoch teilweise auch auf diese Schäden Art. 23 Abs. 5 an: NL Rb Roermond vom 30.5.1968, ETR **1969** 1019, 1024. *Koller*[4] Rdn. 17; *Thume/Thume* Rdn. 48; *Herber/Piper* Rdn. 38f; *Thume/Seltmann* Rdn. A 50; *Jesser* S. 133; *Clarke*[2] Nr. 61b S. 311; *Hill/Messent/Glass*[2] S. 197.

des Gutes und der dadurch bedingten Überschreitung der Lieferfrist entstehen, sind nicht nach Abs. 5 ersatzfähig.[297] Führt also eine Beschädigung des Gutes zu verspäteter Ablieferung, sind Folgeschäden nicht zu ersetzen. Dies ergibt sich klar aus der Beschränkung der Haftung auf Wertersatz in Art. 25 Abs. 1, die durch die Gewährung zusätzlichen Verspätungsschadens umgangen würde.[298] Jedoch kann der Frachtführer nach positiver Vertragsverletzung haften, wenn er den Empfänger nicht von der voraussichtlichen Verspätung informiert.[299] Etwas anderes ergibt sich auch nicht, wenn eine Beschädigung durch überlange Beförderungsdauer entsteht. Auch dann ist dies nur eine Ursache des Verlusts während der Obhutszeit; es entstehen keine Lieferfristansprüche im Sinne des Art. 23 Abs. 5. Die pauschale Begrenzung des Güterschadens auf Wertersatz nach Art. 23 Abs. 1 schließt eine zusätzliche Entschädigung aus Lieferfristüberschreitung aus.[300]

68 **Schäden,** die nicht am Gut, sondern **an anderen Vermögenswerten** infolge Lieferfristüberschreitung entstehen, sind – gegebenenfalls daneben – nach den Regeln über die Verspätungshaftung in den Grenzen des Art. 23 Abs. 5 zu ersetzen.[301] Dazu gehören insbesondere auch Ansprüche von Vertragspartnern des Absenders, die dieser zu befriedigen hat.[302]

69 **Totalverluste, die nicht mehr zur Ablieferung führen,** sind Güterschäden, deren Entschädigung nur nach Art. 23 Abs. 1–4 zu berechnen ist. Kommt es infolge des Verlustes nicht mehr zur Ablieferung, liegt keine Lieferfristüberschreitung vor, weil mit dem Verlust die Ablieferung unmöglich geworden ist. Daher kann Art. 23 Abs. 5 nicht angewendet werden.[303]

70 Entsteht ein **Schaden am Gut und unabhängig davon** ein **Vermögensschaden wegen Überschreitung der Lieferfrist**, sind beide in den jeweiligen Grenzen zu ersetzen.[304] Dies ist beispielsweise der Fall, wenn wegen eines Fahrzeugmangels der Wagen sich verspätet, ein Teil der Ware verdirbt und ein anderer Teil wegen Verspätung nur zu einem niedrigeren Preis verkauft werden kann. Dann ist der Verderb nach Art. 23 Abs. 1–4 zu entschädigen, der Verlust für die nicht verdorbene Ware nach Abs. 5; zur Anwendung von Art. 30 Abs. 3 siehe dort Rdn. 62.

---

297 A OGH vom 15.2.1979, SZ **52** 19 = *Greiter* S. 76.

298 *Heuer* 139; zur CIM BGH vom 14.4.1976, DB **1974** 2013f = ETR **1976** 787, 797f; **a. A.** *Koller* Rdn. 17. Unklar *Clarke*² Nr. 105.

299 Zustimmend jetzt auch *Koller*⁴ Rdn. 17. Siehe im übrigen Art. 17 Rdn. 277.

300 A OGH vom 15.2.1979, *Greiter* 76, 77; dazu *Thume/Seltmann* Rdn. A 44; Begründung für eine Differenzzahlung, weil der Frachtführer einen billigeren Seetransport gewählt hat: A OGH vom 30.11.1989, VersR **1990** 1259.

301 BGH vom 15.10.1992, TranspR **1993** 137f = VersR **1993** 636; BGH vom 30.9.1993, TranspR **1994** 16, 17f = VersR **1994** 119–121; *Jesser* S. 133–135 (kein Ersatz von nicht durch die Obhutshaftung abgedecktem Verspätungsschaden).

302 BGH vom 30.9.1993, TranspR **1994** 16, 17f = VersR **1994** 119–121.

303 I. E. zutreffend *Heuer* 139.

304 Noch offengelassen von BGH vom 15.10.1992, TranspR **1993** 137, 138 = VersR **1993** 636; jedoch (eher beiläufig) bestätigt BGH vom 30.9.1993, BGHZ **123** 303ff = TranspR **1994** 16, 17 = VersR **1994** 119–120. In der Literatur siehe bereits *Heuer* 137–139; *Helm* Haftung S. 38f; siehe auch *Koller*⁴ Rdn. 7 *Koller* Rdn. 1; zumindest teilweise auch *Voigt* VP **1971** 29f; wohl auch *Libouton* ETR **1973** 5; A OGH vom 15.2.1979, SZ **52** 19 = *Greiter* S. 76; wohl auch LG Duisburg vom 4.11.1983, Spediteur **1985** 62. **A. A.** OLG Hamm vom 14.11.1985 TranspR **1986** 77, 79 = VersR **1987** 609f; LG Kleve vom 30.10.1974, VersR **1975** 465, 466 (Anwendung von Art. 23 Abs. 5 auf Güterschaden infolge Lieferfristüberschreitung).

E. Durchbrechung der Haftungsbeschränkung des Art. 23

I. Erhöhte Haftung (Art. 23 Abs. 6, Art. 24, Art. 26 CMR)

Art. 23 Abs. 6 ist offenkundig überflüssig.[305] Sollen durch Festlegung im Frachtbrief[306] über Art. 23, 25 hinausgehende Ersatzansprüche gesichert werden, so stehen – in Art. 23 Abs. 6 klargestellt – dafür nach der CMR zwei Möglichkeiten zur Verfügung: die **Wertangabe (Art. 24)**, die einen über Art. 23 Abs. 3 hinausgehenden Wertersatzanspruch eröffnet, und die Angabe eines besonderen Lieferinteresses, die höhere, über die Grenzen der Art. 23–25 CMR hinausgehende Schadenersatzansprüche eröffnet. Sollen über den Wert des Gutes hinaus Vermögensschäden ersatzfähig gemacht werden, genügt nicht die Deklaration eines höheren, in Wahrheit nicht existierenden Wertes. Denn auch im Rahmen des Art. 24 kann nicht mehr als der Wert des Gutes ersetzt werden. Vielmehr muß dann ein **Lieferinteresse nach Art. 26** deklariert werden. In dessen Rahmen entfällt die Beschränkung auf Wertersatz. Damit werden mittelbare Schäden ersatzfähig; siehe die Erl. zu Art. 24 und 26. 71

II. Volle Haftung gem. Art. 29 CMR

Die **Durchbrechung der Haftungsbeschränkungen des Art. 23** ist einer der weitaus häufigsten Anwendungsfälle des Art. 29 CMR;[307] siehe auch Art. 29 Rdn. 20ff, 27. 72

F. Mitverschulden und Vorteilsanrechnung

Der Umfang der Haftung kann durch Mitverschulden oder Mitverursachung[308] vermindert sein. Mitverschulden nach Art. 17 Abs. 2 (1. Alternative), Art. 17 Abs. 5 CMR, eventuell auch nach § 254 BGB, ist grundsätzlich zu berücksichtigen. Ob es den bereits nach Art. 23 Abs. 3–5 begrenzten Ersatzanspruch nochmals mindert oder ob die Ersatzverpflichtung erst nach Minderung der Ersatzpflicht nach § 254 anzuwenden ist, erscheint fraglich. Da Abs. 3–5 einen bereits festgestellten und zu ersetzenden 73

---

305 Siehe Rdn. 1.

306 Siehe Art. 24 Rdn. 9.

307 BGH vom 16.2.1984, NJW **1984** 2033f = TranspR **1984** 182, 183 = VersR **1984** 551f; im Ansatz auch vom 27.6.1985, TranspR **1985** 338ff = VersR **1985** 1060ff; vom 14.7.1993, TranspR **1993** 426, 428; vom 17.4.1997, TranspR **1998** 25, 27 = VersR **1998** 82ff; vom 26.6.1997, TranspR **1998** 65ff; vom 28.5.1998, TranspR **1998** 454, 455 = VersR **1998** 805ff.
OLG Düsseldorf vom 26.7.1984, TranspR **1985** 128f; vom 12.12.1985, TranspR **1986** 56, 59 = VersR **1986** 1069f; OLG Düsseldorf vom 14.7.1987, TranspR **1987** 378 = VersR **1987** 932; vom 22.11.1990, TranspR **1991** 59, 60; OLG Hamburg vom 7.2.1991, TranspR **1991** 294ff; OLG Hamm vom 10.12.1987, TranspR **1989** 155 = VersR **1989** 413; vom 9.5.1996, TranspR **1997** 189f vom 29.6.1998, TranspR **1999** 201–203; OLG Köln vom 4.7.1995, TranspR **1996** 284, 286; OLG München vom 27.11.1968, ETR **1971** 115, 128; vom 29.11.1995, TranspR **1997** 190, 191; vom 26.11.1997, TranspR **1998** 305, 306; OLG München vom 28.1.1998, TranspR **1998** 256f; LG Lübeck vom 17.3.1986, TranspR **1986** 339. LG Karlsruhe vom 17.2.1995, TranspR **1995** 439f; LG Berlin vom 4.5.1983, TranspR **1985** 134, 135; LG Frankfurt v. 9.7.1984, TranspR **1985** 110, 112. Siehe Art. 29 Rdn. 27.
Ausländische Rechtsprechung: F Cass vom 22.9.1983, ETR **1984** 111, 117f; mit negativem Ergebnis geprüft: F Cass vom 5.1.1988, RDU **1988** 732, 735; F Cass vom 5.1.1988, RDU **1988** 732, 733; F CA Lyon vom 3.3.1966, BT **1966** 306ff; F CA Paris vom 18.12.1968, BT **1969** 98, 99; F CA Paris vom 15.12.1977, BT **1978** 53; F CA Paris vom 11.1.1980, BT **1980** 94ff; Paris vom 27.5.1980, BT **1980** 435ff; F CA Nîmes vom 11.2.1981, BT **1981** 198f; F TribCom Grenoble vom 8.3.1982, BT **1982** 298f; F CA Nancy vom 21.1.1987, BT **1987** 344f; F CA Rouen vom 19.3.1981, BT **1981** 595f.
B Trib Brüssel vom 8.6.1990, ETR **1991** 362, 366.

308 Siehe Art. 17 Rdn. 230ff.

Schaden voraussetzen und nur den Frachtführer vor zu hohem Ersatz schützen sollen, ist es angemessener, diese Ersatzgrenze nicht noch einmal gem. § 254 herabzudrücken.[309] Daher sollte zunächst der Schaden nach Art. 23 Abs. 1 oder 3 festgestellt werden. Überschreitet dieser die Haftungsgrenzen der Abs. 3 und 5, sollte er nicht nochmals durch diese begrenzt werden.[310] Auch **Vorteilsanrechnung** nach ergänzendem nationalen Recht kommt in Frage.[311] Wird z.B. verlorenes Gut wieder aufgefunden und vom Empfänger wieder an sich gebracht, ist dieser Vorteil durch Anrechnung auf den Schadenersatz auszugleichen.[312]

74 Bei der Feststellung der **summenmäßigen Beschränkung** der Haftung für Güterschäden spielt Mitverschulden in Form der Verletzung der Schadensminderungspflicht in der Regel keine Rolle, weil diese Grenze pauschal nach dem Wert am Abgangsort berechnet wird.[313] Bei der für die Ermittlung der zu ersetzenden Wertdifferenz erforderlichen Bestimmung des **Restwerts** der beschädigten Ladung gibt es jedoch Fälle der Beschädigung, in denen der Verfügungsberechtigte durch schuldhafte Vernachlässigung von schnellen Maßnahmen den Restwert der Ladung vermindert hat. In diesen Fällen muß der Restwert auf den durch eine ordnungsgemäße Verwertung erreichbaren Betrag angesetzt werden.[314] Dies wirkt sich praktisch ähnlich wie eine Anwendung von § 254 BGB aus.

Artikel 24

Der Absender kann gegen Zahlung eines zu vereinbarenden Zuschlages zur Fracht einen Wert des Gutes im Frachtbrief angeben, der den in Artikel 23 Absatz 3 bestimmten Höchstbetrag übersteigt; in diesem Fall tritt der angegebene Betrag an die Stelle des Höchstbetrages.

Article 24

L'expéditeur peut déclarer dans la lettre de voiture, contre paiement d'un supplément de prix à convenir, une valeur de la marchandise excédant la limite mentionnée au paragraphe 3 de l'article 23 et, dans ce cas, le montant déclaré se substitue à cette limite.

Article 24

The sender may, against payment of a surcharge to be agreed upon, declare in the consignment note a value for the goods exceeding the limit laid down in article 23, paragraph 3, and in that case the amount of the declared value shall be substituted for that limit.

---

309 *Koller*[4] Rdn. 21; *Herber/Piper* Rdn. 47.

310 So aber OLG Hamburg vom 6.12.1979, VersR **1980** 290, 291 (offenlassend, ob § 254 BGB ergänzend anwendbar ist).

311 Siehe § 430 HGBaF Rdn. 40.

312 BGH vom 27.10.1978, NJW **1979** 2473f = TranspR **1982** 108f = VersR **1979** 276ff; *Koller*[4] Rdn. 5; *Thume/Thume* Rdn. 61; siehe aber OLG Hamburg vom 17.11.1983, TranspR **1984** 188 = VersR **1984** 258.

313 *Koller*[4] Rdn. 21; BGH vom 15.10.1992, TranspR **1993** 137f = VersR **1993** 636.

314 Siehe Rdn. 3.

Übersicht

Schrifttum

Heuer Aufeinanderfolgende Frachtführer nach Art. 34 ff. CMR, TranspR **1984** 169–172; *Meyer-Rehfueß* Bericht über das Symposium der Deutschen Gesellschaft für Transportrecht im April **1994** TranspR **1994** 326–338; *Oeynhausen* Wertdeklarationen im internationalen Straßengüterverkehr nach Art. 24 CMR, TranspR **1982** 113–116.

A. Bedeutung von Art. 24 CMR

Nach Artikel 24 kann nur die summenmäßige Haftungsgrenze des Art. 23 Abs. 3 erhöht werden;[1] die Vorschrift kann daher keinen Schutz vor mittelbaren Schäden bieten.[2] Dafür ist zusätzlich Art. 26 vorgesehen, der nur Sinn bringt, wenn er das Wertersatzprinzip des Art. 23 Abs. 1 (gegen Entgelt) ausschaltet. In der Praxis hat Art. 24 keinerlei positive Bedeutung erlangt.[3] Offenbar gibt es nur wenig Rechtsprechung zu Fällen vereinbarter höherer Haftung, weder nach Art. 24[4] noch nach Art. 26.[5] In den Fällen des groben Verschuldens wird voll gehaftet.[6] **1**

B. Voraussetzungen der Erhöhung der Haftungsgrenze

I. Vertragliche Vereinbarung

Die Wertdeklaration ist kein einseitiger Akt, sondern bedarf einer Vereinbarung zwischen Absender und Frachtführer. Möglich ist der Nachweis, daß der Fahrer zu deren Abschluß nicht berechtigt war. Dabei sind die Grundsätze der Duldungs- und Anscheinsvollmacht zu beachten.[7] **2**

---

1 *Loewe* ETR **1976** 503 ff, Nr. 23.

2 Siehe dazu Art. 26 und Art. 23 Rdn. 1, 5 und 71.

3 Unter den veröffentlichten Urteilen erbrachte fast keines im Ergebnis eine Durchbrechung der Haftungsbeschränkung. Die praktische Bedeutungslosigkeit wird auch in der Literatur häufig festgestellt: *Oeynhausen* TranspR **1982** 113 ff; *Dorrestein* Nr. 228.

4 *Lamy 99* I Nr. 528, 1529. Beiläufige, nicht fallrelevante Erwähnungen in F CA Paris vom 10.12.1971, BT **1972** 19, 20; F CA Paris vom 9.3.1982, BT **1982** 245 f.

5 Siehe dort Rdn. 1.

6 Siehe Art. 29 Rdn. 27.

7 *De la Motte* VersR **1988** 317, 320; *Koller*⁴ Rdn. 2; *Glöckner*⁷ Rdn. 5; *Thume/Thume* Rdn. 4; *Herber/Piper* Rdn. 7; eingehende analytische Behandlung bei *Silingardi* S. 235–240. Siehe dazu MüKo/*Basedow* Rdn. 4; *Putzeys* Nr. 906 verlangt ausdrückliche oder stillschweigende Ermächtigung des Fahrers.

II. Bestimmtheit und konstitutive Frachtbriefeintragung

3 Die Deklaration des erhöhten Wertes muß, um die Wirkung des Art. 24 zu erreichen, exakt bestimmt[8] und im Frachtbrief eingetragen sein.[9] Die Eintragung wirkt konstitutiv[10] und begründet zugleich nach Art. 9 Abs. 1 die Vermutung einer dementsprechenden Vereinbarung.[11] Verweisungen auf andere Dokumente genügen nicht.[12] Eine Verweisung im Frachtbrief auf pro-forma-Rechnungen reicht nicht aus.[13] Die Wertangabe kann nur gelten, soweit der Frachtbrief die Beförderung deckt. Bei Neuaufgabe unter einem neuen Frachtbrief ist die Eintragung im ersten Frachtbrief für die weiteren Frachtführer nicht maßgeblich.[14] Die Berufung auf die fehlende oder unzureichende Frachtbriefeintragung kann gegen den internationalen Grundsatz von Treu und Glauben verstoßen, etwa wenn der formlos vereinbarte Frachtzuschlag bezahlt worden ist.[15]

4 Nicht geregelt ist, **ob der Frachtführer die Eintragung der Werterhöhung im Frachtbrief akzeptieren muß**. Ist vor Ausfertigung des Frachtbriefs noch kein Frachtvertrag zustande gekommen, so kann der Frachtführer selbstverständlich den Abschluß verweigern. War dagegen ein Frachtvertrag bereits abgeschlossen, so ist eine Pflicht des Frachtführers zum Akzeptieren der Werterhöhung nicht anzunehmen.[16]

III. Zahlung des Zuschlags als Voraussetzung?

5 Die CMR sieht in Art. 24 die Wertdeklaration „gegen Zahlung eines zu vereinbarenden Zuschlages zur Fracht“[17] vor, dessen Höhe wohl bestimmbar sein muß. Das

---

8 Siehe etwa OLG Saarbrücken vom 4.7.1972, TranspR **1978** 72, 73 (zu Art. 26).

9 BGH vom 14.7. 1993, TranspR **1993** 426, 428 = VersR **1993** 1296, 1297; A OGH vom 30.8.1990, TranspR **1992** 406, 408 (Frachtbrief Voraussetzung); OLG Saarbrücken vom 4.7.1972, TranspR **1978** 72; OLG Hamburg vom 29.5.1980, VersR **1980** 950, 951 (Hinweis auf Rechnung im Frachtbrief reicht aus); LG Darmstadt vom 23.9.1981, VersR **1982** 1107 (Angaben im „Versandauftrag“ reichen nicht aus); F CA Montpellier vom 19.2.1987, BT **1987** 578f (zu Art. 26); eingehend MüKo/*Basedow* Rdn. 6. Unklar und in der Sache unrichtig (*Koller*⁴ Rdn. 3) die beiläufige, nicht entscheidungserhebliche Bemerkung bei BGH vom 27.1.1982, NJW **1982** 1944, 1945 = TranspR **1982** 105, 106 = VersR **1982** 669f. Siehe zum Überblick über die vertretenen Meinungen auch bereits *Haak* S. 232f. Zur französischen Rechtsprechung siehe F Cass vom 10.1.1983, BT **1983** 154, 155; vom 10.7.1989, BT **1989** 591f zu Art. 26; vom 28.10.1980, BullCiv **1980** IV 285f; F CA Paris vom 19.9.1979, BT **1979** 481, 483; F CA Montpellier vom 19.2.1987, BT **1987** 578f; ferner zu Art. 26 dort Rdn. 4.

10 Siehe Art. 6 Rdn. 24, 33. Ganz überwiegende Auffassung für Formzwang: *Loewe* ETR **1976** 503ff, Nr. 83; *Loewe*, ETR **1976** S. 569; *Nickel-Lanz* S. 134 Rdn. 173; MüKo/*Basedow* Rdn. 28; *Glöckner*⁷ Rdn. 6; *Herber/Piper* Rdn. 11, Art. 6 Rdn. 17; *Thume/Teutsch* 11f, Art. 6 Rdn. 30; *Thume/Seltmann* Rdn. A 11; MüKo/*Basedow* Rdn. 6, Art. 6 Rdn. 36; *Bischof* VersR **1981** 539; *Eltermann* VersR **1982** 1107; *Putzeys* Nr. 351 („mentions substantielles“); *Clarke*² Nr. 106 S. 496; *Hill/Messent/Glass*² S. 199; *Sánchez-Gamborino* Nr. 1090.
Gegen konstitutive Wirkung der Sache nach OLG Hamburg vom 29.5.1980, VersR **1980** 950f; *Koller*⁴ Rdn. 3; *Lamy 99* I Nr. 528c gegen das wenig aussagekräftige Urteil F CA Reims vom 13.7.1977, BT **1977** 406, 408.

11 OLG Düsseldorf vom 28.10.1982, VersR **1983** 749 und (deutlicher) vom 7.7.1988, TranspR **1988** 425, 429 (beide zu Art. 26 CMR).

12 *Thume/Thume* Rdn. 12; *Thume/Seltmann* Rdn. A 11; *Hill/Messent/Glass*² S. 199 Fn. 140; *Sánchez-Gamborino* Nr. 1091; F CA Montpellier vom 19.2.1987, BT **1987** 578f. Zweifelhaft für Anlagen zum Frachtbrief, auf die in ihm verwiesen ist: Ausreichend sehen dies *Herber/Piper* Rdn. 12; *Koller*⁴ Rdn. 3; *Lamy 99* I Nr. 528c und (zu Art. 26) Nr. 529c.

13 Sie entspricht nicht dem Formzwang des Frachtbriefrechts; siehe aber OLG Hamburg vom 29.5.1980, VersR **1980** 950, 951; ferner Art. 6 Rdn. 8.

14 Zu weitgehend daher der Leitsatz in B CA Brüssel vom 16.11.1977, ETR **1980** 319, 325.

15 MüKo/*Basedow* Rdn. 7.

16 Siehe aber auch Rdn. 3.

17 Entsprechend den französischen und englischen Originaltexten.

Zusatzentgelt muß bestimmt sein.[18] Ob damit die Vereinbarung einer solchen Zahlungspflicht oder gar ihre Erfüllung notwendige Voraussetzung der Erhöhung der Haftungsgrenze ist, wird weder in Art. 24 noch in Art. 26 deutlich gesagt. Die Unsicherheiten hinsichtlich der besonderen Zahlungspflicht waren jedoch stets ein wesentliches Hindernis für eine wirksame Wert- und Interessedeklaration. Es ist regelmäßig schwierig, ein besonderes Entgelt für die Erhöhung der Haftungsgrenzen festzustellen. Mit der generellen Aufhebung der Tarife in Europa[19] gibt es nur noch die Möglichkeit einer speziellen Vereinbarung eines Aufgelds. Bei den längst üblich gewordenen Festkostenvereinbarungen wäre sie freilich ein Sonderfall in einer sonst einheitlichen Preisgestaltung. Auch die Schwierigkeit der Versicherung des zusätzlichen Haftungsrisikos[20] trägt dazu bei, daß ein separater Kostenanteil in der Praxis nicht festgestellt werden kann. Praktische Bedeutung kann der Vorschrift allenfalls durch eine Auslegung wieder gegeben werden, nach der die Vereinbarung des Zuschlages keine Wirksamkeitsvoraussetzung der Art. 24 und 26 ist, sondern nur eine Folge der Wertdeklaration. Dies wird zwar teilweise vertreten, ist aber international mit Unsicherheiten belastet.

Hierzu gibt es mindestens 6 **unterschiedliche Meinungen**:

- Auch ohne Vereinbarung des Zuschlags kann wirksam die Wertdeklaration erfolgen. Das Gesetz will nur klarstellen, daß der Frachtführer ohne ein genau bestimmtes Zusatzentgelt die Haftungserhöhung nicht zu akzeptieren braucht.[21] **6**
- Die Vereinbarung ist erforderlich kann aber außerhalb des Frachtbriefs vereinbart erfolgen.[22] Die Beweislast für die besondere Vergütung im Rahmen der Fracht trägt dann der Absender.[23]
- Das genau bestimmte Zusatzentgelt muß im Frachtbrief eingetragen sein.[24]
- Die Zahlung des Entgelts ist Voraussetzung.[25] Fraglich ist auch, wann diese Zahlung erfolgt sein muß.[26]
- Die Funktion der zusätzlichen Entgeltpflicht ist erst Folge der Unterzeichnung des eine Deklaration enthaltenden Frachtbriefs.[27] Die Formulierung der Vorschriften kann in der Tat auch so ausgelegt werden. Der Verzicht auf das Zusatzentgelt würde auch nicht gegen Art. 41 CMR verstoßen.[28] Von dieser Aus-

[18] Siehe F Cass vom 10.7.1989, BT **1989** 591f zu Art. 26; *Thume/Thume* Art. 6f; wohl auch *Glöckner*[7] Rdn. 1f.

[19] Auf den Zusammenhang mit dem früher bestehenden Tarifsystem weist MüKo/*Basedow* Rdn. 8 nachdrücklich hin.

[20] Siehe Art. 24 Rdn. 10, Art. 26 Rdn. 1.

[21] *Herber/Piper* Rdn. 9; *Clarke*[2] Nr. 106 S. 496f; OLG Düsseldorf vom 28.10.1982, VersR **1983** 749 und vom 7.7.1988, TranspR **1988** 425, 429 (beide zu Art. 26).

[22] *Herber/Piper* Rdn. 13; Für Vereinbarung des Zuschlags als Wirksamkeitsvoraussetzung *Heuer* 124; nicht ganz klar *Glöckner*[7] Rdn. 2; Grundsätzlich auch *Thume/Thume* Rdn. 6ff, der die vorherige Zahlung nicht als erforderlich ansieht.

[23] *Hill/Messent/Glass*[2] S. 200; F Cass vom 10.7.1989, BT **1989** 591f (zu Art. 26)

[24] So in der französischen Rechtsprechung, F Cass vom 24.11.1987, RDU **1988** 729, 731 = BT **1988** 42 (zu Art. 24); F Cass vom 10.7.1989, BT **1989** 591f zu Art. 26.

[25] F Cass vom 24.11.1987, RDU **1988** 729, 731 = BT **1988** 42 (zu Art. 24); F Cass vom 10.7.1989, BT **1989** 591f zu Art. 26 (entsprechend dem Berufungsgericht), sieht aber den Beweis dafür durch den Absender als nicht erbracht; OLG Saarbrücken vom 4.7.1972, TranspR **1978** 72 (zu Art. 26); LG Darmstadt vom 23.9.1981, VersR **1982** 1107 (Art. 24, ohnehin kein Frachtbrief); wohl auch A OGH vom 30.8.1990, TranspR **1992** 406, 408 (zu Art. 24, Art. 26). *Lamy* 99 I Nr. 528c (zu Art. 24) und Nr. 529c (zu Art. 26). OLG Hamburg vom 29.5.1980, VersR **1980** 950, 951 (zu Art. 24) sieht die erfolgte Frachtzahlung auch ohne einzeln ausgewiesenen Zuschlag als ausreichend. Siehe vergleichend Art. 22 WA und LG Stuttgart vom 20.8.1991, TranspR **1992** 31f.

[26] *Thume/Thume* Rdn. 9.

[27] *Loewe*, ETR **1976** Nr. 198f S. 570; auf den Zahlungsanspruch kann dann gem. Art. 41 nicht verzichtet werden; *Eltermann* VersR **1982** 1107f.

[28] *Eltermann* VersR **1982** 1107f.

legung ausgehend ist dann eine Zahlung des Zuschlags kein Wirksamkeitserfordernis[29] die Eintragung ist ausreichend.[30]
- Die Erwähnung im Gesetz sollte nur klarstellen, daß eine Pflicht zum Akzeptieren des erhöhten Wertes im Frachtbrief nur bei Zahlung des Zuschlags besteht.

7 Da Rechtsprechung und Literatur zu diesen praktisch nicht mehr relevanten Fragen **international tief gespalten** sind,[31] könnte wohl nur eine Neufassung der beiden Artikel zu einer brauchbaren Lösung führen. Bis dahin muß man Art. 24 und 26 fast immer als unanwendbar behandeln.[32] Sicherheit über die Wirksamkeit der Wert- und Interessedeklaration gibt es wohl nur dann, wenn alle Erfordernisse in der strengsten Form erfüllt sind: genaue Deklaration der Erhöhung im Frachtbrief; Vereinbarung des Zuschlags und Eintragung des genau bezifferten Frachtzuschlags im Frachtbrief; selbstverständlich Unterzeichnung des Frachtbriefs mit Nachweis der Vertretungsmacht des Unterzeichnenden (etwa des Fahrers). In welcher Weise unter Beschränkungen des Art. 41 eine selbständige Versicherung des Zusatzrisikos anstelle der formalen Wertdeklaration möglich ist, muß besonders geprüft werden.

IV. Keine Hinweis- und Beratungspflicht des Frachtführers

8 Den Frachtführer trifft keine Pflicht, den Absender bei Abschluß des Frachtvertrags oder bei Ausstellung des Frachtbriefs auf die Möglichkeit einer Wert- oder Interesseangabe nach Art. 24 und 26 CMR hinzuweisen.[33] Jedoch hat er den Absender, wenn dieser ihn fragt, über diese Möglichkeiten aufzuklären. Bei Verletzung dieser vorvertraglichen bzw. vertraglichen Nebenpflicht sind Ansprüche aus Verschulden bei Vertragsschluß oder positiver Vertragsverletzung möglich; siehe Art. 17 Rdn. 272 und 259.

C. Rechtsfolgen

9 Die Deklaration nach Art. 24 erhöht ausschließlich die Haftungsgrenzen des Art. 23 Abs. 3 und Art. 25 Abs. 2. Sie begründet keinen Anspruch auf eine Schadenspauschale. Erforderlich ist vielmehr der Nachweis eines entsprechenden Schadens.[34] Die Deklaration begründet auch keine Vermutung für einen entsprechenden Wert des Gutes.[35] Der Anspruch auf Kostenersatz nach 23 Abs. 4 bleibt von der Wertdeklaration unberührt.[36]

10 Die üblichen CMR-Haftpflichtversicherungs-Policen sehen **nur eine eingeschränkte Deckung der durch Wertdeklaration erhöhten Haftpflicht** vor;[37] es gibt jedoch die

---

29 *Herber/Piper* Rdn. 9; mit umfangreicher Begründung auch *Koller*[4] Rdn. 2; wohl auch *de la Motte* VersR **1988** 317, 320f; *Clarke*[2] Nr. 106 S. 496; *Putzeys* Nr. 906 S. 308; i. E. auch MüKo/*Basedow* Rdn. 8, der die Vereinbarung des Zuschlags durch die Deregulierung überholt sieht.

30 B CA Brüssel vom 16.11.1977, ETR **1980** 319, 331; i. E. auch OLG Hamburg vom 29.5.1980, VersR **1980** 950, 951. Siehe auch Art. 26 Rdn. 4.

31 Siehe insbesondere *Haak* S. 232ff.

32 In der Reform des deutschen Frachtrechts wurde nach eingehenden Erörterungen auf jede entsprechende Bestimmung verzichtet.

33 F Cass vom 12.10.1981, ETR **1982** 294, 299f und vom 10.7.1989, BT **1989** 591f.

34 *Herber/Piper* Rdn. 1, 14; *Heuer* 124; *Koller* Rdn. 5; *Lenz* Rdn. 703; *Putzeys* Nr. 908; MüKo/*Basedow* Rdn. 5, 10; *Hill/Messent/Glass*[2] S. 145.

35 *Koller* Rdn. 5; *Heuer* 124; *Thume/Thume* Rdn. 13.

36 *Herber/Piper* Rdn. 14; *Koller*[4] Rdn. 4; *Loewe* ETR **1976** 503ff, Nr. 197; *Thume/Thume* Rdn. 14.

37 *Oeynhausen* TranspR **1982** 113f; *de la Motte* VersR **1988** 317, 321 (gegen Prämienzuschlag). Aus der Rechtsprechung siehe OLG Hamm vom 3.4.1981, VersR **1981** 1148f.

Möglichkeit einer zusätzlichen Deckung dieses Risikos.[38] Sicherlich ist die Versicherung der Risiken in der Transportversicherung rechtlich möglich; ein entsprechender Regreß gegen den Frachtführer ist aber wiederum von der wirksamen Werterhöhung nach Art. 24, 26 CMR abhängig.[39]

Artikel 25

1. Bei Beschädigung hat der Frachtführer den Betrag der Wertverminderung zu zahlen, die unter Zugrundelegung des nach Artikel 23 Absatz 1, 2 und 4 festgestellten Wertes des Gutes berechnet wird.

2. Die Entschädigung darf jedoch nicht übersteigen,

a) wenn die ganze Sendung durch die Beschädigung entwertet ist, den Betrag der bei gänzlichem Verlust zu zahlen wäre;

b) wenn nur ein Teil der Sendung durch die Beschädigung entwertet ist, den Betrag, der bei Verlust des entwerteten Teiles zu zahlen wäre.

Article 25

1. En cas d'avarie, le transporteur paie le montant de la dépréciation calculée d'après la valeur de la marchandise fixée conformément à l'article 23, paragraphes 1, 2 et 4.

2. Toutefois, l'indemnité ne peut dépasser:

a) Si la totalité de l'expédition est dépréciée par l'avarie, le chiffre qu'elle aurait atteint en cas de perte totale;

b) Si une partie seulement de l'expédition est dépréciée par l'avarie, le chiffre qu'elle aurait atteint en cas de perte de la partie dépréciée.

Article 25

1. In case of damage, the carrier shall be liable for the amount by which the goods have diminished in value, calculated by reference to the value of the goods fixed in accordance with article 23, paragraphs 1, 2 and 4.

2. The compensation may not, however, exceed:

(a) If the whole consignment has been damaged, the amount payable in the case of total loss;

(b) If part only of the consignment has been damaged, the amount payable in the case of loss of the part affected.

---

[38] Wenn sie auch nicht eindeutig in den Versicherungsbedingungen festgelegt zu sein scheint, dazu *de la Motte* VersR **1988** 317, 321; ferner *Glöckner*[7] Rdn. 41; *Haak* S. 231; *Clarke*[2] Nr. 106 S. 497; zu Art. 26 auch *Thume/Thume* Rdn. 2.

[39] Dazu auch Art. 41 Rdn. 16.

Übersicht

Schrifttum

Butzer Die Ermittlung des Ersatzwertes für Unikate im Frachtrecht, VersR **1991** 854–860; *de la Motte* CMR: Schaden – Entschädigung – Versicherung, VersR **1988** 317–324; *Glöckner* Die Haftungsbeschränkungen und die Versicherung nach den Art. 3, 23–29 CMR, TranspR **1988** 327–334; *Knorre* Zur Haftung des Frachtführers nach Art. 23, 25 CMR, TranspR **1985** 241–245; *Roltsch* Voller Ersatz bei Verderb der Ware durch Verspätung, DVZ Nr. 27 v. 5.3.1994, 8; *Voigt* Haftung im internationalen Straßengüterverkehr nach der CMR, VP **1962** 34–36; *Voigt* CMR und mittelbare Schäden, VP **1971** 28–30.

I. Allgemeines

1 Art. 25[1] setzt die Regelung des Art. 23 voraus[2] und kann auch bei Güterschäden durch Verspätung angewendet werden.[3] Art. 25 ist sachlich weitgehend gleich, aber in einzelnen Punkten verbessert in § 429 Abs. 2 HGB übernommen worden.

II. Wertverminderung als Grundlage der Ersatzberechnung (Art. 25 Abs. 1)

1. Ausgangspunkt Wertdifferenz

2 Art. 25 Abs. 1 sieht einen Ersatz der Wertverminderung im Falle der Beschädigung vor. Die Vorschrift geht davon aus, daß die Differenz zwischen dem Wert des Gutes[4] im unbeschädigtem und im beschädigten Zustand zu ersetzen ist.[5] Gem. Art. 23 Abs. 2 ist daher zunächst (vorbehaltlich der Haftungsbegrenzung nach Abs. 3) als Wert festzustellen der Marktpreis **der Gesamtsendung am Ort und zur Zeit der Übernahme.**[6] Dieser Wert ist mit dem **Ankunftswert** in beschädigtem Zustand zu ver-

[1] Artikel 25 entspricht weitgehend Art. 32 CIM 99 und Art. 33 CIMaF.

[2] Siehe Art. 23 Rdn. 9, 11. Siehe dort zur Beschädigung Art. 23 Rdn. 52–52; zum Kostenersatz Art. 23 Rdn. 18–42; zum Begriff der Beschädigung Art. 17 Rdn. 8ff. Zum alten Recht § 429 HGBaF Rdn. 19ff; zur Berechnung der Entschädigung § 430 HGBaF Rdn. 45; zum Totalverlust § 429 HGBaF Rdn. 12ff.

[3] F CA Rennes vom 5.11.1974, BT **1974** 514f; siehe Art. 23 Rdn. 66ff.

[4] Siehe zum Begriff des Gutes Art. 23 Rdn. 1, § 425 HGBaF Rdn. 80f; § 429 HGBaF Rdn. 28.

[5] BGH vom 6.5.1981, VersR **1981** 929, 931 = ETR **1982** 313ff; OLG Düsseldorf vom 28.5.1986, TranspR **1986** 381, 382; OLG München vom 27.2.1981, VersR **1982** 334f; OLG Hamburg vom 11.9.1986, VersR **1987** 375; OLG Köln vom 30.8.1990, TranspR **1990** 425, 427; OLG Hamm vom 25.11.1993, TranspR **1994** 61.

[6] Siehe Art. 23 CMR Rdn. 8ff, 40ff; auch wenn der ermittelte Wert über dem konkret vom Absender gezahlten Einkaufspreis liegt; siehe Art. 23 Rdn. 10; Beispiel zu Art. 25: F Cass vom 10.1.1983, BT **1983** 154, 155.

gleichen.[7] Die dadurch ermittelte Differenz bildet den Ausgangspunkt der Haftung. Gelegentlich läßt sich die Wertverminderung auch nur nach § 287 ZPO schätzen.[8] Möglich ist auch eine Berechnung des Minderwerts in Prozent des Ausgangswertes,[9] wenn beide Preise wirklich den Marktpreisen entsprechen. Nur als Orientierungspunkte für die Schätzung kommen auch die (nicht zu ersetzenden[10]) Reparaturkosten als wesentliches Indiz in Frage.[11] Bei der Berechnung ist je nach Fall auch ein Abzug „neu für alt"[12] und der merkantile Minderwert[13] zu berücksichtigen; ferner restwerterhöhend auch neu erforderliche Verpackungs- und Transportkosten.[14] Wird die Höhe des Wertverlustes in der 1. Instanz nicht bestritten, kann in der Berufungsinstanz das Bestreiten nach § 528 Abs. 2 ZPO nicht mehr zugelassen werden.[15]

2. Berechnung des Wertes am Ankunftsort

Fraglich ist allerdings, nach welchen Maßstäben der **Ankunftswert** zu berechnen ist. Dieser Wert muß wohl – wie auch nach Art. 25 bei Teilverlust – ein „hypothetischer" Wert sein.[16] Er sollte an sich sinnvollerweise nach den Maßstäben am Ort der Beendigung des Transports berechnet werden, regelmäßig also am Ankunfts- oder Schadensort. Denn die CMR geht – wie sich aus Art. 25 Abs. 2a ergibt – auch bei Beschädigung grundsätzlich von vollem Wertersatz aus, so daß es angemessen erscheint, dem Geschädigten nur den wirklich verbliebenen Wert anzurechnen.[17] Dem steht aber der Grundsatz entgegen, daß durch den Transport erzielte Werterhöhungen nicht zu ersetzen, sondern allenfalls durch Kostenersatz nach Art. 23 Abs. 4 auszugleichen sind. Danach ist der fiktive Marktwert am Abgangsort zugrunde zu legen.[18] In der Praxis begnügen sich die Gerichte oft mit der Differenz zwischen dem Verkaufspreis und dem Verwertungserlös, wenn diese Posten nicht bestritten sind,[19] etwa mit dem Hinweis, daß der Verwertungserlös im Abgangsland kein **3**

---

[7] BGH vom 13.2.1980, VersR **1980** 522, 523f = NJW **1980** 2021; vom 6.5.1981, VersR **1981** 929, 931 = ETR **1982** 313ff; OLG München vom 27.2.1981, VersR **1982** 334f; OLG Düsseldorf vom 14.7.1983, TranspR **1984** 16f; vom 28.5.1986, TranspR **1986** 381, 382; OLG Hamm vom 18.10.1984, TranspR **1985** 107, 110; OLG Hamburg vom 11.9.1986, VersR **1987** 375; vom 15.1.1998, TranspR **1998** 290, 292ff; A OGH vom 17.11.1986, TranspR **1987** 427, 429f = öRdW **1987** 410f.
GB Queen's Bench Division vom 20.11.1973, ETR **1974** 737, 745f. Siehe auch A OGH vom 13.7.1994, TranspR **1995** 285, 287. Literatur: *Heuer* S. 117ff; MüKo/*Basedow* Rdn. 2–6 mit eingehender Darstellung von Gegenmodellen; *Thume/Thume* Rdn. 4f; *Herber/Piper* Rdn. 2; *Koller*[4] Rdn. 3; *Jesser* S. 132; *Hill/Messent/Glass*[2] S. 197f; *Clarke*[2] Nr. 99.

[8] OLG München vom 5.7.1989, TranspR **1990** 16, 17 = NJW-RR **1989** 1434, 1435; LG Bremen vom 23.12.1988, TranspR **1989** 267f.

[9] A OGH vom 31.3.1982, *Greiter* 137, 141, 142f.

[10] Weder nach Art. 23 Abs. 4 noch nach Art. 23 Abs. 1; siehe Art. 23 Rdn. 14, 37, 41; BGH vom 13.2.1980, VersR **1980** 522, 523 = NJW **1980** 2021; MüKo/*Basedow* Rdn. 1; *Herber/Piper* Rdn. 4.

[11] LG München vom 5.7.1989, TranspR **1990** 16, 17 = NJW-RR **1989** 1434, 1435; OLG Hamburg vom 15.1.1998, TranspR **1998** 290, 293; MüKo/*Basedow* Rdn. 1; *Herber/Piper* Rdn. 4; *Thume/Thume* Rdn. 11.

[12] OLG Hamburg vom 15.1.1998,TranspR **1998** 290, 292 f.

[13] A OLG Linz und A OGH vom 17.11.1986, TranspR **1987** 427, 428, 429f = öRdW **1987** 410f; § 29 KVO, Anh. II nach § 452 HGBaF Rdn. 18, § 35 KVO Rdn. 29.

[14] Genau untersucht von OLG Hamburg vom 15.1.1998, TranspR **1998** 290, 293f.

[15] OLG Koblenz vom 6.10.1989, TranspR **1991** 93, 96 = RIW **1990** 931, 933.

[16] Siehe dazu insbesondere MüKo/*Basedow* Rdn. 10.

[17] Zutreffend OLG Hamburg vom 11.9.1986, VersR **1987** 375, 376, allerdings unter dem wegen Art. 23 Abs. 4 problematischeren Ansatz der Schadensminderungskosten; ebenso *Koller* Art. 23 Rdn. 9.

[18] OLG Düsseldorf vom 28.5.1986, TranspR **1986** 381, 382; OLG Hamburg vom 11.9.1986, VersR **1987** 375, 376.

[19] OLG Köln vom 30.8.1990, TranspR **1990** 425, 427; wohl auch OLG Nürnberg vom 16.3.1976, Spediteur **1985** 320, 322; *Knorre* TranspR **1985** 241. Vom Verwertungserlös werden zur Berech-

anderer gewesen wäre.[20] Hierbei kann als Anhaltspunkt das Wertverhältnis zwischen dem beschädigten und entsprechendem unbeschädigtem Gut am Empfangsort dienen.[21] Als Restwert kommt z.B. ein Rücktransport in Betracht, soweit der dann erzielte höhere Verwertungsertrag dies rechtfertigt;[22] ebenso auch der Schrottwert.[23] Notfalls wird der Schaden unter Verwendung dieser Anhaltspunkte gem. § 287 ZPO geschätzt.[24]

4 Der **Restwert nach der Schädigung** (Teilverlust oder Beschädigung) wird in der Praxis unter Berücksichtigung der vom Geschädigten aufgewendeten und für die Verwertung des beschädigten Gutes erforderlichen **wertfeststellenden, -erhaltenden oder -verbessernden Maßnahmen** ermittelt.[25] Der zu erreichende Verwertungserlös wird dabei vermindert um die vom Berechtigten aufgewendeten Kosten zur Herstellung der Verkäuflichkeit. An sich müßte der Restwert am Ankunfts- oder Unfallort ohne Vornahme weiterer Maßnahmen ermittelt (und an die Verhältnisse des Abgangsorts angepaßt) werden. Oft wird aber die Schätzung erst später (etwa nach den ersten Sicherungs- oder Rücktransportmaßnahmen) ermittelt oder sogar der Verkaufspreis der geschädigten Ware als Ausgangspunkt genommen.[26] Mit Recht werden in solchen Fällen die für den Verwertungsverkauf erforderlichen Kosten vom Verkaufserlös abgezogen, der zu hoch angesetzte Marktpreis der beschädigten Ware auf den Wert vor den Maßnahmen zurückgerechnet. Dadurch werden die Kosten vom zunächst überhöht festgestellten Restwert wieder abgezogen. Der Ersatz dieser Kosten muß, da der Geschädigte für sie keinen Erstattungsanspruch nach Art. 23 Abs. 4 hat,[27] durch die Restwertberechnung begründet werden.[28] Soweit die Aufwendungen den Restwert nicht beeinflussen, ist eine Erstattung nicht möglich.[29] *Koller* will restwerterhöhende Aufwendungen nicht anrechnen, soweit sie übliche und typischerweise zumutbare Schadensminderungsmaßnahmen seien und vom Geschädigten auf eigenes wirtschaftliches Risiko – aber auch zu eigenem Nutzen durchgeführt würden.[30] Angesichts der

---

nung des Restwertes zumeist die für die Verwertung erforderlichen Kosten abgezogen; siehe Rdn. 4.

20 OLG Hamm vom 18.10.1984, TranspR **1985** 107, 110.

21 OLG Düsseldorf vom 14.7.1983, TranspR **1984** 16f; vom 28.5.1986, TranspR **1986** 381, 382; *Koller* Rdn. 3; *Clarke*[2] Nr. 99.

22 OLG Celle vom 29.10.1998, TranspR **1999** 106f.

23 OLG Köln vom 30.8.1990, TranspR **1990** 425, 427; siehe zu Schrottwert und Totalverlust § 429 HGBaF Rdn. 22.

24 OLG Düsseldorf vom 28.5.1986, TranspR **1986** 381, 382; OLG Köln vom 30.8.1990, TranspR **1990** 425, 427.

25 BGH vom 3.7.1974, NJW **1974** 1616f = VersR **1974** 1013f = WM **1974** 864, 865; OLG Nürnberg vom 16.3.1976, Der Spediteur **1985** 320, 322; OLG Düsseldorf vom 30.6.1983, VersR **1984** 980f (Rücktransport); OLG Düsseldorf vom 28.5.1986, TranspR **1986** 381, 382 (Frachterstattung); A OGH vom 21.2.1985, VersR **1985** 559f = SZ **58** 28 S. 141 (Umpacken); OLG Hamburg vom 15.1.1998, TranspR **1998** 290, 293ff; LG Salzburg vom 29.6.1990, TranspR **1991** 62f (Aussortieren). B Trib Löwen vom 5.4.1988, ETR **1988** 493, 496 (Rekonditionierung und Lagerung als Voraussetzung des Verkaufs). Unter diesem Gesichtspunkt ist auch *Loewe*, ETR **1976** S. 570 und A OLG Wien vom 22.10.1982, TranspR **1984** 180 zuzustimmen, die Reparaturkosten als ersatzrelevant ansehen; positiv dazu *Knorre* TranspR **1985** 241, 244f.
Aufgrund formaler Auslegung der CMR ablehnend zur Anrechnung der werterhaltenden Kosten auf den Restwert GB Queen's Bench Division vom 20.11.1973, ETR **1974** 737, 746f; GB Queen's Bench Division vom 27.10.1986, RDU **1988** 747, 760. Siehe aber wie hier *Clarke*[2] Nr. 99.

26 Z.B. OLG Düsseldorf vom 14.7.1983, TranspR **1984** 16f.

27 Siehe Art. 23 Rdn. 34f. Derselbe Schaden würde sonst evtl. doppelt vergütet; BGH vom 13.2.1980, VersR **1980** 522, 523 = NJW **1980** 2021; zu dieser Begründung siehe Art. 23 Rdn. 9, 19.

28 A OGH vom 21.2.1985, VersR **1985** 559f = SZ **58** 28 S. 141, 142.

29 A OLG Wien vom 23.2.1989, TranspR **1990** 156, 157 gewährt daher keinen Ersatz der Sachverständigenkosten ohne (rechtzeitige) Darlegung, daß die Beiziehung eines Sachverständigen Grundlage der Verwertung gewesen sei.

30 *Koller*[4] Rdn. 3; die Feststellung wer Nutzen und Kosten von solchen Maßnahmen hat, ist nicht

ohnehin beschränkten Haftung ist es nicht gerechtfertigt, restwerterhaltende oder -erhöhende Kosten nicht anzurechnen und ihr Ergebnis dem Schädiger haftungsmindernd zugutekommen zu lassen.[31] Erstattungsfähig sind nur Kosten, ohne deren Aufwendung ein Erwerber weniger bieten würde. Dabei ist es wirtschaftlich und rechtlich sinnlos zu fragen, ob die Güter ohne die Aufwendungen ebenfalls verkäuflich gewesen wären. Vielmehr kommt es darauf an, ob der Verwertende die Aufwendungen aus gegebenen Gründen vernünftigerweise für sinnvoll halten durfte. Nur im Umfang der durch sie erreichten Werterhöhung sind diese Kosten zu berücksichtigen – theoretisch wieder zurückgerechnet auf den Ort der Übernahme. Möglich ist sogar, daß durch die getroffenen Maßnahmen der Wert der Güter wieder voll hergestellt wird. Auch in diesem Falle sind die Kosten vom Restwert abzuziehen, also im Ergebnis zugunsten des Geschädigten zu berücksichtigen.[32] Im Rahmen von Art. 25 können bei Unfallschäden z. B. die Frachten für die Beförderung an einen zur Verwertung geeigneten anderen Ort restwertmindernd berücksichtigt werden; siehe Art. 23 Rdn. 32 ff.

Der an sich zutreffende Gedanke, daß solche und andere unvermeidliche[33] Kosten als **Rettungskosten oder Schadensminderung** zu erstatten seien,[34] wird nur im Rahmen der Restwertberechnung verwirklicht[35] und bedarf insoweit keiner zusätzlichen Begründung.[36] **5**

3. Zusätzliche Kostenerstattung nach Art. 23 Abs. 4

Die nach Art. 23 Abs. 4 erstattungsfähigen Kosten sind zusätzlich zu erstatten.[37] Die Verweisung in Art. 25 Abs. 1 auf Art. 23 Abs. 4 bedeutet dabei, daß der nach dem Wert des beförderten Gutes am Übernahmeort bemessenen Wertentschädigung die durch den Transport veranlaßten Kosten hinzuzurechnen sind. Dabei sind diese Kosten, soweit sie die gesamte Sendung[38] einschließlich des unbeschädigten Teiles betreffen, ebenfalls anteilig zu reduzieren;[39] siehe dazu Art. 23 Rdn. 58. Da der Ersatz sich nach dem Wert der Güter berechnet (Wertdifferenz) werden in der Rechtsprechung zutreffend die Kosten bei Beschädigung nach dem Wertverlust (Verhältnis von Wert zu Restwert vermindert).[40] Die Frachterstattungsansprüche führen, wenn die **6**

generell zu beantworten, A OGH vom 21.2. 1985, VersR **1985** 559f = SZ **58** 28 S. 141, 142.

31 Zutreffend OLG München vom 27.6.1979, VersR **1980** 241 f.

32 BGH vom 3.7.1974, NJW **1974** 1616f = VersR **1974** 1013f = WM **1974** 864ff; B Trib Löwen vom 5. 4. 1988, ETR **1988** 493, 496.

33 GB Queen's Bench Division vom 27.10.1986, RDU **1988** 747, 761.

34 OLG Hamburg vom 11.9.1986, VersR **1987** 375, 376; vom 16.4.1991, TranspR **1992** 66, 67; *Koller*[4] Art. 23 Rdn. 13; *Piper*[7] Rdn. 425. GB Queen's Bench Division vom 27.10.1986, RDU **1988** 747, 759f; A OGH vom 21.2.1985, VersR **1985** 559f = SZ **58** 28 S. 141; A OLG Wien vom 23.2.1989, TranspR **1990** 156.

35 Zur Beschädigung BGH vom 12.12.1985, VersR **1986** 381, 384; zu Teilverlust und Beschädigung vom 7.3.1985, BGHZ **94** 71, 76 = TranspR **1986** 68, 70 = VersR **1985** 684ff; vom 14.12.1988, TranspR **1990** 141–144 = VersR **1989** 309ff; OLG Düsseldorf vom 30.6.1983, TranspR **1984** 130, 132; dazu auch Art. 23 Rdn. 4, 30, 32, 34f, 74. Zu Art. 25 eingehend *Thume/Thume* Rdn. 16ff; *Clarke*[2] Nr. 99; *Herber/Piper* Rdn. 6.

36 MüKo/*Basedow* Rdn. 41. Manche von *Koller*[4] Art. 23 Rdn. 10 aufgeführten Urteile lassen sich daher nicht mit Art. 23 Abs. 4, sondern mit der Restwertanrechnung erklären: BGH vom 3.7.1974, NJW **1974** 1616f = VersR **1974** 1013f = WM **1974** 864, 365; OLG Düsseldorf vom 14.7.1983, TranspR **1984** 16f; möglicherweise auch BGH vom 6.7.1979, BGHZ **75** 92ff = NJW **1979** 2472f = VersR **1979** 1105f.

37 *Thume/Thume* Rdn. 12f.

38 Zum Begriff der Sendung siehe Art. 23 Rdn. 43.

39 *Koller*[4] Rdn. 9.

40 OLG Düsseldorf vom 28.5.1986, TranspR **1986** 381, 382; *Koller*[4] Rdn. 9. GB Queen's Bench Division vom 20.11.1973, ETR **1974** 737, 746f; Teilung von Entladekosten nach dem Wertverhältnis zwischen beschädigtem und unbeschädigtem Gut: NL Kantongerecht Delft vom 13.5.1965, ETR **1966** 722, 725.

Fracht noch nicht bezahlt ist, zur automatischen Minderung der Fracht ohne Aufrechnungserklärung; siehe Art. 23 Rdn. 23; dies gilt nicht nur für Verlust- sondern auch für Beschädigungsschäden.[41] **Aufwendungen zur Schadensminderung** sind nicht zu ersetzen, da sie nicht aus Anlaß der Beförderung entstanden sind. Sie können aber den Restwert des Gutes vermindern und sich daher für den Geschädigten unter bestimmten Voraussetzungen haftungserhöhend auswirken.[42]

7 Aus Art. 25 Abs. 2a und b läßt sich ableiten: Zunächst ist zu prüfen, ob die **gesamte Sendung oder nur ein Teil davon entwertet** ist.[43] Käme es nämlich stets nur auf den **Vergleich der Werte der beschädigten Teile** an, so wäre die Aufgliederung in Buchst. a und b sinnlos.[44] Grundsätzlich ist jedenfalls bei Unmöglichkeit der Auslieferung[45] im Fall der Beschädigung von der Verminderung des Gesamtwerts der Sendung auszugehen.[46] Von der Regelung des früheren § 35 Abs. 3 KVO weicht die CMR daher in Art. 25 Abs. 1 grundsätzlich ab.[47]

III. Begrenzung des Wertersatzes (Art. 25 Abs. 2)

1. Grundsatz

8 Bei Totalentwertung infolge Beschädigung verweist Abs. 2 auf die für Totalverlust oder Teilverlust maßgeblichen Begrenzungsregeln des Art. 23.[48] Dabei wird zunächst der für die Entschädigung maßgebliche Wertverlust berechnet und dann an der Haftungsgrenze des Art. 23 Abs. 3 gemessen; nicht etwa ist der Verwertungserlös von der schon summenmäßigen Haftungsbegrenzung abzuziehen.[49] Die Haftungsgrenze nach Art. 25 Abs. 2, 23 Abs. 3 bemißt sich bei Beschädigung der ganzen Sendung[50] nach deren Gesamtgewicht,[51] bei Beschädigung von Teilen nach dem Gewicht der beschädigten Teile. Art. 25 Abs. 2 statuiert ausdrücklich Obergrenzen des zu erstattenden Schadens: für Totalbeschädigung den Betrag, der bei Totalverlust zu zahlen wäre; bei Teilbeschädigung den Höchstbetrag für Teilverlust.[52]

---

41 BGH vom 12.12.1985, TranspR **1986** 278, 280ff = VersR **1986** 381, 384.

42 Siehe Art. 23 Rdn. 30, 31, 34; MüKo/*Basedow* Rdn. 1ff; *Thume/Thume* Rdn. 16ff.

43 Zur Teilbeschädigung siehe Rdn. 12; Zugrundelegung des Gesamtgewichts bei fehlendem Vortrag zu Art. 25 Abs. 2: OLG Hamburg vom 24.10.1990, TranspR **1992** 66f. Siehe vor allem Art. 23 Rdn. 34.

44 Siehe Art. 23 Rdn. 41, 43ff, 52f; ferner auch die Anm. zu Art. 33 CIM, Anh. II nach § 460 HGBaF.

45 Fischlieferung, Beanstandung des französischen Veterinärinspekteurs: BGH vom 3.7.1974, NJW **1974** 1616 = WM **1974** 864, 865 = AWD **1974** 495 = DB **1974** 1618.

46 BGH v. 3.7.1974 aaO. Das Urteil des BGH vom 6.5.1981, NJW **1981** 2640 = TranspR **1981** 41ff = ETR **1982** 313ff betraf einen Fall, in dem ursprünglich neben dem Ersatz für Beschädigung des Großteils des Gutes auch ein Anspruch auf Verlust eines angeblich vom Frachtführer übernommenen und nicht abgelieferten kleinen Teils geltend gemacht, aber vom OLG bereits abgewiesen worden war. Die Begründung des BGH beschränkt sich auf die beschädigt abgelieferten Güter, ist also wohl ein Fall der Beschädigung der gesamten Ladung. Siehe auch *Herber/Piper* Rdn. 9f; MüKo/*Basedow* Rdn. 13f; *Koller*[4] Rdn. 4f; *Thume/Thume* Rdn. 6ff.

47 Zutreffend BGH aaO. BGH vom 6.5.1981, NJW **1981** 2640 = TranspR **1981** 41ff = ETR **1982** 313ff.

48 BGH vom 15.10.1992, TranspR **1993** 137, 138 = VersR **1993** 636 behandelt Art. 25 und 23 als eine Einheit und wendet sich ausschließlich der Auslegung des Art. 23 zu. Siehe Art. 23 Rdn. 40ff.

49 BGH vom 6.5.1981, VersR **1981** 929, 931 = ETR **1982** 313ff.

50 Zum Begriff der Sendung siehe Art. 23 Rdn. 43.

51 Siehe LG Duisburg vom 4.11.1983, Spediteur **1985** 62.

52 *Koller*[4] Rdn. 6ff; *Thume/Thume* Rdn. 19ff; *Herber/Piper* Rdn. 11; MüKo/*Basedow* Rdn. 15ff; siehe Rdn. 9f.

2. Bei Entwertung der ganzen Sendung (Buchst. a)

Wird durch die Beschädigung die ganze Sendung völlig entwertet, liegt wirtschaftlicher Totalverlust vor[53] – allerdings international umstritten.[54] Entschädigung und ihre Grenzen werden ausschließlich nach Art. 23 berechnet.[55] Die CMR unterwirft zwar die Fälle, in denen nur einzelne Teile beschädigt sind, aber die Sendung als ganze dadurch völlig entwertet ist, in Art. 25 Abs. 2 der Höchstgrenze für Totalverluste. Sie geht also formal davon aus, daß Verlust nur vorliegt, wenn nichts abgeliefert ist und will für diesen Fall klarstellen, daß jedenfalls die Entschädigungsgrenze nach dem Verlustprinzip zu bestimmen ist.[56] Die weitgehend wirtschaftliche Auslegung des Verlustbegriffs[57] muß bei den Beratungen über die CMR in Deutschland schon Tradition und jedenfalls bekannt gewesen sein. Sie widersprach der formalen, auf die reine Ablieferung auch von wertlosen Resten abstellenden französischen und teilweise englischen Rechtspraxis.[58] Es erschien daher schon damals erforderlich, klarzustellen, daß die Entschädigungsgrenze in diesen Fällen durch die Regelung für den totalen Verlust bestimmt wird. Der Begriff des Verlustes und seine Abgrenzung zur Beschädigung hätte, wenn dies für erforderlich gehalten worden wäre, in Art. 17 geregelt werden müssen. Aus Art. 25 läßt sich für diese Abgrenzung nichts Sicheres herleiten.[59] 9

Wird die Sendung **durch Beschädigung als ganzes entwertet**, hat aber noch einen **Restwert**, ist gem. Art. 25 Abs. 1 der für Totalverlust maßgebliche Anfangswert nach Art. 23 Abs. 1 und 2 Grundlage für die Ermittlung der Wertdifferenz.[60] Obergrenze ist gem. Art. 25 Abs. 2a die für den Fall des Totalverlusts nach Art. 23 berechnete Entschädigungsgrenze. Dieser Betrag bildet dann für den Ersatz wegen Beschädigung die Höchstgrenze. Eine Entwertung der ganzen Sendung setzt nicht die Beschädigung aller zu ihr gehörenden Stücke voraus. Vielmehr hängt es von den Umständen des Einzelfalles ab, ob die Beschädigung einzelner Stücke wirtschaftlich zur Entwertung der ganzen Sendung führt.[61] Daher kommt es darauf an, ob die Haftungseinheit aufgrund der teilweisen Beschädigung einen wirtschaftlichen Totalschaden erlitten hat, wovon in der Regel nicht auszugehen ist.[62] 10

3. Bei Entwertung nur eines Teils der Sendung (Buchst. b)

Ist als Folge der Beschädigung nur ein Teil der Sendung entwertet, hat aber der übrige Teil seinen Wert behalten (z. B. bei Gütern, bei denen die beschädigten Stücke problemlos nachgeliefert und die unbeschädigten ohne Schwierigkeiten und ohne 11

[53] *Knorre* TranspR **1985** 241, 243; *Herber/Piper* Rdn. 11, Art. 23 Rdn. 34; *Thume/Thume* Rdn. 8; wohl auch *Koller*[4] Rdn. 13. Zum wirtschaftlichen Totalverlust durch Teilbeschädigung siehe BGH vom 3.7.1974, NJW **1974** 1616f = VersR **1974** 1013f = WM **1974** 864, 865; durch Teilbeschädigung und Teilverlust siehe OLG Stuttgart vom 15.9.1993, TranspR **1994** 156–159. Zum Totalverlust durch Verlust von Teilen siehe Art. 23 Rdn. 7 und 52f; allgemein siehe Art. 17 Rdn. 9ff, insbesondere Rdn. 10; § 430 HGBaF Rdn. 51.

[54] Dazu eingehend MüKo/*Basedow* Rdn. 2f; ebenso schon eingehend *Haak* S. 200ff, 226ff; *Hill/Messent/Glass*[2] S. 198.

[55] Zum Teilverlust als wirtschaftlichem Totalverlust siehe Art. 17 Rdn. 9ff und Rdn. 84ff; Art. 23 Rdn. 7. Wichtig kann die unterschiedliche Auffassung vom Verlust vor allem bei der Bestimmung des Verjährungsbeginns sein; siehe Art. 32 Abs. 1 S. 3 a und dort Rdn. 58.

[56] Siehe Art. 17 Rdn. 9.

[57] Dazu Art. 17 Rdn. 10, 6, 9ff.

[58] Dazu Art. 17 Rdn. 12, 13.

[59] So aber *Demuth* TranspR **1996** 257, 258.

[60] Siehe Art. 23 Rdn. 3; 30–38; *Herber/Piper* Rdn. 14; *Koller*[4] Rdn. 4. Der so berechnete Schaden wird durch Art. 23 Abs. 3 begrenzt.

[61] Siehe dazu BGH v. 3.7.1974, NJW **1974** 1616f = WM **1974** 864, 865; vom 6.2.1997, TranspR **1997** 335ff; B CA Brüssel vom 21.1.1987, ETR **1987** 745, 751 = ETR **1988** 209, 214; *Koller* Rdn. 7.

[62] BGH vom 6.2.1997, TranspR **1997** 335, 336f (aus teilweise gebrauchten Standardteilen zusammengesetzte Computeranlage, beschädigter Schaltschrank („frame"); Anwendung von Art. 25 Abs. 2 b.

Preisnachlaß veräußert oder verwendet werden können), wird die **Haftungsgrenze** für die Wertminderungs-Entschädigung nach Abs. 1 nach den für Teilverlust vorgesehenen Regeln berechnet;[63] wird nur ein Packstück aus einer Sendung beschädigt, nach Art. 23 Abs. 3 auf der Grundlage des Gewichts dieses Packstücks;[64] ebenso, wenn nur ein auswechselbarer Teil einer zusammengebauten Einheit beschädigt ist.[65] Bei Entwertung mehrerer Stücke der Sendung ist deren Gewicht zusammenzurechnen und daraus die Grenze der Gesamtentschädigung nach Art. 23 Abs. 3 zu berechnen. Nicht dagegen sind für jedes beschädigte Stück anhand seines Einzelgewichts Haftungsbeträge zu berechnen, deren Summe dann die Grenze der Gesamtentschädigung bilden würde.[66] Dies entspricht der Rechtsprechung des BGH zum Gesamtverlust.[67] Zum Zusammentreffen von Teilverlust und Teilbeschädigung siehe Art. 23 Rdn. 54.

12 Ob nur **Teilbeschädigung** oder Beschädigung des gesamten Gutes vorliegt,[68] kann für die Berechnung des Umfangs des Schadenersatzes von Bedeutung sein.[69] Die Frage ist nach wirtschaftlichen Gesichtspunkten zu entscheiden. Ist z. B. eine Ladung Gefrierfisch wegen Antauens von den Behörden des Importlandes nicht akzeptiert worden und muß zurückbefördert werden, so liegt eine Beschädigung der gesamten Sendung vor;[70] eine Computeranlage, die nach Reparatur vom Empfänger akzeptiert wurde, hat dagegen keinen wirtschaftlichen Totalschaden erlitten.[71] Liegt zugleich zusammen mit Teilbeschädigung auch Verlust des restlichen Teils vor, wird die Entschädigung proportional nach Art. 25 und 23 berechnet.[72]

Artikel 26

1. Der Absender kann gegen Zahlung eines zu vereinbarenden Zuschlages zur Fracht für den Fall des Verlustes oder der Beschädigung und für den Fall der Überschreitung der vereinbarten Lieferfrist durch Eintragung in den Frachtbrief den Betrag eines besonderen Interesses an der Lieferung festlegen.

2. Ist ein besonderes Interesse an der Lieferung angeben worden, so kann unabhängig von der Entschädigung nach den Artikeln 23, 24 und 25 der Ersatz des weiteren bewiesenen Schadens bis zur Höhe des als Interesse angegebenen Betrages beansprucht werden.

---

63 Siehe BGH vom 3.7.1974, NJW **1974** 1616f = VersR **1974** 1013f = WM **1974** 864, 865; *Knorre* TranspR **1985** 241, 242; Art. 23 Rdn. 52; ferner OLG Hamburg vom 24.1.1985, TranspR **1985** 185, 186 = VersR **1986** 357.

64 Zumindest wenn das Packstück für den Handel eine Einheit bildet; zutreffend *Züchner* ZfV **1966** 198.

65 BGH vom 6.2.1997, TranspR **1997** 335, 336 (Schaltschrank einer Computeranlage).

66 So aber die englische und französische Rechtsprechung und Literatur; *Clarke*[2] Nr. 103b S. 483 f Fn. 88.

67 *Thume/Thume* Rdn. 24, *Koller*[4] Rdn. 8, *Herber/Piper* Rdn. 13, *Koller*[4] Rdn. 5 berufen sich daher zu Recht auf BGH vom 30.1.1981, BGHZ **79** 302ff = VersR **1981** 473, 474f.

68 Siehe Art. 23 Rdn. 59, 52ff; dazu auch § 430 HGBaF Rdn. 46ff; § 35 KVO, Anh. II nach § 452 HGBaF Rdn. 25ff und 36.

69 Siehe dazu § 430 HGBaF Rdn. 52.

70 Zutreffend zur CMR BGH vom 3.7.1974, NJW **1974** 1616f = WM **1974** 864, 865f.

71 BGH vom 6.2.1997, TranspR **1997** 335, 337.

72 *Thume/Thume* Rdn. 10, 25; *Koller*[4] Rdn. 5; *Herber/Piper* Rdn. 10; MüKo/*Basedow* Rdn. 14; OLG München vom 27.2.1981, VersR **1982** 334f (Leitsatz eingeschränkt auf körperlichen Verlust); dazu auch *Bischof* VersR **1982** 1132f.

Article 26

1. L'expéditeur peut fixer, en l'inscrivant à la lettre de voiture, et contre paiement d'un supplément de prix à convenir, le montant d'un intérêt spécial à la livraison, pour le cas de perte ou d'avarie et pour celui de dépassement du délai convenu.

2. S'il y a eu déclaration d'intérêt spécial à la livraison, il peut être réclamé, indépendamment des indemnités prévues aux articles 23, 24 et 25, et à concurrence du montant de l'intérêt déclaré, une indemnité égale au dommage supplémentaire dont la preuve est apportée.

Article 26

1. The sender may, against payment of a surcharge to be agreed upon, fix the amount of a special interest in delivery in the case of loss or damage or of the agreed time limit being exceeded, by entering such amount in the consignment note.

2. If a declaration of a special interest in delivery has been made, compensation for the additional loss or damage proved may be claimed, up to the total amount of the interest declared, independently of the compensation provided for in articles 23, 24 and 25.

Übersicht

Schrifttum

Heuer Aufeinanderfolgende Frachtführer nach Art. 34ff. CMR, TranspR **1984** 169–172; *Koller* Zur Aufklärung über die Schadensentstehung im Straßentransportrecht, VersR **1990** 553–560; *Meyer-Rehfueß* Bericht über das Symposium der Deutschen Gesellschaft für Transportrecht im April **1994** TranspR **1994** 326–338; *Oeynhausen* Wertdeklarationen im internationalen Straßengüterverkehr nach Art. 24 CMR, TranspR **1982** 113–116; *Voigt* Haftung im internationalen Straßengüterverkehr nach der CMR, VP **1962** 34–36.

I. Bedeutung von Art. 26

Von der Möglichkeit zur Angabe eines Lieferinteresses wird offenbar in der deutschen Praxis[1] kaum Gebrauch gemacht. Die üblichen CMR-Versicherungspolicen schließen die Haftung aus Art. 26 nur in die Deckung ein, soweit sie 10 % der nach Art. 23, 24 zu berechnenden Entschädigung nicht überschreitet.[2] Wie für Art. 24 gibt es nahezu keine Rechtsprechung zu Fällen mit wirksamer Vereinbarung der erhöhten Haftung.[3] In den Fällen des groben Verschuldens nach Art. 29 entfällt auch die erhöhte Haftungsgrenze nach Art. 26.[4] 1

[1] Etwas häufiger in Frankreich.
[2] Dazu Art. 24 Rdn. 10.
[3] In Deutschland wohl nur OLG Düsseldorf vom 28.10.1982, VersR **1983** 749 und vom 7.7.1988, TranspR **1988** 425, 429; siehe zu Frankreich offenbar keine Rechtsprechung, *Lamy 99* I Nr. 529, 1580. Siehe auch Art. 24 Rdn. 3. Beiläufige, nicht fallbezogene Erwähnungen in F CA Paris vom 10.12.1971, BT **1972** 19, 20; F CA Paris vom 9.3.1982, BT **1982** 245f; F TribCom Lyon vom 10.11.1975, BT **1976** 175–178; F CA Paris vom 23.3.1978, BT **1978** 265f; siehe im übrigen Art. 24 Rdn. 1.
[4] Siehe Art. 29 Rdn. 27.

2 Das **Verhältnis von Art. 26 zu Art. 24** ist an sich eindeutig geregelt: Während Art. 24 ausschließlich die Erhöhung der summenmäßigen Haftungsgrenze des Art. 23 Abs. 3 betrifft,[5] erlaubt Art. 26 die Öffnung für ein weitergehendes Schadenspotential im Rahmen des erklärten Lieferinteresses. Die Parteien haben damit Möglichkeiten, den Ersatz bestimmter Schäden zu vereinbaren, vor allem Vermögensschäden an anderen Gütern als am Frachtgut als Folge von Schäden und Lieferfristüberschreitungen.[6] Für möglich gehalten werden aber auch einige zweifelhafte Vereinbarungen. Umstritten ist etwa, ob vereinbart werden kann, für welche Leistungsstörungen das Lieferinteresse gelten soll,[7] oder ob über Art. 27 hinausgehende Verzugsschadensansprüche[8] ermöglicht werden können.[9] Auch die Vereinbarung von Schadenspauschalen, Garantien[10] und Vertragsstrafen[11] wäre nur bei Eintragung in den Frachtbrief wirksam.[12] Die grundsätzliche Ermöglichung nach ausländischen Rechtsordnungen zulässiger Entschädigungen ist abzulehnen, soweit sie nicht durch das Vertragsstatut geregelt sind. Die Öffnung für solche der CMR fremde Vereinbarungen würde ihr zwingendes Haftungssystem grundlegend verändern und ist mit Art. 41 nicht zu vereinbaren. Die dazu zumindest in der Literatur vertretene Tendenz[13] ist ein Grund, die formalen Voraussetzungen der Interessedeklaration ernst zu nehmen.

3 Aus **Gründen der praktischen Anwendung** für Art. 26 eine **weitgehende Übernahme von Funktionen des Art. 24 zu befürworten**, überzeugt nicht.[14] Ernstliche Schwierigkeiten, im Bedarfsfalle beide unterschiedlichen Deklarationen in den Frachtbrief einzutragen, bestehen nicht. Systematisch stellt Art. 26 Abs. 2 völlig klar, daß die Begrenzung der Güterschäden nach Art. 24, dagegen weitergehende Interessen nach Art. 26 zu behandeln sind.[15]

---

5 Siehe Art. 24 Rdn. 1.

6 Eingehende Überlegungen dazu bei MüKo/*Basedow* Rdn. 2, 10ff.

7 So aber MüKo/*Basedow* Rdn. 6, (keine Eintragung erforderlich). *Loewe* ETR **1976** 503ff, Nr. 203, der für diese Auffassung zitiert wird, bezieht sich nur auf das (anwendbare) Recht. Wohl allgemein wird hierzu auf das nach Kollisionsrecht anzuwendende nationale Recht Bezug genommen: *Koller*[4] Rdn. 4; dazu auch *Thume/Thume* Rdn. 5.

8 Siehe Art. 27 Rdn. 2; *Thume* TranspR **1993** 365, 368ff; *Thume/Thume* Rdn. 13, Zweifel aber in Art. 27 Rdn. 37; *Koller* TranspR **1994** 53, 56. Einschränkungen, wie sie von MüKo/*Basedow* Rdn. 14 und *Herber/Piper* Rdn. 11 vertreten werden, überzeugen schon deshalb nicht, weil Art. 26 den beschränkenden Effekt der gesetzlichen Regelung gegen Entgelt aufheben soll. An dieser Stelle mit *Herber/Piper* eine im Gesetz nicht vorgesehene Unterscheidung zwischen Zins- und Schadensersatzansprüchen (nach deutschem Recht) einzubringen, kommt dem Gedanken der Rechtsvereinheitlichung entgegen. Siehe auch Art. 27 Rdn. 3.

9 MüKo/*Basedow* Rdn. 14 und Art. 17 Rdn. 97.

10 *Thume/Thume* Rdn. 16.

11 MüKo/*Basedow* Rdn. 14 sieht diese außerhalb, da sie nicht der Entschädigung, sondern der Prävention dient. Andererseits ist es Zweck der Haftungsbeschränkungen, nur eingeschränkte präventive Maßnahmen zuzulassen. Mit der Eröffnung ihrer Möglichkeit würden gewaltige Umgehungsmöglichkeiten der Haftungsbeschränkungen eröffnet, insbesondere für Großauftraggeber.

12 Dagegen *Herber/Piper* Rdn. 2. Umdeutung in eine Vereinbarung eines deklarierten Lieferinteresses wird für möglich gehalten von *Koller*[4] Rdn. 6 und *Herber/Piper* Rdn. 2; *Thume/ Thume* Rdn. 16. Das zitierte Urteil des OLG München vom 26.7.1985, TranspR **1985** 395, 397 lehnt dies aber wegen mangelnder Eintragung und fehlendem Schadensnachweis nach Art. 23 Abs. 5 ab; ähnlich *Thume/Thume* Rdn. 16.

13 Deutlich bei MüKo/*Basedow* Rdn. 6, 11.

14 So aber MüKo/*Basedow* Rdn. 3. Bei Bedarf kann und muß man (vor allem wegen der Deckung oder Nichtdeckung durch Transportversicherung und CMR-Haftpflichtversicherung) für beide Risikoarten getrennte oder auch gleichlautende Grenzen deklarieren und auch im Frachtbrief eintragen. Das anzuwendende nationale Recht bestimmt den Schadensbegriff; siehe Rdn. 5.

15 *Koller*[4] Rdn. 5.

II. Voraussetzungen

Die Deklaration des Lieferinteresses[16] muß im Frachtbrief eingetragen werden;[17] die Eintragung wirkt konstitutiv.[18] Ob die Eintragung und Zahlung eines Frachtzuschlags Wirksamkeitsvoraussetzungen der Interessedeklaration sind, wird unterschiedlich gesehen:[19] Soweit deutsches Recht Vertragsstatut ist, aber wohl auch nach anderen Rechten wird dies überwiegend abgelehnt;[20] dagegen sieht die französische Rechtsprechung grundsätzlich die Vereinbarung und Zahlung eines Frachtzuschlags als Voraussetzung der erhöhten Haftung.[21] Siehe im übrigen Art. 24 Rdn. 2, der in den formalen Voraussetzungen Art. 26 voll entspricht. Zu eventuellen Aufklärungspflichten des Frachtführers siehe Art. 24 Rdn. 6f, 8. **4**

III. Rechtsfolgen

Mit der Deklaration eines Lieferinteresses nach Artikel 26 wird ein von Art. 23 Abs. 1 und 2 unabhängiger über den Wertersatz „hinausgehender"[22] Anspruch des Berechtigten auf Entschädigung[23] begründet.[24] Dieser kann verlangen: Ersatz des vollen, insbesondere auch des mittelbaren Folgeschadens (Vermögensschadens) bei Verlust und Beschädigung des Gutes;[25] Ersatz von Güterschäden über die Grenze des Art. 23 Abs. 3 hinaus;[26] Ersatz von Schäden aus Lieferfristüberschreitung über die Grenze des Art. 23 Abs. 5 hinaus.[27] Die Formulierung „Ersatz des weiteren bewiesenen Schadens" („indemnité égale au dommage supplémentaire dont la preuve est apportée" „compensation for the additional loss or damage proved") ist Gegenstand **5**

---

16 Das Lieferinteresse muß als Haftungsgrenze genau bestimmt sein; siehe F Cass vom 10.7.1989, BT **1989** 591f; Art. 24 Rdn. 5.

17 Siehe generell Art. 24 Rdn. 3; dort auch zu Verweisen im Frachtbrief auf andere Urkunden. Ohne Deklaration ist Art. 26 nicht anwendbar; siehe z. B. OLG Düsseldorf vom 29.5.1991, TranspR **1991** 291, 293; F Cass vom 28.10.1980, BullCiv **1980** IV 285f; F CA Montpellier vom 19.2.1987, BT **1987** 578f.

18 BGH vom 14.7.1993, TranspR **1993** 426, 428 = VersR **1993** 1296, 1297; OLG München vom 26.7.1985, TranspR **1985** 395, 397; A OGH vom 30.8.1990, TranspR **1992** 406, 408; F CA Paris vom 9.7.1980, BT **1980** 449, 450. Meist wird die Frage zusammen mit der ebenfalls konstitutiven Wirkung bei Art. 24 bejaht; siehe Art. 24 Rdn. 3. Zu Art. 26 speziell: BGH vom 14.7.1993, TranspR **1993** 426, 428 = VersR **1993** 1296, 1297; OLG Düsseldorf vom 28.10.1982, VersR **1983** 749 und vom 7. 7. 1988, TranspR **1988** 425, 427, 429; OLG München vom 26.7.1985, TranspR **1985** 395, 397; A OGH vom 30.8.1990, TranspR **1992** 406, 408; OLG Saarbrücken vom 4.7.1972, TranspR **1978** 72, 73; LG Darmstadt vom 23.9.1981, VersR **1982** 1107; *Koller*[4] Rdn. 2; *Herber/Piper* Rdn. 7; *Thume/Thume* Rdn. 11; *Glöckner*[7] Rdn. 1; *Thume/Seltmann* Rdn. A 11; MüKo/*Basedow* Rdn. 7 mit Überlegungen zum Fehlen des Frachtbriefs; *Eltermann* VersR **1982** 1007; *Aisslinger* S. 97 Fn. 96; *Nickel-Lanz* S. 135 Rdn. 176. Gegen die in der französischen Rechtsprechung angenommene konstitutive Wirkung *Lamy 99* I Nr. 528c, 1580 Jur. 1.

19 Siehe Art. 24 Rdn. 5ff.

20 OLG Düsseldorf vom 28.10.1982, VersR **1983** 749; OLG Düsseldorf vom 7.7.1988, TranspR **1988** 425, 429; *Loewe* ETR **1976** 503ff, Nr. 198 zu Art. 24; *de la Motte* VersR **1988** 317, 321; *Koller*[4] Rdn. 2; MüKo/*Basedow* Rdn. 9; *Herber/Piper* Rdn. 6; **a. A.** ohne Begr. OLG Saarbrücken vom 4.7.1972, TranspR **1978** 72, 73; wohl auch A OGH vom 30.8.1990, TranspR **1992** 406, 408; 1972, TranspR **1978** 72, 73; entsprechendes gilt für Art. 24; dort Rdn. 5. Siehe ferner *Thume/Thume* Rdn. 7ff.

21 Siehe Art. 24 Rdn. 5f.

22 *Loewe* ETR **1976** 503ff, Nr. 204 hätte die Übersetzung mit „unabhängig von" mit Recht vorgezogen; zustimmend auch *Thume/Thume* Rdn. 12.

23 *Koller*[4] Rdn. 4. Der Schaden ist nachzuweisen: OLG München vom 26.7.1985, TranspR **1985** 395, 397.

24 *Putzeys* Nr. 912f weist darauf hin, daß daher ein ganz anderer Schaden als im Regelfall zu ersetzen ist.

25 Siehe Art. 23 Rdn. 4; *Koller*[4] Rdn. 4.

26 Siehe Art. 23 Rdn. 71.

27 Siehe Art. 23 Rdn. 5, 65; Beispiele: OLG Düsseldorf vom 28.10.1982, VersR **1983** 749 und vom 7.7.1988, TranspR **1988** 425, 429.

von Auslegungsüberlegungen, die bei den meisten Autoren auf das ergänzend anzuwendende nationale Recht verweisen.[28] Nach deutschem Recht kann dies nur die Anwendung § 249 BGB, also auch den Ersatz mittelbarer Vermögensschäden[29] bedeuten, weil die frachtrechtlichen Sonderbestimmungen durch die insoweit geschlossene CMR-Regelung verdrängt sind. Es handelt sich dabei nach deutschem Recht aber im wesentlichen nur um die Kausalitätsfragen bei der Schadenbemessung. Dieses Ergebnis ist aber auch aus der Funktion des Art. 26 zu begründen.[30] Die Deklaration begründet keinen Anspruch auf eine Schadenspauschale. Erforderlich ist vielmehr der Nachweis eines entsprechenden Schadens.[31]

Artikel 27

1. [1]Der Verfügungsberechtigte kann auf die ihm gewährte Entschädigung Zinsen in Höhe von 5 v. H. jährlich verlangen. [2]Die Zinsen laufen von dem Tage der schriftlichen Reklamation gegenüber dem Frachtführer oder, wenn keine Reklamation vorausging, vom Tage der Klageerhebung an.

2. Wird die Entschädigung auf Grund von Rechnungsgrößen ermittelt, die nicht in der Währung des Landes ausgedrückt sind, in dem die Zahlung beansprucht wird, so ist die Umrechnung nach dem Tageskurs am Zahlungsort der Entschädigung vorzunehmen.

Article 27

1. L'ayant droit peut demander les intérêts de l'indemnité. Ces intérêts, calculés à raison de 5 pour 100 l'an, courent du jour de la réclamation adressée par écrit au transporteur ou, s'il n'y a pas eu de réclamation, du jour de la demande en justice.

2. Lorsque les éléments qui servent de base au calcul de l'indemnité ne sont pas exprimés dans la monnaie du pays où le paiement est réclamé, la conversion est faite d'après le cours du jour et du lieu du paiement de l'indemnité.

Article 27

1. The claimant shall be entitled to claim interest on compensation payable. Such interest, calculated at five per centum per annum, shall accrue from the date on which the claim was sent in writing to the carrier or, if no such claim has been made, from the date on which legal proceedings were instituted.

2. When the amounts on which the calculation of the compensation is based are not expressed in the currency of the country in which payment is claimed, conversion shall be at the rate of exchange applicable on the day and at the place of payment of compensation.

---

[28] *Loewe* ETR **1976** 503ff, Nr. 204; *Haak* S. 232; *Koller*[4] Rdn. 4; *Thume/Thume* Rdn. 13ff; *Herber/Piper* Rdn. 8; *Clarke*[2] Nr. 495; auch auf vereinbarte Haftungsregeln MüKo/*Basedow* Rdn. 4ff.

[29] *Thume/Thume* Rdn. 12.

[30] Siehe Art. 24 Rdn. 1.

[31] *Glöckner*[7] Rdn. 3; *Herber/Piper* Rdn. 9; *Thume/Thume* Rdn. 15.

Übersicht

Schrifttum

de la Motte CMR: Schaden – Entschädigung – Versicherung, VersR **1988** 317–324; *de la Motte* Der Zinsanspruch des Verfügungsberechtigten nach Art. 27 CMR insbesondere im Regreß eines Transportversicherers, TranspR **1986** 369–370; *Fischer* CMR-Beförderungsvertrag und Zinsanspruch, TranspR **1991** 321–338; *Fischer* Die CMR auf dem Vormarsch in Europa Überlegungen aus Anlaß des bevorstehenden Beitritts der Türkei zur CMR, TranspR **1994** 365–375; *Koller* Der Verzugsschaden bei CMR-Transporten, VersR **1992** 773–777; *Koller* Verzugszins und Auslegung der CMR, TranspR **1994** 53–56; *Thume* Art. 27 CMR und Entschädigungsverzug des Frachtführers, TranspR **1993** 365–369; *Thume* Verzugsfolgen bei Verzögerter Entschädigungsleistung des CMR-Frachtführers, TranspR **1998** 440–443.

I. Voraussetzungen gesetzlichen Zinsanspruchs

Art. 27 gewährt einen gesetzlichen Zinsanspruch gegen den Frachtführer[1] ohne **1**
Nachweis des Schuldnerverzugs und ohne Rücksicht auf die Kaufmannseigenschaft der Parteien.[2] Die Vorschrift bezieht sich ausschließlich auf CMR-Ansprüche gegen den Frachtführer;[3] nicht jedoch auf Ansprüche aus ergänzend anzuwendendem nationalen Recht,[4] also z. B. nicht aus positiver Vertragsverletzung; auch nicht auf Frachtansprüche, auch nicht bei Geltendmachung in Widerklage oder per Aufrechnung.[5] Da die CMR keine Ansprüche auf Erstattung der Gerichtskosten regelt, gilt Art. 27 auch nicht für die Verzinsung dieses Anspruchs aus § 91 ZPO; siehe zu Kosten des Vorprozesses Art. 23 Rdn. 37. Dagegen will das OLG Hamburg vom 3. 6. 1982, TranspR **1985** 266, 268 Art. 27 auch den Regreßanspruch auf Erstattung der Kosten des Vorprozesses Art. 27 unterwerfen. Dies ist jedoch nicht möglich, weil Art. 27 offensichtlich Beförderungsschäden und deren Reklamation voraussetzt. Art. 27 CMR trifft eine **vollständige Zinsregelung** und schließt damit die ergänzende Anwendung nationalen Rechts aus;[6] dies wird in älterer Rechtsprechung teilweise nicht beachtet;[7] insbesondere

[1] Die Vorschrift gilt nicht für Ansprüche des Frachtführers gegen den Absender, z. B. aus Art. 11 Abs. 2 S. 2; siehe dort Rdn. 4 ff; generell *Fischer* TranspR **1991** 321, 324 mit eingehender Begründung und umfangreichen Hinweisen auf ausländische Rechtsprechung in Fn. 64. Ferner MüKo/*Basedow* Rdn. 3.

[2] *Koller*[4] Rdn. 1; OLG Koblenz vom 6. 10. 1989, RIW **1990** 931, 933. Die Erwähnung von § 353 HGB ist daher unrichtig; z. B. LG Bremen vom 23. 12. 1988, TranspR **1989** 267 f.

[3] Unabhängig davon, ob die Geltung der CMR auf der gesetzlichen Grundlage oder auf nationalgesetzlicher Geltungsanordnung oder vertraglicher Vereinbarung beruht; *Fischer* TranspR **1991** 321, 322, siehe Art. 1 Rdn. 3 ff; F CA Versailles vom 13. 11. 1985, BT **1986** 42 f.

[4] *Koller*[4] Rdn. 1.

[5] *Haak* S. 235.

[6] *Loewe* ETR **1976** 503 ff, Nr. 205; *Fischer* TranspR **1991** 321, 333 ff; MüKo/*Basedow* Rdn. 22; *Herber/Piper* Rdn. 2 f; *Thume/Thume* Rdn. 27; *Thume* TranspR **1998** 440, 441; *Glöckner*[7] Rdn. 1; *Sánchez-Gamborino* Nr. 1113.

[7] Z. B. von OLG Frankfurt vom 21. 2. 1984, TranspR **1984** 97, 99 Anwendung von § 352 HGB (freilich mit gleichem Ergebnis); dazu *Fischer* TranspR **1991** 321.

aber generell in der französischen Rechtsprechung.[8] Durch Abreden kann die Verzinsung nicht abweichend geregelt werden, Art. 41; nur Art. 27 ist maßgeblich.[9] Dagegen können Ansprüche auf Verzugsschäden, soweit sie nicht anderen CMR-Regelungen widersprechen, nicht nach Art. 27 unwirksam sein.[10]

2 **Art. 27 gilt nur für Ansprüche** auf Entschädigung[11] **aus Art. 17–29** (aus dem 4. Kapitel, Art. 17ff).[12] Unstr. ist die Anwendbarkeit auf die Güterschadens- und Verspätungshaftung nach Art. 17 Abs. 1. Auch die Zinsbeschränkung hinsichtlich des Anspruchs auf Ersatz für Nichterhebung der Nachnahme (Art. 21) ist betroffen.[13] In einem einheitlichen Konzept hat *Fischer* sich mit beachtlichen Gründen für die konsequente Beschränkung der Anwendung auf diese Grundtatbestände ausgesprochen:[14] insbesondere gegen Anwendung auf die Ansprüche aus Art. 21, Art. 7 Abs. 3, 12 Abs. 7, 16 Abs. 2 S. 3 (Sondertatbestände aus Vertragsbruchshaftung); für Anwendung jedoch auf Art. 16 Abs. 3 S. 3 und Art. 11 Abs. 3; ähnlich (aber Anwendung auf Art. 21 und Art. 11 Abs. 3) MüKo/*Basedow* Rdn. 4, 6; für Anwendung auf alle diese Tatbestände grundsätzlich *Thume/Thume* Rdn. 8; *Koller*[4] Rdn. 1 will Art. 27 ausschließlich auf Entschädigungsansprüche aus Art. 12, 17, 19, 21 und 23ff anwenden. Die deutsche Rechtsprechung, insbesondere der BGH, ist *Fischer* für die Anwendung auf Art. 21 nicht gefolgt und hat damit strenges System abgelehnt. Das Meinungschaos ist inzwischen so unübersehbar, daß auf geraume Zeit keinerlei verläßliche Voraussage möglich ist. Zur Zeit bleibt nur noch, auf die Rechtsprechung zu hoffen, der freilich in absehbarer Zeit kaum entsprechend viele Fälle vorliegen werden, um die Fragen am Fall zu beantworten. Glücklicherweise enthält die Neufassung des Frachtrechts im HGB keine Zinsvorschrift nach Art von Art. 27 CMR. Ein weiteres Problem ist, daß Art. 27 nur Zinsen ab Reklamation gewährt. Daraus wird in der englischen Literatur eine Lücke in der CMR-Regelung abgeleitet, die durch nationales Recht gefüllt werden soll. Nach ergänzend anzuwendendem Recht soll nicht nur ein höherer gesetzlicher Zins zu zahlen sein, sondern auch durch Art. 41 eine Zinsvereinbarung für diesen Zeitraum nicht ausgeschlossen sein.[15]

3 Die genannten Anwendungsfelder sind wegen **Art. 29** nicht vollständig erfaßt: Unstreitig kann sich der Frachtführer in den schweren Fällen des Vorsatzes und der gleichgestellten Fahrlässigkeit gegenüber der strengen Beschränkung von Zinsansprüchen auf die für ihn jeweils vorteilhafteren Normen des ergänzend anzuwendenden nationalen Rechts[16] berufen.[17] Die ständige Erweiterung der Anwendungsfälle

8 *Fischer* TranspR **1991** 321.

9 Zutreffend BGH vom 10.10.1991, TranspR **1992** 100–103 = VersR **1992** 383ff = BGHZ **115** 299, 306; NL Rb Amsterdam vom 12.4.1972, SS **1972** 264, 268; NL Rb Rotterdam vom 3.9.1976, SS **1977** S. 142ff (Nr. 56); B CA Brüssel vom 12.12.1977, **1978** 39f ohne Zitat von Art. 41. Siehe aber die aus deutscher Sicht unverständliche Auffassung von *Hill/Messent/Glass*[2] S. 204.

10 Siehe Rdn. 18.

11 „compensation“, „indemnité“

12 BGH vom 10.10.1991, TranspR **1992** 100, 102f = VersR **1992** 383ff; OLG Bamberg vom 27.4.1981, TranspR **1984** 184; OLG Düsseldorf vom 26.1.1995, TranspR **1995** 384f; *Koller*[4] Rdn. 1; *Herber/Piper* Rdn. 2; MüKo/*Basedow* Rdn. 4. Zu Art. 29 OLG Hamburg vom 22.1.1998, TranspR **1998** 252, 254 (grobes Verschulden lag nicht vor).

13 BGH vom 10.10.1991, TranspR **1992** 100–103 = VersR **1992** 383ff = BGHZ **115** 299, 305f mit intensiver Begründung; OLG Hamm vom 16.8.1984, TranspR **1985** 97, 99; siehe Art. 21 Rdn. 28. Zustimmend *Thume/Thume* Rdn. 7; MüKo/*Basedow* Rdn. 4; *Sánchez-Gamborino* Nr. 31112.

14 *Fischer* TranspR **1991** 321, 322–325.

15 *Clarke*[2] Nr. 105 und 106; *Hill/Messent/Glass*[2] S. 203f.

16 Dazu Art. 1 Rdn. 75.

17 *Fischer* TranspR **1991** 321, 335f; *Thume/Thume* Rdn. 38f; MüKo/*Basedow* Rdn. 23; *Herber/Piper* Rdn. 18; *Koller*[4] Rdn. 6 und TranspR **1994** 53, 56; OLG Hamm vom 25.5.1992, TranspR **1992** 410, 411; OLG Düsseldorf vom 11.5.1989, TranspR **1990** 60, 63 (bei fahrlässigem Handeln in gröbster Weise 10 % Zinsen zugesprochen); i. E. auch OLG Düsseldorf vom 11.5.1989, TranspR **1990** 60, 63, aber ohne Prüfung von Art. 29. Für

von Art. 29 reißt daher eine beachtliche Lücke in den Zinsschutz des Art. 27 – läßt aber die Möglichkeit des Sichberufens auf die zinserhöhenden Wirkungen der Vorschrift zu. Auch vertragliche Vereinbarungen über höhere Zinsen sind im Rahmen des Vertrags- und AGB-Rechts zulässig.[18] Die Deklaration eines Lieferinteresses nach Art. 26 kann den Zinsschaden erhöht ersatzfähig machen.[19]

Eine Anwendung auf **außervertragliche Ansprüche** aus einer zwar der CMR unterliegenden Beförderung, die sich aus ergänzendem deutschem Recht ergeben, wird aus Art. 28 Abs. 1 und 2 bejaht, soweit sie den Frachtführer begünstigen würde.[20] Auf nicht in der CMR geregelte **Vertragsansprüche** aus dem CMR-Frachtvertrag ist Art. 27 nicht anzuwenden,[21] wohl auch nicht auf Frachtrückzahlungen;[22] ebensowenig auf Gerichtskostenerstattungen.[23] 4

1. Anspruchsberechtigter

Der Zinsanspruch steht dem Anspruchsberechtigten des Hauptanspruchs gegen den Frachtführer zu, also grundsätzlich dem Absender oder Empfänger. Die deutsche Übersetzung benutzt den Ausdruck „Verfügungsberechtigter", der eine korrigierende Form der Übersetzung der englischen und französischen Originaltexte ist; siehe Art. 17 Rdn. 249f. Daraus ergeben sich aber keine Abweichungen von dem Grundsatz, daß dem Inhaber des Hauptanspruchs auch der Zinsanspruch zusteht.[24] 5

2. Abtretung

Bei **Abtretung des Anspruchs** gehen im Zweifel die Zinsansprüche nicht analog § 401 BGB über, wohl aber im Regelfall aufgrund Auslegung der Abtretung. Ebenso aufgrund gesetzlichen Forderungsübergangs, z. B. auf Versicherer.[25] 6

3. Forderungsübergang

Im Falle des Forderungsübergangs gem. § 67 VVG gehen die Zinsansprüche ebenfalls auf den Transportversicherer über. Dies läßt sich aus § 67 VVG unmittelbar begründen, wenn man den Zinsanspruch als Schadenersatzanspruch im Sinne dieser Vorschrift ansieht. Die gegenteilige Auffassung würde bedeuten, daß dem Versicherungsnehmer oder Versicherten die Zinsansprüche gegen den Schädiger verbleiben würden, obwohl der Zinsschaden ab dem Forderungsübergang beim Versicherer entsteht. Im allgemeinen wird der Mitübergang von Zinsansprüchen – wenn überhaupt[26] – jedoch über analoge Anwendung von § 401 BGB begründet.[27] 7

Durchbrechung von Art. 27 (aber in casu kein grobes Verschulden) OLG Bamberg vom 27.4.1981, TranspR **1984** 184ff und OLG Hamburg vom 22.1.1998, TranspR **1998** 252, 254.

[18] *Fischer* TranspR **1991** 321, 336.

[19] Siehe Art. 26 Rdn. 2. In der französischen Rechtsprechung wird wohl eine Erweiterung auf den Zinsschaden nach Art. 26 zumindest grundsätzlich angenommen, siehe z.B. F TribCom Lyon vom 10.11.1975, BT **1976** 175, 177; Cour d'Appel Paris vom 9.7.1980, BT **1980** 449, 450.

[20] *Fischer* TranspR **1991** 321, 324 *Herber/Piper* Rdn. 3; *Thume/Thume* Rdn. 13; MüKo/*Basedow* Rdn. 5.

[21] *Fischer* TranspR **1991** 321, 324; OLG Düsseldorf vom 26.1.1995, TranspR **1995** 384f positive Vertragsverletzung für unrichtige Auskunft über schadensfreien Verlauf (Folgeschäden).

[22] *Fischer* TranspR **1991** 321, 324 Fn. 49.

[23] *Fischer* TranspR **1991** 321, 324 Fn. 50.

[24] Entgegen *Koller*[4] Rdn. 2 auch nicht bei OLG Saarbrücken vom 21.11.1974, NJW **1975** 500 = VersR **1976** 267, 268, wo der Zinsanspruch nicht Gegenstand des Urteils war. MüKo/*Basedow* Rdn. 24.

[25] Siehe § 429 HGBaF Rdn. 143 und § 429 HGBaF Anh. I Rdn. 90f.

[26] Bejahung ohne nähere Begründung: OLG Bremen vom 12.2.1976, VersR **1976** 584; OLG Koblenz vom 6.10.1989, TranspR **1991** 93, 96 = RIW **1990** 931, 933; NL Hoge Raad vom 7.12.1973, ETR **1974** 724, 727.

[27] *De la Motte* TranspR **1986** 369; *Prölss/Martin/Prölss* VVG[26] § 67 Anm. 5.

II. Zinsen ab Reklamation oder Klageerhebung

8 Der Zinsbeginn setzt entweder Reklamation oder Klageerhebung also eine außergerichtliche oder gerichtliche Geltendmachung des Zinsanspruchs voraus. Beide haben die gleiche Wirkung.[28] Jeweils die erste der Maßnahmen setzt also den Zinslauf in Gang. Beide richten sich auf die Geltendmachung der (zu verzinsenden) Hauptforderung. Der Zinsanspruch kann auch später geltend gemacht werden; die Zinsen laufen auch dann bereits ab Reklamation oder Klageerhebung.[29]

1. Reklamation

a) Begriff

9 Der Begriff der Reklamation wird von der CMR nicht definiert. Gelegentlich wird sie mit dem Empfängervorbehalt nach Art. 30 Abs. 1 verglichen bzw. gleichgesetzt.[30] Hinsichtlich der anzuwendenden Vorschriften wird jedoch zu Recht meist auf die verjährungshemmende Reklamation nach Art. 32 Abs. 2 verwiesen;[31] siehe daher grundsätzlich Art. 32 Rdn. 103ff. Nach deutscher Auffassung ist die Reklamation keine Willenserklärung,[32] eher eine geschäftsähnliche Erklärung, für die Vorschriften über Rechtsgeschäfte und Willenserklärungen analog gelten.[33]

b) Form der Reklamation

10 Die Reklamation ist nur wirksam, wenn sie schriftlich erfolgt ist.[34] Mündliche Reklamation genügt nicht für den Beginn der Verzinsung.[35] Mit der Klageerhebung beginnt dann spätestens der Zinslauf. Auf die Erläuterung der weit bedeutsameren Vorschriften § 32 Abs. 2 S. 1 wird durchweg verwiesen[36] (dort zur Rechtsnatur Art. 32 Rdn. 103ff; zur Form Rdn. 110ff, 136; zum Zugang Rdn. 135).

c) Inhalt der Reklamation

11 Die Reklamation entspricht inhaltlich-strukturell nicht dem Vorbehalt des Art. 30 Abs. 1,[37] sondern eher der in Art. 32 Abs. 2 CMR für die Hemmung der Verjährung vorgesehenen.[38] Jedoch unterscheidet sie sich von der verjährungshemmenden Reklamation dadurch, daß sie möglichst schnell nach Schadensentstehung vorgenommen werden muß, um die Zinsansprüche zu begründen. Es wäre daher unangemessen, bereits so früh eine in den Einzelheiten präzise Schadensbeschreibung zu verlangen.

---

[28] *Koller*[4] Rdn. 3.

[29] *Fischer* TranspR **1991** 321, 326.

[30] *Fischer* TranspR **1991** 321, 326; siehe dazu Rdn. 11.

[31] Siehe daher grundsätzlich Art. 32 Rdn. 103ff. Zu den Unterschieden der beiden Auffassungen siehe für Art. 32 zutreffend *Fischer* TranspR **1991** 321, 326; *Thume/Thume* Rdn. 18; ferner *Herber/Piper* Rdn. 7; *Koller*[4] Rdn. 3; MüKo/*Basedow* Rdn. 12; OLG Hamm vom 7.11.1996, TranspR **1998** 459, 461.

[32] *De la Motte* TranspR **1986** 369f.

[33] Siehe Art. 32 Rdn. 104.

[34] Genügend ist auch Telegramm, Telex, Telefax; *Fischer* TranspR **1991** 321, 328; siehe Art. 32 Rdn. 110. Die „autonome Auslegung" der CMR bringt offenkundig keine präziseren Ergebnisse, wird aber dennoch von MüKo/*Basedow* Rdn. 13 vertreten.

[35] Unstr. *Loewe*, ETR **1976** S. 503, 752; *Herber/Piper* Rdn. 7; *Koller*[4] Rdn. 3; *Thume/Thume* Rdn. 21; *Hill/Messent/Glass*[2] S. 203; *Fischer* TranspR **1991** 321, 326; *de la Motte* TranspR **1986** 369f.

[36] Siehe *Thume/Thume* Rdn. 21; ferner Art. 20 Rdn. 10. Siehe bereits NL Rb Amsterdam vom 12.4.1972, SS **1972** 264, 268.

[37] So aber *Loewe*, ETR **1976** S. 572; *Heuer* 123.

[38] *De la Motte* TranspR **1986** 369, 370; *Koller* Rdn. 3 vergleicht sie mit Art. 30 und 32.

Danach ist zwar eine genaue Angabe der Schadensumstände,[39] nicht aber die Angabe des Schadensumfangs oder die Beifügung von Belegen erforderlich.[40]

d) Reklamierender

12 Wer wirksam reklamieren kann, hängt grundsätzlich von der Ersatzberechtigung ab. Jedoch ist eine großzügige Haltung zugunsten der Reklamation durch interessierte Personen zu befürworten.[41]

e) Adressat der Reklamation

13 Regelmäßig wird sich die Reklamation an den Frachtführer zu wenden haben. In Ländern, in denen dem Geschädigten ein unmittelbarer Anspruch gegen den Haftpflichtversicherer zusteht (etwa in Frankreich), könnte auch eine Reklamation an oder Klageerhebung gegen diesen ausreichend sein. Die Reklamation beim Spediteur reicht grundsätzlich nicht aus, um den Zinslauf beim von ihm beauftragten CMR-Frachtführer in Gang zu setzen,[42] wenn dieser den Spediteur nicht zur Annahme von Reklamationen bevollmächtigt hat (§ 166 Abs. 3 BGB). Dagegen genügt die Reklamation beim CMR-Fixkosten- oder Sammelladungsspediteur hinsichtlich der von diesem nach CMR geschuldeten Zinsen.[43]

f) Beginn und Ende des Zinslaufes

14 Die Wirkung der Reklamation (d. h. der Beginn der Verzinsung) ist in der Rechtsprechung nicht problematisch behandelt worden. In der CMR ist diese in der englischen Originalfassung deutlich ausgedrückt,[44] nicht aber mit gleicher Klarheit im französischen Text[45] und der deutschen Übersetzung. Man geht danach (durchaus sinnvoll) vom Tag der Absendung aus[46] oder (ohne Reklamation) mit der Klageerhebung.[47] Das Ende des Zinslaufs ist nach verbreiteter Auffassung mit der Rechtskraft des Urteils anzunehmen.[48] Das Argument, der Schutz der CMR habe auch über diesen Zeitpunkt hinaus zu reichen,[49] ist jedoch aus der Wirkung der CMR begründet;

---

39 *Haak* S. 236; *Pesce* 293; etwas enger *Dorrestein* Nr. 251. Ein Vermerk auf dem Frachtbrief mit Vorbehalt für die fehlende Ware reicht nach OLG Bamberg vom 27. 4. 1981, TranspR **1984** 184 aus.

40 Siehe Art. 32 Rdn. 107. GB Queen's Bench Division vom 20. 11. 1973, Tatton v. Ferrymasters, ETR **1974** 737, 747 = LLoyd's Rep **1974 I** 203; GB Queen's Bench Division vom 27. 10. 1986, RDU **1988** 747, 757f stellt auch für die Reklamation nach Art. 27 (beiläufig) sehr niedrige Anforderungen; ebenso *Clarke*² Nr. 105, S. 492. Für die Niederlande großzügig *Haak* S. 236 und NL Hof Amsterdam vom 13. 3. 1974, SS **1974**.
Siehe insgesamt zum Inhalt der Reklamation umfassend *Fischer* TranspR **1991** 321, 328.

41 Siehe § 429F Rdn. 144, 164ff und Art. 17 Rdn. 253f, Art. 30 Rdn. 16, 60, und Art. 32 Rdn. 114ff. GB Queen's Bench Division vom 20. 11. 1973, in Tatton v. Ferrymasters, ETR **1974** 737, 747 = LLoyd's Rep **1974 I** 203 scheint die Frage, wer reklamiert hat, ohne Bedeutung zu sein.

42 F CA Metz vom 28. 10. 1987, BT **1988** 168, 170; *Lamy* 99 I Nr. 1574 JUR. 1.

43 459f HGBnF; auch beim Selbsteintritt, 458 HGBnF.

44 "Such interest ... shall accrue from the date on which the claim was sent ... to the carrier".

45 Meist wird der entsprechende Inhalt schon aus dem französischen Text herausgelesen; siehe z. B. MüKo/*Basedow* Rdn. 14. Die Formulierung ist jedoch nicht eindeutig: „Ces intérêts ... courent du jour de la réclamation adressée ... au transporteur"; (nicht aber „de l'envoi de la réclamation").

46 *Fischer* TranspR **1991** 321, 328; *Koller*⁴ Rdn. 3; *Thume/Thume* Rdn. 21; *Herber/Piper* Rdn. 7; MüKo/*Basedow* Rdn. 14; *Lamy* 99 I Nr. 531, 1583 Jur. 2.

47 MüKo/*Basedow* Rdn. 15f; MüKo/*Basedow* Rdn. 8; *Herber/Piper* Rdn. 7; *Lamy* 99 I Nr. 531.

48 *Herber/Piper* Rdn. 8; *Koller*⁴ Rdn. 5; *Jesser* S. 140; auf der Grundlage englischen Rechts, das insoweit eine Novationswirkung des Urteils vorsieht, auch *Hill/Messent/Glass*² S. 204.

49 MüKo/*Basedow* Rdn. 18; im Ergebnis auch *Thume/Thume* Rdn. 25; *Clarke*² Nr. 105.

das rechtskräftige Urteil läßt auch keinen neuen Schuldgrund entstehen. Materiell ist jedoch die dauernde Sonderbehandlung von CMR-Ansprüchen nicht befriedigend.

2. Klageerhebung

15 Was unter Klageerhebung zu verstehen ist, wird vom nationalen Prozeßrecht des angerufenen Gerichts abhängen; ebenso wann sie wirksam erfolgt ist.[50] Auf das gewählte Verfahren kommt es nicht an; es reicht daher auch das Mahnverfahren nach §§ 688ff ZPO.[51]

III. Umfang und Berechnung des Zinsanspruchs aus Art. 27 CMR

16 Der Umfang des Zinsanspruchs ergibt sich aus der Festlegung des Zinssatzes in Höhe von 5 % und dem Beginn der Laufzeit mit der Reklamation. Der Zinssatz ist zwingend festgelegt, er ist insoweit unabdingbar[52] pauschaliert. In Hochzinszeiten wirkt er sich als Einschränkung gegenüber dem Marktzins,[53] in Niedrigzinszeiten als Vorteil für den Gläubiger aus. Über Kapitalisierung der Zinsen bestimmt die CMR nichts; sie werden von der ausländischen Rechtsprechung vielfach nach ergänzend anzuwendendem nationalen Recht für zulässig gehalten.[54] Dafür ist dann das Recht des angerufenen Gerichts maßgeblich.[55]

17 Für die **Berechnung der Zinsen** nach Abs. 1 ist der geschuldete Entschädigungsbetrag maßgeblich. Für diesen ist grundsätzlich die Währung am Ort der verlangten Zahlung zu Grunde zu legen.[56] Der Zinsanspruch nach Art. 27 Abs. 1 ist aber nach der zu zahlenden Entschädigung zu berechnen, diese wiederum nach Art. 23 Abs. 1, 2, 3 und 5. Da die dafür vorgesehenen Umstände (z. B. der Wert des Gutes am Übernahmeort, aber auch im Ausland angefallene Kosten nach Art. 23 Abs. 4) oft nicht in der Währung des Gerichtsstaates bestimmt werden können, ist gem. Art. 27 Abs. 2 für die Umrechnung von Rechnungsgrößen der Schadensberechnung in Fremdwährung in die Währung des Gerichtslandes der vorgesehene Zahlungszeitpunkt und -ort maßgeblich.[57] Dagegen richtet sich die Berechnung der Haftungsgrenze nach Art. 23 Abs. 3 selbständig nach Art. 23 Abs. 7.[58] Die negative Änderung des Umrechnungskurses vom Tage des Urteils bis zur Zahlung ist positiv zugunsten des Geschädigten zu berücksichtigen.[59]

---

[50] *Koller* Rdn. 3; MüKo/*Basedow* Rdn. 16; *Fischer* TranspR **1991** 321, 330.
[51] *Fischer* TranspR **1991** 321, 330.
[52] *Fischer* TranspR **1991** 321, 330; *Herber/Piper* Rdn. 5; *Koller*[4] Rdn. 4; *Thume/Thume* Rdn. 26; MüKo/*Basedow* Rdn. 9; BGH vom 10.10.1991, TranspR **1992** 100, 103 = VersR **1992** 383ff = BGHZ **115** 299, 306.
[53] So noch 1991; *Fischer* TranspR **1991** 321, 330.
[54] *Lamy 99* I Nr. 531, 1583 Jur. 4 (F Cass vom 17.3.1992, RDU **1992 II** 316ff = BT **1992** 253; MüKo/*Basedow* Rdn. 19f mit Überblick über die Landesrechte; streng ablehnend MüKo/*Basedow* Rdn. 20.
[55] *Koller*[4] Rdn. 4; Kapitalisierung in Frankreich bejaht von F Cass vom 17.3.1992, BT **1992** 253.
[56] *Thume/Thume* Rdn. 42;
[57] *Loewe* ETR **1976** 503ff, Nr. 208; *Koller*[4] Rdn. 7; bei Verurteilung zur Zahlung des Gerichtsortes: *Thume/Thume* Rdn. 43; *Herber/Piper* Rdn. 12. Siehe ausführlich MüKo/*Basedow* Rdn. 25–31.
[58] Zutreffend *Lamy 99* I Nr. 531.
[59] *Loewe* ETR **1976** 503ff, Nr. 210; *Haak* S. 236; *Herber/Piper* Rdn. 12.

IV. Konkurrierende Ansprüche aus nationalem Recht; höherer Zinssatz

Auf **Verzugsschäden** als solche ist Art. 27 nicht generell anzuwenden. Eindeutig regelt Art. 27 nur eine Zinspflicht und deren Umfang für die gewährte Entschädigung, nicht jedoch andere Entschädigungsleistungen. Verzugsschadensansprüche sind nicht erwähnt,[60] werden aber erfaßt, soweit sie in Zinsen bestehen. 1991 hat der BGH die Anwendung von Zinsvorschriften des deutschen Rechts, insbesondere von Ansprüchen aus Schuldnerverzug neben Art. 27 CMR mit intensiver Begründung verneint[61] und damit eine von den Instanzgerichten vertretene Gegenauffassung[62] zurückgewiesen. Art. 27 CMR verdrängt also auch **Zinsansprüche aus §§ 288** oder **Zinsen als Verzugsschäden gem. § 286 Abs. 1** BGB.[63] Das Urteil des BGH vom 10.10.1991 erweitert aber ohne entscheidungsrelevanten Bezug den Anwendungsbereich auf alle **verzugsbedingten Schadensregelungen**.[64] Darin liegt eine Abweichung vom Übereinkommen, die weiter in das ergänzende nationale Recht eingreift als erforderlich.[65] Bei Güterschäden beschränkt z. B. Art. 23 Abs. 1 die Haftung auf den Wertverlust; daneben sind nach Abs. 4 Kosten zu ersetzen; dieser Anspruch ist nicht durch Art. 27 beschränkt.[66] **18**

Auch **ausländische Rechte** gehen überwiegend von abschließender Regelung des Art. 27 aus.[67] Nach englischem Recht wird teilweise für möglich gehalten, daß für die Zeit von der Schadensentstehung bis zur Reklamation und vom Urteil bis zur Zahlung höhere Zinsen verlangt werden können.[68] Zweifelhaft ist, ob deutsches Schuldrecht, also z. B. § 286 BGB (Verzugsschaden) im Falle des Art. 27 anzuwenden ist. Die Frage entscheidet sich danach, ob auch dieser über die normale Verzinsung hinausgehende **19**

---

60 *Herber/Piper* Rdn. 1. Eingehend, auch rechtsvergleichend: *Koller* TranspR **1994** 53, 56; ebenso OLG Hamm vom 7.11.1996, TranspR **1998** 459, 461 f; siehe auch Rdn. 1.

61 BGH vom 10.10.1991, TranspR **1992** 100–103 = VersR **1992** 383 ff = BGHZ **115** 299, 306. Ebenso mit entsprechender Begründung OLG Hamburg vom 22.1.1998, TranspR **1998** 252, 253 f; schon vor diesem Urteil *Fischer* TranspR **1991** 321, 333; dem BGH zustimmend MüKo/*Basedow* Rdn. 21; *Herber/Piper* Rdn. 10; *Thume/ Thume* Rdn. 26; **a. A.** *Koller*[4] Rdn. 6.

62 Anwendung von § 286 BGB: mit intensiver Begründung OLG München vom 21.12.1990, TranspR **1991** 96, 97 f; ohne nähere Begründung: OLG Düsseldorf vom 12.1.1984, TranspR **1984** 102, 105; OLG Hamm vom 6.2.1997, TranspR **1998** 34, 35 (aber nicht bewiesen); OLG Hamm vom 7.11.1996, TranspR **1998** 459, 461 (Rechtsanwaltskosten). Für Zinsen nach Rechtskraft eines auf Art. 27 CMR gegründeten Urteils *Koller* Rdn. 5 mit überzeugenden Gründen.
Zum ausländischen Recht siehe *Koller* TranspR **1994** 55; *Fischer* TranspR **1991** 321, 331.

63 BGH vom 10.10.1991, TranspR **1992** 100–103 = VersR **1992** 383 ff = BGHZ **115** 299, 306. Für höhere Verzugszinsen aber z. B. Tribunal de Grande Instance Straßburg vom 9.11.1966, ETR **1969** 975, 978 = BT **1967**. Insoweit zustimmend *Piper*[7] Rdn. 431. Zum niederländischen Recht siehe *Haak* S. 235 Fn. 215; wohl auch *Koller* Rdn. 6 entgegen seiner Auffassung von der abschließenden Regelung in Art. 27. *Silingardi* S. 242.

64 TranspR **1992** 100, 103 = VersR **1992** 383 ff = BGHZ **115** 299, 306. Diese Entscheidung wird neuestens inhaltlich ergänzt durch BGH vom 24.5.2000, TranspR **2000** 455 = LM CMR Nr. 76 (mit Anm. *Dubischar*) = RIW **2001**, 370 (mit Anm. *Thume*), (Die Zinspflicht des Frachtführers nach Art. 27 Abs. 1 CMR schließt einen Rückgriff gegen den Unterfrachtführer wegen konkreter Verzugsschäden des Hauptfrachtführers, die nicht im Zinsverlust aufgrund der vorenthaltenen Kapitalnutzung des Entschädigungsbetrags bestehen, sondern im anderweitigen Vermögensbereich eingetreten sind – hier: Vorprozeßkosten des Hauptfrachtführers durch gerichtliche Inanspruchnahme von seiten des Absenders bzw. dessen Rechtsnachfolgers –, nicht aus (Ergänzung zu BGHZ **115** 299 ff). Dazu auch *Thume* TranspR **1993** 363, 368, *Thume/Thume* Rdn. 29 f und *Koller* TranspR **1994** 53 ff.

65 Eindeutig und überzeugend *Thume* TranspR **1998** 440 ff.

66 Zur positiven Vertragsverletzung siehe Art. 17 Rdn. 260.

67 Eingehend *Fischer* TranspR **1991** 321, 331 ff; MüKo/*Basedow* Rdn. 19.

68 *Hill/Messent/Glass*[2] S. 203 f.

Fall durch zwingende Wirkung von Art. 27 im haftungsbegrenzenden Sinne erfaßt ist.[69] Ob Art. 27 allerdings auch Ansprüche aus Verzug ausschließt, die nicht in Zinsen bestehen, ist noch immer sehr zweifelhaft.[70]

Artikel 28

1. Können Verluste, Beschädigungen oder Überschreitungen der Lieferfrist, die bei einer diesem Übereinkommen unterliegenden Beförderung eingetreten sind, nach dem anzuwendenden Recht zur Erhebung außervertraglicher Ansprüche führen, so kann sich der Frachtführer demgegenüber auf die Bestimmungen dieses Übereinkommens berufen, die seine Haftung ausschließen oder den Umfang der zu leistenden Entschädigung bestimmen oder begrenzen.

2. Werden Ansprüche aus außervertraglicher Haftung für Verlust, Beschädigung oder Überschreitung der Lieferfrist gegen eine der Personen erhoben, für die der Frachtführer nach Artikel 3 haftet, so kann sich auch diese Person auf die Bestimmungen dieses Übereinkommens berufen, die die Haftung des Frachtführers ausschließen oder den Umfang der zu leistenden Entschädigung bestimmen oder begrenzen.

Article 28

1. Lorsque, d'après la loi applicable, la perte, l'avarie ou le retard survenu au cours d'un transport soumis à la présente Convention peut donner lieu à une réclamation extracontractuelle, le transporteur peut se prévaloir des dispositions de la présente Convention qui excluent sa responsabilité ou qui déterminent ou limitent les indemnités dues.

2. Lorsque la responsabilité extracontractuelle pour perte, avarie ou retard d'une des personnes dont le transporteur répond aux termes de l'article 3 est mise en cause, cette personne peut également se prévaloir des dispositions de la présente Convention qui excluent la responsabilité du transporteur ou qui déterminent ou limitent les indemnités dues.

Article 28

1. In cases where, under the law applicable, loss, damage or delay arising out of carriage under this Convention gives rise to an extracontractual claim, the carrier may avail himself of the provisions of this Convention which exclude his liability or which fix or limit the compensation due.

---

69 **Für zwingenden Ausschluß höherer Haftung** BGH vom 10.10.1991, NJW **1992** 621ff = TranspR **1992** 100, 103 = VersR **1992** 838ff; anders für Zinskapitalisierung F Cass vom 17.3.1992, RDU **1992 II** 316ff = BT **1992** 253; dazu MüKo/*Basedow* Rdn. 21.
Gegen diese zwingende Wirkung, also für Zulassung höherer Zinsschäden durch nationales Recht bei Verschulden: OLG München vom 21.12.1990, TranspR **1991** 96, 97f; OLG Hamm vom 25.5.1992, TranspR **1992** 410, 411; eingehend *Koller*[4] Art. 27 Rdn. 6; siehe vergleichend *Fischer* TranspR **1991** 321, 332f.

70 Dafür nach wie vor *Koller*[4] Rdn. 6; wohl auch *Herber/Piper* Rdn. 11.

2. In cases where the extra-contractual liability for loss, damage or delay of one of the persons for whom the carrier is responsible under the terms of article 3 is in issue, such person may also avail himself of the provisions of this Convention which exclude the liability of the carrier or which fix or limit the compensation due.

Übersicht

Schrifttum

Bayer Frachtführerhaftung und Versicherungsschutz für Ladungsschäden durch Raub oder Diebstahl im grenzüberschreitenden Straßengüterverkehr, VersR **1995** 626–632; *Demuth* Ausführender Frachtführer auch im CMR-Bereich?, TranspR **1999** 100–101; *Hannig* Verkehrsträgerhaftung und Transport-Versicherung, VP **1981** 94–101, VP **1971** 218–221 und 242–244; *Roesch* Ersatzansprüche an den Frachtführer nach KVO und CMR, BB **1984** 699–702; *Schmid* Die Ansprüche des geschädigten Dritten gegen den Fahrer als Arbeitnehmer im Bereich des Verkehrshaftungsrechtes, TranspR **1986** 49–53; *Siegmund* Rechtsunsicherheit in den Vereinigten Staaten hinsichtlich der Einklagbarkeit von „Punitive Damages" im Rahmen des Warschauer Abkommens, TranspR **1991** 278–281; *Voigt* Haftung im internationalen Straßengüterverkehr nach der CMR, VP **1962** 34–36; *Voigt* Nach welchem Recht regeln sich in der CMR nicht behandelte Fragen?, VP **1966** 19–21; *Voigt* Freistellungsanspruch des auf Ersatz in Anspruch genommenen Kraftfahrers und Versicherungsschutz aufgrund der Güterschadenhaftpflichtversicherung, VersR **1972** 1005–1008.

I. Außervertragliche Ansprüche gegen den Frachtführer

1. Allgemeines insbesondere des Eigentümers des beförderten Gutes

Neben die zwingende **CMR-Haftung für Verlust, Verspätung oder Lieferfristüberschreitung** des Frachtführers können grundsätzlich Ansprüche aus ergänzend anzuwendendem nationalem Recht treten, etwa aus allgemeinen Leistungsstörungen oder aus **außervertraglichen Anspruchsgrundlagen.**[1] Durch sie könnte die CMR-Regelung zu einem guten Teil überspielt werden; vor allem durch die Haftung aus unerlaubter Handlung – je nach anwendbarem nationalem Recht.[2] Konkurrierende **Vertragsansprüche** aus ergänzendem nationalem Recht werden die CMR als spezielleres Gesetz ohnehin schon ausgeschlossen.[3] Um Störungen der in der CMR vor- 1

[1] Siehe Art. 17 Rdn. 255 bis 285.

[2] Insbesondere im deutschen, englischen, italienischen, österreichischen, schweizerischen Recht; MüKo/*Basedow* Rdn. 1. In Frankreich und Belgien schließt dagegen der Vorrang des Vertragsrechts („non-cumul") konkurrierende Deliktsansprüche aus; *Mercadal* BT **1974** 320; *Lamy 99* I Nr. 534. Siehe Rdn. 3.

[3] Siehe Art. 17 Rdn. 258f. Rechte aus CMR-Bestimmungen können aber grundsätzlich daneben geltend gemacht werden.

gesehenen Risikoverteilung bei Verlust, Beschädigung oder Lieferfristüberschreitung zu unterbinden, unterwirft Art. 28 Abs. 1 CMR außervertragliche Ansprüche den Einschränkungen der CMR. Die konkurrierenden außervertraglichen Ansprüche[4] werden durch Art. 28 Abs. 1 **auf den Umfang der frachtvertraglichen Haftung nach der CMR beschränkt.**[5] Alle Bestimmungen, durch welche die CMR-Haftung ausgeschlossen, in ihrem Umfang bestimmt oder begrenzt wird, können also der außervertraglichen Haftung entgegengesetzt werden: insbesondere der Art. 17 Abs. 2 bis 5;[6] 18; 19, 22,[7] 23–27.[8] Dazu gehören auch Vorschriften zur Beweislast,[9] Schadensrüge[10] und Verjährung.[11]

2 Art. 28 soll die Haftungsgrenzen der Vertragshaftung gegenüber dem Deliktsrecht schützen, geboten ist daher eine **Auslegung, die diesen Zweck voll erreicht.**[12] Art. 28 beschränkt sich auf außervertragliche Ansprüche.[13] Auf vertragliche Ansprüche aus einer der CMR unterliegenden Beförderung, z. B. Haftung des Frachtführers für Vermögensschäden als Folge unrichtiger Auskünfte über Transportschäden[14] können die Haftungsbeschränkungen der CMR aber nicht angewendet werden. Eine Analogie zu Art. 28 ist nicht begründbar. Das neue deutsche Frachtrecht begrenzt aber außerhalb der CMR auch solche Haftungen durch § 433 HGBnF; die Haftung des **Absenders** kann mit unerlaubter Handlung voll begründet werden.[15] Art. 28 hat bewirkt, daß die Geltendmachung **außervertraglicher Ansprüche kaum eine praktische Bedeutung** hat. Wenn es die Vorschrift nicht gäbe, würde die gleichzeitige Geltendmachung vor allem deliktischer Ansprüche die Regel bedeuten; sie nicht geltend zu machen, wäre bereits ein Anwaltsfehler. Siehe zum Schutz von abhängigen Gehilfen und Subunternehmern des CMR-Frachtführers Art. 28 Abs. 2.[16]

2. Grundsätzliche Zulässigkeit außervertraglicher Ansprüche

3 Art. 28 Abs. 1 schließt außervertragliche Ansprüche des nationalen Rechts nicht aus, sondern unterwirft sie nur den Beschränkungen der CMR.[17] Der Geschädigte

[4] Zweifelhaft für Ansprüche aus Verschulden bei Vertragsschluß; überwiegend ablehnend; *Thume/Schmid* Rdn. 4, problematisch dort die dogmatische Ableitung dieses Anspruchs als quasi-vertraglich; **a. A.** zutreffend MüKo/*Basedow* Rdn. 5.

[5] Im innerdeutschen Recht seit 1998 auch durch das HGB beschränkt: § 434 HGBnF für die außervertragliche Haftung; hierzu im einzelnen: *Ruhwedel* Das störende Eigentum am Frachtgut, FestG für Herber, 1999, S. 163–170. Zur früheren Rechtslage siehe § 429 HGBaF Rdn. 229, 267ff, 285ff. Diese Beschränkung gilt auch für die Haftung der Leute des Frachtführers; § 436 HGBnF. Die außervertragliche Haftung selbständiger Gehilfen (§ 428 S. 2 HGBnF) wird jedoch nicht entsprechend beschränkt; siehe BRDrucks. 368/97 S. 72.

[6] *Thume/Schmid* Rdn. 7–9; MüKo/*Basedow* Rdn. 14; *Koller*[4] Rdn. 4.

[7] *Thume/Schmid* Rdn. 10.

[8] *Thume/Schmid* Rdn. 11; MüKo/*Basedow* Rdn. 2, 14; *Koller*[4] Rdn. 4.

[9] *Thume/Schmid* Rdn. 12; *Koller*[4] Rdn. 4; MüKo/*Basedow* Rdn. 13.

[10] Für Anwendbarkeit von Art. 30 *Koller*[4] Rdn. 4; siehe auch *Thume/Schmid* Rdn. 13.

[11] Die Anwendung von Art. 32 erstreckt sich ohnehin auf alle Ansprüche aus einer CMR-Beförderung; siehe Art. 32 Rdn. 8. Der Rückgriff auf Art. 28 ist insoweit überflüssig. Zutreffend *Loewe* ETR **1976** 503ff, Nr. 213; *Thume/Schmid* Rdn. 14; MüKo/*Basedow* Rdn. 13; *Herber/Piper* Rdn. 32; *Koller*[4] Rdn. 4 will Art. 32 über Art. 28 anwenden; siehe auch *Thume/Schmid* aaO; A OGH vom 27.9.1983, TranspR **1983** 191ff = *Greiter* 205, 209f.

[12] *Thume/Schmid* Rdn. 14.

[13] „réclamation extracontractuelle", „extra-contractual claim"; siehe Art. 17 Rdn. 255.

[14] Siehe Art. 17 Rdn. 276 f.

[15] Siehe z. B. Art. 10 Rdn. 24.

[16] Siehe Rdn. 6 f.

[17] BGH vom 28.4.1988, NJW **1988** 3095f = TranspR **1988** 338, 340 = VersR **1988** 825f; OLG Hamm vom 11.3.1976, NJW **1976** 2077, 2078; A OGH vom 12.12.1984, SZ 57 196 S. 980f = TranspR **1986** 426, 421; vom 13.6.1985, SZ **58** 102 S. 491 = TranspR **1988** 13f; vom 25.1.1990, TranspR **1990** 235, 238; *Thume/Schmid* Rdn. 18; *Koller*[4] Rdn. 4; MüKo/*Basedow* Rdn. 12; *Thume* in *Fremuth/Thume* Frachtrecht, Rdn. 7.

kann also die Ansprüche auf außervertragliche Bestimmungen stützen;[18] für deren **Haftungsvoraussetzungen** greift Art. 28 Abs. 1 **nicht** ein.[19] Allerdings ist das Vorliegen der Haftungsvoraussetzungen des Art. 17 Abs. 1 in aller Regel leichter nachzuweisen als der Tatbestand einer unerlaubten Handlung; die theoretische Zulässigkeit außervertraglicher Ansprüche für den Geschädigten ist zumeist bedeutungslos. Immerhin sind aber auch außervertragliche Ansprüche ohne Verschulden denkbar, die günstiger als die Haftung nach Art. 17 Abs. 1 sein können. So könnte z. B. unter gegebenen Umständen ein Anspruch aus § 904 S. 2 BGB leichter zu begründen sein als nach Art. 17 Abs. 1.[20] Ansprüche aus unerlaubter Handlung können unbegrenzt geltend gemacht werden, wenn die **Beförderung ohne wirksamen Frachtvertrag** erfolgt ist.[21]

3. Anwendbares IPR

Ansprüche aus unerlaubter Handlung unterstehen nach deutschem internationalen **4**
Deliktsrecht (Neuregelung von Art. 40 EGBGB)[22] dem Recht des Tatorts; oder auf Verlangen des Verletzten des Erfolgsorts (Abs. 1); oder, wenn Ersatzpflichtiger und Verletzter ihren gewöhnlichen Aufenthaltsort im gleichen Staat hatten, nach dem Recht dieses Staats. Nach Eintritt des Schadensereignisses können die Parteien gemeinsam das anwendbare Recht wählen. Zur ungerechtfertigten Bereicherung und zur Geschäftsführung ohne Auftrag siehe 38, 39. Siehe zu den Einzelheiten des neuen Rechts die Kommentare zu Art. 38–42 EGBGB.

4. Ansprüche, die Art. 28 Abs. 1 unterliegen

a) Außervertragliche Ansprüche

Art. 28 Abs. 1 bezieht sich nur auf außervertragliche Ansprüche, also vor allem aus **5**
unerlaubter Handlung,[23] aber z. B. auch aus ungerechtfertigter Bereicherung,[24] aus Geschäftsführung ohne Auftrag,[25] aus Eigentümer-Besitzer-Verhältnis[26] oder aus Notstand.[27] Ebenso aus **Verschulden bei Vertragsschluß** da diese Ansprüchen keine echten Vertragsansprüche, sondern solche aus vertragsähnlichen Verhältnisse, also großenteils funktional Deliktsrecht sind.[28] Nicht unter Art. 28 fallen außervertragliche Ansprüche, die nicht in Konkurrenz zu den in der CMR geregelten Ansprüchen stehen, weil sie Gestaltungen des Schadensfalls betreffen, die in der CMR nicht erfaßt sind; dazu Art. 17 Rdn. 258, 262 ff.

---

[18] Wegen der gleichen Haftungsbeschränkung in Urteilen selten erwähnt; siehe aber OLG Bamberg vom 27. 4. 1981, TranspR **1984** 184, 185.

[19] **A. A.** wohl *Willenberg* **1968** 1024; MüKo/*Basedow* Rdn. 12.

[20] MüKo/*Basedow* Rdn. 12.

[21] OLG Düsseldorf vom 5. 11. 1992, TranspR **1993** 186, 188.

[22] Gesetz zum Internationalen Privatrecht für außervertragliche Schuldverhältnisse und für Sachen, vom 21. 5. 1999, BGBl. I 1028 ff.

[23] Häufigster Anwendungsfall; siehe z. B.: BGH vom 27. 10. 1978, VersR **1979** 417, 418; A OGH vom 27. 9. 1983, TranspR **1983** 191 ff = *Greiter* 205 ff; A OGH vom 14. 11. 1984, SZ **57** 173 S. 844 f = TranspR **1985** 346, 347.

[24] Z. B. aus § 816 Abs. 2 BGB; OLG Frankfurt vom 30. 3. 1977, VersR **1978** 169, 172; MüKo/*Basedow* Rdn. 4.

[25] MüKo/*Basedow* Rdn. 4.

[26] MüKo/*Basedow* Rdn. 4.

[27] MüKo/*Basedow* Rdn. 4.

[28] Zur Einschätzung des Verschuldens bei Vertragsschluß als „vertragsähnliches Vertrauensverhältnis" zwischen Vertrags- und Deliktsrecht siehe etwa *Larenz* SchR I[14] S. 121 f; *Esser/Schmidt* Schuldrecht I[6] S. 435 f; *Palandt/Heinrichs*[56] § 276 BGB Rdn. 65. Wie hier *Glöckner*[7] Rdn. 2; MüKo/*Basedow* Rdn. 5 mwH; auch *Koller*[4] Rdn. 1 (soweit ein Vertrag nicht zustande gekommen ist); **a. A.** *Thume/Schmid* Rdn. 6; *Herber/Piper* Rdn. 2.

6 **Vertragsansprüche**, die neben denen des Art. 17 Abs. 1 bestehen, können nicht durch Art. 28 Abs. 1 den Beschränkungen der CMR unterworfen werden; siehe Art. 17 Rdn. 258. Haftungseinschränkungen der Art. 23 ff können nicht durch Art. 28 Abs. 1 auf andere Vertragsansprüche übertragen werden, insbesondere auf CMR-Sondertatbestände[29] oder dort nicht geregelte Nebenpflichten aus ergänzendem nationalen Recht.[30] Für diese Ansprüche aus allgemeinem Vertragsrecht, insbesondere aus positiver Vertragsverletzung des CMR-Frachtvertrags[31] kann Art. 28 nicht eingreifen, weil er nur außervertragliche Ansprüche betrifft.[32] Sie waren bisher nach in Deutschland h. M. unbegrenzt zulässig.[33] Das deutsche Recht führte jedoch 1998 in 433 HGB für solche Haftungen eine **neue Haftungsbeschränkung** ein, soweit sie nicht „Sach- oder Personenschäden" betreffen, und zwar auf das Dreifache des Betrages, der bei Verlust zu zahlen wäre. Damit sind allgemeine Vermögensschäden im Nebenpflichtenbereich einer Beschränkung nach nationalem Recht unterworfen.[34] Auch diese Beschränkung greift aber nicht bei Vorsatz und gleichgestellter Fahrlässigkeit.[35]

7 Außervertragliche Ansprüche gegen teilausführende **Subunternehmer**, die in Parallele nicht zum CMR-Frachtvertrag, sondern zu einem nationalen Fracht- oder Speditionsvertrag stehen, sind von Art. 28 nicht betroffen.[36] Den Subunternehmern als selbständigen Gehilfen des CMR-Hauptfrachtführers („ausführenden Frachtführern") stehen gem. § 437 HGBnF dem Absender oder Empfänger gegenüber die Beschränkungen des Hauptfrachtführers[37] zur Verfügung. Der nationale Unterfrachtführer eines CMR-Hauptfrachtführers kann sich also auf dessen gesetzlich geregelten Haftungseinschränkungen berufen; Art. 29 CMR bzw. 435 HGB ist dabei zu beachten.[38]

b) Wegen Verlust, Beschädigung und Überschreitung der Lieferfrist

8 Die Anwendung der Haftungseinschränkungen nach Art. 28 Abs. 1 gilt nur für die außervertraglichen Ansprüche wegen der in Art. 17 Abs. 1 geregelten Schäden aus Verlust, Beschädigung oder Überschreitung der Lieferfrist.[39] Man wird dazu auch Art. 11 Abs. 3 rechnen können, weil diese Spezialvorschrift sich auf die Höhe des Güterschadens bezieht.[40] Andere außervertragliche Ansprüche des Geschädigten, z. B. aus Pflichtverletzungen, die zu Körperverletzungen oder primären Vermögensschäden führen, oder aus völliger Nichterfüllung des Vertrags,[41] unterliegen daher nicht dem

---

29 Art. 17 Rdn. 260.

30 *Herber/Piper* Rdn. 2; *Thume/Schmid* Rdn. 6; MüKo/*Basedow* Rdn. 7; zur positiven Vertragsverletzung speziell auch *Haak* S. 238; siehe Art. 17 Rdn. 262.

31 Dazu Art. 17 Rdn. 272–283.

32 MüKo/*Basedow* Rdn. 6.

33 Siehe dazu generell § 429 HGBaF Rdn. 240ff, insbesondere Rdn. 246–255; **a. A.** A OGH vom 12.12.1984, SZ 57 196 S. 980f = TranspR **1986** 426, 421.

34 Die bisherige Rechtsprechung (§ 429 HGBaF Rdn. 246ff) ist also künftig nur noch begrenzt verwertbar.

35 § 435 HGBnF.

36 Wie bisher z. B. bei Frachtverträgen nach KVO, AGNB, ADSp; siehe OLG Frankfurt vom 12.12.1993, TranspR **1994** 152ff = NJW **1994** 545f, zu den AGNB. Allgemein *Koller*[4] vor Art. 1 Rdn. 30. Zur entsprechenden seerechtlichen Himalaya-Klausel siehe Rdn. 12.

37 §§ 434, 461 HGBnF; anwendbar gegebenenfalls auch auf multimodale Frachtverträge, § 452 HGB.

38 Art. 29 ist allerdings nicht anzuwenden auf Art. 30, 31, 33; siehe Art. 29 Rdn. 1; Art. 32 Abs. 1 S. 2 trifft eine eigene Regelung; MüKo/*Basedow* Rdn. 15.

39 Unstr., schon *Loewe* ETR **1976** 503, 574, Nr. 215; *Heuer* S. 188; *Koller*[4] Rdn. 2; MüKo/*Basedow* Rdn. 7; *Herber/Piper* Rdn. 3; *Thume/Schmid* Rdn. 5; *Clarke*[2] Nr. 69a S. 337; *Hill/Messent/Glass*[2] S. 206; *Haak* S. 238; A OGH vom 12.12.1984, SZ **57** 196 = VersR **1986** 798f = TranspR **1986** 426ff.

40 MüKo/*Basedow* Rdn. 7; siehe Art. 11 Rdn. 16.

41 *Hill/Messent/Glass*[2] S. 206f.

Artikel 28 Abs. 1.[42] Dies bedeutet z. B., daß Artikel 28 Abs. 1 auch nicht der Geltendmachung von Schmerzensgeldansprüchen im Falle von Personenschäden gemäß § 847 BGB entgegengesetzt werden kann.[43]

c) Anwendung auf Ansprüche dritter Geschädigter

Die Frage, ob auch Ersatzansprüche von **Personen, die am Frachtvertrag nicht** 9
beteiligt sind, durch Art. 28 Abs. 1 eingeschränkt werden, ist in der CMR nicht völlig eindeutig entschieden. Aus der sehr weiten Formulierung kann man ablesen, daß auch diese Ansprüche betroffen sein sollen.[44] Andererseits befaßt sich die CMR grundsätzlich nur mit der Regelung des internationalen Straßenfrachtrechts. Würde man nach Art. 28 die Ansprüche dritter am Frachtvertrag nicht beteiligter Personen verkürzen, so würde der Straßenfrachtvertrag zum Vertrag zu Lasten Dritter werden.[45] Artikel 28 Abs. 1 wird man daher dem Anspruch des Dritten grundsätzlich nicht entgegensetzen können, z. B. für einen französischen Spediteur, der sich gegenüber dem Versender/Eigentümer auf die Beschränkungen der deliktischen Haftung durch Art. 28 nicht berufen kann.[46] Ausnahmen sind die häufigen Fälle, in denen der Absender als verdeckter Stellvertreter für den Eigentümer oder doch mit seinem Einverständnis das Gut der Gefährdung ausgesetzt hat.[47] Soweit man danach eine Anerkennung der Drittwirkung von Art. 28 anerkennt,[48] ist wohl auch Art. 31 anzuwenden; siehe dort Rdn. 7.

5. Für anwendbar erklärte haftungseinschränkende Bestimmungen

Bestimmungen, durch welche die **Haftung des Frachtführers ausgeschlossen oder** 10
beschränkt wird, sind nicht nur Art. 17 Abs. 2 und 4,[49] Art. 23–27, sondern auch alle anderen, die sich irgendwie als haftungsausschließend oder beschränkend erweisen; z. B. Art. 22 Abs. 2.[50] Auch die Beweislastregelungen sind mit einzubeziehen.[51] Zwar könnte man daraus, daß die CMR in Art. 29 die Beweislastbestimmungen erwähnt, in Art. 28 dagegen nicht, den gegenteiligen Schluß ziehen. Doch läßt die enge Verknüpfung von Haftungsausschluß und Beweislast keine unterschiedliche Behandlung der Fragen zu. Zweifelhaft könnte auch sein, ob die Versäumung der Rüge nach Art. 30 unter Art. 28 Abs. 1 fällt. An sich modifiziert Art. 30 nur die Beweislast für den Fall der Vertrags-

---

[42] Unstr. *Voigt* VP **1966** 20; *Züchner* VersR **1969** 683.

[43] Zutreffend MüKo/*Basedow* Rdn. 7.

[44] *Loewe* ETR **1976** 574; MüKo/*Basedow* Rdn. 10; OLG Köln vom 4.7.1995, TranspR **1996** 284, 287.

[45] MüKo/*Basedow* Rdn. 10.

[46] *Mercadal* gegen Cour d'Appel Paris vom 11.6.1974, BT **1974** 319f. Siehe auch *Lamy 99* I Nr. 534; MüKo/*Basedow* Rdn. 10.

[47] Siehe dazu § 429 HGBaF Rdn. 304ff; Rechtsprechung zum entsprechenden Problem im Binnenschifffahrts- und Speditionsrecht Fn. 381; eingehend auch *Helm* Haftung, S. 324ff; *Heuer* 188; *Koller*[4] Rdn. 3; MüKo/*Basedow* Rdn. 11; *Herber/Piper* Rdn. 4; *Fischer* TranspR **1991** 321, 324 Fn. 61f; *Jesser* S. 139; *Haak* S. 239f; *Thume/Schmid* Rdn. 18, aber mit langer und entgegengesetzter Begründung in Rdn. 16f; OLG Frankfurt vom 8.6.1982, VersR **1983** 141, 142; A OGH vom 10.11.1981, SZ **54** 165 S. 814ff = *Greiter* 108, 111–114; vom 27.9.1983, TranspR **1983** 191, 192f = *Greiter* 205, 209, (für Art. 28 Abs. 2); grundsätzlich auch wohl 12.12.1984, SZ **57** 196 S. 978, 981ff = VersR **1986** 798f = TranspR **1986** 426ff; vom 25.1.1990, TranspR **1990** 235, 238; siehe auch Art. 20 Rdn. 14. Eine nicht ganz geglückte kasuistische Lösung im wesentlichen im hier vertretenen Sinn enthält für das innerdeutsche Recht § 434 Abs. 2 HGBnF.

[48] Die Anwendung der CMR gegenüber Ansprüchen Dritter wird auch bei wirtschaftlicher Verknüpfung des Dritten mit dem CMR-Vertrag strikt abgelehnt von *Thume/Schmid* Rdn. 17.

[49] Siehe z. B. zu Art. 17 Abs. 4c: OLG Düsseldorf vom 1.6.1995, TranspR **1996** 109.

[50] *Herber/Piper* Rdn. 5.

[51] So z. B. (ohne nähere Ausführungen) OLG Hamm vom 19.2.1973, VersR **1974** 28, 30 = NJW **1973** 2163f hinsichtlich Art. 18 CMR; *Herber/Piper* Rdn. 5; *Thume/Schmid* Rdn. 7ff; *Clarke*[2] Nr. 69a.

haftung. Dies führt aber vielfach in der Praxis ebenfalls zum Ausschluß der Haftung. Artikel 30 würde viel von seiner Bedeutung verlieren, wenn er auf konkurrierende Deliktsansprüche nicht anzuwenden wäre. Daher muß auch Art. 30 zu den in Art. 28 Abs. 1 erwähnten haftungsausschließenden Bestimmungen gezählt werden.

11 Alle haftungseinschränkenden Bestimmungen stehen unter dem Vorbehalt des Art. 29,[52] auch soweit sie außervertraglichen Ansprüchen entgegengesetzt werden.

II. Ansprüche gegen Gehilfen des Frachtführers (Art. 28 Abs. 2)

12 Art. 28 Abs. 2 bezieht die Gehilfen des Frachtführers, also insbesondere sein Personal und die von ihm beschäftigten selbständigen Unternehmer wie deren Personal, in den Schutz des Art. 28 Abs. 1 mit ein.[53] Gegen diese Personen, die zum Absender in keinem Vertragsverhältnis stehen, kommen nur außervertragliche Ansprüche in Betracht.[54] Für Art. 28 Abs. 2 kommt es nicht darauf an, welche Rechtsbeziehungen zwischen dem CMR-Frachtführer und seinen (selbständigen oder unselbständigen) Gehilfen bestehen. Anders sieht § 436 HGBnF für das innerstaatliche deutsche Frachtrecht eine solche Haftungsbeschränkung nur für „Leute" als abhängige Gehilfen vor.[55] Der selbständige Gehilfe kann im Gegenteil sogar im Inlandsbereich als ausführender Frachtführer gemäß § 437 HGBnF nach vertragsrechtlichen Grundsätzen gesamtschuldnerisch neben dem Hauptfrachtführer haften.[56]

13 Auch der **Unterfrachtführer** kann sich auf Art. 28 Abs. 2 berufen.[57] Dem CMR-Absender können gegen diesen aufgrund **Abtretung** Ansprüche des Hauptfrachtführers zustehen. Diese richten sich nach dem neuen HGB, wenn der Unterfrachtvertrag eine Teilstrecke im innerdeutschen Frachtverkehr nach §§ 407ff betrifft.[58] Auf sie ist Art. 28 Abs. 2 nicht anzuwenden.[59] Bis 1998 galt dafür das zwingende Güterkraftverkehrsrecht.[60] Der Hauptfrachtführer kann aus dem Unterfrachtvertrag den Drittschaden seines Absenders liquidieren und auch insoweit den Anspruch an seinen Absender abtreten.[61]

14 Art. 28 Abs. 2 wird **nicht benötigt zur Begründung des Rechts des Gehilfen,** sich auf die CMR-Verjährung zu berufen. Denn Art. 32 erfaßt alle Ansprüche aus der Beförderung, ist also unmittelbar anzuwenden;[62] sachlich ist es gleichgültig, ob direkt oder über Art. 28.

---

52 Siehe Art. 29 Rdn. 30, 31.

53 *Herber/Piper* Rdn. 8; *Koller*[4] Rdn. 5; MüKo/*Basedow* Rdn. 16f; *Hill/Messent/Glass*[2] S. 207; *Haak* S. 241.

54 Siehe dazu eingehend § 429 HGBaF Rdn. 328ff; zu 437 HGBnF siehe Art. 3 Rdn. 3.

55 RegBegr zu § 436, BRDrucks. 368/97 S. 71f. Zum entsprechenden § 607a HGB und der sogenannten Himalaya-Klausel des Seerechts siehe *Herber* Seehandelsrecht S. 206f, 210, 335; *Rabe*[4] § 607a HGB.

56 Siehe Art. 34 Rdn. 1; Art. 3 Rdn. 9.

57 Auch wenn das Unterfrachtverhältnis der KVO unterstand; OLG Frankfurt vom 8.6.1982, VersR **1983** 141ff; unberechtigt die Kritik von *Reiß* ebenda S. 142ff.

58 Oder im multimodalen Transport nach § 452ff.

59 MüKo/*Basedow* Rdn. 17; *Koller*[4] Rdn. 5; unklar dazu OLG Frankfurt vom 8.6.1982, VersR **1983** 141ff.

60 Vor allem im KVO-Bereich. Die Haftung des Frachtführers im innerdeutschen Güterfernverkehr bestimmte sich rein nach KVO, auch wenn er als Unterfrachtführer des CMR-Frachtführers beförderte; seine vertragliche und außervertragliche Haftung war in das tarifrechtliche Gefüge einschließlich KVO eingebunden und konnte nicht unterschiedlich ausfallen, je nachdem, ob der Schaden vom Absender (Hauptfrachtführer) selbst oder aufgrund Abtretung von dessen Auftraggeber geltend gemacht wurde.

61 Siehe § 429 HGBaF Rdn. 157ff, aber auch § 437 HGBnF.

62 A OGH vom 27.9.1983, TranspR **1983** 191, 193 = *Greiter* 205, 209. Siehe auch Art. 32 Rdn. 14; MüKo/*Basedow* Rdn. 13 und Art. 32 CMR Rdn. 7.

Die Regelung der CMR **schützt nicht nur den Gehilfen** selbst, sondern mittelbar auch den Frachtführer vor den indirekten Folgen der außervertraglichen Haftung der Gehilfen.[63] Die Haftung des Gehilfen ist durch Art. 28 Abs. 2 nicht generell ausgeschlossen. Der Gehilfe kann vielmehr aufgrund der außervertraglichen Bestimmungen in dem Umfang in Anspruch genommen werden, in dem der Frachtführer ebenfalls zu haften hätte. **15**

Der in Anspruch genommene Gehilfe kann sich nach **Art. 29 auf** die Haftungserleichterungen nicht berufen, wenn er vorsätzlich oder bewußt grob fahrlässig gehandelt hat.[64] Es kommt hierbei nur auf sein eigenes Verhalten an.[65] **16**

Artikel 29

1. Der Frachtführer kann sich auf die Bestimmungen dieses Kapitels, die seine Haftung ausschließen oder begrenzen oder die Beweislast umkehren, nicht berufen, wenn er den Schaden vorsätzlich oder durch ein ihm zur Last fallendes Verschulden verursacht hat, das nach dem Recht des angerufenen Gerichtes dem Vorsatz gleichsteht.

2. [1]Das gleiche gilt, wenn Bediensteten des Frachtführers oder sonstigen Personen, deren er sich bei Ausführung der Beförderung bedient, Vorsatz oder ein dem Vorsatz gleichstehendes Verschulden zur Last fällt, wenn diese Bediensteten oder sonstigen Personen in Ausübung ihrer Verrichtungen handeln. [2]In solchen Fällen können sich auch die Bediensteten oder sonstigen Personen hinsichtlich ihrer persönlichen Haftung nicht auf die in Absatz 1 bezeichneten Bestimmungen dieses Kapitels berufen.

Article 29

1. Le transporteur n'a pas le droit de se prévaloir des dispositions du présent chapitre qui excluent ou limitent sa responsabilité ou qui renversent le fardeau de la preuve, si le dommage provient de son dol ou d'une faute qui lui est imputable et qui, d'après la loi de la juridiction saisie, est considérée comme équivalente au dol.

2. Il en est de même si le dol ou la faute est le fait des préposés du transporteur ou de toutes autres personnes aux services desquelles il recourt pour l'exécution du transport lorsque ces préposés ou ces autres personnes agissent dans l'exercice de leurs fonctions. Dans ce cas, ces préposés ou ces autres personnes n'ont pas davantage le droit de se prévaloir, en ce qui concerne leur responsabilité personnelle, des dispositions du présent chapitre visées au paragraphe 1.

Article 29

1. The carrier shall not be entitled to avail himself of the provisions of this chapter which exclude or limit his liability or which shift the burden of proof if the damage was caused by his wilful misconduct or by such default on his part as, in accordance with the

---

[63] Arbeitsrechtliche Freistellung, siehe § 429 HGBaF Rdn. 323 ff.

[64] Siehe Art. 29 Rdn. 31; zutreffend MüKo/*Basedow* Rdn. 18.

[65] *Thume/Thume* Rdn. 47; *Voigt* VersR **1972** 1006.

law of the court or tribunal seized of the case, is considered as equivalent to wilful misconduct.

2. The same provision shall apply if the wilful misconduct or default is committed by the agents or servants of the carrier or by any other persons of whose services he makes use for the performance of the carriage, when such agents, servants or other persons are acting within the scope of their employment. Furthermore, in such a case such agents, servants or other persons shall not be entitled to avail themselves, with regard to their personal liability, of the provisions of this chapter referred to in paragraph 1.

Übersicht

Alphabetische Übersicht

Schrifttum

Bayer Frachtführerhaftung und Versicherungsschutz für Ladungsschäden durch Raub oder Diebstahl im grenzüberschreitenden Straßengüterverkehr, VersR **1995** 626–632; *Csoklich* CMR und vertragliche Aufrechnungsbeschränkungen, VersR **1985** 909–913; *Glöckner* Die Haftungsbeschränkungen und die Versicherung nach den Art. 3, 23–29 CMR, TranspR **1988** 327–334; *Haberstroh* Das Augenblicksversagen – kein Fall grober Fahrlässigkeit, VersR **1998** 943–947; *Helm* Welches Verschulden steht gem. Art. 29 CMR dem Vorsatz gleich? (zu BGH, 14.7.1983, I ZR 128/81, unten S. 29, Nr. 3), IPRax **1985** 10; *Herber* Besondere Problembereiche des Transportrechts, Anwendungsbereich, ADSp-Einbeziehung und Multimodalvertrag, TranspR **1999** 89–95; *Herber/Schmuck* Beweislast des Transportunternehmers für grobe Fahrlässigkeit, VersR **1991** 1209–1213; *Heuer* Durchbrechung der Haftungsgrenzen (Art. 29 CMR), Schriften zum Transportrecht **1995** Heft 12, 62–79; *Heuer* Verkehrshaftungsversicherungen, Schriften zum Transportrecht, Heft 2 Gütertransport und Versicherungen, 31–67; *Jesser* Art. 29 CMR – Welches Verschulden steht dem Vorsatz gleich?, TranspR **1997** 169–177; *Jung* The Convention on the Contract for the International Carriage of Goods (CMR): Survey, Analysis and Trends of Recent German Case Law, RDU **1997** 148–167; *Koller* Zur Aufklärung über die Schadensentstehung im Straßentransportrecht, VersR **1990** 553–560; *Lutz* Die Rechtsprechung der französischen Cour de Cassation zum Begriff des groben Verschuldens des Frachtführers nach Art. 29 CMR, TranspR **1989** 139–141; *Marsilius* Die Gleichstellung von Vorsatz und Fahrlässigkeit und die Haftungsbeschränkungen im Verkehrsrecht, JZ **1967** 295–310; *Meyer-Rehfueß* Bericht über das Symposium der Deutschen Gesellschaft für Transportrecht im April 1994 TranspR **1994** 326–338; *Mittelstaedt* Du sollst Dich Deiner Verantwortung stellen! Ein Beitrag zu Art. 17 Abs. 2, Art. 29 CMR, Zugleich Entgegnung auf Heuer, TranspR **1994** 107, TranspR **1996** 264–267; *Müller* Der Frachtführer muß nur in Ausnahmefällen haften, DVZ Nr. 85 v. 18.7.1992, 3; *Oeynhausen* Art. 29 CMR: Grobe Fahrlässigkeit – dem Vorsatz gleichstehendes Verschulden, TranspR **1984** 57–67; *Oeynhausen* Revolutionärer Umschwung ist nicht zu erwarten – Speditions- und Frachtrecht im Licht der Rechtsprechung, DVZ Nr. 143 v. 29.11.1984, 3; *Oeynhausen* Unbegrenzte Haftung bei grober Fahrlässigkeit – Internationaler Straßengüterverkehr, DVZ v. 2.8.1984, 3; *Pesce* Merkmale und Grundlagen für den Ausschluß der Höchstentschädigungspflicht des internationalen Frachtführers, TranspR **1994** 227–232; *Piper* Einige ausgewählte Probleme des Schadensersatzrechts der CMR, VersR **1988** 201–209; *Pöttinger* Welches Verschulden steht im Rahmen des Art. 29 Abs. 1 und 2 CMR dem Vorsatz gleich? Zugleich Anmerkung zu den Urteilen des BGH vom 14.7.1983 (I ZR 128/81) VersR 84, 134 = NJW 84, 565 und vom 16.2.1984 (I ZR 197/81) VersR 84, 551, VersR **1986** 518–520; *Thonfeld* Kann der hohe Wert des Gutes ein Maßstab für die Anforderungen an die Sorgfaltspflicht des Frachtführes sein?, TranspR **1998** 241–243; *Thume* Die unbeschränkte Haftung des CMR-Frachtführers, VersR **1993** 930–938; *Thume* Grobes Verschulden und Fortsetzung der Vertragsbeziehungen, TranspR **1999** 85–88; *Voigt* Freistellungsanspruch des auf Ersatz in Anspruch genommenen Kraftfahrers und Versicherungsschutz aufgrund der Güterschadenhaftpflichtversicherung, VersR **1972** 1005–1008; *Wulfmeyer* Der Gütertransportvertrag im niederländischen Neuen Bürgerlichen Gesetzbuch (1) (2), TranspR **1993** 261–267 und TranspR **1993** 406–421; *Zapp* Grobe Fahrlässigkeit und Artikel 29 CMR, TranspR **1994** 142–146.

I. Wegfall der Haftungseinschränkungen des Frachtführers (Art. 29 Abs. 1 und Abs. 2 S. 1)

1. Allgemeines

1 Art. 29 begründet selbst keine Ansprüche.[1] Sein Abs. 1 durchbricht nur im Falle des Vorsatzes und der gleichgestellten Fahrlässigkeit die Haftungsausschließungen, Haftungsbegrenzungen und Beweisumkehrungen[2] des IV. Kapitels, also der Art. 17– 28 CMR.[3] In diesen Fällen tritt dann keine „unbeschränkte" Haftung des CMR-Frachtführers ein; ihr Umfang ist vielmehr nach den Rechtsnormen des Vertragsstatuts zu bestimmen. Die Berufung auf eine vertragliche Aufrechungsbeschränkung wird von Art. 29 nicht berührt.[4] Art. 30 ist auch im Falle des schweren Verschuldens anzuwenden.[5] Die unbeschränkte Haftung richtet sich nach nationalem Recht des Schuldstatuts; soweit deutsches Recht ergänzend anwendbar ist.[6] Sie ist gem. §§ 435 HGB, §§ 249ff BGB zu bestimmen. Das deutsche Schuldrecht[7] durchbricht dann vor allem die Haftungsgrenzen der Art. 23 und 25 CMR.[8] Haftungsverschärfend wirkt Art. 29 besonders bei Güterschäden nach Art. 17. Auch auf Güterschäden aus Lieferfristüberschreitung ist Art. 29 anzuwenden.[9] Es ist kein Grund zu sehen, aus dem die durch Verspätung unmittelbar verursachten Verluste und Beschädigungen nicht in gleichem Umfang ersetzt werden sollten wie andere – insbesondere die aus ungeklärten Ursachen.[10] Art. 29 ist keine eigenständige Anspruchsgrundlage für Schadenersatz.[11]

2 In vielen Fällen stellt sich die Frage nach dem Verschulden des Frachtführers als **Kriterium für drei unterschiedliche Lösungsmöglichkeiten**. Kann der Frachtführer sein gänzliches Nichtverschulden nachweisen, haftet er nach Art. 17 Abs. 1 und 2 überhaupt nicht. Kann er sich und seine Gehilfen nicht entlasten, trifft ihn die beschränkte Haftung nach CMR. Kann der Ersatzverlangende demgegenüber Vorsatz oder gleichstehende Fahrlässigkeit beweisen,[12] haftet der Frachtführer gem. Art. 29 nach den allgemeinen Bestimmungen des ergänzend anzuwendenden Rechts, also unbeschränkt.[13] So hat beispielsweise die Rechtsprechung in Fällen, in denen der Fahrer auf einem Parkplatz von Räubern gezwungen wurde, das Fahrzeug zu verlassen, entweder keine

---

1 KG vom 17.11.1994, TranspR **1997** 209, 211.

2 Art. 29 Abs. 1 entspricht ungefähr der luftrechtlichen Regelung in Art. 25 WA in der Fassung von 1929, die noch im Verkehr mit den USA gilt; dazu unten Rdn. 15

3 Also neben der weitaus wichtigsten Haftung für Güterschäden nach Art. 17 Abs. 1 z.B. auch für Güterschäden durch Lieferfristüberschreitung, Art. 30 Rdn. 62, Art. 23 Rdn. 66; Haftung für Nachnahmefehler, Art. 21 Rdn. 28; für Zinsansprüche ohne die Beschränkung durch Art. 27, siehe dort Rdn. 3.

4 A OGH vom 18.5.1982, TranspR **1983** 48, 50 = SZ **55** 73 S. 379, 383.

5 Siehe Art. 30 Rdn. 2; *Thume/Thume* Rdn. 4.

6 Siehe dazu Art. 1 Rdn. 77, 80, 82, 85ff.

7 Auch die neuen mit dem TRG 1998 eingeführten Beschränkungen der Frachtführerhaftung sind nicht anzuwenden: § 435 HGBnF.

8 BGH vom 15.10.1992, TranspR **1993** 137f = VersR **1993** 636; OLG Köln vom 14.3.1997, TranspR **1998** 195f = TranspR **1998** 195f = VersR **1997** 1033f; LG Duisburg vom 4.11.1983, Spediteur **1985** 62; ferner A OGH vom 31.3.1982, *Greiter* 137, 14; F CA Rennes vom 5.11.1974, BT **1974** 514, 515 (Art. 25 für Güterschäden aus Verspätung); B TribCom Brüssel vom 2.4. 1990, ETR **1991** 541ff mit Anm. von *de Wit* 547, 551. Im Fall BGH vom 14.7.1993, TranspR **1993** 426, 428 = VersR **1993** 1296, 1298, kam es darauf nicht an, da der Verspätungsschaden unter der Grenze des Abs. 5 (Höhe der Fracht) lag. Siehe Rdn. 27 und die Fälle in Art. 23 Rdn. 72.

9 BGH vom 15.10.1992, TranspR **1993** 137, 138 = VersR **1993** 636. Diese unterliegen der Obhutshaftung; siehe Art. 30 Rdn. 62, Art. 23 Rdn. 66.

10 BGH vom 15.10.1992, TranspR **1993** 137, 138 = VersR **1993** 636. Siehe auch Art. 17 Rdn. 1, Art. 30 Rdn. 62.

11 Zutreffend OLG Düsseldorf vom 21.4. 1994, TranspR **1994** 391.

12 Siehe Rdn. 25.

13 Siehe Rdn. 27.

Haftung,[14] oder die normale, also beschränkte Haftung oder unbeschränkte Haftung[15] angenommen.

3 Von besonderer Bedeutung ist, inwieweit, durch **Vertragsbedingungen** der Vertragsinhalt so festgelegt werden kann, daß eine bestimmte Verhaltenspflicht einverständlich niedrig angesetzt wird. Vereinbaren z. B. die Parteien, daß für einen Italientransport zur Erreichung eines niedrigen Preises nur ein Fahrer eingesetzt werden soll (etwa flankiert durch Pläne für die Sicherstellung der Ruhezeiten auf bewachten und gesicherten Parkplätzen),[16] so stellt sich die Frage, ob dann die Beförderung ohne Beifahrer noch als grob fahrlässig angesehen werden kann.[17] Bei Verstoß gegen ein vom Absender in den Frachtbrief eingetragenes Verbot der Benutzung unbewachter Parkplätze kann leichter schweres Verschulden angenommen werden.[18] Grundsätzlich geht die CMR von der Vertragsfreiheit bei Bestimmung der Pflichten der Parteien aus. Es ist daher an der Zeit, daß diese Möglichkeiten im Rahmen der Privatautonomie ausgeschöpft werden.

2. Handlung und Kausalität, Schaden

4 Die verschärfte Haftung nach Art. 29 setzt voraus, daß eine dem Frachtführer zuzurechnende Handlung des Frachtführers bzw. eines Gehilfen[19] den betreffenden Schaden[20] verursacht hat. Diese Kausalität bereitet bei dem mit Art. 29 verwandten Art. 32 Abs. 1 S. 2 CMR Schwierigkeiten, wo von einem weiteren Begriff auszugehen ist.[21] Dies kann dazu führen, daß im gleichen Fall zwar eine Verlängerung der Verjährung auf drei Jahre anzunehmen ist, nicht aber unbegrenzte Haftung – weil sich das grobe Verschulden nur auf bewußte Verzögerung der Klageerhebung bezog, nicht aber auf die Schadensentstehung.[22]

5 Das vorsätzliche oder qualifiziert fahrlässige Verhalten muß **kausal** für den entstandenen Schaden sein, das qualifizierte Verschulden sich nur auf den Haftungstatbestand einschließlich der grundsätzlichen Schadensmöglichkeit, nicht dagegen auch auf den konkret eingetretenen Schaden beziehen.[23] Maßgeblich ist also die nach nationalem Recht zu beurteilende Kausalität.[24] Wegen der Unterschiedlichkeit der

---

[14] LG Aachen vom 29.10.1993, TranspR **1983** 1354f; dazu auch Art. 17 Rdn. 92.

[15] Raub eines Lastzugs in Italien, auch wenn der Fahrer in der Kabine übernachtet; OLG Hamburg vom 1.4.1982, VersR **1982** 1171, 1172; ebenso A OGH vom 8.3.1983, TranspR **1983** 138 = *Greiter* **181**, 184.

[16] Siehe dazu Art. 41 Rdn. 15.

[17] Anforderungen der Rechtsprechung an die Planung, die sich freilich bisher nur als gerichtlich auferlegte Obliegenheiten des Frachtführers auswirkten: BGH vom 17.4.1997, TranspR **1998** 25, 27 = VersR **1998** 82ff und vom 28.5.1998, TranspR **1998** 454ff = VersR **1998** 805ff; OLG Köln vom 4.7.1995, TranspR **1996** 284, 286. Siehe aber auch Art. 17 Rdn. 34.

[18] OLG München vom 26.11.1997, TranspR **1998** 305: „Das Abstellen der Fahrzeuge auf unbewachten Parkplätzen ist strengstens untersagt!!! Zuwiderhandlungen ziehen vollen Regreßanspruch nach sich!!!". Dieser Eintrag wurde vom OLG im Rahmen der Prüfung grober Fahrlässigkeit zu Lasten des Frachtführers berücksichtigt (S. 307). Siehe zu solchen Fällen Rdn. 20.

[19] Siehe Rdn. 30.

[20] Nach ergänzend anwendbarem nationalem Recht; *Koller*[4] Rdn. 10; *Thume/Thume* Rdn. 46. Art. 29 Abs. 1 differenziert nicht wie etwa Art. 17 und Art. 23 zwischen den Schadensarten Verlust, Beschädigung und Lieferfristüberschreitung, sondern meint im Hinblick auf die Folgen jedenfalls den gesamten Vermögensschaden.

[21] Siehe Art. 32 Rdn. 29.

[22] F CA Paris vom 25.3.1988, BT **1989** 46, 47 = RDU **1988** 736, 738.

[23] BGH vom 27.6.1985, TranspR **1985** 338, 340 = VersR **1985** 1060, 1061f; MüKo/*Basedow* Rdn. 27; *Koller*[4] Rdn. 5; *Herber/Piper* Rdn. 14.

[24] *Koller*[4] Rdn. 5; *Thume/Thume* Rdn. 20, 22; *Herber/Piper* Rdn. 14; *Clarke*[2] Nr. 107d Fn. 30; der Sache nach auch durchweg die Rechtsprechung, z. B. BGH vom 27.6.1985, TranspR **1985** 338, 340 = VersR **1985** 1060, 1061f; zum österreichischen Recht *Thume/Seltmann* Rdn. A 20; eingehend A OGH vom 12.12.1984, SZ **57** 196 S. 984ff = TranspR **1986** 426ff.

Kausalitätsbegriffe ist hierfür das nach dem Kollisionsrecht des angerufenen Gerichts anzuwendende Recht (Statut des Frachtvertrags) maßgeblich.[25] Das Recht des angerufenen Gerichts bestimmt nach Art. 29 nur, welches Verschulden Vorsatz oder „wilful misconduct" gleichgestellt ist. Die von *Koller* VersR **1994** 384, 388 (entgegen *Koller*[4] Rdn. 5) angenommene „natürliche Kausalitätsvorstellung ... der Verfasser der CMR" ist in der CMR nicht angelegt und aus ihr nicht abzuleiten, denn sie übergeht völlig die erheblichen Unterschiede der nationalen Kausalitätsvorstellungen der jeweiligen Landesvertreter bei Beratung der CMR; dazu Art. 17 Rdn. 62, 57. Für das deutsche und österreichische Recht ist von adäquater Verursachung auszugehen.[26] Es kommt daher nicht darauf an, ob die einzelnen Schadensfolgen konkret vorhersehbar waren.[27]

3. Vorsatz und gleichgestellte Fahrlässigkeit

a) Die Formel des Art. 29

Die Begriffe des **Vorsatzes** und der gleichgestellten Fahrlässigkeit sind, obwohl **6**
dies in Art. 29 nur für die gleichgestellte Fahrlässigkeit ausgedrückt ist, nach dem Recht des angerufenen Gerichtes zu bestimmen.[28] Denn es ist sachlich nicht möglich, diese voneinander abhängigen Begriffe nach verschiedenen Rechtsordnungen gleichmäßig zu bestimmen.[29] Mit der Bezugnahme wird nach richtiger Auffassung auf das jeweilige Frachtrecht, also das entsprechende ohne die CMR anzuwendende nationale Recht, nicht auf das allgemeine Recht des Gerichtslandes abgestellt.[30] Nicht maßgeblich ist für diese Frage das Schuldstatut des Frachtvertrags.[31] Ebenso wie Vorsatz im deutschen Recht setzt der französische Begriff „dol" den Willen zur schädigenden Handlung voraus, der aber nicht die Schadensfolge einschließen muß.[32] Der angloamerikanische Begriff des „wilful misconduct" ist dagegen nicht identisch mit Vorsatz.[33] Die Abweichungen bei Vorsatz sind jedoch im Hinblick auf die gleichgestellte Fahrlässigkeit bedeutungslos.[34]

Die Gesetzesänderung von 1998 führt in § 435 HGBnF den Begriff „wilful misconduct" allgemein in das deutsche Frachtrecht ein.[35] Die bisherige Anwendung der Formel von der **Fahrlässigkeit, die nach deutschem Recht „dem Vorsatz gleich steht"**, warf erhebliche Auslegungsprobleme auf. Schon die beiden Originaltexte der CMR stimmen nicht überein. Der **französische Originaltext** spricht von „faute ... qui ... est

---

25 MüKo/*Basedow* Rdn. 26; *Koller*[4] vor Art. 1 Rdn. 5; *Herber/Piper* Rdn. 14; *Clarke*[2] Nr. 107d.

26 BGH vom 27.6.1985, TranspR **1985** 338, 339 = VersR **1985** 1060, 1061f; vom 12.12.1996, TranspR **1998** 75–78. MüKo/*Basedow* Rdn. 27.

27 BGH vom 27.6.1985, TranspR **1985** 338, 340 = VersR **1985** 1060, 1061f; siehe auch *Koller*[4] Rdn. 5.

28 Die programmatische Auffassung von MüKo/*Basedow* Rdn. 2, der Vorsatzbegriff, der nicht in der CMR definiert ist, müsse durch autonome Auslegung ermittelt werden, schafft nur eine Hülse, in die jedes Gericht seine ihm geläufigen Ansätze einschieben wird.

29 BGH vom 14.7.1983, BGHZ **88** 157, 164 = NJW **1984** 565ff = TranspR **1984** 68ff.

30 Siehe Rdn. 12.

31 Zu diesem Art. 1 Rdn. 18f, 77f, 80; Art. 29 Rdn. 27.

32 *Dalloz* CC (1995–96) Art. 1150 Nr. 12; der bedingte Vorsatz ist nach französischem Recht nicht umfaßt; dazu BGH vom 14.7.1983, BGHZ **88** 157, 159 = NJW **1984** 565ff = TranspR **1984** 68ff; BGH vom 27.6.1985, TranspR **1985** 338, 340 = VersR **1985** 1060f; *Koller*[4] Rdn. 2. Siehe auch Rdn. 14.

33 Die englische Fassung ist von vornherein mit dem Begriff „wilful misconduct" auch auf einen besonderen Bereich bewußter Fahrlässigkeit abgestellt. Zum „wilful misconduct" eingehend *Clarke*[2] Nr. 107–107c und (zu Art. 32 CMR) Nr. 45b. Sie ist auch nicht identisch mit „dol", auch wenn eine Annäherung der Begriffe in der Rechtsprechung festzustellen ist; MüKo/*Basedow* Rdn. 5.

34 *Koller*[4] Rdn. 2.

35 Siehe Rdn. 12.

considéré comme équivalente au dol" und entspricht damit etwa der deutschen Version. Im **englischen Originaltext** ist die Rede von „such default ... as is considered as equivalent to wilful misconduct". Diese Formulierung erlaubt der englischen Praxis, auf die angestammten, den Vorsatz überschreitenden Definitionen von wilful misconduct zurückzugreifen.[36] Der Äquivalenz-Zusatz ist für das englische und danach orientierte andere Rechte bedeutungslos; er dient nur dazu, für nicht-englische Rechtssysteme die Erweiterung von Vorsatz („dol") auf den (auch Fälle bewußter grober Fahrlässigkeit umfassenden[37]) wilful misconduct auszudehnen.

b) Gleichstellung nach neuem deutschen Recht (wilful misconduct)

7 Seit dem 1. Juli 1998 ist für die Ausfüllung des nach Art. 29 eröffneten Spielraums in Art. 29 eine neue und ausschließlich geltende Norm des deutschen Rechts vorhanden, die das gesamte Frachtrecht regelt. Danach haftet der Frachtführer für den innerdeutschen Bereich voll, „wenn der Schaden auf eine Handlung oder Unterlassung zurückzuführen ist, die der Frachtführer oder eine in § 428 HGBaF genannte Person vorsätzlich oder leichtfertig[38] und in dem Bewußtsein, daß ein Schaden mit Wahrscheinlichkeit eintreten werde, begangen hat".[39] Diese Definition ist jedenfalls der Anwendung von Art. 29 CMR zu Grunde zu legen.[40] Sie greift im wesentlichen die angloamerikanische Rechtsprechung auf, die dort mit **„wilful misconduct"**[41] umschrieben wird und entspricht der Definition in Art. 25 WA 1955, durch die für alle Mitglieder die angloamerikanische Auffassung verbindlich gemacht wurde. Auch im Ursprungs-Rechtsbereich ist jedoch im einzelnen umstritten, ob diese Definition sachlich dem früheren „wilful misconduct" voll entspricht. Kanada hat daher zur Aufrechterhaltung der früheren Rechtslage für das kanadische Recht „wilful misconduct" wieder eingefügt, mit der Absicht, der faute lourde wieder näher zu kommen.[42] Die

---

36 Siehe *Clarke*² Nr. 108.

37 BGH vom 27.6.1985, TranspR **1985** 338, 339 = VersR **1985** 1060, 1061.

38 Dazu OLG Frankfurt vom 15.10.1991, TranspR **1993** 61, 64. Siehe im einzelnen *Ruhwedel* Luftbeförderungsvertrag³ Rdn. 403ff.

39 Diese Umschreibung einer neuen Fahrlässigkeitsform gilt im innerstaatlichen deutschen Recht bereits seit 1986 in §§ 607a Abs. 4 und 660 Abs. 3 HGB; siehe zu § 660 HGB: *Herber* Das neue Haftungsrecht der Schiffahrt (1989) 215ff; *Rabe*⁴ § 660 HGB Anm. F. Zur Herleitung aus Konventionen internationalen Einheitsrechts siehe die BR-Drucks. 368/97 S. 70f. Wilful misconduct ist bisher vor allem in § 25 WA 1955 praktisch geworden. Siehe zur Anwendung dieser Formel *Ruhwedel*³ Rdn. 400, 402ff; BGH vom 16.2.1979, BGHZ **74** 162ff; OLG Frankfurt vom 22.10.1980, VersR **1981** 164; vom 21.4.1990, TranspR **1999** 24ff; OLG München vom 30.12.1994, TranspR **1995** 300, 302; OLG Köln vom 11.8.1990, TranspR **1999** 107f; vom 5.6.1997, TranspR **1999** 24ff AG Frankfurt vom 7.2.1997, TranspR **1997** 346ff; AG Rüsselsheim vom 20.10.1997, TranspR **1998** 199f. Zum französischen Recht siehe F Cass vom 26.2.1985, **1985** 361ff; zum Vordringen dieser neuen Form schweren Verschuldens Rdn. 16.

40 *Starck* FS Herber S. 128, 134; angedeutet schon in BGH vom 16.7.1998, TranspR **1999** 19, 21 (Die Frage, welches Verschulden i.S.v. Art. 29 Abs. 1 CMR dem Vorsatz gleichsteht, beurteilt sich bei Gütertransportschäden aus der Zeit vor dem Inkrafttreten des Transportrechtsreformgesetzes im Falle der Anrufung eines deutschen Gerichts nach dem alten nationalen Recht); OLG Frankfurt a.M. vom 22.9.1999, TranspR **2000** 120 (Mangels ausdrücklicher Anordnung des Gesetzgebers entfaltet das am 1.7.1998 in Kraft getretene Transportrechtsreformgesetz (TRG) keine Rückwirkung); AG Hamburg-Harburg vom 24.3.1999, TranspR **2000** 258 m. Anm. *Dißars* (doch kann sich eine Verjährung, die erst nach Inkrafttreten des TRG eintritt, bereits nach dem neuen Recht des § 439 Abs. 4 HGBnF richten, auch wenn der betreffende Frachtvertrag zur Zeit des alten Rechts abgeschlossen worden war); AG Bremen vom 14.4.2000, TranspR **2000** 308 (bei Abkürzung der Verjährungsfrist durch ein neues Gesetz (hier: § 439 HGB) ist Art. 169 Abs. 2 EGBGB entsprechend anzuwenden).

41 Schon nach dem Wortlaut des Gesetzes in der englischen Fassung; siehe Rdn. 6.

42 Siehe grundlegend CDN Federal Court vom 22.10.1981, ETR **1983** 826–856; dazu ferner CDN Federal Court vom 9.7.1987, RDU **1989 II** 624ff und CDN Queen's Bench Saskatchewan, RDU **1989 II** 633ff, 624f, 826–856.

aus dem WA 1955 übernommene Definition ist also nicht eindeutig mit dem alten Begriff des „wilful misconduct" gleichzusetzen. Sie umfaßt aber neben Vorsatz jedenfalls nur die Fälle **bewußter** grober Fahrlässigkeit[43] und ist damit eine aus Sicht einer Rechtsvereinfachung praktikable Lösung.

Erforderlich ist nach § 435 HGBnF jedenfalls ein Verhalten, das in den Bereich der **Fahrlässigkeit** gehört. Voraussetzung der vollen Haftung ist ein leichtfertiges Verhalten entsprechend Art. 25 WA 1955: „recklessly", „témérairement". Der Wortsinn dieser Adverbien ist weit auslegungsfähig und umfaßt englisch „sorglos", „unbekümmert, „leichtfertig" „rücksichtslos", „verwegen";[44] französisch „tollkühn" „verwegen", waghalsig.[45] Daraus kann nur geschlossen werden, daß man in diesem Wort eine Generalklausel zu sehen hat, die jedenfalls eine besonnene Abwägung der Interessen auch des Partners verlangt. Es handelt sich in der Sache um einen Fahrlässigkeitsmaßstab, der erst nach Umständen des Falls beurteilt werden kann und der meist auch „grober Fahrlässigkeit" entspricht. Man kann daher davon ausgehen, daß die Grundlagen der Rechtsprechung zur groben Fahrlässigkeit auch weiterhin maßgeblich bleiben werden. Die „Leichtfertigkeit" muß objektiv vorgelegen haben; sie tritt also zum subjektiven Tatbestand des Risikobewußtseins hinzu. Zusätzlich zur Fahrlässigkeit ist auch das Bewußtsein des Verantwortlichen von dieser Gefährlichkeit erforderlich. Dieses wurde vielfach sogar bei Piloten in Fällen von Flugzeugabstürzen angenommen, was nur dadurch erklärt werden kann, daß die Gerichte den Hinterbliebenen der Passagiere eine volle Entschädigung zusprechen wollten. International offen ist, wie „Fahrlässigkeit" zu verstehen ist. Die Grundlagen des Verschuldens sind in der CMR nicht geregelt. Sie müssen daher nach dem Vertragsstatut bestimmt werden. Ist deutsches Recht anwendbar, ist der objektivierte Fahrlässigkeitsbegriff des deutschen Schuldrechts (§ 276 BGB) maßgeblich. Weiterhin ist unbestimmt, ob das qualifizierte Verschulden einer bestimmten Person erforderlich ist, oder ob – wie nach bisheriger Rechtsprechung – nicht auf bestimmte Personen festgelegte grobe Organisationsfehler (Unterlassungen) ausreichen. Auch diese grundsätzliche Frage ist zu bejahen, weil die CMR insoweit nichts aussagt. In all diesen Punkten ändert sich daher wohl bei Anwendung von § 435 HGB nichts an der bisherigen Rechtsprechung. 8

Erforderlich ist neben der Fahrlässigkeit ein besonderes **Bewußtsein der Wahrscheinlichkeit**. Eine objektive Wahrscheinlichkeit des Schadenseintritts ist durch § 435 HGB nicht Voraussetzung der unbeschränkten Haftung. Vielmehr ist hierfür nicht die Realität der Kausalvorgänge, sondern deren Spiegelbild in den Gedanken des Schadensverursachers von Bedeutung. Danach ist die nunmehr für Deutschland geltende gesetzliche Festlegung nicht so auszulegen, daß irgendein erfaßbarer Wahrscheinlichkeitsgrad der Schadensentstehung festzustellen ist.[46] Die Begründung dieses Tat- 9

[43] So schon die RegBegr zu § 435, BRDrucks. S. 71; die Problematik vereinfachend, aber sachlich zutreffend *Herber/Piper* Rdn. 5. Das Erfordernis „wilful" setzt im übrigen nach der angloamerikanischen Rechtsprechung voraus, daß sich der Wille nicht auf den Erfolg gerichtet haben muß; *Schobel* Haftungsbegrenzung des Luftfrachtführers, S. 81 ff. MüKo/*Kronke*, WA 1955, Art. 25 WA Rdn. 13–28; *Dubischar*, Die „bewußte Leichtfertigkeit" des Frachtführers nach dem Transportrechtsreformgesetz bei einem Transportdiebstahl, LM § 435 HGB, Nr. 3; *Herber*, Seehandelsrecht, 1999, S. 332 ff; *Stachow* Schweres Verschulden. Siehe auch: *Thume* in *Fremuth/Thume* Frachtrecht, Rdn. 4; *Koller*[4] Rdn. 3a.

[44] *Muret/Sanders* Encyklopädisches Wörterbuch[4], (1974) S. 1142; bei *Beseler/Jacobs-Wüstefeld* Law dictionary[4] auch „(bewußt, grob) fahrlässig"; bei *Dietl/Moss/Lorenz* Wörterbuch[4] auch strafrechtlich „grob fahrlässig", ferner „recklessness" ersetzt die deutsche bewußte Fahrlässigkeit, deckt dolus eventualis und jetzt auch unbewußte Fahrlässigkeit, wenn der Täter sich des erhöhten Risikos bewußt war".

[45] *Sachs/Villate* Großwörterbuch[7] (1991), 925.

[46] Jedenfalls ist nicht gemeint, daß das eventuelle Eintreten einer Schadensfolge zu mehr als 50 % wahrscheinlich sein müßte; sowohl auch MüKo/*Basedow* Rdn. 4, 11; so aber OLG Frankfurt vom 22.10.1980, VersR **1981** 164; *Ruhwedel*[3]

bestandsmerkmals kann, wenn der Verursacher seine Gedanken nicht schonungslos offenlegt, praktisch nur durch Indizien und der Sache nach naheliegende wahrscheinliche Gedanken geleistet werden. Auch die sehr geringe Wahrscheinlichkeit der Schadensverursachung kann dagegen eingewendet werden und wurde auch in der Rechtsprechung gelegentlich zur Begründung der Ablehnung gleichstehenden Verschuldens verwendet.

10 Den Gerichten bleibt damit ein **Entscheidungsspielraum** erhalten; zugleich wird ein wesentlicher Beitrag zur materiellen Rechtsvereinheitlichung geleistet. Definitorisch entspricht die weitgehende Gleichsetzung mit „wilful misconduct" nur grob dem in § 435 HGBnF festgelegten Begriff, weil sie die Voraussetzungen der Leichtfertigkeit und des Bewußtseins der Wahrscheinlichkeit des Schadens nicht genauer berücksichtigt. Definitorische Genauigkeit wird durch § 435 ebensowenig angestrebt wie von der bisherigen Anwendung von „wilful misconduct".[47] Diese war vielmehr von Versuchen der Fallgerechtigkeit geprägt und hat die unterschiedlichen und unglücklichen angloamerikanischen Definitionsversuche nie sonderlich streng genommen.[48] So wurde insbesondere auch in der englischen 1990 ergangenen CMR-Entscheidung Texas Instruments v. Nason[49] das Bewußtsein speziell der Wahrscheinlichkeit des Schadenseintritts bei der Begründung in der Sache nicht quantitativ geprüft.[50] Wilful misconduct wird nach alledem in der angelsächsischen Rechtspraxis deskriptiv verwendet[51] und entzieht sich der exakten Definition. Dies muß man auch für die Formel des § 435 akzeptieren.

11 **Nach allgemeiner deutscher Rechtsdogmatik** konnte in diesen Fällen bisher bedingter Vorsatz[52] oder bewußte Fahrlässigkeit[53] vorliegen. Nach dem neuen Frachtrecht hängt die Entscheidung für volle oder beschränkte Haftung aber nicht davon ab, ob der Betreffende den Schaden billigend in Kauf genommen hat. Stattdessen ist ein neuer Haftungsstandard anzuwenden, der etwa einer bewußten groben Fahrlässigkeit gleichsteht.[54] Jedoch ist darauf hinzuweisen, daß in der angloamerikanischen Rechtsprechung nicht selten auch Fälle als wilful misconduct bezeichnet wurden, in denen das Bewußtsein des wahrscheinlichen Schadenseintritts durchaus gefehlt hat.[55] Daraus ergibt sich, daß die praktische Bedeutung der definitorischen Unterschiede

Rdn. 407. Dem entspricht die bisherige Rechtsprechung, wenn sie durchgehend das Abstellen eines LKW auf einem unbewachten Parkplatz als grob fahrlässig behandelt, obwohl jedenfalls offenbar nicht jedes zweite Fahrzeug in solcher Lage gestohlen wird. Siehe Rdn. 20.

[47] Zu diesem Begriff siehe etwa das 28-seitige Urteil des Supreme Court of New South Wales vom 20.7.1990, ETR **1991** 391–419 zu Art. 25 WA 1955.

[48] Siehe dazu zum WA bereits *Modjaz* Die unbeschränkte Haftung; Zur CMR *Clarke*[2] Nr. 107c.

[49] GB Queen's Bench Division vom 6.–8.6.1990, (Texas Instruments v. Nason) ETR **1991** 671, 682f = RDU **1990** II 454, 465f.

[50] Vielmehr steht im Vordergrund das bewußt eingegangene vergrößerte Risiko für die Ladung, *Hill/Messent/Glass*[2] S. 210–215; *Clarke*[2] Nr. 107c S. 506ff; *Herber/Piper* Rdn. 2.

[51] *Starck* FS Herber S. 128, 130 spricht daher zu Recht von einer „Umschreibung" im neuen § 435 HGB. Siehe zu den Fallgruppen von „wilful misconduct" *Hill/Messent/Glass*[2] S. 210–215; *Clarke*[2] Nr. 109–109d.

[52] Dieser erfüllt als solcher nicht die Voraussetzungen des dem Vorsatz gleichgestellten Verschuldens und ist im übrigen kaum nachzuweisen. Siehe OLG Nürnberg vom 22.3.1995, TranspR **1996** 381, 183; bejaht A LG Salzburg vom 12.10.1995, TranspR **1996** 340f (mit langer theoretischer Rezension von *Tuma*); künftig überflüssig, da § 435 HGB mit der Gleichstellung bewußter grober Fahrlässigkeit das Wollen der Schadenszufügung nicht mehr erfordert. Zum Bewußtsein des Schädigers siehe Rdn. 6, 7ff.

[53] *Herber/Piper* Rdn. 5: „bewußte grobe Fahrlässigkeit"; offenlassend BGH vom 17.4.1997, TranspR **1998** 25, 27 = VersR **1998** 82, 83.

[54] Siehe Rdn. 8a.

[55] Siehe dazu eingehend *Modjaz* Die unbeschränkte Haftung S. 48ff; *Schobel* Haftungsbegrenzung des Luftfrachtführers, S. 77ff und 33. Zu den Schwierigkeiten der Anwendung von wilful misconduct in der englischen Rechtsprechung zur

geringer ist als sprachlich vorgegeben. Immerhin hat sich auch die Reichweite der groben Fahrlässigkeit in den letzten Jahren erheblich verändert. Jedenfalls im Bereich des § 61 VVG wird nunmehr auch ein rein objektiver Verstoß als ausreichend für die Ausschließung des Kaskoversicherungschutzes behandelt; auf das subjektive grobe Verschulden wird verzichtet.[56] Dies nähert sachlich die Voraussetzungen der Leistungsbefreiung an die Fälle des „wilful misconduct" an.

Welche Fahrlässigkeit dem Vorsatz gleichsteht, ist **seit dem 1.7.1998 durch § 435 HGBnF** gesetzlich geregelt.[57] Bis zu diesem Termin[58] konnte begrifflich und auch in der Gerichtspraxis nicht exakt bestimmt werden, welches Verschulden dem Vorsatz gleich stand. Denn das deutsche Recht kannte keine durchgehende Regel dieses Inhalts. Um den mit Art. 29 CMR erteilten Auftrag zu erfüllen, mußte es daher genügen, diejenige Fahrlässigkeit zu ermitteln, die überwiegend dem Vorsatz gleich stand.[59] In der Anwendung erforderte dies eine überwiegend wertende, letztlich auf Fallgruppen angewiesene Gruppierung.[60] Angesichts der unscharfen neuen Definition wird dies (ähnlich der englischen, kaum mit genauen Definitionen arbeitenden Rechtspraxis) auch in Zukunft nur durch Falltypenbildung unter Anwendung von Billigkeitsvorstellungen möglich sein. Aus deutscher Sicht ist dieser Verzicht auf Begrifflichkeit ein Preis, der zugunsten der Rechtsvereinheitlichung zu leisten ist.[61] **12**

c) Bisherige Gleichstellung von grober Fahrlässigkeit in Deutschland und Österreich

Die für Deutschland inzwischen im Ansatz überholte **deutsche und österreichische** Rechtsprechung[62] zu Art. 29 bietet auch unter dem neuen Recht noch erhebliche Wertungsgesichtspunkte und praktische Anschauungsfälle. Sie stellte bisher generell die grobe Fahrlässigkeit dem Vorsatz gleich.[63] Nach beiden Rechten ist Vorsatz Wissen **13**

CMR und der definitorischen Ungenauigkeit dieses Begriffes siehe *Clarke*[2] Nr. 107c.

[56] Dazu *Haberstroh*, VersR **1998** 943ff.

[57] Siehe Rdn. 6.

[58] Bei Güterschäden aus der Zeit davor wird die alte Rechtsprechung weitergeführt; BGH vom 16.7.1998, TranspR **1999** 19, 21.

[59] BGH vom 14.7.1983, BGHZ **88** 157, 164 = NJW **1984** 565ff = TranspR **1984** 68–73.

[60] Siehe Rdn. 20ff.

[61] Siehe BGH vom 16.7.1998, TranspR **1999** 19, 21; *Starck*, FS Herber S. 128, 129; ungefähr entsprechend das neue niederländische Frachtrecht; siehe Rdn. 17.

[62] Diese war in der gemeinsamen Rechtstradition beider Rechte begründet, die bedauerlicherweise bei der Reform des deutschen Frachtrechts ohne Beteiligung Österreichs aufgegeben wurde.

[63] In Anknüpfung an die schon bestehende Rechtsprechung zu Art. 55 WA, dazu siehe Rdn. 15. Zu Art. 29 erstmals eingehend begründet von OLG München vom 27.11.1968, ETR **1971** 115, 125 ff. BGH vom 14.7.1983, BGHZ **88** 157ff = NJW **1984** 565ff = TranspR **1984** 68–73 = VersR **1984** 134ff mit eingehender Begründung; ablehnend besprochen von *Heuer* TranspR **1984** 71ff; positiv von *Pöttinger* VersR **1984** 518f; *Helm* IPRax **1985** 10; vom 16.2.1984, NJW **1984** 2033f = TranspR **1984** 182, 183 = VersR **1984** 551f; vom 3.11.1994, TranspR **1995** 253, 255 = VersR **1995** 604ff; vom 16.11.1995, TranspR **1996** 72ff; vom 17.4.1997, TranspR **1998** 25, 27f = VersR **1998** 82ff; vom 17.4.1997, TranspR **1998** 65, 66; vom 28.5.1998, TranspR **1998** 454ff = VersR **1998** 805ff; BGH vom 15.10.1998, TranspR **1999** 102, 105.
KG vom 11.1.1995, TranspR **1995** 342, 346; OLG Düsseldorf vom 12.12.1985, TranspR **1986** 56, 57 = VersR **1986** 1069 f; vom 14.7.1986, TranspR **1987** 24; vom 23.11.1989, TranspR **1990** 63, 65; vom 15.12.1994, TranspR **1995** 244; vom 27.2.1997, TranspR **1998** 194f; vom 5.6.1997, TranspR **1999** 23f; OLG Frankfurt vom 21.9.1983, TranspR **1984** 73, 74; vom 8.6.1982, VersR **1983** 141, 142; OLG München vom 10.1.1997, TranspR **1997** 277, 280; vom 29.11.1995, TranspR **1997** 190, 192; vom 28.1.1998, TranspR **1998** 256f; vom 27.5.1998, TranspR **1998** 357ff; OLG Nürnberg vom 10.12.1992, TranspR **1993** 138; KG vom 11.1.1995, TranspR **1995** 342, 346; OLG Hamburg vom 7.2.1991, TranspR **1991** 294, 295f = VersR **1992** 213f; OLG Hamburg vom 18.6.1992, TranspR **1992** 421f; vom 3.2.1994, TranspR **1995** 257, 258; OLG Hamburg vom 14.5.1996, TranspR **1997** 100, 103f; OLG Köln

und Wollen der Tatumstände einschließlich des Erfolgs; bedingter Vorsatz genügt – insoweit abweichend vom französischen Recht. Anders als nach manchen ausländischen Rechten[64] wurde daher der Begriff der gleichstehenden Fahrlässigkeit nicht benötigt, um die verschärfte Haftung bei bedingtem Vorsatz einzuführen.

14 Die **Gleichstellung von Vorsatz und grober Fahrlässigkeit lag bisher nahe.** Die meisten im Frachtrecht dem Art. 29 funktionell ähnlichen Bestimmungen stellten grobe Fahrlässigkeit dem Vorsatz im Hinblick auf die Durchbrechung von Haftungsbeschränkungen gleich.[65] Sie liegt nach st. Rechtsprechung vor, „wenn die im Verkehr erforderliche Sorgfalt in besonders schwerem Maße verletzt worden und unbeachtet geblieben ist, was im gegebenen Fall jedem einleuchten mußte".[66] Im Mittelpunkt stand dabei schon bisher das grobe Organisationsverschulden.[67] Entsprechendes galt für die bisherige Rechtsprechung zur unbeschränkten Haftung bei eigenem Vorsatz und grober Fahrlässigkeit des Schuldners bzw. eines seiner leitenden Angestellten.[68] Auch neuere AGB verschiedener Branchen stellten in ähnlichem Zusammenhang Vorsatz und grobe Fahrlässigkeit gleich.[69] Jedenfalls in den Fällen, die funktionell dem Art. 29 CMR entsprechen, konnte daher bisher das deutsche Recht die grobe Fahrlässigkeit dem Vorsatz entsprechend behandeln.[70] Ob Fahrlässigkeit und Vorsatz unterschiedlicher Natur sind[71] ist immer ein künstlicher Strukturunterschied, da sich in den meisten Fällen allenfalls mit Beweisvermutungen klären läßt, ob der Täter den Erfolg billigend in Kauf genommen hat, ob also Vorsatz oder Fahrlässigkeit vorlag.

---

vom 7.12.1993, TranspR **1994** 197; vom 16.1.1998, TranspR **1999** 66 f; OLG Hamm vom 12.7.1995, TranspR **1996** 237f; OLG Hamm vom 9.5.1996, TranspR **1997** 189f (in casu verneint); OLG Nürnberg vom 22.3.1995, TranspR **1996** 381ff; LG München vom 24.11.1998, TranspR **1999** 300; LG Frankfurt vom 21.12.1995, TranspR **1996** 288 ff.

OLG Hamm vom 19.2.1973, VersR **1974** 28, 30 = NJW **1973** 2163f und OLG Nürnberg vom 16.3.1976, Der Spediteur **1985** 320, 321 **untersuchen nur Vorsatz**, ignorieren also die gleichgestellte Fahrlässigkeit völlig.

Für nicht ausreichend halten grobe Fahrlässigkeit: OLG Bamberg vom 27.4.1981, TranspR **1984** 184ff; LG Frankfurt vom 30.8.1982, TranspR **1983** 81f; OLG München vom 24.11.1998, TranspR **1999** 300f.

Für grobe Fahrlässigkeit bei Art. 32 Abs. 1 S. 2: BGH vom 18.5.1995, TranspR **1995** 383, 384; OLG Düsseldorf vom 26.7.1984, TranspR **1985** 128, 130; OLG München vom 10.10.1990, TranspR **1991** 138, 140; vom 19.10.1992, NJW **1993** 744f = TranspR **1993** 192, 193; dagegen LG Verden vom 19.9.1990, MDR **1991** 850f. Siehe auch Art. 32 Rdn. 30. Zur groben Fahrlässigkeit siehe Rdn. 18ff. Zur Beweislast nach entsprechenden Deliktsansprüchen (zur KVO) siehe OLG Düsseldorf vom 11.1.1996, TranspR **1997** 225, 229.

Zum **österreichischen Recht** siehe A OGH vom 10.10.1974, SZ **47** Nr. 106 = *Greiter* Nr. 6; vom 25.1.1990, TranspR **1990** 235, 238 (mit Sonderausführungen zu Art. 32 Abs. 1. S. 2); vom 29.10.1992, TranspR **1993** 424; vom 11.7.1990, TranspR **1992** 322, 323 (zu Art. 32 CMR); vom 14.7.1993, TranspR **1994** 189–190; OLG Innsbruck vom 26.1.1990, TranspR **1991** 12, 21. In der Literatur gibt es abweichende Stimmen; dazu *Thume/Seltmann* Rdn. A 14.

[64] Vor allem nach englischem Recht, dem wir den wilful misconduct ursprünglich als Ergebnis nicht von Rechtssetzung oder Rechtstheorie, sondern nach reinem case law verdanken, der aber unglücklicherweise im Luftrecht zu definieren versucht wurde. Siehe auch Art. 32 Rdn. 30.

[65] § 430 Abs. 3 HGBaF, § 48 LuftVG, Anh. VII/1 nach § 452 HGBaF, § 15 Abs. 2 GüKUMT, Anh. IV nach § 452 HGBaF, § 91 EVO Anh. I nach § 460 HGBaF; in einem vergleichbaren Zusammenhang auch § 11 Nr. 7 AGBG.

[66] Siehe Rdn. 18; allgemein § 430 HGBaF Rdn. 57.

[67] Siehe BGH vom 14.5.1998, TranspR **1998** 475ff (Berufung auf Organisationsverschulden trotz früherer Hinnahme von Fehlern); dazu eingehend *Thume* TranspR **1999** 85ff.

[68] Siehe dazu vor § 1 ADSp, Anh. I nach § 415 HGBaF Rdn. 49, sowie § 1 AGNB Anh. III/1 nach § 452 HGBaF Rdn. 11.

[69] So z.B. § 51b S. 2 ADSp, Anh. I nach § 415 HGBaF; umfangreiche Rechtsprechungsangaben in Rdn. 19.

[70] Siehe zur Rechtsprechung Rdn. 19ff.

[71] So vom theoretischen Ansatzpunkt *Marsilius* IZ **1967** 295ff; *Heuer* 74.

Die erhebliche **Ähnlichkeit mit Art. 25 WA 1929** ließ es bisher zweckmäßig erscheinen, die deutsche Rechtsprechungstradition zu dieser Vorschrift auf die CMR zu übertragen. Im Sinne dieser noch gültigen und häufig angewandten Vorschrift ist die grobe Fahrlässigkeit[72] als dem Vorsatz gleichstehend behandelt worden.[73] Das Bewußtsein der Gefährlichkeit wurde dabei „in der Regel" vorausgesetzt.[74] Nach allgemeiner Auffassung braucht sich Fahrlässigkeit nicht auf die Folgen der Handlung zu beziehen.[75] Auch diese Rechtsprechung ist nunmehr überholt (soweit deutsches Recht ergänzend gilt). Denn nach §§ 407 Abs. 3, 435 HGBnF steht auch im innerdeutschen Luftrecht nicht mehr die grobe Fahrlässigkeit, sondern wilful misconduct dem Vorsatz gleich. Im Ergebnis ist daher Art. 25 WA 1929 nicht mehr von unmittelbarer Bedeutung. Die von angelsächsischen Gerichten gefällten Urteile gingen jedoch schon nach Art. 25 WA 1929 von „wilful misconduct" aus und können jedenfalls bei Güterschadensfällen ohne weiteres herangezogen werden.[76] Daß bei Personenschäden die Tendenz zu einer breiteren Durchbrechung der Haftungsbeschränkung des WA bestand, ist offenkundig. 15

In der Literatur waren die Auffassungen geteilt. Die wohl noch überwiegende Meinung ging dahin, Art. 29 wolle nur klarstellen, daß der bedingte Vorsatz dem unbedingten gleichstehe.[77] Zunehmend wurde aber auch die Gleichstellung von Vorsatz und grober Fahrlässigkeit nach deutschem Recht befürwortet – zunächst unter Anknüpfung an die im Luftrecht begründete Tradition; mittlerweile aber praktisch nur noch unter Bezugnahme auf die Rechtsprechung des BGH.[78] Die Autoren, die eine Gleichstellung von Vorsatz und grober Fahrlässigkeit ablehnten, beriefen sich auf die – in vieler Hinsicht unklare – Entstehungsgeschichte des Art. 29. Die CMR hat sich jedoch bewußt einer Definition des gleichstehenden Verschuldens enthalten und diese Frage dem Recht des angerufenen Gerichts überlassen. Die von *Marsilius*, *Heuer* u. a. vorgeschlagene Gleichstellung nur des bedingten Vorsatzes mit dem unbedingten entsprach überdies auch nicht dem angelsächsischen Begriff des „wilful misconduct". Vielmehr würden danach Fälle, die in angelsächsischen Ländern zur vollen Haftung führen würden, in Deutschland nur die beschränkte Haftung auslösen. Auch dies war kein wünschenswertes Ergebnis. Im Hinblick auf die neuere Rechtsentwicklung verlor allerdings die Gleichstellung von Vorsatz und grober Fahrlässigkeit bereits an Überzeugungskraft, weil unter dem Einfluß internationalen Rechts schon seit einiger Zeit in neueren Bestimmungen vielfach an Stelle der groben Fahrlässigkeit eine dem englischen „wilful misconduct" entsprechende, besonders definierte Verschuldensform dem Vorsatz gleichgestellt wird.[79] 16

---

72 Zur Definition der groben Fahrlässigkeit siehe § 430 HGBaF Rdn. 56ff; Fälle in Rdn. 18ff.

73 BGH vom 17.4.1958, BGHZ **27** 101, 106 = VersR **1958** 401; vom 10.5.1974, VersR **1974** 766, 767 = LM Nr. 9 zu WA = MDR **1974** 823 = BB **1974** 860; neuerlich LG Frankfurt vom 27.1.1997, TranspR **1997** 236, 238 (zu Art. 25 WA 1929).

74 BGH vom 27.6.1985, TranspR **1985** 338, 340 = VersR **1985** 1060ff; *Koller*[4] Rdn. 5; *Thume/Thume* Rdn. 19; *Starck* FS Herber S. 128, 129.

75 BGH vom 27.6.1985, TranspR **1985** 338, 340 = VersR **1985** 1060ff; *Starck* FS Herber S. 128, 129.

76 Siehe BGH vom 27.6.1985, TranspR **1985** 338, 340 = VersR **1985** 1060ff. *Ruhwedel*[3] Rdn. 401 Fn. 8.

77 *Marsilius* und *Heuer* aaO; *Precht/Endrigkeit*[3] Anm. 1 zu § 29; *Glöckner*[7] Art. 29 Rdn. 2; wohl auch *Voigt* VP **1972** 1006; o. Begr. auch LG Hamburg, VersR **1973** 28; i. E. auch OLG Hamm vom 19.2.1973, VersR **1974** 28, 30 = NJW **1973** 2163f.

78 Zur CMR bereits *Modjaz* Die unbeschränkte Haftung S. 39ff, 108ff. Zum Warschauer Abkommen *Schleicher/Reymann/Abraham*[3] (1960) 366ff; *Helm* Haftung, S. 88f; *Ruhwedel*[3] Rdn. 400ff mit umfangreichen Hinweisen auch auf die internationale Rechtsprechung; *Wesemann* AWD **1961** 192; *Koller*[4] Rdn. 3; *Decker* 90; eingehend *Lenz* Rdn. 598ff. *Basedow* Transportvertrag 420–425 vertritt eine gespaltene Anwendung: grobe Fahrlässigkeit im Landtransport, bewußte Fahrlässigkeit im Lufttransport und im Seerecht.

79 Art. 55 WA in der Fassung von 1955; § 660 Abs. 3 HGB; § 486 Abs. 1 HGB i. V. m. Art. 4 HBÜ; dazu *Herber* Das neue Haftungsrecht der

d) Vorsatz und gleichgestellte Fahrlässigkeit nach ausländischen Rechten

17 Für das ausländische Recht läßt sich wegen der sehr unterschiedlichen Schuldbegriffe kaum eine definitive Aussage treffen. *Loewe* meinte 1976 bereits, die Judikatur neige zur Gleichstellung von grober Fahrlässigkeit mit Vorsatz.[80] Dies hat sich zumindest für die deutsche, österreichische und **französische** Rechtsprechung bestätigt.[81] Im **englischen** Recht bestand kein formales Problem, weil die verbindliche englische Fassung (Art. 51) ohnehin englischer Tradition entsprach.[82] In den **Niederlanden** regelt nunmehr für den innerstaatlichen Bereich das neue Bürgerliche Gesetzbuch in Art. 1108 (boek 8 BW)[83] die Frage wie folgt: bei eigenem Verschulden des Beförderers oder seiner selbständigen Hilfspersonen gilt die unbeschränkte Haftung im Falle der bewußten, rücksichtslosen Fahrlässigkeit wie bei Vorsatz. Für die eigene Haftung untergeordneter Gehilfen ist keine Regelung vorhanden. Ist niederländisches Recht als lex fori anwendbar, ist demnach jedenfalls bei eigenem Handeln die unbeschränkte Haftung für „wilful misconduct" eingeführt. Bei Handeln untergeordneter Gehilfen verweist Art. 29 Abs. 2 S. 1 hinsichtlich der Haftung des Frachtführers auf Art. 29 Abs. 1. Das niederländische Recht kann freilich durch diese Nichtregelung die unbegrenzte Haftung des Frachtführers für gleichgestelltes Gehilfenverschulden nicht abweichend von der CMR regeln. Da sonst ein Verstoß gegen Art. 3 CMR vorläge,

---

Schiffahrt (1989) 71; im Passagierhaftungsübereinkommen und in den Visby-Regeln; zu letzteren *Herber* aaO. Zu Art. 55 WA 1955; OLG Stuttgart vom 24.2.1993, TranspR **1995** 74 (auch zur Wahrscheinlichkeit des Schadenseintritts).

80 *Loewe* ETR **1976** 576 Nr. 218 – allerdings wohl einseitig beeindruckt durch die französische Rechtsprechungstradition; *Putzeys* Nr. 932; wohl auch durch die deutsche zu Art. 25 WA; dazu Rdn. 15.

81 **Frankreich:** Zur Rechtsprechung des Cour de Cassation siehe *Lamy 99* I Nr. 530, Nr. 1443f; *Lutz* TranspR **1989** 139ff; zur älteren Rechtsprechung *Rodière* ETR **1971** 578; zum französischen, belgischen und niederländischen Recht ferner *Libouton* ETR **1973** 60; die nach seiner Auffassung singuläre französische Auffassung strikt ablehnend aus belgischer Sicht *Putzeys* Nr. 930ff; eingehende Analyse auch bei *Silingardi* S. 227ff; siehe auch MüKo/*Basedow* Rdn. 10.
Die faute lourde als gleichgestellte Fahrlässigkeit hat ihr Vorbild in der allgemeinen Rechtsprechung; siehe etwa *Dalloz* zu Art. 1150 CC Nr. 14, 15; zum internen Frachtrecht F Cass vom 20.5.1986, ETR **1986** 360–366; vom 14.12.1981, ETR **1983** 51, 57; vom 26.2.1985, ETR **1985** 388ff; vom 9.4.1991, ETR **1991** 794ff; F CA Bordeaux vom 2.2.1988, BT **1988** 670 (zu Art. 32 CMR).
Fälle zur CMR: F Cass vom 17. 2. 1970, BT **1970** 134f; vom 8.1.1974, ETR **1974** 314, 317f = BT **1974** 91, 92 (Bestätigung von F CA Poitiers vom 19.4.1972, BT **1972** 183, 184); vom 13.1.1981, ETR **1981** 686ff (Diebstahl aus einem auf einer Straße in Paris über Nacht abgestellten LKW mit wertvoller Ladung grob fahrlässig); vom 13.10.1981, ETR **1982** 288, 292; vom 5.7.1976, ETR **1976** 377f; vom 12.12.1989, BT **1990** 283f = ETR **1991** 359ff = RDU **1990** II 437f; vom 22.9.1983, ETR **1984** 111, 117f (zu Art. 32 Abs. 1 S. 2); F Cass vom 25.6.1985, BT **1985** 436 (in casu keine faute lourde); F Cass vom 5.1.1988, RDU **1988** 732, 735 = BT **1988** 102f (unbewacht abgestellt in französischem Ort ohne Diebstahlsicherung, für den konkreten Fall abgelehnt).
F CA Lyon vom 3.3.1966, BT **1966** 306, 307; F CA Paris vom 18.12.1968, BT **1969** 98, 99; F CA Paris vom 27.2.1970, 111f; F CA Aix-en-Provence vom 20.12.1977, BT **1978** 245ff; F CA Paris vom 12.10.1979, Gaz Pal **1972** 132ff; F CA Paris vom 11.1.1980, BT **1980** 94ff (Diebstahl aus unverschlossenem Wagen, Fahrer schlief); F CA Paris vom 27.5.1980, BT **1980** 435ff (erhebliche Lieferfristüberschreitung); F CA Nîmes vom 11.2.1981, BT **1981** 198f (Lieferfrist, kurze Überschreitung, keine faute lourde); F CA Paris vom 4.6.1980, BT **1980** 345f (Diebstahl bei nicht eingeschalteter Diebstahlsicherung); F CA Paris vom 6.4.1981, BT **1981** 567f (Verschwinden des Fahrzeugs auf längere Zeit); F CA Paris vom 27.5.1986, BT **1986** 676ff (Verstauung großen und schweren Frachtstücks auf der Verkleidung eines Düsentriebwerks); F CA Rouen vom 19.3.1981, **1981** 595 f (monatelanges Verschwinden des Fahrzeugs); F TribCom Cambrai vom 12.9.1987, BT **1978** 445ff (einfaches Ausladen auf der Straße) F TribCom Grenoble vom 8.3.1982, BT **1982** 298f (in casu abgelehnt) F CA Nancy vom 21.1.1987, BT **1987** 344. Siehe auch Art. 17 Rdn. 87.

82 Siehe Rdn. 8.

83 Dazu *Wulfmeyer* TranspR **1993** 405, 415f; *Haak* in *Nieuwenhuis* Kommentar zum BW, Art. 1108 Anm. 1 (S. 647f); MüKo/*Basedow* Rdn. 12.

muß man daher wohl den Haftungsmaßstab für Gehilfen nach niederländischem Recht dem für den Frachtführer geltenden Grundsatz entnehmen. Der Frachtführer haftet daher zwingend unbegrenzt auch für deren „wilful misconduct" oder für das nach früherer Rechtsprechung gleichzustellende Verschulden.[84] Im übrigen sind auch entsprechende Vereinbarungen gem. Art. 41 CMR unwirksam. Schwankende Rechtsprechung gibt es in **Belgien.**[85] Eine besondere Rechtslage entstand in **Griechenland**, wo nach dem Urteil des GR Obersten Gerichtshofs[86] vom 26.2.1992, TranspR **1992** 175ff nur Vorsatz zur vollen Haftung führt. Im Recht der **Schweiz** ist neben dem bedingten Vorsatz auch bereits grobe Fahrlässigkeit ausreichend für die volle Haftung.[87] In **Italien** wird wohl grobe Fahrlässigkeit dem Vorsatz gleichgestellt,[88] nach **spanischem** Recht entsprechend dem französischen Recht ebenfalls.[89]

e) Begriff der groben Fahrlässigkeit, Anwendungsfelder

Grobe Fahrlässigkeit liegt nach st. Rechtsprechung vor, „wenn die im Verkehr erforderliche Sorgfalt in besonders schwerem Maße verletzt worden und unbeachtet geblieben ist, was im gegebenen Fall jedem einleuchten mußte".[90] Bewußte Fahrlässigkeit ist nicht notwendig auch grobe.[91] Grob fahrlässig ist vielfach die schwer fehlerhafte Organisation,[92] auch die mangelnde Selbstinformation des Frachtführers in all- **18**

---

[84] Zu den vermittelnden älteren Meinungen im niederländischen Recht siehe *Haak* S. 249, *Dorrestein* Nr. 267 (an Vorsatz grenzende Schuld); ebenso NL Rb Roermond vom 15.10.1970, ETR **1971** 839, 843; NL Hof's Hertogenbosch vom 2.1.1979, SS **1979** Nr. 115; **1985** Nr. 10; NL Rb Den Haag vom 1.2.1984, SS **1985** Nr. 10; NL Rb Den Haag vom 26.3.1983, SS **1985** Nr. 10; NL Hof's Hertogenbosch vom 20.5.1994, SS **1994** Nr. 125.

[85] Siehe dazu eingehend *Willems*, ETR **1991** 369–376. Im Ergebnis wird die Gleichstellung wohl aus dem Einzelfall abgeleitet: Nur Vorsatz: Cour d'Appel Brüssel vom 30.10.1975, ETR **1976** 238, 244; B TribCom Lüttich vom 25.11.1982, ETR **1982** 843, 847f (zu Art. 32 Abs. 1 S. 2); jedenfalls für eine bewußte Fahrlässigkeit Gleichstellung mit Vorsatz: B CA Brüssel vom 21.1.1987, ETR **1987** 745, 749 = ETR **1988** 209, 212; *Thume/Thume* Rdn. 16. Für Gleichstellung von grober Fahrlässigkeit B Trib Brüssel vom 8.6.1990, ETR **1991** 362–368 mit Anmerkung von *Willems*.

[86] Vom 26.2.1992, TranspR **1992** 175 mit kritischer Anm. von *Herber* S. 175–177.

[87] CH Apellationsgericht Basel-Stadt vom 12.5.2000, TranspR **2000** 372 („Grobe Fahrlässigkeit" besteht bei Mißachtung derjenigen Sorgfalt, die jedem verständigen Menschen in der gleichen Lage und unter den gleichen Umständen hätte einleuchten müssen). Anders noch: Zivilgericht Basel-Stadt vom 14.2.1989, TranspR **1989** 428, 432.

[88] *Pesce* S. 236; *Silingardi* S. 228; MüKo/*Basedow* Rdn. 10 Fn. 28; *Thume/Thume* Rdn. 16.

[89] Siehe eingehend *Sánchez-Gamborino* Nr. 1170ff, insbesondere 1181ff; MüKo/*Basedow* Rdn. 10 Fn. 29.

[90] Allgemein übliche Definition: Siehe dazu *Palandt/Heinrichs*[56] § 277 BGB Rdn. 2 und die dort angegebene Rechtsprechung; zuletzt BGH vom 16.7.1998, TranspR **1999** 19–21; BGH vom 17.4.1997, TranspR **1998** 25, 27 = VersR **1998** 82ff; BGH vom 17.4.1997, TranspR **1998** 21, 24= VersR **1998** 79ff; BGH vom 26.6.1997, TranspR **1998** 65, 67 (zu Art. 29 CMR); vom 16.1.1997, TranspR **1997** 294, 296f (zu den ADSp); zum Verhältnis zum wilful misconduct neuerlich wieder OLG München vom 10.1.1997, TranspR **1997** 277, 280; OLG München vom 10.1.1997, TranspR **1997** 277, 280; OLG Düsseldorf vom 4.12.1996, TranspR **1997** 193, 196f = VersR **1997** 769f; Beispielsfälle aus dem Transportrecht: insbesondere Rdn. 18ff; vor § 1 ADSp, Anh. I nach § 415 HGBaF, Rdn. 49. Siehe allgemein auch § 430 HGBaF Rdn. 57

[91] Siehe Rdn. 11.

[92] Dazu Rdn. 19. Zuletzt BGH vom 17.4.1997, TranspR **1998** 25, 27 = VersR **1998** 82ff; siehe auch BGH vom 17.4.1997, TranspR **1998** 21, 25 = VersR **1998** 79ff; BGH vom 14.5.1998, TranspR **1998** 475. Einzelfälle: OLG Hamm vom 26.10.1998, TranspR **2000** 359 (Zur Frage grober Fahrlässigkeit bei einem Diebstahl aus einem Lkw in Norwegen); OLG Hamm vom 19.11.1998, TranspR **2000** 363 (Zum Vorwurf grober Fahrlässigkeit bei Besetzung eines Lkw mit nur einem Fahrer auf einem Italientransport); OLG Nürnberg vom 24.2.1999, TranspR **2000** 81 (Sowohl Ruhepausen als auch Fahrtunterbrechungen sind bei gesteigerter Diebstahl-/Raubgefahr wie in Italien so zu organisieren, daß diese auf bewachten Parkplätzen gemacht werden); OLG Hamburg vom 23.6.1999, TranspR **2000** 175 (Eine Haftungsbeschränkung aus Art. 23, 25 CMR entfällt nach Art. 29 Abs. 1

gemein bekannt gefährlichen Situationen[93] oder das Fehlen einer geschlossenen Sicherheitsplanung.[94] Zur wirtschaftlichen Zumutbarkeit der Maßnahmen siehe Art. 17 Rdn. 34, wo auch die Fälle des Art. 29 mit behandelt sind. Das Bewußtsein, mit dem eigenen Verhalten ein besonderes Risiko einzugehen, war bisher als Voraussetzung grober Fahrlässigkeit rechtstheoretisch nicht erforderlich, praktisch aber meist gegeben. Die Fallgruppen zur groben Fahrlässigkeit im Bereich des Frachtrechts bieten dafür reiches Fallmaterial.[95] Daher war das Bewußtsein der Gefährlichkeit des Verhaltens schon bisher meist entscheidend.

19 Grobe Fahrlässigkeit beim **Speditionsvertrag** spielte bisher besonders eine erhebliche Rolle in der Rechtsprechung zur AGB-Kontrolle, vor allem der Freizeichnungen in den ADSp.[96] Die umfangreiche Rechtsprechung zum bisherigen § 51 Abs. S. 2 ADSp beurteilte die grobe Fahrlässigkeit nach den gleichen Maßstäben wie zu Art. 29 CMR.[97] Dies gilt ebenso für die Rechtsprechung zum **Lagervertrag** (jetzt § 475 HGBnF),[98] zum **multimodalen Transport** (jetzt § 452ff HGBnF)[99] und weiteren Fallgruppen.[100] Die Güterschadenshaftung des Spediteurs wurde 1998 durch das TRG der neugeregelten, an der CMR orientierten Frachtführerhaftung unterworfen (§§ 461 Abs. 1, 435 HGBnF[101]). Sie ist damit sachlich im innerdeutschen Recht den in das HGB übernommenen Grundsätzen von Art. 29 CMR unterstellt. Dieses Fallmaterial bleibt weiterhin richtungweisend. Für die Lieferfristhaftung des Spediteurs ist diese Gleichstellung nicht erfolgt; für sie wird nach § 461 Abs. 2 HGBnF für vermutetes Verschulden gehaftet. Speditionsverträge bleiben aber in der Praxis durch §§ 458–460 HGBnF weiterhin ganz überwiegend den frachtrechtlichen Bestimmungen unter-

---

CMR, wenn der Frachtführer für die Beförderung von tiefgefrorenem Fleisch einen völlig ungeeigneten Kühlauflieger verwendet und die einzuhaltende Kühltemperatur während des Transports nicht in regelmäßigen Abständen kontrolliert).

[93] Zuletzt BGH vom 26.6.1997, TranspR **1998** 65, 66f (Nichtinformiertheit über bewachte Parkplätze bei Mailand, Raubüberfall).

[94] BGH vom 17.4.1997, TranspR **1998** 25, 27 = VersR **1998** 82ff und vom 28.5.1998, TranspR **1998** 454ff = VersR **1998** 805ff; OLG Köln vom 4.7.1995, TranspR **1996** 284, 286. Siehe aber auch Art. 17 Rdn. 34.

[95] Siehe Rdn. 20ff.

[96] Siehe vor § 1 ADSp, Anh. I nach 415 HGBaF, Rdn. 49 und § 429 HGBaF Rdn. 269 Fn. 339; umfangreiche Rechtsprechung zu § 51 Abs. 2b ADSp. Aus der neueren Rechtsprechung siehe z.B. BGH vom 3.11.1994, 2 gleichlautende Urteile TranspR **1995** 253, 255 = VersR **1995** 604f und Spediteur **1995** 101ff (Darlegungslast des Frachtführers); vom 6.7.1995, TranspR **1996** 70ff; vom 16.11.1995, TranspR **1996** 72ff; vom 13.6.1996, TranspR **1997** 61ff; vom 26.9.1996, TranspR **1997** 377ff = VersR **1997** 133, 134f (Organisationsverschulden im Umschlagslager, Darlegungslast); vom 24.10.1996, TranspR **1997** 161ff; vom 12.12.1996, TranspR **1998** 75–78 (Organisationsverschulden im Speditionslager); vom 6.12.1997, TranspR **1998** 78–80 (Organisationsverschulden bei Spedition, Darlegungslast); vom 25.9.1997, TranspR **1998** 262ff (Organisationsverschulden im Speditionslager, Darlegungslast); vom 14.5.1999, TranspR **1998** 475ff (Berufung auf Organisationsverschulden trotz früherer Hinnahme von Fehlern).
OLG Düsseldorf vom 11.1.1996, TranspR **1997** 225, 229; vom 23.10.1997, TranspR **1999** 242ff (Organisationsverschulden im Speditionslager, Darlegungslast); vom 22.1.1998, TranspR **1999** 120ff (viele Schlüssel im Speditionslager); OLG Karlsruhe vom 8.11.1996, TranspR **1997** 242ff; vom 9.2.1996, TranspR **1996** 436f; OLG Hamburg vom 25.11.1995, TranspR **1996** 304–305; LG Hamburg vom 11.7.1995, TranspR **1997** 232–234.

[97] OLG Karlsruhe vom 28.11.1996, VersR **1997** 645f stellt dies ausdrücklich fest.

[98] Vor allem zur Darlegungs- und Beweislast siehe BGH vom 7.11.1996, TranspR **1997** 291, 293; OLG Bremen vom 17.11.1994, TranspR **1997** 201, 204; vom 12.10.1995, VersR **1997** 259.

[99] OLG Düsseldorf vom 11.1.1996, TranspR **1997** 267, 269.

[100] Zur Deliktshaftung für Güterschäden OLG Düsseldorf vom 11.1.1996, TranspR **1997** 225, 229. Zu § 61 VVG siehe OLG Hamm vom 14.10.1996, VersR **1997** 236; zum Erwerb abhanden gekommener Wertpapiere BGH vom 10.5.1994, WM **1994** 1203f.

[101] Die ADSp 1999, Nr. 22.3 setzen dies (wenn auch ohne Nennung der CMR unauffällig formuliert) als zwingend voraus.

worfen – vor allem wegen der Dominanz der Fixkostenspedition. Auch insoweit bleibt die Rechtsprechung zum Speditionsrecht für Art. 29 CMR relevant.

4. Anwendungsfälle des Art. 29 (Fallgruppen)

Die Handhabung der weitgehend durch Fälle geprägten Formel für die Durchbrechung der Haftungseinschränkungen setzt nach § 435 HGBnF ebenso wie bisher **Präzedenzfälle** voraus,[102] die im folgenden in Gruppen dargestellt sind: 20

Bejahung groben Verschuldens: Vielfach wegen nicht ausreichender Darlegung des Frachtführers hinsichtlich seiner möglicherweise schadensverhindernden Organisation.[103] Beherrschend sind die typischen kriminellen Fälle des Diebstahls, Raubs oder Betrugs, die teilweise mehreren der genannten Risikogruppen zuzuordnen sind, bei hohen Ladungswerten: Nichteinrasten des **Lenkradschlosses;**[104] **Diebstahl aus unbewachter Halle;**[105] **Diebstahl unbewachter Fahrzeuge** oder aus solchen oder solchen, in deren Kabine der Fahrer schläft;[106] unbewachter Fahrzeuge mit Ladung;[107] **Einbruchsdiebstahl** in schottisches Depot, nicht ausreichender Vortrag über Schutzmaßnahmen;[108] **Raub;**[109] **Silber** unbewacht;[110] **Stehenlassen** eines LKW;[111] **Ausliefe-**

---

[102] Siehe Rdn. 12. Solche Gruppen werden in der deutschen Literatur in großem Umfang dargestellt; siehe etwa *Thume/Thume* und *Thume/Seltmann* Rdn. 25–35; MüKo/*Basedow* Rdn. 16–22 vor allem auch eingehend rechtsvergleichend; *Koller*[4] Rdn. 4 (in der vierten Auflage vor allem 4a–4j); *Herber/Piper* Rdn. 10–13.

[103] Dazu Rdn. 18ff.

[104] OLG München vom 12.5.1989, TranspR **1990** 427, 429 (in der Nähe des Zollhofs) in Mailand; OLG vom 27.5.1998, TranspR **1998** 357ff (auf der Straße vor Gaststätte in Italien ohne jede Sicherung).

[105] Zu der Dritte Zugang haben: OLG Düsseldorf vom 22.11.1990, TranspR **1991** 59ff; **a. A.** anders selbst für hochwertige Güter nach ADSp: LG München vom 20.11.1990, Spediteur **1991** 211ff.

[106] BGH vom 16.2.1984, NJW **1984** 2033f = TranspR **1984** 182, 183 = VersR **1984** 551f (in Oberitalien trotz Sicherungsmaßnahmen); vom 29.11.1995, TranspR **1997** 190ff (Fotoartikel in planengedecktem LKW, nur ein Fahrer); vom 12.5.1989, TranspR **1990** 427, 429; vom 29.11.1995, TranspR **1997** 190; vom 10.1.1997, TranspR **1997** 277, 280; OLG München vom 26.11.1997, TranspR **1998** 305, 306f (auf unbewachtem Parkplatz in Ungarn; nur Vorhangschloß als Sicherung, eindringliches Verbot unbewachter Parkplätze); OLG Düsseldorf vom 22.11.1990, TranspR **1991** 59ff; A OGH vom 25.1.1990, TranspR **1990** 235, 238; F Cass vom 13.1.1981, ETR **1981** 686ff; ferner Art. 29 Rdn. 20. Untersucht, aber für den konkreten Fall abgelehnt von F Cass vom 5.1.1988, RDU **1988** 732, 735 (in einem französischen Ort unbewacht, ohne Diebstahlsicherung abgestellt), (in ähnlichem Fall bejaht jedoch F CA Paris vom 4.6.1980, BT **1980** 345f; OLG Köln vom 30.8.1990, VersR **1991** 770f (versicherungsrechtlicher Fall, Diebstahl aus einem vor dem Haus der Mutter des Frachtführers in einer Kleinstadt über Nacht abgestellten Kleinlaster); LG Frankfurt vom 6.10.1995, TranspR **1997** 197f (Routenplanung mit bewachtem Parkplatz möglich); siehe zu solchen Fällen auch zu Art. 17 Abs. 2, dort Rdn. 87ff.

[107] OLG Koblenz vom 13.2.1996, TranspR **1996** 378f; OLG Hamburg vom 14.5.1996, TranspR **1997** 100f; OLG München vom 27.5.1998, TranspR **1998** 357ff.

[108] OLG Hamm vom 29.6.1998, TranspR **1999** 201, 202.

[109] BGH vom 26.6.1997, TranspR **1998** 65ff (Fahrzeug mit wertvoller Ladung auf leerem Industriegelände bei Mailand, Waffengewalt, Entführung des Fahrers, vorher keine Erkundigungen über bewachte Parkplätze). Siehe auch Rdn. 19 zu § 51 ADSp.

[110] OLG Frankfurt vom 21.9.1983, TranspR **1984** 73, 74 (Wert von einer Million DM, in Lagerhalle).

[111] BGH vom 26.6.1997, TranspR **1998** 65ff (in offenem, unbewachtem Industriegelände bei Mailand); OLG Hamm vom 30.3.1998, TranspR **1998** 463, 465 (Diebstahl aus unbewacht abgestelltem Container); OLG Hamm vom 10.12.1987, TranspR **1989** 155 = VersR **1989** 413 (beladener LKW mit Plane auf einem Parkplatz, Folge Brandstiftung); OLG Celle vom 12.6.1981, VersR **1981** 1183ff = DB **1981** 2223 (Umzugstransport nach BefBMö); OLG Düsseldorf vom 12.12.1985, TranspR **1986** 56, 58 = VersR **1986** 1069f (Gurken über heißes Wochenende ohne Maßnahmen gegen Verderb); LG Gießen vom 15.5.1996, MDR **1996** 921f (1 Stunde auf unbewachtem Parkplatz in Spanien). A OGH vom 25. 1. 1990, TranspR **1990** 235, 238 (unbewacht, ohne Diebstahlsicherung in Mailand zwischen 20 Uhr und 20.30); OLG Inns-

rung an Nichtberechtigten;[112] **kein Beifahrer,**[113] Transport ohne Beifahrer aber nicht notwendig grob fahrlässig.[114]

Neben dieser Hauptgruppe kommen freilich auch **andere** vor: Keine Kontrolle der **Kühltemperatur,**[115] **Alkoholschmuggel** durch ein Arabisches Land;[116] Informationspflicht;[117] **Verschiffung** von Sammelladung in Kenntnis gestörter Schiffsverbindungen;[118] **Lieferfristüberschreitung;**[119] **kein Lieferfristhinweis** an Unterfrachtführer;[120] **Nichteinhaltung frachtvertraglicher Vereinbarungen;**[121] **Bemerken falscher Verladung;**[122] **Verderb** nach Annahmeverweigerung;[123] **zu schnelles Fahren;**[124] **mangelhafte Instruktionen** an mitwirkende Frachtführer;[125] **Auslieferung** an nicht Legitimierten;[126] Lieferfristüberschreitung durch vorsätzliche vertragswidrige Wahl **billigeren Transportwegs.**[127]

21 **Verneint wurde** gleichstehendes Verschulden seltener, wenn sich der Geschädigte darauf berief.[128] Die Gründe dafür liegen zumindest in Deutschland vor allem darin, daß

---

bruck vom 26. 1. 1990, TranspR **1991** 12, 21 (eine Woche in Oberitalien auf unbewachtem Parkplatz).
F Cass vom 13.1.1981, ETR **1981** 686ff (mit wertvoller Ladung über Nacht in Paris); B Trib Brüssel vom 8.6.1990, ETR **1991** 362, 366 mit eingehender Anmerkung von *Willems* 369–376.

[112] OLG Düsseldorf vom 15.10.1987, VersR **1988** 1177 (bei dessen nachträglicher Eintragung im Frachtbrief, nur Leitsatz abgedruckt); LG Hamburg vom 23.1.1996, TranspR **1998** 1117–119 (Auslieferung an nicht ausreichend ausgewiesene Personen in Moskau); OLG München vom 28.1.1998, TranspR **1998** 256f (behauptete Auslieferung gegen unleserlichen undatierten Frachtbrief).

[113] OLG Düsseldorf vom 12.12.1985, TranspR **1986** 56, 58 = VersR **1986** 1069f (Neapel bis Niederrhein unter Lieferfrist von 50 Stunden); vom 4.12.1996, TranspR **1997** 193–196 = VersR **1997** 769f (Fahrer übernachtet in der Kabine ohne andere Sicherungen, aktuelle Fahrlässigkeit des Fahrers); OLG München vom 12.5.1989, TranspR **1990** 427, 429 (von Wuppertal bis Zoll in Mailand); vom 10.1.1997, TranspR **1997** 277, 280 (ohne Beifahrer zumindest Routenplanung für bewachte Parkplätze erforderlich).

[114] BGH vom 17.4.1997, TranspR **1998** 21, 25 = VersR **1998** 79ff; vom 17.4.1997, TranspR **1998** 25, 27f = VersR **1998** 82ff; vom 16.7.1998, TranspR **1999** 19–21; OLG Hamm vom 19.11.1998, TranspR **2000** 363. Siehe auch die gegenteilige Rechtsprechung Rdn. 21; dazu besonders *Heuer* TranspR **1994** 107ff; siehe zu Art. 17 Abs. 2 dort Rdn. 76.

[115] OLG Hamburg vom 23.6.1999, TranspR **2000** 175; OLG München vom 16.1.1991, TranspR **1992** 181ff; für grobe Fahrlässigkeit aber in ähnlichem Fall F Cass vom 13.10.1981, ETR **1982** 288, 291. Siehe auch Art. 17 Rdn. 211, 213.

[116] BGH vom 27.6.1985, TranspR **1985** 338, 339f = VersR **1985** 1060, 1061 (trotz Warnung des Fahrers).

[117] Informationen über Transportstörungen, Nichtweitergabe an den Absender; OLG München vom 12.4.1990, TranspR **1990** 280, 286.

[118] LG Lübeck vom 17.3.1986, TranspR **1986** 339 (über Hamburg nach Helsinki).

[119] OLG München vom 12.4.1990, TranspR **1990** 280ff (Transport 1986 von Deutschland nach Irak); OLG Düsseldorf vom 26.7.1984, TranspR **1985** 128, 129 (Fahrer hatte kein Geld für Treibstoff mitbekommen), Verzögerungen durch mehrere schwere Fehler um fast einen Monat; sechstägige Pause des Fahrers).

[120] OLG Düsseldorf vom 12.12.1985, TranspR **1986** 56, 57 = VersR **1986** 1069f.

[121] OLG Hamburg vom 30.8.1984, VersR **1985** 832 (keine erforderlichen Absprachen mit Unterfrachtführern); OLG München vom 31.5.2000, NJW-RR **2000** 1638 (Schaden an Palmsamen durch Frost während eines Transports, für den der Absenders die ausdrückliche Weisung gegeben hatte, das Saatgut keinem Frost auszusetzen).

[122] OLG München vom 27.11.1968, ETR **1971** 115, 128f (Fahrer bestand nicht auf Verbesserung).

[123] OLG Düsseldorf vom 12.12.1985, TranspR **1986** 56, 59 = VersR **1986** 1069f (Fahrer ließ Fahrzeug einfach stehen, keine ladungssichernden Maßnahmen).

[124] F Cass vom 22.9.1983, ETR **1984** 111, 117f (überschnelle Fahrweise bei bekannterweise äußerst zerbrechlicher Ladung); F CA Paris vom 28.5.1980, BT **1980** 346ff (russische Straßen, Schäden an Spektrometer); F CA Nancy vom 21.1.1987, BT **1987** 344f (Umkippen in einer Kurve).

[125] F CA Paris vom 18.12.1968, BT **1969** 98, 99.

[126] F CA Bordeaux vom 2.2.1988, BT **1988** 670.

[127] Art. 23 Abs. 5, LG Berlin vom 4.5.1983, TranspR **1985** 134, 135.

[128] MüKo/*Basedow* Rdn. 23, insbesondere unter Heranziehung ausländischer Rechtsprechung.

bei steigender Entwertung der Haftungssummen des Art. 23 Abs. 3 das System der eng begrenzten Frachtführerhaftung in immer stärkerem Gegensatz zum allgemeinen Schadensrecht stand. Die Bejahung grober Fahrlässigkeit hat in vielen Fällen den Grund in der nicht ausreichenden Klärung der Umstände des Schadens. Vor allem durch die Erweiterung der Darlehenslast des Frachtführers wurde damit von Fall zu Fall die Haftung verschärft. In solchen Fällen legt vielfach der Frachtführer nicht ausreichend dar, was er zur Schadensverhinderung getan hat. Dann muß er trotz Beweislast des Geschädigten seine volle Haftung hinnehmen.[129] Im übrigen kommt es wegen der Beweislast des Geschädigten oft auch zur Ablehnung der vollen Haftung nach Art. 29,[130] siehe Rdn. 25.

Fallgruppen: Verweigerung der Rückbeförderung;[131] fehlende Warnung bei **Erkennen von Staufehler;**[132] Nichtverhinderung eines **Trickdiebstahls;**[133] kein Beweis für schwere Fehler bei Kühlung;[134] **Lagerung im Freien** bei Nichtantreffen des Empfängers;[135] Auslieferung an Staplerfahrer am richtigen Kai; verstapelte Ware;[136] **Öffnung der Plombierung;**[137] **nächtliches Abstellen;**[138] Unfall.[139] Es gibt aber auch Erwägungen über wirtschaftliche Zumutbarkeit für Art. 29: zur groben Fahrlässigkeit nach Art. 29[140] siehe Art. 17 Rdn. 34. **Unbemerkter Einbruch** in das Fahrzeug irgendwo bei der Fahrt (Urteil aufgehoben und zurückverwiesen).[141] Einschlafen des Fahrers am Lenkrad ist nicht notwendig grob fahrlässig. Vielmehr müssen dafür konkrete Anhaltspunkte zumindest vorgetragen sein.

---

129 Siehe Rdn. 25ff.

130 BGH vom 17.4.1997, TranspR **1998** 25ff = VersR **1998** 82ff; OLG Nürnberg vom 22.3.1995, TranspR **1996** 381ff (bewaffneter Raubüberfall auf italienischem Autobahnparkplatz); OLG Hamburg vom 15.1.1998, TranspR **1998** 290–295 (Beweislast bei Unfall); OLG Köln vom 30.8.1990, VersR **1991** 770f (Diebstahl aus einem vor dem Haus der Mutter des Frachtführers in einer Kleinstadt über Nacht abgestellten Kleinlaster, versicherungsrechtlicher Fall); OLG Hamm vom 9.5.1996, TranspR **1997** 189f; LG Ravensburg vom 21.12.1993, TranspR **1994** 117–119 (Ferntransport mit nur einem Fahrer verstößt auch nicht gegen die äußerste Sorgfalt nach Art. 17 Abs. 2; siehe zu solchen Fällen auch zu Art. 17 Abs. 2, dort Rdn. 84ff; OLG Düsseldorf vom 5.6.1997, TranspR **1999** 23f (nicht grob fahrlässig war **Diebstahl** von nicht allzu wertvoller Ladung (Epson-Drucker) durch Aufbrechen eines verriegelten Containers auf einem Parkplatz in den Niederlanden, wo 1993 noch keine derartigen Diebstähle bekannt waren, Fahrer übernachtete im Fahrzeug).
F Cass vom 5.1.1988, RDU **1988** 732, 735 (in einem französischen Ort unbewacht, ohne Diebstahlsicherung abgestellt.)

131 Cour d'Appel Paris vom 3.11.1970, ETR **1971** 264, 271f (Rücktransport von Moskau, mangelhaft gestaute Ladung).

132 OLG München vom 28.7.1995, TranspR **1996** 240ff; zur französischen Rechtsprechung hinsichtlich der Verantwortung des Frachtführers für die Stauung siehe aber Art. 17 Rdn. 181.

133 F CA Paris vom 14.6.1977, BT **1977** 353–356.

134 F Cass vom 13.10.1981, ETR **1982** 288, 291 (Kühlung, Fehlen eines Temperaturschreibers).

135 OLG Köln vom 30.8.1990, TranspR **1990** 425, 426 (Empfänger in Norwegen, Korrosionsschäden an Aluminiumprofilen).

136 OLG Düsseldorf vom 23.11.1989, TranspR **1990** 63, 65 (keine Nachforschungen, nachdem der Absender selbst lange nichts unternommen hatte, keine grobe Fahrlässigkeit).

137 OLG Hamburg vom 25.5.1998, TranspR **1998** 351, 353.

138 OLG München vom 19.10.1992, NJW **1993** 744f = TranspR **1993** 192ff zu Art. 32 Abs. 1 S. 2 CMR (Abstellen eines plombierten Lastzugs nachts bei deutscher Autobahn-Raststätte während Schlaf in der Kabine ist nur leicht fahrlässig); OLG Köln vom 4.7.1995, TranspR **1996** 284–287 (noch 1983 war Abstellen von Aufliegern auf niederländischem Parkplatz hinter der deutschen Grenze allgemein üblich); OLG Oldenburg vom 30.5.1996, TranspR **1996** 359 (in Südfrankreich); F CA Paris vom 15.12.1977, BT **1978** 53, 54 (in Paris, gegenüber dem Hotel des Fahrers); F TribCom Grenoble vom 8.3.1982, BT **1982** 298f (in umschlossenem Parkplatz eines Transportunternehmens in Turin).

139 OLG Hamburg vom 15.1.1998, TranspR **1998** 290–295 (Beweislast).

140 OLG Köln vom 4.7.1995, TranspR **1996** 284, 286.

141 BGH vom 16.7.1998, TranspR **1999** 19–23 mit umfangreichen Hinweisen auf offene Fragen (Fahrtroute von Marokko bis Deutschland, Sicherheitsvorkehrungen, kein Beifahrer).

22 Zur **Ablehnung** eines dem Vorsatz gleichstehenden Verschuldens **(wilful misconduct)** nach § 435 HGBnF gab es bis zum 31.12.1999 noch keine veröffentlichte Rechtsprechung. Dazu bietet die bisherige Rechtsprechung zur groben Fahrlässigkeit Beispiele, die wohl trotz der möglichen Erschwerung der Entlastung überwiegend noch als Präzendenzfälle dienen können.

5. Grob schuldhafte Verursachung des konkreten Schadens

23 Der Vorsatz oder die grobe Fahrlässigkeit muß sich nur auf den Haftungstatbestand einschließlich der grundsätzlichen Schadensmöglichkeit, nicht dagegen auch auf den konkret eingetretenen Schaden beziehen.[142] Dieser muß (bei Anwendung deutschen Rechts) **adäquat ursächlich** für den Schaden sein.[143]

24 **Die erhöhte Haftung nach Art. 29 ist auf die Folgen der grob schuldhaften Handlung zu beschränken.** Dadurch kommt es zu einer Teilung des Schadens in Folgen nicht grob schuldhafter und davon unabhängiger grob schuldhafter Handlungen, eventuell im Rahmen der Schadensschätzung nach § 287 ZPO.[144] Für bereits vor dieser Handlung entstandenen Schaden ist nur beschränkt zu haften.[145] Das gleiche gilt für einen nach der grundsätzlichen Schadensverursachung entstandenen Schaden. Zu Recht verneint daher die Cour d'Appel Paris vom 25.3.1988, RDU **1988** 736, 738 eine Durchbrechung der Haftungsgrenzen, wenn der Vorsatz nur die Hinauszögerung des Prozesses zur Herbeiführung der kurzen Verjährung, nicht aber die Entstehung des Schadens umfaßt. Schwierigkeiten kann die Kausalitätsfeststellung bereiten, wenn nicht sicher ist, ob der gleiche Schaden bei einer weniger fahrlässigen Handlung ohnehin entstanden wäre. Man wird in aller Regel prima facie davon ausgehen müssen, daß der konkrete Schaden nicht eingetreten wäre, wenn sich der Frachtführer oder sein Gehilfe anders verhalten hätte. Daher wird die unbeschränkte Haftung in der Regel den gesamten konkreten Schaden umfassen.

6. Beweis- und Darlegungslast für gleichgestelltes Verschulden „wilful misconduct"

25 Beweis- und Darlegungslast haben große Bedeutung für die Erreichung von Fallgerechtigkeit. Dies gilt für Art. 29 CMR insbesondere auch angesichts der problematischen neuen Begrifflichkeit des § 435 HGBnF und der Änderungen der materiellen Wertungsspielräume der gleichgestellten Fahrlässigkeit. Die Beweislast für wilful misconduct trägt der Ersatzverlangende[146] – wie bisher für die grobe Fahrlässigkeit.[147] Grundsätzlich muß daher der Geschädigte, der sich auf gleichgestellte Fahrlässigkeit/wilful misconduct beruft, die konkreten Umstände dafür darlegen;[148] eben-

---

142 BGH vom 16.7.1998, TranspR **1999** 19, 22; BGH vom 27.6.1985, TranspR **1985** 338, 340 = VersR **1985** 1060ff = DB **1985** 2675f = ETR **1986** 102ff = NJW-RR **1986** 248ff (Der Kläger muß im Rahmen von Art. 29 CMR daher lediglich dartun und – soweit erforderlich – nachweisen, daß sich das qualifizierte Verschulden auf den haftungsbegründenden Tatbestand erstreckt). Siehe auch: *Koller*[4] Rdn. 5; *Herber/Piper* Rdn. 14.

143 Siehe Rdn. 4a.

144 BGH vom 27.6.1985, TranspR **1985** 338, 339, 340 = VersR **1985** 1060, 1062.

145 BGH vom 27.6.1985, TranspR **1985** 338, 339 = VersR **1985** 1060, 1062.

146 AG Frankfurt vom 7.2.1997, TranspR **1997** 346ff zu Art. 25 WA 1955; *Koller*[4] Rdn. 7; *Thume/Thume* Rdn. 48; *Herber/Piper* Rdn. 15; MüKo/*Basedow* Rdn. 38; *Thume* in *Fremuth/Thume* Frachtrecht, Rdn. 26ff.

147 Dazu die Fälle in Rdn. 13.

148 Zur CMR siehe zuletzt OLG Düsseldorf vom 14.7.1987, TranspR **1987** 378 = **1987** 932; vom 29.5.1991, TranspR **1991** 291, 293; OLG Hamburg vom 7.2.1991, TranspR **1991** 294, 295 = VersR **1992** 213f; vom 18.6.1992, TranspR **1992** 421, 422; OLG Nürnberg vom 10.12.1992, TranspR **1993** 138, 139; LG Frankfurt vom 9.7.1984, TranspR **1985** 110, 112; LG Hamburg vom 19.8.1997, TranspR **1998** 129–130. F CA

so wie bisher im Falle des 51b ADSp.[149] Für den Beweis können alle Beweismittel eingesetzt werden; auch ein Anscheinsbeweis ist grundsätzlich nicht ausgeschlossen.[150] Aber im Hinblick auf die subjektiven Faktoren der Fahrlässigkeit.[151] Es gilt die freie Beweiswürdigung nach § 286 f ZPO.[152]

Der **Frachtführer** trägt jedoch eine Darlegungslast hinsichtlich der für den Schaden ursächlichen Handlungen und Unterlassungen, da diese oft für ihn unaufklärbar im Herrschaftsbereich des Frachtführers oder seiner Gehilfen (einschließlich Subunternehmern) liegen. In solchen Fällen hat er seinerseits substantiiert darzulegen, was er und seine Gehilfen zur Vermeidung des Schadens getan haben oder muß in zumutbarer Weise an der Aufklärung der Gründe des Schadens mitwirken.[153] Dies ergibt sich aus dem Grundsatz, daß den näher am Beweis stehenden Prozeßbeteiligten eine entsprechende Aufklärungspflicht trifft.[154] Dieser beweisrechtlichen Grundregel gegen- 26

Paris vom 25.3.1988, BT **1989** 46–48 = RDU **1988** 736.
Großzügig in der Annahme grober Fahrlässigkeit bei einem unerklärlichen nächtlichen Auffahrunfall auf der Autobahn (zu Art. 32 Abs. 1 S. 2 CMR); F Cass vom 8.1.1974, ETR **1974** 314, 317f = BT **1974** 91, 92.
Zu **§ 51b ADSp**: BGH vom 3.11.1994, TranspR **1995** 253, 255 = VersR **1995** 604, 606 und vom gleichen Tag Spediteur **1995** 101, 105; BGH vom 27.2.1997, TranspR **1997** 440, 442 (ADSp, Lagervertrag); LG Karlsruhe vom 9.3.1995; OLG Frankfurt vom 4.12.1996, TranspR **1998** 210, 212.
Zu Art. **25 WA** OLG München vom 7.5.1999, TranspR **1999** 301ff.

149 Siehe Rdn. 19. Dazu besonders die eingehenden gleichlautenden Urteile des BGH vom 3.11.1994, TranspR **1995** 253, 255 = VersR **1995** 604ff und Spediteur **1995** 101ff. Zu den Kaltlagerungsbedingungen siehe BGH vom 28.3.1996, TranspR **1997** 386, 388; OLG Hamburg vom 7.2.1991, TranspR **1991** 294, 295 (Durchfahrt unter Brücke mit Boot als Ladung).

150 *Koller*[4] Rdn. 7; *Thume/Thume* Rdn. 48; *Herber/Piper* Rdn. 15f; MüKo/*Basedow* Rdn. 39 (für die subjektiven Voraussetzungen).

151 *Koller*[4] Rdn. 7; LG Karlsruhe vom 17.2.1995, TranspR **1995** 439f.

152 *Herber/Piper* Rdn. 15; BGH vom 27.6.1985, TranspR **1985** 338, 340; BGH vom 7.5.1974, NJW **1972** 1377; BGH vom 27.6.1985, TranspR **1985** 338, 339 = VersR **1985** 1060, 1061; nur beschränkt zulässig: *Koller*[4] Rdn. 7; ebenso *Thume/Thume* Rdn. 52.

153 *Koller*[4] Rdn. 7; *Herber/Piper* Rdn. 16; *Thume/Thume* Rdn. 49; MüKo/*Basedow* Rdn. 48; siehe dazu auch Art. 17 Rdn. 3; OLG Karlsruhe vom 28.11.1996, VersR **1997** 645f; OLG München vom 12.4.1990, TranspR **1990** 280, 286; vom 10.10.1990, TranspR **1991** 138, 140; vom 27.5.1998, TranspR **1998** 357ff; OLG Nürnberg vom 10.12.1992, TranspR **1993** 138f; OLG Stuttgart vom 16.9.1998, TranspR **1999** 66f (mit Kontrollaufgaben-Liste für den Frachtführer); OLG Karlsruhe vom 9.12.1998, TranspR **2000** 465 (Ist Gut massiv beschädigt worden, so muß der Luftfrachtführer, um seiner Darlegungsobliegenheit zu genügen, aufzeigen, welche konkreten Maßnahmen er zur Verhinderung von Staufehlern ergreift, insbesondere wie vor Fahrtantritt die Beladung abschließend überprüft und korrigiert wird); AG München vom 25.10.1999, TranspR **1999** 448 (Trägt der Frachtführer keinen Grund vor, der ihn hinderte, den Fixtermin einzuhalten, ist die Verzögerung leichtfertig i.S.v. § 435 HGBnF verursacht. Die Verladung von überlangen Küchenteilen auf einem Kastenwagen ist leichtfertig). Siehe auch: *Piper*, Ausgewählte Fragen zur Darlegungs- und Beweislast im Prozeß des Frachtführers und Spediteurs unter Berücksichtigung des Transportrechtsreformgesetzes, Festgabe für *Herber*, 1999, 135. Eingehende Erörterung A LG Salzburg vom 30.4.1993, TranspR **1993** 344f.
Siehe dazu auch die umfangreiche Rechtsprechung zum Speditions- und Lagerrecht, Rdn. 19, insbesondere BGH vom 26.9.1996, TranspR **1997** 377ff = VersR **1997** 133, 134f (§ 51b S. 2 ADSp, Organisationsverschulden im Umschlagslager, Darlegungslast). Zu Art. 25 WA 1955 siehe OLG Frankfurt vom 21.4.1998, TranspR **1999** 24ff; zum Zusammenhang der Darlegungslasten des Anspruchstellers und des Luftfrachtführers OLG Köln vom 11.8.1998, TranspR **1999** 107ff.

154 BGH vom 24.6.1987, BGHZ **101** 172, 181 = TranspR **1987** 447, 450 = NJW **1988** 640ff; LG Berlin vom 4.2.2000, TranspR **2000** 181 (Grundsätzlich trifft den Anspruchsteller die Darlegungs- und Beweislast für die Tatsachen, die zum Wegfall der Haftungsbeschränkungen und -begrenzungen führen. Ist aber das Verhalten des Frachtführers dem Einblick des Absenders entzogen, so trifft den Frachtführer die prozessuale Aufklärungspflicht, wenn der Schadenshergang völlig im Dunklen liegt. Legt der Frachtführer nicht substantiiert die Umstände dar, die seines Wissens zum Schaden geführt haben, so spricht eine widerlegliche Vermutung für ein qualifiziertes Verschulden).

über kommt der Möglichkeit des Absenders, sich im konkreten Fall durch Interessedeklaration nach Art. 26 vor der Haftungsbeschränkung des Art. 23 Abs. 5 zu schützen, keine Bedeutung zu.[155] Letztlich sollte jedoch in diesen Fällen auf die Beweismöglichkeiten des konkreten Falls abgestellt werden.[156] Die Rechtsprechung zur Darlegungslast des Frachtführers kann freilich nicht ohne weiteres auf die zwingende Wirkung der CMR gestützt werden; siehe Art. 41 Rdn. 3, 4, insbesondere Rdn. 5. Die deutsche Rechtsprechung stützt sich jedenfalls in diesem in der CMR nicht geregelten Punkt ausschließlich auf deutsches Recht und beinhaltet auch keine Umkehr der CMR-Beweislast.[157]

7. Folge: Entfallen der Haftungsvergünstigungen

27 Art. 29 Abs. 1 umschreibt die Wirkung des Vorsatzes und der gleichgestellten Fahrlässigkeit sehr allgemein. Der Frachtführer verliert das Recht, sich auf sämtliche Bestimmungen des IV. Kapitels (Art. 17 bis 28 CMR) zu berufen, soweit sie die Haftung ausschließen oder begrenzen oder die Beweislast umkehren.[158] Liegt nach der lex fori Vorsatz oder gleichgestelltes Verschulden vor,[159] ist das Schuldstatut auch für die konkreten Haftungsfolgen maßgeblich. Bei Vorliegen der Voraussetzungen des Art. 29 greifen insbesondere die Art. 17 Abs. 2,[160] Abs. 4,[161] Art. 18, Art. 23ff,[162] Art. 27[163] nicht ein. In den Fällen des groben Verschuldens nach Art. 29 fallen selbstverständlich auch die erhöhten Haftungsgrenzen nach Art. 24 und 26 weg, weil diese nur gemilderte Anwendungsfälle des Art. 23 sind.[164] Auch Art. 11 Abs. 3 verweist hinsichtlich der Haftungshöhe auf die Güterschadenshaftung. Damit ist aber nicht gesagt, daß auch diese Haftungsbegrenzung insgesamt unter Art. 29 fällt.[165] Denn Art. 29 ist im Zusammenhang zu sehen mit den in Art. 17ff geregelten Haftungsfällen. Zu diesen gehört aber kaum die kommissions- bzw. speditionsrechtliche Haftung des Art. 11 Abs. 3. In jedem Falle ist zu prüfen, ob den durch Art. 29 ausgeschalteten Haftungseinschränkungen Funktionen zufallen. An die Stelle dieser Bestimmungen tritt das Recht des Vertragsstatuts.[166] Nach deutschem Recht ist als speziellste Regelung zunächst deutsches Frachtrecht (§§ 407ff HGBnF), danach subsidiär das Schuldrecht des BGB, insbesondere das Haftungsrecht des BGB anzuwenden.[167] Was die Haftungsgrenzen angeht, sind nach dem HGBnF die Bestimmungen über den Haftungsumfang, vor allem §§ 430ff maßgeblich. Keine Anwendung findet Art. 29 auf Art. 30 Abs. 3, allein schon, weil dieser nicht im IV. Kapitel der CMR steht, aber auch aus sachlichen Gründen; siehe Art. 30 Rdn. 2. Für die Verjährung gilt nicht Art. 29, sondern die

[155] **A. A.** OLG Düsseldorf vom 14.7.1986, TranspR **1987** 24.
[156] Insoweit zutreffend OLG Frankfurt vom 8.6.1982, VersR **1983** 141, 142.
[157] Zutreffend *Herber/Piper* Rdn. 16.
[158] *Koller*⁴ Rdn. 8; *Herber/Piper* Rdn. 18ff; *Thume/Thume* Rdn. 36.
[159] Siehe Rdn. 6ff.
[160] BGH vom 27.6.1985, TranspR **1985** 338, 340 = VersR **1985** 1060ff; OLG München vom 16.1.1991, TranspR **1992** 181ff; F CA Paris vom 23.12.1975 BT **1976** 48, 50.
[161] BGH vom 27.6.1985, TranspR **1985** 338, 340 = VersR **1985** 1060ff; OLG München vom 16.1.1991, TranspR **1992** 181ff.
[162] Siehe Rdn. 11; Art. 23 Rdn. 72 und die Fälle in Rdn. 20ff. Nach neuerer Auffassung des F CA Paris vom 20.4.1992, BT **1992** 362 soll dagegen durch Art. 29 nur die summenmäßige Beschränkung nach Art. 23 Abs. 3 aufgehoben, nicht dagegen der Ersatz von allgemeinen Vermögensschäden eröffnet sein; für Ersatz von Vermögensschäden F CA Nancy vom 21.1.1987, BT **1987** 344f; siehe *Lamy* 99 I Nr. 1582.
[163] Siehe Art. 27 Rdn. 3.
[164] Siehe *Thume/Thume* Rdn. 38.
[165] So aber *Pesce* S. 159; MüKo/*Basedow* Rdn. 28 und Art. 11 Rdn. 19; das Zitat von *Nickel-Lanz* Nr. 190 deckt diese Auffassung nicht *Jesser* S. 83.
[166] Siehe Art. 17 Rdn. 272ff.
[167] Dazu siehe Art. 17 Rdn. 255ff.

nach Art. 32 Abs. 1 S. 2 CMR bestimmte Verlängerung der Verjährung.[168] Materiell entspricht dem die Rechtslage in Österreich.[169]

8. Mitverschulden

Auch bei der unbeschränkten Haftung nach Art. 29 kann ausnahmsweise ein Mitverschulden des Geschädigten, insbesondere durch Verletzung der Schadensminderungspflicht in Betracht kommen.[170] Zumindest sollte aber das schwere Verschulden des Frachtführers in eine Abwägung des Schadens eingebracht werden. Die Frage, wie diese begründet werden kann, ist umstritten; siehe Art. 17 Rdn. 233. 28

9. Versicherung der erhöhten Haftung

Inwieweit die erhöhte Haftung nach Art. 29 durch die CMR-Haftpflichtversicherung (siehe Art. 17 Rdn. 286ff) gedeckt ist, kann wegen der Unterschiedlichkeit der üblichen Policen nicht allgemein bestimmt werden. In aller Regel wird die erhöhte Haftung nicht speziell ausgeschlossen, wohl aber durch Versicherungssummen begrenzt. Zur Frage des Haftungsausschlusses bei Vorsatz und grober Fahrlässigkeit siehe auch § 38 KVO, Anh. II nach § 452 HGBaF Rdn. 10. 29

II. Haftung bei Gehilfenverschulden

1. Haftung des Frachtführers

Dem Frachtführer wird nach Art. 29 Abs. 2 S. 1 auch Vorsatz und gleichgestellte Fahrlässigkeit von Gehilfen zugerechnet.[171] Die verschärfte Haftung setzte also kein eigenes schweres Verschulden voraus. Für die Zurechnung des schweren Verschuldens der Gehilfen sind die Grundsätze des Art. 3 CMR (dessen Text insoweit mit Art. 29 Abs. 2 identisch ist) maßgeblich.[172] Die Zurechnung grober Fahrlässigkeit des Fahrers ist daher davon abhängig, daß der Fahrer in Ausübung seiner Verrichtungen gehandelt hat; Art. 3 Rdn. 10. Alkoholschmuggel in Saudi-Arabien durch den Fahrer wurde vom BGH dem Frachtführer als grobes Verschulden nach Art. 29 zugerechnet.[173] Das gleiche galt für Menschenschmuggel aus der DDR durch einen österreichischen 30

---

[168] Siehe Art. 32 Rdn. 27ff.

[169] *Thume/Seltmann* Rdn. A 36.

[170] Siehe Art. 28 Abs. 2 und dort Rdn. 12ff. § 254 kann ergänzend angewendet werden; siehe Art. 17 Rdn. 233. OLG Düsseldorf vom 26. 7. 1984, TranspR **1985** 128, 129f prüft § 254 BGB (im Ergebnis ablehnend). Siehe aber: OLG München vom 12.4.1990, TranspR **1990** 280ff (Der Absender ist zumindest nach ergänzend anwendbarem deutschen Schuldrecht verpflichtet, auf besondere Schadensrisiken hinzuweisen. Unterläßt er dies, so muß er dies seinem Ersatzanspruch aus Art. 29 CMR entgegenhalten lassen); OLG Nürnberg vom 18.11.1998, TranspR 2000 126 (Unterläßt es der Absender, einen Paketdienst auf den besonders hohen Wert eines Pakets hinzuweisen (hier: Steuerbanderolen im Wert von 307 526, 64 DM), so mindert sich der Ersatzanspruch wegen Verlustes der Sendung um 50%).

[171] Dies ist beinahe der Regelfall: Siehe z.B. BGH vom 14.7.1983, BGHZ **88** 157ff = NJW **1984** 565ff = TranspR **1984** 68–73 = VersR **1984** 134ff; vom 16.2.1984, NJW **1984** 2033f = TranspR **1984** 182, 183 = VersR **1984** 551f; BGH vom 27.6.1985, TranspR **1985** 338ff = VersR **1985** 1060ff; A OGH vom 25.1.1990, TranspR **1990** 235, 238f ferner die Fallgruppen in Rdn. 20ff. Siehe auch Art. 3 Rdn. 3.

[172] *Herber/Piper* Rdn. 21; *Thume/Thume* Rdn. 23; *Thume/Seltmann* Rdn. A 23; MüKo/*Basedow* Rdn. 35.

[173] BGH vom 27.6.1985, TranspR **1985** 338, 339 = VersR **1985** 1060, 1061; OLG München vom 12.4.1990 TranspR **1990** 280ff; A OGH vom 12.12.1984, SZ **57** 196 S. 978, 981ff = TranspR **1986** 426ff.

Fahrer.[174] Entsprechend wird Verschulden von Unterfrachtführern dem Hauptfrachtführer zugerechnet, ebenso das ihrer weiteren Unterfrachtführer.[175] Der Anspruchsteller muß beweisen, daß die Voraussetzungen des Art. 3 vorlagen.[176] Für die Haftung des Frachtführers gilt nicht Art. 29 Abs. 2, sondern Abs. 1.[177] Haftet der Frachtführer aufgrund außervertraglicher Ansprüche auf Schadensersatz, wird er im Normalfall entsprechend der CMR geschützt; Art. 28 Abs. 1. Auch dieser Schutz entfällt nach Art. 29.[178]

2. Haftung der Gehilfen (Art. 29 Abs. 2 S. 2)

31 Die vom Frachtführer eingesetzten Gehilfen können sich grundsätzlich nach Art. 28 Abs. 2 im Rahmen der außervertraglichen Haftung gegenüber dem Absender auf die Haftungseinschränkungen der CMR berufen.[179] Auch dieses Privileg wird jedoch gemäß Art. 29 Abs. 2 S. 2 im Falle von Vorsatz oder gleichgestellter Fahrlässigkeit der betreffenden Person ausgeschlossen.[180] Siehe auch Art. 28 Rdn. 12ff. Die Gehilfen müssen in Ausführung ihrer Verrichtungen gehandelt haben.[181] Nunmehr ist als im Landfrachtrecht neues Problem die Einführung des ausführenden Frachtführers durch § 437 HGBnF zu berücksichtigen. Dieser ist nunmehr gesamtschuldnerisch mit dem vertragschließenden Frachtführer haftbar. Auch er wird in die Haftungsregelung voll einzubeziehen sein.

---

[174] A OGH vom 22.11.1977, TranspR **1980** 31f = *Greiter* 58–62.

[175] OLG Hamburg vom 29.11.1984, TranspR **1985** 130, 131; OLG Düsseldorf vom 12.12.1985, TranspR **1986** 56ff = VersR **1986** 1069f.

[176] *Baumgärtel/Giemulla* Rdn. 2; *Thume/Thume* Rdn. 23.

[177] AG Berlin vom 18.6.1998, TranspR **1998** 403, 405ff; zur eigenen Haftung der Gehilfen siehe Rdn. 31.

[178] MüKo/*Basedow* Rdn. 28, 31; *Sánchez-Gamborino* Nr. 1185.

[179] Siehe MüKo/*Basedow* Rdn. 37; *Thume/Thume* Rdn. 47.

[180] MüKo/*Basedow* Rdn. 29.

[181] Siehe Rdn. 30, eingehend zum österreichischen Recht *Thume/Seltmann* Rdn. A 24.

KAPITEL V

Reklamationen und Klagen

Artikel 30

1. [1]Nimmt der Empfänger das Gut an, ohne dessen Zustand gemeinsam mit dem Frachtführer zu überprüfen und ohne unter Angaben allgemeiner Art über den Verlust oder die Beschädigung an den Frachtführer Vorbehalte zu richten, so wird bis zum Beweise des Gegenteils vermutet, daß der Empfänger das Gut in dem im Frachtbrief beschriebenen Zustand erhalten hat; die Vorbehalte müssen, wenn es sich um äußerlich erkennbare Verluste oder Beschädigungen handelt, spätestens bei der Ablieferung des Gutes oder, wenn es sich um äußerlich nicht erkennbare Verluste oder Beschädigungen handelt, spätestens binnen sieben Tagen, Sonntage und gesetzliche Feiertage nicht mitgerechnet, nach der Ablieferung gemacht werden. [2]Die Vorbehalte müssen schriftlich gemacht werden, wenn es sich um äußerlich nicht erkennbare Verluste oder Beschädigungen handelt.

2. Haben Empfänger und Frachtführer den Zustand des Gutes gemeinsam überprüft, so ist der Gegenbeweis gegen das Ergebnis der Überprüfung nur zulässig, wenn es sich um äußerlich nicht erkennbare Verluste oder Beschädigungen handelt und der Empfänger binnen sieben Tagen, Sonntage und gesetzliche Feiertage nicht mitgerechnet, nach der Überprüfung an den Frachtführer schriftliche Vorbehalte gerichtet hat.

3. Schadenersatz wegen Überschreitung der Lieferfrist kann nur gefordert werden, wenn binnen einundzwanzig Tagen nach dem Zeitpunkt, an dem das Gut dem Empfänger zur Verfügung gestellt worden ist, an den Frachtführer ein schriftlicher Vorbehalt gerichtet wird.

4. Bei der Berechnung der in diesem Artikel bestimmten Fristen wird jeweils der Tag der Ablieferung, der Tag der Überprüfung oder der Tag, an dem das Gut dem Empfänger zur Verfügung gestellt worden ist, nicht mitgerechnet.

5. Frachtführer und Empfänger haben sich gegenseitig jede angemessene Erleichterung für alle erforderlichen Feststellungen und Überprüfungen zu gewähren.

CHAPITRE V

Réclamations et actions

Article 30

1. Si le destinataire a pris livraison de la marchandise sans qu'il en ait constaté l'état contradictoirement avec le transporteur ou sans qu'il ait, au plus tard au moment de la livraison s'il s'agit de pertes ou avaries apparentes, ou dans les sept jours à dater de la livraison, dimanche et jours fériés non compris, lorsqu'il s'agit de pertes ou avaries non apparentes, adressé des réserves au transporteur indiquant la nature générale de la perte ou de l'avarie, il est présumé, jusqu'à preuve contraire, avoir reçu la marchandise dans l'état décrit dans la lettre de voiture. Les réserves visées ci-dessus doivent être faites par écrit lorsqu'il s'agit de pertes ou avaries non apparentes.

2. Lorsque l'état de la marchandise a été constaté contradictoirement par le destinataire et le transporteur, la preuve contraire au résultat de cette constatation ne peut être faite que s'il s'agit de pertes ou avaries non apparentes et si le destinataire a adressé des réserves écrites au transporteur dans les sept jours, dimanche et jours fériés non compris, à dater de cette constatation.

3. Un retard à la livraison ne peut donner lieu à indemnité que si une réserve a été adressée par écrit dans le délai de 21 jours à dater de la mise de la marchandise à la disposition du destinataire.

4. La date de livraison ou, selon le cas, celle de la constatation ou celle de la mise à disposition n'est pas comptée dans les délais prévus au présent article.

5. Le transporteur et le destinataire se donnent réciproquement toutes facilités raisonnables pour les constatations et vérifications utiles.

CHAPTER V

Claims and actions

Article 30

1. If the consignee takes delivery of the goods without duly checking their condition with the carrier or without sending him reservations giving a general indication of the loss or damage, not later than the time of delivery in the case of apparent loss or damage and within seven days of delivery, Sundays and public holidays excepted, in the case of loss or damage which is not apparent, the fact of his taking delivery shall be prima facie evidence that he has received the goods in the condition described in the consignment note. In the case of loss or damage which is not apparent the reservations referred to shall be made in writing.

2. When the condition of the goods has been duly checked by the consignee and the carrier, evidence contradicting the result of this checking shall only be admissible in the case of loss or damage which is not apparent and provided that the consignee has duly sent reservations in writing to the carrier within seven days, Sundays and public holidays excepted, from the date of checking.

3. No compensation shall be payable for delay in delivery unless a reservation has been sent in writing to the carrier, within twenty-one days from the time that the goods were placed at the disposal of the consignee.

4. In calculating the time-limits provided for this article the date of delivery, or the date of checking, or the date when the goods were placed at the disposal of the consignee, as the case may be, shall not be included.

5. The carrier and the consignee shall give each other every reasonable facility for making the requisite investigations and checks.

Übersicht

Alphabetische Übersicht

Schrifttum

De la Motte Schadensvorbehalt des Empfängers – § 438 HGB, § 39 KVO, Art. 30 CMR, VersR **1982** 1037–1038; *Hannig* Verkehrsträgerhaftung und Transport-Versicherung, VP **1981** 94–101, VP **1971** 218–221 und 242–244; *Koller* Rechtsnatur und Rechtswirkungen frachtrechtlicher Sperrpapiere, TranspR **1994** 181–189; *Loewe* Die Bestimmungen der CMR über Reklamationen und Klagen, TranspR **1988** 309–320; *Meyer-Rehfueß* Bericht über das Symposium der Deutschen Gesellschaft für Transportrecht im April 1994, TranspR **1994** 326–338; *Piper* Einige ausgewählte Probleme des Schadensersatzrechts der CMR, VersR **1988** 201–209; *Roesch* Nachträgliche Geltendmachung von Schäden beim Frachtführer gem. Art. 32 CMR und Hemmung der Verjährung, VP **1985** 17–18; *Roesch* Zum Erlöschen und zur Verjährung der Ersatzansprüche gegen den Straßenfrachtführer nach KVO und CMR, VP **1982** 21–23; *Thume* Zur Lieferfristüberschreitung gem. Art. 19 CMR, TranspR **1992** 403–405; *Voigt* Haftung im internationalen Straßengüterverkehr nach der CMR, VP **1962** 34–36; *Züchner* Rechtsfolgen aus Art. 30 CMR, VersR **1968** 824–827.

I. Allgemeines

1 Art. 30 regelt vor allem Fragen der Beweislast für die Schadenersatzansprüche,[1] wenn das Gut vorbehaltslos durch den Empfänger angenommen wird.[2] Diese Rege-

[1] Auch bei multimodalen Transporten; siehe z. B. F CA Orléans vom 20. 1. 1982, BT **1982** 233 f. Nicht anzuwenden ist Art. 30 auf kaufrechtliche Mängel, z. B. Fehlmaß gelieferter Waren. Konsequenterweise zitiert daher F CA Paris vom 19. 11. 1981, BT **1982** 62–63 in einem solchen Fall die Vorschrift nicht.

[2] Siehe hierzu § 438 HGBaF Rdn. 1 ff mit Hinweisen auf die bisherigen frachtrechtlichen Sonderordnungen. Zur engen Verbindung zwischen den Beweisregeln für die Übernahme des Gutes und für die Ablieferung siehe Art. 8, 9 und 30 CMR. Siehe eingehend *Haak* S. 191 ff; *Pesce* 310. Zur funktionalen Ähnlichkeit und zum Zusammenhang mit der kaufrechtlichen Rüge MüKo/*Basedow* Rdn. 1.

lung ist weitgehend mißglückt.[3] Ebenfalls geregelt wird der anspruchserhaltende Vorbehalt, Abs. 3. Soweit die CMR keine oder keine vollständigen Regelungen enthält, ist das Recht des Vertragsstatuts ergänzend anwendbar.[4] Inhaltlich sind die Grundsätze von Art. 30, die durch das TRG im wesentlichen in das innerstaatliche deutsche Recht (§ 438 HGBnF) übernommen wurden, wo sie (unter der gleichen Paragraphen-Nummer) nunmehr das bisherige System von § 438 HGBaF ersetzen.

1. Überblick; Verhältnis zu § 438 HGB und anderen Vorschriften

Im Gegensatz zu § 438 Abs. 1 HGBaF und zu vielen anderen frachtrechtlichen 2
Bestimmungen[5] führt im Falle des Güterschadens die vorbehaltslose Übernahme des Gutes nach Art. 30 Abs. 1 nicht ohne weiteres zum Erlöschen der Ersatzansprüche, sondern nur zu Beweisverschlechterungen; siehe Rdn. 33 ff. Da die Beweise für die Schadensentstehung in der Obhutszeit ohnehin vom Geschädigten zu führen sind,[6] führt Art. 30 keine grundsätzliche Veränderung zum allgemeinen Beweisrecht ein.[7] Jedoch werden die Folgen der Anwendung von Art. 30 international nicht gleichmäßig gesehen;[8] nur von den Grundsätzen deutschen Rechts[9] auszugehen, würde die reale Rechtslage beschönigen. Daß die Regelung der CMR mehr offenläßt als entscheidet, ist bedauerlich, liegt aber an der realen Lage, die jeden nicht von den Unwägbarkeiten der Beweislage abhängigen gesetzlichen Rechtsverlust als Eingriff in die Gerechtigkeit empfinden läßt. Mit der Ersetzung des Erlöschensprinzips durch eine schwache Beweisvermutung ist die Möglichkeit, eindeutige Entscheidung nach faßbaren formalen Regeln zu erzwingen, zugunsten der erwünschten Einzelfallgerechtigkeit durch Beweiserhebungen gefallen, ebenso wie im neuen deutschen Frachtrecht durch § 438 HGB.[10] Nur hinsichtlich der Lieferfristhaftung (Abs. 3) und teilweise bei gemeinsamer Schadensfeststellung (Abs. 2) hat die Unterlassung des Vorbehalts eine rechtsvernichtende Wirkung.[11] Alle Wirkungen des Art. 30 sind nicht von der Bezahlung der Fracht abhängig.[12] Art. 30 ist gem. Art. 28 auch auf Ansprüche aus Delikt anzuwenden;[13] er gilt auch in den Fällen schweren Verschuldens, da Art. 29 nur auf die Vorschriften des IV. Kapitels anzuwenden ist.[14] Der Vorbehalt nach Art. 30 CMR ent-

---

[3] So auch *Koller*[4] Rdn. 1. Schon die Formulierungen in den maßgeblichen französischen und englischen Fassungen weisen Schwächen und Differenzen auf; gleiches gilt für die deutsche Übersetzung, z. B. in Abs. 2, siehe Rdn. 42ff; *Thume/Demuth* Rdn. 1ff; *Koller*[4] Rdn. 2, 9. Siehe dazu auch Rdn. 13, 15, 44.

[4] Siehe Art. 1 Rdn. 78 ff. A. A. MüKo/*Basedow* Rdn. 5, der in Art. 30 eine abschließende Regelung sieht, die nationales Recht verdrängt.

[5] Z. B. den entsprechenden ebenfalls aufgehobenen Sondernormen, insbesondere § 39 KVO; siehe § 438 HGBaF Rdn. 4 ff, 39 KVO, Anh. II nach § 452 HGBaF Rdn. 1 ff. Zur Abweichung vom Eisenbahnrecht siehe Art. 57 § 1 ER/CIM 1980, Anh. I nach § 460 HGBaF = Art. 46 CIM 1970. Dazu eingehend *Haak* S. 191; im französischen Recht Anspruchsverlust, Art. 105 Ccom. Zu den AGB im Lagerrecht siehe OLG Köln vom 21. 11. 1997, TranspR **1998** 316 ff.

[6] Siehe Art. 17 Rdn. 19, 45; allgemein zum Frachtrecht § 429 HGBaF Rdn. 107 ff.

[7] MüKo/*Basedow* Rdn. 2.

[8] So knüpft z. B. die französische Rechtsprechung in Zusammenhang mit Art. 8, 9 weitreichende Vermutungen an Art. 30; siehe F Cass vom 2. 2. 1982, ETR **1983** 47, 50 = BT **1982** 152 f; ferner Art. 30 Rdn. 40; Art. 8 Rdn. 1; Art. 9 Rdn. 3.

[9] Ergänzend anzuwenden, falls das Vertragsstatut deutsches Recht ist; siehe Art. 1 Rdn. 80.

[10] Diese Vorschrift ist durch Art. 30 CMR verdrängt; *Koller*[4] Rdn. 1; *Herber/Piper* Rdn. 1; *Piper*[7] Rdn. 446; *Piper* VersR **1988** 201, 205. Auf Altfälle ist § 38 KVO nicht ergänzend anzuwenden; siehe Art. 1 Rdn. 87 ff.

[11] Dazu Rdn. 61, 48. *Piper*[7] Rdn. 448 f.

[12] So aber noch nach § 438 HGBaF, siehe dort Rdn. 14 ff.

[13] Siehe Art. 28 Rdn. 1.

[14] BGH vom 14. 11. 1991, TranspR **1992** 135, 138 ff = VersR **1992** 850 ff; siehe Art. 29 Rdn. 25; *Thume/Demuth* Rdn. 54; *Thume/Thume* Art. 29 Rdn. 4, 40; MüKo/*Basedow* Rdn. 19 und Art. 29 Rdn. 34; *Koller*[4] Rdn. 1; *Herber/Piper* Rdn. 19; *Decker* S. 100 unter Berufung auf LG Münster vom 15. 6. 1983, unveröffentlicht; *Lamy* 98 I

spricht funktional nicht der verjährungshemmenden Reklamation nach Art. 32 Abs. 2, sondern stellt geringere Anforderungen.[15] In ihm brauchen keine genaueren Angaben über die aus dem Schaden hergeleiteten Folgen (z. B. keine Erklärung, daß der Frachtführer haftbar gemacht werden soll) enthalten zu sein.[16] Ein nach Art. 30 wirksamer Vorbehalt hemmt daher nur dann auch die Verjährung, wenn er die in Art. 32 Abs. 2 vorgesehenen strengeren Voraussetzungen erfüllt.[17]

2. Anwendungsvoraussetzung: Ablieferung des Gutes

3 Art. 30 setzt bei Güterschäden voraus, daß der Empfänger das Gut annimmt, daß es also zu einer Ablieferung gekommen ist.[18] Solange nichts abgeliefert ist, entsteht keine Obliegenheit des Empfängers zur Abgabe eines Vorbehalts; die Folgen seiner Versäumung treten ohnehin nicht ein.[19] Die Ansprüche im Falle der Ablieferung vom Vorbehalt abhängig zu machen, ist einleuchtend, weil mit dieser die tatsächliche Beweislage für den Frachtführer verschlechtert ist. Dabei kommt es nicht darauf an, welche Art von Güterschaden vorliegt. Dieser ist mit der generellen Bezeichnung „Verlust" oder „Beschädigung" lückenlos erfaßt.[20] Ein Rechtsverlust ohne Ablieferung und damit ohne die Möglichkeit des Vorbehalts ist mit Recht nicht vorgesehen. Kommt es bei Rückbeförderung wegen Schäden[21] oder Ablieferungshindernissen zu keiner Ablieferung, ist Art. 30 nicht anwendbar und kann auch keinen Rechtsverlust begründen. Es bleibt daher festzustellen: Art. 30 will mit der Beweisvermutung für intakte Ablieferung bei Ausbleiben eines Vorbehalts des Empfängers alle Güterschäden regeln, nicht nur solche, die als nur Beschädigungen qualifiziert werden.

4 Aus dem Erfordernis der Ablieferung läßt sich nicht der Schluß ziehen, die Bestimmung sei auf **Totalverluste** nicht anwendbar.[22] Art. 30 Abs. 1 sieht den Vorbehalt bei Verlusten („loss") ohne Einschränkung vor.[23] Zumindest nach deutscher und österreichischer Auffassung ist Totalverlust auch bei Ablieferung des Gutes möglich, wenn das Gut technisch oder wirtschaftlich nicht wiederherstellbar oder völlig entwertet ist[24] – bei verpackten Gütern ein häufiger Fall. Denn die völlige Vernichtung eines verpackten Gutes (etwa zertrümmerter Glaswaren), die sich erst bei Ablieferung zeigt, ist Verlust. Wird nichts abgeliefert, kann die Vermutung des Abs. 1 ohnehin nicht eingreifen. In Fällen der Ablieferung von Resten oder leeren Verpackungen auf den klärenden Vorbehalt zu verzichten, ist im Hinblick auf den Druck zur Aus-

---

Rdn. 550; offenbar anderer Ansicht ohne Begründung *Putzeys* Nr. 565.

15 Siehe Art. 32 Rdn. 105.

16 *Herber/Piper* Rdn. 7; BGH vom 9.2.1984, TranspR **1984** 146, 148 = VersR **1984** 578, 579.

17 Siehe *Piper*[7] Rdn. 451 m.w.H.; BGH vom 9.2.1984, TranspR **1984** 146, 148 = VersR **1984** 578 ff = DB **1984** 1128 (nur LS) = ETR **1985** 275 ff = MDR **1984** 910 = RIW **1984** 996 f; MüKo/*Basedow* Art. 32 Rdn. 29; *Herber/Piper* Art. 32 Rdn. 30; *Hill/Messent/Glass*[2] S. 219 f.

18 BGH vom 12.12.1985, TranspR **1986** 278, 280 f = VersR **1986** 381, 383; siehe zur Ablieferung Art. 17 Rdn. 20; MüKo/*Basedow* Rdn. 3; *Piper*[7] Rdn. 450; *Koller*[4] Rdn. 1; *Piper* VersR **1988** 201, 206; *Hill/Messent/Glass*[2] S. 217.

19 Beispiele: B CA Brüssel vom 17.6.1971, ETR **1971** 825, 828 = ETR **1972** 595 ff (Abladen, Untersuchung und sofortige Verwertung ist keine Ablieferung); F Cass vom 24.11.1987, RDU **1988** 729, 730 (Ablieferung liegt vor, wenn das Gut beim iranischen Zoll abgeladen und inspiziert ist).

20 Beschädigungen und alle Arten des Verlustes; siehe Art. 17 Rdn. 6.

21 MüKo/*Basedow* Rdn. 3; F CA Paris vom 29.2.1972, BT **1972** 269, 270; MüKo/*Basedow* Rdn. 3.

22 So aber *Koller*[4] Rdn. 1; *Demuth* TranspR **1996** 259; *Thume/Demuth* Rdn. 5 f.

23 Dazu eingehender Art. 17 Rdn. 4 ff, 9 ff, insbesondere 12.

24 Siehe § 429 HGBaF Rdn. 13 f; auch *Koller*[3] § 429 HGBaF Rdn. 3 stimmt dem zu.

schöpfung noch bestehender Möglichkeiten der Beweissicherung nicht gerechtfertigt und erscheint nicht sinnvoll,[25] weil auch in Resten noch Spuren für Schadensursachen zu finden sein können. Daher kann Art. 30, soweit es zur Ablieferung kommt, in drei Güterschadensfällen angewendet werden: Bei Beschädigung, Teilverlust und Totalverlust mit Ablieferung von wertlosen Resten,[26] ferner bei Versäumung der Lieferfrist. Wird nicht abgeliefert, gibt es ohnehin keine Möglichkeit für eine vergleichbare Beweisregelung.

Der **Begriff der Ablieferung** ist grundsätzlich der gleiche wie in Art. 17 Abs. 1 5
CMR; siehe Art. 17 Rdn. 20. Doch kommt es in der internationalen Rechtsprechung zu auf die Anwendungsfälle des Art. 30 abgestimmten Feinabgrenzungen; siehe Rdn. 26 f. **Der Tag, an dem das Gut dem Empfänger zur Verfügung gestellt ist** (Art. 30 Abs. 3), deckt sich nicht mit dem der Ablieferung; Rdn. 57. Da es bei der Ablieferung in Art. 30 nicht um die Erfüllungswirkung, sondern um Beweisfragen geht, muß es genügen, wenn statt der Ware nur Trümmer abgeliefert werden.[27] Gerade darin, daß der Empfänger sich äußern muß, liegt der Vorteil der Vorschrift.

3. Äußerlich erkennbare und nicht erkennbare Schäden

Art. 30 unterscheidet zwischen äußerlich erkennbaren und nicht erkennbaren Ver- 6
lusten oder Beschädigungen.[28] Eine Untersuchungsobliegenheit des Empfängers ist nicht vorgesehen.[29] Die Rechtslage nach Art. 30 entspricht somit weitgehend der zu Lasten des Frachtführers begründeten Lage nach Art. 9 Abs. 2.[30] Der Empfänger trägt jedoch das Risiko einer Versäumung der 7-Tages-Frist bei nicht äußerlich erkennbaren Schäden, was praktisch die Einführung einer solchen Obliegenheit innerhalb dieser Frist bedeutet. Äußerlich erkennbar ist nur, was ohne Öffnen der Verpackung von außen beim Betrachten oder Handhaben der Güter feststellbar ist.[31] Dazu gehört auch der Fall, daß in einer Verpackung ein Klirren oder Scheppern zu hören ist (*Glöckner*[7] Rdn. 2) oder daß Gerüche auf eine Beschädigung im Inneren schließen lassen. Ist eine Palette, auf der folienverpackte Computer mit Kunststoffbändern verzurrt waren, sichtbar beschädigt, ein Schaden am Computer dagegen nicht erkennbar, so ist die Beschädigung dennoch nicht äußerlich erkennbar i. S. v. Art. 30 CMR; die Verpackung braucht vom Empfänger nicht geöffnet werden.[32] Die siebentägige Rügefrist erlaubt zumindest bei Haus-zu-Haus-Beförderung dem Empfänger eine ordnungsgemäße Überprüfung, auch wenn der Frachtführer das Beweisrisiko für Schäden innerhalb

---

[25] Insoweit zutreffend *Thume/Demuth* Rdn. 6.

[26] Siehe dazu Art. 17 Rdn. 6, 9 ff. Für die Anwendung von Art. 30 hat daher die Kontroverse um den wirtschaftlichen Totalschaden keine praktische Bedeutung.

[27] Siehe Rdn. 4.

[28] Diese Unterscheidung ist maßgeblich für die Form der Rüge (siehe Rdn. 29 f), für den Zeitpunkt ihrer Vornahme (siehe Rdn. 11) und bei gemeinsamer Schadensfeststellung für die Wirkung (siehe Rdn. 48). Dazu MüKo/*Basedow* Rdn. 7; zur sprachlichen Fassung der spanischen Übersetzung *Sánchez-Gamborino* Nr. 1199, 1201.

[29] Für eine Pflicht zur mindestens stichprobenweisen Öffnung von Verpackungen zur Feststellung auffallender Schäden jedoch *Lamy 98* I Rdn. 521, Rechtsprechung Nr. 1552.

[30] Daher kann sich der Empfänger bei nicht erkennbaren Schäden zur Begründung der Haftung auf Art. 9 Abs. 2 berufen und auch die 7-Tage-Frist nach Art. 30 Abs. 1 in Anspruch nehmen; F Cass vom 8. 2. 1982, ETR **1983** 4.

[31] Siehe § 438 HGBaF Rdn. 30 ff. *Clarke*[2] Nr. 63b(ii) S. 323; so auch überwiegend die Tendenz der französischen Rechtsprechung; *Lamy 98* I Rdn. 521, Rechtsprechung Nr. 1552, mit kritischer Stellungnahme im Sinne einer auf Stichproben begrenzten Untersuchungspflicht. Fallgruppen bei *Putzeys* Nr. 569 ff; *Sánchez-Gamborino* Nr. 1225, 1239. Zu Möbelschäden siehe den Lagerfall OLG Köln vom 21. 11. 1997, TranspR **1998** 316 ff.

[32] OLG Köln vom 7. 5. 1996, VersR **1997** 106, 109.

dieser Frist trägt; der Beweis für den Schadenszeitpunkt bleibt ohnehin beiden Parteien offen. Ein Öffnen der Verpackungen unmittelbar bei Ablieferung zum Zweck der sofortigen Rüge dürfte bei vielen Gütern kaum zumutbar sein;[33] bei Weitertransporten bedeutet selbst die Siebentage-Frist des Art. 30 Abs. 1. S. 1 in manchen Fällen eine kaum zumutbare Härte für den Geschädigten. Bei Fehlmengen ist von den Umständen des Falles abhängig, ob sie erkennbar sind. So kommt es z. B. auf den Umfang des fehlenden Gutes an, aber selbst bei großen Fehlmengen einer umfangreichen, unübersichtlichen Sendung kann der erhebliche Zeitaufwand für eine Kontrolle den Schaden unerkennbar machen.[34]

7 **Anwendungsfälle: Äußerlich nicht erkennbar** kann z. B. sein:[35] die innere Verunreinigung von Chemikalien;[36] die Verschmutzung eines Tankinhalts;[37] ebenso die Beschädigung innerhalb einer Verpackung[38] oder eines Containers[39] oder Frostschäden an kälteempfindlichen Pflanzen.[40] Auch die in einer durch Zollplombe verschlossenen Verpackung entstandenen Schäden sind äußerlich nicht erkennbar.[41]

8 **Äußerlich erkennbar** sind folgende Schäden: Bei der Inspektion durch die iranische Zollbehörde werden erhebliche Fehlmengen festgestellt;[42] eine Fehlmenge ist durch Zählen und Vergleich mit Frachtbrief und Lieferschein festzustellen.[43] Schäden an verpackten Tomaten und Fäulnis sind erkennbar, wenn sichtbar Druck auf die Ladung ausgeübt worden ist.[44]

4. Einseitiger Vorbehalt und gemeinsame Schadensfeststellung

9 Art. 30 Abs. 1 gewährt dem Empfänger grundsätzlich ein Wahlrecht,[45] einseitig einen Vorbehalt zu erklären oder eine gemeinsame Überprüfung und Feststellung des Schadens herbeizuführen. Die deutsche Übersetzung des französischen „ou" bzw. des englischen „or" in Art. 30 Abs. 1 S. 1 mit „und" läßt dieses Wahlrecht des Empfängers nicht deutlich genug erkennen.[46] Die Rechtslage ist für diese beiden Möglichkeiten unterschiedlich in den Absätzen 1 und 2 geregelt. Grundsätzlich geht danach Art. 30 bei Güterschäden von der Möglichkeit einer gemeinsamen Feststellung des Schadens aus, die den Willen von Frachtführer und Empfänger voraussetzt; siehe näher Rdn. 42 ff. Findet diese nicht statt, kann der Empfänger den Schadensvorbehalt einseitig erklären. Es steht nichts dagegen, ihm zu gestatten, beim Frachtführer gemeinsame Feststellung zu beantragen und zugleich (sofort und damit rechtzeitig) hilfsweise

---

33 So die französische Rechtsprechung, *Lamy 98* I Nr. 1552 Jur. 2. Dagegen *Lamy 98* I Rdn. 552, der die Bedeutung geschlossener Verpackungen unterschätzt.

34 OLG Düsseldorf vom 11. 3. 1993, TranspR **1994** 298, 299 (zu § 93 EVO).

35 Dazu MüKo/*Basedow* Rdn. 8.

36 B Trib Antwerpen vom 7. 1. 1977, ETR **1977** 420, 425.

37 F CA Rouen vom 21. 2. 1991, A.T.V. v. Hoyer, BT **1991** 507 f.

38 OLG Nürnberg vom 14. 5. 1981, VersR **1982** 377; F CA Paris vom 2. 12. 1981, BT **1982** 73, 74 (Staub auf der Verpackung verschmutzt beim Öffnen Spielzeugelefanten). Wird eine verschlossene Verpackung beim Zoll abgeliefert, ist die Rüge zwei Tage später nach Öffnen der Verpackung rechtzeitig: F CA Paris vom 28. 5. 1980, BT **1980** 346 ff; *Lamy 98* I Rdn. 1557 Jur. 6.

39 F Cass vom 2. 6. 1987, unveröff., nach *Lamy 98* I Rdn. 1552 Jur. 2.

40 *Hill/Messent/Glass*² S. 219 verweisen auf F CA Toulouse vom 26. 3. 1969, ETR **1971** 131, 136, wo der Schaden allerdings als erkennbar behandelt wird.

41 F Cass vom 22. 9. 1983, ETR **1984** 111, 116 f; Vorinstanz F CA Paris vom 28. 5. 1980, BT **1980** 346; dazu *Lamy 98* I Rdn. 526.

42 F Cass vom 24. 11. 1987, RDU **1988** 729, 730.

43 OLG Linz vom 27. 11. 1989, TranspR **1990** 154, 155.

44 MüKo/*Basedow* Rdn. 8 Fn. 14 nach Regnarsen S. 251.

45 MüKo/*Basedow* Rdn. 6; *Koller*⁴ Rdn. 17; *Pesce* 308; *Sánchez-Gamborino* Nr. 1194.

46 *Koller*⁴ Rdn. 2 weist mit Recht auf die widersprüchlichen Originaltexte und die Fehlerhaftigkeit der deutschen Übersetzung hin.

den einseitigen Vorbehalt zu erklären; siehe Rdn. 53. Ein wirksamer einseitiger Vorbehalt ist nach Art. 30 Abs. 1 S. 1 nur gegeben, wenn es zu keiner gemeinsamen Feststellung des Schadens gekommen ist. Die französische Originalfassung stellt dies sprachlich klar („sans qu'il ait constaté"). Die englische Originalfassung („without duly checking") und die deutsche Übersetzung schließen dagegen sprachlich die Wirksamkeit eines einseitigen Vorbehalts schon aus, wenn es nur zur gemeinsamen Prüfung, nicht aber Feststellung des Schadens gekommen ist. Dies entspräche nicht dem Sinn der Vorschrift, weil dem Empfänger damit der Vorteil des einseitigen Vorbehalts abgeschnitten würde, wenn nur eine gemeinsame Prüfung, nicht aber eine gemeinsame Feststellung vorlag, er also dann keine Möglichkeit zur Abwendung der Beweisverschlechterung nach Art. 30 hätte. Für den Empfänger kann sich bei äußerlich nicht erkennbaren Schäden die gemeinsame Schadensfeststellung insoweit als nachteilig erweisen, als die Versäumung der Siebentagesfrist nach Art. 30 Abs. 2 zum vollständigen Anspruchsverlust führt, auch wenn der Nachweis der Haftungsvoraussetzungen noch möglich wäre.[47] Vereitelt der Empfänger entgegen Art. 30 Abs. 5 die Erhebung des Vorbehalts und die gemeinsame Schadensfeststellung, ist dies der Versäumung gleich zu behandeln.[48]

5. Vorbehalte (Überblick)

a) Begriff, Rechtsnatur

Vorbehalte sind Rügen des Empfängers hinsichtlich der Verluste und Beschädigungen des Gutes[49] oder der Lieferfristversäumnis.[50] Ihre Wirkungsvoraussetzungen und Folgen sind für die einzelnen Fälle nicht gleich. Vorbehalte enthalten keine rechtsgeschäftliche, durch den Willen des Erklärenden inhaltlich gesteuerte Erklärung, sondern dienen der Übermittlung von Kenntnissen über Tatsachen, sind also Wissenserklärungen (geschäftsähnliche Handlung).[51] Soweit die Normen über Willenserklärungen passen, sind sie aber analog anzuwenden. Vor allem müssen die Anforderungen an ihre Wirksamkeit in angepaßter Form vorliegen. Der Vorbehalt muß dem Frachtführer zugehen, denn die Warnfunktion[52] des Vorbehalts kann ohne wenigstens die Möglichkeit der Kenntnisnahme nicht erfüllt werden. Die rechtzeitige Absendung genügt also zur Fristwahrung, nicht aber schon zur Wirksamkeit des Vorbehalts. 10

b) Rechtzeitigkeit

aa) Zeitpunkt und Fristbeginn

Letzter Zeitpunkt für die Fristwahrung bei Abgabe eines wirksamen Vorbehalts ist bei äußerlich erkennbaren Schäden[53] die Ablieferung.[54] Bei äußerlich nicht erkennbaren Schäden[55] kommt es entscheidend auf den Fristbeginn[56] an. Dafür maßgeblich 11

---

[47] Siehe Rdn. 48 und den Fall OLG Wien vom 22. 6. 1989, TranspR **1990** 158 f.

[48] Siehe Rdn. 24.

[49] Siehe Rdn. 26ff. Nur für diese Fälle in Art. 1 Abs. 1 geregelt; *Koller*[4] Rdn. 1; *Thume/Demuth* Rdn. 5.

[50] Siehe Rdn. 57ff.

[51] Ihre Wirkungen sind ähnlich der kaufrechtlichen Mängelrüge; siehe zu dieser § 377 HGB Rdn. 128 ff.

[52] Warnfunktion: Zu dieser siehe Rdn. 15, 19 f, 57.

[53] Bei äußerlich erkennbaren Schäden nach Art. 30 Abs. 1 S. 1, 2. HS; siehe Rdn. 26, 6 ff. Wenn die Ablieferung erst um 20 h beendet ist und bereits das Postamt geschlossen ist, ist die Reklamation am nächsten Tag ausreichend; F CA Paris vom 22. 6. 1966, BT **1966** 330, 331. F Cass vom 15. 7. 1986, BT **1986** 542 lehnt die trotz anerkannter Rechtzeitigkeit einer Reklamation von der Vorinstanz verlangte zusätzliche Feststellung (zur „réalité et importance") des Schadens als unzulässig wegen Art. 30 CMR ab.

[54] Siehe zu dieser Rdn. 3; *Piper*[7] Rdn. 450.

[55] Siehe Rdn. 7.

[56] Gem. Art. 30 Abs. 1 S. 1, 2. HS für die 7-Tage-Frist; siehe Rdn. 27 f, 48; für Lieferfristschäden nach Art. 30 Abs. 3 die 21-Tage-Frist; siehe Rdn. 57.

ist der Zeitpunkt seiner Absendung, nicht seines Zugangs;[57] dieser ist aber für die Wirkung des Vorbehalts erforderlich.[58] Dies ergibt sich aus dem Text von Art. 30 Abs. 1 S. 2 und Abs. 2 und 30 Abs. 3 („adressés", „sending") und ist überdies praktikabler. Auch für schriftliche Vorbehalte bei erkennbaren Mängeln genügt die Absendung am Ablieferungstag,[59] denn Minute oder Stunde sind meist nicht sicher erfaßbar und aufklärbar, insbesondere der Augenblick des Einwurfs in den Briefkasten.[60] Bei gemeinsamer Überprüfung des Gutes beginnt die Siebentage-Frist des Art. 30 Abs. 2 mit dem Abschluß der gemeinsamen Feststellung, gegen die sich der Vorbehalt richtet. Wird die Feststellung der Schäden[61] entgegen Art. 30 Abs. 5 vom Empfänger durch vorzeitigen Abtransport des Gutes verhindert, ist von Versäumung des Vorbehalts auszugehen.[62] Bei Lieferfristschäden beginnt die 21-Tagefrist des Art. 30 Abs. 3 mit der Zurverfügungstellung des Gutes.[63] Der Vorbehalt kann unter bestimmten Umständen auch schon vor Ablieferung[64] erklärt werden, jedenfalls, wenn schon erkennbar ein bestimmter Schaden eingetreten ist.[65]

bb) Fristberechnung (Abs. 4)

12 Die für den Lauf der in Art. 30 vorgesehenen Fristen[66] in Abs. 4 enthaltene allgemeine Regelung entspricht inhaltlich im wesentlichen dem deutschen Recht; § 438 HGB, § 187 BGB.[67] Besondere Bestimmungen für den Vorbehalt bei Güterschäden trifft Abs. 1 S. 2 und bei gemeinsamer Überprüfung Abs. 2 („Sonn- und Feiertage nicht mitgerechnet", wohl aber Samstage[68]). Ob ein Feiertag einzurechnen ist, wird durch das Recht des vertragsmäßigen tatsächlichen[69] Ablieferungsortes bestimmt.[70] Da es auf das Feiertagsrecht des Ablieferungsortes, nicht des Ablieferungslandes ankommt, sind auch lokale Feiertage zu berücksichtigen.[71] Für Lieferfristüberschrei-

[57] *Thume/Demuth* Rdn. 24, 44; MüKo/*Basedow* Rdn. 24; *Koller*[4] Rdn. 6, 14, 18 S. 787; *Herber/Piper* Rdn. 8, 20, 30; *Loewe* ETR **1976** 503 ff Nr. 227; *Hill/Messent/Glass*[2] S. 220 ff, insbesondere 222; *Clarke*[2] Nr. 63 b S. 322; *Sánchez-Gamborino* Nr. 1235; F CA Rouen vom 21. 2. 1991, BTL **1991** 507 = *Lamy 98* I Rdn. 1194 Jur. 1, 521 Jur. 3, 526 Jur. 4; besonders großzügig F Cass vom 29. 4. 1975, RDU **1977** 334 = BT **1975** 298, (bei Ablieferung in Empfangsquittung eingetragener Vermerk des Empfängers: „goods received in poor condition" reicht aus). Wohl eher versehentlich auf das Zugangsdatum abstellend BGH vom 14. 11. 1991, TranspR **1992** 135, 138 = VersR **1992** 850 ff; dazu *Thume/Demuth* Rdn. 44; MüKo/*Basedow* Rdn. 24. Zu Abs. 3 siehe Rdn. 50.

[58] Siehe Rdn. 10.

[59] *Thume/Demuth* Rdn. 23.

[60] Zu diesem Komplex siehe auch Rdn. 26.

[61] Art. 30 Abs. 2 für die 7-Tage-Frist; siehe Rdn. 43.

[62] OLG Hamburg vom 13. 5. 1993, TranspR **1994** 195; siehe Rdn. 9, 24.

[63] Siehe Rdn. 57.

[64] Art. 30 Abs. 1 S. 1 bestimmt, daß sie „spätestens bei der Ablieferung" („not later than the time of delivery", „au plus tard au moment de la livraison") zu erfolgen haben. Daraus läßt sich klar erkennen, daß die CMR eine frühere Reklamation nicht ausschließen will. Siehe *Thume/Demuth* Rdn. 23 m. w. H.; zur Lieferfrist Art. 30 Rdn. 53; *Herber/Piper* Art. 30 Rdn. 29.

[65] Noch großzügiger formuliert von *Loewe* TranspR **1988** 309, 310 Nr. 9 (bei gutem Grund zur Annahme bestimmter Schäden); *Glöckner*[7] Rdn. 5; *Hill/Messent/Glass*[2] S. 221; ähnlich *Sánchez-Gamborino* Nr. 1227. Zum Verspätungsschaden siehe Rdn. 57.

[66] Wo die Schadensrüge nicht an eine Frist, sondern an einen Termin gebunden ist, so bei äußerlich nicht erkennbaren Schäden, ist für eine Berechnung kein Raum, gilt Abs. 4 also nicht; *Loewe* ETR **1976** 503 ff, Nr. 224; MüKo/*Basedow* Rdn. 22; *Thume/Demuth* Rdn. 23; *Hill/Messent/Glass*[2] S. 221 f; *Sánchez-Gamborino* Nr. 1252.

[67] Siehe auch Rdn. 28.

[68] Dies gilt auch für den Vorbehalt nach Abs. 2; siehe Rdn. 48. Nach Abs. 2 beginnt die Siebentagefrist mit dem Abschluß der Feststellung. Zur Fristberechnung siehe *Thume/Demuth* Rdn. 24, 41.

[69] Auch wenn der Empfänger seinen Sitz an einem anderen Ort hat; MüKo/*Basedow* Rdn. 23.

[70] Allgemeine Auffassung: *Loewe* ETR **1976** 503 ff, Nr. 225; *Thume/Demuth* Rdn. 24; *Hill/Messent/Glass*[2] S. 222; *Putzeys* Nr. 561 Fn. 399; *Sánchez-Gamborino* Nr. 1231; auch wenn der Empfänger seinen Sitz an einem anderen Ort hat, MüKo/*Basedow* Rdn. 23.

[71] Für spanische Feiertage besonders *Sánchez-Gamborino* Nr. 1231.

tung nach Abs. 3 gilt diese Regelung nicht; siehe Rdn. 57. Bei wirtschaftlichem Totalverlust[72] rechtfertigt sich der Beginn der Vorbehaltsfrist mit der Ablieferung aus der Natur der Sache, weil es sich um den für die Schadensfeststellung letzten möglich sicheren Zeitpunkt handelt und es sinnvoll ist, die Reklamation auch bei Ablieferung wertloser Güter vorzunehmen.[73] Dagegen ist die Ablieferung in Art. 32 Abs. 1 Buchst. a CMR für die Verjährung eher ein willkürlich gewählter Zeitpunkt unter mehreren; einfacher und klarer nunmehr im deutschen Recht in § 439 Abs. 2 HGB.

c) Form des Vorbehalts

aa) Formfreier Vorbehalt

Der **Vorbehalt** wegen erkennbarer Güterschäden ist gem. Art. 30 Abs. 1 S. 1 **formfrei.**[74] Ein mündlicher Vorbehalt genügt grundsätzlich;[75] ebenso eine telefonische Schadensmitteilung[76] und eine Rüge durch Telex oder Telefax.[77] Ein Akzeptieren des Vorbehalts durch den Frachtführer ist nicht erforderlich;[78] auch eine gemeinsame Überprüfung des Gutes mit dem Frachtführer ist von der CMR als Wirkungsvoraussetzung des Vorbehalts nicht vorgesehen.[79] Der Empfänger oder Absender muß dann allerdings die Erklärung des Vorbehalts beweisen. 13

bb) Schriftlicher Vorbehalt

Bei äußerlich nicht erkennbaren Güterschäden (Art. 30 Abs. 1 S. 2 und Abs. 2) und bei Lieferfristschäden (Art. 30 Abs. 3) ist Schriftlichkeit des Vorbehalts vorgeschrieben, die nicht bedeutet, daß die Schriftform nach § 126 BGB einzuhalten ist.[80] § 126 BGB ist nicht anzuwenden, weil der Vorbehalt keine Willenserklärung ist, also keine Selbstbindung des Empfängers zum Inhalt hat.[81] Daher genügt die Geltendmachung durch Fernschreiben,[82] Telefax,[83] nicht aber telefonisch.[84] Eine Eintragung im Fracht- 14

[72] Dazu Art. 17 Rdn. 6, 9 ff.
[73] Siehe dazu Art. 17 Rdn. 10.
[74] Die deutsche Übersetzung „Vorbehalte zu richten“ entspricht dem französischen „adressé“. Die englische Formulierung „sending“ könnte gegen mündlichen Vorbehalt sprechen; dagegen aber *Hill/Messent/Glass*² S. 220 f. Auch nach französischer Auffassung ist jedoch zweifelhaft, ob ein telephonischer Vorbehalt ausreicht: *Lamy 98* I Nr. 523, 1554.
[75] International unstr.; *Lamy 98* I Nr. 523; *Loewe* TranspR **1988** 309, 310; MüKo/*Basedow* Rdn. 12; *Koller*⁴ Rdn. 3; *Hill/Messent/Glass*² S. 220; F TribCom de la Seine vom 20. 5. 1965, BT **1966** 98, 99 (unzutreffend jedoch F TribCom de la Seine vom 21. 6. 1966, BT **1966** 63, 64); B TribCom Verviers vom 18. 5. 1968, ETR **1968** 1240, 1242; B CA Lüttich vom 6. 5. 1970, ETR **1970** 716, 721; B TribCom Brüssel vom 19. 3. 1974, ETR **1974** 773, 775; B CA Antwerpen vom 21. 6. 1978, ETR **1978** 601, 605; NL Rb Dordrecht vom 10. 5. 1967, SS **1967** 181, Nr. 70 S. 182; *Sánchez-Gamborino* Nr. 1228.
[76] MüKo/*Basedow* Rdn. 12; B CA Lüttich vom 6. 5. 1970, ETR **1970** 716, 722 ff; B CA Antwerpen vom 21. 6. 1978, ETR **1978** 601, 605.
[77] MüKo/*Basedow* Rdn. 12.
[78] *Putzeys* Nr. 552.
[79] Unklar *Baumgärtel/Giemulla* Rdn. 2.
[80] *Thume/Demuth* Rdn. 12; MüKo/*Basedow* Rdn. 12; *Koller*⁴ Rdn. 14; *Loewe* ETR **1976** S. 577; *Hill/Messent/Glass*² S. 220; *Clarke*² Nr. 63 b(i). Soweit in der Literatur „Schriftform“ als Wirkungsvoraussetzung angenommen wird (z. B. von *Baumgärtel/Giemulla* Rdn. 2), ist dies unkorrekt. Siehe auch Rdn. 30.
[81] MüKo/*Basedow* Rdn. 12; LG Offenburg vom 4. 12. 1979, VersR **1980** 294.
[82] OLG Düsseldorf vom 18. 1. 1979, VersR **1979** 356, 357; OLG Hamburg vom 6. 12. 1979, VersR **1980** 290, 291; LG Offenburg vom 4. 12. 1979, VersR **1980** 294; *Loewe* ETR **1976** 503 ff, Nr. 227; MüKo/*Basedow* Rdn. 12; *Koller*⁴ Rdn. 14; *Hill/Messent/Glass*² S. 220; *Clarke*² Nr. 63(b)i; *Pesce* 315 f, 317; *Putzeys* Nr. 548; F Cass. vom 24. 11. 1987, BT **1988** 42 = RDU **1988** 729 ff; *Lamy 98* I Rdn. 526, 1557.
[83] MüKo/*Basedow* Rdn. 12; *Herber/Piper* Rdn. 8; *Thume/Demuth* Rdn. 23.
[84] OLG Düsseldorf vom 27. 2. 1987, TranspR **1987** 183, 184.

brief genügt und ist zweckmäßig, aber nicht erforderlich;[85] allerdings entfällt ohne sie der Beweisvorteil des Art. 9 Abs. 2 CMR.[86]

d) Inhalt des Vorbehalts

15 Durch den Vorbehalt soll der Frachtführer baldmöglichst vor drohendem Schaden gewarnt und ihm ermöglicht werden, die entsprechenden Beweise rechtzeitig sicherzustellen.[87] Dies ist oft nur durch Hinweise auf die Art des Schadens möglich.[88] Eine konkrete Angabe über die Art der Beschädigung und über den ungefähren Umfang erscheint erforderlich, zumindest zweckmäßig.[89] Der Vorbehalt setzt nicht voraus, daß bereits Schadenersatz geltend gemacht oder angekündigt wird.[90] Für Güterschäden[91] muß der Vorbehalt nach Art. 30 Abs. 1 nur „Angaben allgemeiner Art über den Verlust oder die Beschädigung"[92] enthalten. Der englische Text enthält im Gegensatz zum französischen und der deutschen Übersetzung keinen Hinweis auf die „nature" oder „Art" des Schadens. Daher ist es verständlich, daß die englische Rechtsprechung diesem Sachbezug geringere Bedeutung zumißt.[93] Die wenig präzise Regelung führt notwendig zu einer Fülle von Einzelfallentscheidungen. Die sachliche Kennzeichnung des Schadens ist notwendig, weil substanzlose generelle Schadensvorbehalte sehr leicht zur Routine[94] werden und damit die Institution der Schadensrüge wirkungslos machen können. Die überwiegende Rechtsprechung und Literatur, insbesondere die deutsche, stellt danach insgesamt zwar niedrige Anforderungen,[95] die aber doch einen Sachbezug zu einem befürchteten Schaden herstellen müssen. Die Anforderungen an die Präzisierung sind freilich sehr unterschiedlich; siehe Rdn. 31. Bei Überschreitung der Lieferfrist sind sie noch geringer als bei Güterschäden; siehe Rdn. 59.

Wirksam kann allerdings auch ein **sehr allgemeiner Vorbehalt** sein, wenn die Schäden **in einem Brief spezifiziert** werden, der innerhalb der 7-Tage-Frist abgesandt, aber erst einige Tage später zugeht.[96]

e) Zuständige Personen

aa) Erklärender

16 Wird der Vorbehalt nicht vom Empfänger[97] (oder dessen Bevollmächtigten oder Rechtsnachfolger[98] oder Rechtsstandschafter[99]), sondern von einer nicht zuständigen

[85] OLG Hamburg vom 6.12.1979, VersR **1980** 290, 291; MüKo/*Basedow* Rdn. 12; dazu aus spanischer Sicht eingehend *Sánchez-Gamborino* Nr. 232 ff.

[86] Siehe Art. 9 Rdn. 26.

[87] Siehe MüKo/*Basedow* Rdn. 10; *Clarke*² Nr. 63 b.

[88] MüKo/*Basedow* Rdn. 9 f; *Koller*⁴ Rdn. 4; *Herber/Piper* Rdn. 2, 6; *Loewe* ETR **1976** 503 ff, Nr. 222; diesen Sachbezug vernachlässigt *Hill/Messent/Glass*² S. 220.

[89] Siehe in der Literatur *Loewe*, ETR **1976** S. 577; *Loewe* TranspR **1988** 309, 309 f; MüKo/*Basedow* Rdn. 9; *Koller*⁴ Rdn. 4; *Herber/Piper* Rdn. 6; *Piper*⁷ Rdn. 449; *Piper* VersR **1988** 201, 206.

[90] *Koller*⁴ Rdn. 4 gegen *Hill/Messent/Glass*² S. 221, deren Äußerung er wohl falsch verstanden hat.

[91] Siehe Rdn. 31.

[92] Verbindlicher Text: „indiquant la nature général de la perte ou de l'avarie"; „a general indication of the loss or damage".

[93] Siehe *Clarke*² Nr. 63 b; *Hill/Messent/Glass*² S. 220.

[94] Auch in Stempel- oder Formularform möglich, auch durch „Annahme unter Vorbehalt", MüKo/*Basedow* Rdn. 9 f; *Loewe* TranspR **1988** 309, 310; siehe zur Rechtsprechung Rdn. 31.

[95] Insbesondere im Verhältnis zu Art. 32 Rdn. 105 für die verjährungshemmende Reklamation.

[96] F CA Lyon vom 3. 7. 1986, BT **1987** 256 f; F CA Douai vom 7. 6. 1994, Transports Vivien v. Agfa Gevaert, BT **1994** 623. MüKo/*Basedow* Rdn. 10 Fn. 22.

[97] Der frachtvertraglich berechtigte, nicht notwendig der im Frachtbrief benannte Empfänger; *Thume/Demuth* Rdn. 14. In Betracht kommt z. B. der Empfangsspediteur, an den die Sendung adressiert ist. Dann kommt eine nachträgliche Reklamation des Endempfängers außerhalb der Frist nicht mehr in Betracht: F TribCom Paris vom 2. 4. 1973, BT **1973** 354, 355.

[98] *Koller*⁴ Rdn. 5.

[99] Siehe § 429 HGBaF Rdn. 142, 146, 158 f, 164–166; *Thume/Demuth* Rdn. 15; MüKo/*Base-*

Person erhoben, hat er nicht die in der CMR vorgesehenen Wirkungen, kann allerdings für den Schadensnachweis mittelbar ein Beweismittel (Indiz) sein.[100] Der Vorbehalt muß grundsätzlich an den Frachtführer[101] gerichtet sein. Er wirkt dann auch zugunsten des Absenders.[102]

bb) Adressat und von der Wirkung Betroffener

Der Vorbehalt ist an den Frachtführer zu richten und wirkt diesem gegenüber. **17**
Setzt der Frachtführer Unterfrachtführer ein, kann die Rechtslage sehr unübersichtlich sein. Es bedarf daher einer grundsätzlichen Klärung, an wen dann der Vorbehalt zu richten ist und für welche Beteiligten er wirkt.

Liefert ein Unterfrachtführer das Gut ab, müßte der Vorbehalt zur Erhaltung der **18**
Anspruchspositionen an sich an jeden der beteiligten Frachtführer gerichtet werden.[103] Es ist zwar geraten, im Schadensfall allen potentiell Haftenden den Vorbehalt mitzuteilen. Der Empfänger hat jedoch, insbesondere bei der vom Gesetz geforderten Eile, vielfach keine Möglichkeiten zur Feststellung der in Frage kommenden Schuldner. Der mündliche Vorbehalt wegen erkennbarer Schäden kann in diesem Falle nur durch Vermittlung des Unterfrachtführers oder seines Fahrers dem Hauptfrachtführer zur Kenntnis gebracht werden. Bei nicht erkennbaren Mängeln wird der Empfänger den Vorbehalt am ehesten an den Hauptfrachtführer adressieren. An der Angemessenheit einer am Bild der Willenserklärung orientierten strengen Auffassung sind daher Zweifel angebracht. Da die Person des Vorbehaltsempfängers bei der Wissenserklärung „Vorbehalt" nur in soweit von Bedeutung ist, als dieser durch den Vorbehalt gewarnt[104] und seine Beweislage geschwächt wird, ist es vertretbar, dem Vorbehalt eine Wirkung gegenüber allen beteiligten Frachtführern zu verschaffen,[105] soweit eine Weiterleitung an diese üblich ist und daher erwartet werden kann. Der Vorbehalt geht jedoch alle beteiligten Frachtführer an. Nach richtiger Auffassung hat der Empfänger eigene Ansprüche auch gegen den abliefernden Unterfrachtführer,[106] zu deren Wahrung der Vorbehalt an den Hauptfrachtführer ausreichen sollte.[107] Dies gilt insbesondere, weil vielfach die Person des ausführenden Unterfrachtführers weder dem Empfänger noch dem Absender hinreichend bekannt ist, so daß der Empfänger eine fristgerechte schriftliche Rüge nicht bewirken kann. Die Ansprüche gegen den Unterfrachtführer sind auch für den Hauptfrachtführer wegen seines eventuellen Regresses gegen den Unterfrachtführer von praktischer Bedeutung. Sie müssen daher durch Vorbehalt

dow Rdn. 11 fordert für den Vorbehalt des Absenders, Spediteurs oder Versicherers nur, daß diese erkennbar für den Empfänger handeln.

100 So wohl auch *Koller*[4] Rdn. 8.

101 Als Vertragspartner des Frachtvertrags, wobei der Fahrer in aller Regel nur Empfangsbote des Frachtführers sein wird; siehe Art. 32 CMR Rdn. 127.

102 *Hill/Messent/Glass*[2] S. 223; *Thume/Demuth* Rdn. 27; *Koller*[4] Rdn. 5; MüKo/*Basedow* Rdn. 5. Zur gemeinsamen Feststellung siehe Rdn. 48.

103 *Loewe* TranspR **1988** 309, 310 f; bei einer Kette von Frachtführern gegen jeden, der in Anspruch genommen werden soll, MüKo/*Basedow* Rdn. 11.

104 MüKo/*Basedow* Rdn. 10. Zur Warnfunktion siehe Rdn. 10, 15, 19 f, 57.

105 So generell *Herber/Piper* Rdn. 12; *Koller*[4] Rdn. 5.

106 *Koller*[4] Art. 13 Rdn. 5; OLG Hamburg vom 31.12.1991, TranspR **1992**, 141–143 = VersR **1993**, 338; F TribCom Paris vom 14.3.1978, Royal Ins. v. Bruda, ETR **1978**, 742–748; A OGH vom 17.2.1982, Greiter 127–137 = Verkehr **1983**, 96–98 = SZ **1982**, 99 ff; **a. A.** BGH in ständiger Rechtsprechung: BGH vom 24.10.1991, BGHZ **116** 15–21 = TranspR **1992** 177 ff = VersR **1992** 640, 641 = WM **1992** 1038 ff = RiW **1992** 399 f; vom 24.9.1987, TranspR **1988** 108–111 = VersR **1988** 244–247 = DB **1988** 599 f = NJW-RR **1988** 244 ff = MDR **1988** 466 f = RiW **1988** 307 ff. Siehe auch § 432 HGBaF Rdn. 31 ff.

107 *Thume/Demuth* Rdn. 17; **nicht ohne weiteres:** *Herber/Piper* Rdn. 12; **a. A.** *Koller*[4] Rdn. 5; *Loewe* TranspR **1988** 309, 310 f.

ungeschmälert erhalten bleiben.[108] § 437 Abs. 1 und 3 HGB lassen nunmehr den ausführenden Unterfrachtführer in gleicher Weise haften wie den Hauptfrachtführer (als Gesamtschuldner). Die CMR trifft zu diesen Fragen keine spezielle Regelung. Sie gibt auch nicht genügend Ausgangspunkte für eine bestimmte Auslegung. Für die allgemeinen Probleme der Willens- und Wissenserklärungen bzw. des Verhältnisses zwischen Unternehmer und Gehilfen und dessen Auswirkung gegenüber Absender und Empfänger ist nationales Recht ergänzend zuständig – und damit im deutschen Bereich auch § 437 HGB.

19 Ein **Vorbehalt an den** vom Frachtführer eingesetzten **Unterfrachtführer** hat Wirkungen gegenüber diesem, wenn der Empfänger des Hauptvertrags zugleich Empfänger des Unterfrachtvertrags ist.[109] Er muß auch gegenüber dem Hauptfrachtführer ausreichen. Weitgehend wird daher in der Literatur vertreten, daß er in der Regel auch gegenüber dem Hauptfrachtführer wirkt.[110] Als Wissenserklärung muß der Vorbehalt jedoch grundsätzlich dem betreffenden Frachtführer zugehen. Leitet der Unterfrachtführer den Vorbehalt des Empfängers an den Hauptfrachtführer weiter, kann er jedenfalls gegenüber dem Hauptfrachtführer wirken. Mit dem Zugang dort ist die Warnfunktion erfüllt. Der Unterfrachtführer handelt aber ohnehin in aller Regel als dessen Empfangsbote,[111] so daß die Rüge an ihn ohne Weiterleitung gegenüber dem Hauptfrachtführer wirkt.

20 Ein **an den Hauptfrachtführer gerichteter Vorbehalt** des Empfängers wirkt nicht ohne weiteres gegenüber Unterfrachtführern,[112] kann aber an diese zugleich, auch im selben Schriftstück, erfolgen.[113] Meist genügt aber der Vorbehalt an den Hauptfrachtführer, um die Wirkung nicht nur gegen diesen, sondern auch gegenüber dem Unterfrachtführer zu begründen. Denn nach der Verkehrsauffassung ist anzunehmen, daß der Hauptfrachtführer als Empfangsbote des Unterfrachtführers fungiert.[114] Dies liegt wegen des möglichen Rückgriffs[115] gegen diesen in beider Interesse.[116] Der Hauptfrachtführer schuldet dem Unterfrachtführer als Nebenpflicht aus dem Hauptfrachtvertrag auch dessen Schutz gegen unberechtigte Ansprüche des hauptfrachtvertraglichen Empfängers. Daher entspricht die Vermittlung der Warnung vor Ersatzansprüchen als Empfangsbote der Erfüllung der Pflichten des Hauptfrachtführers; damit also dem Interesse beider Frachtführer, die dann die etwa vorhandenen Möglichkeiten der Sicherung von Beweisen nützen können. Hier wirkt sich klärend § 437 HGB aus; siehe Rdn. 18.

---

[108] *Loewe* TranspR **1988** 309, 311 weist zu Recht darauf hin, daß die Unterlassung der richtigen Rüge vom Hauptfrachtführer dem Empfänger gegenüber als regreßverhinderndes Verschulden geltend gemacht werden kann. Siehe § 429 HGBaF Rdn. 253; in Betracht kommt neben den Ansprüchen aus positiver Vertragsverletzung auch eine analoge Anwendung von § 388 HGB; AG Hof vom 24. 3. 1997, TranspR **1997** 300 f.

[109] MüKo/*Basedow* Rdn. 11; *Koller*[4] Rdn. 5; *Csoklich* S. 251. Dazu grundsätzlich § 432 HGBaF Rdn. 31 ff. Nach neuem deutschem Frachtrecht siehe § 437 HGB (ausführender Frachtführer) und dazu Rdn. 18.

[110] MüKo/*Basedow* Rdn. 11; *Thume/Demuth* Rdn. 17; *Koller*[4] Rdn. 5; wohl auch *Clarke*[2] Nr. 63 b S. 322.

[111] *Koller*[4] Rdn. 5; *Thume/Demuth* Rdn. 17 weist zu Recht darauf hin, daß dies eine Tatfrage ist. Daß der Hauptfrachtführer nicht als Empfangsbote Unterfrachtführers fungieren könne, ist nicht einzusehen. So aber MüKo/*Basedow* Rdn. 11.

[112] Ausgenommen aufeinanderfolgende Frachtführer nach Art. 34 ff; zutreffend *Thume/Demuth* Rdn. 17.

[113] *Koller*[4] Rdn. 5.

[114] Dagegen MüKo/*Basedow* Rdn. 11; *Loewe* TranspR **1988** 309, 310 f Nr. 10 ohne schlüssige Begründung; *Clarke*[2] Nr. 63 b, und *Herber/Piper* Rdn. 12, die sich ohne weitere Begründung auf *Loewe* und *Koller* beziehen.

[115] *Loewe* TranspR **1988** 309, 310 f Nr. 10 sieht die möglichen Regreßbeziehungen, wertet dies aber nicht aus.

[116] Siehe § 429 HGBaF Rdn. 86 ff, besonders Rdn. 93.

Eine Reklamation des Empfängers **gegenüber dem Absender** ist nicht ausreichend,[117] ebenso nicht gegenüber dem absendenden Spediteur.[118] Unter besonderen Umständen kann es ausreichend sein, wenn der Vorbehalt einer gleichnamigen Schwesterfirma des Hauptfrachtführers zugeht,[119] da die Abgabe eines Vorbehalts keine Willens-, sondern eine Wissenserklärung ist,[120] die in der Regel[121] keine materiellrechtlichen, sondern nur beweisrechtliche Änderungen bewirkt. An welche Person ein Vorbehalt erklärt werden muß, kann daher großzügig behandelt werden. Es genügt meist, daß die mit Art. 30 beabsichtigte Information den haftenden Frachtführer im Regelfall erreicht,[122] ohne daß der Vorbehalt ausdrücklich an diesen gerichtet sein müßte. Dies gilt für die Abgabe des Vorbehalts gegenüber den Leuten des abliefernden Frachtführers, insbesondere dem Fahrer, als Empfangsboten,[123] aber auch gegenüber dem Unterfrachtführer; siehe Rdn. 18 f. Der Empfänger kann einen Dritten mit der Abgabe des Vorbehalts betrauen. Es genügt, wenn er das Schadensprotokoll eines Dritten absendet.[124] **21**

Für den **Vorbehalt bei Lieferfristüberschreitung** werden in personeller Hinsicht großzügigere Maßstäbe angelegt; siehe Rdn. 60. Der Beweis ist bei schriftlichen Vorbehalten kein besonderes Problem, zumal der Zugang meist besser nachgewiesen werden kann. **22**

f) Beweislast für Vorbehalte

Die Beweislast dafür, daß der Vorbehalt gemacht wurde, liegt nach allgemeinem Beweisrecht, aber auch nach der Struktur des Art. 30 beim Empfänger.[125] Gleiches gilt, gerade auch beim schriftlichen Vorbehalt, für die fristgerechte Absendung.[126] **23**

6. Mitwirkungspflichten der Beteiligten (Abs. 5)

Die in Art. 30 Abs. 5 vorgesehene Pflicht des Frachtführers und Empfängers, sich gegenseitig jede angemessene Erleichterung zu gewähren, ist an sich selbstverständlich. Sie läßt sich meist auch mit dem international anerkannten Grundsatz von Treu und Glauben begründen.[127] Für die Verletzung dieser Pflicht sieht die CMR keine Sanktionen vor.[128] Inwieweit ein Anspruch einer Partei gegen die andere auf Mitwirkung besteht, ist zweifelhaft,[129] aber letztlich nicht relevant, weil eine bloße Ob- **24**

---

[117] *Thume/Demuth* Rdn. 14; OLG Düsseldorf vom 27. 2. 1987, TranspR **1987** 183, 184 (zu Art. 30 Abs. 3); B CA Gent vom 17. 11. 1967, ETR **1969** 145, 148; *Loewe*, ETR **1976** S. 577; *Loewe* TranspR **1988** 309, 310; *Putzeys* Nr. 549.

[118] MüKo/*Basedow* Rdn. 11; *Lamy 98* I Nr. 526; verneinend für den commissionaire-expéditeur *Putzeys* Nr. 549. Nach der von *Loewe* TranspR **1988** 309, 310 kritisierten Auffassung des dänischen obersten Gerichtshofs, Ugeskrift for Retswæsen **1974** 365, soll ein Vorbehalt an den absendenden Spediteur genügen. Siehe auch den komplizierten Fall F Cass vom 24.11.1987, RDU **1988** 729, 730 = BT **1988** 42.

[119] LG Offenburg vom 14.1.1986, TranspR **1986** 151 (zu Art. 26 WA); *Koller*[4] Rdn. 5; MüKo/*Basedow* Rdn. 11.

[120] Dazu Rdn. 10.

[121] Rechtsverlust wird nur bewirkt im Falle der gemeinsamen Schadensfeststellung durch die Versäumung der Siebentagefrist bei äußerlich nicht erkennbarem Schaden, Art. 30 Abs. 2; siehe dort Rdn. 48.

[122] MüKo/*Basedow* Rdn. 11.

[123] *Loewe* ETR **1976** S. 577; *Koller*[4] Rdn. 5.

[124] BGH vom 14.3.1985, TranspR **1986** 22, 23 = VersR **1985** 686 f zu Art. 26 WA; *Koller*[4] Rdn. 5. Siehe auch *Ruhwedel*[3] Rdn. 487 f; *Clarke*[2] Nr. 63 b S. 322.

[125] *Baumgärtel/Giemulla* Rdn. 2.

[126] *Baumgärtel/Giemulla* Rdn. 3.

[127] Zu diesem siehe Art. 1 Rdn. 74. Siehe dazu auch die Fälle und die Umschreibung bei *Hill/Messent/Glass*[2] S. 222.

[128] *Loewe* ETR **1976** 579; *Loewe* TranspR **1988** 309, 311; MüKo/*Basedow* Rdn. 25; *Herber/Piper* Rdn. 33; *Pesce* 319; NL Rb Rotterdam vom 31. 10. 1975, SS **1976** 60, 62 Nr. 24.

[129] *Hill/Messent/Glass*[2] S. 222; *Loewe* TranspR **1988** 309, 311 Rdn. 11.

liegenheit für die Begründung von Rechten ausreichen wird.[130] Die Beteiligten sind nicht verpflichtet, von sich aus auf eine gemeinsame Schadensfeststellung hinzuwirken.[131] Dies ist im Hinblick auf den mit dem Feststellungsverfahren möglicherweise verbundenen Zeitaufwand gerechtfertigt. Rechtsfolgen können sich aber aus allgemeinen Rechtsgrundsätzen ergeben. Behindert etwa der Empfänger den Frachtführer bei der Überprüfung des Gutes, so kann das spätere Sichberufen auf die Unterlassung des Vorbehalts treuwidrig sein.[132] Aus der Verweigerung der Mitwirkung des Frachtführers bei der Schadensfeststellung lassen sich aber beweisrechtlich relevante Schlüsse ziehen.[133] Ein Recht einer Partei auf Heranziehung zur gemeinsamen Schadensfeststellung kann aus Abs. 5 nicht abgeleitet werden.[134] Erhebt der Empfänger einen Vorbehalt wegen äußerlich erkennbarer Schäden und lehnt gleichzeitig die gemeinsame Schadensfeststellung ab, so wird er sich so behandeln lassen müssen, als habe er den Vorbehalt nicht geltend gemacht; jedenfalls dann, wenn er dem Frachtführer durch dieses Verhalten die Möglichkeit zur Aufklärung des Schadensfalls abgeschnitten hat.[135] Auf die Versäumung des rechtzeitigen Vorbehalts kann sich der Frachtführer nicht berufen, wenn er die Schadensfeststellung behindert hat,[136] etwa weil er die beantragte gemeinsame Feststellung hinausgezögert oder nicht sofort abgelehnt hat. Wenn der Frachtführer dem Empfänger nicht mitgeteilt hat, daß er selbst einen Sachverständigen heranziehen wollte, kann er sich gegenüber der Schadensmeldung des Empfängers nicht darauf berufen, daß ihm die Schadensüberprüfung abgeschnitten worden sei.[137] Gelegentlich wird Art. 30 Abs. 5 offenbar in Urteilen nur zitiert, um darzulegen, daß sich eine Vertragspartei korrekt verhalten hat.[138] Da die Vorschrift das Verhalten der Parteien steuert, sind Verzögerungen, die auf ihrer Einhaltung beruhen, in der Regel nicht als verschuldet anzusehen. Stoppt z. B. der Frachtführer bei einem Schaden fernschriftlich das Entladen bis zum Eintreffen des von einem seiner Unterfrachtführer beauftragten Sachverständigen, muß der Empfänger dies nach Art. 30 Abs. 5 befolgen; der Frachtführer kann sich dann nicht darauf berufen, der Schaden habe sich vergrößert, weil die Ladung nicht sofort in ein Kühlhaus verbracht worden sei.[139]

7. Kosten der Schadensfeststellung

25 Jede Partei hat ihre Kosten der Schadensfeststellung zu tragen.[140] Sie sind grundsätzlich nicht ersatzfähig nach Art. 23 Abs. 4; siehe Art. 23 Rdn. 34. Soweit sie zur Feststellung des Restwerts erforderlich sind, sind sie zwar auch nicht zu ersetzen, vermindern aber den Restwert der Ladungsreste – zugunsten des Geschädigten.[141]

---

[130] So im Ergebnis bereits *Loewe* TranspR **1988** 309, 311 Rdn. 11.

[131] *Thume/Demuth* Rdn. 51; MüKo/*Basedow* Rdn. 25; *Putzeys* Nr. 541 S. 183 f.

[132] So, wenn der Empfänger mit dem Abtransport und der Weiterverteilung entladener Paletten sofort beginnt und daher das Zählen unmöglich macht; OLG Hamburg vom 13. 5. 1993, TranspR **1994** 195. Siehe auch *Thume/Demuth* Rdn. 53.

[133] *Hill/Messent/Glass*² S. 222 f; *Loewe* TranspR **1988** 309, 311; NL Rb Kortrijk vom 4. 6. 1974, ETR **1974** 768, 771; NL Rb Rotterdam vom 31. 10. 1975, SS **1976** 60, 62 Nr. 24; wohl auch B CA Antwerpen vom 21. 6. 1978, ETR **1978** 601, 605.

[134] B CA Brüssel vom 5. 12. 1968, ETR **1969** 958, 963; i. E. auch B CA Lüttich vom 6. 5. 1970, ETR **1970** 716, 722 = RDU **1971** 133.

[135] B TribCom Brüssel vom 13. 4. 1977, JPA **1977–1978** 263, 266: unredlich ist auch das Nichtöffnen einer Kiste, deren äußere Beschädigung bei der gemeinsamen Überprüfung bei Ablieferung festgestellt wird. Der Empfänger kann sich später trotz allgemeiner Reklamation nicht auf innere Schäden berufen.

[136] *Thume/Demuth* Rdn. 17, aber in Rdn. 53 auch einschränkend; *Koller*⁴ Rdn. 8.

[137] B CA Antwerpen vom 21. 6. 1978, ETR **1978** 601, 605.

[138] So etwa B TribCom Charleroi vom 26. 6. 1977, ETR **1977** 776, 783; B TribCom Verviers vom 7. 4. 1979, ETR **1979** 664, 672.

[139] OLG Hamm vom 14. 11. 1985, TranspR **1986** 77, 79 = VersR **1987** 609 f.

[140] De la Motte VersR **1988** 317, 319; *Koller*⁴ Rdn. 19.

[141] Siehe Art. 23 Rdn. 30.

II. Schadensrüge und -feststellung bei Güterschäden

1. Vorbehalte bei Fehlen einer gemeinsamen Schadensfeststellung

a) Wirkungsvoraussetzungen

aa) Rechtzeitigkeit

(1) Bei äußerlich erkennbaren Schäden

Bei äußerlich erkennbaren Schäden muß, wenn keine gemeinsame Schadensfeststellung vorgenommen worden ist, der Vorbehalt der Haftung vom Empfänger spätestens „bei" Ablieferung[142] erklärt werden; Art. 30 Abs. 1 S. 1, 2. HS. Maßgeblich für den letzten zulässigen Zeitpunkt ist also der Tag der Ablieferung,[143] in Sonderfällen der Tag der Ersatzablieferung nach Art. 16 Abs. 2 S. 1; 22 Abs. 2.[144] Allerdings ist aus dem Text des Art. 30 nicht klar feststellbar, ob der Zeitraum oder der exakte Zeitpunkt gemeint ist.[145] Da ohnehin ein genauer Zeitpunkt kaum feststellbar ist und für nicht erkennbare Mängel eine nach Tagen zu bemessende Frist maßgeblich ist, muß man davon ausgehen, daß der Vorbehalt auch nach der Ablieferung noch wirksam abgegeben werden kann, soweit dies noch in einem sachlichen und zeitlichen Zusammenhang zu sehen ist. In der forensischen Praxis wird, soweit erkennbar, stets der Tag der Ablieferung zugrundegelegt; eine Prüfung des genauen Zeitpunkts, etwa der Stunde, kommt praktisch nicht vor.[146] Aus dem Umstand, daß ein schriftlicher Vorbehalt zulässig ist, läßt sich begründen, daß man auf den Tag abstellt. Denn nur der Tag der Briefabsendung läßt sich sicher feststellen, die Uhrzeit nur ausnahmsweise. Mit der strengeren Zeitvorstellung würde dem Brief also der Vorrang vor der mündlichen Reklamation gegeben. Meist wird mit Recht gefordert, daß dem Empfänger vor Abgabe der Vorbehaltserklärung die Zeit zur Untersuchung des äußerlichen Zustands zur Verfügung stehen muß.[147] Erfolgt die Ablieferung i. S. von Art. 17 Abs. 1 CMR bereits bei Zurverfügungstellung des Gutes zur Entladung,[148] wäre die Reklamation erst nach Ablieferung, nämlich nach Entladen möglich. MüKo/*Basedow* Rdn. 13 will dieses Ergebnis dadurch korrigieren, daß äußerlich erkennbar nur Schäden seien, die bei Öffnen des Fahrzeugs durch die Türen bemerkt werden können; für alle sich erst beim Entladen herausstellenden Schäden würde dann die Siebentagesfrist gelten. Art. 30 Abs. 1 könnte auch so verstanden werden, daß die „Ablieferung" einen Zeitraum für die Prüfung des äußerlichen Zustandes mit umfaßt.[149] Dann könnte der Empfänger dem Frachtführer auch Entladeschäden zuschieben. Sinnvoller ist es wohl , wenn der Empfänger bei nicht sofort überprüfbaren Mängeln den Vorbehalt schriftlich abgibt. Dies wird vielfach in der Form praktiziert, daß er mündlich oder auf dem Frachtbrief zunächst allgemeine Vorbehalte macht, diese aber anschließend schriftlich spezifiziert.[150] Insgesamt ist die Unübersichtlichkeit der Rechtslage aber nicht von großer 26

---

142 „au plus tard au moment de la livraison"; „not later than the time of delivery".

143 Wenn mehrere Ablieferungsorte behauptet werden, ist nach einer älteren Entscheidung im Zweifel darauf abzustellen, wo der Frachtbrief angenommen und abgestempelt wurde; B CA Brüssel vom 19. 10. 1972, ETR **1973** 503, 508 = ETR **1974** 608.

144 *Koller*[4] Rdn. 14.

145 Der verbindliche Text gibt darüber keine genaue Auskunft: „au plus tard au moment de la livraison" spricht für einen festen Termin, „not later than the time of delivery" ist weiter gefaßt.

146 Siehe Rdn. 11

147 *Clarke*[2] Nr. 63b; MüKo/*Basedow* Rdn. 13, 23; *Thume/Demuth* Rdn. 23; *Koller*[4] Rdn. 6; *Loewe* ETR **1976** 503 ff, Nr. 224 „Möglichkeit, es in Augenschein zu nehmen". *Lamy 98* I Rdn. 523 sieht mit „séance tenante" (sofort) zumindest die Erklärung kurz nach der Ablieferung als rechtzeitig an.

148 *Clarke*[2] Nr. 63b.

149 *Koller*[4] Rdn. 6.

150 Beispiele für solche nachträglichen Bestätigungen siehe Rdn. 15 und 31.

Bedeutung, weil den Parteien jederzeit die Widerlegung der durch Art. 30 begründeten bloßen Vermutung offen steht.[151] Daher wird es sich lohnen, wenn der entladende Empfänger ein genaues Protokoll über dabei festgestellte Transportschäden führt.

Bei erfolgloser gemeinsamer Überprüfung sollte je nach Fall erst mit deren Beendigung die Frist beginnen. *Koller* sieht diesen Zeitpunkt erst, wenn der Empfänger in der Lage war, das Gut zu untersuchen.[152] Dies ist im Grundsatz zutreffend; allerdings trifft den Empfänger keine Untersuchungspflicht; es genügt also, wenn er das Gut im verpackten Zustand in Augenschein nehmen kann. Der Vorbehalt kann auch schon vor Ablieferung erklärt werden,[153] wenn dem Empfänger Schäden bekannt geworden sind, z. B. bei einer Inspektion vor Ablieferung. Auf die Versäumung des Vorbehalts kann sich der Frachtführer nicht berufen, wenn er die Schadensfeststellung behindert hat,[154] etwa weil er die beantragte gemeinsame Feststellung hinausgezögert oder nicht sofort abgelehnt hat.

(2) Bei äußerlich nicht erkennbaren Schäden

27 **Bei äußerlich nicht erkennbaren Güterschäden** (dazu Rdn. 6 ff) müssen die Vorbehalte innerhalb sieben Werktagen nach Ablieferung erklärt werden; Art. 30 Abs. 1 S. 1, 2. HS. Siehe zur Fristberechnung Abs. 4, Rdn. 12. Gesetzliche Feiertage sind nach dem Recht des Ablieferungsorts zu bestimmen.[155] Maßgeblich für den Fristbeginn ist der Tag der Ablieferung; siehe Rdn. 11 f, 26. Für die Einhaltung der Frist kommt es auf den Zeitpunkt der Absendung des Vorbehalts an.[156] Besondere Probleme bereitete bisher die rechtzeitige Rüge bei internationalen Transporten, denen eine der CMR nicht unterliegende Weiterbeförderung im Inland folgt; ebenso bei multimodalen Transporten; zu diesen siehe § 452 HGBaF Anh. V Rdn. 42. In diesen Fällen mußte bisher der Weiterbeförderer innerhalb der 7-Tagefrist beim CMR-Frachtführer den Vorbehalt anmelden.[157] Der CMR-Frachtführer muß grundsätzlich zu seinem Schutz dafür sorgen, daß der nachfolgende Frachtführer sich um den rechtzeitigen Vorbehalt kümmert. Für den Fall der Nichteinhaltbarkeit der Frist ist bislang keine generelle befriedigende Lösung gefunden.

28 Für den **multimodalen Frachtvertrag** erklärt (soweit Vertragsstatut das deutsche Recht ist) § 452b HGB Abs. 1 die innerdeutsche Rügefrist des § 438 HGB für anwendbar. Ist die letzte Teilstrecke innerdeutscher Transport, reicht die Einhaltung dieser Frist für den gesamten multimodalen Vertrag aus. Für die Regreßansprüche gegen den CMR-Frachtführer verbleibt es jedoch bei Art. 30 CMR. Ist der letzte Teilabschnitt der CMR unterworfen, ist Art. 30 für den gesamten multimodalen Transport maßgeblich.[158] Welche Pflichten zur Schadensrüge der dem CMR-Transport folgende Frachtführer oder Spediteur, Lagerhalter oder sonstige Unternehmer (CMR-Empfänger)

---

[151] Siehe Rdn. 33 ff.

[152] *Koller*[4] Rdn. 6; tendenziell auch *Clarke*[2] Nr. 63 a S. 319 f. Zur Lieferfristhaftung nach Art. 30 Abs. 3 CMR siehe Rdn. 50; dazu LG Berlin vom 4. 5. 1983, TranspR **1985** 134, 135.

[153] Siehe Rdn. 11; *Koller*[4] Rdn. 6; *Hill/Messent/Glass*[2] S. 221; MüKo/*Basedow* Rdn. 20; für Lieferfrist OLG Hamburg vom 6. 12. 1979, VersR **1980** 290f; LG Berlin vom 4. 5. 1983, TranspR **1985** 134, 135; NL Rb Utrecht vom 12. 3. 1980, SS **1980** Nr. 127.

[154] *Thume/Demuth* Rdn. 17; *Koller*[4] Rdn. 8, siehe auch Rdn. 24.

[155] *Koller*[4] Rdn. 14; *Loewe* ETR **1976** S. 577; *Hill/Messent/Glass*[2] S. 222.

[156] Siehe Rdn. 11.

[157] Siehe dazu *Lamy 98* I Rdn. 526: in den Fällen F Cass vom 22. 9. 1983, ETR **1984** 111, 116 f, Vorinstanz F CA Paris vom 28. 5. 1980, BT **1980** 346 ergab sich die Möglichkeit, noch einen rechtzeitigen Vorbehalt zu konstruieren.

[158] § 451 b Abs. 1 S. 2 HGBaF; dies entspricht den in Deutschland überwiegend rechtspolitisch vertretenen Vorschlägen; siehe Anh. V nach § 452 HGBaF Rdn. 42.

hat, richtet sich nicht nach der CMR, sondern nach dem Rechtsverhältnis zu seinem Auftraggeber. Maßgeblich kann danach Speditionsrecht, Frachtrecht oder Geschäftsbesorgungsrecht sein. Im Regelfall wird den CMR-Empfänger keine Untersuchungspflicht treffen; wohl aber die Pflicht, Vorbehalte wegen äußerlich erkennbarer Schäden (auch der Verpackung) gegenüber dem CMR-Frachtführer anzumelden. Der dem CMR-Transport folgende Frachtführer, Spediteur oder Lagerhalter steht unter dem Risiko, für den später entdeckten Schaden nach Maßgabe seines Vertrages haften zu müssen und mangels Vorbehalt bei Übernahme des Gutes einer schwierigen Beweislage ausgeliefert zu sein.[159]

bb) Form des Vorbehalts

(1) Bei äußerlich erkennbaren Schäden

Bei äußerlich erkennbaren Schäden ist der **Vorbehalt**, wie sich aus Art. 30 Abs. 1 **29**
S. 2 ergibt, **formfrei.**[160] Ein mündlicher Vorbehalt genügt grundsätzlich;[161] ebenso eine telefonische Schadensmitteilung.[162] Unter Umständen ist dann der Nachweis schwierig. Es kann genügen, wenn der Frachtführer auf dem Lieferschein die Beschädigung vermerkt, da dies wohl auf einen Vorbehalt des Empfängers zurückgehen wird.[163] Dies gilt aber nicht für eine vom Empfänger nicht veranlaßte spätere Eintragung des Frachtführers auf dem Frachtbrief.[164] Als Beweismittel ist auch die aus den Akten erkennbare Reaktion auf einen telefonischen Vorbehalt anzuerkennen.[165] Der Vorbehalt ist selbst dann wirksam, wenn in einem Lieferschein (vorgedruckte reine Quittung) mangelfreie Abnahme bestätigt wurde.[166] Die Eintragung auf der an den Frachtführer zurückgehenden Ausfertigung des Frachtbriefs genügt regelmäßig,[167] ist aber nicht erforderlich.[168] Wirksam sein kann auch ein sehr allgemeiner Vorbehalt, wenn die Schäden in einem Brief spezifiziert werden, der innerhalb der 7-Tage-Frist abgesandt ist, aber erst einige Tage später zugeht.[169] Sinnvollerweise müßte man die Beantragung einer gemeinsamen Schadensfeststellung durch den Empfänger unter Angabe der Gründe als Vorbehalt genügen lassen, wenn es zu dieser Feststellung nicht kommt; siehe Rdn. 9, 53.

---

159 Zu diesem Fragenkomplex *Lamy 98* I Nr. 528.

160 Die deutsche Übersetzung „Vorbehalte zu richten" entspricht dem französischen „adressé". Die englische Formulierung „sending" könnte gegen mündlichen Vorbehalt sprechen; dennoch für Formfreiheit aber *Hill/Messent/Glass*[2] S. 220 f; *Clarke*[2] Nr. 63 b(i). Siehe zur insoweit uneinheitlichen französischen Rechtsprechung *Libouton* ETR **1973** 61; *Willenberg* NJW **1968** 1024.

161 International unstr.; *Lamy 98* I Rdn. 522; *Loewe* TranspR **1988** 309, 310; MüKo/*Basedow* Rdn. 12; *Koller*[4] Rdn. 3; *Hill/Messent/Glass*[2] S. 220 f; *Clarke*[2] Nr. 63 b(i); B TribCom Verviers vom 18.5.1968, ETR **1968** 1240, 1242; B CA Lüttich vom 6.5.1970, ETR **1970** 716, 721; B TribCom Brüssel vom 19.3.1974, ETR **1974** 773, 775; NL Rb Dordrecht vom 10.5.1967, SS **1967** 181, 182 Nr. 70.

162 B CA Lüttich vom 6.5.1970, ETR **1970** 716, 722 ff; B CA Antwerpen vom 21.6.1978, ETR **1978** 601, 605.

163 F CA Paris vom 8.1.1974, BT **1974** 201, 202; *Lamy 98* I Rdn. 523; 918; *Koller*[4] Rdn. 5.

164 BGH vom 8.6.1988, TranspR **1988** 370, 371 = VersR **1988** 952 f = ETR **1988** 705 ff.

165 B CA Antwerpen vom 21.6.1978, ETR **1978** 601, 605.

166 *Loewe* TranspR **1988** 309, 310 mit Rechtsprechungshinweisen; NL Rb Kortrijk vom 4.6.1974, ETR **1974** 768, 771.

167 F Cass vom 29. 4. 1975, RDU **1977** 334 f = BT **1975** 298; *Lamy 98* I Rdn. 523, 2; F CA Toulouse vom 22.1.1976, BT **1976** 73, 74.

168 B CA Lüttich vom 6.5.1970, ETR **1970** 716, 722.

169 *Lamy 98* I Rdn. 523; weitere Hinweise auf teilweise unveröffentlichte Rechtsprechung dort Nr. 1554.

(2) Bei äußerlich nicht erkennbaren Schäden

30 Bei äußerlich nicht erkennbaren Schäden ist der Vorbehalt schriftlich geltend zu machen. Schriftlichkeit bedeutet nicht Einhaltung der Schriftform nach § 126 BGB.[170] Der Vorbehalt ist auch zulässig, wenn das Gut noch nicht abgeliefert ist, sofern er vom Empfänger zu diesem Zeitpunkt bereits begründet werden kann.[171] Er ist nicht erforderlich, wenn der Frachtführer selbst auf der Empfangsbestätigung den Schaden vermerkt hat.[172]

cc) Inhalt des Vorbehalts

31 Der Vorbehalt kann und muß sich gegebenenfalls auf Qualitätsmängel wie auch Mengenfehler beziehen.[173] Als Mindestinhalt müssen Vorbehalte nur Angaben allgemeiner Art enthalten, also die Schäden nicht im einzelnen genau wiedergeben, siehe Rdn. 15; eine Rechtfertigung für die Rüge braucht der Empfänger nicht vorzutragen.[174] Jedoch wird man eine konkrete Angabe über die Art der Beschädigung und über den ungefähren Umfang verlangen müssen.[175] Zweckmäßig und wirksam ist die Spezifikation des Vorbehalts in einem innerhalb der Frist abgesandten Brief.[176] Die internationale Rechtsprechung ist widersprüchlich und spiegelt wohl eher das Streben nach Einzelfallgerechtigkeit als allgemeine Prinzipien wider. Wohl unbestritten ist, daß nicht näher substantiierte allgemeine Vorbehalte[177] wie etwa durch Stempel „angenommen unter Vorbehalt" wirkungslos sind.[178] **Allgemeine Bemerkungen genügen nicht:**[179] z.B. „25 % Transportbeschädigung"; Lieferscheinvermerke „radiateur en mauvais état" und „13 pièces en vrac";[180] Vermerk „mouillé" (durchnäßt);[181] „Zerbrochene Kisten, möglicher Schaden unbekannt".[182] Vermerke, die eine Beschädigung der Ware anzeigen, aber über deren Art oder Umfang keine Angaben enthalten, werden wohl überwiegend nicht als ausreichend anerkannt.[183] Auch das Streichen der Worte „in gutem Zustand" in einer Quittungsklausel reicht nicht aus, weil damit kein sachlicher

---

[170] Siehe Rdn. 14; *Thume/Demuth* Rdn. 12; *Loewe* ETR **1976** S. 577.

[171] *Hill/Messent/Glass*² S. 220f; großzügig auch F Cass vom 24. 11. 1987, BT **1988** 42.

[172] F CA Paris vom 8. 1. 1974, BT **1974** 201 ff; zu diesem Bereich *Lamy 98* I Nr. 523, Rechtsprechung Nr. 1553; *Koller*⁴ Rdn. 4.

[173] Unstr., MüKo/*Basedow* Rdn. 4 mit Hinweis auf Beispiele, etwa OLG Hamburg vom 13. 5. 1993, TranspR **1994** 195.

[174] *Lamy 98* I Rdn. 523, 1554 Jur. 7; F Cass vom 15. 7. 1986, BT **1986** 542.

[175] Siehe Rdn. 15; in der Literatur *Loewe*, ETR **1976** S. 577; *Loewe* TranspR **1988** 309, 309f; MüKo/*Basedow* Rdn. 9; *Koller*⁴ Rdn. 4; *Herber/Piper* Rdn. 6; *Piper*⁷ Rdn. 449; *Piper* VersR **1988** 201, 206; *Sánchez-Gamborino* Nr. 1218 ff.

[176] B CA Antwerpen vom 15. 11. 1978, ETR **1979** 660, 662 f; F CA Lyon vom 3. 7. 1986, BT **1987** 256 f.

[177] Beispiele für unzureichenden Inhalt von Vorbehalten bei *Putzeys* Nr. 555. Nicht ausreichend ein Stempel „mit Vorbehalt übernommen", OLG Wien vom 22. 6. 1989, TranspR **1990** 158 f.

[178] *Loewe* ETR **1976** 577; MüKo/*Basedow* Rdn. 10. Sehr großzügig aber F Cass vom 29. 4. 1975, RDU **1977** 334 f = BT **1975** 298 („received in poor condition" reicht aus); ebenso die englische Auffassung: z. B. die Angabe „in poor condition" ist ausreichend, *Clarke*² Nr. 63 b, *Hill/Messent/Glass*² S. 219 f.

[179] MüKo/*Basedow* Rdn. 9. Siehe zur neueren französischen Rechtsprechung: *Lamy 98* I Rdn. 523, 1554 Jur. 5–7; F CA Douai vom 16. 1. 1997, BT **1997** 103; zur spanischen Rechtsprechung *Sánchez-Gamborino* Nr. 1219 ff; dort Rdn. 1222, auch zur „IRU check list".

[180] B CA Antwerpen vom 15. 11. 1978, ETR **1979** 660, 662; „in schlechtem Zustand". Anders jedoch F Cass vom 29. 4. 1975, BT **1975** 298 = RDU **1977** 334; dagegen wohl MüKo/*Basedow* Rdn. 19.

[181] F CA Aix-en-Provence vom 22. 2. 1979, BT **1979** 387, 388, krit. die observation S. 389; positiv MüKo/*Basedow* Rdn. 10.

[182] F CA Douai vom 7. 6. 1994, BT **1994** 623. MüKo/*Basedow* Rdn. 9.

[183] *Loewe* ETR **1976** 503 ff, Nr. 222; *MüKo/Basedow* Rdn. 9 Fn. 16; *Koller*⁴ Rdn. 4; *Silingardi* S. 251 f; NL Rb Amsterdam vom 29. 11. 1978, SS **1979** Nr. 103.

Inhalt über die Fehler angegeben, ja nicht einmal Fehler behauptet sind.[184] Ausreichen sollen aber berechtigterweise Frachtbriefvermerke, die klaren Aufschluß über die grundsätzliche Schadensart geben, z.B. „all tomatoes wet and rotten".[185] Hilfreich kann hier die „IRU check list"[186] sein, deren allgemeine Angaben aber möglichst individualisiert werden sollten.

dd) Zuständige Personen

Ein von einer nicht zuständigen Person erhobener Vorbehalt hat nicht die in der CMR vorgesehenen Wirkungen. Allerdings kann er für den Schadensnachweis mittelbar ein Beweismittel (Indiz) sein.[187] Zu den zuständigen Personen, insbesondere auch zum Unterfrachtführer siehe Rdn. 16 ff. **32**

b) Folgen des Vorbehalts und seiner Versäumung

Versäumt der Empfänger die Erhebung von Vorbehalten wegen Güterschäden, wird gem. Art. 30 Abs. 1 S. 1 bis zum Beweis des Gegenteils vermutet,[188] das Gut sei an ihn in dem im Frachtbrief beschriebenen Zustand[189] abgeliefert worden, also, er habe es in diesem Zustand erhalten.[190] Da der Empfänger durch den Vorbehalt nur einer Beweisverschlechterung vorbeugt, bleibt es im Versäumnisfall grundsätzlich bei der allgemeinen Beweislage.[191] Daß diese wieder offen ist, soll für den Geschädigten eine Verschlechterung bedeuten.[192] Da ohnehin der Geschädigte den Beweis für die Entstehung des Schadens in der Obhutszeit führen muß, hat er demnach in diesem Fall zu beweisen, daß das Gut bei Ablieferung beschädigt war.[193] Gegenüber deutschem Beweisrecht,[194] aber auch nach ausländischen Rechten (abhängig von der jeweiligen Auslegung) ist dies allenfalls in Einzelpunkten von praktischer Wirkung.[195] **33**

---

[184] B Trib Brüssel vom 21.9.1990, Rev. dr. com. belge **1992** 787; MüKo/*Basedow* Rdn. 9.

[185] F Cass vom 15.7.1986, BT **1986** 542. Ladung von Bananen „verdorben", OLG Hamburg vom 31. 3. 1994, TranspR **1995** 245, 346.

[186] Abdruck z.B. bei *Donald* The CMR S. 213; *Putzeys* S. 444 f.

[187] Siehe Rdn. 16.

[188] Siehe zu den Beweisfragen nach spanischem Recht *Sánchez-Gamborino* Nr. 1205–1207.

[189] BGH vom 8. 6. 1988, TranspR **1988** 370 = VersR **1988** 952 f = ETR **1988** 705, 706 ff; OLG Düsseldorf vom 29. 3. 1979, VersR **1979** 651 (auch beigegebene Lieferscheine können reichen, wenn sie vollständig sind); *Koller*⁴ Rdn. 8; *Thume/Demuth* Rdn. 28; *Glöckner*⁷ Rdn. 1; *Loewe* TranspR **1988** 309, 311; *Lamy 98* I Nr. 527; *Hill/Messent/Glass*² S. 218; *Clarke*² Nr. 63b(iii).

[190] F CA Toulouse vom 26. 3. 1969, ETR **1971** 131, 136; B Cass vom 7. 6. 1974, ETR **1975** 68, 70 ff; B CA Brüssel vom 21.1.1987, ETR **1987** 745, 748 = ETR **1988** 209 ff; NL Kantongerecht Delft vom 13. 5. 1965, ETR **1966** 722, 725.

[191] Zu dieser siehe Rdn. 37 und Art. 17 Rdn. 45. Die Beweislage bleibt offen, MüKo/*Basedow* Rdn. 16; *Thume/Demuth* Rdn. 25 f; *Koller*⁴ Rdn. 7; *Loewe* TranspR **1988** 309, 310; *Clarke*² Nr. 62.

[192] F Cass vom 19. 6. 1968, BT **1968** 315, 316; F CA Paris vom 22.6.1966, BT **1966** 330, 331; F CA Tolouse vom 22.1.1976, BT **1976** 73–74; F TribCom Paris vom 13. 3. 1972, BT **1972** 230, 231. Der Beweis mit allen Beweishilfen der CMR und des ergänzenden nationalen Beweisrechts bleibt dem Geschädigten offen: F CA Paris vom 22.6.1966, BT **1966** 330; F CA Paris vom 13.4.1970, BT **1970** 167, 168 (verdeckter Schaden); *Herber/Piper* Rdn. 14; *Koller*⁴ Rdn. 7; *Piper*⁷ Rdn. 447; *Hill/Messent/Glass*² S. 218; *Loewe* TranspR **1988** 309, 311.

[193] Siehe Rdn. 2.

[194] Art. 30 Abs. 1 stimmt zwar mit § 438 HGBnF insoweit überein, als er nur eine Beweislastverschiebung durch Vorbehalte erreichen will. Er weicht aber von § 438 Abs. 1 HGBaF und vielen andern frachtrechtlichen Bestimmungen ab, die den Verlust der Ansprüche als Folge vorsehen; siehe Rdn. 2; zu weiteren Unterschieden Rdn. 34.

[195] Siehe MüKo/*Basedow* Rdn. 14 mit feineren Differenzierungen; *Koller*⁴ Rdn. 8; *Clarke*² Nr. 63 S. 318 und Rdn. 63b(iii); *Lamy 98* I Rdn. 527; *Sánchez-Gamborino* Nr. 1217; *Dorrestein* Nr. 146; Rechtsprechung jeweils dort. Siehe auch Rdn. 39.

34 Die von Art. 30 Abs. 1 vorgesehene (ohnehin wenig wirksame) Änderung der Beweislage nach Ablieferung ist davon abhängig, daß ein **wirksamer Frachtbrief** vorliegt[196] und der **Zustand des Gutes in ihm beschrieben** ist.[197] Der Frachtführer braucht also die dementsprechende Ablieferung nicht zu beweisen (äußerlicher Zustand, Zahl, Zeichen und Nummern). Anstelle der Eintragung im Frachtbrief können Angaben in beigefügten Lieferscheinen genügen, wenn auf diese im Frachtbrief eindeutig hingewiesen ist.[198] Die Angabe von Gewichten im Frachtbrief genügt jedenfalls dann nicht, wenn sie keine eindeutigen Aussagen hinsichtlich des Teilverlusts ermöglicht.[199] Bei Erhebung des Vorbehalts ist dagegen die Frage, ob die Güter bei Ablieferung beschädigt waren, beweisrechtlich wieder gänzlich offen. Dies ergibt sich eindeutig aus der Formulierung des Art. 30 Abs. 1.[200] Auch die englischen und französischen Originalfassungen der Bestimmung sehen klar eine bloße Beweisverschlechterung und kein Erlöschen von Ansprüchen vor.[201] Hat der Frachtführer bei Übernahme des Gutes Mängel im Frachtbrief vermerkt, so kann regelmäßig ihr Vorliegen angenommen werden.[202]

35 **Ist kein wirksamer[203] Frachtbrief ausgestellt**, fehlt es an der Anwendbarkeit von Art. 9 Abs. 2. Auch durch die vorgeschlagene analoge Anwendung dieser Vorschrift[204] kann keine Beweiswirkung geschaffen werden.[205] Ohne Frachtbrief fehlt schon der Ansatzpunkt der Beweisvermutung i. S. von Art. 30 Abs. 1, denn vom Empfänger aus läßt sich bei Ablieferung eine negative Abweichung von dem ihm unbekannten Zustand vor der Beförderung nicht klar feststellen. Art. 9 Abs. 2 würde durch die Analogie seinen Sinn verlieren. Der Geschädigte bleibt also mit dem Beweis belastet, daß der Schaden noch in der Obhutszeit und nicht nachher entstanden ist; siehe Art. 17 Rdn. 45. Die Versäumnis eines Vorbehalts hat in diesen Fällen keine Folgen.[206] Daher gelten die allgemeinen Regeln zur Beweislast, nach denen grundsätzlich der Absender

---

[196] BGH vom 8. 6. 1988, TranspR **1988** 370 = VersR **1988** 952 f = ETR **1988** 705, 706 ff.

[197] MüKo/*Basedow* Rdn. 14; *Baumgärtel/Giemulla* Rdn. 1. Nach § 438 HGBnF wird dagegen weitergehend die Ablieferung im „vertragsgemäßen Zustand" vermutet. Auf einen Frachtbrief kommt es also im innerdeutschen Transport nicht an.

[198] OLG Düsseldorf vom 29. 3. 1979, VersR **1979** 651.

[199] OLG Düsseldorf vom 29. 3. 1979, VersR **1979** 651.

[200] Zutreffend OLG Zweibrücken vom 23. 9. 1966, VersR **1967** 1145, 1147; OLG Karlsruhe vom 18. 10. 1967, DB **1967** 2022; B Cass vom 7. 6. 1974, ETR **1975** 68, 70ff; *Precht/Endrigkeit*³ Anm. 1; *Glöckner*⁷ Rdn. 1; *Loewe* ETR **1976** 578.

[201] Unstr.: *Loewe* TranspR **1988** 309, 310 Rdn. 6; MüKo/*Basedow* Rdn. 14; *Koller*⁴ Rdn. 8; *Hill/Messent/Glass*² S. 218; *Clarke*² Nr. 63; *Lamy 98* I Rdn. 527; siehe z. B. schon F CA Aix-en-Provence vom 22. 2. 1979, BT **1979** 387, 388.

[202] *Thume/Demuth* Rdn. 29; *Koller*⁴ Rdn. 8 gehen von einer derartigen Vermutung aus; eher dürfte ein von den Umständen abhängiger prima-facie-Beweis vorliegen; die zitierte Entscheidung BGH vom 8. 6. 1988, TranspR **1988** 370 ff = VersR **1988** 952 ff = ETR **1988** 705 ff sagt darüber nichts aus.

[203] Fehlt z. B. die Absenderunterschrift, kann der Frachtbrief keinen Beweis zu Lasten des Absenders oder des Frachtführers erbringen, siehe Art. 5 Rdn. 17; BGH vom 8. 6. 1988, TranspR **1988** 370 = VersR **1988** 952 f = ETR **1988** 705, 706 ff; *Thume/Demuth* Rdn. 28.

[204] So aber *Koller*⁴ Rdn. 8. Wie diese Analogie aussehen soll, legt er jedoch nicht dar.

[205] *Thume/Demuth* Rdn. 30; MüKo/*Basedow* Rdn. 15; BGH vom 8. 6. 1988, TranspR **1988** 370 f = VersR **1988** 952 ff = ETR **1988** 705 ff. Auch § 363 BGB und das Werkvertragsrecht können entgegen *Koller*⁴ Rdn. 8 keine solche Vermutung begründen, siehe Rdn. 39. Zu diesem Zusammenhang eingehend *Pesce* 310.

[206] BGH vom 8. 6. 1988, TranspR **1988** 370 = VersR **1988** 952 f = ETR **1988** 705 ff; OLG Düsseldorf vom 29. 3. 1979, VersR **1979** 651 (mit Erwägungen, inwieweit sich aus beigegebenen Lieferscheinen eine Vermutung ergeben kann); OLG Wien vom 22. 6. 1989, TranspR **1990** 158f; *Koller*⁴ Rdn. 1 und Art. 17 Rdn. 12; *Thume/Demuth* Rdn. 25. Siehe insgesamt auch Rdn. 33 und Art. 4 Rdn. 10.

oder Empfänger den Beweis für Übernahme in unbeschädigtem und Ablieferung in beschädigtem Zustand erbringen muß; siehe Art. 4 Rdn. 10. Daß in diesem Falle nach Art. 30 die Vermutung gelte, die Güter seien im Zustand wie bei ihrer Übernahme abgeliefert worden,[207] ist abzulehnen.

Enthält ein wirksamer Frachtbrief keine Beschreibung des Zustands der Güter, 36
ergibt sich keine Möglichkeit, aus ihm eine Vermutung für Freiheit von inneren Fehlern zu begründen. Ist der Frachtbrief ohne Angaben über den äußeren Zustand ausgestellt, enthält aber Vorbehalte des Frachtführers über diesen Zustand, begründet das Fehlen eines Empfängervorbehalts dagegen nach Art. 9 Abs. 2 die Vermutung, daß die Ware bereits bei Übernahme durch den Frachtführer die beanstandeten Mängel hatte.[208] Ohne Vorbehalt des Frachtführers kann eine allgemeine gesetzliche Vermutung zu seinen Gunsten für ordnungsgemäßen Zustand bei seiner Übernahme aber nicht begründet werden;[209] der Frachtführer würde entgegen Art. 9 begünstigt.[210] Die entsprechende Vermutung kann allenfalls mit den Angaben in den dem Frachtbrief beigegebenen Lieferschein begründet werden;[211] durch Zeugenaussagen werden vielfach auch Anscheinsbeweise begründet.

Bei nicht erkennbaren Schäden kann die Vermutung der Ablieferung im frachtbrief- 37
lichen Zustand noch innerhalb der Sieben-Tage-Frist verhindert werden,[212] auch wenn die Schadensentstehung nach der Ablieferung nicht völlig unmöglich ist.[213] Die Folge einer Versäumnis der rechtzeitigen Absendung des Vorbehalts ist die gleiche wie bei erkennbaren Schäden: Die Beweislage ist wieder offen; siehe Rdn. 33 ff. Hat der Empfänger das Gut ohne Schadensfeststellung oder rechtzeitigen Vorbehalt übernommen, besteht demnach zwar zu seinen Lasten eine widerlegliche Vermutung dafür, daß es sich in dem im Frachtbrief beschriebenen Zustand befand. Jedoch hat dies praktisch keine Bedeutung, denn aus Art. 8 und 9 CMR kann keine Vermutung dafür hergeleitet werden, daß das Gut bei Übernahme durch den Frachtführer auch innerlich unbeschädigt war.

Insgesamt ist festzuhalten: Alle in der CMR geregelten Folgen des Vorbehalts 38
sind **negativ formuliert.**[214] Da der Empfänger durch den Vorbehalt einer Beweisverschlechterung (Vermutung der Ablieferung in dem Frachtbrief entsprechendem Zustand) vorbeugt, bleibt es also grundsätzlich bei der allgemeinen Beweislage.[215] Die Voraussetzungen eines Schadenersatzanspruchs müssen vom Geschädigten behauptet und bewiesen werden. Der Ersatzberechtigte hat danach grundsätzlich auch darzulegen und zu beweisen, daß die Güter vollständig und ohne Schäden vom Frachtführer übernommen wurden und bei Ablieferung geschädigt waren;[216] auch möglich durch den Nachweis, daß der Schaden nicht nach Ablieferung entstanden ist. Diese schwierige Beweisführung soll durch Art. 30 im Sinne einer möglichst frühzeitigen und sicheren Schadensfeststellung vereinfacht werden, was aber nur teilweise erreicht wird.

---

207 F CA Limoges vom 2. 6. 1967, BT **1967** 273 f; *Hill/Messent/Glass*[2] S. 218 Fn. 4; *Thume/Seltmann* Rdn. A 30; *Jesser* 60; *Sánchez-Gamborino* Nr. 1204. *Loewe* hat sich von seiner entsprechenden Auffassung in ETR **1976** S. 578 nunmehr in TranspR **1988** 309, 311 distanziert.

208 Insoweit zutreffend MüKo/*Basedow* Rdn. 15, aber unscharf, weil sich diese Vermutung nur auf den äußeren Zustand bezieht; *Thume/Demuth* Rdn. 29.

209 *Thume/Demuth* Rdn. 285.

210 Siehe auch Art. 9 Rdn. 22.

211 OLG Düsseldorf vom 29. 3. 1979, VersR **1979** 651; dazu Rdn. 34.

212 Bei erkennbaren Schäden „bei Ablieferung"; siehe Rdn. 26.

213 Dazu und zur Entstehungsgeschichte der Vorschrift *Loewe* TranspR **1988** 309, 311.

214 Zur abweichenden französischen Auffassung zu Art. 30 Abs. 2 siehe Rdn. 40.

215 Zu dieser siehe Art. 17 Rdn. 19, 45 ff; Art. 30 Rdn. 2, 32.

216 Allenfalls könnte ihm dabei Art. 9 Abs. 2 zugute kommen, der aber für innere Schäden nichts regelt; siehe Rdn. 40.

39 **Greift die Vermutung des Art. 30 Abs. 1 nicht**, vor allem weil die Beweislage durch den Vorbehalt des Empfängers wieder offen ist, aber auch, wenn kein Frachtbrief vorliegt, besteht zwar keine Vermutung für ordnungsgemäße Ablieferung. Nach allgemeinem Beweisrecht hat der Geschädigte aber ebenfalls die Ablieferung des Gutes in beschädigtem Zustand zu beweisen.[217] Das Risiko des non liquet trägt also ohnehin der Geschädigte. Die ergänzende Anwendung des von der Rechtsprechung weit ausgelegten **§ 363 BGB**[218] bringt für diese Fälle keine Veränderung.[219] Sie ist auch nicht überzeugend zu begründen.[220] Wenn Art. 30 Abs. 1 CMR dem Frachtführer die Vermutung der Ablieferung ordnungsgemäßen Gutes versagt, ist es ohnehin nicht Aufgabe des ergänzenden nationalen Rechts, ihm wieder eine ähnliche Vermutung zu beschaffen. Zwar kann man nicht verhindern, daß das allgemeine Beweisrecht in diese Richtung wirkt, so daß die Rechtslage mit und ohne Vorbehalt praktisch die gleiche ist.[221] Aber es müssen nicht analoge Anwendungen nationaler Rechtsordnungen in diese Richtung wirken. Sie würden dem Zweck des Art. 30 entgegenwirken, der gerade den Frachtführer zur Sicherung von Beweisen veranlassen will.[222] Insbesondere widerspräche es der CMR, dem Frachtführer die Möglichkeit zu geben, sich der gemeinsamen Feststellung zu entziehen und sich dann gegenüber dem Geschädigten trotz des Vorbehalts auf dessen Beweislast zu berufen.[223]

40 In der **französischen Rechtsprechung und Doktrin** wird der Versäumung des Vorbehalts eine **weitergehende Wirkung** zugesprochen: Zur Wirkung des innerhalb der 7-Tagesfrist abgesandten Vorbehalts **bei äußerlich nicht erkennbaren Schäden** wird die Auffassung vertreten,[224] mit dem fristgerechten Vorbehalt gehe die Beweislast für die Entstehung des Schadens zwischen Übernahme und Ablieferung, insbesondere für den intakten Zustand bei Übernahme durch den Frachtführer, auf diesen über.[225] Für diese notdürftig mit Abweichungen der CMR von der CIM begründeten Wirkung

---

217 *Loewe* TranspR **1988** 309, 310 Rdn. 7; *Koller*⁴ Rdn. 7; *Thume/Demuth* Rdn. 25; *Hill/Messent/Glass*² S. 218; *Clarke*² Nr. 62 S. 315.

218 Von *Koller*⁴ Rdn. 7 f vertreten.

219 MüKo/*Basedow* Rdn. 17.

220 Es fehlt schon an der erforderlichen zu erfüllenden Schuld; zweifelhaft, ob die Anlieferung des zu befördernden Gutes in bestimmter Qualität eine dem Empfänger geschuldete Leistung des Frachtführers ist. Vor allem ist aber bei rechtzeitiger Erklärung eines Vorbehalts keine Annahme „als Erfüllung" gegeben. Aus dem Verhalten des Empfängers kann nicht der Schluß gezogen werden, er habe die Leistung als im wesentlichen ordnungsgemäße Erfüllung der Transport- und Obhutspflicht gelten lassen wollen. Dies muß auch gelten, wenn der Vorbehalt rechtzeitig, aber nach der Übernahme erfolgt, da es unsinnig wäre, dem Empfänger entgegen der CMR über ergänzende Anwendung nationalen Rechts das Beweisrisiko zuzuschieben. Siehe auch Rdn. 40.

221 Daher zweifelnd an der Richtigkeit dieses Ergebnisses aufgrund der ergänzenden Anwendung englischen Rechts *Hill/Messent/Glass*² S. 218; wohl auch *Clarke*² Nr. 63 S. 318 und Nr. 63b(iii) S. 324.

222 *Koller*⁴ Rdn. 7.

223 Zutreffend *Koller*⁴ Rdn. 7.

224 Wohl nur in Frankreich; *Clarke*² Nr. 62.

225 *Lamy 98* I Rdn. 526, 1557 Jur. 4; *Loewe* ETR **1976** S. 310 mit Hinweisen auf die Entstehungsgeschichte. Jedenfalls, wenn das Gut im Frachtbrief eingetragen ist, nimmt die französische Rechtsprechung eine Vermutung zu Lasten des Frachtführers für die Entstehung des rechtzeitig reklamierten Schadens während der Obhutszeit an: F Cass vom 2. 2. 1982, ETR **1983** 47, 50 = BT **1982** 152 f (Bestätigung von F CA Reims vom 3. 3. 1980, BT **1980** 237 f; F CA Paris vom 13. 4. 1970, BT **1970** 167 f; im Grundsatz bestätigend auch F Cass vom 15. 7. 1986, BT **1986** 542; F CA Paris vom 28. 5. 1980, BT **1980** 346 ff (daneben aber Würdigung der Umstände); F CA Rouen vom 21. 2. 1991, BTL **1991** 507 = *Lamy 98* I Rdn. 1194 Jur. 1, 521 Jur. 3, 526 Jur. 4; F CA Nîmes vom 5. 11. 1980, BT **1980** 600, 601 (Beweislast geht auf den Empfänger über, aber er kann den Beweis für Fahrerfehler erbringen); wohl auch F CA Paris vom 2. 12. 1981, ETR **1982** 73 ff (weniger weitgehend nur eine Vermutung dafür, daß der Schaden bei Ablieferung schon bestanden hat); F CA Paris vom 17. 3. 1977, BT **1977** 196. Zu dieser Rechtsprechung MüKo/*Basedow* Rdn. 16; *Clarke*² Nr. 62 S. 316. Siehe auch Art. 9 Rdn. 24.

des Vorbehalts gibt es keine Begründung aus der CMR.[226] Der dabei z. T. herangezogene Art. 8 CMR trifft keine Bestimmung zur Beweislast für innere, äußerlich nicht bemerkbare Schäden; siehe Art. 8 Rdn. 3. Daher kann der Frachtbrief keiner Partei zugute kommen, Art. 9 Abs. 2. Insbesondere die Formalität der Vermutungen des Art. 9 erlaubt solche Schlüsse in der Regel nicht.[227] Auch in diesem Falle ist es aber grundsätzlich nicht richtig, den Vorbehalt mit Hilfe ergänzenden nationalen Rechts weitgehend wirkungslos zu machen. Um dem Empfänger einen durchsetzbaren Schadenersatz wirksam zu sichern, muß in Kauf genommen werden, daß in Einzelfällen eine Haftung des Frachtführers für Schäden eintritt, die (unaufklärbar) kurz nach Ablieferung entstanden sind.[228] Insoweit ist also davon auszugehen, daß sich der Frachtführer ohne Vorbehalt auf keine besondere Beweisregel berufen kann. Anderseits besteht aber kein Anlaß, ihm nunmehr eine neue Beweislast für die vorausgegangene unbeschädigte Übernahme aufzuerlegen. Die Rechtslage nach Art. 30 Abs. 1 ist allerdings insgesamt alles andere als befriedigend.[229]

Art. 30 Abs. 2 ist teilweise unglücklich formuliert. Insbesondere sehr unterschiedlich ist die Umschreibung der Prüfung und Feststellung der Schäden in den beiden maßgeblichen Fassungen.[230] Die ohnehin vielfach nicht beachtete Möglichkeit der gemeinsamen Schadensfeststellung ist damit problematisch. Immerhin ist darauf hinzuweisen, daß der Empfänger durch sie die Möglichkeit hat, die Durchsetzung für Schadenersatzansprüche erheblich zu erleichtern. Es dürfte daher zweckmäßig sein, vorhandene Schäden gemeinsam mit dem Frachtführer oder Fahrer festzustellen und (möglichst schriftlich) festzuhalten. **41**

2. Rechtslage bei gemeinsamer Schadensfeststellung (Art. 30 Abs. 2)

a) Überprüfung und Feststellung

Die gemeinsame Schadensfeststellung betrifft die Möglichkeit von Verlusten[231] und Beschädigungen.[232] Sie kann der Ausgangspunkt von weitreichenden Wirkungen sein, insbesondere eines Anspruchsverlustes. Sie bedeutet, daß die Parteien sich entscheiden, das Ergebnis der durchgeführten Überprüfung des Zustands des Gutes gemeinsam festzustellen. Die gemeinsame Überprüfung und Feststellung enthält den Willen jeder Partei, den durch die Prüfung festgestellten Tatbestand rechtsverbindlich festzuhalten. Davon geht die CMR aus, wenn sie als Folge einen Rechtsverlust anordnet (Art. 30 Abs. 2, siehe Rdn. 48). Nach deutschen Begriffen ist der Gesamtvorgang in zwei unterschiedliche Akte zu teilen: Die Überprüfung als rein tatsächliches Handeln und die Feststellung als Rechtsgeschäft. Auf die Feststellung ist daher das Recht der Willenserklärungen anwendbar: Dem Ergebnis der Überprüfung wird durch die Privatautonomie der Parteien auf rechtsgeschäftliche Weise rechtliche Wirkung verschafft. Es ist daher konsequent, daß mit der Feststellung das Überprüfungsergebnis unan- **42**

[226] Eindeutig *Clarke*[2] Nr. 62; *Putzeys* Nr. 580 ff, insbesondere 586; *Dorrestein* Nr. 146; im Grundsatz auch *Koller*[4]. Rdn. 7.

[227] Siehe Art. 8 Rdn. 3; Art. 9 Rdn. 3; MüKo/*Basedow* Rdn. 4, 14. *Koller*[4] Rdn. 15 will die Beweislast für die Schadensentstehung in der Obhutszeit trotz rechtzeitigen Vorbehalts unter Anwendung nationalen deutschen Rechts beim Empfänger belassen; dazu Rdn. 39.

[228] Zutreffend *Loewe* TranspR **1988** 309, 310; gegen die Überbürdung dieses Risikos auf den Frachtführer entschieden MüKo/*Basedow* Rdn. 17.

[229] Siehe Rdn. 1, 33.

[230] Siehe Rdn. 44.

[231] Art. 30 Abs. 2 gilt entgegen *Thume/Demuth* Rdn. 32 nicht nur für Beschädigungen und Teilverluste, sondern erfaßt auch Totalschäden; zu den Begriffen Art. 17 Rdn. 6.

[232] Nicht der Schadensursache; *Loewe* ETR **1976** 503 ff, Nr. 231; *Thume/Demuth* Rdn. 32.

greifbar wird; es wird dem weiteren Streit entzogen.[233] Sollten beim Überprüfen Fehler unterlaufen sein, können sie nur als Gründe für Unwirksamkeit oder Anfechtbarkeit der Feststellungserklärungen geltend gemacht werden.[234] Hierfür enthält jedoch die CMR keine Regelung. Daher muß auf ergänzend anwendbares Recht zurückgegriffen werden. Ist deutsches Recht als Vertragsstatut anwendbar,[235] kommt vor allem die Anfechtung in Betracht. Die englische Originalfassung betont (im Gegensatz zur französischen und der deutschen Übersetzung)[236] mit der Formulierung *„duly* checked" die vorhergehende ordnungsgemäße Überprüfung des Gutes. Fehler bei der Überprüfung machen die Feststellung nicht automatisch unwirksam.[237] Wäre die Fehlerlosigkeit Wirkungsvoraussetzung der Feststellungserklärung, würde diese ohne geregelte Voraussetzungen angreifbar sein. Die nachträgliche Unwirksamkeit muß aber begrenzenden Regeln unterworfen sein, wenn die Feststellung den Parteien noch eine gewisse Sicherheit geben soll. Die landesrechtlichen Bestimmungen über Willensmängel, insbesondere das Recht der Anfechtung, liefern weit bessere und nachvollziehbare Prüfungsmethoden für die Wirksamkeit der Erklärung. Siehe Art. 1 Rdn. 80.

43 Die gemeinsame Schadensfeststellung ist **in der Wirkung vorrangig vor dem Vorbehaltsverfahren**. Ein Recht einer Partei, von der anderen Mitwirkung bei gemeinsamer Schadensfeststellung zu verlangen, ist jedoch abzulehnen.[238] In der Praxis kann die gemeinsame Schadensfeststellung vom Empfänger oft durch Verweigerung einer Empfangsquittung erzwungen werden. Wird diese nicht erteilt, kann der Empfänger bei erkennbaren Schäden sofort mündlich oder schriftlich[239] Vorbehalte erklären. Auch bei gemeinsamer Feststellung ist der Vorbehalt noch vorsorglich möglich.[240]

b) Schadensfeststellung

aa) Wirkungsvoraussetzungen der Schadensfeststellung

44 Art. 30 Abs. 2 setzt nicht nur eine gemeinsame Überprüfung des Gutes, sondern vor allem auch die gemeinsame Feststellung durch Frachtführer[241] und Empfänger voraus.[242] Der französischen Originalfassung der CMR gegenüber machen englische Fassung und deutsche Übersetzung die tragende Bedeutung der Feststellung nicht deutlich genug. Jedoch muß man davon ausgehen, daß mit „checking" (ebenso mit der französischen „constatation contradictoire") sowohl Prüfung wie Feststellung gemeint sind.[243] Erforderlich ist, daß Frachtführer und Empfänger unter gegenseitiger Kontrolle die Überprüfung vornehmen und zum gleichen Ergebnis kommen.[244] Regelmäßig wird für den Frachtführer die Beteiligung des Fahrers ausreichend

---

233 MüKo/*Basedow* Rdn. 18.
234 Siehe auch Rdn. 48.
235 Siehe Art. 1 Rdn. 85 ff.
236 Der französische Text enthält keine entsprechende Prüfungspflicht („la marchandise a été constaté contradictoirement par le destinataire et le transporteur"), ebenso die deutsche Übersetzung.
237 So aber NL Rb Rotterdam vom 31. 10. 1975, SS **1976** 60 f Nr. 24; *Clarke*² Nr. 63 f S. 318 ff. *Koller*⁴ Rdn. 9 verwirft den Rückgriff auf ergänzendes nationales Recht als „unzulässig" und nimmt Unwirksamkeit der Feststellung an, wenn das Gut nicht „duly checked" ist. Zutreffend dagegen *Thume/Demuth* Rdn. 34. Siehe auch Rdn. 47.
238 Siehe Rdn. 24.
239 Siehe Rdn. 14, 30.
240 So zur Erhaltung von Ansprüchen etwa für den Fall einer Unwirksamkeit oder Anfechtbarkeit der Feststellung.
241 Die offizielle spanische Übersetzung unterschlägt den Hinweis auf die Mitwirkung des Empfängers; siehe den Text bei *Sánchez-Gamborino* S. 378, verbesserte spanische Fassung und Kritik dort Nr. 1196.
242 *Koller*⁴ Rdn. 9; *Thume/Demuth* Rdn. 33 f, wohl auch *Clarke*² Nr. 63a. Siehe auch Rdn. 9.
243 Siehe *Clarke*² Nr. 63 a, der, wohl entsprechend der englischen Fassung der Vorschrift, die Feststellung nicht als besondere Voraussetzung behandelt.
244 Siehe dazu F CA Paris vom 28. 3. 1978, BT **1978** 320, 321 f.

sein,[245] die eine Vollmacht erfordert,[246] die sich in der Regel auf Ansprüche gegen den Hauptfrachtführer, nicht aber auf solche des Empfängers gegen den Unterfrachtführer aus dem Unterfrachtvertrag bezieht.[247] Auch wechselseitig kontrollierte getrennte Feststellungen der Parteien mit gleichem Ergebnis genügen nicht,[248] ebensowenig eine Überprüfung durch eine Behörde oder durch Sachverständige ohne Beteiligung beider Parteien; siehe Rdn. 56. Auf keinen Fall reicht die bloße Beobachtung des Schadens durch den Fahrer und die Anbringung eines Vorbehalts auf dem Frachtbrief.[249] Eine Schadensfeststellung setzt voraus, daß der Schaden sich aus ihr deutlich ergibt.[250] Wird zwar die Durchnässung der Sendung vermerkt, aber der Schaden nicht näher festgestellt, bleibt dem Geschädigten noch der genauere Schadensnachweis.

Die CMR legt **keine Form** der gemeinsamen Überprüfung und Feststellung fest.[251] **45**
Die Feststellung kann auf dem Frachtbrief oder in einem anderen Dokument festgehalten werden.[252] Sie muß von beiden Parteien gebilligt sein. Daß die Unterzeichnung durch beide Parteien erforderlich sein soll, kann der CMR nicht entnommen werden.[253] Nicht einmal eine mündliche Feststellung ist unwirksam,[254] wenn sie bewiesen werden kann, z. B. auf einem Tonband oder Videofilm. Allerdings ist schriftliche Festlegung aus Beweisgründen sehr anzuraten. Die gemeinsame Feststellung kann auch durch vom Frachtführer und Empfänger bevollmächtigte Personen erfolgen.[255] Insbesondere wird der Fahrer regelmäßig als dazu vom Frachtführer bevollmächtigt angesehen.[256] Dies entspricht mangels deutlichem Hinweis auf Fehlen der Vollmacht auch den Auslegungsregeln. Denn man kann davon ausgehen, daß der Frachtführer dem Fahrer bei einem grenzüberschreitenden Transport die Befugnis überträgt, die gesetzlich vorgesehenen Geschäfte wirksam zu erledigen. Da bereits eine Anscheinsvollmacht genügt, ist die allgemeine Auffassung begründet. Der Frachtführer kann jedoch dem Fahrer die Unterzeichnung von Schadensfeststellungen untersagen und auch seine Kunden (eventuell durch AGB) darauf hinweisen.[257] Schließlich kann auch die Berufung auf Rechtsmißbrauch helfen.[258]

Ein **Zeitpunkt** für die gemeinsame Feststellung ist nicht vorgeschrieben. Jedenfalls **46**
muß sie nicht am Tage der Ablieferung erfolgen. Sie kann also schon vor, aber auch nach Ablieferung stattfinden.[259] Dies entspricht auch der für eine ordnungsgemäße Untersuchung oft erforderlichen Zeit.

Ist die **Feststellung Ergebnis einer unsorgfältigen Überprüfung** oder ungeeigneter **47**
Meßmethoden, folgt daraus nicht automatisch ihre Unwirksamkeit.[260] Den Parteien ist

---

[245] Daher genügt nicht die Eigenschaft des Fahrers als Empfangsbote. Siehe dazu Rdn. 16, 21.

[246] Siehe dazu als Beispielsfälle: F CA Paris vom F CA Rennes vom 5.11.1974, BT **1974** 514 f; NL Rb Rotterdam vom 31.10.1975, SS **1976** 60 ff Nr. 24.

[247] Siehe auch Rdn. 18 f.

[248] *Koller*[4] Rdn. 9; *Thume/Demuth* Rdn. 33.

[249] OLG Wien vom 22. 6. 1989, TranspR **1990** 158 f.

[250] Es genügt der Hinweis „completamente deterioradas", der als Feststellung des Totalschadens gesehen werden kann; NL Rb Rotterdam vom 31. 10. 1975, SS **1976** 60 Nr. 24.

[251] *Thume/Demuth* Rdn. 35.

[252] F CA Rennes vom 5.11.1974, BT **1974** 514 f; NL Rb Rotterdam vom 31.10.1975, SS **1976** 60 f Nr. 24.

[253] *Loewe* ETR **1976** 503 ff, Nr. 230; *Koller*[4] Rdn. 9: *Thume/Demuth* Rdn. 35. *Lamy 98* I Rdn. 526 sieht sie aber als selbstverständliches Erfordernis an, ohne Hinweise auf Rechtsprechung.

[254] *Loewe* ETR **1976** 503 ff, Nr. 230; *Koller*[4] Rdn. 9; *Thume/Demuth* Rdn. 35.

[255] Zutreffend OLG Köln vom 5.2.1981, unveröffentlicht.

[256] *Loewe* ETR **1976** 503 ff, Nr. 223; MüKo/*Basedow* Rdn. 19; *Thume/Demuth* Rdn. 37, *Haak* S. 193 Fn. 399 m. Hinweisen auf niederländische Rechtsprechung; *Rodière* BT **1978** 73; a. A. *Dorrestein* Nr. 137.

[257] MüKo/*Basedow* Rdn. 19.

[258] MüKo/*Basedow* Rdn. 19.

[259] *Thume/Demuth* Rdn. 36.

[260] Siehe Rdn. 42.

überlassen, die Feststellung zu treffen oder nicht. Daher kommt in solchen Fällen eine Anfechtung der gemeinsamen Feststellung in ergänzender Anwendung von §§ 119, 123 BGB in Betracht.

bb) Folgen der Schadensfeststellung

48 Bei gemeinsamer Überprüfung des Gutes durch den Frachtführer und den Empfänger sieht das Gesetz vor, daß der Gegenbeweis gegen das Ergebnis der Überprüfung grundsätzlich ausgeschlossen ist; eine prozessuale Beweisregel.[261] Bei äußerlich erkennbaren Schäden wird damit eine **unwiderlegliche Vermutung für die Richtigkeit des Überprüfungsergebnisses**, also letztlich ein Anspruchsverlust,[262] begründet. Die Unwiderleglichkeit entsteht bei äußerlich erkennbaren Schäden mit der gemeinsamen Feststellung.[263] Bei äußerlich nicht erkennbaren Schäden kann der Empfänger innerhalb von sieben Werktagen (ab gemeinsamer Feststellung)[264] an den Frachtführer einen schriftlichen Vorbehalt richten. Dieser verhindert den Anspruchsverlust, ändert aber an der dann offenen Beweissituation nichts. Der Geschädigte muß die verborgenen Mängel bei Ablieferung beweisen.[265]

49 **Nach französischer Auffassung** entwickelt die Reklamation innerhalb der 7-Tagesfrist eine positive Wirkung zugunsten des Reklamierenden. Die innerhalb der Frist gerügten äußerlich nicht erkennbaren Schäden sollen als endgültig festgestellt behandelt werden.[266] Diese positive Wirkung der einseitigen Reklamation ist jedoch in der CMR nicht vorgesehen.[267] Sie begünstigt den Empfänger unangemessen und läßt sich schon deshalb nicht mit Auslegung begründen. Auch die zitierte Entscheidung des französischen Kassationshofs vom 24. 11. 1987 enthält keine Hinweise auf ein Akzeptieren der Richtigkeit der Verlustbehauptung des Empfängers durch den Frachtführer.[268]

50 **Gegenstand der unwiderleglichen Vermutung** ist das „Ergebnis der Überprüfung" („le résultat de cette constatation", „the result of this checking"). Da die Prüfung des Schadens in der Praxis vielfach unvollständig sein wird (z. B. weil die Güter verpackt sind), stellt sich oft die Frage, was überhaupt im konkreten Fall festgestellt ist. Hier ist nach richtiger Interpretation der Originaltexte das Ergebnis der Feststellung (nicht nur der Überprüfung) maßgeblich, also nur das, worauf sich die Parteien verständigt haben.[269] Dies ist schon deshalb richtig, weil es in die Kompetenz der Parteien gestellt ist, das Ergebnis der Überprüfung zu formulieren und daher der Beurteilung anderer Personen zu entziehen. Werden nur Teilergebnisse festgestellt, sind diese bindend.[270] Fraglich ist, ob Schadenersatzansprüche noch auf Gründe gestützt werden können, die von den Parteien nicht festgestellt wurden. *Thume/Demuth* Rdn. 38 hält es für erheb-

[261] Entsprechend den verbindlichen französischen und englischen Fassungen; *Sánchez-Gamborino* Nr. 1201.

[262] *Thume/Demuth* Rdn. 38; MüKo/*Basedow* Rdn. 18; *Herber/Piper* Rdn. 18; *Koller*⁴ Rdn. 10; *Clarke*² Nr. 63a; *Piper*⁷ Rdn. 448; OLG Wien vom 22. 6. 1989, TranspR **1990** 158 f.

[263] MüKo/*Basedow* Rdn. 18; *Koller*⁴ Rdn. 10; *Clarke*² Nr. 63 a S. 320; *Lamy 98* I Rdn. 524.

[264] Zur Fristberechnung siehe Rdn. 12.

[265] *Thume/Demuth* Rdn. 39, 41; MüKo/*Basedow* Rdn. 18; *Koller*⁴ Rdn. 17; *Loewe* ETR **1976** S. 579; *Baumgärtel/Giemulla* Rdn. 5; *Hill/Messent/Glass*² S. 218.

[266] *Lamy 98* I Nr. 526; F Cass vom 24. 11. 1987, RDU **1988** 729, 730 = BT **1988** 43 f = *Lamy 98* I Nr. 1557 Jur. 1.

[267] Siehe Rdn. 38.

[268] Siehe zu diesem Fragenkreis auch *Franz* S. 227 ff, 230 ff, der aber das CMR-Urteil nicht in Beziehung zu Art. 30 CMR, sondern zum innerstaatlichen Recht nach Art. 105 Ccom sieht.

[269] Siehe Rdn. 42. Davon geht auch *Thume/Demuth* Rdn. 38 bei der Erörterung der Wirkungen aus.

[270] *Thume/Demuth* Rdn. 38.

lich, wie weit die Parteien überprüfen und feststellen wollten und verweist damit für die Maßgeblichkeit der Sachfragen in den Bereich der Auslegung des Feststellungsvertrages. Der Sinn des Gesetzes, Klarheit zu schaffen, verlangt aber, daß der Wille der Parteien insoweit nicht mehr maßgeblich sein darf. Sie haben die Möglichkeit, die Untersuchung genauer vorzunehmen oder die Feststellung abzulehnen; der Empfänger kann dann noch Vorbehalte nach Abs. 1 geltend machen.[271] Man wird also davon auszugehen haben, daß die Feststellung stets auch das Nichtvorhandensein von Mängeln bestätigt. Es bleibt allenfalls die Möglichkeit der Anfechtung der Feststellung.

Die **Feststellung wirkt auch gegenüber dem Absender.**[272] Die **inhaltlichen und formalen Anforderungen** an den Vorbehalt entsprechen wegen der gleichen Funktion 51
Art. 30 Abs. 1.[273]

cc) Beweislast für Schadensfeststellung

52 Wer sich auf die Schadensfeststellung beruft, muß sie beweisen. Dazu gehört die Tatsache der Feststellung, aber auch die rechtzeitige Absendung des Vorbehalts bei nicht erkennbaren Schäden, aber auch die Nichterkennbarkeit.[274]

c) Bei vorgeschlagener, aber nicht durchgeführter Schadensfeststellung

53 Entzieht sich der Frachtführer einer vom Empfänger vorgeschlagenen gemeinsamen Überprüfung des Gutes, bleibt dem Empfänger nur die Möglichkeit, einseitig einen Vorbehalt anzumelden. Der Empfänger kann aber hilfsweise den einseitigen Vorbehalt schon erklären, wenn er beim Frachtführer gemeinsame Schadensfeststellung beantragt; siehe Rdn. 9. Allerdings muß der Vorbehalt dann bereits erste Angaben über Schäden enthalten; siehe Rdn. 31 f. Im übrigen wird man – wenn der Frachtführer die gemeinsame Feststellung nicht eindeutig abgelehnt hat – einen entsprechend verzögerten Vorbehalt noch als rechtzeitig anerkennen müssen, weil es dem Frachtführer verwehrt ist, sich auf die Folgen der von ihm vorgenommenen Verhinderung der gemeinsamen Schadensfeststellung zu berufen; siehe Rdn. 24. Inwieweit es dem Frachtführer wegen Beweisvereitelung darüber hinaus verwehrt sein soll, sich auf die Unrichtigkeit des einseitigen Vorbehalts zu berufen,[275] ist problematisch. Zumindest kann dies nicht akzeptiert werden, wenn die Schäden nachweislich nicht bestanden haben.

54 **Beantragt der Frachtführer gemeinsame Schadensfeststellung, lehnt sie aber der Empfänger ab**, dann kann das Sichberufen des Empfängers auf seinen einseitigen Vorbehalt unzulässig sein.[276] Nach ergänzend anzuwendendem nationalem Recht kann der Frachtführer eine gerichtliche Expertise verlangen.[277]

55 Ist **zwar das Gut gemeinsam überprüft, aber nicht gemeinsam der Schaden festgestellt** worden, kann es keine gesetzliche Vermutung geben. In diesem Falle ist ein einseitiger Vorbehalt erforderlich.[278] Unter Umständen kann sich auch in diesem Fall der Empfänger oder der Frachtführer nicht auf den Vorbehalt oder dessen Versäumnis

---

271 Siehe Rdn. 55.
272 Wie beim Vorbehalt, Rdn. 16.
273 Siehe zum Inhalt Rdn. 31; zur Fristberechnung Abs. 4 und Rdn. 12; zur Schriftlichkeit Rdn. 14; zu den beteiligten Personen Rdn. 32.
274 *Baumgärtel/Giemulla* Rdn. 5, auch zur Terminologie und zum Beweis über die materielle Schadensfrage.
275 *Koller*[4] Rdn. 11.
276 *Koller*[4] Rdn. 11; MüKo/*Basedow* Rdn. 18.
277 *Putzeys* Nr. 560.
278 *Koller*[4] Rdn. 12; MüKo/*Basedow* Rdn. 18; insoweit auch *Thume/Demuth* Rdn. 38.

berufen; siehe Rdn. 24. Hat der Frachtführer an einer durch die beteiligten Versicherer getroffenen gemeinsamen Schadensfeststellung ohne jeden Widerspruch mitgewirkt, dann liegt zwar keine gemeinsame Schadensfeststellung im Sinne von Art. 30 Abs. 2 vor, er kann sich aber nicht darauf berufen, der Empfänger habe den einseitigen Vorbehalt nach Abs. 1 versäumt.[279]

d) Bei Schadensfeststellung durch Sachverständige oder Behörden

56 Wird die Schadensfeststellung nicht gemeinsam durch Frachtführer und Empfänger, sondern durch Sachverständige oder durch Behörden vorgenommen, entfällt die Anwendung von Art. 30 Abs. 2, soweit nicht beide Parteien sie ermächtigt haben.[280] Ohne rechtzeitigen Vorbehalt des Absenders tritt die Beweislastumkehr nach Art. 30 Abs. 1 ein. Die sachverständige oder behördliche Feststellung kann aber dann als Beweismittel für den Schaden und seine Entstehung in der Obhutszeit verwendet werden.[281] Den Anforderungen des Art. 30 Abs. 2 genügt entgegen der französischen Rechtsprechung[282] nicht die Überprüfung durch eine Behörde oder durch Versicherungssachverständige, an der nur einer der Beteiligten teilgenommen hat, denn der beiden beteiligten Parteien nach Art. 30 Abs. 2 drohende Rechtsverlust erlaubt keine weite Auslegung der Vorschrift.

III. Vorbehalte bei Lieferfristüberschreitung (Art. 30 Abs. 3)

1. Bei reinen Vermögensschäden

a) Wirkungsvoraussetzungen des Vorbehalts

aa) Zeitpunkt des Vorbehalts

57 Im Falle der Lieferfristüberschreitung[283] ist der Vorbehalt binnen 21 Tagen nachdem das Gut dem Empfänger zur Verfügung gestellt worden ist, geltend zu machen. Ausreichend ist die Absendung innerhalb der Frist,[284] die vom Empfänger zu beweisen ist.[285] Der Vorbehalt (Hinweis auf wahrscheinliche Schäden) kann auch vor Ablieferung[286] und sogar vor Ablauf der absehbar nicht mehr einhaltbaren Lieferfrist

279 Nach deutschem Recht mit Treuwidrigkeit begründbar; B CA Brüssel vom 17. 6. 1971, ETR **1971** 825, 828 = ETR **1972** 595 ff begründet es mit der Mitwirkungspflicht des Frachtführers aus Art. 30 Abs. 5.

280 *Sánchez-Gamborino* Nr. 1198. Siehe aber dort zum gesetzlichen Schadensfeststellungsverfahren Nr. 1211.

281 Beispielsfälle: B TribCom Charleroi vom 26. 6. 1977, ETR **1977** 776, 783; B TribCom Verviers vom 7. 4. 1979, ETR **1979** 664, 672; B TribCom Antwerpen vom 1. 4. 1980, ETR **1980** 461, 470 (zweifelhaft die Bemerkung, daß der Frachtführer, der einem einseitigen Gutachten nicht widersprochen hat, sich im Prozeß nicht mehr auf seine Unrichtigkeit berufen darf). Eine Schadensfeststellung durch einen Sachverständigen nur im Beisein des Empfängers bindet den Frachtführer nicht; *Sánchez-Gamborino* Nr. 1211 mit Hinweisen auf Rechtsprechung.

282 *Lamy 98* I Rdn. 524, 1555.

283 Güterschäden aus Versäumung der Lieferfrist fallen unter die Obhutshaftung; siehe Rdn. 62. Die Haftung wegen Weisungsfehlern nach Art. 12 Abs. 6 und 7 unterliegt nicht Art. 30 Abs. 3; A OGH vom 13. 6. 1985, SZ **58** 102 S. 494 = TranspR **1988** 13, 15. Art. 30 Abs. 3 wäre jedoch auch auf eine Laufzeit-Garantie anzuwenden; LG Essen vom 3. 7. 1984, TranspR **1984** 277, 278; siehe ferner Art. 17 Rdn. 254 und Art. 23 Rdn. 64.

284 Siehe Rdn. 11; a. A. F CA Limoges vom 7. 11. 1977, BT **1977** 537 f; BGH vom 14. 11. 1991, TranspR **1992** 135 ff = VersR **1992** 850 ff; dazu *Thume/Demuth* Rdn. 44.

285 F CA Aix-en-Provence vom 26. 11. 1980, BT **1981** 185; *Thume/Demuth* Rdn. 46; *Herber/Piper* Rdn. 30; MüKo/*Basedow* Rdn. 20, 12.

286 *Loewe* TranspR **1988** 310 Rdn. 9; MüKo/*Basedow* Rdn. 20; *Csoklich* S. 251; OLG Hamburg vom 6. 12. 1979, VersR **1980** 290 f; OLG Düsseldorf vom 18. 1. 1979, VersR **1979** 356, 357. Dies

erfolgen.[287] Die Warnfunktion des Art. 30 wird auch in diesem Fall erfüllt.[288] Der Fristbeginn entspricht sachlich nicht der Ablieferung. Der Frachtführer stellt das Gut dem Empfänger schon zur Verfügung, wenn er es dem Empfänger anbietet.[289] Die Frist beginnt also auch zu laufen, wenn der Empfänger die Annahme verweigert.[290] Die Übernahme des Gewahrsams durch den Empfänger ist für den Fristbeginn also nicht erforderlich.[291] Zur Fristberechnung siehe Abs. 4 und Rdn. 12. Die Frist bemißt sich für Vorbehalte gem. Abs. 3 jedoch nach Kalender-, nicht Werktagen, Umkehrschluß aus Art. 30 Abs. 1 S. 1.[292] Daß der Vorbehalt auch bereits nach Ablauf der Lieferfrist, aber vor Ablieferung[293] erhoben werden kann, liegt auf der Hand.[294] Ob mit LG Berlin[295] bei einem mehrere Wagenladungen umfassenden Transport die Vorbehaltsfrist erst mit der Ankunft des letzten Fahrzeugs beginnt, ist zweifelhaft, weil bei längeren Transportabständen die Funktion des Art. 30 Abs. 3, den Frachtführer zu schützen,[296] dadurch nicht mehr erfüllt wird.[297]

bb) Form des Vorbehalts

Die vorgesehene Schriftlichkeit bedeutet nicht Einhaltung der Schriftform nach **58**
§ 126 BGB; es genügt auch der Vermerk auf dem Frachtbrief oder durch Telex.[298]

cc) Inhalt des Vorbehalts

An den Inhalt des Vorbehalts sind geringere Anforderungen zu stellen als an **59**
die verjährungshemmende Reklamation nach Art. 32 Abs. 2.[299] Bei Lieferfristüberschreitung erscheint es nicht sinnvoll, eine Konkretisierung des Schadens im Vorbehalt bereits zu verlangen.[300] Vielfach wird in den ersten drei Wochen nach der Ablieferung noch nicht exakt feststellbar sein, ob überhaupt ein Vermögensschaden entstanden oder ob dieser noch abwendbar ist, vor allem bei Ansprüchen dritter Personen gegen

---

wird nur von der französischen Rechtsprechung abgelehnt; *Lamy 98* I Rdn. 550, 1581 Jur. 1; F Cass vom 15.12.1993, zit. *Lamy 98* I Rdn. 1581 Jur. 1; F CA Orléans vom 20. 1. 1982, BT **1982** 233, 234; F CA Amiens vom 19.6.1980, BT **1980** 490, 491. Dazu kritisch *Loewe* aaO.

287 Siehe Rdn. 11; LG Offenburg vom 4.12.1979, VersR **1980** 294; OLG Düsseldorf vom 18.1.1979, VersR **1979** 356, 357 (vor Ablauf der schon verlängerten Lieferfrist, deren Versäumung absehbar war); dagegen jedoch *Koller*⁴ Rdn. 18, der übersieht, daß im Fall die Verspätung eindeutig vorhersehbar war.

288 OLG Düsseldorf aaO.

289 *Koller*⁴ Rdn. 18. Entgegen *Thume/Demuth* Rdn. 44 kommt es auf den Tag der Ablieferung nicht an, weil Abs. 3 dies nicht vorsieht. Im übrigen liegt der Ablieferungstag nie vor der Zurverfügungstellung.

290 Siehe Art. 15 Rdn. 4.

291 *Koller*⁴ Rdn. 16; *Thume/Demuth* Rdn. 44; *Herber/Piper* Rdn. 29.

292 *Koller*⁴ Rdn. 18; MüKo/*Basedow* Rdn. 20; *Lamy 98* I Rdn. 550; *Clarke*² Nr. 64 S. 325; *Hill/Messent/Glass*² S. 222; *Sánchez-Gamborino* Nr. 1241; F CA Rouen vom 21.2.1991, BTL **1991** 507 = *Lamy 98* I Rdn. 1194 Jur. 1, 521 Jur. 3, 526 Jur. 4. Ob § 193 BGB abzuwenden ist (*Thume/Demuth* Rdn. 44), ist zweifelhaft.

293 Siehe Rdn. 11.

294 Gegen F CA Amiens vom 19. 6. 1980, BT **1980** 490, 491, der dies, innerfranzösischer Tradition folgend, verneint, *Hill/Messent/Glass*² S. 221; *Loewe* TranspR **1988** 309, 310; *Koller*⁴ Rdn. 18; *Thume/Demuth* Rdn. 23; *Herber/Piper* Rdn. 9.

295 So grundsätzlich LG Berlin vom 4.5.1983, TranspR **1985** 134, 135; zustimmend *Koller*⁴ Rdn. 6 und 18.

296 *Glöckner*⁷ Rdn. 3.

297 *Putzeys* Nr. 564 hält demgegenüber, jedenfalls für Güterschäden, daran fest, daß die Ablieferung erst vollständig ist, wenn das gesamte Gut abgeliefert ist; dies entspricht Art. 105 Ccom: F CA Paris vom 20.3.1975, BT **1975** 346 BT und vom gleichen Tag, BT **1975** 178.

298 *Lamy 98* I Rdn. 550.

299 Dazu Art. 32 Rdn. 105 ff; *Thume/Demuth* Rdn. 43; MüKo/*Basedow* Rdn. 29. Auch kein Sachverständigengutachten ist erforderlich, *Koller*⁴ Rdn. 4. Zu den Anforderungen siehe auch *Hill/Messent/Glass*² S. 219 ff; *Clarke*² Nr. 63 b.

300 OLG München vom 12.4.1990, TranspR **1990** 280, 287 (Schäden brauchen nicht im einzelnen aufgezählt zu werden).

den Empfänger wegen verspäteter Weiterlieferung. Die Funktion des Vorbehalts liegt hier darin, den Frachtführer auf die Gefahr einer Schadenersatzpflicht aufmerksam zu machen und den Geschädigten vor Beweisverschlechterung und anderen Nachteilen (Art. 30 Abs. 2, 3) zu bewahren.[301] Dazu ist ein spezifizierter Vorbehalt nicht erforderlich,[302] zumal die Haftung (außer im Fall des Art. 29) eng begrenzt ist und daher überraschend hohe Schadenersatzansprüche nicht auftreten können.[303] Eine bloße Eintragung der Daten im Frachtbrief reicht aber nicht,[304] auch nicht die bloße Mitteilung der Lieferfristüberschreitung ohne Hinweis auf mögliche Schäden.[305]

dd) Beteiligte Personen

60 Hinsichtlich der **beteiligten Personen** siehe grundsätzlich Rdn. 16 ff. Aus der passivischen Formulierung in Abs. 3 läßt sich ableiten, daß der Vorbehalt im Gegensatz zu Abs. 1 und 2 von jedem am Gut Beteiligten mit Wirkung zugunsten aller anderen abgegeben werden kann.[306] Auch der Absender kann als Vertragspartei die Reklamation neben dem Empfänger erheben.[307] Es erscheint darüber hinaus richtig, jedem, dem der Fristablauf des Art. 30 Abs. 3 CMR entgegengesetzt werden könnte, auch die Erhebung des Vorbehalts zu gestatten, also auch dem außervertraglich haftenden Gehilfen nach Art. 28 Abs. 2;[308] jeder von ihnen kann dabei auch Drittschäden geltend machen.[309] Da nationales Recht auch außervertragliche Ansprüche auf Ersatz des Vermögensschadens wegen Lieferfristüberschreitung gewähren kann, ist auch dem im Falle des Art. 28 Abs. 1 haftenden Nicht-Vertragspartner die Reklamation zu gestatten.[310] Die Vorbehalte müssen an den Frachtführer gerichtet werden, insbesondere reicht es nicht aus, sie an den Absender zu richten.[311]

b) Folgen der Versäumung des Vorbehalts

61 Die Versäumung des Vorbehalts führt hier – anders als in Abs. 1 – zu einem völligen Verlust der Ersatzansprüche.[312] Die Vorbehalte eines Beteiligten wirken auch zugunsten der anderen.[313]

---

301 Daher geringere Anforderungen an den Inhalt: BGH vom 9.2.1984, TranspR **1984** 146, 148 = VersR **1984** 578, 579; *Herber/Piper* Rdn. 7; *Glöckner*[7] Rdn. 3; *Koller*[4] Rdn. 18.

302 Er braucht z. B. keine Angaben über die Art des Schadens zu enthalten; MüKo/*Basedow* Rdn. 20; *Clarke*[2] Nr. 64 S. 326.

303 OLG Düsseldorf vom 18.1.1979, VersR **1979** 356, 357 (Schaden war für Frachtführer absehbar).

304 F CA Aix-en-Provence vom 26.11.1980, BT **1981** 185.

305 *Thume/Demuth* Rdn. 43.

306 *Loewe* ETR **1976** S. 310 Rdn. 10; *Nickel-Lanz* Nr. 120; MüKo/*Basedow* Rdn. 20; *Koller*[4] Rdn. 18; *Glöckner*[7] Rdn. 13; teilweise **a. A.** *Thume/Demuth* Rdn. 47, 50; *Csoklich* S. 251.

307 OLG München vom 12.4.1990, TranspR **1990** 280, 287; *Koller*[4] Rdn. 18 S. 788; *Thume/Demuth* Rdn. 47; MüKo/*Basedow* Rdn. 20; **a. A.** F CA Amiens vom 19.6.1980, BT **1980** 490, 491; F CA Limoges vom 7.11.1977, BT **1977** 537, 538 mit kritischer „observation".

308 MüKo/*Basedow* Rdn. 20; *Koller*[4] Rdn. 18 S. 788 gegen *Thume/Demuth* Rdn. 47.

309 OLG München vom 12.4.1990, TranspR **1990** 280, 287.

310 Ebenso *Loewe* TranspR **1988** 309, 310 Rdn. 10; *Koller*[4] Rdn. 18 S. 788. A. A. *Thume/Demuth* Rdn. 47.

311 Siehe dazu für die Güterschadenshaftung Rdn. 17 ff.

312 *Thume/Demuth* Rdn. 49; MüKo/*Basedow* Rdn. 20; *Piper*[7] Rdn. 448; *Clarke*[2] Nr. 64; *Pesce* 318; *Lamy 98* I Rdn. 550; LG Kleve vom 8.7.1976, VersR **1978** 761; NL Rb Roermond vom 30. 5. 1968, ETR **1969** 1019, 1024.

313 *Loewe* TranspR **1988** 309, 310 Rdn. 10; a. A. *Thume/Demuth* Rdn. 50.

2. Bei Güterschäden durch Lieferfristüberschreitung

Ist durch Lieferfristüberschreitung ein Güterschaden entstanden (z.B. durch Verderb), greift die Vorbehaltsregelung des Art. 30 Abs. 1 und 2 ein,[314] nicht die des Abs. 3. Denn die Güterschäden fallen unter die Obhutshaftung.[315] Der Vorbehalt in Bezug auf diese Schäden muß also bei Ablieferung oder, wenn der Schaden nicht äußerlich erkennbar war, binnen sieben Tagen erklärt werden.[316] Wird diese Frist versäumt, so tritt die Beweislastumkehr ein. Die 21-Tage-Frist des Abs. 3 ist auf Güterschäden als Folge der Lieferfristüberschreitung nicht anzuwenden.[317] Fraglich könnte aber sein, ob ein Rechtsverlust nach Abs. 3 eintreten kann, wenn der Vorbehalt zunächst nur mündlich erfolgt und nicht schriftlich nachgeholt wird. Die Frage ist zu verneinen. Denn Art. 30 Abs. 3 ist für Vermögensschäden konzipiert. Bei Güterschäden ist die Haftung nach Art. 17 Abs. 1 grundsätzlich nicht vom Nachweis einer bestimmten Schadensursache durch den Geschädigten abhängig. Es besteht kein Grund, den Frachtführer unter den unterschiedlichen denkbaren Schadensursachen gerade bei Lieferfristüberschreitung durch Anwendung des Art. 30 Abs. 3 zu privilegieren.[318] **62**

Art. 30 Abs. 3 kann auch **nicht analog auf Vermögensschadensansprüche aus positiver Vertragsverletzung** angewendet werden.[319] Dies ergibt sich daraus, daß die Bestimmung auf die Besonderheiten einer bestehenden Lieferfrist zugeschnitten ist und für die meist komplizierteren und schwer zu übersehenden Schadensverhältnisse bei positiver Vertragsverletzung zu unangemessenen Ergebnissen führen würde. **63**

Artikel 31

1. [1]Wegen aller Streitigkeiten aus einer diesem Übereinkommen unterliegenden Beförderung kann der Kläger, außer durch Vereinbarung der Parteien bestimmte Gerichte von Vertragsstaaten, die Gerichte eines Staates anrufen, auf dessen Gebiet

a) der Beklagte seinen gewöhnlichen Aufenthalt, seine Hauptniederlassung oder die Zweigniederlassung oder Geschäftsstelle hat, durch deren Vermittlung der Beförderungsvertrag geschlossen worden ist, oder

b) der Ort der Übernahme des Gutes oder der für die Ablieferung vorgesehene Ort liegt.

[2]Andere Gerichte können nicht angerufen werden.

2. Ist ein Verfahren bei einem nach Absatz 1 zuständigen Gericht wegen einer Streitigkeit im Sinne des genannten Absatzes anhängig oder ist durch ein solches Gericht in einer solchen Streitsache ein Urteil erlassen worden, so kann eine neue Klage wegen derselben Sache zwischen denselben Parteien nicht erhoben werden, es sei denn, daß die Entscheidung des Gerichtes, bei dem die erste Klage erhoben

---

314 *Koller*[4] Rdn. 18; *Thume/Demuth* Rdn. 42; MüKo/*Basedow* Rdn. 21; *Clarke*[2] Nr. 61b, 63b(iii). Siehe auch Art. 17 Rdn. 220, 1.

315 Siehe Art. 17 Rdn. 1. Jedoch ist der Haftungsumfang speziell geregelt: Art. 23 Abs. 5 CMR und dort Rdn. 66.

316 Für Ersatzansprüche wegen Güterschäden durch Lieferfristüberschreitung sind neben den Fristen alle anderen Erfordernisse des Vorbehalts bei Güterschäden (siehe Rdn. 9), insbesondere die Fristen, einzuhalten; so schon *Nickel-Lanz* Nr. S. 96; MüKo/*Basedow* Rdn. 21.

317 OLG Zweibrücken vom 23. 9. 1966, VersR **1967** 1145, 1147; B CA Gent vom 17. 11. 1967, ETR **1969** 145, 148 f.

318 Siehe dazu auch Art. 23 Rdn. 70 und § 429 HGBaF Rdn. 139.

319 BGH vom 27.10.1978, NJW **1979** 2473 f = TranspR **1982** 108 f = VersR **1979** 276 ff (dazu Art. 17 Rdn. 265.

worden ist, in dem Staat nicht vollstreckt werden kann, in dem die neue Klage erhoben wird.

3. [1]Ist in einer Streitsache im Sinne des Absatzes 1 ein Urteil eines Gerichtes eines Vertragsstaates in diesem Staat vollstreckbar geworden, so wird es auch in allen anderen Vertragsstaaten vollstreckbar, sobald die in dem jeweils in Betracht kommenden Staat hierfür vorgeschriebenen Formerfordernisse erfüllt sind. [2]Diese Formerfordernisse dürfen zu keiner sachlichen Nachprüfung führen.

4. Die Bestimmungen des Absatzes 3 gelten für Urteile im kontradiktorischen Verfahren, für Versäumnisurteile und für gerichtliche Vergleiche, jedoch nicht für nur vorläufig vollstreckbare Urteile sowie nicht für Verurteilungen, durch die dem Kläger bei vollständiger oder teilweiser Abweisung der Klage neben den Verfahrenskosten Schadenersatz und Zinsen auferlegt werden.

5. Angehörige der Vertragsstaaten, die ihren Wohnsitz oder eine Niederlassung in einem dieser Staaten haben, sind nicht verpflichtet, Sicherheit für die Kosten eines gerichtlichen Verfahrens zu leisten, das wegen einer diesem Übereinkommen unterliegenden Beförderung eingeleitet wird.

Article 31

1. Pour tous litiges auxquels donnent lieu les transports soumis à la présente Convention, le demandeur peut saisir, en dehors des juridictions des pays contractants désignées d'un commun accord par les parties, les juridictions du pays sur le territoire duquel:

a) Le défendeur a sa résidence habituelle, son siège principal ou la succursale ou l'agence par l'intermédiaire de laquelle le contrat de transport a été conclu, ou

b) Le lieu de la prise en charge de la marchandise ou celui prévu pour la livraison est situé,

et ne peut saisir que ces juridictions.

2. Lorsque dans un litige visé au paragraphe 1 du présent article une action est en instance devant une juridiction compétente aux ternes de ce paragraphe, ou lorsque dans un tel litige un jugement a été prononcé par une telle juridiction, il ne peut être intenté aucune nouvelle action pour la même cause entre les mêmes parties à moins que la décision de la juridiction devant laquelle la première action a été intentée ne soit pas susceptible d'être exécutée dans le pays où la nouvelle action est intentée.

3. Lorsque dans un litige visé au paragraphe 1 du présent article un jugement rendu par une juridiction d'un pays contractant est devenu exécutoire dans chacun des autres pays contactants aussitôt après accomplissement des formalités prescrites à cet effet dans le pays intéressé. Ces formalités ne peuvent comporter aucune révision de l'affaire.

4. Les dispositions du paragraphe 3 du présent article s'appliquent aux jugements contradictoires, aux jugements par défaut et aux transactions judiciaires, mais ne s'appliquent ni aux jugements qui ne sont exécutoires que par provision, ni aux condamnations en dommages et intérêts qui seraient prononcés en sus des dépens contre un demandeur en raison du rejet total ou partiel de sa demande.

5. Il ne peut être exigé de caution de ressortissants de pays contractants, ayant leur domicile ou un établissement dans un de ces pays, pour assurer le paiement des dépens à l'occasion des actions en justice auxquelles donnent lieu les transports soumis à la présente Convention.

Article 31

1. In legal proceedings arising out of carriage under this Convention, the plaintiff may bring an action in any court or tribunal of a contracting country designated by agreement between the parties and, in addition, in the courts or tribunals of a country within whose territory:

a) The defendant is ordinarily resident, or has his principal place of business, or the branch or agency through which the contract of carriage was made, or

b) The place where the goods were taken over by the carrier or the place designated for delivery is situated.

and in no other courts or tribunals.

2. Where in respect of a claim referred to in paragraph 1 of this article an action is pending before a court or tribunal competent under that paragraph, or where in respect of such a claim a judgement has been entered by such a court or tribunal no new action shall be started between the same parties on the same grounds unless the judgement of the court or tribunal before which the first action was brought is not enforceable in the country in which the fresh proceedings are brought.

3. When a judgement entered by a court or tribunal of a contracting country in any such action as is referred to in paragraph 1 of this article has become enforceable in that country, it shall also become enforceable in each of the other contracting States, as soon as the formalities required in the country concerned have been complied with. These formalities shall not permit the merits of the case to be reopened.

4. The provisions of paragraph 3 of this article shall apply to judgements after trial, judgements by default and settlements confirmed by an order of the court, but shall not apply to interim judgements or to awards of damages, in addition to costs against a plaintiff who wholly or partly fails in his action.

5. Security for costs shall not be required in proceedings arising out of carriage under this Convention from nationals of contracting countries resident or having their place of business in one of those countries.

Übersicht

Alphabetische Übersicht

Schrifttum

Arnade Der Frachtführerbegriff der CMR als Problem der internationalen Zuständigkeit, TranspR **1992** 342–345; *Braun* Prozessuale Probleme im Bereich der CMR, Teil I VersR **1988** 648–653 und Teil II VersR **1988** 878–885; *Dageförde* Aufrechnung und Internationale Zuständigkeit, RiW **1990** 873–879; *Eickhoff* Inländische Gerichtsbarkeit und internationale Zuständigkeit für Aufrechnung und Widerklage, (Berlin 1985); *Fremuth* Gerichtsstände im grenzüberschreitenden Speditions- und Landfrachtrecht, TranspR **1983** 35–44; *Herber* Anmerkung (zu mehreren Urteilen zu Art. 1a ZustG), TranspR **1995** 117–118; *Herber* Der Frachtführerbegriff der CMR als Problem der internationalen Zuständigkeit, TranspR **1992** 341–345; *Koller* Anmerkung zu LG Hannover, TranspR **1992** 327, TranspR **1993** 96; *Loewe* Die Bestimmungen der CMR über Reklamationen und Klagen, TranspR **1988** 309–320; *Müller/Hök* Einzug von Auslandsforderungen, 3. Auflage (Göttingen 1989); *Protsch* Der Gerichtsstand und die Vollstreckung im internationalen Speditions- und Frachtrecht (Frankfurt/Bern/New York/Paris 1989) zit. „Protsch"; *Schmidt* Kann Schweigen auf eine Gerichtsstandsklausel in AGB einen Gerichtsstand nach Art. 17 EuGVÜ/LuganoÜ begründen, RiW **1992** 173–179; *von Hoffmann* Gegenwartsprobleme internationaler Zuständigkeit, IPRax **1982** Heft 6, 217–223; *Weigand* Der Beitritt Spaniens und Portugals zum EuGVÜ, RIW **1991** 717–722.

A. Allgemeines

Art. 31 befaßt sich mit vier verschiedenen Problemkreisen aus dem Bereich des internationalen Zivilprozeßrechts: In Abs. 1 mit der internationalen Zuständigkeit, in Abs. 2 mit den Einreden der Rechtshängigkeit und der Rechtskraft; in Abs. 3 und 4 mit der internationalen Vollstreckbarkeit und in Abs. 5 mit Frage der Sicherheitsleistung für die Prozeßkosten.[1] Zu den Voraussetzungen für die Vereinbarung einer 1

[1] Siehe zum Verhältnis der Vorschrift zur CIM (Art. 18 §§ 1 und 4 COTIF und 56 ER/CIM) MüKo/*Basedow* Rdn. 1; dort Rdn. 2 auch Kritik an der Regelung des Problembereichs in speziellen

Schiedsklausel siehe Art. 33. Die Anwendung der CMR kann fraglich sein, wenn der Prozeß in einem Nicht-Mitgliedsland geführt wird; siehe Art. 1 Rdn. 10.

2 Die Bestimmungen des Art. 31 gelten unter den Anwendungsvoraussetzungen des Art. 1 als **selbständige Normen des internationalen Zivilprozeßrechts.** Sie enthalten ihre eigenen Rechtsanwendungsregeln. Es bedarf daher nicht mehr der Vorschaltung der nationalen Regeln des internationalen Zivilprozeßrechts.[2]

I. Verhältnis zum EuGVÜ und zum LugÜ

3 Im Verhältnis zu dem Übereinkommen der Europäischen Gemeinschaft über die gerichtliche Zuständigkeit und die Vollstreckung gerichtlicher Entscheidungen in Zivil- und Handelssachen von 1968 (EuGVÜ),[3] sind die Regeln des Art. 31 leges speciales; Art. 57 EuGVÜ.[4] Doch kann das EuGVÜ anwendbar sein, soweit eine Frage in Art. 31 nicht geregelt ist.[5] Dem EuGVÜ kommt also im Verhältnis zur CMR nur eine lückenfüllende Funktion zu.[6] Anders als die CMR begründet es in den Mitgliedsländern des EuGVÜ örtliche Zuständigkeiten; siehe Rdn. 18. Vor seiner Anwendung auch in diesem Bereich muß jedoch beachtet werden, daß CMR und EuGVÜ unterschiedliche Mitgliedsstände und Anwendungsvoraussetzungen haben. Der grundsätzlich territorial weitere Anwendungsbereich der CMR[7] und der personenbezogene Anwendungsbereich des EuGVÜ[8] führen insgesamt zu komplizierten Abstimmungsfragen schon bei einfach gelagerten Fällen.[9]

4 Das Lugano-Übereinkommen[10] ist als (nicht voll identisches) „Parallelabkommen" zum EuGVÜ entstanden und dient dazu, dessen auf die EU-Länder beschränkten Geltungsbereich durch weitgehend gleichlautende Regelungen auf europäische Nicht-EU-Länder auszudehnen.[11] Für den Bereich der CMR stimmen die Vorschriften des LugÜ mit denen des EuGVÜ, insbesondere die Artikel 57 beider Übereinkommen überein. Für die Anwendung der CMR gibt es Abweichungen nur bei Anerkennung

materiellrechtlichen Übereinkommen und zu den Konflikten mit den umfassenden neuen zivilprozessualen Konventionen. Zu diesen siehe Rdn. 3 f, 18.

2 Zutreffend *Loewe* ETR **1976** 579; siehe auch Art. 1 Rdn. 1, 92. Zur Ausschließlichkeit der CMR-Gerichtsstände siehe Rdn. 43. Ohne Art. 31 CMR würde die internationale Zuständigkeit in aller Regel aus der örtlichen folgen; Grundsätzlich BGH GSZ vom 14. 6. 1965, BGHZ **44** 46 ff; zum TranspR BGH vom 20. 5. 1981, RIW **1981** 706 ff, allgemein nochmals eingehend BGH vom 3. 12. 1992, WM **1993** 524, 529.

3 BGBl **1972** II 774; Inkrafttreten für Deutschland 1. 2. 1987. Zum EGVÜ MüKo/*Basedow* Rdn. 9 ff. Zu den Mitgliedstaaten der drei unterschiedlichen Fassungen des EuGVÜ siehe *Schack*[2] Rdn. 80 ff mit tabellarischer Übersicht; *Kropholler* EuGVÜ[4] Einl. Rdn. 6 ff, Art. 62 Rdn. 1 ff.

4 Siehe *Kropholler* EuGVÜ[4] Art. 57 Rdn. 2 ff; MüKo/*Basedow* Rdn. 9 f; *Thume/Demuth* Rdn. 36, 47; *Schack*[2] Rdn. 234 f; *Hill/Messent/Glass*[2] S. 225 und 232 sowie die zitierte Entschein dung des GB Queen's Bench Division, Arctic Electronics v. McGregor Sea & Air Services, Lloyd's Rep. **1985** II 510; LG Aachen vom 16. 1. 1976, RIW **1976** 588; F Cass vom 3. 6. 1981, BT **1981** 431 f; F CA Lyon vom 21. 10. 1976, BT **1976** 534–535; F CA Aix-en-Provence vom 12. 5. 1987, BT **1987** 400 f; unrichtig OLG Schleswig vom 25. 5. 1987, NJW-RR **1988** 283, 284.

5 EuGH vom 13. 7. 1994, TranspR **1996** 190, 193 f.

6 MüKo/*Basedow* Rdn. 11 m. w. Hinweisen.

7 Siehe zur CMR Art. 1 Rdn. 15, 56.

8 Nach Art. 2 unterstehen dem EuGVÜ insbesondere Klagen gegen Personen in Mitgliedsländern (also auch in Deutschland), die dort ihren Wohnsitz haben; weitere Bestimmungen in den darauffolgenden Artikeln.

9 Kritisch dazu MüKo/*Basedow* Rdn. 2.

10 Dazu *Kropholler* EuGVÜ[4] Einl. Rdn. 44 ff, 39 ff; MüKo/*Basedow* Rdn. 15. Zum Mitgliederstand siehe Fundstellennachweis B zum 31. 12. 2000, BGBl II **2001** vom 31. 1. 2001, 633 f.

11 So z. B. Schweden; siehe zum Mitgliedstand 1993 *Kropholler* EuGVÜ[4] Einl. Rdn. 45. Siehe auch Rdn. 18.

und Vollstreckung von Urteilen.[12] Nach Ansicht des OLG Dresden[13] kann eine Anwendung der CMR auch an Art. 57 Abs. 2 des LugÜ scheitern, wenn nach Art. 20 eine Zuständigkeit nach dem LugÜ nicht gegeben ist und sich der Beklagte nicht auf das Verfahren einläßt. Basedow[14] lehnt dies mit der Begründung ab, die Prüfung nach Art. 20 verlange eine Unzuständigkeit nach der CMR, nicht nach dem LugÜ. Dem ist – jedenfalls im Ergebnis – zuzustimmen. Andernfalls würde die Anwendung der internationalen Zuständigkeitsregelung der CMR in vielen Fällen nur der Entscheidung des Beklagten überlassen, was die Rechtssicherheit empfindlich beeinträchtigen würde.

Beispiel: Bei einem Straßentransport von Litauen nach Iran durch einen Frachtführer mit Hauptniederlassung in der Türkei, bei dem der Absender einen Geschäftssitz in Libyen und der Empfänger im Iran hat,[15] will der Absender Güterschadensansprüche gegen den Frachtführer geltend machen. Dieser Fall untersteht auch dann der CMR, wenn kein Prozeßbeteiligter Beziehung zu einem CMR-Mitgliedsland hat. Der Frachtführer kann nach Art. 31 Abs. 1 S. 1 Buchst. a in der Türkei verklagt werden, es kann nach Buchst. b auch eine internationale Zuständigkeit in Litauen oder Iran begründet werden, in der Türkei oder im Iran freilich nur unter dem Vorbehalt der freiwilligen Anwendung der CMR Regelung durch die dortigen Gerichte.[16] Legt der libysche Absender Wert auf die Erzwingung der CMR-Anwendung, muß er den Frachtführer in Litauen verklagen. Will dagegen der Frachtführer seine Ansprüche gegen den Absender geltend machen, besteht nach Art. 31 Abs. 1 S. 1 Buchst. b nur in Litauen ein gesetzlicher internationaler CMR-Gerichtsstand. Einen Gerichtsstand in seinem Prozeß-Wunschland Deutschland kann ein Beteiligter nur sicherstellen, wenn dies zuvor vereinbart ist: Art. 31 Abs. 1 Eingangssatz;[17] ihm kommt zugute, daß Deutschland Mitgliedsland ist. Ein deutsches Gericht hat dann die CMR anzuwenden. 5

II. Streitigkeiten, die unter Art. 31 fallen

Art. 31 bestimmt in Abs. 1 (übereinstimmend mit Art. 32 Abs. 1 S. 1, siehe dort Rdn. 6 ff), für welche Streitigkeiten die Regeln dieses Absatzes gelten sollen.[18] Hierauf nehmen die Abs. 2 und 3 und damit auch Abs. 4 Bezug. Obwohl Abs. 5 nicht ausdrücklich auf Abs. 1 verweist, ist doch aus dem Zusammenhang zu schließen, daß auch dieser Absatz nur für Verfahren über Streitigkeiten im Sinne des Abs. 1 gelten soll.[19] Wie Art. 32 gilt Art. 31 generell für CMR-Beförderungen; siehe Rdn. 7. In diesem Bereich sind auch Prozesse, deren materielle Begründungen nicht auf Normen der CMR gestützt sind, nach Art. 31 zu behandeln. Die in Abs. 1 getroffene Abgrenzung ist maßgeblich für alle Einzelregeln des Art. 31. 6

Die Anwendbarkeit des Artikels ist unabhängig von der Person des jeweiligen Klägers oder der Beklagten.[20] Er ist anwendbar auf jede Streitigkeit aus einer der CMR unter- 7

---

[12] Siehe dazu MüKo/*Basedow* Rdn. 15. *Schack*[2] Rdn. 109 ff.

[13] OLG Dresden vom 24. 11. 1998, TranspR **1999** 62, 64.

[14] MüKo/*Basedow* Rdn. 12.

[15] Nur Litauen ist Mitgliedsland der CMR, die Türkei, der Iran und Libyen sind es nicht; siehe Art. 1 Rdn. 15.

[16] Siehe Art. 1 Rdn. 10.

[17] Aus dem EuGVÜ kann keine internationale Zuständigkeit deutscher Gerichte begründet werden, da die CMR Vorrang hat, siehe Rdn. 3.

[18] Art. 1 ist auch im Hinblick auf Art. 31 nicht einzuschränken; A OGH vom 5. 11. 1980, *Greiter* 79, 81.

[19] MüKo/*Basedow* Rdn. 3

[20] Gleichgültig, ob etwa der Absender gegen den Beförderer klagt, oder umgekehrt, so schon NL Hof Amsterdam vom 4. 6. 1974, SS **1975** 94–97 = ETR **1976** 266, 268.

liegenden Beförderung.[21] Hiermit verweist Art. 31 in verkürzter Form auf die grundsätzliche Definition der Anwendungsvoraussetzungen der CMR.[22] Die prozessuale Vorschrift spricht jedenfalls nicht von Ansprüchen aus Beförderungsverträgen, sondern verwendet für die Bestimmung des anzuwendenden Prozeßrechts bewußt nur den Begriff der Beförderung,[23] nicht des Beförderungsvertrages.[24] Diese erweiternde Formulierung ist jedenfalls gewollt und erfüllt den Zweck, ein Ausweichen auf die juristische Dogmatik der Gerichtsländer zu verhindern. Sie beschränkt die Anwendbarkeit des Art. 31 nicht auf vertragliche Ansprüche, setzt aber einen wirksamen Vertrag voraus.[25] Den Regeln über die internationale Zuständigkeit in Art. 31 unterliegen auch Ansprüche, die nicht auf die CMR, sondern auf ergänzend anwendbare nationale Rechtsnormen gestützt sind;[26] vor allem auch außervertragliche Ansprüche (Art. 28 Abs. 1), wenn sie auf einer CMR-Beförderung beruhen.[27] Insbesondere auch für deliktische Ansprüche ist also die gleiche internationale Zuständigkeit zu bejahen, wie für die CMR-Vertragsansprüche.[28] Da Art. 28 die Anwendung von CMR-Normen auch auf Ansprüche Vertragsfremder erstreckt, ist insoweit wohl auch der prozeßrechtliche Rahmen des Art. 31 anwendbar.[29] Das gleiche wird wohl auch für Ansprüche gegen Gehilfen des CMR-Frachtführers zu gelten haben; Artikel 28 Abs. 2.[30]

Nach dem Wortlaut der Vorschrift scheinen **Ansprüche aus nicht ausgeführtem Frachtvertrag** nicht unter Art. 31 zu fallen.[31] Es läßt sich aber auch die Gegen-

---

[21] OLG Hamm vom 14. 6. 1999, TranspR **2000** 29. Insoweit braucht das angerufene Gericht aber nicht bereits in die materiellrechtliche Prüfung einzutreten, ob zwischen den Parteien tatsächlich ein Beförderungsvertrag besteht. Vielmehr genügt für die Begründung der Zuständigkeit nach Art. 31 Abs. 1 CMR (und nach Art. 1a des Vertragsgesetzes zur CMR) die schlüssige Behauptung der insoweit notwendigen Tatsachen, auch wenn diese im Verfahren später nicht bewiesen werden können.
Läßt sich der Beklagte in dem anhängigen Rechtsstreit indessen überhaupt nicht zur Sache ein, d. h. trägt er lediglich den Mangel der Zuständigkeit des angegangenen Gerichts vor, soll Art. 31 Abs. 1 CMR durch das Lugano-Übereinkommen bzw. das EuGVÜ verdrängt sein: OLG Dresden vom 24. 11. 1998, TranspR **1999** 62. Siehe im weiteren Art. 32 CMR Rdn. 6–15, dem in der Gerichtspraxis eine ungleich höhere Bedeutung zukommt. Im folgenden wird auf die dortigen, dem materiellen Privatrecht angehörigen Problemfelder und Fallgruppen verwiesen. Zu Art. 31 werden hier nur die Fälle behandelt, die speziell geregelte prozeßrechtliche Fragen betreffen.

[22] Zu diesen siehe Art. 1 Rdn. 17 ff, besonders auch zu den örtlichen Voraussetzungen dort Rdn. 56 ff.

[23] Es führt nicht weiter, wenn man (wie etwa MüKo/*Basedow* Rdn. 4) feststellt, die Beförderung selbst könne nicht der CMR unterliegen.

[24] So aber unzutreffend MüKo/*Basedow* Rdn. 4, der behauptet, nur der Vertrag unterliege der CMR. Vielmehr ist an entscheidenden Stellen klargestellt, daß die CMR Streitigkeiten aus dem Lebensverhältnis des Vertrages meint. Damit erklärt sich das Übergreifen der Regelung auch in Art. 32, 28 Abs. 1 und 2.

[25] Siehe auch Art. 32 Rdn. 3 f.

[26] International unstreitig: *Thume/Demuth* Rdn. 5; *Koller*⁴ Rdn. 1; MüKo/*Basedow* Rdn. 3; *Herber/Piper* Rdn. 4. *Clarke*² Nr. 48b, S. 249; *Hill/Messent/Glass*² S. 225; *Loewe* ETR **1976**, 579 Nr. 238.

[27] *Loewe* ETR **1976** 579; *Clarke*² Nr. 48b; siehe auch Art. 32 Rdn. 8; mißverständlich MüKo/*Basedow* Rdn. 4; Art. 31 ist im Bereich des Art. 28 CMR auch lex specialis gegenüber Art. 5 Nr. 3 EuGVÜ.

[28] OLG Düsseldorf vom 29. 9. 1988, TranspR **1989** 10, 11; A OGH vom 10. 11. 1981, SZ **54** 165 S. 814, 817 ff = *Greiter* 108, 111 ff (zu Art. 32, aber unter Hinweisen auf Art. 31).
Thume/Demuth Rdn. 6; *Koller*⁴ Rdn. 6; Fremuth TranspR **1983** 35, 36; *Clarke*² Nr. 48b.

[29] *Thume/Demuth* Rdn. 7 (einschränkend). Zu Art. 28 siehe dort Rdn. 9

[30] Unstr. *Thume/Demuth* Rdn. 8; *Herber/Piper* Rdn. 6; *Koller*⁴ Rdn. 1; *Hill/Messent/Glass*² S. 225; *Loewe* ETR **1976**, 579 Nr. 238. Siehe auch Art. 28 Rdn. 12 ff.

[31] *Loewe* ETR **1976** 580 und TranspR **1988** 309, 311 Nr. 12 (Beginn der Beförderung erforderlich); *Hill/Messent/Glass*² S. 225; GB Queen's Bench Division vom 19. 10. 1992, Shell Chemicals v. P & O Roadtanks, Lloyd's Rep. **1993** (1) 114 ff, das Urteil befaßt sich aber ausschließlich mit der Frage der materiellen Anwendbarkeit der CMR; ähnlich auch I CA Milano vom 11. 7. 1975, RDU

auffassung vertreten, daß selbst eine nur vereinbarte Beförderung dem Abkommen unterliegt und dieser Tatbestand für Art. 31 ausreicht. Diese Auslegung erscheint auch zweckmäßig. Sie reißt vor allem zusammengehörige Sachfragen nicht auseinander, z. B. bei teilweiser Ausführung der Beförderung.[32]

Ansprüche, die sich aus Situationen ergeben, in denen **kein wirksamer Beförderungsvertrag** bestand, also etwa aus Verschulden bei Vertragsschluß oder aus Betrug bei Vertragsverhandlungen nach § 823 Abs. 2 BGB werden von Art. 31 ebenso nicht erfaßt[33] wie von Art. 32.[34] Ansprüche Dritter oder gegen Dritte, z. B. LKW-Miete oder der Rückgriff gegen einen nicht an der Beförderung beteiligten Spediteur fallen überhaupt nicht unter die CMR, auch nicht unter Art. 31.[35]

Umstritten ist, ob Art. 31 auf den **Spediteur-Frachtführer** nach §§ 457, 458, 459, **8**
466 Abs. 3 HGBnF = §§ 412, 413 HGBaF anzuwenden ist. Geht man davon aus, daß Selbsteintritt, Fixkosten- und Sammelladungsspediton den Speditionsvertrag zum Frachtvertrag i. S. der CMR machen, ist konsequenterweise auf diese Fälle auch Art. 31 anzuwenden, der dann dem EuGVÜ und LugÜ vorgeht.[36]

Wird beim Transport im grenzüberschreitenden Huckepackverkehr der LKW auf **9**
einer Fähre zwischenbefördert, unterliegt der Vertrag gem. Art. 2 CMR der CMR; siehe Art. 1 Rdn. 2. Der Vertrag mit dem jeweiligen Huckepackbeförderer wird dagegen nicht von der CMR erfaßt und unterliegt dem für ihn geltenden Recht; siehe Art. 1 Rdn. 11. Für ihn kann Art. 31 mangels genereller Anwendbarkeit der CMR nicht gelten. Ausgeschlossen ist also, zunächst die Zuständigkeit eines Gerichts nach Art. 31 festzustellen und dann zu bemerken, daß die CMR auf den Vertrag mit dem Huckepackbeförderer nicht anzuwenden ist.[37]

Auf die Klage gegen einen Spediteur aus **action en garantie** nach französischem, **10**
belgischem oder niederländischem Recht findet Art. 31 an sich keine Anwendung.[38] Wenn jedoch das nationale Recht sie für anwendbar erklärt, ist auch Art. 31 anzuwenden und z. B. für die internationale Zuständigkeit maßgeblich.[39]

Widerklagen, die sich auf Gegenansprüche stützen, die der CMR unterliegen, fallen **11**
stets unter Art. 31.[40] Werden sie gegen eine ebenfalls der CMR unterliegende Klage erhoben, ist das Gericht ohnehin auch für die Widerklage international zuständig. Probleme bereitet der Fall, wenn CMR-unterworfene Gegenansprüche in einem Prozeß erhoben werden, der keinen CMR-Fall betrifft, z. B. Ansprüche aus KFZ-Miete. Die Zuständigkeit für die Widerklage wäre dann an sich nach Art. 6 Nr. 3 EuGVÜ[41]

1977 336 f = Il foro padano **1975** 228, das Urteil verneint jedoch materiell die Anwendbarkeit der CMR als solcher auf Verspätungshaftung bei Nichtausführung der Beförderung und entspricht damit der deutschen Rechtsprechung; siehe § 429 HGBaF Rdn. 245.

32 *Arnade* TranspR **1992** 341, 342; MüKo/*Basedow* Rdn. 4; *Koller*[4] Rdn. 1; *Thume/Demuth* Rdn. 2; *Clarke*[2] Nr. 48 b S. 250; *Putzeys* Nr. 1088. Siehe auch Art. 32 Rdn. 6. Allgemein: MüKo/*Martiny* vor Art. 27 EGBGB Rdn. 36 ff.

33 *Arnade* TranspR **1992** 342; *Thume/Demuth* Rdn. 3; *Koller*[4] Rdn. 1.

34 Siehe auch Art. 32 Rdn. 4

35 MüKo/*Basedow* Rdn. 5 m. w. H.

36 Siehe Art. 1 Rdn. 28. Siehe eingehend *Arnade* TranspR **1992** 342 f; MüKo/*Basedow* Art. 31 Rdn. 7 f.

37 MüKo/*Basedow* Rdn. 6 gegen NL Rb Arnhem vom 22. 11 1992, SS **1994** Nr. 30.

38 Siehe Art. 1 Rdn. 25.

39 Zweifelhaft für das belgische Recht; siehe MüKo/*Basedow* Rdn. 6 Fn. 17, mit Verweis auf B Trib Antwerpen vom 28. 1. 1985, ETR **1985** 117, 122; ablehnend für das niederländische NL Rb Rotterdam vom 22. 4. 1994, SS **1994** Nr. 126.

40 Wie hier *Koller*[4] Rdn. 2. Die Auffassung von *Thume/Demuth* Rdn. 38 S. 721, Art. 31 CMR regele die Widerklage nicht, ist unzutreffend, da Art. 31 Abs. 1 S 1 „alle Streitigkeiten" („legal proceedings" „tous litiges") aus einer der CMR unterliegenden Beförderung erfaßt und der (Wider-)Kläger daher nur die CMR-Gerichtsbarkeit anrufen kann.

41 *Schack*[2] Rdn. 352 f; *Kropholler* EuGVÜ[4] Art. 6 Rdn. 18 ff.

bzw. § 33 ZPO zu bestimmen. Fehlt es am erforderlichen rechtlichen Zusammenhang, ist die Widerklage ohnehin abzuweisen. Besteht aber ein solcher Zusammenhang und ist das Gericht nach Art. 31 für den Gegenanspruch nicht international zuständig, muß die Klage wegen Art. 31 Abs. 1 S. 2 abgewiesen werden. Läßt sich der Erstkläger jedoch auf die Widerklage ein, ist eine Vereinbarung des internationalen und örtlichen Gerichtsstands nach Art. 31 Abs. 1 S. 1 anzunehmen.[42] Daß die Widerklage abzuweisen ist, wenn der Kläger dies beantragt, erscheint in vielen Fällen (schon prozeßökonomisch) lästig, ist der Sache nach jedoch richtig. Denn sonst könnte ein CMR-Streitgegenstand per Widerklage der internationalen CMR-Zuständigkeit entzogen werden.

12 Daß **mit CMR-Ansprüchen konkurrierende Deliktsansprüche** isoliert beim für Deliktsansprüche gem. § 32 ZPO, nicht aber für CMR-Vertragsansprüche örtlich zuständigen Gericht geltend gemacht werden könnten, widerspricht dem durch Art. 31 und 32 verfolgten Zweck der gemeinsamen Entscheidung gleicher Sachfragen.[43] Das Fehlen einer Zuständigkeit des Sachzusammenhangs bei Delikts- und Vertragsansprüchen macht jedoch eine solche isolierte Prozeßführung möglich. Diese steht im übrigen im Widerspruch zum Grundgedanken des § 17 Abs. 2 GVG, der sich jedoch auf den Rechtsweg beschränkt.

13 **Wechselforderungen** können sachlich im Zusammenhang mit einem CMR-Vertrag stehen und dann auch dem gem. Art. 41 CMR zwingenden Art. 31 CMR unterstehen. Das internationale Wechselrecht enthält keine mit Art. 31 CMR konkurrierenden Vorschriften, kann also dessen Anwendung nicht ausschließen. Daß wegen der Abstraktheit des Wechselanspruchs Art. 31 CMR nicht anwendbar sein soll,[44] erscheint wegen der wertpapierrechtlichen Sonderrolle des Wechselrechts sachlich einleuchtend, ist aber schwer zu begründen. Die Rechtsnatur des Anspruchs spielt für die Anwendung von Art. 31 keine Rolle, da es alleine darauf ankommt, daß der Anspruch in einem sachlichen Zusammenhang mit dem CMR-Vertrag steht.[45] Ob jedoch von Art. 31 auch Zuständigkeit und die Einreden der Rechtskraft und der Rechtshängigkeit von Urkunden- und Wechselverfahren erfaßt werden, ist zweifelhaft.

III. Insbesondere: Verfahrensarten, für die Art. 31 gilt

14 Art. 31 Abs. 1 regelt die internationale Zuständigkeit für „Streitigkeiten" ohne Rücksicht auf die **Art des Verfahrens oder der Rollenverteilung** im Verfahren. Daher ist von einer globalen Wirkung der Zuständigkeitsregelung auszugehen. Die Einschränkungen der Abs. 4, 3 gelten nach der gesetzlichen Regelung an sich nur für die internationale Vollstreckbarkeit, sind aber nach richtiger Auffassung auch bei den Regeln der internationalen Zuständigkeit und der Einreden der Rechtshängigkeit und der Rechtskraft zu berücksichtigen.[46] Dabei wird der Zusammenhang mit einer CMR-Beförderung vorausgesetzt.[47] Sein Fehlen schließt demnach als einziger Grund die Anwendung aus. Im einzelnen ist jedoch noch manches umstritten:

---

[42] Siehe Rdn. 27 f.

[43] OLG Karlsruhe (Freiburg) vom 7.12.1995, TranspR **1997** 166 f bejaht seine örtliche Zuständigkeit für Deliktsansprüche aus einer CMR-Beförderung, nicht aber für den parallelen Vertragsanspruch aus Art. 17 CMR.

[44] *Thume/Demuth* Rdn. 60, 10; für Anwendbarkeit bei Urkunden- und Wechselprozessen jedoch *Herber/Piper* Rdn. 4.

[45] Siehe unten Rdn. 55; Art. 32 Rdn. 6 f.

[46] Siehe Rdn. 52, 46, 47, 48.

[47] Siehe Rdn. 6 f.

Art. 31 gilt für die besonderen Verfahrensarten des **Mahnverfahrens**[48] und des **Urkundenprozesses**[49] weitgehend unstreitig.

15 **Zweifelhaft** ist die Anwendbarkeit von Art. 31 auf den **Wechselprozeß**.[50] Umstritten ist sie auch für **Eilverfahren: Arrest, einstweilige Verfügung**. MüKo/*Basedow* Rdn. 26 spricht sich mit beachtlichen Gründen dagegen aus und bevorzugt die Anwendung des Art. 24 EuGVÜ, der eine ausgefeiltere Regelung enthält. Es überzeugt, daß vor allem die Möglichkeiten, in Transitstaaten gegen Eingriffe (etwa nach Art. 16 Abs. 3 CMR) ein Vorgehen ermöglicht werden muß, für das Art. 31 Abs. 1 CMR keine internationale Zuständigkeit begründet.[51]

16 Ob die internationale Zuständigkeit auch bei einer **Vollstreckungsgegenklage** in einem der CMR unterliegenden Fall nach Art. 31 zu bestimmen ist, wird bezweifelt.[52] In der Tat ist es zweifelhaft, ob der Vorrang der CMR in derartigen Fällen sinnvoll ist. Die Begründung aus der Ausschließlichkeit der Gerichtsstände nach §§ 707, 802 ZPO ist jedoch für die internationale Zuständigkeit nicht tragend, da das nationale Recht sich gegenüber der CMR nicht durchsetzen kann; siehe Rdn. 43.

B. Internationale Zuständigkeit (Art. 31 Abs. 1)

17 Art. 31 Abs. 1 befaßt sich ausschließlich mit der Bestimmung der für CMR-bezogene Prozesse zuständigen Gerichtsbarkeit (internationale Zuständigkeit).[53] Bestimmt werden dadurch nicht die zuständigen Gerichte, sondern nur die Gerichtsstaaten. Ob die betreffenden Länder für den betroffenen Fall ein Gericht zur Verfügung (örtliche Zuständigkeit) stellen, richtet sich nur nach ihrem nationalen Prozeßrecht[54] und ist von den in Art. 31 Abs. 1 S. 1 Buchst. a oder b geregelten internationalen Zuständigkeiten unabhängig. Sieht die Regelung der CMR für ein Land eine internationale Zuständigkeit vor, etwa als Land des Übernahmeorts, kann der örtliche Gerichtsstand z. B. auch nach §§ 12, 13 ZPO gegeben sein.[55] Die Beweislast für die Voraussetzungen der internationalen Zuständigkeit trägt der Kläger.[56]

I. Keine Aussage über örtliche Zuständigkeit in CMR-Fällen

18 Über die örtliche und sachliche Zuständigkeit enthält Art. 31 keine Aussagen. Der örtliche Gerichtsstand (örtliche Zuständigkeit) bleibt ausschließlich Gegenstand des nationalen Rechts, einschließlich ratifizierter internationaler Übereinkommen, falls

---

48 Dazu *Thume/Demuth* Rdn. 10: die örtliche Zuständigkeit für Verfahren gegen ausländische Antragsgegner wird durch § 703d Abs. 2 ZPO gegeben sein; siehe insgesamt Rdn. 19 ff, 28 ff, insbesondere 39 f, 48, 47.

49 *Thume/Demuth* Rdn. 10.

50 Zur Anwendung auf Wechselansprüche siehe Rdn. 13.

51 Für Anwendung jedoch: *Fremuth* TranspR **1983** 35, 39 f; *Thume/Demuth* Rdn. 10. Zu den Möglichkeiten des Arrests im Rahmen der CMR siehe aus der Sicht des deutschen Prozeßrechts *Braun* VersR **1988** 878 ff; *Fremuth* aaO.

52 *Thume/Demuth* Rdn. 10.

53 BGH vom 6. 2. 1981, BGHZ **79** 332, 333 f; OLG Nürnberg vom 9. 8. 1978, Verkehr (Wien) **1980** 220 f; OLG Düsseldorf vom 23. 10. 1980, VersR **1981** 1081, 1082; OLG Koblenz vom 6. 10. 1989, TranspR **1991** 93, 94; OLG Hamburg vom 7. 4. 1994, TranspR **1994** 444; LG Hamburg vom 20. 10. 1993, TranspR **1995** 114 f; LG Hannover vom 4. 9. 1991, TranspR **1992** 327, 328.
MüKo/*Basedow* Rdn. 16; *Herber/Piper* Rdn. 9; *Thume/Demuth* Rdn. 11, 40; *Koller*[4] Rdn. 2; *Schack*[2] Rdn. 189.
F Cass vom 17. 1. 1995, BT **1995** 90; NL Hof's Hertogenbosch 16. 8. 1982, SS **1984** Nr. 69.

54 Darstellung möglicher internationaler Gerichtsstände: *Thume/Demuth* Rdn. 37.

55 *Thume/Demuth* Rdn. 35.

56 *Baumgärtel/Giemulla* Art. 31 Rdn. 1; *Thume/Demuth* Rdn. 66.

diese dazu Regeln enthalten.[57] EuGVÜ und LugÜ regeln als internationales Einheitsrecht auch die örtliche Zuständigkeit.[58] Insbesondere Art. 5 EuGVÜ und Art. 5 LugÜ[59] schalten als zwingendes Recht die entsprechenden Vorschriften der ZPO aus.[60] Soweit kein Übereinkommen eingreift, ist für die deutsche Gerichtsbarkeit die ZPO und § 440 HGBnF maßgeblich.[61] Insbesondere gelten damit auch die Beschränkungen der §§ 512 a, 549 Abs. 2 ZPO, die instanzgerichtliche Entscheidungen über die örtliche Zuständigkeit unangreifbar machen.[62] Auch die sachliche Zuständigkeit wird vom Prozeßrecht des Gerichtslandes bestimmt. Bei Anwendung von Art. 31 Abs. 1 kommt es daher darauf an, genau zwischen internationaler und (national geregelter) örtlicher Zuständigkeit zu unterscheiden.[63] Ist zwar die nationale (z. B. deutsche) Gerichtsbarkeit international zuständig, stellt das damit zuständige Recht aber keinen örtlichen Gerichtsstand zur Verfügung, ist die Klage abzuweisen.[64] Vielfach betreffen Gerichtstandsklauseln die internationale wie die örtliche Zuständigkeit; zu dieser Doppelfunktion siehe Rdn. 27.

II. Parteivereinbarung

1. Zulässigkeit der Vereinbarung

19 Art. 31 Abs. 1 S. 1 begründet das Recht der Parteien auf Vereinbarung der Zuständigkeit eines beliebigen Gerichtes in einem der Vertragsstaaten. Die deutsche Übersetzung läßt dies nicht mit voller Deutlichkeit erkennen („bestimmte Gerichte"). Die englischen und französischen Originalfassungen (siehe Art. 51) lassen aber keinen Zweifel zu. Die Parteien haben also vorab die freie Wahl zwischen den Gerichten von Vertragsstaaten der CMR. Gerichte anderer Staaten können nicht vereinbart werden.[65] Dies hindert freilich die Gerichte von Nichtvertragsstaaten nicht daran, eine entsprechende Vereinbarung dennoch als wirksam anzuerkennen. Die Vereinbarung eröffnet nur einen zusätzlichen internationalen Gerichtsstand neben den gesetzlichen CMR-Gerichtsständen der Buchst. a und b erlaubt aber nicht deren Abdingung. Dies ergibt sich zweifelsfrei aus Abs. 1 S. 2.[66] Die Gerichtsstandswahl kann zwar im Rahmen des Frachtvertrags getroffen werden, ist

---

57 Für Deutschland siehe Rdn. 39. *Thume/Demuth* Rdn. 36; Ausländische Rechtsprechung: F TribCom Clermont-Ferrand vom 10. 6. 1977, BT **1977** 366 f; best. durch F TribCom Clermont-Ferrand vom 18. 11. 1977, BT **1977** 366 f; best. durch F CA Riom vom 18. 11. 1977, BT **1977** 560 ff; F CA Paris vom 15. 12. 1977, BT **1978** 53; F CA Paris vom 15. 12. 1977, BT **1978** 53.

58 MüKo/*Basedow* Rdn. 20, 23 f; *Thume/Demuth* Rdn. 36. Ebenso Art. 21 Abs. 1 Hamburg-Regeln für das Seerecht; OLG Hamburg vom 18. 12. 1997, TranspR **1998** 200, 203.

59 Im Fall OLG Hamm vom 17. 4. 1986, TranspR **1986** 431 f ergaben sich schwierige Probleme mit einem Vertrag Deutschland-Schweden. Hierfür wäre nunmehr anstelle von § 29 ZPO Art. 5 Ziff. 1 LugÜ maßgeblich. Siehe auch Rdn. 4.

60 LG Bonn vom 24. 1. 1984, RIW **1985** 147 f; MüKo/*Basedow* aaO. Siehe auch Rdn. 3 f, 42.

61 Zu Art. 1 a Ratifizierungsgesetz zur CMR siehe Rdn. 28, 29, 39.

62 Dazu beispielsweise BGH vom 9. 12. 1982, VersR **1983** 282 f; OLG Hamburg vom 30. 3. 1989, TranspR **1989** 321, 323. Zu 549 Abs. 2 und § 512 a ZPO im Bereich der internationalen Zuständigkeit siehe jedoch einschränkend BGH vom 21. 11. 1996, TranspR **1997** 397 ff.

63 Grundsätzlich BGH GSZ vom 14. 6. 1965, BGHZ **44** 46 ff. Zur (heute nur noch geringen) praktischen Bedeutung siehe Rdn. 28 f, 39.

64 Grundsätzlich BGH vom 6. 2. 1981, BGHZ **79** 332, 333 f; *Herber/Piper* Rdn. 9. Aus der Praxis etwa AG Villingen-Schwenningen vom 27. 11. 1980, Verkehr (Wien) **1981** 154 f.

65 *Loewe* ETR **1976** 580.

66 Siehe *Loewe* ETR **1976** Nr. 240; *Thume/Demuth* Rdn. 27, 31; *Thume/Seltmann* Rdn. A 27; *Koller*[4] Rdn. 2; MüKo/*Basedow* Rdn. 24; *Dorrestein* Nr. 283 ff; *Fremuth* TranspR **1983** 35, 37; *Hill/Messent/Glass*[2] S. 224; *Silingardi* S. 264 f; Abdingung gegen Derogationswirkung der Gerichtsstandvereinbarung OLG Hamburg vom 26. 4. 1984, TranspR **1984** 194, 195; OLG Wien vom 15. 10 1986, TranspR **1987** 223; B CA Antwerpen vom 30. 1. 1980, Rechtskundig Weekblad **1983/84** 2171; wohl zweifelnd *Haak* S. 281, 285: zur aus-

aber auch ohne diesen wirksam als selbständiger Vertrag.[67] Da die CMR in Fällen ungültiger Verträge nicht anwendbar ist,[68] richtet sich die Gerichtsstandswahl dann nach EuGVÜ oder LugÜ oder nach nationalem Recht, siehe Rdn. 3 f.

Nach Entstehung der Streitigkeit ist eine **nachträgliche Gerichtsstandvereinbarung** unbestritten frei zulässig; Art. 31 ist für sie nicht mehr maßgeblich.[69] 20

2. Inhalt der Vereinbarung

a) Internationale Zuständigkeit und Gerichtsstand

Die Möglichkeit der Vereinbarung gilt zunächst für die internationale Zuständigkeit **(generelle Benennung der Gerichtsbarkeit)** eines Mitgliedslandes (z. B. „deutsche Gerichte").[70] Mit der Vereinbarung eines bestimmten Gerichts oder **örtlichen Gerichtsstands** in einem Vertragsstaat kann (und soll in der Regel) daher zweierlei bewirkt werden: Die internationale Zuständigkeit des Gerichts oder der Gerichte dieses Staates und die örtliche Zuständigkeit dort. Die Bestimmung des örtlichen Gerichtsstands durch die Parteien wird also von der CMR grundsätzlich gestattet. Die Wirkung der Vereinbarung ist aber nach nationalem Recht zu beurteilen.[71] Der Ausschluß aller innerdeutschen örtlichen Gerichtsstände ist unwirksam, wenn damit dem Kläger die Zuständigkeit nach Art. 1 Abs. 1 S. 1 Buchst. b genommen wird.[72] Eine Teilunwirksamkeit der Klausel ist jedenfalls aber dann gegeben, wenn durch sie ein CMR-Gerichtsstand im Ausland ausgeschlossen würde. Da der Ausschluß eines internationalen CMR-Gerichtsstands ohnehin unwirksam ist, muß ein international zuständiges ausländisches Gericht nach seinem Recht beurteilen, ob die ADSp-Klausel dort örtliche Gerichtsstände wirksam festlegen kann.[73] Zutreffend weist *Thume/Demuth* Rdn. 46 auf die zwei ausgewogenen Urteile des OLG Hamburg hin. *Koller*[4] Rdn. 6 hält die Gerichtsstandsklausel für unteilbar und daher vollnichtig. Der sogenannte „blue pencil test" des LG Bremen, auf den er sich beruft, ist jedoch eine primitive formale Faustregel ohne sachlichen Gehalt, die der hier gegebenen Problematik nicht gerecht wird. 21

b) Keine Derogation

Gem. Art. 41 **unwirksam**[74] **ist der vertragliche Ausschluß** der durch Art. 31 begründeten internationalen Gerichtsstände (Derogation).[75] Art. 31 ist so formuliert, 22

schließlichen Vereinbarung eines Schiedsgerichts siehe ablehnend Art. 33 Rdn. 1.
Zur Gerichtsstandswahl generell *Kropholler* EuGVÜ[4] Art. 57 Rdn. 5 ff; MüKo/*Martiny* vor Art. 27 EGBGB Rdn. 49 ff und zu Art. 27 EGBGB Rdn. 47. Vergleichend innerhalb des Transportrechts *Basedow* 264 f; *Mankowski* TranspR **1993** 213, 217.

67 Siehe *Putzeys* Nr. 1095; zur Anwendbarkeit der CMR und insbesondere Art. 31 siehe Rdn. 6 ff.

68 Siehe Art. 1 Rdn. 17.

69 *Thume/Demuth* Rdn. 33 f. *Loewe* ETR **1976** Nr. 269 und TranspR **1988** 309, 319 Nr. 63: Siehe auch zur rügelosen Einlassung Rdn. 27 f und zur Schiedsklausel Art. 33 Rdn. 7.

70 MüKo/*Basedow* Rdn. 24.

71 Siehe Rdn. 18, 27.

72 OLG Hamburg vom 26. 4. 1984, TranspR **1984** 194, 195; die Abdingung eines örtlichen Gerichtsstands, der den internationalen Gerichtsständen des Art. 31 Abs. 1 S. 1 Buchst. a oder b entspricht, ist freilich zulässig, wenn ein anderer örtlicher Gerichtsstand begründet wird, der im international zuständigen Gerichtsstaat liegt (München statt Hamburg), OLG Hamburg vom 30. 4. 1981, TranspR **1984** 132 f.

73 Zur ADSp-Klausel siehe Rdn. 27.

74 Siehe Rdn. 19; OLG Hamburg vom 26. 4. 1984, TranspR **1984** 194, 195 = VersR **1984** 687 mit zustimmender Anmerkung *von Dannenberg*; A OLG Wien vom 15. 10. 1986, TranspR **1987** 223; B TribCom Antwerpen vom 25. 6. 1976, ETR **1976** 691, 693; *Thume/Demuth* Rdn. 14 auch hinsichtlich der durch §§ 412, 413 HGBaF begründeten Geltung des Art. 31; *Herber/Piper* Rdn. 20; im Ergebnis auch MüKo/*Basedow* Rdn. 24; *Thume* in *Fremuth/Thume* Frachtrecht, Rdn. 10; *Glöckner*[7] Rdn. 4; *Koller*[4] Rdn. 5; Siehe Art. 41 Rdn. 19.

75 Besonders auch in Frachtbriefen; F CA Paris vom 22. 6. 1977, BT **1977** 468; unrichtig oder zumindest unklar dort aber die Verneinung der

daß er als lex specialis zu Art. 41 nur eine positive Gerichtsstandswahl (Prorogation) gestattet. Aus der englischen Fassung ergibt sich auch klar, daß die Vereinbarung der **Zuständigkeit einer internationalen Gerichtsbarkeit keine ausschließliche** sein kann.[76] Da die Derogation der internationalen CMR-Gerichtsstände unwirksam ist, bleibt den Parteien daher stets unbenommen, auch die in Abs. 1 benannten internationalen Zuständigkeiten[77] zu nutzen; siehe Rdn. 27. Der Vorrang der CMR vor dem EuGVÜ (siehe Rdn. 3) führt dazu, daß unvereinheitlichtes nationales Recht anzuwenden ist.[78]

3. Form der Vereinbarung, Beweislast

23 Über die **Form der Gerichtsstandvereinbarung** wie über ihre Wirkungen im einzelnen trifft die CMR keine Bestimmungen. Eine Eintragung im Frachtbrief ist nicht vorgesehen und daher auch nicht Voraussetzung.[79] Mangels Regelung entscheiden daher die befaßten Gerichte der einzelnen Mitgliedstaaten. Hierzu werden unterschiedliche Lösungen vertreten:[80]

- Man kann Art. 31 als **Bekenntnis zur Formfreiheit** verstehen, so daß an die Form keine besonderen Anforderungen zu stellen wären, und die übrigen Voraussetzungen des Gerichtsstandsvertrages durch das nach dem Kollisionsrecht des angerufenen Gerichts zu bestimmende Vertragsstatut geregelt würden.[81] Vor deutschen Gerichten wäre für Gültigkeit und Auslegung der Gerichtsstandvereinbarung das nach den Art. 27 ff EGBGB zu bestimmende Vertragsstatut maßgeblich.[82] Nach diesem bestimmte sich auch, ob ein Dritter, zum Beispiel der Empfänger, die Vereinbarung gegen sich gelten lassen muß.[83] Die rügelose Einlassung des Beklagten genügte dann für den Abschluß einer Gerichtsstandsvereinbarung.[84] Berufung und Revision gegen die Zuständigkeitsfeststellung wären durch §§ 512a, 549 Abs. 2 ZPO nicht zugelassen.[85]
- Leitet man aus Art. 31 **keine positive Festlegung der Formfreiheit** ab, wird die Formfrage den nationalen Rechtsordnungen überlassen,[86] da die Gerichtsstandver-

---

Wirksamkeit einer Prorogation Athen in den Frachtbriefen. Ebenso in Multimodal-Konnossementen; B Trib Antwerpen vom 23. 9. 1975, ETR **1976** 279 ff; vom 25. 6. 1976, ETR **1976** 691, 695 f und vom 4. 1. 1977, ETR **1977** 843, 846.

[76] Siehe Rdn. 21; *Thume/Demuth* Rdn. 45.

[77] Siehe Rdn. 17 ff.

[78] Etwa beim Bestimmungshafen Antwerpen Art. 91 belg. Seerecht: B Trib Antwerpen vom 25. 6. 1976, ETR **1976** 691, 695 f. Bei Bestimmungshafen Rotterdam ist diese Bestimmung nicht anwendbar, für die Weiterbeförderung nach Antwerpen per LKW gilt Art. 31 Abs. 1 S. 1 b: B Trib Antwerpen vom 4. 1. 1977, ETR **1977** 843, 846; ebenso bei Multimodal-Transport mit optionalem Bestimmungsort Antwerpen B Trib Antwerpen vom 23. 9. 1975, ETR **1976** 279, 281 ff.

[79] *Loewe* TranspR **1988** 309, 311 Nr. 14; *Fremuth* TranspR **1983** 35, 38; *Thume/Demuth* Rdn. 32; *Koller*[4] Rdn. 5; *Herber/Piper* Rdn. 22.

[80] Dazu MüKo/*Basedow* Rdn. 25; *Basedow*, Rechtswahl und Gerichtsstandvereinbarungen nach neuem Recht, Schriften des DVIS A 64 (1987); *Thume/Demuth* Rdn. 28, 40 f.

[81] MüKo/*Basedow* Rdn. 25 m. w. H., der auch AG Köln vom 6. 2. 1985, TranspR **1985** 179, 180 dieser Auffassung zuordnet, weil es nicht Art. 17 EuGVÜ, sondern § 38 ZPO anwendet; BGH vom 24. 11. 1988, WM **1989** 355, 356 f = NJW **1989** 1431 f; i. E. auch *Thume/Demuth* Rdn. 31 m. w. H.; in Österreich ist jedoch das Prozeßrecht des vereinbarten Gerichtsstaats anzuwenden, *Thume/Seltmann* Rdn. A 29. Siehe auch *Silingardi* S. 265.

[82] Umstritten: Für lex fori (des vereinbarten Gerichts): *Loewe* TranspR **1988** 309, 311 Nr. 14; *Koller*[4] Rdn. 5; *Thume/Demuth* Rdn. 29; für Vertragsstatut MüKo/*Basedow* Rdn. 25; *Thume/Demuth* Rdn. 30. *Herber/Piper* Rdn. 22; wohl auch *Fremuth* TranspR **1983** 35, 38.

[83] MüKo/*Basedow* Rdn. 25.

[84] OLG Hamburg vom 27. 8. 1981, TranspR **1985** 184 (§ 39 ZPO); MüKo/*Basedow* Rdn. 25; *Herber/Piper* Rdn. 23; *Thume/Demuth* Rdn. 42.

[85] Siehe dazu Rdn. 18.

[86] So *Hill/Messent/Glass*[2] S. 226 f; *Thume/Seltmann* Rdn. A 29.
Zum Gesamtkomplex der internationalen Gerichtsstandvereinbarung siehe MüKo/*Martiny* vor Art. 27 EGBGB Rdn. 49 ff und zu Art. 27 EGBGB Rdn. 56; zur CMR MüKo/*Basedow* Art. 31 Rdn. 25.

einbarung wohl überwiegend als materiellrechtlicher Vertrag mit prozessualen Wirkungen angesehen wird.[87] Welche Folgen sich daraus ergäben, wäre jedoch wiederum offen. Da die beiden Übereinkommen EuGVÜ und LugÜ[88] Bestandteile des jeweiligen nationalen Rechts sind, wären dann in der Regel diese Übereinkommen, die jeweils in Art. 17 Formerfordernisse aufstellen,[89] anwendbar.[90]

– Sind bei Annahme, daß **Art. 31 keine Regelung** zu entnehmen ist, **EGVÜ und LugÜ nicht auf den Fall anwendbar**, muß wiederum nach dem Vertragsstatut entschieden werden.

Eine **Gerichtsstandvereinbarung muß beweisen, wer sich auf sie beruft.**[91] 24

4. Wirkungen der Vereinbarung

Die **Wirkungen der Gerichtsstandvereinbarung** sind im einzelnen stark umstritten. 25
Klar ist, daß die Wahl eines internationalen Gerichtsstands neben den gesetzlichen (Prorogation) eröffnet werden soll;[92] siehe Rdn. 19. Insofern wird eine zusätzliche internationale Zuständigkeit begründet, auf die sich die Parteien der Vereinbarung berufen können. Ebenso klar ist, daß nach Art. 31 die Abwahl einer gesetzlichen Zuständigkeit der Gerichte eines Vertragsstaates nicht wirksam vereinbart werden kann;[93] siehe Rdn. 22. Zur Frage der Wahl eines nationalen Gerichtsstands siehe Rdn. 21. Zur Frage der Wirkung der Vereinbarung eines Gerichtsstands außerhalb der Vertragsstaaten der CMR siehe Rdn. 19.

5. Gerichtsstandswahl bei Vereinbarung der CMR

Abgesehen von der in Art. 31 vorgesehenen Vereinbarung des Gerichtsstands 26
könnten die in Art. 31 Abs. 1a und b CMR vorgesehenen Gerichtsstände auch dadurch nutzbar gemacht werden, daß die **Anwendung der CMR vertraglich vereinbart** wird, etwa auf die Beziehungen zwischen Spediteuren.[94] Ob man damit der zwingenden Anwendung von EuGVÜ/LugÜ ausweichen kann, ist sehr fraglich, weil in diesem Fall Art. 31 CMR vertragsrechtlichen Charakter hat.[95]

---

[87] Dazu MüKo/*Basedow* Rdn. 25 unter Bezugnahme auf BGH vom 29. 6. 1968, BGHZ **49** 384.

[88] Zu diesen siehe Rdn. 3 f.

[89] Siehe zu diesen Erfordernissen die beiden Entscheidungen des EuGH vom 14. 12. 1976, NJW **1977** 494 u. 495; ferner die BGH-Urteile vom 4.5.1977, AWD **1977** 649f = WM **1977** 795f und vom 16.5.1977, AWD **1977** 432 = MDR **1977** 1013; dazu *Grüter* DB **1978** 381 ff; *Baumbach/Lauterbach/Albers* ZPO[58] Art. 17 AnerkVollstrAbk Rdn. 6 ff (S. 2603). Siehe ferner den Vorlagebeschluß des BGH vom 26. 3. 1992, WM **1992** 1715, 1718 f.

[90] *Kropholler* EuGVÜ[4] Art. 57 Rdn. 4; zu diesen Übereinkommen siehe Rdn. 3 f; LG Aachen vom 16. 1. 1976, RIW **1976** 588. OLG Wien vom 15.10.1986, TranspR **1987** 223 wendet jedoch italienisches Recht bei deutschem Kläger und italienischer Beklagten an; ohne Erörterung des EuGVÜ, das damals schon für beide Staaten galt (dazu unkritisch *Thume/Seltmann* Rdn. A 27); wie Wien auch LG München vom 27.11.1990, RIW **1991** 150 f. OLG Hamburg vom 27.8.1981, TranspR **1985** 184 f wendet § 39 ZPO statt Art. 18 EuGVÜ an. AG Köln vom 6.2.1985, TranspR **1985** 179, 180 wendet nicht Art. 17 EuGVÜ, sondern § 38 ZPO an.

[91] Daran fehlte es bei einer kleingedruckten, nur im Blankoformular vorgelegten deutschen Klausel (wahrscheinlich § 65 ADSp) z. B. im Fall F CA Paris vom 14. 11. 1969, BT **1969** 363 f.

[92] MüKo/*Basedow* Rdn. 24; *Herber/Piper* Rdn. 20; *Thume/Demuth* Rdn. 27.

[93] MüKo/*Basedow* Rdn. 24; *Herber/Piper* Rdn. 20. OLG Oldenburg vom 5. 1. 2000, TranspR **2000** 128 (Die Vereinbarung eines ausschließlichen Gerichtsstandes – hier: Osnabrück – im Anwendungsbereich des Art. 31 CMR ist nichtig. Sie kann nicht dahin ausgelegt werden, daß dieser Gerichtsstand – wirksam – als zusätzlicher (Wahl-)Gerichtsstand vereinbart wird); LG München I vom 28. 9. 1998, TranspR **1999** 447 (Wird eine Beförderung von demselben Frachtführer aufgrund zweier Frachtverträge durchgeführt, so hat eine Gerichtsstandsvereinbarung in dem einen Vertrag Wirkung nur für diesen Abschnitt der Beförderung).

[94] F Cass vom 21.6.1982, BT **1982** 513 = ETR **1983** 207; siehe auch Art. 1 Rdn. 4 f.

[95] Siehe Art. 1 Rdn. 4.

6. Gerichtsstandswahl durch Vereinbarung der ADSp-Regelung

27 Vielfach wird von deutschen Spediteuren **§ 65 ADSp** beziehungsweise neuerdings die fast identische Regelung der **Ziffer 30 ADSp 1999** vereinbart.[96] Dort ist in Abs. b (= Ziffer 30.2 ADSp 1999) eine doppelte Gerichtsstandvereinbarung enthalten. Die darin liegende positive Wahl (Prorogation) des Gerichtsstaats[97] ist nach Art. 31 Abs. 1 CMR wirksam,[98] die der örtlichen Zuständigkeit[99] bestimmt sich nach Art. 17 EuGVÜ bzw. 17 LugÜ,[100] bei Nichteingreifen beider Übereinkommen nach §§ 38 ff ZPO.[101] Die Vereinbarung der örtlichen Zuständigkeit deutscher Gerichte durch rügelose Einlassung ist nach Art. 18 EuGVÜ, 18 LugÜ und § 39 ZPO möglich.[102] Anders als die ZPO sehen die beiden Übereinkommen in Art. 17 für die Gerichtsstandswahl eine besondere Schriftform vor,[103] die gerade bei den ADSp oft nicht eingehalten wird, weil diese Bedingungen nach st. Rechtsprechung auch ohne besondere Vereinbarung gelten.[104] Formfrei kann aber gem. Art. 5 Ziff. 1 EuGVÜ der Erfüllungsort bestimmt werden, der dann einen Gerichtstand begründet.[105] Die Wahl des örtlichen Gerichtsstandes wird durch die CMR nicht beeinflußt. Sie kann daher im gegebenen formalen Rahmen frei erfolgen. Auch die Wahl eines internationalen Gerichtsstands (also des Gerichtsstaats) ist frei. Dagegen ist die Abwahl bestehender internationaler CMR-Gerichtsstände durch Vereinbarung eines ausschließlichen, von der CMR abweichenden internationalen Gerichtsstands unwirksam. Daher ist die Ausschließung der internationalen Gerichtsstände des Art. 31 Abs. 1a und b CMR durch für Klagen gegen den Spediteur unwirksam wegen Verstoßes gegen Art. 31 Abs. 1, 41 CMR.[106] Ist nach Art. 31 die internationale Gerichtsbarkeit in Deutschland gegeben, kann durch § 65 ADSp Abs. a (= Ziffer 30.1 ADSp 1999) eine ausschließliche Zuständigkeit eines beliebigen Gerichts begründet sein.[107] Eine weitere örtliche Gerichtsstandswahl ist durch die Erfüllungsortsklausel des § 65a ADSp (= Ziffer 30.1 ADSp 1999) in Verbindung mit Art. 5 EuGVÜ formlos wirksam.[108] Sie ist jedoch wegen § 440 Abs. 1 HGBnF[109] nicht mehr von großer Bedeutung.

---

96 Dazu eingehend *Thume/Demuth* Rdn. 43ff. Siehe auch *Schack*² Rdn. 445.

97 Daß diese gewollt ist, läßt sich durch Auslegung zweifelsfrei begründen; *Thume/Demuth* Rdn. 45.

98 Anwendungsfälle: OLG Düsseldorf vom 21. 6. 1990, RIW **1990** 752.

99 Dazu grundsätzlich Rdn. 18.

100 Zu diesen siehe Rdn. 3 f.

101 Beispiel: LG Hamburg vom 16.9.1980, VersR **1981** 475.

102 Zu § 39 siehe OLG Hamburg vom 27. 8. 1981, TranspR **1985** 184 f; zu Art. 18 EuGVÜ siehe einschränkend BGH vom 21.11.1996, TranspR **1997** 397–399; vom 24.11.1988, WM **1989** 355, 356 f = NJW **1989** 1431 f. § 549 Abs. 2 ZPO gilt jedoch nicht für die Überprüfung der internationalen Zuständigkeit, BGH vom 24.11.1988 aaO.

103 Siehe dazu § 65 ADSp Anh. I nach § 415 HGBaF Rdn. 6; eingehend zur Form *Kropholler* EuGVÜ⁴ Art. 17 Rdn. 26 ff.

104 Siehe vor § 1 ADSp, Anh. I nach § 415 HGBaF Rdn. 5 ff, insbesondere 17 ff; MüKo/*Bydlinski* vor § 1 ADSp Rdn. 18 ff und zu § 65 ADSp Rdn. 12 ff. Siehe ferner den Fall OLG Düsseldorf vom 21. 6. 1990, RIW **1990** 752. In ausländischen Rechten wird die deutsche Besonderheit regelmäßig nicht beachtet; siehe z. B. Rdn. 24.

105 *Kropholler* EuGVÜ⁴ Art 5 Rdn. 17; *Thume/Demuth* Rdn. 48 ff. Siehe auch Rdn. 41 f.

106 Siehe Rdn. 22; *Thume/Demuth* Rdn. 45.

107 OLG Hamburg vom 30. 4. 1981, TranspR **1984** 132 f; dazu auch Rdn. 28.

108 Dazu *Thume/Demuth* Rdn. 50. Die formlose Vereinbarung eines Erfüllungsorts nur zur Umgehung der Form des Art. 17 EuGVÜ ist jedoch unwirksam, EuGH vom 20. 2. 1997, Rs C-106/95, TranspR **1997** 183–186 Nr. 35; BGH vom 16.6.1997, TranspR **1997** 334–335; Vorlagebeschluß vom 6.3.1995, TranspR **1995** 339 ff.

109 Dazu Rdn. 39; siehe zu § 65 ADSp, Anh. I nach 415 HGBaF Rdn. 6.

III. Gesetzliche Regelung der internationalen Zuständigkeit

1. Keine Regelung innerstaatlicher (örtlicher) Zuständigkeit

Während sich die Parteivereinbarung nach Art. 31 Abs. 1 Eingangssatz auf die Bestimmung internationaler Zuständigkeit (Gerichtsbarkeit) und auf die örtliche (und sachliche) Zuständigkeit bestimmter Gerichte beziehen kann[110] (am deutlichsten in der englischen Fassung), stellt die CMR gesetzlich in Art. 31 Abs. 1 S. 1 Buchst. a und b nur Regeln für die internationale Zuständigkeit auf.[111] Innerhalb dieser Gerichtsbarkeit muß das örtlich zuständige Gericht mangels Parteivereinbarung noch durch die nationalen Zuständigkeitsregeln bestimmt werden;[112] in Deutschland §§ 12 ff ZPO.[113] Das danach örtlich zuständige Gericht muß nicht das am für die internationale Zuständigkeit maßgeblichen Ort sein. Ist z. B. gem. Art. 31 Abs. 1 S. 1b die deutsche Gerichtsbarkeit zuständig, weil das Gut in Hamburg übernommen worden ist, kann dennoch nach § 65 Abs. 1 ADSp das LG München örtlich zuständig sein.[114] Die CMR verpflichtet im übrigen die Mitgliedstaaten völkerrechtlich, einen dem Art. 31 Abs. 1 entsprechenden örtlichen und sachlichen Gerichtsstand zur Verfügung zu stellen.[115] 28

Das **Fehlen einer örtlichen Zuständigkeitsregelung in der CMR** kann zu großen Schwierigkeiten führen, wenn das betreffende zuständige Recht für diesen Fall keine konkrete örtliche Zuständigkeit bestimmt.[116] Die völkerrechtliche Verpflichtung (siehe Rdn. 28 hilft im konkreten Fall nicht weiter.[117] Kann keine örtliche Zuständigkeit begründet, werden, ist die Klage abzuweisen.[118] 29

2. Nur Gerichte in Vertragsstaaten

Durch Art. 31 Abs. 1 S. 1 werden **Gerichtsbarkeiten von Mitgliedsstaaten der CMR international zuständig,** in deren Gebiet einer der in a und b bezeichneten Orte liegt. Zur Zusammenfassung von Regreßprozessen siehe Art. 39 Abs. 2. Der Ort der Zweigniederlassung oder Geschäftsstelle begründet nur dann die internationale Zuständigkeit, wenn durch ihre Vermittlung der Beförderungsvertrag geschlossen 30

---

110 Siehe Rdn. 21.

111 Die Anwendung der CMR kann allerdings fraglich sein, wenn der Prozeß in einem Nicht-Mitgliedsland der CMR geführt wird; siehe Art. 1 Rdn. 10.

112 Siehe dazu Rdn. 17; *Loewe* ETR **1976** 581; BGH vom 6. 2. 1981, BGHZ **79** 332, 333 f; OLG Saarbrücken, NJW **1975** 500 = VersR **1976** 267, 268; OLG Düsseldorf vom 1. 3. 1979, VersR **1979** 381 f; LG Limburg vom 14. 7. 1980 Verkehr (Wien) **1980** 1262; OLG Wien vom 18. 1. 1978, TranspR **1980** 63 f; HG Wien vom 3. 4. 1984, TranspR **1984** 152 f; NL Rb Arnhem vom 24. 6. 1976, SS **1977** 30 f.
Instanzgerichte hatten teilweise in Art. 31 Abs. 1 Regelungen auch zur Begründung örtlicher Zuständigkeit gesehen: OLG Düsseldorf vom 18. 11. 1971, (in VersR **1973** 177 und AWD **1973** 401 f nicht mit abgedruckt); LG Münster vom 7. 12. 1978, unveröff.; LG Hamburg vom 22. 1. 1979, VersR **1979** 246 mit Begründung für die weite Auslegung; dafür auch *Suhr* VersR **1979** 830 und die Vorauflage dieses Kommentars. Dagegen aber entschieden *Gran* VersR **1979** 664 f. Der BGH lehnte jedoch die Korrekturen durch diese Rechtsprechung ab und erzwang damit eine innerstaatliche gesetzliche Regelung. Zu dieser (Art. 1 a RatifizierungsG zur CMR) siehe Rdn. 39. Anders NL Hoge Raad vom 29. 6. 1990, RDU **1990** II 259 (LS) = SS **1991** Nr. 54 S. 168 f; siehe Rdn. 40.

113 Siehe Rdn. 18.

114 Zutreffend OLG Hamburg vom 30. 4. 1981, TranspR **1984** 132 f; siehe auch Rdn. 27.

115 *Loewe* ETR **1976** Nr. 245; *Loewe* TranspR **1988** 309, 312 Nr. 20; MüKo/*Basedow* Rdn. 17; *Haak* S. 290; OLG Wien vom 18. 1. 1978, TranspR **1980** 63 f; HG Wien vom 3. 4. 1984, TranspR **1984** 152.

116 Keine Probleme entstehen, anders als in Deutschland z. B. in England, wo der High Court als erste Instanz für das gesamte Staatsgebiet zuständig ist; *Clarke*[2] Nr. 48.

117 In Deutschland galt dies vor allem bis 1989; siehe Rdn. 39. Siehe zu diesem Zustand kritisch *Haak* S. 285 ff.

118 Siehe Rdn. 39; in den Niederlanden ähnlich, NL Rb Arnhem vom 24. 6. 1976, SS **1977** 30 f.

worden ist; *Loewe* ETR **1976** 581; zumindest der englische Text läßt dies klar erkennen. An diese Beschränkungen ist die Rechtswahl der Parteien nicht gebunden; siehe Rdn. 19. Die Regelungen zu den Einreden der Rechtshängigkeit und die der Rechtskraft sowie zur internationalen Vollstreckbarkeit knüpfen an Art. 31 Abs. 1 S. 1 an.[119]

31 Art. 31 Abs. 1 kann nicht verhindern, daß **Gerichte in Nichtvertragsstaaten** sich für zuständig erklären, da diese an die CMR nicht gebunden sind. In diesem Falle kann sogar über Art. 31 Abs. 2 die Klageerhebung in einem CMR-Vertragsstaat mit der Einrede der Rechtshängigkeit oder Rechtskraft blockiert werden; siehe Rdn. 19.

IV. Die gesetzlichen Zuständigkeiten nach Art. 31 Abs. 1 Buchst. a und b

32 Die CMR sieht bewußt nur bestimmte internationale Gerichtsbarkeiten vor; Art. 31 Abs. 1 S. 2. Um das damit offenbar begrenzt gewährte „forum shopping" zu begrenzen, ist es angemessen und erforderlich,[120] diese Tatbestände grundsätzlich eng auszulegen.

33 Zur Begründung eines der gesetzlichen Gerichtsstände genügt ein **Tatsachenvortrag des Klägers, aus dem sich die jeweiligen Voraussetzungen schlüssig ergeben.** Die dann vor dem deutschen Gericht vorzunehmende Prüfung der Begründetheit des Anspruchs kann dann bereits zu einer endgültigen, nach Art. 31 Abs. 2 maßgeblichen ablehnenden Entscheidung führen.[121]

1. Gerichtsstand des Beklagten (Abs. 1 S. 1 Buchst. a)

34 Der Kläger kann die Gerichte des Staates anrufen, in dem der Beklagte aus den folgenden Gründen einen der folgenden definierten Gerichtsstände hat:[122]

35 Seinen **gewöhnlichen Aufenthalt.**[123] Diese Definition weicht vom allgemeinen Gerichtsstand der § 12, 13 ZPO ab, wo es auf den Wohnsitz ankommt. Der gewöhnliche Aufenthalt[124] markiert den faktischen Lebensmittelpunkt; einer polizeilichen Anmeldung bedarf es zu seiner Begründung nicht.[125] Damit sollten wohl die Fragen des national geregelten Anmeldungs- und Wohnsitzrechts vermieden werden.[126] Freilich ist damit das Problem entstanden, ob der Lebensmittelpunkt nach dem privaten Aufenthalt oder dem Geschäftsmittelpunkt bestimmt werden soll, wenn diese Schwerpunkte in verschiedenen Staaten liegen. In aller Regel gibt wohl der reale Geschäftsmittelpunkt den Ausschlag.[127] Allerdings ist der private Aufenthaltsort Schwerpunkt, wenn die Beförderung zu keinem geschäftlichen Zweck erfolgt. Der örtliche Gerichtsstand in Deutschland dürfte vielfach durch §§ 12, 13 ZPO begründet sein.[128] Der Gerichtsstand der belegenen Sache (§ 23 ZPO) spielt heute auch in den Erwägungen der Literatur keine Rolle mehr.[129]

---

[119] Art. 31 Abs. 2, 3; siehe Rdn. 46 ff, 52.
[120] *Schack*² Rdn. 228 ff.
[121] Zutreffend OLG München vom 23.7.1996, TranspR **1997** 33, 34; dazu oben Rdn. 3.
[122] Zu Art. 31 Abs. 1 S. 1 b gibt es wenig veröffentlichte, und durchweg problemlose Rechtsprechung: Siehe etwa OLG Koblenz vom 6.10.1989, TranspR **1991** 93, 94.
[123] Anwendungsfälle: Auch wenn das Gut wegen Schadens nicht abgeliefert, sondern zurückbefördert wird. F CA Poitiers vom 31. 3. 1971, BT **1971** 168, 169.
[124] Entsprechend der Haager Konferenz für Internationales Privatrecht und den Empfehlungen des Europarats vom 18. 1. 1972, Nr. 7–11; siehe näher MüKo/*Basedow* Rdn. 18; dort auch die Texte.
[125] MüKo/*Basedow* Rdn. 18.
[126] MüKo/*Basedow* Rdn. 18.
[127] MüKo/*Basedow* Rdn. 18; *Putzeys* Nr. 1096 bis.
[128] MüKo/*Basedow* Rdn. 18 a. E.
[129] Siehe jedoch vor Schaffung des Art. 1 a RatifizierungsG zur CMR (dazu Rdn. 39): *Fremuth* TranspR **1983** 35, 40 ff.

Seine **Hauptniederlassung**: Die beiden allein verbindlichen Fassungen unterscheiden sich: Die der deutschen Übersetzung entsprechende englische („principal place of business") erfaßt alle Geschäftsleute (Kaufleute, Gewerbetreibende), die französische (siège principal) nur juristische Personen. Die Literatur liest aus beiden Fassungen heraus, daß es stets auf die tatsächliche Bedeutung, nicht auf den rechtlichen oder Satzungssitz ankomme.[130] Dem ist jedenfalls im Ergebnis zuzustimmen.[131] Nach § 17 Abs. 1 S. 2 ZPO begründet der tatsächliche Ort der Verwaltung auch den örtlichen Gerichtsstand für Körperschaften, Handelsgesellschaften und passiv parteifähige Vermögensmassen. 36

Die **Zweigniederlassung** oder die **Geschäftsstelle** des Beklagten,[132] durch deren Vermittlung der Beförderungsvertrag geschlossen worden ist.[133] Zur Auslegung der hierfür verwendeten Begriffe „branch", „succursale" und „agency", „agence" kann auf die Auslegung des entsprechenden Art. 5 Abs. 5 EuGVÜ zurückgegriffen werden.[134] Entsprechend der Rechtsprechung zu Art. 5 Abs. 5 EuGVÜ können Speditionsunternehmen als Niederlassungen eines CMR-Frachtführers behandelt werden, wenn sie einen entsprechenden Rechtsschein erwecken durch die Art und Weise, wie sich diese beiden Unternehmen im Geschäftsleben verhalten und wie sie sich Dritten gegenüber in ihren Handelsbeziehungen darstellen.[135] Eine solche Fallgestaltung ist denkbar, wenn ein CMR-Frachtführer (eventuell auch ein Spediteur-Frachtführer nach §§ 412, 413 HGBaF) ein anderes Unternehmen dieser Art mit Abschluß und Abwicklung der Geschäfte betraut. Ob dies auf den Fall der grundsätzlichen bzw. der Namensgleichheit der beiden Unternehmen oder auf ein Tochter-Mutter-Verhältnis beider Unternehmen zu beschränken ist, wurde bisher nicht gerichtlich geklärt. Ob die Rechtsprechung zu Art. 28 WA auf Art. 31 CMR übertragen werden kann,[136] ist fraglich. Abgesehen davon, daß die Originaltexte beider Abkommen nicht identisch sind, hat vor allem die extreme Verknüpfung der IATA-Luftfrachtführer bzw. der IATA-Agenturen[137] bei Abschluß und Ausführung der Luftfrachtverträge kaum ein Gegenstück im Straßengütertransport. 37

2. Gerichtsstand des Übernahme- oder Ablieferungsorts (Abs. 1 S. 1 Buchst. b)

a) Übernahmeort

Maßgeblich ist der tatsächliche, nicht der vertraglich vereinbarte Übernahmeort;[138] bei Einsatz von Unterfrachtführern im Verhältnis von Hauptfrachtführer zu Absender der erste Übernahmeort.[139] Ob für Ansprüche gegen einen nachrangigen Unterfracht- 38

---

130 *Loewe* TranspR **1988** 309, 312; *Clarke*² Nr. 48b (ii); *Thume/Demuth* Rdn. 17; MüKo/*Basedow* Rdn. 19; wohl auch *Putzeys* Nr. 1096 bis. *Hill/Messent/Glass*² S. 227 läßt die Frage für die Rechtsprechung offen, spricht sich aber für die Zulassung beider aus; ebenso *Koller*⁴ Rdn. 3.

131 Zum Begriff der Hauptniederlassung in § 21 ZPO siehe BGH vom 13.7.1987, WM **1987** 1089 ff.

132 Wer für den Kläger abgeschlossen hat, ist irrelevant. Dies ergibt sich schon aus dem Wortlaut von Art. 31 Abs. 1 S. 1a; zutreffend MüKo/*Basedow* Rdn. 22.

133 Anwendungsfälle zur vertragsschließenden Geschäftsstelle: OLG Hamburg vom 30.3.1989, TranspR **1989** 321, 322 f.

134 MüKo/*Basedow* Rdn. 20. Zu dieser Vorschrift siehe *Kropholler* EuGVÜ⁴ Art. 5 Rdn. 51 ff; *Schack*² Rdn. 317 ff.

135 EuGH vom 9. 12. 1987, Slg. **1987** 4905 = NJW **1988** 625; MüKo/*Basedow* Rdn. 21; *Kropholler* EuGVÜ⁴ Art. 5 Rdn. 58.

136 Hinweis bei MüKo/*Basedow* Rdn. 21; zu Art. 28 WA siehe *Ruhwedel* Luftbeförderungsvertrag³ Rdn. 669.

137 Zum Begriff der Agentur im Verbraucherrecht der Art. 8 siehe BGH vom 13. 7. 1987, WM **1987** 1089, 1091.

138 *Clarke*² Nr. 48b (iv); MüKo/*Basedow* Rdn. 22 m.w.H.; *Koller*⁴ Rdn. 4; *Herber/Piper* Rdn. 16; *Loewe* ETR **1976** Nr. 244 (S. 581); HG Wien vom 3. 4. 1984, TranspR **1984** 152 f; LG Freiburg vom 20. 10. 1994, TranspR **1995** 113 f.

139 *Clarke*² Nr. 48b (iv), S. 255; GB Queen's Bench Division vom 15.5.1978, Falle Moto Vespa vs. MAT, Lloyd's Rep. **1979** I 175, 181; A OGH Wien vom 1.4.1999, TranspR 2000 34 (Im Fall einer Beförderung durch Haupt- und von die-

führer im Falle der Art. 34 ff die Gerichte am Ort der ersten Übernahme oder der Übernahme durch diesen Unterfrachtführer international zuständig sind,[140] ist zweifelhaft.[141] Nach der Regelung der CMR ist dies wohl nur der ursprüngliche Abgangsort; vor allem auch, weil dem Geschädigten der letzte ausführende Frachtführer vielfach nicht bekannt sein wird.[142] Die Anknüpfung an den Ort der effektiven Übernahme entspricht der ratio der Vorschrift: Beweisnähe für die mit der Verladung zusammenhängende Umstände; keine Aufspaltung dieses Gerichtsstands nach unterschiedlich begründeten Abgangsorten.

39 Das **deutsche Recht** stellt seit 1989[143] und seit dem 1.7.1998 in § 440 Abs. 1 HGBnF[144] eine zusätzliche **örtliche Zuständigkeit** entsprechend Art. 31 Abs. 1 S. 1 CMR zur Verfügung. Durch diese Regelungen wurde der 20jährige Mißstand beseitigt, daß Klagen abzuweisen waren, weil die in der CMR geforderte Zuständigkeit am Übernahmeort[145] im nationalen deutschen[146] Zivilprozeßrecht keine Grundlage hatte[147] und der BGH es ablehnte, durch Analogie eine Zuständigkeit zu begründen.[148] § 440 Abs. 1 HGBnF gilt für alle Landfrachtverträge, also auch die der CMR unterliegenden, soweit diese keine besondere Regelung trifft.[149]

40 Entsprechende Probleme in den Niederlanden wurden zunächst nicht durch den Gesetzgeber gelöst. Jedoch hat der Hoge Raad 1990 entschieden, daß die Instanz-

---

sem beauftragte Unterfrachtführer ist als Übernahmeort i. S. v. Art. 31 Abs. 1 Buchst. b CMR jener Ort anzusehen, an dem das Gut ursprünglich – beim Absender – übernommen wurde, und zwar auch dann, wenn die Klage gegen einen Unterfrachtführer gerichtet ist, der das Gut an einem anderen Ort als jenem der ursprünglichen Übernahme übernommen hat). Siehe hierzu: *Koller*, Übernahmeort und Gerichtsstand bei der Einschaltung von Fixkostenspediteuren und Unterfrachtführern, TranspR 2000 152.

140 Dafür MüKo/*Basedow* Rdn. 22 im Anschluß an *Loewe* TranspR **1988** 309, 312. Ebenso die Annahme von LG Hannover vom 4.9.1991, TranspR **1992** 327, 329, bei der Übernahme des Gutes durch einen Fixkostenspediteur in Deutschland werde für einen englischen Frachtführer, der die Ware erst in England weiterbefördert habe, kein deutscher Gerichtsstand begründet.

141 Siehe zur überaus problematischen Rechtslage nach Art. 39 Abs. 2 dort Rdn. 5.

142 Siehe die weitgehend offene Erörterung bei *Hill/Messent/Glass*² S. 228.

143 Zunächst durch Art. 1a RatifizierungsG zur CMR (siehe Art. 1 Anhang, Art. 1a und Art. 1 Rdn. 1), dort eingefügt durch Gesetz vom 5. 7. 1989, BGBl **1989 II** 586. Vielfach wurde diese Vorschrift als „Art. 1a CMR" bezeichnet. Diese fehlerhafte Bezeichnung entspricht der vereinfachenden Gerichtspraxis: OLG Düsseldorf vom 21.6.1990, RIW **1990** 752; LG Hannover vom 4.9.1991, TranspR **1992** 327 ff; LG Freiburg vom 20.10.1994, TranspR **1995** 113 f; LG München vom 19.7.1994, TranspR **1995** 118, 117; LG Hamburg vom 20.10.1993, TranspR **1995** 114 f; OLG Hamburg vom 7.4.1994, TranspR **1994** 444 f = **1995** 115–116 gekürzt; OLG Karlsruhe vom 20.12.1995, TranspR **1996** 203 f. Dazu *Herber* TranspR **1995** 117 f; *Thume/Demuth* Rdn. 39; zutreffend auch *Jung* RDU **1997** 150f, aber mißverständlich die Formulierung „inserted … into the German text of the Convention as „Article 1a".

144 § 440 Abs. 1 HGBnF lautet: „Für Rechtsstreitigkeiten aus einer Beförderung, die den Vorschriften dieses Unterabschnitts unterliegt, ist auch das Gericht zuständig, in dessen Bezirk der Ort der Übernahme des Gutes oder der für die Ablieferung vorgesehene Ort liegt."

145 Für den Ablieferungsort reichte bereits vorher der Gerichtstand des Erfüllungsorts; siehe Rdn. 41 f.

146 In Österreich gelöst durch die Kompetenz des A OGH zur Bestimmung eines örtlichen Gerichts; *Thume/Seltmann* Rdn. A 11; A OGH vom 16.6.1987, RdW (Wien) **1987** 411 (Übernahmeort).

147 Siehe Rdn. 28. Zum überholten Rechtszustand vor 1989 siehe z.B. *Fremuth* TranspR **1983** 35–44; *Schack*² Rdn. 189, 44.

148 BGH vom 6.2.1981, BGHZ **79** 332 ff; nur im Ergebnis umgekehrt BGH vom 9.12.1982, VersR **1983** 282 f, weil sich das LG und OLG Hamburg für örtlich zuständig erklärt hatten und diese Feststellung nach § 549 Abs. 2 ZPO in der Revisionsinstanz nicht überprüft werden konnte.

149 Das vollständige Vorliegen der Anwendungsvoraussetzungen des Art. 31 Abs. 1 S. 1 – **Streitigkeiten aus einer der CMR unterliegenden Beförderung** – (siehe oben Rdn. 7f) spielt für den örtlichen Gerichtsstand keine Rolle mehr. Zu Art. 1a RatifizierungsG siehe *Koller*⁴ Art. 1a (= Art. 1 Rdn. 13); *Herber/Piper* Art. 31 Rdn. 10.

gerichte nach dem Grundgedanken der CMR sowohl für den Übernahme- wie für den Ablieferungsort zuständig sind.[150]

b) Ablieferungsort

Der für die Ablieferung vorgesehene Ort ist der vertraglich vorgesehene,[151] nicht der Ort der tatsächlichen Ablieferung.[152] Wird der Ablieferungsort vor der Ablieferung geändert oder war er zunächst noch unbestimmt, so ist nur die letzte Bestimmung (auch durch Weisung nach Art. 12)[153] geeignet, einen Gerichtsstand zu begründen. Nicht selten ist der endgültige Ablieferungsort auch während des Transports noch nicht bestimmt; bis zu seiner klaren Feststellung ist dann an keinem Zwischenort ein Ablieferungsgerichtsstand gegeben.[154] 41

Der **örtliche Gerichtsstand des Ablieferungsorts** ergibt sich aus § 440 Abs. 1 HGBnF.[155] Er konnte bereits vor 1998 als örtlicher Gerichtsstand des Erfüllungsorts nach Art. 5 Ziff. 1 EuGVÜ begründet werden.[156] Diese Vorschrift regelt auch die nationale Zuständigkeit.[157] Vor dem EuGVÜ ließ sie sich aus § 29 ZPO begründen.[158] In Österreich als Ablieferungsland kann der örtliche Gerichtsstand des Erfüllungsorts genutzt,[159] ggf. auch durch den ObGH bestimmt werden.[160] 42

3. Ausschließliche Regelung (Art. 31 Abs. 1 S. 2)

Die in Art. 31 getroffenen Regelungen über die internationale Zuständigkeit sind nach Art. 31 Abs. 1 S. 2 ausschließlich. Dies bedeutet, daß andere als die im Abs. 1 geregelten weder durch Vertrag[161] noch durch nationales Gesetz geschaffen werden dürfen.[162] Da Abs. 1 die Vereinbarung nur zusätzlicher internationaler Gerichtsstände zu den in Buchst. a und b angegebenen gestattet, heißt dies: Die Parteien können die gesetzlichen CMR-Gerichtsstände zwar ergänzen, aber nicht abbedingen. Die Schaffung gesetzlicher internationaler Gerichtsstände fällt nicht unter die Parteiautonomie, sondern ist den beteiligten Staaten verboten. Der Grundsatz, daß sich aus dem Bestehen 43

---

150 NL Hoge Raad vom 29. 6. 1990, RDU **1990** II 259 (LS) = SS **1991** Nr. 54.

151 LG Hamburg vom 20.10.1993, TranspR **1995** 114 f; OLG Karlsruhe vom 20. 12. 1995, TranspR **1996** 203 f; auch wenn das Gut wegen Schadens nicht abgeliefert, sondern zurückbefördert wird, F CA Poitiers vom 31. 3. 1971, BT **1971** 168, 169; *Clarke*² Nr. 48b (iv); *Dorrestein* Nr. 285; wohl auch *Pesce* S. 324 Fn. 40. *Silingardi* S. 270; MüKo/*Basedow* Rdn. 22; *Herber/Piper* Rdn. 18; *Thume* in *Fremuth/Thume* Frachtrecht, Rdn. 9; *Thume/Demuth* Rdn. 26. Daher kann der Frachtbriefeintrag nach Art. 6 Abs. 1 Buchst. d als Beweisdokument dienen; siehe dort Rdn. 14 und Art. 9 Rdn. 13.

152 MüKo/*Basedow* Rdn. 22.

153 LG Hamburg vom 20.10.1993, TranspR **1995** 114 f; LG Freiburg vom 20.10.1994, TranspR **1995** 113 f (Neubestimmung des Ablieferungsorts in der Schweiz, daher keine deutsche Zuständigkeit nach Art. 31); LG München vom 19.7.1994, TranspR **1995** 116, 117; OLG Hamburg vom 7.4.1994, TranspR **1994** 444 ff = TranspR **1995** 115 f; OLG Karlsruhe vom 20.12.1995, TranspR **1996** 203 f; *Herber* TranspR **1995** 117. Siehe *Koller*⁴ Rdn. 4; MüKo/*Basedow* Rdn. 22 Fn. 56; *Clarke*² Nr. 48b (iv); siehe auch Art. 12 Rdn. 15

154 LG Freiburg vom 20.10.1994, TranspR **1995** 113 f.

155 Siehe Rdn. 39.

156 OLG Düsseldorf vom 21.6.1990, RIW **1990** 752; siehe Rdn. 39.

157 *Kropholler* EuGVÜ⁴ Art. 5 Rdn. 3.

158 OLG Saarbrücken vom 21. 11. 1974, NJW **1975** 500 = VersR **1976** 267, 268; MüKo/*Basedow* Rdn. 23.

159 *Thume/Seltmann* Rdn. A 38.

160 A OGH vom 17.4.1989, VersR **1991** 796 LS; *Thume/Seltmann* Rdn. A 11.

161 Siehe Rdn. 19, 27.

162 *Loewe* ETR **1976** Nr. 235; Beispiele: Siehe etwa LG Deggendorf vom 14. 11. 1981, TranspR **1983** 46 f (kein österreichisches Gericht im konkreten Fall international zuständig); F Cass vom 3.6.1981, BT **1981** 431 f (französisch-italienisches Übereinkommen); F CA Aix-en-Provence vom 10.11.1976, BT **1977**, 248) Vorrang vor französisch-schweizerischem Übereinkommen von 1869).

einer örtlichen Zuständigkeit in Deutschland regelmäßig auch die internationale Zuständigkeit des deutschen Gerichts ergebe,[163] gilt somit nicht für den CMR-Bereich. Jedoch obliegt es dem innerstaatlichen Recht der Mitgliedsstaaten, zu bestimmen, welches Gericht örtlich und sachlich zuständig sein soll.[164] Die Regeln des Art. 31 schließen die Anerkennung von Gerichten in Nicht-Vertragsstaaten aus.[165]

44 Die Ausschließlichkeit der CMR-Gerichtsstände gilt auch für **Widerklagen** auf der Grundlage einer CMR-Beförderung.[166]

V. Gerichtsstände im Regreß (Art. 39 Abs. 2)

45 Art. 39 Abs. 2 S. 1 trifft eine Ausnahmeregelung, die es erlauben soll, Regreßprozesse zusammenzufassen. Siehe dort Rdn. 5 ff.

C. Einreden der Rechtshängigkeit und der Rechtskraft (Art. 31 Abs. 2)

46 Grundsätzlich werden durch Abs. 2 die Einreden der Rechtshängigkeit und der Rechtskraft international anerkannt.[167] Fraglich ist, ob die Sache in einem Vertragsstaat anhängig bzw. rechtskräftig entschieden sein muß. Wendet ein Gericht eines Nichtvertragstaats die CMR (z. B. aufgrund einer Parteivereinbarung) an,[168] liegt jedoch das Erfordernis des „nach Abs. 1 zuständigen" Gerichts nicht vor. Art. 31 ist insoweit eng auszulegen, als in diesen Fällen die aus der Mitgliedschaft zur CMR begründete Gleichwertigkeit des Verfahrens nicht gegeben ist.[169] Ausnahmsweise könnte trotz Rechtshängigkeit oder Rechtskraft eine neue Klage in einem Vertragsstaat erhoben werden, wenn das Urteil in dem betreffenden Staat trotz Art. 31 Abs. 3 nicht vollstreckt werden kann,[170] etwa, wenn Gründe des ordre public die Vollstreckbarkeit verhindern.[171] Nach seiner uneingeschränkten Formulierung richtet sich die Einrede der Rechtshängigkeit auch bei Anrufung eines deutschen als zweiten Gerichts nach Art. 31 Abs. 3 CMR, der damit als lex specialis Art. 21 EuGVÜ[172] und § 261 Abs. 3 S. 1 ZPO verdrängt.[173] Maßgeblich ist nicht erst die Rechtshängigkeit, sondern bereits die „Anhängigkeit"[174] des Verfahrens, deren Zeitpunkt nach der lex fori des zuerst angerufenen Gerichts festzustellen ist.[175] Danach kann die Blockadewirkung nicht erst ab Rechtshängigkeit, sondern auch schon vor Klagezustellung und auch bei

---

163 Siehe Rdn. 2.

164 MüKo/*Basedow* Rdn. 17.

165 *Thume/Demuth* Rdn. 12; *Koller*[4] Rdn. 2.

166 Siehe dazu Rdn. 11.

167 Zur Rechtslage ohne Art. 31 CMR siehe einführend MüKo/*Basedow* Rdn. 27. Die Beweislast für die Voraussetzungen der Einrede trägt, wer sich auf sie beruft, zumeist der Beklagte; *Thume/Demuth* Rdn. 67; *Baumgärtel/Giemulla* Art. 31 CMR Rdn. 2.

168 Wie dies wohl teilweise in der Türkei vorkommt. Zu dieser Möglichkeit *Thume/Demuth* Rdn. 13; *Koller*[4] Rdn. 2.

169 MüKo/*Basedow* Rdn. 29; *Thume/Demuth* Rdn. 59. Die Beweislast hierfür trägt, wer sich auf diese Ausnahme beruft; *Thume/Demuth* Rdn. 67.

170 Es kommt wohl in Abs. 3 nicht darauf an, ob sich die Vollstreckbarkeit gerade aus Art. 31 Abs. 2 CMR ergibt; MüKo/*Basedow* Rdn. 28.

171 *Loewe* ETR **1976** Nr. 247 S. 581 f; *Thume/Demuth* Rdn. 52. Zweifelnd an dieser Lösung MüKo/*Basedow* Rdn. 36 m. w. H. Unklar wegen des angeblichen Vorrangs des österreichisch-französischen Übereinkommens das offenlassende Urteil A OGH vom 13. 4. 1989, TranspR **1990** 152, 153.

172 MüKo/*Basedow* Rdn. 13; *Herber/Piper* Rdn. 26.

173 MüKo/*Basedow* Rdn. 29 Fn. 75; anders wohl *Hill/Messent/Glass*[2] S. 229.

174 Französisch „une action est *en instance* devant une juridiction compétente", englisch „an action *is pending* before a court or tribunal competent". Dazu *Hill/Messent/Glass*[2] S. 229

175 MüKo/*Basedow* Rdn. 32 unter Berufung auf EuGH vom 7. 6. 1984, NJW **1984** 2759 (zur Rechtshängigkeit nach Art. 21 EuGVÜ). Dazu *Kropholler* EuGVÜ[4]; *Thume/Demuth* Rdn. 53.

anhängigem Mahnverfahren gegeben sein.[176] Ab welchem Zeitpunkt ein Verfahren im Ausland „anhängig" ist, muß nach dem Prozeßrecht des ausländischen Erst-Gerichtstaats bestimmt werden.[177] Die Begriffsbestimmung der Anhängigkeit selbst ist – wie nicht anders zu erwarten – international nicht eindeutig geklärt[178]. Dafür soll dann das Recht des (eventuell deutschen) Zweitgerichts maßgeblich sein[179]. Ob es praktikabel ist, über Voraussetzungen und Wirkungszeitpunkt der Anhängigkeit nach unterschiedlichen Prozeßrechtssystemen zu entscheiden, ist fraglich. Da die CMR die Frage der Rechtshängigkeit für nur „konnexe" Verfahren nicht regelt, ist wohl insoweit Art. 22 EGVÜ/LugÜ anzuwenden.[180]

Liegen die Voraussetzungen von Art. 31 Abs. 2 CMR vor, ist die Klage **als unzulässig abzuweisen.**[181] Ist die Frage der späteren Vollstreckbarkeit des bei Abschluß des bereits anhängigen ausländischen Verfahrens noch nicht geklärt, ist entsprechend Art. 21 EuGVÜ[182] das neue Verfahren **auszusetzen**, bis das ausländische Verfahren abgeschlossen ist.[183] **47**

Die Blockadewirkung setzt voraus daß bereits ein **Verfahren** hinsichtlich des gleichen Streitgegenstandes anhängig oder rechtskräftig entschieden[184] ist. Die deutsche Übersetzung von „jugement" bzw. „judgement" in Art. 31 Abs. 2, 3, 4 mit „Urteil" ist zu eng[185] und umfaßt jedenfalls auch Entscheidungen im Mahnverfahren.[186] Hinsichtlich der Vollstreckbarkeit sind durch Abs. 4 u. a. auch Prozeßvergleiche den Urteilen gleichgestellt. Dies ist auch bei der Auslegung von Abs. 2 zu berücksichtigen.[187] Verfahren zur Erlangung von Entscheidungen, die nach Abs. 3, 4 nicht vollstreckbar sind, hindern nicht die Eröffnung weiterer Verfahren, auch wenn sie den selben Streitgegenstand betreffen.[188] **48**

Diese **Identität des Streitgegenstandes** ist entsprechend der in Auslegung des Art. 21 EuGVÜ autonom zu ermitteln.[189] Es nicht auf die formale Identität der Klagen abzustellen, sondern auf den konkreten Fall, also darauf, ob der Kernpunkt der Verfahren übereinstimmt. Danach sollen den gleichen Streitgegenstand beispielsweise haben: Klage auf Vertragserfüllung gegenüber Klage der anderen Partei, den Vertrag für unwirksam zu erklären;[190] ebenso negative Feststellungsklage der einen gegenüber positiver Feststellungsklage und Leistungsklage der anderen Partei.[191] Zweifelhaft ist, **49**

---

176 *Thume/Demuth* Rdn. 53; siehe auch *Kropholler* EuGVÜ⁴ S. 246 Rdn. 11.

177 MüKo/*Basedow* Rdn. 32; *Hill/Messent/Glass*² S. 229, *Koller*⁴ Rdn. 8.

178 *Loewe* TranspR **1988** 309, 313 Ziff. 22; *Thume/Demuth* Rdn. 53; zum insoweit ähnlichen EuGVÜ siehe *Kropholler* EuGVÜ⁴ Art. 21 Rdn. 10 f.

179 *Koller* Rdn. 8; *Basedow* Rdn. 32.

180 MüKo/*Basedow* Rdn. 13.

181 MüKo/*Basedow* Rdn. 33. Zur Abweisung wegen Fehlens der örtlichen Zuständigkeit siehe Rdn. 29.

182 In der 3. Neufassung; MüKo/*Basedow* Rdn. 33. Siehe *Kropholler* EuGVÜ⁴ Art. 21 Rdn. 16 f.

183 MüKo/*Basedow* Rdn. 33.

184 Die deutsche Übersetzung von „jugement" bzw. „judgement" in Art. 31 Abs. 2, 3, 4 mit „Urteil" ist zu eng und umfaßt jedenfalls auch Entscheidungen im Mahnverfahren; *Loewe* ETR **1976** Nr. 253; MüKo/*Basedow* Rdn. 35; siehe auch oben Rdn. 52 und 55.

185 Das französische Wort „jugement" bedeutet Entscheidung im weitesten Sinne; *Doucet/Fleck* Wörterbuch der Rechts- und Wirtschaftssprache⁴; ähnlich die englische Rechtssprache zu „judgement" (= am. „judgment"); siehe auch Rdn. 52 und 55.

186 *Loewe* ETR **1976** Nr. 253.

187 *Loewe* ETR **1976** Nr. 253; zu Abs. 2–4 allgemein MüKo/*Basedow* Rdn. 28.

188 *Hill/Messent/Glass*² S. 229.

189 MüKo/*Basedow* Rdn. 30; zu Art. 21 EuGVÜ EuGH vom 8.12.1987, Slg **1987** I 4861 ff Rdn. 11 = NJW **1989** 665 f; EuGH vom 6.12.1994, Slg **1994** I 5460 ff Rdn. 30 = JZ **1995** 616 ff; *Kropholler* EuGVÜ⁴ Art. 21 Rdn. 3 ff.

190 EuGH vom 8. 12. 1987 aaO.

191 Zu Art. 31 CMR bereits *Loewe* ETR **1976** Nr. 246. Zu Art. 21 EuGVÜ EuGH vom 6. 12. 1994, Slg **1994** I 5460 ff Rdn. 41 = JZ **1995** 616 ff.

ob Schaden des Beförderers am Fahrzeug und Güterschaden des Absenders der gleiche Streitgegenstand sein kann.[192] Diese ist zwar im Ergebnis richtig, bereitet aber erhebliche Schwierigkeiten bei der Abgrenzung.[193] Zur Rechtskraft einer ausländischen Vorentscheidung für die in Belgien erhobene Klage siehe Art. 1 Rdn. 25.

50 Trotz Vertauschung der Parteirolle muß die **Identität der Parteien** bestehen.[194] Sind an den konkurrierenden Prozessen unterschiedliche Personen beteiligt, kann Identität des Streitgegenstandes nicht begründet werden; beispielsweise bei Prozessen zwischen Frachtführer und Absender einerseits und zwischen Frachtführer und Empfänger andererseits.[195] Bei Prozessen zwischen mehreren Personen auf beiden Seiten kann Personen- und Sachidentität teilweise bestehen, soweit nämlich in beiden Verfahren gleiche Personen und Streitgegenstände gegeben sind.[196] Im Regreß des haftenden Frachtführers gegen den Unterfrachtführer per action en garantie nach belgischem Recht steht die Rechtskraft einer Entscheidung im Erstprozeß einer in Belgien zu fällenden Entscheidung nicht entgegen.

51 Die **Einrede der Rechtskraft gilt auch für klagabweisende Urteile**, arg. e Art. 31 Abs. 4.[197] Art. 31 Abs. 2 setzt voraus, daß es sich um die gleiche Sache handelt; ein bloßer Zusammenhang der Prozesse reicht nicht aus; B TribCom Brüssel, ETR **1975** 419, 425.

D. Internationale Vollstreckbarkeit (Art. 31 Abs. 3, 4)

52 Abs. 3 erklärt **die in einem CMR-Vertragsstaat ergangenen Urteile** für **in allen anderen Vertragsstaaten vollstreckbar**.[198] Abgesehen davon ist das Vollstreckungsverfahren in der CMR nicht geregelt; soweit anwendbar, gelten Art. 31 ff EuGVÜ/LugÜ.[199] Die Vollstreckbarkeitserklärung darf nur an die Erfüllung formaler Erfordernisse geknüpft werden. Eine sachliche Nachprüfung des Urteils[200] ist unzulässig. Diese Formulierung führt bei genauerem Hinsehen zu erheblichen Abgrenzungsschwierigkeiten. Eine strenge Auslegung würde dazu führen, daß lediglich die prozessualen Formalitäten noch zur zusätzlichen Voraussetzung der Vollstreckung in einem Mitgliedsland gemacht werden dürften. Die Frage, ob eine Streitigkeit im Sinne von Absatz 1 vorliegt, wäre danach durch das zuerst entscheidende Gericht eines Mitgliedslandes bindend für alle anderen entschieden und jeder weiteren Überprüfung entzogen. Offensichtlich reicht für eine derart starke Bindung der Mitgliedsländer das Vertrauen in die Richtigkeit ausländischer Entscheidungen nicht aus, denn fast allgemein wird die Auffassung vertreten, auch materielle Voraussetzungen, die das Vollstreckungsrecht des Vollstreckungslandes aufstellt, könnten und müßten vor der Vollstreckbarkeitserklärung geprüft werden.[201] Damit wird vor allem durch die

---

192 B TGI Aresne sur Helpe vom 12. 6. 1984, Rev. dr. com. belge **1984** 730.

193 Zu dieser auf formale Kriterien abstellenden Auslegung kritisch *Protsch* S. 60 ff.

194 *Loewe* ETR **1976** Nr. 246; zum EuGVÜ *Kropholler* EuGVÜ[4] Art. 21 Rdn. 3.

195 *Koller*[4] Rdn. 8; *Thume/Demuth* Rdn. 53 *Protsch* S. 64; *Hill/Messent/Glass*[2] S. 229; MüKo/*Basedow* Rdn. 31; LG Nürnberg vom 26.7.1994, TranspR **1995** 72.

196 Zu Art. 21 EuGVÜ: EuGH vom 6.12.1994, Slg **1994 I** 5460 ff Rdn. 46 f = JZ **1995** 616 ff.

197 *Thume/Demuth* Rdn. 54.

198 Zur Bedeutung der Vollstreckbarkeit für die Einreden der Rechtshängigkeit und der Rechtskraft siehe Rdn. 46, 47, 48. MüKo/*Basedow* Rdn. 27, 28 sieht zu Recht in der Vollstreckbarkeit den „Dreh- und Angelpunkt" der Regelung. Die Voraussetzungen der Vollstreckbarkeit hat zu beweisen, wer sie beantragt; *Thume/Demuth* Rdn. 68 f.

199 MüKo/*Basedow* Rdn. 13.

200 Der Begriff „Urteil" ist weit auszulegen; siehe auch Rdn. 48.

201 MüKo/*Basedow* Rdn. 37 mit eingehenden Gründen aus der Entstehungsgeschichte.

Hintertür des ordre public eine materielle Überprüfung der zu vollstreckenden Auslandsentscheidung (Erstentscheidung) eröffnet,[202] was mindestens teilweise gegen Abs. 3 S. 2 verstößt. Die weitgehende Integration des ordre public in Art. 31 Abs. 3 CMR entspricht der Vorsichtshaltung, die sich auch in Art. 27 Ziff. 1 EuGVÜ = LugÜ niedergeschlagen hat.[203] Es ist davon auszugehen, daß durch sie auch die Haltung der Gerichte bestimmt werden wird.[204] Das Mißtrauen gegenüber ausländischer Rechtsprechung wird nicht zuletzt durch nicht nachvollziehbare Entscheidungen von Gerichten in europäischen Staaten aufrechterhalten.[205]

Unter dieser Annahme ergeben sich die **„formalen Erfordernisse" in Deutschland** als Vollstreckungsstaat aus einem Bündel von Vorschriften: Art. 27 f EuGVÜ,[206] Art. 27 LugÜ, §§ 722 f, 328 ZPO. Im Verfahren nach § 328 ZPO, der die Zulässigkeit der Zwangsvollstreckung an ein Vollstreckungsurteil eines deutschen Gerichts bindet,[207] wird die Anerkennung ausländischer Urteile ausgesprochen, wenn keine der dort in Abs. 1 Ziff. 1–5 vorgesehenen Gründe vorliegen. Von diesen ist jedenfalls Ziff. 5 nicht anwendbar, weil die Gegenseitigkeit der Anerkennung unter den Vertragsstaaten durch Art. 31 multilateral gewährleistet ist.[208] Inwieweit es sich bei Ziff. 1–4 um „Formerfordernisse" handelt, läßt sich nur auf der Grundlage der Überlegungen in Rdn. 52 beantworten: **53**

- Die internationale Zuständigkeit des ausländischen Gerichtsstaates „nach den deutschen Gesetzen" (Ziff. 1) ist gegeben, wenn das ausländische Gericht diese nach Art. 31 Abs. 1 CMR bejaht hat. Die formale Überprüfung, **ob das ausländische Gericht die Voraussetzungen seiner Zuständigkeit nach Art. 31 geprüft hat**, ist danach zulässig[209] und wird meist dahin beantwortet, daß den Mitgliedsländern die Verantwortung für den Umfang der sogenannten Formalitäten weitgehend überlassen wird.[210] Ob das ausländische Gericht die erforderlichen Tatsachen zu Recht bejaht und den Sachverhalt zutreffend ausgewertet hat, könnte aber bereits eine unzulässige „sachliche Nachprüfung" sein.
- Im **ordre public** (§ 328 Abs. 1 Ziff. 4 ZPO) kann man wohl die Grenze des Verbots sachlicher Überprüfung sehen.[211] Dies ist so zu verstehen, daß nur bei einem Verstoß gegen diesen ein Vollstreckungsurteil verweigert werden kann.
- Die **Verweigerung des rechtlichen Gehörs** durch das ausländische Gericht ist nach § 328 Abs. 1 Ziff. 2 ZPO wohl ebenfalls durch den ordre public gerechtfertigt.

Fehlen die Voraussetzungen des Art. 31 Abs. 1 (Streitigkeiten aus der CMR unterliegender Beförderung), ist das EuGVÜ, bzw. sind die nationalen Vorschriften (§§ 722, 328 ZPO) unmittelbar anzuwenden.[212] **54**

Abs. 4 bestimmt zunächst in Ergänzung zu Abs. 3, **welche Titel in Vertragsstaaten international vollstreckbar** sind: kontradiktorische Urteile, Versäumnisurteile und **55**

---

202 MüKo/*Basedow* Rdn. 38; *Herber/Piper* Rdn. 33; *Thume/Demuth* Rdn. 59; i. E. auch *Koller*[4] Rdn. 9; OLG Düsseldorf vom 14. 6. 1973, DB **1973** 1697.

203 Dazu *Kropholler* EuGVÜ[4] Art. 27 Rdn. 2 ff und Art. 57 Rdn. 11; *Haak* S. 291 f.

204 Siehe etwa zur Rechtslage in England *Hill/Messent/Glass*[2] S. 233.

205 Siehe signifikant die Rechtsprechung zur Anwendbarkeit der CMR, Art. 1 Rdn. 2, 8.

206 Zu dessen Anwendung siehe das Gesetz zur Ausführung zwischenstaatlicher Anerkennungs- und Vollstreckungsverträge in Zivil- und Handelssachen (AVAG) vom 30. 5. 1988, BGBl **1988** I 662.

207 Dazu *Schack*[2] Rdn. 754 f; MüKo/*Basedow* Rdn. 27: Zum französischen Recht siehe MüKo/*Basedow* Rdn. 37.

208 MüKo/*Basedow* Rdn. 38.

209 Siehe dazu MüKo/*Basedow* Rdn. 37.

210 MüKo/*Basedow* Rdn. 37 m. w. N.

211 Siehe Rdn. 52.

212 *Koller*[4] Rdn. 9; eingehender MüKo/*Basedow* Rdn. 38.

Prozeßvergleiche einschließlich der Kostenfestsetzungsbeschlüsse,[213] auch im Mahnverfahren.[214] Ausgangspunkt der internationalen Vollstreckbarkeit einer Entscheidung ist, ob sie im Gerichtsstaat endgültig[215] vollstreckbar ist.[216] Für Abs. 4 genügt nach deutschem Prozeßrecht auch, wenn das Gericht über einen der CMR unterliegenden, vom Gegner durch Widerklage oder Aufrechnung geltend gemachten Anspruch endgültig vollstreckbar entschieden hat.[217] Ob die Aufzählung abschließend ist, ist zweifelhaft.[218] Bei prozessualen Varianten der gerichtlichen Austragung von CMR unterworfenen Streitigkeiten muß die (endgültige) Vollstreckbarkeit im Urteilsstaat gegeben sein.[219] Hierfür wird auch die positive Regelung in Abs. 4 angeführt.[220] Im Wechselprozeß ergangene Urteile sollen dagegen nicht international vollstreckbar sein – zweifelhaft.[221]

56 Abs. 4 **nimmt** im Gegensatz dazu **zwei Gruppen von Urteilen aus der internationalen Vollstreckbarkeit aus**: Vorläufig vollstreckbare[222] und klagabweisende Urteile,[223] die dem Kläger bei ganz oder teilweise verlorenem Prozeß Schadenersatz- und Zinspflichten auferlegen – zu der Klarstellung, daß die (vor allem im französischen Recht praktizierte) Verurteilung des Klägers auf Ersatz von Schäden des Beklagten (über die Prozeßkosten hinaus) nicht international vollstreckbar nach Art. 31 CMR ist.[224] Sie gilt jedoch auch, wenn etwa nach deutschem Recht auf Widerklage des Beklagten eine solche Entscheidung nach dem Grundsatz des Rechtsmißbrauchs ergehen sollte. Eine entsprechende Bestimmung für den eventuellen Rechtsmißbrauch des Beklagten besteht nicht.[225]

E. Sicherheitsleistung für Gerichtskosten

57 Art. 31 Abs. 5 befreit Staatsangehörige der CMR-Vertragsstaaten, die ihren Wohnsitz in einem dieser Staaten haben, für alle Rechtsstreitigkeiten wegen einer CMR-Beförderung von einer eventuell bestehenden nationalen Pflicht zur Leistung einer Sicherheit für die Prozeßkosten.[226] Aus der Sicht des deutschen Rechts verdrängt Art. 31 Abs. 5 die Vorschriften des Art. 45 EuGVÜ/LugÜ und des § 110 ZPO.[227]

---

213 *Thume/Demuth* Rdn. 61.

214 *Loewe* ETR **1976** Nr. 253; MüKo/*Basedow* Rdn. 35; *Koller*[4] Rdn. 9; *Thume/Demuth* Rdn. 55; *Herber/Piper* 30; *Müller/Hök* RIW **1988** 773, 775.

215 Vorläufig vollstreckbare Entscheidungen fallen nicht unter Abs. 3; siehe Rdn. 56.

216 *Hill/Messent/Glass*[2] S. 231; *Müller/Hök* RIW **1988** 773, 775.

217 § 322 Abs. 2 ZPO *Thume/Demuth* Rdn. 55; *Koller*[4] Rdn. 9; *Müller/Hök* RIW **1988** 773, 775.

218 Nach international h.M. ist jedenfalls eine großzügige Auslegung aus der CMR heraus zu befürworten: *Thume/Demuth* Rdn. 60; *Müller/Hök* RIW **1988** 773, 776.

219 MüKo/*Basedow* Rdn. 35.
Bejahend zum Urkundenvorbehaltsurteil (*Thume/Demuth* Rdn. 60);
für Entscheidung nach Lage der Akten (*Thume/Demuth* aaO);
für Vollstreckungsbescheide: *Thume/Demuth* aaO, *MüKo/Gottwald* ZPO, Art. 31 CMR Rdn. 12, *Müller/Hök* RIW **1988** 773, 775;
für Mahnverfahren *Koller*[4] Rdn. 9; *Müller/Hök* RIW **1988** 775.

220 *Loewe* ETR **1976** Nr. 253 S. 583; *Thume/Demuth* Rdn. 60.

221 Siehe Rdn. 7.

222 Für vorläufig vollstreckbar erklärte Entscheidungen, aber auch solche, die nach ihrer Rechtsnatur vorläufig sind: Einstweilige Verfügungen, Arreste und andere provisorische Maßnahmen fallen daher nicht unter Art. 31 Abs. 3; *Müller/Hök* RIW **1988** 773, 775.

223 Siehe zum Begriff des „Urteils" auch Rdn. 48.

224 *Loewe* ETR **1976** Nr. 25; siehe MüKo/*Basedow* Rdn. 35; *Hill/Messent/Glass*[2] S. 233; dort auch zur Undeutlichkeit des englischen Textes S. 233.

225 MüKo/*Basedow* Rdn. 35; kritisch fragend *Nickel-Lanz* Nr. 218 S. 166, die den Fall F CA Paris vom 7.5.1973, BT **1973** 231 f als Beispiel nennt.

226 Beweislast bei dem, der Befreiung beantragt; *Thume/Demuth* Rdn. 70.

227 MüKo/*Basedow* Rdn. 13; *Thume/Demuth* Rdn. 66; *Baumgärtel/Giemulla* Art. 32 CMR Rdn. 1. Innerhalb der EU verstößt § 110 ohnehin gegen das Diskriminierungsverbot des Art. 6 EVG. Siehe EuGH vom 1. 7. 1993, EuZW **1993** 514.

Insbesondere kommt es auf die Gegenseitigkeit nach § 110 Abs. 2 Nr. 1 ZPO nicht mehr an. Problematisch ist die Frage, ob Angehörige der Vertragsstaaten durch Art. 31 Abs. 5 auch von der Sicherheitsleistung vor den Gerichten ihres Heimatstaates befreit sein sollen. Zwar ist *Loewe* ETR **1976** 584 darin recht zu geben, daß es an sich nicht Aufgabe der CMR ist, diese Frage zu lösen. Aber andererseits enthält Art. 31 Abs. 5 keinen Hinweis auf eine Ausnahme und es spricht auch einiges dafür, die Parteien vor dem gleichen Gericht gleich zu behandeln, insbesondere im Falle der Widerklage.

Artikel 32

1. [1]Ansprüche aus einer diesem Übereinkommen unterliegenden Beförderung verjähren in einem Jahr. [2]Bei Vorsatz oder bei einem Verschulden, das nach dem Recht des angerufenen Gerichtes dem Vorsatz gleichsteht, beträgt die Verjährungsfrist jedoch drei Jahre. [3]Die Verjährungsfrist beginnt

a) bei teilweisem Verlust, Beschädigung oder Überschreitung der Lieferfrist mit dem Tage der Ablieferung des Gutes;

b) bei gänzlichem Verlust mit dem dreißigsten Tage nach Ablauf der vereinbarten Lieferfrist oder, wenn eine Lieferfrist nicht vereinbart worden ist, mit dem sechzigsten Tage nach der Übernahme des Gutes durch den Frachtführer;

c) in allen anderen Fällen mit dem Ablauf einer Frist von drei Monaten nach dem Abschluß des Beförderungsvertrages.

[4]Der Tag, an dem die Verjährung beginnt, wird bei der Berechnung der Frist nicht mitgerechnet.

2. [1]Die Verjährung wird durch eine schriftliche Reklamation bis zu dem Tage gehemmt, an dem der Frachtführer die Reklamation schriftlich zurückweist und die beigefügten Belege zurücksendet. [2]Wird die Reklamation teilweise anerkannt, so läuft die Verjährung nur für den noch streitigen Teil der Reklamation weiter. [3]Der Beweis für den Empfang der Reklamation oder der Antwort sowie für die Rückgabe der Belege obliegt demjenigen, der sich darauf beruft. [4]Weitere Reklamationen, die denselben Anspruch zum Gegenstand haben, hemmen die Verjährung nicht.

3. [1]Unbeschadet der Bestimmungen des Absatzes 2 gilt für die Hemmung der Verjährung das Recht des angerufenen Gerichtes. [2]Dieses Recht gilt auch für die Unterbrechung der Verjährung.

4. Verjährte Ansprüche können auch nicht im Wege der Widerklage oder der Einrede geltend gemacht werden.

Article 32

1. Les actions auxquelles peuvent donner lieu les transports soumis à la présente Convention sont prescrites dans le délai d'un an. Toutefois, dans le cas de dol ou de faute considérée, d'après la loi de la juridiction saisie, comme équivalente au dol, la prescription est de trois ans. La prescription court:

a) dans le cas de perte partielle, d'avarie ou de retard, à partir du jour où la marchandise a été livrée;

b) dans le cas de perte total, à partir du trentième jour après l'expiration du délai convenu ou, s'il n'a pas été convenu de délai, à partir du soixantième jour après la prise en charge de la marchandise par le transporteur;

c) dans tous les autres cas, à partir de l'expiration d'un délai de trois mois à dater de la conclusion du contrat de transport.

Le jour indiqué ci-dessus comme point de départ de la prescription n'est pas compris dans le délai.

2. Une réclamation écrite suspend la prescription jusqu'au jour où le transporteur repousse la réclamation par écrit et restitue les pièces qui y étaient jointes. En cas d'acceptation partielle de la réclamation, la prescription ne reprend son cours que pour la partie de la réclamation qui reste litigeuse. La preuve de la réception de la réclamation ou de la réponse et de la restitution des pièces est à la charge de la partie qui invoque ce fait. Les réclamations ultérieures ayant le même objet ne suspendent pas la prescription.

3. Sous réserve des dispositions du paragraphe 2 ci-dessus, la suspension de la prescription est régie par la loi de la juridiction saisie. Il en est de même en ce qui concerne l'interruption de la prescription.

4. L'action prescrite ne peut plus être exercée, même sous forme de demande reconventionnelle ou d'exception.

Article 32

1. The period of limitation for an action arising out of carriage under this Convention shall be one year. Nevertheless, in the case of wilful misconduct, or such default as in accordance with the law of the court or tribunal seised of the case, is considered as equivalent to wilful misconduct, the period of limitation shall be three years. The period of limitation shall begin to run:

a) in the case of partial loss, damage or delay in delivery, from the date of delivery;

b) in the case of total loss, from the thirtieth day after the expiry of the agreed time-limit or where there is no agreed time-limit from the sixtieth day from the date on which the goods were taken over by the carrier;

c) in all other cases, on the expiry of a period of three months after the making of the contract of carriage.

The day on which the period of limitation begins to run shall not be included in the period.

2. A written claim shall suspend the period of limitation until such date as the carrier rejects the claim by notification in writing and returns the documents attached thereto. If a part of the claims is admitted the period of limitation shall start to run again only in respect of that part of the claim still in dispute. The burden of proof of the receipt of the claim, or of the reply and of the return of the documents, shall rest with the party relying upon these facts. The running of the period of limitation shall not be suspended by further claims having the same object.

3. Subject to the provisions of paragraph 2 above, the extension of the period of limitation shall be governed by the law of the court or tribunal seised of the case. That law shall also govern the fresh accrual of rights of action.

4. A right of action which has become barred by lapse of time may not be exercised by way of counterclaim or set-off.

Übersicht

Alphabetische Übersicht

Schrifttum

Blasche Art. 32 (2) CMR: Fortlaufhemmung nicht Ablaufhemmung, AnwBl. **1988** 389–391; *Braun* Prozessuale Probleme im Bereich der CMR, Teil I VersR **1988** 648–653 und Teil II VersR **1988** 878–885; *Csoklich* CMR und vertragliche Aufrechnungsbeschränkungen, VersR **1985** 909–913; *de Beule* L'article 32.2 C.M.R., ETR **1988** 654–661; *Demuth* Ist der CMR-Totalschaden als Verlust zu behandeln?, TranspR **1996** 257–260; *Helm* Beginn und Berechnung der Verjährungsfristen nach der CMR, Festschrift für Henning Piper; *Helm* Der Ersatzberechtigte im CMR-Haftpflichtfall, TranspR **1983** 29–35; *Horak* Artikel 32 (2) CMR – Fortlaufs- oder Ablaufshemmung, AnwBl. **1988** 166; *Jung* The Convention on the Contract for the International Carriage of Goods (CMR): Survey, Analysis and Trends of Recent German Case Law, RDU **1997** 148–167; *Koller* Die Person des Reklamierenden im Sinn des Art. 32 Abs. 2 CMR, TranspR **1989** 308–311; *Koller* Rechtsnatur und Rechtswirkungen frachtrechtlicher Sperrpapiere, TranspR **1994** 181–189; *Lenz* Konkurrierende Verjährungsfristen im Straßengütertransport – zugleich Besprechung LG Karlsruhe, TranspR 1989 237 ff, TranspR **1989** 396–402; *Loewe* Die Bestimmungen der CMR über Reklamationen und Klagen, TranspR **1988** 309–320; *Meyer-Rehfueß* Bericht über das Symposium der Deutschen Gesellschaft für Transportrecht im April 1994 TranspR **1994** 326–338; *o. V.* CMR-Verjährung ist zu beachten – Haftung für Umweltgefährdung durch die Ladung, DVZ Nr. 58 v. 15. 5. 1986, 9; *Oeynhausen* Art. 29 CMR: Grobe Fahrlässigkeit – dem Vorsatz gleichstehendes Verschulden, TranspR **1984** 57–67; *Oeynhausen* Die Bedeutung der Rücksendung von Belegen für die Verjährung von Ansprüchen gegen den Frachtführer – Zugleich Anmerkung zum Urteil des LG Mönchengladbach vom 16. 3. 1981 8 O 151/88, VersR **1983** 312–314; *Roesch* Nachträgliche Geltendmachung von Schäden beim Frachtführer gem. Art. 32 CMR und Hemmung der Verjährung, VP **1985** 17–18; *Roesch* Zum Erlöschen und zur Verjährung der Ersatzansprüche gegen den Straßenfrachtführer nach KVO und CMR, VP **1982** 21–23; *Schmid/Kehl* Das Problem sogenannter spätentstehender Ansprüche, TranspR **1995** 435–438; *Voigt* Haftung im internationalen Straßengüterverkehr nach der CMR, VP **1962** 34–36; *Voigt* Zur Hemmung der Verjährung im Frachtrecht, VP **1966** 60–61; *Wiesbauer* Aktuelle Haftungsfragen des internationalen Gefahrguttransportes, IZ **1987** 73–82.

A. Allgemeines

I. Funktion und Reichweite

1 Art. 32 verdrängt, soweit seine Regeln eingreifen, das nationale Spezialverjährungsrecht für Straßenfrachtverträge[1] und greift in Randbereichen auch über dieses hinaus.[2] Er ist – ausgeprägter als §§ 439, 414 HGBaF, aber ähnlich wie der an ihm orientierte § 439 HGBnF – eine Schutznorm zugunsten des Frachtführers.[3] Auf der anderen Seite bietet die Regelung aber auch dem Absender oder Empfänger Schutz vor der Geltendmachung älterer Ansprüche; siehe dazu Rdn. 12 ff. In der täglichen Praxis deutscher Gerichte zur CMR spielt die Verjährung eine beachtliche und vielfach streitentscheidende Rolle[4] – ebenso wie in den anderen Mitgliedsländern. Nicht gerechtfertigt ist aber die hohe Bewertung der kurzen Verjährung in Fällen, in denen der Geschädigte praktisch nicht in der Lage ist, die Unterbrechung rechtzeitig zu bewirken. Immerhin ist zu bedenken, daß die Verjährung die Berufung auf begründete materielle Rechtspositionen radikal ausschließt und daher – wohl eher im Interesse einer einfachen Erledigung von Klagen zur Entlastung der Gerichte – der materiellen Gerechtigkeit widerspricht. In der Anwendung der Verjährungsbestimmungen muß daher eine Abstimmung der Interessen an schneller Streiterledigung und den materiellen Rechten der Gläubiger gefunden werden. Dem kann z. B. die Anwendung der Regeln des Rechtsmißbrauchs und die analoge Anwendung von Art. 39 Abs. 4 S. 2 CMR in Regreßfällen dienen.[5]

II. Anwendungsbereich des Art. 32

2 Der Anwendungsbereich des Art. 32 ergibt sich aus einer Kombination der allgemeinen Anwendungsvoraussetzungen der CMR und den sehr global geregelten Sondervoraussetzungen der Art. 28 und 32.

---

[1] In Deutschland heute § 439 HGBnF, früher insbesondere § 439 i. V. m. 414 HGBaF, aber auch die speziellen Vorschriften der Sonderfrachtordnungen; siehe § 439 HGBaF Rdn. 2 ff; in Frankreich Art. 108 Ccom; F Cass vom 14. 12. 1981, ETR **1983** 59, 62; ständige französische Rechtsprechung.

[2] Siehe Rdn. 6 ff.

[3] A OGH vom 12. 2. 1985; SZ **58** 22 S. 107, 110 ff = TranspR **1986** 374 ff = *Greiter* 280 ff.

[4] Nach meinen Unterlagen ist Art. 32 seit Inkrafttreten der CMR bis 1999 in mindestens 87 veröffentlichten Urteilen (davon 40 in den letzten 10 Jahren) angesprochen, darunter alleine 17 des BGH und 57 der Oberlandesgerichte. Im Vergleich dazu gab es seit 1945 nur insgesamt 72 veröffentlichte Urteile zu § 40 KVO, davon 21 in den letzten 10 Jahren. Zur Rechtsprechung vor allem des BGH siehe *Piper*[7] Rdn. 461 ff. So auch MüKo/*Basedow* Rdn. 2; Auch *Clarke*[2] Nr. 45, S. 199, bezeichnet Art. 32 als „probably the most litigated provision of the CMR".

[5] Siehe Rdn. 16, 24, 165 ff.

1. Allgemeine Anwendungsvoraussetzungen der CMR

a) Frachtverträge

Hierzu ist auf die Erl. zu Art. 1 und 2 zu verweisen.[6] In Art. 1 Abs. 1 ist der Anwendungsbereich der CMR-Vorschriften grundsätzlich auf Frachtverträge beschränkt. Er wird jedoch durch Art. 32 Abs. 1 ausgedehnt auf außervertragliche Ansprüche aus der Beförderung, siehe Rdn. 8. Auf den Frachtvertrag, den der Spediteur für den Versender abschließt, findet selbstverständlich die CMR Anwendung, daher auch Art. 32.[7] 3

Da die CMR grundsätzlich einen Frachtvertrag voraussetzt,[8] gilt für **Ansprüche aus Beförderungen aufgrund unwirksamen Frachtvertrags oder aus Verschulden bei Vertragsschluß**[9] eines Frachtvertrags die Sonderverjährung des Art. 32 nicht.[10] Dies ist auch im Ergebnis richtig, weil die nationalen Regeln über den Ausgleich bei außervertraglichen Rechtsverhältnissen sich der Rechtsvereinheitlichung auch bei anderen Vertragstypen bisher entziehen. 4

b) Andere Verträge

Grundsätzlich nicht unter die CMR fallen andere Verträge,[11] insbesondere Speditionsverträge, Mietverträge und Geschäftsbesorgungen,[12] Meta-Geschäfte eines Spediteurs[13] oder Zollspediteurs,[14] gemischte Verträge und für Verträge mit anderstypischer Gegenleistung[15] sowie Nebenpflichten aus anderstypischen Verträgen (z. B. aus Kaufverträgen mit Bringpflicht).[16] Enthalten sie frachtrechtliche Bestandteile, ist jedoch festzustellen, ob auf diese die CMR anzuwenden ist.[17] Soweit dies zu bejahen ist, gilt jedenfalls auch die Sonderverjährung.[18] Nationales Recht kann die CMR-Geltung auf Speditionsverträge erweitern,[19] auch soweit etwa eine der CMR unterliegende Zwischenlagerung betroffen ist[20] oder ein nach Art. 2 CMR oder der nationalen Rechtsprechung zum multimodalen Frachtvertrag dem Übereinkommen unterliegender multimodaler Beförderungsvorgang vorliegt.[21] 5

---

6 Zu den Geltungsgründen der CMR siehe Art. 1 Rdn. 2–10; zu den generellen sachlichen Voraussetzungen Art. 1 Rdn. 17–60.

7 Bedeutsam etwa, wenn das nationale Speditionsrecht für eine Partei günstiger ist als Art. 32; siehe z. B. F CA Paris vom 7. 5. 1973, BT **1973** 231 f.

8 Art. 1 Rdn. 17 ff; dazu *Emparanza* La prescripción delas acciones en el Convenio (CMR) Revista General de Derecho **1992** Nr. 579 S. 11713, 1739 f.

9 Kommt der Vertrag zustande, unterliegen jedoch Ansprüche aus Verschulden bei dessen Vertragsschluß Art. 32; MüKo/*Basedow* Rdn. 5.

10 *Thume* in *Fremuth/Thume* Frachtrecht, Rdn. 3; *Koller*[4] Art. 1 Rdn. 3; *Thume/Demuth* Rdn. 4.

11 Siehe Art. 1 Rdn. 22 ff.

12 A OGH vom 18. 9. 1985, SZ **58** 146, S. 693, 697 = TranspR **1987** 219 ff.

13 OLG Saarbrücken vom 24. 2. 1995, TranspR **1995** 291, 292 = VersR **1996** 1525 f.

14 BGH vom 23.3.1995, VersR 1995 940; F CA Orléans vom 24. 3. 1987, BT **1987** 662 ff; siehe Art. 1 Rdn. 22.

15 *Thume/Demuth* Rdn. 7 ff.

16 Siehe Art. 1 Rdn. 19.

17 Siehe Art. 1 Rdn. 29.

18 *Thume/Demuth* Rdn. 4–13. Sehr häufig ist die Sonderhemmung der Verjährung nach Art. 32 Abs. 2 Prozeßgegenstand; siehe Rdn. 97 ff.

19 Siehe Art. 1 Rdn. 3, 23; §§ 412, 413 HGBaF Rdn. 9; zu Art. 32 OLG zuletzt OLG Saarbrücken vom 24. 2. 1995, TranspR **1995** 291, 292 f = VersR **1996** 1525 f und OLG Düsseldorf vom 1. 6. 1995, TranspR **1996** 1525. Siehe Art. 1 Rdn. 22 ff; *Thume/Demuth* Rdn. 5; *Thume/Seltmann* Rdn. A 5.

20 *Thume/Demuth* Rdn. 10; siehe zur Anwendung der CMR auf Lagerverträge Art. 1 Rdn. 20.

21 Zutreffend *Thume/Demuth* Rdn. 12 f unter Hinweis auf die daraus resultierende Beweislastverteilung.

2. Anwendungsvoraussetzungen des Art. 32

6 Art. 32 betrifft gem. Abs. 1 S. 1 demgegenüber alle Ansprüche aus einer der CMR unterliegenden „Beförderung".[22] Nach dieser eindeutigen Formulierung[23] unterliegen der Sonderverjährung nicht nur Ansprüche aus der CMR selbst oder aus dem Beförderungsvertrag, sondern darüber hinaus alle, die sich aus dem Vorgang einer der CMR unterstehenden „Beförderung" zwischen den Parteien ergeben, gleich auf welcher Rechtsgrundlage sie beruhen.[24] Es kommt auch nicht darauf an, ob sich der Anspruch aus der CMR oder aus ergänzend anwendbarem nationalem Recht ergibt,[25] oder ob die Beförderung bereits begonnen hat,[26] obwohl der Text dafür sprechen könnte.[27] Nach dieser weiten Auslegung bedeutet „aus einer diesem Übereinkommen unterliegenden Beförderung", daß ein CMR-Beförderungsvertrag abgeschlossen worden ist[28] und daß die Ansprüche in einem sachlichen Zusammenhang mit diesem Vertrag stehen.[29] Sie garantiert, daß nicht einzelne Fälle nach unvereinheitlichtem Recht behandelt und damit aus dem Zusammenhang mit dem abgeschlossenen CMR-Frachtvertrag gerissen werden.[30]

7 Die Voraussetzung eines **sachlichen Zusammenhangs** ist jedenfalls dann gegeben, wenn rechtlich Schuldner und Gläubiger am Frachtvertrag beteiligt sind, und zwar auch in mittelbarer Stellvertretung, oder wenn doch wenigstens der Transport mit ihrem Einverständnis erfolgte,[31] also z. B. immer, wenn es um Schäden als Folge der Beförderung oder um Abrechnungen über Frachten und Kosten geht.[32] Insbesondere bei Deliktsansprüchen kommt es darauf an, ob es sich um beförderungsbezogene Schäden an Gütern von Beteiligten handelt; Ansprüche nicht beteiligter Dritter ver-

---

[22] *Koller*[4] Rdn. 1. Zur Verjährung im Frachtrecht siehe allgemein die Anmerkungen zu § 439 HGBaF. Grundsätzlich begründet auch von A OGH vom 14. 1. 1976, SZ **49** 3 S. 11, 15, 17 = *Greiter* 40 ff (auch für Ansprüche wegen eines Rücktransports); vom 22. 5. 1978, TranspR **1980** 143 = *Greiter* **66** 71; vom 2. 4. 1982, TranspR **1984** 43 = SZ **55** 49 S. 246, 247 = *Greiter* 148 ff; siehe dazu Art. 31 Rdn. 6.

[23] Sprachlich identisch mit Art. 31 Abs. 1 S. 1. Siehe dort Rdn. 3 f.[24] ..OLG München vom 29. 9. 1999, TranspR **2000** 123 (Die Verjährung nach Art. 32 CMR erfaßt auch Ansprüche aus nationalem Recht, soweit sie mit einer CMR-Beförderung zusammenhängen. Betroffen sind allerdings grundsätzlich nur Ansprüche der direkt am Transportvorgang beteiligten Personen); A OGH Wien vom 22.2.1990, TranspR **1992** 357; A OGH vom 12.2.1985; TranspR **1986** 374, 376 = SZ **58** 22 S. 107, 110 f = *Greiter* 280, 285 (aus positiver Vertragsverletzung des Frachtführers); MüKo/*Basedow* Rdn. 6.

[25] OLG München vom 10. 10. 1990, TranspR **1991** 138, 142. Die Frage wird z. B. für Poolabrechnungen aus solchen Beförderungen auch nicht im einzelnen geprüft; OLG Düsseldorf vom 1. 6. 1995, TranspR **1996** 1525 A OGH vom 2. 4. 1982, TranspR **1984** 43 = SZ **55** 49 S. 246 ff = *Greiter* 148, 149 f.
Aus der Literatur: MüKo/*Basedow* Rdn. 6; *Clarke*[2] Nr. 45 a (intensiv begründet).

[26] MüKo/*Basedow* Rdn. 5; *Koller*[4] Rdn. 1; *Thume/Demuth* Rdn. 4; A OGH vom 12.2.1985, TranspR **1986** 374, 376 = SZ **58** 22 S. 107 ff = *Greiter* 280, 284; siehe dazu auch Art. 31 Rdn. 7.

[27] *Loewe* ETR **1976** 584 Nr. 257 mit S. 580 Nr. 239 und TranspR **1988** 309, 313 Nr. 25; zu Art. 31 siehe I CA Milano vom 11. 7. 1975, RDU **1977** 336 f = Foro pad. **1975** I 228 ff; A HG Wien vom 3. 4. 1984, TranspR **1984** 152 f.

[28] A OGH vom 12. 2. 1985; TranspR **1986** 374, 376 = SZ **58** 22 S. 107, 110 f = *Greiter* 280, 285; MüKo/*Basedow* Rdn. 5; *Clarke*[2] Nr. 45 a S. 202; *Koller*[4] Rdn. 1 S. 799; *Emparanza* La prescripción (Fn. 8).

[29] *Piper* TranspR **1990** 357, 362; MüKo/*Basedow* Rdn. 10; *Koller*[4] Rdn. 1 S. 799. Anders aber bei der Garantiehaftung des französischen Spediteurs (siehe Art. 1 Rdn. 24), die mit der Ablieferung im Sammellager und damit seiner rein speditionellen Tätigkeit endet; F Cass vom 22. 11. 1988, RDU **1988** 744–746.

[30] MüKo/*Basedow* Art. 32 Rdn. 5; Art. 31 Rdn. 4; *Koller*[4] Rdn. 1; *Jesser* 181; *Csoklich* 252; wohl auch *Haak* S. 294 Fn. 9; A OGH vom 12. 2. 1985, TranspR **1986** 374, 376 f = SZ **58** 22 S. 111 f = *Greiter* 280–285.

[31] MüKo/*Basedow* Rdn. 7; A OGH vom 10. 11. 1981, SZ **54** 165 S. 817 ff = *Greiter* 108, 111 ff, 814 mit genauer Abgrenzung; siehe im einzelnen Fn. 34; auf unmittelbar Beteiligte beschränkt: *Nickel-Lanz* S. 160.

[32] Zu Ansprüchen aus ungerechtfertigter Bereicherung siehe Rdn. 8.

jähren daher nach nationalen Vorschriften, etwa nach § 852 BGB, Drittschäden aus Autounfällen oder Schäden durch herabfallende Güter.[33] Soweit sich die Deliktsansprüche gegen Gehilfen des Frachtführers richten, und Art. 28 Abs. 2 die Anwendung von Haftungsvergünstigungen auf diese erstreckt, verjähren auch diese Ansprüche nach Art. 32 CMR,[34] auch dann nur bei beförderungsbezogenen Schäden. Übernimmt eine der Parteien Pflichten nicht frachtrechtlicher Art, ist Art. 32 CMR nicht auf diese anzuwenden.[35] Die Abgrenzung bereitet in der Praxis Schwierigkeiten.[36] Die Erledigung der Verzollung gilt als Nebenpflicht des Frachtführers.[37] Wird damit ein Dritter betraut, etwa ein Zollagent, verjähren dessen Ansprüche nicht nach Art. 32 CMR, sondern nach nationalem Recht.[38]

3. Art der Ansprüche, die nach Art. 32 verjähren

Nach Art. 32 verjähren alle Ansprüche, nicht nur Zahlungsansprüche, sondern auch auf andere Leistungen gerichtete. Dazu gehören alle in der CMR selbst geregelten Ansprüche.[39] Ergänzend ist das nach dem Vertragsstatut[40] für den Vertrag maßgebliche nationale Recht (in Deutschland § 194 Abs. 1 BGB) heranzuziehen.[41] Zum weitgefächerten Anwendungsfeld[42] gehören damit auch Ansprüche aus schuldrechtlichen Leistungsstörungen,[43] insbesondere aus positiver Vertragsverletzung,[44] auch wegen Nichterfüllung von Frachtverträgen,[45] ebenso für Frachtforderungen,[46] Standgeld- 8

---

33 A OGH vom 27. 9. 1983, TranspR **1983** 191, 192 f = *Greiter* 205, 209 f; MüKo/*Basedow* Rdn. 7.

34 MüKo/*Basedow* Rdn. 7.

35 Nicht transportbedingte Lagerung durch den Frachtführer (§ 425 HGBaF Rdn. 140) fällt nicht unter Art. 32 CMR; undifferenziert MüKo/*Basedow* Rdn. 10.

36 Für „engen Zusammenhang" MüKo/*Basedow* Rdn. 10; *Haak* S. 294; *Dorrestein* Nr. 273 (ausreichend relevanter Zusammenhang); dagegen nur für Hauptpflichten *Emparanza* La prescripción delas acciones en el Convenio (CMR) Revista General de Derecho **1992** Nr. 579 S. 11713, 1739 f. Ein solcher Zusammenhang wird z. B. von MüKo/*Basedow* Rdn. 10 verneint, wenn der Absender Rückfracht zu besorgen verspricht; das zitierte Urteil F CA Amiens vom 19. 6. 1980, BT **1980** 490, 491 verneint jedoch die Verjährung nicht deshalb.

37 Siehe § 425 HGBaF Rdn. 144. *Lamy 94* Nr. 553; zur Verjährung seiner Ansprüche siehe Rdn. 8 Fn. 52.

38 MüKo/*Basedow* Rdn. 10 Fn. 34; F CA Reims vom 24. 9. 1990, BT **1991** 471.

39 Insbesondere die Schadenshaftung nach Art. 17, Art. 11 Abs. 3.

40 Gemäß Art. 32 Abs. 1 Nr. 4 EGBGB. Zum Vertragsstatut siehe Art. 1 Rdn. 80 ff.

41 *Thume/Demuth* Rdn. 3. Siehe zum französischen Recht F Cass vom 9.12.1997, IZ **1998** 194 ff.

42 Siehe die Rechtsprechung in den folgenden Fn. Allgemein auch LG Wuppertal vom 25. 6. 1992, TranspR **1992** 362 f.

43 *Piper* TranspR **1988** 209.

44 BGH vom 27.10.1978, NJW **1979** 2473 f = TranspR **1982** 108f = VersR **1979** 276, 278; OLG Düsseldorf vom 8. 3. 1976, VersR **1976** 1161 f = NJW **1976** 1594; vom 8.11.1979, VersR **1980** 389; vom 18. 10. 1984, TranspR **1984** 276 f; OLG Hamburg vom 9. 2. 1989, TranspR **1990** 191, 192 = VersR **1990** 876. MüKo/*Basedow* Rdn. 6. Art. 32 CMR gilt auch für Ansprüche gegen den Frachtführer aus positiver Vertragsverletzung: F CA Paris vom 23. 12. 1975, BT **1976** 48; NL Rb Rotterdam vom 3. 9. 1976, SS **1977** 142 ff Nr. 56 f; B Trib Antwerpen vom 27. 10. 1971, ETR **1972** 1054, 1056 lehnt die Anwendung der CMR und damit auch von Art. 32 CMR auf Beschädigung geschleppter Tankauflieger ab.

45 OLG Hamburg vom 9. 2. 1989, TranspR **1990** 191, 192 (obiter dictum) = VersR **1990** 876; A OGH vom 12. 2. 1985, TranspR **1986** 374, 376 = SZ **58** 22 S. 107 ff = *Greiter* 280, 284; *Clarke*[2] Nr. 45 a; offenlassend BGH vom 18. 2. 1972, VersR **1972** 873, 874 = NJW **1972** 1003 f (Beförderung war teilweise ausgeführt). MüKo/*Basedow* Rdn. 5, 6; *Koller*[4] Rdn. 1 S. 799; *Nickel-Lanz* S. 161.

46 BGH vom 28. 2. 1975 VersR **1975** 445 f = NJW **1975** 1075 = ETR **1975** 523; grundsätzlich auch schon BGH vom 18. 2. 1972, VersR **1972** 873, 874 = NJW **1972** 1003 f; OLG Düsseldorf vom 26. 1. 1995, TranspR **1995** 288; OLG Hamm vom 5. 9. 1988, TranspR **1989** 55, 56 f. Auch **Frachtabrechnungen** in beiderlei Richtung, siehe OLG Saarbrücken vom 24. 2. 1995, TranspR **1995** 291 ff = VersR **1996** 1525 f; A OGH vom 14. 1. 1976, SZ **49** 3 S. 11, 15 f = 1*Greiter* 40 ff; vom 22. 5. 1978, TranspR **1980** 143 = *Greiter* 66, 71; vom 2. 4. 1982, TranspR **1984** 43 = SZ **55** 49 S. 246, 248 = *Greiter* 148, 149 f; vom 19. 5. 1982, TranspR **1984** 193 f = *Greiter* 159,

forderungen,[47] schließlich auch für außervertragliche Ansprüche, vor allem aus Delikt[48] und ungerechtfertigter Bereicherung,[49] wenn sie nur eine der CMR unterliegende Beförderung betreffen;[50] ebenso die Ansprüche auf Kostenerstattung,[51] insbesondere Zölle[52] und Ausgleichsansprüche unter Frachtführern nach Gesamtschuldrecht § 426 BGB[53] und der Anspruch gegen einen Spediteur auf Garantie nach französischem Recht.[54]

9 Nicht mehr der CMR unterstehen Ansprüche aus Novationen, auch wenn der Schuldgrund ursprünglich eine CMR-Beförderung betraf. Diese Frage betrifft in erster Linie die kurze Verjährung; siehe dazu Rdn. 70.

10 Die **Art der Ansprüche ist nicht von Bedeutung für die generelle Anwendung des Art. 32** oder die Dauer der eigentlichen Verjährungsfrist, wohl aber für deren Beginn,[55] insbesondere auch für die ihr vorgeschalteten Vorfristen[56] oder die Hemmung der Verjährung.[57]

160f; GB Queen's Bench Division vom 1.11.1976, Muller v. Laurent, ETR **1978** 617 = Lloyd's Rep **1977 I** 411–417; NL Rb Amsterdam vom 24.5.1972, SS **1972** 207f Nr. 78 = RDU **1974** 229; B Trib Brüssel vom 13.9.1968, ETR **1969** 1153, 1155 f (Frachtsalden); NL Rb Rotterdam vom 5.6.1992, SS **1993** Nr. 107; NL Hof Amsterdam vom 4.6.1974, SS **1975** 94, 95f = ETR **1976** 266ff; B TribCom Antwerpen vom 7.3.1980, ETR **1981** 466, 474, 476f. Siehe auch *Ponet*[2] Rdn. 768; *Nickel-Lanz* S. 161. Zum Verjährungsbeginn bei Frachtforderung siehe zum Neuansatz von *Basedow* unten Rdn. 34 f.

[47] BGH vom 11. 12. 1981, VersR **1982** 649, 650 = ETR **1983** 63, 66 ff; A OGH vom 12. 2. 1985, TranspR **1986** 374 ff = SZ **58** 22 S. 107 ff = *Greiter* 280–285; F CA Paris vom 7. 3. 1990, BT **1991** 118 f. MüKo/*Basedow* Rdn. 8.

[48] Düsseldorf vom 8. 3. 1976, VersR **1976** 1161 f = NJW **1976** 1594; vom 8. 5. 1969, ETR **1970** 446, 462; vom 27.9.1983, TranspR **1983** 191 ff = *Greiter* 205 ff vom 18.10.1984, TranspR **1984** 276 f; A OGH vom 10. 11. 1981, SZ **54** 165 S., 817 ff = *Greiter* 108, 111 ff, 814 mit genauer Abgrenzung; vom 27.9.1983, TranspR **1983** 191 ff = *Greiter* 205 ff; vom 25. 1. 1990, TranspR **1990** 235, 239; vom 22.2.1990, TranspR **1992** 357. *Nickel-Lanz* S. 161. Die Anwendung von Art. 28 zur Begründung ist überflüssig; Art. 28 Rdn. 13.

[49] Für Ansprüche aus § 812 Abs. 1 S. 1 BGB (und aus positiver Vertragsverletzung auf Rückzahlung überzahlter Fracht): BGH vom 18. 2. 1972, VersR **1972** 873, 874 = NJW **1972** 1003, 1004 = ETR **1972** 860, 863 f; zu § 812 ferner OLG Düsseldorf vom 11. 7. 1996, TranspR **1997** 274; LG Wuppertal vom 25. 6. 1992, TranspR **1992** 362 f; A OGH vom 14.1.1976, SZ **49** 3 S. 11 ff = *Greiter* 40 ff; vom 2.4.1982, TranspR **1984** 43 = SZ **55** 49 S. 246ff = *Greiter* 148ff (Bereicherungsanspruch wegen Doppelzahlung). B Trib Brüssel vom 13. 9. 1968, ETR **1969** 1153, 1155 f. *Nickel-Lanz* S. 161.
Unzutreffend LG Essen vom 24.10.1990, TranspR **1992** 326 (mit ablehnender Anm. von das die Erstattungsansprüche wegen überzahlter Fracht nicht in Zusammenhang mit dem Beförderungsvertrag sieht und § 195 BGB anwendet. Ebenfalls unzutreffend die Bezugnahmen von *Clarke*[2] Nr. 45a auf BGH vom 18.2.1972 und von *Loewe* auf BGH vom 27.10.1978; dazu MüKo/*Basedow* Rdn. 5 Fn. 13.

[50] Siehe dazu auch Art. 28 CMR.

[51] Etwa aus Art. 16 Abs. 2 CMR. A.A. *Koller*[4] Rdn. 21 für Ablade- und Verwahrungskosten mit der Begründung (zu Abs. 4), sie seien nicht selbständig einklagbar.

[52] OLG Nürnberg vom 26. 11. 1974, NJW **1975** 501; OLG Frankfurt vom 14. 7. 1980, RIW **1981** 852 ff = NJW **1981** 1911 f (gekürzt); F CA Paris vom 4.1.1978, BT **1978** 117–119; MüKo/*Basedow* Rdn. 8.
Nach überwiegender französischer Rechtsprechung fallen die Zollaufwendungen des Frachtführers unter Art. 32: F CA Paris vom 24.2.1993, BT **1994** 52; F CA Lyon vom 6.7.1983, BT **1984** 339–340; kritisch die observation P.B., ebenda S. 340. Ebenso schon zu Art. 108 Ccom F TribCom de la Seine vom 6.4.1967, BT **1967** 206, 207. Anders aber zu Art. 108 Ccom: F Cass vom 5. 3. 1957, BT **1957** 119; F TribCom de la Seine vom 28. 6. 1967, BT **1967** 297 f.

[53] BGH vom 10.5.1990, TranspR **1990** 418, 420 = VersR **1991** 238 ff = ETR **1991** 351 ff.

[54] F Cass vom 21. 6. 1982, BT **1982** 418 = ETR **1983** 805–808; zur „action en garantie" siehe Art. 1 Rdn. 24.

[55] Art. 32 Abs. 3 behandelt diese Punkte unter seinen Buchst. a und b für Ansprüche gegen den Frachtführer wegen Ladungs- und Verspätungsschäden, unter c für den weiten Bereich der übrigen aus einer CMR-Beförderung denkbaren Ansprüche („in allen anderen Fällen"); siehe Rdn. 60 ff.

[56] Art. 32 Abs. 1 S. 3 Buchst. b; dazu Rdn. 32, 84, 90 ff; a.A. MüKo/*Basedow* Rdn. 12–14; dazu unten Rdn. 34 f.

[57] Siehe dazu unten Rdn. 100 ff.

III. Gläubiger und Schuldner der Ansprüche

Es muß sich um Verjährung der Ansprüche handeln, die zwischen den an der tatsächlichen Abwicklung des Frachtvertrags Beteiligten[58] bestehen. Umstritten ist, ob nur Ansprüche der „unmittelbar" am Vertrag Beteiligten[59] oder auch Ansprüche mittelbar Beteiligter[60] von Art. 32 CMR erfaßt werden. 11

1. Gläubiger

Als Gläubiger des Frachtführers können auch Personen der kurzen Verjährung ausgesetzt sein, die nicht Vertragspartner des Frachtvertrags sind – etwa wenn für in verdeckter Stellvertretung gehandelt oder mit Einverständnis über das Gut verfügt wird. Hier müssen die selben Grundsätze gelten, die für die Anspruchskonkurrenz maßgeblich sind.[61] Zu diesen Personen gehört nicht der Zollspediteur.[62] 12

Die Verjährungsbestimmungen des Art. 32 gelten vor allem für **Ansprüche des Absenders oder Empfängers gegen den Frachtführer,**[63] aber auch für Ansprüche, hinsichtlich derer der Frachtführer[64] Gläubiger ist,[65] insbesondere auch für Ansprüche auf Frachtzahlung,[66] auch gegenüber dem Empfänger, soweit er diese schuldet,[67] ferner auf Rückgabe der Verpackung oder Ersatz für Nicht- 13

---

[58] Auch Ansprüche gegen den Fahrer; A OGH vom 27. 9. 1983, TranspR **1983** 191 ff = *Greiter* 205 ff. Siehe auch Art. 28 Rdn. 14.

[59] So *Koller*[4] Rdn. 1 S. 799 oben, der sich zu Unrecht auf *Clarke*[2] Nr. 45a beruft, der nationalen Erweiterungen gegenüber offen ist, siehe dort Fn. 53 und Nr. 43.

[60] Siehe hierzu § 429 HGBaF Rdn. 140 ff.

[61] Siehe dazu allgemein § 429 HGBaF Rdn. 140 ff, insbesondere Rdn. 155 ff, wo auch die deutsche Rechtsprechung zur CMR verarbeitet ist. Wie hier – entsprechend der Entscheidung des A OGH vom 10. 11. 1981, SZ **54** 165 S. 814, 817 ff = *Greiter* 108, 111 ff – jedoch zum österreichischen Deliktsrecht *Thume/Seltmann* Rdn. A 18 und zu Art. 28 Rdn. A 14; *Jesser* 180 f. Gänzlich gegen die Anwendung von Art. 32 auf Nicht-Vertragspartner *Thume/Demuth* Rdn. 18 und *Thume/Schmid* Art. 28 Rdn. 16; wohl auch *Koller*[4] Rdn. 1.

[62] A OGH vom 18. 9. 1985, SZ **58** 146, S. 693, 697 f = TranspR **1987** 219, 221.

[63] *Thume/Demuth* Rdn. 16.

[64] Zum Spediteur als Gläubiger und zur Anwendung von Art. 32 auf ihn (insbesondere im französischen Recht) siehe z. B. Rdn. 64.

[65] Unstr.: generell BGH vom 28. 2. 1975, VersR **1975** 445 f = NJW **1975** 1075 = ETR **1975** 523; vom 27. 10. 1978, NJW **1979** 2473, 2374 = TranspR **1982** 108 f = VersR **1979** 276 ff (positive Vertragsverletzung); OLG Hamburg vom 24. 1. 1985, TranspR **1985** 185, 186 = VersR **1986** 357 (positive Vertragsverletzung); Gerechtshof Amsterdam ETR **1975** 531 ff; NL Hof Amsterdam ETR **1976** 266 ff (mit eingehender Begründung; für Ansprüche auf Zahlung von Fracht); OLG Nürnberg vom 26. 11. 1974, NJW **1975** 501 (für Ansprüche des Frachtführers auf Ersatz verauslagter Einfuhr-Umsatzsteuer); A OGH vom 22. 5. 1978, TranspR **1980** 143 = *Greiter* 66, 71 (Frachtansprüche); ebenso A OGH vom 5. 11. 1980, *Greiter* 79, 82; vom 2. 4. 1982, TranspR **1984** 43 = SZ **55** 49 S. 246, 247 f = *Greiter* 148 ff (Frachtrückzahlungen auch aus ungerechtfertigter Bereicherung); vom 19. 5. 1982, TranspR **1984** 193 f = *Greiter* 159, 160 f.
Aus der Literatur MüKo/*Basedow* Rdn. 8; *Thume/Demuth* Rdn. 17; *Koller*[4] Rdn. 1; *Glöckner*[7] Rdn. 1; *Clarke*[2] Nr. 45a (eingehend begründet); *Piper* TranspR **1990** 357, 362.

[66] Siehe oben Rdn. 8 Fn. 46; OLG Düsseldorf vom 26. 1. 1995, TranspR **1995** 288. Damit wird § 196 Abs. 1 Nr. 3 BGB verdrängt; *Thume/Demuth* Rdn. 1; A OGH vom 12. 2. 1985, TranspR **1986** 374 ff = SZ **58** 22 S. 107 ff = *Greiter* 280–285; GB Queen's Bench Division vom 1. 11. 1976, Muller v. Laurent, ETR **1978** 617 = Lloyd's Rep **1977 I** 411 ff.

[67] Dazu grundsätzlich § 429 HGBaF Rdn. 171; zum französischen Recht z. B. F CA Paris vom 11. 6. 1982, BT **1981** 420 f. *Thume/Demuth* Rdn. 19. Soweit er sie nicht direkt dem Frachtführer gegenüber schuldet, aber dem Absender gegenüber zur Tragung der Frachtkosten verpflichtet ist, kann sich der Frachtführer den Befreiungsanspruch gegen den Empfänger abtreten lassen. Dieser Anspruch erlischt aber mit der Verjährung der Frachtzahlungsansprüche, da der Absender dann nicht mehr der Inanspruchnahme ausgesetzt ist; OLG Hamm vom 15. 9. 1988, TranspR **1989** 55, 57; zustimmend MüKo/*Basedow* Rdn. 8.

rückgabe,[68] ebenso für Ansprüche aus der besonderen Haftung des Absenders.[69] Allerdings kann für diese der Abs. 2 des Art. 32 nicht gelten; siehe Rdn. 32 Rdn. 100.

14 **Ansprüche des Versenders gegen den absendenden Spediteur** verjähren nur nach Art. 32 CMR, wenn auf den Speditionsvertrag Frachtrecht und daher auch die CMR anzuwenden ist,[70] etwa nach deutschem Recht gem. §§ 412, 413 HGBaF; siehe Art. 1 Rdn. 3, 23 ff.

2. Schuldner

15 Die kurze Verjährung gilt vor allem für Ansprüche, die sich gegen den Frachtführer richten, insbesondere Schadenersatzansprüche, auf die Art. 32 besonders zugeschnitten ist. Auf sie kann sich aber auch der Fahrer des befördernden Fahrzeugs berufen, der aus unerlaubter Handlung (auch gegenüber dem regreßnehmenden Transportversicherer als Legalzessionar des Absenders) in Anspruch genommen wird; Art. 28 wird als Begründung nicht benötigt.[71]

3. Regreß zwischen Frachtführern

16 Anwendbar ist Art. 32 auch auf den Regreß zwischen Frachtführern.[72] Dies ergibt sich bei „aufeinanderfolgenden Frachtführern" schon aus Art. 39 Abs. 4 S. 1, aber auch sachlich daraus, daß er den Beginn der Verjährungsfrist in diesen Fällen hinausschiebt.[73] Diese Regelung bezieht sich nur auf Regreßansprüche gegen den anderen Unterfrachtführer.[74] Für Fälle, in denen zwischen Haupt- und Unterfrachtführer die Voraussetzungen des Art. 34 nicht vorliegen, ist Art. 32 ohne die Modifikation des Art. 39 Abs. 4 S. 2 maßgeblich.[75] Dieses Konzept basiert jedenfalls auf der in der Entstehungszeit der CMR noch der Praxis entsprechender Vorstellung, daß zu einem ordnungsgemäßen Frachtvertrag ein Frachtbrief und bei Einsatz von Unterfrachtführern die Weitergabe von Gut und durchgehendem Frachtbrief gehörte. Seitdem diese Grundlagen oft, wenn nicht meist, nicht mehr gegeben sind, finden die Art. 34 ff und damit auch Art. 39 Abs. 4 S. 1 vielfach keine Anwendung mehr. Daher mehren sich die Fälle, in denen auf Ersatz in Anspruch genommene Frachtführer erst kurz vor oder sogar nach dem Eintritt der Verjährung ihrer (regelmäßig ebenfalls auf CMR-Frachtverträgen beruhenden) Regreßansprüche gegen Unterfrachtführer ausgesetzt sind. Dies ist vor allem bei Ansprüchen der Fall, die der mit dem Vertragsschluß beginnenden Verjährung nach Art. 32 Art. 1 S. 3 Buchst. c CMR unterliegen.[76]

---

68 NL Rb Amsterdam vom 24. 5. 1972, SS **1972** 207 f Nr. 78 = RDU **1974** 229.

69 *Loewe* ETR **1976** 503 ff, Nr. 110; *Koller*⁴ Rdn. 4; *Herber/Piper* Rdn. 26.

70 MüKo/*Basedow* Rdn. 9; *Lamy 91* Nr. 544.

71 A OGH vom 27. 9. 1983, TranspR **1983** 191 ff = *Greiter* 205 ff; *Loewe* ETR **1976** 574. *Koller*[4] Art. 28 Rdn. 3 und Art. 32 Rdn. 1, wohl auch MüKo/*Basedow* Art. 32 Rdn. 7 und *Thume/Demuth* Rdn. 20 ziehen hierfür Art. 28 heran; vgl. aber auch MüKo/*Basedow* Art. 28 Rdn. 13; siehe Art. 28 Rdn. 14.

Sogar entgegen Art. 108 Abs. 4 Ccom auf den Regreß des als Garant haftenden Spediteurs nach französischem Recht; siehe Art. 1 Rdn. 24.

73 Siehe Art. 39 Abs. 4 und dort Rdn. 10 ff; zum Verjährungsbeginn im einzelnen unten Rdn. 32 ff.

74 A OGH vom 28. 6. 1988, TranspR **1989** 222, 225 = VersR **1989** 980 f.

75 Siehe zur großzügigen Anwendung bei Fehlen einzelner Voraussetzungen des Art. 34: Art. 39 Rdn. 1.

76 Siehe Rdn. 164 ff und 60 ff.

4. Regreß wegen Ansprüchen Dritter

Schäden aus einer der CMR unterliegenden Beförderung können auch bei vertragsfremden (dritten) Personen entstehen. Hierzu gehören etwa Schäden durch gefährliche Ladung oder durch unsorgfältige Ausführung des Beförderungsvertrags. Hat eine der Vertragsparteien einem Dritten einen solchen Schaden zu ersetzen, unterliegt auch ihr Regreßanspruch gegen den Vertragspartner der Verjährung nach Art. 32 CMR.[77] Solche Schäden können unter bestimmten Umständen auch als Drittschäden vom Vertragspartner geltend gemacht werden.[78] 17

IV. Abdingbarkeit von Art. 32

1. Unabdingbarkeit vor Anspruchsentstehung

Art. 32 CMR ist unabdingbar gem. Art. 41 CMR, **solange die Ansprüche noch nicht entstanden sind.**[79] Diese zwingende Wirkung erstreckt sich nach deutschem Recht auch auf die Fälle, in denen die CMR nach §§ 458–460 HGBnF oder früher nach §§ 412, 413 HGBaF auf Speditionsverträge anzuwenden ist. Siehe dazu Art. 41 Rdn. 17, 27 ff; §§ 412, 413 HGBaF Rdn. 9. Auch § 1 Abs. 5 KVO war nicht entsprechend anwendbar.[80] Insbesondere Fristverlängerungen und -verkürzungen können daher nicht im voraus bindend vereinbart werden.[81] Für die Hemmung und Unterbrechung gestattet zwar Art. 32 Abs. 3 privatautonome Gestaltungen nach ergänzend anzuwendendem Recht der lex fori.[82] Jedoch bezieht sich dies nicht auf die Frist als solche und auch nicht auf die Sonderhemmung nach Abs. 2.[83] Dies ergibt sich aus dem zutreffend ins Deutsche übersetzten Art. 32 Abs. 3 S. 1 („Unbeschadet", „Sous réserve", „subject to"). Daß mit den gewählten französischen und englischen Formulierungen Absatz 2 den Vorrang erhalten hat und folglich zwingend gilt, ist weitgehend unbestritten.[84] In der Literatur wird teilweise vorgeschlagen, die Öffnung für das ergänzende nationale Recht in Abs. 3 über die Hemmung und Unterbrechung der Verjährung hinaus zu erweitern.[85] Dies widerspricht 18

---

[77] Z. B. Regreß des Absenders gegen den Frachtführer aus positiver Vertragsverletzung wegen beförderungsbedingter Umweltschäden (verauslagte Beseitigungskosten): OLG Hamburg vom 24. 1. 1985, TranspR **1985** 185, 186 = VersR **1986** 357; MüKo/*Basedow* Rdn. 6. Siehe zu solchen Fällen § 429 HGBaF Rdn. 249; zu weiteren Fällen der Haftung für Drittschäden aus positiver Vertragsverletzung § 429 HGBaF Rdn. 246; zur Anwendung von Art. 32 CMR auf solche Fälle Rdn. 8 Fn. 44.

[78] Siehe § 429 HGBaF Rdn. 257 ff; für die Absenderhaftung siehe u. a. Art. 10 Rdn. 17.

[79] Siehe Art. 41 Rdn. 21.

[80] Siehe Art. 1 Rdn. 85 ff; OLG Hamm vom 19. 11. 1992, TranspR **1993** 99 f. Sie unterliegen daher der Verjährung nach Art. 32.

[81] MüKo/*Basedow* Rdn. 47; häufig entschieden zu § 64 ADSp: siehe z. B. BGH vom 18. 2. 1972, VersR **1972** 873, 874 = NJW **1972** 1003; OLG Düsseldorf vom 8. 5. 1969, ETR **1970** 446, 470; OLG München vom 14. 1. 1981, VersR **1981** 562; OLG Frankfurt vom 5. 11. 1985, TranspR **1986** 282, 285 = VersR **1986** 1070 f; F Cass vom 5. 6. 1972, BT **1972** 484, 485.

[82] MüKo/*Basedow* Rdn. 47; siehe Rdn. 24; 148.

[83] *Loewe* TranspR **1988** 309, 318 Nr. 54, 1; *Thume/Demuth* Rdn. 87.

[84] Wie hier MüKo/*Basedow* Rdn. 47; *Clarke*[2] Nr. 47f problematisiert die Abgrenzung nach dem Zeitpunkt und will Vereinbarungen über eine Hemmung der Verjährung auch vor Entstehen des Anspruchs nach Art. 32 Abs. 3 begründen; zu Vereinbarungen über die Hemmung siehe Rdn. 96.

[85] *Koller*[4] Rdn. 19 will wohl nur die Zulässigkeit des Arglisteinwands mit Art. 32 Abs. 3 begründen; dazu Rdn. 24; allgemeiner, aber nicht konkret *Thume/Demuth* Rdn. 87, der sich zu Unrecht auf *Loewe* TranspR **1988** 309, 318 beruft.

der eindeutigen französischen und wohl auch der weniger klaren englischen Fassung.[86]

2. Disposition über entstandene Ansprüche

19 Insbesondere die Möglichkeit, sich nach Entstehung des Anspruchs auf **Verjährungsverzicht oder -verlängerung** (pactum de non petendo) zu berufen, ist gegeben,[87] und zwar unabhängig von Art. 32 Abs. 3 und nicht nur bei deutschem Gerichtsstand.[88] Art. 41 steht dem nicht entgegen. Das nach Entstehung der Schadenersatzansprüche abgeschlossene pactum de non petendo enthält keine Abweichung von der CMR, sondern eine nachträgliche Verfügung über Ansprüche aus einer der CMR unterliegenden Beförderung. Die CMR begründet – ebenso wie andere Normen des Privatrechts – Ansprüche, also subjektive Rechte, deren Durchsetzbarkeit der Verfügung der Parteien unterliegt. Diese können erlassen, anerkannt und auch verjährungsfrei gestellt werden, wenn die Parteien es wünschen.[89] Einen Eingriff in die Verfügungsmacht der Parteien kann man Art. 41 CMR nicht unterstellen. Nicht ohne Grund hat im deutschen Recht die Rechtsprechung entgegen § 225 S. 1 BGB die Ersatzlösung des pactum de non petendo zugelassen. Denn gerade bei kurzen Verjährungen liegt es im Interesse der Parteien und der Rechtspflege, den Parteien zu ermöglichen, die Ansprüche aus dem Zwang zur baldigen gerichtlichen Geltendmachung herauszunehmen. Der im Abschlußbericht der Schuldrechts-Reformkommission zur Verjährung vorgeschlagene neue Gesetzestext wird dem gerecht, indem er die Verlängerung der Verjährung bis auf dreißig Jahre ungehindert zuläßt.[90] Der **Verjährungsverzicht** ist auch bei ergänzender Anwendung ausländischer Rechte zulässig und offenbar auch üblich.[91]

---

[86] Die lex fori ist maßgeblich für „la suspension de la prescription", und „l'interruption de la prescription"; bzw. für „the extension of the period of limitation" und „the fresh accrual of rights of action".

[87] Einhellige Rechtspraxis, siehe z. B. zum Verjährungsverzicht OLG Düsseldorf vom 27.2.1987, TranspR **1987** 223, 227 (Verzicht des Haftpflichtversicherers gegenüber dem in Rechtsstandschaft handelnden Auftraggeber des Absender-Spediteurs); OLG Düsseldorf vom 14.7.1983, TranspR **1984** 16 f; OLG Hamm vom 23. 9. 1985, TranspR **1986** 18 ff; grundsätzlich auch OLG Hamm vom 23. 1. 1995, TranspR **1995** 290 f; OLG München vom 17.7.1991, TranspR **1991** 427, 428f (Stillhalteabkommen mit dem Haftpflichtversicherer); OLG Düsseldorf vom 19. 1. 1994, TranspR **1995** 310 f (Anerkennung des Schadens durch Spediteur nach Ablauf der Verjährungsfrist, zu § 64 ADSp); nach österreichischem Recht siehe A LG Innsbruck vom 4.11.1992, TranspR **1993** 343, 344. *Koller*[4] Rdn. 20; MüKo/*Basedow* Rdn. 45, 47; *Csoklich* S. 56; *Hill/Messent/Glass*[2] S. 255; *Loewe* TranspR **1988** 314 Nr. 32; *Thume/Demuth* Rdn. 93. Siehe auch Art. 41 Rdn. 22.
Auch in anderen Auslandsrechten ist eine Verlängerung der Verjährung möglich. Siehe z. B. F CA Nîmes vom 5. 11. 1980, BT **1980** 600, 601; F CA Paris vom 6. 7. 1988, BT **1989** 270, 271.

[88] Zum Verhältnis von Art. 32 Abs. 2 zu Abs. 3 siehe Rdn. 18.

[89] A. A. *Haak* S. 307f, der Art. 41 in einer den Ausgleich zwischen den Parteien behindernden Weise weit interpretiert.

[90] Abschlußbericht 1992, § 220 BGB-GE, S. 288; dazu *Palandt/Heinrichs*[56] vor § 194 BGB Rdn. 5, 6.

[91] NL Rb Rotterdam vom 5.4.1974, SS **1975** 137, 139 = RDU **1975** I 274; vom 3. 5. 1974, SS **1974** 171, 172.

V. Ergänzend anzuwendendes Recht; Kollisionsrecht

1. Allgemeines

Die CMR regelt in Art. 32 nur einzelne Hauptfragen der Verjährung. Im übrigen 20
wird die Füllung der Lücken allgemein dem nationalen Recht überlassen. Für eine Lückenfüllung aus der CMR heraus ergeben sich keine Anhaltspunkte. Auch aus Art. 41 läßt sich z. B. nicht herleiten, daß die Verjährung von Amts wegen zu berücksichtigen sei (Erlöschen).[92] Für die nicht geregelten Fragen bleibt also deutsches Kollisionsrecht, und damit das Schuldstatut[93] des Frachtvertrags maßgeblich.[94] Soweit danach der Vertrag deutschem oder österreichischem Recht untersteht, ist die Verjährung durch Einrede geltend zu machen.[95] **Für die Hemmung und Unterbrechung gilt das Recht der lex fori;** Art. 32 Abs. 3 CMR.[96] Diese bestimmt auch den Haftungsmaßstab für die unbegrenzte Haftung nach Art. 29.

2. Rechtsnatur der Verjährung

Nach deutschem Recht ist die Verjährung eine Institution des materiellen, nicht des 21
Verfahrensrechts,[97] § 222 Abs. 1 BGB. Die zusätzlichen Regeln über die Rechtsnatur der Verjährung werden also durch das **Schuldstatut des Frachtvertrags** bestimmt. Rechtsvergleichend gesehen, kommen jedoch auch die Regeln des **internationalen Zivilprozeßrechts** in Betracht, soweit in ausländischen Rechtsordnungen die Verjährung verfahrensrechtlichen Charakter hat.[98] Die Stellung der Vorschrift in der CMR im Teil „Reklamationen und Klagen", ihre Einordnung zwischen der Zuständigkeitsregelung des Art. 31 und der Schiedsgerichtsbarkeit ist von diesem Verständnis geprägt. Dennoch ergibt sich hieraus keine für die nationalen Gerichte verbindliche prozeßrechtliche Qualifikation der Verjährung in der CMR.[99]

In der Konsequenz ergibt sich, daß grundsätzlich in Ländern, nach deren Recht die 22
Verjährung **materiellrechtlichen Charakter** hat, ergänzend das (nach dem IPR des Gerichtsstaats zu ermittelnde) Privatrecht des Vertragsstatuts anzuwenden ist.[100] Ist dies deutsches Recht, sind also z. B. die Hemmung und Unterbrechung der Verjährung materiellrechtliche Institutionen, §§ 203, 217 BGB. Soweit nach dem Recht des angerufenen Gerichts die Verjährung als verfahrensrechtliche Durchsetzungssperre gestaltet ist,[101] gilt nach den Regeln des internationalen Zivilprozeßrechts ergänzend das Verjährungsrecht der lex fori des angerufenen Gerichts. Nach französischem Recht ist der Rechtscharakter der Verjährung umstritten. Sie ist jedoch heute vor allem ein prozeßrechtliches Institut, so daß Verjährungen „fins de non-recevoir" bilden und

---

92 Siehe MüKo/*Basedow* Rdn. 49 in Auseinandersetzung mit *Loewe* TranspR **1988** 309, 315 Nr. 37; ferner *Clarke*[2] Nr. 45 S. 198; *Haak* S. 293; *Putzeys* Nr. 1116.

93 Siehe § 425 HGBaF Rdn. 58 ff; *Thume/Demuth* Rdn. 87, im einzelnen z. B. auch Rdn. 21, 24, 28, 30, 36, 38, 56, 65, 80, 85.

94 MüKo/*Basedow* Rdn. 45; *Koller*[4] Rdn. 1; *Thume/Seltmann* Rdn. A 1 f.

95 Unstr., allgemeine Rechtspraxis; *Thume/Demuth* Rdn. 1; *Thume/Seltmann* Rdn. A 1.
Allgemein zur CMR siehe *Herber/Piper* Rdn. 2; *Clarke*[2] Nr. 45 S. 198; *Haak* S. 293; *Putzeys* Nr. 1116.

96 Siehe dazu Rdn. 18 f, Rdn. 24, Rdn. 85, Rdn. 96 f, Rdn. 103, Rdn. 148, Rdn. 151–153, 150, 161.

97 MüKo/*Basedow* Rdn. 3 m. w. N., auch zum österreichischen Recht.

98 So traditionell im englischen Common Law, MüKo/*Basedow* Rdn. 3 m. w. N.

99 Siehe hierzu auch MüKo/*Basedow* Rdn. 4.

100 So etwa Deutschland und Österreich. MüKo/*Basedow* Rdn. 4 spricht ohne nähere Begründung von der „fast europaweit" gebilligten materiellrechtlichen Qualifikation der Verjährung.

101 Siehe zu England und der dort im Gange befindlichen Umstellung auf materiellrechtliche Qualifikation MüKo/*Spellenberg*[2] vor Art. 11 EGBGB Rdn. 201 ff; MüKo/*Basedow* Art. 32 CMR Rdn. 3 mit Verweis auf *Dicey/Morris/Collins* The Conflict of Laws[11] (1987).

Klagen wegen verjährter Forderung als „non receivables", als unzulässig, abgewiesen werden.[102]

23 Die CMR vereinfacht diese Problematik durch die **unmittelbare Verweisung auf die lex fori für** in der CMR materiell nicht geregelte Fragen der **Hemmung und Unterbrechung** der Verjährung.[103] Die von *Basedow* vertretene Auslegung als Gesamtverweisung, die zunächst zur Heranziehung deutschen Kollisionsrechts führen würde, ist (jedenfalls vor deutschen Gerichten) ohne praktische Bedeutung, weil sie das gleiche Ergebnis bringen würde.

3. Rechtsmißbrauch gegen Verjährung

24 Die CMR regelt nicht ausdrücklich, wie treuwidrigem Sichberufen auf die Verjährung nach Art. 32 begegnet werden kann.[104] Hierzu muß ebenfalls auf das nach dem Schuldstatut maßgebliche deutsche Recht zurückgegriffen werden. Die deutsche Rechtsprechung gestattet in CMR-Fällen dem Gläubiger ebenso wie in allen anderen Verjährungsfällen unter besonderen Voraussetzungen die Berufung auf den Rechtsmißbrauch.[105] Die Wirkung des Rechtsmißbrauchs besteht in einer Art Ablaufhemmung.[106] Das erlaubt, Art. 32 Abs. 3 S. 1 anzuwenden[107] und auf nationales Recht zurückzugreifen.[108] Danach läuft die Verjährung nach einer angemessenen Frist nach der Beendigung des Rechtsmißbrauchs weiter.[109] Dem entspricht grundsätzlich auch die österreichische Rechtsprechung. Insbesondere wird in Österreich die Verjährung durch Vergleichsverhandlungen gehemmt,[110] wie dies in Deutschland bisher nur in § 852 BGB

[102] *Ferid/Sonnenberger*² Rdn. 1 C 245 ff.

[103] Siehe dazu auch Rdn. 80; 85 ff und Art. 1 Rdn. 80.

[104] Zur erforderlichen Abstimmung der Interessen an schneller Streiterledigung und den materiellen Rechten der Gläubiger siehe Rdn. 1.

[105] Siehe z.B. BGH vom 28.2.1975, VersR **1975** 445, 446 = NJW **1975** 1075 = ETR **1975** 523; OLG Celle vom 13. 1. 1975, WM **1975** 189, 191, aber kein Vertrauenstatbestand, wenn beide Parteien eine Unterbrechung annehmen und nach Entdeckung des Irrtums Klage erhoben wird; OLG Düsseldorf vom 27. 2. 1986, TranspR **1986** 226, 227 (Arglisteinrede gegenüber der zur Aufrechnung geltend gemachten Gegenforderung); OLG Hamburg vom 15.8.1985, TranspR **1985** 341, 344; vom OLG Hamburg vom 9.2.1989, TranspR **1990** 191, 193; OLG Hamm vom 23. 9. 1985, TranspR **1986** 18 ff; OLG München vom 10. 10. 1990, TranspR **1991** 138, 141, aber kein Vertrauenstatbestand, wenn nur Ermittlungen angekündigt werden; OLG München vom 17.7.1991, TranspR **1991** 427, 429. Zu den subjektiven Voraussetzungen des Rechtsmißbrauchs siehe z.B. BGH vom 27.11.1985, BGHZ **96** 290, 300 f (Steuerberatung). Zum Eisenbahnrecht siehe OLG Düsseldorf vom 18.1.1996, TranspR **1997** 284, 287. Zum Grundsatz von Treu und Glauben als internationales Rechtsinstitut siehe Rdn. 174.
Ausländische Rechtsprechung: GB Queen's Bench Division Liverpool vom 14.3.1991, Microfine v. Transferry, ETR **1992** 118–123; F CA Lyon vom 22. 4. 1988, BT **1989** 176–178 f; F CA Paris vom 6.7.1988, BT **1989** 270, 271 (Regreßvereitelung).
Nach österreichischer Rechtsprechung wird durch Vergleichsverhandlungen die Verjährung gehemmt; nach dem Scheitern der Verhandlungen muß in angemessener Zeit Klage erhoben werden; A OGH vom 28. 6. 1988, TranspR **1989** 222, 225 = VersR **1989** 980 f; vom 13. 6. 1985, TranspR **1987** 217, 219 = RdW **1986** 12 (Ablaufhemmung); dazu *Thume/Seltmann* Rdn. A 92; ähnlich OLG Nürnberg vom 12.4.1991, TranspR **1992** 63, 65 (MüKo/*Basedow* Rdn. 48). *Thume/Demuth* Rdn. 92; *Koller*⁴ 19; MüKo/*Basedow* Rdn. 48.

[106] Wie sie im österreichischen Recht gesehen wird und nunmehr in § 216 BGB-KE des Entwurfs der Reformkommission zum Schuldrecht vorgesehen ist.

[107] Der Text erlaubt, die in den verbindlichen Fassungen verwendeten Ausdrücke „suspension" und „extension" auch auf die Arglistfälle anzuwenden; *Koller*⁴ Rdn. 19; MüKo/*Basedow* Rdn. 48; *Hill/Messent/Glass*² S. 256; *Clarke*² Nr. 47 d(i); für weite Auslegung *Loewe* ETR **1976** S. 586 Nr. 267. Siehe zu Abs. 3 Rdn. 148, 154 ff.

[108] *Koller*⁴ Rdn. 19.

[109] Siehe *Palandt/Heinrichs*⁵⁶ vor § 194 Rdn. 15.

[110] A OGH vom 29. 11. 1984, TranspR **1985** 132 f = *Greiter* 260, 262 = ETR **1985** 448 ff; vom 13.6.1985 ferner *Clarke*² Nr. 45 S. 198; *Haak* S. 293, TranspR **1987** 217, 219 = RdW **1986** 1; *Thume/Seltmann* Art. 32 CMR Rdn. A 92.

für deliktische Ansprüche geregelt ist.[111] Jedoch sieht § 216 BGB-KE[112] nunmehr für den Fall laufender Verhandlungen ebenfalls eine Ablaufhemmung vor. Im Sonderfall besonders schweren Verschuldens ist es jedoch wohl systemgerechter, eine Verlängerung der Verjährung nach Art. 32 Abs. 1 S. 2 zu begründen; siehe Rdn. 28 f.

VI. Beweislast

Die Beweislast für die Voraussetzungen der Verjährung folgt dem Recht des geltend gemachten Anspruchs. Mangels näherer Vorschriften ist dies nach deutschem Recht der allgemeine Grundsatz, daß ein Umstand von dem zu beweisen ist, der sich darauf beruft.[113] Sonderbestimmungen der CMR bestätigen dies für die Hemmung und die Unterbrechung; siehe Rdn. 148 und 153. **25**

B. Dauer der Verjährungsfrist

I. Grundsätzliches (Art. 32 Abs. 1 S. 1)

Art. 32 Abs. 1 S. 1 führt grundsätzlich die Verjährung innerhalb eines Jahres ein. Die Vorschrift ist am Modell der Haftung nach Art. 17 Abs. 1 entwickelt, aber auf andere Ansprüche ausgedehnt. Die Fristberechnung folgt grundsätzlich dem für die Verjährung geltenden Recht; siehe Rdn. 20. Doch trifft Abs. 1 S. 4 eine dem § 187 Abs. 1 BGB entsprechende internationale Regelung für den Fristbeginn; siehe Rdn. 88, 86 f. **26**

II. Verlängerung bei grobem Verschulden (Art. 32 Abs. 1 S. 2)

Art. 32 Abs. 1 S. 2 entspricht Art. 29 – allerdings nur im Ansatz. Im Falle von Vorsatz und gleichgestellter Fahrlässigkeit (siehe Art. 29 Rdn. 6) entfällt aber die Verjährung nicht vollständig, sondern nur die Frist wird auf drei Jahre verlängert. Fraglich ist, ob diese Verlängerung sich nicht auf vertragliche Erfüllungsansprüche wie z. B. auf Zahlung von Standgeld bezieht. Eine solche Einschränkung ergibt sich aber nicht – wie früher bei § 40 KVO – aus dem Gesetzestext und erscheint ganz besonders dann fragwürdig, wenn der Anspruch wegen vorsätzlicher Fehlhandlung des Frachtführers entsteht. **27**

Die Verlängerung der Verjährung bei grobem Verschulden betrifft vor allem **Ansprüche gegen den Frachtführer**.[114] Sie bezieht sich aber nicht nur auf diese. Eine solche Einschränkung ist dem Wortlaut der CMR nicht zu entnehmen.[115] Der BGH meint, daß Art. 32 Abs. 1 S. 2 nur auf Schadenersatzansprüche und gegebenenfalls auf gesetzliche Ansprüche ähnlichen Inhalts anzuwenden sei,[116] denn bei anderen Ansprüchen, insbesondere Vergütungsansprüchen fehle es an dem Zusammenhang zwischen Anspruch und Verschulden. Diese Auffassung verkennt aber den gegenüber Art. 29 anderen, weniger engen Wortlaut und Sinnzusammenhang von Art. 32 Abs. 1 **28**

---

[111] Keine analoge Anwendung auf Art. 32 CMR; BGH vom 28. 10. 1993, TranspR **1994** 71, 73 = VersR **1994** 201, 202; OLG Hamm vom 23. 1. 1995, TranspR **1995** 290 f.

[112] S. 287; dazu *Palandt/Heinrichs*[56] vor § 194 BGB Rdn. 5, 6.

[113] *Thume/Demuth* Rdn. 104 ff. Zur Darlegungslast für den Verjährungsbeginn nach Art. 32 Abs. 1 S. 3 Buchst. c OLG Hamm vom 23. 1. 1995, TranspR **1995** 290 f.

[114] F Cass vom 12. 12. 1989, BT **1990** 283 f = ETR **1991** 359 ff = RDU **1990** II 437 f. Weitere Fälle bei *Koller*[4] Rdn. 7 m. w. H.

[115] So aber OLG München vom 12. 4. 1991, TranspR **1991** 298, 299 = RIW **1991**.

[116] BGH vom 11. 12. 1981, VersR **1982** 649, 650 = ETR **1983** 63, 66 ff; ebenso A OGH vom 5. 11. 1980, *Greiter* 79, 82; *Koller*[4] Rdn. 7.

S. 2. *Basedow* begründet seine Gegenauffassung systemgerecht:[117] Die Formulierung von Art. 32 CMR ist weiter als die von Art. 29; da Art. 32 nicht nur Schadenersatzansprüche gegen den Frachtführer betrifft, ist dies auch sinnvoll.

29 Danach ist auch zweifelhaft, ob das Erfordernis besonders schweren Verschuldens sich auf die den Anspruch begründenden Umstände beziehen muß,[118] also diese für einen Schaden kausal sein müssen.[119] *Basedow* hält auch ein nicht für den Schaden kausales schweres Verschulden für ausreichend zur Begründung der Verjährungsverlängerung.[120] Daß in Art. 32 CMR Abs. 1 S. 2 keinerlei Kausalität vorausgesetzt werden muß, ist aber der Formulierung im Kontext mit den übrigen Vorschriften der CMR und CIM nicht zu entnehmen.[121] Jedoch erscheint es sinnvoll, bei anderen als auf Schadenersatz gerichteten Ansprüchen eine Kausalität zwischen dem Verschulden und dem Ablauf der normalen einjährigen Verjährungsfrist zu fordern. Damit werden Fälle des Sichberufens auf eine grob schuldhaft verursachte Verjährung erfaßt, etwa die Verhinderung der Klageerhebung durch vorsätzliche Verzögerung des Frachtführers innerhalb der Jahresfrist. In entsprechenden Fällen beträgt dann die Verjährung von Ansprüchen des Frachtführers gegen seine Partner ebenfalls drei Jahre.[122] Nach ergänzend anwendbarem deutschem Recht könnten Fälle dieser Art auch mit Rechtsmißbrauch gelöst werden;[123] jedoch ist dieser Rückgriff auf nationales Recht nach richtiger Auffassung allenfalls dann zulässig, wenn die Verhinderung der Verjährung nach Art. 32 CMR ausnahmsweise die Folgen des schweren Verschuldens nicht mehr ausgleichen kann; siehe Rdn. 24.

30 Die für Art. 32 CMR **dem Vorsatz**[124] **gleichstehende Fahrlässigkeit** ist nach früherem **deutschem,**[125] **österreichischem**[126] und **französischem,**[127] wohl auch nach **niederländischem**[128] Recht die **grobe Fahrlässigkeit.**[129] In anderen Ländern[130] wird,

---

[117] MüKo/*Basedow* Rdn. 11; für eine weite Auslegung bereits *Nickel-Lanz* Nr. 216.

[118] Wie in Art. 29; siehe Art. 29 Rdn. 4.

[119] A OGH vom 5. 11. 1981, *Greiter* 79, 82.

[120] MüKo/*Basedow* Rdn. 11 bejaht dies.

[121] *Clarke*[2] Nr. 107d.

[122] F CA Paris vom 25.3.1988, BT **1989** 46, 47 = RDU **1988** 736, 738. Im selben Fall jedoch keine unbeschränkte Haftung nach Art. 29.

[123] Siehe Rdn. 24.

[124] Selten nachweisbar; siehe aber etwa die Fälle verbotenen Alkoholschmuggels, z. B. OLG Karlsruhe vom 8. 5. 1981, 14 U 204/79, unveröff.

[125] Für grobe Fahrlässigkeit bei Art. 32 Abs. 1 S. 2: BGH vom 18.5.1995, TranspR **1995** 383, 384; OLG Düsseldorf vom 26. 7. 1984, TranspR **1985** 128, 130; OLG Hamburg vom 9.2.1989, TranspR **1990** 191, 194; OLG München vom 10.10.1990, TranspR **1991** 138, 140; vom 19.10.1992, NJW **1993** 744 f = TranspR **1993** 192, 193; dagegen LG Verden vom 19. 9. 1990, MDR **1991** 850 f; OLG Düsseldorf vom 4.12.1996, TranspR **1997** 193, 196 f = VersR **1997** 769 f (u. Art 29 und 32).
Aus der Literatur: MüKo/*Basedow* Rdn. 11; *Koller*[4] Rdn. 7; *Thume/Demuth* Rdn. 15.

[126] A OGH vom 25. 1. 1990, TranspR **1990** 235, 239; vom 11.7.1990, TranspR **1992** 322, 323; siehe jedoch kritisch *Thume/Thume* Art. 29 CMR Rdn. 3 ff.

[127] In Frankreich faute lourde auch bei Art. 32: *Lamy 91* Nr. 981; F Cass vom 8.1.1974, ETR **1974** 314, 317 f = BT **1974** 91, 92 (Bestätigung von F CA Poitiers vom 19. 4. 1972, BT **1972** 183, 184); F Cass vom 12.12.1989, BT **1990** 283 f = ETR **1991** 359 ff = RDU **1990** II 437 f; F Cass vom 4.10.1982, BT **1982** 549 f (observation dazu S. 550); vom 12. 12. 1989, ETR **1991** 359 ff; zu Art. 29 CMR *Lamy 91* Nr. 947; F CA Poitiers vom 21. 11. 1972, BT **1973** 21 f; F CA Paris vom 17. 6. 1974, BT **1974** 321 f; F TribCom Lyon vom 10. 11. 1975, BT **1976** 175, 177. Verneinung der erforderlichen Sorgfalt: F CA Aix-en-Provence vom 20. 12. 1979, BT **1980** 104, 105; F CA Lyon vom 27.6.1980, BT **1980** 504, 505; F CA Bordeaux vom 2.2.1988, BT **1988** 670 (Auslieferung an Nichtberechtigten ohne vorgeschriebene Dokumentvorlage).

[128] MüKo/*Basedow* Rdn. 46; NL Rb Roermond vom 25.10.1970, ETR **1971** 839, 841; *Haak* S. 249.

[129] Zu den Fällen der groben Fahrlässigkeit siehe Art. 29 Rdn. 18 ff. Zu Art. 32 wurde etwa die Nichtauslieferung des übernommenen Gutes zur Erzwingung angeblicher Forderungen als grob fahrlässig angesehen; BGH vom 18. 5. 1995, TranspR **1995** 383, 384.

[130] Insbesondere in Großbritannien und anderen Ländern des englischen Rechtskreises; siehe umfassend *Thume/Thume* Art. 29 CMR Rdn. 14–19.

wie in Art. 29, eine schwere bewußte Fahrlässigkeit (**„wilful misconduct“**) dafür gefordert.[131] Dem hat sich der deutsche Gesetzgeber mit dem am 1. Juli 1998 in Kraft getretenen Transportrechtsreformgesetz angeschlossen. Das neue deutsche Frachtrecht definiert in § 439 i. V. m. § 435 HGB den Begriff des gleichzustellenden Verschuldens zwar in Anlehnung an die grobe Fahrlässigkeit, aber doch hiervon abweichend als „leichtfertig und in dem Bewußtsein, daß ein Schaden mit Wahrscheinlichkeit eintreten werde“.[132] Es bleibt abzuwarten, inwieweit dies die Praxis insbesondere auch der Anwendung des Art. 32 CMR verändern wird. Nach belgischem Recht wird, da es eine dem Vorsatz gleichgestellte Fahrlässigkeit nicht gebe, die dreijährige Verjährung nur bei Vorsatz angenommen.[133]

Gegen die Gleichstellung von Vorsatz und grober Fahrlässigkeit hat sich vor allem *Heuer* ausgesprochen.[134] Zu Art. 32 ist umstritten, ob auch in diesem Falle grobe Fahrlässigkeit als das dem Vorsatz gleichstehende Verschulden anzusehen ist.[135] Der österreichische OGH hat in einem Fall mit einer schwer nachzuvollziehenden Begründung darauf hingewiesen, daß nach österreichischem Recht die Ansprüche bei Begründung aus Deliktsrecht gem. Art. 32 Abs. 1 und 28 CMR nach drei Jahren verjährten[136] und bei dieser Gelegenheit aber auch Überlegungen angestellt, die für vertragliche Ansprüche aus der CMR eine andere Entscheidung nahelegen könnten. Diese Zweifel sind jedoch beseitigt worden durch ein Urteil aus dem gleichen Jahr, das generell auch in diesem Rahmen Vorsatz und grobe Fahrlässigkeit gleichstellt.[137] Die gleichstehende Fahrlässigkeit hat der Schadenersatzverlangende zu beweisen.[138] Bei einer Kette von Unterfrachtführern vermindert jedoch das OLG München seine Darlegungslast auf die Angabe „plausibler Anhaltspunkte“.[139] **31**

131 *Clarke*² Nr. 45 b; *Hill/Messent/Glass*² S. 236 f.

132 Siehe hierzu Art. 29 Rdn. 6 ff.

133 B TribCom Lüttich vom 25. 11. 1982, ETR **1982** 843, 847 f unter Bezugnahme auf B Cass vom 25. 9. 1959, J. T. **1960** 114; siehe auch Art. 29 Rdn. 17.

134 *Heuer* 74 ff; Bespr. zu BGH vom 14. 7. 1983, TranspR **1984** 71, 72 f.

135 Für grobe Fahrlässigkeit bei Art. 32 Abs. 1 S. 2 OLG Düsseldorf vom 26. 7. 1984, TranspR **1985** 128, 130; OLG München vom 10. 10. 1990, TranspR **1991** 138, 140; vom 19. 10. 1992, NJW **1993** 744 f = TranspR **1993** 192, 193; dagegen LG Verden vom 19. 9. 1990, MDR **1991** 850 f. Zur groben Fahrlässigkeit siehe Art. 29 Rdn. 18 ff.
Zu Art. 29 eingehend begründet schon vom OLG München vom 27. 11. 1968, ETR **1971** 115, 125 ff; BGH vom 14. 7. 1983, BGHZ **88** 157 ff = NJW **1984** 565 ff = TranspR **1984** 68–73 = VersR **1984** 134 ff mit eingehender Begründung; ablehnend besprochen von *Heuer* TranspR **1984** 71 ff; positiv von *Pöttinger* VersR **1984** 518 f; *Helm* IPRax **1985** 10; BGH vom 16. 2. 1984, NJW **1984** 2033 f = TranspR **1984** 182, 183 = VersR **1984** 551 f; OLG Düsseldorf vom 12. 12. 1985, TranspR **1986** 56, 57 = VersR **1986** 1069 f; vom 14. 7. 1986, TranspR **1987** 24; vom 23. 11. 1989, TranspR **1990** 63, 65; OLG Frankfurt vom 21. 9. 1983, TranspR **1984** 73, 74; vom 8. 6. 1982, VersR **1983** 141, 142. OLG Hamm vom 19. 2. 1973, VersR **1974** 28, 30 = NJW **1973** 2163 f und OLG Nürnberg vom 16. 3. 1976, Der Spediteur **1985** 320, 321 untersuchen nur Vorsatz, ignorieren also die gleichgestellte Fahrlässigkeit völlig. Für nicht ausreichend halten grobe Fahrlässigkeit: OLG Bamberg vom 27. 4. 1981, TranspR **1984** 184 ff; LG Frankfurt vom 30. 8. 1982, TranspR **1983** 81 f.

136 Urteil vom 25. 1. 1990, TranspR **1990** 235, 239.

137 A OGH vom 11. 7. 1990, TranspR **1992** 322, 323.

138 *Baumgärtel/Giemulla* Beweislast Art. 32 CMR Rdn. 1; *Thume/Demuth* Rdn. 105.

139 OLG München vom 10. 10. 1990, TranspR **1991** 138, 140.

C. Beginn der Verjährungsfrist (Art. 32 Abs. 1 S. 3)

I. Allgemeines

1. Überblick über die Regelung

32 Art. 32 Abs. 1 S. 3 setzt – abweichend von § 198 S. 1 BGB,[140] aber auch bisherigen deutschen Frachtrecht, insbesondere den §§ 439, 414 HGBaF und den anderen Spezialvorschriften des Frachtrechts, aber im Einklang mit dem nach seinem Vorbild gestalteten § 439 Abs. 2 HGBnF – für verschiedene Schadensarten unterschiedliche Zeitpunkte für den Verjährungsbeginn fest. Die Regelung erfaßt durch die speziellen Tatbestände der Buchst. a und b die in der Praxis bei weitem wichtigsten Streitfälle, dazu aber im Auffangtatbestand[141] von Buchst. c „alle anderen Fälle".[142] Sie ist daher grundsätzlich vollständig und erlaubt keinen Rückgriff auf das nationale Recht:

- Buchst. a nimmt bei Teilverlust oder Beschädigung oder Lieferfristüberschreitung (insbesondere für Ansprüche aus Art. 17) die Ablieferung als Anknüpfungspunkt.
- Buchst. b läßt bei gänzlichem Verlust die Verjährung mit dem Ende der Lieferfrist zuzüglich einer Schonfrist (Vorfrist) von dreißig Tagen beginnen; mangels Lieferfristvereinbarung mit der Übernahme des Gutes zuzüglich sechzig Tagen Vorfrist.
- Buchst. c knüpft in allen anderen Fällen den Verjährungsbeginn an den Abschluß des Frachtvertrags, jedoch nach einer zusätzlichen Vorfrist[143] von drei Monaten.

33 Die **Uneinheitlichkeit des Verjährungsbeginns** in den Fällen des Art. 32 Abs. 1 S. 3 und die wenig überzeugende begriffliche Klarheit **führt zu zahlreichen Problemen**[144] und hat fast überall harsche Kritik hervorgerufen.[145]

34 MüKo/*Basedow* Rdn. 13 f schlägt im Hinblick auf den nach Anspruchsgrundlagen unterschiedlichen Verjährungsbeginn einen „Neuansatz" vor, der die Fristbeginn-Regelungen der Buchst. a und b des Art. 32 Abs. 1 S. 3 jeweils auf alle CMR-Ansprüche beziehen will, wenn nur ganz allgemein („bei") Verlust, Beschädigung oder Lieferfristüberschreitung vorliegen; die beiden Fristbeginn-Regelungen würden damit auch dann eingreifen, wenn andere Ansprüche als solche des Berechtigten gegen den Frachtführer Gegenstand einer rechtlichen Auseinandersetzung sind. „Bei" Verlust, Beschädigung oder Lieferfristüberschreitung würden dann auch die Ansprüche des Frachtführers auf Frachtzahlung oder Standgeld dem Verjährungsbeginn nach a oder b unterworfen; ebenso würden alle Ansprüche gegen den Frachtführer aus einer der CMR unterliegenden Beförderung[146] den Buchst. a und b unterliegen. Damit würde die Bedeutung des Auffangtatbestands Buchst. c drastisch vermindert.[147]

---

[140] In § 198 S. 1 BGB wird der Ausdruck „Entstehung" durch Rechtsprechung und Lehre in „Fälligkeit" umgedeutet; siehe *Palandt/Heinrichs*[56] § 198 Rdn. 1. Durch § 196 Abs. 1 S. 1 BGB-KE (Abschlußbericht der Kommission zur Überarbeitung des Schuldrechts, Hrsg. Bundesminister der Justiz, Bundesanzeiger 1992, S. 284) soll diese Praxis durch Ersetzen des Wortes durch „Fälligkeit" gesetzgeberisch legitimiert werden.

[141] *Thume/Demuth* Rdn. 34; *Koller*[4] Rdn. 2 (dort wird der Eindruck erweckt, daß die Vorschrift nur Schäden betreffe); siehe Rdn. 61, 67.

[142] Siehe Rdn. 8 und Rdn. 60 ff.

[143] Siehe Rdn. 65 ff; *Thume/Demuth*, Art. 32 CMR Rdn. 32, 34; *Koller*[4] Rdn. 2.

[144] Siehe etwa zur Rückbeförderung beschädigter Güter wegen Annahmeverweigerung des Empfängers *Haak* S. 298 f (vier begründbare Auslegungen mit unterschiedlichen Ergebnissen); dazu der Fall GB Queen's Bench Division vom 27. 10. 1986, ICI v. MAT, Lloyd's Rep. **1987** 1, 354, 358 ff = RDU **1988** 747 ff, plastisch dargestellt von *Haak*. Zu diesem Fall siehe auch Rdn. 48, 57, 78. Wegen des unterschiedlichen Verjährungsbeginns *Clarke*[2] Nr. 46 S. 213 und Nr. 46 a.

[145] So etwa MüKo/*Basedow* Rdn. 13: mißliche Ergebnisse, mangelnde Kongruenz der Verjährungsfristen.

[146] Siehe zur Weite dieser Regelung in Art. 32 Rdn. 6 ff.

[147] MüKo/*Basedow* Rdn. 19.

Mit **Wortlaut und System der CMR ist dies wohl vereinbar**, war aber sicher mit der Formulierung nicht beabsichtigt. Die Verwirklichung des Vorschlags kann zwar zu einer besseren Lösung des (in der Praxis wegen der niedrigen Frachtraten kaum bedeutsamen) Problems verjährter Widerklage wegen Frachtansprüchen[148] beitragen. Sie bringt aber neue Schwierigkeiten, weil dann je nach Verlauf des Falles auch Frachtansprüche und andere Ansprüche nicht mehr ohne weiteres nach Buchst. c verjähren, sondern eventuell auch früher nach Buchst. a oder b.[149] Der Vorschlag führt daher letztlich nicht zu größerer Vereinheitlichung, sondern zur neuer Fallgruppenbildung. Zudem entsteht das neue Problem, wie in den Fällen zu entscheiden ist, in denen sowohl die Voraussetzungen von a als auch b vorliegen – etwa bei Totalverlust und durch Lieferfristüberschreitung. Zudem dürfte es bei zahlreichen zu entscheidenden Fällen an einer sachlichen Beziehung zwischen der generellen Fallkennzeichnung und dem Beginntatbestand fehlen. Insbesondere würden die ohnehin schwierigen Fragen der Abgrenzung zwischen Totalverlust und Teilverlust bzw. Beschädigung[150] nunmehr für zahlreiche Fälle relevant, in denen es sachlich auf diese Begriffe überhaupt nicht ankommt, z.B. bei Ansprüchen aus ergänzend anzuwendendem nationalem Recht[151] – etwa in den Fällen der positiven Vertragsverletzung, deren Verjährung künftig unterschiedlich beginnen müßte, je nachdem, ob sich im betreffenden Fall auch Verlust oder Teilverlust ereignet hat oder ob das Gut nach Buchst. a abgeliefert worden ist. Angesichts der Fülle von neuen Problemen und der etablierten internationalen Rechtsprechung und Lehre erscheint es daher nicht zweckmäßig, dem Neuansatz von *Basedow* zu folgen. 35

2. Verbindliche Fassungen

Der Beginn der Verjährung ist zwar in Art. 32 Abs. 1 S. 3 verhältnismäßig genau, aber zumindest auslegungsbedürftig geregelt. In den Mitgliedsstaaten bestehen unterschiedliche Grundvorstellungen über den Verjährungsbeginn. Nach der **deutschen Übersetzung** von Art. 32 Abs. 1 S. 1 („Die Verjährungsfrist beginnt …"). ist die Verjährung „der Ansprüche" Gegenstand der Regelung. Darin drückt sich aus, daß die Verjährung als privatrechtliches Institut den Vorschriften des Schuldstatuts unterworfen ist; siehe Rdn. 20 ff. 36

Die beiden verbindlichen (englischen und französischen) Fassungen sind ähnlich formuliert. Der englische CMR-Text formuliert den Verjährungsbeginn in Art. 32 Abs. 1 S. 3 mit „the period of limitation shall begin to run". Abs. 1 S. 1 bezieht sich jedoch auf die „action".[152] Aus englischer Sicht handelt es sich daher um eine Frage des anzuwendenden Prozeßrechts („procedural law of the country where the action is commenced").[153] Die **französische** Fassung beginnt ganz entsprechend mit „la prescription court", der Gegenstand ist in Abs. 1 S. 1 ausgedrückt mit „les actions[154] … 37

---

148 MüKo/*Basedow* Rdn. 13, 20. Siehe auch *Clarke*[2] Nr. 46 S. 213.

149 MüKo/*Basedow* Rdn. 14 a.E; *Clarke*[2] Nr. 46 S. 213.

150 Siehe Rdn. 75 f, 58; Art. 17 Rdn. 6 ff.

151 Zu solchen Ansprüchen siehe Art. 17 Rdn. 257 ff.

152 Das Wort „action" bezeichnet eindeutig nicht den materiellrechtlichen Anspruch, sondern prozeßrechtlich die Klage; siehe dazu etwa *Renner/Tooth* Rechtssprache S. 215, 400 und *Muret/Sanders* Encyklopädisches Wörterbuch[4], Stichwort „action", im Gegensatz zu „claim" (Anspruch), *Muret/Sanders* Encyklopädisches Wörterbuch[4], Stichwort „claim".

153 *Clarke*[2] Nr. 45 c; siehe Rdn. 21 f, 38.

154 Das Wort „action" bedeutet in erster Linie „Klage" (nur in Sonderfällen auch „Anspruch", so etwa bei der „action en garantie" gegen den Spediteur); *Doucet/Fleck* Wörterbuch der Rechts- und Wirtschaftssprache[4] Stichwörter „action" und „Anspruch"; *Sachs/Villate* Großwörterbuch[7], Stichwort „action".

sont prescrites". Auch danach ist die Verjährung als prozeßrechtliche Institution beschrieben.[155]

3. Ergänzend anzuwendendes Recht

38 In Ländern, in denen die Verjährung ein prozeßrechtliches Institut ist, wäre danach eine subsidiäre Anwendung internationalen Zivilprozeßrechts[156] anstelle zivilrechtlichen Kollisionsrechts und damit vor allem der lex fori konsequent. Dies war in England traditionell der Fall,[157] erst neuere Gesetzgebung zeigt hier ein Umdenken,[158] wonach nun **ergänzend das Privatrecht des Schuldstatuts** gilt. Für Deutschland folgt aus dem materiellrechtlichen Charakter der Verjährung gem. Art. 27, 28 Abs. 1 EGBGB (entsprechend dem EG-Schuldrechtsübereinkommen), daß auf die Parteivereinbarung, subsidiär auf das Statut des engsten Sachzusammenhangs, abzustellen ist.[159]

4. Beginn im Regreß gegen einen Unterfrachtführer (Art. 39 Abs. 4 S. 2)

39 Art. 39 Abs. 4 S. 2 CMR ist nur anwendbar, wenn alle Voraussetzungen des Art. 34 vorliegen.[160] Er bezieht sich nur auf Schadenersatz- und Freistellungsansprüche, nicht dagegen Vergütungsansprüche[161] wie Standgeldforderungen. Nach Art. 39 Abs. 4 S. 2 beginnt die Verjährung, soweit der Regreßanspruch gegen einen Frachtführer aus dem Verband der aufeinanderfolgenden Frachtführer gerichtet ist, mit der Rechtskraft des Urteils über die vom regreßnehmenden Frachtführer zu zahlende Entschädigung, bei Fehlen eines solchen Urteils mit der tatsächlichen Zahlung.[162] Fällt der Regreßanspruch nicht unter Art. 34 ff, unterliegt er aber selbständig der CMR, gilt Art. 39 Abs. 4 nicht. Art. 32 ist anwendbar; eine Verlängerung der Verjährung zum Schutze des Regreßnehmers ist nicht vorgesehen. Ein solcher Fall ist immer gegeben, wenn der CMR-Hauptfrachtführer oder der CMR-Fixkostenspediteur den ganzen Transport oder einen im Geltungsbereich der CMR grenzüberschreitenden Teiltransport durch einen Unterfrachtführer ausführen läßt, aber keinen durchgehenden Frachtbrief ausstellt bzw. diesen nicht an den Unterfrachtführer weitergibt.[163] In solchen Fällen wurde bisher sein Regreß gegen den Unterfrachtführer, bei dem der Schaden entstanden ist, erschwert oder vereitelt, wenn der Geschädigte den Ersatzprozeß gegen den Hauptfrachtführer erst kurz vor Ablauf der Verjährungsfrist begann. Denn für die Ansprüche des Hauptfrachtführers gilt die gleiche Verjährung wie für seine ebenfalls

---

155 Dies entspricht der vorwiegenden Praxis des französischen Zivilrechts. Dort ist zwar der Rechtscharakter der Verjährung wissenschaftlich umstritten. Sie ist jedoch heute vor allem ein prozeßrechtliches Institut, so daß Verjährungen „fins de non-recevoir" bilden und Klagen wegen verjährter Forderung als „non recevables", als unzulässig abgewiesen werden; *Ferid/Sonnenberger*[2] Rdn. 1c 245 ff. Dies gilt auch durchweg für die französische Rechtsprechung zu Art. 32 CMR. Ebenso im belgischen Recht; siehe *Putzeys* Rdn. 1112 ff.

156 Siehe oben Rdn. 21.

157 *Clarke*[2] Nr. 45c, S. 209.

158 Siehe hierzu MüKo/*Basedow* Rdn. 3 Fn. 5. Weder *Clarke*[2] noch *Hill/Messent/Glass*[2] berichten allerdings von der Anwendung dieser Regelung.

159 Dazu näher § 425 HGBaF Rdn. 58 ff.

160 Siehe Art. 39 Rdn. 1, Art. 34 Rdn. 6 ff und 2. MüKo/*Basedow* 23. Für generelle Anwendung auf Prozesse zwischen Frachtführern zu Unrecht GB CA London vom 16. 11. 1976 in Ulster Swift v. Taunton, ETR **1977** 138–174 = Lloyd's Rep. **1981** I 346, 358 f (obiter dictum siehe dort S. 360).

161 MüKo/*Basedow* 23; *Clarke*[2] Nr. 46b(ii); undeutlicher GB Queen's Bench Division vom 1.11.1976, Muller v. Laurent, ETR **1978** 617 = Lloyd's Rep **1977 I** 411, 414f; dazu eingehend *Hill/Messent/Glass*[2] S. 304–306 und 242.

162 Siehe Art. 39 Rdn. 10 f.

163 Siehe Art. 34 Rdn. 14.

der CMR unterliegende Schadenersatzpflicht. Seine verjährungsunterbrechende Klage gegen den Unterfrachtführer war dann vielfach nicht mehr rechtzeitig zu erheben. In vielen, aber nicht allen Fällen könnte dem durch eine vorzeitige Feststellungsklage gegen den Unterfrachtführer abgeholfen werden. Im übrigen empfiehlt sich entgegen der h. M. die analoge Anwendung von Art. 39 Abs. 4 S. 2.[164] Im neuen deutschen Frachtrecht (außer Luft und See), insbesondere auch bei multimodalen Transporten (§ 452 ff HGBnF), beginnt die Verjährung erst mit der Rechtskraft des gegen den Rückgriffsgläubiger ergangenen Urteils, oder, wenn ein rechtskräftiges Urteil nicht vorliegt, mit dem Tag der Befriedigung des Primäranspruchs durch den Rückgriffsgläubiger, § 439 Abs. 2 Satz 3 HGBnF.

Daß der vom Regreßnehmer befriedigte oder noch zu befriedigende Anspruch des Absenders aus dem Hauptfrachtvertrag kurz vor dem Regreßprozeß verjährt, kann auch vorkommen, **wenn Regreßansprüche, die nicht der CMR unterstehen, nach ausländischem Recht verjähren**, falls der Schaden bei Ausführung einer nicht grenzüberschreitenden Teilbeförderung im Ausland entstanden ist. Soweit auf den Regreßanspruch deutsches Recht anzuwenden ist, gelten die Sonderregeln des deutschen Fracht-, Speditions- und Lagervertragsrechts.[165] Greifen sie nicht ein, beginnt die Verjährungsfrist grundsätzlich mit der Fälligkeit dieses Anspruchs.[166] Nach österreichischem Recht beginnt die Verjährung beim Regreß gegen einen Gehilfen erst, wenn der zuerst in Anspruch genommene Hauptfrachtführer seinem Vertragspartner den Schaden ersetzt hat.[167] 40

II. Beginn bei gänzlichem Verlust (Art. 32 Abs. 1 S. 3 b)

Der Begriff des Verlustes in Art. 32 Abs. 1 S. 3b ist grundsätzlich mit dem in Art. 17 vorgesehenen identisch.[168] Jedoch wirken sich die unterschiedlichen Verlustdefinitionen der Mitgliedsländer bei der Verjährung schwerwiegend aus.[169] Die Regelung des Art. 32 Abs. 1 S. 3b gilt nicht nur für den realen, sondern auch für den fingierten Verlust nach Art. 20; siehe Rdn. 48. 41

1. Bei realem Verlust

Der **Beginn der Verjährung** ist für diesen Fall in Art. 32 Abs. 1 S. 3 Buchst. b klar geregelt: 30 Tage nach Ablauf der vereinbarten Lieferfrist, bei Fehlen einer Lieferfristvereinbarung 60 Tage nach Übernahme des Gutes.[170] Dieser Zeitpunkt entspricht genau dem in Art. 20 bestimmten. Für den Verjährungsbeginn kommt es daher nicht darauf an, ob der Verlust tatsächlich entstanden ist oder ob sich der Geschädigte nach Überfälligkeit der Ablieferung auf die Verlustfiktion beruft.[171] Die Anknüpfung an den Beginn der Lieferfrist nach Art. 19 ist keineswegs nur eine „Notlösung", der die Anknüpfung an die konkrete Ablieferung vorzuziehen wäre.[172] Die vereinbarte 42

164 Siehe Rdn. 16; Art. 39 Rdn. 1, 12.
165 Bisher §§ 439, 423, 414 HGBaF oder § 40 KVO, nunmehr § 439 HGB, ferner auch § 452b (multimodaler Transport) und § 463 HGB (Speditionsgeschäft) mit Verweis auf § 439 HGB.
166 Siehe Rdn. 40.
167 A OGH vom 10. 7. 1985 SZ 58, 122, S. 583, 587 = TranspR **1986**, 377, 378 (mit zahlreichen Hinweisen).
168 Siehe Art. 17 Rdn. 4 f.
169 Siehe Art. 17 Rdn. 11 ff und unten Rdn. 74 ff.
170 Zum Übernahmetag siehe Art. 6 Abs. 1 Buchst. d, Rdn. 15. Zum Ende der Lieferfrist siehe Art. 19 Rdn. 7.
171 MüKo/*Basedow* Rdn. 16.
172 So aber MüKo/*Basedow* Rdn. 17 und Art. 17 Rdn. 10; ebenso *Koller*[4] Rdn. 5, der die Ablieferung wegen der bei ihr gegebenen Überprüfungsmöglichkeit des Absenders besonders hoch bewertet.

Lieferfrist ist beweisbar, bei Fehlen einer Vereinbarung wird die fiktive meist den Fallumständen gerecht.[173] Insbesondere in den problematischen Fällen des wirtschaftlichen Totalschadens bei Ablieferung von Schrott oder leerer Verpackung ist die unterschiedliche Anknüpfung an Buchst. a, bei nachfolgender Vernichtung oder Verlustfiktion gem. Art. 20 an Buchst. b und ansonsten an Buchst. c, kaum akzeptabel. Demgegenüber kann mit Hilfe eines erweiterten Verlustbegriffs die generelle Anknüpfung an Buchst. b zu einer sinnvollen und überschaubaren Lösung führen; siehe Rdn. 74 ff.

43 Besteht der Verlust im Umstand, **daß das Gut ohne Ablieferung der Verfügung von Absender oder Empfänger entzogen ist** (z. B. bei Falschauslieferung oder Beschlagnahme), beginnt die Verjährungsfrist nach Buchst. b.[174] Sind die Umstände bekannt, braucht nicht nach Art. 20 verfahren zu werden, die Verjährung läuft an, ohne daß der Berechtigte irgendeine Erklärung abgibt.[175]

44 Der **Begriff der Übernahme** entspricht völlig,[176] **der des gänzlichen Verlustes** („perte totale", „total loss") zumindest grundsätzlich[177] dem in Art. 17 Abs. 1 verwendeten;[178] zur Abgrenzung gegenüber Teilverlust siehe Rdn. 50.

45 Bei **Sammelbeförderungen** zur Erfüllung von Einzelfrachtverträgen gilt die 60-Tagefrist im Verhältnis des Frachtführers zum Absender oder Empfänger nur für diejenigen, die mit ihrem Gut einen Totalverlust ihrer Ladung erlitten haben.[179] Ist der Sammelbeförderer nur ausführender Unterfrachtführer, gilt Buchst. b im Verhältnis zwischen ihm und dem Hauptfrachtführer nur bei Verlust der gesamten Sammelladung; bei Verlust nur einzelner Stücke liegt insoweit Teilverlust der Sammelladung vor, auch wenn sein Teil der Ladung vollständig verloren ist. Je nachdem, in welchem der Frachtverhältnisse Schadenersatz geschuldet wird, beginnt die Verjährung demnach unterschiedlich.

46 Der **Ablauf der Lieferfrist** kann in verschiedener Weise vereinbart werden. Insbesondere ist es möglich, daß eine nach Stunden, Tagen oder Wochen berechnete Lieferfrist – etwa beginnend mit der Übernahme des Gutes – vereinbart wird; aber auch ein fester Ablieferungstermin, der von der Rechtsprechung ebenfalls als Lieferfristvereinbarung gesehen wird; siehe Art. 19 Rdn. 8 und unten Rdn. 82, 91, 95. Hieraus können sich Varianten bei der Berechnung der Verjährungsfristen ergeben. Die in Art. 19 CMR für das Fehlen einer Vereinbarung vorgesehene angemessene Frist ist sinnvollerweise in Art. 32 Abs. 1 S. 3 b CMR nicht zur Anknüpfung des Verjährungsbeginns verwendet.

47 Wie bei Art. 17 Abs. 1 bringt die Anknüpfung an die Übernahme des Gutes Probleme mit sich, vor allem weil **bei Übernahme von Teilgütern oder mehrtägiger Verladung** durch den Absender kein sicheres Datum feststeht.[180]

2. Bei fingiertem Verlust nach Art. 20

48 Auch der fingierte Verlust nach Art. 20 führt dazu, daß der Verjährungsbeginn sich nach Art. 32 Abs. 1 S. 3 b CMR richtet,[181] obwohl in diesem Fall materiell auch nur Verspätung oder Zurückbeförderung des Gutes wegen Beschädigung vorliegen kann.

---

173 Siehe Art. 19 Rdn. 13 ff.
174 *Koller*[4] Rdn. 5; MüKo/*Basedow* Rdn. 17.
175 MüKo/*Basedow* Rdn. 17.
176 *Thume/Demuth*, Rdn. 33; zum Begriff der Übernahme § 429 HGBaF Rdn. 41 ff.
177 *Thume/Demuth*, Rdn. 31; zu diesem Begriff § 429 HGBaF Rdn. 12 ff.
178 Siehe Art. 17 Rdn. 4 ff.
179 NL Hof Brüssel vom 16. 11. 1977, ETR **1980** 319, 325, 328 f. B TribCom Brüssel vom 28. 2. 1975, ETR **1975** 419, 426; undifferenziert zustimmend MüKo/*Basedow* Rdn. 17.
180 Siehe Art. 17 Rdn. 17 ff; § 429 HGBaF Rdn. 50.
181 Siehe oben Rdn. 41 und unten Rdn. 57; MüKo/*Basedow* Rdn. 22.

In diesem Fall ist die Anwendung von Art. 20 eröffnet, so daß der Anspruchsberechtigte das Gut als verloren behandeln kann.[182] Dies steht aber unter der Unsicherheit, ob in Art. 20 eine ipso iure wirkende Fiktion oder nur eine Option auf diese zugunsten des sich darauf Berufenden zu sehen ist.[183] Nach dem gesamten Zuschnitt des Artikels 20 läßt sich jedoch vertreten, **daß die Behandlung als Verlust eine Erklärung des Berechtigten voraussetzt**.[184] Insbesondere kann aus Abs. 4 dieser Schluß gezogen werden („demande", „request", „Verlangen"). Dies hat die Folge, daß sich wenigstens in den Fällen von Güterschaden ohne Ablieferung der Verjährungsbeginn nach Art. 32 Abs. 1 S. 3 Buchst. b begründen läßt. Hat der Berechtigte das Gut für verloren erklärt, bleibt es beim Verjährungsbeginn für Verlust, auch wenn sich das Gut später wieder findet.[185] Hat er von der Option keinen Gebrauch gemacht, besteht der Auslieferungsanspruch und ebenso der daran geknüpfte Ersatzanspruch fort.

III. Beginn bei Teilverlust, Beschädigung und Lieferfristüberschreitung (Art. 32 Abs. 1 S. 3 a)

Teilverlust einer Sendung liegt vor, wenn nicht alle Stücke in Verlust geraten **49**
sind, etwa siehe Verlust einer von mehreren Kisten einer Sendung; Buchst. a ist anwendbar.[186]

Die nach Art. 32 Abs. 1 S. 3 a maßgebliche **Ablieferung** ist die tatsächliche und dem **50**
Vertrag entsprechende, wie sie auch in Art. 17 Abs. 1 zugrunde gelegt ist.[187] Nimmt der Empfänger beschädigtes Gut entgegen, um es für den Absender einzulagern, ist damit abgeliefert,[188] denn es besteht Einverständnis zwischen Frachtführer und dem berechtigten Empfänger über die Beendigung der Obhut. Abgeliefert ist das Gut auch, wenn es aufgrund einer wirksamen Weisung[189] des Berechtigten[190] einer anderen Person als dem frachtrechtlich definierten Empfänger[191] übergeben wird (nicht jedoch ohne wirksame Weisung);[192] ebenso in den Fällen, in denen die Beförderung als beendet gilt (**Ersatzablieferung**),[193] also auch bei Vorliegen der Voraussetzungen von Art. 16 Abs. 2 mit dem Ausladen zum Abwarten neuer Weisungen, etwa nach Annahmeverweigerung. Unzutreffend ist daher auch eine generelle Aussage dahingehend, die Verjährung erfolglos angedienten und deshalb eingelagerten Gutes beginne erst mit der Abholung aus dem Lagerhaus.[194]

---

182 GB Queen's Bench Division vom 27.10.1986, ICI v. MAT, Lloyd's Rep. **1987** 1, 354, 358 ff = RDU **1988** 747 ff; *Koller*[4] Rdn. 5; *Haak* S. 299; siehe auch Rdn. 78.

183 Siehe Art. 20 Rdn. 6.

184 Anders aber teilweise die englische Rechtsprechung, GB Queen's Bench Division vom 27. 10. 1986, ICI v. MAT, RDU **1988** 747, 756 f = Lloyd's Rep. **1987** 1, 354, 360; *Hill/Messent/Glass*[2] S. 240 m. w. H.

185 *Koller*[4] Rdn. 5.

186 OLG Düsseldorf vom 23.11.1989, TranspR **1990** 63, 65; MüKo/*Basedow* Rdn. 17.

187 BGH vom 29. 11. 1984, TranspR **1985** 182 ff = VersR **1985** 258, 259; siehe dazu Art. 17 Rdn. 20 und § 429 HGBaF Rdn. 52 ff. Siehe auch *Thume/Demuth* Rdn. 25 ff.

188 MüKo/*Basedow* Rdn. 15 unter Bezugnahme auf *Wetter* LMCMQ **1979** 405 (Hinweis auf schwedische Rechtsprechung).

189 Dazu Art. 12 Rdn. 2 ff.

190 Bei nicht wirksamen Weisungen oder Weisungen eines Nichtberechtigten ist die Aushändigung an die benannte Person keine Ablieferung, MüKo/*Basedow* Rdn. 22; siehe zur Weisungsberechigung auch BGH vom 29. 11. 1984, TranspR **1985** 182, 183 = VersR **1985** 258, 259 = DB **1985** 270 = MDR **1985** 465 f = RiW **1985** 326 ff.

191 Also z. B. dem Versender oder Urversender, wenn Absender Spediteur ist; *Koller*[4] Rdn. 4.

192 Also gem. Art. 12; siehe Art. 12 Rdn. 22 ff.

193 Grundsätzlich zur Ersatzablieferung § 429 HGBaF Rdn. 71; Art. 17 Rdn. 23. Siehe dazu *Thume/Temme* Rdn. 16; MüKo/*Basedow* Rdn. 15; *Koller*[4] Art. 20 Rdn. 1; zu Art. 32 CMR *Clarke*[2] Nr. 46a Fn. 31.

194 So aber MüKo/*Basedow* Rdn. 22 und NL Hof's Hertogenbosch vom 21. 12. 1965, ETR **1966** 698, 705.

51 Auch bei **Zurückbeförderung** ist der Absender kein berechtigter Empfänger, solange er nicht durch Änderung des Frachtvertrags (vor allem durch Absender- oder Empfängerverfügung) die Empfängerposition erlangt hat.[195] Die Rückgabe des Gutes vom Frachtführer an den Absender ist ohne eine solche Verfügung keine Vertragserfüllung und daher keine Ablieferung und kann die Verjährung nicht nach Art. 32 Abs. 1 S. 3 a in Gang setzen.[196] Gleiches gilt, wenn das Gut vom Frachtführer zurückbefördert und verkauft wird.[197] Die Entgegennahme des ohne entsprechende Weisung zurückbeförderten beschädigten Gutes durch den Absender ist für sich alleine keine Ablieferung;[198] auch dann nicht, wenn der Verfügungsberechtigte damit einverstanden war, ohne aber selbst eine Weisung zu erteilen.[199] Aus dem Einverständnis lassen sich keine sicheren Schlüsse ziehen, etwa wenn den Umständen nach feststeht, daß die Annahme durch den Empfänger nicht mehr in Betracht kommt und das Einverständnis des Absenders sich nur darauf bezieht, daß das Gut zum Zwecke der Veranlassung einer Rücksendung an einen Unterfrachtführer zurückgebracht werden sollte. In einem solchen Falle hat der BGH keine Ablieferung angenommen.[200] Anders kann die Rechtslage sein, wenn der Absender eine eigene Weisung zur Rückbeförderung erteilt und sich dadurch selbst zum Empfänger macht.[201] Die Einlagerung in Erwartung von Weisungen des Verfügungsberechtigten ist Ablieferung und setzt die Verjährungsfrist in Gang, wenn die Voraussetzungen von Art. 16 Abs. 2 (Ersatzablieferung) vorliegen.[202] Der Fristbeginn tritt auch bei Ablieferung eines verlagerten und dabei beschädigten und dann wiederaufgefundenen Gutes im Rahmen des Wahlrechts nach Art. 20 ein.[203] Inwieweit eine nur zur Untersuchung vorgenommene Einlagerung im Irak die Verjährung in Gang setzt, ist vom OLG München zwar erörtert, aus prozeßrechtlichen Gründen aber sachlich nicht entschieden worden.[204]

52 Werden Güter wegen schwerster Beschädigung ohne den Versuch der Ablieferung zurückbefördert, ist für den Empfänger dieser Fall in der Regel frachtrechtlich ohne Bedeutung (*Lamy 91* Nr. 266), weil er ohnehin noch keine Rechte erworben hat.[205] Dieser Fall kann aber im Verhältnis Frachtführer-Absender dem Totalverlust gleichgestellt werden, so daß die Verjährung nach Buchst. b beginnt.[206] Auch Verjährungsbeginn nach Buchst. c wird vertreten, jedenfalls, wenn das Gut nicht total geschädigt

---

195 So aber *Koller*[4] Rdn. 4 S. 801, mit nicht nachvollziehbarer Begründung; siehe oben Art. 17 Rdn. 20. Wie hier MüKo/*Basedow* Rdn. 22.

196 Ausgangspunkt von BGH vom 29. 11. 1984, TranspR **1985** 182 ff = VersR **1985** 258 f; MüKo/*Basedow* Rdn. 22; siehe aber auch Rdn. 52.

197 OLG Düsseldorf vom 24. 3. 1983, TranspR **1984** 14, 15.

198 A OGH vom 13. 6. 1985, TranspR **1987** 217, 219; unrichtig die Eventualannahme von OLG Wien vom 19. 7. 1996, TranspR **1997** 435 ff, Rücklieferung totalbeschädigter Güter auf Weisung des Fixkostenspediteurs sei Ablieferung.

199 Siehe Art. 17 Rdn. 20; Art. 12 Rdn. 7, 23, 37.

200 BGH vom 29. 11. 1984, TranspR **1985** 182, 183 = VersR **1985** 258, 259 (mit eingehender Prüfung der Verfügungsberechtigung mehrerer Beteiligter); B CA Brüssel ETR **1969** 925, 927 f mit kritischer Anmerkung (beschädigtes Gut wurde wohl ohne Anweisung des absendenden Spediteurs an diesen zurückbefördert); OLG Düsseldorf vom 24. 3. 1983, TranspR **1984** 14, 15 (durch Unfall geschädigtes Gut wurde zurückbefördert und dann veräußert).

201 Zutreffend *Koller*[4] Rdn. 4, der jedoch die Entscheidung des A OGH vom 6. 7. 1989, VersR **1990** 1180 (Zurückholung des Gutes an den Versender durch den absendenden Spediteur bei weiter bestehender Möglichkeit vertragsgemäßer Ablieferung beim Empfänger) zu unrecht ablehnt; *Hill/Messent/Glass*[2] S. 238 m. w. H. Siehe auch Art. 12 Rdn. 37.

202 Siehe Rdn. 50.

203 Zutreffend OLG Düsseldorf vom 23. 11. 1989, TranspR **1990** 63, 66. Siehe dazu Art. 20 Rdn. 12.

204 Urteil vom 10. 10. 1990, TranspR **1991** 138, 140.

205 Siehe Art. 13 Rdn. 10.

206 F TribCom Paris vom 14. 3. 1978, ETR **1978** 742, 74; i. E. OLG Wien vom 19. 7. 1996, TranspR **1997** 435, 437 f (keine Weisung des Absenders/Empfängers bei Unterwegs-Totalschaden); allgemein *Loewe* TranspR **1988** 309, 314.

ist.[207] Die deutsche Auffassung vom wirtschaftlichen Totalschaden (Rdn. 74–76, 78) erlaubt in solchen Fällen eine sinnvolle Unterscheidung.

Für den Fall der **Ablieferung** des Gutes an den Empfänger (die dessen Annahme voraussetzt) und der **folgenden Zurücksendung** des schwerbeschädigten Gutes hängt der Beginn der Verjährung davon ab, ob noch Beschädigung oder bereits wirtschaftlicher Totalverlust vorliegt. **53**

Für den Verjährungsbeginn bei **Zurückbeförderung wegen Nichtannahme** des Gutes durch den Empfänger werden international ganz unterschiedliche Konzepte vertreten:[208] **54**

- Die bloße Andienung des Gutes soll bereits der Ablieferung gleichstehen.[209]
- Die bloße Zurückweisung durch den Empfänger soll ebenfalls der Ablieferung gleichstehen.[210]
- Die völlig wirtschaftliche Entwertung wird als Totalverlust behandelt.
- Bei Weisung des Weisungsberechtigten zum Rücktransport oder zur Ablieferung bei einem Dritten soll der Zeitpunkt der Ablieferung beim Absender oder Dritten maßgeblich sein, bei Abholung deren Zeitpunkt.[211]
- Die Verjährung soll nach Buchst. c[212] beginnen.

Die Regelung in Buchst. a führt zwar wegen der Anknüpfung an die Ablieferung zu einer meist leicht zu berechnenden Verjährungsfrist und kann zur Rechtssicherheit hinsichtlich des Beginns der Verjährung beitragen.[213] Aber sie ist als Anknüpfungspunkt von zweifelhaftem Wert, weil es zum Beispiel im erwähnten Fall der **Nichtablieferung beschädigter Güter oder durch Teilverlust verminderter Sendungen** zu Fällen kommt, in denen die Verjährung mangels Ablieferung nur schwer zu bestimmen ist, etwa weil die Güter zurückbefördert werden.[214] Nach verbreiteter Auffassung kann in Beschädigungsfällen ohne Ablieferung die Verjährung nicht beginnen[215] – zumindest solange das Gut nicht nachträglich vernichtet oder vom Geschädigten nach Art. 20 als verloren behandelt wird.[216] Nach einer begründeten Ansicht könnte man bei Nichtablieferung Buchst. c anwenden, wenn im Ergebnis anders kein Verjährungsbeginn vorliegt.[217] Streng genommen fehlen freilich die Voraussetzungen für den subsidiären Buchst. c, da ja ein Beschädigungsfall vorliegt und es nur an der den Beginnzeitpunkt setzenden Ablieferung fehlt.[218] Die Anwendung von Buchst. c läßt sich freilich recht und schlecht damit begründen, daß c stets subsidiär eingreifen soll, wenn mangels Ablieferung oder Verlust die Verjährung nicht zu laufen beginnen würde. Kommt es dann aber noch zur Ablieferung, müßte dennoch **55**

---

207 B CA Brüssel vom 28.6.1969, ETR **1969** 925–930.

208 *Loewe* TranspR **1988** 309, 314.

209 *Lamy 91* Nr. 546; a. A. MüKo/*Basedow* Rdn. 22 Fn. 65.

210 Berufungsgericht Westschweden, zit. nach *Loewe* TranspR **1988** 309, 314 Fn. 78.

211 MüKo/*Basedow* Rdn. 22.

212 *Loewe* TranspR **1988** 309, 314; so im Ergebnis auch *Hill/Messent/Glass*² S. 237 f und 242, wo die gegenteilige Entscheidung GB Queen's Bench Division vom 15. 5. 1978, Richter *Mocatta*, im Falle Moto Vespa vs. MAT, Lloyd's Rep. **1979** I 175 ff abgelehnt und auf das obiter dictum in GB Queen's Bench Division vom 21. 7. 1982, Worldwide Carriers v. Adtran International, Lloyd's Rep. **1983** 61 ff verwiesen wird. So im Ergebnis auch B CA Brüssel vom 28.6.1969, ETR **1969** 925–930, wo aber kein Ablieferungsversuch vorlag.

213 Siehe vor allem *Koller*⁴ Rdn. 5.

214 Siehe zu diesen Fällen Rdn. 74.

215 Siehe Rdn. 51 Fn. 196; *Koller*⁴ Rdn. 4 S. 801; *Thume/Demuth* Rdn. 28, 30; offenlassend BGH vom 29.11.1984, TranspR **1985** 182 ff = VersR **1985** 258 f; OLG Hamburg vom 9.2.1989, TranspR **1990** 191, 192; A OGH vom 6.7.1989, VersR **1990** 1180.

216 Siehe dazu Rdn. 57.

217 Siehe Rdn. 63 f.

218 So GB Queen's Bench Division vom 15. 5. 1978, Richter *Mocatta*, im Falle Moto Vespa vs. MAT, Lloyd's Rep. **1979** I 175 ff.

Buchst. a angewendet werden: Wenn noch Verlust eintritt (Buchst. b), würde dies je nach Fall zu Verlängerung wie der Verkürzung der Verjährung führen[219] – ein Zustand größter Rechtsunsicherheit. So gut die vollzogene Ablieferung als Beginn der Verjährung tauglich ist, selbst noch bei Ablieferung von Schrott oder leerer Verpackung, so unzweckmäßig erweist sich die Alternative „Ablieferung oder nicht" in Fällen, in denen sie nicht erfolgt oder zweifelhaft ist. § 439 Abs. 2 S. 2 HGBnF sieht daher für diese Fälle den Tag, an dem hätte abgeliefert werden müssen, als Beginn vor. Es wird zu klären sein, inwieweit im deutschen Recht eine subsidiäre Anwendung der HGB-Vorschrift in Frage kommt.

56 Will man in Fällen, in denen eine Beschädigung, aber keine Ablieferung vorliegt, auch Buchst. c nicht anwenden, wird der Rückgriff auf nationales Recht als Folge einer Lücke in der CMR als Aushilfe vorgeschlagen.[220] Dieser rechtssystematisch schwache Weg kann dann aber immerhin in jedem Land eine dem internen System entsprechende Lösung begründen. Aus praktischen Gründen ist dies für Deutschland eine akzeptable Lösung. In diesem Fall kann freilich der Anspruchsberechtigte das Gut als verloren behandeln.[221] Die von *Demuth*[222] vorgeschlagene Lösung führt also ebenfalls nicht zu einem einheitlichen Ansatz des Verjährungsbeginns.

57 Bei Beschädigung kann gem. **Art. 20 Abs. 1** auch ohne Ablieferung die Verjährung zu laufen beginnen: Der Berechtigte kann die beschädigten, nicht abgelieferten Güter als verloren behandeln; dann beginnt die Verjährung nach Art. 32 Abs. 1 S. 3 b dreißig Tage nach Ablauf der Lieferfrist oder sechzig Tage nach Übernahme durch den Frachtführer.[223] Jedenfalls, wenn sich der Berechtigte auf die Verlustfiktion beruft, wird er vom Gesetz so gestellt, als sei das Gut verloren. Haftet aber der Frachtführer für vollständigen Verlust, muß ihm auch die dazu gehörige Verjährung zugute kommen.[224] Beruft sich der Geschädigte allerdings nicht auf Art. 20, kann die Verjährung jedenfalls nicht nach Buchst. a zu laufen beginnen.[225] Die Annahme einer Beschädigung würde somit in diesen nicht seltenen Fällen den Geschädigten mit dem praktischen Wegfall der Verjährung in unangemessener Weise begünstigen.

58 Demgegenüber kann die **Anwendung des weiten deutschen Verlustbegriffs** zu einer sinnvollen Verjährungsdauer führen, wenn die Beschädigung so schwer ist, daß sie wirtschaftlich dem Verlust gleichkommt; siehe Rdn. 75 f.

59 Bei **Teilverlust** besteht eine der Beschädigung durchaus ähnliche Rechtslage. Auf das zur Beschädigung Ausgeführte kann daher verwiesen werden.[226] Freilich kann

---

[219] Bei nachträglicher Ablieferung zur Verlängerung, wenn später als drei Monate nach Abschluß des Vertrags doch noch abgeliefert würde; zur Verkürzung, wenn vor Ablauf der Dreimonatsfrist noch abgeliefert wird; ähnlich bei nachträglichem Verlust im Verhältnis zur 30/60-Tagefrist nach Buchst. b.

[220] GB Queen's Bench Division vom 15.5.1978, Richter *Mocatta*, im Falle Moto Vespa vs. MAT, Lloyd's Rep. **1979** I 175; *Clarke*[2] Nr. 46 a S. 216; ablehnend *Haak* S. 298; kritisch *Hill/Messent/Glass*[2] S. 11 m. w. H. und besonders wegen der Anwendung nationalen Rechts S. 242. Für Buchst. b: GB Queen's Bench Division, ICI v. MAT vom 27.10.1986, Lloyd's Rep **1979** I 354, 358 ff = RDU **1988** 747 ff; GB Queen's Bench Division vom 21.7.1982, Worldwide Carriers v. Adtran International, Lloyd's Rep. **1983** 61 ff; *Hill/Messent/Glass*[2] S. 240; zu 32 CMR, *Clarke*[2] Nr. 46 a S. 214.

[221] Siehe Art. 20 Rdn. 6.

[222] *Thume/Demuth* Rdn. 28 und 31.

[223] Siehe Rdn. 47.

[224] Auf diese Möglichkeit weist *Thume/Demuth* Rdn. 30 zutreffend hin. Siehe Art. 20 Rdn. 6. Sie entspricht der Lösung von GB Queen's Bench Division im Falle ICI vs. MAT; siehe Rdn. 78.

[225] Siehe Art. 20 Rdn. 3–6. Insoweit mißverständlich MüKo/*Basedow* Rdn. 22; siehe dort richtig Art. 20 Rdn. 8.

[226] Zu den Begriffen Teilverlust und Beschädigung siehe Art. 17 Rdn. 7 f; 429 HGBaF Rdn. 11 ff und § 430 HGBaF Rdn. 45 f.

man den teilweisen Verlust der Ladung, wenn der Rest nicht abgeliefert wird, nur ganz ausnahmsweise als wirtschaftlichen Totalverlust ansehen, etwa wenn dieser Rest wertlos und unverwertbar ist.[227]

IV. In allen anderen Fällen (Art. 32 Abs. 1 S. 3 c)

1. Anwendungsbereich

Buchstabe c kommt für Ansprüche gegen den Frachtführer ebenso in Betracht wie 60
für seine Ansprüche gegen Absender oder Empfänger.[228]

Die Vorschrift ist vor allem ein Auffangtatbestand für die **Ansprüche gegen den** 61
Frachtführer, wenn weder Güterschaden noch Lieferfristüberschreitung nach Buchst. a und b vorliegt,[229] etwa auf Schadenersatz wegen Verlust oder unrichtiger Verwendung von Begleitpapieren (Art. 11 Abs. 3),[230] wegen Weisungsverstößen (Art. 12 Abs. 7), wegen Nichteinziehung von Nachnahmen (Art. 21)[231] oder wegen Unterlassung des Hinweises auf die zwingende CMR (Art. 7 Abs. 3), aber auch z. B. für Frachterstattungsansprüche des Absenders gegen den Frachtführer[232] oder Ansprüche auf Auskehrung des Erlöses beim Notverkauf (Art. 16 Abs. 4). Der „Auffangtatbestand" wird, wenn man dem hier abgelehnten „Neuansatz" von MüKo/*Basedow* Rdn. 14, 19 folgt, in seiner Bedeutung erheblich vermindert, weil die Regeln der Buchstaben a und b nach diesem Vorschlag unabhängig von den geltend gemachten Ansprüchen schon dann eingreifen sollen, wenn nur ganz allgemein Fälle von Verlust, Beschädigung oder Lieferfristüberschreitung vorliegen; siehe Rdn. 34 f.

Buchst. c ist daher die alleinige Verjährungsvorschrift **für alle Ansprüche des** 62
Frachtführers gegen Absender oder Empfänger. Aus dieser Bestimmung läßt sich der sichere Schluß auf die Weite des Anwendungsbereichs des Art. 32 ziehen.[233] Unter Buchst. c fallen z. B. Ansprüche auf Zahlung von Fracht,[234] Zöllen,[235] Standgeld,[236] insbesondere auch gegen den Empfänger (Art. 13 Abs. 2 S. 1), Ansprüche wegen Haftung für Frachtbriefangaben (Art. 7 Abs. 1) und für Fehler der Begleitpapiere (Art. 11 Abs. 2 S. 2), Kostenansprüche wegen Frachtgutüberprüfung (Art. 8 Abs. 3 S. 3), wegen Weisungsbefolgung (Art. 12 Abs. 5c und (Art. 16 Abs. 1), Haftungs- und Kosten-

[227] § 429 HGBaF Rdn. 18, 22.

[228] Unstreitig: Eingehend begründet NL Hof Amsterdam vom 4. 6. 1974, SS **1975** 94, 95 ff = ETR **1976** 266 ff.

[229] Siehe Rdn. 32, 34, 67; *Thume/Demuth* Rdn. 29; *Koller*[4] Rdn. 6; MüKo/*Basedow* Rdn. 19; für Anwendung auf Beschädigungen ohne Ablieferung ohne Begründung OLG Düsseldorf vom 24. 3. 1983, TranspR **1984** 14, 15; OLG Düsseldorf vom 18. 10. 1984, TranspR **1984** 276 f; A OGH vom 13. 6. 1985, TranspR **1987** 217 = RdW **1986** 12; A OGH vom 13. 6. 1985, TranspR **1987** 217 = RdW **1986** 12.

[230] Siehe Art. 11 Rdn. 13; MüKo/*Basedow* 6.

[231] OLG Düsseldorf vom 11. 7. 1996, TranspR **1997** 274; A OGH vom 11. 7. 1990, TranspR **1992** 322, 323 f; MüKo/*Basedow* Rdn. 6.

[232] A OGH vom 14. 1. 1976, SZ **49** 3 S. 11, 15 f = *Greiter* 40 ff; vom 22. 5. 1978, TranspR **1980** 143 = *Greiter* 66, 71; B Trib Brüssel vom 13. 9. 1968, ETR **1969** 1153, 1155 f.

[233] Siehe Rdn. 2–10, insbesondere dort auch Fn. 36, 42.

[234] MüKo/*Basedow* Rdn. 20. In der Rechtsprechung betrifft die Frage, ob Art. 32 CMR auf Ansprüche gegen den Frachtführer anzuwenden ist, sehr häufig Anwendungsfälle von Abs. 1 S. 3 c: OLG Hamm vom 6. 2. 1997, TranspR **1999** 162, 163; A OGH vom 19. 5. 1982, TranspR **1984** 193 f = *Greiter* 159, 160 f. NL Hof Amsterdam vom 4. 6. 1974, SS **1975** 94, 95 f = ETR **1976** 266 ff; B Trib Antwerpen vom 7. 3. 1980, ETR **1981** 466, 476 f. Siehe weitere Fälle in Rdn. 8.

[235] Siehe OLG Nürnberg vom 26. 11. 1974, NJW **1975** 501; OLG Frankfurt vom 14. 7. 1980, RIW **1981** 852 ff = NJW **1981** 1911 f (gekürzt); siehe auch oben Rdn. 8 Fn. 52.

[236] Siehe auch BGH vom 11. 12. 1981, VersR **1982** 649 ff = ETR **1983** 63, 66 ff. Siehe auch Rdn. 8 Fn. 47.

ansprüche wegen mangelhafter Verpackung (Art. 10) oder mangelhafter Verladung,[237] Kennzeichnung von Gefahrgut (Art. 22 Abs. 2). Erfaßt werden auch Ansprüche aus positiver Vertragsverletzung[238] in beiden Richtungen und außervertragliche Ansprüche aller Parteien, sofern sie nur eine der CMR unterliegende Beförderung betreffen[239] und nicht unter Buchst. a oder b fallen.[240]

63 Die Voraussetzungen, unter denen Art. 32 CMR Abs. 1 S. 3 c anzuwenden ist, sind im übrigen in der praktischen Anwendung unklar. Das Merkmal „in allen anderen Fällen" ist jedenfalls auslegungsbedürftig. Zwar wird allgemein darauf hingewiesen, daß die Voraussetzungen der Buchst. a und b also weder Beschädigung oder Lieferfristüberschreitung noch Verlust nach Buchst. b vorliegen dürften.[241] Bei Beschädigungen ohne Ablieferung liegt aber gerade nicht der Beginn der Verjährung vor. Außer der Beschädigung muß als weitere Voraussetzung für den Beginn nach Buchst. a auch die Ablieferung erfolgt sein, da sonst kein Zeitpunkt des Verjährungsbeginns existiert. Ist also das Gut beschädigt und kommt es nicht zur Ablieferung, könnte also an sich Buchst. c angewendet werden, weil es an einer der Voraussetzungen für den Beginn der Verjährung nach Buchst. a fehlt.[242] Dies wird jedoch gelegentlich verneint, so daß dann keine Verjährung beginnt.[243] Letztere Meinung führt zu erheblichen Ausfällen im Anwendungsbereich, die nur schwer zu füllen sind,[244] insbesondere bei **Rückbeförderung beschädigter Güter mangels Ablieferung.**[245]

64 Buchst. c ist insbesondere auch dadurch wichtig, daß die Verjährung der Ansprüche aus dem Speditionsvertrag, die nationalem Recht unterliegt, kürzer sein kann. Z. B. gegenüber dem nationalen französischen Recht ist die **Verjährungsfrist nach Art. 32 Abs. 1 S. 3 c um drei Monate** länger.[246] Dadurch kommt hier der Abgrenzung zwischen Speditions- und Frachtvertrag für Ansprüche des Spediteurs erhebliche praktische Bedeutung zu.[247]

---

[237] F CA Paris vom 23. 12. 1975, BT **1976** 48, 50.

[238] Etwa wegen Auslieferung von Gut entgegen Anweisungen zur Zahlungssicherung außerhalb von Art. 21, NL Hof's Hertogenbosch vom 13. 1. 1970, ETR **1971** 817–824 = SS **1971** 27–30; siehe dazu Art. 7 Rdn. 5, Art. 21 Rdn. 11.

[239] Unter Heranziehung von Art. 28 Abs. 1 und 2 eingehend auch *Thume/Demuth* Rdn. 50–52.

[240] Dies ist etwa bei deliktischen Ansprüchen des Eigentümers oder Besitzers wegen Ladungsschäden der Fall, wobei auch Ansprüche Dritter betroffen sein können; siehe Rdn. 8 Fn. 48 und 49.

[241] Die Feststellung, daß keine Ablieferung stattgefunden hat, genügt fraglos zur Entscheidung, wenn Reklamation vor Ablauf der 30- oder 60-Tage-Frist nach Buchst. b und der Jahresfrist mit dreimonatiger Vorfrist nach Buchst. c noch nicht abgelaufen ist.

[242] A OGH vom 13. 6. 1985, TranspR **1987** 217, 219 = RdW **1986** 12; grundsätzlich auch vom 6. 7. 1989, VersR **1990** 1180; OLG Düsseldorf vom 24. 3. 1983, TranspR **1984** 14, 15 (durch Unfall beschädigtes Gut wurde zurückbefördert und dann veräußert); OLG Hamburg vom 9. 2. 1989, TranspR **1990** 191, 192; im Ansatz auch F TribCom Paris vom 25. 6. 1979, BT **1979** 403, 404; B CA Bruxelles ETR **1969** 925, 927 f mit kritischer Anmerkung (beschädigtes Gut wurde wohl ohne Anweisung des absendenden Spediteurs an diesen zurückbefördert); GB Queen's Bench Division vom 21. 7. 1982, Worldwide Carriers v. Adtran International, Lloyd's Rep. **1983** 61–67; *Herber/Piper* Rdn. 21; *Koller*[4] Rdn. 4 S. 801; *Thume/Demuth*, Rdn. 29; *Clarke*[2] Nr. 46 a S. 214; *Hill/Messent/Glass*[2] S. 242.

[243] GB Queen's Bench Division vom 15. 5. 1978, Richter *Mocatta*, im Falle Moto Vespa vs. MAT, Lloyd's Rep. **1979** I 175; offenlassend BGH vom 29. 11. 1984, TranspR **1985** 182 ff = VersR **1985** 258 f.

[244] Siehe Rdn. 55 f und 76 f. Zur internationalen Sicht der Problematik siehe *Clarke*[2] Nr. 46 a, S. 214; *Hill/Messent/Glass*[2] S. 242.

[245] Siehe zur Rückbeförderung Rdn. 51 ff; BGH vom 29. 11. 1984, TranspR **1985** 182 ff = VersR **1985** 258 f verneint bei Rückbeförderung Art. 32 Abs. 1 S. 4 Buchst. a.

[246] F CA Paris vom 11. 6. 1982, BT **1981** 420 f.

[247] Siehe Art. 1 Rdn. 22 ff.

2. Vertragsabschluß als Anfangspunkt der Verjährung

Der Vorgang des Abschlusses („conclusion", „making") des CMR-Frachtvertrags, setzt die Vorfrist von drei Monaten in Gang. Für den Vertragsschluß enthält die CMR keine Regelung. Die Eintragung des Datums der Ausstellung des Frachtbriefs (Art. 6 Abs. 1 Buchst. a) läßt keinen Schluß auf den Vertragsabschluß zu,[248] kann allerdings zusammen mit anderen Tatsachen ein Indiz sein. Daher ist das Kollisionsrecht des Gerichtsstaats, in Deutschland also Art. 31 EGBGB und danach, entsprechend dem Schuldstatut des Frachtvertrages, Art. 27, 28 Abs. 1 EGBGB, deutsches Sachrecht maßgeblich, es sind also die allgemeinen Regeln über den Vertragsschluß anzuwenden.[249] Nach § 130 BGB kommt es, wenn der Vertrag schriftlich geschlossen wird, auf den Zugang der Annahmeerklärung an.[250] In den meisten Fällen kommt der Frachtvertrag bereits durch Schweigen auf ein Angebot des Frachtführers gem. § 362 HGB zustande.[251] Fehlt es an den Voraussetzungen dieser Vorschrift (z. B. bei einem Vertragsantrag eines Kunden) kann es bei Anwendung von § 151 BGB Schwierigkeiten geben. Maßgeblich ist dabei die schlüssige Annahmehandlung. Beim Abschluß aufgrund kaufmännischen Bestätigungsschreibens ist grundsätzlich der Tag des nachträglich bestätigten Abschlusses entscheidend, wenn dieses nicht als Novation wirkt.[252] Beruft sich der auf Frachtzahlung in Anspruch genommene Frachtführer darauf, der Vertragsschluß sei wesentliche Zeit vor der Ausführung geschlossen worden, muß er dies substantiiert vortragen.[253] Zur Vertragsänderung siehe Rdn. 67. **65**

Das **Ausstellungsdatum des Frachtbriefes** ist allenfalls ein Indiz für den Zeitpunkt des Vertragsschlusses, da der CMR-Beförderungsvertrag unstr. ein Konsensualvertrag ist.[254] Orientiert man sich am Frachtbrief-Datum, läuft man Gefahr, die Verjährungsfrist versäumt zu haben, wenn der Gegner nachweist, daß der Frachtvertrag formfrei schon vor der Ausstellung des Frachtbriefes abgeschlossen war. Die Feststellung des Tages des Vertragsschlusses kann erhebliche Zweifelsfragen mit sich bringen.[255] **66**

Bei **Vertragsänderungen** (auch durch Bestätigungsschreiben, siehe Rdn. 65) ist fraglich, ob der Abschluß des ursprünglichen oder des geänderten Vertrags den Vorfristbeginn bestimmt. *Koller*[4] Rdn. 6 will dabei auf den geänderten Vertrag abstellen, weil erst dieser für den Rechtsstreit maßgeblich sei. Doch kommt es beim Fristbeginn nicht primär auf den Rechtsstreit, sondern auf die tatsächlichen Verhältnisse, also vor allem auf das Bewußtsein der Beförderungs- und Entgeltpflicht an. Selbst wenn die konkrete Pflicht, um deren Verjährung gestritten wird, erst mit der Änderung entstanden ist, kann nichts anderes gelten.[256] Wenn nicht eine Novation vorliegt, also der Vertrag ganz durch einen neuen ersetzt wird, ist also das ursprüngliche Abschlußdatum maßgeblich. Man kann dies mit der Vertragsidentität begründen; vor allem aber ist davon auszugehen, daß die CMR den Auffangtatbestand nicht nach den einzelnen Vertragspflichten differenzieren will.[257] Weisungen des Ver- **67**

---

[248] Siehe Art. 6 Rdn. 10.
[249] Siehe Art. 1 Rdn. 78 ff.
[250] *Thume/Demuth* Rdn. 35.
[251] Siehe § 425 HGBaF Rdn. 116 f; MüKo/*Basedow* Art. 4 Rdn. 3.
[252] Zutreffend *Thume/Demuth* Rdn. 36.
[253] OLG Hamm vom 6. 2. 1997, TranspR **1999** 162, 163.
[254] *Thume/Demuth* Rdn. 37; siehe Art. 4 Rdn. 2.
[255] Siehe dazu z. B. den Fall OLG Düsseldorf vom 18. 10. 1973, VersR **1974** 1095, 1097; ohne Auswirkung war diese Unsicherheit im Fall OLG Frankfurt vom 14. 7. 1980, NJW **1981** 1911 f = RIW **1981** 852, das gleichwohl dem OLG Düsseldorf zustimmt.
[256] Zutreffend OLG Düsseldorf vom 18. 10. 1973, VersR **1974** 1095, 1097; *Schmid/Kehl* TranspR **1995** 435, 436. MüKo/*Basedow* Rdn. 21.
[257] Zutreffend *Thume/Demuth* Rdn. 39; ebenso *Loewe* TranspR **1988** 309, 314 f; OLG Düsseldorf vom 18. 10. 1973, VersR **1974** 1095, 1096 f.

fügungsberechtigten können zwar den Vertrag ändern, haben aber keinen Einfluß auf das Abschlußdatum.[258] Werden Transportleistungen aufgrund eines bereits abgeschlossenen Vertrags abgerufen, ist grundsätzlich dessen Abschlußdatum maßgeblich.[259]

68 Ähnliche Probleme bestehen für anspruchsbegründende **Langzeitverträge** (Dauerfrachtverträge)[260] mit zeitlich auseinanderliegenden leistungskonkretisierenden Teilaufträgen. Würde man bei solchen – möglicherweise Jahre umspannenden – Verträgen das Abschlußdatum dem Beginn der Verjährung zu Grunde legen, wären vielfach die Ansprüche bereits bei ihrer Entstehung oder kurz danach verjährt. Es bleibt daher keine andere Möglichkeit, als in diesen Fällen den einzelnen Leistungsabruf als fristbeginnend anzusehen.[261] Dieses Problem ist auch bei anderen Langzeitverträgen nur schwer lösbar und insbesondere im Gesellschaftsrecht durch die Neuordnung der Nachhaftung ähnlich wie hier gelöst worden.[262]

69 **Rahmenverträge** begründen dagegen schon regelmäßig keine frachtrechtlichen Pflichten[263] und sind daher auch keine Vertragsabschlüsse im Sinne von Art. 32 Abs. 1 S. 3 c. Mit ihrem Abschluß kann also nicht bereits die Verjährung der einzelnen auf ihrer Grundlage bestehenden Ansprüche beginnen.

70 Problematisch ist der **Verjährungsbeginn auch bei Saldo-, Vergleichs- und ähnlichen Sammelansprüchen** aus Frachtverträgen, da ein spezieller Frachtvertragsabschluß für diese nicht maßgeblich sein kann. Inwieweit der Saldoanspruch beim echten Kontokorrent wegen der Novationswirkung[264] nach Ablauf der Rechnungsperiode unter Art. 32 CMR fallen kann, ist zweifelhaft.[265] Bei Saldierung von Ansprüchen auf Frachtzahlung, Frachterstattung und Schadenersatz in beiden Richtungen, die meist nicht nur CMR-Verträgen entstammen, ist ohnehin eine Feststellung des Verjährungsbeginns der einzelnen in die Rechnung eingestellten Forderungen kaum mehr möglich und auch nicht sinnvoll. Es ist daher in aller Regel davon auszugehen, daß die Vergleichs- und Saldoforderungen der 30jährigen Verjährung nach § 195 BGB unterliegen, während die Verjährung der eingestellten Einzelforderung wohl nach § 202 Abs. 2 BGB gehemmt ist.[266] Auch bei Salden von Rückzahlungsansprüchen aus ungerechtfertigter Bereicherung ist dies wohl der Fall. In einem solchen Fall behilft sich das OLG Düsseldorf[267] unter der grundsätzlichen Annahme der Anwendbarkeit von Art. 32 Abs. 1 S. 3 c CMR (da nur Frachtzahlungen aus CMR-Verträgen betroffen waren) mit dem Tag der Rechnungsstellung über die Erstattungssumme. Die Unterstellung dieses zeitlich letzten möglichen Anknüpfungspunktes durch das Gericht führte im konkreten Fall zur Verjährung.

---

[258] *Thume/Demuth* Rdn. 40. Zum Weisungsrecht siehe Art. 17 Rdn. 62–64; Art. 12 Rdn. 3 ff; § 425 HGBaF Rdn. 135; § 433 HGBaF Rdn. 2 ff; *Thume/Temme* Art. 12 Rdn. 6 ff.

[259] *Thume/Demuth* Rdn. 41.

[260] Siehe zu solchen § 425 HGBaF Rdn. 108 ff.

[261] OLG Frankfurt vom 14. 7. 1980, RIW **1981** 852, 854. Ähnlich *Thume/Demuth* Rdn. 43; zum englischen Recht *Clarke*[2] Nr. 46 S. 212. durch die im nunmehr einheitlich geregelt.

[262] Einheitliche Neuordnung im Handels- und Personengesellschaftsrecht durch das Nachhaftungsbegrenzungsgesetz (NachhBG vom 18.3.1994, BGBl. I 560); *Baumbach/Hopt* HGB[29] § 26 Rdn. 3.

[263] Siehe § 425 HGBaF Rdn. 108 ff; *Thume/Demuth*, Rdn. 42.

[264] Siehe Rdn. 9.

[265] Nach französischer Auffassung fällt nur das echte Kontokorrent unter Art. 32 CMR, jedoch mit erheblichen Abgrenzungsschwierigkeiten: *Lamy 91* Nr. 983, 686; grundsätzlich bereits F CA Paris vom 24. 2. 1977, BT **1977** 327 f.

[266] *Koller*[4] Rdn. 8; MüKo/*Basedow* Rdn. 45; in Frankreich ebenso; F CA Paris vom 24. 2. 1993, BT **1994** 52; siehe auch Rdn. 96.

[267] OLG Düsseldorf vom 11. 7. 1996, TranspR **1997** 274.

Das OLG Düsseldorf will **beim Beginn der dreimonatigen Vorfrist** nach Buchst. c **den Tag des Vertragsschlusses mitrechnen,**[268] weil sich Abs. 1 S. 4 nicht auf diese Frist beziehe. In diesem Falle hätte es aber nahegelegen, auf § 187 Abs. 1 BGB zurückzugreifen oder notfalls S. 4 analog anzuwenden.[269] **71**

Die Anknüpfung des Fristbeginns an den festen Punkt des Vertragsschlusses kann ausnahmsweise zu einer **Verkürzung der Verjährung** führen, wenn die Ansprüche später als drei Monate nach Vertragsschluß entstehen.[270] Dies hat zu Versuchen geführt, eine Verlängerung für Sonderfälle zu erreichen. Nur ganz ausnahmsweise kann jedoch nach Treu und Glauben ein späterer Verjährungsbeginn angenommen werden. Auch wenn etwa der Frachtführer durch Weisung des Verfügungsberechtigten einen Ergänzungsauftrag erhält, beginnt daher grundsätzlich die Verjährung drei Monate nach dem Vertragsschluß des ursprünglichen Frachtvertrags.[271] Denkbar wäre eine Ausnahme, wenn nach Art. 32 Abs. 1 S. 3c die Frist abliefe, bevor der Gläubiger die Ansprüche überhaupt geltend machen könnte.[272] Nach österreichischer Auffassung beginnen bei Regreßansprüchen die Verjährungsfristen ohnehin erst zu laufen, wenn der Regreßgläubiger durch die Bezahlung der Ansprüche den Regreßanspruch erworben hat.[273] **72**

Insgesamt ist auch der Verjährungsbeginn nach Buchst. c in manchen Fällen mit erheblichen Unsicherheiten[274] behaftet. **73**

V. Sonderfall: wirtschaftlicher Totalschaden

Schwerwiegende Probleme entstehen bei wirtschaftlichem Totalschaden, dessen Behandlung international stark umstritten ist. Nach deutschem und österreichischem Recht wird bei einem solchen das ganze Gut entwertenden Schaden ein gänzlicher Verlust, nicht eine Beschädigung oder ein Teilverlust angenommen (wirtschaftliche Betrachtungsweise).[275] Die CMR geht allerdings offensichtlich aus von der generellen Annahme, daß es bei Totalverlust nicht mehr zur Ablieferung komme.[276] Daher soll nach wohl überwiegender Auffassung bei Ablieferung auch nur der wertlosen Reste des Gutes kein Totalverlust, sondern Teilverlust oder Beschädigung vorliegen.[277] Diese wirtschaftlich wichtigen und keineswegs seltenen Fälle erfahren danach eine völlig unterschiedliche Behandlung, je nachdem, wie die wertlosen Reste vom Frachtführer behandelt werden: **74**

---

[268] OLG Düsseldorf vom 18. 10. 1973, VersR **1974** 1095, 1097; dem ohne Begründung zustimmend in der 2. Aufl. *Koller*[2] Rdn. 6.

[269] Für diese Analogie nunmehr gegen OLG Düsseldorf (Fn. 268) *Koller*[4] Rdn. 6 a. E.; MüKo/*Basedow* Rdn. 26.

[270] Z. B. bei nach und nach entstehenden Standgeldansprüchen; OLG Hamburg vom 15. 8. 1985, TranspR **1985** 341, 342.

[271] Siehe zu dieser Problematik BGH vom 11. 12. 1981, VersR **1982** 649, 650 f = ETR **1983** 63, 66 ff = WM **1982** 853 ff (im Ergebnis einen späteren Verjährungsbeginn mit eingehender Begründung grundsätzlich verneinend, Ausnahmen nur nach Treu und Glauben).

[272] So durch Feststellungsklage oder Klage auf künftige Leistung, BGH vom 11. 12. 1981, VersR **1982** 649, 650 f = ETR **1983** 63, 66 ff = WM **1982** 853 ff; OLG Hamburg vom 15. 8. 1985, TranspR **1985** 341, 342 (abgelehnt für Standgeldansprüche auch in diesem Fall unter Verweisung auf die Möglichkeit der Unterbrechung durch Feststellungsklage); A OGH vom 19. 5. 1982, TranspR **1984** 193 f = *Greiter* 159, 160 f (im konkreten Fall diese Lage nicht gegeben).

[273] A OGH vom 10. 7. 1985, SZ **58** 122, S. 583, 587 f = TranspR **1986** 377 ff und vom 13. 4. 1989, TranspR **1990** 152, 153.

[274] Siehe Rdn. 63 ff.

[275] Siehe Art. 17 Rdn. 10 und unten Rdn. 76.

[276] Auch *Koller*[4] Rdn. 2 setzt dies voraus – im Widerspruch zu seiner Kommentierung zu § 429 HGBaF Rdn. 3 und Art. 17 Rdn. 1.

[277] Insbesondere nach französischem Recht; siehe Art. 17 Rdn. 11.

- Werden sie abgeliefert, beginnt die Verjährung mit ihrer Ablieferung.
- Werden sie zurückbefördert, kommt es nicht zur Ablieferung, also auch nicht zum Verjährungsbeginn nach Buchst. a.[278]
- Werden sie vom Frachtführer oder einem Dritten (etwa einer Umweltbehörde) vernichtet, an Dritte veräußert und verarbeitet oder verbraucht, tritt damit Totalverlust ein, die Verjährung beginnt nach Buchst. b 30 Tage nach dem Ablauf der Lieferfrist oder 60 Tage nach Vertragsschluß.
- Macht der Berechtigte von seiner Befugnis Gebrauch, das nicht abgelieferte Gut „als verloren zu betrachten",[279] liegt jedenfalls Totalverlust vor.

75 Die **unterschiedliche Anknüpfung** an Buchst. a, bei nachfolgender Vernichtung oder Verlustfiktion gem. Art. 20 an Buchst. b und ansonsten an Buchst. c, ist in den überaus problematischen Fällen des wirtschaftlichen Totalverlusts bei Ablieferung von Schrott oder leerer Verpackung kaum akzeptabel, weil sie für wirtschaftlich einheitliche Schadensfälle je nach den Details der Abwicklung drei verschiedene Verjährungszeitpunkte ergibt. Insgesamt ist in diesem Punkt der rechtsvereinheitlichende Effekt des internationalen Einheitsrechts wegen der vielen offenen oder hoch streitigen Fragen als gering einzuschätzen. Man kann auch nicht davon ausgehen, daß der differenzierte Verjährungsbeginn nach der international herrschenden Lehre „die gleichmäßige Durchsetzung der Verjährungsfrist von einem Jahr gewährleistet",[280] wenn diese in wirtschaftlich gleich liegenden Fällen wegen des unterschiedlichen Beginns je nach Situation effektiv um Wochen oder Monate verlängert sein kann und wenn in diesen Fällen die Entschädigung zwar gleichermaßen nach dem Verlustprinzip bemessen, die Verjährung aber unterschiedlich berechnet wird. Da es hinlänglich bekannt ist, daß die zur Unterbrechung der Verjährung grundsätzlich erforderliche Klageerhebung meist erst kurz vor dem Ende der vom Gläubiger angenommen Verjährungsfrist erfolgt, wirken sich die Unsicherheiten in der Fristberechnung in vielen Fällen verheerend aus. Eine wirklich einheitliche, im Ergebnis sinnvolle und überschaubare Lösung läßt sich wohl nur mit einer nach wirtschaftlichen Gesichtspunkten zu treffenden Verlustdefinition und damit mit der generellen Anknüpfung an Buchst. b begründen; siehe Rdn. 76, 42 ff; Art. 30 Rdn. 4. Demgegenüber in der Ablieferung wertlosen Schrotts oder bloßer Verpackungen einen Schritt zu mehr Rechtseinheit zu sehen, kann nicht überzeugen, weil eine wirklich einheitliche Behandlung wirtschaftlich identischer Fälle damit wegen der bestehenbleibenden anderen Probleme nicht zu erreichen ist.

76 Zur Vermeidung der störenden Folgen der unglücklichen Abgrenzung zwischen Totalverlust und Beschädigung in der CMR ist die wirtschaftliche Auffassung zur Abgrenzung von Verlust und Beschädigung[281] zu bevorzugen. Nach der in Deutschland und Österreich vorherrschenden **wirtschaftlichen Betrachtungsweise** liegt Totalverlust auch schon vor bei völliger Entwertung des Gutes durch Substanzschädigung, auch wenn es in diesem Zustand abgeliefert wurde. Legt man diesen Verlustbegriff auch in Art. 32 Abs. 1 S. 3 zugrunde, führt dies einheitlich für alle Fälle des wirtschaftlichen Totalschadens zum Verjährungsbeginn nach Buchst. b. Es kommt daher entscheidend darauf an, ob in diesen Fällen Totalverlust oder Beschädigung/Teilverlust anzunehmen ist. Es ist daher erwägenswert, auf die im deutschen Rechtskreis

278 Siehe zu den Problemen in diesem Fall Rdn. 50–55.
279 Siehe Rdn. 48 und Art. 20 Rdn. 6.
280 So aber MüKo/*Basedow* Art. 17 Rdn. 10; realistisch bei *Clarke*² Nr. 46 S. 213 ff die Darstellung der 4–5 unterschiedlichen von der Rechtsprechung vertretene Anwendungen von Buchst. a, b und c; siehe auch oben zu Buchst. c Rdn. 57.
281 Dazu Rdn. 42, 58, 61, 75 f und grundsätzlich Art. 17 Rdn. 9 ff (zur Rechtsprechung).

entwickelte weite Verlustdefinition auch im Rahmen von Art. 32 Abs. 1 S. 3 b CMR zurückzugreifen. Dies entspricht dem praktischen Verlauf im Schadensfall am ehesten. Die Ablieferung schwerstbeschädigter Güter ist in den meisten Fällen wirtschaftlich sinnlos und verursacht nur zusätzliche Kosten für Frachtführer und Absender/Empfänger. Sie wird daher möglichst unterbleiben; z. B. wenn die Beschädigung durch Unfall erfolgt ist und die Weiterbeförderung offensichtlich unsinnig ist, weil der Empfänger die Annahme verweigern wird. In diesen Fällen wäre die Anwendung von Art. 32 Abs. 1 S. 3 b keineswegs nur eine Notlösung; dazu Rdn. 42.

Demuth[282] will durch eine vom generellen Verlustbegriff abweichende **eigene verjährungsrechtliche Einordnung abgelieferten Guts** (sei es auch wirtschaftlich total geschädigt) unter die Regeln der Beschädigung (Art. 32 Abs. 1 S. 3) erreichen. Für Art. 32 Abs. 1 S. 3 soll also eine Abspaltung eines von Ablieferung/Nichtablieferung abhängigen, speziellen, vom allgemeinen (grundsätzlich aufrechtzuerhaltenden) weiten deutschen Verlustbegriff für Art. 32 Abs. 1 S. 3 zu unterscheidenden Schadensbegriffs erfolgen und damit für den Verjährungsbeginn entsprechend der vor allem französischen Auffassung[283] eine internationale Lösung bei Ablieferung der wertlosen Reste des Gutes erreicht werden. Die damit erreichbare internationale Vereinheitlichung versagt aber, wenn es (wirtschaftlich vernünftig) nicht zur Ablieferung des Warenschrotts kommt: Das Problem des Verjährungsbeginns in diesen Fällen bleibt ungelöst; siehe Rdn. 75. Im übrigen erscheint eine **einheitliche Auslegung des Verlustbegriffs** der CMR für den Anwendungsbereich des deutschen und österreichischen Rechts im Interesse der leichteren Handhabung wünschenswert. Daher sollte die Verwendung unterschiedlicher Begriffsinhalte für Art. 17 und 32 CMR möglichst vermieden werden.[284] Angesichts der besseren Ergebnisse im Bereich von Art. 32 Abs. 1 CMR[285] und der wünschenswerten Übereinstimmung mit der innerdeutschen Rechtspraxis[286] ist dem **Festhalten am wirtschaftlichen Begriff des Verlusts festzuhalten.** 77

Daß der CMR mit der sprachlichen **Formulierung „perte totale" und „total loss" ein standardisierter Verlustbegriff** zu Grunde liege, ist keineswegs international unstreitig.[287] In der französischen Rechtsprechung wird – zu Art. 105 Ccom – freilich ein Verlust (perte totale) nur angenommen, wenn von der Sendung nichts ausgeliefert worden ist. Bereits die Ablieferung der leeren Verpackung schließt nach dieser einfachen, aber sehr formalen Betrachtungsweise den Totalverlust aus.[288] **In der Rechtsprechung Englands** wird die Frage durchaus kritisch gesehen. Sie wird intensiv erörtert von GB Queen's Bench Division im Falle ICI vs. MAT.[289] Das Urteil geht davon aus, daß wirtschaftlicher Totalschaden im Sinne des Marine Insurance Act 1906 nach Art. 32 CMR nur einen Fall schwerer Beschädigung darstellt.[290] Im gegebenen Fall nimmt GB Queen's Bench Division aber dennoch Verlust an, weil der Geschädigte vollen Schadenersatz gefordert und daher das Gut nach Art. 20 CMR als verloren betrachtet hat (S. 757 f). Diese Auslegung seines Verhaltens kann sich nach Art. 32 Abs. 1 S. 3 b CMR zum Nachteil des Geschädigten auswirken, obwohl er lediglich 78

[282] *Thume/Demuth* Rdn. 28, 31, Art. 30 Rdn. 5 f und TranspR **1996** 257 ff.
[283] Siehe Rdn. 78.
[284] Siehe Art. 17 Rdn. 15.
[285] Siehe Rdn. 76.
[286] Wie sie etwa in Frankreich und Großbritannien als selbstverständlich angesehen wird.
[287] Siehe eingehend Art. 17 Rdn. 11; neuestens wieder OLG Wien vom 19. 7. 1996, TranspR **1997** 435, 437.
[288] *Rodière/Mercadal* Droit des transports terrestres et aériens[5] Nr. 210; *Rodière* Droit des transports[2] Nr. 501; allgemein *Dalloz*, Code de Commerce[45] (Paris 1994/95) Art. 105.
[289] GB Queen's Bench Division in ICI vs. MAT vom 27. 10. 1986, Lloyd's Rep 1987 I 354, 358 ff = RDU **1988** 747 ff mit Hinweisen zur englischen Rechtsprechung.
[290] S. 755 f. Im Gegensatz zur deutschen Auffassung; zu dieser § 429 HGBaF Rdn. 14.

für einen als Beschädigungsfall die gesetzlich in Art. 25 Abs. 2 bestimmte Höchstentschädigung verlangt. Auf der anderen Seite ist es nicht unangemessen, den Geschädigten bei Beschädigung daran zu hindern, sich darauf zu berufen, die Verjährung habe nach Art. 32 Abs. 1 S. 3 a noch nicht begonnen. Allerdings ist diese Lösung nur anwendbar, wenn der Geschädigte sich überhaupt auf die Verlustfiktion beruft.[291] Die wirtschaftlich bestimmte deutsche Auffassung kommt in diesen Fällen zwanglos stets zum Totalverlust und zu Art. 32 Abs. 1 S. 3 b. Sie vermeidet auch die im englischen Recht schwierige und wirtschaftlich sinnlose Unterscheidung von versicherungsrechtlichem und frachtrechtlichem Verlust.

D. Berechnung der Fristen

I. Allgemeines

1. Praktische Schwierigkeiten (Überblick)

79 Die Fristenberechnung nach der CMR bereitet in vielen Fällen praktische und theoretische Schwierigkeiten:

- Nur in den (allerdings wichtigsten) Fällen des Teilverlustes, der Beschädigung und der Lieferfristüberschreitung knüpft die Verjährung unmittelbar an ein festes Ereignis, die Ablieferung, an.
- Daneben kennt sie die Aufeinanderfolge von Vorfrist und eigentlicher Verjährungsfrist und sogar ein Hintereinander von Lieferfrist, Vorfrist und Verjährungsfrist. Es sind daher bis zu drei verschiedene Fristen zu berechnen und gegebenenfalls auch die Anschlußpunkte der Fristen zu klären.
- Da die Fristenberechnungen, insbesondere der Beginn und das Ende, nicht oder nicht klar geregelt sind, ist innerstaatliches Recht ergänzend anzuwenden und zuvor nach den Regeln des Kollisionsrechts zu bestimmen, welches Recht dies ist.
- Die Verjährungsfrist selbst kann gem. Art. 32 Abs. 1 S. 2 ein Jahr oder auch drei Jahre betragen – je nach Grad des Verschuldens.[292] Da man den Verschuldensgrad erst nach den Feststellungen des Gerichts einigermaßen beurteilen kann, muß vorsichtigerweise jeder Beteiligte bei der Entscheidung, welche Maßnahmen zu treffen sind, die ihm ungünstigere Verschuldensvariante in Betracht ziehen.

2. Anzuwendende Vorschriften

80 Die CMR beschränkt sich auf die Regelung der Fristdauer und des Fristbeginns. Eine eigene Regelung enthält Art. 32 Abs. 1 S. 4 CMR, wonach der Tag des zuvor in S. 3 geregelten Fristbeginns nicht mitgerechnet wird. Diese Bestimmung gilt für alle Buchst. des S. 3,[293] jedoch nicht für die Vorfristen.[294] Die CMR überläßt im übrigen die Berechnung dem ergänzend anzuwendenden nationalen Recht, also dem Vertragsstatut,[295] so daß in beträchtlichem Umfang deutsches Recht oder anderes nationales Recht ergänzend herangezogen werden kann. Die deutschen Vorschriften zur Fristenberechnung – §§ 186–193 BGB – sind danach bei Fällen, in denen das deutsche Recht

---

[291] Siehe Rdn. 57; Art. 20 Rdn. 3, 6.

[292] Siehe Rdn. 27 ff.

[293] Nicht nur für Buchst. c: MüKo/*Basedow* Rdn. 26; *Hill/Messent/Glass*² S. 243; B CA Brüssel vom 16. 11. 1977, ETR **1980** 319, 329 für Abs. 1 S. 3 b; Kantongerecht Delft vom 13. 5. 1965, ETR **1966** 722, 726 für Abs. 1 S. 3.

[294] Siehe Rdn. 71, 86.

[295] Siehe Art. 1 Rdn. 80; MüKo/*Basedow* Rdn. 3 und Art. 1 Rdn. 41, 44; ungenau *Hill/Messent/Glass*² S. 10 ff.

ergänzend gilt, ganz überwiegend maßgeblich.[296] Weitgehend gleiche Ergebnisse bringen die Rechte wohl aller Mitgliedsländer. Auch das Fristende ist nicht in der CMR geregelt: Die Anwendung deutschen Rechts führt dazu, daß – international im Ergebnis unstreitig[297] – die Verjährung immer mit dem Ablauf der einjährigen Verjährungsfrist (§ 188 Abs. 2 BGB),[298] also mit dem letzten Tag der Frist 24 Uhr eintritt.[299] Unterschiede ergeben sich dennoch gelegentlich bei Bestimmung des Fristendes.[300]

3. Die Grundtypen der Berechnung der Verjährung

a) Unmittelbare Anknüpfung der Verjährungsfrist an ein Ereignis

Diese einfache Konstellation ist gegeben bei Teilverlust, Beschädigung und Lieferfristüberschreitung; Art. 32 Abs. 1 S. 3 a (Ablieferung).[301] **81**

b) Kombination Vorfrist mit nachfolgender Verjährungsfrist

Nach Art. 32 Abs. 1 S. 3 Buchst. b und c schließt sich die Verjährungsfrist in drei **82**
Fällen an das Ende einer Vorfrist an, die ihrerseits mit einem festen Ereignis beginnt:

- Vorfrist von 60 Tagen, beginnend mit dem Tage der Übernahme des Gutes, wenn keine Lieferfrist vereinbart ist; Abs. 1 S. 3 Buchst. b.
- Vorfrist von 30 Tagen, beginnend mit einem vertraglich genau durch Tag und Uhrzeit bezeichneten Liefertermin,[302] also mit einem bestimmten Zeitpunkt; Art. 32 Abs. 1 S. 3 Buchst. b.
- Vorfrist von 3 Monaten, beginnend mit dem Abschluß des Beförderungsvertrags; Art. 32 Abs. 1 S. 3 Buchst. c.

c) Kombination Lieferfrist, Vorfrist und Verjährungsfrist

Dieser Fall ist gegeben bei gänzlichem Verlust, beginnend mit dem Ende einer nach Tagen, Wochen, Monaten vertraglich festgelegten Lieferfrist (Art. 32 Abs. 1 S. 3 Buchst. b). Zu berücksichtigen sind: Beginn und Ende der Lieferfrist, Beginn der dreißigtägigen Vorfrist im Zusammenhang mit dem Ende der Lieferfrist, Ende der Vorfrist, zusammenhängend mit dem Beginn der Verjährungsfrist, schließlich deren Ende. **83**

---

296 So etwa *Loewe* ETR **1976** zur kalendermäßigen Berechnung der Dreimonatsfrist in Art. 32 Abs. 1 S. 3c; zur Regelung des Fristablaufs an Wochenenden nach § 193 BGB siehe die Beispiele Rdn. 93 f; *Hill/Messent/Glass*² S. 255; *Csoklich* S. 257; *Loewe* TranspR **1988** 309, 317, der in diesen Vorschriften Hemmungsbestimmungen sieht, für die das Recht des angerufenen Gerichts gilt (dazu Rdn. 151; Art. 32 Abs. 3 CMR); MüKo/*Basedow* Rdn. 26.

297 MüKo/*Basedow* Rdn. 26; *Loewe* ETR **1976** 586 Nr. 263; *Putzeys* Nr. 1126.

298 Zutreffend MüKo/*Basedow* Rdn. 26, der jedoch zu Unrecht annimmt, dieses Ergebnis widerspreche § 188 Abs. 2 BGB.

299 Siehe die Beispiele Rdn. 93 f.

300 Siehe etwa F TribCom Paris vom 29. 6. 1970, BT **1970** 325 f, das nicht den Jahrestag der Ablieferung, sondern ohne nähere Begründung den darauffolgenden als letzten Tag der Frist annimmt (Ablieferung am 2. 10. 1967, Klage am 3. 10. 1968 rechtzeitig); zweifelhaft, MüKo/*Basedow* Rdn. 26.

301 Siehe Rdn. 49–57, 63, 74–77.

302 Nach allgemeiner Auffassung wird die Vereinbarung eines Liefer**termins** von Art. 19 und Art. 32 Abs. 1 S. 3 Buchst. b als Liefer**frist**vereinbarung angesehen; siehe *Heuer* 133; *Thume/Thume* Art. 19 Rdn. 13; OLG Saarbrücken vom 10. 2. 1971, VersR **1972** 757, 758 = OLGZ **1972** 27; LG Offenburg vom 4. 12. 1979, VersR **1980** 294.

4. Die Vorfrist

84 Die Vorfrist ist in der CMR unzureichend geregelt.

a) Beginn der Vorfrist

85 Der Beginn der Vorfrist ist in der CMR nicht geregelt.[303] Art. 32 Abs. 1 S. 4 befaßt sich ausschließlich mit dem „Tag, an dem die Verjährung beginnt".[304] Eine analoge Anwendung von S. 4 auf die Vorfristen (mit dem Ergebnis, daß der Tag des Beginns der Vorfrist außerhalb ihrer Dauer bleibt), kann nicht überzeugen; ebensowenig das argumentum e contrario (mit dem Ergebnis, daß der Tag des Beginns – verjährungsverkürzend – schon als Fristtag gilt).[305] Solche beliebig austauschbaren Konstruktionen leisten keine brauchbaren Beiträge zur internationalen Rechtseinheit. Auf viele Einzelheiten der Verjährung muß ohnehin nationales Recht ergänzend angewendet werden, soweit die CMR schweigt. Die Annahmen, auf denen die gegenteilige Entscheidung des OLG Düsseldorf vom 18.10.1973, VersR **1974** 1095, 1097 beruht, sind unzutreffend: (1) Die CMR enthält keine auch nur annähernd vollständige Kodifikation. (2) Aus Art. 32 Abs. 3 kann allenfalls der Schluß gezogen werden, daß nicht das Recht des angerufenen Gerichts gelten soll, nicht aber, daß eine freie ergänzende Auslegung der CMR stattfinden soll. Statt dessen bleibt noch – wie hier vorgeschlagen – die zweckmäßige Anwendung des Rechts des Schuldstatuts – wie zu zahlreichen anderen Fragen des CMR-Vertrags. Auch für den Beginn der Vorfrist ist daher im Interesse der Rechtssicherheit ergänzend das eindeutige deutsche Recht anzuwenden. § 187 BGB regelt in Abs. 1 den Fall, daß ein Ereignis oder ein in den Lauf des Tages fallender Zeitpunkt maßgeblich ist.[306] Dieser Tag wird in die Vorfrist nicht eingerechnet, die damit erst ab 0 Uhr des nächsten Tages gerechnet wird. Solche Fallgestaltungen sind gegeben nach Art. 32 Abs. 1 S. 3 b, wenn die Lieferfrist – wie in der Regel – nicht mit dem Ende, sondern im Laufe eines Tages endet, oder wenn die Übernahme den Fristbeginn eröffnet, ferner nach Art. 32 Abs. 1 S. 3 c beim Abschluß des Frachtvertrags als den Vorfristbeginn bestimmendem Ereignis;[307] siehe dazu Rdn. 65.

b) Ende der Vorfrist

86 Die **CMR regelt das Ende der Vorfrist nicht**. Auf sie ist Art. 32 Abs. 1 S. 4 CMR nicht anzuwenden; schon der Wortlaut betrifft nur die eigentliche Verjährungsfrist, nicht die Vorfrist.[308] Auch eine Analogie kommt nicht in Betracht, denn in Abs. 1 S. 3 Buchst. b und c beginnt die Verjährung „nach Ablauf" bzw. „mit dem Ablauf", also um 0 Uhr des folgenden Tages, so daß kein Anrechnungsproblem für „angebrochene" Tage besteht. Überdies gibt es keinen „Tag", an dem die Verjährungsfrist beginnt; der Beginn liegt exakt auf der Grenze zwischen zwei Tagen (Fristende um 24 Uhr des letzten Fristtages = Fristbeginn um 0 Uhr des folgenden Tages). Mangels CMR-Regelung gilt insoweit ergänzend nationales Recht – in Deutschland bestimmt durch das für Fristabläufe maßgebliche Vertragsstatut, Art. 32 Abs. 1 S. 1 Ziff. 4 EGBGB.[309] Alle

---

303 *Thume/Demuth*, Rdn. 32, 53 und 55.

304 „le jour indiqué ci-dessus comme point de départ de la prescription"; „the day on which the period of limitation begins to run".

305 Dagegen *Thume/Demuth*, Rdn. 32 und *Koller*[4] Rdn. 6 a. E.

306 *Thume/Demuth*, Rdn. 32, 33 begründen dies eingehend.

307 Der Abschluß könnte allerdings auch für Beginn oder Ende eines Tages vereinbart werden, ohne daß damit die Frist unter volle drei Monate verkürzt würde.

308 *Loewe*, ETR **1976** 584 f; *Thume/Demuth*, Rdn. 54. Siehe auch Rdn. 85, 80.

309 Zutreffend *Thume/Demuth*, Rdn. 55.

Vorfristen der CMR enden mit dem Ablauf eines bestimmten Tages: die nach Monaten bestimmte des Art. 32 Abs. 1 S. 3 c gem. § 188 Abs. 2 BGB, die nach 30 oder 60 Tagen bemessene des Art. 32 Abs. 1 S. 3 b gem. § 188 Abs. 1 BGB mit dem Ablauf ihres letzten Tages.

Eine **Verlängerung der Vorfrist** nach § 193 BGB kommt nicht in Betracht, weil innerhalb der Frist keine Leistung zu bewirken und keine Willenserklärung abzugeben ist.[310] Es erscheint zweckmäßig, den Grundgedanken des § 190 BGB heranzuziehen. Entscheidend ist jedoch: Der betroffene Gläubiger steht beim Übergang von einer Frist in eine andere unter keinem Handlungszwang; auch wenn dieser an einem Feiertag stattfindet, bedarf er keiner Schonfrist. Auch eine **Hemmung oder Unterbrechung der Vorfrist** nach Art. 32 Abs. 2 und 3 CMR ist nicht möglich. **87**

II. Berechnung bei unmittelbarer Anknüpfung der Verjährungsfrist an ein Ereignis

Für die Fälle des Art. 32 Abs. 1 S. 3 a bestimmt Art. 32 Abs. 1 S. 4, daß der Ereignistag nicht in die Verjährungsfrist eingerechnet wird. Diese beginnt also am Tag nach dem Ereignis um 0 Uhr. Das Ergebnis entspricht § 187 Abs. 1 BGB. **88**

III. Berechnung bei Kombination Vorfrist und nachfolgender Verjährungsfrist

1. Anwendungsfälle

Diese Kombination sieht vor, daß sich die Verjährungsfrist nach Art. 32 Abs. 1 S. 1 oder 2 an das Ende einer Vorfrist anschließt. Dies kommt in Art. 32 Abs. 1 S. 3 Buchst. b und c CMR in viererlei Formen vor: **89**

1) Vorfrist von 60 Tagen, beginnend mit dem Tage der Übernahme des Gutes, wenn keine Lieferfrist vereinbart ist (Abs. 1 S. 3 Buchst. b);
2) Vorfrist von 30 Tagen bei gänzlichem Verlust, beginnend mit dem Ende einer nach Tagen, Wochen, Monaten vertraglich festgelegten Lieferfrist (Abs. 1 S. 3 Buchst. b);
3) Vorfrist von 30 Tagen, beginnend mit dem Ende eines vertraglich genau bezeichneten oder zu berechnenden Zeitpunkts im Laufe eines Tages (z. B. Tag und Uhrzeit; Abs. 1 S. 3 Buchst. b);
4) Vorfrist von 3 Monaten, beginnend mit dem Abschluß des Beförderungsvertrags (Abs. 1 S. 3 Buchst. c).

2. Elemente der Berechnung

a) Vorfrist

Zu Beginn und Ende der Vorfrist siehe Rdn. 85 f. **90**

b) Ablauftag der Lieferfrist

Der Ablauftag der Lieferfrist ist bei Berechnung der 30-Tage-Verjährungs-Vorfrist nicht einzurechnen, da hier mangels einer Regelung der Vorfristen in der CMR § 187 Abs. 1 BGB ergänzend anzuwenden ist.[311] Die Lieferfrist dürfte in der Regel nach **91**

[310] *Thume/Demuth* Rdn. 55.

[311] *Thume/Demuth* Rdn. 3.

Tagen, Wochen oder Monaten bestimmt sein. In allen diesen Fällen ist sie stets mit dem Ablauf des betreffenden Tages beendet; § 188 Abs. 1 oder 2 BGB. Daran schließt sich die Vorfrist gem. § 187 Abs. 2 BGB unmittelbar an, weil sie um 0 Uhr des folgenden Tages beginnt. Es kommt daher nicht darauf an, ob die Lieferfrist im Laufe eines Tages oder mit seinem Ende ausläuft. Im Regelfall wird vereinbart sein, daß sie zu einem in den Lauf des Tages fallenden Zeitpunkt (etwa um 11.00 Uhr) ausläuft, oder daß die Ablieferung für einen bestimmten Zeitpunkt (Liefertermin, Tag und Stunde) versprochen wird.[312] Nach allgemeiner Auffassung wird die Vereinbarung eines Liefer**termins** von Art. 19 und Art. 32 Abs. 1 S. 3 Buchst. b als Liefer**frist**vereinbarung angesehen;[313] § 187 Abs. 1 BGB. Läuft nach Vereinbarung die Lieferfrist nicht im Laufe eines Tages, sondern an seinem Ende aus (24.00 Uhr = 0.00 Uhr des folgenden Tages), ergibt sich aus § 187 Abs. 2 BGB das gleiche. In der Praxis bedeutet dies: In allen hier dargestellten Vereinbarungs-Fällen beginnt die Verjährungsfrist in gleicher Weise um 0 Uhr nach dem Tag, an dem oder mit dessen Ablauf die Lieferfrist enden soll.

IV. Berechnung der Gesamtfristen für die Verjährung

92 Die Gesamtfristen sind also wie folgt zu berechnen:

1. Unmittelbare Anknüpfung der Verjährung an ein Ereignis

93 Bei Teilverlust, Beschädigung und Lieferfristüberschreitung (Art. 32 Abs. 1 S. 3 Buchst. a) gilt nur die Verjährungsfrist von einem oder drei Jahren (ohne Vorfrist). Der den Beginn markierende Ablieferungstag wird nach Art. 32 Abs. 1 S. 4 CMR nicht mitgerechnet. Die Verjährung tritt ein mit dem Ablauf des letzten Tages der Ein- oder Dreijahresfrist – gem. § 188 Abs. 2 BGB an dem Tage, der in der Benennung dem auf den Ablieferungstag folgenden Tage entspricht. Der Eintritt der Verjährung, also das Ende der Verjährungsfrist, verschiebt sich nach § 193 BGB, wenn ihr letzter Tag auf einen Sonntag, Feiertag oder Samstag fällt. Beispiel: Das Gut wurde beschädigt oder wegen Teilverlust nur teilweise abgeliefert am Donnerstag, dem 13. 4. 1995. Dann wird die Verjährung ab dem 14. 4. 1995 berechnet (Art. 32 Abs. 1 S. 4 CMR) und würde kalendermäßig am Samstag, dem 13. 4. 1996 enden, wegen § 193 BGB jedoch erst am Montag, dem 15. 4. 1996, 24 Uhr. Bei Vorsatz und gleichstehender Fahrlässigkeit endet sie wegen § 193 BGB nicht am Ostermontag, dem 13. 4. 1998, sondern am Dienstag, dem 14. 4. 1998, 24 Uhr.

2. Vorfrist und anschließende Verjährungsfrist

94 Vorfrist und Verjährungsfrist laufen stets unmittelbar aufeinanderfolgend ab; siehe Rdn. 91. An die jeweils um 24 Uhr ihres letzten Tages endende Vorfrist schließt sich immer der Beginn der Verjährungsfrist um 0 Uhr des folgenden Tages an. Dieser Beginn wird auch nicht verändert, wenn er auf einen Feiertag fällt, weil § 193 BGB auf die Beendigung der Vorfrist keine Anwendung findet und weil es für den Beginn der Verjährungsfrist wie jeder anderen Frist mangels besonderer Regeln gleichgültig ist, ob er auf einen Werk- oder Feiertag fällt. In allen Fällen können also Vorfrist und Verjährungsfrist einfach zusammengerechnet werden. Diese Gesamtfrist endet wie soeben unter a) dargestellt. Hierzu gibt es folgende Grundfälle:

---

[312] Siehe Rdn. 46.

[313] Siehe Art. 19 Rdn. 8 f.

Bei der **Anknüpfung an den Abschluß des Beförderungsvertrags** (Art. 32 Abs. 1 S. 3 Buchst. c) ist eine Vorfrist von drei Monaten vorgesehen. Diese wird gerechnet ab 24 Uhr des Tages, in dessen Lauf oder mit dessen Ende der Vertrag wirksam wird = 0 Uhr des folgenden Tages (siehe Rdn. 65) und endet mit dem Tag des dritten Folgemonats, dessen Tagesdatum dem des Tages entspricht, an dem oder mit dessen Ende der Frachtvertrag wirksam geworden ist. Die Ein-Jahresfrist ist somit 15 Monate nach dem Ende des Abschlußtages beendet. Beispiel: Frachtansprüche aus einem Vertrag, der am Mittwoch, dem 13.4.1995, abgeschlossen worden ist, drohen zu verjähren. Ab Freitag, dem 14.4.1995, werden die Fristen berechnet. Die Verjährung tritt (wegen § 193 BGB) nicht am Samstag, dem 13.7.1996, sondern am Montag, dem 15.7.1996, 24 Uhr, ein. Das gleiche gilt, wenn der Vertragsbeginn vertraglich auf den 15.4.1995, 24 Uhr, festgelegt ist. Bei Vorsatz oder grober Fahrlässigkeit endet die Verjährungsfrist am Dienstag, dem 13.7.1998, 24 Uhr.

Bei der **Anknüpfung an die Übernahme des Gutes** (Art. 32 Abs. 1 S. 3 Buchst. b) werden die 60 Tage der Vorfrist zur Verjährungsfrist addiert. Die Verjährung ist mit dem Ablauf von sechzig Tagen plus einem Jahr vollendet. Beispiel: Totalverlust des am Mittwoch, dem 12.4.1995, übernommenen Gutes; eine Lieferfrist ist nicht vereinbart. Die Vorfrist wird ab Donnerstag, dem 13.4.1995, gerechnet und läuft am Sonntag, dem 11.6.1995, ab. Die Verjährungsfrist beginnt am Montag, dem 12.6.1995, und läuft am Dienstag, dem 11.6.1996, 24 Uhr, ab. Bei Vorsatz oder grober Fahrlässigkeit endet sie am Donnerstag, dem 11.6.1998, 24 Uhr.

3. Anknüpfung der Verjährung an Lieferfrist/-termin und Vorfrist

Die Vorfrist von 30 Tagen schließt sich unmittelbar an das Ende der Lieferfrist an **95**
(Art. 32 Abs. 1 S. 3 b); siehe Rdn. 94. Dieser wird die 30tägige Vorfrist und die ein- oder dreijährige Verjährungsfrist hinzugerechnet. *Beispiel:* Das Gut erleidet Totalverlust; das Ende der Lieferfrist war für den Ablauf des 13.4.1995 fest vereinbart. Die Vorfrist beginnt am 14.4.1995, die Verjährungsfrist am 14.5.1995, 0 Uhr, und läuft am Montag, dem 13.5.1996, 24 Uhr, ab. *Variante:* Die vereinbarte Lieferfrist von fünf Tagen beginnt mit der Übernahme am 15.4.1995, 18 Uhr. Mangels genauerer Vereinbarung läuft sie gem. §§ 187 Abs. 1, 188 Abs. 1 BGB am 20.4.1995, 24 Uhr, ab. Die Vorfrist beginnt am 21.4.1995, 0 Uhr, und läuft am 20.5.1995, 24 Uhr, ab, die Verjährungsfrist am Montag, dem 20.5.1996, 24 Uhr, bei Vorsatz oder grober Fahrlässigkeit am Donnerstag, dem 20.5.1998.

E. Hemmung der Verjährung

I. Allgemeines

Die Hemmung der Verjährung bestimmt sich gem. Art. 32 Abs. 3 CMR grundsätz- **96**
lich nach dem materiellen Recht des angerufenen Gerichts (lex fori).[314] Dies gilt insbesondere auch vor Entstehung des Anspruchs in Fällen, in denen die Sonderhemmung nach Art. 32 Abs. 2 nicht eingreift.[315] In Prozessen vor deutschen Gerichten bedeutet dies, daß die deutschen Vorschriften über die Hemmung, §§ 202–208 BGB,

---

[314] Siehe Rdn. 149 ff.

[315] Unstr., siehe Rdn. 99, 100 und Rdn. 18; A OGH vom 22. 5. 1978, *Greiter* 66, 71 = TranspR **1980** 143; F CA Paris vom 28.4.1987, BT **1987** 424 f; NL Hof's Gravenhage vom 4. 12. 1987, SS **1989** Nr. 31 S. 88 f; *Clarke*² Nr. 47; MüKo/*Basedow* Rdn. 27 und 44; *Lamy 94* Nr. 558; MüKo/*Basedow* Rdn. 28, 44; *Rodière* BT **1974** 340 Nr. 121 zu 32 CMR.

anzuwenden sind. Welchem Recht der Vertrag allgemein untersteht (Vertragsstatut), hat darauf keinen Einfluß: Ergibt sich aus dem Vertrag, daß ausländisches Recht als Vertragsstatut maßgeblich ist (Art. 27 ff EGBGB, siehe Art. 1 Rdn. 78), gilt vor deutschen Gerichten dennoch deutsches Recht für die Hemmung, während im übrigen das betreffende ausländische Recht ergänzend anzuwenden ist.[316] In der CMR materiell geregelt ist nur die Sonderhemmung durch Reklamation des Geschädigten; siehe Rdn. 97 ff, wie sie weitgehend ähnlich auch im deutschen Recht besteht. Neben dieser kann auch eine Hemmung auf anderen Gründen beruhen,[317] etwa auf vertraglichen Vereinbarungen[318] über Verlängerung (wenn die lex fori[319] dies gestattet oder grundsätzlich nach Entstehung des Anspruchs), auf einer Kontokorrentabrede[320] oder auch auf dem Grundsatz der unzulässigen Rechtsausübung.[321] Dies ist zwar nicht die in Deutschland übliche Methode der vertraglichen Verjährungsverlängerung, scheint mir aber für kurze Verjährungsfristen zumindest ebenso zulässig wie das anerkannte pactum de non petendo.[322]

II. Sonderhemmung durch Reklamation (Art. 32 Abs. 2)

1. Allgemeines

a) Zweck und Reichweite

97 Die Hemmungsregelung von Art. 32 Abs. 2 CMR schafft einen gewissen Ausgleich für die kurze frachtrechtliche Verjährung und sie schafft Freiraum für außergerichtliche Einigung.[323] Sie entspricht weitgehend § 40 Abs. 3 KVO[324] und anderen frachtrechtlichen Regelungen.[325] Die Verjährungshemmung bei Anspruchsanmeldung betrifft nur die eigentliche Verjährungsfrist, nicht dagegen die Vorfristen nach Art. 32 Abs. 1 S. 3 Buchst. b und c.[326]

98 Die **Hemmung der Verjährungsfrist ist nicht mehr möglich, wenn die Verjährung vollendet ist.** Dieser selbstverständliche Grundsatz dürfte international anerkannt sein.[327]

b) Personelle und sachliche Voraussetzungen

99 Die Hemmung ist nur denkbar für **Schadenersatzansprüche** und damit verwandte Ansprüche gegen den Frachtführer.[328] Sie ist aber nicht auf die Fälle der Art. 32 Abs. 1

316 Die Bemerkung bei MüKo/*Basedow* Rdn. 27, letztlich komme das Vertragsstatut zur Anwendung, versteht sich nur aus seiner Grundauffassung von der Gesamtverweisung; siehe Art. 1 Rdn. 77.

317 *Hill/Messent/Glass*[2] S. 255; F TribCom Lyon vom 10. 11. 1975, BT **1976** 175, 177.

318 Zur Zulässigkeit solcher Vereinbarungen siehe Rdn. 18 f.

319 OLG München vom 5.7.1989, TranspR **1990** 16, 17 = RDU **1990** I S. 438 ff; GB Queen's Bench Division vom 6.10.1989, (Zerowatt v. Intern. Express) RDU **1990** II 442, 443, 450 ff = ETR **1991** 530–540; MüKo/*Basedow* Rdn. 45. Siehe dazu auch Rdn. 18. F TribCom Lyon vom 10.11.1975, BT **1976** 175, 177; dazu *Lamy 94* Transport Nr. 705.

320 Siehe Rdn. 70.

321 BGH vom 28.10.1993, TranspR **1994** 71, 73 = VersR **1994** 201, 202.

322 Siehe Rdn. 19.

323 *Koller*[4] Rdn. 9; MüKo/*Basedow* Rdn. 27.

324 Zu Abs. 2 S. 1 siehe daher § 40 KVO, Anh. II nach § 452 HGBaF Rdn. 20 ff, wo auch die Rechtsprechung zur CMR teilweise mitverarbeitet ist.

325 Art. 58 § 3 ER/CIM 1980 = Art. 57 § 3 CIM 1970; § 94 Abs. 3 EVO; § 14 Abs. 3 GüKUMB.

326 *Loewe* ETR **1976** 584 f; *Thume/Demuth* Rdn. 54. Siehe zu diesen Fristen Rdn. 69 ff.

327 Dazu A OGH vom 22.2.1990, TranspR **1992** 357; anders F CA Lyon 6.7.1983, BT **1984** 339–340; kritisch dazu die observation. P.B., ebenda S. 340.

328 BGH vom 28. 2. 1975, VersR **1975** 445 = LM Nr. 6 zu CMR = NJW **1975** 1075 = ETR **1975**;

Buchst. a und b beschränkt, sondern betrifft auch andere Ansprüche,[329] etwa auf Schadenersatz wegen Verlust von Begleitpapieren (Art. 11 Abs. 3) oder aus anderen Anspruchsgrundlagen, auch außerhalb der CMR. Freilich ist auch ein solcher Anwendungsbereich dadurch beschränkt, daß sich offenkundig die Reklamationen auf das Gut oder die Lieferfristüberschreitung beziehen sollen.[330] Es ist nicht entscheidend, in welchem prozeßrechtlichen Kontext sich der Berechtigte auf die Schadenersatzpflicht beruft. Insbesondere kann dies im Rahmen von Aufrechnung oder Widerklage gegeben sein oder bei Ansprüchen aus einem Kontokorrent, in das die Schadenersatzansprüche eingestellt sind. Das Zitat eines englischen Urteils,[331] das für Art. 32 Abs. 2 irrelevante Überlegungen über eine Nichtanwendung von Art. 39 Abs. 4 zwischen Haupt- und Unterfrachtführer enthält, kann zu Verwirrungen führen.[332] Einschränkungen ergeben sich nicht aus den Positionen als Haupt- und Unterfrachtführer, sondern nur aus dem Gegenstand des Anspruchs. Soweit der Unterfrachtvertrag ebenfalls der CMR unterliegt, ist auch Art. 32 Abs. 2 anwendbar.

Art. 32 Abs. 2 gilt **nur für Ansprüche gegen den CMR-Frachtführer**[333] und auch **100**
nur, soweit Schadenersatz- oder ähnliche Ansprüche geltend gemacht werden.[334] Für Frachtzahlungsansprüche gegen den Absender als solche gilt zwar die Verweisung auf die lex fori nach Art. 32 Abs. 3 S. 1, nicht jedoch die Sonderhemmung,[335] soweit nicht seine Gegenansprüche betroffen sind (Aufrechnung, Zurückbehaltung wegen Schadenersatz aus dem Frachtvertrag).[336]

c) Beweis- und Darlegungslast für Hemmung

Die Beweislastbestimmungen des Art. 32 Abs. 2 S. 3[337] und des § 40 Abs. 3 S. 3 KVO **101**
entsprechen sich. Die **Beweislast für die Voraussetzungen der Hemmung** (Reklamation) trägt jeweils derjenige, der sich gegen die Verjährung wendet;[338] die Voraussetzungen einer wirksamen Reklamation, insbesondere ihren Zugang, hat der Ansprucherhebende zu beweisen;[339] die Zurückweisung und die Rückgabe der Belege dagegen entsprechend der Frachtführer.[340] Alle weiteren Einzelheiten folgen der allgemeinen Beweisregel, daß der die Beweislast trägt, der sich auf einen Umstand beruft.[341]

OLG München vom 12.4.1991, TranspR **1991** 298, 299 = RIW **1991** 676 f; OLG Düsseldorf vom 11.7.1996, TranspR **1997** 274, 275; A OGH vom 12.2.1985, TranspR **1986** 374 ff = SZ **58** 22 S. 107 ff = *Greiter* 280, 285. Zur aufrechnungsweise geltend gemachten Forderungen gegen den Frachtführer siehe BGH vom 18.2.1972, VersR **1972** 873, 874 = NJW **1972** 1003 f; OLG Düsseldorf vom 11. 7. 1996, TranspR **1997** 274, 275.
MüKo/*Basedow* Rdn. 8, 28; *Loewe* TranspR **1988** 309, 316; *Thume/Demuth* Rdn. 60; *Koller*[4] Rdn. 8.

329 *Koller*[4] Rdn. 8.

330 A OGH vom 12. 2. 1985, TranspR **1986** 374, 377 = SZ **58** 22 S. 107 ff = *Greiter* 280 ff; *Thume/Seltmann* Rdn. A 60.

331 GB Queen's Bench Division vom 1. 11. 1976 in Muller v. Laurent, ETR **1978** 617 = Lloyd's Rep **1977 I** 411, 414 f.

332 Etwa bei MüKo/*Basedow* Rdn. 28.

333 Nicht für solche gegen den Spediteur; siehe Art. 1 Rdn. 24; typischer Streitfall F CA Paris vom 24.11.1978, BT **1979** 137 mit kritischer observation.

334 Siehe Rdn. 99 Fn. 328; nicht aber für Schadenersatzansprüche, die weder Lieferfrist- noch Obhutsschäden betreffen, z.B. aus Art. 10, 11 Abs. 2 S. 2 oder aus nationalem Recht, MüKo/*Basedow* Rdn. 28.

335 Unstr.: A OGH vom 22. 5. 1978, *Greiter* 66, 71 = TranspR **1980** 143; F CA Paris vom 28.4.1987, BT **1987** 424 f; F CA Paris vom 23.9.1981, BT **1981** 538–540.

336 Siehe Rdn. 99; Art. 32 Abs. 4, Rdn. 156.

337 Dazu Rdn. 101.

338 *Baumgärtel/Giemulla* Beweislast Art. 32 CMR Rdn. 3; *Thume/Demuth* Rdn. 106; B CA Gent vom 25. 6. 1986, ETR **1987** 421, 430.

339 Leicht erweiternde Auslegung von Art. 32 Abs. 2 S. 3. *Thume/Demuth* Rdn. 106.

340 *Baumgärtel/Giemulla* Beweislast Art. 32 CMR Rdn. 2; *Thume/Demuth* Rdn. 106.

341 Insbesondere bei der weiteren Reklamation (hierzu auch *Thume/Demuth* Rdn. 106) und bei der Teilanerkennung.

102 Der Gläubiger muß die Tatsachen **darlegen**, aus denen sich die Sonderhemmung ergibt,[342] muß sich aber nicht speziell auf sie berufen. Für die Zurückweisung der Reklamation trägt der Frachtführer die Darlegungslast.[343]

2. Reklamation

a) Rechtsnatur; anzuwendendes Recht

103 Über den Vorgang der Reklamation trifft die CMR keine näheren Bestimmungen. Daher ist ergänzend nationales Recht anzuwenden, und zwar gem. Art. 32 Abs. 3 S. 1 das materielle Recht der lex fori; siehe Rdn. 148.

104 **Nach deutschem Recht** ist die Reklamation keine Willenserklärung, sondern eine einseitige geschäftsähnliche Erklärung, für die Vorschriften über Rechtsgeschäfte und Willenserklärungen analog gelten.[344] Funktional kann sie mit der Mahnung nach § 284 Abs. 1 BGB verglichen werden. Insbesondere ist also § 130 BGB anwendbar. Sie ist grundsätzlich vom Anspruchsberechtigten (siehe Rdn. 11 ff, 114 ff) an den in Anspruch zu nehmenden zu richten. Es gelten die für einseitige Willenserklärungen maßgeblichen Regeln, insbesondere hinsichtlich der Stellvertretung §§ 164 ff BGB, 54 HGB.[345] Die Möglichkeiten der Vornahme durch Vertreter ohne Vorlage einer Vollmachtsurkunde[346] und durch Vertreter ohne Vertretungsmacht[347] sind eingeschränkt. Die Vorlage des Originals der Vollmachtsurkunde ist erforderlich.[348] Allerdings ist denkbar, daß sie nach Fristablauf nachgereicht wird, solange die Reklamation noch nicht zurückgewiesen ist.

b) Inhaltliche Anforderungen

105 Die **verjährungshemmende Reklamation** entspricht sachlich nicht dem in den Voraussetzungen weniger strengen **Schadensvorbehalt** nach Art. 30,[349] wenn nicht zugleich unmißverständlich klargestellt wird, daß der Frachtführer für die Schäden auch einstehen soll.[350] Erfüllt ein Vorbehalt auch die Anforderungen an eine verjährungshemmende Reklamation, besteht kein Grund, ihn nicht zugleich als Reklamation anzuerkennen und eine Hemmung der Verjährung zu bejahen.[351] Die Abgrenzung von Vorbehalt und Reklamation ist praktisch von großer Bedeutung, weil sie über den Verlust von Ansprüchen oft endgültig entscheidet: Sind die Anforderungen an die Reklamation zu hoch angesetzt, wird also eine Erklärung des Geschädigten nicht als Reklamation anerkannt, kann die Verjährung nach Jahresfrist den Geschädigten aller Rechte berauben, auch wenn er darauf vertraut, er habe ja reklamiert. Sind die Anforderungen zu niedrig, kann auch dies für den Geschädigten nachteilig sein. Dann

---

342 So deutlich zum österreichischen Recht A OGH vom 26. 4. 1988, TranspR **1988** 421, 423.

343 OLG München vom 14. 1. 1981, VersR **1981** 562.

344 Hierzu *Palandt/Heinrichs*[56] Überbl. vor § 104 Rdn. 6 ff. Für die Zurückweisung durch den Frachtführer gilt das gleiche; siehe Rdn. 136.

345 Nach Maßgabe des IPR das Recht des Wirkungslandes; siehe *Palandt/Heldrich*[56] Anh. zu 32 EGBGB Rdn. 1, 2.

346 § 174 BGB; *Koller*[4] Rdn. 13.

347 § 180 BGB; *Palandt/Heinrichs*[56] § 180 Rdn. 1; positiv dazu *Koller*[4] Rdn. 13 gegen *Clarke*[2] Nr. 47a S. 224 f, der freilich auf wichtige Fälle von sich aus den Umständen ergebender Vertretungsmacht (implied authority) hinweist.

348 *Thume/Demuth* Rdn. 67; *Palandt/Heinrichs*[56] § 174 Rdn. 2; *Koller*[4] Rdn. 13.

349 Siehe Art. 30 Rdn. 2, 15, 30, 58. *Piper*[7] Rdn. 451; *Thume/Demuth* Rdn. 61; *de Wit* ETR **1991** 547, 549–551. *Hill/Messent/Glass*[2] S. 219 f.

350 BGH vom 9. 2. 1984, TranspR **1984** 146, 148 = VersR **1984** 578, 579 (mit Abgrenzung gegenüber Art. 30 CMR); B CA Gent vom 25. 6. 1986, ETR **1987** 421, 429.

351 BGH vom 9. 2. 1984, TranspR **1984** 146, 148 = VersR **1984** 578.

bedeutet eine einmalige ablehnende Antwort des Frachtführers[352] bereits das Ende jeder Hemmungsmöglichkeit, da jede weitere Reklamation des Geschädigten nach Art. 32 Abs. 2 S. 4 wirkungslos wäre.[353] Ihm wird die Chance genommen, unter dem Schutz der Hemmung nach Vorklärung der Sachfragen nochmals (vor allem mit den Versicherern) in Ruhe zu verhandeln. Nicht nur nach deutscher Auffassung muß daher die Reklamation mit Sicherheit erkennen lassen, daß die Erhebung von bestimmten Ersatzansprüchen beabsichtigt ist,[354] damit er seine Rechte wahren kann.[355]

Das **Abgrenzungskriterium** muß demnach darin gesehen werden, daß **Klarheit über die Absicht der Inanspruchnahme des Frachtführers** hergestellt wird. Angesichts der sehr unterschiedlichen Fallgestaltungen sind damit sehr unterschiedliche Einzelentscheidungen zu erwarten. Soweit in Rechtsprechung und Literatur generelle Meinungsverschiedenheiten bestehen, ist dies belanglos, weil sich ohnehin nur fallbezogen klären läßt, was unter Spezifikation zu verstehen ist und wie genau diese sein sollte.[356] **106**

In der Fülle der Einzelfälle dominiert Fallrecht; nur wenige Grundvoraussetzungen lassen sich allgemein anerkennen. Jedenfalls genügen nicht: Die **bloße Ankündigung** einer Reklamation,[357] wenn nicht ausreichend klargestellt ist, um welche Schäden es sich handelt;[358] oder die Aufforderung zu einer Stellungnahme,[359] der Hinweis auf Schäden mit bloßer Ablehnung der Bezahlung einer Rechnung[360] oder mit Zurverfügungstellung des Gutes;[361] die Einschaltung einer Versicherung oder die Aufforderung dazu.[362] Ob eine „nähere" **Spezifikation des Schadens** für die Reklamation **107**

---

352 Selbst wenn Reklamation und Zurückweisung bereits vor Beginn der Verjährungsfrist liegen; siehe Rdn. 112, Rdn. 138.

353 Siehe dazu den Fall BGH vom 9. 2. 1984, TranspR **1984** 146, 148 = VersR **1984** 578, in dem das OLG zu Unrecht die erklärten Vorbehalte bereits als Reklamation angesehen hatte. Zur weiteren Reklamation siehe Rdn. 147.

354 BGH vom 9. 2. 1984, TranspR **1984** 146, 148 = VersR **1984** 578, 579; vom 7. 11. 1985, TranspR **1986** 53, 55 = VersR **1986** 287, 288 (vgl. zu § 40 Abs. 3 KVO); OLG Düsseldorf vom 13. 1. 1972, VersR **1973** 178, 180; OLG Düsseldorf vom 8. 3. 1976, VersR **1976** 1161 f = NJW **1976** 1594; OLG Hamburg vom 24. 1. 1985, TranspR **1985** 185, 186 = VersR **1986** 357. Ausreichend ist auch die Übersendung eines schadenersatzverlangenden Schreibens des Empfängers durch den Absender; BGH vom 7. 11. 1985, TranspR **1986** 53 ff = VersR **1986** 287 ff; OLG Hamburg vom 9. 2. 1989, TranspR **1990** 191, 194; LG München I vom 5. 7. 1988, RIW **1989** 573 f; OLG Koblenz vom 6. 10. 1989, TranspR **1991** 93, 96 = RIW **1990** 931 ff; *Koller*[4] Rdn. 9; MüKo/*Basedow* Rdn. 29. Zu § 40 KVO OLG Naumburg vom 1. 6. 1995, VersR **1996** 1130 f.
Ebenso A OGH vom 29. 8. 1994, TranspR **1995** 110, 112 m. zust. Anm. von *Jesser*; Lloyd's Rep. **1979** I 175: GB Queen's Bench Division vom 15. 5. 1978, Richter *Mocatta*, im Falle Moto Vespa vs. MAT, Lloyd's Rep. **1979** I 175 zu 32 CMR, und MüKo/*Basedow* Rdn. 29; B CA Antwerpen vom 30. 5. 1979, ETR **1979** 924, 928.
Siehe auch zu dem § 40 Abs. 3 KVO und Art. 32 Abs. 2 CMR nachgebildeten Stückgutvertrag der DB LG Hamburg vom 10. 3. 1992, TranspR **1993** 19 f.

355 Siehe § 40 KVO, Anh. II nach § 452 Rdn. 22; *Koller*[4] § 40 KVO Rdn. 14; LG Hamburg vom 10. 3. 1992, TranspR **1993** 19 f.

356 F CA Paris vom 22. 1. 1986, ETR **1986** 482.

357 Grundsätzlich richtig OLG Nürnberg vom 12. 4. 1991, TranspR **1992** 63, 65; im entschiedenen Fall lag wohl (entgegen *Thume/Demuth* Rdn. 61) auch sachlich keine endgültige Reklamation vor, weil nur die Transportnummer und die Ankündigung eines ungefähren Schadens, aber keinerlei Angaben über die Schadensart im Schreiben enthalten waren.

358 So zutreffend *Loewe* TranspR **1988** 309, 316; *Thume/Demuth* Rdn. 62. *Koller*[4] Rdn. 9.

359 MüKo/*Basedow* Rdn. 30 mit Verweis auf *Ponet*[2] Rdn. 696 und ein Urteil der B TribCom Antwerpen vom 16. 4. 1978.

360 A OGH vom 22. 5. 1978, TranspR **1980** 143 = *Greiter* 66, 71. Daß der Spediteur den Frachtführer in Zahlungsverzug setzt, um seinen Regreß gegen ihn zu sichern, reicht nach F TribCom Paris vom 5. 12. 1973, BT **1974** 157, 159 nicht als Reklamation aus.

361 F CA Toulouse vom 22. 11. 1989, RDU **1990** 450, 452 = BT **1990** 437, 438.

362 LG München I vom 5. 7. 1988, RIW **1989** 573, 574.

erforderlich ist,[363] wird unterschiedlich gesehen, auch von der ausländischen Rechtsprechung.[364] Eine **Schadensbezifferung** ist jedenfalls nicht erforderlich.[365] Die Übersendung der Schadensunterlagen kann daher bereits ausreichen.[366] Wenigstens müssen aber die Tatsachen zum Schadensumfang angegeben werden.[367] Die Reklamation muß dem Frachtführer ermöglichen, eine Entscheidung darüber zu treffen, ob er sie zurückweist, den Anspruch anerkennt oder weiter verhandelt.[368]

108 Der **Name des Anspruchstellers** muß nicht notwendig genannt werden,[369] jedenfalls nach deutschem Recht, das eine direkte Stellvertretung für nicht genannte Personen zuläßt und nach hier vertretener Auffassung auch eine Rechtsstandschaft in Grenzen erlaubt; siehe Rdn. 121. Zutreffend weist *Koller*[4] Rdn. 9 darauf hin, daß sich der Frachtführer gegebenenfalls nach der Aktivlegitimation des Anspruchstellers erkundigen und bei ungenügender Antwort die Reklamation sofort zurückweisen kann.

109 **Nach englischer Auffassung genügt bereits die reine Ankündigung** „we must hold you responsible for any losses we incur".[370]

c) Form der Reklamation

110 Die Reklamation muß nach Art. 32 Abs. 2 CMR schriftlich erfolgen. Damit ist keine Schriftform gem. § 126 BGB begründet. Die CMR verweist nicht weiter auf das deutsche Recht; die Auslegung des Begriffs „schriftlich" hat also autonom zu

---

363 OLG Frankfurt vom 3.7.1979, TranspR **1982** 76 = RIW **1980** 367 f (Angabe der verlorenen Gegenstände und Geltendmachung des Schadens reichen aus); zu großzügig OLG Düsseldorf vom 8.3.1976, VersR **1976** 1161 f = NJW **1976** 1594 („nähere Spezifikation" nicht erforderlich, „es genügte vielmehr, daß dem Bekl. seine Inanspruchnahme aus dem Schadenfall zum Bewußtsein gebracht wurde"); dem zustimmend *Koller*[4] Rdn. 9; ebenso *Putzeys* Nr. 1147.

364 Zum Überblick siehe *Loewe* TranspR **1988** 309, 315 f Nr. 39–41: Siehe z. B. NL Rb Rotterdam vom 5. 4. 1974, SS **1975** 137, 139 = RDU **1975** I 274.

365 BGH vom 7.11.1985, TranspR **1986** 53, 55 = VersR **1986** 287 ff zu § 40 Abs. 3 KVO, aber auch Ausführungen zur CMR; LG Mönchengladbach vom 16.3.1981, VersR **1982** 340; *Thume/Demuth* Rdn. 62; *Koller*[4] Rdn. 9; A OGH vom 29. 8. 1994, TranspR **1995** 110–112 m. zust. Anm. von *Jesser*; *Thume/Seltmann* Rdn. A 63; GB Queen's Bench Division vom 27.10.1986, ICI v. MAT, RDU **1988** 747, 757 = Lloyd's Rep. **1987** 1, 354, 360; B Cass vom 12.12.1980, ETR **1981** 250, 254 f; B CA Gent vom 25. 6. 1986, ETR **1987** 421, 429 (dazu ungenau und unrichtig MüKo/*Basedow* Rdn. 29); B CA Antwerpen vom 30.5.1979, ETR **1979** 924, 928 (keine Schadens- und Kostenschätzung erforderlich); B TribCom Lüttich vom 25.11.1982, ETR **1982** 843, 848. *Dorrestein* Nr. 297 S. 257; *Putzeys* Nr. 1147. Teilweise wird jedoch eine ungefähre Bezifferung der Schadenshöhe gefordert: B CA Gent vom 25. 6. 1986, ETR **1987** 421, 427; zustimmend MüKo/*Basedow* Rdn. 29; *Clarke*[2] Nr. 47 b(iv); *Lamy 91* Nr. 989 (nach *Clarke*[2]).

366 OLG Düsseldorf vom 13.1.1972, VersR **1973** 178, 180; *Thume/Demuth* Rdn. 62; *Koller*[4] Rdn. 9. A.A: *Putzeys* Nr. 1147.

367 F CA Toulouse vom 22.11.1989, RDU **1990** 450, 452 = BT **1990** 438 ff (es fehlte die Bezeichnung der Stücke, der Art des Schadens und irgendwelche Angaben für die Bezifferung des Schadens); F CA Paris vom 3. 2. 1984, unveröff., zitiert nach *Lamy 94* Nr. 559-3: „erste Schadensschätzung"; F CA Aix-en-Provence vom 7. 2. 1990, BT **1990** 689, 700; Dk Sø-og Handelsret 16.9.1977, Ugeskrift for Retswæsen **1977** 1004–1007; NL Hof's Gravenhage vom 19.11.1991, SS **1992** Nr. 97, 333 ff.

368 MüKo/*Basedow* Rdn. 29 unter Bezugnahme auf B Cass vom 12.12.1980, ETR **1981** 250, der dazu angesichts der klaren Lage bei Diebstahl einer ganzen Wagenladung aber nichts Entscheidendes aussagt.

369 *Koller*[4] Rdn. 9 im Anschluß an OLG Düsseldorf vom 27. 5. 1982, VersR **1983** 62 LS (Orig.-Urteil S. 15 f), *Thume/Demuth* Rdn. 62; a. A. MüKo/*Basedow* Rdn. 30.

370 GB Queen's Bench Division vom 27.10.1986, ICI v. MAT, RDU **1988** 747, 757 f = Lloyd's Rep. **1987** 1, 354; nicht dagegen die Übersendung von nicht zurückgegebenen Rechnungen unklar welchen Inhalts, GB Queen's Bench

erfolgen. Nur so wird der Zweck der Rechtsvereinheitlichung erreicht.[371] Ausreichend ist jede Form der Verkörperung durch übermittelte Schriftzeichen,[372] insbesondere durch Telegramm,[373] Telex,[374] Telefax,[375] Übersendung des amtlichen Schadensprotokolls.[376] Ob die Übermittlung durch EDV ausreicht,[377] muß davon abhängig sein, ob damit organisatorisch eine dauerhafte Festlegung erreicht ist, was aufgrund der gestiegenen Speicherungsmöglichkeiten innerhalb Europas meist gegeben sein wird.[378] Keine bestimmte Formulierung ist vorgeschrieben,[379] also auch keine Unterschrift erforderlich.[380] Auch die Zusendung einer Schadensrechnung[381] oder eines den Schaden genau darlegenden kaufrechtlichen Reklamationsschreibens[382] kann ausreichen, jedoch müssen diese Dokumente genügend Angaben über den Schadensfall enthalten und aus ihnen oder den begleitenden Umständen, etwa aus den telefonischen Kontakten, muß sich eindeutig ergeben, daß der Frachtführer haftbar gemacht werden soll. Eine Folge von Briefen, in denen zunächst der Schaden gerügt, später Ersatzansprüche angemeldet werden, kann insgesamt als Reklamation genügen.[383] Die Reklamation eines dazu befugten Versicherers unter Bezugnahme auf frühere Reklamationen anderer unter Beifügung einer Reklamationsrechnung ist wirksam.[384] Die Hemmung beginnt mit dem Zugang unabhängig vom Lauf der Verjährungsfrist, also eventuell auch schon vor dieser.[385] Erfolgt die Reklamation vor Ablauf der Vorfrist von 60 Tagen nach Abs. 1 S. 3 c, wird nicht der Lauf der Vorfrist gehemmt, sondern die eigentliche Verjährungsfrist im Augenblick ihres Beginns.[386]

Eine **Übersendung von Belegen** (Urkunden) ist nach dem Text der CMR **kein Formerfordernis;**[387] allenfalls können die Belege zum genaueren Verständnis der 111

Division vom 1. 11. 1976, Muller v. Laurent, ETR **1978** 617 = Lloyd's Rep **1977 I** 411, 416.

371 Siehe grundsätzlich Art. 1 Rdn. 63 f; MüKo/*Basedow* Einl. Rdn. 19; zu Art. 32 MüKo/*Basedow* Rdn. 36; *Koller*[4] Rdn. 11. Entsprechendes gilt für Art. 20 Abs. 2 (siehe dort Rdn. 10) und Art. 27 Abs. 1 (siehe dort Rdn. 10).

372 *Putzeys* Nr. 1147.

373 Wirkung erst mit der Aushändigung; *Thume/Demuth* Rdn. 64; die bei *Palandt/Heinrichs*[56] § 126 Rdn. 11 angeführte Rechtsprechung bezieht sich zwar nur auf der Schriftform unterliegende Erklärungen, ist aber dennoch zutreffend.

374 OLG Koblenz vom 6. 10. 1989, TranspR **1991** 93, 96 = RIW **1990** 931 ff; LG Mönchengladbach vom 16. 3. 1981, VersR **1982** 340; F CA Paris vom 24. 3. 1972, BT **1972** 205, 206; B Trib Antwerpen vom 3. 3. 1976, ETR **1977** 437, 440; B CA Gent vom 25. 6. 1986, ETR **1987** 421, 429; B CA Antwerpen vom 30. 5. 1979, ETR **1979** 924, 928 (Brief, ergänzt durch Telex); *Thume/Demuth* Rdn. 64; MüKo/*Basedow* Rdn. 36; *Hill/Messent/Glass*[2] S. 244; *Putzeys* Nr. 1147; *Lamy 91* Nr. 987.

375 *Koller*[4] Rdn. 11; MüKo/*Basedow* Rdn. 36; *Braun* VersR **1988** 651; *Jesser* 184 m. w. H.

376 „Constat d'huissier", F TGI Toulouse vom 7. 2. 1968, ETR **1971** 139, 141; bestätigt F CA Toulouse 17. 2. 1971, ETR **1971** 412, 415 f = BT **1971** 353; *Putzeys* Nr. 1147.

377 *Koller*[4] nimmt dies ohne weiteres an.

378 *Thume/Demuth* Rdn. 64 nimmt dies für EDIFACT nur bei „schriftlicher Verkörperung" (also wohl bei Ausdruck) an.

379 B CA Gent vom 25. 6. 1986, ETR **1987** 421, 429.

380 MüKo/*Basedow* Rdn. 36.

381 So jedenfalls französische Urteile: F CA Aix-en-Provence vom 11. 3. 1969, BT **1969** 389; F TGI Albertville vom 4. 3. 1975, BT **1975** 217, 218; F CA Reims vom 3. 3. 1980, BT **1980** 237, 238.

382 BGH vom 7. 11. 1985, TranspR **1986** 53, 55 = VersR **1986** 287 ff.

383 B TribCom Antwerpen vom 7. 12. 1973, ETR **1976** 295, 300.

384 OLG Düsseldorf vom 8. 3. 1976, VersR **1976** 1161 f = NJW **1976** 1594; F CA Aix-en-Provence vom 11. 3. 1969, BT **1969** 389 f (observation S. 390); siehe auch F CA Paris vom 16. 5. 1969, ETR **1969** 986, 903 f = BT **1969** 190, 191; MüKo/*Basedow* Rdn. 30.

385 GB Queen's Bench Division vom 27. 10. 1986, ICI v. MAT, RDU **1988** 747, 749, 759 = Lloyd's Rep. **1987** 1, 354, 361; MüKo/*Basedow* Rdn. 37.

386 MüKo/*Basedow* Rdn. 37. Offenlassend GB Queen's Bench Division vom 27. 10. 1986, ICI v. MAT, RDU **1988** 747, 759 = Lloyd's Rep. **1987** 1, 354, 361.

387 F CA Paris vom 27. 2. 1980, BT **1980** 384, 386 f; F CA Paris vom 25. 3. 1982, BT **1982** 434, 435; observation zu F CA Reims vom 3. 3. 1980, BT **1980** 237, 238; B CA Gent vom 25. 6. 1986, ETR **1987** 421, 429; MüKo/*Basedow* Rdn. 30; *Koller*[4] Rdn. 9; *Haak* S. 303. **A. A.** NL Rb Rotterdam

Reklamation erforderlich sein.[388] Es „müssen alle Urkunden eingeschlossen sein, die notwendig sind, damit der Frachtführer zur Reklamation Stellung nehmen kann."[389] Im Regelfall ist jedoch auch ohne die Urkunden die Funktion der Reklamation erfüllt, dem Frachtführer eindeutig bewußt zu machen, daß er für den Schaden in Anspruch genommen werden wird.[390] Die Urkunden sind also nur ausnahmsweise erforderlich.[391] Der Text der CMR gibt keine Hinweise dafür, daß aus dem Schadensanmeldungsverfahren eine Art vorverlegte Beweisaufnahme gemacht werden sollte.[392] Es ist auch bedenklich, in dieser Weise den Beginn der Hemmung an formale Anforderungen zu binden, die durchaus nicht in jedem Falle bereits bei Reklamation vorliegen. Keineswegs läßt sich stets im voraus übersehen, welche Urkunden später noch benötigt werden. Die Vorverlegung der Obliegenheit zur Urkundenvorlage auf den noch unstreitigen Stand der Schadensbehandlung birgt die Gefahr, daß selbst urkundlich nachweisbare Ansprüche verjähren, weil die Urkunden erst nach der Reklamation vorgelegt worden sind. Dem Frachtführer ist demgegenüber ohne weiteres zuzumuten, wegen einer Reklamation zurückzufragen und sie bei nicht ausreichender Begründung zurückzuweisen.[393] Die Meinungsunterschiede zur Erforderlichkeit der Urkundenvorlage verlieren im übrigen ihre Schärfe, wenn man konsequent nur im Falle der Notwendigkeit die Vorlage der erforderlichen Urkunden verlangt.[394]

d) Beginn der Hemmungswirkung

112 Der **Beginn der Hemmungswirkung** ist in der CMR nicht eindeutig geregelt. Zwar könnte die Formulierung von Art. 32 Abs. 2 S. 1 CMR dafür sprechen, daß der Absendetag maßgeblich ist, die Wirkung tritt nach deutscher, österreichischer und international überwiegender Auffassung aber erst mit dem Zugang[395] eines Briefes ein, der inhaltlich den Anforderungen einer Reklamation genügt.[396] Der Zeitpunkt, an dem die Hemmung beendet wird, ist in der CMR nicht eindeutig geregelt.[397] Aus deutscher Sicht ist die Reklamation eine geschäftsähnliche, schriftliche, empfangsbedürftige Erklärung, die erst mit dem Zugang beim Frachtführer wirksam wird.[398] Danach wäre erst mit ihrem Zugang wirksam reklamiert. Wäre klar beabsichtigt gewesen, die Absendung genügen zu lassen, hätte die CMR dies besonders bestimmen

---

vom 5.4.1974, SS **1975** 137, 139 = RDU **1975** I 274 (obiter dictum, da es ohnehin an der Aktivlegitimation fehlte). GBQueen's Bench Division vom 27.10.1986, ICI v. MAT, RDU **1988** 747, 757 = Lloyd's Rep. **1987** 1, 354, 360.

388 B CA Gent vom 25. 6. 1986, ETR **1987** 421, 429.

389 A OGH vom 29. 8. 1994, TranspR **1995** 110, 112 m. zust. Anm. von *Jesser*.

390 Strikter gegen die Obliegenheit zur Vorlage der Urkunden aber *Koller*[4] Rdn. 9; *Thume/Demuth* Rdn. 63.

391 A OGH vom 29. 8. 1994, TranspR **1995** 110, 112; zustimmend *Jesser* 185 und TranspR **1995** 113; MüKo/*Basedow* Rdn. 30; positive Beispiele aus der Rechtsprechung liegen dafür – soweit erkennbar – bisher nicht vor.

392 In diesem Sinne auch *Loewe* TranspR **1988** 309, 316.

393 *Koller*[4] Rdn. 9; GB Queen's Bench Division vom 15. 5. 1978, Richter *Mocatta*, im Falle Moto Vespa vs. MAT, Lloyd's Rep. **1979** I 175, 180; **a. A.** *Jesser* 185, insb. auch Fn. 871. Die Frage ist international umstritten; zum Streitstand siehe *Hill/Messent/Glass*[2] S. 244 ff und *Clarke*[2] Nr. 47b (ii), S. 227 jeweils m. w. N.

394 Der von *Jesser* formulierte Leitsatz zum A OGH vom 29. 8. 1994, TranspR **1995** 110, 112 drückt den Ausnahmecharakter der Urkundenvorlage verdeutlichend aus.

395 „Mittelbar" aus Art. 32 Abs. 2 S. 3 ableitbar: *Loewe* ETR **1976** 586; *Loewe* TranspR **1988** 309, 316 m. w. H.; *Clarke*[2] Nr. 47s *Hill/Messent/Glass*[2] S. 251; *Koller*[4] Rdn. 15; MüKo/*Basedow* Rdn. 37; *Putzeys* Nr. 1145; *Haak* S. 304; *Regnarsen* S 270; *Lamy 94* Nr. 557; A OGH vom 27.4.1987, SZ **60** 70, S. 363, 368 ff = TranspR **1987** 372 ff = ETR **1988** 193 ff; hilfsweise für Deutschland aus § 130 Abs. 1 BGB.

396 OLG Frankfurt vom 5. 11. 1985, TranspR **1986** 282, 285 = VersR **1986** 1070 f; *Baumgärtel/Giemulla* Beweislast Art. 32 CMR Rdn. 1.

397 MüKo/*Basedow* Rdn. 39.

398 Siehe Rdn. 104.

müssen.[399] Im französischen Recht sind die Meinungen geteilt: Entgegen früherer Rechtsprechung[400] und Literatur hat die F Cass vom 20.7.1983, BT **1984** 236, 116 f in bisher einem Fall das Datum der Absendung als Beginn der Hemmungswirkung anerkannt. Allerdings hatte der Frachtführer nur bestritten, daß er das Reklamationsschreiben überhaupt empfangen habe.[401] Die Hemmungswirkung dauert zeitlich unbegrenzt fort,[402] bis sie durch Zurückweisung der Reklamation beendet[403] oder die Verjährung unterbrochen wird.

Bei **Zugang der Reklamation muß die eigentliche Verjährungsfrist nicht bereits** **113**
begonnen haben.[404] Sie kann also auch vor Ablieferung des Gutes bereits erfolgen, vor allem aber auch während des Laufs der Vorfristen nach Art. 32 Abs. 1 S. 3 Buchst. b und c; siehe dazu Rdn. 84 f. Die Vorfrist wird nicht gehemmt, weil die Hemmung nur die eigentliche Verjährungsfrist betrifft;[405] in diesen Fällen wird die Verjährungsfrist bei ihrem Beginn gehemmt.[406] Diese Lösung ist zwar in der CMR nicht ausdrücklich vorgesehen, ergibt sich aber aus der einfachen Überlegung, daß der Lauf einer Frist nicht gehemmt werden kann, bevor er beginnt.[407] Schließt man sich dieser Auffassung an, ist das künstliche Problem der vorzeitigen Reklamation beseitigt; weder die Vorfrist noch die Verjährungsfrist werden von der Vorzeitigkeit berührt.[408] Diese Lösung ist rechtspolitisch neutral.[409]

e) Reklamierender

aa) Grundsätzliches

Als Reklamierende kommen jedenfalls **alle Personen** in Betracht, die berechtigt **114**
sind, die Ansprüche geltend zu machen.[410] Als Gläubiger der Schadenersatzansprüche ist im Regelfall der Absender als Vertragspartner des Frachtführers zur Reklamation berechtigt, aber auch der Empfänger,[411] und zwar im Fall der Doppellegitimation neben dem Absender als Gesamtgläubiger.[412] Daraus folgt, daß jeder von ihnen selb-

---

[399] Wie in der englischen Fassung von Art. 27 Abs. 1 S. 2; siehe Rdn. 14.

[400] F TribCom Paris vom 25. 6. 1979, BT **1979** 403, 404; praktisch genügte dabei der Zugang, wenn der Empfang durch Nicht-Abholung des Einschreibens verhindert wurde; F CA Paris vom 25. 3. 1982, BT **1982** 434, 435, observation S. 436; *Loewe* TranspR **1988** 309, 316.

[401] Daher ist die Aussagekraft der Entscheidung gemindert; siehe observation S. 237.

[402] Unstr., Fall: F Cass vom 16.3.1993, BT **1993** 262. Auch eine rechtsmißbräuchliche Berufung auf die eindeutig erzeugte Hemmungswirkung kommt nicht in Betracht.

[403] MüKo/*Basedow* Rdn. 39.

[404] Unzutreffend meint *Clarke*[2] Nr. 47a, der A OGH vom 1.7.1982, TranspR **1984** 193 = *Greiter* 168 ff vertrete die Auffassung, die Reklamation könne vor Beginn der Verjährungsfrist nicht wirksam erfolgen. Das Urteil besagt nur, daß die Reklamation vor Beginn der Verjährung keine Hemmungswirkung haben konnte, weil die Verjährung nach Art. 39 Abs. 4 CMR noch nicht begonnen hatte und daher irrelevant war.

[405] Art. 32 Abs. 2 S. 1: „suspend la prescription …", „shall suspend the period of limitation …". *Putzeys* Nr. 1145; MüKo/*Basedow* Rdn. 37; *Koller*[4] Rdn. 15; im Ergebnis auch *Loewe* TranspR **1988** 309, 316.

[406] Völlig klar, aber immer wieder mißverstanden *Loewe* ETR **1976** 585 f; weniger deutlich in *Loewe* TranspR **1988** 309, 316. Eindeutig auch *Putzeys* Nr. 1145; B CA Antwerpen vom 17.10.1979, ETR **1980** 314 ff.

[407] Ebenso wie die Zurückweisung die Hemmung nicht vor Beginn der Verjährung beenden kann; siehe Rdn. 138.

[408] *Koller*[4] 15; so auch das Ergebnis MüKo/*Basedow* Rdn. 37 und 39.

[409] Daher entfallen die Gerechtigkeitserwägungen bei *Hill/Messent/Glass*[2] S. 250; *Loewe* TranspR **1988** 309, 316 Nr. 46; zur Frage der Wirkung der Zurückweisung noch in der Vorfrist siehe Rdn. 138.

[410] Siehe § 429 HGBaF Rdn. 144 und § 40 KVO, Anh. II nach § 452 HGBaF Rdn. 23 ff; *Koller*[4] Rdn. 65; *Koller* TranspR **1989** 308, 309; OLG Düsseldorf vom 27.5.1982, VersR **1983** 62 LS (Orig.-Urteil S. 15 f); a. A. *Herber/Piper* Rdn. 10.

[411] Für den Empfänger BGH vom 12.12.1985, TranspR **1986** 278, 281 = VersR **1986** 381, 383 f.

[412] BGH vom 24.10.1991, BGHZ **116** 15, 19 f = TranspR **1992** 177, 179 = VersR **1992** 640, 641;

ständig und nur mit Wirkung für sich zu reklamieren hat,[413] und daß gegebenenfalls der Frachtführer jede Reklamation gesondert zurückweisen muß.[414] Ansprüche aus dem Unterfrachtvertrag gegen den abliefernden Unterfrachtführer stehen nach der Rechtsprechung des BGH ausschließlich dem Hauptfrachtführer zu, so daß nur dieser, nicht der Endempfänger, reklamationsberechtigt ist.[415] Wer zur Geltendmachung eines Drittschadens legitimiert ist, hat als Inhaber eines Leistungsanspruchs auch die Möglichkeit der verjährungshemmenden Reklamation.[416] Wegen der weiten Geltung des Art. 32 CMR (siehe Rdn. 8) kommen auch Gläubiger außervertraglicher Ansprüche, insbesondere wegen ihrer deliktischen Ansprüche, die Eigentümer geschädigter oder verlorener Güter als Reklamierende in Betracht.[417]

115 Die Reklamation setzt voraus, daß der Reklamierende **im Zeitpunkt ihrer Vornahme Gläubiger** ist.[418] Wichtig ist dies vor allem in den Fällen der Vertretung, der Rechtsnachfolge oder der Rechtsstandschaft; siehe Rdn. 108, 121.

116 **Reklamiert ein Nichtlegitimierter**, so kann nach Auffassung des BGH die nachträglich erklärte Genehmigung des Berechtigten die unwirksame Reklamation grundsätzlich nicht nach § 185 Abs. 2 S. 1 BGB wirksam machen.[419]

bb) Offene Stellvertretung

117 Diese ist unstreitig möglich.[420] Soweit deutsches Recht ergänzend gilt, sind §§ 164 ff anzuwenden. Die Berechtigung, für einen Aktivlegitimierten aufzutreten[421] (Vollmacht), ist gem. § 174 BGB nachzuweisen.[422] Die Regeln über empfangsbedürftige Willenserklärungen sind auf die Reklamation anzuwenden, denn sie ist mit der Mahnung im Rechtstypus verwandt. Dadurch werden die Möglichkeiten der Stellvertretung beschränkt.[423] Jedoch ist auch eine konkludent erteilte Vollmacht anzuerkennen.[424]

Koller[4] Rdn. 14. Zur Doppellegitimation siehe Art. 13 Rdn. 14 ff; § 429 HGBaF Rdn. 148 ff.

413 F CA Toulouse vom 22. 11. 1989, RDU **1990** 450, 453 = BT **1990** 437, 438; Tribunal de grande instance Valence vom 18. 11. 1981, BT **1982** 211. *Koller*[4] Rdn. 14; *Loewe* ETR **1976** 585. Für eine wirksame Reklamation von Absenderansprüchen durch den Empfänger noch OLG Düsseldorf vom 13. 1. 1972, VersR **1973** 178, 180. BGH vom 12. 12. 1985, TranspR **1986** 278, 281 = VersR **1986** 381, 383 f geht von Empfängerreklamationen aus, auf die sich verklagter Absender im Wege der Aufrechnung beruft. Wer Gläubiger der Ersatzforderungen war und ob Abtretungen vorlagen, wird nicht erörtert.
Zu einem Fall der wirksamen Reklamation durch den Absender, der einen schadenersatzverlangenden Brief des Empfängers in Fotokopie übersandte: BGH vom 7. 11. 1985, TranspR **1986** 53 ff = VersR **1986** 287 ff.

414 §§ 428aF, 429 HGBaF Abs. 3, § 425 HGBaF Abs. 2 BGB; BGH vom 24. 10. 1991 S. 20 *Koller*[4] Rdn. 15 a. E. Siehe Rdn. 137 f.

415 Siehe § 432 HGBaF Rdn. 31 ff, insbesondere Rdn. 35; unten Rdn. 127.

416 *Thume/Demuth* Rdn. 71; zur Drittschadensliquidation siehe § 429 HGBaF Rdn. 157 ff.

417 Siehe Rdn. 126 MüKo/*Basedow* Rdn. 31.

418 BGH vom 24. 10. 1991, BGHZ **116** 15, 21 = TranspR **1992** 177, 179 = VersR **1992** 640, 641; *Thume/Demuth* Rdn. 72.
NL Rb Rotterdam vom 5. 4. 1974, SS **1975** 137, 139 = RDU **1975** I 274.

419 BGH vom 24. 10. 1991, BGHZ **116** 15, 20 f = TranspR **1992** 177, 178 = VersR **1992** 640, 641; *Thume/Demuth* Rdn. 72. Siehe dazu aber kritisch bei § 429 Rdn. 165.

420 Siehe Rdn. 104; *Koller*[4] Rdn. 13; *Thume/Demuth* Rdn. 67; OLG Düsseldorf vom 27. 5. 1982, VersR **1983** 62 LS (Orig.-Urteil S. 17).

421 *Loewe* ETR **1976** 585 allgemein ohne zwischen Reklamation im eigenen oder fremden Namen (Rechtsstandschaft oder Stellvertretung) zu unterscheiden.

422 Nach deutschem Recht vernichtet die Zurückweisung die Rechtswirkung der Reklamation.

423 Siehe Rdn. 104; dort auch zur Vertretung ohne Vertretungsmacht.

424 Siehe BGH vom 21. 11. 1996, TranspR **1997** 164, 166 = NJW **1997** 729–730; dazu Rdn. 135.

cc) Rechtsnachfolge

Reklamationen von berechtigten Rechtsvorgängern, insbesondere des ursprünglich ersatzberechtigten Absenders oder Empfängers, wirken zugunsten der Rechtsnachfolger, wenn sie vor dem Rechtsübergang vollzogen sind.[425] Reklamationsberechtigt sind auch Rechtsnachfolger des Absenders oder Empfängers aufgrund von ausdrücklicher oder stillschweigender[426] Abtretung,[427] nicht aber, wenn es an jeder Handlung fehlt, aus der sich eine Bevollmächtigung ergeben könnte.[428] Die Wirkung einer Abtretung hat auch der gesetzliche Forderungsübergang, insbesondere auf den Transportversicherer; § 67 VVG.[429] Zu diesem Komplex siehe grundsätzlich § 429 HGBaF Rdn. 143 ff, insbesondere Rdn. 163 ff, wo auch die CMR-Fälle mitbehandelt sind. **118**

Die **vor der Reklamation vollzogene Abtretung** oder ein bereits eingetretener Forderungsübergang des Anspruchs ist grundsätzlich Voraussetzung.[430] Die Reklamation eines Zessionars vor der Abtretung ist nach Auffassung des BGH in jedem Fall unwirksam,[431] auch wenn er die unverjährte Forderung nachträglich erwirbt. Diese Lösung ist zwar dogmatisch begründbar, aber rechtspolitisch unglücklich.[432] Denn auch eine solche Reklamation erfüllt den ihr zugedachten gesetzlichen Zweck.[433] Es wäre z. B. sachlich sinnlos, wenn der Zessionar die Reklamation nach Erwerb der Forderung noch einmal wiederholen müßte. Der BGH schätzt das Interesse des Schuldners an vollständiger Klarheit m. E. zu hoch ein. Immerhin handelt es sich um Geschäfte, bei denen die Parteien, insbesondere auch wegen der Rolle der Versicherer (§ 67 VVG), vielfach die genauen Berechtigungsverhältnisse nicht kennen oder auch nur kennen können. Die enge Handhabung der Hemmung der ohnehin extrem kurzen **119**

---

[425] *Thume/Demuth* Rdn. 68; *Koller*[4] Rdn. 13.

[426] Ausreichend kann sogar schon sein, daß der Geschädigte das Auftreten des Versicherers für ihn wissentlich geschehen läßt (MüKo/*Basedow* Rdn.` 33), weil die stillschweigend ihm gegenüber durch konkludentes Handeln erteilte Vollmacht ausreicht; § 167 Abs. 1 BGB.

[427] BGH vom 24.10.1991, BGHZ **116** 15, 21 = TranspR **1992** 177, 179 = VersR **1992** 640, 641; OLG Düsseldorf vom 24. 3. 1983, TranspR **1984** 14, 15 f (stillschweigende Abtretung an Transportversicherer); OLG München vom 10.1.1997, TranspR **1997** 277, 279 (Abtretung an Assekuradeur verstößt nicht gegen RBerG); MüKo/*Basedow* Rdn. 33. Der BGH aaO, S. 21 lehnt die Rückwirkung einer zeitlich späteren Abtretung gem. § 185 Abs. 2 S. 1 BGB ab; dagegen siehe § 429 HGBaF Rdn. 165; **a. A.** auch OLG Hamburg vom 17.11.1983, VersR **1984** 236; *Koller* TranspR **1989** 308, 309.
F CA Paris vom 21. 12. 1978, BT **1979** 84, 85.

[428] MüKo/*Basedow* Rdn. 33; ebenso im französischen Recht, *Lamy* Transport Nr. 34 Bulletin d'actualité Nr. 34; *Lamy 94* Nr. 559–2.

[429] Zum Versichererregreß siehe § 429 HGBaF Anh. I Rdn. 86 ff; zur Aktivlegitimation des Versicherers § 429 HGBaF Rdn. 143 f. Zum ausländischen Recht siehe Art. 17 Rdn. 248; ferner A OGH vom 27. 4. 1987, SZ **60** 70, S. 365 = TranspR **1987** 372 = ETR **1988** 193 ff: F CA Aix-en-Provence vom 11.3.1969, BT **1969** 389; (observation S. 390); F CA Paris vom 21.12. 1978, BT **1979** 84, 85; B TribCom Antwerpen vom 7.2.1974, ETR **1974** 405, 511 f; *Lamy 94* Nr. 559–1; *Silingardi* S. 289.

[430] A OGH vom 27.4.1987, SZ **60** 70, S. 365 = TranspR **1987** 372 = ETR **1988** 193 ff. OLG Düsseldorf vom 27.5.1982, VersR **1983** 62 LS (Orig.-Urteil S. 16).

[431] Bei Zession BGH vom 24. 10. 1991, BGHZ **116** 15, 21 = TranspR **1992** 177, 179 = VersR **1992** 640, 641, gegen die Vorinstanz OLG München vom 21. 7. 1989, TranspR **1989** 324; a. A. ferner OLG Hamburg vom 17.11.1983, VersR **1984** 236; B Cass vom 7.11.1983 JPA **1985**, S. 87 ff; bei *Lamy 91* Nr. 989 ohne Kritik zitiert; GB Queen's Bench Division vom 15.5.1978, Richter *Mocatta*, im Falle Moto Vespa vs. MAT, Lloyd's Rep. **1979** I 175; B CA Antwerpen vom 30. 6. 1982, ETR **1983** 84, 87.
Bei Forderungsübergang auf den Versicherer (subrogation) F CA Aix-en-Provence vom 8.11.1968, ETR **1969** 918 ff = BT **1969** 18, 19, 326; *Putzeys* Nr. 1144; *Koller*[4] Rdn. 13 und TranspR **1989** 308, 310 mit beachtlichen Argumenten; MüKo/*Basedow* Rdn. 32. Kritisch auch *Loewe* ETR **1976** 585.

[432] Siehe § 429 HGBaF Rdn. 165; großzügiger auch ein Teil der Literatur: *Koller*[4] Rdn. 13 und TranspR **1989** 308, 310; *Csoklich* 255. Grundätzlich auch *Haak* S. 271 und *Koller*[4] Rdn. 13.

[433] OLG München vom 21.7.1989, TranspR **1989** 324 ff mit überzeugender Begründung.

Verjährung durch die Rechtsprechung kann auch den Reklamationsformalismus noch erheblich verstärken. Jeder, der zu irgendeiner Zeit einmal Gläubiger ist oder sein kann, muß danach jedenfalls sofort reklamieren oder frühere Reklamationen wiederholen, um einem Rechtsverlust vorzubeugen.[434] Die Folge davon ist, daß der Frachtführer entsprechend viele Reklamationen zurückweisen muß. *Basedow*[435] begründet die Reklamation vor Forderungsübergang als Handeln für den, den es angeht. Dies ist akzeptabel, weil in der Tat keine essentiellen Gründe für einen Schutz des Frachtführers sprechen. Die Chance, sich durch kurze Verjährung der längst bekannten Haftung zu entziehen, ist aus kritischer Sicht kein unantastbares Recht des Frachtführers; siehe auch Rdn. 1. Zur Lösung über Rechtsstandschaft siehe Rdn. 121.

120 Der Rechtscharakter der Reklamation als einseitiger geschäftsähnlicher Handlung (siehe Rdn. 104) führt zur **entsprechenden Anwendung von § 410 Abs. 1 S. 2 BGB.**[436] Der Schuldner kann somit eine Reklamation ohne Vorlage einer Abtretungsurkunde des Zessionars unverzüglich zurückweisen und damit unwirksam machen.

dd) Rechtsstandschaft

121 Daneben ist auch die Reklamation als Rechtsstandschafter[437] möglich. Eine solche ist in gewissen Standardfällen regelmäßig anzunehmen – jedenfalls, wenn der Reklamierende den Anspruch in eigenem Namen geltend machen könnte (Prozeßstandschaft).[438] Zwar wird die Prozeßstandschaft z. B. der Transportversicherer schon vor Abtretung oder Rechtsübergang akzeptiert.[439] Zur Schadensreklamation ist regelmäßig auch der klageberechtigte Assekuradeur als Prozeßstandschafter legitimiert.[440] Der Schadensreklamation durch nicht besonders dazu ermächtigten Transportversicherer vor Abtretung oder Forderungsübergang steht jedoch die deutsche Rechtsprechung ablehnend gegenüber.[441] Die Zulässigkeit gewillkürter Prozeßstandschaft wird von der deutschen Rechtsprechung zur CMR wie zum übrigen Frachtrecht ohne weiteres nach deutschem materiellen Recht begründet. Sachlich ist es wohl richtig, ihre Zulässigkeit der lex fori, ihre materiellrechtliche Begründung jedoch dem Vertragsstatut zu entnehmen.[442] Bei der Rechtsstandschaft ist wohl – mangels prozeßrechtlicher Anknüpfungspunkte – immer vom Vertragsstatut auszugehen.[443]

---

[434] Eingehend hierzu *Koller* TranspR **1989** 308, 310; *Thume/Demuth* Rdn. 72.

[435] MüKo/*Basedow* Rdn. 32.

[436] *Thume/Demuth* Rdn. 68.

[437] BGH vom 24. 10. 1991, BGHZ **116** 15, 20 f = TranspR **1992** 177, 179 = VersR **1992** 640, 641. Dazu allgemein § 429 HGBaF Rdn. 144 ff, 164 f. Völlig übersehen wird diese Fallgruppe von *Koller* TranspR **1989** 308, 309. Zutreffend weisen *Thume/Demuth* Rdn. 62 darauf hin, daß eine Reklamation als Vertreter oder Rechtsnachfolger für eine noch unbestimmte Person den Frachtführer in Schwierigkeiten bringen kann.

[438] Zum Begriff siehe § 429 HGBaF Rdn. 163. Zu Art. 32 CMR: BGH vom 24. 10. 1991, BGHZ **116** 15, 20 f = TranspR **1992** 177, 178 = VersR **1992** 640, 641; *Koller*[4] Rdn. 13; *Thume/Demuth* Rdn. 70; *Hill/Messent/Glass*[2] S. 247.

[439] Siehe § 429 HGBaF Rdn. 163; zur CMR BGH vom 6. 5. 1981, NJW **1981** 2640 = TranspR **1981** 41 ff = ETR **1982** 313 ff.

[440] Siehe § 429 HGBaF Rdn. 163.

[441] Zu Art. 32 CMR insbesondere BGH vom 24. 10. 1991, BGHZ **116** 15, 20 f = TranspR **1992** 177, 178 = VersR **1992** 640, 641; siehe dazu kritisch § 429 HGBaF Rdn. 165; insbesondere aus wirtschaftlichen Gründen kritisch MüKo/*Basedow* Art. 32 CMR Rdn. 32; insoweit zutreffend auch *Thume/Demuth* Rdn. 68.

[442] *Schack*[2] Rdn. 557 ff.

[443] So jedenfalls im Ergebnis auch MüKo/*Basedow* Rdn. 31.

ee) Transportversicherer, Assekuradeure

Die Reklamation des Transportversicherers genügt jedenfalls, wenn die Ansprüche nach § 67 VVG auf ihn übergegangen[444] oder an ihn abgetreten worden sind,[445] oder wenn er vom Anspruchsberechtigten zumindest stillschweigend bevollmächtigt worden ist,[446] was man in der Regel annehmen kann, wenn er sich in einem Schadensfall überhaupt meldet.[447] Bei ausländischen Versicherern kann nicht ohne weiteres davon ausgegangen werden, daß bei Schadensregulierung die Ersatzansprüche auf den Versicherer übergegangen sind.[448] Fehlt es am Forderungsübergang, ist die vor der Abtretung erfolgte Reklamation unwirksam; siehe aber Rdn. 119. **122**

Vor allem in der **ausländischen Rechtsprechung** ist nicht immer klar, **inwieweit Versicherer oder Assekuradeure als Stellvertreter handeln**, insbesondere, ob sie dafür eine besondere Vollmacht benötigen. Nach französischer Auffassung reicht jedenfalls die Reklamation des Transportversicherers, auf den keine Ansprüche übergegangen sind, grundsätzlich nicht aus;[449] wohl nach belgischer Rechtsprechung nicht die Reklamation durch einen Havariekommissar, der als Versicherer für Rechnung und im Namen des Ladungsbeteiligten handelt.[450] Das Vorliegen von Vollmachten wird in letzterem Fall nicht erwähnt, so daß keine volle Vergleichbarkeit mit deutschen Urteilen besteht. **123**

ff) Spediteure

Eine Reklamationsbefugnis steht auch dem **Auftraggeber eines Spediteurs** zu, der für diesen in eigenem Namen die Absendung besorgt hat, und zwar vor der Abtretung an den Versender.[451] Dies kann auch ähnlich gesehen werden bei einem Auftraggeber des Absenders, für den dieser ähnlich wie ein Spediteur die Absendung übernommen hat.[452] Jedoch muß in diesem Fall die Ermächtigung genau dargelegt werden.[453] **124**

---

444 OLG Hamburg vom 24.1.1985, TranspR **1985** 185, 186 = VersR **1986** 357; OLG Köln vom 30.3.1979, 19 U 16/79 (unveröff.); für Österreich gilt das gleiche; A OGH vom 27. 4. 1987, SZ 60 70, S. 363, 365 = TranspR **1987** 372 = ETR **1988** 193 ff; ebenso für Frankreich; F CA Aix-en-Provence vom 8. 11. 1968, ETR **1969** 918 ff = BT **1969** 18, 19; *Thume/Seltmann* Rdn. A 69. Nach B TribCom Antwerpen vom 7.2.1974, ETR **1974** 405, 511 f soll bereits die schriftliche Geltendmachung der übergegangenen Forderung durch den Transportversicherer genügen, wenn sie an einen vom Frachtführer benannten Versicherungsmakler gerichtet ist.
Nach französischem Recht ist für den Versichererregreß die Zahlung der Entschädigung erforderlich, um ihm die Reklamation zu ermöglichen, *Lamy 91* Nr. 989 (1) m. w. N.; F CA Aix-en-Provence vom 8.11.1968, ETR **1969** 918 ff = BT **1969** 18, 19; F CA Paris vom 17.11.1973, BT **1974** 81; ebenso nach belgischem Recht B TribCom Bergen vom 9.11.1976, ETR **1977** 300, 304.

445 Siehe Rdn. 118 f.

446 F CA Aix-en-Provence vom 8.11.1968, ETR **1969** 918 ff = BT **1969** 18, 19; NL Rb Utrecht vom 11. 4. 1979, SS **1980** 23 ff, Nr. 12.

447 MüKo/*Basedow* Rdn. 32.

448 So nach englischem Recht; siehe LG Köln vom 10.12.1993, TranspR **1995** 71.

449 F CA Aix-en-Provence vom 8.11.1968, ETR **1969** 918, 922 = BT **1969** 18–20; zur Unterbrechung ähnlich F CA Paris vom 12.6.1970, BT **1970** 228 ff.

450 B TribCom Bergen vom 9.11.1976, ETR **1977** 300, 303 f, das sich im Widerspruch zu F CA Aix-en-Provence vom 8.11.1968, ETR **1969** 918 ff = BT **1969** 18–20 glaubt.

451 BGH vom 20.2.1970, VersR **1970** 416 f (zur KVO); OLG Düsseldorf vom 27.2.1987, TranspR **1987** 223, 225; *Piper* TranspR **1988** 201, 203. *Thume/Demuth* Rdn. 69. OLG Düsseldorf vom 27.2.1987, TranspR **1987** 223, 227 bejaht jedoch grundsätzlich ein Recht des Versenders zur Reklamation gegenüber dem Frachtführer schon vor Abtretung der Ansprüche des absendenden Spediteurs. Dagegen zu Unrecht kritisch *Koller* TranspR **1989** 308, 310, der die Möglichkeit der Rechtsstandschaft übersieht. Siehe zum Streitstand auch § 429 HGBaF Rdn. 164. Siehe auch die observation zu F CA Aix-en-Provence vom 8.11.1968, ETR **1969** 918ff = BT **1969** 18, 20 (das die rechtskräftig negativ entschiedene Frage nicht aufgreifen konnte).

452 *Koller*[4] Rdn. 13; *Thume/Demuth* Rdn. 69.

453 Deshalb überzeugt das Urteil des OLG Düsseldorf vom 16.12.1982, VersR **1983** 1028 f nicht.

125 Nach französischem Recht kann der Spediteur eine Reklamation gegenüber dem Frachtführer erst wirksam erklären, wenn er den Versender entschädigt hat.[454]

gg) Ladungseigentümer

126 Der Eigentümer (auch der Sicherungs- und Vorbehaltseigentümer), der weder Absender noch Empfänger ist, kann hinsichtlich seiner deliktischen Ersatzansprüche[455] auch verjährungshemmend reklamieren.[456]

f) Adressat der Reklamation

127 Regelmäßig ist der Frachtführer als Schuldner von Ersatzansprüchen Adressat der Reklamation.[457] Der ausliefernde Unterfrachtführer ist Adressat für die gegen ihn gerichteten Ansprüche aus dem Unterfrachtvertrag, der Hauptfrachtführer für die Ansprüche aus dem Hauptfrachtvertrag.[458] Eine Reklamation an den Unterfrachtführer hemmt daher nicht die Verjährung der Ansprüche gegen den Hauptfrachtführer.[459] Die Rechtsprechung des BGH, die dem Empfänger die Ansprüche aus dem Unterfrachtvertrag gegen den abliefernden Unterfrachtführer verweigerte, verwehrte ihm jedoch auch die Reklamation gegenüber dem Hauptfrachtführer zur Erhaltung dieser Ansprüche.[460]

128 Die Reklamation **an einen Bevollmächtigten des Frachtführers** genügt.[461] Die an den Fahrer gerichtete Reklamation wird nicht mit dem Empfang des Reklamationsschreibens, sondern erst mit der regelmäßigen Weiterleitung wirksam, da dieser im Regelfall nur als Empfangsbote[462] für derartige Erklärungen, und nicht zu eigener Entscheidung bevollmächtigt sein wird.[463] Nach welchem Recht sich diese Vollmachtsfragen entscheiden, ist äußerst umstritten. Zweckmäßig erscheint es, das Statut des Frachtvertrags zugrundezulegen, da die Wirkungen der Empfangsvollmacht bzw. Empfangsbotenermächtigung sich ausschließlich auf den Frachtvertrag und mit ihm zusammenhängende Fragen beziehen.[464]

129 Die **Reklamation gegenüber dem Hauptfrachtführer** hemmt nicht die Verjährung gegenüber allen beteiligten Frachtführern,[465] insbesondere nicht für die Ansprüche gegen einfache Unterfrachtführer,[466] soweit solche bestehen.[467] Im Verband der aufeinanderfolgenden Frachtführer nach Art. 34 CMR hängt die Verjährungshemmung vom ergänzend anzuwendenden Recht ab: nach deutschem Recht wirkt die

---

[454] F Cass vom 4. 10. 1982, BT **1982** 549 (observation dazu S. 550); F CA Agen vom 19. 3. 1980, BT **1980** 502 (observation S. 503 f); F CA Aix-en-Provence vom 11. 3. 1969, BT **1969** 389 (observation S. 390).

[455] Siehe allgemein oben Rdn. 8 und zu Abs. 1 S. 3 Buchst. c Art. 32 Rdn. 62.

[456] *Koller*[4] Rdn. 13, 14; MüKo/*Basedow* Rdn. 31; *Thume/Demuth* Rdn. 66 unter Bezugnahme auf OLG Düsseldorf vom 27. 5. 1982, VersR **1983** 62 LS (Orig.-Urteil S. 19 f).

[457] MüKo/*Basedow* Rdn. 31 Fn. 111 mit Hinweis auf F Cass vom 12. 7. 1994, *Lamy* Transport Bulletin d'actualité Nr. 34 D3.

[458] Siehe dazu § 432 HGBaF Rdn. 31 f.

[459] F Cass vom 10. 6. 1986, ETR **1986** 416, 418; MüKo/*Basedow* Rdn. 35.

[460] Siehe § 432 HGBaF Rdn. 31 ff, insbesondere Rdn. 35.

[461] Siehe Rdn. 104; zum niederländischen Recht siehe NL Rb Rotterdam vom 5. 4. 1974, SS **1975** 137, 139 = RDU **1975** I 274.

[462] *Palandt/Heinrichs*[56] § 130 BGB Rdn. 9.

[463] *Koller*[4] Rdn. 12; *Thume/Demuth* Rdn. 72. Nur so ist die beiläufige Bemerkung im Urteil des BGH vom 12. 12. 1985, TranspR **1986** 278, 280 f = VersR **1986** 381, 383 zu verstehen; MüKo/*Basedow* Rdn. 31 und Art. 30 Rdn. 11.

[464] Eingehend MüKo/*Spellenberg* vor Art. 11 EGBGB Rdn. 249 ff. BGH vom 16. 4. 1990, NJW **1990** 3088; BGH vom 13. 5. 1982, NJW **1982** 2733.

[465] MüKo/*Basedow* Rdn. 35; so aber für Österreich *Csoklich* S. 255 Fn. 65; *Jesser* 184; *Thume/Seltmann* Rdn. A 73.

[466] MüKo/*Basedow* Rdn. 35.

[467] Dazu Rdn. 114, 118, 127.

Reklamation gegenüber einem Gesamtschuldner[468] nicht zugunsten der anderen (§ 425 BGB).[469] In ausländischen Rechten kann das anders sein.[470]

Die Reklamation gegenüber dem Unterfrachtführer hemmt nicht die Ansprüche gegen den Hauptfrachtführer, wenn sie nicht weitergeleitet wird.[471]

Die **Reklamation an den Spediteur** des Frachtführers (Versand- oder Empfangs- **130**
spediteur) ist nicht ausreichend.[472] Sie genügt aber, wenn der Spediteur sie sofort an den Versicherer des Frachtführers weiterleitet.[473] Unterläßt er diese Weiterleitung, kann er gegenüber seinem Versender aus positiver Vertragsverletzung haften.[474]

Die **Reklamation des Schadens beim Haftpflichtversicherer** des Frachtführers **131**
genügte nach § 40 Abs. 3 KVO, nach deutscher Auffassung jedoch nicht nach der CMR.[475] Wegen des Fehlens der Versicherungspflicht in der CMR unterscheidet sich insoweit die zugrundeliegende Ausgangslage.[476] Nach deutschem Recht hat der Geschädigte keinen Rechtsanspruch gegen den Haftpflichtversicherer des Schädigers;[477] dieser ist also nicht sein Schuldner.[478] Dies schließt nicht aus, daß – je nach Vertragsgestaltung – der Versicherer ausdrücklich oder stillschweigend ermächtigt sein kann, als Bevollmächtigter oder Empfangsbote des Frachtführers die Reklamation entgegenzunehmen, wenn er mit der Schadensregulierung beauftragt ist.[479] Auch die direkte Geltendmachung des Schadens beim Speditionsversicherer, selbst soweit sie über den Frachtführer erfolgt, reicht nicht aus.[480] Da die Speditionsversicherung bisher anstelle des versicherten Spediteurs haftete, war mit der Geltendmachung des Schadens beim Speditionsversicherer keine Haftungsankündigung an den Frachtführer verbunden. Dies könnte unter anderem aufgrund des weiter gefaßten Versicherungsumfangs der Ziffern 1 sowie 2 (Doppelfunktion der Versicherung) SpV neu zu beurteilen sein.

---

[468] Art. 34 Rdn. 26; Art. 36 Rdn. 1, 5.

[469] MüKo/*Basedow* Rdn. 35; siehe etwa *Palandt/Heinrichs*[56] § 425 Rdn. 4; ähnlich im englischen Recht *Hill/Messent/Glass*[2] S. 249; GB Queen's Bench Division vom 21.7.1982, Worldwide Carriers v. Adtran International, Lloyd's Rep. **1983** 61 ff, aber weitergeleitet, *Loewe* TranspR **1988** 309, 316; GB Queen's Bench Division vom 13.4.1984, Jones v. Bencher, Lloyd's Rep. **1986** I 54. Fraglich ist allerdings, wer in einem solchen Falle wem gegenüber reklamieren muß; eine Wirkung der Reklamation und der Zurückweisung gegenüber einem der Gesamtschuldner für und gegen die anderen wäre zu befürworten. Siehe auch Art. 37.

[470] Z.Z. in Belgien, B CA Gent vom 25.6.1986, ETR **1987** 421, 430; *Ponet/Williams*, Rev. Dr. Comm. Belge **1992** 751. Siehe hierzu auch MüKo/*Basedow* Rdn. 35.

[471] MüKo/*Basedow* Rdn. 135; *Jesser* 868; bei Weiterleitung an den richtigen Adressaten jedoch wirksam; *Hill/Messent/Glass* S. 207 Fn. 53; auch in *Theunis* S. 180 f.

[472] MüKo/*Basedow* Rdn. 33; F CA Paris vom 2.11.1975 BT **1975** 515 (Begründung wenig aufschlußreich); B TribCom Lüttich vom 25.11.1982, ETR **1982** 843, 848.

[473] B TribCom Lüttich vom 25. 11. 1982, ETR **1982** 843, 848 f.

[474] MüKo/*Basedow* Rdn. 33.

[475] Anders aber B TribCom Antwerpen vom 7. 2. 1974, ETR **1974** 405, 511 f.

[476] Ebenso *Thume/Demuth* Rdn. 72; *Koller*[4] Rdn. 12. So auch im Common Law, *Hill/Messent/Glass*[2] S. 248 f; *Clarke*[2] Nr. 47c S. 232; im belgischen Recht, *Libouton* ETR **1973** 68, Nr. 91. Anders im französischen Recht, wo ein Direktanspruch gegen den Versicherer besteht, F CA Paris v. 12.6.1970, BT **1970** 228 ff; *Libouton* ETR **1973** 68, Nr. 91. Siehe auch die internationale Übersicht bei *Hill/Messent/Glass*[2] S. 248 f.

[477] Siehe § 429 HGBaF Anh. I Rdn. 32.

[478] Nach französischem Recht führt die Reklamation gegenüber dem Haftpflichtversicherer trotz der gegen ihn gegebenen action directe nicht zur Hemmung; F CA Paris vom 12.6.1970, BT **1970** 228, 229, observation S. 230; *Loewe* TranspR **1988** 309, 316.

[479] MüKo/*Basedow* Rdn. 33.

[480] *Thume/Demuth* Rdn. 61.

3. Beendigung der Hemmung (Art. 32 Abs. 2 S. 1)

132 Die Sonderhemmung dauert grundsätzlich unbegrenzt, auch über eine eventuell vereinbarte Zeit hinaus.[481] Um sie zu beenden, bedarf es nach der CMR zweier Maßnahmen des Frachtführers: der schriftlichen Erklärung der Zurückweisung und der Rücksendung der Belege.[482] Beides muß nicht gleichzeitig erfolgen. Mit dem letzten dieser Akte endet die Hemmung.[483] Die Zurückweisung allein beendet die Hemmung ebensowenig wie die bloße Rücksendung der Belege.[484] Ohne Rückgabe der Belege kann die Hemmung nicht beendet werden.[485] Die Rücksendung allein kann die Hemmung der Verjährung nicht bewirken. Dies ergibt sich nicht nur aus dem Text der CMR, denn die Rücksendung erlaubt ohnehin keine sicheren Schlüsse auf den Willen des Frachtführers.

a) Zurückweisung

133 Die Zurückweisung ist wie die Reklamation eine einseitige, **geschäftsähnliche Erklärung**. Für sie gelten daher die gleichen Einschränkungen.[486] Sie kann nicht vor Zugang der Reklamation erfolgen[487] und wirkt mit dem Augenblick des Zugangs von Erklärung und Belegen beim Reklamierenden. Für das österreichische Recht wird dies aus Art. 32 Abs. 2 S. 3 CMR hergeleitet.[488]

134 Die **Zurückweisung beendet die Hemmung grundsätzlich nur, wenn sie vom Frachtführer selbst kommt.**[489] Selbstverständlich ist hier Stellvertretung möglich.[490] Es genügt nach deutscher Auffassung wohl regelmäßig, wenn der CMR-Versicherer die Ansprüche zurückweist,[491] weil er nach deutschem Versicherungsrecht als Haftpflichtversicherer im Rahmen seiner Pflicht zur Abwehr unberechtigter Ansprüche handelt und damit den Frachtführer rechtsgeschäftlich vertritt. Die Ablehnung der Haftung kann sich nach deutschem Recht ohnehin nur auf die Verpflichtungen des Frachtführers beziehen, weil der Versicherer dem Geschädigten nicht unmittelbar haftet.[492] Nach französischem Recht kann der Versicherer des Frachtführers als Bevollmächtigter die Zurückweisung vornehmen, mit Beweislast für die Voraussetzungen beim Frachtführer.[493] Auch nach einem Urteil des NL Hof's Gravenhage vom 2.4.1976, ETR **1976** 767 = SS **1977** Nr. 34 S. 84 soll es jedoch ausreichen, wenn

---

481 B CA Antwerpen vom 17.10.1979, ETR **1980** 314 ff.

482 Unstr., statt vieler *Loewe* ETR **1976** Nr. 266; *Thume/Demuth* Rdn. 78; MüKo/*Basedow* Rdn. 39; *Koller*[4] Rdn. 15; F TribCom Corbeil-Essones (Frankreich) vom 18.4.1969, ETR **1969** 988, 995 f = BT **1969** 217, 219.

483 *Thume/Demuth* Rdn. 78.

484 Die Rückgabe der Belege kann auch vor der Zurückweisung erfolgt sein; OLG Hamburg vom 24. 1. 1985, TranspR **1985** 185, 186 = VersR **1986** 357.

485 *Thume/Seltmann* Rdn. A 75; siehe dazu Rdn. 141 ff.

486 Siehe Rdn. 103 f; *Thume/Demuth* Rdn. 80; *Koller*[4] Rdn. 15.

487 B CA Antwerpen vom 30.5.1979, ETR **1979** 924, 928.

488 *Thume/Seltmann* Rdn. A 75; *Loewe* ETR **1976** 586 und TranspR **1988** 309, 316; F TribCom Corbeil-Essones vom 18.4.1969, ETR **1969** 988, 995 f = BT **1969** 217, 219.

489 *Koller*[4] Rdn. 15; *Loewe* TranspR **1988** 309, 316; *Thume/Demuth* Rdn. 80; *Loewe* TranspR **1988** 309, 316; *Thume/Demuth* Rdn. 80. Zutreffend F CA de Toulouse ETR **1971** 131, 135 f.

490 *Koller*[4] Rdn. 15; *Loewe* TranspR **1988** 309, 316; *Thume/Demuth* Rdn. 81.

491 OLG Saarbrücken vom 21.11.1974, NJW **1975** 500 = VersR **1976** 267, 268; offen OLG Koblenz vom 6.10.1989, TranspR **1991** 93, 96 = RIW **1990** 931 ff.

492 Siehe § 429 HGBaF Anh. I Rdn. 31; siehe auch § 429 HGBaF Rdn. 163 ff bei Annahme des Handelns in eigenem Namen.

493 F Cass vom 4.10.1982, BT **1982** 549 (observation dazu S. 550); nicht alleine aus seiner Rechtsstellung als Versicherer; F Cass vom 4.10.1982 aaO; F CA Lyon vom 2.3.1978, BT **1978** 382–383; allgemeine Prozeßführungsvollmacht des Versicherers in AVB soll reichen nach F CA Paris vom 23. 5. 1979, BT **1979** 522, kritisch die observation S. 523.

ein Versicherungsmakler sie für den Frachtführer ausspricht, ohne daß dies formal „im Namen" des Frachtführers erklärt werden muß. Man wird jedoch – je nach der ergänzend anzuwendenden Rechtsordnung – in solchen Fällen fordern müssen, daß aus der Erklärung nicht nur die Ablehnung der Leistung des Haftpflichtversicherers, sondern auch des Frachtführers als Vertretenen klar hervorgeht.

Die Zurückweisung der Reklamation beendet die Hemmung nur, wenn sie **gegenüber dem wahren Anspruchsberechtigten** erfolgt.[494] Sie ist daher wirkungslos, wenn sie gegenüber einem Nichtberechtigten erfolgt, der den Anspruch weder aus eigenem noch aus abgetretenem Recht oder aufgrund einer Vollmacht[495] geltend machen konnte;[496] ebenso bei Forderungsübergang nach § 67 VVG.[497] Bei Doppellegitimation kann sie also z. B. dem Absender oder dem Empfänger gegenüber geltend gemacht werden. Sie hat gegenüber dem Reklamierenden zu erfolgen,[498] und zwar im Falle der Reklamation durch Stellvertreter oder Rechtsstandschafter gegenüber diesem oder auch demjenigen, der materiell Anspruchsinhaber ist.[499] Ein Antrag auf Klageabweisung genügt nicht.[500] **135**

Die Zurückweisung hat ebenso wie die Reklamation **schriftlich** zu erfolgen;[501] hierfür genügt auch die Übermittlung durch Telex[502] oder Telefax.[503] Eine besondere Formulierung des Inhalts der Zurückweisung ist nicht vorgeschrieben und daher nicht erforderlich.[504] **136**

Die Zurückweisung muß **inhaltlich unmißverständlich**[505] erkennen lassen, daß der Frachtführer endgültig die Leistung des Schadenersatzes ablehnt.[506] Ein Teilanerkenntnis ist daher keine Zurückweisung der Restforderungen.[507] Daher genügt es, wenn er mitteilt, daß eine gerichtliche Klärung erforderlich sein wird,[508] nicht aber, wenn nur „vorsorglich" zurückgewiesen wird;[509] ebensowenig, wenn nur die Unterlagen zurückgesandt werden und der Geschädigte darauf verwiesen wird, einen Dritten, etwa seinen Versiche- **137**

---

494 BGH vom 21. 11. 1996, TranspR **1997** 164, 166 = NJW **1997** 729–730.

495 BGH vom 21. 11. 1996, TranspR **1997** 164, 166 = NJW **1997** 729–730; F CA Aix-en-Provence vom 10. 2. 1988, BT **1988** 347 f (bevollmächtigter Versicherer). Siehe dazu auch oben Rdn. 117 zur Reklamation.

496 BGH vom 21. 11. 1996, TranspR **1997** 164, 166 = NJW **1997** 729–730.

497 Wobei der Übergang nicht nach § 67 eintritt, wenn die Forderung bereits wirksam abgetreten war; BGH vom 21. 11. 1996, TranspR **1997** 164, 165 = NJW **1997** 729–730.

498 *Thume/Demuth* Rdn. 81; OLG Düsseldorf vom 16. 12. 1982, VersR **1983** 1132.

499 *Thume/Demuth* Rdn. 81.

500 NL Hof's Hertogenbosch vom 21. 12. 1965, ETR **1966** 698, 703.

501 Siehe zu dieser Rdn. 110.

502 LG München I vom 5. 7. 1988, RIW **1989** 573, 574.

503 OLG Hamburg vom 9. 2. 1989, TranspR **1990** 191, 194.

504 Anders ist auch B TribCom Brüssel vom 2. 4. 1990, ETR **1991** 541–547 mit Anm. von *de Wit* 547 ff nicht zu verstehen; anders aber MüKo/*Basedow* Rdn. 40 Fn. 152. In diesem Falle waren sehr viele, in sich nicht widerspruchsfreie Telexe abgesandt, daß es letztlich an der erforderlichen Klarheit des Inhalts der Reklamation fehlte; *de Wit* 550 und der Leitsatz sprechen vom Erfordernis einer réponse claire et formelle auf die Reklamation.

505 Aus kaufmännischer, nicht rein juristischer Sicht; instruktiv GB Queen's Bench Division vom 6. 10. 1989, Zerowatt v. Intern. Express, RDU **1990** II 442, 443 ff = ETR **1991** 530 ff; GB Queen's Bench Division Liverpool vom 14. 3. 1991, Microfine v. Transferry, ETR **1992** 118, 120; *Clarke*² Nr. 47 e.

506 OLG Düsseldorf vom 8. 11. 1979, VersR **1980** 389 f; vom 2. 10. 1980, VersR **1981** 737; B CA Gent vom 25. 6. 1986, ETR **1987** 421, 429 f; OLG Nürnberg vom 12. 4. 1991, TranspR **1992** 63, 65; *Loewe* TranspR **1988** 309, 316; *Thume/Demuth* Rdn. 76; MüKo/*Basedow* Rdn. 40; *Clarke*² Nr. 47 e; *Haak* S. 304.

507 MüKo/*Basedow* Rdn. 42; *Silingardi* S. 292; *Regnarsen* S. 270.

508 OLG München vom 10. 10. 1990, TranspR **1991** 138, 140; auch der Hinweis auf weitere eventuelle Korrespondenz ändert nichts an der Eindeutigkeit der Zurückweisung.

509 MüKo/*Basedow* Rdn. 40; NL Rb Arnheim vom 30. 6. 1988, SS **1989** Nr. 60, S. 176 ff; GB Queen's Bench Division Liverpool vom 14. 3. 1991, Microfine v. Transferry, ETR **1992** 118–123.

rer[510] oder Subunternehmer, in Anspruch zu nehmen oder nur eine Adresse für weitere Korrespondenz angibt.[511] Eine Zurückweisung liegt auch in solchen Fällen nur vor, wenn der Frachtführer schriftlich erklärt, er selbst werde keinen Ersatz leisten. Der österreichische OGH[512] hat die Hemmung der Verjährung trotz der Zurückweisung aufrechterhalten, wenn der Frachtführer weiter über die Schadensregulierung verhandelt. Auch eine einfach beiseiteschiebende Antwort unter Angabe falscher Umstände („die Güter sind normal angekommen und der Frachtführer hat seine Pflicht erfüllt") genügt nicht.[513] Werden die Schadensunterlagen einverständlich einer unabhängigen Organisation, die in der Regel verbindlich entscheidet, zur Überprüfung vorgelegt, spricht dies gegen eine Zurückweisung.[514] Eine Belehrung des Geschädigten, etwa durch ausdrücklichen Hinweis, daß nur noch eine Klage in Betracht komme, ist nicht erforderlich.[515] Der Geschädigte kann ohnehin wählen, wie er den Anspruch durchsetzt, etwa durch Aufrechnung.

138 Die **Zurückweisung kann sofort erfolgen**. Damit hat es der Frachtführer in der Hand, die Hemmung unmittelbar nach ihrem Beginn zu beenden. Dies ist rechtspolitisch richtig, weil damit dem Geschädigten klar gemacht wird, daß keine Verhandlungen mehr stattfinden, er also unmittelbar gerichtlich vorgehen muß. Freilich setzt diese konsequente Handhabung voraus, daß die Zurückweisung eindeutig ist.[516] Erfolgt die Zurückweisung bereits vor Beginn der eigentlichen Verjährungsfrist, kann nichts anderes gelten; der Geschädigte ist in diesem Fall sogar besonders frühzeitig gewarnt und hat mehr Zeit, die Ersatzansprüche gerichtlich geltend zu machen.[517]

139 Der **Zeitpunkt**, an dem die **Hemmung beendet** wird, ist in der CMR nicht eindeutig geregelt. Zwar könnte die Formulierung von Art. 32 Abs. 2 S. 1 CMR dafür sprechen, daß der Absendetag maßgeblich sein sollte.[518] Aus deutscher Sicht (und wohl entsprechend in anderen Mitgliedsländern) ist die Zurückweisung jedoch (ebenso wie die Reklamation) eine schriftliche, empfangsbedürftige, erklärungsähnliche Rechtshandlung, die erst mit dem Zugang beim Geschädigten wirksam wird. Danach wäre erst mit dem Zugang rechtswirksam „zurückgewiesen". Wäre beabsichtigt gewesen, die Absendung genügen zu lassen, hätte die CMR dies besonders bestimmen müssen.[519] Daher ist wie bei der Reklamation der Zeitpunkt des Zugangs der Zurückweisung maßgeblich.[520] Am nächsten Tag läuft die Verjährung weiter.[521]

---

[510] OLG Frankfurt vom 3. 7. 1979, TranspR **1982** 76 = RIW **1980** 367 f; ähnlicher Fall: OLG Nürnberg vom 12. 4. 1991, TranspR **1992** 63, 65; *Loewe* TranspR **1988** 309, 316. Siehe auch MüKo/*Basedow* Rdn. 40; DK Sø-og Handelsret 16. 9. 1977, UfR Ugeskrift for Retswæsen **1977** S. 1004 ff; NL Rb Rotterdam vom 12. 5. 1978, SS **1979** Nr. 59 S. 162.

[511] A. A. offenbar *Koller*[4] Rdn. 15; OLG München vom 10. 10. 1990, TranspR **1991** 138, 141 auf das sich *Koller* beruft, läßt eine solche Äußerung für sich alleine keineswegs genügen.

[512] Vom 13. 6. 1985, TranspR **1987** 217, 219 = RdW **1986** 12.

[513] B CA Antwerpen vom 30. 5. 1979, ETR **1979** 924, 928.

[514] Z. B. der Packaging International Research Organisation (PIRA); GB Queen's Bench Division vom 6. 10. 1989, Zerowatt v. Intern. Express, RDU **1990** II 442, 443, 449–452 = ETR **1991** 530–540. Siehe Rdn. 137.

[515] Zutreffend MüKo/*Basedow* Rdn. 40; GB Queen's Bench Division Liverpool vom 14. 3. 1991, Microfine v. Transferry, ETR **1992** 118, 120 f.

[516] Siehe Rdn. 137; zu den Anforderungen an die Reklamation siehe Rdn. 104.

[517] MüKo/*Basedow* Rdn. 39, der sich auf A OGH vom 1. 7. 1982, TranspR **1984** 193 = *Greiter* 168 ff beruft, wo jedoch (zu Art. 39 Abs. 4) nur bemerkt wird, die Zurückweisung könne die Hemmung erst nach dem Beginn der Verjährung beenden. Zu diesen Konstellationen siehe Rdn. 113. Nicht akzeptabel ist daher die Zusammenrechnung von Vorfrist und Verjährungsfrist zur Erreichung einer späteren Verjährung bei B CA Brüssel vom 28. 6. 1969, ETR **1969** 925, 928.

[518] MüKo/*Basedow* Rdn. 39; siehe Art. 27 Rdn. 14.

[519] Wie in der englischen Fassung von Art. 27 Abs. 1 S. 2.

[520] *Loewe* ETR **1976** Nr. 264; *Haak* S. 304; MüKo/*Basedow* Rdn. 39; *Putzeys* Nr. 1148; siehe Rdn. 112.

[521] *Putzeys* Nr. 1148; MüKo/*Basedow* Rdn. 39.

Die **Beendigung** der Hemmung bezieht sich **nur auf die Ansprüche desjenigen, der die Reklamation geltend gemacht hat**; bei Doppellegitimation des Frachtführers, also bei Reklamation des Empfängers, nicht auf die des Absenders.[522] Reklamationen anderer Anspruchsberechtigter müssen also besonders zurückgewiesen werden.[523] **140**

b) Rückgabe der Belege

Art. 32 Abs. 2 S. 1 verlangt (wie § 40 Abs. 3 S. 2 KVO) als Voraussetzung der Beendigung der Verjährung[524] auch die **„Rückgabe"** der Belege. Die deutsche Übersetzung spricht von „zurücksenden". Die Originalfassungen sind besser mit „zurückgeben" übersetzt.[525] Auch wenn die Belege direkt ausgehändigt werden, genügt dies also. Vor allem aber kommt es bei der Rückgabe auf den Erfolg der Rücksendung an. Kommen die Belege beim Reklamierenden nicht an, wird die Hemmung nicht beendet. Erfolgt die Rückgabe nach der Zurückweisung, ist der Zugang der Sendung[526] für die Beendigung entscheidend. **141**

Das Erfordernis der Belegrückgabe geht davon aus, daß der **Berechtigte ohne die Belege den Schadenersatz nicht wirksam geltend machen kann**. Eine Beendigung der Hemmungswirkung der Reklamation ohne Rückgabe würde ihn daher der wieder weiterlaufenden Verjährung unter unzumutbaren Umständen aussetzen. Die Rückgabe der Belege als Voraussetzung der Beendigung der Hemmung ist also keine „reine Förmelei";[527] der Wortlaut des Gesetzes ist sachlich richtig, eine Abweichung davon nicht vertretbar.[528] **142**

Was **„Belege" im Sinne des deutschen Textes** sind, ist zweifelhaft. Die französische Originalfassung spricht von „les pièces qui y étaient jointes". Das Wort pièce bedeutet nicht nur Stück, Beweisstück, sondern auch Unterlage, Dokument, Anlage zu einem Schriftstück.[529] Enger ist die englische Formulierung „the documents attached thereto". Eine dem Sinn der Vorschrift entsprechende Auslegung muß alle für die Geltendmachung des Schadenersatzanspruchs relevanten, der Reklamation beigefügten Objekte umfassen, also nicht nur Urkunden oder andere Dokumente, sondern auch Beweisstücke aller Art,[530] etwa Originalfotografien. Beim Teilanerkenntnis ist zweifelhaft, ob die Belege zurückgegeben werden müssen.[531] **143**

Zurückzugeben sind nach h.M. nur Originalbelege, nicht etwa eingereichte einfache Fotokopien[532] oder Abschriften. Die Gegenauffassung[533] beruft sich darauf, **144**

---

522 BGH vom 24.10.1991, BGHZ **116** 15, 20 = TranspR **1992** 177, 178 = VersR **1992** 640, 641; OLG Düsseldorf vom 16. 12. 1982, VersR **1983** 1132; *Koller*[4] Rdn. 15; *Thume/Demuth* Rdn. 74.

523 BGH vom 24.10.1991, BGHZ **116** 15, 20 = TranspR **1992** 177, 178 = VersR **1992** 640, 641; OLG Düsseldorf vom 16. 12. 1982, VersR **1983** 1132; *Thume/Demuth* Rdn. 74, 82; *Loewe* TranspR **1988** 309, 316 f Nr. 48.

524 Siehe Rdn. 132.

525 Die Verben „restituer" bzw. „returns" sagen nichts über die Art der Rückgabe aus. Siehe auch Rdn. 114.

526 Zum Begriff der Sendung siehe Art. 23 Rdn. 43 ff.

527 BGH vom 21. 11. 1996, TranspR **1997** 164, 165 = NJW **1997** 729 f.

528 BGH vom 21. 11. 1996, TranspR **1997** 164, 165 = NJW **1997** 729–730; zur Bedeutung des Wortlauts Art. 1 Rdn. 68.

529 *Doucet/Fleck* Wörterbuch der Rechts- und Wirtschaftssprache[4]; *Sachs/Villate* Großwörterbuch[7]. Allerdings betreffen die französischen Urteile stets Dokumente; F CA Reims vom 22.3.1976, BT **1976** 260 ff; F CA Paris vom 21.12.1978, BT **1979** 84 ff; F CA Paris vom 27.2.1980, BT **1980** 384 ff; F CA Reims vom 3.3.1980, BT 1980, 237 f.

530 Zutreffend *Thume/Demuth* Rdn. 78.

531 OLG Celle vom 13. 1. 1975, WM **1975** 189, 191.

532 Noch offenlassend BGH vom 21.11.1996, **1997** 164, 165 = NJW **1997** 729–730; eindeutig aber gegen eine Rückgabe der Kopien als Voraussetzung der Beendigung der Hemmung OLG Düsseldorf vom 2.10.1980, VersR **1981** 737; OLG Hamburg vom 27.5.1982, VersR **1983** 90

daß im Interesse der Rechtssicherheit alle eingereichten Belege zurückzugeben seien, damit nicht geprüft werden müsse, ob sie noch erforderlich seien. Dennoch ist der h. M. zuzustimmen. Die Kopien sind in aller Regel für die Geltendmachung der Ansprüche ohne Bedeutung, so daß dem Geschädigten keine Nachteile entstehen, wenn er sie nicht zurückerhält.[534] Angesichts der völligen Üblichkeit der massenhaften Verwendung von Fotokopien würde das Erfordernis ihrer vollständigen Rückgabe allenthalben die Hemmung der Verjährung fast unerkennbar verlängern und den Frachtführer zwingen, die Akte auf irgendwelche Kopien durchzusehen. Das Problem bestand zur Entstehungszeit der CMR noch nicht und muß im Sinne der Berücksichtigung moderner Technik gelöst werden.[535] Beglaubigte Fotokopien sind zurückzugeben.[536] Sollten Fotokopien ausnahmsweise für die Verfolgung der Ansprüche dennoch erforderlich sein, muß der Reklamierende sie herausverlangen. Tut er dies nicht, kann die Berufung auf ihre Nichtrückgabe und die Fortdauer der Hemmung rechtsmißbräuchlich sein.

c) Teilanerkennung der Reklamation (Art. 32 Abs. 2 S. 2 CMR)

145 Werden Ansprüche zum Teil anerkannt,[537] läuft die Verjährung nur für den streitigen Teil weiter. Für den unstreitigen Teil bleibt es bei der Hemmung. Dies entspricht im Ergebnis weitgehend § 208 BGB. Daher kann der weite Begriff des Anerkenntnisses von dort übernommen werden.[538]

146 Die **teilweise Ablehnung** bewirkt nach § 208 BGB die Unterbrechung für den anerkannten Teil[539] und **beendet die Hemmung der Verjährung für den abgelehnten.** Fraglich ist, ob sie ausdrücklich und schriftlich erfolgen muß. Nach Auffassung des OLG Celle soll es genügen, wenn sich aus der schriftlichen Antwort auf die Reklamation zwar nicht wörtlich, aber nach dem Zusammenhang der Wille ergibt, nur einen Teil des Schadens zu ersetzen.[540] Dies ist insoweit richtig, als es nach der CMR auf den

---

(dazu unzutreffend *Loewe* TranspR **1988** 309, 317 Nr. 49; OLG München vom 10. 10. 1990, TranspR **1991** 138, 141; LG Mönchengladbach vom 16. 3. 1981, VersR **1982** 340; noch enger OLG Celle vom 13. 1. 1975, WM **1975** 189, 191, Urteilsbegründung in NJW **1975** 1603, 1604 unerkennbar gekürzt; siehe auch § 40 KVO, Anh. II nach § 452 Rdn. 31.
Ebenso A OGH vom 27. 4. 1987, SZ **60** 70, S. 363, 364 f = TranspR **1987** 372 ff = ETR **1988** 193 ff; F CA Paris vom 22. 5. 1975, BT **1975** 320, 322 (mit ablehnender observation); See- und Handelsgericht Dänemark vom 17. 6. 1982, ETR **1982** 850 ff, das aber wohl die Möglichkeit offenhält, die Zurückweisung auch dann anzuerkennen, wenn Originalbelege nicht zurückgegeben werden.
Aus der Literatur siehe MüKo/*Basedow* Rdn. 41; *Koller*[4] Rdn. 15; *Thume/Demuth* Rdn. 79.

533 F CA Reims vom 22. 3. 1976, BT **1976** 260, 261 (zust. observation 262); F CA Paris vom 21. 12. 1978, BT **1979** 84, 85; observation zu F CA Paris vom 22. 5. 1975, BT **1975** 320, 322; F CA Reims vom 3. 3. 1980, BT **1980** 237, 238; B Cass vom 27. 9. 1984, RW Rechtskundig Weekblad **1984/85** 2133; GB Queen's Bench Division Liverpool vom 14. 3. 1991, Microfine v. Transferry, ETR **1992** 118, 121 f geht sogar davon aus, daß die Auslegung der CMR nicht durch technische Änderungen (Fotokopien als Neuerung) beeinflußt werden dürfe.

534 Dies bedeutet freilich nicht, daß nicht benötigte Dokumente nicht zurückgegeben werden müßten; so aber grundsätzlich ArrondissementsRb Roermond vom 25. 10. 1970, ETR **1971** 839, 843.

535 *Loewe* TranspR **1988** 309, 317 Nr. 49; a. A. GB Queen's Bench Division Liverpool vom 14. 3. 1991, Microfine v. Transferry, ETR **1992** 118, 121 f.

536 A OGH vom 27. 4. 1987, SZ **60** 70, S. 363, 364 f = TranspR **1987** 372 ff = ETR **1988** 193 ff.

537 Formlos, auch durch nur teilweise Zurückweisung; OLG Celle vom 13. 1. 1975, WM **1975** 189, 191; MüKo/*Basedow* Rdn. 42. Die Anerkennung eines Teilanspruchs bedeutet keine Zurückweisung der übrigen Ansprüche, da sie den Anforderungen an die Zurückweisung nicht genügt.

538 *Thume/Demuth* Rdn. 83.

539 Siehe Rdn. 153.

540 OLG Celle vom 13. 1. 1975, WM **1975** 189, 190, Urteilsbegründung in NJW **1975** 1603, 1604 unerkennbar gekürzt.

Wortlaut nicht ankommt; es entspricht aber nicht dem Grundkonzept der CMR, das möglichste Klarheit über den Lauf der Verjährung im Blick hat. Vielmehr muß auch für den nicht anerkannten Teil eine deutliche und endgültige Zurückweisung der Ansprüche und die Rückgabe der Belege[541] gefordert werden. Gerade diese Rückgabe ist z. B. unabweisbar erforderlich, wenn etwa der Frachtführer nur die begrenzte Haftung nach Art. 23 anerkennt, der Reklamierende dagegen vollen Ersatz nach Art. 29 fordert oder wenn die Schadensberechnung streitig ist. In diesem Falle sind zur Beendigung der Hemmung für die abgelehnten Teilansprüche alle den streitigen Teil der Forderung betreffenden Belege zurückzugeben.[542]

d) Keine neue Hemmung durch weitere Reklamationen

Art. 32 Abs. 2 S. 4 bestimmt, daß eine **weitere Reklamation wirkungslos** ist.[543] Die **147**
Vorschrift entspricht inhaltlich § 439 Abs. 3 S. 2 HGBnF und dem außer Kraft getretenen § 40 Abs. 3 S. 4 KVO.[544] In der Rechtspraxis gibt es im übrigen mit dieser eindeutigen Vorschrift offenbar kaum Probleme.[545] Eine weitere Reklamation setzt voraus, daß sie zwischen den gleichen Personen hinsichtlich des gleichen Schadens erfolgt.[546] Es muß sich um die gleichen anspruchsbegründenden Sachverhalte handeln; die neue Reklamation ist auch dann wirkungslos, wenn sie in einzelnen Punkten von der ersten abweicht, etwa eine andere Anspruchsgrundlage herangezogen wird oder die Bezifferung des Schadens geändert ist.[547] Die Reklamation eines zweiten, ebenfalls Reklamationsberechtigten ist keine weitere Reklamation i. S. von Art. 32 Abs. 2 S. 4.[548] Ob dies auch dann gelten kann, wenn eine nationale Rechtsordnung ergänzend anzuwenden ist, die den zuerst Ersatz verlangenden Gesamtgläubiger zum Alleingläubiger werden läßt, so daß der Frachtführer davon ausgehen könnte, die Hemmung sei mit einer Zurückweisung beendet, ist zweifelhaft.[549] Die Wirkungslosigkeit der weiteren Reklamation setzt nicht voraus, daß der Geschädigte sich bewußt ist, schon einmal wirksam reklamiert zu haben und daher eine frühere Leistungsablehnung des Frachtführers nicht als endgültig wirkende Zurückweisung erkennt.[550] In allen zweifelhaften Fällen ist daher Klage oder pactum de non petendo dazu zu empfehlen; siehe Rdn. 19.

III. Ergänzend anwendbares Recht (Art. 32 Abs. 3 CMR S. 1)

Da die Regelung der Verjährung in Art. 32 nicht vollständig ist, insbesondere die **148**
Wirkung der Hemmung nicht beschrieben ist, verweist Abs. 3 S. 1 auf das Recht des angerufenen Gerichts. Ob mit dieser Verweisung auch auf das Kollisionsrecht des

---

541 *Thume/Demuth* Rdn. 84; insoweit offengelassen durch das OLG Celle.

542 *Thume/Demuth* Rdn. 84; *Koller*[4] Rdn. 15; so wohl auch *Clarke*[2] Nr. 47e S. 236. OLG Celle vom 13. 1. 1975, WM **1975** 189, 190 läßt die Frage dahingestellt.

543 A OGH vom 7. 3. 1990, ecolex **1990** 284; MüKo/*Basedow* Rdn. 43.

544 Siehe dort Anh. II nach § 452 HGBaF Rdn. 34; zu § 439 HGBnF *Koller*[4] § 439 Rdn. 45.

545 Siehe etwa OLG Düsseldorf vom 8. 11. 1979, VersR **1980** 389 f.

546 BGH vom 24. 10. 1991, BGHZ **116** 15, 19 f = TranspR **1992** 177, 179 = VersR **1992** 640, 641; *Thume/Demuth* Rdn. 85.

547 *Thume/Demuth* Rdn. 85.

548 BGH vom 24. 10. 1991, BGHZ **116** 15, 20 = TranspR **1992** 177, 178 = VersR **1992** 640, 641; OLG München vom 21. 7. 1989, TranspR **1989** 324, 326 (wirksame Reklamation des Transportversicherers als Zessionar des Empfängers nach Zurückweisung der Absenderreklamation); *Koller*[4] Rdn. 17; gegen die Begründung dieser Wirkung mit ergänzendem deutschen Recht zutreffend *Kronke*, IPRax **1992** 329; MüKo/*Basedow* Rdn. 43 Fn. 170.

549 Dazu OLG München vom 21. 7. 1989, TranspR **1989** 324, 326.

550 Siehe Rdn. 105.

Gerichtslandes (Gesamtverweisung)[551] verwiesen wird[552] oder nur auf dessen Sachrecht,[553] ist streitig. Sinnvoll, weil praktikabel, erscheint es, bei Verweisung auf das Recht eines Vertragsstaates der CMR eine Sachverweisung anzunehmen,[554] also bei Rechtsstreitigkeiten vor deutschen Gerichten auf § 205 BGB zu verweisen. Neben der besonderen Hemmung des Art. 32 Abs. 2 eröffnet Art. 32 Abs. 3 S. 1 auch die Möglichkeit einer Hemmung nach allgemeinen Vorschriften des deutschen Rechts (§§ 202 ff BGB).[555]

IV. Wirkung der Reklamation (Hemmung)

149 Soweit deutsches Recht ergänzend anzuwenden ist, also in allen in Deutschland anhängigen Verfahren, richtet sich die Hemmung in ihrer Wirkung nach § 205 BGB. Mit der Zurückweisung der Reklamation läuft also die Frist weiter. Die Hemmung wirkt nur zugunsten des Reklamierenden;[556] außer im Fall der Prozeßstandschaft gegenüber dem Rechtsinhaber[557] wegen der Rechtskraftwirkung.[558] Die Zurückweisung führt nur für die durch sie beschiedene Reklamation zum Weiterlauf der Verjährungsfrist.[559] Diese Rechtsverluste sind vermeidbar durch rechtzeitige vorsorgliche Abtretung von Ansprüchen an den Geltendmachenden.[560]

150 Die **Wirkungen der Hemmung können nach der jeweiligen lex fori sehr unterschiedlich sein**, so daß es darauf ankommt, welches Gericht angerufen wird. Im österreichischen Recht ist z. B. neben der Hemmung, nach deren Ende die Verjährungsfrist weiterläuft („Fortlaufhemmung"), auch eine andere Art bekannt, nach der die Verjährungsfrist abgelaufen ist, wenn der Gläubiger unverzüglich nach dem Ende der Hemmung Klage erhebt („Ablaufhemmung").[561] Der österreichische OGH hat zunächst die Hemmung nach Art. 32 Abs. 2 CMR als Ablaufhemmung eingestuft und damit zu einer Verkürzung der Verjährungsfrist beigetragen, die besonders deutschen Geschädigten Schaden bringen konnte.[562] In späteren Entscheidungen ist diese Rechtsprechung mit Recht aufgegeben worden.[563] Jedoch wird der Ausdruck „Ablauf-

---

551 Zur Gesamtverweisung *Kropholler* IPR, § 24 II S. 147 ff.

552 MüKo/*Basedow* Rdn. 4; wohl ebenfalls für Gesamtverweisung, aber unklar *Loewe* ETR **1976** 586 f Nr. 267; siehe Art. 1 Rdn. 76 und oben Rdn. 20.

553 So *Putzeys* Nr. 1116 Fn. 932.

554 Denn die CMR will mit Art. 32 Abs. 3 nur eine Wahl zwischen den Rechtsordnungen der Mitgliedstaaten treffen; eine Weiterverweisung wäre sinnlos. Zu diesem Grundsatz bei der Auslegung internationaler Übereinkommen – allerdings unter anderen Annahmen – *Kropholler* IPR, § 24 III S. 156.

555 So wohl BGH vom 28. 2. 1975 VersR **1975** 445 = LM Nr. 6 zu CMR = NJW **1975** 1075 = ETR **1975** 523. Eindeutig OLG Düsseldorf vom 27. 2. 1986, TranspR **1986** 226, 227 f für den Arglisteinwand; dazu auch oben Rdn. 20.

556 *Koller*[4] Rdn. 14; ein in der Praxis keineswegs immer befriedigendes Ergebnis; siehe MüKo/*Basedow* Rdn. 34.

557 Siehe oben Rdn. 115, 121; *Thume/Demuth* Rdn. 74.

558 *Thume/Demuth* Rdn. 74.

559 Siehe Rdn. 140; *Thume/Demuth* Rdn. 74; *Koller*[4] Rdn. 15.

560 OLG Düsseldorf vom 13. 1. 1972, VersR **1973** 178.

561 Ähnlich der (formaler gestalteten) Ablaufhemmung des deutschen Rechts in §§ 206, 207 BGB.

562 Vom 29. 11. 1984, TranspR **1985** 132 f = *Greiter* 260, 262 = ETR **1985** 448 ff; vom 13. 6. 1985, TranspR **1987** 217 = RdW **1986** 12; dazu *Thume/Seltmann* Rdn. A 74; *Jesser* 186 f.

563 Zunächst OLG Wien vom 9. 12. 1986, AZ. 1 R 209/86 (wohl unveröff.); mit intensiver Begründung dieses Urteil bestätigend A OGH vom 27. 4. 1987, SZ **60** 70, S. 363 ff = TranspR **1987** 372 ff = ETR **1988** 193 ff; nochmals bestätigend A OGH vom 26. 4. 1988, TranspR **1988** 421, 423, vom 10. 7. 1991, TranspR **1991** 422, 424 und vom 29. 8. 1994, TranspR **1995** 110, 112 m. zust. Anm. von *Jesser*.

hemmung“ weiterhin für Fälle verwendet, in denen der Schuldner die Verjährung durch unredliche Vergleichsverhandlungen herbeigeführt hat.[564]

Für die Hemmung der Verjährung verweist Art. 32 Abs. 3 S. 2 CMR (wie bei der Unterbrechung) auf das **Recht des angerufenen Gerichts**. Unterliegt der vor einem deutschen Gericht geltend gemachte Anspruch nach deutschem IPR einem ausländischen Vertragsstatut, ist auf die Unterbrechung der Verjährung dennoch deutsches Recht anzuwenden. **151**

Art. 32 Abs. 1 Nr. 4 EGBGB, nach dem das einheitliche Vertragsstatut auch die Verjährung bestimmt, hat gegenüber Art. 32 Abs. 3 S. 2 CMR zurückzutreten, weil dieser als speziellere deutsche Norm[565] vorrangig ist. Daran ändert auch der Umstand nichts, daß Art. 32 Abs. 1 Nr. 4 EGBGB auf Art. 10 und 14 des EG-Übereinkommens über das auf vertragliche Schuldverhältnisse anzuwendende Recht zurückgeht, denn der Vorrang des EG-Übereinkommens bezieht sich nur auf innerstaatliches IPR, entscheidet aber nicht den Konflikt zwischen zwei völkerrechtlichen Übereinkommen zugunsten des EG-Übereinkommens zu Lasten der CMR, der wohl eher dem Spezialitätsprinzip zu folgen hat. **152**

F. Unterbrechung der Verjährung (Art. 32 Abs. 3 S. 2 CMR)

Für die Unterbrechung der Verjährung verweist Art. 32 Abs. 3 S. 2 CMR auf das Sachrecht des angerufenen Gerichts;[566] vor deutschen Gerichten sind also[567] die §§ 208 ff BGB[568] und die Bestimmungen der ZPO maßgeblich.[569] Damit ist die gesamte für diesen Komplex maßgebliche Rechtsprechung auch für CMR-Fälle von Bedeutung.[570] Unterliegt der vor einem deutschen Gericht geltend gemachte Anspruch nach **153**

---

564 A OGH vom 28. 6. 1988, TranspR **1989** 222, 225 = VersR **1989** 980 f.

565 Weil durch das RatifizierungsG zur CMR die Bestimmungen der CMR auch innerstaatliches Recht werden: siehe Art. 1 Rdn. 1.

566 Wie für die Hemmung; siehe Rdn. 148; zum österreichischen Recht *Thume/Seltmann* Rdn. A 91, insbesondere: Die Streitverkündung unterbricht die Verjährung nicht.

567 Wie bisher nach § 40 Abs. 4 KVO.

568 Siehe dazu die Kommentarliteratur zum bürgerlichen Recht; zur Unterbrechung aus der Sicht des Frachtrechts eingehend *Thume/Demuth* Rdn. 90 ff. Siehe ferner § 40 KVO, Anh. II nach § 452 HGBaF Rdn. 36.

569 OLG Karlsruhe vom 9. 11. 1989, NJW-RR **1990** 1012 f; BGH vom 29. 3. 1974, VersR **1974** 742, 743 (zu Art. 32 CMR nur beiläufig); zur Arglisteinrede siehe oben Rdn. 24.

570 Zu **§ 208 BGB**: Zum **Anerkenntnis** BGH vom 28. 2. 1975 VersR **1975** 445, 446 = NJW **1975** 1075 = ETR **1975** 523; OLG Hamm vom 23. 9. 1985, TranspR **1986** 18 ff (Standgeld in Libyen, Verweisung auf § 203 Abs. 2 BGB); OLG Hamm vom 23. 1. 1995, TranspR **1995** 290 (nicht gegeben); OLG Frankfurt vom 5. 11. 1985, TranspR **1986** 282, 285 = VersR **1986** 1070 f; OLG Hamburg vom 15. 8. 1985, TranspR **1985** 341, 343; OLG Hamm vom 6. 2. 1997, TranspR **1999** 162, 164. Im Fall OLG Düsseldorf vom 23. 11. 1989, TranspR **1990** 63 (dazu hier Art. 20 Rdn. 3) lag keine Unterbrechung durch Annahme einer Entschädigungszahlung vor.
Zu **§ 209 Abs. 1 BGB** OLG Düsseldorf VersR **1973** 178, 180; zur Aufrechterhaltung der Unterbrechungswirkung bei Rücknahme der Klage und neuer Klage LG Deggendorf vom 24. 11. 1981, TranspR **1983** 46 f; OLG Hamburg vom 15. 8. 1985, TranspR **1985** 341, 343 (Feststellungsklage bei Ansprüchen, die schon vor ihrer Entstehung verjähren; Standgeld nach Art. 32 Abs. 1 S. 3 c); Nichtunterbrechung durch Verteidigung gegen negative Feststellungsklage, BGH vom 8. 6. 1978, BGHZ **72** 23, 25 f; vom 11. 12. 1981, VersR **1982** 649, 651 = ETR **1983** 63, 66 ff; **Mahnbescheid** BGH vom 7. 11. 1985, TranspR **1986** 53 ff (zu KVO und CMR) = VersR **1986** 287 ff; in Höhe eines Teilbetrags durch Mahnbescheid OLG Frankfurt vom 5. 11. 1985, TranspR **1986** 282, 285 = VersR 1986 1070 f; durch **Klageerhebung bei ungeklärter Aktivlegitimation** des Klägers BGH vom 1. 10. 1975, VersR **1976** 168, 169; durch **Streitverkündung** gem. § 209 Abs. 2 Nr. 4 BGB (Streitverkündung des Frachtführers im Prozeß gegen den Unterfrachtführer) OLG Düsseldorf vom 26. 1. 1995, TranspR **1995** 288 (unwirksame

deutschem IPR einem ausländischen Vertragsstatut, ist auf die Unterbrechung der Verjährung dennoch deutsches Recht anzuwenden.[571] Die Unterbrechung setzt voraus, daß die Forderung noch nicht verjährt ist; damit kommt es auf die Verjährung nach Art. 32 CMR an.[572] Die Beweislast folgt den Grundsätzen für die Hemmung.[573] Bei Teilanerkennung wird die Verjährung für den anerkannten Teil nach § 208 BGB unterbrochen.[574] Eine Unterbrechung durch Mahnverfahren endet gem. § 211 Abs. 2 S. 1 BGB, wenn dieses wegen unvollständiger Zahlung der Gebühren zum Stillstand kommt.[575]

154 Durch **vorausgehende Klagen vor Gerichten in Vertragsstaaten des EuGVÜ** ist die Verjährung auch dann unterbrochen, wenn das Gericht (national oder international) unzuständig war,[576] **vor sonstigen Gerichten** nur dann, wenn die Voraussetzungen der Urteilsanerkennung nach § 238 ZPO vorliegen.[577] Damit kann weitgehend die Verjährung durch Klage vor einem ausländischen Gericht unterbrochen werden.[578] Die Reklamation nach Art. 32 Abs. 2 hat nur die Wirkung der Hemmung, nicht aber daneben auch der Unterbrechung nach nationalem Recht.

155 Die Rechtslage bei **Geltendmachung** der Unterbrechung der Verjährung von Ansprüchen unter Art. 32 in Prozessen **vor ausländischen Gerichten** folgt deren ergänzendem Recht.[579]

Nach **französischem Recht** wirkt die Unterbrechung nur zugunsten der Person, die sie erwirkt hat.[580] Konkurseröffnung über das Absendervermögen beseitigt

---

Streitverkündung an Unterfrachtführer zur Sicherstellung des Regresses); OLG München vom 27. 5. 1998, TranspR **1998** 357, 360 (Antrag bei Gütestelle nach Abs. 2 Nr. 1a, auch bei Nichteinlassung des Gegners und Abschluß des Verfahrens, keine Unterbrechung durch unwirksame Streitverkündung durch Versäumung der Klagefrist).

Ein **Beweissicherungsverfahren** unterbricht die Verjährung nicht. § 639 BGB ist auf Frachtverträge nicht anzuwenden; siehe hierzu den Seerechtsfall LG Hamburg vom 15. 9. 1998, TranspR **1999** 35 ff. Die entsprechende Anwendung von § 477 Abs. 2 BGB ist nicht möglich, weil die Unterbrechung davon abhängig ist, daß im Kaufrecht entsprechende Gewährleistungsansprüche bestehen; siehe *Palandt/Thomas*[56] § 639 Rdn. 1 f; zu § 639 siehe auch BGH vom 4. 3. 1992, WM **1993** 1645 f.

Siehe zu **§ 211 Abs. 2 S. 1 BGB** (Beendigung der Unterbrechung durch Stillstand des Verfahrens) siehe BGH vom 1. 10. 1975, VersR **1976** 168 f; OLG Hamm vom 23. 1. 1995, TranspR **1995** 290 f (keine rechtzeitige Unterbrechung durch Weiterbetreiben).

571 Siehe zu Auslandsrechten:
Frankreich: *Lamy 91* Nr. 986, 699 ff. Es genügt z. B. nicht als Anerkenntnis, wenn der Frachtführer vom Reklamierenden verlangt, ihm zur Weiterleitung an seinen Versicherer die Rechnung zuzusenden; F CA Paris vom 10. 12. 1971, BT **1972** 19 ff.

572 Siehe z. B. OLG Hamm vom 6. 2. 1997, TranspR **1999** 162, 163.

573 Siehe Rdn. 101 und Rdn. 25.

574 Siehe Rdn. 146; MüKo/*Basedow* Rdn. 42, 46.

575 OLG Karlsruhe vom 9. 11. 1989, NJW-RR **1990** 1012 f; *Koller*[4] Rdn. 18.

576 *Thume/Demuth* Rdn. 91; OLG Düsseldorf vom 9. 12. 1977, NJW **1978** 1752; MüKo/*Basedow* Rdn. 46: „auch dann, wenn die Einleitung des Verfahrens im Ausland im Hinblick auf die Ernsthaftigkeit des klägerischen Willens zur Rechtsverfolgung einer Verfahrenseinleitung nach § 209 BGB gleichwertig ist", im Anschluß an *Schack*[2] Rdn. 782 f. Nach schwedischem Recht ist eine solche Anerkennung der Unterbrechung durch ernstgemeinte Klage beim unzuständigen Gericht in Deutschland ebenfalls zu bejahen; und zwar auch vor Inkrafttreten des § 13 des Verjährungsgesetzes, Tingsrätt Stockholm vom 15. 2. 1982, TranspR **1983** 52 ff.

577 OLG Düsseldorf vom 27. 2. 1986, TranspR **1986** 226, 228 (aber dortige Zuständigkeit erforderlich); LG Deggendorf vom 24. 11. 1981, TranspR **1983** 46, 47 f; *Thume/Demuth* Rdn. 91; MüKo/*Basedow* Rdn. 46.

578 Dazu, ob die Unterbrechung der Verjährung als Hauptzweck der im Ausland erhobenen Klage erscheint, OLG Düsseldorf vom 27. 2. 1986, TranspR **1986** 226, 228.

579 MüKo/*Basedow* Rdn. 46; *Silingardi* S. 294 gegen Tribunale Milano vom 3. 6. 1982, Riv. giur. circ. **1993** 83; zum österreichischen Recht *Thume/Seltmann* Rdn. A 91.

580 F CA Paris vom 12. 6. 1970, BT **1970** 228 f; F CA Lyon vom 5. 2. 1988, BT **1982** 154, 155 (Klage des Spediteurs gegen Frachtführer unterbricht nicht zugunsten des Versenders); siehe Art. 2249 Cciv.

die Unterbrechung nicht.[581] Klagen, die unter formalen Mängeln leiden oder vom Gericht gestrichen werden (radiation), wirken unterbrechend.[582] Eine falsche Parteibezeichnung schadet nicht, wenn sie den Umständen nach den richtigen Beklagten erfaßte.[583]

G. Geltendmachung als Einrede oder per Widerklage (Art. 30 Abs. 4 CMR)

I. Allgemeines

Nach Art. 32 Abs. 4 CMR[584] können verjährte Ansprüche auch nicht als Einrede (exception, set-off) oder per Widerklage (demande reconventionnelle, counterclaim) geltend gemacht werden. Die Vorschrift, die den entsprechenden Bestimmungen des innerdeutschen Rechts vorgeht,[585] hat ihre Schwerpunkte bei der Geltendmachung von verjährten Schadenersatzforderungen des Absenders gegenüber der Frachtforderung. Im Gegensatz zu den §§ 439, 414 Abs. 3 HGBaF bezieht sich Art. 32 Abs. 4 CMR aber auch auf die umgekehrte Lage: Geltendmachung von Forderungen des Frachtführers gegenüber Schadenersatzforderungen des Absenders. Auch die Erstattungsansprüche nach Art. 16 Abs. 2 CMR fallen unter Art. 32 Abs. 4; siehe Rdn. 8. Art. 32 Abs. 4 CMR verbietet nur die Verwendung verjährter Forderungen durch den Gläubiger, nicht umgekehrt.[586] Daraus folgt, daß der Gläubiger der nach Art. 32 CMR verjährten Forderung diese auch nicht mehr gegenüber Ansprüchen verwenden kann, die ihrerseits nicht der CMR unterliegen.[587] 156

II. Geltendmachung durch Widerklage

Einfach und klar ist die Regelung von Art. 32 Abs. 4 bezüglich der Widerklage: Wird eine verjährte Forderung durch Widerklage geltend gemacht, ist diese zwar nicht unzulässig, aber unbegründet, weil die CMR es nicht erlaubt, dieses prozessuale Mittel mit einer verjährten Forderung zu begründen.[588] 157

III. Geltendmachung durch Einrede

Was die CMR mit „Einrede" meint, ist international klärungsbedürftig. Der verbindliche französische Text spricht von „exception". Damit ist in der französischen Rechtssprache sowohl die Einrede wie die Einwendung des deutschen Rechts zu verstehen.[589] Das englische „set-off" bedeutet „Anrechnung einer Gegenforderung", „Aufrechnung", als Verbum („to set off a claim") Geltendmachung der Aufrechnung eines Anspruchs in einem Prozeß.[590] Unter Art. 32 Abs. 4 fallen nach deutscher Auffassung u. a. die Zurückbehaltungsrechte[591] und die Einrede des nichterfüllten Ver- 158

[581] F CA Paris vom 28. 3. 1978, BT **1978** 320, 321.
[582] F CA Aix-en-Provence vom 22. 2. 1979, BT **1979** 387–389. Zur Dauer der Unterbrechung siehe *Dalloz*, Code Civil (Paris 1995/96) Art. 2244 Nr. 19.
[583] F CA Aix-en-Provence vom 15. 2. 1979, BT **1979** 352, 353 f.
[584] Wortgleich mit Art. 58 4 ER/CIM 1980.
[585] Insbesondere §§ 40 Abs. 5 KVO und 390 S. 2 HGB.
[586] *Thume/Demuth* Rdn. 98.
[587] Zutreffend *Thume/Demuth* Rdn. 98.
[588] Zutreffend *Thume/Demuth* Rdn. 97.
[589] *Sachs/Villate* Großwörterbuch[7].
[590] *Dietl/Moss/Lorenz* Wörterbuch[4] Stichwort „set-off".
[591] Wie hier *Koller*[4] Rdn. 21; *Thume/Demuth* Rdn. 100; MüKo/*Basedow* Rdn. 50.

trags (§ 320 BGB).[592] Nicht von der CMR untersagt ist dagegen die Geltendmachung akzessorischer Rechte zur Forderung, etwa des Frachtführerpfandrechts.[593] Auch verstoßen vertragliche Aufrechnungsverbote nicht gegen die CMR.[594]

IV. Aufrechnung

159 Für die Aufrechnung ist **in der deutschen Übersetzung nicht ausdrücklich bestimmt**, daß sie unter Art. 32 Abs. 4 fällt. Doch geht die verbindliche englische Fassung gerade von diesem Fall aus. Nach international anerkannter Auffassung ist daher die Aufrechnung mit einer verjährten Forderung entweder einer Widerklage gleichzustellen[595] oder als Geltendmachung einer Einrede[596] anzusehen und daher unwirksam.[597] Jedoch kann nach dem Recht des angerufenen Gerichts (Art. 32 Abs. 3 CMR) auch eine weitere Hemmung der Verjährung aufgrund des Arglisteinwands gem. § 242 BGB geltend gemacht werden.[598] Die zur Aufrechnung gestellte Gegenforderung unterliegt dem Recht des angerufenen Gerichts.[599]

160 Unter welchen Voraussetzungen **überhaupt eine Aufrechnung zulässig** ist, bestimmt sich nach innerdeutschem Recht. In Betracht kommt sie ohnehin nur, wenn vor Eintritt der Verjährung eine Aufrechnungslage bestand. Beide Forderungen müssen bestanden haben; die Aktivforderung muß fällig und einredefrei gewesen sein. Die erforderliche Gegenseitigkeit kann Schwierigkeiten bereiten, weil nicht immer klar ist, wem Schadenersatzforderungen im entscheidenden Augenblick zustehen (dem Absender, dem Empfänger, dem Ladungsversicherer oder unterschiedlichen Zessionaren, siehe § 429 HGBaF Rdn. 140 ff). Ist die Aufrechnung bereits vor der Verjährung erklärt, erlöschen damit beide Forderungen. Insoweit kann es zu einer Verjährung nicht mehr kommen.[600] Die CMR behandelt nicht die Frage, ob eine Forderung in nicht verjährter Zeit erfüllt oder in anderer Weise erloschen ist. Dies regelt sich nach dem ergänzend anzuwendenden deutschen Recht.

161 Nach deutschem Recht könnte grundsätzlich auch nach dem Eintritt der Verjährung der Aktivforderung noch aufgerechnet werden, wenn vorher eine **Aufrechnungslage** bestand; § 390 S. 2 BGB.[601] Das deutsche Frachtrecht schränkte allerdings in §§ 439, 414 Abs. 3 HGBaF[602] die Aufrechnung mit Ansprüchen auf Ersatz von

---

592 *Thume/Demuth* Rdn. 101.

593 MüKo/*Basedow* Rdn. 50; *Koller*[4] Rdn. 21.

594 Siehe § 32 ADSp, Anh. I nach § 415 HGBaF Rdn. 13b; BGH vom 7.3.1985, BGHZ **94** 71, 76 = TranspR **1986** 68 ff; vom 14.12.1988, TranspR **1990** 141, 143 = VersR **1989** 309, 310; OLG Düsseldorf vom 27. 1. 1994, TranspR **1995** 212 f; OLG Oldenburg vom 25. 9. 1996, TranspR **1997** 229, 232; A OGH vom 18.5.1982, TranspR **1983** 48 ff = SZ **55** 73 S. 379 ff; vom 31. 1. 1991, TranspR **1993** 237, 238 f. *Koller*[4] Rdn. 22; *Koller* VersR **1988** 556, 559.
Teilweise a. A. Csoklich VersR **1985** 909.

595 So nach französischer Rechtsprechung und Lehre; F Cass vom 8. 1. 1985, ETR **1985** 444 ff = BT **1985** 169; *Lamy 91* Nr. 981.

596 So jedenfalls terminologisch nach englischem Recht, weil sich dies im englischen Text ausdrückt.

597 Ohne jedes Eingehen auf die englische und französische Fassung für Ausschluß der Aufrechnung BGH vom 29. 3. 1974, VersR **1974** 742, 743 (als flankierende Begründung zu einem KVO-Fall).

598 OLG Düsseldorf vom 27. 2. 1986, TranspR **1986** 226, 227 f; siehe auch Rdn. 24.

599 OLG Düsseldorf vom 27. 2. 1986, TranspR **1986** 226, 227 f.

600 Zutreffend *Demuth* VersR **1980** 774; *Koller*[4] Rdn. 21 gegen OLG Düsseldorf vom 8. 11. 1979, VersR **1980** 389, 390; MüKo/*Basedow* Rdn. 50 weist darauf hin, daß die CMR kein Aufrechnungsverbot aufstellen wolle; ebenso *Koller*[4] Rdn. 21; *Thume/Demuth* Rdn. 99.

601 BGH vom 29.3.1974, VersR **1974** 742, 743 = NJW **1974** 1138 f.

602 Genauer § 40 Abs. 5 KVO, der jedoch, wie die ganze KVO (entgegen BGH vom 7.3.1985, BGHZ **94** 71, 75 = TranspR **1986** 68 ff = VersR **1985** 684 ff), nicht als ergänzendes deutsches Recht anzuwenden ist; siehe Art. 1 Rdn. 85 ff. Ähnlich § 479 BGB; zutreffend BGH vom

Güter- oder Verspätungsschaden durch das Erfordernis der vorherigen Schadenanzeige ein. Grundsätzlich wäre dies für CMR-Güterschadens-Fälle von Bedeutung, weil das Rügeversäumnis nach Art. 30 Abs. 1 S. 1 CMR nicht zum Erlöschen der Ansprüche führt. Die aktuelle Rechtslage geht hier noch weiter: Mit der Transportrechtsreform ist das transportrechtliche Erfordernis der vorherigen Schadenanzeige entfallen, es gelten daher ausschließlich die Regeln der §§ 387 ff BGB. Die hiermit nach bisherigem und aktuellem deutschen Recht grundsätzlich gegebene Möglichkeit der Aufrechnung nach Verjährung wird jedoch nach internationaler Auffassung durch Art. 32 Abs. 4 CMR ausgeschlossen.[603]

Auf sein **Frachtführerpfandrecht** (siehe § 440 HGBaF) kann sich der Frachtführer trotz Art. 32 Abs. 4 CMR gem. § 223 BGB **auch nach Eintritt der Verjährung** berufen,[604] wenn es vor Eintritt der Verjährung entstanden ist. Richtigerweise gilt dies auch dann, wenn er es in unverjährter Zeit nicht geltend gemacht hat; denn als dingliches Recht ist es gem. § 1227 ohne das Erfordernis einer Geltungshandlung des Frachtführers entstanden und erlischt nicht etwa mit der Verjährung der gesicherten Forderung, sondern erlaubt nach § 223 Abs. 1 BGB dem Gläubiger nach wie vor die Befriedigung.[605] Allerdings dürfte dies angesichts des grundsätzlichen Erfordernisses des Besitzes am Pfandgut (§ 440 Abs. 2, 3 HGBaF; jetzt im wesentlichen gleichlautend § 441 Abs. 2, 3 HGB) kaum praktische Bedeutung haben. **162**

Art. 32 Abs. 4 CMR schließt nicht aus, daß die Parteien **Vereinbarungen über die Aufrechnung** treffen. Die Vorschrift regelt nicht die Aufrechnung als solche, sondern nur ihre Vornahme nach Eintritt der Verjährung. Daher sind Aufrechnungsbeschränkungen in AGB (z. B. in § 32 ADSp) zulässig.[606] **163**

H. Sonderproblem: Verjährung spät entstehender oder nicht erkennbarer Ansprüche

Die kurze Verjährung führt in vielen Fällen dazu, daß Ansprüche verjähren könnten, bevor sie überhaupt entstanden oder mindestens für den Gläubiger erkennbar sind. In der CMR wird dieses auch außerhalb des Frachtrechts bestehende Problem dadurch **164**

---

29. 3. 1974, VersR **1974** 742, 743 = NJW **1974** 1138 f.

603 BGH vom 7. 3. 1985, BGHZ **94** 71, 76 = TranspR **1986** 68 ff = VersR **1985** 684 ff (unter ergänzender Anwendung von § 40 Abs. 5 KVO); schon beiläufig auch in einem KVO-Fall ohne nähere Begründung BGH vom 29. 3. 1974, VersR **1974** 742, 743 = NJW **1974** 1138 f; OLG Düsseldorf vom 8. 11. 1979, VersR **1980** 389, 390; mit eingehender Begr. OLG Düsseldorf vom 30. 6. 1983, TranspR **1984** 130, 132; OLG Hamburg vom 10. 5. 1984, TranspR **1984** 196 (Vorrang vor § 390 S. 2 BGB); A OGH vom 14. 1. 1976, SZ **49** 3 S. 11, 18 = *Greiter* 40 ff (im Fall fehlte es an der Aufrechnungserklärung). OLG Saarbrücken vom 29. 10. 1982, TranspR **1984** 148, 150 und OLG Hamburg vom 29. 11. 1984, TranspR **1985** 130, 131 sehen sogar durch Art. 32 Abs. 4 die Aufrechnung als von der CMR gewährleistet an.

604 *Koller*[4] Rdn. 21; *Thume/Demuth* Rdn. 102.

605 *Koller*[4] Rdn. 21; *Thume/Demuth* Rdn. 102.

606 Zutreffend schon OLG Saarbrücken vom 29. 10. 1982, TranspR **1984** 148, 150; Leitentscheidung BGH vom 7. 3. 1985, BGHZ **94** 71, 76 = TranspR **1986** 68 ff = VersR **1985** 684 ff, Rezension von *Bayer* TranspR **1985** 417, 419; vom 14. 12. 1988, TranspR **1990** 141–143 = VersR **1989** 309, 310; OLG Düsseldorf vom 27. 1. 1994, TranspR **1995** 223 ff; vom 9. 3. 1995, TranspR **1995** 288 ff; *Koller*[4] Rdn. 22 und VersR **1988** 556, 559; *Piper*[7] Rdn. 474; *Loewe* TranspR **1988** 309, 319; A OGH vom 18. 5. 1982, TranspR **1983** 48 ff = SZ **55** 73 S. 379 ff; *Thume/Seltmann* Rdn. A 103; **a. A.** die ältere deutsche Rechtsprechung: BGH vom 20. 1. 1983, NJW **1983** 1266 = TranspR **1983** 44, 46; OLG Hamburg vom 29. 11. 1984, TranspR **1985** 130, 131; *Csoklich* VersR **1985** 909. Siehe auch § 32 ADSp, Anh. I nach § 415 HGBaF Rdn. 13 ff.

verschärft, daß die Verjährung in einzelnen Fallgruppen an einen formalen Beginntatbestand anknüpft (teilweise mit zusätzlichen Vorfristen):[607]

- an die Ablieferung nach Art. 32 Abs. 1 S. 3 Buchst. a (Schäden aus Teilverlust, Beschädigung oder Überschreitung der Lieferfrist);[608]
- an den Ablauf der Lieferfrist nach Art. 32 Abs. 1 S. 3 Buchst. b (Schäden aus gänzlichem Verlust bei bestehender Lieferfristvereinbarung);[609]
- an den Zeitpunkt der Übernahme des Gutes nach Art. 32 Abs. 1 S. 3 Buchst. b (Schäden aus gänzlichem Verlust bei fehlender Lieferfristvereinbarung);[610]
- an den Zeitpunkt des Abschlusses des Frachtvertrags nach Art. 32 Abs. 1 S. 3 Buchst. c (in allen in Art. 32 Abs. 1 S. 3 Buchst. a und b nicht geregelten Fällen).[611]

165 **Wichtigste Fälle** dieser vorzeitigen Verjährung[612] sind vor allem beim Regreß eines Frachtführers gegen einen Unterfrachtführer gegeben, wenn der Frachtführer selbst bei Verjährung noch nicht in Anspruch genommen worden ist oder erst kurz vor der Verjährung seiner Haftung in Anspruch genommen wird. Anders als die Neuregelung des deutschen Transportrechts (§ 439 Abs. 2 S. 3 HGB) enthält Art. 32 für diese Fälle keine Ausnahmeregelung. Eine ergänzende Anwendung des neuen deutschen Rechts kommt hier wegen des Fehlens einer Regelungslücke wohl nicht in Betracht.[613] Weitere Problemfälle stellen Langzeitverträge dar, bei denen grundsätzlich der Abschluß des einheitlichen Vertrags den Verjährungsbeginn gem. Art. 32 Abs. 1 S. 3 c auch für wesentlich später, möglicherweise erst nach Jahren entstehende Ansprüche markiert, die dann schon verjährt sein könnten.[614] Möglich ist auch, daß der Frachtführer erst nach Jahren steuerlich in Anspruch genommen wird, wenn der Steuererstattungsanspruch gegen den Absender längst verjährt ist.[615]

166 Die gemeinsame Problematik dieser Fälle ist mit überzeugenden Ansätzen als **Sonderproblem** zusammenfassend behandelt von *Demuth* und *Seltmann.*[616] Diesen Ansätzen, die auch die spezielle Rechtsprechung zur CMR einbeziehen, kann im wesentlichen gefolgt werden.[617]

167 Eine **Verjährung von Ansprüchen, die noch nicht entstanden sind oder deren Entstehung dem Gläubiger nicht bekannt ist**, verletzt das Rechtsgefühl. Jedoch ist es grundsätzlich ohne Bedeutung, ob dem Gläubiger der Anspruch bekannt ist. Denn der Schutz des Rechtsfriedens erfordert eine Klarheit für den Schuldner.[618] Daher kann auch bei kurzen Verjährungsfristen nicht grundsätzlich gefordert werden, daß die Verjährung erst mit der Entstehung des Anspruchs beginnt, wie dies im Regelfall in § 198

---

607 Zu diesen siehe Rdn. 81 ff.
608 Siehe Rdn. 49 ff.
609 Siehe Rdn. 46.
610 Siehe Rdn. 42 f.
611 Siehe Rdn. 65 ff.
612 *Schmid/Kehl* TranspR **1995** 435, 438 verneinen die praktische Relevanz der spätentstehenden Ansprüche, weil es dazu keine Fälle gebe. Dafür ist die Seltenheit veröffentlichter Entscheidungen kein relevantes Argument, weil in den betreffenden Fällen wegen der Aussichtslosigkeit vielfach keine Prozesse geführt werden, andererseits die vorliegenden Fälle von großer Tragweite sein können.
613 Siehe Rdn. 71 f.
614 Siehe Rdn. 68f; *Thume/Demuth* Rdn. 56. *Koller*[4] Rdn. 6 nennt hierfür auch Ansprüche aus nachvertraglicher Treuepflicht.
615 *Braun* VersR **1988** 648, 650; *Thume/Demuth* Rdn. 56.
616 *Thume/Demuth* Rdn. 56 ff; *Thume/Seltmann* Rdn. A 58.
617 Grundsätzlich ablehnend *Loewe* TranspR **1988** 309, 314; MüKo/*Basedow* Rdn. 17, der sich unrichtig auch auf *Putzeys* Nr. 1134 beruft. *Jesser* 183 lehnt die Analogie ab, will aber Art. 32 Abs. 1 S. 3 Buchst. c nicht anwenden, wenn die Verjährung vor Möglichkeit der Geltendmachung eintreten würde, mit der zu optimistischen Begründung, der Gläubiger könne die mögliche Entstehung solcher Ansprüche voraussehen und die Verjährung rechtzeitig unterbrechen. Dazu Rdn. 168.
618 Siehe *Palandt/Heinrichs*[56] vor § 194 BGB Rdn. 4.

BGB vorgesehen ist.[619] Dennoch ist zu prüfen, welche Möglichkeiten dem Gläubiger zur Verfügung stehen, um sich gegen den Verlust von Ansprüchen zu sichern.[620] *Demuth* und *Seltmann* untersuchen daher folgende Ansätze:

Steht der Anspruch noch nicht bezifferbar fest, kann der Gläubiger grundsätzlich die Verjährung durch Feststellungsklage gem. § 209 Abs. 1 BGB unterbrechen.[621] Jedenfalls besteht in diesen Fällen kein Anlaß, durch Auslegung den Inhalt der internationalen Vorschrift des Art. 32 Abs. 1 CMR zu verändern.[622] In hohem Maße fallabhängig ist aber, inwieweit eine Unterbrechung praktisch überhaupt möglich ist, etwa solange noch nicht feststeht, ob überhaupt ein Schaden entstehen wird – beispielsweise im Regreß des Hauptfrachtführers gegen den schadenverursachenden Unterfrachtführer, wenn der Hauptfrachtführer erst kurz vor Ablauf der Verjährung des Unterfrachtvertrags vom Absender oder Empfänger in Anspruch genommen wird.[623] **168**

Entsteht ein Anspruch erst nach Eintritt der Verjährung – siehe Rdn. 164 – und war eine rechtzeitige Feststellungsklage insbesondere aus prozeßrechtlichen Gründen nicht möglich,[624] werden in Rechtsprechung und Literatur verschiedene Abhilfevorschläge gemacht: **169**

Soweit Art. 39 Abs. 4 S. 2 für Regreßfälle nicht unmittelbar gilt,[625] bietet sich an, ihn analog anzuwenden. Eine solche Analogie würde mit dem verzögerten Verjährungsbeginn eine sinnvolle und einfache Lösung auch für Fälle ermöglichen, in denen der Regreßgläubiger seine Möglichkeiten zur Hemmung oder Unterbrechung nicht ausgeschöpft hat. Sie entspricht der in der Praxis anderer Vertragsstaaten häufigen Anwendung von Art. 39 ohne Vorliegen der vollen Voraussetzungen des Art. 34; siehe dort Rdn. 1 ff, 11, 17, 19. Die rechtspolitischen Begründungen für die Ablehnung der Analogie beruhen meist auf einer zu hohen Bewertung der kurzen Verjährung[626] und sind insoweit nicht überzeugend.[627] Ob dem Gesetzgeber klar war, daß die Regresse in den meisten Fällen nicht zwischen „aufeinanderfolgenden Frachtführern" stattfinden würden, und ob er mit der Regelung in Kapitel VI die sinnvolle Hinausschiebung des Verjährungsbeginns ausschließen wollte, ist zweifelhaft. Der Analogie[628] steht auch Art. 41 nicht entgegen, da diese Bestimmung nur Vereinbarungen zwischen den Parteien betrifft.[629] Sie würde aber auch in Fällen eingreifen, in denen der Regreßgläubiger seine Möglichkeiten zur Unterbrechung nicht genutzt hat und damit über das Ziel hinausschießen; siehe Rdn. 167 f. Eine Regelungslücke, die zur Analogie innerhalb eines **170**

619 An eine Anwendung dieser Bestimmung nationalen Rechts ist nicht zu denken, da sie klar durch die leges speciales der CMR, insbesondere Art. 32 Abs. 1 S. 3 Buchst. c, verdrängt ist; *Thume/Demuth* Rdn. 58 S. 758.

620 Zur erforderlichen Abstimmung der Interessen an schneller Streiterledigung und den materiellen Rechten der Gläubiger siehe Rdn. 1.

621 *Thume/Demuth* Rdn. 57; *Schmid/Kehl* TranspR **1995** 435; keine Unterbrechung jedoch durch bloße Verteidigung gegen eine negative Feststellungsklage des vom Frachtführer auf Zahlung von Standgeld in Anspruch genommenen eventuellen Schuldners; BGH vom 11. 12. 1981, VersR **1982** 649, 651 = ETR **1983** 63, 66 ff.

622 Zutreffend *Thume/Demuth* Rdn. 57.

623 Zu einfach daher MüKo/*Basedow* Rdn. 17.

624 Siehe Rdn. 165. Bei Langzeitverträgen ist die Möglichkeit der Hemmung der Schadenersatzforderungen z. B. nicht gegeben, weil § 202 BGB nicht gilt, wenn das Leistungshindernis auf der Seite des Gläubigers liegt; *Thume/Demuth* Rdn. 58.

625 Siehe dazu bereits oben Rdn. 16 und Art. 39 Rdn. 12.

626 *Loewe* TranspR **1988** 309, 314; MüKo/*Basedow* Rdn. 24; *Koller*[4] Rdn. 5. Die oft zitierte Entscheidung OLG Düsseldorf vom 18. 10. 1984, TranspR **1984** 276 f betrifft einen Fall, in dem die Hemmungs- und Unterbrechungsmöglichkeiten nicht ausgeschöpft waren.

627 Siehe Rdn. 1; *Clarke*[2] Nr. 46 b(i) S. 220.

628 Der allenfalls das Fehlen einer „Lücke" in der CMR entgegensteht, MüKo/*Basedow* Rdn. 24 f.

629 Siehe Art. 41 Rdn. 1.

Normenkomplexes des internationalen Einheitsrechts mit der Folge erheblicher Unterschiede in den Mitgliedsländern Veranlassung geben würde, könnte daher nur bejaht werden, wenn die Rechtsordnung eine sachgemäße Lösung nicht ermöglichen würde. Dies ist jedenfalls nicht der Fall, solange andere Ansätze möglich sind.

171 *Koller*[4] Rdn. 6 will für Fälle, in denen ein Regreßanspruch erst nach Eintritt der Verjährung entstanden ist und die Unterbrechung der Verjährung insbesondere aus prozeßrechtlichen Gründen nicht möglich war, Art. 32 Abs. 1 S. 3 Buchst. c – wie auch immer – „restringieren" und die Lücke dann durch **Rückgriff auf das nationale** Recht füllen. Der Vorschlag läßt nicht erkennen, wie dies geschehen soll;[630] nach der Neufassung des deutschen Transportrechts käme wohl der Rückgriff auf § 439 Abs. 2 S. 3 HGB in Betracht. Gegen eine solche Restriktion bestehen aber auch Bedenken wegen des Eingriffs in eine klare internationale Regelung.[631] Dieser würde übrigens in Fällen, in denen die Probleme nicht durch Art. 32 Abs. 1 S. 3 Buchst. c verursacht sind,[632] nichts helfen. *Piper*[7] Rdn. 469 deutet schon für den Fall der 3-Monats-Vorfrist des Art. 32 Abs. 1 S. 3 Buchst. c eine gewisse Bereitschaft an, den Beginn der Verjährung durch den Gesichtspunkt **der groben Unbilligkeit** hinauszuschieben, läßt aber die Frage ausdrücklich offen.[633] Die Möglichkeit, daß die Geltendmachung der Verjährung in den hier behandelten Fällen als unzulässige Rechtsausübung unwirksam ist, kann keinesfalls generell damit begründet werden, daß den Schuldner kein Verschulden treffe.[634]

172 *Demuth*[635] schlägt demgegenüber vor, die Öffnungsklausel des **Art. 32 Abs. 3 CMR** nutzbar zu machen und die Problematik durch Anwendung von **§ 203 Abs. 2 BGB** zu lösen.[636] Dieser Gedanke besticht. Ist der betreffende Gläubiger wirklich durch höhere Gewalt gehindert, seinen Anspruch innerhalb der letzten sechs Monate der Verjährungsfrist geltend zu machen, wird ihm durch die Hemmung der Verjährung in solchen Fällen eine sinnvolle Restspanne von 6 Monaten[637] gesichert, ohne daß gegen die CMR verstoßen werden muß.[638] Nach Wortlaut und Sinn des Gesetzes ist die Hemmung nicht ausgeschlossen, wenn die höhere Gewalt darin gesehen wird, daß der Anspruch innerhalb der letzten sechs Monate der Verjährung noch nicht bestanden hat. Wenn das Gesetz schon bei Störungen der Geltendmachung während der letzten sechs Monate einer Verjährungsfrist zum Schutze des Gläubigers die Verjährung hemmt, dann muß dieser Schutz erst recht gelten, wenn die Geltendmachung des Anspruchs wegen seiner späten Entstehung innerhalb der Verjährungsfrist überhaupt nicht möglich war. Ob für die Geltendmachung für den Gläubiger in unseren Fällen höhere Gewalt vorliegt, ist allerdings zweifelhaft. Üblicherweise wird zwischen tatsächlichen (§ 203 BGB) und rechtlichen (§ 202 BGB) Hemmungsgründen unter-

---

630 Zutreffend *Thume/Demuth* Rdn. 58.

631 *Thume/Demuth* Rdn. 58 S. 758; OLG Hamm vom 23. 9. 1985, TranspR **1986** 18, 19.

632 Siehe zu den Fällen Rdn. 164.

633 Ähnlich OLG Düsseldorf vom 9. 2. 1989, TranspR **1990** 191, 193.

634 So aber *Schmid/Kehl* TranspR **1995** 435, 438 unter Berufung auf die von *Palandt/Heinrichs*[54] Überbl v § 194 Rdn. 10 ff aufgeführten Fallgruppen, die jedoch eine Weiterentwicklung ausschließen. Siehe dazu etwa die Erwägungen von *Piper*[7] Rdn. 469 auf der Grundlage der – freilich aufgrund der jeweiligen Fallumstände im Ergebnis stets ablehnenden – Rechtsprechung des BGH zur Gewährleistung (vom 5. 7. 1978, NJW **1978** 2241 f mit Hinweisen auf ältere Fälle), zu Art. 32 CMR (11. 12. 1981, VersR **1982** 649, 650 = ETR **1983** 63, 66 ff) und zum Luftfrachtrecht (BGH vom 13. 4. 1989, TranspR **1989** 327, 438 = VersR **1989** 1066).

635 *Thume/Demuth* Rdn. 58 S. 758 f.

636 Angeregt durch *Loewe* TranspR **1988** 309, 314 f und OLG Hamm vom 23. 9. 1985, TranspR **1986** 18, 20 sowie einen Hinweis auf die Nutzbarkeit des Art. 32 Abs. 3 CMR in einem obiter dictum des A OGH vom 19. 5. 1982, TranspR **1984** 193, 194 = *Greiter* 159, 160 f.

637 So aber *Schmid/Kehl* TranspR **1995** 435, 437 f.

638 Eingehend dargestellt bei *Thume/Demuth* Rdn. 58 S. 759.

schieden.[639] Diese Unterscheidung mag dem Gesetz nicht voll entsprechen, weil die in § 202 formulierten Fälle vorübergehenden Leistungsverweigerungsrechts keineswegs alle rechtlichen Gründe umschreiben. Es ist daher jedenfalls vertretbar, den durch das Gesetz bestimmten, von Tatsachen abhängenden Verjährungsbeginn vor Entstehung des Anspruchs nach § 203 zu behandeln. Angesichts des Umstandes, daß diese nach st. Rechtsprechung selbst dann schon vorliegt, wenn der Gläubiger nur aus Kostengründen gehindert ist, einen Anspruch geltend zu machen, erscheint es auch durchaus möglich, hier von höherer Gewalt zu sprechen. Allerdings kann man dabei nicht von den für die Haftung maßgeblichen Begriff der höheren Gewalt ausgehen. Nach der üblichen Definition ist sie „ein von außen her auf den Betrieb einwirkendes, nicht vorhersehbares, auch durch äußerste wirtschaftliche Sorgfalt nicht abwendbares Ereignis, das auch nicht wegen seiner Häufigkeit von dem Unternehmen in Kauf genommen werden muß".[640] Es liegt auf der Hand, daß die Existenz einer Rechtslage kein Ereignis ist. Jedoch muß der Begriff der höheren Gewalt als Grund für die Nichtausübbarkeit der Prozeßführungsmöglichkeit wohl anderen Inhalt haben als bei Verwendung für einen Haftungsbefreiungsgrund. Jedenfalls reicht für § 203 Abs. 2 BGB ein Zustand, der die Rechtsausübung verhindert – etwa die Armut. Ob dies ein persönlicher Umstand sein muß, oder ob auch eine generelle Rechtslage ausreicht, könnte zweifelhaft sein. Jedenfalls ist der Gedanke, dem Gläubiger zu helfen, wenn er ohne jedes geringste Verschulden nicht im Stande ist, sein Recht zur Unterbrechung der Verjährung auszuüben, letztlich tragend.[641] Daher kann die Anwendung von § 203 Abs. 2 BGB jedenfalls dann bejaht werden, wenn dem Gläubiger aufgrund der Regelung des Art. 32 CMR tatsächlich keine Möglichkeit offenstand, die Verjährung zu unterbrechen.[642] Der Vorschlag von *Demuth* eignet sich daher wirklich zur Lösung der hier auftretenden Probleme, verlangt aber andererseits zuvor dem Gläubiger alle nur möglichen Anstrengungen zur Anspruchserhaltung ab.

Erwägenswert ist, die **österreichische Rechtsprechung** in Deutschland zu übernehmen, die das Problem entschlossener als die deutsche behandelt: Aus der CMR ergibt sich nach Auffassung des ObGH nicht, daß ein Anspruch bereits vor seiner Entstehung verjähren könne. Es sei ein Grundsatz des österreichischen Verjährungsrechts, daß die Verjährung erst laufen könne, wenn der Anspruch geltend gemacht, also zumindest eine Feststellungsklage erhoben werden könne.[643] Hierzu wird auch der Gedanke des Art. 39 Abs. 4 CMR herangezogen, der an sich nur für aufeinanderfolgende Frachtführer gelte, aber einen verallgemeinerungsfähigen Gedanken enthalte. Diese gerichtliche Praxis ist freilich nicht unumstritten.[644] Jedenfalls der Fall, daß ein Anspruch nicht vor seiner Entstehung verjähren könne, ist aber auch in der deutschen Rechtsprechung in vorsichtiger Weise öfter Grundlage von Entscheidungen gewesen.[645] Auch wenn der Anspruch zwar vor Verjährung entstanden, er **173**

---

639 Dazu *Staudinger/Dilcher*[12] § 202 Rdn. 3.

640 Siehe hierzu im einzelnen § 34 KVO, Anh. II nach § 452 HGBaF Rdn. 7–11.

641 Auch Grund für § 203 Abs. 1 BGB (Stillstand der Rechtspflege). Auch dieser generelle Zustand wird allgemein als ein Unterfall der höheren Gewalt bezeichnet; *Palandt/Heinrichs*[56] § 203 Rdn. 3.

642 Ablehnend *Schmid/Kehl* TranspR **1995** 435, 438 besonders auch deshalb, weil wegen der Seltenheit der Fälle kein Bedürfnis dafür bestehe. Siehe Rdn. 168.

643 A OGH vom 19. 5. 1982, TranspR **1984** 193 f = *Greiter* 159, 160 f; vom 10. 7. 1985, SZ **58** 122, S. 583 ff = TranspR **1986** 377 ff; vom 13. 4. 1989, TranspR **1990** 152, 153; *Thume/Seltmann* Rdn. A 58; *Jesser* 183 *Thume/Demuth* Rdn. 58.

644 *Loewe* TranspR **1988** 309, 315; dagegen wiederum *Thume/Seltmann* Rdn. A 58.

645 Siehe z. B. die Steuerberater-Fälle BGHZ **73** 363; BGH vom 27. 11. 1985, BGHZ **96** 290, 296; vom 4. 4. 1991, NJW **1991** 2828, 2829; vom 10. 12. 1992, VersR **1993** 446. Siehe auch § 40 KVO, Anh. II nach § 452 HGBaF Rdn. 12;

aber vom Gläubiger nicht geltend gemacht werden konnte, ist die Rechtslage entsprechend.

174 Zusammenfassend: Es gibt eine Reihe von Möglichkeiten, das Problem spätentstehender Ansprüche anders als durch Analogie von Art. 39 Abs. 4 S. 2 zu lösen. Insbesondere der in allen Rechtsordnungen in ähnlicher Weise bestehende **Gedanke von Treu und Glauben**[646] (die Verjährung könne erst laufen, wenn der Anspruch geltend gemacht, also zumindest eine Feststellungsklage erhoben werden könne) kann einen Ansatz bieten, der am ehesten zur internationalen Rechtseinheit beiträgt, weil er von jedem Rechtsanwender in Europa verstanden werden kann. Die klare österreichische Lösung hat dies wohl bisher am deutlichsten ausgedrückt. Es ist daher richtig, sich ihr anzuschließen.

Artikel 33

Der Beförderungsvertrag kann eine Bestimmung enthalten, durch die die Zuständigkeit eines Schiedsgerichtes begründet wird, jedoch nur, wenn die Bestimmung vorsieht, daß das Schiedsgericht dieses Übereinkommen anzuwenden hat.

Article 33

Le contrat de transport peut contenir une clause attribuant compétence à un tribunal arbitral à condition que cette clause prévoie que le tribunal arbitral appliquera la présente Convention.

Article 33

The contract of carriage may contain a clause conferring competence on an arbitration tribunal if the clause conferring competence on the tribunal provides that the tribunal shall apply this Convention.

Übersicht

Schrifttum

Loewe Die Bestimmungen der CMR über Reklamationen und Klagen, TranspR **1988** 309–320.

ferner BGH vom 20.11.1996, TranspR **1987** 133, 135 = NJW-RR **1987** 433, 434 (bei Anerkennung des Grundsatzes aus Fallgründen i.E. abgelehnt).

646 Dazu Art. 1 Rdn. 74; siehe auch F CA Paris vom 6.7.1988, BT **1989** 270, 271.

I. Allgemeines

1 Art. 33 gestattet die **Vereinbarung eines Schiedsgerichts**, die jedoch die Anwendung der CMR vorsehen muß. Die deutsche Übersetzung übersetzt die Originaltexte (englisch und französisch „clause") mit „Bestimmung" nicht falsch; treffender wäre jedoch „Schiedsgerichtsklausel". Fraglich könnte sein, ob durch die Klausel die gesetzlichen Zuständigkeiten des Art. 31 Abs. 1 S. 1 ausgeschlossen werden (Derogation), oder ob den Beteiligten stattdessen auch eine der gesetzlichen internationalen Zuständigkeiten zur Verfügung steht. Nach der wohl herrschenden Meinung ist das letztere der Fall.[1] Auch unter dieser Annahme steht aber im Regelfall die Entscheidung der Parteien fest, die staatlichen Gerichte auszuschließen, so daß auch in dem international zuständigen Mitgliedsland ein Schiedsgericht angerufen werden muß.

2 **In der Praxis** der CMR-Anwendung **spielen Schiedsgerichte keine größere Rolle.** Der Grund darin liegt wohl vor allem darin, daß man mit einer Schiedsklausel ohnehin nicht die CMR umgehen kann und daher auch nicht die allgemeinen Geschäftsbedingungen einer Partei oder auch staatliches Verordnungsrecht durchsetzen kann. Die vorliegenden Urteile erklären daher meist solche Schiedsklauseln für unwirksam.[2] Soweit das interne Recht ohnehin die Einschaltung von Schiedsgerichten vorsieht,[3] werden auch CMR-Fälle von diesen entschieden. Sie haben zwingend die CMR anzuwenden.[4]

II. Vereinbarung der Schiedsgerichtsklausel

3 Die **Vereinbarung** wird von Art. 33 nur erfaßt, wenn sie **im Beförderungsvertrag enthalten** ist. Allerdings reichen auch Zusätze und Nachträge zum Beförderungsvertrag aus.[5] Für die Vereinbarung sieht die CMR keine Schriftform vor.[6] Jedoch muß sie sich auf eine schriftliche Festlegung beziehen,[7] da ein mündlicher Hinweis die CMR-Anwendung nicht ausreichend sicherstellen kann.[8] Eine selbständige Schiedsgerichtsklausel ist unwirksam, weil sie alle gesetzlichen Gerichtsstände nach Art. 31 Abs. 1 abbedingt und daher nach Art. 41 CMR unwirksam ist.

---

1 Dazu eingehender *Haak* S. 282 f m. w. H. Siehe auch Art. 31 Rdn. 19, 22, 43.

2 NL Hof 's Gravenhage vom 17. 5. 1968, ETR **1968** 1227, 1233 behandelt die Schiedsgerichtsklausel der FENEX-Bedingungen wegen fehlender CMR-Verweisung als unwirksam; entsprechend NL Rb Rotterdam vom 10. 11. 1970, SS **1971** 162, 164 = ETR **1971** 273, 278; F CA Paris vom 27. 6. 1979, BT **1979** 440 f zu den Nordischen Speditionsbedingungen, die ein Schiedsgericht in Stockholm und schwedisches Recht vorsahen. Siehe auch MüKo/*Basedow* Rdn. 1 f.

3 Z. B. in Spanien: *Sánchez-Gamborino* Nr. 1400 ff; MüKo/*Basedow* Rdn. 1; dort zit. *Lederer* Kabotagetransporte im Straßengüterverkehr in Spanien (1996), S. 211 f, insbesondere auch zum Verfahren.

4 *Sánchez-Gamborino* Nr. 1409 ff. Siehe hierzu allgemein: *Herber*, Schiedsgerichtsbarkeit im Transportrecht, TranspR **2000** 435.

5 *Thume/Demuth* Rdn. 1 f; MüKo/*Basedow* Rdn. 2; *Loewe* ETR **1976** Nr. 269; *Silingardi* S. 294. Siehe aber: OLG Hamm vom 18. 5. 1998, TranspR **1999** 442 (Eine Schiedsgerichtsklausel wird auch bei längerer Geschäftsverbindung nicht dadurch Vertragsbestandteil, daß der Versender auf Frachtbriefen, die vom Frachtführer nicht unterzeichnet sind, regelmäßig eine solche Klausel abdruckt. Das gilt jedenfalls dann, wenn der Frachtführer seinerseits auf den Auftragsbestätigungen auf die ADSp mit dem Zusatz „Gerichtsstand x" verweist).

6 *Koller*[4] (ohne Rdn.); *Thume/Demuth* Rdn. 1; *Herber/Piper* Rdn. 4; *Sánchez-Gamborino* Nr. 1386; *Hill/Messent/Glass*[2] S. 257. Zu Formerfordernissen nach nationalem Recht siehe Rdn. 6.

7 Unter Verwendung diverser Medien; *Sánchez-Gamborino* Nr. 1386.

8 *Hill/Messent/Glass*[2] S. 257

III. Anwendungsbereich der Schiedsgerichtsklausel

4 Vielfach wird die Auffassung vertreten, die Schiedsgerichtsklausel nach Art. 33 erfasse **nur die Ansprüche aus Beförderungsverträgen.**[9] Diese formale Auffassung ist sachlich unangemessen, da die CMR auch für Ansprüche gilt, die sich zwar aus der Beförderung, nicht aber aus dem Beförderungsvertrag ergeben. Siehe Art. 1 Rdn. 53. Sie kann zu einer Aufspaltung des Prozeßstoffes führen – in solche Rechtsfragen, die jeweils innerhalb der staatlichen CMR-Gerichtsbarkeit und des CMR-Schiedsgerichts entschieden werden müßten. Dies würde die aus praktischen Gründen sehr vorteilhafte Einbeziehung außervertraglicher Ansprüche aus einer CMR-Beförderung in die Schiedsgerichtsbarkeit ausschließen und die Teilfragen gesondert den staatlichen Gerichten zuweisen, deren internationale Zuständigkeit nach Art. 31 nicht abbedungen werden könnte; siehe Art. 31 Rdn. 22.

IV. Wirksamkeit der Vereinbarung

5 Eine **Schiedsgerichtsvereinbarung ist** gemäß Art. 41 **nichtig,** wenn sie nicht die in Art. 33 bestimmte ausdrückliche Verweisung auf die CMR enthält, durch die das Schiedsgericht verpflichtet wird, die CMR anzuwenden.[10] Die Parteien müssen dann die nach Art. 31 zuständigen Gerichte anrufen.[11] Fraglich ist, ob bereits die generelle Verweisung auf das Recht eines Mitgliedslandes (das auch die CMR erfaßt) ausreicht. Überwiegend wird dies verneint,[12] vor allem weil damit die Anwendung der CMR nicht hinreichend gesichert erscheint. Es ist nicht sicher, ob alle Mitgliedsländer die CMR als Bestandteil ihres Rechts ansehen.[13] Überdies muß auch bezweifelt werden, ob die Parteien (und Gerichte) diesen mittelbaren Hinweis durchschauen.

6 Für **Zustandekommen und Wirksamkeit** einer Schiedsgerichtsklausel ist nationales Recht für die Form der Vereinbarung maßgeblich;[14] im Regelfall nach dem vereinbarten Recht, mangels einer solchen Vereinbarung nach der Rechtsordnung des Landes, in dem der Schiedsspruch ergehen soll.[15] Eine Bestimmung in der Schiedsgerichtsklausel, die in allgemeiner Form auf ein bestimmtes nationales Recht verweist und damit die Anwendung der CMR zur Folge hat, könnte als ausreichend für Art. 33 betrachtet werden, da die CMR Bestandteil der jeweiligen nationalen Rechte ist.[16] Allerdings ist zweifelhaft, ob eine derartige Bezugnahme die Anwendbarkeit der CMR in ausreichendem Maße sicherstellen kann.[17] Eine Eintragung in den Frachtbrief ist nicht erforderlich.[18]

---

[9] *Loewe* ETR **1976** Nr. 270 (ohne nähere Begründung); *Hill/Messent/Glass*² S. 259; entsprechend wohl auch *Herber/Piper* Rdn. 1.

[10] Beispiel: Unwirksamkeit von Art. 23 Abs. 3 Abs. 7 der niederländischen Bedingungen FENEX; OLG Hamm vom 29. 6. 1998, TranspR **1999** 201–203; MüKo/*Basedow* Rdn. 1; *Thume/Demuth* Rdn. 3.

[11] Siehe im einzelnen *Loewe* ETR **1976** 587 f.

[12] GB Queen's Bench Division vom 1. 12. 1981, Lloyd's Rep. **1982** I 410–413 und NL Rb Rotterdam vom 31. 1. 1967, SS **1967** 152–154; *Hill/Messent/Glass*² S. 257; *Thume/Demuth* Rdn. 3.

[13] *Thume/Demuth* aaO.

[14] Siehe Art. 31 Rdn. 23; *Herber/Piper* Rdn. 4; *Thume/Demuth* Rdn. 1; *Koller*⁴ Rdn. 1.

[15] Dazu allgemein MüKo/*Martiny* vor Art. 27 EGBGB Rdn. 89 ff. Nach österreichischem Recht muß sie urkundlich nachgewiesen werden; *Csoklich* S. 297; *Sánchez-Gamborino* Nr. 1386; *Hill/Messent/Glass*² S. 257, 258 mit Hinweisen auf Formerfordernisse nach englischem Recht.

[16] Dies scheint NL Rb Rotterdam, ETR **1971** 273, 278 in Erwägung gezogen zu haben.

[17] Gegen die Wirksamkeit solcher Klauseln als Schiedsabrede: *Loewe* TranspR **1988** 309, 319 mit eingehender Begründung; *Thume/Demuth* Rdn. 3; offenlassend *Koller*⁴ (ohne Rdn.); *Lau* TranspR **1986** 1, 2.

[18] *Sánchez-Gamborino* Nr. 1386 ff.

Nach Eintritt des Streitfalls ist die Schiedsvereinbarung ohne Rücksicht auf Art. 33 jederzeit frei möglich.[19] Die Gefahr ist freilich nicht von der Hand zu weisen, daß ein weniger gut informierter Partner durch sie benachteiligt wird.[20] Dem kann in gewissem Umfang mit dem Einwand des Rechtsmißbrauchs begegnet werden. 7

V. Anwendung und Vollstreckung

Trotz einer ordnungsgemäßen Schiedsgerichtsklausel kann es vorkommen, daß **ein Schiedsgericht die CMR** (oder einzelne ihrer Vorschriften) **nicht anwendet**. Die Möglichkeit der Anrufung der ordentlichen Gerichte richtet sich dann nach der jeweiligen nationalen Rechtsordnung.[21] *Clarke*[2] S. 258 f macht darauf aufmerksam, daß im englischen Recht der Schiedsgerichte eine Sonderverjährung besteht, die sich aus der New Yorker internationalen Konvention über die Anerkennung und Vollstreckung von Schiedsgerichtsurteilen herleitet.[22] Angesichts der Überschneidung der weiten Anwendungsfelder der Konventionen stellt sich die ungeregelte Frage nach dem Vorrang zwischen den Übereinkommen.[23] Gegenüber dem für die Rechtsanwender in der Praxis kaum handhabbaren (und überdies inhaltlich belanglosen) lex-posterior-Prinzip und der hier nicht weiterführenden lex-specialis-Lösung erscheint das Günstigkeitsprinzip am ehesten geeignet.[24] Inwieweit die selbst ergänzungsbedürftige Regelung des Art. 33 CMR nach Art. VII Abs. 1 New Yorker Übereinkommens dafür als zusätzliches Argument in Frage kommt, muß hier offenbleiben. 8

Die internationale **Vollstreckbarkeit von Schiedssprüchen** ist in der CMR nicht geregelt. Art. 31 Abs. 3 und 4 erwähnen weder Art. 33 noch die Schiedssprüche überhaupt. Auch Art. 31 Abs. 1 betrifft nur gerichtliche Entscheidungen.[25] Demnach folgt ihre Vollstreckbarkeit dem Recht des angestrebten Vollstreckungsstaats, in Deutschland also §§ 1042 ff ZPO.[26] 9

---

[19] *Loewe* ETR **1976** Nr. 269 und TranspR **1988** 309, 319 Nr. 63; *Hill/Messent/Glass*[2] S. 258; *Thume/Demuth* Rdn. 4; *Lau* TranspR **1986** 1, 6; *Herber/Piper* Rdn. 2; zweifelnd *Clarke*[2] Nr. 49. Siehe auch Art. 31 Rdn. 20; *Staudinger*[11] vor Art. 12 EGBGB Rdn. 572.

[20] Zu dieser Gefahr siehe *Schack*[2] Rdn. 431.

[21] *Thume/Demuth* Rdn. 9; *Herber/Piper* Rdn. 5 f; siehe Art. 31 Rdn. 18.

[22] Siehe dazu aus der Sicht des EuGVÜ *Kropholler* EuGVÜ[4] S. 62 ff.

[23] Art. 1 Abs. 2 Nr. 4 EuGVÜ nimmt die Schiedgerichtsbarkeit von seiner Anwendung aus; dazu *Schack*[2] Rdn. 98.

[24] *Schack*[2] Rdn. 63.

[25] *Herber/Piper* Rdn. 3.

[26] *Thume/Demuth* Rdn. 10 f.

KAPITEL VI

Bestimmungen über die Beförderung durch aufeinanderfolgende Frachtführer

Artikel 34

Wird eine Beförderung, die Gegenstand eines einzigen Vertrages ist, von aufeinanderfolgenden Straßenfrachtführern ausgeführt, so haftet jeder von ihnen für die Ausführung der gesamten Beförderung; der zweite und jeder folgende Frachtführer wird durch die Annahme des Gutes und des Frachtbriefes nach Maßgabe der Bedingungen des Frachtbriefes Vertragspartei.

CHAPITRE VI

Dispositions relatives au transport effectué par transporteurs successifs

Article 34

Si un transport régi par un contrat unique est exécuté par des transporteurs routiers successifs, chacun de ceux-ci assume la responsabilité de l'exécution du transport total, le second transporteur et chacun des transporteurs suivants devenant, de par leur acceptation de la marchandise et de la lettre de voiture, parties au contrat, aux conditions de la lettre de voiture.

CHAPTER VI

Provisions relating to carriage performed by successive carriers

Article 34

If carriage governed by a single contract is performed by successive road carriers, each of them shall be responsible for the performance of the whole operation, the second carrier and each succeeding carrier becoming a party to the contract of carriage, under the terms of the consignment note, by reason of his acceptance of the goods and the consignment note.

Übersicht

Schrifttum

Braun Prozessuale Probleme im Bereich der CMR, Teil I VersR **1988** 648–653 und Teil II VersR **1988** 878–885; *Csoklich* CMR und vertragliche Aufrechnungsbeschränkungen, VersR **1985** 909–913; *Demuth* Ausführender Frachtführer auch im CMR-Bereich?, TranspR **1999** 100–101; *Heuer* Aufeinanderfolgende Frachtführer nach Art. 34 ff. CMR, TranspR **1984** 169–172; *Koller* Die Haftung des Unterfrachtführers gegenüber dem Empfänger – Zugleich Anmerkung zu BGH VersR 88, 244, VersR **1988** 673–674; *Koller* Vertragliche Direktansprüche gegen schädigende Unterfrachtführer im Straßentransportrecht, VersR **1993** 920–930; *Piper* Einige ausgewählte Probleme des Schadensersatzrechts der CMR, VersR **1988** 201–209; *Roltsch* Nicht in jedem Fall haftet der Unterfrachtführer – Bundesgerichtshof zu CMR-Ansprüchen des Absenders, DVZ Nr. 146 v. 8.12.1988; *Thume* Keine Rechte des Empfängers nach Art. 13 Abs. 1 CMR und § 435 HGB gegen den Unterfrachtführer, TranspR **1991** 85–89; *Trappe/Gierke* „Aufeinanderfolgende" Straßenfrachtführer? (Zu Art. 34 ff CMR), TranspR **1996** 260–263; *Wanckel* Zum Begriff der „aufeinanderfolgenden Frachtführer" i.S. der Art. 34 ff. CMR – Zugleich Anmerkung zum Urteil des OLG Hamburg VersR 1980, 950 –, VersR **1984** 712–714; *Willenberg* Zur Rechtsstellung des Nahverkehrsunternehmers im nationalen und grenzüberschreitenden kombinierten Straßengüterverkehr, TranspR **1986** 309–311; *Züchner* Unterfrachtführer und Teilfrachtführer in der CMR, VersR **1969** 203–208.

A. Allgemeines

I. Verhältnis der Art. 34–40 zu nationalem Unterfrachtrecht

Unterfrachtverhältnisse waren bis 1998 in § 432 HGBaF geregelt. Die Vorschrift ist 1
in Deutschland durch das TRG aufgehoben und durch § 437 HGBnF ersetzt. An die Stelle der vertraglichen Bindungen des Unterfrachtvertrags ist haftungsrechtlich die tatsächliche Beförderung durch ausführende Unternehmer getreten. Zweck dieser Gesetzesänderung ist die Vereinfachung des Zugriffs auf den primär für das Frachtgut Verantwortlichen, der mit dem Vertragspartner des Absenders als Gesamtschuldner haftet. Trotz der Aufhebung von § 432 HGBaF bestehen Unterfrachtverhältnisse

gleichwohl nach wie vor im Verhältnis von Hauptfrachtführer zu Unterfrachtführer,[1] gegebenenfalls auch zwischen Unter-Unterfrachtführern. Diese regeln die Verteilung von Rechten und Pflichten zwischen den an ihnen Beteiligten.[2] Die Haftung im Bereich nach Art. 34–39 geht also wie bisher vom Unterfrachtvertrag aus.[3] Die Grundlage der einheitlichen internationalen Beförderung durch mehrere Frachtführer unter einem Frachtbrief ist aber offenbar im internationalen Kraftfahrzeugverkehr inzwischen praktisch zur Ausnahme geworden.[4] Unmittelbare Anwendungsfälle der Art. 34 ff sind daher selten.[5] Die Anwendung Art. 34–39 ist an die in Abs. 34 vorgesehenen Voraussetzungen, insbesondere durchgehenden Frachtvertrag und durchgehenden Frachtbrief geknüpft.[6] Zur Anwendbarkeit der Art. 34 ff ohne **vollständiges Vorliegen der Voraussetzungen des Art. 34** siehe Rdn. 24. Liegen diese Voraussetzungen in casu nicht vor, findet der Regelungskomplex der Art. 34–39 keine Anwendung. Deren Anwendung ist insbesondere an einen durchgehenden Frachtvertrag und Frachtbrief geknüpft.[7] Aus den Bestimmungen über aufeinanderfolgende Frachtführer können daher keine Schlüsse gezogen werden. Verfehlt ist deshalb die in die Rechte des Empfängers eingreifende ständige Rechtsprechung des BGH und anderer Gerichte. Diese will die aus Art. 34 ff in solchen Fällen herleiten, daß der Endempfänger nur gegen den Hauptfrachtführer, nicht aber gegen Unterfrachtführer Ansprüche wegen Güterschäden geltend machen könne.[8]

2 Art. 34–40 betreffen im Schwerpunkt die Rechtsbeziehungen zwischen aufeinanderfolgenden Straßenfrachtführern und Absendern bzw. Empfängern und vor allem zwischen Teilfrachtführern mit dem Schwerpunkt des Regresses. Aber auch für die Rechtsbeziehungen zwischen **Hauptfrachtführer** (= erster Frachtführer[9]) und **Unterfrachtführer** entwickelt er **Wirkungen.**[10] Der Text der CMR macht keine Ausnahme für den Hauptfrachtführer („ersten Frachtführer“ in Art. 34), sondern gilt auch für diesen, selbst dann, wenn er keinen Teil der Beförderung selbst ausführt.[11] Art. 34 bis 39 verdrängen, soweit ihre Voraussetzungen vorliegen, die nationalen Regelungen: in Deutschland jetzt § 437 HGBnF, bisher § 432 HGBaF.[12] Der im Hauptfrachtvertrag vorgesehene Empfänger kann zugleich als Empfänger im Sinne des Unterfrachtvertrags Ansprüche gegen den Unterfrachtführer (auch außerhalb des Art. 34 CMR) haben. Liegen in einem Fall die Voraussetzungen der Art. 34 ff nicht vor, findet auf ihn dieser Regelungskomplex keine Anwendung. Aus ihm können daher keinerlei

---

[1] Zum Verhältnis zwischen Unterfrachtführer und Absender bzw. Empfänger siehe eingehend § 432 HGBaF Rdn. 28 ff, 31 ff.

[2] Unterverhältnisse mit Subunternehmern sind auch im übrigen Privatrecht üblich, am bekanntesten bei der Untermiete.

[3] Sie lehnen sich an das eisenbahnrechtliche Vorbild (Art. 26, 49–52 CIM 1970; Art. 35, 53 § 1, 55, 60–64 ER/CIM 1980) an.

[4] Zu den Gründen MüKo/*Basedow* Rdn. 7 f.

[5] Siehe Rdn. 24.

[6] Siehe dazu Rdn. 5 und 16 ff, insbesondere zur Rechtsprechung Rdn. 17.

[7] Siehe dazu Rdn. 5 und 16 ff, insbesondere zur Rechtsprechung Rdn. 17.

[8] Siehe Rdn. 2 und eingehend Art. 13 Rdn. 2.

[9] Der Hauptfrachtführer ist stets erster Frachtführer im Sinne von Art. 34, wo alle weiteren als „der zweite“ und folgende bezeichnet werden; *Heuer* TranspR **1984** 169 Fn. 3.

[10] Aus deutscher Sicht unverständlich die Überlegungen von Mr. Justice May in GB Queen's Bench Division vom 1. 11. 1976, ETR **1978** 617 = Lloyd's Rep. **1977 I** 411, 414, ob Art. 34 ff (Art. 39 Abs. 4) auf das Verhältnis zwischen Haupt- und Unterfrachtführer überhaupt anzuwenden sind (dort offenbar GB Queen's Bench Division vom 8. 5. 1975 in Ulster Swift v. Taunton, ETR **1976** 246 nicht verstanden); sehr kritisch dazu *Clarke*[2] Nr. 46(b) (ii).

[11] Siehe Rdn. 22; Modellbeispiele bei MüKo/*Basedow* Rdn. 1 ff und Rdn. 13 f; *Thume/Schmid* vor Art. 34 Rdn. 7; *Koller*[4] Rdn. 4. *Loewe* ETR **1976** 503 ff, Nr. 276 will Art. 34 auf solche Fälle nicht anwenden; ebenso MüKo/*Basedow* Rdn. 13 Fn. 19; *Herber/Piper* Rdn. 7.

[12] Hinsichtlich der gemeinsamen Grundbegriffe zum Recht des Unterfrachtvertrags siehe jedoch die Erläuterungen zu § 432 HGBaF, wo auch die Literatur zur CMR mit berücksichtigt ist.

Schlüsse gezogen werden. Verfehlt ist deshalb die in die Rechte des Empfängers eingreifende ständige Rechtsprechung des BGH und anderer Gerichte. Diese will aus Art. 34 ff in solchen Fällen herleiten, daß der Endempfänger nur gegen den Hauptfrachtführer, nicht aber gegen Unterfrachtführer Ansprüche wegen Güterschäden geltend machen könne.[13]

II. Überblick über den Regelungskomplex der Art. 34–40

Vorbemerkung: Der Ausdruck „Samtfrachtführer" entspricht der bisher zu § 432 Abs. 2 HGBaF in der deutschen Literatur traditionell üblichen Bezeichnung und kann zu Art. 34 weiter verwendet werden.[14] Als „Teilfrachtführer" bezeichnet man die einzelnen ausführenden Frachtführer. **3**

Art. 34–40 CMR betreffen Rechte des Absenders/Empfängers bei Beförderung durch aufeinanderfolgende Frachtführer (Art. 36), vor allem aber das Ausgleichssystem zwischen mehreren beteiligten Frachtführern. Dieses System läßt sich kurz so darstellen:

- Dem Absender/Empfänger gegenüber haftet nach **Art. 34** Satz 1 jeder beteiligte Frachtführer für die Ausführung der gesamten Beförderung (materielle Haftung).[15] Der zweite und jeder folgende Frachtführer wird durch die Annahme von Gut und Frachtbrief nach Maßgabe der Bedingungen des Frachtbriefs Vertragspartner des Absenders (Eintritt in den Frachtvertrag, ähnlich § 433 Abs. 2 HGBaF).
- **Art. 36** beschränkt die Prozeßführungsmöglichkeiten des Absenders durch Einschränkung der Passivlegitimation auf Beförderung ausführende Frachtführer: Auf den ersten, den letzten und den, der den schadensverursachenden Teil der Beförderung ausgeführt hat. Materiell haften aber auch die hierdurch nicht erfaßten beteiligten Frachtführer; Widerklage und Einreden sind auch diesen gegenüber möglich. Bei der Geltendmachung der durch den Eintritt in den Frachtvertrag erworbenen Rechte müssen sie sich also ihre eigene Haftung entgegen halten lassen.
- **Art. 37** regelt den Regreß innerhalb der Gemeinschaft der Samtfrachtführer: der schadensverursachende Frachtführer hat grundsätzlich den Schaden zu tragen; bei Verursachung durch mehrere tragen diese den Schaden pro rata. Läßt sich nicht feststellen, wer danach den Schaden zu tragen hätte, haften alle Frachtführer pro rata. Art. 37 ist ausschließliche Anspruchsgrundlage für die Regreßansprüche zwischen Samtfrachtführern.
- Nach **Art. 38** tragen die anderen Samtfrachtführer den Ausfall durch Zahlungsunfähigkeit eines Frachtführers ebenfalls pro rata, jedoch nach ihrem Anteil am Beförderungsentgelt.
- Diese Regelung der **Art. 36–38** enthält eine wesentliche Einschränkung: Der in Anspruch genommene Frachtführer kann nicht (gem. Art. 3 CMR) den zunächst in

[13] BGH vom 24.9.1987, TranspR **1988** 108, 111 = VersR **1988** 244 ff; vom 28.4.1988, NJW **1988** 3095 f = TranspR **1988** 338, 340 = VersR **1988** 825 f; vom 24.10.1991, BGHZ **116** 15 ff = TranspR **1992** 177, 178 = VersR **1992** 640, 641; vom 24.10.1991, BGHZ **116** 15 ff = TranspR **1992** 177, 178 = VersR **1992** 640, 641; OLG Düsseldorf vom 7.7.1988, TranspR **1988** 425, 427; zweifelhaft BGH vom 10.5.1990, TranspR **1990** 418 ff = VersR **1991** 238 ff = ETR **1991** 351 ff; B CA Antwerpen vom 8.10.1986, ETR **1987** 436 ff. Siehe dazu eingehend Art. 13 Rdn. 2; § 429 HGBaF Rdn. 154; § 432 HGBaF Rdn. 31 ff.

[14] Siehe § 432 HGBaF Rdn. 52; zur CMR MüKo/*Basedow* Rdn. 2; *Thume/Schmid* vor Art. 34 Rdn. 8; Siehe zum Anwendungsbereich Rdn. 12 ff.

[15] Nach § 437 HGBnF haften nur der vertragschließende und der betreffende ausführende Frachtführer gesamtschuldnerisch.

der Kette für die Schadensverursachung durch seinen Nachfolger (Unter-Unterfrachtführer) verantwortlich machen, sondern muß sich an den Schädiger selbst wenden.

- **Art. 39** Abs. 1 regelt prozessuale Fragen des Regreßverfahrens. Im Regreß eines zu Schadenersatz verurteilten Frachtführers gegen einen anderen Samtfrachtführer wird eine der Streitverkündung ähnliche Wirkung durch Art. 39 Abs. 1 vorgesehen; Art. 39 Abs. 2 und 3 trifft eine Sonderregelung zum internationalen Gerichtsstand.
- **Art. 39 Abs. 4** läßt für Regreßansprüche unter Samtfrachtführern die Verjährung des Art. 32 Abs. 1 Satz 2 mit der Rechtskraft des die Schadenersatzpflicht des Regreßgläubigers festlegenden Urteils (ohne ein solches mit der Zahlung) neu beginnen.
- **Art 40** erlaubt, abweichend von Art. 41 eine Abdingung der Regreßvorschriften der Art 37 und 38.
- **Art. 35** regelt die Formalien der Weitergabe des Frachtbriefs.

4 Insgesamt bedeutet dies **Nachteile, aber auch Vorteile für die beteiligten Personen**, je nach ihrer Stellung im Beförderungs- und Schadensgeschehen.

- **Für Absender und Empfänger** ist die Regelung insgesamt günstig: Sie erhalten Ansprüche gegen alle beteiligten Frachtführer gemäß Art. 34 und können diese wahlweise gegenüber dem ersten, dem letzten oder dem schädigenden Frachtführer geltend machen – eine Verbesserung der Ausgangslage, in der grundsätzlich nur der vertragschließende Frachtführer haften würde.[16]
- **Für alle nachfolgenden Frachtführer nachteilig** ist die Ausfallhaftung für Verursachung durch andere Frachtführer bei unbekanntem Schadensort (Art. 37 c) und bei Zahlungsunfähigkeit eines verantwortlichen Frachtführers (Art. 38). Der erste Frachtführer würde in diesen Fällen ohne die Regelung der Art. 34–40 ohnehin für die von ihm beauftragten Unterfrachtführer haften; sehr nachteilig für die nachfolgenden ist ferner die grundsätzliche Haftung für alle, also auch für vor ihren Beförderungsstrecken liegenden Abschnitte (Art. 34 Abs. 2).
- Nachteilig **für alle vorhergehenden Frachtführer** kann die eventuelle Entziehung der Klagebefugnis gegen ihre unmittelbaren Nachmänner (Art. 36) sein. Immerhin werden sie in aller Regel mit diesen am ehesten Geschäftsbeziehungen unterhalten und könnten daher am besten ihre Ansprüche durchsetzen.
- **Vorteilhaft für alle regreßnehmenden Frachtführer** ist der Neubeginn der Verjährung nach Art. 39 Abs. 4; nachteilig dagegen für die regreßpflichtigen Frachtführer.

III. Praktische Bedeutung der Art. 34–40

5 In der deutschen Gerichtspraxis ist die gesamte Regelung der Art. 34–40 ohne größere praktische Bedeutung geblieben.[17] Insbesondere auch bei der Fixkostenspedition[18] scheitert sie so gut wie immer daran, daß nach der Rechtsprechung das **Vorliegen aller Anwendungsvoraussetzungen des Art. 34** auch für die Anwendbarkeit der Art. 35–40 erforderlich ist; siehe Rdn. 17 ff, insbesondere siehe Art. 36 Rdn. 2 ff; Art. 37 Rdn. 3; Art. 39 Rdn. 1. In diesen Fällen ist aber auf der Grundlage von Art. 3 jedenfalls eine Haftung des Hauptfrachtführers für Verschulden des Unterfracht-

---

[16] Zutreffend BGH vom 28.4.1988, NJW **1988** 3095 f = TranspR **1988** 338, 340 = VersR **1988** 825 f.

[17] *Koller*[4] Rdn. 2; *Thume/Schmid* vor Art. 34 Rdn. 3; *Koller*[4] Rdn. 4.

[18] Siehe Rdn. 9.

führers und seiner Leute gegeben;[19] siehe dort Rdn. 5. Entgegen der vom BGH entwickelten unzutreffenden Sonderrechtsprechung[20] haftet der Unterfrachtführer auch im Anwendungsbereich der CMR ohnehin dem Empfänger als begünstigtem Dritten für die von ihm ausgeführte Beförderung.

B. Anwendungsvoraussetzungen des Art. 34 im einzelnen

Art. 34 setzt voraus: internationale Straßenbeförderung, einen einheitlichen Frachtvertrag und einen durchgehenden Frachtbrief, der mit dem Gut an den nachfolgenden Frachtführer übergeben wird. An diesen zusammengehörigen Anforderungen scheitert in der Regel die Anwendung der Art. 34–39 CMR. Siehe Rdn. 17. 6

1. Internationale Straßenbeförderung

Art. 34 CMR setzt die Ausführung der internationalen Beförderung auf der Straße voraus. Der kombinierte Transport fällt höchstens unter Art. 34, soweit auf der Straße mehrere Frachtführer nacheinander eine grenzüberschreitende Beförderung ausführen. Dazu gehören auch Huckepackbeförderungen nach Art. 2 CMR.[21] 7

2. Einheitlicher Frachtvertrag

a) Frachtvertrag

Aus Art. 1 und dem Gesamtzusammenhang der CMR ergibt sich unzweifelhaft, daß nur Frachtverträge Gegenstand der Regelung sind, nicht dagegen Verträge, die dem **Speditionsrecht** unterliegen,[22] da dann die Anwendungsvoraussetzungen der CMR überhaupt nicht vorliegen; siehe Art. 1 Rdn. 24. Auch auf einen **Lohnfuhrvertrag** ist Art. 34 CMR nicht anwendbar.[23] 8

Der **Spediteur-Frachtführer** nach deutschem und österreichischem Recht unterliegt ebenfalls meist der CMR[24] und damit auch Art. 34 ff.[25] Auf das Verhältnis zwischen **Fixkostenspediteur** und vom Hauptfrachtführer beauftragten Frachtführern ist Art. 34 nach der Rechtsprechung generell anzuwenden.[26] Für das Verhältnis zwischen **Sammelladungsspediteur** und Unterfrachtführern gilt zwar grundsätzlich das gleiche. Die allgemeine Ablehnung der Anwendung von Art. 34 ff auf den Sammelladungsspediteur ohne Differenzierungen[27] ist jedoch zu grob. Da diese Verträge so gut wie 9

---

19 *Koller*[4] Rdn. 4; *Herber/Piper* Rdn. 1; *Thume/Schmid* Rdn. 1; MüKo/*Basedow* Rdn. 1, 17.

20 Siehe Rdn. 2.

21 GB Queen's Bench Division vom 6. 11. 1990, (Dresser v. Falcongate), RDU **1991 I** 354, 357 = ETR **1999** 798 ff. **a. A.** *Koller*[4] Rdn. 2.

22 Siehe Art. 1 Rdn. 22 ff; Bespiele z. B. F TribCom Paris vom 5. 12. 1973, BT **1974** 157, 158; F Trib Gr. I. Valence vom 18. 11. 1981, BT **1982** 211–212.

23 Zutreffend A OGH vom 8. 9. 1983, SZ **56** 129 S. 575 f = TranspR **1984** 281 f = *Greiter* 200 ff = ETR **1985** 282 ff; OLG Innsbruck vom 20. 6. 1995, TranspR **1997** 343 ff; siehe auch § 425 HGBaF Rdn. 94 und § 432 HGBaF Rdn. 26; *Herber/Piper* Rdn. 5.

24 Siehe allgemein zur Anwendung der CMR auf Speditionsverträge Art. 1 Rdn. 3, 22 ff, insbesondere 23; ferner *Thume/Schmid* Rdn. 11 ff.

25 Anwendung von Art. 34 ff BGH vom 25. 10. 1984, NJW **1985** 555 f = TranspR **1985** 48–51 (zu Art. 23); Oberlandesgerichte: Frankfurt vom 31. 5. 1983, TranspR **1983** 155 ff; Hamburg vom 6. 12. 1979, VersR **1980** 290, 291; vom 29. 5. 1980, VersR **1980** 950 f; vom 3. 6. 1982, TranspR **1985** 266, 267; Karlsruhe vom 7. 12. 1979, VersR **1940** 877; Stuttgart vom 22. 7. 1982, VersR **1983** 978, 979. Eindeutig begründet auch von A OGH vom 28. 6. 1988, TranspR **1989** 222, 225 = VersR **1989** 980 f.

26 § 459 HGB (bisher § 413 Abs. 2 HGBaF, siehe §§ 412, 413 HGBaF Rdn. 104 ff).

27 MüKo/*Basedow* Rdn. 14; *Koller*[4] Rdn. 5; *Thume/Schmid* vor Art. 34 Rdn. 14; *Herber/Piper* Rdn. 8; *Heuer* TranspR **1984** 169, 172. *Heuer* TranspR **1984** 169, 171.

immer zu festen Kosten vereinbart sind,[28] fallen sie ohnehin fast ausnahmslos unter die CMR. Die besonderen Voraussetzungen des Art. 34 liegen ebenfalls vor, soweit das Gesamtgut zur späteren Verteilung an einen Spediteur als Empfänger adressiert ist.[29] Werden dagegen Teile der Sammelladung durch die Verteilung der Güter durch nachfolgende Frachtführer an verschiedene Endempfänger ausgeliefert, fehlt es für Art. 34 ff an inhaltlich gleichen Vertrag der ausführenden Teilfrachtführer.[30] Insgesamt ist daher in der deutschen Gerichtspraxis die gesamte Regelung der Art. 34–40 ohne größere praktische Bedeutung geblieben.[31]

b) Einheitlicher Vertrag

10 Weiterhin verlangt Art. 34, daß die internationale Beförderung Gegenstand eines einzigen Vertrages[32] ist. Der erste Frachtführer muß also die Verpflichtung zur Beförderung auch für die von den nachfolgenden Frachtführern ausgeführten Beförderungsteile in identischer Weise übernommen haben.[33] Daran fehlt es je nach Fall bei der verteilenden Beförderung von Sammelladungen.[34] Das Merkmal des einheitlichen Vertrags wird in der Rechtsprechung nicht oft speziell angesprochen.[35] Zumeist scheitert die Anwendbarkeit der Art. 34 ff bereits am Fehlen der leicht nachweisbaren Formalität der Ausstellung des durchgehenden Frachtbriefs.[36] Der Frachtvertrag zwischen dem Hauptfrachtführer und den weiteren ausführenden Frachtführern muß ein Frachtvertrag sein; siehe dazu § 432 HGBaF Rdn. 6, 12 ff. Die übernommene Teilbeförderung muß nicht der CMR unterliegen,[37] sondern kann auch nationalem Recht unterstehen. Andernfalls wäre die gewünschte Wirkung der gemeinsamen Haftung vielfach durchbrochen. Die internationale Diskussion ist durch die Anforderung geprägt, der Teilvertrag müsse insgesamt der CMR unterworfen sein. Dieses Argument spielt für die Haftung als Gesamtschuldner allerdings keine Rolle. Die in Deutschland einheitliche Meinung, daß ein einheitlicher Frachtbrief und seine Übergabe an den Teilfrachtführer Voraussetzung sei für die Anwendung der Art. 34–39 erledigt jedoch die gegebenen Scheinprobleme.

---

28 Siehe §§ 412, 413 Rdn. 128.

29 Zum „Bewirken" der Sammelversendung nach 460 Abs. 1 HGB (sachlich entsprechend § 413 HGBaF Abs. 2) siehe §§ 412, 413 Rdn. 127 ff, speziell Rdn. 136.

30 S. Rdn. 10.

31 *Thume/Schmid* vor Art. 34 Rdn. 3; *Koller*[4] vor Art. 34 Rdn. 3.

32 Beispiele für dieses Kriterium: OLG Düsseldorf vom 1.4.1976, VersR **1978** 173; LG Duisburg vom 10.5.1968, ETR **1969** 979, 986; A OGH vom 28.6.1988, TranspR **1989** 222, 225 = VersR **1989** 980 f. Fehlen des Merkmals OLG Nürnberg vom 23.2.1994, TranspR **1994** 288, 289; OLG Frankfurt vom 31.5.1983, TranspR **1983** 155 ff; GB Queen's Bench Division Liverpool vom 6.11.1990, (Dresser v. Falcongate), RDU **1991 I** 354 ff, = ETR **1999** 798 ff.
Siehe *Heuer* TranspR **1984** 169; *Herber/Piper* Rdn. 4; *Koller*[4] Rdn. 2; *Clarke*[2] Nr. 271; *Hill/Messent/Glass*[2] S. 262 f.

33 Siehe Rdn. 10, und § 432 Rdn. 26. Siehe aber auch z. B. OLG Düsseldorf vom 1.4.1976, VersR **1978** 173; B TribCom Verviers vom 7.4.1979, ETR **1979** 664, 671.

34 Siehe Rdn. 9.

35 Beispielsweise aber vom OLG Düsseldorf vom 1.4.1976, VersR **1978** 173; A OGH vom 10.7.1985, SZ **58** 122, S. 583, 586 = TranspR **1986** 377, 378; NL Rb Amsterdam vom 16.4.1975, SS **1975** 215 ff; B Trib Antwerpen vom 25.11.1974, JPA **1975** 70 ff (Art. 34 nicht auf Sammelverkehr). Siehe Rdn. 17.

36 GB Queen's Bench Division vom 6.11.1990, (Dresser v. Falcongate), RDU **1991 I** 354, 358 ff = ETR **1999** 798 ff

37 *Herber/Piper* Rdn. 5; gegenteilige Meinung mit Zitat englischer Rechtsprechung *Clarke*[2] Nr. 279 f. In Deutschland gibt es dazu wohl keine Rechtsprechung (wegen des Fehlens durchgehender Frachtbriefe).

3. Durchgehender Frachtbrief

11 Daß ein durchgehender, die gesamte Strecke umfassender Frachtbrief und seine Annahme durch die Teilfrachtführer Erfordernis der Anwendung des Art. 34 sind, ergibt sich ausdrücklich für die Folge des Eintritts in den Frachtvertrag und die organisierte Haftungsgemeinschaft aller aufeinanderfolgender Frachtführer; siehe Rdn. 17 f zu den Art. 35–39. Der durchgehende Frachtbrief ist Maßstab für den Inhalt dieser Gemeinschaft.[38] Er ist von Absender und Frachtführer des Hauptfrachtvertrags zu unterzeichnen und kann bis dahin keine Wirksamkeit erlangen.[39] Der Frachtbrief kann auch nachträglich ausgestellt werden, z. B. durch einen nachfolgenden Frachtführer, aber nur bei Unterschrift beider Parteien des Erstfrachtvertrags und Annahme durch den jeweiligen Teilfrachtführer. Die Eintragung ist jedoch nicht konstitutiv.[40] Die Wirkung für und gegen andere ausführende Frachtführer wird erst durch deren Unterschrift erzeugt. Für die Anwendung der Art. 34 ff wirkt der gültige durchgehende Frachtbrief konstitutiv.

4. Eintritt in den Frachtvertrag als Voraussetzung der Sonderhaftung

a) Allgemeines

12 Art. 34 ist als Ganzes zu lesen. Auch die Haftung nach dem ersten Halbsatz setzt daher als weiteres Tatbestandsmerkmal den vollen Eintritt in den Frachtvertrag und damit die Übergabe von Gut und Frachtbrief voraus,[41] auch wenn dies in der Formulierung des Artikels nicht ausgedrückt ist.[42]

b) Annahme des Gutes

13 Daß die Annahme[43] des Gutes durch den oder die nachfolgenden Frachtführer Voraussetzung ihrer Haftung ist, unterliegt nach dem Gesetz keinerlei Zweifeln.[44]

c) Annahme des durchgehenden Frachtbriefs

14 Nur die Annahme eines durchgehenden Frachtbriefs genügt den Anforderungen des Art. 34.[45] Aus ihm müssen sich zumindest der Abgangs- und der Bestimmungsort

[38] Siehe im einzelnen Rdn. 14 ff, 23.

[39] Siehe Art. 5 Rdn. 8 f; *Herber/Piper* Rdn. 10; *Koller*[4] Rdn. 3; *Thume/Schmid* Rdn. 4; MüKo/*Basedow* Rdn. 9 (vom Absender ausgestellter Frachtbrief), aber auch verbreitet in der Rechtsprechung.

[40] Dazu Art. 35 Rdn. 2.

[41] Siehe die Rechtsprechung in Rdn. 12 f; *Herber/Piper* Rdn. 10; MüKo/*Basedow* Rdn. 8; *Thume/Schmid* vor Art. 34 Rdn. 7 f; *Precht/Endrigkeit*[3] Art. 34 Anm. 3, *Heuer* 170; *Loewe*, ETR **1976** 588; *Silingardi* S. 301 f (mit kritischen Einschränkungen).

[42] Eingehend BGH vom 25. 10. 1984, NJW **1985** 555, 556 = TranspR **1985** 48, 50; BGH vom 24. 9. 1987, TranspR **1988** 108, 111 = VersR **1988** 244 ff); B TribCom Antwerpen, ETR **1977** 411, 417; **a. A.** im Ergebnis GB CA London aaO; OLG Stuttgart vom 22. 7. 1982, VersR **1983** 1978 f; *Wanckel*, VersR **1984** 712; weitere Rechtsprechung siehe Rdn. 12 f. Wie hier wohl auch B TribCom Antwerpen, ETR **1975** 540, 543 f; GB Queen's Bench Division vom 6. 11. 1990, (Dresser v. Falcongate), RDU **1991 I** 354, 358 ff = ETR **1999** 798 ff.

[43] Gleichbedeutend mit Übernahme i. S. v. Art. 17; siehe dort Rdn. 16 f.

[44] *Koller*[4] Rdn. 3; *Herber/Piper* Rdn. 9; MüKo/*Basedow* Rdn. 12; *Thume/Schmid* Rdn. 4 f mit differenzierter Darstellung der Rechtsprechung; *Thume/Seltmann* Rdn. A 5; zur rechtspolitischen Begründung *Heuer* TranspR **1984** 169 f.

[45] Die Voraussetzung der Annahme des durchgehenden Frachtbriefs lag ausnahmsweise vor: LG Duisburg vom 10. 5. 1968, ETR **1969** 979, 986. Meist fehlt sie aber: OLG Düsseldorf vom 24. 9. 1992, TranspR **1993** 54, 55; A OGH vom 10. 7. 1985, SZ **58** 122, S. 583, 586 = TranspR **1986** 377, 378; vom 4. 6. 1987, TranspR **1988** 273, 275 = ETR **1988** 714, 716; OLG Wien vom 3. 9. 1992, TranspR **1993** 340, 341; A OLG Innsbruck vom 22. 2. 1992, unveröff; B Trib Antwerpen vom

der Gesamtbeförderung ergeben, so daß er für den ganzen Beförderungsweg gilt. Ohne solchen Frachtbrief können nach deutscher und österreichischer, teilweise auch niederländischer und französischer Auffassung die Art. 34 ff insgesamt nicht angewendet werden; siehe Rdn. 17 f. Da Fixkostenspediteure in aller Regel keine CMR-Frachtbriefe ausstellen, scheitert fast immer die Anwendung der Art. 34 ff regelmäßig in diesem durch den ergänzend anzuwendenden § 413 Abs. 1 erschlossenen Anwendungsbereich der CMR.

15 Im übrigen ist der (häufig nicht vorhandene oder nicht übergebene) **durchgehende Frachtbrief** Voraussetzung für die Anwendung der Art. 34–40; diese Voraussetzung lag in den unten Rdn. 17 f der angegebenen Rechtsprechung zugrundeliegenden Fällen zumeist nicht vor. Zweifelhaft ist daher das Vorliegen der Voraussetzungen des Art. 34 auch bei dem einer Entscheidung des A OGH[46] zugrundeliegenden Fall, bei dem der Frachtbrief nicht vom Unterfrachtführer übernommen, sondern erst für den Unterfrachtvertrag ausgestellt worden und der Hauptfrachtführer als Absender eingetragen war.

C. Erforderlichkeit der Voraussetzungen des Art. 34 auch für Art. 35–40

16 Aus der gesetzlichen Regelung des Kapitels VI (Art. 34–40) der CMR ergibt sich, daß es sich bei diesen Bestimmungen um einen in sich geschlossenen Komplex von Sonderregeln handelt; siehe Rdn. 3. Grundsätzlich spricht alles dafür, in Art. 34 eine Grundnorm zu sehen, der Voraussetzungen bei jeder der folgenden Vorschriften des Kapitels vorliegen müssen.[47]

I. Rechtsprechung

17 Die Anwendung der Art. 34–39 scheitert praktisch stets am Fehlen der in Art. 34 aufgeführten Voraussetzungen: des durchgehenden Beförderungsvertrags, der Ausstellung oder Übergabe eines durchgehenden Frachtbriefs und dessen Übergabe mit dem Gut an den nächsten Frachtführer. Denn die gesamte Regelung der Art. 34 ff kann nur bei Vorliegen aller ihrer Voraussetzungen bewirken, daß die aufeinanderfolgenden Frachtführer in den Hauptfrachtvertrag eingetreten und damit „Samtfrachtführer" geworden sind.[48] Vor allem die Literatur folgt diesem Konzept, zunächst die ausländische,[49] dann massiv

---

25.11.1974, JPA **1975** 70ff. Die Ausstellung durch den Hauptfrachtführer fehlte auch im Falle GB Queen's Bench Division vom 8.5.1975 (Ulster Swift v. Taunton), ETR **1976** 246, 250f, dennoch Art. 34 und 39 Abs. 4 angewendet (S. 260); bestätigt durch GB CA London vom 16.11.1976, ETR **1977** 138–174 = Lloyd's Rep. **1981** I 346, 360. Zutreffend die positive Prüfung durch GB Queen's Bench Division vom 6.–8.6. 1990, (Texas Instruments v. Nason) ETR **1991** 671, 682 = RDU **1990** II 454, 465 f, allerdings belastet mit der unsicheren Feststellung, wer erster Frachtführer war; GB Queen's Bench Division vom 6.11.1990, (Dresser v. Falcongate), RDU **1991 I** 354, 358 ff = ETR **1999** 798 ff. Siehe auch Rdn. 17 f, 14 f.

[46] Vom 13.6.1985, TranspR **1987** 217ff = RdW **1986**.

[47] Siehe dazu die brillante Analyse der internationalen Rechtsprechung (insbesondere der englischen Urteile) bei *Hill/Messent/Glass*[2] S. 262–280.

[48] Siehe dazu Rdn. 6 ff; zu den einzelnen Elementen einheitlicher Vertrag Rdn. 10; durchgehender Frachtbrief Rdn. 11 ff; zur vielfach als erforderlich angesehenen „Eigenleistung" Rdn. 22.

[49] Siehe schon *Loewe* ETR **1976** 503 ff, Nr. 274; *Nickel-Lanz* Nr. 198–200; *Putzeys* Nr. 285 Fn. 297, aber: „nombreuses confusions sont commises". Ähnlich kritisch auch *Dorrestein* Nr. 293, 294, 300; aus spanischer Sicht auch *Sánchez-Gamborino* Nr. 1442.

die deutsche und österreichische,[50] aber auch die Rechtsprechung der deutschen,[51] ebenso der österreichischen[52] und niederländischen Gerichte;[53] kaum aber die französischen Rechtsprechung.[54] Besonders ein Teil der **ausländischen Rechtsprechung** widmet der Voraussetzung der Übernahme des durchgehenden Frachtbriefs vielfach keine besondere Aufmerksamkeit. Vorschriften aus dem Bereich der Art. 34 ff werden manchmal angewendet, obwohl die vollen Voraussetzungen von Art. 34 nicht vorliegen.[55] Durchgehende Frachtbriefe bilden in der Praxis wohl die Ausnahme[56] – vor allem schon deshalb, weil die durch sie bewirkte und in Art. 38 CMR auch vorausgesetzte Transparenz der Entgeltbedingungen von Seiten der vorangehenden Frachtführer unerwünscht ist.[57] Ausnahmen von dieser Rechtsprechung (auch analoge Anwendung) sind

---

[50] MüKo/*Basedow* Rdn. 8 ff; *Herber/Piper* Rdn. 2 ff; *Koller*[4] Rdn. 2 ff; *Thume/Schmid* Rdn. 1, vor Art. 34 Rdn. 2 und Art. 34 Rdn. 2; *Glöckner*[7] Rdn. 1 ff; *Csoklich* S. 28 f; *Jesser* S. 46 ff; *Thume/Seltmann* Rdn. A 4, A 5, A 6.

[51] Zunächst eine eines Teils der Oberlandesgerichte und seit 1984 auch des BGH: BGH vom 9. 2. 1984, VersR **1984** 578, 580 = TranspR **1984** 146, 148 (zu Art. 34, 37); **mit eingehender Begründung** (zu Art. 34, 37) vom 25. 10. 1984, NJW **1985** 555, 556 = TranspR **1985** 48, 50; BGH vom 24. 9. 1987, TranspR **1988** 108, 111 = VersR **1988** 244 ff; vom 10. 5. 1990, TranspR **1990** 418, 419 = VersR **1991** 238 ff = ETR **1991** 351 ff (zu Art. 37); allgemein auch BGH vom 24. 10. 1991, BGHZ **116** 15, 19 = TranspR **1992** 177, 178 = VersR **1992** 640, 641. Im Grundansatz auch schon vom 27. 1. 1982, NJW **1982** 1944 ff = TranspR **1982** 105 ff = VersR **1982** 669 f.
OLG Düsseldorf vom 24. 3. 1983, TranspR **1984** 14 f; OLG Frankfurt vom 31. 5. 1983, TranspR **1983** 155, 157; vom 30. 6. 1983, TranspR **1984** 130, 131; vom 18. 10. 1984, TranspR **1984** 276 f Art. 39 Abs. 4); OLG Frankfurt vom 31. 5. 1983, TranspR **1983** 155, 156 f; OLG Düsseldorf vom 29. 9. 1988, TranspR **1989** 10, 12; OLG Hamburg vom 6. 12. 1979, VersR **1980** 290, 291, vom 3. 6. 1982, TranspR **1985** 266, 267 und vom 14. 5. 1987, TranspR **1987** 379, 383 (zu Art. 34); OLG Karlsruhe vom 7. 12. 1979, VersR **1980** 877, (zu Art. 36 und 37, zweifelhaft, ob der Frachtbrief durchgehend war); OLG Nürnberg vom 23. 2. 1994, TranspR **1994** 288, 289 (Art. 34) OLG Hamburg vom 22. 1. 1998, TranspR **1998** 252–254 (Art. 37). Siehe auch Rdn. 10.

[52] A OGH vom 16. 1. 1985, TranspR **1986** 20 = SZ **58** 6 S. 29 = *Greiter* 275 ff (zu Art. 37); vom 10. 7. 1985, SZ **58** 122, S. 583, 586 = TranspR **1986** 377, 378; vom 4. 6. 1987, TranspR **1988** 273, 275 = ETR **1988** 714, 416 (zu Art. 37); vom 12. 11. 1996, TranspR **1997** 104, 105 f (zu Art. 36); A OLG Wien vom 13. 7. 1979, TranspR **1981** 104, 105; A OLG Innsbruck vom 26. 1. 1990, TranspR **1991** 12, 17; vom 20. 6. 1995, TranspR **1997** 343 ff (zu Art. 37); wohl unbewußt davon abweichend A OGH vom 13. 6. 1985, TranspR **1987** 217 ff = RdW **1986**.
Aus der Literatur: *Herber/Piper* Rdn. 2 und Art. 4 Rdn. 5; entschieden begründet MüKo/*Basedow* Rdn. 9–11; *Heuer* TranspR **1984** 170 f; *Loewe* ETR **1976** 588 f; *Precht/Endrigkeit*[3] Art. 37 Anm. 1; *Koller*[4] Rdn. 4; *Züchner* VersR **1969** 203 ff; ebenso *Clarke*[2] Nr. 218 f.
Zum Luftfrachtvertrag nach Art. 30 Abs. 1 WA ohne Bezugnahme auf § 432 HGBaF, sondern gestützt auf Auslegung nach § 133 BGB: BGH vom 9. 10. 1981, VersR **1982** 60.

[53] NL Rb Rotterdam vom 4. 11. 1969, SS **1970** Nr. 82 S. 197 ff; vom 10. 11. 1970, SS **1973** Nr. 92 S. 244 ff; NL Hof Leeuwarden vom 22. 5. 1974, SS **1977** Nr. 41 S. 105 ff.

[54] *Lamy 99* I Nr. Nr. 558, 1607 Jur. 7. F Cour d'Appel Paris vom 17. 12. 1970, BT **1971** 49 f; jedoch aufgehoben durch F Cass vom 15. 5. 1972, BT **1972** 438 f (kein durchgehender Transport, berechtigt ablehnend die observation); zutreffend F Cass vom 10. 6. 1986, ETR **1986** 416 ff (aber keine Erwähnung des Frachtbriefs). F Cass vom 3. 3. 1998, BTL **1998** 231 (en extrait), zit. bei *Lamy 99* I Nr. 558, 1607 Jur. 7. zu 32, 27 CMR, 36 CMR.

[55] B CA Antwerpen vom 14. 12. 1983, ETR **1983** 809, 813; **1998** 231; F CA Agen vom 29. 6. 1981, BT **1981** 433–435; Tribunal de grande instance Metz vom 10. 11. 1981, BT **1982** 38; F Trib Gr. I. Valence vom 18. 11. 1981, BT **1982** 211–212.
In weitem Umfang gilt dies auch für die englische Rechtsprechung; dazu insgesamt *Hill/Messent/Glass*[2] S. 261–307: *Clarke*[2] S. 269–291 ff. Zu den einzelnen Bestimmungen siehe die Kommentierungen zu Art. 35–39.

[56] Annahme von Gut und durchgehendem Frachtbrief lag bisher vor in folgenden Fällen, zumeist nur sehr knapp und teilweise undeutlich begründet: OLG Hamburg vom 27. 8. 1981, TranspR **1985** 184 f; LG Saarbrücken vom 22. 5. 1980, VersR **1981** 423 (Anwendung von § 413 HGBaF, Art. 37 CMR ohne Feststellungen über einen durchgehenden Frachtbrief); zweifelhaft auch OLG Karlsruhe vom 7. 12. 1979, VersR **1980** 877. GR Erstgericht Athen, ETR **1988** 82.

[57] Die FIATA hat die ersatzlose Streichung der Art. 34–40 vorgeschlagen; siehe *Glöckner* TranspR **1984** 114 f.

selten.[58] Es wäre auch nicht nützlich, wenn der ausführende Frachtführer, der in der Kette das größte Risiko eingeht, aber fast immer das geringste Entgelt erhält, vorab zu haften hätte – ohne einer brauchbare Regreßchance.

18 Der **grundsätzlichen Rechtsprechung des BGH zu den Anwendungsvoraussetzungen der Art. 34 ff ist zuzustimmen**. Die Regelung setzt eine Art Gemeinschaftsverhältnis zwischen den betreffenden Frachtführern voraus, das u. a. erhebliche Lasten für die nachfolgenden Frachtführer mit sich bringt. Insbesondere ist ihre Mittragung des unter fremder Verantwortung entstandenen Schadens eine ungewöhnliche, begründungsbedürftige Sonderregelung. Ohne durchgehenden Beförderungsvertrag und Annahme des Frachtbriefs fehlt es für die nachfolgenden Frachtführer an den für diese Risikoübernahme erforderlichen Kenntnissen. Demgegenüber kommt es auf die Frage, wer durch Ausstellung des durchgehenden Frachtbriefs die Haftungsgemeinschaft aufeinanderfolgender Frachtführer begründen kann, nicht an.[59] Eine gesetzliche Mithaftung ist daher den Unterfrachtführern ohne die gesetzlichen Voraussetzungen nicht zuzumuten. Andererseits bringt für den Absender die Regelung keine nennenswerten Vorteile, da er ohnehin den ersten Frachtführer als Haftenden zur Verfügung hat. Auch die Frage nach einer generellen analogen Anwendung der Art. 34–39 ist damit beantwortet.[60]

19 Die **Anwendung einzelner Bestimmungen** ohne durchgehenden Frachtbrief könnte sicherlich hier und dort brauchbare Ergebnisse bringen, insgesamt aber zu viele unzumutbare Folgen. Solche Anwendungen könnte man allenfalls als eingeschränkte Analogien verstehen. Insbesondere wird die isolierte Anwendung von Art. 39 Abs. 4 S. 2 auf alle Regreßfälle – auch außerhalb der Voraussetzungen des Art. 34 – erwogen, weil allzu leicht Regreßansprüche verjährt sein können, bevor die Primärhaftung gerichtlich geklärt ist.[61] Art. 37 wäre sicherlich zur besseren Bewältigung der Regreßprobleme nützlich;[62] ebenso Art. 36.[63] Die erweiterte Anwendung ist aber kaum durch analoge Anwendung der jeweiligen Vorschrift zu begründen.[64] Insbesondere in ausländischer Rechtsprechung kommen sie aber vor.[65]

II. Zweifelsfälle der Anwendung von Art. 34 ff

1. Haftung des Hauptfrachtführers aus Art. 34?

20 Die Begründung der Haftung des Erstfrachtführers ergibt sich aus den Haftungsvorschriften der CMR, vor allen aus Art. 17; in Art. 34 ist sie nicht geregelt, sondern vorausgesetzt.[66] Auch daß der Teilfrachtführer unmittelbar dem Hauptfrachtführer gegenüber haftet, ergibt sich für den Fall der Verletzung des Hauptfrachtvertrags bereits ohne Art. 34. Führt der vertragschließende Erstfrachtführer die Beförderung nicht selbst aus, sondern bedient sich dazu der Unterfrachtführer, haftet er für diese

---

[58] Für die Anwendung der Art. 36, 37, 39 ohne Vorliegen der Voraussetzungen des Art. 34, 2. Halbsatz siehe aus der deutschen Rechtsprechung: OLG Stuttgart vom 22. 7. 1982, VersR **1983** 978 f; OLG Hamburg vom 3. 6. 1982, TranspR **1985** 266, 267 (nur teilweise hinsichtlich der Regelung des Art. 37 zur Kostentragung von Vorprozessen); diese Rechtsprechung wurde aufgegeben durch OLG Hamburg vom 22. 1. 1998, TranspR **1998** 252 f. Siehe § 432 HGBaF Rdn. 11, 46 f; siehe auch Rdn. 19, 22, 24.

[59] Entgegen *Enzinger* RdW **1986** 362 ff.

[60] Siehe aber dazu Rdn. 23.

[61] Siehe Art. 32 Rdn. 165 ff.

[62] Insoweit zutreffend *Enzinger* RdW **1986** 360 ff.

[63] Siehe Rdn. 16.

[64] Schon zur KVO und zu § 433 HGBaF Abs. 2 siehe negativ OLG München vom 31. 12. 1982, TranspR **1983** 75 ff mit krit. Anm. von *Helm*.

[65] Siehe Rdn. 24.

[66] Zutreffend *Heuer* TranspR **1984** 169 f.

gem. Art. 3 CMR;[67] siehe Rdn. 27 und Art. 3 Rdn. 9. Von Bedeutung ist Art. 34 allerdings für die Anwendbarkeit der Regeln der Art. 35–39: für die Passivlegitimation des Unterfrachtführers nach Art. 36[68] oder nach Art. 34,[69] für den möglichen Rückgriff nach Art. 37 und für die Anwendung von Art. 39 Abs. 4 S. 2, der den Verjährungsbeginn zugunsten des regreßnehmenden Frachtführers verschiebt.[70]

2. Wirkung von Art. 34 zwischen Hauptfrachtführer und Unterfrachtführer?

Aus dem Zweck der Vorschriften ergibt sich, daß Art. 34 ff im Verhältnis zwischen Hauptfrachtführer und Unterfrachtführern[71] Bedeutung haben. Vor allem die Regreßregeln fordern, daß der Hauptfrachtführer mit in die Gemeinschaft der Samtfrachtführer eingebunden ist: Der Hauptfrachtführer muß den erforderlichen durchgehenden Frachtbrief ausstellen; Art. 34. Nach Art. 35 muß der übernehmende Frachtführer die erforderliche Empfangsbestätigung dem Hauptfrachtführer bereits bei der Übernahme des Gutes und des Frachtbriefs aushändigen. Im Sinne von Art. 36 muß gerade auch der Hauptfrachtführer als erster Frachtführer passiv legitimiert sein.[72] Der Rückgriff nach Art. 37 muß sich auch gegen den Hauptfrachtführer richten können. Ganz besonders muß er die Entschädigung als erster Verantwortlicher mit zu tragen haben. Zwar können einige der sachlichen Folgen auch ohne Art. 34 begründet werden (Art. 17 ff mit Art. 3), für den Lauf der Verjährung nicht aber ohne Art. 39 Abs. 4.[73] Damit können gerade die Haftungs- und Rückgriffsfragen nicht befriedigend gelöst werden. Die in der englischen Rechtsprechung bestehenden Zweifel[74] sind nach dem CMR-Text aus Sicht der anderen Mitgliedsländer nicht verständlich.[75] 21

3. Anwendung nur bei Beförderungsleistung des Erstfrachtführers?

Gelegentlich wird die Anwendung der Art. 34–40 abgelehnt, wenn der erste Frachtführer (oder Fixkostenspediteur) keine eigene Beförderungsleistung erbracht hat.[76] Art. 34 bezieht sich sprachlich (ebenso deutlich in den englischen und fran- 22

67 So bereits B CA Antwerpen vom 9.6.1981, JPA **1981/82** 242, 247; **1998** 231, F Cass vom 3.3.1998, BTL **1998** 231 (en extrait) zit *Lamy 99* I Nr. 558, 1607 Jur. 7, (zu 32, 27 CMR, 36 CM); B TribCom Verviers vom 7.4.1979, ETR **1979** 664, 671 wendet dagegen Art. 36 auf die Haftung des mittleren Unterfrachtführers an und begründet dies damit, daß vom Hauptfrachtführer ein einheitlicher Frachtvertrag abgeschlossen worden sei und der erste Unterfrachtführer vom letzten Frachtführer einen Teilstreckenfrachtbrief angenommen habe. Dies entspricht nicht der Regelung des Art. 34. Jedoch wird die Haftung des Hauptfrachtführers zutreffend mit Art. 3 begründet; zutreffend schon *Heuer* TranspR **1984** 169.

68 Passivlegitimation des Fixkostenspediteurs nach Art. 36: OLG Karlsruhe vom 7.12.1979, VersR **1980** 87; OLG Hamburg vom 29.5.1980 VersR **1980** 950.

69 OLG Düsseldorf vom 8.5.1969, ETR **1970** 446, 466 begründet die Haftung des Unterfrachtführers mit Art. 34; ebenso OLG Hamm vom 2.12.1991, TranspR **1992** 179 ff.

70 Siehe Art. 39 Rdn. 1, F CA Agen vom 29. 6. 1981, BT **1981** 433–435.

71 Auch beim Spediteur-Frachtführer; siehe Rdn. 9.

72 Ansprüche gegen ihn sind schon deshalb erforderlich, weil bei ihm entscheidende schadensverursachende Gründe gegeben sein können. Besonders wichtig ist dies, wenn er nach deutschem Recht als Fixkostenspediteur gesetzlich als Frachtführer zu behandeln ist; siehe Rdn. 5, 14.

73 Siehe Art. 39 Rdn. 12.

74 Insbesondere müssen danach für Art. 39 Abs. 4 die Voraussetzungen des Art. 34 nicht vorliegen (obiter dictum Mr. Justice Megaw in Ulster Swift v. Taunton, GB CA London vom 16.11.1976, ETR **1977** 138–174 = Lloyd's Rep. **1981** I 346, 360.

75 Sehr kritisch dazu *Clarke*² Nr. 52a(i).

76 *Loewe* ETR **1976** 503 ff, Nr. 274; B CA Gent vom 25.6.1986, ETR **1987** 421, 427; ebenso dagegen Richter *Donaldson* GB Queen's Bench Division vom 8.5.1975 (Ulster Swift v. Taunton), ETR **1976** 246, 259 (obiter dictum); observation zu F CA Paris vom 17.11.1983, BT **1984** 391 f. Auch OLG Hamburg vom 3.6.1982, TranspR **1985** 266, 268 f wendet nur Art. 37 analog an. F Cass vom 3.3.1998, BTL **1998** 231 (en extrait); zit. bei *Lamy 99* I Rdn. 558, 1607 Jur. 7 zu 32, 27 CMR, 36 CMR.

zösischen Originalfassungen) nur auf die „ausführenden" Frachtführer. Es läge daher nahe, Art. 34 nicht auf den Erstfrachtführer anzuwenden, wenn er keine Beförderung selbst ausführt oder sie als ganzes oder in Teilen vollständig an andere weiter überträgt, (auch wenn zwischen Absender und Erstfrachtführer kein durchgehender Frachtbrief ausgestellt wird).[77] Die Anwendung von Art. 34 und damit der Art. 35–39 auf den Hauptfrachtführer hängt jedoch nicht von einer „Eigenleistung" des Frachtführers ab. Sie ist aus der CMR nicht abzuleiten. Auch auf Frachtführer, die das Befördern ganz durch andere (auch Selbständige) ausführen lassen, sind daher Art. 34 ff anzuwenden, sofern die Voraussetzungen des Art. 34 vorliegen.[78] Die Haftungsverhältnisse richten sich z. B. nur nach Art. 17 ff (ohne Art. 34 ff), wenn ein Frachtführer durch eine Kette von Unternehmern beauftragt wurde und er als Alleinfrachtführer die ganze Beförderung ausführt und als einziger die Frachtbriefe unterzeichnet.[79] Insbesondere am Fehlen des durchgehenden Frachtbriefs scheiterte bisher aber durchweg die Anwendung von Vorschriften der Art. 35 ff,[80] denn Fälle ohne Eigenleistung, in denen ein durchgehender Frachtbrief vorliegt, sind in der Praxis selten.[81]

4. Art. 34 analog für Haftung des Unterfrachtführers gegenüber Absender?

23 Liegen die Voraussetzungen für eine Anwendung nicht vor, werden Vorschriften aus den Art. 35–39 vor allem in der ausländischen Praxis dennoch angewendet. Bezeichnend dafür ist die Angst vor endlosen Ketten von in die Haftungsgemeinschaft eingebundenen Frachtführern,[82] vor allem das Ziel, eine angemessene Entscheidung zu erreichen. Hierzu bedürfte es in aller Regel einer analogen Anwendung der Vor-

---

77 Dazu Rdn. 17 f.

78 *Heuer* TranspR **1984** 169, 170; MüKo/*Basedow* Rdn. 13 f; *Herber/Piper* Rdn. 7; *Thume/Schmid* Rdn. 6; *Wanckel* VersR **1984** 712 ff; *Jesser* S. 147; OLG Karlsruhe vom 7. 12. 1979, VersR **1980** 87 (zur Passivlegitimation des Fixkostenspediteurs nach Art. 34, 36); OLG Hamm vom 2. 12. 1991, TranspR **1992** 179 ff; OLG Stuttgart vom 22. 7. 1982, VersR **1983** 1978 ff mit Anm. *von Dannenberg*; Für Anwendung der Art. 34 ff auch in diesem Fall A OGH vom 12. 4. 1984, TranspR **1985** 344, 345 = SZ **57** 75, S. 342 ff (zu Art. 36) und vom 28. 6. 1988, TranspR **1989** 222, 225 = VersR **1989** 980 f (zu Art. 37). Siehe auch F TribCom Tarbes vom 5. 2. 1979, BT **1979** 196, 197; F CA Paris vom 17. 11. 1983, BT **1984** 390–392 mit ablehnender observation. Auch OLG Hamburg vom 3. 6. 1982, TranspR **1985** 266, 268 f wendet nur Art. 37 analog an, um Ersatz von Vorprozeßkosten zu ermöglichen (Fixkostenspediteur gibt Auftrag weiter an Frachtführer weiter, kein durchgehender Frachtbrief, Art. 34 ff daher nicht unmittelbar anwendbar); dazu *Baumann* TranspR **1985** 268.

79 Zutreffend OLG Düsseldorf vom 7. 7. 1988, TranspR **1988** 425, 426 f.

80 BGH vom 9. 2. 1984, VersR **1984** 578, 580 = TranspR **1984** 146, 148; vom 25. 10. 1984, NJW **1985** 555, 556 = TranspR **1985** 48, 50; OLG Stuttgart vom 22. 7. 1982, VersR **1983** 978, 979; OLG Hamburg vom 3. 6. 1982, TranspR **1985** 266, 267; OLG Düsseldorf vom 24. 3. 1983, TranspR **1984** 14 ff; OLG Frankfurt vom 31. 5. 1983, TranspR **1983** 155 ff = RIW **1984** 67 ff. Zum Urteil des LG Saarbrücken, VersR **1981** 423, das zwischen Frachtführer und Fixkostenspediteur Art. 34 CMR anwendet, siehe §§ 412, 413 HGBaF Rdn. 41.
Ebenso wie in Deutschland die überwiegende Rechtsprechung in Österreich: A OGH vom 4. 6. 1987, TranspR **1988** 273, 275 f = ETR **1988** 714, 716; A OLG Wien vom 13. 7. 1978, Verkehr (Wien) **1982** 1883 f. Zum Fehlen des Frachtbriefs siehe insbesondere Rdn. 17.

81 Passivlegitimation des Fixkostenspediteurs nach Art. 36: OLG Karlsruhe vom 7. 12. 1979, VersR **1980** 87; OLG Hamburg vom 29. 5. 1980 VersR **1980** 950; OLG Hamm vom 2. 12. 1991, TranspR **1992** 179 ff; offengelassen vom OLG Düsseldorf vom 1. 4. 1976, VersR **1978** 173 beim Unterspeditionsvertrag). Anwendung von Art. 34, 39 Abs. 4 in einem solchen Fall: F CA Paris vom 17. 11. 1983, BT **1984** 390–392 mit ablehnender observation.

82 Richter *Donaldson* GB Queen's Bench Division vom 8. 5. 1975 (Ulster Swift v. Taunton), ETR **1976** 246, 259 (obiter dictum).

schriften.[83] Dagegen spricht jedoch eine systematische Beurteilung der gesetzlichen Regelung.[84]

Ohne nähere Prüfung der Voraussetzungen wurde Art. 34 unmittelbar angewendet:[85] In Österreich,[86] Frankreich,[87] Belgien,[88] England.[89] Ohne Feststellungen über Existenz oder Weitergabe eines durchgehenden Frachtbriefs werden in ausländischen Urteilen vielfach Bestimmungen der Art. 35–39 ohne nähere Prüfung bereits angewendet, etwa wenn mehrere Frachtführer beteiligt waren[90] und ein Unterfrachtverhältnis vorliegt,[91] meist ohne das Problem zu sehen.[92] Aus anderen Gründen wurde die Anwendung ohne Aufgreifen dieses Erfordernisses abgelehnt.[93] Aber auch die Anwendung der Bestimmungen des nationalen Rechts wegen Fehlens der Frachtbriefübergabe kommt vor.[94] Für den wichtigsten Fall (Anwendung von Art. 39 Abs. 4 CMR im Regreß gegen Unterfrachtführer) ist allerdings sachlich zweifelhaft, ob die einschränkenden Voraussetzungen der Art. 34 ff ein sinnvolles Ergebnis bringen; siehe Art. 39 Rdn. 2, 11. 24

---

83 Fälle: OLG Hamburg vom 3.6.1982, TranspR **1985** 266, 268: (Fixkostenspediteur gibt Auftrag an Frachtführer weiter, kein durchgehender Frachtbrief, Art. 34 ff daher nicht zuständig); Dennoch Art. 37 analog angewendet, um Prozeßkostenerstattung zu erreichen; OLG Hamburg vom 29.5.1980 VersR **1980** 950 (Analogie offengelassen wegen Fehlens des einheitlichen Frachtvertrags); OLG Düsseldorf vom 1.4.1976, VersR **1978** 173 (Analogie abgelehnt beim Unterspeditionsvertrag).

84 Siehe Rdn. 18; MüKo/*Basedow* Rdn. 13f, *Herber/Piper* Rdn. 7.

85 Zur Frage der sachlichen Angemessenheit dieser Rechtsprechung siehe die Urteile Rdn. 19.

86 A OGH vom 13.6.1985, TranspR **1987** 217 ff.

87 B Cass vom 30.5.1980, ETR **1983** 79 ff = RW **1980** 433 ff (ohne Hinweis auf Frachtbriefübergabe).

88 B CA Gent, ETR **1976** 231 ff (kein einheitlicher Vertrag). B TribCom Brüssel 28.2.1975, ETR **1975** 419, 426; B TribCom Antwerpen 20.6.1975, ETR **1975** 542 und **1975** 550; B CA Antwerpen vom 14.12.1983, ETR **1983** 809, 813.

89 GB Queen's Bench Division vom 8.5.1975, (Ulster Swift v. Taunton), ETR **1976** 246, 249 ff, bestätigt GB CA London vom 16.11.1976 in Ulster Swift v. Taunton, ETR **1977** 138–174 = Lloyd's Rep. **1981** I 346, 348 (offensichtlich nur Ausstellung von Frachtbriefen durch Unterfrachtführer; GB Queen's Bench Division vom 1.11.1976, ETR **1978** 617 = Lloyd's Rep **1977 I** 411, 415 (Frachtbrief nicht erwähnt, aber aus anderen Gründen Art. 34ff nicht angewendet). Allerdings lag in diesem Fall die Voraussetzung der Ausstellung eines Frachtbriefs durch den Hauptfrachtführer nicht vor; aaO, S. 165

90 F CA Lyon vom 27.11.1973, BT **1974** 46 ff (ohne Prüfung der einzelnen Voraussetzungen).

91 F Cass vom 25.1.1972, BT **1972** 148 f (zu Art. 39 Abs. 4) kritisch dazu die observation zu F CA Agen BT **1981** 435; F CA Tolouse vom 22.1.1976, BT **1976** 73–74 (Art. 37), B Cass vom 30.5.1980, ETR **1983** 79 ff = RW **1980** 433 ff (Anwendung von Art. 34, 37, 38 ohne Feststellung der Übernahme von Gut und Frachtbrief); B CA Brüssel vom 24.1.1969, ETR **1969** 943, 946; B CA Antwerpen vom 14.12.1983, ETR **1983** 809, 813 (Art. 36 ohne jede Prüfung der Voraussetzungen); B CA Brüssel vom 26.4.1983, ETR **1983** 511, 515 f (Ausstellung eines Inlandsfrachtbriefs durch den letzten Unterfrachtführer ist Beitritt zum Hauptfrachtvertrag); B CA Gent vom 20.11.1975, ETR **1976** 231, 235, 236; B TribCom Antwerpen vom 10.10.1980, ETR **1982** 64, 70 (Art. 35 ohne Hinweis auf durchgehenden Frachtbrief); GB Queen's Bench Division vom 31.10.1973, Tatton v. Ferrymasters (Streitverkündung Regreß Lemière), ETR **1974** 167–200; GB Queen's Bench Division vom 10.12.1979 (Walek v. Chapman), ETR **1983** 95 = Lloyd's Rep. **1980 II** 279 (Anwendung von Art. 37 auf einen Rückladungstransport mit einem gemieteten Fahrzeug ohne jeden Hinweis auf einen Transport durch aufeinanderfolgende Frachtführer); GB Queen's Bench Division vom 17.2.1988, (ITT Schaub-Lorenz v. Birkart), RDU **1988** 762 ff. Ohne Feststellungen über die Weitergabe des Frachtbriefs auch Schweizerisches Bundesgericht vom 2.6.1981, TranspR **1983** 50.

92 F Beispiel Cass vom 15.5.1972, BT **1972** 438 f, der das zutreffende Urteil von F CA Paris vom 17.12.1970, BT **1971** 49 f aufhebt.

93 So etwa F TribCom Tarbes vom 5.2.1979, BT **1979** 196, 197.

94 B TribCom Antwerpen vom 3.4.1977, ETR **1977** 411, 417; unklar, warum B CA Antwerpen vom 8.11.1989, ETR **1990** 83, 85 den Regreß des Hauptfrachtführers gegen den Unterfrachtführer statt Art. 37 CMR nationalem Recht unterwirft.

D. Rechtsfolgen des Art. 34

I. Eintritt in den Frachtvertrag

25 Der Unterfrachtführer wird nach Art. 34, 2. Halbsatz Vertragspartner des Absenders unter den Bedingungen des Frachtbriefs. Zwischen dem Absender bzw. Empfänger und dem Unterfrachtführer entstehen also volle frachtvertragliche Beziehungen, für deren Inhalt der Frachtbrief maßgeblich ist.[95] Dies entspricht § 432 Abs. 2 HGBaF; siehe dort Rdn. 53. Die Reform des deutschen Frachtrechts von 1998 hat darauf keinen Einfluß; siehe Rdn. 1.

II. Haftungsfolgen

26 Hauptfrachtführer und Unterfrachtführer haften dem Absender und Empfänger persönlich gem. Art. 34 Hs. 2 nach Maßgabe des Frachtbriefs[96] als Gesamtschuldner.[97] Haftet einer von ihnen wegen Art. 29 unbeschränkt, trifft dies auch die anderen Frachtführer; ebenso die dreijährige Verjährung nach Art. 32 Abs. 1 S. 1.[98] Die Rechtslage entspricht daher im Ergebnis grundsätzlich der nach § 432 Abs. 2 HGBaF bestehenden; siehe dort Rdn. 54 f. Die Regreßansprüche richten sich nach Art. 37. Untereinander werden sie Gesamtgläubiger.[99] Ansprüche gegen die anderen wegen Verlust und Beschädigung des Gutes oder Überschreitung der Lieferfrist können allerdings (anders als nach § 432 HGBaF) gem. Art. 36 CMR nur gegen den übernehmenden oder den ausliefernden oder denjenigen Frachtführer geltend gemacht werden, in dessen Beförderungsabschnitt das Schadensereignis eingetreten ist. Auswirkung ist die Haftung auch des nicht grenzüberschreitenden Inlandsfrachtführers gegenüber dem Absender/Empfänger des CMR-Hauptfrachtvertrags, auch wenn der Unterfrachtführer mit dem Hauptfrachtführer keinen grenzüberschreitenden Vertrag abgeschlossen hat.

27 Ist Art. 34 nicht anzuwenden[100] haftet jeder Frachtführer jeweils gegenüber seinem Auftraggeber als Vertragspartner;[101] der Hauptfrachtführer nach Art. 17 Abs. 1, 3, Art. 3 CMR für die Unterfrachtführer.[102] Der Absender muß sich gegebenenfalls die Ansprüche gegen den Unterfrachtführer abtreten lassen;[103] Streitverkündung ist je nach Fall zu empfehlen.

---

95 *Thume/Schmid* Rdn. 8

96 *Koller*[4] Rdn. 6; *Herber/Piper* Rdn. 11; *Thume/Schmid* Rdn. 7.

97 *Koller*[4] Rdn. 6; *Herber/Piper* Rdn. 12; *Jesser* S. 149.

98 *Hill/Messent/Glass*[2] S. 280 f; MüKo/*Basedow* Rdn. 15; *Herber/Piper* Rdn. 12.

99 Nach ergänzend anzuwendendem Recht also nach §§ 426, 428 BGB; *Koller*[4] Rdn. 6; *Herber/Piper* Rdn. 12; MüKo/*Basedow* Rdn. 15; *Heuer* TranspR **1984** 169.

100 Nach deutscher Auffassung meist der Fall; siehe Rdn. 14.

101 MüKo/*Basedow* Rdn. 17; vor Art. 34 *Thume/Schmid* Rdn. 7.

102 *Hill*, ETR **1976** 198; *Heuer* TranspR **1984** 169 ff; siehe zu solchen Fällen OLG Düsseldorf vom 1.4.1976, VersR **1976** 17; OLG Düsseldorf vom 12.5.1985, TranspR **1986** 56, 57 = VersR **1986** 1069; OLG Frankfurt vom 31.5.1983, TranspR **1983** 155, 156 = RIW 1984 67 ff; OLG Hamburg vom 3.6.1982, TranspR **1985** 266, 267; OLG Hamm vom 15.3.1990, VersR **1991** 360, 361; OLG Karlsruhe vom 7.12.1979, VersR **1980** 877; OLG München vom 12.4.1990, TranspR **1990** 280, 285; A OGH vom 17.2.1982, SZ **55** 20 S. 208 = *Greiter* 127. Entsprechend F TribCom Paris vom 14.3.1978, ETR **1978** 742, 747; GB Queen's Bench Division vom 22.9.1980, (Thermo Engineers v. Ferrymasters), ETR **1990** 194, 201 = **(1981)** 1 Lloyd's Rep. 200 = **(1981)** 1 All E.R. 1142. Dagegen Kantongerecht Rotterdam vom 21.11.1969, ETR **1970** 79, 84. BGH vom 10.2.1982, NJW **1982** 1946 f = VersR **1983** 544, 545 (in BGHZ **83** 96 ff gekürzt) zitiert neben Art. 3 CMR beiläufig auch Art. 34 ohne jede Prüfung der Voraussetzungen; siehe auch § 432 HGBaF Rdn. 43.

103 *Thume/Schmid* Rdn. 9.

Artikel 35

1. [1]Ein Frachtführer, der das Gut von dem vorhergehenden Frachtführer übernimmt, hat diesem eine datierte und unterzeichnete Empfangsbestätigung auszuhändigen. [2]Er hat seinen Namen und seine Anschrift auf der zweiten Ausfertigung des Frachtbriefes einzutragen. [3]Gegebenenfalls trägt er Vorbehalte nach Artikel 8 Absatz 2 auf der zweiten Ausfertigung des Frachtbriefes sowie auf der Empfangsbestätigung ein.

2. Für die Beziehungen zwischen den aufeinanderfolgenden Frachtführern gilt Artikel 9.

Article 35

1. Le transporteur qui accepte la marchandise du transporteur précédent remet à celui-ci un reçu daté et signé. Il doit porter son nom et son adresse sur le deuxième exemplaire de la lettre de voiture. S'il y a lieu, il appose sur cet exemplaire, ainsi que sur le reçu, des réserves analogues à celles qui sont prévues à l'article 8, paragraphe 2.

2. Les dispositions de l'article 9 s'appliquent aux relations entre transporteurs successifs.

Article 35

1. A carrier accepting the goods from a previous carrier shall give the latter a dated and signed receipt. He shall enter his name and address on the second copy of the consignment note. Where applicable, he shall enter on the second copy of the consignment note and on the receipt reservations of the kind provided for in article 8, paragraph 2.

2. The provisions of article 9 shall apply to the relations between successive carriers.

Übersicht

Schrifttum

Heuer Aufeinanderfolgende Frachtführer nach Art. 34 ff. CMR, TranspR **1984** 169–172.

A. Bedeutung von Art. 35 und seine Stellung in der CMR

1 Artikel 35 regelt die Pflicht des übernehmenden Teilfrachtführers zur Ausstellung einer Empfangsbestätigung, vor allem aber auch, inwieweit die Vorschriften der Art. 8 Abs. 2 und 9 auf den Teilfrachtführer im Verbund des Art. 34 anzuwenden sind – also wenn dieser Gut und durchgehenden Frachtbrief übernimmt.[1] In der Praxis ist

[1] Siehe Art. 34 Rdn. 2; zum Überblick über den Regelungskomplex der Art. 34–40 siehe Art. 34 Rdn. 3 ff; zu den Anwendungsvoraussetzungen der Art. 35 ff Art. 34 Rdn. 16 ff.

Art. 35 bedeutungslos. Grund dafür ist wahrscheinlich, daß Fälle der Übernahme von Gut und durchgehendem Frachtbrief bisher selten sind; dazu Art. 34 Rdn. 19.[2] Die **englische** Rechtsprechung wendet Art. 35 auch bei Fehlen dieser Voraussetzungen an,[3] die **französische** Rechtsprechung Art. 35 auch bei späterem Beitritt des eines Unterfrachtführers (bewußt) sogar ohne Vorliegen der formalen Voraussetzungen der Art. 34 ff.[4]

B. Inhalt von Art. 35

I. Art. 35 Abs. 1

2 Der übernehmende Frachtführer hat nach Art. 35 dem Vorgänger eine unterzeichnete Empfangsbestätigung auszuhändigen (Abs. 1 S. 1) und seinen Namen auf der zweiten Ausfertigung einzutragen (Abs. 1 S. 2). Die Eintragungen haben keine konstitutive, sondern nur beweisrechtliche Wirkung.[5] Durch die Verweisung auf Art. 8 wird der Unterfrachtführer mit der Obliegenheit zur Prüfung und zur Eintragung von Vorbehalten in den übernommenen Frachtbrief gem. Art. 35 Abs. 2, Art. 8 Abs. 2 und Art. 9 beweisbelastet.[6] In Art. 35 ist Art. 8 Abs. 3 nicht mit aufgeführt. Es besteht also insoweit keine Überprüfungspflicht des Unterfrachtführers.[7] Wird der Vorbehalt der Empfangsbestätigung nicht im Frachtbrief eingetragen, kann die durch die vorbehaltslose Übernahme nach Abs. 2 i. V. m. Art. 9 die Vermutung der fehlerfreien Übernahme durch Vorlage der Kopie der Empfangsbestätigung entkräften.[8]

II. Art. 35 Abs. 2

3 Art. 35 Abs. 2 erweitert im Gefüge der Samtfrachtführer untereinander den Anwendungsbereich des Art. 9. Für den Unterfrachtführer würde Art. 9 ohne diese Verweisung stets nur im Verhältnis zu dem Frachtführer gelten, der ihm den Beförderungsauftrag erteilt hat.

Artikel 36

Ersatzansprüche wegen eines Verlustes, einer Beschädigung oder einer Überschreitung der Lieferfrist können, außer im Wege der Widerklage oder der Einrede in einem Verfahren wegen eines auf Grund desselben Beförderungsvertrages erhobenen Anspruches, nur gegen den ersten, den letzten oder denjenigen Frachtführer geltend gemacht werden, der den Teil der Beförderung ausgeführt hat, in

---

[2] Fall der begründeten Nichtanwendung: GB Queen's Bench Division vom 6. 11. 1990, (Dresser v. Falcongate), RDU **1991 I** 354, 358 ff = ETR **1999** 798 ff.

[3] Dazu *Hill/Messent/Glass*[2] S. 281–283; *Clarke*[2] Nr. 52b(i).

[4] *Lamy 99* I Nr. 558, und 1607 Jur. 2; F Cass vom 11. 12. 1990, BTL **1991** 83; F CA Paris vom 26. 9. 1996.

[5] *Loewe* ETR **1976** 503 ff, Nr. 278; *Herber/Piper* Rdn. 1 f; *Koller*[4] Rdn. 1; *Thume/Schmid* Rdn. 1 f, 4; MüKo/*Basedow* Rdn. 1; *Hill/Messent/Glass*[2] S. 283.

[6] Siehe dazu Art. 8 Rdn. 4–22; *Herber/Piper* Rdn. 2; *Thume/Schmid* Rdn. 3; MüKo/*Basedow* Rdn. 3. Die haftungsbegründende Wirkung der Anerkennung des Vorbehalts setzt einen Unterfrachtführer voraus, *Herber/Piper* Rdn. 3 gegen *Koller*[4] Rdn. 1; siehe auch MüKo/*Basedow* Rdn. 5.

[7] *Loewe* ETR **1976** 503 ff, Nr. 279; *Herber/Piper* Rdn. 4; *Thume/Schmid* Rdn. 3

[8] MüKo/*Basedow* Rdn. 4.

dessen Verlauf das Ereignis eingetreten ist, das den Verlust, die Beschädigung oder die Überschreitung der Lieferfrist verursacht hat; ein und dieselbe Klage kann gegen mehrere Frachtführer gerichtet sein.

Article 36

A moins qu'il ne s'agisse d'une demande reconventionnelle ou d'une exception formulée dans une instances relative à une demande fondée sur le même contrat de transport, l'action en responsabilité pour perte, avarie ou retard ne peut être dirigée que contre le premier transporteur, le dernier transporteur ou le transporteur qui exécutait la partie du transport au cours de laquelle test produit le fait ayant causé la perte, l'avarie ou le retard; l'action peut être dirigée à fois contre plusieurs de ces transporteurs.

Article 36

Except in the case of a counter-claim or a set- off raised in an action concerning a claim based on the same contract of carriage, legal proceedings in respect of liability for loss, damage or delay may only be brought against the first carrier, the last carrier or the carrier who was performing that portion of the carriage during which the event causing the loss, damage or delay occurred; an action may be brought at the same time against several of these carriers.

Übersicht

Schrifttum

Csoklich CMR und vertragliche Aufrechnungsbeschränkungen, VersR **1985** 909–913; *Heuer* Aufeinanderfolgende Frachtführer nach Art. 34 ff. CMR, TranspR **1984** 169–172; *Züchner* Unterfrachtführer und Teilfrachtführer in der CMR, VersR **1969** 203–208.

A. Stellung in der CMR und Bedeutung von Art. 36

I. Einbindung in den Regelungskomplex der Art. 34 ff

Der Artikel regelt Fragen der Passivlegitimation bei Ersatzansprüchen des Absenders oder Empfängers im Rahmen einer Beförderung durch aufeinanderfolgende Frachtführer. Er mindert den Wert der gesamtschuldnerischen Haftung nach den Art. 34 ff erheblich durch die Einschränkungen der Passivlegitimation.[1] 1

[1] Dazu *Heuer* TranspR **1984** 169, 170.

2 Nach Rechtsprechung und ganz überwiegender Literaturmeinung ist Art. 36 **nur im Verbund des Art. 34 anzuwenden** – also wenn bei internationaler Straßengüterbeförderung aufgrund eines einheitlichen Vertrags Unterfrachtführer Gut und durchgehenden Frachtbrief übernommen haben.[2] Dem ist zuzustimmen. Art. 34 ff stellen einen in sich geschlossenen Regelungskomplex dar;[3] Art. 34, 36 eröffnen dem Absender oder Empfänger unmittelbare Ansprüche gegen Unterfrachtführer. Art. 36 schränkt aber andererseits diese Ansprüche ein.[4] Aus diesen Vorschriften, die – zusammen mit Art. 37–39 – in einem ausgewogenen Verhältnis stehen und gemäß Art. 40 teilweise abdingbar sind, sollten nicht einzelne isoliert herausgegriffen und für sich alleine außerhalb des Komplexes angewendet werden.[5]

3 **Art. 36 begründet** jedoch **nicht die Haftung des Erstfrachtführers** selbst, die sich ohnehin aus dem Hauptfrachtvertrag bereits ergibt und die nach Art. 3 auch das Einstehen für die Unterfrachtführer umfaßt. Zweifelhaft ist auch, ob Ansprüche des Absenders gegen den Hauptfrachtführer den Einschränkungen der Art. 35 ff unterliegen, weil sie keinen Regreß, sondern ursprüngliche Ansprüche zwischen den Partnern des Hauptfrachtvertrags betreffen.

II. Praktische Bedeutung

4 In der deutschen Gerichtspraxis ist Art. 36 bisher ohne größere Bedeutung geblieben; Rechtsprechung zu ihm betrifft überwiegend seine Nichtanwendbarkeit. Grund dafür ist, daß Fälle der Übernahme von Gut und durchgehendem Frachtbrief bisher selten sind;[6] dazu Art. 34 Rdn. 14. Positive Anwendung findet Art. 36 im Urteil des OLG Karlsruhe vom 7. 12. 1979, VersR **1980** 877; ob ein durchgehender Frachtbrief vorlag, ist in diesem Fall nicht klar.

B. Inhalt von Art. 36

I. Begrenzung der Passivlegitimation

5 Art. 36 setzt zunächst das Bestehen einer Haftung für die durch Art. 34 gewährte gesamtschuldnerische Haftung für Güterschäden und Lieferfristüberschreitungen bei Beförderung durch aufeinanderfolgende Frachtführer voraus. Diese bestimmt sich

---

[2] Dazu allgemein Art. 34 Rdn. 16 ff; OLG Hamburg vom 3. 6. 1982, TranspR **1985** 266 f und vom 14. 5. 1987, VersR **1987** 981 f; A OGH vom 12. 11. 1996, TranspR **1997** 104, 105 f; A OLG Wien vom 22. 10. 1982, TranspR **1984** 180; NL Hof Leeuwarden vom 22. 5. 1974, SS **1977** Nr. 41 S. 105 ff; *Heuer* TranspR **1984** 170. Grundsätzlich auch B TribCom Verviers vom 7. 4. 1979, ETR **1979** 664, 761, jedoch wird die Übernahme eines vom letzten Unterfrachtführer ausgestellten Teilfrachtbriefs durch seinen Vorgänger zu Unrecht als ausreichend angesehen. Zweifelhaft ist das Vorliegen der Voraussetzungen auch bei dem der Entscheidung des A OGH vom 13. 6. 1985, TranspR **1987** 217 = RdW **1986** 12 zugrundeliegenden Fall, bei dem der Frachtbrief erst für den Unterfrachtvertrag ausgestellt wurde und der Hauptfrachtvertrag als Absender eingetragen war; B CA Antwerpen vom 14. 12. 1983, ETR **1983** 809, 813 (keine Prüfung der Voraussetzungen); F CA Lyon vom 27. 11. 1973, BT **1974** 46 ff (ohne Prüfung der einzelnen Voraussetzungen); siehe auch GB Queen's Bench Division, (Texas Instruments v. Nason) ETR **1991** 671, 682 = RDU **1990** II 454 ff. Siehe Art. 34 Rdn. 2, 6 ff; *Herber/Piper* Rdn. 1.

[3] Siehe Art. 34 Rdn. 3 ff, 12 ff; MüKo/*Basedow* Rdn. 3; *Koller*[4] Rdn. 1.

[4] Zum Überblick über den Regelungskomplex der Art. 34–40 siehe Art. 34 Rdn. 3 f.

[5] Siehe dazu insbesondere zur englischen Rechtsprechung, die in der Regel nicht die Voraussetzung des Eintritts in den Frachtvertrag verlangt: *Hill/Messent/Glass*[2] S. 283–288; *Clarke*[2] Nr. 52, 52 a(ii)–(IV).

[6] Siehe jedoch GR Erstgericht Athen, ETR **1988** 82, das auf einen solchen Fall (unzutreffend) Art. 37 anwendet.

nach Art. 17 ff CMR. Danach sind außer dem ersten und letzten[7] der Kette die anderen Frachtführer nur passiv legitimiert,[8] wenn sie den Schaden nachweislich verursacht haben. Insbesondere kann der Geschädigte gegen den zweiten von mehr als drei aufeinanderfolgenden Frachtführern keine Klage erheben.[9] Die somit vor dem unmittelbaren Zugriff geschützten Gesamtschuldner haften aber den im Außenverhältnis Haftenden als Regreßschuldner. Insoweit findet auch Art. 32 CMR Anwendung, insbesondere auch dessen Abs. 2; dazu dort Rdn. 129.

II. Klagen und Gerichtsstand

Art. 36 stellt klar, daß mehrere Frachtführer mit ein und derselben Klage verklagt werden können. Die Klagen gegen die nach Art. 36 passiv legitimierten Samtfrachtführer können nur bei einem Gericht erhoben werden, das nach Art. 31 CMR international zuständig ist.[10] Eine nach Art. 31 getroffene Gerichtsstandvereinbarung mit dem Hauptfrachtführer wirkt auch gegen die Unterfrachtführer.[11] **6**

III. Geltendmachung der Haftung durch Einrede und Widerklage

Materiell gesehen haften auch eventuelle weitere Samtfrachtführer dem Berechtigten nach Art. 36. Dies ergibt sich aus der ausdrücklichen Zulassung dieser Haftung in der Form von Einrede oder Widerklage durch Art. 36. **7**

IV. Anwendung nicht auf Haftung des Erstfrachtführers gegenüber Absender oder Empfänger

Das LG Frankfurt vom 11. 8. 1980, VersR **1986** 384 f stellt richtig fest, daß die Haftung des Erstfrachtführers für Unterfrachtführer gegenüber Absender oder Empfänger von Art. 36 nicht berührt wird. Diese richtet sich ausschließlich nach Art. 17ff und 3 CMR.[12] **8**

Artikel 37

Einem Frachtführer, der auf Grund der Bestimmungen dieses Übereinkommens eine Entschädigung gezahlt hat, steht der Rückgriff hinsichtlich der Entschädigung, der Zinsen und der Kosten gegen die an der Beförderung beteiligten Frachtführer nach folgenden Bestimmungen zu:

a) der Frachtführer, der den Verlust oder die Beschädigung verursacht hat, hat die von ihm oder von einem anderen Frachtführer geleistete Entschädigung allein zu tragen;

---

[7] Der, der das Gut als letzter vor dem Schaden übernommen hat; *Herber/Piper* Rdn. 5.

[8] Insoweit wird die durch Art. 34 grundsätzlich gewährte Passivlegitimation wieder eingeschränkt; *Herber/Piper* Rdn. 3.

[9] Siehe als Beispiel OLG Karlsruhe vom 7. 12. 1979, VersR **1980** 877. Aus der ausländischen Rechtsprechung siehe B Trib Antwerpen vom 17. 2. 1974, ETR **1974** 504, 511 f: Nichtanwendung wegen Fehlens der Voraussetzungen eines „zweiten Frachtführers".

[10] *Glöckner*[7] Rdn. 3.

[11] *Loewe* ETR **1976** 503 ff, Nr. 282; dort auch zur Frage der Kenntnis der einzelnen Samtfrachtführer von diesen Vereinbarungen.

[12] Zutreffend *Heuer* TranspR **1984** 170; MüKo/*Basedow* Rdn. 5; *Koller*[4] Rdn. 1.

b) ist der Verlust oder die Beschädigung durch zwei oder mehrere Frachtführer verursacht worden, so hat jeder einen seinem Haftungsanteil entsprechenden Betrag zu zahlen; ist die Feststellung der einzelnen Haftungsanteile nicht möglich, so haftet jeder nach dem Verhältnis des ihm zustehenden Anteiles am Beförderungsentgelt;

c) kann nicht festgestellt werden, welche der Frachtführer den Schaden zu tragen haben, so ist die zu leistende Entschädigung in dem unter Buchstabe b bestimmten Verhältnis zu Lasten aller Frachtführer aufzuteilen.

Article 37

Le transporteur qui a payé une indemnité en vertu des dispositions de la présente Convention a le droit d'exercer un recours en principal, intérêts et frais contre les transporteurs qui ont participé à l'exécution du contrat de transport, conformément aux dispositions suivantes:

a) Le transporteur par le fait duquel le dommage a été causé doit seul supporter l'indemnité, qu'il l'ait payée lui-même ou qu'elle ait été payée par un autre transporteur;

b) Lorsque le dommage a été causé par le fait de deux ou plusieurs transporteurs, chacun d'eux doit payer un montant proportionnel à sa part de responsabilité; si l'évaluation des parts de responsabilité est impossible, chacun d'eux est responsable proportionnellement à la part de rémunération du transport qui lui revient;

c) Si l'on ne peut déterminer quels sont ceux des transporteurs auxquels la responsabilité est imputable, la charge de l'indemnité due est répartie, dans la proportion fixée en b, entre tous les transporteurs.

Article 37

A carrier who has paid compensation in compliance with the provisions of this Convention, shall be entitled to recover such compensation, together with interest thereon and all costs and expenses incurred by reason of the claim, from the other carriers who have taken part in the carriage, subject to the following provisions:

a) The carrier responsible for the loss or damage shall be solely liable for the compensation whether paid by himself or by another carrier;

b) When the loss or damage has been caused by the action of two or more carriers, each of them shall pay an amount proportionate to his share of liability; should it be impossible to apportion the liability, each carrier shall be liable in proportion to the share of the payment for the carriage which is due to him;

c) If it cannot be ascertained to which carriers liability is attributable for the loss or damage, the amount of the compensation shall be apportioned between all the carriers as laid down in b) above.

Übersicht

Schrifttum

Heuer Aufeinanderfolgende Frachtführer nach Art. 34 ff. CMR, TranspR **1984** 169–172; *Hügel* Drei OGH-Entscheidungen zur Frachtführerhaftung nach der CMR und den AÖSp, Juristische Blätter 3/4 **1984** v. 11. 2. 84, 57–61; *Züchner* Unterfrachtführer und Teilfrachtführer in der CMR, VersR **1969** 203–208.

A. Stellung in der CMR und Bedeutung von Art. 37

I. Einbindung in den Regelungskomplex der Art. 34 ff

1 Der Artikel regelt die endgültige Schadenstragung im Regreß zwischen Samtfrachtführern im Verbund des Art. 34 – also soweit Gut und durchgehender Frachtbrief von Unterfrachtführern übernommen werden. Sowohl die unmittelbare als auch die analoge Anwendung sind abzulehnen.[1]

2 **Art. 37 beschränkt sich auf Regresse zwischen aufeinanderfolgenden Frachtführern**, die ihren Grund in der in der CMR-Haftung haben,[2] gilt also nicht für Ersatzansprüche des Absenders oder Empfängers.[3] Für diese ist allenfalls Art. 36 maßgeblich.[4] Er betrifft im Gegensatz zu Art. 36 auch andere Schäden als Verlust oder Beschädigung, z. B. aus Nachnahmevereinbarungen.[5] Siehe dazu auch Rdn. 9.

3 **Art. 37 ff enthalten sinnvolle Regeln für die Gestaltung von Regressen zwischen mehreren aufeinanderfolgenden Frachtführern.** Diese würden vielfach auch zu brauchbaren Ergebnissen führen, wenn zwischen den Beteiligten die Voraussetzungen des Art. 34 nicht vorliegen – selbst wenn nicht alle Transportvorgänge der CMR unterliegen.[6] Insgesamt wäre es wohl im Ergebnis zweckmäßig, Art. 37 als besondere interne Ausgleichsregelung zu betrachten, die bei jedem Ausgleich zwischen mehreren

[1] Zum Überblick über den Regelungskomplex der Art. 34–40 siehe Art. 34 Rdn. 4; zu den Anwendungsvoraussetzungen der Art. 35 ff dort Rdn. 5, 17 ff; zur Ablehnung der analogen Anwendung siehe allgemein Art. 34 Rdn. 17; **zu Art. 37**: A OGH vom 4. 6. 1987, TranspR **1988** 273, 276 f = ETR **1988** 714, 716 (auch keine analoge Anwendung); dazu *Thume/Seltmann* Rdn. A 2; A OLG Innsbruck vom 26. 1. 1990, TranspR **1991** 12, 21; A OLG Innsbruck vom 20. 6. 1995, TranspR **1997** 343 ff. Ausnahmen bei den formalen Voraussetzungen des Art. 34 läßt ausländische Rechtsprechung zu, siehe Art. 34 Rdn. 17; F CA Lyon vom 27. 11. 1973, BT **1974** 46 ff (ohne Prüfung der einzelnen Voraussetzungen); B Trib Brüssel vom 6. 4. 1984, ETR **1984** 431, 442 (zu Art. 39 Abs. 4 und Art. 37). Keinerlei Bezug auf einen Transport durch aufeinanderfolgende Frachtführer hat das Urteil GB Queen's Bench Division vom 10. 12. 1979 (Walek v. Chapman), ETR **1983** 95 = Lloyd's Rep. **1980 II** 279 (Anwendung von Art. 37 auf einen Rückladungstransport mit einem gemieteten Fahrzeug). Siehe auch MüKo/*Basedow* Rdn. 1; *Koller*[4] Rdn. 1; *Herber/Piper* Rdn. 2; *Thume/Schmid* Rdn. 2; *Thume/Seltmann* Rdn. A 2.

[2] *Koller*[4] Rdn. 2.

[3] Da sie keine Regresse betreffen; NL Rb Rotterdam vom 5. 4. 1974, SS **1975** 137, 139 = RDU **1975** I 274 (Empfängeranspruch).

[4] A OGH vom 28. 6. 1988, TranspR **1989** 222, 225 = VersR **1989** 980 f; unzutreffend Erstgericht GR Athen, ETR **1988** 82 ff, das Art. 37 auf einen abgetretenen Anspruch des Endempfängers anwendet.

[5] MüKo/*Basedow* Rdn. 4.

[6] Siehe dazu insbesondere zur englischen Rechtsprechung, die in der Regel nicht die Voraussetzung des Eintritts in den Frachtvertrag verlangt: *Hill/Messent/Glass*[2] S. 288 ff–296; *Clarke*[2] Nr. 54 a–54 b.

Frachtführern den sonst bestehenden Grundlagen der Haftung nach Art. 17 ff CMR vorginge.[7] Dies wäre zu verbinden mit der Verbesserung der Verjährungsregelung in Art. 39 Abs. 4, die ebenfalls auf diese Regresse anwendbar wäre. Aus systematischen Gründen wird man jedoch der Auffassung folgen müssen, daß Art. 37 nur zwischen aufeinanderfolgenden Frachtführern im Sinne des Art. 34 CMR – also bei Teilnahme am durchgehenden Frachtvertrag und bei Übernahme von Gut und durchgehendem Frachtbrief – anzuwenden ist. Die Regelung des Art. 37 CMR ist daher nur anzuwenden, wenn und soweit die Voraussetzungen des Verbundes aufeinanderfolgender Frachtführer (Samtfrachtführer) nach Art. 34 vorliegen.[8] Siehe zur Analogiefrage auch unten Rdn. 13 f.

II. Praktische Bedeutung

4 In der Praxis ist Art. 37 zwar nicht selten erörtert, aber zumeist nicht angewandt worden, weil Fälle, in denen die Voraussetzungen des Art. 34 – also insbesondere die Übernahme von Gut und durchgehendem Frachtbrief – vorliegen, bisher selten sind.[9]

B. Inhalt von Art. 37

I. Allgemeines

5 Art. 37 verteilt intern zwischen den mehreren nach Art. 34 haftenden Frachtführern die Schadenstragung; ähnlich Art. 49 § 1 CIM 1970 = Art. 60 § 1 ER/CIM 1980. Die Regelung des Art. 37 kann gem. Art. 40 CMR zwischen den beteiligten Frachtführern abbedungen oder eingeschränkt werden, z. B. durch § 52 ADSp.[10]

II. Ausdeutung von Art. 37 CMR

1. Art. 37 als eigene Anspruchsgrundlage

6 Hinsichtlich des Regresses zwischen Samtfrachtführern ist Art. 37 anspruchsbegründende Norm.[11] Die Voraussetzungen des Regreßanspruchs unter Samtfrachtführern ergeben sich ausschließlich aus Art. 37.

---

[7] So z. B. die Entscheidung GB Queen's Bench Division vom 17. 2. 1988, (ITT Schaub-Lorenz v. Birkart); RDU **1988** 762 ff, die Art. 37 ohne Prüfung des durchgehenden Frachtbriefs anwendet.

[8] Siehe allgemein: Art. 34 Rdn. 12; speziell zu Art. 37: BGH vom 9. 2. 1984, TranspR **1984** 146, 148 = VersR **1984** 578, 580; BGH vom 25. 10. 1984, NJW **1985** 555 f = TranspR **1985** 48–51; OLG München vom 21. 12. 1990, TranspR **1991** 96, 97; OLG München vom 28. 7. 1995, TranspR **1996** 240, 241; OLG Düsseldorf vom 24. 3. 1983, TranspR **1984** 14 f; vom 30. 6. 1983, TranspR **1984** 130, 131; OLG Frankfurt vom 31. 5. 1983, TranspR 1983 155, 156 f; OLG München vom 28. 7. 1995, TranspR **1996** 240, 241 f; A OGH vom 10. 7. 1985, SZ **58** 122, S. 583, 586 = TranspR **1986** 377, 378; *Enzinger* RdW **1986** 361 f; *Hügel* JBl. **1984** 57 ff. **A. A.** OLG Stuttgart vom 22. 7. 1982, VersR **1983** 978 f.

[9] Zur Nichtanwendung siehe Fn. 1; Anwendung bei durchgehendem Frachtvertrag, aber ohne Erwähnung des durchgehenden Frachtbriefs: OLG Karlsruhe vom 7. 12. 1979 VersR **1980** 877; GB Queen's Bench Division vom 17. 2. 1988, (ITT Schaub-Lorenz v. Birkart); RDU **1988** 762 ff; ebenfalls ohne Erwähnung des Frachtbriefs B Cass vom 30. 5. 1980, ETR **1983** 79 ff = RW **1980** 433 ff.

[10] Siehe OLG Stuttgart vom 22. 7. 1982, VersR **1983** 978 f.

[11] BGH vom 25. 10. 1984, NJW **1985** 555, 556 = TranspR **1985** 48, 50; OLG Hamburg vom 3. 6. 1982, TranspR **1985** 266, 269; LG Hamburg vom 5. 1. 1981, VersR **1981** 969 m. zust. Anm. *Suhr*.

Art. 37 gewährt nur einem Frachtführer i. S. der CMR Ansprüche. Einzige Voraussetzung ist, daß dieser „auf Grund der Bestimmungen dieses Übereinkommens" eine Entschädigung gezahlt hat.[12] Diese Voraussetzung muß daher in jedem Fall vorliegen.[13] 7

Mittelbar sind dafür **die Regelungen der CMR zur Haftung des Frachtführers** gegenüber Absender und Empfänger maßgeblich. Zu prüfen ist daher immer ein vom Regreßverlangenden befriedigter Anspruch eines Absenders oder Empfängers nach Maßgabe der allgemeinen Haftungsbestimmungen der CMR. 8

2. Eröffnung von Ansprüchen, die über Art. 17 ff hinausgehen

Während sich die Ansprüche des Absenders oder Empfängers nach Art. 36 in Voraussetzungen und Umfang nach Art. 17 ff CMR richten, umreißt Art. 37 nicht nur, wer unter mehreren Samtfrachtführern den Schaden letztlich zu tragen hat, sondern gewährt teilweise auch Ansprüche, die nach Art. 17 ff nicht ohne weiteres gegeben sind.[14] Besonders deutlich wird dies beim Anspruch auf Erstattung der Kosten des Vorprozesses gegen einen am Transport beteiligten anderen Frachtführer.[15] 9

3. Begrenzung von Rückgriffsansprüchen

Inwieweit Art. 37 den Ausschluß von Rückgriffsansprüchen zum Inhalt hat, also z. B. in einer Kette von Frachtführern deren Regreßmöglichkeiten begrenzt, ist umstritten.[16] Die Diskussion wird überlagert durch die oben Rdn. 1 erörterte Frage, ob die Anwendung von Art. 37 auf den Regreß unter Samtfrachtführern nach Art. 34 CMR beschränkt ist. Da nach der grundsätzlichen Konstruktion der CMR auf das Regreßverhältnis zwischen mehreren Samtfrachtführern nicht die Art. 17 ff, sondern 37 f anzuwenden sind (siehe oben Rdn. 5), ergeben sich Voraussetzungen und Grenzen des Regresses ausschließlich aus Art. 37, der damit (auch) eine regreßeinschränkende Wirkung entfaltet. Nach belgischer Auffassung[17] kann, wenn bekannt ist, wer den Schaden verursacht hat, nur dieser auf Regreß in Anspruch genommen werden. Wird die gesamte Beförderung von einem Unterfrachtführer ausgeführt, haftet dieser alleine dem Hauptfrachtführer direkt. 10

C. Ansprüche bei Nichtvorliegen der Voraussetzungen des Art. 34

I. Ansprüche nach Art. 17 ff

Liegen die Voraussetzungen des Art. 34 nicht vor, so ist jeder Geschädigte auf die Geltendmachung der Ansprüche gegen den Nachmann nach Art. 17, 3 CMR[18] (die nicht nach Art. 39 Abs. 4 später verjähren) oder gegen andere Personen nach den Vorschriften über unerlaubte Handlung angewiesen. 11

---

[12] MüKo/*Basedow* Rdn. 5; *Koller*[4] Rdn. 2; *Herber/Piper* Rdn. 3; *Thume/Schmid* Rdn. 4.

[13] GB Queen's Bench Division vom 17. 2. 1988, (ITT Schaub-Lorenz v. Birkart), RDU **1988** 762 ff läßt aber dennoch eine der deutsche Streitverkündung ähnliche notice zu.

[14] BGH vom 25. 10. 1984, NJW **1985** 555, 556 = TranspR **1985** 48, 50.

[15] Beispielsfälle: OLG Hamburg vom 3. 6. 1982, TranspR **1985** 266, 269 mit Anm. von *Baumann*; LG Hamburg vom 5. 1. 1981, VersR **1981** 969 m. zust. Anm. *Suhr*.

[16] Für ausschließende Wirkung, aber wegen der Voraussetzung des Art. 34 nicht anwendbar: BGH vom 25. 10. 1984, NJW **1985** 555, 556 = TranspR **1985** 48, 50; insoweit auch das vorinstanzliche Urteil des OLG Stuttgart vom 22. 7. 1982, VersR **1983** 978 f; dagegen *von Dannenberg* VersR **1983** 980. Für ausschließende Wirkung ferner B Cass vom 30. 5. 1980, ETR **1983** 79 ff = RW **1980** 433 ff.

[17] B Cass vom 30. 5. 1980, ETR **1983** 79 ff = RW **1980** 433 ff.

[18] Siehe generell Art. 34 Rdn. 25; speziell zu Art. 37 A OGH vom 16. 1. 1985, TranspR **1986** 20 = SZ **58** 6 S. 29 = *Greiter* 275 ff; *Enzinger* RdW **1986** 360 ff.

II. Analoge Anwendung von Art. 37

12 Der Anspruch auf Ersatz der Kosten des Vorprozesses ist für die allgemeinen Ansprüche aus der CMR nicht vorgesehen.[19] Er wurde aber von der Rechtsprechung teilweise entgegen der allgemeinen Auffassung bei Fehlen der Voraussetzungen des Art. 34 aus Art. 37 hergeleitet.[20] Eine Einzelanalogie kann sicherlich zu angemessenen Ergebnissen führen, würde aber den regreßnehmenden Frachtführer gegenüber dem im Normalfall nach Art 17 ff ersatzberechtigten Absender oder Empfänger ohne besondere – in der Haftungsgemeinschaft der Art. 34 ff liegende – Gründe begünstigen.

13 Unmittelbare **Ansprüche gegen denjenigen Frachtführer einer Kette, der den Schaden verursacht hat,**[21] werden danach nicht durch Art. 36, 37 eröffnet. In Einzelfällen wurde aber Art. 37 von der Rspr. auch analog angewendet, wenn die Voraussetzungen des Art. 34 nicht vorlagen; siehe Rdn. 1.

Artikel 38

Ist ein Frachtführer zahlungsunfähig, so ist der auf ihn entfallende, aber von ihm nicht gezahlte Anteil zu Lasten aller anderen Frachtführer nach dem Verhältnis ihrer Anteile an dem Beförderungsentgelt aufzuteilen.

Article 38

Si l'un des transporteurs est insolvable, la part lui incombant et qu'il n'a pas payée est répartie entre tous les autres transporteurs proportionnellement à leur rémunération.

Article 38

If one of the carriers is insolvent, the share of the compensation due from him and unpaid by him shall be divided among the other carriers in proportion to the payment for the carriage due to them.

I. Anwendungsvoraussetzungen

1 Wie Art. 37 ist Art. 38 nur im Verhältnis zwischen Samtfrachtführern anwendbar und nicht zuletzt deshalb in der Gerichtspraxis bedeutungslos. Insbesondere müssen die Voraussetzungen des Art. 34 vollständig vorliegen.[1]

---

[19] Siehe Art. 23 Rdn. 41.

[20] Allgemein für Anwendung ohne die Voraussetzungen des Art. 34: OLG Stuttgart vom 22. 7. 1982, VersR **1983** 978, 979 mit insoweit zust. Anm. *von Dannenberg*; siehe im allgemeinen hierzu oben Rdn. 1; Art. 34 Rdn. 23; OLG Hamburg vom 3. 6. 1982, TranspR **1985** 266, 269 wendete Art. 37 entsprechend an. Diese Rechtsprechung wurde aufgegeben durch OLG Hamburg vom 22. 1. 1998, TranspR **1998** 252 f.

[21] *Loewe* ETR **1976** 503 ff, Nr. 283 sieht die Verursachung schon nach Buchst. a, b als gegeben, wenn der Schaden im Obhutsbereich des betreffenden Frachtführers entstanden ist.

[1] Siehe Art. 34 Rdn. 2. A OGH vom 10. 7. 1985, SZ **58** 122, S. 583, 586 = TranspR **1986** 377, 378 (obiter dictum). Siehe auch Art. 34 Rdn. **8, 15** ff; Art. 37 Rdn. 1 f. Siehe zur englischen Rechtsprechung, die in der Regel nicht die Voraussetzung

II. Inhalt von Art. 38

Art. 38 regelt den internen Schadensausgleich im Falle der Zahlungsunfähigkeit[2] abweichend von Art. 37. Die Bestimmung entspricht § 426 Abs. 1 S. 2 BGB und Art. 49 § 2 CIM 1970 = Art. 60 § 2 ER/CIM 1980. Auch Art. 38 ist abdingbar; Art. 40 CMR. 2

Artikel 39

1. Ein Frachtführer, gegen den nach den Artikeln 37 und 38 Rückgriff genommen wird, kann nicht einwenden, daß der Rückgriff nehmende Frachtführer zu Unrecht gezahlt hat, wenn die Entschädigung durch eine gerichtliche Entscheidung festgesetzt worden war, sofern der im Wege des Rückgriffs in Anspruch genommene Frachtführer von dem gerichtlichen Verfahren ordnungsgemäß in Kenntnis gesetzt worden war und in der Lage war, sich daran zu beteiligen.

2. [1]Ein Frachtführer, der sein Rückgriffsrecht gerichtlich geltend machen will, kann seinen Anspruch vor dem zuständigen Gericht des Staates erheben, in dem einer der beteiligten Frachtführer seinen gewöhnlichen Aufenthalt, seine Hauptniederlassung oder die Zweigniederlassung oder Geschäftsstelle hat, durch deren Vermittlung der Beförderungsvertrag abgeschlossen worden ist. [2]Ein und dieselbe Rückgriffsklage kann gegen alle beteiligten Frachtführer gerichtet sein.

3. Die Bestimmungen des Artikel 31 Absatz 3 und 4 gelten auch für Urteile über die Rückgriffsansprüche nach den Artikeln 37 und 38.

4. [1]Die Bestimmungen des Artikels 32 gelten auch für Rückgriffsansprüche zwischen Frachtführern. [2]Die Verjährung beginnt jedoch entweder mit dem Tage des Eintrittes der Rechtskraft eines Urteils über die nach den Bestimmungen dieses Übereinkommens zu zahlende Entschädigung oder, wenn ein solches rechtskräftiges Urteil nicht vorliegt, mit dem Tage der tatsächlichen Zahlung.

Article 39

1. Le transporteur contre lequel est exercé un des recours prévus aux articles 37 et 38 n'est pas recevable à contester le bien-fondé du paiement effectué par le transporteur exerçant le recours, lorsque l'indemnité a été fixée par décision de justice, pourvu qu'il ait été dûment informé du procès et qu'il ait été à même d'y intervenir.

2. Le transporteur qui veut exercer son recours peut le former devant le tribunal compétent du pays dans lequel l'un des transporteurs intéressés a sa résidence habituelle, son siège principal ou la succursale ou l'agence par l'entremise de laquelle le contrat de transport a été conclu. Le recours peut être dirigé dans une seule et même instance contre tous les transporteurs intéressés.

3. Les dispositions de l'article 31, paragraphes 3 et 4, s'appliquent aux jugements rendus sur les recours prévus aux articles 37 et 38.

---

des Eintritts in den Frachtvertrag verlangt: *Hill/Messent/ Glass*[2] S. 296–299; *Clarke*[2] Nr. 54c.

[2] Zu dieser *Loewe* ETR **1976** 503 ff, Nr. 285.

4. Les dispositions de l'article 32 sont applicables aux recours entre transporteurs. La prescription court, toutefois, soit à partir du jour d'une décision de justice définitive fixant l'indemnité à payer en vertu des dispositions de la présente Convention, soit, au cas où il n'y aurait pas eu de telle décision, à partir du jour du paiement effectif.

Article 39

1. No carrier against whom a claim is made under articles 37 and 38 shall be entitled to dispute the validity of the payment made by the carrier making the claim if the amount of the compensation was determined by judicial authority after the first mentioned carrier had been given due notice of the proceedings and afforded an opportunity of entering an appearance.

2. A carrier wishing to take proceedings to enforce his right of recovery may make his claim before the competent court or tribunal of the country in which one of the carriers concerned is ordinarily resident, or has his principal place of business or the branch or agency through which the contract of carriage was made. All the carriers concerned may be made defendants in the same action.

3. The provisions of article 31, paragraphs 3 and 4, shall apply to judgements entered in the proceedings referred to in articles 37 and 38.

4. The provisions of the article 32 shall apply to claims between carriers. The period of limitation shall, however, begin to run either on the date of the final judicial decision fixing the amount of compensation payable under the provisions of this Convention, or, if there is no such judicial decision, from the actual date of payment.

Übersicht

Schrifttum

Braun Prozessuale Probleme im Bereich der CMR, Teil I VersR **1988** 648–653 und Teil II VersR **1988** 878–885; *Fremuth* Gerichtsstände im grenzüberschreitenden Speditions- und Landfrachtrecht, TranspR **1983** 35–44; *Schoner* Der Gerichtsstand im Regreßprozeß nach Art. 39 Abs. 2 CMR, TranspR **1982** 120–121.

A. Stellung in der CMR und Bedeutung von Art. 39

I. Einbindung in den Regelungskomplex der Art. 34 ff

1 Der Artikel regelt Fragen der Einwendungen, der internationalen Zuständigkeit und der Verjährung im Regreß zwischen „aufeinanderfolgenden Frachtführern" (Samtfrachtführern) im Verbund des Art. 34 – also soweit Gut und durchgehender

Frachtbrief von Unterfrachtführern übernommen werden. Art. 39 CMR ist demnach formalerweise nur anzuwenden, wenn und soweit die Voraussetzungen des Verbundes aufeinanderfolgender Frachtführer nach Art. 34 vorliegen. In der deutschen Theorie und Rechtsprechung ist dies mittlerweile anerkannt.[1] Grundsätzlich gilt diese Einschränkung auch nach **österreichischer** Rechtsprechung. Sie wird aber durch Sonderregelungen des österreichischen Rechts zur Verjährung und durch die Anwendung des Rechtsgedankens des Art. 39 Abs. 4 auf Fälle des Regresses außerhalb des Verbundes der Samtfrachtführer weitgehend überspielt;[2] ebenso nach **französischer**[3] und **belgischer** Auffassung.[4] In **England** wird die Einbindung von Art. 39 in das System der Art. 34 ff ebenfalls grundsätzlich gesehen,[5] aber nicht konsequent verfolgt.[6] Vielfach wird Art. 39 auch angewendet, ohne daß diese Voraussetzungen erkennbar geprüft worden wären;[7] sogar die Anwendung zwischen Spediteur und beauftragtem Frachtführer kommt vor.[8]

Insbesondere **Art. 39 Abs. 4** enthält eine Sonderregelung der Verjährung, deren **2**
Anwendung zwar formal nach dem Text der CMR, sachlich aber an sich den Haftungsverbund unter Samtfrachtführern nicht voraussetzt. Siehe zur analogen Anwendung der Vorschrift Rdn. 12; zur Rechtsprechung siehe Art. 34 Rdn. 2, 17, 19, 20, 21, 24 (teilweise dort in Fn.).

II. Praktische Bedeutung

In der veröffentlichten deutschen Gerichtspraxis ist Art. 39 zwar gelegentlich er- **3**
örtert, aber zumeist nicht angewandt worden, weil Fälle, in denen die Voraussetzungen des Art. 34 – also insbesondere die Übernahme von Gut und durchgehendem Frachtbrief – vorliegen, bisher selten sind.

---

[1] Siehe generell Art. 34 Rdn. 5, 2, 17. Ausnahmen in der älteren Rechtsprechung: OLG Düsseldorf vom 23. 10. 1980, VersR **1981** 1081 f erörtert z. B. Art. 39 Abs. 2 ohne Prüfung der Voraussetzungen des Art. 34; *Koller*[4] Rdn. 1, vor Art. 34 Rdn. 2 f, Art. 34 Rdn. 1 ff; *Herber/Piper* Rdn. 2 ff; MüKo/ *Basedow* Rdn. 8 ff; *Glöckner*[7] Rdn. 1 ff; *Thume/ Schmid* Rdn. 1, vor Art. 34 Rdn. 2 und Art. 34 Rdn. 2. Zum Überblick über den Regelungskomplex der Art. 34–40 siehe Art. 34 Rdn. 3, 4.

[2] A OGH vom 10. 7. 1985, SZ **58** 122, S. 583 ff = TranspR **1986** 377 ff; A OGH vom 28. 6. 1988, TranspR **1989** 222, 225 = VersR **1989** 980 f.

[3] F CA Lyon vom 2. 3. 1978, BT **1978** 382–383; F CA Agen vom 29. 6. 1981, BT **1981** 433–435; Tribunal de grande instance Metz vom 10. 11. 1981, BT **1982** 38; F CA Lyon vom 2. 3. 1978, BT **1978** 382–384 stellt fest, daß Art. 39 Abs. 4 nicht für den französischen Spediteur gilt.

[4] B Trib Brüssel vom 6. 4. 1984, ETR **19842** 431, 442; B CA Gent vom 20. 6. 1986, ETR **1986** 371, 375 f.

[5] Siehe etwa *Clarke*[2] Nr. 46b(i) S. 218 ff.

[6] Voraussetzungen des Art. 34 müssen für Art. 39 Abs. 4 nicht vorliegen (obiter dictum Mr. Justice Megaw in Ulster Swift v. Taunton, GB CA London vom 16. 11. 1976, ETR **1977** 138–174 = Lloyd's Rep. **1981** I 346, 360. In GB Queen's Bench Division vom 31. 10. 1973, Tatton v. Ferrymasters (Streitverkündung Regreß Lemière), ETR **1974** 167–200 wird zwar erkannt, daß Art. 34 Voraussetzung der Anwendung von Art. 39 ist, die einzelnen Tatbestandsmerkmale aber nicht erörtert.

[7] Siehe dazu allgemein Art. 34 Rdn. 20; In Deutschland wird Art. 39 Abs. 4 siehe OLG Düsseldorf vom 23. 10. 1980, VersR **1981** 1081 f z. B. erörtert Art. 39 Abs. 2 ohne Prüfung der Voraussetzungen des Art. 34; zutreffend OLG Düsseldorf vom 18. 10. 1984, TranspR **1984** 276, 277; A OGH vom 10. 7. 1985, SZ **58** 122, S. 583, 586 = TranspR **1986** 377, 378; GB Queen's Bench Division vom 8. 5. 1975 (Ulster Swift v. Taunton), ETR **1976** 246, 250 f, Ausstellung durch den Hauptfrachtführer fehlte offensichtlich, dennoch Art. 34 und 39 Abs. 4 angewendet (S. 260), bestätigt durch GB CA London vom 16. 11. 1976, ETR **1977** 138–174 = Lloyd's Rep. **1981** I 346, 360. F Cass vom 25. 1. 1972, BT **1972** 148 f wendet Art. 39 Abs. 4 auf den Regreß zwischen Frachtführern ohne jede Prüfung der weiteren Voraussetzungen des Art. 34 an.

[8] F Cass vom 25. 1. 1972, BT **1972** 148 f (zu Art. 39 Abs. 4) kritische observation; F CA Agen vom 29. 6. 1981, BT **1981** 433, 435 (durchgehender Frachtbrief nicht geprüft); Tribunal de grande instance Valence vom 18. 11. 1981, BT **1982** 211–212 und die dortige observation. *Lamy* 99 I Nr. 561.

B. Einwendungen im Rückgriffsverfahren (Art. 39 Abs. 1)

4 Der Samtfrachtführer, der an den Geschädigten Ersatz geleistet hat, kann nach Art. 37 gegen den oder die anderen Frachtführer Rückgriff nehmen. Dieser Regreßanspruch ist an sich nicht von einer gerichtlichen Verurteilung des zunächst in Anspruch genommenen Frachtführers abhängig:[9] Der Regreßpflichtige kann im Rückgriffsverfahren nur unter besonderen Voraussetzungen einwenden, die primäre Haftung des Regreßnehmers bestehe nicht: Wenn kein gerichtliches Urteil gegen den Primärhaftenden vorliegt oder wenn dem Regreßpflichtigen nicht nach Art. 39 Abs. 1 die Möglichkeit zur Beteiligung an dem Verfahren gegeben worden ist (mit einer der Streitverkündung funktionsähnlichen Einwendung).[10] Das In-Kenntnissetzen erfolgt nach deutschem Recht in der Regel durch Streitverkündung (nach §§ 72 ff ZPO), nach ausländischen Rechten in entsprechenden prozeßrechtlichen Verfahren.[11]

C. Internationale Zuständigkeit für den Rückgriffsprozeß (Art. 39 Abs. 2, 3 CMR)

5 Art. 39 Abs. 2 S. 1 trifft eine Ausnahmeregelung, die es erlaubt, Regreßprozesse zusammenzufassen.[12] Wie in Art. 31 Abs. 1 wird von der CMR nur die internationale Zuständigkeit („vor dem zuständigen Gericht des Staates") geregelt,[13] nicht die örtliche und sachliche, die sich nach der lex fori bestimmt.[14] Art. 39 Abs. 2 erzeugt unter den für ihre Auslegung überwiegend vertretenen Grundannahmen unverhältnismäßige Meinungsverschiedenheiten,[15] die in keinem Verhältnis zu ihrer praktischen Bedeutung stehen.[16] Diese Grundannahmen sind folgende:

1. Art. 31 und 39 werden von der in Deutschland h. M. als grundsätzlich selbständige Systeme gesehen: Art. 39 Abs. 2 enthalte eine **abschließende Regelung,**[17] so daß für den Regreß zwischen „aufeinanderfolgenden Frachtführern" die Gerichtsstände des Art. 31 Abs. 1 ausgeschlossen seien.[18] Gestützt wird diese Meinung durch ein argumentum e contrario aus Art. 39 Abs. 3, der sonst überflüssig sei.[19] Gegen sie spricht, daß nach dem Gesetzestext der Regreßnehmende die in S. 1 eröffneten Gerichtsstände in Anspruch nehmen „kann", nicht „muß".[20] Ferner ist das Fehlen einer

---

[9] Unzutreffend *Precht/Endrigkeit*[3] Anm. 1.

[10] Siehe *Herber/Piper* Rdn. 2; MüKo/*Basedow* Rdn. 4 f; *Thume/Schmid* Rdn. 3 ff; *Koller*[4] Rdn. 2. Skeptisch hinsichtlich der Praktikabilität dieser Regelung *Haak* S. 117.

[11] Siehe zum englischen Recht GB Queen's Bench Division vom 31. 10. 1973, Tatton v. Ferrymasters (Streitverkündung Regreß Lemière), ETR **1974** 167, 176 ff. F Cass vom 21. 6. 1982, BT **1982** 513 f = ETR **1983** 207 betrifft zwar einen ähnlichen Fall, indem aber die CMR nur vereinbart war und prüfte ebenfalls die Voraussetzungen des Art. 34 nicht; zu diesem zweifelhaft entschiedenen Fall siehe *Haak* S. 278; *Clarke*[2] Nr. 5 S. 290.

[12] Siehe z. B. *Fremuth* TranspR **1983** 35, 39.

[13] MüKo/*Basedow* Rdn. 6.

[14] LG Hannover vom 4. 9. 1991, TranspR **1992** 327, 329; siehe Art. 31 Rdn. 28.

[15] Siehe etwa *Haak* S. 115 f, besonders Fn. 143; *Hill/Messent/Glass*[2] S. 299 ff; siehe als praktisches Beispiel die uferlose Diskussion in GB Queen's Bench Division vom 31. 10. 1973, Tatton v. Ferrymasters (Streitverkündung Regreß Lemière), ETR **1974** 167–200.

[16] Meist fehlt es an den Anwendungsvoraussetzungen des Verbunds der aufeinanderfolgenden Frachtführer; siehe Rdn. 1, 3.

[17] MüKo/*Basedow* Art. 39 Rdn. 6; *Herber/Piper* Rdn. 6; *Koller*[4] Rdn. 3; *Fremuth* TranspR **1983** 35, 39; *Thume/Schmid* Rdn. 5.

[18] MüKo/*Basedow* Art. 39 Rdn. 6; GB CA London vom 16.–20. 7. 1981 in Cummins v. Davis Freight, Lloyd's Rep. **1981** II 402, 408 dagegen Lord Justice *Eveleigh*, S. 409; auch Vorinstanz = **1981** II 106, GB Queen's Bench Division vom 6. 5. 1981 in Cummins v. Davis Freight, Lloyd's Rep. **1981** II 106; *Fremuth* TranspR **1983** 35, 39.

[19] *Loewe* ETR **1976** S. 592, Nr. 289; MüKo/*Basedow* Rdn. 2.

[20] Im Originaltext „peut" bzw. „may". Der Widerspruch wurde schon erkannt in GB Queen's Bench Division vom 31. 10. 1973, Tatton v. Ferry-

dem Art. 31 Abs. 2 entsprechenden Bestimmung ebenso wie der Zulassung der Gerichtsstandvereinbarung kaum rechtspolitisch begründbar. Daher liegt es näher, Art. 39 Abs. 2 die Funktion als Ergänzung zu Art. 31 und Abs. 3 nur als Klarstellung beizulegen, so daß das Argument der Überflüssigkeit entfiele.[21]

2. Vom Ausgangspunkt der gesetzlichen Formulierung kommt es also entgegen der h. M. in Betracht, die Regelung als Ergänzung zu Art. 31 Abs. 1 zu verstehen. Dem regreßnehmenden Frachtführer würde – zusätzlich zu den für alle CMR-Ansprüche geltenden Gerichtsständen – die Erweiterung nach Art. 39 Abs. 2 S. 1 gewährt; insoweit als lex specialis zu Art. 31 Abs. 1 S. 2. Er würde damit nur begünstigt.[22] Dies wäre durchaus sinnvoll, weil für seine Schlechterstellung keine erkennbaren wichtigen Gründe bestehen und er andererseits mit Solidarhaftung nach Art. 34[23] belastet wird und unter der einschränkenden Reglementierung nach Art. 36 steht.

3. Die Auslegung, daß der Regreßnehmende in der Rolle des Klägers **nicht zu den „beteiligten Frachtführern" gehöre,**[24] läßt sich aus dem Abkommenstext, insbesondere aus Art. 39 Abs. 2 S. 2 nicht begründen. Der ganz allgemein formulierte Begriff des „beteiligten Frachtführers" wird in der CMR nur in Art. 39 Abs. 2 verwendet. Näher liegend ist die Auslegung, daß alle am Regreßverfahren Beteiligten gemeint sind, zu denen gerade auch der jeweilige Kläger gehört. Der Text gibt keinen Hinweis, daß er, wo er im Zusammenhang mit der Aktivlegitimation verwendet wird, die Frachtführer nur in der Rolle als Regreßschuldner bezeichnen soll.[25] In S. 2 wird nur die Passivlegitimation von Frachtführern geregelt; aber keineswegs der Begriff definiert. Die Wortinterpretation von Satz 2 ist auch nicht sinnvoll. Da dem Frachtführer durch Art. 39 Abs. 2 S. 1 die Möglichkeit nicht gewährt wird, wie jeder andere Frachtführer am Ort seiner eigenen Übernahme des Gutes zu klagen, besteht kein Grund, den eindeutigen Text der Vorschrift durch die Auslegung, er dürfe als Kläger nicht seinen eigenen Gerichtsstand wählen, zu seinem Nachteil zu korrigieren.

Aus der hier nochmals zur Diskussion gestellten, stärker am Text des Gesetzes orientierten Auslegung würden sich folgende **für den Regreßkläger vorteilhafte Konsequenzen** ergeben: 6

masters (Streitverkündung Regreß Lemière), ETR **1974** 167–200; der Entscheidung des GB CA London vom 16.–20. 7. 1981 in Cummins v. Davis Freight, Lloyd's Rep. **1981** II 402, 408; abweichende Stellungnahme von Lord Justice *Eveleigh*, S. 409; Vorinstanz GB Queen's Bench Division vom 6. 5. 1981 in Cummins v. Davis Freight, Lloyd's Rep. **1981** II 106. Dazu kritisch auch *Clarke*[2] Nr. 55 und *Hill/Messent/Glass*[2] S. 301 f).

[21] B Cass vom 30. 5. 1980, ETR **1983** 79 ff = RW **1980** 433 ff verwendet Art. 31 als Grundlage der Zuständigkeit beim Regreß unter aufeinanderfolgenden Frachtführern.

[22] MüKo/*Basedow* Rdn. 6 meint, daß dies ihm nicht nutzen könnte, weil die CMR keine über Art. 31 hinausgehenden Gerichtsstände zur Verfügung stelle. Durch Art. 39 werden ihm aber auch Prozesse ermöglicht vor Gerichten der Staaten, in denen andere beteiligte Frachtführer verklagt werden können. Dabei kann im Gegensatz zu Art. 31 nicht nur der des aktuell Beklagten, sondern auch anderer aus dem Kreis der Samtfrachtführer berücksichtigt werden; siehe Rdn. 6.

[23] Darin wird ohnehin der Grund der Bestimmung gesehen; *Loewe* ETR **1976** S. 592, Nr. 288; *Fremuth* TranspR **1983** 35, 39.

[24] MüKo/*Basedow* Art. 39 Rdn. 7; *Koller*[4] Rdn. 3; *Schoner* TranspR **1982** 120 f.

[25] So GB CA London vom 16.–20. 7. 1981 in Cummins v. Davis Freight, Lloyd's Rep. **1981** II 402, 408 dagegen Lord Justice *Eveleigh*, S. 409; Vorinstanz = **1981** II 106, GB Queen's Bench Division vom 6. 5. 1981 in Cummins v. Davis Freight, Lloyd's Rep. **1981** II 106; siehe dazu auch die positive, aber alle Möglichkeiten erörternde Stellungnahme von *Clarke*[2] Nr. 55 S. 286–290. Zustimmend ohne überzeugende Begründung *Koller*[4] Rdn. 3; MüKo/*Basedow* Rdn. 7; teilweise zustimmend, aber kritisch *Haak* S. 117; ebenso wohl kritisch auch *Hill/Messent/Glass*[2] S. *Fremuth* TranspR **1983** 35, 39.

1. Der Regreßkläger könnte grundsätzlich in allen Ländern klagen, die durch die internationalen Gerichtsstände des Art. 31 Abs. 1[26] bestimmt sind:[27] Vorab der vereinbarte Gerichtsstand,[28] dann der persönliche Gerichtsstand des Beklagten nach Buchst. a, der Ort der Übernahme des Gutes und der für die Ablieferung vorgesehene Ort.

2. In Erweiterung dieser Möglichkeiten würde Art. 39 Abs. 2 S. 1 gestatten, den Anspruch vor dem zuständigen Gericht jedes Staates zu erheben, in dem einer der an der Haftungsgemeinschaft der „aufeinanderfolgenden Frachtführer" beteiligten Frachtführer seinen allgemeinen Gerichtsstand hat.[29]

3. Im Ergebnis könnte der Regreßkläger also seinen Gerichtsstand entgegen der h. M. durch Vereinbarung bestimmen[30] und auch das Gericht des Übernahmeorts anrufen.[31]

7 Aus der Sicht der Rechtsvereinfachung würden sich folgende Nachteile ergeben:

1. Die Zahl der möglichen Gerichtsstände würde durch Art. 39 Abs. 2 erhöht. Dies erscheint dennoch wegen der Einbindung des Regreßanspruchs in die Haftungsgemeinschaft sinnvoll.

2. Andere Probleme des Art. 39 Abs. 2 werden durch die strikte Wortauslegung überwiegend nicht berührt.

3. Das Auseinanderfallen bei Klage und Widerklage.[32]

8 Unabhängig von seiner Auslegung führt Art. 39 Abs. 2 ohnehin zu Problemen, die vom Gesetzgeber nicht bedacht wurden. So kann die Vorschrift die internationale Zuständigkeit eines Frachtführers begründen, ohne daß für die örtliche ein Gerichtsstand zur Verfügung steht;[33] etwa eines Frachtführers, der keinen Wohnsitz oder Aufenthalt in Deutschland hat; §§ 12 ff ZPO; siehe Art. 31 Rdn. 18 f; MüKo/*Basedow* Rdn. 7 Fn. 13.

D. Internationale Vollstreckbarkeit (Art. 39 Abs. 3)

9 Siehe hierzu Art. 31 Rdn. 52 ff.

E. Verjährung von Regreßansprüchen (Art. 39 Abs. 4)

10 Siehe zur Verjährung von Regreßansprüchen generell Art. 32 Rdn. 16. Art. 39 Abs. 4 sieht eine Abweichung von der allgemeinen Regelung des Beginns der Verjährungsfrist (Art. 32 Abs. 1 S. 3) vor; siehe dazu Art. 32 Rdn. 39 f. Das daraus entstehende komplexe Problem der Verjährung spät entstehender Ansprüche wird dort in Rdn. 164 ff im Zusammenhang erörtert.

---

[26] Zu diesen Art. 31 Rdn. 19 ff.

[27] Zutreffend OLG Düsseldorf vom 23. 10. 1980, VersR **1981** 1081, 1082.

[28] *Fremuth* TranspR **1983** 35, 39. Die freie Vereinbarung wurde bereits von *Loewe* ETR **1976** Nr. 288 S. 497 (deutsche Fassung S. 592 f fehlerhaft) unter Berufung auf Art. 40 CMR gefordert. Dieser macht jedoch von der zwingenden Wirkung der CMR (Art. 41) nur für Art. 37, 38 eine Ausnahme; die Gerichtsstandswahl ist aber eine Abweichung von Art. 39. Bei der hier vorgeschlagenen Auslegung von Art. 39 könnte aber die Ausnutzung der damit vorgesehen Öffnung zulässig sein; siehe Art. 40 Rdn. 2, 41 Rdn. 20. Bedenklich zu dem von ihm angenommenen Ergebnis MüKo/*Basedow* Rdn. 7.

[29] Siehe dazu Art. 31 Rdn. 28 ff.

[30] Dafür *Loewe* ETR **1976** 503 ff, Nr. 288; Siehe Art. 31 Rdn. 19 ff.

[31] Für Unzulässigkeit nach Art. 41 *Koller*[4] Rdn. 3.

[32] Dazu *Haak* S. 116; *Hill/Messent/Glass*[2] S. 303; ferner *Clarke*[2] Nr. 55

[33] *Haak* S. 117; *Clarke*[2] Nr. 55 S. 287.

11 Der **Verjährungsbeginn** nach Art. 39 Abs. 4 S. 2 tritt außer mit der Rechtskraft des Ersturteils auch **mit dem Tag der Zahlung der Entschädigung** ein. Eine Zahlung einer eigenen Versicherung des geschädigten Empfängers setzt die Frist nicht in Gang, da Art. 39Abs. 4 nur die Zahlung des Regreßklägers im Auge hat.[34]

12 Art. 39 Abs. 4 gilt **ausschließlich für Regreßansprüche** hinsichtlich entstandener Schäden.[35] Seine Anwendung setzt – wie der gesamte Artikel – das Vorliegen der Voraussetzungen des Art. 34 voraus.[36] Inwieweit er auch auf solche Fälle **analog anzuwenden** ist, in denen kein durchgehender Frachtbrief bzw. durchgehender Frachtvertrag besteht, ist umstritten. Nach in Deutschland überwiegender Auffassung ist eine solche Analogie nicht anzunehmen; die österreichischen Gerichte sehen aber in diesem Abs. des Art. 39 einen verallgemeinerungsfähigen Rechtsgedanken, der auch Grundsätzen des österreichischen Rechts entspricht;[37] siehe Art. 32 Rdn. 39 und oben Rdn. 1. Die Anwendung von Art. 39 Abs. 4 S. 2 könnte allerdings zu einer gerechteren und zweckmäßigeren Behandlung der Verjährungsverhältnisse führen, da ohne sie die Verjährungsfrist für die Regreßansprüche parallel mit der Verjährung der Ansprüche gegen den Hauptfrachtführer läuft. Wird der Hauptfrachtführer erst kurz vor der Verjährungsfrist in Anspruch genommen, so besteht für ihn kaum noch eine Möglichkeit, seinerseits den Regreß gegen den Unterfrachtführer geltend zu machen. Eine analoge Anwendung von Art. 39 Abs. 4 auf solche Fälle, in denen zwar eine Transportkette, aber kein durchgehender Frachtvertrag oder keine Übernahme von Gut und durchgehendem Frachtbrief vorliegt, wird daher erwogen.[38]

Artikel 40

Den Frachtführern steht es frei, untereinander Vereinbarungen zu treffen, die von den Artikeln 37 und 38 abweichen.

Article 40

Les transporteurs sont libres de convenir entre eux de dispositions dérogeant aux articles 37 et 38.

---

34 A OGH vom 1.7.1982, TranspR **1984** 193 = *Greiter* 168, 170.

35 Die französische Originalfassung von Art. 39 Abs. 1 spricht in Abs. 1 und 4 von „recours“. Dem entspricht die deutsche Übersetzung. Die englische Fassung verwendet den läßt den in Abs. 2 verwendeten Ausdruck „right of recovery“ in Abs. 1 und 4 nicht. Dies ist an sich belanglos, weil jeweils auf Art. 37 Bezug genommen ist, der den Rückgriff betrifft. Dennoch hat die englische Formulierung in der Rechtsprechung zu Streit darüber geführt, auf welche Arten von Ansprüchen Art. 39 anzuwenden ist. Siehe dazu GB Queen's Bench Division vom 1.11.1976 (Muller v. Laurent), ETR **1978** 617 = Lloyd's Rep **1977 I** 411, 415, (nicht für Frachtzahlung zwischen Frachtführern); versteckt auch schon A OGH vom 1.7.1982, TranspR **1984** 193 = *Greiter* 168, 170. der die Voraussetzungen des Art. 34 nicht prüft.

36 Siehe allgemein Rdn. 1 und Art. 34 Rdn. 5 ff, 19. Zu Art. 39 Abs. 4 siehe F CA Lyon vom 2.3. 1978, BT **1978** 382–383; F TribCom Tarbes vom 5.2.1979, BT **1979** 196, 197; F CA Paris vom 17.11.1983, BT **1984** 390–392 mit ablehnender observation.

37 A OGH vom 10.7.1985, SZ **58** 122, S. 583, 588 = TranspR **1986** 377, 378; i. E. auch schon A OGH vom 1.7.1982, TranspR **1984** 193 = *Greiter* 168, 170; *Thume/Seltmann* Art. 39 Rdn. A 58.

38 Siehe Art. 32 Rdn. 170 und 39; siehe *Clarke*[2] Nr. 46b(i). Die Rechtsprechung zu §§ 40 KVO und 432 Abs. 2 HGBaF zeigte keine Neigung für eine solche Analogie BGH v. 23.5.1985, TranspR **1985** 334 ebenso wie das vorinstanzliche Urteil des OLG München v. 31.12.1985, TranspR **1983** 75f m. krit. Anm. von *Helm* S. 77f; OLG Düsseldorf vom 18.10.1984, TranspR **1984** 276, 277. Siehe aber zu diesem Komplex allgemein Art. 32 Rdn. 39 f.

Article 40

Carriers shall be free to agree among themselves on provisions other than those laid down in article 37 and 38.

1 Art. 40 betrifft nur solche Verträge, für die nach Art. 41 die CMR zwingend gilt, also nicht solche, die in der CMR nur als zulässig erwähnt werden; siehe dort Rdn. 1, 6, 17. Abweichend von Art. 41 gestattet Art. 40 den beteiligten aufeinanderfolgenden Frachtführern,[1] ihre internen Regreßpflichten abweichend von den Bestimmungen der Art. 37, 38 zu regeln. Geschieht dies durch allgemeine Geschäftsbedingungen, so ist das AGB-Gesetz zu beachten, insbesondere dessen § 9, der nach § 24 AGB-Gesetz auch unter kaufmännischen Partnern gilt.[2] Die Ausgleichsvorschriften unter Gesamtschuldnern dürften weitgehend unter § 9 Abs. 2 Nr. 1 des Gesetzes fallen. Siehe auch § 12 AGB-Gesetz.

2 Ob Art. 40 die **Wahl eines Gerichtsstandes für den Regreß unter Samtfrachtführern** (Art. 39 Abs. 2, 3) **betrifft**, ist fraglich. Der Text des Art. 40 bezieht sich nur auf Art. 37 und 38, der sich allerdings seinerseits ausschließlich mit Ansprüchen aus Art. 37 und 38 befaßt. Da es für den Gesetzgeber leicht gewesen wäre, in Art. 40 auch Art. 39 einzubeziehen, muß man davon ausgehen, daß dieser zwingend gilt. Fraglich ist jedoch, ob Art. 39 Abs. 2 seinerseits die Anwendung von Art. 31 Abs. 1 gestattet und damit auch die Wahl eines Gerichtsstands erlaubt. Nimmt man dies mit der hier vorgetragenen gegen die herrschende Meinung an, ist auch unter Samtfrachtführern die Prorogation in diesem Rahmen eröffnet.[3]

---

[1] Nur diesen A OGH vom 3. 10. 1973, SZ **46** 95 S. 429, 432 = TranspR **1978** 78 f = *Greiter* 28 ff.

[2] Hierzu und zur Vereinbarung der ADSp siehe Art. 41 Rdn. 17.

[3] Siehe Art. 39 Rdn. 5.

KAPITEL VII

Nichtigkeit von dem Übereinkommen widersprechenden Vereinbarungen

Artikel 41

1. [1]Unbeschadet der Bestimmungen des Artikels 40 ist jede Vereinbarung, die unmittelbar oder mittelbar von den Bestimmungen dieses Übereinkommens abweicht, nichtig und ohne Rechtswirkung. [2]Die Nichtigkeit solcher Vereinbarungen hat nicht die Nichtigkeit der übrigen Vertragsbestimmungen zur Folge.

2. Nichtig ist insbesondere jede Abmachung, durch die sich der Frachtführer die Ansprüche aus der Versicherung des Gutes abtreten läßt, und jede andere ähnliche Abmachung sowie jede Abmachung, durch die die Beweislast verschoben wird.

CHAPITRE VII

Nullité des stipulations contraires à la Convention

Article 41

1. Sous réserve des dispositions de l'article 40, est nulle et de nul effet tout stipulation qui, directement ou indirectement, dérogerait aux dispositions de la présente Convention. La nullité de telles stipulations n'entraîne pas la nullité des autres dispositions du contrat.

2. En particulier, seraient nulles toute clause par laquelle le transporteur se ferait céder le bénéfice de l'assurance de la marchandise ou toute autre clause analogue, ainsi que toute clause déplaçant le fardeau de la preuve.

CHAPTER VII

Nullity of stipulations contrary to the Convention

Article 41

1. Subject to the provisions of article 40, any stipulation which would directly or indirectly derogate from the provisions of this Convention shall be null and void. The nullity of such a stipulation shall not involve the nullity of the other provisions of the contract.

2. In particular, a benefit of insurance in favour of the carrier or any other similar clause, or any clause shifting the burden of proof shall be null and void.

Übersicht

Schrifttum

Bartels Zur Frachtführerhaftung des Spediteurs, VersR **1980** 611–613; *Csoklich* CMR und vertragliche Aufrechnungsbeschränkungen, VersR **1985** 909–913; *Hügel* Drei OGH-Entscheidungen zur Frachtführerhaftung nach der CMR und den AÖSp, Juristische Blätter 3/4 **1984** v. 11.2.84, 57–61; *Piper* Einige ausgewählte Probleme des Schadensersatzrechts der CMR, VersR **1988** 201–209; *Sieg* Abtretungsbeschränkungen in Verkehrs- und korrespondierenden Versicherungsverträgen, TranspR **1993** 48–51; *Zapp* Vertraglich begründete Überprüfungspflicht und Art. 41 CMR, TranspR **1991** 371–373.

A. Geltungsbereich und Wirkung des Artikel 41

I. Materielle CMR-Regelungen

1 Art. 41 erklärt die Bestimmungen der CMR für beiderseits zwingendes Recht. Eine Ausnahme hiervon gilt nur für die Regelung des Art. 40, die ausdrücklich Abweichungen von den Art. 37 und 38 zuläßt. Der Frachtführer darf also, soweit nicht die CMR besondere Vereinbarungen gestattet[1] oder zu einem Sachverhalt keine Regelung trifft,[2] die Rechtslage durch Vereinbarung weder zu seinen Gunsten noch zu seinen Ungunsten abweichend gestalten. Die getroffenen Abreden sind nichtig.[3] An ihrer Stelle gilt die Regelung der CMR.

2 Dabei ist es nicht mehr als ein Anhaltspunkt, ob die CMR einen Sachverhalt „abschließend“ oder „nicht abschließend“ regelt, denn diese Bezeichnung einer Regel oder einer gesamten Regelung durch Rechtsprechung und Literatur ist mit Vorsicht zu sehen.[4] Sie dient in vielen Fällen nicht so sehr der Begründung der Rechtsfolge einer Aussage, sondern eher ihrer Absicherung gegen Argumente, vor allem auch gegen die ergänzende Anwendung nationalen Rechts. So ist z. B. die Regelung des Art. 16 nicht vollständig, aber zwingend. Sie bedarf an mehreren Stellen einer Ergänzung durch

[1] Siehe Rdn. 25 ff, im einzelnen z. B. in Art. 31 Abs. 1, hierzu Rdn. 25 f und Art. 31 Rdn. 19 oder unter bestimmten Voraussetzungen in Art. 33, hierzu Rdn. 29 und Art. 33 Rdn. 5.

[2] Siehe Rdn. 6 ff.

[3] NL Rb Amsterdam vom 12. 4. 1972, SS **1972** 264, 268; dazu allgemein *Silingardi* S. 17 ff. Siehe auch im einzelnen Rdn. 5 ff.

[4] Siehe auch Art. 1 Rdn. 9.

nationales Recht[5] und ist daher als pauschale Feststellung nicht „abschließend".[6] Wo nationales Recht ergänzend Anwendung finden kann, ist regelmäßig Raum für vertragliche Regelungen, die auch gegen die Nichtigkeitsfolge des Art. 41 Bestand haben können. Denn Art. 41 **betrifft nur die Normen der CMR selbst**. Die auf kollisionsrechtlicher Grundlage zur Regelung in der CMR nicht geregelter Fragen durch das Vertragsstatut in ergänzend anzuwendenden Bestimmungen der nationalen Rechte werden durch den Text der CMR nicht für zwingend erklärt.[7] Anders ist dies, wenn die CMR, wie teilweise bei den Regelungen zur Beweislast,[8] zwingend auf Regelungen des nationalen Rechts verweist.

II. Beweislastregeln der CMR

Art. 41 Abs. 2 klärt zusätzlich, daß auch die Beweislastveränderung und die Abtretung von Versicherungsansprüchen an den Frachtführer nichtig sind.[9] Einer analogen Anwendung innerhalb der CMR auf ähnliche Sachverhalte steht jedoch das Abdingungsverbot des Art. 41 nicht entgegen, da diese Bestimmung nur Vereinbarungen zwischen den Parteien betrifft. **3**

Hinsichtlich der Beweis- und Darlegungslast für Art. 29 CMR wird vielfach davon ausgegangen, daß die Beweislastregelungen, die auf Auslegung der CMR-Vorschriften beruhen, ihrerseits nach Art. 41 unabdingbar sind.[10] Soweit die CMR die Beweislast selbst regelt (z. B. in Art. 18), ist dies selbstverständlich. Soweit die CMR selbst auf nationales Recht verweist, ist dessen Wirkung zwingend.[11] Eine solche im Gesetz vorgenommene Verweisung wird CMR-Norm.[12] Insbesondere kann nicht davon ausgegangen werden, daß die CMR in diesen Fragen Freizeichnungsfreiheit einführen wollte. In zahlreichen Fällen läßt sich eine Regelung wohl auch aus dem Sinn der Vorschrift und allgemeinem Beweislastrecht klar entnehmen; insbesondere, daß, wer eine bestimmte Rechtsposition geltend macht, grundsätzlich ihre Voraussetzungen zu beweisen hat. Vielfach ist jedoch eine bestimmte Beweislastzuweisung von prozeßrechtlichen Regeln des angerufenen Rechts abhängig. In diesen Fällen kann nur durch eine Auslegung der materiellen CMR-Regelung ermittelt werden, inwieweit sich aus der CMR eine bestimmte Beweislastregelung einigermaßen zuverlässig ableiten läßt. Ist dies zweifelhaft, liegt bei Parteivereinbarungen über die Beweislast keine Abdingung der CMR-Beweislastregelung vor.[13] **4**

Dies gilt in verstärktem Maß für die mit dem anzuwendenden Prozeßrecht verbundenen Regelungen der **Darlegungslast**, die dem Verfahrensrecht des angerufenen Gerichts entnommen werden müssen, aber kaum als CMR-Regelungen betrachtet werden können. Insoweit kann die CMR nicht in das Prozeßrecht des angerufenen Gerichts eingreifen. Die Ungültigkeit von Parteivereinbarungen kann daher in solchen Fällen nicht mit Art. 41 CMR, sondern nur aus dem Recht des Gerichts begründet **5**

---

5 Siehe Art. 16 Rdn. 1.

6 So aber zu Art. 15 und 16 OLG Hamburg vom 31. 3. 1994, TranspR **1995** 245, 246; *Koller* TranspR **1988** 129, 133, *Koller*[4] Rdn. 4 zum Standgeldanspruch.

7 *Herber/Piper* Rdn. 4; im Ergebnis unstreitig.

8 Siehe hierzu Rdn. 3.

9 BGH vom 10. 12. 1998, TranspR **1999** 155–158; LG Duisburg ETR **1976** 290 ff (Abs. 2 bezieht sich nur auf Ansprüche aus der Güterversicherung, nicht auf solche aus der CMR-Haftpflichtversicherung; dort auch Untersuchung eines Verstoßes gegen Art. 1 Abs. 1); A OGH vom 15. 12. 1977, VersR **1978** 980.

10 *Thume/Thume* Art. 29 Rdn. 48; *Koller*[4] Art. 41 Rdn. 1 S. 829; *Herber/Schmuck* VersR **1991** 1209 ff; *Thume* VersR **1993** 937 ff.

11 Siehe Art. 11 Rdn. 13.

12 MüKo/*Basedow* Art. 11 Rdn. 13.

13 **A. A.** *Koller*[4] Rdn. 1 S. 829 unten; wohl auch *Thume/Thume* Rdn. Art. 29 Rdn. 48.

werden.[14] Siehe hierzu etwa die durchweg auf nationales Prozeßrecht gestützte Rechtsprechung zu Darlegungslast bei Ansprüchen auf unbegrenzten Schadensersatz, nach Art. 29 Rdn. 25.

III. Vertragsfreiheit trotz Art. 41

6 Art. 41 betrifft nur die in der CMR geregelten, zumeist die Haftung betreffenden Rahmenbedingungen der Beförderung. Im übrigen, also etwa hinsichtlich der Ladepflicht,[15] der Streckenführung oder der Art des zu verwendenden Fahrzeugs[16] oder auch hinsichtlich der Lieferfristregelung ist die CMR der Vertragsfreiheit verpflichtet.[17] Diese Einzelpflichten der Parteien können vertraglich vereinbart werden. Nach Ansicht der englischen Literatur soll durch Art. 41 etwa eine Zinsvereinbarung für den Zeitraum vor der Reklamation nicht ausgeschlossen sein,[18] da für diesen Zeitraum in der CMR keine Regelung enthalten sei. Ähnlich wird auch die Entschädigung für Lieferfristüberschreitungen außerhalb der Grenzen von Art. 23 Abs. 5 gesehen.[19]

7 Nach Art. 26 können die Parteien im Rahmen des erklärten Lieferinteresses den Ersatz bestimmter Schäden vereinbaren:[20] vor allem Vermögensschäden an anderen Gütern als am Frachtgut als Folge von Schäden und Lieferfristüberschreitungen.[21] Einige Vereinbarungen werden zwar teilweise für möglich gehalten:[22] Etwa für welche Leistungsstörungen das Lieferinteresse gelten soll,[23] Schadenspauschalen, Garantien[24] und Vertragsstrafen[25] oder über Art. 27 hinausgehende Verzugsschadensansprüche.[26] Dies ist jedoch schon aus formalen und systematischen Gründen abzulehnen; siehe dazu im einzelnen Art. 26 Rdn. 2.

1. Festlegung der primären Vertragspflichten (Leistungsbeschreibung)

8 Die Beschreibung der primären vertraglichen Leistungspflichten ist frei;[27] die Lieferfristregelung in Art. 19 stellt völlig auf die vertragliche Einigung und die

---

14 **A. A.** *Thume/Thume* Rdn. 48 S. 680; dort weitere Literatur.

15 Siehe A OGH vom 8.10.1984, TranspR **1985** 103, 104 = VersR **1985** 795 f = SZ **57** Nr. 150, S. 743 und vom 18.12.1984, TranspR **1986** 372, 373 = SZ **57** Nr. 205 S. 1031 f.

16 Zu den Ausführungsmodalitäten siehe Rdn. 8.

17 Zu den weiteren nicht unter Art. 41 fallenden Regelungsbereichen ausführlich MüKo/*Basedow* Rdn. 2.

18 *Clarke*[2] Nr. 105 und 106; *Hill/Messent/Glass*[2] S. 203 f. Siehe Art. 27 Rdn. 2.

19 *Clarke*[2] Nr. 105 und 106, wohl auch *Hill/Messent/Glass*[2] S. 195 ff. Siehe Art. 23 Rdn. 64.

20 Siehe Art. 26 Rdn. 2.

21 Eingehende Überlegungen dazu bei MüKo/*Basedow* Rdn. 2, 10 ff.

22 Siehe Art. 26 Rdn. 2.

23 So aber MüKo/*Basedow* Rdn. 6 (keine Eintragung erforderlich). *Loewe* ETR **1976** 503 ff, Nr. 203, der für diese Auffassung zitiert wird, bezieht sich nur auf das (anwendbare) Recht. Wohl allgemein wird hierzu auf das nach Kollisionsrecht anzuwendende nationale Recht Bezug genommen: *Koller*[4] Rdn. 4; dazu auch *Thume/Thume* Rdn. 5.

24 *Thume/Thume* Rdn. 16.

25 MüKo/*Basedow* Rdn. 14 sieht diese außerhalb, da sie nicht der Entschädigung, sondern der Prävention dienen. Andererseits ist es Zweck der Haftungsbeschränkungen, nur eingeschränkte präventive Maßnahmen zuzulassen. Mit der Eröffnung ihrer Möglichkeit würden gewaltige Umgehungsmöglichkeiten der Haftungsbeschränkungen eröffnet, insbesondere für Großauftraggeber.

26 Siehe Art. 27 Rdn. 2; *Thume* TranspR **1993** 365, 368 ff; *Thume/Thume* Rdn. 13, Zweifel aber in Art. 27 Rdn. 37; *Koller* TranspR **1994** 53, 56. Einschränkungen, wie sie von MüKo/*Basedow* Rdn. 14 und *Herber/Piper* Rdn. 11 vorgenommen werden, überzeugen schon deshalb nicht, weil Art. 26 den beschränkenden Effekt der gesetzlichen Regelung gegen Entgelt aufheben soll. An dieser Stelle mit *Herber/Piper* eine im Gesetz nicht vorgesehene Unterscheidung zwischen Zins- und Schadensersatzansprüchen (nach deutschem Recht) einzubringen, kommt dem Gedanken der Rechtsvereinheitlichung entgegen. Siehe auch Art. 27 Rdn. 3.

27 MüKo/*Basedow* Rdn. 7; *Koller*[4] Rdn. 1.

Umstände des konkreten Vertrags ab; siehe dort Rdn. 2 ff. weitere Verweisungen. Dazu können gehören z. B. die Bestimmung:
- der erforderlichen Eigenschaften des Fahrzeugs;[28]
- wer zu verpacken, zu beladen, zu verstauen, umzuladen oder zu entladen hat;[29]
- der Zahl der Fahrer;[30]
- der zu wählenden Streckenführung;
- ob und wann Meldung von welchen Zwischenstationen zu machen ist;
- der Fürsorge- und Sicherheitsvorkehrungen, etwa der Pflicht, nur auf bewachten Parkplätzen zu übernachten, oder bestimmte Kontrollen durchzuführen;[31]
- welche Kontrollen der Ladung, z. B. Qualitätskontrollen, erfolgen sollen;
- der zusätzlich begleitenden Papiere und wie damit zu verfahren ist.

2. Vertragsschluß ohne Frachtbrief

Die Parteien sind nicht gezwungen, den Frachtvertrag in einem Frachtbrief zu dokumentieren;[32] die CMR enthält keinen Frachtbriefzwang. **9**

3. Änderung CMR-spezifischer Abgrenzungsregelungen

Vereinbarungen, in denen von Vorschriften der CMR abgewichen wird, die das frachtvertragliche Risiko des Frachtführers abgrenzen, sind aufgrund von Art. 41 unwirksam. Dazu gehört grundsätzlich die im einzelnen festgelegte Pflicht der Überprüfung des Gutes in Art. 8 Abs. 1 und 3 CMR.[33] **10**

4. Selbständige Verträge oder nicht die CMR-Regelung abändernde Abreden zwischen Frachtführer und Absender

Selbständige Verträge zwischen Frachtführer und Absender oder Empfänger, ebenso zwischen Frachtführer und selbständigen Unternehmern sind nicht der CMR unterworfen, soweit sie keine Frachtverträge sind.[34] **11**

Ebenso kann die Verteilung nicht in der CMR geregelter Pflichten frei vereinbart und durch Auslegung ermittelt werden. Daher sind z. B. Verpflichtungen zur Verpackung der Güter durch den Frachtführer nicht unwirksam nach Art. 41.[35] Gleiches gilt für die Bestimmung, wer zu laden und zu entladen hat.[36] **12**

Werden neben Transport auch Lager-, Umschlags-, Verpackungs- und Überwachungstätigkeiten vereinbart, so sind solche Verträge nur unwirksam, soweit sie gegen zwingendes Recht verstoßen. Der Vorrang der CMR vor Verträgen nationalen Rechts setzt sich aber durch, soweit Teilverträge für sich die Anwendungsvoraussetzungen der CMR erfüllen und von Absender oder Frachtführer zum CMR-Transportvorgang gehörige Pflichten übernommen werden, die sich gegen eine Bestimmung der CMR auswirken. Art. 41 CMR verhindert in solchen Fällen die Wirksamkeit von Abreden, die bestimmte Tätigkeiten als selbständige Verträge definieren[37] wollen oder in ihrer Wirkung dazu führen, CMR-Recht mittelbar abzubedingen.[38] Im Rahmen der **13**

---

28 Siehe Art. 17 Rdn. 36 ff.

29 Siehe Rdn. 12.

30 Siehe Rdn. 15.

31 Siehe Rdn. 15.

32 Siehe Art. 4 Rdn. 2 ff.

33 Siehe dazu Art. 8 Rdn. 9.

34 *Koller*[4] Rdn. 1, S. 829 unten.

35 OLG Hamburg vom 10. 7. 1997, TranspR **1998** 243 ff. MüKo/*Basedow* Rdn. 7.

36 Zutreffend zur Ladepflicht: A OGH vom 8. 10. 1984, TranspR **1985** 103, 104 = VersR **1985** 795 f = SZ **57** Nr. 150, S. 743 und vom 18. 12. 1984, TranspR **1986** 372, 373 = SZ **57** Nr. 205 S. 1031 f.

37 Siehe dazu Art. 11 Rdn. 3; Art. 1 Rdn. 31.

38 So etwa die Vereinbarung einer Vertragsstrafe für Verspätung; siehe Art. 23 Rdn. 64.

zunehmend auf zusammenhängende Aufgaben im Umfeld des Transports erweiterten Arbeitsbereiche von Frachtführern und Spediteuren stellt sich allerdings die Frage nach der Wirksamkeit derartiger Vereinbarungen, soweit sie dem CMR-Frachtführer Pflichten auferlegen, die er nach der CMR nicht hat.[39] Solche rechtlich selbständigen Verträge unterfallen an sich nicht der CMR. Soweit sie aber keine solchen Veränderungen zum Inhalt haben, unterstehen sie ausschließlich nationalem Recht.[40]

14 Die **Zahlungspflicht des Empfängers** ist in Art. 13 Abs. 2 unabdingbar geregelt. Vor ihrer Entstehung können die Parteien nach Art. 41 auf sie nicht verzichten.[41]

15 Da die Festlegung der konkreten Vertragspflichten der Parteien grundsätzlich frei ist, können die Parteien auch einzelne Pflichten festlegen, die im konkreten Fall für das Verschulden der Parteien von Bedeutung werden; etwa, daß ein Transport mit nur einem Fahrer ausgeführt werden soll, oder daß die Benutzung unbewachter Parkplätze ausgeschlossen wird; siehe Art. 29 Rdn. 3. Fraglich ist, ob darin eine „mittelbare" und daher unwirksame Abweichung von Art. 29 vorliegt. Die Eingrenzung auf den Einsatz nur eines Fahrers kann langsameren Transport bedeuten, also auch Auswirkungen auf die Bestimmung der Lieferfrist nach Art. 19 CMR Einfluß haben. Da die Lieferfristen ohne weiteres vertraglich gestaltet werden können, dürfte auch die mittelbare Einwirkung auf die Haftung durch Gestaltung der Vertragspflichten zulässig sein. Eine weitere Folge einer solchen Vertragsabrede ist jedoch, daß das Risiko des Diebstahls oder Raubs der Ladung sich bei nur einem Fahrer erhöht; siehe Art. 29 Rdn. 20 und 3. Unter dem Gesichtspunkt, daß die Festlegung der Hauptpflichten grundsätzlich nicht gegen Art. 41 verstößt,[42] ist die Wirksamkeit der Abrede kaum zu verneinen. Sie bestimmt also die Entscheidung mit, ob grobe Fahrlässigkeit oder unabwendbares Ereignis vorliegt. Auch die Vereinbarung durch AGB ist wohl zulässig, wenn dem Absender die Wahl gelassen wird, ob er sich für geringeres Entgelt mit einem oder für höheres mit zwei Fahrern entscheidet. Entsprechende Einflüsse auf den Verschuldensgrad können sich auch zu Art. 17 Abs. 2 ergeben; siehe dort Rdn. 74 ff, insbesondere Rdn. 84 ff.

16 Die Wert- oder Interessendeklaration nach Art. 24 und 26 gibt jedoch die Möglichkeit einer zusätzlichen Deckung dieses Risikos;[43] siehe Art. 24 Rdn. 10.

17 Für den deutschen Bereich hat Art. 41 vor allem die Auswirkung, daß die **Vereinbarung der ADSp**[44] **und anderer AGB** für internationale Straßentransporte unwirksam ist, soweit sie der CMR widersprechen. Ergänzende Normen oder Bedingungen werden ohnehin von der CMR nicht für zwingend erklärt.[45] Das deutsche Recht kann jedoch Verweisungen auf die zwingende CMR ebenfalls für zwingend erklären, wie dies nunmehr in §§ 459, 460 HGBnF, aber auch bisher von der Rechtsprechung zu §§ 412, 413 HGBaF entschieden wurde.[46] Das gleiche gilt für Österreich.[47]

18 Die unwirksame Abbedingung von CMR-Vorschriften durch Verträge, Rahmenverträge oder allgemeine Geschäftsbedingungen ist auch in internationalen Verein-

---

39 MüKo/*Basedow* Rdn. 7.

40 OLG München vom 8.11.1991, TranspR **1992** 60, 62; zu einem ähnlichen Fall ohne besonderen Vertrag OLG Saarbrücken vom 31.1.1992, TranspR **1992** 371 ff.

41 A OGH vom 3.10.1973, SZ **46** 95 S. 429, 432 = TranspR **1978** 78 f = *Greiter* 28 ff.

42 MüKo/*Basedow* Art. 41 Rdn. 7.

43 Wenn sie auch nicht eindeutig in den Versicherungsbedingungen festgelegt zu sein scheint, dazu *de la Motte* VersR **1988** 317, 321; ferner *Glöckner*[7] Rdn. 41; *Clarke*[2] Nr. 106 S. 497.

44 Siehe hierzu Rdn. 18 ff.

45 Unzutreffend daher die insoweit eher beiläufige Bemerkung im Urteil des BGH vom 21.11.1975, BGHZ **65** 340, 344 = VersR **1976** 1029 f (zu § 32 ADSp). Ebenso *Koller*[4] Art. 16 Rdn. 2.

46 Siehe generell §§ 412, 413 HGBaF und die dortige Erläuterung, insbesondere Rdn. 9.

47 A OGH vom 29.10.1992, TranspR **1993** 424.

barungen häufig. Art. 41 gilt auch dann, wenn die CMR zwischen Spediteuren als Vertragsgrundlage vereinbart ist, denn mit der generellen Bezugnahme auf die CMR ist auch die sichernde Geltung vereinbart. Werden gleichzeitig Klauseln vereinbart, die nach der CMR unwirksam sind, ist fraglich, ob darin nicht zugleich ein gänzlicher oder teilweiser Ausschluß von Art. 41 CMR zu sehen ist. Denn da zwischen Spediteuren die CMR nicht von Gesetzes wegen gilt, besteht insoweit Vertragsfreiheit.[48]

B. Vereinbarungen im einzelnen

I. Gerichtsstandswahl, Art. 31

Der Eingangssatz des Art. 31 Abs. 1 gestattet die vertragliche Begründung zusätzlicher internationaler Gerichtsstände (Prorogation). Insoweit schafft die Vorschrift eine Ausnahme zu Art. 41. Die Abdingung der gesetzlichen internationalen Gerichtsstände des Art. 31 ist dagegen nicht vorgesehen. Art. 41 verhindert also nicht die Prorogation, wohl aber die Derogation; siehe Art. 31 Rdn. 22. **19**

Inwieweit Vereinbarungen über die Gerichtsstandswahl im Regreß zwischen aufeinanderfolgenden Frachtführern (Samtfrachtführern nach CMR) durch Art. 40 unbeschränkt zugelassen werden, ist streitig. Da Art. 40 nur Abweichungen von Art. 37, 38 gestattet, bleibt die Wahl oder Abwahl des internationalen Gerichtsstands (des Gerichtsstaates) grundsätzlich unwirksam nach Art. 41.[49] **20**

II. Verjährung, Art. 32

Die Regelungen des Art. 32 CMR zur Verjährung und deren Hemmung und Unterbrechung sind unabdingbar gem. Art. 41 CMR, **solange die Ansprüche noch nicht entstanden sind.**[50] Insbesondere Fristverlängerungen und -verkürzungen können daher nicht im voraus bindend vereinbart werden.[51] Für die Hemmung und Unterbrechung gestattet zwar Art. 32 Abs. 3 privatautonome Gestaltungen nach ergänzend anzuwendendem Recht der lex fori.[52] Jedoch bezieht sich dies nicht auf die Frist als solche und auch nicht auf die Sonderhemmung nach Abs. 2.[53] Siehe zu Art. 32 dort Rdn. 18. **21**

Nach Entstehung des Anspruchs ist dagegen die Möglichkeit gegeben,[54] sich insbesondere auf **Verjährungsverzicht oder -verlängerung** (pactum de non petendo) zu berufen; Art. 41 steht dem nicht entgegen, da das nach Entstehung der Schadenersatz- **22**

---

[48] Dies wird nicht geprüft im Urteil der F CA Paris vom 15.6.1978, BT **1978** 420–422, wo vor allem eine Vertragsstrafenabrede für Verspätung als unwirksam angesehen wird; siehe auch Rdn. 24.

[49] Teilweise streitig, siehe Art. 39 Rdn. 6, Art. 40 Rdn. 2 (z. B. die Wahl von Gerichtsständen in den Fällen des Art. 39; dort Rdn. 5).

[50] Siehe auch Art. 32 Rdn. 18.

[51] MüKo/*Basedow* Rdn. 47; häufig entschieden zu § 64 ADSp: Siehe z. B. BGH vom 18.2.1972, VersR **1972** 873, 874 = NJW **1972** 1003; OLG Düsseldorf vom 8.5.1969, ETR **1970** 446, 470; OLG München vom 14.1.1981, VersR **1981** 562; OLG Frankfurt vom 5.11.1985, TranspR **1986** 282, 285 = VersR **1986** 1070 f. F Cass vom 5.6.1972, BT **1972** 484, 485. MüKo/*Basedow* Rdn. 47.

[52] MüKo/*Basedow* Rdn. 47; siehe Art. 32 Rdn. 24, 148.

[53] *Loewe* TranspR **1988** 309, 318 Nr. 54, 1; *Thume/Demuth* Rdn. 87.

[54] Einhellige Rechtspraxis, siehe z. B. zum Verjährungsverzicht OLG Düsseldorf vom 27.2.1987, TranspR **1987** 223, 227 (Verzicht des Haftpflichtversicherers gegenüber dem in Rechtsstandschaft handelnden Auftraggeber des Absender-Spediteurs); OLG Düsseldorf vom 14.7.1983, TranspR **1984** 16 f; OLG Hamm vom 23.9.1985, TranspR **1986** TranspR **1986** 18 ff; grundsätzlich auch OLG Hamm vom 23.1.1995, TranspR **1995** 290 f; OLG München vom 17.7.1991, TranspR **1991** 427, 428 f (Stillhalteabkommen mit dem Haftpflichtversicherer); OLG Düsseldorf vom

ansprüche abgeschlossene pactum de non petendo keine Abweichung von der CMR enthält, sondern eine nachträgliche Verfügung über Ansprüche aus einer der CMR unterliegenden Beförderung. Siehe hierzu Art. 32 Rdn. 18. Der **Verjährungsverzicht** ist auch bei ergänzender Anwendung ausländischer Rechte zulässig und offenbar auch üblich.[55]

III. Schiedsgerichtsvereinbarung, Art. 33

23 **Eine Schiedsgerichtsvereinbarung ist gemäß Art. 41 nichtig**, wenn sie nicht die in Art. 33 bestimmte ausdrückliche Verweisung auf die CMR enthält.[56]

IV. Haftung und Haftungsbegrenzung auf Art. 17, 23

24 Art. 41 ist insbesondere zwingend anzuwenden auf die Haftung nach Art. 17 und Haftungsbegrenzung nach Art. 23.[57] Er gilt auch für die Regelungen der Beweislast nach Art. 18.[58] Die **Haftungsbegrenzung** nach Art. 23 kann nicht erhöht oder herabgesetzt werden. Eine Vereinbarung über den Wert des Gutes für die Bestimmung der gesetzlichen Haftungsbeschränkung ist nach Art. 41 unwirksam.[59] Höherer Ersatz kann auch nicht durch eine Garantie[60] oder Vertragsstrafe (Poenale) erzwungen werden.[61] Die Vereinbarung eines absoluten Fixgeschäfts, nach der die Wirksamkeit des Vertrags mit der Termineinhaltung steht oder fällt, ist gem. Art. 41 unwirksam.[62] Siehe Art. 17 Rdn. 227 und 273. Auch in einer bestimmten Vertragskonstruktion kann gem. Art. 41 Abs. 1 S. 1 eine mittelbare Abweichung von Art. 17 Abs. 3 CMR liegen, zum Beispiel, wenn der Absender den Container vom Frachtführer mietet, dieser aber funktional als notwendiges Teil des Fahrzeugs anzusehen ist.[63]

V. Ersatz von Aufwendungen nach Art. 16 Abs. 1

25 Umstritten ist, wie weit die zwingende Wirkung beim Ersatz von Aufwendungen nach Art. 16 Abs. 1 CMR reicht. Siehe hierzu näher Art. 16 Rdn. 9. Nach richtiger Auffassung können Schadenersatzansprüche vertraglich nicht ausgeschlossen oder beschränkt werden, der dem Schadenersatz zugrundeliegende Sachverhalt kann aber Gegenstand einer Entgeltregelung sein, die dann die Entstehung eines Schadens vor-

---

19. 1. 1994, TranspR **1995** 310 f (Anerkennung des Schadens durch Spediteur nach Ablauf der Verjährungsfrist, zu § 64 ADSp); nach österreichischem Recht siehe A LG Innsbruck vom 4. 11. 1992, TranspR **1993** 343, 344. *Koller*[4] Rdn. 20; MüKo/*Basedow* Rdn. 45, 47; *Csoklich* S. 56; *Hill/Messent/Glass*[2] S. 255; *Loewe* TranspR **1988** 314 Nr. 32; *Thume/Demuth* Rdn. 93. Siehe auch Rdn. 22.
Auch in Auslandsrechten ist eine Verlängerung der Verjährung möglich. Siehe z. B. F CA Nîmes vom 5. 11. 1980, BT **1980** 600, 601; F CA Paris vom 6. 7. 1988, BT **1989** 270, 271.

55 NL Rb Rotterdam vom 5. 4. 1974, SS **1975** 137, 139 = RDU **1975** I 274; vom 3. 5. 1974, SS **1974** 171, 172.

56 Siehe Art. 33 Rdn. 5.

57 Siehe auch Art. 23 Rdn. 64.

58 Siehe zur Beweislast im einzelnen Rdn. 3 ff.

59 *Herber/Piper* Rdn. 4.

60 OLG Saarbrücken vom 4. 7. 1972, TranspR **1978** 72; OLG Frankfurt vom 21. 2. 1984, TranspR **1984** 97, 99.

61 OLG München vom 26. 7. 1985, TranspR **1985** 395, 396 f; F Cass vom 28. 10. 1980, BullCiv **1980** IV 285 f; F CA Paris vom 15. 6. 1978, BT **1978** 420; entgegengesetzt LG Essen vom 3. 7. 1984, TranspR **1984** 277, 279. *Lamy 91* I Nr. 970. Siehe auch Art. 23 Rdn. 64.

62 OLG Düsseldorf vom 9. 3. 1995, TranspR **1995** 288 ff; siehe Art. 17 Rdn. 224.

63 Siehe Art. 17 Rdn. 39.

beugend ausschließt.[64] Die Regelung aller Entgelte ist von der CMR ganz bewußt ausgenommen worden.[65] Daher können Aufwendungsersatzansprüche, soweit sie wirtschaftlich Gegenstand von Entgeltvereinbarungen sind,[66] frei von den Parteien bestimmt werden.[67]

VI. Zinsen nach Art. 27

Abweichungen vom fünfprozentigen Zins nach Art. 27 sind unwirksam; siehe dort Rdn. 1. **26**

VII. Anwendung der CMR auf Speditionsverträge

Die Anwendung der **§§ 412, 413 HGBaF** führte i. V. m. Art. 41 in den Fällen des Selbsteintritts, der Sammelladungsspedition und der Fixkostenspedition zur zwingenden Anwendung der CMR.[68] Danach galt (unstreitig) die CMR zwingend, soweit der Spediteur die Beförderung selbst ausführte. Darüber hinaus war nach der Rechtsprechung des BGH und der meisten OLGe in den Fällen der §§ 412, 413 HGBaF die CMR auf den Speditionsvertrag anwendbar, wenn die Güter auf einem erheblichen Teil der Strecke im grenzüberschreitenden Kraftverkehr befördert worden waren, und zwar auch dann, wenn der Spediteur die Beförderung nicht selbst ausgeführt hatte. Siehe zu §§ 412 und 413 HGBaF die bei Art. 1 Rdn. 22 ff angegebene Rechtsprechung. Auch die **§§ 458–460 HGBnF** führen zur Anwendung der CMR in den Fällen des Selbsteintritts, der Sammelladungsspedition und der Fixkostenspedition. Diese Rechtsfolge kann nach § 466 Abs. 3 HGB nicht abbedungen werden, wenn die in §§ 458 ff in Bezug genommenen Vorschriften diejenigen der CMR sind, also bei Anwendung der §§ 458 ff die CMR anzuwenden wäre. Denn diese läßt eben in Art. 41 gerade keine abweichenden Vereinbarungen zu. Damit folgt der Gesetzgeber der langjährigen Rechtsprechung der deutschen Gerichte.[69] **27**

Zur Behandlung der Speditionsverträge im ausländischen Recht siehe Art. 1 Rdn. 24 ff.[70] **28**

Die österreichische Rechtsprechung hält das Aufrechnungsverbot des § 32 AÖSP[71] für mit Art. 41 vereinbar. **29**

---

64 Siehe dazu § 425 HGBaF Rdn. 183 ff. Zutreffend (für das Standgeld) die österreichische Rechtsprechung: A OGH vom 1.2.1983, TranspR **1983** 160 f (Vertragsansprüche) und A OGH vom 13.6.1985, Transport **1988** 13 ff = SZ **58** 102 S. 492 (Schadenersatzanspruch nach CMR und ergänzendem Recht); *Seltmann* Die CMR in der österreichischen Praxis (1988) 37 f; siehe auch den Fall A OGH vom 12.2.1985, TranspR **1986** 374 ff = SZ **58** 22 (Vergütung für Stehtage als Schaden). *Koller* TranspR **1988** 129, 133 ff stützt selbst die von ihm vertretene Unwirksamkeit von Standgeldabreden auf die nach seiner Meinung zusammenhängende Kostenregelung der von Art. 16 Abs. 1 und Art. 14, 15; dazu Art. 16 Rdn. 19.

65 *Loewe* ETR **1976** 503 ff, Nr. 9 S. 507 („Beförderungspreis").

66 Siehe zum Standgeld als Vergütung nunmehr klärend 412 Abs. 3 HGBnF.

67 Auch vor der europäischen Tarifaufhebung wohl nur von *Koller* bezweifelt.

68 Siehe dazu §§ 412, 413 HGBaF Rdn. 9 Fn. 11.

69 Siehe hierzu Art. 1 Rdn. 23 m. w. N.

70 Aus der ausländischen Rechtsprechung siehe zur Abgrenzung zwischen Speditionsvertrag und Frachtrecht im Hinblick auf die CMR: B TribCom Antwerpen ETR **1975** 548; ETR **1977** 411, 416 f; ETR **1978** 110 ff; B TribCom Bruxelles ETR **1978** 285, 290; NL Hof's Gravenhage ETR **1968** 1227, 1234 f; B CA Bruxelles ETR **1974** 608; siehe auch *Hill* ETR **1976** 192 ff.

71 A OGH vom 18.5.1982, TranspR **1983** 48 ff = SZ **55** 73 S. 379 ff.

C. CMR-Verweisung auf Speditionsrecht

30 Die Verweisung des Art. 11 Abs. 3 auf das Speditionsrecht macht in Verbindung mit Art. 41 Abs. 1 CMR (bei deutschem Recht als Vertragsstatut) die Bestimmungen der §§ 453 ff HGBnF zu zwingendem Recht. Daher können allgemeine Geschäftsbedingungen wie z. B. die ADSp nicht eingreifen.[72]

D. Bedeutung des Artikel 41 Absatz 2

31 Art. 41 Abs. 2 CMR erklärt ausdrücklich die Vereinbarung der Abtretung von Versicherungsansprüchen an den Frachtführer für unwirksam.[73] Der Ausschluß der Abtretung gilt in erster Linie nur für die Transportversicherung oder anderer das Gut versichernder Policen des Absenders oder des Empfängers. Ebenfalls von Art. 41 Abs. 2 erfaßt werden Vereinbarungen, mit denen sich Absender oder Empfänger verpflichten, eine Versicherung des Gutes abzuschließen, bei der ein Rückgriff des Versicherers gegen den Frachtführer ausgeschlossen ist.[74] Haftpflichtversicherungen des Frachtführers werden aber durch Abs. 2 nicht erfaßt,[75] auch wenn sie einen Direktanspruch des Absenders oder Empfängers beinhalten, denn diese Versicherungen greifen nicht in die Haftungsverteilung zwischen den Beteiligten des von der CMR geregelten Transportes ein, sondern sie verlagern nur das Risiko des einzelnen Frachtführers auf die Versicherungsgemeinschaft der versicherten Frachtführer.

32 Außerdem erstreckt Art. 41 Abs. 2 die Wirkung des Art. 41 eigens auf die Verschiebung der Beweislast. Siehe hierzu Rdn. 4 ff.

---

[72] Siehe Art. 11 Rdn. 13.

[73] Siehe hierzu *Sieg* TranspR **1993** 48, 50; zu den Wirkungen im einzelnen MüKo/*Basedow* Rdn. 6. A OGH Wien vom 24. 6. 1999, TranspR **2000** 370 – m. Anm. *Tuma* (Das Abbedingen der Legalzession im Rahmen des § 37 Buchst. b AÖSp stellt im Bereich des nicht zwingenden Speditions-, Fracht- und Lagerrechts keinen unzulässigen Vertrag zu Lasten eines Dritten dar. Im Anwendungsbereich der CMR ist die Klausel jedoch wegen des zwingenden Charakters des Übereinkommens nach Art. 41 Abs. 2 CMR nichtig).

[74] MüKo/*Basedow* Rdn. 6; zurecht weist *Basedow* aaO darauf hin, daß sich der Abschluß einer solchen Versicherung selbst nicht nach der CMR beurteilt.

[75] A OGH vom 15. 12. 1977, VersR **1978** 980 = Greiter **1978** 62–66; und vom 26. 4. 1984, TranspR **1985** 348 = Greiter **1985** 233–239; *Herber/Piper* Rdn. 6; *Thume/Schmid* Rdn. 30 ff; *Koller*[4] Rdn. 2; *Thume* in *Fremuth/Thume* Frachtrecht, Rdn. 9.

KAPITEL VIII

Schlußbestimmungen

Vorbemerkung

Die Schlußbestimmungen der CMR sind, mit Ausnahme des Art. 51 (wegen der dort festgelegten Verbindlichkeit der englischen und französischen Originalfassungen) privatrechtlich von untergeordneter Bedeutung. Auf eine Kommentierung der Art. 42–50 wird daher hier verzichtet. Siehe *Loewe* ETR **1976** S. 595 ff, *Precht/Endrigkeit* und *Muth* mit Erläuterungen zu diesen Artikeln.

Artikel 42

1. Dieses Übereinkommen steht den Mitgliederstaaten der Wirtschaftskommission für Europa sowie den nach Abs. 8 des der Kommission erteilten Auftrages in beratender Eigenschaft zu der Kommission zugelassenen Staaten zur Unterzeichnung oder zum Beitritt offen.

2. Die Staaten, die nach Abs. 11 des der Wirtschaftskommission für Europa erteilten Auftrages berechtigt sind, an gewissen Arbeiten der Kommission teilzunehmen, können durch Beitritt Vertragsparteien des Übereinkommens nach seinem Inkrafttreten werden.

3. [1]Das Übereinkommen liegt bis einschließlich 31. August 1956 zur Unterzeichnung auf. [2]Nach diesem Tage steht es zum Beitritt offen.

4. Diese Übereinkommen ist zu ratifizieren.

5. Die Ratifikation oder der Beitritt erfolgt durch Hinterlegung einer Urkunde beim Generalsekretär der Vereinten Nationen.

CHAPITRE VIII

Dispositions finales

Article 42

1. La présente Convention est ouverte à la signature ou à l'adhésion des pays membres de la Commission économique pour l'Europe et des pays admis à la Commission à titre consultatif conformément au paragraphe 8 du mandat de cette commission.

2. Les pays susceptibles de participer à certains travaux de la Commission économique pour l'Europen application du paragraphe 11 du mandat de cette commission peuvent devenir parties contractantes à la présente Convention en y adhérant après son entrée en vigueur.

3. La Convention sera ouverte à la signature jusqu'au 31 août 1956 inclus. Après cette date, elle sera ouverte à l'adhésion.

4. La présente Convention sera ratifiée.

5. La ratification ou l'adhésion sera effectuée par le dépôt d'un instrument auprès du Secrétaire général de l'Organisation des Nations Unies.

CHAPTER VIII

Final provisions

Article 42

1. This Convention is open for signature or accession by countries members of the Economic Commission for Europe and countries admitted to the Commission in a consultative capacity under paragraph 8 of the Commission's terms of reference.

2. Such countries as may participate in certain activities of the Economic Commission for Europe in accordance with paragraph 11 of the Commission's terms of reference may become Contracting Parties to this Convention by acceding thereto after its entry into force.

3. The Convention shall be open for signature until 31 August 1956 inclusive. Thereafter, it shall be open for accession.

4. This Convention shall be ratified.

5. Ratification or accession shall be effected by the deposit of an instrument with the Secretary-General of the United Nations.

Artikel 43

1. Dieses Übereinkommen tritt am neunzigsten Tage nach Hinterlegung der Ratifikations- oder Beitrittsurkunden durch fünf der in Artikel 42 Abs. 1 bezeichneten Staaten in Kraft.

2. Dieses Übereinkommen tritt für jeden Staat, der nach Hinterlegung der Ratifikations- oder Beitrittsurkunden durch fünf Staaten ratifiziert oder beitritt, am neunzigsten Tage nach Hinterlegung der Ratifikations- oder Beitrittsurkunde in Kraft.

Article 43

1. La présente Convention entrera en vigueur le quatre-vingt-dixième jours après que cinq des pays, mentionnés au paragraphe 1 de l'article 42 auront déposé leur instrument de ratification ou d'adhésion.

2. Pour chaque pays qui la ratifiera ou y adhérera après que cinq pays auront déposé leur instrument de ratification ou d'adhésion, la présente Convention entrera en vigueur le quatre-vingt-dixième jour qui suivra le dépôt de l'instrument de ratification ou d'adhésion dudit pays.

Article 43

1. This Convention shall come into force the ninetieth day after five of the countries referred to in article 42, paragraph 1, have deposited their instruments of ratification or accession.

2. For any country ratifying or acceding to it after five countries have deposited their instruments of ratification or accession, this Convention shall enter into force on the ninetieth day after the said country has deposited its instruments of ratification or accession.

Artikel 44

1. Jede Vertragspartei kann dieses Übereinkommen durch Notifizierung an den Generalsekretär der Vereinten Nationen kündigen.

2. Die Kündigung wird zwölf Monate nach dem Eingang der Notifizierung beim Generalsekretär wirksam.

Article 44

1. Chaque partie contractante pourra dénoncer la présente Convention par notification adressée au Secrétaire générale de l'organisation des Nations Unies.

2. La dénonciation prendra effet douze mois après la date à laquelle le Secrétaire général en aura reçu notification.

Article 44

1. Any Contracting Party may denounce this Convention by so notifying the Secretary-General of the United Nations.

2. Denunciation shall take effect twelve months after the date of receipt by the Secretary-General of the notification of denunciation

Artikel 45

Sinkt durch Kündigungen die Zahl der Vertragsparteien nach Inkrafttreten dieses Übereinkommens auf weniger als fünf, so tritt das Übereinkommen mit dem Tage außer Kraft, an dem die letzte dieser Kündigungen wirksam wird.

Article 45

Si, après l'entrée en vigueur de la présente Convention, le nombre de parties contractantes se trouve, par suite de dénonciations, ramené à moins de cinq, la présente Convention cessera d'être en vigueur à partir de la date à laquelle la dernière de ces dénonciations prendra effet.

Article 45

If, after the entry into force of this Convention, the number of Contracting Parties is reduced, as a result of denunciations, to less than five, the Convention shall cease to be in force from the date on which the last of such denunciations takes effect.

Artikel 46

1. [1]Jeder Staat kann bei Hinterlegung seiner Ratifikations- oder Beitrittsurkunde oder zu jedem späteren Zeitpunkt durch Notifizierung dem Generalsekretär der Vereinten Nationen gegenüber erklären, daß dieses Übereinkommen für alle oder für einen Teil der Hoheitsgebiete gelten soll, deren internationale Beziehungen er wahr nimmt. [2]Das Übereinkommen wird für das Hoheitsgebiet oder die Hoheitsgebiete, die in der Notifizierung genannt sind, am neunzigsten Tage nach Eingang der Notifizierung beim Generalsekretär der Vereinten Nationen oder, falls das Übereinkommen noch nicht in Kraft getreten ist, mit seinem Inkrafttreten wirksam.

2. Jeder Staat, der nach Absatz 1 erklärt hat, daß dieses Übereinkommen auf ein Hoheitsgebiet Anwendung findet, dessen internationale Beziehungen er wahr nimmt, kann das Übereinkommen in bezug auf dieses Hoheitsgebiet gemäß Artikel 44 kündigen.

Article 46

1. tout pays pourra, lors du dépôt de son instrument de ratification ou d'adhésion ou à tout moment ultérieur, déclarer, par notification adressée au Secrétaire générale de l'Organisation des Nations Unies, que la présente Convention sera applicable à tout ou partie des territoires qu'il représente sur le plan international. La Convention sera applicable au territoire ou aux territoires mentionnés dans la notification à dater du quatre-vingt-dixième jour après réception de cette notification par le Secrétaire générale ou, si à ce jour la Convention n'est pas encore entrée en vigueur, à dater de son entrée en vigueur.

2. Tout pays qui aura fait, conformément au paragraphe précédent, une déclaration ayant pour effet de rendre la présente Convention applicable 's un territoire qu'il représente sur le plan international pourra, conformément á l'article 44, dénoncer la Convention en ce qui concerne ledit territoire.

Article 46

1. Any country may, at the time of depositing its instrument of ratification or accession or at any time thereafter, declare by notification addressed to the Secretary-General of the United Nations that this Convention shall extend to all or any of the territories for the international relations of which it is responsible. The Convention shall extend to the territory or territories named in the notification as from the ninetieth day after its receipt by the Secretary-General or, if on that day the Convention has not yet entered into force, at the time of its entry into force.

2. Any country which has made a declaration under the preceding paragraph extending this Convention to any territory for whose international relations it is responsible may denounce the Convention separately in respect of that territory in accordance with the provisions of article 44.

Artikel 47

Jede Meinungsverschiedenheit zwischen zwei oder mehreren Vertragsparteien über die Auslegung oder Anwendung dieses Übereinkommens, die von den Parteien durch Verhandlung oder auf anderem Wege nicht geregelt werden kann, wird auf Antrag einer der beteiligten Vertragsparteien dem Internationalen Gerichtshof zur Entscheidung vorgelegt.

Article 47

Tout différend entre deux ou plusieurs parties contractantes touchant l'interprétation ou l'application de la présente Convention que les parties n'auraient pu régler par voie de négociation ou par un autre mode de règlement pourra être porté, à la requête d'une quelconque des parties contractantes intéressées, devant la Cour internationale de Justice, pour être tranché par elle.

Article 47

Any dispute between two or more Contracting Parties relating to the interpretation or application of this Convention, which the parties are unable to settle by negotiation or other means may, at the request of any one of the Contracting Parties concerned, be referred for settlement to the International Court of Justice.

Artikel 48

1. [1]Jede Vertragspartei kann bei der Unterzeichnung, bei der Ratifikation oder bei dem Beitritt zu diesem Übereinkommen erklären, daß sie sich durch den Artikel 47 des Übereinkommens nicht als gebunden betrachtet. [2]Die anderen Vertragsparteien sind gegenüber jeder Vertragspartei, die einen solchen Vorbehalt gemacht hat, durch den Artikel 47 nicht gebunden.

2. Jede Vertragspartei die einen Vorbehalt nach Absatz 1 gemacht hat, kann diesen Vorbehalt jederzeit durch Notifizierung an den Generalsekretär der Vereinten Nationen zurückziehen.

3. Andere Vorbehalte zu diesem Übereinkommen sind nicht zulässig.

Article 48

1. Chaque partie contractante pourra, au moment où elle signera ou ratifiera la présente Convention ou y adhérera, déclarer qu'elle ne se considère pas liée par l'article 47 de la Convention. Les autres parties contractantes ne seront pas liées par l'article 47 envers toute partie contractante qui aura formulé une telle réserve.

2. Toute partie contractante qui aura formulé une réserve conformément au paragraphe 1 pourra à tout moment lever cette réserve par une notification adressée au Secrétaire général de l'Organisation des Nations Unies.

3. Aucune autre réserve à la présente Convention ne sera admise.

Article 48

1. Each Contracting Party may, at the time of signing, ratifying, or acceding to, this Convention, declare that it does not consider itself as bound by article 47 of the Convention. Other Contracting Parties shall not be bound by article 47 in respect of any Contracting Party which has entered such a reservation.

2. Any Contracting Party having entered a reservation as provided for in paragraph 1 may at any time withdraw such reservation by notifying the Secretary-General of the United Nations.

3. No other reservation to this Convention shall be permitted.

Artikel 49

1. [1]Sobald dieses Übereinkommen drei Jahre lang in Kraft ist, kann jede Vertragspartei durch Notifizierung an den Generalsekretär der Vereinten Nationen die Einberufung einer Konferenz zur Revision des Übereinkommens verlangen. [2]Der Generalsekretär wird dieses Verlangen allen Vertragsparteien mitteilen und eine Revisionskonferenz einberufen, wenn binnen vier Monaten nach seiner Mitteilung mindestens ein Viertel der Vertragsparteien ihm die Zustimmung zu dem Verlangen notifiziert.

2. [1]Wenn eine Konferenz nach Absatz 1 einberufen wird, teilt der Generalsekretär dies allen Vertragsparteien mit und fordert sie auf, binnen drei Monaten die Vorschläge einzureichen, die sie durch die Konferenz geprüft haben wollen. [2]Der Generalsekretär teilt allen Vertragsparteien die vorläufige Tagesordnung der Konferenz sowie den Wortlaut dieser Vorschläge mindestens drei Monate vor der Eröffnung der Konferenz mit.

3. Der Generalsekretär lädt zu jeder nach diesem Artikel einberufenen Konferenz alle in Artikel 42 Absatz 1 bezeichneten Staaten sowie die Staaten ein, die auf Grund des Artikels 42 Absatz 2 Vertragsparteien geworden sind.

Article 49

1. Après que la présente Convention aura été en vigueur pendant trois ans, toute partie contractante pourra, par notification adressée au Secrétaire générale de l'Organisation des Nations Unies, demander la convocation d'une conférence à l'effet de réviser la présente Convention. Le Secrétaire général notifiera cette demande à toutes les parties contractantes et convoquera une conférence de révision si, dans un délai de quatre mois à dater de la notification adressée par lui, le quart au moins des parties contractantes lui signifient leur assentiment à cette demande.

2. Si une conférence est convoquée conformément au paragraphe précédent, le Secrétaire général en avisera toutes les parties contractantes et les invitera à présenter, dans un délai de trois mois, les propositions qu'elles souhaiteraient voir examiner par la conférence. Le Secrétaire général communiquera à toutes les parties contractantes l'ordre du jour provisoire de la conférence, ainsi que le texte de ces propositions, trois mois au moins avant la date d'ouverture de la conférence.

3. Le Secrétaire général invitera à toute conférence convoquée conformément au présent article tous les pays visés au paragraphe 1 de l'article 42, ainsi que les pays devenus parties contractantes en application du paragraphe 2 de l'article 42.

Article 49

1. After this convention has been in force for three years, any Contracting Party may, by notification to the Secretary-General of the United Nations, request that a conference be convened for the purpose of reviewing the Convention. The Secretary-General shall notify all Contracting Parties of the request and a review conference shall be convened by the Secretary-General if, within a period of four months following the date of notification by the Secretary-General, not less than one-Fourth of the Contracting Parties notify him of their concurrence with the request.

2. If a conference is convened in accordance with the preceding paragraph, the Secretary-General shall notify all the Contracting Parties and invite them to submit within a period of three months such proposals as they may wish the Conference to consider. The Secretary-General shall circulate to all Contracting Parties the provisional agenda for the conference together with the texts of such proposals at least three months before the date on which the conference is to meet.

3. The Secretary-General shall invite to any conference convened in accordance with this article all countries referred to in article 42, paragraph 1, and countries which have become Contracting Parties under article 42, paragraph 2.

Artikel 50

Außer den in Artikel 49 vorgesehenen Mitteilungen notifiziert der Generalsekretär der Vereinten Nationen den in Artikel 42 Absatz 1 bezeichneten Staaten sowie den Staaten, die auf Grund des Artikels 42 Absatz 2 Vertragsparteien geworden sind,

a) die Ratifikationen und Beitritte nach Artikel 42;

b) die Zeitpunkte, zu denen dieses Übereinkommen nach Artikel 43 in Kraft tritt;

c) die Kündigung nach Artikel 44;

d) das Außerkrafttreten dieses Übereinkommens nach Artikel 45;

e) den Eingang der Notifizierungen nach Artikel 46;

f) den Eingang der Erklärungen und Notifizierungen nach Artikel 48 Absatz 1 und 2.

Article 50

Outre les notifications prévues à l'article 49, le Secrétaire générale de l'Organisation des Nations Unies notifiera aux pays visés au paragraphe 1 de l'article 42, ainsi qu'aux pays devenus parties contractantes en application du paragraphe 2 de l'article 42:

a) Les ratifications et adhésions en vertu de l'article 42;

b) Les dates auxquelles la présente Convention entrera en vigueur conformément à l'article 43;

c) Les dénonciations en vertu de l'article 44;

d) L'abrogation de la présente Convention conformément à l'article 45;

e) Les notifications reçues conformément à l'article 46;

f) Les déclarations et notifications reçues conformément aux paragraphes 1 et 2 de l'article 48.

Article 50

In addition to the notifications provided for in article 49, the Secretary-General of the United Nations shall notify the countries referred to in article 42, paragraph 1, and the countries which have become Contracting Parties under article 42, paragraph 2, of:

a) Ratifications and accessions under article 42;

b) The dates of entry into force of this Convention in accordance with article 43;

c) Denunciations under article 44;

d) The termination of this Convention in accordance with article 45;

e) Notifications received in accordance with article 46;

f) Declarations and notifications received in accordance with article 48, paragraphs 1 and 2.

Artikel 51

[1]Nach dem 31. August 1956 wird die Urschrift dieses Übereinkommens beim Generalsekretär der Vereinten Nationen hinterlegt, der allen in Artikel 42 Absatz 1 und 2 bezeichneten Staaten beglaubigte Abschriften übersendet.

[2]ZU URKUND DESSEN haben die hierzu gehörig bevollmächtigten Unterzeichneten diese Übereinkommen unterschrieben.

[3]GESCHEHEN zu Genf am neunzehnten Mai neunzehnhundertsechsundfünfzig in einer einzigen Urschrift in englischer und französischer Sprache, wobei jeder Wortlaut gleichermaßen verbindlich ist.

Article 51

Après le 31 août 1956, l'original de la présente Convention sera déposé auprès du Secrétaire général de l'Organisation des Nations Unies, qui en transmettra des copies certifiées conformes à chacun des pays visés aux paragraphes 1 et 2 de l'article 42.

EN FOI DE QUOI, les soussignés, à ce dûment autorisés, ont signé la présente Convention.

FAIT à Genève, le dix-neuf mai mil neuf cent cinquante-six, en un seul exemplaire, en langues anglaise et française, les deux textes faisant également foi.

Article 51

After 31 August 1956, the original of this convention shall be deposited with the Secretary-General of the United Nations, who shall transmit certified true copies to each of the countries mentioned in article 42, paragraphs 1 and 2.

IN WITNESS WHEREOF, the undersigned, being duly authorised thereto, have signed this Convention.

DONE at Geneva, this nineteenth day of May one thousand nine hundred and fifty-six, in a single copy in the English and French languages, each text being equally authentic.

Übersicht

I. Maßgebliche Textfassungen

Dem Wortlaut des Übereinkommenstextes kommt zur Sicherstellung der Rechts- **1** vereinheitlichungsfunktion eine hohe Bedeutung zu.[1] Maßgeblicher Wortlaut sind ausschließlich und gemeinsam die französische und die englische Fassung der CMR.[2]

II. Unterschiede zwischen den verbindlichen Fassungen

Der englische und der französische Wortlaut der CMR sind inhaltlich nicht in allen **2** Einzelheiten vollkommen entsprechend formuliert. Dies ist die Folge der strukturellen und begrifflichen Unterschiede der englischen und französischen Sprache und schon deshalb unvermeidlich. Siehe zu **Formulierungsunterschieden in Art. 30** dort Rdn. 41. Was damit gemeint ist siehe z.B. in Art. 17 Rdn. 11. Zu angeblichen **Sinnunterschieden in Art. 21**[3] zwischen diesen Fassungen siehe Art. 21 Rdn. 26.

III. Auslegung der beiden verbindlichen Fassungen

Von großer Bedeutung ist aber auch die teilweise unterschiedliche Ausprägung **3** juristischer Begriffe in der englischen und französischen Rechtsordnung.[4] Dabei sollte es auf die nationale Auslegung der Begriffe eigentlich nicht ankommen. Wenn nämlich Art. 51 die englische und französische Fassung der CMR für allein verbindlich erklärt, so ist dies sprachlich zutreffend, kann aber nicht die Übernahme von speziellen Aus-

[1] BGH vom 21.11.1996, TranspR **1997** 164, 165 = NJW **1997** 729–730; *Fischer*, TranspR **1995** 326, 327.

[2] Siehe dazu auch Art. 1 Rdn. 68; dort auch zur Auslegung dieser Fassungen.

[3] BGH vom 10.10.1991, TranspR **1992** 100, 101 f = VersR **1992** 383 ff = BGHZ **115** 299 ff.

[4] Siehe dazu z.B. Art. 9 Rdn. 27.

legungen der Begriffe aus diesen Ländern begründen. Statt dessen ist in allen Mitgliedsländern um eine sinnvolle (in allen Mitgliedsländern möglichst einheitliche) gemeinsame Auslegung der CMR-Begriffe durch alle Staaten zu kämpfen. Das zeigt deutlich etwa die englische Differenzierung der gleichlautenden Begriffe von total loss im Seeversicherungs- und Frachtrecht GB Queen's Bench Division im Falle ICI vs. MAT[5] und der Begriffe „actual total loss" und „constructive total loss".[6] Daß der CMR mit den Begriffen **„perte totale" und „total loss" ein standardisierter Verlustbegriff** zugrunde liege, ist keineswegs unstreitig.[7] Denn diese Begriffe dienen zunächst einmal der Abgrenzung zwischen Teilverlust und völligem Verlust und haben daher ihre volle terminologische Berechtigung. Darüber hinaus mag es sein, daß sie im englischen und französischen Recht besonders ausgeprägte Inhalte haben. Diese können aber nicht ohne weiteres zum Inhalt „der" CMR gemacht werden. Vor allem ist dies auch deshalb nicht möglich, weil eine jederzeit mögliche Änderung der englischen oder französischen Rechtsprechung dann Auswirkungen auf die anderen Mitgliedsländer hätte.[8] Andererseits kann sich in der Praxis eine einheitliche, internationale Auslegung meist nicht durchsetzen; besonders die Staaten englischer oder französischer Sprache wenden meist ohne nähere Überlegungen ihre Version an.

IV. Übersetzung der CMR

4 Der deutsche Text ist nur eine Übersetzung der deutschsprachigen Staaten und kann daher keine vom Originaltext abweichende Auslegung begründen, allenfalls ein Argument für eine der möglichen Auslegungen liefern.[9] Der Text wurde ebenso in eine Reihe weiterer Sprachen übersetzt, so in das Italienische und in das Niederländische.[10]

5 Fehlübersetzungen im deutschen Text sind leider keineswegs selten. So ist die **deutsche Übersetzung** der englischen und französischen Texte des Art. 7 Abs. 2 **unpräzise**. Nach den Originaltexten wird vermutet, daß der Frachtführer mit der Eintragung „on behalf of" bzw. „comme agissant pour le compte de l'expéditeur" gehandelt hat. Da es sich nicht um einen Fall von Stellvertretung handelt, ist die Frage, in wessen Namen der Frachtführer die Eintragung vornimmt, ohne Interesse. Die Vorschrift soll vielmehr eine Vermutung dafür begründen, daß der Frachtführer entsprechend dem ihm erteilten Auftrag gehandelt habe. Im Ergebnis bedeutet danach Art. 7 Abs. 2: Hat der Frachtführer den Frachtbrief „auf Verlangen" des Absenders ausgefüllt, so werden diese Angaben grundsätzlich so behandelt, als hätte sie der Absender selbst eingetragen und als hätte der Frachtführer als Gehilfe des Absenders in Erfüllung der Absenderpflichten gegenüber sich selbst ordnungsgemäß gehandelt.[11]

---

[5] GB Queen's Bench Division im Falle ICI vs. MAT vom 27. 10. 1986, Lloyd's Rep 1987 I 354, 358 ff = RDU **1988** 747 ff mit Hinweisen zur englischen Rechtsprechung.

[6] Zu beidem siehe *Clarke*[2] Nr. 58 a. Siehe ferner Art. 32 Rdn. 78.

[7] Siehe dazu eingehender Art. 17 Rdn. 11 und Art. 32 CMR Rdn. 78.

[8] Siehe auch Art. 1 Rdn. 73.

[9] So etwa zu Art. 30 Rdn. 43

[10] Siehe hierzu ETR **1966** 774 ff.

[11] Siehe auch Art. 7 Rdn. 7.

Sachregister

Die fetten Zahlen verweisen auf die jeweiligen Artikel der CMR,
die mageren auf die Randnummern.